£16.2

GW00372685

COLLECTION LE SIGNE DE L'ART
créée par Pierre FRANCASTEL

——————————————— 11 ———————————————

Dans la même collection :

1. Damien BAYON — L'architecture en Castille au XVIᵉ siècle, commande et réalisation.

2. Marc LE BOT — Francis Picabia et la crise des valeurs figuratives.

3. Julian GALLEGO — Vision et symboles dans la peinture espagnole du Siècle d'Or.

4. L'Urbanisme de Paris et l'Europe, 1600-1680, travaux et documents inédits présentés par Pierre FRANCASTEL.

5. Gérard LABROT — Le Palais Farnèse de Caprarola, essai de lecture.

6. Kémal YETKIN — L'ancienne peinture turque du XIIᵉ au XVIIIᵉ siècle.

7. Carlo SALA — Max Ernst et la démarche onirique.

8. Gérard BERTRAND — L'illustration de la poésie à l'époque du cubisme 1909-1914 — Derain, Duffy, Picasso.

9. Galienne FRANCASTEL — Le droit au trône.

10. Pierre CHARPENTRAT — Du Maître d'ouvrage au Maître d'œuvre. L'Architecture religieuse en Allemagne du Sud, de la Guerre de Trente Ans à l'Auflkärug.

LE ROMANTISME
AU PORTUGAL

DU MEME AUTEUR

(Histoire de la culture et de l'Art portugais)

Une ville des Lumières : La Lisbonne de Pombal, S.E.V.P.E.N., Paris, 1965 ; Trad. portugaise, Lisbonne, 1966 ; Trad. italienne, Rome, 1972.

A Arte em Portugal no século XIX, 2 vols, Bertrand, Lisbonne, 1966.

A Arte em Portugal no século XX, Bertrand, Lisbonne, 1974.

« La loi du 11 mars 1957 n'autorisant, aux termes des alinéas 2 et 3 de l'Article 41, d'une part, que les « copies ou reproductions strictement réservées à l'usage du copiste et non destinées à une utilisation collective » et, d'autre part, que les analyses et les courtes citations dans un but d'exemple et d'illustration, « toute représentation ou reproduction intégrale, ou partielle, faite sans le consentement de l'auteur ou de ses ayants droits ou ayants cause, est illicite » (alinéa 1er de l'Article 40).

Cette représentation ou reproduction, par quelque procédé que ce soit, constituerait donc une contrefaçon sanctionnée par les Articles 425 et suivants du Code Pénal ».

ISBN-2-252-0-1695-7

© Editions Klincksieck - Paris, 1975.

Printed in France.

JOSÉ-AUGUSTO FRANÇA

LE ROMANTISME
AU PORTUGAL

ÉTUDE DE FAITS
SOCIO-CULTURELS

Ouvrage publié avec le concours
du Centre national des Lettres

ÉDITIONS KLINCKSIECK
PARIS
1975

Cet ouvrage est la reproduction d'une thèse de doctorat d'Etat présentée à la Sorbonne en décembre 1969.

Je tiens à exprimer ici mes remerciements à Monsieur Léon BOURDON qui a bien voulu diriger cette thèse et également à MM. Charles-Victor AUBRIN, Raymond CANTEL et Jean CASSOU qui ont accepté de constituer le jury.

Je remercie également la Fondation Calouste Gulbenkian, à Lisbonne, pour l'important apport financier qu'elle a bien voulu apporter à la publication du présent volume.

Le Centre national des Lettres, à Paris, a bien voulu accorder lui aussi son concours. Je lui en suis bien reconnaissant.

INTRODUCTION

En 1834, la victoire du parti libéral, après une guerre civile qui avait duré deux ans, bouleversa les stuctures du Portugal. Un nouveau pays est alors né, bien différent de celui que la Sainte Alliance avait voulu sauvegarder ; il trouva sa place dans le cadre de l'Europe des années 30, au sein d'un contexte socio-culturel dans lequel il pénétra non sans hésitation car la secousse avait été trop violente et trop rapide. Ce pays renouvelé, sinon réinventé, d'après les lumières d'une civilisation moderne, devra faire appel aux Lumières qui l'avaient guidé durant le troisième quart du XVIIIᵉ siècle et aux idéaux jacobins éveillés en 1820 pour se constituer en tant que « pays légal » ; mais sa propre réalité, ses valeurs de « pays réel » ne pourront qu'être basées sur une mentalité, une « manière de sentir », un « état d'âme » propre à une époque que tant d'événements formidables avaient agitée. Le libéralisme s'associe ainsi avec le romantisme, comme le voulait Victor Hugo, quitte à se confondre avec lui dans un même mouvement de pensée et de cœur. Nous nous proposons de le vérifier dans le domaine de la vie portugaise, entre 1835 et 1880, environ — période pendant laquelle la nation se façonna comme un organisme du XIXᵉ siècle, y trouvant une définition sociale, culturelle, politique et morale qui se perpétuera.

1835 (ou 1834), « pax liberalis », est une date indiscutable : elle marque le commencement du processus romantique national, dans sa phase d'instauration. 1880 se situe à la fin de ce même processus, au moment où se caractérise un tournant de la société portugaise et où, surtout, cette société prend conscience de ses propres valeurs — et de sa propre faillite.

Certes, avant et après ces dates on peut enregistrer des phénomènes romantiques : deux périodes doivent alors être envisagées dont les limites sont assez imprécises, en ce qui concerne les débuts de l'une, vers les années 80 du XVIIIᵉ siècle, et la fin de l'autre, au long du

XXe siècle, au moins jusqu'en 1950, date à laquelle nous avons arrêté
notre enquête — car le romantisme survit encore aujourd'hui au siècle
qu'il a si brillamment éclairé. Les faits qui s'y trouvent définis sont à
peine mis en lumière dans les quelques chapitres qui introduisent
notre enquête et rapidement mentionnés dans son épilogue. Il va sans
dire que leur développement aurait constitué le thème possible de
deux autres enquêtes. Il ne fait pourtant pas de doute que la période
préparatoire se termina par la victoire des idées défendues par les
hommes qui avaient aidé à la définir, et que la période d'extension, ou
épigonale, doit être considérée à partir d'un ensemble de faits déterminant un changement dans la situation socio-culturelle du pays. En
1881, *Portugal Contemporaneo* d'Oliveira Martins, histoire du Portugal de 1826 à 1868, permit d'établir le bilan des années romantico-libé-
rales ; les premières expériences du téléphone et de la lumière électrique en 1877-78, et des faits divers comme l'écroulement tragi-comique
du plus grand pastiche romantique du style manuélin et la démolition
du « Passeio Público », haut lieu des mœurs du romantisme lisbonnais,
en 1878-79, avaient rendu possible, en une certaine mesure, ce bilan.
  En 1851, un mouvement bourgeois de « régénération » socio-politique, tout comme le début de certains mouvements ouvriers, signalent
la fin des folles années de formation du régime instauré en 1834, et le
passage à une nouvelle période historique. Trois ans auparavant, la
première expérience d'éclairage au gaz représenta déjà un progrès
technologique considérable. Quelque quinze ans plus tôt la machine à
vapeur avait été employée pour la première fois comme force motri-
ce ; en 1864 le chemin de fer reliera enfin les deux villes principales du
pays. En 1865, la première exposition industrielle internationale de
Porto couronna la sage période déterminée par la Régénération, tandis qu'une nouvelle génération de poètes étudiants contestait déjà
cette sagesse, dans une retentissante polémique idéologique. On entra
alors dans une troisième période caractérisée précisément par un
refus des valeurs du romantisme institutionnalisé dans un cadre conservateur. En 1881, cette réfutation n'était plus nécessaire car elle avait
atteint son but, dans la mesure du possible.
  L'examen de ces dates relais, 1834-35, 1847-51, 1864-65 et 1877-81,
marquées par des faits d'histoire et de technique, c'est-à-dire par des
faits de civilisation, nous amène à constater l'existence d'intervalles
assez réguliers entre elles. En effet, ces dates, réductibles méthodiquement à des millésimes plus précis (1835, 1850, 1865 et 1880), se
renouvellent tous les quinze ans, espace d'une promotion, sinon d'une
génération — les « quindecim annos, grande mortalis oevi spatium »,
dont parlait Tacite.

L'enquête que nous nous proposons de conduire au long de ces quelque quarante-cinq ans de vie nationale portera sur les structures culturelles de la nouvelle société libérale ou « constitutionnelle » — ou capitaliste, mieux encore : libéro-capitaliste. A cet effet, nous associerons deux perspectives dans nos recherches : nous interrogerons à la fois les faits sociaux et les faits culturels. Le fait culturel doit donc être amené jusqu'à sa fonction sociale et considéré à l'instar du fait social, comme un *fait total ou global*. Leur rapport réciproque, en situation dialectique, aboutit nécessairement à la définition de « fait socio-culturel », s'il est besoin de le dénommer ainsi. Il ne s'agit évidemment pas d'adopter un point de vue mécaniste d'après lequel les faits culturels découleraient des faits sociaux, mais d'essayer de comprendre leurs rapports dialectiques dans le cadre immédiat de la vie quotidienne, et dans celui, à la fois plus large et plus précis, du sens d'un projet que la société se donne, ou d'un destin dont elle rêve — à travers l'évolution des mentalités dont il importe d'établir l'histoire. Une société ne produit pas ses objets de culture (idéologies, arts, techniques) comme un pommier ses pommes : elle les crée, certes, mais en même temps elle est créée, façonnée, définie par eux — idée chère à P. Francastel, idée-base d'une véritable sociologie des objets de civilisation. Si l'on comprend mal une société moderne lorsqu'on ne connaît pas sa littérature ou sa peinture — c'est parce qu'elle *n'existe pas* sans ces dimensions. Un fait culturel *reflète* à la fois des valeurs sociales et *propose* des valeurs à la société : il *vérifie*, c'est-à-dire : il constate et rend vrai. Si, comme le veut L. Goldmann[1], l'œuvre définit, sur le plan de l'imagination, la structure correspondante à celle que l'ensemble du groupe social tend à se donner, de façon confuse, cette œuvre, et son univers imaginaire, ne sont pas sans intervenir dans la tendance sociale même.

Nous nous sommes donc penchés sur les jeux idéologiques de l'époque, très souvent à travers leur expression pragmatique ou politique car on ne trouve que rarement une expression philosophique abstraite chez les penseurs sociaux portugais. C'est là une caractéristique qu'on ne saurait ignorer. L'instruction publique, instrument premier de la civilisation nouvelle qui voulait s'instaurer, a attiré notre attention ; nous y décelons quelques uns des problèmes majeurs du libéralisme romantique. La création artistique, dans les domaines de la littérature (de loin le plus riche), des arts visuels, du théâtre et de la musique occupe la partie la plus large de notre enquête car nous y

---

1. Voir Lucien GOLDMANN, *Pour une sociologie du roman*, Paris, 1964.

trouvons les signes les plus évidents des projets romantiques, dans
leurs réussites comme dans leurs faillites. Mais la création des objets
artistiques est un phénomène qui exige son correspondant dans la
consommation de ces objets mêmes : en face du créateur se dresse
l'usager, et les possibilités de l'un doivent être considérées et inter-
prétées en fonction des possibilités de l'autre. L'art est surtout dialogue : les livres non lus, les tableaux non vus, les musiques non écoutées, restent en marge du circuit social, ne sont, pour l'époque où ils
sont réalisés, que des vues de l'esprit car il leur manque cette réalité
que l'utilisation seule peut leur assurer. Dans le cas de la musique, ou
plutôt de l'opéra, importation culturelle caractérisée, nous verrons que
seule la consommation compte. Déjà Valéry envisageait l'histoire de
la littérature comme une « histoire de l'esprit en tant qu'il produit
ou consomme de la littérature ».

De leur côté, les mœurs définissent un plan sociologique très important : les goûts, les modes, le brassage social qui intéressa la bourgeoisie libérale, autant de faits de civilisation qui, bien que (peut-
être...) mineurs, doivent être pris en considération. Les faits divers,
voire les anecdotes, apportent parfois des renseignements très importants sur le comportement des sociétés, et sur leurs tensions internes.
Bien souvent la « petite histoire » ouvre de larges horizons. On oserait
même dire qu'il n'y a pas de « petite histoire » mais de « petits historiens »... Finalement, nous nous sommes intéressés à des figures-clés,
personnages privilégiés, héros définis dans des situations significatives. Certes, nous avons lu chez Lucien Febvre que ce n'est pas l'homme qui intéresse, mais « les sociétés humaines, les groupes organisés »[2] ; nous ne saurions pourtant pas ignorer que les événements comme les livres, les édifices ou les partitions, sont le fait d'hommes
vivants qu'il faut connaître intégralement. Les « bruits » que souvent ils
introduisent dans le cours des événements n'en informent pas moins
sur le sens final de l'histoire.

Faisant appel aux données de l'anthropologie sociale et culturelle,
nous considérons la culture comme un phénomène général défini par
des modes de penser, de sentir et d'agir, intégrés dans des structures
de signification. Nous avons pourtant laissé de côté certains domaines
matériels, auxquels, dans le cadre de notre programme de recherches,
nous avons seulement fait allusion. D'ailleurs, il ne faut pas oublier,
d'après F. Braudel, que, « pour cerner les sujets multiples de la vie maté-

---

2. Lucien FEBVRE, *La Terre et l'évolution humaine* (Paris, 1922), p. 201.

rielle il faudrait des enquêtes systématiques, serrées, sans compter des collections de mises au point »[3] ; ni que « tout cela manque encore » — et non seulement dans le cadre portugais. L'agriculture, l'industrie et le commerce n'ont été observés que dans leurs effets sur la vie sociale ; leurs instruments, qui font partie d'une réalité élémentaire, n'ont même pas été mentionnés. Les sciences naturelles, elles aussi, se sont trouvées hors de notre champ opératoire. Quant à une perspective socio-économique, qui compléterait celle que nous nous sommes assignée, bien qu'elle ait toujours été présente à notre esprit, nous ne lui avons emprunté que des données essentielles pour notre propre travail. D'autres chercheurs ont déjà commencé à se consacrer au domaine que cette perspective recouvre ; nous avouons là notre incompétence.

*
* *

Le phénomène du romantisme au Portugal nous a intéressé comme un tout : nous avons adopté le principe de la globalité socio-culturelle comme programme de notre enquête. Nous avons donc cherché les significations idéologiques par le truchement d'une critique thématique définie au niveau « extra-réflexif » mais surtout à celui de la pensée consciente qui (selon G. Poulet) « tend à se confondre avec cette histoire des idées, des sentiments, des imaginations, qui devrait être toujours adjacente à l'histoire littéraire »[4]. Nous n'avons pas pour autant ignoré l'analyse esthétique souvent attentive aux structures formelles, littéraires ou plastiques. Le sociologue des objets de civilisation ne saurait s'en passer : s'il décèle dans l'œuvre l'intériorisation d'un univers extérieur à elle-même (celui de l'homme et de la société) la substance de cette intériorité est constituée par des valeurs immanentes et le caractère sémiotique de cette immanence ne pourra être sous-estimé. D'autre part, il sera abusif de chercher la signification sociale d'un élément isolé du texte, sans avoir établi sa situation, voire sa fonction directe, à l'intérieur de l'œuvre. Nous avons, en somme, pratiqué une *lecture extérieure* des objets de civilisation, prenant en considération leur *structure interne* — une *lecture relationnelle* attentive à tout moment aux éléments mis en rapport. C'est pourquoi la pulsation de certain vocabulaire idéologique fut également envisagée. Son emploi quotidien, érudit ou polémique (le terme « romantis-

3. Fernand BRAUDEL, *Civilisation matérielle et capitalisme, I* (Paris, 1967), p. 433.
4. Georges POULET, *Trois essais de mythologie romantique* (Paris, 1968).

me » lui-même) change dans le temps et dans l'espace opératoires, d'après une sémantique historique qui mérite d'être considérée.

Notre critique étant naturellement menée par la conscience historique actuelle des valeurs de l'époque, il faut pourtant y introduire l'opinion contemporaine des faits ; un jeu s'impose entre les deux perspectives qui rend tout recul historique ambigu. Nous citons donc des auteurs de l'époque et ceux-là exclusivement car eux seuls peuvent nous fournir une information disons « existentielle ». « J'aime les extraits et en les rassemblant, je tâche de faire en sorte que le lecteur tire librement sa conclusion », écrivait Sainte-Beuve. Nous nous limitons à orienter cette conclusion d'après notre propre option.

Nos options et nos choix, de textes ou de faits, portent en elles-mêmes leur signification enrichie par la multiplicité des rapports. Le *choix* des faits et leurs *rapports* définissent la démarche structurale de toute recherche ; par le dosage des rapports se mesure le dynamisme, voire la vie des structures organisées. Carrefours, croisements, recoupements de faits et de séries ouvrant des pistes que nous explorons ou nous limitons à signaler, sont autant de fonctions de ce même dynamisme qu'il importe de déceler, de façon à établir un réseau de données significatives et symptomatiques, tissu vivant de la réalité même.

Dans ce réseau les dates constituent des points de repère fort importants. L'analyse d'un aussi court espace de temps impose une chronologie attentive et serrée : les faits s'enchaînent selon un ordre irréversible car il porte en lui-même sa logique qu'il faut aussi interpréter.

Mais une enquête comme celle-ci est à la fois diachronique et synchronique : elle est composée idéalement par des écrans multiples qui se succèdent dans le temps ainsi que dans l'espace. Les divisions de notre texte essayent de donner, avec les vieux et pauvres moyens de la presse (la « Galaxie de Gutenberg »...), un aperçu de cette double situation et de sa mobilité.

Notre programme général fut fixé dès le commencement de nos recherches qui devaient répondre à certaines questions de base sur le rôle de la culture romantique au sein d'une société libérale déterminée. « L'itinéraire que l'explorateur établit, au départ, il sait bien d'avance qu'il ne le suivra pas de point en point. A ne pas en avoir, cependant, il risquerait d'errer éternellement à l'aventure »[5]. Cette observa-

---

5. Marc BLOCH, *Apologie pour l'Histoire ou métier d'historien* (Paris, 1948,) p. 26 (4ᵉ éd.).

tion de Marc Bloch conduit à la proposition d'un schéma de travail ouvert aux possibilités multiples des découvertes en cours de route, tel que nous l'avons adopté.

*
* *

Menant une enquête spécifique sur le romantisme au Portugal, nous nous sommes bien entendu, dispensés de toute considération d'ordre général, esthétique ou autre, sur le romantisme en soi, mouvement de la pensée, « victoire de l'imagination », « frisson de l'âme », « religion du cœur », « manière de sentir », voire « mensonge », sinon « endemo-épidémie » d'époque — mythe formulé au sein d'une situation économique, politique et sociale définie dans les cadres fort diversifiés de l'Europe des deuxième et troisième quarts du XIXᵉ siècles. Nous n'avons fait que nous pencher sur un de ces cadres, essayant d'avoir une vision problématique des faits qui y sont observés.

Si nous avons cherché les racines, les sources et les références de ces faits, nous n'avons nullement eu l'intention de faire de la littérature et encore moins de la culture comparée. Notre programme de recherches consiste simplement à définir l'image de l'expérience romantique des Portugais et à contribuer ainsi à la connaissance de la socioculture du romantisme en Occident. Notre champ opératoire a été clairement limité. Nous avons en outre évité tout parallèle - même avec la situation espagnole, en ayant pourtant conscience d'avoir délaissé un domaine dont l'exploration s'avère urgente.

Nous nous occupons, en somme, des faits d'une civilisation nationale où s'est épanoui, nous verrons dans quelle mesure, ce « bourgeois conquérant »[6] dont le statut social et culturel avait été annoncé vers le milieu du XVIIIᵉ siècle et qui, s'étant battu pour ses intérêts, se mettait alors à écrire (et à peindre, à bâtir, à légiférer) pour lui-même.

---

6. Voir Charles Morazé, *Le bourgeois conquérant* (Paris, 1957).

PREMIERE PARTIE

LES ANNÉES D'INNOCENCE
(avant 1835)

Camoëns, o grand Camoëns, combien semblable
Au mien m'apparaît ton destin, quand je les compare !
BOCAGE (1800)

O « saudade » ! goût amer du malheur,
Blessure exquise d'une épine acérée
Qui me transperce jusqu'au fond du cœur.
GARRETT (1825)

CHAPITRE PREMIER

LA LIBERTÉ, L'AMOUR ET L'ANGOISSE

Le troisième quart du XVIIIe siècle au Portugal a été profondément bouleversé par l'action du marquis de Pombal, « despote éclairé » selon un modèle que la conjoncture nationale et le tempérament du ministre façonnèrent d'une manière empirique, hâtive et contradictoire. L'idéologie ou les idéologies des Lumières ont pénétré avec difficulté dans les schémas mentaux de la nation qui devaient reprendre des propositions vieilles d'un siècle. Ils adoptaient des idées de Colbert encore utiles à la définition du statut social d'une nouvelle classe sur laquelle Pombal devait appuyer son système. Les réformes du ministre tendaient à accomplir une scission entre la cour et sa noblesse encore baroque, et une élite bourgeoise entreprenante sur le plan des affaires. Scission — mais aussi fusion si la noblesse acceptait de servir, sans dérogation, les idées progressistes de Pombal. Le Collège des Nobles installé à la place du Collège des Jésuites expulsés, veillera à cette fusion nécessaire. Le processus d'évolution sociale fut, en apparence, provoqué et sans doute accéléré par le tremblement de terre de 1755 qui permit au ministre de se voir conférer les pleins pouvoirs. Une nouvelle ville sortit alors de sa volonté ; ses plans traduisaient des schémas idéologiques nouveaux, sa réalisation sera surtout due aux capitaux de son entourage[1]. On peut alors parler d'une sorte de mutation dans la vie nationale. La Lisbonne nouvelle, sorte de Salente réelle, sera le décor que le « terrible marquis » offrait à son action réformatrice — elle-même comparée à un tremblement de terre.

Dans cette ville en ruines, dont les projets de reconstruction, sous un dessin baroque volontairement appauvri encore issu du maniérisme espagnol de Herrera, annoncent les vertus du néo-classicisme,

---

1. Voir José-Augusto FRANÇA, *Une ville des Lumières : La Lisbonne de Pombal* (Paris, 1965).

dans cette ville sage, les poètes eux-mêmes prônaient la sagesse d'un réel bourgeois et quotidien. La poésie constituant alors le seul domaine littéraire important par sa qualité, c'est ici que nous devons chercher les symptômes significatifs d'une altération structurale. Sous Pombal, la poésie, entraînée par cette réforme de la mentalité, se devait d'instruire. Verney, conseiller philosophique que le ministre tenait prudemment à distance[2], lui imposait des limites trop étroites qu'un poète comme Correia Garção[3] (mi-Diderot mi-Boileau par la force de circonstances anachroniques) élargissait avec sa verve critique, dans le cadre de la nouvelle « Arcadie », académie de poètes fidèle au dictateur.

Les règles qui résistaient encore aux données du quotidien imposaient pourtant l'usage d'une culture classique figée dont les images mythologiques trouvaient une justification dans les poétiques d'Aristote et d'Horace, maniées avec constance. Horace, Virgile, Ovide et Pindare aussi, sont les modèles suivis et souvent traduits. Mais, derrière cette façade habile d'un néo-classicisme littéraire, quelques forts sentiments individuels pointaient déjà, même parmi les amis du marquis réformateur.

Deux poètes nés en 1744 vont nous permettre de préciser le mouvement subtil qui oriente la culture des « arcadiens » et marque déjà son processus de dissolution. Les histoires de la littérature leur donnent le nom de « pré-romantiques », les séparant ainsi de leur génération encore soumise à des valeurs classiques — et nous devons accepter ce nom sans doute dangereux mais qui suggère les chemins de l'avenir. Acteurs au sein de la crise de conscience de la seconde moitié du XVIIIᵉ siècle, T.A. Gonzaga et J.A. da Cunha, un magistrat et un mathématicien, cherchent à l'intérieur du code académique une possibilité d'expression érotique. C'est précisément par là que le code explose…

Les amours douçatres des bergers d'Arcadie, fictions *ad usum* des « outeiros » des couvents de religieuses, « salons » d'une société figée dans des habitudes du XVIIᵉ siècle, ne sauraient suffire lorsque

---

2. L.A. VERNEY (Lisbonne 1713 - Rome 1792), docteur en théologie et en droit civil (Université de Rome), publia une œuvre de base pour la réforme de la mentalité portugaise : *Verdadeiro Método de Estudar para ser util à Républica e à Igreja* (Valencia, 1746). Il vécut une grande partie de sa vie à Rome, où il occupa un poste secondaire à l'Ambassade de Portugal.

3. P. J. A CORREIA GARÇAO (Lisbonne 1724-1772), poète et auteur dramatique, fut un des fondateurs de l'Arcadia Lusitana (1756). Arrêté par l'ordre du marquis de Pombal, mourut en prison. Voir sur son œuvre l'introduction d'A.J. SARAIVA *in* CORREIA GARÇAO, *Obras Completas* (Lisbonne, 1958).

la chair gémit vraiment ou s'abandonne au plaisir. Séparé de sa très jeune aimée par un destin tragique de pseudo-conspirateur mis aux fers, Gonzaga, âgé de quarante ans, déroule, dans sa prison, un long chant d'amour et de détresse, suites poétiques auxquelles il donne le nom suggestif de « lyres ».

> « Eu tenho um coração maior que o mundo,
> Tu, formosa Marilia, bem o sabes :
> Um coração, e basta,
> Onde tu mesma cabes »[4].

Ce cœur que le poète compare au monde est mis à nu pour la première fois, dans une analyse où le monde lui-même doit entrer, par le truchement du quotidien. Descriptions, évocations, plaintes, plans pour le futur (un futur bourgeois et horacien à la fois), la peur de tout avoir perdu, y compris sa belle — tout cela coule dans le poème de Gonzaga, en vers parfois très beaux dans leur simplicité.

Certes, il a donné un nom de bergère à son aimée et lui-même a pris un nom de berger. « Marilia » et « Dirceu » ne sont pourtant que des pseudonymes de circonstance que la convention poétique impose : le jeu du poète n'en est pas moins un jeu nouveau, où il s'engage tout entier. Même si, déporté au Mozambique, il s'y marie un an plus tard, tandis que sa « Marilia », mariée elle aussi, mourra octogénaire, inspirant alors un feuilleton ironique à un jeune écrivain des années 50[5]...

La vie leur a joué un mauvais tour qui deviendra un simple souvenir. On peut commenter cyniquement leur histoire en rappelant la hâte que Gonzaga mit à publier son poème, l'année même où il prit le chemin de l'exil : cette histoire d'amour malheureux aboutit à une solution sage et réaliste dont les bergers antiques n'auraient pas été capables. Elle n'en devint pas moins un thème de « modinha » brésilienne, petite chanson populaire doucement mélancolique...

J.A. da Cunha, lui aussi, donne un nom de bergère à sa maîtresse, mais sa Margarida, grosse paysanne prête aux jeux sensuels du poète, ne surgit pas moins derrière « Marfida », avec son entière vérité charnelle. Cunha a lu et traduit Anacréon, Horace, Virgile et aussi Milton, Pope et Shakespeare, Montesquieu et Voltaire[6] — mais ce qui

---

4. *Marilia de Dirceu* (ed. Sá da Costa, Lisbonne, 1937), p. 83.

5. A. P. LOPES DE MENDONÇA, *in* « A Revolução de Setembro » (1855), cité par BULHÃO PATO, *Sob os Ciprestes* (Lisbonne, 1877), p. 108.

6. Voir *A Obra Poética do Dr. José Anastacio da Cunha, com um estudo* (...) de Hernani Cidade (Coimbra, 1930). Voir également Joel SERRAO *in* José Anastacio da CUNHA, *Noticias literarias de Portugal*, 1780 (Lisbonne, 1965).

nous intéresse c'est de marquer la nouvelle perspective qu'il a proposée à la poésie portugaise :

> « Não vês, inda de gosto sufocados,
>   Um no outro nossos peitos esculpidos ? »

— une flamme, une ardeur des sens, le glorieux désespoir de posséder
la femme, la fièvre même de l'amour physique dont le poète traduit
presque le rythme tumultueux.

La sincérité de ces deux cas, la définition d'une situation personnelle qui s'attaque à la réalité même, qui ne fait qu'un avec la réalité,
traduit une mutation qui n'est pas seulement intellectuelle : il faut y
voir un des éléments de base d'une nouvelle structure socio-culturelle
qui s'annonce. Et ce n'est certainement pas par hasard que Gonzaga,
fils de brésilien, intégré dans la vie de la Colonie, a participé à une
conspiration nationaliste dont le but était l'indépendance. Il est également significatif que Cunha (auteur d'un lucide tableau-réquisitoire
de la culture portugaise en 1780, demeuré à l'état de manuscrit) ait été
victime de l'Inquisition, accusé de faire de mauvaises lectures philosophiques. La libération et la liberté, concernant une patrie ou un
esprit, se marient avec la connaissance de l'amour : Cunha, mort à quarante trois ans, est, dans une certaine mesure, un libertin — un libertin
provincial et tranquille comme il convenait à la fin du XVIIIe siècle
portugais qui, après la chute de Pombal (1777), était balayé par une
féroce réaction cléricale. Il ne sera donc pas publié avant 1839, édité
alors par les libéraux romantiques[7] qui, treize ans avant, ne soupçon-
naient pas encore l'existence de la partie la plus significative de son
œuvre[8] — et qui ne manquèrent d'ailleurs pas de faire saisir l'édition
par « abus de liberté de presse en matière religieuse »...

C'est aussi en libertin qu'on considèrera un poète de vingt ans plus
jeune mais mort en 1805, quatre ans avant Gonzaga : Bocage. Arrêtons-nous maintenant à cet autre personnage-clé du panorama littéraire de la fin du XVIIIe siècle. Figure populaire de la bohème lisbonnaise, improvisateur célèbre, il gaspilla son talent en des escarmou-
ches de poètes fainéants, habitués de cafés aux noms pittoresques —
prolétariat intellectuel résultant de la mutation de la société portu-

---

7. José Anastácio DA CUNHA, *Composições Poeticas* (pb. par Inocencio F. da Silva,
Lisbonne, 1839).

8. A. GARRETT, *Bosquejo da Historia da Poesia e Lingua Portuguesa*, in *Parnaso
Lusitano ou Poesias Selectas* (Paris, 1826), vol. I, p. 361 (ed. *Obras Completas*, II,
Lisbonne, 1904).

gaise qui, ayant perdu ses mécènes, n'avait pu les remplacer. Groupés dans une « Nova Arcadia », ils se leurraient d'une illusion académique qui n'était plus de leur temps. Prise entre deux époques, leur poésie n'était souvent qu'un jeu habile de mots où la culture classique se vidait de tout son sens. Ainsi faisait Bocage — mais son talent l'entraînait plus loin, comme malgré lui.

Derrière ses nombreuses amours aux éternels noms de bergères, et ses satires, d'une violence rare, percent l'inquiétude et l'angoisse. L'obsession de la mort est le thème clé de la poésie de Bocage : la mort qu'il appelle et qu'il craint — délivrance, châtiment ou pardon. Mais surtout une sorte de terreur permanente, une présence nocturne qui ne l'abandonne pas, et qui n'est plus le trio des Parques, même s'il peut encore l'appeler ainsi. Elle donne sur le vide, sur le néant — sur une vie éternelle qui ne serait qu'illusion et leurre. Angoissé, le poète criera contre la « pavorosa ilusão da eternidade » ; mais il dictera sur son lit de mort un repentir d'outre tombe : « Já Bocage não sou !... 'A cova escura... »

Avec Bocage, c'est la mort et la nuit (« Oh retrato da morte, oh noite amiga ») qui surgissent dans le sens de modernité des Portugais. Mais avec lui, la liberté (« mãe dos prazeres, doce Liberdade ») acquiert aussi une couleur nouvelle que la France libertine éclaire en même temps qu'elle lui offre « le Dieu de la raison », *son* Dieu qu'il brandira contre « le Dieu du fanatisme », le « Dieu que horroriza a natureza ». L'Inquisition condamnera ses idées philosophiques — mais elle ne pourra rien contre le sens de la nature que le poète apprenait en traduisant Bernardin de Saint-Pierre et Delille[9], car même s'il éludait les descriptions très précises du premier[10], il n'était pas moins sensible aux « ruines », aux « châteaux », « aux couvents abandonnés » du second, arsenal d'images d'un goût nouveau.

Chef de file des Elmanistes, clan de poètes qui, au seuil du romantisme, se réclameront de l'Arcadie, lui-même heureux de porter son nom de berger ancien, Bocage est pourtant un homme solitaire, à l'ombre de la mort que d'autres poètes ne ressentiront que quelque quarante ans plus tard. Et sa mort ne manquera pas d'être interprétée par les romantiques de 1849 comme un « suicide » — issue logique des « luttes d'une vocation incomprise avec les exigences misérables de la socié-

---

9. B. de SAINT-PIERRE, *Historia de Paulo e Virginia* (pb. Lisbonne, 1905). DELILLE, *Os Jardins ou a Arte de aformosear as Paisagens* (trad. de BOCAGE ; Lisbonne 1800).

10. Voir Hernani CIDADE, *Bocage* (Porto, 1936), p. 139-140 (2e ed. s/d, 1965).

té »[11]. En même temps, un poète illustre insistera sur son caractère populaire, voyant en lui « un homme du peuple », le créateur d'une poésie plébéienne ». Il n'en voyait pourtant pas moins chez Bocage un poète maudit — égal à Camoëns, « pauvre », « criminel » et « malfadado » comme lui[12]. Camoëns, dont J.A. du Cunha avait déjà dénoncé, dans une colère pré-romantique, le destin misérable que sa patrie lui avait offert[13].

Une équivoque populaire et anecdotique s'est constituée autour de la vie de Bocage, en même temps que s'établissait une équivoque littéraire autour de son œuvre ; il faut néanmoins remarquer que, chez lui, les valeurs instinctives l'emportent sur les valeurs culturelles. Sa place est donc aux côtés de Cunha et de Gonzaga et non près de Filinto Elisio, le chef de file des Filintistes, poètes-bergers qui s'opposeront aux Elmanistes, dans une guerre puérile qui précède la formation d'une conscience critique des problèmes du romantisme.

Le P. Nascimento, « Filinto Elisio » pour les poètes, mérite à son tour un temps d'arrêt dans notre enquête.

Contemporain de Gessner et de Wieland, ce prêtre horacien qui, la quarantaine passée en 1778, a dû fuir l'Inquisition et venir s'installer à Paris où il est mort en 1819, fut une sorte de pôle et de plaque tournante de la poésie portugaise à la fin du XVIIIe siècle. Son nom se trouve en relation avec ceux des poètes marquant la transition du schéma culturel qui était le sien, vers une inspiration nouvelle qu'on ne pouvait encore définir et que Filinto n'aurait certainement pas su agréer. Sa poétique composée à Paris, en 1790, occupation sinon obsession d'émigré engagé dans la « défense de la langue (portugaise) »[14], est déjà un traité archaisant ; sa poésie, obéissant à ses idées, n'est qu'un monument de goût horacien : elle sait éviter les pièges académiques mais, chantant la liberté et se plaignant de l'exil, elle ne cherche pas des innovations sentimentales, bien au contraire. Et pourtant les éloges de Filinto Elisio ont constitué la meilleure des récompenses pour Bocage et pour son élève Alcipe, traductrice de Thomson, de Gray et de Wieland — que lui-même traduira, ainsi que Chateau-

11. A. P. Lopes de Mendonça, *Ensaios de Critica e Literatura* (Lisbonne, 1849), p. 24.
12. Alexandre Herculano, *Elogio Historico de Sebastião Xavier Botelho* (1849), *in Opusculos IX* (Lisbonne, 1908), p. 217-218 (2e ed.).
13. José Anastácio da Cunha, *Noticias Literarias de Portugal*, 1780 (Lisbonne, 1965), pp. 42-46 (2e ed.).
14. Filinto Elisio, *Da Arte Poetica Portuguesa - epistola, in Parnaso Lusitano* (Paris, 1826). *In* Filinto Elisio, *Poesias* (ed. Sá da Costa, Lisbonne, 1941) p. 1 à 67.

briand. Lamartine, à qui il donna des leçons de portugais, lui consacra des stances où il était question de son exil[15]. Le plus grand des poètes romantiques, Garrett, se réclamera de lui, le défendra toujours,
après lui avoir attribué la composition d'un de ses premiers poèmes-
romances, dans lequel le romantisme faisait son apparition dans la
littérature portugaise. Sa fidélité au vieux poète se traduisait alors
par une forme habile et châtiée, obéissant elle-aussi aux valeurs classiques les plus pures. C'est à travers l'enseignement de Filinto que
l'influence d'Horace persista dans la culture de la première génération romantique nationale. Et ainsi, paradoxalement, les Filintistes
ont été plus modernes que les compagnons de Bocage...

Entre l'une et l'autre génération, il y a pourtant un poète qui nous
aide à comprendre l'évolution des sentiments et des formes au cours
de ces années troubles : « Alcipe », que Filinto baptisa comme elle baptisa « Filinto ». Le vieux poète fut son maître et, peut-être, son amoureux platonique ; Bocage lui dédiera ses poésies, en 1804[16].

« Alcipe » était la quatrième marquise d'Alorna, née en 1750, et disparue seulement en 1839, en pleine tempête romantique. Elle était
alors une vieille dame assez réactionnaire imbue de préjugés aristocratiques n'ayant rien à voir avec la révolution qui pourtant partait
de Rousseau, de Voltaire et des Encyclopédistes qu'elle admirait tant.
Mais Alcipe avait beaucoup contribué à créer l'atmosphère dans laquelle se développera le mouvement romantique.

Tout d'abord par sa vie[17]. Le marquis de Pombal l'a enfermée dans
un couvent, de huit à vingt-sept ans, victime absurde, comme toute sa
famille, d'une conspiration contre la vie du roi où ses oncles et ses cousins s'étaient compromis ; mariée à un noble allemand, elle a voyagé en
Europe, assisté à Marseille à des événements de la Révolution ; veuve
et pauvre, elle a été exilée à l'âge de cinquante ans par la police qui
se méfiait de ses idées et de ses lectures et a passé une dizaine d'années en Angleterre. Son frère, général de Napoléon est mort de froid
et de privations pendant la retraite de Russie : il avait été condamné
comme traître à la patrie par ses compatriotes. Elle fut toujours hos-

---

15. LAMARTINE, « *La Gloire* » (à un poète exilé), *Premières Méditations Poétiques*
(Paris, 1817) p. 142 vol. I *Œuvres* (Paris, 1885). La traduction de CHATEAUBRIAND
Os Martires fut publiée en 1816 à Paris.

16. *Poesias de M. M. B. du Bocage dedicadas à Ilma. e Exma. Senhora Condessa
de Oyenhausen* (Lisbonne, 1804).

17. Voir Marquês de AVILA E BOLAMA, *Marquesa de Alorna* (Lisbonne, 1916) ; Hernani CIDADE, *A Marquesa de Alorna* (Porto, 1930).

tile à l'Empereur et dans les premières années du siècle s'était engagée à fond dans le projet extravagant d'une grande insurrection en Vendée qui devait résoudre tous les problèmes de l'Europe menacée par Napoléon Buonaparte[18]. Une Société de la Rose, créée à Lisbonne, sorte de maçonnerie « blanche », était dans une certaine mesure liée à ces plans, et ce fut à cause d'elle que, de façon paradoxale, la marquise a dû partir en exil... Plusieurs anecdotes[19] rehaussent les couleurs de son portrait de femme douée d'une intelligence et d'une culture supérieures, dénuée de tout sens pratique, un peu fantasque et attachée jusqu'à sa mort à des privilèges de caste ; elle voyait la liberté, que son « oracle » Voltaire lui avait apprise, comme l'apanage d'une élite — et restera penchée sur ses chers auteurs et sur ses vers qui couraient de main en main et qui, comme ceux de Cunha, ne seront publiés que dans les temps romantiques, en 1844-1851[20].

Quels auteurs, quels vers — quels thèmes ? C'est chez Alcipe que les germes de la transformation romantique prolifèrent, soit par l'information directe et par les contacts du poète au cours de ses voyages en Europe, soit par l'excitation et la mélancolie de sa vie agitée et frappée par le malheur.

« Cercada de pesar mais bem não tenho
   que um triste desafogo em terno pranto »[21],

écrira-t-elle, prisonnière dans une cellule de son couvent — et la tristesse, la solitude, la « saudade », la douleur reviennent sans cesse dans ses sonnets et ses chansons. Mais non pas l'amour : Alcipe, femme de lettres, un peu « bas bleu », n'a jamais été une amoureuse. Elle l'avouera :

« Amor é para mim uma quimera ;
   Em meu peito deserto não prospera
   Mais que a lei da razão (...) »[22]

Cette foi dans la raison l'amenait à échanger une curieuse correspondance avec son père, comme elle prisonnier de Pombal. Deux men-

---

18. Voir lettres de la marquise d'ALORNA in *Ineditos, Cartas e Outros Escritos* (Lisbonne, 1941). Remarquons que la marquise d'Alorna a traduit *De Buonaparte et des Bourbon*, de Chateaubriand (Lisbonne 1814).

19. *Memorias do Marquês de Fronteira e de Alorna*, I (pb. Coimbre, 1928). L'auteur était le petit-fils de la marquise.

20. Marquesa de ALORNA, *Obras Poéticas* (Lisbonne, 1844-1851), 6 vol.

21. Marquesa de ALORNA, *Poesias* (ed. Sá da Costa, Lisbonne, 2e ed. 1960) p. 13.

22. Id., Ibid., p. 81.

talités s'opposent alors — et aucun document intime ne va peut-être
plus loin dans l'expression de la crise mentale de la deuxième moitié
du XVIIIᵉ siècle au Portugal que ces lettres délicates mais fermes de
la jeune Alcipe à travers lesquelles on devine les conseils et les opinions de son père qui, bon « fidalgo » du temps jadis, songeait toujours
à faire brûler l'œuvre de Voltaire... C'est aussi la loi de la raison qui
la faisait alors s'écrier :

> « Pensamentos, nascei, que Apolo o manda !
> Atrevidos nascei, em liberdade ! »[23]

Apolon « ordonnait » encore, bien entendu — mais, « hardies », les pensées échappaient déjà à son pouvoir symbolique, et au cours de ces
années d'innocence, le mythe de la liberté découlait de sources bien
étrangères à la mythologie des « arcadiens ».

Un dialogue en vers avec Filinto Elisio nous permet de mesurer
la distance entre les positions prises par les deux poètes. Le réseau
culturel qui justifie l'épître de son maître est rompu par Alcipe dont
les accents sont beaucoup plus modernes, dans le sens d'une actualité,
d'une présence, d'une action émotionnelle suscitée par le quotidien, au
delà des évocations de Minerve ou d'Arachné[24]. Certes, elle retient les
leçons de Filinto - mais elle ajoute à sa technique les accents fougueux
et intimes de Bocage qu'elle admire aussi. Et puis, n'a-t-elle pas écrit,
en français, que

> « le mécanisme exact d'un vers sec et limé
> veut une âme servile, un cœur inanimé » ?[25]

Il est difficile et souvent impossible de dater les poésies de la marquise d'Alorna et de les enchaîner dans le temps ; il paraît pourtant
évident que, sur le plan de la métaphore, les différences soient insi-
gnifiantes. Aucune évolution profonde n'altère la poésie d'Alcipe tout
au long de quelque soixante-dix années fort agitées. La mélancolie de
la prison, connue en âge tendre, suscite un mouvement sans retour :
nous sommes devant une scène où se sont implantés des décors « nor-
diques » et où la nature ne saurait être qu'un rêve de bonheur.

Alcipe adopte donc des thèmes nouveaux révélés par ses lectures.
Celles-ci faites sous l'influence d'un mari allemand ainsi qu'à l'occa-

23. Id., Ibid., p. 25.

24. Id., Ibid., « Conversações entre três », p. 65, 66.

25. Id., Ibid., « Epîtres à une Dame », p. 193.

sion d'un séjour qu'elle fit à Vienne comme ambassadrice, dans les
années 80, se tournent vers le domaine germanique. Wieland (dont
elle traduit des passages du poème *Oberon* qui avait déjà occupé son
maître Filinto), Goethe, Bürger, Cronegk, qu'elle traduit ou imite, élargissent son horizon culturel que les Français, les Italiens et les Anglais illustraient depuis sa jeunesse fort cultivée[26]. Elle imite Lamartine et, surtout, Delille, rencontré à Paris, dans ses *Recreações Botâ-
nicas*, en même temps qu'elle traduit Lamennais ; elle lira toujours
Metastasio avec plaisir ; elle imite ou traduit Gray, Thomson, Goldsmith, Pope, Young, Ossian-Macpherson, consacre une épître à Lord
Byron, trouve une sorte de réconfort dans le monologue *to be or not
to be* de Shakespeare[28]...

Retenons ces Italiens et ces Allemands ; retenons aussi la connaissance d'une jeune fille de quatorze ou quinze ans, rencontrée en 1780
chez ses parents, à Paris — la future Mme de Staël qu'Alcipe retrouve-
ra de nouveau à Londres, en 1814[28]. Un remarquable poète du Romantisme, qui fréquenta le salon d'Alcipe dans les années 20, écrira, à la
publication de ses œuvres, quelques lignes fort graves qui situent l'action de la marquise d'Alorna : « Comme Mme de Staël, elle faisait
tourner l'attention de la jeunesse vers l'art de l'Allemagne qui est venu donner une sève nouvelle à l'art méridionnal (...) A cause de cela,
et de son talent profond, on lui a attribué, à juste titre, le nom de
Staël portugaise[23] ».

Certes, Gessner, Wieland, Klopstock étaient connus au Portugal
où Gessner avait été traduit déjà en 1784[30] ; les Anglais dont Alcipe
s'occupait (et d'autres encore, comme Milton, Hervey, E. Darwin...),

---

26. Selon H. CIDADE, *Op. cit.*, Vitorino NEMESIO, *A Mocidade de Herculano* (Lisboa, 1940), I, 268 et ss.

27. Id., *Ineditos, Cartas e Outros Escritos*, « Autobiografia », p. 211. La traduction
de LAMENAIS (*Ensaio sobre a indiferença em materia de Religião*) fut publiée
en 1820 à Lisbonne.

28. Signalons que les biographes d'Alcipe oublient que la jeune fille rencontrée
à Paris chez les Necker n'était pas encore Mme de Staël, car le voyage d'Alcipe
a eu lieu en 1780 ; la future Mme de Staël était alors âgée de douze ans. Le
contact établi à Londres, chez le comte de Palmela, ne put avoir lieu qu'en
1814, date à laquelle Palmela a été nommé ambassadeur auprès de la cour
de St-James.

29. Alexandre HERCULANO, *in* « O Panorama » (1844), *in Opusculos IX*, p. 278.

30. J. FREIRE BARBOSA, *Idilios e Poesias Pastoris de Salomão Gessner* (Lisbonne,
1784 ; F.J.D.J.B.C. *O Messias* (Lisbonne, 1792). Filinto ELISIO, *Oberon* (Paris,
1802).

pénétraient, eux-aussi, l'espace d'une culture nationale en transformation — mais on doit à la marquise d'Alorna une sorte d'action cataly-
tique. Elle assume donc un rôle pédagogique en ce moment de la vie
portugaise qui précède l'éclosion du romantisme, alors que ses premiers symptômes se manifestaient parmi les émigrants, comme Garrett. Herculano avouera être son débiteur, Garrett l'ignorera, en 1826,
dans son esquisse d'une histoire de la poésie portugaise[31], mais seulement parce que son œuvre ne se trouvait pas encore publiée. Il aurait pourtant dû connaître son action — lui qui, de son côté, devait tant
à Filinto.

Le filet où se prendra l'avenir se resserre donc à partir d'Alcipe.
Quinze ans plus jeune que Filinto et quinze ans plus âgée que Bocage,
elle survit à ses deux amis et entre elle et Garrett ou Herculano, de
quelque cinquante ans plus jeunes, c'est le vide. Autour d'elle un grand
brassage culturel déplace le centre d'intérêt de la littérature portugaise de la France vers l'Angleterre et l'Allemagne, dans le domaine de la
poésie. Le Racine et le Voltaire chers aux auteurs « arcadiens » qui se
succédaient depuis le milieu du siècle, s'effaçaient devant des poètes
venant d'autres horizons. C'était l'effet d'une campagne contre la « gallomanie » dont Garrett se fera écho en 1826 (et en 1839)[32] et que Filinto dirigeait. *Les Martyrs* de Chateaubriand étaient, certes, traduits en
1816 par Filinto Elisio ; Delille, garanti par Virgile, était imité par Bocage et par Alcipe — mais Pope était traduit par Alcipe (*An Essay on
Criticism*) et par Cunha, qui traduisait aussi Milton, dont *The Lost
Paradise* avait eu une traduction en 1789, composée par un traducteur
de Gessner[33].

Mais ce fut les *Night Thoughts* de Young et l'*Elegy written in a
Country Churchyard* de Gray qui eurent un rôle décisif à jouer dans
la formation de la sensibilité romantique portugaise. Traduits avec
quelque quarante ou, au moins, trente ans de retard[34], à la faveur de
leur vogue européenne, et diffusés déjà dans le pays à travers les tra-

---

31. A. GARRETT, *Bosquejo da Historia da Poesia e Lingua Portuguesa, in Parnaso
    Lusitano* (Paris, 1826).
32. Id., Ibid. (« Filinto Elisio nous avait libéré dans le style, du joug français »)
    et dans un prospectus annonçant la publication de ses œuvres complètes (in
    F. Gomes de AMORIN, *Memorias Biograficas de Garret*, Lisbonne, 1881-84 ; II, 504).
33. P. José Amaro DA SILVA, *O Paraiso Perdido* (Lisbonne, 1789).
34. J. M. RIBEIRO PEREIRA, *Noites Selectas* (...) (Lisbonne, 1781, 2ᵉ ed. 1787). On
    ignore la date de la traduction de la marquise d'Alorna du poème de Gray,
    réalisée probablement pendant son emprisonnement, c'est-à-dire avant 1777.

ductions françaises de Le Tourneur, ces deux poèmes offraient des images et des rythmes où de nouvelles valeurs esthétiques de la mort étaient définies. Une revue publiera, encore en 1841, une traduction de Gray réalisée vers la fin du XVIIIᵉ siècle[35] — ce qui garantit la résonnance et la signification du poème chez les lecteurs de la première génération romantique. De sa prison, Alcipe rêvait d'écrire un poème sur la Mort, « dans le goût de Young » ; quelques années plus tard, Ribeiro Pereira, traducteur portugais de ces œuvres, dira que le *Poema das Noites* est « l'élégie la plus sublime qu'on ait faite sur les misères de la condition humaine »[36]. Ce traducteur besogneux est un poète fort médiocre[37] mais il lui revient très probablement l'honneur de défendre pour la première fois en langue portugaise, « l'imagination livrée à elle-même ». Ces « misères de la condition humaine » dont il parle constituent alors, et alors seulement, un thème possible et nécessaire. La nuit, les tombeaux d'un cimetière de village — l'individu y trouve le décor de son angoisse, les limites de sa liberté. Après la nature diurne d'Horace et de Virgile, vient celle que la nuit cache et rend mystérieuse, chez les poètes du Nord. La marquise d'Alorna, « Mme de Staël portugaise », chantait encore :

> « Contigo, Young, Horacio, Marcia, Tirce,
>   Habito o Elisio Campo ; »[38]

Pourtant les jeux étaient faits et de cette compagnie bizarre et contradictoire où Alcipe mêlait des amies intimes, l'avenir romantique ne retiendra qu'un nom
    ... Quant aux Champs Elysées, le poète, bien que distrait et innocent, constatera bientôt que la réalité lisbonnaise ne leur ressemblait guère.

---

35. Le comte da Barca a traduit le poème de Gray vers 1799, selon Inocencio F. da Silva (*Dictonario Bibliografico*, 1858... I, 89) ; sa traduction n'a été publiée qu'en 1841, in « Ramalhete », Lisbonne, IV, 359.

36. J. C. Ribeiro Pereira, *Noites Selectas*, « Discurso Preliminar » p. 1-11.

37. José Manuel Ribeiro Pereira était un bureaucrate ; il mourut vers 1797. Esprit assez sot, selon Inocencio (*Dic. Bibliogr.* V, 10) ses traductions fort médiocres furent critiquées par Filinto Elisio.

38. Marquisa de Alorna, *Poesias* (ed. Sá da Costa, 2ᵉ ed. 1960) p. 48.

CHAPITRE II

JACOBINS, ANGLAIS ET GOTHIQUES

Filinto, Cunha, Gonzaga, Alorna, Bocage ont connu la prison ou l'exil en raison de leurs idées que les Lumières avaient façonnées, dès le temps de Pombal. Après la chute du « Grand Marquis », dans la conjoncture cléricale qui s'en est suivie, les « Philosophes » et les francs-maçons ont fait l'objet de persécutions animées par le zèle d'un ancien collaborateur de Pombal qui en 1780 devenait « Intendente » (Préfet) général de la police, charge que lui-même devait créer et qui répondait à une politique de réaction contre les vents qui soufflaient de France. Les « malvados de Paris » allaient empoisonner l'existence de l' « Intendente » Pina Manique — cerbère d'un système de valeurs idéologique que la cour « Très Fidèle » se devait de préserver. Mais l'isolement du pays devait totalement se laisser pénétrer par l'information venue de l'étranger — où, dès le milieu du siècle, des exilés forcés ou volontaires, des « estrangeirados », s'efforçaient d'attirer l'attention sur les idées nouvelles d'un monde nouveau.

Pina Manique, homme actif et sincère, fanatique de l'ordre, et par certains aspects continuateur de Pombal, est devenu le symbole des angoisses et de la haine d'un monde finissant qui essayait d'enrayer la marche des idées sur tous les plans où elles se manifestaient — les livres et leurs lecteurs, le théâtre et ses comédiennes, les cafés et leurs habitués, les modes... Un voyageur français de l'époque affirmait que « la prévention lui faisait tout voir sous des couleurs sinistres[1]. Son action a été tragique et comique à la fois. La marquise d'Alorna, suspecte de relations avec la franc-maçonnerie, car elle avait fondé une société secrète « de la Rose », lui a laissé saisir un meuble de toilette dont il ignorait l'usage et qu'il croyait contenir la clé d'une conspi-

---

1. J. B. F. CARRÈRE (anonyme), *Voyage en Portugal* (...) *en* 1796 (Paris, 1798) p. 119.

ration affreuse...[2] Pour l' « Intendente » personne n'était à l'abri des soupçons et le cousin de la reine lui-même, président de l'Académie des Sciences, récemment fondée, avait du mal à obtenir l'autorisation de recevoir de l'étranger certains livres. Il y avait pourtant des gens qui avaient une permission spéciale pour posséder ou lire des livres interdits. L'Index ou l'Inquisition de Rome fournissaient ces « licences », mais il fallait toujours faire confirmer leur validité à Lisbonne. Agents du Malin, moins ces livres entreraient au Portugal, mieux ce serait... Même la *Gazeta de Lisboa*, journal publié avec privilège officieux, n'échappait pas à Manique qui, allarmé par la manière chaleureuse dont, pendant quelques mois de 1789, elle annonçait les succès de la révolution française, réclamait l'arrêt de sa parution[3].

La révolution de France était la grande menace : elle terrorisait la pauvre reine du Portugal, l'acculant à la folie. Les émigrés qui envahissaient Lisbonne, y cherchant des emplois, ci-devants échappés à la guillotine, éveillaient eux-mêmes des soupçons. Un royaliste, le comte de Novion, était devenu le commandant d'un nouveau corps de police[4] — mais lui-même et ses amis lisaient l'Encyclopédie : leur position anti-révolutionnaire ne pouvait être confondue avec l'obsession provinciale de Pina Manique...

Ou même avec l'entêtement du marquis de Penalva, maître à penser de la « monarchie gouvernement de Dieu dans l'univers »[5], avec force raisons puisées dans l'arsenal des temps « très fidèles » du passé. L'action des deux hommes a déjà été mise en parallèle[6], à juste titre car la police, des mœurs ou des idées, était leur commun métier — et Penalva devenait en 1795 le président d'un comité de censure réformé deux ans auparavant, dans un sens plus clérical[7]. L'inquisition réactivée et les tribunaux royaux y remplaçaient un organisme créé en

---

2. *Memorias do Marquês de Fronteira*, I, 15.
3. Latino COELHO, *Historia Politica e Militar desde fins do Seculo XVIII até 1814* (Lisbonne, 1885), II, 385. L'étude des réactions de la *Gazeta* à la Révolution est très importante ; elle a été faite par M. BAGINHA en 1971-1972 (travail encore inédit) dans le cadre des travaux du Centre d'Etudes du XIXe siècle du Grémio Literario (Lisbonne).
4. L'action du comte de Novion fournira le sujet de la dernière pièce de GARRETT, achevée par Gomes de AMORIM et jouée en 1854 : *O Conde de Novion* - sujet d'ailleurs emprunté au *Chevalier du Guet*. de J. Ph. Lockroy (Paris, 1840).
5. Marquês de PENALVA, *Dissertação a favor da Monarquia*.. (Lisbonne, 1799 ; réédité en 1942) p. 21 (2e ed.).
6. Caetano BEIRAO, *in* préface à Marquês de PENALVA, *Op. cit.* (ed. 1942, p. XXII).
7. Décret du 17 décembre 1793.

1787[8]. Celui-ci avait été supprimé car il s'était révélé « inutile et inefficace » ; il avait déjà remplacé le comité de censure pombalin qui n'aurait pu suffire au gouvernement de Dona Maria Ière. Il fallait lutter contre « l'extraordinaire et terrible révolution littéraire et doctrinaire qui (...) si malheureusement allait contre les opinions établies, propageant de nouveaux, inédits et épouvantables principes et sentiments politiques, philosophiques, théologiques et juridiques, répandus et disséminés pour la ruine de la Religion, des Empires et de la Société »[9]. Les symptômes étaient fort clairs, on savait très bien quel parti prendre — mais comment faire ? Interdire les traductions était aisé — mais empêcher les gens de lire les ouvrages étrangers introduits en fraude, malgré Pina Manique et ses « moscas » (« mouchards »), l'était beaucoup moins.

L'analyse de l'action de la censure pendant cette période nous la montre d'ailleurs fort hésitante et contradictoire dans l'appréciation des titres à laisser traduire ou circuler[10]. Et, surtout, elle était inefficace : malgré les interdictions, vers le commencement du XIXe siècle circulaient au Portugal quelques milliers d'exemplaires de la Constitution française. Et les nouvelles du *Courrier de l'Europe*, comment éviter leur diffusion ?...

L'Europe et la France se profilaient derrière les Pyrénées, sorte de « rideau de pierre » qui paraissait servir les uns mais ne demandait qu'à être franchi par les autres. Absolutistes et libéraux luttaient en fonction de deux situations qui étaient historiques et géographiques à la fois. La France était la Révolution ; la liberté était la France... Vers 1790 on jouait des tragédies de Voltaire ; neuf ans plus tard le marquis de Penalva, président de la censure, s'attaquait aux Lumières ; en 1811 un prêtre, polémiste furieux, publiera un hebdomadaire, *Motim Literário*, pour écraser Voltaire et Rousseau[12].

---

8. Real Mesa da Comissão Geral sobre o Exame e Censura dos Livros, créée par le décret du 21 juin 1787.

 9. Voir Note n° 7.

10. Voir José Timoteo da SILVA BASTOS, *Historia da Censura Intelectual em Portugal* (Coimbre, 1926).

12. P. José Agostinho de MACEDO (Beja, 1761-1831), prédicateur polémiste et poète, fut un des champions de la faction réactionnaire portugaise. Il dirigea « Besta Esfolada » (1828-29), et publia les poèmes *Burros* (1827), *Oriente* (1814, dans lequel il voulut dépasser Camoëns), *A Natureza* (1806), *Newton* (1813), *Lira Anacreontica* (1819).

Un chanoine augustin qui, en se défroquant, avait adopté le prénom de Liberato (libéré), nous informe dans ses Mémoires[13] que l'année 1789 avait signifié pour lui un bouleversement total dans ses idées :
« dans ma têtc aussi s'est opérée une révolution complète ». Possédé
d'« une haine profonde contre tout ce qui était abus, excès du pouvoir, absolutisme, tyranie »[14], il se fera franc-maçon en adoptant un
nouveau nom : déjà Liberato, il deviendra Spartacus. Plus tard, il sera
député et ministre des libéraux.

De France venaient aussi les nouvelles idées pédagogiques de la
Convention que Garção Stockler présentera en 1799 et que l'Université de Coimbra contrariera avec son esprit dominé par la tradition
religieuse[15].

Cette liberté conquise ou souhaitée, définie contre le vieux monde
des ordres religieux, la « révolution » de Liberato, les révoltes de Bocage, la curiosité d'Alcipe et de Filinto Elisio, les tentatives de Stockler,
n'étaient qu'un seul et même phénomène, où idées et sentiments se
mélangeaient dans un élan passionné !

Cependant la priorité allait aux sentiments que la poésie animait
avant que les conspirations ne soient déclenchées... Liberato n'en a pas
moins traduit *L'art de Penser* de Condillac — mais de leur côté, *Emile,
La Nouvelle Héloise,* les *Confessions,* tout comme *Candide,* demeuraient interdits depuis le temps de Pombal, tandis qu'*Atala* et *Les
Alpes* de Haller le devenaient. Quant à la production et à la
diffusion des presses portugaises, elles ne manquaient pas d'attrister
les observateurs étrangers. Murphy, visitant le pays en 1789, affirmait
que « les frais de papier et d'impression ne pourraient même pas être
couverts par la vente des ouvrages »[16]. Le seul roman d'auteur portugais
était alors *O Feliz Independente do Mundo e da Fortuna,* en trois
volumes, imprimés en 1779[17] ; quinze ans plus tard un recueil de nou-

---

13. *Memorias da Vida de José Liberato Freire de Carvalho* (Lisbonne, 1855).

14. Id., p. 410.

15. F. de B. GARÇAO STOCKLER, *Plano de Instrucção Nacional* (Coimbre, 1799). Voir
Teofilo BRAGA, *Historia da Universitade de Coimbra...* (Lisbonne, 1902), IV, 6
à 12. On doit ajouter que le général Stockler, gouverneur des Açores en 1820,
résista au mouvement révolutionnaire du Vintismo et servira le régime réactionnaire de la Vilafrancada en 1823, devenant alors baron de Vila da Praia.

16. Jacques MURPHY, *Voyage en Portugal* (...) *dans les années* 1789 *et* 1790 (trad.
française, Paris, 1797) p. 223.

17. P. Teodoro de ALMEIDA, *O Feliz Independente do Mundo e da Fortuna* (Lisbonne, 1779, 3 volumes).

velles, *Lances da Ventura, Acasos da Desgraça e Heroismo da Virtude*[18], était anonymement offert « à la nation portugaise pour son divertissement »... En même temps la littérature de colporteur (« de cordel »), contentait tout le monde avec l'histoire de Charlemagne et de ses douze pairs.

Cette médiocrité était le résultat des préventions de la censure alors que les idées claires de la Révolution et l'expression des nouveaux sentiments romantiques étaient considérés de la même manière. La censure officielle était le porte-parole d'une conjoncture politique qui devait préférer à la fois les idées nébuleuses des Penalva et les sentiments nets des « arcadiens ». Les intrigues de l'Olympe étaient codifiées par Chompré dont on traduisait le fameux *Dictionnaire* en 1789 ; les sentiments de Jean-Jacques ou de Chateaubriand s'ouvraient au contraire sur un vague ou sur un infini qu'aucun Ordre ne pouvait garantir...

Si l'Ordre avait fait son apparition dans la France révolutionnaire, c'était tout de même un Ordre nouveau incarné en Napoléon, « nouvel Hannibal », « nouveau rédempteur de la Nature » (Bocage) — et sa geste, appréciée au delà du jeu des intérêts politiques et économiques subordonnés à la situation anglo-atlantique du pays, faisait vibrer les cœurs libéraux. Garrett, qui sera le plus grand des poètes du romantisme, se souviendra d'avoir acheté, tout petit, dans une foire, une estampe qui représentait l'Empereur. « Dès mon âge tendre j'ai été jacobin, cela va sans dire »[19], avouera-t-il, sur un ton amusé. Mais c'était vrai : on était « jacobin » parce qu'on éprouvait des sentiments libéraux, et on était français ou « afrancesado » parce qu'on était « jacobin »[20].

L'entrée des armées de Junot, à la fin de 1807, et le départ de la cour pour Rio a créé une situation difficile aux libéraux « afrancesados » car leurs amis idéologiques étaient devenus les ennemis de leur patrie et entre la résistance et la collaboration leurs sentiments blessés devaient choisir la première position. Pina Manique, destitué en 1803 par la volonté de Napoléon qui couvrait Lannes, son Ambassadeur et contrebandier notoire, n'était plus là pour combattre les « malvados de Paris » ; il n'avait pas résisté à la douleur d'avoir perdu sa

---

18. (Anonyme) *Lances da Ventura, Acasos da Desgraça e Heroismo da Virtude* (Lisbonne, 1794, 5 volumes).

19. GARRETT, *Viagens na Minha Terra* (Lisbonne, 1846) ed. *Obras completas*, Lisbonne, 1904, II, chap. IX, p. 172).

20. *Memorias do Marquês de Fronteira*, I, 12.

haute charge policière. Bocage non plus,n'avait pas vécu jusqu'à l'arrivée des soldats de Bonaparte-Hannibal. La retraite des armées de l'invasion fut suivie d'un certain nombre de procès pour collaboration et il y eut une longue liste de proscrits qui souvent ne faisaient que payer un « jacobinisme » naguère affiché sans conséquences[21], au niveau d'une entente avec l'ennemi — que le prince-régent en fuite avait lui-même conseillée.

Fuite honteuse devant l'ennemi ou retraite réalisée d'après un plan établit avec l'accord de l'Angleterre (qui en profitera pour s'installer dans le gouvernement du pays, une fois terminées les guerres de la Péninsule) — le dilemne ne peut sans doute pas être proposé à notre appréciation car la sagesse de la solution adoptée n'en a pas moins blessé un peuple qui se sentait désemparé et qui sombrera dans l'apathie la plus profonde, durant une quinzaine d'années.

La première caricature politique portugaise a commenté l'événement ; ce fut l'apparition d'un genre qui connaîtra le succès le plus grand sous le régime libéral. C'était, dans une certaine mesure, l'annonce des temps nouveaux où les rois n'étaient plus chose sacrée. On n'a certes pas coupé la tête du pauvre régent Dom João mais on se limitait à l'orner impitoyablement d'énormes cornes fort allusives. Dans son méchant portrait de la cour portugaise, la duchesse d'Abrantès ne manquera pas de donner raison au caricaturiste — mais ce qui importe c'est d'entrevoir derrière l'anecdote la fin possible d'un mythe. Le « vieux Portugal » commence ici son processus de désintégration finale.

Les Anglais, champions intéressés de la royauté portugaise, essaieront alors d'y opposer un contre-poison. En 1809, on fera paraître à Londres l'édition d'un vieux livre de prophéties publié en 1603, aux heures sombres de l'occupation espagnole[22]. Les vers de Bandarra, cordonnier inspiré qui annonçait la venue de Dom Sébastien, jeune roi mystique disparu en Afrique en 1578, devaient relancer le mythe du Sauveur national que « les vrais Portugais dévoués à l'Encuberto »

---

21. Voir Nuno DAUPIAS de ALCOCHETE, *La Terreur Blanche à Lisbonne* (1808-1810), *in* « Annales Historiques de la Révolution Française » (Paris, juillet-septembre, 1965) pp. 299-331 ; *La Réaction anti-libérale au Portugal après l'Occupation Française* (1808-1810), mémoire présenté à la IVᵉ section de l'E.P.H.E. (Paris 1965).

22. *Trovas do Bandarra, natural da vila de Trancoso apuradas e impressas por ordem de um grande Senhor de Portugal oferecidas aos verdadeiros Portugueses devotos do Encuberto* (1ère ed. Paris 1603 ; 2ᵉ ed. Nantes 1644 ; 3ᵉ ed. Barcelone - en réalité Londres - 1809). Voir INOCENCIO *Dict. Bibliogr.* III, 151.

attendaient dans 'les brumes du petit matin — et qui aurait pu être le prince Dom João lui-même, dont de médiocres artistes peindront allégoriquement le retour souhaité, sur les plafonds du palais royal d'Ajuda, quelque dix ans plus tard.

Le mythe, nous le verrons, aura la vie dure — mais c'était encore trop tôt et la garantie qu'on lui trouvait n'était vraiment pas acceptable[23]. Le point de vue « jacobin » se fondait sur une autre réalité qui était celle de l'histoire même.

Mais, si les Français de l'occupation avaient fourni le prétexte à ces symptômes de désintégration du vieux monde lusitanien, ils interviendront en même temps sur un autre plan.

Parmi les gens persécutés après le départ des armées de Junot se trouvait un peintre qui était le plus éminent des artistes portugais. Accusé d'avoir composé un tableau à la gloire du commandant en chef français, D.A. Sequeira a passé neuf mois en prison. Encore un « jacobin » qui avait oublié la saine doctrine apprise à Rome, laquelle aurait dû le mettre sur la voie de la peinture religieuse ou des allégories dédiées à Pina Manique. L'accusation était juste, même si le peintre a essayé d'en discuter le fondement — mais c'est également au-delà de cet accident biographique que nous devons chercher l'importance de l'affaire. La présence des Français représentera pour Sequeira une ouverture sur le monde, alors qu'il se plaignait de ne pas être apprécié de ses compatriotes. Il y a plus encore : Sequeira connut alors un jeune officier français qu'il accompagna à Alcobaça et Batalha, pour visiter les couvents gothiques. Le comte de Forbin, qui était peintre amateur, s'en est inspiré pour peindre plus tard une toile romantique ayant pour sujet le couronnement d'Inès de Castro ; devenu directeur des musées de France sous Charles X, il ouvrira les portes du Salon de 1824 à Sequeira qui y exposera *La Mort de Camoëns*, tableau dont la pensée romantique commença sans doute à se formuler auprès de son collègue, officier occupant, symbole d'un nouveau mythe européen. Enthousiasmé par le drame légendaire d'Inès de Castro, Forbin se penchait aussi sur le monde médiéval que les pierres gothiques d'Alcobaça et de Batalha représentaient. Il atteignait ainsi un des pôles du romantisme que le goût raffiné de l'Europe avait commencé à définir quelque cinquante ans plus tôt.

---

23. Si l'on croit Inocencio F. Silva (*Dict. Bibliogr.* III, 151) une nouvelle édition datée de Londres 1815 aurait été publiée à Paris. On pourrait alors y voir une manœuvre française contre l'occupant anglais.

Les châteaux, les abbayes (et leurs ruines) ne feront pourtant leur entrée dans la scène littéraire portugaise que beaucoup plus tard, phénomène d'un romantisme alors instauré — même si, traduisant les *Jardins* de Delille, Bocage pouvait déjà parler, en 1800, de « ruinas venerandas », « castelos anosos » et « mosteiros abandonados »[24]. Les objets y étaient tous — ruines, châteaux, abbayes — mais les adjectifs que le poète employait ne traduisaient pas encore l'originalité des émotions nouvelles.

La matière première ne manquait pourtant pas à Lisbonne vers la fin du siècle : « des ruines aussi bizarres et aussi horriblement belles que les restes des édifices des Romains et des Grecs » encombraient les rues de la capitale, si nous en croyons les impressions de Dumouriez, en 1766[25], que la duchesse d'Abrantès ne manquera pas de vérifier, quarante ans plus tard. Ces mêmes ruines avaient d'ailleurs fait l'objet d'une série d'estampes gravées à Paris par le célèbre Le Bas, tout de suite après le tremblement de terre de 1755[26]. Information et sentiment se liaient devant l'événement tragique — mais aucune des très nombreuses poésies qu'il a inspirées ne sauraient mettre leurs plaintes à la hauteur du charme crépusculaire des ruines. Les dieux de l'Olympe, toujours évoqués, ne l'auraient pas permis...

Il faudra l'action d'un étranger pour lancer la semence de ce goût nouveau. Devisme, négociant anglais, qui conservait des monopoles acquis grâce à l'appui du marquis de Pombal, a fait bâtir en 1791 une maison de campagne à Cintra, sorte de château médiéval avec ses tours, ses créneaux, ses ogives[27]. La résidence de Monserrate deviendra célèbre car elle sera louée par Beckford trois ans plus tard et visitée par Byron, en 1809. L'auteur de *Vathek* (qui ne sera jamais traduit en portugais) grand bâtisseur néo-gothique lui-même, à Fountainhill, aimait Cintra tout comme le chantre du *Childe Harold* qui mettra le souvenir de Monserrate dans son poème. Ruiné, le château devra attendre l'année 1839 pour être considéré par un écrivain portugais comme un haut lieu poétique[28], alors que, tout près, un prince-

---

24. DELILLE, *Os Jardins...*, chant IV, pp. 131 et 133.

25. DUMOURIEZ, *Etat présent du Royaume du Portugal* (Lausanne, 1775) p. 176-177.

26. *Recueil des plus belles ruines de Lisbonne causées par le tremblement et par le feu du premier novembre 1755. Dessiné sur les lieux par MM. Paris et Pedegache et gravé à Paris par Jac. Ph. Le Bas (...) en 1757.* Voir José-Augusto FRANÇA, *Une ville des lumières : la Lisbonne de Pombal* (Paris, 1965) p. 52.

27. José-Augusto FRANÇA, *A Arte em Portugal no seculo XIX* (Lisbonne, 1967) I, 174.

28. Visconde de JUROMENHA (anonyme), *Cintra Pinturesca* (Lisbonne, 1839).

consort allemand avait commencé à bâtir un château de rêve qui sera
l'emblème du romantisme portugais.

Ni les ruines de Lisbonne, faute d'un Hubert Robert national, ni
le château crênelé de Monserrate n'ont joué de rôle dans les schémas
esthétiques de cette période-charnière entre les XVIIIᵉ et XIXᵉ siècles. Au Portugal, le gothique était soit ignoré, soit laissé de côté : il
ne sera découvert qu'après 1820 par un poète qui venait alors de naître et qui sera le plus grand des premiers romantiques portugais,
Garrett... Machado de Castro, le sculpteur attitré des grands travaux
de Pombal et de Dona Maria Ière, y verra pourtant, vers la fin de sa
vie, aux environs de 1820, « une allure hardie qui l'approchait du sublime »[29]. Il n'en penchait pas moins pour l'autre courant, le « grec »
car, d'après lui, il n'y avait que deux systèmes esthétiques : « le grec
et le barbare ».

La proposition « barbare » réalisée à Monserrate avait pourtant
été précédée d'une proposition « grecque », définie à Benfica, tout près
de Lisbonne. En effet, le bâtisseur anglais du château de Cintra avait
déjà fait construire un autre château, au cours des années 70, pour
lequel il avait choisi un style néo-classique qu'un architecte local, habitué plutôt au baroque tardif des préférences auliques, a défini tant
bien que mal. On n'a pas manqué de célébrer son « goût anglais » qui
se combinait dans la mesure du possible avec le goût Louis XVI.

Nous sommes donc en présence de deux programmes simultanés
qui d'ailleurs correspondent à la situation esthétique européenne. Seulement, au Portugal le programme néo-gothique a été mis en sursis
pendant fort longtemps pour faire place au programme néo-classique ;
sans doute cela découlait-il d'une définition de modernité qui était
encore toute dépendante de la pensée des Lumières. Il est assez significatif qu'à la fin du XVIIIᵉ siècle on dénomme « gothiques » ceux qui
s'habillent à la mode ancienne et « anglais » ceux qui adoptent la mode du jour...[30] Mot péjoratif, voire négatif, n'oublions pas que « gothique » servait alors aux « estrangeirados » pour définir la monarchie
ancienne, d'avant les réformes « éclairées » de Pombal[30] (a).

Les Anglais d'ailleurs étaient les principaux responsables d'un
goût néo-classique que leur toute puissante colonie de Porto avait impor-

---

29. MACHADO DE CASTRO, *Dicionario de Escultura* (pb. Lisbonne, 1937) p. 50.

30. J. Pinto de CARVALHO-TINOP, *Lisboa de Outrora* (Lisbonne, 1938) I, 155.

30 a. Voir A. N. RIBEIRO SANCHES, *Cartas sobre a Educação da Mocidade* (Cologne,
    1760).

té dès la fin des années 60, lorsque, acceptant sa suggestion, on a
fait venir d'Angleterre des projets palladiens pour un énorme hôpital jamais terminé. Le palladianisme anglais influencera l'« architecture du Port-wine ». John Whitehead, consul britannique, homme des
Lumières, économiste et architecte amateur, y jouera un rôle important d'intermédiaire grâce aux excellents rapports qu'il entretenait
avec le gouverneur de la ville, dit le « Pombal » ou le « Pina Manique
du Nord ». Il participa à la programmation même des travaux d'ur-
banisation qu'on entreprenait dans la capitale du Nord dès les années
60.

A Lisbonne, Devisme ne faisait que suivre (et dans une certaine
mesure précéder) l'action de ses compatriotes de Porto ; il a été le
seul à tenter l'autre chemin. Il faut dire que le cercle des commerçants étrangers de Porto était plus strict que celui de la capitale et
la ville plus fermée sur elle-même. L'« anglo-palladianisme » de Porto
s'y opposait d'ailleurs à un baroque tardif que chérissait la vieille
noblesse terrienne du Nord, éloignée de la cour « romaine » de Jean V
autant que de la cour « bourgeoise » de Joseph 1er (ou de Pombal). Ce
style importé avait donc une fonction à la fois pédagogique et polémique à laquelle la voie néo-médiévale, à la teneur lyrique, ne pourrait que nuire.

... Et pourtant nous voyons le plus important des architectes de
Porto de cette période, Cruz-Amarante, s'arrêter en 1791, à Alcobaça
et à Batalha pour faire le croquis de leurs profils « barbares » sur ses
carnets[31]. Tenu à l'écart sur le plan de la praxis, le gothique commençait pourtant à s'infiltrer dans le goût, ou, tout au moins, dans les intérêts culturels de la nouvelle génération, d'Amarante à Sequeira.

A Lisbonne, le programme néo-classique prenait plutôt une voie
italienne et bourgeoise, accordée au style pombalin. Un théâtre d'Opéra y est né, œuvre des bourgeois suscités par le marquis de Pombal, qui n'en voyaient pas moins continuer leur prospérité sous le gouvernement de la réaction. Le palais royal d'Ajuda dont les chantiers
ont marqué le commencement du nouveau siècle, imité de celui de
Caserta, sera le monument le plus érudit du néo-classicisme lisbonnais. Peuplé de statues, couvert de très mauvaises peintures allégoriques à la gloire du roi Jean VI et de la monarchie absolue, qu'Alcipe,

---

31. Voir José-Augusto FRANÇA, *A Arte em Portugal no seculo XIX*, I, 376.

exilée par Pina Manique, ne pouvait plus programmer[32], le palais sera
laissé inachevé par les libéraux victorieux en 1834. « Des ruines modernes, qui ne représentent rien ni ne rappellent rien », dira un voyageur
romantique, en 1842[33].

L'opposition est très nette entre les deux mondes, et la Nature
dont parlent les théoriciens portugais de cette époque n'est là que pour
être imitée, dans les limites du bon goût, afin d'atteindre à la « beauté
idéale » de Mengs. Cette Nature-ordre, comment la rendre complice du
désordre des ruines ou du mystère des vieux châteaux ? De Vignole,
traduit en 1787, à Dufresnoy, traduit en 1801[34], de Cochin, cité en 1787,
à Winckelmann, cité en 1794[35], tout le monde se porte garant de l'Ordre. Cyrillo, médiocre peintre d'allégories, formé à Rome, rêvant toujours d'une Académie que les artistes portugais n'arrivaient pas à organiser, s'attaque à Diderot en 1794 avant de considérer David, en 1815,
comme le « ministre infâme de la peinture dégradée »[36]. Car David est
le peintre de la Révolution, œuvre « d'Atila et de Genseric ». Cyrillo
n'est pas loin d'épouser les idées du marquis de Penalva sur les Lumières : il pense au goût du jour, engagé dans la réaction contre les idées
françaises. Lui et Machado de Castro, théoriciens artistiques des années 1780-1810, voient le prince sous l'aspect d'un Mécène — car il n'est
toujours pas question d'« amateurs » dans la société portugaise, même
si ses structures se trouvent ébranlées par la formation d'une bourgeoisie capitaliste.

Sans amateurs, l'art ne saurait sortir des ornières romaines et
auliques dans lesquelles les peintres d'Ajuda se plaisaient Il ne serait
pas question non plus de lui donner une liberté — romantique...

Il y a peut-être une exception — un soupçon d'exception — dans ce
panorama orthodoxe. Le peintre Vieira Portuense saura déjà s'élever,

---

32. La marquise d'ALORNA avait été invitée à programmer les décors du palais
    d'Ajuda. Elle réclamera en vain de son exil londonien, en 1803-04, d'être réin-
    tégrée dans cette tâche, demandant qu'on embauche Mme VIGEE-LEBRUN comme
    « aide de camp ». Voir sa lettre au comte da BARCA in Hernani CIDADE, A Mar-
    queza de Alorna (Porto, 1930), 86.

33. LICHNOWSKY, Portugal, Recordações do Ano de 1842 (trad. port., Lisbonne, 1945)
    p. 101.

34. Voir José-Augusto FRANÇA, A Arte em Portugal no seculo XIX, I, 88 et 91.

35. Machado de CASTRO, Discurso sobre as utilidades do Desenho (pb. Lisbonne,
    1818) et Cyrilo V. MACHADO (anonyme), Conversações sobre a Pintura, Escultura
    e Arquitectura (Lisbonne, 1794).

36. Cyrilo V. MACHADO, introduction à la traduction d'As Honras da Pintura, Es-
    cultura e Arquitectura, de BELLORI (Lisbonne, 1815).

en 1802, contre « des règles presque toujours stériles et inutiles », en affirmant qu'il y a « cent poétiques contre un seul poème »[37]. Il mourra tuberculeux trois ans plus tard, âgé de quarante ans. Formé à Rome, il avait pourtant découvert Venise, Parme et le Corrège, avait travaillé à Dresde où Caspar David Friedrich lancera bientôt les premiers paysages romantiques, et, boursier de la colonie anglaise de Porto, il s'était arrêté à Londres. En Angleterre, il reçut la leçon d'un nouveau sentiment et, surtout, y subit l'influence de l'œuvre d'Angelica Kauffmann. Celle-ci intervenait à temps[38] : elle s'insérait entre le néo-classicisme de Rome, l'annonce romantique de l'Allemagne et l'ambiguité de la peinture anglaise, où, au milieu d'une Nature devenue libre, les figures gardaient une pose italienne. A. Kauffmann, mi-romaine et mi-anglaise, proposait une peinture déclamatoire, aux thèmes romantiques et aux formules classiques, qui convenait à l'esprit de Vieira. Il peindra alors des compositions ayant pour sujet des scènes de l'histoire portugaise moderne ou médiévale où les figures s'organisent selon un système théâtral exprimant des sentiments et des passions. Nous sommes loin du monde des allégories, même si, revenant dans son pays, Vieira dut en peindre pour gagner sa vie ; mais, par contre, plus près d'un monde suspect, où le 18 Brumaire peut fournir un sujet pictural[39]... Rival et contemporain de Sequeira, qui lui survivra trente-deux ans, Vieira s'approche déjà de David et de Gros : on dirait qu'il va de l'un vers l'autre, qu'il entrevoit la grande transformation que Gros annonce, qu'il devine l'influence que la palette lumineuse anglaise (qui dans une certaine mesure est la sienne) aura sur Delacroix. Mais il meurt en 1805, l'année même où Gros expose ses *Pestiférés de Jaffa* — et il meurt sans visiter Paris...

Dans le cadre d'une option entre le « grec » et le « barbare », ou entre l'« anglais » et le « gothique », Vieira, restant encore (et à peine) « grec » ou anglais », annonce pourtant un autre univers où les sentiments surtout comptent.

---

37. Voir José Silvestre RIBEIRO, *Historia dos Estabelecimentos Cientificos, Literarios e Artisticos...* (Lisbonne, 1871...), III, 24.

38. Voir José-Augusto FRANÇA, *A Arte em Portugal no seculo XIX*, I, 130.

39. Collection de la Faculté des Sciences de Porto.

CHAPITRE III

CATON ET LE PRINTEMPS

En 1820 c'est Rome qui compte, mais la Rome classique, celle de la république et non plus celle de la papauté baroque. Elle envahit donc la scène portugaise non par l'intermédiaire des peintres qui continueront à brosser leurs allégories auliques à Ajuda, mais par celui des poètes et des politiciens.

« La machine politique marchant avec difficulté, au milieu des obstacles qui offraient à la fois le délabrement des finances, le discrédit toujours croissant du trésor, la misère générale et le découragement de toutes les classes de la nation », une révolution éclata le 24 août, à Porto. L'absence de la cour réfugiée au Brésil, et l'occupation anglaise à peine déguisée autorisaient ce tableau de la situation tracé tout de suite après les événements révolutionnaires par un observateur vénitien minutieusement informé[1].

Les révolutionnaires, d'abord des magistrats et des commerçants ensuite des militaires et des éléments de la noblesse provinciale, groupés depuis 1818 dans le « Sinédrio », société secrète et patriotique fondée à Porto, voyaient eux aussi « le commerce annihilé, l'industrie perdue » — et l'armée « sans compensation ni considération »[2]. Il fallait donc « regénérer » la nation — et le mot surgit et se répand alors, sous la plume des politiciens, des militaires et des franc-maçons[3]. Un autre

---

1. Adrien BALBI, *Essai Statistique sur le Royaume de Portugal et d'Algarve* (Paris, 1822), I, 30.

2. *Diario Nacional*, Nº 1, Lisbonne, le 26 août 1820.

3. BORGES CARNEIRO, *Portugal Regenerado em* 1820 ; Bernardino C. de CASTRO E SEPULVEDA, *Memorias das Providencias e Operação a bem da Regeneração Nacional* (Lisbonne, 1820), Loges « Segurança Regeneradora » et « Regeneração », celle-ci ayant été fondée en 1797 (selon M. Borges GRAINHA, *Historia da Maçonaria em Portugal*, Lisbonne, 1912, p. 53). Les conspirateurs de 1817 se grou-

mot revient, les « malvados », contre lesquels la « regénération » intervenait ; ils ne sont plus les « malvados de Paris » de Pina Manique,
bien au contraire. La révolution libérale portugaise s'inspire des idées
françaises, surtout celles de Rousseau, lorsqu'elle défend la représentation individuelle, en opposition à la représentation traditionnelle
par les trois classes ou états sociaux. Le Tiers Etat y gagne, certes,
mais par le truchement d'une élite bourgeoise qui, ayant d'abord délé-
gué ses pouvoirs à des magistrats, juristes et professeurs de Coimbre (60% des députés élus)[4] les reprendra peu à peu par l'intermédiaire des « comités de commerce ». Ceux-ci deviendront des associations commerciales qui, donnant une nouvelle définition au capital,
ouvrent la voie à la fondation de la première banque portugaise, à la
fin de 1821,[5] créée en même temps qu'une « Sociedade Promotora da
Industria Nacional ».

Les expressions mêmes qui dénoncent la situation, dans le premier texte publié par les révolutionnaires de 1820, ces plaintes des
commerçants et des industriels montrent clairement les racines et la
destinée de la « regénération ». « Quoique l'idée de la liberté civile soit
très séduisante, elle ne l'est pas autant que celle de la liberté de commerce », affirmera un négociant en 1822[6]... Ce n'est certainement pas
par hasard que les chefs révolutionnaires de 1820 arriveront à la capitale dans les « brillants équipages » des deux grands financiers de l'é-
poque que nous rencontrerons plus loin[7]. Quant aux récriminations de
l'armée, dont les rangs, encombrés d'officiers anglais, n'offraient pas
de possibilités de promotion, elles traduisaient aussi des intérêts de
classe. Les militaires étaient là, d'ailleurs, pour prêter main forte à

3. *Suite*
   paient dans le « Supremo Conselho Regenerador de Portugal, Brasil e Algarves ».
   La grande place de Porto où les régiments soulevés se sont rassemblés
   fut baptisée « Praça da Regeneração » en 1820 ; vers la même époque on publiait le journal *Regeneração de Portugal*. Voir Joel SERRAO, « Nascimento e
   Morte da Palavra Regeneração » in *O Comercio do Porto* du 25 juillet 1967.

4. 39 magistrats ou juristes, 21 professeurs, 16 membres du clergé, 10 militaires,
   6 médecins, 5 propriétaires, 3 négociants.

5. Banco de Lisboa, créée par un décret du 29 décembre 1821. Voir F. PITEIRA SAN-
   TOS, *Geografia e Economia da Revolução de 1820* (Coimbre, 1962).

6. *Exposição que como membro da Comissão encarregada de propor o melhoramento do comercio faz Henrique Nunes Cardoso* (Lisbonne, 1822). Cité par F.
   PITEIRA SANTOS, *Op. cit.* p. 127.

7. Les barons de Quintela et de Porto-Covo-da-Bandeira. Voir *Memorias do Marquês de Fronteira*, I, 212.

ces révolutionnaires un peu naïfs, voire un peu ridicules dans la pompe de leurs nobles affirmations, dans leur rôle d'apôtres d'une liberté mythique qui cherchait encore sa voie à travers la constitution de Cadiz (qui finalement l'inspira), sinon à travers celle de la république de Bolivie[8]. Car derrière les protestations de fidélité au roi perçait la menace républicaine que ces bourgeois de bonne foi osaient à peine entrevoir[9].

Un seul parmi eux, Solano Constancio, docteur en médecine de l'Université de Londres, ira plus loin, jusqu'aux frontières du socialisme. Dès 1818 il publie à Paris les *Anais das Ciencias, Artes e Letras* dont les articles assument une très grande importance théorique et critique dans le cadre de la culture sociale portugaise[9](a) ; il ne cessera pas de traduire, de publier et de discuter Ricardo, Malthus, son ami J.B. Say, Sismondi, Owen — jusqu'en 1846, date de sa mort en exil. Car, diplomate « vintiste », il restera toujours un « estrangeirado », sans emploi réel dans son pays[9](b).

Le plus célèbre des historiens romantiques, Herculano, s'amusera plus tard (et non sans une certaine amertume) à tracer le portrait des « constituintes », ces hommes « empesés, raides, à la cravate blanche, à l'habit noir, aux manières respectueuses et posées, prenant énormément de tabac, cuirassés de droit romain (...) débitant en portugais, (au Parlement) les discours les plus saillants du *Choix des Rapports* ou les pages les plus excentriques de Rousseau et de Bentham »[10]. Les

---

8. J. M. Xavier de ARAUJO, *Revelações e Memorias para a Historia da Revolução de 24 août 1820 e de 15 de septembro do mesmo Ano.* (Lisbonne, 1846).

9. Voir Nuno de BRAGANÇA, « Revolução e Contra-revolução em 1820 », in *O Tempo e o Modo*, N° 36, Lisbonne, Mars 1966.

9 a. *Anais des Ciencias, Letras e Artes* (Paris, 1818-1822), directeurs : S. Constancio, Candido J. Xavier et J. D. Mascarenhas Neto. S. Constancio avait publié en 1815 l'*Observador Lusitano em Paris*. Il faut remarquer que vers la même époque on publiait à Londres trois journaux portugais qui avaient des difficultés à entrer au Portugal : *O Correio Brasiliense ou Armazem Literario* (1807-1822 ; directeur Hypolito J. da Costa Pereira Fustado de Mendonça, interdit au moins depuis 1811), *O Investigador Português em Londres* (1811-1819), dir. B. J. de Abrantes e Castro, V. P. Nolasco da Cunha, Miguel C. de Castro ; fut subventionné par le gouvernement portugais jusqu'en 1818). *O Português ou Mercurio Politico, Comercial e Literario* (1814-1824 ; dir. J.-B. da Rocha Monreiro ; interdit au moins depuis 1817).

9 b. Voir Victor de SA, *A crise do Liberalismo e as primeiras manifestações das ideias socialistas em Portugal* (1820-1825), Lisbonne, 1969, pp. 205-217.

10. Alexandre HERCULANO, *Mousinho da Silveira ou a Revolução Portuguesa* (Lisbonne, 1856) in *Opusculos II*, 182 et 185 (3ᵉ ed.).

excellents portraits de Sequeira[11], qui n'avait pas oublié son jacobinisme français, n'en prêtent pourtant pas moins à ces hommes une
dignité bourgeoise, ouverte aux courants du siècle. Et il est vrai que
le parlement « vintiste », salué par Bentham lui-même[12], a vu naître
une nouvelle éloquence civile, souvent marquée d'une fougue incontes-
table. Il a également produit des lois qui devaient provoquer la ruine
du vieux Portugal et le début d'une mentalité qui justifiera le pays
durant un XIXᵉ siècle né seulement à ce moment-là. 1820, c'est la condition « sine qua non » de la définition du nouveau siècle, délivrance
moderne et déjà romantique d'une situation éthique qui trouvait ses
modèles dans la Rome ancienne :

> « Oh Borges, oh Catão dos Lusitanos !
> Cópia, esmero, rival dos Quincios, Brutos,
> Dos Licurgos, Solons, dos Tulios, Numas ! »

C'est Garrett qui chante ainsi un des chefs révolutionnaires du
moment[13] — et le grand poète du romantisme national lui-même naît
alors, à l'âge de vingt ans, étudiant à Coimbre. Un an avant la révolution, il s'était déjà adressé à son pays :

> « Oh quando te hei-de eu ver, patria querida,
> Limpa de Ingleses, safa de conventos... »[14]

Le programme patriotique et anti-clérical y était bien clair. Les « couvents » étaient l'instruction — et la Convention portugaise ne manqua
pas de légiférer remarquablement dans ce domaine ; mais ils représentaient aussi l'Inquisition que « la sagesse et l'humanité des Cortès »
avaient abolie. Le peuple en fureur n'a pas manqué d'en envahir le
siège, réplique assez modeste de la prise de la Bastille[15]... De toute

11. Au Museu Nacional de Arte Antiga.

12. BENTHAM a adressé aux Cortès une longue lettre le 5 juin 1821. Ajoutons que
les Cortès ont décidé de faire traduire deux de ses ouvrages : *Teoria das
Penas Legais* et *Teoria dos Premios e Compensações Legais*. Voir José de
ARRIAGA, *Historia da Revolução de Setembro* (Lisbonne, 1892), III, 502.

13. GARRETT, *Lirica de João Minimo* (Londres, 1829) *in* ed. *Obras Completas*, Lisboa
1904, I, 75.

14. GARRETT, « As Ferias » (le 15 juin 1819) *in Lirica de João Minimo*. Ed. *Obras
Completas*, I, 69.

15. Voir *Memorias do Marquês de Fronteira*, I, 209.

façon, d'après la Constitution, « tous les Portugais se devaient d'être bons et de faire le bien »[15] (a).

Un peuple qui va s'organiser discute, confirme, déroge et altère les lois de la nation comme bon lui semble. Le *Diário das Cortes*[16] nous fait revivre le climat généreux de ces années tumultueuses. Le peuple avait appris à lire « le code divin de l'Homme et du Citoyen »[17] : il était souverain, et 90% des votes de ses députés trancheront le problème du veto royal[18]. Le contrat social dont il rêvait ne saurait admettre un tel privilège, au moment même où l'on mettait en cause les chantiers royaux d'Ajuda, « apparat d'une grandeur pleine de vanité », « qui correspondait à l'empire du Grand Mogol » — alors que « les hommes avaient les yeux ouverts »[19]... Le roi était devenu citoyen — ou peu s'en faut. Il était soldat dans les rangs de la nouvelle Garde Nationale où sa cour elle aussi servait dans d'humbles postes[20]. Son droit n'était plus divin car « divine », ou « sainte », « fille bénite du ciel »[21], était la Constitution, code de l'homme-sujet devenu citoyen, code du peuple... La « Déclaration des droits et des devoirs de l'homme et du citoyen » de l'an III guidait ses pas, et le *Contrat Social* connaissait deux traductions en 1821, écrites par des traducteurs de Thomson et de Chateaubriand[22].

Le peuple, la nation... Il serait pourtant exagéré d'en parler, de vouloir généraliser. N'est-il pas exact que, face aux événements, « la masse générale du peuple demeura absolument passive et indifféren-

---

15 a. Chapitre I, art. 19 dans l'édition de 1821, avant l'approbation royale ; le texte définitif (ed. 1822) a supprimé « faire le bien ».

16. *Diario das Cortes da Nação Portuguesa*, Lisbonne, 1820-23.

17. Proclamation du 31 octobre 1820, *in Diario do Governo* du 9 novembre 1820.

18. 72 voix contre 6.

19. Séance du 14 janvier 1823, *in Diario das Cortes*.

20. Voir *Memorias do Marquês de Fronteira*, I, 268-269 et 309.

21. Cité par Joaquim de CARVALHO, *Historia do Regime Republicano em Portugal* (Lisbonne, 1930), I, 177.

22. *O Contrato Social ou Principios do Direito Politico de J.-J. Rousseau, traduzidos pelos redactores do Compilador* (Lisbonne, 1821) : traduction anonyme de José Batista GASTAO ; *Contrato Social ou principios de direito politico de J.-J. Rousseau, traduzido por Bento L. Viana* (Paris, 1821). J. B. GASTAO avait traduit 624 vers de la *Primavera*, l'une des *Saisons* de Thomson ; B. L. VIANA était ami et disciple de Filinto ELISIO : il avait traduit *René* de Chateaubriand (Paris, 1818).

te » ?[23] Le témoignage de l'ambassadeur d'Espagne à Lisbonne doit au moins nous faire réfléchir. D'après lui la révolution fut l'« œuvre de peu d'individus » — et cela correspond sans doute mieux à l'état de la mentalité nationale, à sa possibilité de jouer sur le plan de la conscience sociale.

Néanmoins les arts, la littérature, le théâtre, les modes, participaient de l'enthousiasme de ce petit groupe d'individus. On traçait des projets de monuments[24] ; Sequeira, devenu indispensable au régime, composait une allégorie où le despotisme se voyait arracher le masque, et une autre dont le style s'approche de celui de Prud'hon[25]. « N'oublions pas combien il convient d'animer les Beaux-Arts ; c'est la Constitution qui l'ordonne », disait le député Borges Carneiro, « Caton des Lusitaniens ». La lithographie, introduite au Portugal par les soins officiels, fut un grand instrument de propagande[26]. Une « Sociedade Literaria Patriotica » naissait alors à Lisbonne, pleine de bonnes intentions ; si nous en croyons notre informateur vénitien, « les vertus sociales et l'amour de la patrie étaient les qualités indispensables pour être admis dans le sein de cette compagnie qui apprécie comme ils le méritent la sagesse et l'amour des sciences mais qui est loin de les préférer au patriotisme ». Les choses ne se passaient donc pas sans quelques confusions culturelles — et le théâtre, adaptant aux nouvelles idées des schémas anciens, ne manquait pas d'offrir des « drames allégoriques » comme celui de F.J. Bingre, le dernier des « arcadiens », où l'on voit le roi Alphonse, fondateur de la monarchie portugaise, bondir de son tombeau pour venir en aide à la Lusitanie enchaînée[27]. Quant à la mode (ensemble de signes combien important !), des chapeaux haut de forme, devenus presque symboliques, jusqu'aux corsets des femmes, tout était « à la Constitution ». Les hommes faisaient alors tailler patriotiquement leurs habits en « briche », sorte de drap national

---

23. Rapport de D. José Maria de PRANTO du 22 mars 1821 au secrétaire d'Etat d'Espagne, Archives Historiques Nationales de Madrid. Cité par A. EIRAL ROEL « Les Relationes luso-hispanicas en el trienio constitucional (1820-1823)... in XXVI Congreso Luso-espanhol para o progresso das ciencias (Porto, 1963) vol I, 7ᵉ section, p. 36.

24. Voir J.-A. FRANÇA, *A Arte em Portugal no Seculo XIX*, I, 205.

25. *Allégorie de la Constitution*, au Museu N. Arte Antiga ; *Le Serment des Epées*, au Museu Soares dos Reis (Porto).

26. Voir L. Xavier da COSTA, *A Obra Litografica de D. A. de Sequeira com um esboço historico das origens da litografia em Portugal* (Lisbonne, 1925).

27. F. J. BINGRE, *A Revolução de 24 de Agosto de 1820, feita no Porto*.

— que les Anglais, pour en tirer encore profit, se mettaient à fabriquer
chez eux et à exporter à des prix qui défiaient la concurrence des
fabricants portugais... Les femmes étaient également libérées par la
mode, et la cape et le fichu en « cambraia » traditionnels, qui les
cachaient, étaient réprouvés par les nouveaux patriotes, qui les considéraient comme un déguisement — un déguisement du passé[28]... Il fallait en somme s'habiller comme un « anglais », ou comme un « français » ; de toute façon pas comme un « gothique ».

Cependant, la poésie avait une place de tout premier plan dans
l'ensemble des manifestations et Garrett (« nouveau Bocage », comme
on pouvait le dire alors)[29] était le chantre qu'il fallait à ces événements
chaleureux. La révolution, dira-t-il, l'a trouvé, lorsqu'il était « entouré
d'Encyclopédistes, des Rousseau et des Voltaire »[30]. La « douce liberté », souhaitée depuis longtemps, était venue enfin se poser « dans nos
cœurs, dans notre voix, sur nos lèvres »[31]. Les poètes pouvaient donc
chanter librement les jours heureux qu'ils vivaient. Ils pouvaient les
changer soit dans les « outeiros », séances poétiques où l'on improvisait, selon la bonne tradition des soirées de couvents, soit à l'Université de Coimbre, devant des étudiants émus, soit à l'Opéra de Lisbonne. Le jeune J.B.A. Garrett, que personne ne connaissait encore dans
la capitale, fut porté en triomphe, un soir, à S. Carlos, lorsque, debout
sur une chaise, il s'était mis à improviser[32]...

Arrêtons-nous à ce jeune poète que ses camarades de Coimbre
appelaient « le divin ». Il commençait alors une carrière glorieuse
que nous analyserons plus loin. Pour le moment il imprimait son premier ouvrage, un *Hino Patriotico*, qui porte la date de 1820. Un an
plus tard, commémorant l'anniversaire de la révolution, il publiera
un discours sur *O Dia 24 de Agosto*, dans lequel il cite Rousseau,
Condorcet, Mably, Volney. Les Lumières, patronnées par Minerve et
par Mars, planent sur les idées et les événements. On sera sage, car
les exemples de l'Angleterre de Cromwell et de la France de Robespierre (« Horror do caos, confusão da noite ») ne sauraient convenir
aux Portugais :

---

28. J. Pinto de CARVALHO-TINOP, *Lisboa de Outros Tempos* (Lisbonne, 1899), II, 198 ;
    Lisboa de Outrora (Lisbonne, 1938), II, 131.

29. A. BALBI, *Op. cit.*, II, CLXXIV.

30. GARRETT, Préface à la 2ᵉ ed. de *D. Branca*, 1848. Ed. *Obras Completas*, I, 263.

31. GARRETT, « A Liberdade », *in Lirica de João Minimo*. Ed. *Obras Completas*, I, 72.

32. Voir *Memorias do Marquês de Fronteira*, I, 212.

« Pelos alheios erros ensinados
  Saberemos fugi-los »[33].

Garrett écrivait cela à peine six jours après la révolution du 24 Août
et il choisissait comme épigraphe de son poème une phrase de Chénier : « Des lois et non du sang ». Le poème adressé à ses collègues de
Coimbre, porte une épigraphe de Filinto Elisio empruntée à son *Ode
à Liberdade*[34] ; une autre épigraphe du vieux poète figure en tête d'une
poésie à la liberté de la presse — « filha do Eterno »[35]. Horace et Virgile figurent aussi en épigraphe à d'autres poésies aux thèmes révolutionnaires[36] : Rome et la liberté ne font qu'un, et la forme de ces
poèmes marqués par la leçon de Filinto, se porte garante de l'antiquité des sentiments. La formation « arcadienne » de Garrett, lecteur
de l'*Ars Poetica* d'Horace, et élève d'un oncle évêque qui avait été également le professeur de la marquise d'Alorna[37], se donne encore libre
cours[38].

Mais les sentiments de Garrett subissent alors une épreuve assez
subtile qui les met en contradiction avec les sentiments des « Constituintes ». En janvier 1821, il écrit en effet une poésie sur *O Brasil
libertado*[39] où, parlant de Washington, de Franklin, de Penn, le poète
suggère une « sincera independencia » à la colonie au cas où — après
lui avoir montré la « lusa liberdade » — la métropole voulait lui imposer un despotisme ressuscité. Le poète va donc plus loin que les bourgeois vintistes qui, eux, tiennent à garder la colonie comme débouché
privilégié de leur propre commerce. Garrett assume ici une vue « historique », considérant les possibilités de transformation des rapports
entre la métropole et le Brésil devenu royaume « pro-forma » ; homme

---

33. GARRETT, « A Patria (30 agosto 1820) », *in Lirica de João Minimo. Ed. O. Compl.*
    I, 72.
34. GARRETT, « Ao Corpo Academico », in *Lirica de João Minimo*, Ed. *O. Compl.* I, 74.
35. GARRETT, « A Liberdade da Imprensa », *in Lirica de João Minimo. Ed. Obras
    Completas*, I, 78.
36. GARRETT, « A Liberdade », « Aniversario da Revolução de 24 de Agosto », « Ao
    rei jurando a Constituição », « A Guerra Civil », *in Lirica de João Minimo.*
    Ed. *O. Compl.* I, 72, 84, 85 et 91.
37. D. Frei Alexandre da Sagrada Familia (1737-1818), moine franciscain, fut évêque
    de Malaca (1781), de Angola e Congo (1784) et d'Angra-Açores (1812).
38. En 1814 GARRETT lisait le livre de Horace dans la traduction de Candido Lu-
    sitano (Lisbonne, 1757). Voir Gomes de AMORIM, *Memórias Biograficas de
    Garrett*, I, 90, 93, 131.
39. GARRETT, « O Brasil Libertado », *in Lirica de João Minimo. Ed, O. Compl.* I, 76.

des Lumières, il sait que les civilisations sont mortelles — et il est
certainement significatif que les deux premiers vers de la poésie disent :

> « Houve Grecia, houve Italia, e Sparta e Roma ;
> Houve, e morreram, jazem ».

Un sentiment, sinon un point de vue romantique se glisse dans ces
vers, sentiment confirmé par le cri final d'une indépendance qui
enflamme toute l'Amérique hispanique, et quelques régions de l'Europe. Byron laissera sa vie dans une Grèce qui n'est plus celle des « arcadiens » — mais il est encore trop tôt pour que Garrett puisse songer à
Byron...

En août 1821, revenant d'un court séjour aux Açores, berceau de
sa famille, (où il s'était rendu, « instruit par les sociétés maçonni-
ques »)[40], le poète était attendu par des camarades de Coimbre qui
lui demandaient d'écrire une tragédie révolutionnaire. Caton d'Uti-
que fut le héros élu — personnage d'une Rome républicaine que la dictature de César menace. Les dangers qui pesaient sur la république
hésitante des Vintistes rendaient le thème de Plutarque, cher à Rousseau, bien opportun. La tragédie d'Addison, jouée il y avait plus de
cent ans, proposait un modèle d'ailleurs avoué par Garrett[41] — mais le
jeune poète ne manque pas de prendre ses distances envers la tragédie anglaise que l'*Encyclopédie* et Voltaire vantaient. Il ne lui suffisait pas qu'elle fut « une tragédie raisonnable » — bien au contraire ;
et il épouse plutôt le point de vue défavorable de Schlegel. Même s'il
accuse l'ami de Mme de Staël d'être l'esclave de son système, une
sympathie toute nouvelle pour le « genre romantique » s'infiltre dans
ses idées. Il y a pourtant un décalage entre celles-ci, à peine ébauchées,
et la pièce elle-même où les grands sentiments s'expriment avec une
allure « classique ». Caton se tue

> (« E morto com a pátria nos lábios — Ai, que pátria
> Lhe fadaram os ceus »),[42]

son fils Brutus (personnage qui n'existe pas chez Addison) jure vengeance sur son cadavre ; aucune intrigue amoureuse (dont la tragédie d'Addison est trop encombrée) ne vient couper la ligne idéologique de la pièce de Garrett. L'auteur ne manquera pas de le souligner
plus tard : « les sentiments les plus nobles du cœur humain, l'amitié,

---

40. Voir Gomes de AMORIM, *Op. cit.*, II, 583.
41. GARRETT, « Carta a um Amigo », in 1re ed. de *Catão*. Ed. *O. Compl.* I, 528.
42. GARRETT, *Catão* (Lisbonne, 1822). Ed. *O. Compl.* I, 571.

l'amour paternel et l'amour filial, la dévotion civique, le faux et le vrai patriotisme, l'enthousiasme aveugle, l'amour éclairé de la liberté, avec toutes les passions révolutionnaires dans leurs couleurs et leurs degrés les plus variés, constituent le seul moteur du *Catão* portugais, de tous ces caractères, scènes — de la fable toute entière »[43].

Catão est en effet le symbole littéraire de la conjoncture politique nationale ; joué par des amateurs (dont Garrett lui-même) en 1821, il sera mis en scène l'année suivante, et repris en 1826, dans une nouvelle situation libérale et en 1828, en Angleterre, aux heures les plus sombres d'une seconde émigration ; le texte sera édité en 1822, 1830, 1840, et quatre fois encore jusqu'à la fin de la période romantique. A une époque où le théâtre ne connaissait que « mépris » ou une « indifférence froide »[44], cette tragédie de la liberté et de l'honneur sera « nationale par adoption publique », comme l'affirme Garrett, non sans orgueil[45].

Mais le *Catão* de Garrett a encore le mérite d'annoncer une « régénération » du théâtre portugais dont nous connaissons la décadence. Garrett, s'interrogeant sur « la tête dramatique » des Portugais, jure de se consacrer à cette tâche[46]. Adolescent, il avait écrit d'autres tragédies dont seule, une *Mérope*, inspirée d'Alfieri[47], sera publiée[48]. En même temps il s'est lancé dans un poème didactique sur la peinture, *O Retrato de Venus*, qui, publié en 1821, lui a valu un procès retentissant. Accusé de « philosophisme » à cause de quelques vers douteux du *Pastor Fido* de Guarini[49], il sera acquitté. Mais son culte de la nature est tout classique et quand il écrit les premiers vers de son poème,

> « Doce mãe do universo, ó Natureza
> Alma origem do ser, germe da vida »,

---

43. GARRETT, préface 2ᵉ ed. *Catão* (1830). Ed. *O. Compl.*, I, 526.

44. Voir D. Gastão de SOUSA COUTHINHO, *in O Chale* (1823). Cité par Teofilo BRAGA, *Historia do Teatro Português, sec. XIX* (Porto, 1871), p. 87.

45. GARRETT, préface 2ᵉ ed. *Catão*. Ed. *O. Compl.* I, 526.

46. GARRETT, préface 1ʳᵉ ed. *Catão*. Ed. *O. Compl.* I, 527.

47. Voir Andrée CRABBÉ ROCHA, *O Teatro de Garrett* (Coimbre, 1944) p. 78 et svtes.

48. GARRETT, *Merope* (1820, pb. Rio de Janeiro, 1842). Dans sa préface l'auteur affirme avoir écrit *Lucrecia* (jouée à Coimbre), et laissés inachevés : *Afonso de Albuquerque, Sofonisba, Atala* et d'autres tragédies. Ed. *O. Compl.* I, 588.

49. *Pastor Fido* de GUARINI avait été traduit par Tomé J. Gonzaga NEVES, juge et traducteur de « libretti » d'opéras chantés au Théâtre São Carlos. La Censure, qui avait d'abord autorisé la publication de cette traduction a fait saisir l'édition. Voir INOCENCIO, *Dic. Bibliogr.* VII, 320, 463 et XIX, 258 et 363.

c'est à Lucrèce qu'il songe. Certes, dans sa défense le poète affirme :
« Je ne connais dans la nature que deux forces, celle de l'attraction
et celle de la répulsion », Venus incarnant l'attraction, « le principe
de la vie qui anime l'univers »[50]. On peut alors penser à Helvetius —
mais Garrett déclarera quelques années plus tard qu'il n'avait jamais
été séduit par les « sophismes » des matérialistes et n'avait jamais
adopté les principes de Cabanis ou de Helvetius[51]. Précaution, changement d'idées ? Il faudra plutôt voir dans ses affirmations de 1822
un engagement superficiel et à peine conscient : Virgile et Horace
(et Filinto Elisio) continuent de provoquer son admiration, que manifeste la fréquence des allusions à leurs vers. Cependant, Wieland,
Mme de Staël, Chateaubriand et Rousseau y apparaissent aussi.

Histoire de la peinture, *O Retrato de Venus* parle d'un art que
Garrett ne connaît nullement ; l'essai dont il fait accompagner son
poème[52] est encore pire. Un seul détail de ce texte fort naïf doit nous
arrêter ici : la citation de David et de ses disciples, exception ouverte
dans un programme qui ne lui permettait pas de parler d'artistes
vivants. Mais David (que Cyrillo haïssait) était le peintre de la Révolution par le truchement de thèmes romains — dont celui des Sabines
que Garrett lui-même chantera dans un poème resté inédit jusqu'en
1968[53].

Caton, Virgile, David, les Sabines — autant de thèmes, de héros
d'artistes qui ont leur place logique dans le répertoire ou dans le panthéon imaginaire de 1820. Mais la révolution n'a duré que l'espace d'un
matin... Les forces de la réaction du « vieux Portugal » sont venues
« libérer » le roi Jean VI qui avait juré la Constitution sous contrainte,
mais aussi avec bonhommie ; à leur tête, il y avait la reine, sœur de
Ferdinand VII d'Espagne, et son fils préféré, le prince Dom Miguel
qui apparaît sur la scène politique nationale où il jouera un rôle de
premier plan.

Le Sauveur, l'« Encuberto » des prophéties de Bandarra alors
rééditées à Lisbonne même[54], acquiert un sens nouveau où le mythe,

---

50. GARRETT, *Processo do Retrato de Venus*, Ed. *O. Compl.* II, 395.

51. GARRETT, *Da Educação* (Londres, 1829). Ed. *O. Compl.* II, 289.

52. GARRETT, *Ensaio Sobre a Historia da Pintura* (Coimbra, 1821). Ed. *O. Compl.* I, 25.

53. GARRETT, *O Roubo das Sabinas* (Lisbonne, 1968 ; pb. par A. da COSTA DIAS).

54. *Trovas de Bandarra...* (5e ed., Lisbonne, 1821 ou 1823). INOCENCIO (*Dic. Bibliogr.* III, 151) avoue n'avoir pas vu cette édition et hésite sur la date. Voir Note n° 22, chap. II.

beaucoup plus ou autrement qu'en 1809, sert des sentiments réactionnaires. Ce fut l'émigration pour les Vintistes ; les politiciens, évidemment, mais aussi des artistes et des poètes ont dû quitter le pays. Emi-
gré, Garrett se devra de saluer un autre émigré célèbre, le peintre
Sequeira :

> « Bem vindo sejas, ô Sequeira ilustre
> Dessa terra maldita
> Onde crucificou a Liberdade
> Povo de ingratos servos
> .. ..
> Com o nobre pincel, não poluido
> No louvor dos tiranos,
> Aqui celebrarás antigas glorias
> Da que foi nossa patria »[55]

« Patrie d'esclaves et de misère », dira le poète dans une lettre, en 1823.

Pour Garrett, l'exil, c'est d'abord l'Angleterre, et ensuite la France.
Les deux pays s'insèrent dans un processus de transformation, ou de
modernisation intellectuelle, sur lequel nous devons nous attarder.

La première poésie que l'émigration (ou la prison qu'il a connue
à Lisbonne) lui inspire porte une épigraphe signée par un nom nouveau : Byron. Il y parle de « liberté » et de « cœur »[57] ; Shakespeare
intervient ensuite (« Ha ! bannishment ? he merciful, say-death »)
lorsque le poète chante la solitude de l'exil[58]. En décembre, à Londres,
il pleurera sur la « saudade » du réveillon portugais[59]...

Les sentiments de l'exilé, mélange d'indignation, d'amertume et
d'espoir (« ... teu dia, ó pátria, teu dia há-de chegar »)[60] forgent
alors un langage nouveau car ils entraînent une information nouvelle,
sur des sujets ou des schémas culturels sous-estimés.

Observons d'abord le « gothique », dont nous avons analysé le rôle
secondaire sinon négatif dans la société portugaise du commencement
du siècle. En 1821, le jeune poète s'y attaquait comme au signe de
l'« esclavage militaire et religieux ». Pour les Catons vintistes, héri-

---

55. GARRETT, « A Domingos Sequeira, saindo de Portugal », in *Flores sem Fruto*
(Lisbonne, 1845). Ed. *O. Compl.* I, 144.

57. GARRETT, « O Carcere », in *Lirica de João Minimo*. Ed. *O. Compl.* I, 92.

58. GARRETT, « O Exilio », in *Lirica de João Minimo*. Ed. *O. Compl.*, I, 92.

59. GARRETT, « O Natal em Londres », in *Lirica de João Minimo*. Ed. *O. Compl.* I, 94.

60. GARRETT, « O Ano Novo » (janv. 1824), in *Lirica de João Minimo*. Ed. *O. Compl.*
I, 95.

tiers des bourgeois des Lumières, l'architecture classique seule comptait, art des « peuples libres », manifestant de la « force » et de la « grandeur » ; l'architecture gothique, n'était que l'art des « peuples asservis »[61]. Deux ans plus tard, pourtant, Garrett changera d'avis, lorsqu'à Dudley, dans le Warwickshire, il visitera une église non pas gothique mais néo-gothique.

Il écrit alors[62] que « les rites chrétiens, sérieux, graves, plus adressés au cœur qu'aux sens, s'accordent mieux avec la tristesse sublime d'une église gothique ». « Sublime », « beau », « solennel » — les mots changent de signe ; maintenant c'est « la servilité des imitations grecques » qui est condamnée. Garrett changera encore d'opinion (et pas seulement une fois) au long de son existence — mais ce qui doit nous intéresser ici, c'est cette soudaine passion pour une des options du XVIIIᵉ siècle anglais qui est à la base d'un schéma romantique.

> « Eu vi sobre as cumiadas das montanhas
> D'Albion soberba, as torres elevadas
> Inda feudais memórias recordando »,

écrira-t-il plus tard[63]. On pense immédiatement à Walter Scott, qui ne sera pourtant pas traduit avant 1837.

Mais Garrett a également pensé à Byron : une figure légendaire de l'histoire médiévale du Portugal, le Magriço, vainqueur idéalisé d'un tournoi en Angleterre, au XVᵉ siècle, lui fournira alors le thème d'un poème perdu mais dont nous savons par le poète lui-même que son « genre capricieux », le situait entre *Orlando* et le *Don Juan* byronnien[64].

La poésie portugaise, grâce à l'émigration libérale s'ouvrait donc à de nouveaux intérêts : prenant le large à un moment priviligié, Garrett, qui à travers Filinto avait déjà admiré Wieland, se trouvait à même de lui offrir de nouveaux et mystérieux domaines. Ce qu'il ne manquera pas de faire.

Ce circuit allant des « romains » de David et de Caton aux « barbares » de Byron et du Magriço ne saurait pourtant être accompli à l'intérieur du pays, par les poètes qui restaient à l'écart des grands mouvements de l'histoire.

---

61. GARRETT, *in Borboleta Constitucional*, Porto, le 21 septembre 1821.

62. GARRETT, « O Castelo de Dudley », *in Ilustração*, 1845. Ed. *O. Compl.* II, 481.

63. GARRETT, *Camões* (Paris, 1825). Chant VII - I. Ed. *O. Compl.* I, 224.

64. GARRETT (anonyme), autobiographie *in Universo Pitoresco* III, 1843. Ed. *O. Compl.* I, XLI.

A.F. de Castilho, un an plus jeune que Garrett, aveugle dès l'enfance, étudiant à Coimbre, avait collaboré à un fameux « outeiro » à la fin de 1820, célébrant lui aussi « la victoire» sur « le despotisme », les « horreurs » changées en « plaisirs joyeux »[65]. Au contraire de Garrett qui défendait Filinto Elisio, il défendait les valeurs de la poésie de Bocage — et de Gessner, connue d'après la traduction française.

Le vieux poète et graveur suisse fut alors à l'origine d'une fête très curieuse qui marqua une certaine orientation de la mentalité du groupe de poètes qui entourait Castilho. Ses idyles pittoresques, ses descriptions poétiques, ses bergers mélancoliques et amoureux qu'on connaissait déjà depuis 1784[66], convenaient à des « arcadiens » dont l'esprit, déjà éloigné des Lumières originales, avait été touché par une sorte de mollesse sentimentale. Castilho lui était tout dévoué et il représentait à ses yeux une actualité sans trop de problèmes, et surtout sans polémique. Ce fut donc dans un esprit « gessnéréen » que le jeune poète aveugle et dix de ses amis prirent un petit bateau pour remonter le Mondego, le calme fleuve qui baigne Coimbre, le 22 mars 1822...

Ce pique-nique poétique a été décrit par Castilho lui-même et il faut goûter sa vraie saveur, et sa vraie signification, dans la prose doucereuse du poète[67]. C'était le jour du printemps auquel Castilho venait de consacrer une « épître »[68]. A Primavera fut d'ailleurs le titre obligatoire des productions originales ou traduites présentées par les jeunes chantres encore affublés de noms « arcadiens ». Le Printemps de Thomson, déjà traduit par la marquise d'Alorna, allait de pair avec les Printemps de Crammer et de Gessner lui-même, ou avec des poésies originales des participants. On avait créé, très sérieusement, la Société des Amis du Printemps, et cinq semaines plus tard, le même groupe est allé au même endroit saluer le mois de Mai qui commençait. Il se faisait alors accompagner d'un « joli enfant de cinq ans, habillé, ou plutôt déshabillé mythologiquement »[69]. Il y avait aussi des dames, attirées par le spectacle. Le fils du poète, qui écrira les

65. A. F. de CASTILHO, in Colecção de Poesias recitadas na Sala dos Actos Grandes da Universidade de Coimbra, nas noites de 21 e 22 de novembre (Coimbre, 1821).

66. Joaquim Franco de Araujo Freire BARBOSA, Idilios e Poesias Pastoris de Salomão Gessner (Lisbonne, 1784).

67. A. F. de CASTILHO ,Primavera (2ᵉ ed.).

68. Id., Ibid.

69. Julio de CASTILHO, Memorias de Castilho (Lisbonne, 1881 ; 2ᵉ ed. 1926), I, 287.

« Mémoires » de son père, situe là le passage des anciens, « outeiros »
vers les soirées bourgeoises du romantisme — et, surtout, la liaison,
toute nouvelle, des dames avec les poètes. C'était, d'après lui, « un événement remarquable dans le Portugal gothique de 1822 »[70].

« Gothique » apparaît encore une fois comme valeur péjorative :
le romantisme de ces jeunes bardes de Coimbre s'arrêtait au niveau
d'une cérémonie où la Nature, bien que vécue, avait toujours une
situation symbolique qu'un enfant pouvait représenter... Garrett lui
aussi avait dédié des vers au Printemps : la poésie la plus ancienne
qu'il va bientôt publier dans son premier recueil, porte ce titre — mais,
sous une épigraphe empruntée au poème de Thomson, elle est datée
de 1815.

Les deux courants, ou les deux partis, des « filintistes » et des
« elmanistes » se manifestent ainsi dans la poésie portugaise, à un
moment particulièrement significatif. Tandis que le premier, avec
Garrett, avait acquis des responsabilités nouvelles, le second, avec
Castilho, se contentant de franchir la porte idyllique ouverte par
Gessner, demeurait en marge du temps. Caton et Don Juan, c'était le
grand bouleversement du monde vintiste et de l'exil de ses hommes ;
le printemps salué par des poètes aux pseudonymes de bergers d'Arcadie, c'était le prolongement d'un monde finissant. 1820 se présente
comme un moment privilégié dans l'histoire du pays, condition de
son entrée dans le nouveau siècle. Cette petite bataille de la littérature n'est pas sans nous le démontrer. Les œuvres de Castilho et de
Garrett assument une valeur exemplaire : le premier va chanter les
amours d'Ecco et de Narcise[71] car pour lui ces années étaient un
« tempo de prazer suave e doce »[72] ; le second, dans le froid d'une mansarde de Paris, va composer l'histoire tragique de Camoëns.

---

70. Id., Ibid. I, 288.
71. A. F. de CASTILHO, *Cartas de Eco a Narciso* (1re partie, Coimbre, 1821).
72. Id., Ibid. « Dedicatoria », p. 6.

CHAPITRE IV

CAMOËNS ET LA "SAUDADE"

Camoëns attirait alors l'attention de la culture européenne : les traductions franaises, anglaises ou allemandes d'*Os Lusiadas* se succédaient — mais ce n'était plus seulement la geste héroïque des Découvertes qui faisait rêver les poètes et les érudits. Un épisode du poème, l'histoire tragique d'Inès de Castro, connaissait une audience particulière. L'assassinat de la jeune femme pour des raisons d'Etat, la vengeance du prince son amant devenu roi, le couronnement de son cadavre — autant de thèmes qui ne pouvaient pas ne pas toucher une nouvelle sensibilité romanesque. Si l'épisode avait déjà suscité, vers la fin du XVIIIᵉ siècle, une tragédie qui tranchait sur la médiocrité de la production nationale, la *Nova Castro* de J.B. Gomes, souvent jouée, adaptée et imitée, à l'étranger on se passionnait également pour le sort de la pauvre reine. On traduisait volontiers cet épisode d'*Os Lusiadas*, en France, en Allemagne, jusqu'en Hollande et au Danemark ; Firmin Didot le transforma en une tragédie en 5 actes, en 1823 ; on le mettait aussi en musique et dès 1791 des Italiens (et Weber lui-même) faisaient chanter et même danser les amours malheureuses de la « belle Inès »[1]. Partout, dira Garrett, « os lamentos de Inês repete a lira »[2]. Et pas seulement la lyre, car nous avons déjà vu un officier de Junot traiter le thème en peinture, avant 1819 — et nous savons qu'il a inspiré d'autres peintres, jusqu'en Russie[3].

---

1. Voir *Bibliografia Camoneana servindo de Catalogo Oficial da Exposição...* (Porto, 1880). Voir aussi Jorge de Sena, « Inês de Castro », in *Estudos de Historia e Cultura*, 1ʳᵉ série, Vol. I (Lisbonne, 1867) p. 123 et svtes.

2. GARRETT, *Camões*, chant VII-XXI, (Paris, 1825. Ed. *O. Compl*. I, 231.

3. Tableau de BRULOFF, peint en 1834, au Musée de l'Ermitage, Leningrad.

A côté des soupirs tragiques de cette héroïne romantique qui avait déjà passionné Bocage[4], il y avait pourtant la vie douloureuse de Camoëns lui-même, poète et aventurier, homme de culture et d'expérience vécue, être de passion au destin ingrat. Guillaume Schlegel et Platten le traduisirent, Mme de Staël s'occupa de lui, vantant le génie « qui peut puiser une inspiration nouvelle dans les souffrances »[5]. On lui consacrait aussi des poèmes en France où, en 1817, M. de Sousa, ambassadeur de Portugal, grand seigneur lettré, avait dépensé 60 000 francs-or dans une édition de 200 exemplaires d'*Os Lusiadas* dont Gérard avait assuré la direction artistique[6]. Garrett chantera l'entreprise :

> « Oh Gérard ! Oh Camões ! Qual mão divina
> Vos uniu, vos juntou ? (...)
> E tu, Sousa imortal, grata homenagem
> Recebe eterna da mui grata Elisia »[7].

L'idée de cette édition n'était pas nouvelle et dès 1799 Vieira Portuense avait songé à faire paraître chez Bodoni *Os Lusiadas* illustrés par les meilleurs graveurs de Londres, d'après des tableaux dont lui-même avait étudié la composition. Ses ébauches saisissantes s'insèrent dans le nouveau système d'une peinture historique descriptive que Vieira essayait alors d'introduire dans l'art portugais[8]. Lui-même, auteur d'une *Inês de Castro pedindo piedade à D. Afonso IV*, peindra pour les palais royaux de Mafra et d'Ajuda des panneaux aux thèmes empruntés à Camoëns, et très probablement il commandera le schéma de toute la série de tableaux inspirés de la conquête des Indes qu'une équipe de peintres exécutera pour Mafra, avant 1807[9]. La description, hésitante encore, remplaçait pourtant le système allégorique des pla-

4. BOCAGE, « A Morte de Inês de Castro », in *Rimas* (Lisbonne, 1799), II.

5. *Biographie Universelle* de MICHAUD (Paris, 1812), VI.

6. Voir Anne GALLUT, *Le Morgado de Mateus, éditeur des Lusiades* (thèse de doctorat III cycle, Paris, 1965) ; *Documents inédits sur le Morgado de Mateus et son édition des Lusiades*, in *Bulletin des Etudes Portugaises* (Lisbonne, 1965), XXVI, 181.

7. GARRETT, *O Retrato de Venus* (Coimbre, 1821). Ed *O. Compl.* I, 8.

8. Voir J.-A. FRANÇA, *A Arte em Portugal no Seculo XIX*, I, 137. Les études de Vieira Portuense se trouvent dans la collection Palmela et au Musée N. Arte Antiga.

9. Voir J.-A. FRANÇA, *A Arte em Portugal no Seculo XIX*, I, 54.

fonds qui avaient été exécutés peu avant, dans le même palais, par Cyrillo, peintre de cour de stricte obédience néo-classique.

Les peintres français sont allés plus loin dans l'exploitation du thème et deux parmi eux éliront un épisode particulièrement tragique de la vie de Camoëns : le naufrage auquel il a échappé, sauvant le manuscrit d'*Os Lusiadas*, devant les bouches du Mékong. En 1822, Vernet, imité par Serrur en 1824, présentera une énorme toile qui sera diffusée par la gravure[10]. Arsenne et Fontaine, de leur côté, traiteront le thème de la mort du poète, dans l'illustration d'un livre publié à Paris en 1824[11].

Le filet se resserre sur l'œuvre et le sort de Camoëns, à l'aube du romantisme. Plus que le Tasse, ou Milton, dont Delacroix s'occupera, le poète national des Portugais présentait une vie et une mort profondément émouvantes. Souvent, dans son œuvre, « il fut totalement romantique », dira Garrett[12]. On s'occupait alors surtout de sa mort et en 1817 on songea à lui consacrer un monument[13]. A l'origine de ce mouvement se trouvait l'édition parisienne de M. de Sousa et on y décelait un courant qui traduisait déjà une position nationaliste polémique qui s'exprimait dans la résistance libérale à l'occupation anglaise. Cette résistance, qui explosera dans la révolution de 1820, voyait en Camoëns à la fois une sorte de garantie de la « regénération » nécessaire et un symbole de la patrie meurtrie. Un musicien libéral, qui jouera un rôle important dans la vie musicale de Lisbonne, composa alors, à Paris, une *Messe de Requiem* consacrée à la mémoire du poète[14]. Cette œuvre, accueillie favorablement, servira, en 1820, à honorer la mémoire de la victime la plus illustre de la conspiration de 1817, le général Gomes Freire, grand-maître de la Franc-Maçonnerie.

En 1824, exilé en France, au Havre d'abord (où il était employé comme correspondant par la maison Laffitte), à Paris ensuite, au

---

10. Horace VERNET a exposé *Le Naufrage de Camoëns*, dans son atelier en 1822. Il a été gravé par Paul LEGRAND et Par NYON et LEFEVRE. SERRUR a exposé son *Naufrage* au Salon de 1824.

11. Ferdinand DENIS, *Scènes de la Nature sous les Tropiques...* (Paris, 1824).

12. GARRETT, lettre à D. Lessa, préface à *Adosinda* (Londres, 1828). Ed. *O. Compl.* I, 333.

13. Voir *Arquivo Pitoresco*, 1861, IV, p. 169.

14. *Messe de Requiem à quatre voix, chœur et grand orchestre avec accompagnant de Piano à défaut d'orchestre. Ouvrage consacré à la mémoire de Camoëns. Par J. D. Bontempo. Œuvre 23. Prix 36 F à Paris, chez Augte. Leduc. Editeur Me de Musique, au Grand Magazin, rue de Richelieu, no 78.*

cours de l'hiver 1824-1825[15], Garrett à son tour prenait Camoëns pour
thème d'un poème en dix chants qui sera considéré comme la
première composition romantique de la littérature portugaise. Le jeune poète se sentait alors éloigné de la poésie — mais « la solitude, la
tristesse, les « saudades » de l'exil l'ont soumis de nouveau à son
empire »[16]. Il avouera également qu'il « y était si seul, si rongé par la
tristesse que la distraction même d'écrire, le goût amer qu'il trouvait
dans le souvenir des malheurs du grand génie (portugais), lui brisait
la santé et lui déséquilibrait les nerfs »[17]. Dans sa mansarde de la rue
du Coq-Saint-Honoré, Garrett retrouvait la poésie tout en pensant à
sa patrie où les efforts des Vintistes avaient été écrasés par la réaction du « vieux Portugal » ; il pensait aussi à lui-même, poète exilé, mis
au ban de la patrie ingrate — celle même qui avait laissé Camoëns
mourir de misère...

Tout comme Bocage, quelque vingt-quatre ans auparavant, Garrett
aurait pu s'écrier :

> « Camões, grande Camões, quão semelhante
> Acho teu fado ao meu, quando os cotejo ! »

Il se comparait secrètement à son héros, dans une situation de crise
qui pour lui se définissait à la fois sur des plans politique et psychologique. La « saudade » qu'il éprouvait avait été ressentie par Camoëns,
éloigné de sa patrie et de sa maîtresse comme lui-même l'était d'un
Portugal meurtri et de sa jeune épouse. Il sera fort satisfait de publier
dans la troisième édition du poème, en 1844, une ode de Mlle de
Flaugergues, son amie intime, dans laquelle la comparaison était bel
et bien soutenue :

> « Astres du même ciel, (...)
> (...)/(...)/(...)
> Vos fronts sont couronnés de palmes fraternelles,
> Même encens vous est dû, même autel vous attend ».[18]

Mais l'autobiographie et l'introspection sont deux dimensions nouvelles qui n'ont pas seulement pour but de laisser le poète se plaindre
comme il le faisait sous les noms autrement doux des bergers d'Arcadia, mais aussi de lui fournir une conscience de ses rapports avec le

---

15. Voir José F. da SILVA TERRA, *Les Exils de Garrett en France*, in *Bulletin des Etudes Portugaises* (Lisbonne, 1967-68), XXVIII-XXIX, pp. 263 et suivantes.
16. GARRETT, préface 2ᵉ ed. *Dona Branca* (Lisbonne, 1850). Ed. *O. Compl.*, I, 263.
17. GARRETT, Note B, chant I, *Camões*. Ed. *O. Compl.*, I, 263.
18. *in* GARRETT, Ed. *O. Compl.* I, 195.

monde nouveau. Camoëns n'est pas le simple prétexte à l'exhibition d'une douleur personnelle : en 1824, il doit garantir une connaissance moderne de la réalité humaine.

Camões commence par le retour du poète revenant des Indes — juste à temps pour assister aux funérailles de Natercia, la femme aimée. Camoëns se lance alors dans un monologue où il est question de sa vie, de ses travaux et de ses sentiments, de la génèse de son poème. Invité par le roi Dom Sébastien, il part pour Cintra, lui pré- senter le manuscrit qu'il a apporté de l'Orient, et Garrett, dans une suite de stances au rythme syncopé, résume le poème, dans ses gran- des lignes. Le jeune roi applaudit — mais bientôt lui-même sera englouti dans une sombre aventure. Camoëns, solitaire, traîne sa misère ; il mourra à la nouvelle de la mort du roi[19]. Du roi et de la patrie, sur laquelle les souverains espagnols vont règner :

« (...) Patria, ao menos
Juntos morremos... — E expirou co'a patria ».

C'est la dernière phrase que la légende met dans la bouche du mori- bond — légende née d'une lettre du poète lui-même (*Os Lusiádas* ed. 1626).

Récit du temps présent, le poème *Camões*, par un retour en arrière composé à la première personne, recouvre l'existence significative du poète qui est suivi jusque sur son lit de mort. Le malheur du poète (du poète déjà « maudit ») y acquiert une valeur symbolique : le mythe de la patrie s'incarne non plus dans une divinité du passé grec ou dans un héros du passé romain, mais dans une figure de la réalité histo- rique nationale. De son *Catão*, Garrett dira qu'il l'a « pensé en Portu- gais pour des Portugais »[20] ; trois ans plus tard, il composera son *Camões* dans la même perspective « fonctionnelle ». La mort de Caton réclamait vengeance : les hommes de 1820 menaçaient ainsi celui qui oserait leur forcer la main. Exilé, un de ces hommes (parmi ses cama- rades dispersés en terres étrangères eux-aussi) voyait la mort de Camoëns d'une toute autre façon, comme une sorte de catastrophe finale.

La patrie payait ainsi ses fautes — dont la plus grande était dénoncée dans l'« envoy » qui termine le poème. Garrett demande

---

19. Un article anonyme publié dans *Revista Literaria* (Porto, 1838, p. 20)) com- pare la mort de Camoëns à celle du poète GUILBERT dans *Stello* de VIGNY (Pa- ris, 1832, chap. XI). La comparaison n'est admissible que sur le plan physique.

20. GARRETT, préface 3ᵉ ed. *Catão* (1839). Ed. *O. Compl.* I, 524.

alors compte à son pays de la sépulture disparue de Camoëns. « (...)
Raça de ingratos ! » s'exclame le jeune poète et il jure de ne plus
écrire un seul vers sur cette race, sur « O lusitano — envilecido ! —
nome ». Le poète Garrett se suicide donc sur le tombeau de son héros.
Là où Brutus réclamait vengeance, Garrett déclare abandonner la
lutte. En 1839, dans une note à ces vers, il constate qu'il n'a pas manqué à sa promesse : aucun vers ou presque n'était sorti de sa plume
depuis 1825... Nous verrons plus loin qu'il est revenu sur son serment, mais il ne faut pas moins souligner que *Camões* aurait dû être
(bien que ce fut impossible...) le dernier poème de Garrett — son
premier et dernier poème romantique, espèce unique dans un domaine
où il pénétrait à peine. La menace de Garrett, expliquée immédiatement par l'indignation (il voulait terminer sa « carrière » sur un coup
de fouet vengeur :

> « (...) este só brado
> Alevanta final e derradeiro :
> Nem o humilde lugar onde repoisam
> As cinzas de Camões conhece o Luso. »).

traduit, si nous cherchons une explication plus profonde, le désarroi
de l'émigrant. Si nous osons aller encore au-delà de cette explication
psychologique (et d'une certaine dose de coquetterie qui n'est pas
absente des réactions du poète, même dans les moments les plus graves de sa vie), nous trouverons le symptôme de l'abîme romantique,
de la mort et de l'auto-destruction. Le poète est celui qui meurt ou
qui se meurt ; *Camões* est un poème-suicide. Garrett, qui aurait aimé
dire, ou semble dire, qu'il mourrait avec la patrie ingrate, dit, sans le
vouloir, ou sans s'en rendre compte, des choses plus profondes sur la
situation d'une génération qui passait le seuil d'une nouvelle époque
de l'histoire nationale. Et c'est pourquoi le poème a connu le succès le
plus grand, dès sa parution — et surtout dans les années romantiques[21].

Shakespeare, et surtout Byron et Walter Scott, que Garrett venait
de lire, en Angleterre, apparaissent par voie allusive dans ce poème,
où, d'une façon générale, la grande suggestion byronienne n'est pas
absente. A travers la fiction du monologue de Camoëns, une confession possible se développe, définie par une remarquable culture classique et par l'ironie qui découle de la situation elle-même, qu'on
dirait de second degré. Camoëns est bien le pélerin du malheur — et

---

21. Editions en 1825, 1838, 1839, 1844, 1854, 1863 et 1880. Voir ed. 1972 préfacée par
    J.-A. FRANÇA.

il se rend également à Cintra... Les raccords du poème, surtout dans
le chant I (où évocation sentimentale, récit et association d'idées, toujours par le truchement du décor du Tage qui relie Garrett absent à
Camoëns présent, se succèdent) réalisent l'image d'un labyrinthe fon-
du en des valeurs d'ambiguité, qui sont proches de celles de la poésie de Byron. De toute façon, même si Filinto Elisio est encore cité,
même si l'un de ses vers trouve emploi dans le poème, *Camões* se
situe clairement dans une lignée baroque qui convient au romantisme « monstrueux » des Byron et des poètes-suicides. Qu'une certaine
dose de maniérisme y soit décelée ne pourra nous étonner car la personnalité et l'œuvre de Camoëns l'appellent. Là aussi Garrett assume
une responsabilité formelle que le romantisme ne récuse pas.

Les images-sensations, la composition irrégulière de ses stances,
le « vers blanc » lui-même, toutes ces innovations littéraires impri-
ment à la structure du poème une force, une sorte d'anxiété qui ébran-
lent l'ordre établi dans l'Arcadie. « Le caractère de ce poème est absolument nouveau » — affirmait Garrett dans sa préface[22]. Et il ajoutait que, si son poème était « hors les règles », c'était parce qu'il
n'avait pas consulté « Horace, ni Aristote ». Garrett s'était laissé aller
« selon son cœur et les sentiments de la nature ». Une nature toute
différente de celle que, dans le premier vers du *Retrato de Venus*, il
écrivait encore avec un N majuscule — et un cœur qui apprenait alors
à s'exprimer librement. Leçon de Byron ? Certes, le poète le nie dans
sa préface — mais il ne l'avoue pas moins dans une lettre écrite à un
ami, dans laquelle il rend compte de ce qu'il avait voulu réaliser :
« parlant d'une façon générale, le style est moulé par celui de Byron
et de Scott — pas encore utilisé ni connu au Portugal »[23]. Mais, refusant des règles, Garrett refuse aussi celles qui auraient pu découler
de ce « moulage » — et il affirme pour la première fois en 1825 ce qui
sera toujours son cheval de bataille : « Je ne suis pas romantique ni
classique ; je dis de moi-même que je n'ai pas de secte ni de parti en
poésie ».

Cette liberté absolue, ou presque, connaissait pourtant une prison :

« Saudade ! gosto amargo de infelizes,
Delicioso pungir de acerbo espinho,
Que me estás repassando o intimo peito »[24]

---

22. GARRETT, préface 1re ed. *Camões* (1825). Ed. *O. Compl.* I, 194.
23. GARRETT, lettre à D. LESSA, Le Havre, le 27 juillet 1824. Ed. *O. Compl.* II, 779.
24. GARRETT, *Camões*, Chant I, , premiers vers. Ed. *O. Compl.* I, 197.

— voilà la prison du poète, son « misterioso numen ». Sur un passé
vécu ou imaginé, un présent douloureux, un avenir douteux — la
« saudade » est là qui détermine la vie du poète national. N'avait-elle
pas déjà déterminé la vie de Camoëns lui-même — et, avant lui ou
après lui, celle de tant d'autres poètes portugais ? Pour la nouvelle
génération, ce sentiment vague, ce « vague de l'âme » sera un sentiment clé — et un mot indispensable, un signe obligatoire. Que Garrett
l'ait tracé comme premier mot du premier vers de son poème n'est
certainement pas l'effet du hasard. La « saudade » fait partie du mythe
de Camoëns ; elle restera liée au mythe du romantisme qui avait pris
Camoëns comme témoin sinon comme parrain.

Mais la mort de Camoëns, climax idéologique et sentimental du
poème de Garrett, est le sujet d'un tableau qu'un autre émigré libéral réalisera en même temps, presque jour pour jour. Cela n'est pas
sans soulever quelques problèmes. Sequeira, peintre de la révolution
de 1820, ignorait sans doute, à Paris où il s'était installé, ce que le
poète de la même révolution avortée était en train de faire au Havre.
Garrett, qui n'arrivera pas à Paris avant janvier 1825, n'a certainement pas connu le projet de son compatriote : il avait terminé en
juillet le manuscrit de son poème. Mais, si nous savons, par une lettre de lui[25], qu'il avait alors laissé quelques lacunes dans le tissu de
dix chants, nous ne savons rien sur la scène finale. L'a-t-il composée en
juillet 1824, ou à Paris, en janvier 1825 ? A moins que ce ne soit entre
ces deux dates, après avoir eu connaissance du tableau de Sequeira,
par le commentaire d'un de leurs compatriotes, ou par le texte descriptif du catalogue du Salon d'août 1824, où le peintre émigré avait
eu l'honneur d'être admis. On ne peut ignorer que cette description
s'achève sur la citation de la phrase légendaire du poète, sur son lit
de mort : « Au moins je meurs avec la patrie ». Le fait que Garrett ait
pu s'inspirer de la scène peinte (et décrite) n'a qu'une importance
secondaire. Ce qui compte c'est que lui et Sequeira aient dû s'arrêter à cette scène.

Les deux hommes s'étaient très probablement connus dans le
petit milieu de Lisbonne ; Garrett avait salué l'exil volontaire du
peintre : il l'admire, même si, manifestant sa surprise devant l'existence du tableau en question, il n'a pas un mot d'appréciation. Il ne
dit même pas qu'il l'a vu[26]...

---

25. Voir Note n° 23.
26. GARRETT, *Camões*, Note D, Chant X. Ed. *O. Compl.* I, 261.

Le thème patriotique que la conjoncture politique nationale teintait de couleurs sombres, s'imposait donc aux deux grands créateurs portugais que la patrie avait rejetés ; la toile de Sequeira en saisissait le caractère dramatique — Camoëns mourant sur la scène misérable dont l'ombre était aussi celle qui pesait sur la nation, au cours de cette année tragique 1580.

Nous ne pouvons plus apprécier le tableau de Sequeira : il s'est peut-être perdu au Brésil[27]. L'*Explication des Ouvrages* du « Salon » nous livre pourtant son argument : « Ce grand homme, accablé par la maladie et par la plus affreuse pauvreté, était mourant à l'hôpital, lorsqu'un de ses amis vint lui annoncer la perte de la bataille d'Alcacer, la mort du roi Dom Sébastien (...) la fin de la monarchie portugaise et de la patrie ; « Au moins s'écrie le Camoëns se relevant sur son lit de mort ; au moins je meurs avec elle ! ». On a découvert deux études pour cette composition[28], dessins fort sommaires qui servent pourtant à suggérer le climat de la toile — le dépouillement du décor, la simplicité dramatique des deux personnages qui y figurent, le poète sur son lit de misère, à demi-nu, les bras levés au ciel, dans une dernière apostrophe...

Composition romantique par le thème, par le sentiment et par la palette sombre qu'on devine, *A Morte de Camões* de Sequeira, comme le poème de Garrett, définit un schéma tout à fait inédit dans la peinture portugaise. Vieira Portuense s'était arrêté au seuil des temps nouveaux, balayé par la mort ; Sequeira, lui, passait de l'autre côté. Ses allégories à la révolution de 1820 (sinon ses allégories à l'armée de Napoléon) l'avaient préparé à l'acceptation de nouvelles valeurs. Arrivé à Paris en Octobre 1823, Sequeira tombait au milieu de la querelle du romantisme que le « Salon » de l'année suivante allait allumer avec un éclat définitif. Delacroix y exposait *Les Massacres de Scio* ; Géricault, qui venait de mourir, était encore présent ; Prud'hon, mort l'année précédente, Gérard et Gros étaient aussi représentés. On pouvait surtout y apprécier les brillantes toiles des Anglais, de Lawrence, de Constable, de Bonnington dont le régime chromatique ouvrit de nouveaux horizons à la peinture de Delacroix.

Accroché dans le « salon carré », entre les envois de Gérard et de Gros, grâce à l'appui du comte de Forbin, son ancien compagnon à

---

27. Voir J.-A. FRANÇA, *A Arte em Portugal no Seculo XIX*, I, 155.

28. Voir L. Xavier da COSTA, *A Morte de Camões, quadro do Pintor D. A. de Sequeira* (Lisbonne, 1932). Voir préface de J.-A. FRANÇA à l'édition de 1972 de *Camões*.

Lisbonne, que nous avons déjà rencontré, Sequeira était pris dans la mêlée — apprécié par la critique de la « gauche romantique » (mais non par son champion Thiers, qui l'ignora), attaqué par la critique de la « droite classique » (mais également ignoré par le vieux Landon), dédaigné par Stendhal qui préféra à *A Morte de Camões* une *Fuga para o Egito*, sorte de « copie du Corrège », qu'il exposait à côté...[29] Le roi Charles X a décerné à Sequeira une des cent médailles d'or du « Salon » — mais il n'a pas acheté sa toile, lui préférant celle de Serrur qui représentait le naufrage du même Camoëns. Le destin n'en souriait pas moins au peintre qui approchait de la vieillesse : il pouvait alors écrire à des familiers restés à Lisbonne qu'il allait être reçu à l'Institut.

Les feux romantiques de Paris étaient pourtant trop ardents pour ce peintre formé à Rome et qui avait vécu trop longtemps à Lisbonne. Paradoxalement, l'exil parisien était moins un exil que la vie qu'il avait menée dans son pays, à l'écart des courants vivants de l'esthétique de Paris. Seulement cette liberté française était venue trop tard pour lui... Il a encore gravé un sujet romantique, Ugolin — mais deux ans après son succès au « Salon » de 1824 il partait s'installer définitivement à Rome dans un milieu auquel, « academicus romanus », il appartenait vraiment. Son siècle n'était pas celui qui se définissait alors sous le pinceau d'un Delacroix : il restait un homme du XVIIIe siècle, même s'il devait par la suite proposer des éclats chromatiques nouveaux aux schémas romains de sa jeunesse.

L'expérience romantique des Portugais, dans le domaine de la peinture se soldait donc par un échec. Les artistes qui demeuraient au Portugal étaient trop médiocres pour pouvoir se laisser pénétrer par un goût nouveau ; ils étaient également pris dans l'engrenage d'une situation politique réactionnaire qui exigeait d'eux des allégories auliques à la mode ancienne — garantie quelque peu magique de la pérennité du régime. Sequeira, lui, n'a pas résisté à un autre climat — et les raisons de son abandon doivent être finalement cherchées assez près de celles qui expliquent, sur le plan de la médiocrité qui leur sied, le retard esthétique des autres peintres.

Dans une recherche des racines du romantisme portugais, la peinture ne saurait nous fournir que des données occasionnelles à l'intérieur de situations manquées. Si la mort physique de Vieira doit être considérée comme une fatalité, le suicide « romain » de Sequeira acquiert une signification qui ne pourrait être ignorée. Il faut donc

---

29. Voir J.-A. FRANÇA, *Op. cit.* I, 155-157.

pousser notre enquête sur le plan littéraire où le *Camões* de Garrett se portait garant d'une volonté ou d'une nécessité d'aventure.

Le poème de Garrett représenta, au-delà de sa position polémique, une attention nouvelle prêtée au passé national. Cette attention devait susciter en même temps, et chez le même auteur, un autre poème, une romance, *Dona Branca*[30], dont le sujet était emprunté à une légende médiévale, liée à la reconquête de l'Algarve. Garrett y avouait l'influence directe de l'*Oberon* de Wieland car tout le merveilleux de son poème est pris dans le trésor « des fables populaires, croyances et préjugés nationaux »[31]. N'oublions pas que Wieland avait été traduit par son maître Filinto Elisio et que Garrett publia le poème comme « œuvre posthume de F.E. » — dernier hommage au poète qui était mort en exil. Il craignait alors une persécution semblable à celle dont il avait été victime quand il avait publié le *Retrato de Venus*[32]. L'« immoralité » de certains passages des amours de la princesse et abbesse chrétienne enlevée par un « belo moiro », justifiait ses craintes. *Dona Branca* « était accordée au même ton romantique que le *Camões* »[33] ; avec les deux poèmes et surtout avec le dernier en date, Garrett se vantait d'avoir « proclamé et commencé la régénération littéraire (du Portugal) ». Les deux poèmes « avaient nationalisé et popularisé la poésie qui, auparavant, on pouvait l'affirmer, n'était que grecque, romaine, française, ou italienne — tout sauf portugaise ». Et l'auteur ajoutait, en 1843 : « De sa publication date et découle tout ce qu'aujourd'hui on est en train de faire, pour illustrer notre histoire, nos usages, les choses de notre pays »[34]. Il dira plus tard que *Dona Branca* « avec le luth du troubadour a défié la lyre des poètes »[35]. Ce programme nationaliste, que le romantisme adoptera, comme situation « sine que non », était donc formulé par un poète exilé et il était bien la conséquence esthétique de la révolution de 1820 : le mot même que Garrett emploie — « regénération littéraire » — le prouve. Et on ne saurait oublier que ce changement de voie est garanti par la signature simulée de Filinto, voire par une

30. GARRETT (sous le pseudonyme F. E.), *Dona Branca ou A Conquista do Algarve* (Paris, 1826).
31. GARRETT, *Dona Branca*, Note C - I. Ed. *O. Compl.* I, 319.
32. GARRETT, préface 2ᵉ ed. *Dona Branca*. Ed. *O. Compl.* I, 263. Voir aussi Autobiographie dans *Universo Pitoresco*, III, 1843. Ed. *O. Compl.* I, XLII.
33. GARRETT, lettre à D. LESSA, Le Havre, le 1ᵉʳ janvier 1825. Ed. *O. Compl.* II, 783.
34. GARRETT, Autobiographie, in *Universo Pitoresco*, III, 1843. Ed. *O. Compl.* I, XLII.
35. Voir Note n° 12.

citation d'Horace qui conseillait de « celebrare domestica facta ». Garrett fait ses adieux - sa jeunesse classique tout en y puisant des forces nouvelles.

Après *Dona Branca*, Garrett publiera, en 1828, à Londres, une romance populaire, *Adosinda*, adaptée et remaniée. C'était la continuation de son programme qui, dans sa préface historique au *Parnaso Lusitano*, anthologie de la poésie portugaise[36], comme dans son traité *Da Educação* ou dans son étude *Portugal na Balança da Europa* (ouvrages publiés à Paris ou à Londres, en 1829-1830), trouvait une démonstration pratique à travers les domaines les plus variés de la culture et des besoins de la société portugaise sur lesquels le jeune poète ne cessait de se pencher. En 1828, il publiera à Londres son premier recueil de poésies, où l'Arcadie était présente, souvenir ironique de jeunesse — mais où figuraient également ses poésies vintistes et ses poésies d'exil. Aucun vers postérieur à *Camões* : le livre, commencé en 1815 avec une épigraphe de Thomson, se terminait en 1824 sous l'invocation d'Horace. Horace et Virgile, neuf ou sept fois mis en épigraphes, Filinto cité cinq fois, donnent le ton du recueil — où Shakespeare, Young et Byron apparaissent aussi, chacun une fois ou deux. *Camões* et *Dona Branca* avaient déjà devancé ces poésies que Garrett attribuait à un poète inconnu, João Minimo (Jean Petit, sinon Jean Foutre). La préface du recueil acquiert pourtant une grande importance dans la mesure où Garrett y annonce une verve mi-populaire mi-aristocratique qui fera le charme et l'originalité de son œuvre ultérieure — et qui marque, à elle seule, un tournant dans l'expression littéraire des Portugais. De ce point de vue, la préface de la Lirica de *João Mínimo* est un document aussi important que le *Camões* — les deux faces des probabilités du romantisme portugais.

A côté de cette création personnelle, Garrett poursuivait pourtant son œuvre polémique ou politique. Entre 1823 et 1831 il publiera aussi cinq journaux[37], soit à Lisbonne soit à Londres, au cours d'une seconde émigration, située entre 1828 et 1832. Le prince Dom Miguel, prétexte turbulent du « vieux Portugal », s'était installé sur le trône de sa jeune nièce Dona Maria et le régime libéral instauré en 1826, à la mort de Jean VI, avait été abrogé. Une guerre civile s'en suivra — dans laquelle le poète romantique Garrett a été soldat de la Liberté.

---

36. Garrett, *Bosquejo da Historia da Poesia e Lingua Portuguesa*. Ed. O. Compl. II, 347.
37. *Heraclito e Democrito* (Lisbonne, 1823) ; *O Português* (Lisbonne, 1826-27) ; *O Cronista* (Lisbonne, 1827) ; *O Chaveco Liberal* (Londres, 1829) ; *O Precursor* (Londres, 1831).

CHAPITRE V

LE MAL ET LE BIEN
OU L'ANCIEN ET LE NOUVEAU

Le moment était venu de lutter : les « absolutistes » et les « libé-raux » ont pris les armes et ce fut la guerre civile, opération mons-trueuse d'où sortira enfin la nation nouvelle que les bourgeois solen-nels et naïfs de 1820 avaient annoncée.

On connaît l'histoire de ces années 20 que la Sainte Alliance domi-nait. Nous avons vu le prince Dom Miguel entrer en scène en 1823, à la tête des réactionnaires qui abrogèrent la « divine Constitution », selon le mot d'Herculano, poète et historien romantique qui se battra aux côtés de Garrett : ils « fermèrent les Cortès et mirent à leur place la censure et la police »[1]. Remirent, plutôt, car on reprenait des habi-tudes traditionnelles. En 1826, la mort de Jean VI qui, rentré du Brésil en 1821, avait essayé, assez gauchement, d'établir une sorte d'équilibre entre les deux forces en présence, fit poser le problème de façon plus pressante car la question politique se doubla alors d'une discussion autour de la succession à la couronne. En 1822, le prince aîné Dom Pedro, était devenu empereur du Brésil qui lui devait son indépendance. Dom Miguel, envoyé en exil par son père qui craignait les excès de l'extrême droite, était à Vienne, auprès de Metternich. On se deman-dait lequel des deux frères avait droit au trône car le Roi était mort sans se prononcer sur ce problème difficile. Le Conseil de Régence choisit pourtant Dom Pedro, sans égards pour la méfiance des Anglais qui, artisans de la séparation du Brésil et du Portugal, ne pouvaient nullement admettre la réunion des deux couronnes. Dom Miguel se hâta de prêter serment d'allégeance à son frère qui octroya une Charte Constitutionnelle à son nouveau royaume ; document inattendu dont la teneur conservatrice, inspirée des doctrines de Benjamin Constant, d'après son *Esquisse* de 1814, déjouait les espoirs radicaux de 1820.

---

1. A. HERCULANO, *Mousinho da Silveira*, in *Opusculos II* (3ᵉ ed.), p. 184.

Selon Herculano « on se gardait de toucher à la vieille machine sociale »[2]. Dom Pedro abdiqua alors en faveur de sa fille Dona Maria, âgée
de sept ans, qui devait épouser le prince Dom Miguel son oncle devenu
Régent du Portugal. C'était la solution dynastique la plus habile en
apparence et qui reprenait celle qui avait été adoptée deux générations plus tôt, lorsque Dona Maria 1re, grand-mère de Dom Pedro,
avait épousé son oncle. Le sang des Bragance venant du côté mâle,
continuerait donc d'irriguer l'arbre généalogique de la dynastie. Mais
les temps avaient changé et le nouveau « Monsieur » se devait de représenter une ligne idéologique opposée à celle de sa future femme ; le
mariage ne serait donc qu'un leurre et Dom Miguel le dénonça peu
après, se laissant couronner roi d'un Portugal redevenu absolutiste
qui l'acclamait à son retour de Vienne, en 1828.

　　Le parti de la petite reine dépossédée, écrasé et poursuivi, recom-
mença alors à prendre le chemin de l'exil : quelque treize mille émigrés,
en trois ans. Le courant de l'opposition prenant une signification de
plus en plus importante, Dom Pedro, éprouvé aussi par des difficultés surgies dans son empire brésilien, abdiqua sa couronne impériale
et, paladin de sa fille, vint en Europe pour reconquérir le royaume
perdu. Les jeux malicieux de la politique de Metternich et de Canning
avaient ouvert le chemin à la prise du pouvoir par Dom Miguel, en
1828 ; la révolution de juillet et la chute de Wellington que le « whig »
Palmerston remplaçait, ouvraient, en 1830, la route de la reconquête à
Dom Pedro. Les affaires portugaises prenaient ainsi leur place dans
la conjoncture politique européenne. Le reste, la guerre civile comprise, était une chaîne d'événements, ou de péripéties, dont le déroulement ne concernait qu'un petit pays exténué, aux confins de l'Europe.

　　... Un pays très pauvre, sans industrie, ignorant encore la machine
à vapeur, mortellement atteint dans son commerce par la perte de la
colonie brésilienne et dont l'économie agraire reposait sur un système
médiéval de propriété. Les tenants de ce système garantissaient l'appui au « Miguelisme », dont la banque, créée comme institution
moderne par la bourgeoisie vintiste, se méfiait, et envers lequel le
grand commerce, défini également par des associations établies en
1820, prenait ses distances — même s'il voyait tomber de la tête du
plus illustre de ses membres une couronne de baron récemment
acquise[3]. Quant aux industriels, auxquels la révolution libérale avait

---

2. Id. Ibid., p. 191.

3. Le baron de QUINTELA.

fourni une conscience économique, ce n'était certainement pas par
hasard que leur Association fut fermée par le gouvernement migueliste.

... Un pays se trouvant sur la pente d'une décadence dont le parti
de Dom Miguel refusait de se rendre compte et à laquelle celui de
Dom Pedro cherchait à porter un remède dont il avait acquis la formule dans l'expérience de l'émigration.

Mais ces deux partis représentaient deux mondes — et, plus encore,
deux nations...

Dom Pedro et Dom Miguel, frères ennemis en qui l'idéologie moderne remplace la mythologie des anciens, représentent deux situations
historiques et deux forces morales : le Nouveau et l'Ancien, le Bien
et le Mal. Mais, si, sur le plan de la chronologie il ne restait plus de
doute, tout le monde étant d'accord sur le nom qui convenait aux positions respectivement assumées, sur le plan éthique, le Mal et le Bien
dépendaient du point de vue des combattants. Le Mal sied-t-il à ces
hommes envenimés par les idées de la France, à ces jacobins ou
francs-maçons, à ces « malhados » ainsi surnommés en souvenir des
mulets « tachetés » qui en regimbant avaient renversé le carrosse de
Dom Miguel — ou sied-t-il à ces hommes accrochés à des idées révolues,
ignorant l'histoire, dévots et stupides, tenant les Lumières en horreur,
à ces « corcundas » (« bossus ») ? Et le Bien ? Etait-il lié à la préser-
vation des valeurs politiques et culturelles de la tradition ? — ou à
l'adoption progressiste des valeurs naissantes ? Au « droit divin », à
la hiérarchie, au paternalisme — ou à la liberté, à l'égalité, à la fraternité ?... D'un côté comme de l'autre on se réclamait du Bien et on
abhorrait le Mal — et l'on était non seulement sincère mais logique.
Dom Miguel-archange, Dom Pedro-paladin — les mythes se bâtissaient
vite sur des idéologies confuses, chacun d'eux appelant son contraire.

La religion elle-même hésitait et si le Pape avait été un des rares
souverains à reconnaître la royauté de Dom Miguel, si les Ordres suivaient son drapeau, les « soldats de la liberté » ne manquaient pas de
prêtres ni de messes... Le principe de la légitimité ne saurait pas non
plus trancher le problème posé, car là aussi les avis se partageaient et
il ne manquait certainement pas de raisons juridiques pour faire poser
la couronne nationale sur la tête de Dom Miguel ou de Dom Pedro.
Bien ou mal posée — au nom du Bien ou au nom du Mal, voilà ce qu'il
restait à savoir[4] (a).

---

4 a. Voir *Manifesto dos Direitos de S. M. F. a Senhora D. Maria II* (Londres, 1829),
anonyme, rédigé par le marquis de PALMELA et J. A. GUERREIRO.

La même métaphysique servait deux mentalités sociales que les deux frères incarnaient, volontairement ou poussés par les circonstances. Ils faisaient pourtant de leur mieux pour prendre la tête de deux mouvements d'intérêts qui auraient fort bien pu se passer d'eux. Engagés par le destin dans une aventure qui les dépassait, Dom Pedro et Dom Miguel ne faisaient qu'apporter dans cette crise de l'histoire nationale la garantie de leur nom dynastique.

Ils n'en représentaient pas moins les vices et les vertus de leurs compagnons ou de leurs complices. Approchons leurs figures auxquelles la lithographie commençait déjà à offrir une diffusion iconographique qui avait un goût de sacré — tandis que les décors officiels des plafonds du palais d'Ajuda ne s'attachaient à glorifier dans leur allégories que la personnalité de Dom Miguel.

Cadet de maison noble portugaise, Dom Miguel avait les défauts de son rang et de sa situation. Avant lui, d'autres « Messieurs » de la maison de Bragance, depuis quatre générations, avaient préfiguré sa psychologie, ses habitudes, ses goûts et ses vices. Les taureaux, les chevaux, les foires, l'église par son côté sentimental, constituaient le monde du prince qu'aucune éducation n'était venue corriger. Le marquis de Fronteira, dont le témoignage ne peut être mis en doute, nous le montre à la tête d'une bande de laquais, attaquant des voyageurs, tout près du palais royal de Queluz ; il nous le présente plus tard, dans un hôtel de Paris, tirant de sa fenêtre sur un troupeau de moutons, au grand scandale des hôtes[4]. Il vivait d'ailleurs entouré d'écuyers, de toréadors, d'agents provocateurs qui le flattaient ; il fera même comte de Queluz son fidèle barbier... Ender, peintre célèbre de la cour viennoise, n'en a pas moins représenté sa silhouette élégante et mâle, jeune prince orgueilleux de sa race. Mme Junot, qui se trouvait à Lisbonne au moment où il est né, faisant écho à certains racontars, affirme que son père était un écuyer de la reine ou un médecin (« ce qui est certain c'est qu'il n'est pas le fils de Jean VI »)[5] ; on le disait aussi fils du dernier marquis de Marialva — et le comportement de Dona Carlota-Joaquina paraissait donner raison à ces rumeurs qui ne se répandaient pas seulement parmi ses ennemis. Il paraît que Junot lui-même, ambassadeur de France, a dû se défendre des avances de cette « messaline » laide, estropiée et insatiable...

4. *Memorias do Marquês de Fronteira*, II, 11.

5. Duchesse d'ABRANTÈS, *Souvenirs d'une Ambassade et d'un Séjour en Espagne et en Portugal de 1808 à 1811* (Paris, 1837), II, 276.

Il faut d'ailleurs remonter à cette sœur de Ferdinand VII d'Espagne, à demi cachée dans le portrait de famille de Goya, pour bien comprendre la psychologie de Dom Miguel, fils préféré de sa mère, et haïssant, paraît-il, son père légal. Le prince a toujours été l'agent d'un parti féroce que la reine, de son palais de Queluz, haut lieu des ultras, commandait avec un entêtement à la fois magnifique et sordide. Cela datait des heures tragiques de 1821, lorsque Dona Carlota, ayant refusé de jurer la Constitution, avait été autorisée à demeurer au Portugal, dans un demi-exil qui était d'ailleurs loin de déplaire à son mari. Les bons bourgeois légalistes avaient été trompés, mais la reine ne désarma pas : elle sera dorénavant derrière chaque complot des ultras — et l'arrivée de Dom Miguel en 1828 la plongea dans le bonheur le plus profond. Elle se fâchera avec son « disciple » qu'elle ne trouvait pas assez dur, mais sa mort, en 1830, marqua le commencement de la débâcle des absolutistes.

Dom Pedro, lui, nous est présenté sous des couleurs un peu trop favorables. Le chef le plus responsable de la faction libérale de gauche, qui l'avait combattu, dira, au lendemain de sa mort, qu'il était « un prince philosophe »[6]. Herculano affirmera gravement qu'il était un héros[7] — et on verra plus loin le poids que ce mot avait sous la plume de l'historien. Le marquis de Fronteira, féal du roi, nous donnera de lui, non sans un sentiment d'amertume aristocratique, le portrait d'un prince guerrier qui préférait aux nobles de sa cour les politiciens bourgeois réformateurs — « individus de (sa) pleine confiance »[8], avec lesquels il s'entretenait volontiers. Scheffer, artiste déjà romantique, a peint à Paris son image un peu trop officielle, portrait d'allure sage où luisait une vareuse chamarrée.

Vaillant et prêt à tout sacrifice, on sait pourtant que Dom Pedro se croyait un Napoléon. Un musicien aussi, car il avait composé l'hymne de la Charte... Il était certes vaniteux, naïf, impulsif — généreux aussi, comme son frère, le « marialva »...

Il fera à ce frère vaincu par les armes une énorme rente annuelle — que celui-ci ne recevra jamais car, dans un long exil, pendant lequel la dignité de son comportement trancha sur la folie monstrueuse de ses années royales, il tenait à maintenir ses droits contre la convention qui avait mis fin à la guerre. Dom Pedro a subi une manifestation

---

6. Passos Manuel, séance du Parlement du 25 août 1834. Cité par Oliveira Martins, *Portugal Contemporaneo* (Lisbonne, 1881), II, 5.
7. A. Herculano, *Mousinho da Silveira*, in *Opusculos II* (3e ed.) p. 194.
8. *Memorias do Marquês de Fronteira*, II, 227.

hostile à cause des conditions de cette convention, lorsqu'il vint à l'Opéra recevoir les lauriers qui lui étaient dûs à la suite de la victoire de la Liberté. Sifflé, sous une pluie de pièces de monnaie qu'on lui lançait dans la loge royale, il dut s'enfuir, la rage au cœur. Il n'y viendra jamais plus : les fatigues de la campagne l'ayant rendu tuberculeux, sa première hémophtysie marqua cette soirée malheureuse. Il mourra quatre mois plus tard, sa mort physique accompagnant la mort civile de son frère. Ennemis, les deux frères se ressemblaient encore par leur fin, dans une sorte d'étrange dioscurisme : protagonistes d'une lutte de vie ou de mort, ils sortaient de scène en même temps, l'un entraînant avec lui les vaincus, l'autre cédant la place à la génération victorieuse dont il n'avait été que le symbole désormais inutile. L'exil ou la chute de Dom Miguel-prince des ténèbres correspondait au martyr ou à la mort de Dom Pedro-sauveur. Rien de plus clair ni de plus approprié ! Un drame romantique très simple venait d'être joué : il ne demandait qu'à être écrit. C'est ce que l'on fera, inventant pour l'effet maints scénarii.

De cette victoire et de cette débâcle théâtrales, il faut pourtant connaître les décors qui marquent l'action et qui marqueront sans doute, pendant longtemps, les façons de l'écrire et de la comprendre.

Examinons d'abord le pays où Dom Miguel a connu la réception la plus enthousiaste, le jour de son arrivée. Il était alors l'archange que son nom laissait deviner, le Dom Sébastien revenu du fond des temps pour redonner au Portugal sa gloire de jadis. Aucune regénération n'expliquait pourtant son action : une sorte de miracle qui figeait l'histoire était largement suffisant et bien préférable... On chantait « O rei chegou » — et on commençait de maltraiter les libéraux ; cela dura six ans. Les prisons étaient pleines, on dénonçait, on torturait, on pendait, on assassinait sans hésitation. Les commandos des « caceteiros » régnaient à Lisbonne, à Porto, en province, à la campagne — partout. Vers 1831, Castilho abandonnera pour un moment les amours de ses chers bergers d'Arcadie pour se risquer à déplorer la situation quotidienne :

> « Os laços sociais se espedaçaram ;
> O cidadão dos cidadãos se esconde ;
> O homem entre homens solitario geme.
> Tornou-se crime a voz do pensamento,
> O amor da patria reu, dever o oprobrio.
> .. ..
> .. .. e em face ao Cristo
> seus ministros impunes, premiados,
> mentem aos ceus, à terra, à consciencia,
> vertem da lingua fel, blasfemia, embustes ;

como orvalho celeste imploram sangue ;

. . . .

Peja a inocencia os carceres ; . . . .

. . . .

e os argus do poder, sem fim, sem conto,

espiam, colhem, ... »[9]

Ces vers, dont le titre, *Sacrificio a Camões*, insistait sur le symbole catastrophique des émigrés de 1823, circulaient sous le manteau ; ils décrivent avec une précision archaïsante le climat des années miguelistes. Herculano lui aussi dressera la panorama du Portugal vers 1830 : une « troupe d'assassins (...) couvrant (le pays) de larmes et de deuil (...), des magistrats corrompus inondant de sang les gibets au moindre signe des tyrans (...), un clergé hypocrite et vicieux incitant la plèbe au crime au nom du Crucifié »[10]... Un émigré anonyme ajoutera, gravement, dans une sorte de résumé de la situation : « L'usurpation, ayant changé la forme du gouvernement, avait altéré la morale : on appelait le crime vertu, et vertu le vice »[11]. Le règne de Dom Miguel se terminait dans une sorte d'anarchie démentielle et sordide. Un prêtre, écouté par l'Infant, prêchant du haut de sa chaire, affirmait qu'il y avait trois moyens de venir à bout des libéraux : par la potence, par la faim dans les prisons et par le poison[12] ; le Pe. J.A. Macedo[13] ennemi de Garrett comme il l'avait été de Bocage et d'Alcipe, sorte de « profanateur de l'autel »[14], pour celle-ci, était, en tant que théoricien du régime, partisan d'une vénerie géante comme si les libéraux étaient des loups. Frère Fortunato de S. Boaventura[15], qui était du même avis[16], sera fait archevêque par Dom Miguel. Les Jésuites, que

---

9. CASTILHO, « Sacrificio a Camões » in *Escavações Poeticas* (Lisbonne, 1844), p. 80.

10. A. HERCULANO, *Cenas de um Ano da minha Vida* (Lisbonne, 1831, pb. 1934), p. 51.

11. (Anonyme), *Memorias dum preso emigrado pela usurpação de D. Miguel* (Lisbonne, 1845), p. 301.

12. Frei João BOAVENTURA, *Sermão de Acção de Graças pelas melhoras de S. M o Senhor D. Miguel* (Lisbonne, 1829).

13. Voir Note Nº 12, chap. II.

14. « Profanador do altar ! que asneiras dizes ? ». Marquesa de ALORNA, épigramme daté de 1829, in *Poesias* (ed. Lisbonne, 1960, p. 191.

15. Dom Frei Fortunato de S. BOAVENTURA (Alcobaça 1778 - Roma 1844). Erudit (*Historia Cronologica e Critica da Real Abadia de Alcobaça*, Lisbonne 1827, etc.), dirigea le journal migueliste *Punhal dos Corcundas* (Lisbonne, 1823-24). Fut fait archevêque d'Evora par Dom Miguel qu'il accompagna dans son exil romain, en 1834.

16. Cité par Oliveira MARTINS, *Op. cit.* I, 195-196.

les Lumières de Pombal avaient expulsés du royaume, subrepticement revenus[17], trouvaient en N.D. da Rocha, dont l'apparition animait les Miguelistes, « le salut du Portugal », et ils s'apprêtaient « à exploiter (...) de plus en plus cette dévotion dans le royaume et à (leur) profit »[18]. La vieille noblesse se partageait[19] ; quant au peuple, ignorant, affamé, dominé par des curés de campagne tout dévoués aux traditions et craignant le diable et le franc-maçon, il était partisan du prince archangélique. Il n'y avait que les bourgeois, licenciés en droit et commerçants, qui se tenaient dans une résistance passive : cela leur coûtait souvent la liberté ou les poussait à émigrer. Vingt ans après les événements, le premier romancier qui se penchait sur son propre temps, jeune intellectuel de gauche, parlait du « culte aveugle et inconsidéré que le pays presque entier rendait au nom de Dom Miguel »[20]. Dix ans plus tard, sa pensée ayant mûri, il se corrigera, écrivant à la place : « une grande partie du pays » ; il trouvera alors le culte « inexplicable »[21]. De toute façon, la majorité du pays était migueliste — et le phénomène demeurait sans explication. Il le reste toujours car les pressions de l'ignorance ou des habitudes d'asservissement ne suffisent pas à éclairer le chercheur et cette période n'a pas encore fait l'objet d'une étude socio-économique approfondie. N'oublions pourtant pas que la dichotomie manichéiste du Bien et du Mal jouait alors dans l'esprit simple des Portugais encore imprégnés d'une mentalité baroque que les Lumières et les Vintistes n'avaient pas touchée en profondeur — et que cette mentalité était animée par les intérêts des seigneurs terriens et de l'Eglise dont les Ordres étaient aussi de grands propriétaires fonciers. Le pays était devenu « un cadavre sans nom » ; selon Herculano, il traversait alors « un moment étonnant (...) d'infâmie et de malheur »[22].

L'historien libéral parlera plus tard d'un « ébranlement moral du pays » en faveur de Dom Pedro, constaté pendant la guerre civile[23].

---

17. Voir Joaquim Martins de CARVALHO, *Apontamentos para a Historia Contemporanea* (Coimbra, 1869), p. 149 et suivantes.

18. *Lettres Inédites du P. Delvaux sur le Rétablissement des Jésuites en Portugal* (Paris, 1866) p. 276.

19. Voir Note nº 3, chap. V, 2ᵉ partie.

20. A. P. LOPES DE MENDONÇA, *Memorias dum Doido* (Lisbonne, 1849), p. 46.

21. Id. Ibid., 2ᵉ ed. 1859, p. 37.

22. A HERCULANO, *Cenas dum Ano da minha Vida* (ed. 1934), pp. 67 et 49.

23. A. HERCULANO, *Mousinho da Silveira*, in *Opusculos II* (3ᵉ ed.) p. 196.

Cela ne saurait être contesté — car c'est la seule explication d'une victoire obtenue par une petite armée de 7 500 hommes contre l'armée régulière forte de quelque 80 000 hommes. Mal commandés mais ayant le pays entier derrière eux, sauf cette ville de Porto qu'ils abandonneront d'abord pour l'assiéger ensuite pendant deux ans — ces dizaines de milliers d'hommes n'auraient pu être vaincus sans qu'une opération morale ne soit intervenue. Même si elle devait être aidée par l'usure et par l'opportunisme... Il est, somme toute, normal qu'au fur et à mesure que les libéraux gagnaient du terrain, leur armée se gonflât, tandis que l'ennemi voyait ses rangs se dépeupler. Il est également normal que l'embarquement de Dom Miguel pour l'exil ait été effectué sous une pluie de malédictions...

A la fin de la guerre, les Miguelistes avaient perdu tout espoir — et leur foi aussi avait disparu. Les libéraux, de leur côté, ne connaissaient peut-être pas la foi ancienne, mais l'espoir les soutenait. Certes, Garrett, quinze ans plus tard, met dans la bouche d'un de ses personnages vivant le drame de 1833, des mots de doute sur la durée de cet espoir : « Laissez-les vaincre, et vous verrez... »[24] — mais il écrivait à posteriori, traduisant alors un état d'esprit qui n'était pas celui des « soldats de la Liberté »,

Les 7 500 hommes débarqués près de Porto en 1832, ou du moins la plupart d'entre eux, avaient acquis cet espoir, issu d'une nouvelle conscience morale, pendant l'émigration. Nous nous trouvons maintenant face à l'autre décor du drame.

En Angleterre, campés dans un barraquement misérable à Plymouth, en France, sous la protection de La Fayette, allant de petite ville en petite ville, affamés, recevant des subventions trop maigres et assorties à une hiérarchie suspecte et très discutée, divisés par des intrigues, suivant des partis et des intérêts opposés, les émigrés libéraux avaient appris quelque chose. A Plymouth, ils ne comprenaient encore rien aux événements qui pourtant les concernaient. Ils s'amusaient à souligner leur petitesse, dans un poème burlesque :

« Razões são de Estado
Que tu não entendes,
Mistérios que ofendes
Querendo-os sondar »[25].

---

24. GARRETT, *Viagens na Minha Terra* (Lisbonne, 1846). Ed. *O. Compl.* II, 184.
25. Joaquim PINHEIRO DAS CHAGAS, *As Noites do Barracão passadas pelos Emigrados Portugueses em Inglaterra* (Paris, 1834).

Jouant le *Catão* de Garrett la veille de Noël 1828, le premier de leur exil, ils feront suivre la tragédie libérale d'une farce qui s'appelait exactement : *Doidos*. Voilà ce qu'ils étaient : une poignée de fous attachés à un espoir insensé... Mais le temps passait. L'expérience humaine, la souffrance et l'humiliation trempaient leurs âmes. Il y avait aussi les cours de Guizot, de Cousin, de Villemain qu'on pouvait suivre et que l'on suivait à la Sorbonne, le théâtre que l'on pouvait fréquenter et que l'on fréquentait si l'état de la bourse le permettait, les journaux que l'on lisait et que l'on arrivait même à publier. Autant de leçons que la France leur donnait et qui transformaient peu à peu leur mentalité, leur mœurs, leur langage même.

Le *Catão* joué à Plymouth et applaudi les larmes aux yeux par les premiers émigrés, est encore un événement lié à des schémas mentaux et sentimentaux de jadis ; les lois de Mousinho da Silveira, en 1832, appartiennent déjà à une nouvelle catégorie mentale et sentimentale : elles s'ouvrent sur l'avenir, façonnent le futur, créent une nation nouvelle.

Arrêtons-nous à ce personnage clé du Portugal nouveau. Ancien ministre des finances en 1820, il s'était exilé comme tout le monde. On lui doit en grande partie la décision prise par Dom Pedro de venir prendre la tête du mouvement libéral. Homme tranquille de 1820, il n'était plus question d'évoquer Caton à son égard. Mousinho avait beaucoup appris dans son exil, lisant des livres et des journaux, parlant avec des gens, observant, méditant ; il ne cache pas ses sources empiriques qu'un principe absolu d'individualisme commande. Smith et Kant le guident dans le labyrinthe de l'organisation économique, administrative et judiciaire du pays qu'il fallait non plus régénérer mais réformer. C'est Garrett, collaborateur de Mousinho, qui emploie le mot nouveau : « des réformes radicales et terribles »[26]. Trois lois fondamentales de Mousinho, entre mai et juillet 1832 constituent « le 89 du Portugal », selon le mot d'Oliveira Martins, historien qui fera le bilan du romantisme national[27] ; c'est là « la frontière où finit vraiment le vieux Portugal et où commence le nouveau », comme l'avait dit Garrett[28] — qui, pour rédiger ces mêmes lois, s'était inspiré directement du récent *Abrégé des Principes d'Administration* de Bonnin (1829).

---

26. GARRETT, *Elogio Historico de Joaquim Xavier Mousinho da Silveira* (Lisbonne, 1849). Ed. *O. Compl.* II, 437.

27. OLIVEIRA MARTINS, *Op. cit.* I, 409.

28. GARRETT, *Elogio Historico de Joaquim Xavier Mousinho da Silveira.* Ed. *O. Compl.* II, 438.

« Le travail est la base de toutes les vertus et de toutes les richesses ». A partir de ce principe, le ministre peut légiférer sur la liberté
du travail, de la terre, de la circulation de ses produits, sur la liberté
de l'individu. Il sait aussi que « sans la terre libre il n'est pas question d'évoquer la liberté politique » ; il sait également que « l'influence
des institutions et des lois n'est pas une chimère ». Toute une série de
dîmes, de droits féodaux, d'impôts sur les ventes et les achats, fondée
sur un droit coutumier fut abolie ; on a également aboli des monopoles
et les charges publiques héréditaires, on a ébranlé le principe du majorat, on a attaqué l'existence des couvents par un début de sécularisa-
tion ouvrant ainsi le chemin à des réformes futures ; on a aussi séparé
le pouvoir administratif du pouvoir civil[29]. On a créé, en somme, sur les
ruines d'une société d'ancien régime, une société moderne, c'est-à-dire
capitaliste et libérale, ou libéro-capitaliste.

C'était, dit Herculano, « la religion du bien-être matériel, du progrès économique »[30]. La modernité de Mousinho y apparaît clairement ;
mais, homme de l'avenir, il se refusait à prendre des mesures opportunistes, même si elles étaient nécessaires. Il commença à légiférer
dans une petite île des Açores, (« le rocher de la salvation » —
Herculano), seul territoire du royaume libéral ; ses dernières lois ont
été publiées à Porto que l'armée de Dom Pedro venait de libérer. Après
neuf mois de pouvoir, il céda le portefeuille à un ministre plus habile
et moins scrupuleux dans l'obtention des prêts que les banquiers de
Londres commençaient à envisager favorablement[31]. La banque, qui
sera une grande force du régime libéral, avait alors choisi son roi et
misait sur la carte qui devait gagner...

La carte du Bien ? Sans doute, car, faisant parler les armes, dans
une sorte de « duel judiciaire » d'autrefois, le jugement de Dieu ne
saurait laisser planer de doutes. En fin de compte, Dom Miguel était
fort mal servi par ces prêtres et ces moines qu'Herculano a vu « au
milieu de la fusillade, les habits retroussés, le crucifix à la main,
haranguant (ses soldats) » ![32]

La guerre civile des Portugais dépassa cependant les cadres de la
nation : guerre idéologique, on voyait des étrangers des deux côtés :

---

29. Remarquons que dans le texte d'introduction de la loi du 16 mai 1832, GARRETT
    a traduit presque littéralement des passages de l'ouvrage de BONNIN, *Principes
    d'Administration* (Paris, 1829), alors très en vogue.
30. A. HERCULANO, *Mousinho da Silveira*, in *Opusculos* II, 202.
31. SILVA CARVALHO, nommé le 13 décembre 1832.
32. A. HERCULANO, *Mousinho da Silveira*, in *Opusculos* II, 197.

des Anglais et des Français, surtout, servant Dom Pedro, et des Espagnols « carlistes » prêtant main forte à Dom Miguel qui était obligé de faire venir des commandants-en-chef de France ou d'Angleterre — ces deux pays étant également une source de généraux et d'amiraux pour son frère. S'il y avait plus d'étrangers dans les rangs libéraux[33], cela voulait seulement dire que leur cause était plus actuelle, plus dans le sens de l'histoire que celle des absolutistes. La présence de mercenaires et d'aventuriers ne déplaçait pourtant pas le centre du problème et ce fut certainement l'ébranlement, voire la modification morale du pays qui a donné la victoire à l'« Armée Libératrice » de Dom Pedro. Les bourgeois ouverts aux idées du progrès, animés par les lois de Mousinho et par l'espoir des affaires de la banque, devenaient de plus en plus nombreux et de plus en plus influents. Leur ouverture d'esprit leur permettait de comprendre où se trouvait leur intérêt : ils ont placé (et avec force sincérité) leurs portefeuilles du côté de leurs idées en misant sur la carte libérale. Ainsi fit le plus grand capitaliste de l'époque, le baron de Quintela, que nous rencontrerons plus loin — et le banquier espagnol Mendizabal, qui avait engagé ses capitaux du bon côté (qui était également le côté de Rothschild garantissant un emprunt officieux franco-anglais) se hâta de commémorer la prise de Lisbonne, huit jours après le fait, par un grand banquet que ne manquèrent pas les deux nouveaux ducs libéraux, Terceira et Palmela, l'épée et l'intelligence de Dom Pedro[33] (a).

En 1835, le rapport annuel de la Banque de Lisbonne (qui, de 1830 à 1834, s'était plaint de « l'universelle décadence » ou de « la stagnation » ou de « latotale paralysie » du commerce) enregistrait : « la cause de la Liberté a triomphé et, de pair avec ce grand bonheur, le Crédit a vaincu et la Confiance s'est affirmée »[33] (b). A l'ombre des fusils de Dom Pedro dont ils voyaient les soldats débarquer tout d'un coup dans le sud du pays et avancer sur Lisbonne que les divisions de Dom Miguel abandonnaient sans tirer un coup de feu — à l'ombre de

33. Ils n'ont jamais dépassé le chiffre de 2 500, selon *Memorias do Marquês de Fronteira*, II, 218. Signalons ici les pertes libérales, entre juillet 1832 et juin 1834 : morts, blessés ou disparus au combat : 6 144 ; morts dans les hôpitaux : 3 054 ; déserteurs : 7 291 ; total,:,17 529. (P. P. da CAMARA, *Descrição Geral da Cidade de Lisboa en* 1839 ; Lisbonne, 1839, p. 39).

33 a. Voir J. Pinto de CARVALHO-TINOP, *Lisboa de Outrora* (Lisbonne, 1939) III, p. 92.

33 b. Voir Damião PERES, *Historia do Banco de Portugal* (Lisbonne 1971), pp. 405, 409, 414, 418, 422 et 428. Signalons que la moyenne des montants des dépôts de particuliers dans la période 1828-1833 fut de 523 contos ; en 1827 le montant avait été de 1 114 contos ; en 1834 il fut de 1 223 contos (p. 519).

cette toute petite armée courageuse qui avait tenu bon à Porto pendant un an, et qui croyait à la victoire, les bourgeois libéraux passaient eux-mêmes à l'action. Comme en 1820, on doit sans doute à leur propagande l'hésitation de maints officiers miguelistes, voire leur allégeance à Dom Pedro. Les bourgeois s'agitaient, acceptaient des responsabilités, demandaient ou exigeaient des postes nouveaux, obtenaient leur premier code commercial en 1833. Ils organisaient aussi le pays selon un schéma administratif emprunté à la France qui ne convenait peut-être pas au Portugal mais qui servait à anéantir le vieil édifice de la tradition. On n'osait plus résister à tant d'élan : la déroute est un état d'esprit et, à la fin, une situation morale.

Le jugement de Dieu n'était en fin de compte que le jugement de l'histoire. La victoire de Dom Pedro marque l'entrée du Portugal dans un nouveau cycle historique ; elle marque également l'entrée du pays dans l'histoire contemporaine de l'Occident, voire son entrée définitive dans un XIXe siècle à peine entrevu quinze ans plus tôt. Mais, à un niveau socio-culturel, elle signifie aussi l'acceptation dynamique de l'histoire, c'est-à-dire le fait d'assumer une conscience historique.

... Cependant, la victoire de Dom Pedro est également la victoire de Dona Maria. Ne sous-estimons pas la valeur émotive de l'existence de la jeune princesse, de la « Reine innocente » dont parlaient les paroles de l'hymne composé par Dom Pedro[34]. Cette jeune fille, qu'un disciple de Lawrence avait peint à Londres, faisait battre plus d'un cœur de poète et de soldat... « Tous les hommes de l'émigration et de Porto (...) aimaient Dona Maria II. A peine entrée dans l'adolescence, intelligente, jolie, exilée, presque une enfant, elle avait été l'étoile polaire ou plutôt la fiancée immaculée et spirituelle de la grande révolution ». Ainsi parlera un poète, quarante ans après la mort de la petite princesse[35].

N'oublions pas de faire place dans cette croisade des temps nouveaux[36] au Bataillon des Volontaires de la Reine. « Semblables aux anciens chevaliers, nous nous battions pour une Dame » — a écrit Herculano[37]. Sa croissance y voyait la preuve qu'on était du côté du Bien — car sa conscience était déjà celle d'un romantique.

---

34. Paroles de Luis Mousinho de Albuquerque.

35. Bulhão Pato, *Memorias* (Lisbonne, 1894), III, 49.

36. « La guerre civile terminée en 1834 avait beaucoup des caractères des anciennes croisades ». A Herculano, *Introdução a A Voz do Profeta* (texte de 1867), in *Opusculos* I, p. 5.

37. A Herculano a rayé ces mots écrits dans le manuscrit de *Cenas de um Ano da minha Vida*. Voir Brito Rebelo in *Arquivo Historico Português*, VIII, 87 *apud* Vitorino Nemesio, *A Mocidade de Herculano* (Lisbonne, 1934), II, p. 305.

SECONDE PARTIE

LES ANNÉES DE FOLIE
(1835-1850)

...nous qui devons sauter par dessus une
longue période de progression intellectuelle afin de nous mettre au pas du siècle.

HERCULANO (1835)

La société n'est plus ce qu'elle a été,
ne peut redevenir ce qu'elle était — mais
elle ne peut encore moins être ce qu'elle
est. Ce qu'elle sera, je ne le sais. Dieu
y pourvoiera.

GARRETT (1846)

CHAPITRE PREMIER

LA CIVILISATION LIBÉRALE ET SES IDÉES

L'expédition militaire de Dom Pedro fut « l'épilogue romantique d'espoirs, de craintes, de « saudade » et de vaillance ». Ainsi parlait, dix ans plus tard, le plus romantique des grands ténors du parlement libéral[1]. Peut-être aurait-il mieux fait de parler d'un prologue, surtout s'il voulait parler d'espoirs.

Mais les espoirs des sept mille soldats libéraux, comment se réaliseraient-ils ? Ils étaient montés à l'assaut du royaume malheureux en rêvant de vieilles images « romaines » liées à l'arsenal néo-classique, auxquelles se mêlait une inquiétude nouvelle mal définie — mais, vus comme des « instruments de la Providence dans le rachat du peuple portugais[2] », savaient-ils vraiment quoi demander et quoi offrir à leur pays ? Ils ne lui en apportaient pas moins, à la pointe de leurs baïonnettes, la liberté, l'égalité et la fraternité — garanties d'une civilisation qui « tiendra ses assises au sommet de l'Europe », comme Enjolras était sensé le crier sur une barricade de Paris, au moment même où les libéraux portugais se barricadaient à Porto[3]...

La Civilisation. Cette idée, ou au moins ce mot-clé enfanté par les Lumières va être très souvent employé par ces Portugais que la Révolution inspirait. Leur aventure, vue en 1830, était bien « la victoire de la civilisation sur les abus gothiques »[4]. Tel était le but de la liberté

---

1. José ESTEVÃO, deuxième discours du « Port Pyrée », le 13 février 1840 (*Obra Politica de José Estevão*, pb. Lisbonne, 1963, II, 75).
2. A HERCULANO, *Cenas de um Ano da minha Vida*, p. 48.
3. Discours d'Enjolras, le 5 juin 1832, in *Les Misérables* de Victor HUGO, tome IV, livre I, chapitre V. L'expédition de Dom Pedro a débarqué près de Porto le 8 juillet 1832.
4. GARRETT, *Portugal na Balança da Europa* (Londres, 1830). Ed. *O. Compl.* II, 531.

qui devait s'opposer aux « trois i maudits » du gouvernement absolu :
« Ignorance, Infidélité et Inquisition »[5].

Tel était également le but de l'égalité que les lois de 1832 définissaient et d'une fraternité nouvelle qui préoccupait le gouvernement
de Dom Pedro. Là aussi, on voulait remplacer une action cléricale
particulière au vieux Portugal — sinon s'opposer à elle.

Le « Conselho Geral de Beneficiencia » créé en 1834, était un nouvel instrument de civilisation, tout comme le musée de peinture fondé
à Porto, en 1833. L'un comme l'autre étaient des effets de la suppression des couvents décrétée définitivement le lendemain de la capitu-
lation de Dom Miguel. La fraternité (à laquelle les premières assurances sur la vie de la Compagnie Fidelidade donneront une dimension mercantile plus complexe, en 1835) devenait une fonction laïque
et l'art, que les églises et les couvents de naguère conservaient jalou-
sement, devait alors appartenir à tous, et instruire tout le monde. Le
goût du beau, affirmait-on, allait « caractériser l'époque actuelle » —
et le gouvernement montrait ainsi qu'il « marchait sur la voie des
nations civilisées »[6]. Une « Sociedade de Ciencias Medicas e Literatura »
fondée la même année à Porto, servait toujours (et presque symboliquement) cette idée : « après le rétablissement de la liberté il faut
promouvoir le diffusion de l'instruction publique »[7]. Celle-ci devait
être le véhicule de la civilisation libérale.

Trois mois après l'entrée triomphale des soldats libéraux dans la
capitale du royaume que les partisans de Dom Miguel avaient abandonnée, un comité fut créé pour « proposer un plan général d'études,
éducation et enseignement public », c'est-à-dire, pour « généraliser
l'instruction primaire et les Lumières » — « l'enseignement public
étant l'élément principal de la civilisation des peuples »[8]. Trois semaines plus tard, le comité faisait appel aux « savants nationaux et étrangers », une annonce leur demandant en toute simplicité et au nom de
« la civilisation de la patrie », des mémoires, des travaux, des idées[9].

5. Voir O Panorama du 26 septembre 1846, IX, 29.

6. Règlement du Museu Portuense rédigé par le peintre João Baptista RIBEIRO le
11 juin 1833.

7. Repositorio Literario da Sociedade de Ciencias Médicas e Literatura, Nº 1,
Porto, le 15 octobre 1834. La Société avait été fondée le 13 décembre 1833, dans
la même ville.

8. Décret du 2 novembre 1833, in Cronica Constitucional de Lisboa Nº 87, du 4
novembre 1833.

9. Voir Cronica Constitucional de Lisboa du 25 novembre 1833.

Des savants et des purs, inspirés seulement par le zèle, par le sens du devoir, par l'espoir... L'univers de Caton perçait encore ici : Garrett, plus que le secrétaire, était l'âme de ce comité[10]. Son appel ne sera pourtant pas écouté ; le poète sera bientôt placé comme chargé d'affaires à Bruxelles et le comité sera dissout ou plutôt il disparaîtra, sans laisser de trace immédiate. Cependant Garrett pouvait croire que « toujours la Civilisation et les Lumières triompheront »[11] — et les travaux de ce comité ou ses propres travaux porteront des fruits. C'est bien au nom de la civilisation qu'A.J. Freire, en février 1835, essaie de fonder une académie des Beaux Arts, « afin de promouvoir la civilisation générale des Portugais et de répandre dans toutes les classes le goût du Beau »[12]. L'Académie ne sera pas créée tout de suite mais dès le mois de mai de la même année A.J. Freire parvint à fonder un Conservatoire de Musique[13] — après avoir relancé l'étude d'un plan général d'instruction. Un peu plus tard dans l'année ce sera au tour de Rodrigo da Fonseca de penser à une sorte d'Ecole Polytechnique à Lisbonne, idée avortée sous les protestations et les attaques marquées (on le dira six ans plus tard) par « la peur de la civilisation »[14]. Une peur assez compréhensible car ce ne serait que le commencement d'une réforme générale de l'enseignement supérieur, alors figé à Coimbre.

Une nouvelle situation politique de gauche, créée en septembre 1836, suscitera, trois semaines à peine après son installation au pouvoir, l'étude d'un plan concernant la fondation et l'organisation d'un théâtre national dans la capitale — « école de bon goût » qui devait « contribuer à la civilisation et au perfectionnement moral de la nation »[15] ; un mois et demi plus tard était fondé le Conservatoire d'Art Dramatique. Garrett fut le moteur de ces deux institutions. Tout comme l'Académie des Beaux-Arts créée par un décret d'octobre[16], elles reprenaient les considérations d'A.J. Freire, exprimées l'année précédente ; comme l'Ecole Polytechnique, elles faisaient partie du plan élaboré par le poète en 1833.

---

10. Voir les plans signés par GARRETT in *Cronica Constitucional de Lisboa* du 2 avril 1834.
11. GARRETT, *Portugal na Balança da Europa.* Ed. *O. Compl.* II, 540.
12. Proposition signée par Agostinho José FREIRE, ministre de l'Intérieur, *in Diario do Governo*, Lisbonne, le 25 février 1835.
13. Décret du 5 avril 1835.
14. A. HERCULANO, *Da Escola Politecnica e do Colégio dos Nobres*, in *Opusculos VIII*, p. 61.
15. Décret du 28 septembre 1836, signé par PASSOS MANUEL.
16. Décrets du 15 novembre 1836 et du 25 octobre 1836, signés par PASSOS MANUEL.

La civilisation ardemment désirée devait donc être bâtie sur l'éducation. Passos Manuel, 'le bon dictateur « septembriste », le prouvera par
des réformes des études primaires et secondaires, par la création de
conservatoires, d'académies, d'écoles polytechniques, de musées, et par
son action sur les vieilles structures de l'Université de Coimbre, au
sommet de la hiérarchie de l'instruction. En même temps, il faisait
commandeur le peintre Sequeira exilé : il était, il se voulait un « ministre de civilisation »[17]. Seul lui échappa le théâtre national que ses héritiers politiques bâtiront, dix ans plus tard. De toute façon, il a réussi
là où R. da Fonseca et A.J. Freire avaient échoué. En quelque neuf
mois il a accompli une véritable réforme dans les schémas intellectuels de son pays. Il a, en somme, donné corps à certains espoirs des
pauvres émigrés de Plymouth et de Paris.

L' « instruction publique », selon la désignation française adoptée,
« ce baptême de civilisation »[18], occupait les réformateurs politiques,
influencés par Guizot[19] — mais aussi des écrivains et des poètes comme
Garrett, Herculano et Castilho. Si le premier se tournait vers les sommets de la culture, Herculano s'intéressait surtout à une instruction
de base, « nationale » ou « générale », l'instruction primaire. On affirmait alors que le Portugal était le dernier des pays d'Europe quant au
pourcentage d'accès à l'instruction : un seul habitant sur 88 fréquentait l'école[20]. L'enseignement gratuit et libre, selon la Charte de 1826 et
un décret de Dom Pedro, daté de 1832, n'avait pas encore porté ses
fruits[21]. La « civilisation commune », sur un plan collectif comme sur
un plan individuel[22], devait trouver ses infrastructures spirituelles
dans l'instruction primaire ; Herculano ne manquait pas de dire que
le peuple y puisait sa seule possibilité de participer aux élections avec
« spontanéité et indépendance ». Il allait encore plus loin en voyant
dans l'instruction générale une aide portée à la religion « pour mora-
liser le pays »[23]. Depuis 1835, cet homme dont nous interrogerons plus

---

17. Décret du 11 février 1837 par lequel il faisait le peintre D. A. Sequeira, exilé
à Rome, commandeur de l'Ordre du Christ.

18. A. Herculano, *Da Escola Politecnica e do Colegio dos Nobres*, in *Opusculos*
VIII, p. 60.

19. Loi de Guizot du 28 juin 1833 sur l'instruction populaire.

20. Baden 1-6 ; Prusse 1-7 ; Angleterre 1-11 ; France 1-20 ; Pologne 1-78 ; Espagne
1-79 ; Russie 1-367. Voir *Universo Pitoresco*, 1839, I, p. 103.

21. Décret du 29 mars 1832.

22. A. Herculano, in *O Constitutional*, sept-nov 1841, *in Opusculos* VIII, p. 108.

23. Id., Ibid. p. 110.

loin les idées sociales s'intéressait à la pédagogie et à son renouveau, marqué en cela par l'influence de Cousin[24].

Castilho, arrivé plus tard dans ce même domaine, y fournit un effort considérable. Vers 1850, il a bâti une méthode d'enseignement de la lecture[25] inspirée de celle d'un certain Lemare, pédagogue français qui n'a pas connu de succès dans son pays. Basée sur un système d'images associées à des sons (système que nous dirions aujourd'hui « audio-visuel ») la « méthode portugaise » fut imposée par la persistance du poète qui consacra à sa vulgarisation de nombreuses années de sa vie[26]. Pour lui, le bonheur devait être atteint par la voie de l'instruction. Il le proclamera en 1854 dans une brouchure : *Felicidade pela Instrucção*, dans laquelle, contre Garrett qui avait voulu ressusciter l'ordre de Malte pour honorer des hommes de lettres et de sciences[27], il lançait l'idée d'un nouvel ordre de chevalerie — de l'« Esprit », du « Futur », de la « Lumière », ou de la « Civilisation »[28]. De la civilisation nouvelle, au sein de laquelle les gens devaient se tutoyer, comme en 89...[29]

Vie civile et vie intellectuelle se trouvaient liées — et on ne saurait s'étonner de voir le futur auteur du Code Civil (1867), le vicomte de Seabra, rédiger en 1835 le règlement général de l'Instruction primaire[30] et s'intéresser aux doctrines de Pestalozzi dès la même année[30](a). Les travaux de Pestalozzi, de Gaultier, de Jacotot et d'autres furent alors révélés par un journal consacré aux problèmes de

---

24. Voir l'action d'Herculano dans la rédaction de *Repositorio Literario* (Porto, 1835). En 1840-41, il prépara avec V. Ferrer un vaste projet d'enseignement populaire. Voir A. Herculano, *Instrucção Publica* (1841) *in Opusculos VIII*, p. 107. Voir Adolfo Coelho, *Alexandre Herculano e o Ensino Publico* (Lisbonne, 1910) p. 34. Le *Rapport sur l'Etat de l'Instruction Publique dans quelques pays de l'Allemagne et particulièrement en Prusse* de Victor Cousin fut rédigé en 1831 et publié en 1833 à Paris.

25. A. F. de Castilho, *Leitura Repentina...* (Lisbonne, 1850). A partir de la 3e édition : *Metodo Português de Castilho*.

26. Voir Julio de Castilho, *Memorias de Castilho* (pb Coimbre, 1926-1934), V et VI. Sur P. A. Lemare (1766-1835) voir *supra* V, p. 74.

27. Voir *A Semana*, Lisbonne juin 1852, p. 520.

28. A. F. de Castilho, *Felicidade pela Instrucção* (Lisbonne, 1854), p. 72.

29. A. F. de Castilho, *in Revista Universal Lisbonense*, (Lisbonne, 1843), II, 330.

30. Décret du 7 septembre 1835.

30 a. Voir *Jornal Mensal de Educação, redigido sob a protecção especial de Sua Magestade a Rainha* (Lisbonne, octobre 1835). Rédacteurs : A. L. de Seabra et A. de Oliveira Marreca.

l'éducation. Il n'est paru qu'une seule fois, en 1835, malgré la protection spéciale de la jeune reine — mais la volonté de « Lumières » de la nouvelle génération s'y manifestait même si les circonstances en brisaient l'élan.

Dona Maria II avait elle aussi besoin d'être préparée à règner dans ces temps nouveaux et difficiles. En 1829, en plein exil, Garrett avait adressé à sa préceptrice, la marquise de Ponta Delgada, dame de vieille noblesse, un « traité d'éducation »[31] où la part de Rouseau-« Emile » est fort importante, bien que ses idées soient analysées dans une perspective critique. Le livre a été écrit en Angleterre mais il porte l'empreinte française : Fénelon, Montaigne, Bernardin de Saint-Pierre, Chateaubriand y voisinent avec Mme de Genlis, l'institutrice de Louis-Philippe qui l'année suivante montera sur le trône français. Ses citations érudites n'écartaient pourtant pas Garrett de l'idée qu'« aucune éducation ne peut être bonne si elle n'est pas éminemment nationale »[32]. Malgré ses vues aristocratiques, tendant à une « éducation de classe », son traité n'a certes pas eu d'influence sur l'esprit de Mme de Ponta Delgada, ultramontaine obsédée par « l'idée que (les ministres de Dom Pedro) étaient voltairiens et anti-religieux »[33].

L'abondance de références françaises de Garrett ne doit pas nous échapper. Elles apparaîtront chez d'autres auteurs[34] car cette liberté d'apprendre, ce droit à l'éducation est, bien sûr, de souche française, dans l'esprit des « Lumières » de la constitution de 91. En 1836, un journaliste, protestant contre le manque d'instruction de ses compatriotes, se plaint qu'on n'imite pas assez le système français[35]. Le prestige de la France était tel que nous observons non sans surprise que, cinq ans après la victoire de Dom Pedro, les grands du royaume libéral, d'ancienne ou de récente souche, envoyaient leurs fils étudier à Paris, chez un augustin migueliste, docteur en théologie, qui deviendra secrétaire de Dom Miguel exilé. Frei José da Sacra-Familia avait

---

31. GARRETT, *Tratado de Educação* (Londres, 1829). Ed. *O. Compl.* II, 281 et suiv.

32. Id., Ibid., II, 283.

33. *Memorias do Marquês de Fronteira*, VI, 130. La marquise de PONTA DELGADA (famille CAMARA) a été remplacée en 1834 par la duchesse de FICALHO (famille MELO) sans pour autant tomber en disgrâce.

34. Voir Guilherme J. A. DIAS PEGADO, *Organização Geral da Universidade de Portugal* (Coimbra 1835), travail inspiré des schémas napoléoniens de l'université française que l'auteur avait étudiés pendant son émigration.

35. in *O Industrial Civilisador* (Lisbonne, 1836).

eu l'idée d'installer en 1838, à Fontenay-aux-Roses, le Colégio Luso-Brasileiro de D. Pedro de Alcantara, lui donnant tactiquement le nom du roi libéral[36]. On ne peut ignorer qu'on faisait appel à un religieux doublé d'un « ultra » ; en fait, qui aurait pu remplir la tâche d'enseigner la jeunesse sinon ce premier « état » de l'ordre traditionnel qui l'avait toujours remplie ? « Le bien public, le bonheur de la nation » avaient imposé, en 1834, la suppression des Ordres religieux. « Le temps était venu pour la raison de se réveiller d'une léthargie séculaire »[37] — mais si les libéraux créaient des structures nouvelles, ils ne pouvaient inventer des cadres nouveaux. Il fallait tout créer ex-nihilo, culture et assistance, après le déluge de fer, de feu et de haine qui avait détruit l'univers de naguère, après des années de miguelisme et des siècles de décadence... Certes, les religieux ignoraient tout de l'histoire du monde nouveau, œuvre de Satan — mais ils possédaient un système d'études que, bien qu'anachronique, on arrivait difficilement à remplacer, faute de personnel enseignant. Les lycées de Passos ne fonctionnaient nullement — et il était bien naturel, somme toute, qu'un député de droite ait voulu restaurer en 1840 le Colégio dos Nobres, fondé par le marquis de Pombal, même s'il avait été remplacé par l'Ecole Polytechnique de Passos dont l'utilité paraissait indiscutable[38].

A Coimbre, le problème des réformes se posait d'une façon plus aiguë et la polémique s'y définissait sur divers paliers. Le corps des professeurs comptait, certes, des hommes de formation libérale qui avaient échappé aux purges de Dom Miguel, ou qui, chassés ou poursuivis, s'étaient exilés — mais la plupart était, sinon des adeptes de l'absolutisme[39], des hommes bourrés de préjugés mentaux, fidèles à des schémas médiévaux, des théologiens, des logiciens égarés en des disputes d'érudits. Ils n'étaient certainement pas loin, en 1834, de ce portrait tracé onze ans auparavant à l'assemblée vintiste : « un corps

---

36. Le collège a duré jusqu'en 1843. Il a été fréquenté par les fils des marquis de Loulé, Valença et Castelo Melhor, grands seigneurs libéraux, du comte du Farrobo, du baron de Santos, banquiers libéraux, du négociant Allen, de Porto.

37. Conclusion du rapport de la loi du 28 mai 1834, signée par Joaquim Antonio de AGUIAR.

38. Voir A. HERCULANO, *Da Escola Politecnica e do Colegio dos Nobres*, in *Opusculos* VIII, p. 29. Le député par Lamego était José Manuel BOTELHO.

39. Les libéraux ont tout de même chassé, en 1834, 46 professeurs, dont 21 de Droit et 10 de Théologie. Les miguelistes, en 1828-29, avaient chassé ou poursuivi 29 professeurs et 457 étudiants, soit la moitié de la promotion habituelle. Voir J. S. RIBEIRO, *Historia dos Estabelecimentos Cientificos, Literarios e Artisticos...* IX, p. 85.

clérical, papal et jésuitique »[40] — même si les jésuites venaient d'être
à nouveau expulsés. Herculano dénoncera en 1841 cette « intellectua-
lité de salon, de théâtre, de galerie, de chaire, de barreau »[41], propre
aux monarchies absolues, en lui opposant les besoins nouveaux d'une
civilisation plus pratique, voire plus *polytechnique*.

C'est précisément sur ce plan que la lutte entre le gouvernement
et l'université s'est d'abord définie. Il s'agissait d'organiser des établissements scientifiques nouveaux à Lisbonne et à Porto. L'idée est
née chez les hommes de 1820[42] ; on l'a reprise en 1833. Nous avons déjà
vu comment l'Institut de Sciences Physiques et Mathématiques de
Rodrigo da Fonseca, en 1835, avait été repoussé par l'université — par
« peur de civilisation ». Entre-temps, l'université avait été privée des
biens et revenus monastiques par la suppression des Ordres et par la
centralisation de l'économie libérale qui ne pouvait souffrir cette
sorte d'état dans l'état. Coimbre conservait pourtant son orgueil et sa
puissance spirituelle ; dans cette affaire de l'enseignement polytechnique ce n'était pas seulement l'innovation qui la choquait — mais
aussi, et surtout, la menace de décentralisation qu'elle impliquait.
« Nous nous trouvons noyés dans une mer de docteurs et nous n'avons
peut-être pas dix individus capables de construire les machines agricoles ou industrielles modernes les plus simples »[43]. La critique d'Herculano sonnait juste en 1841 — mais il faut encore la lire entre les
lignes : les « docteurs », c'était aussi Coimbre, tandis que les « ingénieurs » c'était Lisbonne et Porto. La création d'un Conseil Supérieur
d'Instruction Publique à Lisbonne, idée vintiste, portait, en 1835, un
coup terrible aux prérogatives traditionnelles de Coimbre, en tant que
centre indiscutable. En 1836 encore, un projet de réforme voulut organiser une autre université à Lisbonne. Les hommes du Septembrisme
ont unifié les deux facultés de Lois et de Droit économique contre la
volonté de l'université, mais ils ont été assez prudents pour essayer
d'équilibrer les deux aspects les plus brûlants de cette lutte, en fon-
dant des écoles polytechniques à Lisbonne et à Porto et en réinstal-

---

40. Discours de Borges CARNEIRO au Parlement, le 27 février 1823, in *Diario das
    Cortes da Nação Portuguesa*, p. 1023.

41. A. HERCULANO, *Da Escola Politecnica e do Colegio dos Nobres, in Opusculos* VIII,
    p. 58.

42. Discours de Borges CARNEIRO au Parlement, le 27 février 1823. Voir *Diario das
    Cortes da Nação Portuguesa*.

43. A. HERCULANO, *Da Escola Politecnica e do Colegio dos Nobres, in Opusculos*
    VIII, p. 72.

lant à Coimbre l'institution directrice de l'enseignement — décision
que la réaction suivante, des Cabralistes, s'est empressée d'entériner,
en même temps qu'elle se donnait le droit légal de choisir et de chas-
ser les professeurs pour raisons politiques. Sans pouvoir s'opposer
plus profondément aux réformes exigées par de nouveaux besoins
d'outillage social, la vieille université avait pourtant eu gain de cause —
et Coimbre resta ce qu'elle avait toujours été : un petit bourg médiéval, avec des étudiants en uniforme à demi écclésiastique, « disciples
de Faust ou de Paracelse »[44], venus surtout des provinces riches du
nord et du centre, du Minho et de Beira-Alta, qui fournissaient 75%
de chaque promotion scolaire de près de mille étudiants[45]. Ils se pré-
cipitaient surtout vers les facultés de Droit, pépinière de politiciens
et de fonctionnaires — jusqu'à 65% de la masse universitaire. Celle-ci
se faisait rare dans les nouvelles Ecoles de médecine et chirurgie
reformées en 1836 — malgré un grand besoin de praticiens[46] et tout
l'intérêt du gouvernement septembriste qui avait publié en 1837 le
règlement du Conseil de la Santé Publique du Royaume. Certes, l'enseignement des lois était animé depuis 1840 environ par Vicente
Ferrer, ami d'Herculano, qui y avait introduit des vues scientifiques
puisées dans l'Allemagne de Kant et de Krause, imposant ainsi une
voie féconde à la philosophie du Droit au Portugal[47] — mais il n'était
pas moins vrai que l'engouement pour le diplôme de cette faculté ne
laissait pas de place à l'étude des humanités. Les réformateurs libéraux ne s'en occupaient donc pas, oubliant ainsi les suggestions d'un
Vintiste qui, le premier, en 1823, parla d'une faculté ou académie
« des lettres »[48]. Il faudra attendre la fin des années 50 et un nouveau
roi humaniste pour y parvenir.

---

44. Prince Felix LICHNOWSKY, *Portugal Erinnerungen aus den Jahren* 1842 (1843)
selon la trad. portug., Lisbonne, 1946, p. 16 .

45. Nous nous rapportons à l'année scolaire 1839-40. Minho (Porto compris) 186 ;
Beira (Coimbre compris) 323, sur un total de 668 étudiants. Remarquons que
l'Extremadura (Lisbonne comprise) ne donnait que 70. Voir J. S. RIBEIRO, *Historia dos Estabelecimentos Cientificos...* IX, 178.

46. 1836-37 : 340 droit sur 770 (45 %) ; 1840-41 : 541 sur 930 (60 %) ; 1844-45 :
687 sur 1100 (65 %) ; 1848-49 : 542 sur 828 (65 %) ; 1852-53 : 459 sur 920
(60 %). Voir J. S. RIBEIRO, *Op. cit.* IX.

47. V. FERRER NETO PAIVA, *Curso de Direito Natural* (Coimbre, 1843), etc. Voir
L. CABRAL de MONCADA, *Subsidios para uma Historia da Filosofia do Direito em
Portugal* 1772-1911 (Coimbre, 1938) p. 59.

48. Voir L. S. MOUSINHO de ALBUQUERQUE, *Ideias sobre o Estabelecimento da Instrucção Publica* (Lisbonne, 1823).

Pour cette génération issue de la guerre civile c'était encore trop tôt, et l'enseignement de la philosophie rationnelle, institué par le marquis de Pombal dans la faculté de Philosophie et dégradée ensuite au niveau secondaire, y était maintenu par la réforme septembriste de 1836 et par la réforme cabraliste de 1844. Il était toujours soumis au « règne traditionnel d'Antonio Genovese »[49], malgré les critiques de ceux qui souhaitaient élargir l'influence de Kant[50].

Garrett s'interrogeait en vain, vers 1843, sur les réalisations de l'Université : « qu'écrit-elle, sur quoi discute-t-elle, quels sont ses principes, quelles doctrines défend-elle ? » Dans ses travaux, « on n'entendait que l'écho timide et mesquin de ce que l'on faisait ou disait ailleurs »[51]...

Les précis ou les abrégés que des professeurs approuvés et surveillés par la droite cabraliste publiaient n'étaient que des ouvrages fort médiocres, des « sebentas » apprises par cœur, en vue des examens. Ils ne sauraient répondre, sauf exceptionnellement, chez des professeurs plus jeunes[52], à de nouveaux besoins sociaux. Mais on peut se demander aussi si ces besoins étaient vraiment éprouvés par la masse des étudiants provinciaux qui ne cherchaient que le diplôme, le « canudo » dans l'argot académique, levier de leur chance dans la capitale du royaume libéral...

En 1850 on a traduit le vieil *Essai sur l'Instruction Publique des Peuples Libres*, de Benjamin Constant[53] qui défendait le culte de l'intelligence. Au Portugal, on l'a déjà remarqué, cette intelligence risquait fort d'être un exercice dans le vide par manque de références concrètes ; le rôle excessif des « docteurs » (ou, à un degré plus bas, des « bachareis ») dans la vie publique aggravait sans cesse le danger — notamment par la voie des exhibitionnnismes oratoires dont nous nous occuperons plus loin.

Mais il y avait une compensation à l'organisation officielle de l'instruction. Des sociétés savantes naissaient avec le nouveau régi-

---

49. L. A. Rebelo da Silva, rapport sur M. P. de Almeida Azevedo, *Resumo de Filosofia Racional e Moral* (Braga, 1842). Voir Newton de Macedo, *in Historia de Portugal* (Barcelos, 1935), VII, 668.

50. Cunha Rivara, *Memoria sobre a Ineficacia do Ensino de Filosofia Racional pelo Metodo ordenado no decreto de 17 de Novembro de 1836* (Porto, 1839).

51. Garrett, *Viagens na Minha Terra*, ch. XIII. Ed. O. Compl. II, 182.

52. Voir Note n° 47.

53. Benjamin Constant, *Essai sur l'Instruction Publique des Peuples Libres* (Paris, 1829). Trad. de * * * (Lisbonne, 1850).   ,

me, comme cette « Sociedade de Ciencias Medicas e de Literatura do Porto », fondée en 1833, dont nous avons parlé. En 1836, à Lisbonne, la « Sociedade dos Amigos das Letras » groupait précisément les professeurs nommés à la Polytechnique avortée ; une « Sociedade Escolastico-Filomatica » a vu le jour en 1839, formée déjà par des étudiants de l'enseignement supérieur de Lisbonne, et son président d'honneur était Garrett — lequel, en 1846, sera un des fondateurs d'un Gremio Literario, de couleur politique (d'opposition au Cabralisme) et académique, avec ses six sections culturelles et ses cours publics[54]. Une autre académie avait été constituée vers 1845, par les disciples d'un philosophe que nous rencontrerons plus loin, S. Pinheiro-Ferreira : l'éphémère Academia de Ciencias e Letras. Les fins étaient toujours culturelles, quelques unes de ces associations publiaient des annales — mais elles abandonnaient volontiers des désignations trop littéraires car elles voulaient également « propager » des connaissances utiles, dans le domaine de la vie moderne, et « promouvoir » des améliorations de l'industrie, de la presse, des intérêts matériels de la nation, voire d'un district. « Sociedade Promotora » est une désignation qui apparaît ou réapparaît alors, reprenant une idée de 1820 ; des « Sociedades Propagadoras » surgissent également, ainsi que des « Sociedades Civilizadoras », comme l'on pouvait s'y attendre[55].

La Sociedade Promotora da Industria Nacional était née en 1822 ; elle avait été deux fois dissoute pendant les contre-révolutions miguelistes — et elle jouait maintenant un rôle très important dans la nouvelle vie nationale. Car l'industrie était aussi la Civilisation : *O Industrial Civilizador* publié à Porto, l'affirmait dans son titre même. Ce n'est pas par hasard que Garrett a bien voulu lier son nom à la société des industriels nationaux[56]. La culture s'y mêlait également à la poli-

---

54. Cours d'histoire de l'art (Andrade Corvo), de littérature (A. P. Lopes de Mendoça, *Curso de Literatura Professado no Gremio Literario*, Lisbonne, 1849), sur les machines à vapeur (José Horta), en 1849.
55. La Sociedade Literaria Portuense publiait le *Repositorio Literario da S. L. P.* et les *Anais da S.L.P.* La Sociedade dos Amigos das Letras publiait le *Jornal da S. A. L.* (1836). La Sociedade Escolastico-Filomatica publiait le journal *Cosmorama Literario*. Sociedades Promotoras : de Melhoramentos do Distrito de Aveiro e da Ilustração dos Povos do mesmo Distrito (1835), da Industria Nacional (1822), de Melhoramentos da Imprensa (1846), dos Interesses Materiais da Nação (1848) das Belas Artes (1861). Sociedade Propagadora de Conhecimentos uteis (1837 ; éditait *O Panorama*). Sociedade Civilizadora do Distrito de Castelo Branco (1836).
56. Il signa le rapport da Sociedade Promotora da Industria Nacional en 1850, après la première exposition industrielle du pays (1849).

tique : plusieurs de ces sociétés avaient un but politique avoué, et améliorer la presse, comme le souhaitait l'une d'entre elles, en 1846, signifiait en réalité créer un instrument plus efficace dans la lutte contre la dictature cabraliste. Encore une fois le schéma était dû aux hommes de 1820, à cette Sociedade Literária Patriotica de Lisboa, de 1822, dans laquelle le jeune Garrett parlait déjà d'instruction publique...

Une académie, une vraie, officielle et royale, existait pourtant, depuis 1779. Son action fut remarquable entre la fin du XVIIIe siècle et le commencement du XIXe siècle car elle rassembla les savants les plus illustres de l'époque — des économistes, des mathématiciens, des botanistes, des historiens (et des cartographes, des paléographes, des numismates), des philologues, des historiens de la littérature. Les série de *Memorias* publiés (sur l'agriculture, 1787-1791 ; l'économie 1789-1815 ; la littérature, 1792-1839, et l'histoire du Portugal, 1797-1839) constituent des sources fort importantes et témoignent de préocupations scientifiques que l'esprit des Lumières définit plus ou moins. Les Vintistes ont attaqué, assez démagogiquement, son « luxe scientifique »[57] ; les libéraux de 1834, tout en se moquant de son dictionnaire arrêté au mot compromettant « azurrar » (braire)[58], lui ont donné de nouveaux statuts dans lesquels se trouvait « le baptême des idées de ce siècle », selon la phrase significative d'un historien de la seconde génération romantique[59]. Un vieux et savant bénédictin vintiste, évêque libéral et Patriarche de Lisbonne par la suite, lié également à l'Académie des Beaux-Arts et à l'Université de Coimbra dont il fut le recteur en 1821, contribua à ce baptême. Dom Frei Francisco de São Luis assure en effet le passage entre deux situations culturelles, voire entre deux mentalités par fidélité à une certaine idée de dignité humaine que l'action politique n'a pas détériorée chez lui. Les « progrès des sciences » ont fait renouveler les statuts de l'Académie une fois encore en 1851 ; l'année suivante Herculano y lancera l'idée de ses *Portugaliae Monumenta Historica* dont nous nous occuperons plus loin.

L'Académie assurait une sorte d'immortalité : elle couronnait les efforts des savants, et compensait ceux qui contribuaient à l'instruc-

---

57. Discours de Borges Carneiro au Parlement, le 3 janvier 1823, in *Diario das Cortes da Nação Portuguesa*, p. 399.

58. Voir *Repositorio Literario...* (1834), n° 4, p. 29.

59. Latino Coelho. Cité par J. S. Ribeiro, *Op. cit.* VI, 115.

tion publique. Cependant, étant représentative d'un certain passé aristocratique, elle n'a jamais pu susciter la sympathie des romantiques libéraux. Les « ministres de civilisation » auraient préféré fonder un Panthéon, mais cette idée de la gauche septembriste, chère à Garrett, le ridicule l'a tuée, on n'a pas trop compris pourquoi[60].

... Les voies de cette civilisation dont parlaient volontiers les ministres et les poètes étaient ardues et pleines de pièges. L'instruction, bâton du voyageur, se cassait très souvent. Herculano écrivait en 1843 que ses faiblesses étaient le fait du « manque de philosophie politique qui avait présidé à toutes les réformes réalisées jusqu'alors dans le domaine de l'enseignement public »[61]. Penchons-nous donc sur la philosophie politique des légionnaires romantiques de Dom Pedro.

Remarquons d'abord qu'ils appartiennent à deux générations fort distinctes : il y a parmi eux des hommes de 1820, nés dans les années 70 ou 80 et des jeunes, comme Garrett, né en 1799, ou comme Herculano, né en 1810. Leur chef, Dom Pedro, avait l'âge de Garrett, à un an près. Les premiers, nous les avons déjà vus à l'œuvre. Le meilleur parmi eux, Fernandes-Tomás, était mort depuis longtemps — au faîte même de sa gloire révolutionnaire ; les autres mourront pour la plupart dans le cours des années 30. Seul Borges-Carneiro, prisonnier et martyr de Dom Miguel, a laissé des lettres inédites sur l'éducation de la jeunesse du Portugal nouveau[62]. Entre les deux groupes, se trouvait le duc de Palmela, homme à part, né en 1781, au sein d'une génération démocratique à laquelle il ne saurait appartenir.

L'inspiration française de 89 avait été bien visible chez les Vintistes, conventionnels en retard d'une génération mais faisant de leur mieux au sein d'une conjoncture dont ils ne percevaient pas l'ambiguïté. Certes, ils pouvaient encore être utiles à la nouvelle situation politique, et l'on pense tout de suite à Silva-Carvalho, le plus malin d'entre eux, qui a bien servi son côté empirique, sorte de Law miraculeux et fatal. Grand lecteur de Condorcet, il ne manquait pas de

60. Voir Gomes de Amorim, *Memorias Biograficas de Garrett*, II, 383 et Garrett, *Um Auto de Gil Vicente*, préface 1841, Ed. *O. Compl.* I, 629.

61. A. Herculano, *Um Livro de V. F. Neto de Paiva*, in *Opusculos* VIII, p. 292.

62. M. Borges Carneiro, *Mentor da Mocidade ou Cartas sobre a Educação* (Lisbonne, 1844).

citer d'autres auteurs français et anglais[63]. N'oublions pas que c'est
lui qui remplaça Mousinho da Silveira au ministère des finances de
Dom Pedro, roi sans royaume. Nous connaissons déjà l'œuvre de
Mousinho ; situé en marge de la révolution de 1820, il avait vraiment
bouleversé les structures du vieux Portugal. Il avait lu et médité
Smith ; dans sa pensée, l'utilité sociale avait une importance primor-
diale. Elle était mise au service de la liberté de l'individu dont Kant
lui avait fourni la définition. Il avait beaucoup appris dans les livres
et dans les journaux, pendant son émigration à Paris, avouait-il — mais
il ne manquait pas d'ajouter : « et encore plus par les conversations
et par l'observation (de la réaction des ministres de Charles X) »[64].
Il était un philosophe si l'on veut, mais un philosophe dans l'action
pratique. Dans sa vie privée aussi, s'en allant, après neuf mois d'exercice ministériel, retournant à Paris, allant, venant, méditant — toujours discrètement. Il n'écrira plus une ligne, sinon pour demander
d'être enterré dans la petite île de Corvo, aux Açores, dont il avait
jadis, d'un trait de plume, libéré les habitants asservis... Philosophe
ou poète, c'est par ses lois, disait Garrett, que se « terminait vraiment le vieux Portugal et commençait le nouveau »[65]. Selon Herculano,
« l'époque de 1833 a été la seule époque révolutionnaire traversée par
le Portugal durant ce siècle. Avant ou après cette date il est impossible de considérer sous cet angle les succès politiques du pays, car seulement alors la vie intérieure de la société avait été remplacée par une
nouvelle existence ». Cette époque était marquée par les décrets de
Silveira — « fait capital (...) de la seule révolution sociale (portugaise) depuis la fin du XVe siècle ». Herculano écrivait ces lignes en
1842[66] : il y fixait ses options libérales et individualistes. En réalité,
Mousinho et lui ont été « les seuls philosophes individualistes portugais »[67], selon Oliveira Martins, historien de 1880. Il faut lire les pages
que ce dernier consacre au ministre et remarquer leur titre significatif : «Mousinho ou la Révolution Portugaise ».

---

63. MONTESQUIEU, MIRABEAU, HELVETIUS, SAINT-LÉON, J. B. SAY, R. de GRE-
     NOBLE, DUPIN aîné, BEAUJOUR, BROUGHAM, BOLLINGBROK, Th. PAYNE, BLACKSTONE,
     SMITH, SELCHOW, ROBERTSON, BURKE. Voir A. VIANA, *José da Silva Carvalho
     e o seu Tempo* (Lisbonne, 1894), II, 312 et suivantes et 329.

64. Introduction à la loi du 13 août 1832.

65. GARRETT, *Memoria Historica de J. X. Mousinho da Silveira* Ed. O. Compl. II, 433.

66. A. HERCULANO, *Elogio Historico de Sebastião X. Botelho* in *Opusculos* IX, 225.
     Voir aussi *Uma Sentença sobre Bens Realengos*, in *Opusculos* VIII, 168.

67. Oliveira MARTINS, *Portugal Contemporaneo*, I, 413.

Arrêtons-nous maintenant aux opinions d'Herculano et de Garrett sur ces années 1832-34 ; elles sont précieuses. En effet les deux écrivains se présentent à nos yeux, en tant que philosophes de la politique, entièrement intégrés au cadre de la nouvelle situation libérale. Soldats libéraux l'un et l'autre, Herculano n'avait que 24 ans à la fin de la guerre civile ; Garrett était âgé de 23 ans lors de la Constitution vintiste. Nous l'avons vu vivre les élans de l'époque, nous le voyons les critiques plus tard, Entre-temps la révolution française de 1830 avait changé beaucoup de choses, dans le paysage politique. Elle n'avait peut-être pas été « le signe de la résurrection (portugaise) », comme le voulait Quinet[68], mais elle avait sans doute facilité la victoire de Dom Pedro. En un certain sens, les deux étoiles se confondaient, celle de la France des Orléans, c'est-à-dire des Bourbon libéraux et celle du Portugal des Bragance libéraux. Garrett y a beaucoup appris et en 1830 même il écrivait : « posez vos yeux sur le peuple français, sur le grand peuple, sur le peuple modèle des autres peuples »[69]. Il voyait concentré dans ce moment historique tout le processus idéologique des « Lumières » et de la Révolution. Garrett et Herculano s'intègrent au nouveau cadre national ; on ne saurait vraiment les placer ni plus à gauche ni plus à droite, si l'on considère les choses au-delà de la conjoncture cabraliste ou des apparences d'une polémique parlementaire trop marquée par les passions du temps. Les deux hommes dont le rôle littéraire fut déterminant dans la création d'une mentalité romantique, ont été aussi les seuls à se préoccuper de nous transmettre leur pensée politique.

A la fin du romantisme, dans une sorte de bilan de sa vie historique, Oliveira Martins a brossé le tableau du libéralisme portugais[70] où figurent les noms d'Herculano et de Garrett comme tenants de deux positions divergentes : celle d'Herculano, « individualiste sans repousser la tradition », populaire mais aristocratique ; celle de Garrett plus confuse, assez religieuse. L'historien se perd un peu dans sa description et on ne manquera pas de se demander jusqu'à quel point elle est juste. Mais ces pages de Martins présentent une caractéristique assez curieuse : l'emploi équivoque des deux termes, « romantisme » et « libéralisme », utilisant l'un alors qu'on s'attendrait à l'autre... En effet, si les deux se trouvent liés, frères jumeaux, sinon sia-

---

68. Edgard QUINET, *La France et la Sainte Alliance en Portugal* (Paris, 1847), p. 9.

69. GARRETT, *Portugal na Balança da Europa* (Londres, 1830). Ed. *O. Compl.* II, 528.

70. Oliveira MARTINS, *Op. cit.* II, pp. 120 et suivantes.

mois, cette liaison claironnée par Hugo est particulièrement évidente au Portugal. Ici les deux concepts nés en même temps furent employés d'emblée et créés *ex-nihilo*, comme tombés d'un ciel que personne ne reniait.

La liberté était, bien sûr, celle de 89, ou de 91 — ou plutôt celle de 1814, marquée par la Divine Providence qui imposait des obligations à des rois sur leur déclin. Mot clé, *leit-motiv* de chaque déclaration des tribuns et des rares textes théoriques, nous le trouvons sous les plumes de Garrett et d'Herculano, tout comme l'autre mot en question : le « romantique ». La Liberté était la garantie de la civilisation par le truchement de l'instruction, comme nous l'avons vu. Et du fond des temps venait la voix d'un député vintiste, Ferreira Borges, qui, la veille du départ de l'expédition de Dom Pedro, publiait un *digest* de la Charte portugaise : « Peuples, étudiez ! Seul l'homme vraiment savant peut être un homme vraiment libre »[71].

Cet homme libre seul sera en mesure de voter, dira Herculano — et la majorité d'une nation ne pourrait certainement pas compter sur les « masses inertes et non-pensantes », ajoutait Garrett[72]. Ici se pose le problème de la souveraineté qui est bien le problème fondamental du romantisme politique.

Où réside-t-elle cette souveraineté ? Garrett hésite à répondre. Dans le peuple ? Le principe démocratique de Rousseau le fascine, comme il fascine tout le monde ; un jour il écrira : « ce siècle est un siècle démocratique : tout ce que l'on fera sera pour le peuple et avec le peuple... ou rien ne sera fait »[73], mais il vivait alors sous la dictature cabraliste qui commençait et il militait dans l'opposition parlementaire. Pourtant le jeune démagogue pris dans la flambée de 1820 (« Tremei no solio, ó déspotas da terra ») avait pu écrire que la liberté et les droits ne sauraient être réclamés que par ceux qui ont des vertus, des lettres, de la valeur ou une position dans la société — et jamais par « la nation en tumulte, sans ordre, sans loi »[74]. Il a collaboré par la suite avec la démocratie septembriste, mais aucun de ses textes ne l'engage politiquement. Juste avant la révolution de Passos il avait écrit : « Nous voulons la liberté — mais nous la voulons avec

71. J. Ferreira BORGES, *Cartilha do Cidadão Constitucional dedicada à Mocidade Portuguesa* (Londres, 1832).

72. GARRETT ,*Portugal na Balança da Europa*. Ed. *O. compl.* II, p. 566.

73. GARRETT, *Memoria ao Conservatorio Real* sur *Frei Luis de Sousa* (le 6 mai 1843). Ed. *O. Compl.* I, 773.

74. GARRETT, *O Dia 24 de Agosto* (Lisbonne, 1821). Ed. *O. Compl.* II, 509.

des lois, sans anarchie, sans immoralité, avec la religion, avec des réformes, avec une économie »[75]. Tout de suite après, en 1837, il est plus précis lorsqu'il affirme vouloir « la liberté avec l'ordre, l'égalité avec la loi, tout le pouvoir étant dérivé du peuple et toute l'autorité du roi »[76]. En 1840, il revendiquera l'appartenance au parti de l'ordre[77], qui déjà trois ans auparavant voyait en lui «toutes les convictions et idées d'un vrai conservateur »[78]. De toute façon, il défendra et fera approuver la suspension des garanties en 1840, à une heure difficile — bien qu'après il évite la publication de son discours[79]. Ses amis les plus intimes lui attribuent, cette même année, la rédaction du manifeste d'un parti conservateur, dans lequel la démocratie, « principe décrépit » défendu par la « révolution absurde de 1836 », était bel et bien mise en accusation[80]. L'oppression cabraliste a, bien sûr, courroucé le poète — mais s'il se dressait contre la forme de la dictature, on ne saurait ignorer son adhésion aux principes conservateurs où elle puisait son sens. Garrett voulait la Charte et il ne voyait dans le Cabralisme autre chose qu'une tentative « absurde », « inconséquente » et « ridicule » de la classe moyenne victorieuse[81]. Il affirmait ceci en 1848 ; trois ans plus tard nous le verrons lié à une situation de centre-droite qui le fera ministre et à laquelle il devra un titre de vicomte. « La prudence de la liberté moderne », telle que Garrett la défendait en 1830, appréciant « la grande victoire de la civilisation acquise à Paris », peut finalement être considérée comme le noyau de la pensée politique du poète. Cette phrase figure dans son seul ouvrage de théorie politique, un essai sur la situation du Portugal « sur la balance de l'Europe »[82], commencé vers la fin de 1825 et terminé et publié anonymement à Londres en 1830, après la révolution de

75. GARRETT, *in O Português Constitucional*, Lisbonne, le 2 juillet 1836.
76. GARRETT, discours du 1er mars 1836 au Parlement, in GOMES de AMORIM, *Op. cit.*, II, 267.
77. GARRETT, discours du «Port Pyrée», le 8 février 1840, au Parlement. Ed. *O. Compl.* II, pp. 724 et suivantes.
78. *Memorias do Marquês de Fronteira*, III, 213.
79. Voir José TENGARRINHA, *Obra Politica de José Estevão* (Lisbonne, 1962), II, 130.
80. GOMES de AMORIM, *Op. cit.*, I, 560. Le texte a été inclus dans l'édition d'*O. Compl.* (Lisbonne, 1904), II, 691.
81. GARRETT, préface à *A Sobrinha do Marquês* (Lisbonne, 1848). Ed. *O. Compl.* I, 805.
82. GARRETT, *Portugal na Balança da Europa*. Ed. *O. Compl.* II, 596.

juillet. Il ne s'agit pas seulement de l'unique travail de Garrett dans
ce domaine mais aussi d'un livre sans équivalent au Portugal, dans
le cadre de la pensée romantique. En l'écrivant, Garrett ne voulait
que réfléchir sur le passé national pour servir l'avenir qui s'annonçait ; son analyse pédagogique couvre pourtant tout l'échiquier européen, faisant état d'une conscience lucide de la crise contemporaine.
Illustration et défense de la Charte de Dom Pedro, cette analyse
amène l'auteur à reprocher à la révolution de 1820 son élimination du
principe aristocratique. Déjà ici Garrett fait la distinction entre les
« masses » et le véritable élément démocratique qui, à son avis, doit
être constitué par les classes moyennes. Nous avons donc une base
démocratique, une modification aristocratique, et le roi (ou la reine)
au sommet : c'est la définition même de la monarchie représentative.
Garrett ne parlera pas autrement dix ou vingt ans plus tard. Il cite
encore des Romains d'autrefois, Cicéron, Senèque, Cincinatus — mais
il se réfère déjà à des auteurs plus modernes, à Payne et à Montesquieu ; il ne parle pas de Chateaubriand ni de Benjamin Constant ni
de Guizot, et pourtant il paraît évident qu'il leur doit beaucoup, car
il se trouve situé entre les légitimistes, les libéraux et les « doctrinaires »[83].

Dans un autre texte de la même période, se référant à la liberté
ancienne des Romains et des Grecs, du Caton de 1820, Garrett voit ses
contemporains obéir aux mêmes vertus, aux mêmes principes de
morale sociale, mais concevoir « différemment la liberté »[84]. Il ne
définira pas clairement ce nouveau concept de liberté, mais l'ordre et
la religion en constituent les coordonnées permanentes, même si, aux
moments les plus polémiques de ses interventions parlementaires, il
peut afficher des sympathies démocratiques ou démo-libérales — ou
si, dans une note d'*O Arco de Sant'Ana*, en 1850, il va jusqu'à défendre
la légitimité du « socialisme » et du « communisme » contre l'action
du « système féodal du capitalisme » cabraliste[85].

L'ordre et la religion sont également les deux grands axes de la
pensée politique d'Herculano ; Garrett et lui auraient pu illustrer
l'image de Montalembert — « une main sur l'évangile et l'autre sur la
Charte ». Ou la devise de Lamennais : « Dieu et Liberté ».

---

83. Nous avons adopté le classement de Jacques PONSON, *Le Romantisme et la
Souveraineté* (Paris, 1932).

84. GARRETT, *Tratado da Educação*. Ed. *O. Compl.*, II, 315.

85. GARRETT, *O Arco de Sant'Ana*, note K (Lisbonne, 1850). Ed. *O. Compl.* II, 106.

Herculano, partisan, lui aussi, d'un « gouvernement fort et juste »[86], avait sans doute une formation philosophique plus scientifique que celle de Garrett. Oliveira Martins verra en lui l'incarnation d'un deuxième libéralisme où venait se diluer le radicalisme de Mousinho da Silveira. Il voit également en lui un disciple de Kant, attaché au principe idéaliste d'une conscience individuelle irréductible[87].

Mas il faudra également chercher du côté d'un autre maître à penser du libéralisme individualiste doctrinaire : Guizot, que l'historien cite d'ailleurs abondamment. *L'Histoire des Origines du Gouvernement Réprésentatif*, de 1821-1822, l'a sans doute beaucoup influencé et nous trouvons bien chez Guizot l'éloge de la constitution brésilienne de Dom Pedro d'où est née la Charte portugaise du même prince[88]. On compte aussi Tocqueville, Montesquieu et Thierry parmi les auteurs qu'Herculano cite et on peut être sûr qu'il a lu Benjamin Constant et Royer-Collard. L'éventail de ses préférences mentales et morales dans le domaine de la souveraineté est facile à établir d'autant plus que la pensée d'Herculano nous apparaît comme un bloc dans lequel aucune stratégie parlementaire n'a ouvert de fissures.

On ne saurait ignorer que le domaine de l'économie politique l'a également attiré et là aussi, à travers des réformes et des suggestions lucides, comme celle des caisses économiques en 1844[89], perce l'idéologie individualiste. La liberté humaine sera toujours pour Herculano « une vérité de conscience, comme Dieu »[90]. L'individu était son Dieu et la Charte sa bible — un document somme toute religieux, une digue dressée contre le radicalisme de tendance athée des hommes de 1820, de cette « pègre populaire appelée la lie de la société (...) parce qu'elle est vile et méchante »[91]. Il va plus loin que Garrett : sa position anti-septembriste éclate dès 1836 dans *A Voz do Profeta*, équivalent et imitation littéraire des *Paroles d'un Croyant* de Lamennais dont la traduction venait de paraître et qui, vision optimiste du peuple, offrait

---

86. A. HERCULANO, *Teatro-Moral-Censura* (1841), in *Opusculos* I, p. 126.

87. Voir J. BARRADAS de CARVALHO, *As Ideias Politicas e Sociais de Alexendre Herculano* (Lisbonne, 1949) ; voir également A. J. SARAIVA, *Herculano e o Liberalismo em Portugal* (Lisbonne, 1949), où nous avons emprunté plusieurs citations.

88. GUIZOT, *Leçons sur l'Histoire de la Civilisation en Europe* (Paris, 1828), 9e leçon, pp. 10-15.

89. A. HERCULANO, *Da Instituição das Caixas Economicas* (1844), in *Opusculos* I, 151.

90. Lettre d'HERCULANO à OLIVEIRA MARTINS, du 10 décembre 1870, in A. HERCULANO, *Cartas* (3e ed.) I, 212.

91. A. HERCULANO, *A Voz do Profeta*, 1re série (Lisbonne, 1837), p. III.,

une caution morale à ceux qui s'étaient levés contre la Charte. Trente
ans plus tard Herculano ira jusqu'à confondre démocratie et miguelisme, voyant en celui-ci la souveraineté populaire de pair avec la souveraineté du droit divin, complices des mêmes crimes[92]. Le peuple,
« lie de la société » qui suivait Dom Miguel, était aussi irresponsable
que son prince — même s'il devait devenir maître dans un régime
« démocratique ». Le vrai peuple, pour l'historien, est « quelque chose
de grave, d'intelligent, de laborieux ; ce sont ceux qui possèdent et qui
travaillent ». Il voyait donc réunis sous le même drapeau qui ne pouvait être autre que le drapeau de la Charte, le « grand propriétaire »,
le « marchand en gros », le « fabricant » et l'« humble métayer », le
« boutiquier » et l'« homme de métier »[93].

Chez Herculano, la fidélité chartiste, bien que monolithique, ne
se traduit pas moins par une exigence de respect humain : celle-ci
justifie son opposition à la dictature cabraliste tout comme son rôle
dans la création d'un nouveau régime chartiste régénéré, en 1851 — et,
ensuite, les critiques violentes qu'il fera à ce même régime qui ne
manqua pas de trahir ses promesses, sacrifiant l'homme, l'individu
libre, à un progrès matériel où se déguisaient les forces de la réaction[94]. Nous analyserons cela dans la seconde partie du Romantisme
politique ; pour le moment, nous avons devant nous Herculano, homme
de la première vague libérale, généreux et austère dans sa position
éthique. Et avec lui la fixation d'un individualisme irréductible qui
s'étendait jusqu'à la définition de la nation elle-même (« cet individu
moral appelé nation »)[95], qui n'admet l'autres limites que « les principes éternels du bon et du juste »[96], « d'autres souverainetés que celle
de la raison et de la justice »[97]. Quitte à s'éloigner d'un Guizot trop
réaliste, Herculano justifie par l'individualisme sa « foi dans la raison
publique »[98], foi parlementaire dans la « monarchie représentative »,

92. A. HERCULANO, *A Voz de Profeta*, introduction, 1867, *in Opusculos* I, p. 20-21.
Déjà in *Historia de Portugal* (VI, p. 90) il considérait l'absolutisme et la démocratie « exclusive et haineuse » comme « des formules diverses de la tyrannie ».
93. A. HERCULANO, *Mousinho da Silveira, in Opusculos*, II, 201.
94. Voir l'article d'HERCULANO *dans O Português* du 13 avril 1853 (in A. J. SARAIVA,
Herculano Desconhecido, 1851-1853 ; Porto, 1953, p. 17). HERCULANO a publié
dans ce journal (comme dans *O País*, en juillet-novembre 1851) une série d'articles très importants, entre avril et juin 1853.
95. A. HERCULANO, *Opusculos* V, pp. 39, 109, 125, 135-136.
96. Voir Note n° 90, p. 207.
97. A. HERCULANO, in *O Português* du 19 avril 1853 (*in* A. J. SARAIVA, *Op. cit.* p. 58).
98. Id., Ibid. du 8 juin 1853 (*in* Id. Ibid. p. 243) .

bien étrangère pourtant aux « majorités ignares », exprimées dans la « volonté générale » de Rousseau. Seule cette foi le faisait « croire et espérer (en 1841) dans la régénération morale et intellectuelle du peuple portugais »[99].

Les doctrines d'Herculano, comme celles de Garrett, plus diluées, caractérisent la position typique de la première génération romantique, la génération des soldats de Dom Pedro marqués par la révolution de juillet — et encore par celle de 89. Herculano y trouvait « la semence des principes sociaux les plus profonds »[100] — et, en fin de compte, on ne saurait s'étonner de lire sous sa plume une réprobation des « controverses stériles sur des formes et des parties abstruses de la théorie politique ». Car, selon lui, porté par l'empirisme de la situation nationale, la solution de ces problèmes dans l'avenir relevait de la « compétence de la suite logique des temps »[101].

Il devait donc se méfier de ces livres qui venaient de l'étranger, « livres bizarres (...) dans lesquels tant de gens abdiquent leur intelligence »[102]. C'est un vieillard qui en parle, en 1875, bien sûr — mais ne peut-on voir dans cette explosion d'humeur d'un brave de Dom Pedro vieilli (et aigri), le résultat fatal de ce manque de véritable réflexion théorique révélé par tous les penseurs politiques portugais du libéralisme ?

... Mais une pensée en acte, visible ou invisible, répondait à cette carence, dans la Salle du Parlement ou dans ses couloirs ; ou, mieux, encore, dans les postes ministériels. Le duc de Palmela était, lui, un « penseur en action » et le plus doué de tous : un « Anglais de l'école de Canning » (son ami d'ailleurs), selon Oliveira-Martins qui l'appelle aussi un « Italien astucieux ». Peut-être le Portugal lui-même se trouvait-il entre l'Angleterre et l'Italie, par sa politique importée et par son tempérament naturel — mais la synthèse s'avérait difficile et Palmela y sombra, avec tout son tact et tout son mépris de « Talleyrand portugais », comme on l'appelait également. Aristocrate de vieille souche, né dans la diplomatie et au sein d'une famille cultivée, il avait été frappé par les « scènes grandioses de l'Assemblée Constituante et par la réalisation des idées de liberté qui paraissait reproduire (au

99. A. Herculano, *Da Escola Politecnica e do Colegio dos Nobres*, in *Opusculos* VIII, p. 77.

100. A. Herculano, *A Instrucção Publica* (1841), in *Opusculos* VIII, p. 110.,

101. A. Herculano, in *O Português* du 13 avril 1853 (*in* A.J. Saraiva, *Op. cit.*, p. 23).

102. A. Herculano, *A Emigração* (1875), *in Opusculos* VIII, 77.

commencement du siècle) les plus belles époques de l'histoire de la Grèce et de Rome »[103], et il le consigna dans ses notes personnelles. Ce sont les seuls écrits qu'il nous ait laissés, hormis des centaines de lettres, et la version française de quelques stances des « Lusiades » — mais on arrive aisément à suivre sa formation mentale depuis ces évocations des Grecs et des Romains, jusqu'à un certain séjour auprès de Mme de Staël, au château de Coppet, en 1806. Il a alors connu Benjamin Constant qui lui céda sa place dans le lit de sa célèbre maîtresse, tout en le mettant sur le droit chemin de la liberté constitutionnelle et aristocratique. Palmela ne s'écartera jamais de ce chemin-là, ou l'on décèle les ombres de Montesquieu et d'un Chateaubriand qui avait protesté à Paris, comme lui à Lisbonne, contre les excès péninsulaires de 1820[104]. On y observe également le souvenir du pragmatisme anglais et beaucoup d'usure diplomatique. Oliveira Martins voit se dessiner chez Palmela le premier romantisme politique portugais de 34, mais le duc avait alors la cinquantaine passée — et il ne croyait plus à rien. « L'hypocrisie et l'ignorance la plus épaisse chez les Portugais »[105], gouvernés ou gouvernants, l'écœuraient déjà en 1828. Un sceptique, donc — le seul dirigeant portugais d'allure internationale, ou, au moins, cosmopolite... Garrett et Herculano lui rendront hommage, la veille ou tout de suite après sa mort, survenue en 1850[106]. S'il n'en affichait pas moins, parfois, une sorte d'espoir dans les destins de la patrie, Garrett n'en était pas dupe et, enregistrant les impressions d'une longue promenade avec le vieux duc, en 1849, il écrira que Palmela « savait feindre mieux que lui »[107]. A la fin de sa vie, celui-ci avait, paraît-il, l'intention d'éditer une revue dont la qualité devait sans doute lui assurer une place au dessus de la mêlée nationale[107] (a).

Le romantisme de 20 n'était pourtant pas mort en 34 ; de Fernandes Tomás à Passos Manuel et à José Estevão il y a une ligne généalogique bien définie : les hommes de 36 récapitulent la leçon jacobine de 1820, sous le signe de Rousseau et de sa « volonté générale » et démo-

---

103. Voir Maria Amelia Vaz de Carvalho, *Vida do Duque de Palmela* (Lisbonne, 1898), I, p. 81.

104. *Memorias do Marquês de Fronteira*, I, 271.

105. Voir Oliveira Martins, *Op. cit.* I, 111 (lettre de Palmela du 25 avril 1828).

106. Garrett en 1848 (*Memoria Historica da Duquesa de Palmela*, Lisbonne, 1848 ; ed. *O Compl.* II, 417) ; Herculano en 1851 (*Opusculos* VII, p. 45).

107. Garrett, « No Lumiar », in *Folhas Caidas* (Lisbonne, 1853). Ed. *O. Compl.* I, 183.

107 a. Voir S. J. Ribeiro de Sá, *in* introduction à la nouvelle série de la *Revista Universal Lisbonense* (Lisbonne, août 1853), p. 5.

cratique. « Eduquez le peuple, il saura être libre », dit Passos ; « la liberté est noble, grande, sublime et généreuse ; liberté est tolérance, humanité et amour »[108]. Il l'aimait, sa liberté, ce bon Passos qui avait dirigé *O Amigo do Povo* à Coimbre, en 1823 (lui, si éloigné de Marat !...) et qui, émigré à Paris (où il lisait Constant, Montesquieu et Montalembert)[109], avait été exclu de l'expédition de Dom Pedro parce qu'il avait pris parti contre l'entourage du prince. Il aimait la liberté et les jeunes lois, disait-il, comme il aimait les filles jeunes... Sous un nom « arcadien » (encore !) il avait fait des poèmes à la reine et aux généraux de la Liberté — et il a laissé, paraît-il de nombreuses poésies inédites où la critique contemporaine trouvait « la douce mélancolie et la simplicité des poètes allemands »[110]. Nous avons vu cet homme bon et sentimental à l'œuvre, créant tout un système d'instruction ; « ministre de civilisation », il se vantait d'avoir « exécuté le programme de l'Hôtel de Ville de Paris : entourer le trône d'institutions républicaines »[111]. Il l'a fait et ce fut sa perte. Patriarche de la révolution de septembre, il s'est retiré dans ses terres bourgeoises, un poids sur le cœur, car sa révolution (voire la liberté qu'il aimait tant) s'était déshonorée par des persécutions. Il l'avouera en 1844[112], et « le désenchantement et l'indifférence » se sont installés dans son esprit où aucune théorie de philosophie politique ne s'était vraiment développée.

A ses côtés, à travers une action plus prolongée, on voit José Estevão — tribun, conspirateur, chevalier sans peur et sans reproche aux idées indéfinies, qui citait Lamartine, se vantait d'appartenir à la faction de la jeunesse et qui rêvait d'un trône impartial tout dévoué à des attributions de bienfaisance[113]. Rousseau, sans doute, et beaucoup d'improvisations soutenues par un verbe sonore et fascinant — voilà le portrait le plus pur de la gauche romantique incarnée par cette sorte de Danton bonhomme...

Encore une situation politique, au milieu des expériences romantiques ? Voilà le gouvernement de Costa Cabral, c'est-à-dire la Charte

---

108. Discours du 28 janvier 1835 au Parlement. *Diario*, p. 116.
109. Il citait également FRITOT, MALEPEYRE, DUPIN aîné et FOUCHET. Voir V. NEMESIO, *A Mocidade de Herculano*, II, 144.
110. Cité par INOCENCIO, *Dic. Bibliogr.* VI, 110.
111. Discours du 21 janvier 1837, *in Diario da Camara dos Senhores Deputados*.
112. Discours du 18 octobre 1844, *in Diario da Camara dos Deputados*, pp. 185-196 P.
113. Discours du 5 avril 1837 au Parlement (profession de foi politique), in J. TENGARRINHA, *Obra Politica de José Estevão*, II, p. 3.

appuyée sur une dictature policière — ou, pour rappeler le mot de
Garrett, « le triomphe des canibales »[114]. Costa Cabral, futur comte et
marquis de Tomar, est le contraire de Passos, l'autre visage de la première période libérale du pays. Venu de l'extrême gauche septembriste, il est passé à l'ennemi, mettant en avant, au sein d'un arsenal idéologique médiocre, un concept qui deviendra un mythe : l'Ordre. Il y
avait certainement une grande distance entre Thiers et lui — même
si un prince polonais visitant Lisbonne au commencement de sa dictature risquait le parallèle...[115] Derrière le gouvernement de Costa
Cabral on ne trouvait aucune philosophie, même pas une philosophie
réactionnaire : seulement les intérêts du grand capital aux idées encore
primaires, lié à un progrès matériel fort discutable — et l'ambition
vertigineuse d'un « bacharel » typique de Coimbre. Que voulait-il ?
Gouverner et parvenir. A la place d'un programme, une stratégie — ou
une tactique[115]. Ne lisant, n'étudiant rien, il « devait tout à l'instinct » —
et il subissait tout, soupçons et outrages, pour gouverner, pour garder
le pouvoir... « Une de ces existences de phénomène », disait de lui un
adversaire, résumant ainsi un portrait fort réussi du parvenu[116].

Certes, on peut parler de Guizot à propos du Cabralisme ; on y
voit en effet l'application du principe de la « coaction », « lorsque la
résistance des volontés individuelles se présente »[117] — même si la résistance était générale... José Estevão lui-même n'a pas manqué de citer
Guizot et de parler également de Royer-Collard lorsqu'il chercha à
caractériser les proches collaborateurs du dictateur[118].

Costa Cabral, fut-il le Guizot de Dona Maria II ? Le parallèle est
trop facile et, si l'on voulait citer les grands auteurs, il vaudrait tout
de même mieux poser les problèmes en d'autres termes à partir de
références contradictoires. Déjà en 1836 une sorte de recette en vers
était offerte par un journaliste fort populaire qui mélangeait d'ailleurs
les ingrédients sans faire attention à leur contradiction :

---

114. GARRETT, *Cartas de Amor de Garrett à viscondessa da Luz* (Lisbonne, 1954),
    p. 52 (lettre du 24 décembre 1846).

115. LICHNOWSKY, *Op. cit.*, p. 84.

115 a. Voir Jorge de MACEDO, *O Aparecimento em Portugal do conceito de programa
    politico* (Coimbra, 1971).

116. (Anonyme), *Costa Cabral em relevo...* (Lisbonne, 1844) p. 4, (attribué à D.
    João de AZEVEDO par INOCENCIO, *Dic. Bibliogr.*, III, 297).

117. Voir GUIZOT, *Histoire Générale de la Civilisation en Europe...* (4ᵉ ed., 1840)
    p. 140.

118. Discours de 1840, in J. TENGARRINHA, *Op. cit.*, II, 67 et 82.

« Se queres sábio ser, *recipe* : toma
de Benjamin, Rousseau, outavas duas »[119]

Benjamin Constant et Rousseau (Voltaire aussi, qu'on traduisait méthodiquement en 1836),[120] voilà les maîtres à penser, les garants des structures de la philosophie politique portugaise, des parrains nés au milieu du peuple français, « modèle des autres peuples » — mais parrains assez vagues dont on ignorait le plus souvent les œuvres et qui n'avaient pas éveillé le goût de la science chez leurs lecteurs. Au fond, on demeurait sur un plan empirique et éclectique. En 1867, Herculano pourra résumer avec une grande lucidité la situation doctrinale : « Les libéraux étaient en général éclectiques. Le parti de la révolution autant que le parti anti-révolutionnaire ne présentait pas d'unité complète de principes ; entre eux il n'y avait qu'antinomies partielles en ce qui concernait les doctrines de droit politique »[121].

Les gouvernants s'accordaient avec les gouvernés, selon Palmela — et l'instruction faisait défaut aux uns comme aux autres. « La corruption et l'ignorance sont l'héritage d'un peuple trop longtemps asservi », affirmaient les conservateurs (parmi lesquels Garrett et le prince consort allemand lui-même) en 1840. « La majorité du peuple portugais n'avait pas encore compris ce qu'était la rénovation sociale »[122] ; les dirigeants non plus... En 1835 déjà, un « avancé » avait tenu le même langage : « Parmi nous il y a très peu de gens capables d'être constitutionnels »[123].

Peut-être, savait-on, avec Tocqueville, qu'« il fallait une science politique nouvelle à un monde tout nouveau »[124]. Mais, qui oserait pénétrer dans la forêt inconnue, si les deux cerveaux privilégiés du romantisme eux-mêmes hésitaient et avouaient leur ignorance ou leur incapacité ?

119. J. S. Bandeira (*Brás Tisana*), in *O Artilheiro*, 1836. Cité par Oliveira Martins, *Op. cit.* II, 65.
120. Traductions d'Antonio da Costa Paiva, qui sera un savant naturaliste, deviendra baron de Castelo de Paiva et se repentira de l'athéisme de sa jeunesse créant un prix de peinture religieuse à Porto, en 1884 (voir J. A. França, *A Arte em Portugal no Seculo XIX*, II, 56).
121. A. Herculano, Introduction à *A Voz do Profeta*, in *Opusculos*, 1, 17.
122. Garrett, *Estatutos da Sociedade Conservadora do Sistema Monarquico - representativo em Portugal*, in *O. Compl.* II, 692.
123. Antonio L. B. F. Teixeira Girao, *Reflexões sobre os Projectos e Argumentos que se têm feito contra as Prefeituras* (Lisboa, 1835), p. 8.
124. Tocqueville, *La Démocratie en Amérique* (Paris, 1835-1840).

Homme de la génération précédente, S. Pinheiro Ferreira[125], né en 1769, nous apparaît pourtant comme un penseur politique exceptionnel. Ex-oratorien exilé à la fin du XVIIIe siècle, il avait étudié en profondeur la philosophie anglaise et allemande, retenant Bacon, Leibnitz, Locke et Condillac comme systèmes de référence. Vivant à Paris entre 1826 et 1842, ami de Victor Cousin, il publia sans cesse des ouvrages qui s'adressaient aux hommes nouveaux de son pays. Les lisaient-ils ?[126] Ses *Notions Elémentaires de Philosophie Générale Appliquée aux Sciences Morales et Politiques* (1839) leur auraient été sans doute utiles — mais cet homme qui fut le seul philosophe portugais de son temps et qui avait exercé une influence libérale aussi forte que possible sur Jean VI, rassuré par sa position anti « vintiste », n'était pas écouté au Portugal. De retour dans sa patrie, à l'âge de soixante-treize ans, il essaya en vain d'organiser une *Enciclopédia Portuguesa*, adressant une invitation à des hommes savants animés d'une volonté sérieuse[127]. Il présentait des projets de loi au parlement, mais, bien qu'appréciés par les chartistes les plus lucides, ils n'étaient même pas discutés[128]. Son *Projecto da Associação para o melhoramento das classes industriosas* (1840), influencé par les socialistes utopiques auxquels Pinheiro Ferreira s'oppose, dans une sorte de paternalisme philanthropique et corporatif, fut ignoré. Pendant les dernières années de sa vie, quelques disciples constituèrent autour de lui une académie condamnée à disparaître à la mort du maître qui enseignait que le présent doit être lié au futur plutôt qu'au passé[129]. Traducteur d'Aristote

---

125. Voir Delfim Santos, *Silvestre Pinheiro Ferreira* (in*Perspectivas do Seculo XIX*, Lisbonne, 1947, I) ; Maria Luisa de Sousa Coelho, *A Filosofia de Silvestre Pinheiro Ferreira* (Braga, 1958) ; Francisco J. P. Costa Felix, *Silvestre Pinheiro Ferreira, o Filosofo e o Politico* (Lisboa,1963) ; João Afonso Corte-Real, *Universalismo de Silvestre Pinheiro Ferreira* (Braga, 1967) ; Maria Beatriz M. Niza da Silva, *Metodologia da historia do Pensamento. Analise Concreta : O Pensamento de Silvestre Pinheiro Ferreira* (thèse de doctorat en philosophie, Université de S. Paulo, Brésil, 1967). Voir également sur la pensée sociale de S. P. F. Vitor de Sá, *A crise do Liberalismo e as primeiras manifestações das ideias socialistas em Portugal*, (1820-1852) (Lisbonne, 1969) pp. 217-237.

126. Il serait sans doute important de mener, statistiques à l'appui, une enquête sur l'audience de Pinheiro Ferreira au Portugal, pendant la première période libérale.

127. *In Revista Universal Lisbonense*, 1842, p. 63.

128. La *Revista Literaria* (Porto, 1839, II, 209) a fait l'éloge de son projet d'un code politique, dans un article signé F.F.A. e O.

129. « Le présent est plein de l'avenir ». S. Pinheiro Ferreira, *Prelecções filosoficas sobre a Teorica do Discurso e da Linguagem, a Estetica, a Diceosina e a Cosmologia* (Rio de Janeiro, 1813).

et admirateur de Klopstock, Pinheiro Ferreira avait essayé non seulement de faire avancer la science sur le plan épistémologique, mais aussi (et cela était fort important) de proposer à la jeunesse portugaise un système de pensée qui respectait la structure mentale de la nation, ses possibilités historiques de compréhension — un outillage moderne, en somme, dans le cadre d'un romantisme sans bavardage.

Il est mort en 1846, et son œuvre demeura inconnue[130]. « Mentor » ignoré ou écarté, il n'avait pas réussi à mettre un peu d'ordre dans la pensée de ses contemporains ; ceux-ci comprendront trop tard que « l'anarchie dans la doctrine était une anarchie dans le gouvernement »[131]. La faillite de l'action de Pinheiro Ferreira n'est qu'un reflet (le plus grave, peut-être) de cette anarchie, de cette impuissance ou de cette ignorance généralisée.

Faut-il s'interroger maintenant sur ce qui se passait chez les ennemis communs de ces libéraux ainsi partagés ? Leur mentalité n'avait nullement évolué depuis le temps du marquis de Penalva ; leur idéologie restait figée, attachée à une fidélité aveugle, ancrée dans des haines éternelles. On pouvait le constater même chez les plus éclairés, ceux qui pouvaient lire X. de Maistre et Bonnald, comme Ribeiro Saraiva ou J. Acurcio das Neves — ou Gáma e Castro qui, ayant médité longuement son *Novo Principe*, dépassera à peine une banale profession de foi dans le pouvoir divin des rois[132].

L'opposition entre les principes de Benjamin Constant et ceux de Rousseau se manifestait sur le plan politique portugais, comme nous l'avons vu, par la situation des défenseurs de la Charte de Dom Pedro et celle des défenseurs de la Constitution de 1822. La Charte avait été

---

130. Camilo CASTELO BRANCO (*O Retrato de Ricardina*, 1868, p. 217) affirme : « personne ne lit S.P.F. ».

131. Oliveira MARTINS, *Op. cit.* II, 50.

132. José da GAMA e CASTRO (1795-1873), fut médecin major du royaume sous Dom Miguel qui, déjà en exil, l'a fait vicomte de Cernancelhe. Il commença à écrire *O Novo Pricipe ou o Espirito dos Governos Monarquicos* en 1827. Il publia la première édition en 1832 mais, ayant émigré en 1834 (il est mort en exil, à Paris), il repensa et réécrivit l'ouvrage qui est paru dans une édition définitive à Rio de Janeiro, en 1841. Voir L. M. REIS TORGAL, *Tradicionalismo e Contra-Revolução - O pensamento e a acção de José da Gama e Castro* (Coimbre, 1973).

rétablie par les soldats de l'expédition de 1832, la Constitution remise
en place par les révolutionnaires de septembre 1836. On a pu parler
alors à nouveau de république. Préfaçant sa traduction des *Paroles
d'un Croyant*, Castilho, le poète idyllique de la fête du Printemps de
1820, affirmait : « le destin des sociétés n'est que la liberté maximale
en République »[133]. Mais il était encore trop tôt pour défendre de telles
idées — auxquelles Passos lui même ne croyait guère. « Heureusement
la nation toute entière est monarchique ; au Portugal il n'y a pas un
seul républicain », affirmait-il en 1844[134]. Pour lui, la république était
alors impossible en Europe ; elle le serait même pour longtemps. Il se
trompait certes, mais comment aurait-il été capable de prévoir la
secousse de 48 ?...

Au Portugal, les formules monarchiques allaient leur chemin :
réformée en 1838, par l'effet d'une poussée vers le centre, la Constitution fut remplacée à son tour par la Charte, en 1842, après un mouvement contre-révolutionnaire appuyé par la couronne, et ce fut le Cabralisme dont nous avons déjà examiné les symptômes. Cabralisme et
Septembrisme s'opposaient donc pendant les années 40 — le premier
étant considéré comme l'extrême droite des partisans de la Charte et
subissant l'opposition d'une faction de modérés parmi lesquels se trouvait Herculano. Les Septembristes, après l'écrasement de leur aile
gauche, plus populaire et démagogique, en 1840, défendaient une politique assez nuancée et pourvue d'un programme structuré, le premier
qui fut présenté au Portugal, œuvre de sa faction modérée — à laquelle
appartenait Garrett, co-rédacteur fort probable de ce document paru
en octobre 1843[134](a). Ils cherchaient alors des alliances au centre —
ce qui permettra le « putch » de 1851 au profit d'un ordre « chartiste ».
Le Cabralisme se soldera donc par un retour à l'ordre qui sauva ses
propres intérêts. Les Septembristes sortiront perdant de ce jeu de
mécanismes politiques assez grossiers sinon naïfs, dont il faudra chercher les moteurs socio-économiques cachés. Un jeu qui en 1841 n'intéressait que 165 000 électeurs, soit 13 % des citoyens producteurs
(1 260 000). On comptait alors 63 000 mendiants dans le royaume...

Mais, en 1844 et en 1846-1848, le pays avait été agité par des
révoltes sanglantes. Tout le monde paraissait se lever contre Costa
Cabral — et en 1843, une jeune homme qui sera un brillant feuilleton-

133. A.F. de CASTILHO, préface à *Palavras dum Crente* (Lisbonne, 1836), p. 18.
134. Discours du 18 octobre 1844 au Parlement, *in Diario da Camara dos Deputados*, p. 1960.
134 a. *In Revolução de Setembro* du 3 octobre 1843. Voir n° 115 a.

niste et deviendra un militant socialiste vers 1850, pouvait déjà s'adresser aux soldats du dictateur pour leur rappeler que leur cause était celle du peuple et non pas celle des tyrans[135]... Une véritable jacquerie fit rage en 1846-1848 dans le nord du pays surtout, sous l'invocation de Maria da Fonte, femme-virago peut-être inexistante et dont l'image se multipliait dans chaque hameau. C'était le mélange informel d'une gauche consciente avec son gouvernement et ses troupes, et appuyée sur une petite bourgeoisie excitée, « *patuleando* en famille », d'une aristocratie dressée contre Costa Cabral[136], et d'un peuple illettré encadré par des prêtres en colère au nom de Dom Miguel-archange... A Porto même, on a vu Povoas, l'ex-général-en-chef de Dom Miguel porté en triomphe par les libéraux sous les fenêtres de la prison où avait été enfermé Terceira, l'ancien général-en-chef de Dom Pedro[136] (a).

Les uns se battaient au nom de la « Sainte Liberté » (« Pela Santa Liberdade/Triunfar ou perecer ! »)[137], les autres avançaient s'écriant « vive la Sainte Religion ! ». La sainteté de leurs options ne faisait pas de doute, même si elles s'opposaient...

Du côté des absolutistes, il s'agit d'un phénomène fort intéressant : les forces réactionnaires « ultras », disparues du panorama politique national comme éléments significatifs, réduites à une sorte de symbolisme « saudosiste » que Dom Miguel, exilé assez sage, garantissait à peine, rebondissaient dans les provinces les plus arriérées du royaume. Aucun programme, aucune doctrine : seulement la parole enflammée de trois ou quatre prêtres ignorants mais astucieux dont un, qui s'annonçait comme le « Général Défenseur des Cinq Plaies », laissera des mémoires étonnants[138]. Derrière une minorité démocratique qui savait intervenir dans l'histoire, se profilait une masse dont les instincts obéissaient à des consignes archaïques. Le mythe libéral, quinze ans après la grande mutation de la nation, n'avait pas encore

135. A.P. LOPES de MENDONÇA, *Cenas da Vida Contemporanea* (Lisbonne, 1843) p. 9.

136. Pour la petite bourgeoisie, voir Camilo CASTELO BRANCO, *Maria da Fonte* (Lisbonne 1884, p. 7) : « Les pianos avec une dyssenterie démocratique *patuleando* en famille l'hymne d'Antas et de Maria da Fonte ». Pour la noblesse, voir *Memorias do Marquês de Fronteira*, IV, 9 et 51.

136 a. *Memorias do Marquês de Fronteira*, IV, 199.

137. Refrain de l'Hymne de Maria da Fonte, paroles de Paulo MIDOSI, cousin par alliance et ami de GARRETT.

138. P. CASIMIRO, *Apontamentos para a Historia da Revolução do Minho ou da Maria da Fonte* (Braga, 1883). Voir dans Camilo CASTELO BRANCO, *Maria da Fonte*, la critique de cet ouvrage.

eu le dessus sur le mythe quelque peu théologique de Dom Miguel,
dans le cœur même du pays. Les Miguelistes les plus réalistes, par la
voix du général Povoas, ont pourtant accepté les formules des « pays
constitutionnels ». Ils cherchaient à se définir sur un plan politique
actuel, misant sur l'avenir et dans leur déclaration de nouveaux principes ils vont jusqu'à employer le mot-clé de leurs adversaires : « les
lumières du siècle »[139]... Si le peuple ignare et passionné se confondait derrière le drapeau démagogique de Maria da Fonte, sans faire
trop d'attention aux idéologies qu'il ne pouvait pas comprendre, les
élites absolutiste et démocratique se réunissaient à l'enseigne des
Lumières et de l'Histoire auxquels les partisans de Dom Miguel voulaient bien se rendre. On ne saurait pourtant penser qu'il y avait
là une victoire du système culturel qui définissait le Portugal nouveau
car les légitimistes continueront sans doute d'être fidèles à leur roi
exilé et à leurs idées ou manque d'idées. Derrière la stratégie qui commandait leur adhésion aux « lumières du siècle » il faudra aussi voir
la faiblesse du cadre idéologique du temps, où les concepts se rédui-
saient trop facilement à des mots vides de sens.

Au moment où cette « chouannerie » de misère et d'ignorance était
endiguée, le parti démocratique ayant la victoire assurée, le gouvernement fit appel à des troupes anglaises et espagnoles qui ont imposé à
la fois la paix et le Cabralisme cher à la reine.

Les « patuleias », les va-nu-pieds, de 1820, de 1836 et de 1846, qui
songeaient à l'abdication de Dona Maria II, voire à la République, lors
de la révolution de 48, avaient représenté en 1836 les intérêts d'une
petite bourgeoisie industrielle qui voulait être protégée et que la grande finance et le haut commerce chartistes écrasaient[140]. A leurs révolutions populaires s'opposaient d'autres révolutions ou « pronuncia-
mientos » militaires ; en 1851, pourtant, nous nous trouverons en présence d'une « révolution mixte », pour employer la classification aussi
savoureuse que significative du secrétaire dévoué de Garrett[141]. La paix
s'ensuivra, comme nous le verrons — c'est-à-dire « la tranquilité du
capitalisme »[142] que Costa Cabral n'était plus capable d'accompagner
dans son évolution, et qui justifiera la maturité du libéralisme, voire
du romantisme portugais.

139. Cité par Joaquim de CARVALHO, in *Historia de Portugal* (Barcelos, 1935), VI, 319.
140. Voir Albert SILBERT, *Chartisme et Septembrisme* (Coimbre, 1953).
141. Gomes de AMORIM, *Op. cit.* II, 675.
142. Camilo CASTELO BRANCO, *A Brasileira de Prazins* (Lisbonne, 1882), p. 148 (ed. Col. Lusitana).

Cette paix, ou cet accord « centriste » entre des positions oppo-sées, intervenait à temps. Elle agissait contre le poids dévergondé de la dictature de Costa Cabral (qui, affolé, avait fait voter une loi contre la liberté de la presse dont les professeurs eux-mêmes étaient victimes dans leur enseignement)[143] et contre la menace républicaine allumée par les révolutions de Paris, Berlin, Vienne ou d'Italie, que la moitié des étudiants de Coimbre saluaient avec enthousiasme, criant des vivats à la liberté et à la Péninsule[144]. A la Péninsule unie dans une seule répu-blique fédérale. . .

Car le rêve ibérique faisait également partie de la panoplie roman-tique, portugaise et espagnole[145]. Deux successions difficiles et dure-ment disputées ont justifié le principe d'union, au niveau de Dom Pedro, de sa fille ou de ses petits-fils. Palmela, tout comme Passos, en rêvait ; Garrett hésitait[146]. Les républicains relanceront l'idée à partir de 1850 et le problème sera posé à nouveau en 1868, dans une conjoncture toute différente ; il ne s'agissait que d'un élément d'agitation dans le cadre complexe de 48, hors du rythme de l'évolution de la situation portu-gaise elle-même.

Pauvre situation que les brasseurs de fonds dominaient depuis le commencement, depuis que l'espagnol Mendizabal, allié des Roths-child, avait mis ses talents boursiers au service de Dom Pedro, misant et gagnant sur une carte risquée ! La vente aux enchères des biens nationaux provenant de la suppression des Ordres religieux et souvent payés avec des titres d'indemnisation assez discutables, avait créé une nouvelle génération de propriétaires absentistes bientôt annoblis — des « barons » qui remplaçaient les religieux dans le nouveau pano-rama libéral. La chute brutale des prix des denrées agricoles durant les années 40[147] soulignait la catastrophe économique générale — que les colonies africaines, aux richesses mal entretenues sinon ignorées, ne pouvaient arrêter. Dans le cadre de l'Europe l'heure de l'Afrique noire n'avait pas encore sonné, même si, en 1836, Sá da Bandeira,

---

143. Voir J. Silvestre Ribeiro, *Op. cit.*, IX, 281. Il s'agit de la fameuse « loi du bouchon » (*da rolha*).

144. Message du 9 avril 1848, *in* J. S. Ribeiro, *Op. cit.* IX, 243. En même temps était organisé le Triunvirat Républicain de Lisbonne (A. Oliveira Marreca, A. Rodrigues de Sampaio e José Estevao) par initiative de Marreca, décision prise le 17 mai.

145. Voir Oliveira Martins, *Op. cit.*, II, p. 367 et suivantes.

146. Garrett, *Portugal na Balança da Europa*. Ed. O. Compl. II, 598.

147. Voir V. Magalhaes Godinho, *Prix et Monnaies au Portugal* 1750-1850 (Paris, 1955).

modérateur septembriste, attirait l'attention de l'Etat sur les colonies qui devaient absolument remplacer le Brésil perdu. Il fallait les cultiver, les exploiter — et, bien entendu, y « propager l'instruction, la civilisation et la morale »[148]. Ce libéral de gauche inspira aussi une Associação Maritima e Colonial fondée à Lisbonne en 1839, à la veille du premier voyage de Livingstone.

Il n'y avait pas de chemins de fer, pas de canaux, pas de diligences — pas de routes, malgré les idées d'une Sociedade Promotora dos Interesses Materiais da Nação, créée en 1842. L'industrie ne connaissait alors qu'un développement minimum, malgré l'action d'une autre société promotrice fondée en 1822 et réorganisée en 1834, après une éclipse provoquée par les miguelistes, et malgré la protection des septembristes. En 1838 on a pu réaliser une première exposition industrielle, trois autres ont eu lieu en 1840, 1844 et 1849, le nombre des exposants étant passé de 46 à 300 ; les ouvriers (les « artistes ») de Lisbonne se sont réunis dans une association de classe en 1839 — mais l'industrie portugaise n'arrivait pas à se développer, avec ses 30 machines à vapeur en 1845 (5 % des ateliers)[149]. Elle ne faisait que vivoter en marge des grandes et des petites manœuvres des financiers et des banquiers...

Avant la dictature de Costa Cabral, la terreur de la banqueroute empoisonnait l'esprit des défenseurs de l'ordre : le mot sortait de leurs bouches comme le mot irreligion de la bouche des partisans de Dom Miguel[150]. La gauche, quant à elle, craignait moins cette banqueroute purificatrice. L'appui, bien compensé, de la haute finance ou du cabralisme éloigna la menace ; du même coup, l'irreligion cessa d'être un danger...

A la fin de la guerre civile, alors que l'état libéral avait coupé les relations diplomatiques avec le Saint-Siège favorable à Dom Miguel, la droite catholique osait à peine se manifester. En 1835 elle se limitait presque à payer des gamins pour dénoncer bruyamment dans les rues de Lisbonne « les grands attentats des Préfectures contre les gens, qui prétendent abolir les mariages selon le rite de l'église catholique

---

148. Décret du 10 décembre 1836. Sá da BANDEIRA publia alors le *Memorial Ultramarino e Maritimo* (Lisbonne, 1836, un seul numéro). Dans le programme de l'Associação Maritima e Colonial on trouve l'idée d'améliorer la flotte et les établissements d'outre-mer.

149. Voir Joel SERRÃO, *Temas Oitocentistas* (Lisbonne, 1959), I, pp. 81 et suivantes.

150. Discours de José ESTEVÃO du 15 février 1838 au Parlement (réponse à un discours de GARRETT), in *Diario do Governo* du 17.

et les faire réaliser sur la place publique, à la mode française »[151]...
Le moment était délicat — et en 1836 la traduction des *Paroles d'un
Croyant*, prétexte de revendications républicaines, fut annoncée d'une
façon fort symptomatique : pour mettre en valeur l'intérêt de l'ouvrage
« il suffisait de dire qu'il avait subi l'excommunication du pape ! »...

Mais le système importé des préfectures, instauré en 1834, avait eu
une vie très courte, les mariages des libéraux n'avaient pas cessé
d'être religieux — et, peu à peu, les choses changeaient. Si en 1845, un
moraliste se préoccupait encore de l'athéisme, c'est-à-dire de la
« démoralisation du siècle »[152], depuis 1841 la réaction religieuse, animée par la reprise des relations diplomatiques avec Rome, était évidente. Garrett l'a dénoncée en 1846[153] — et on peut constater qu'elle
allait de pair avec l'agiotage cabraliste : l'invocation de l'« autel du
matérialisme » auquel le poète voyait sacrifier les lettres et les arts[154],
aurait pu avoir un double sens.

Cependant d'autres autels s'animaient alors : ceux d'une religion puissante, la franc-maçonnerie. On ne saurait passer sous silence
le rôle de la maçonnerie portugaise dans le cadre de l'idéologie libérale : elle constituait sans doute une garantie de liberté et un outil de
la nouvelle civilisation. Cependant, étant donné la conjoncture nationale, elle ne pouvait échapper aux passions politiques et elle devait
jouer un rôle important dans ce domaine.

Organisée vers le commencement du siècle, présente en 1820, la
maçonnerie était divisée vers 1840, date de sa constitution privée.
Elle épousait alors les intérêts des partis en présence : Costa Cabral,
frère « Fénelon », devait beaucoup au Grande Oriente Lusitano, dont
il avait été le grand-maître, mais qu'il avait prudemment abandonné,
tandis qu'à Porto Passos Manuel dirigeait un autre foyer qui deviendra une Confédération portée à gauche[155]. Dans ce microcosme symbo-

---

151. Voir Antonio L. B. F. Teixeira Girão, *Trabalhos Administrativos que se fizeram
    na Prefeitura da Extremadura desde Julho de* 1834 *a Fevereiro de* 1835 (Lis-
    bonne, 1835), p. 16.
152. Voir Sebastião J. Ribeiro de Sá, *A Desmoralização e o Seculo* (Lisbonne, 1845).
153. Garrett, *Viagens na Minha Terra*. Ed. *O. Compl.* II, 239.
154. Garrett, discours du 9 juillet 1841 au Parlement. Voir Gomes de Amorim, *Op.
    cit.*, II, 632.
155. La Confederação Maçonica, fondée en 1849, sera dirigée par José Este-
    vão en 1862. Voir M. Borges Grainha, *Historia da Maçonaria em Portugal*, 1735-
    1912 (Lisbonne, 1912). Voir également sur les luttes cabralistes, *Manifesto do
    Irm ∴ Licurgo Gr ∴ Insp ∴ Ger ∴ da Ordem dos Francs-Maçons em Por-
    tugal* (Ferrol, 1849).

liste et bourgeois auquel tout le monde appartenait (à l'exception de Palmela...)[156] on voit le reflet des luttes politiques de l'époque : il y avait une maçonnerie de droite, une maçonnerie de gauche, et une maçonnerie du centre. Au-delà des idéaux humanitaires, se profilait la stratégie des partis ; l'histoire politique du Portugal libéral passe par les « loges » de Lisbonne et de Porto dont il faudra un jour étudier l'action toute puissante. La Carbonaria, qui se vantait d'avoir 500 hommes en armes en 1848, a joué alors un rôle beaucoup moins important. La contre-maçonnerie de Dom Miguel, qui ne manquait pas dans le panorama des années 40-50, cet Ordre de São-Miguel-da-Ala qui remplaçait le triangle de petits points des francs-maçons par une croix formée également de petits points, demeurait par contre inoffensive, toute occupée à couvrir le budget de son roi exilé[157]...

Le pays, après l'effort de 1832-1834 qui lui avait coûté des millions (environ 100 000 millions de reis, soit 22 millions de livres)[158] attendait. Mais les Portugais se débattaient aussi autour d'un espoir, d'une chimère peut-être... « Dans le silence qui les environne, ces hommes ont l'air de continuer la bataille autour du corps du roi Sébastien ». Ainsi l'écrivait Quinet en 1843, à la veille de la première bataille anti-cabraliste[159]. Le sébastiannisme revenait-il ? En 1841 un poète médiévaliste, inspiré d'une vieille *Histoire du Portugal* du XVIIIᵉ siècle[160], avait composé la ballade du roi « Cavaleiro da Cruz » disparu dans des « ilhas afortunadas »[161]. L'observation de Quinet sera pourtant contrariée par l'histoire même, grâce au déferlement des passions. Elles feront bientôt répudier ce sébastiannisme douteux, légende « dérisoire »[162]. Est-ce parce qu'il ne saurait convenir à une société libérale qui voulait s'ouvrir à l'avenir — ou parce que cette société s'illusionnait sur sa propre volonté ? Mais de quelle société parlons-nous ?

---

156. Signalons pourtant que D. Alexandre de Sousa Holstein, père du duc de Palmela, a été franc-maçon. Voir Borges Grainha, *Op. cit.*, p. 32.

157. Voir J. Martins de Carvalho, *Apontamentos para a Historia Contemporanea* (Coimbre, 1868), pp. 199 et suivantes.

158. Voir Oliveira Martins, *Op. cit.* II, 25.

159. Edgard Quinet, *Mes Vacances en Espagne* (Paris, 1843), p. 341.

160. Nicolas La Clède, *Histoire Générale de Portugal* (Paris, 1735). Trad. port. 1781-97 (16 vol.) ; 2ᵉ ed. 1814. Voir vol. X, p. 204.

161. Ignacio Pizarro M. Sarmento, « Cavaleiro da Cruz », *Romanceiro Português* (Lisbonne, 1841), p. 239.

162. F. M. Bordalo, « D. Sebastião, o Desejado », in *Revista Universal Lisbonense*, du 16 mai 1844 au 8 août 1844.

Vers la même époque Garrett écrivait, se référant à 1833 : « La société (portugaise) n'est plus, ne peut plus être ce qu'elle a été — mais, moins encore, elle ne peut être ce qu'elle est. Ce qu'elle sera, je ne le sais pas. Dieu y pourvoira »[163]. Il reviendra sur cette idée en 1849. Il affirme alors : « Nous nous trouvons aujourd'hui entre un passé impossible après les lois (de Mousinho da Silveira), entre un avenir terrible parce qu'obscur, insondable et non préparé — et un présent si absurde, si incohérent, si chimérique, si ridicule en somme, que, si la perspective n'était pas tellement pleine de larmes, le fait d'observer comment nous vivons (...), nous nous administrons, comment nous sommes un peuple, une nation, un royaume, nous ferait rire et sauter de plaisir ! »[164]

Le bilan des quinze premières années du régime romantique s'avérait donc tragique. La « civilisation » n'avait pas réussi ; le Dieu de Lamennais n'avait pas veillé. De nouvelles structures de la morale publique, de la politique et de l'instruction n'avaient pas été bâties sur les structures disparues.

Peut-être y avait-il eu trahison...

Garrett parlait symboliquement sur le tombeau de Mousinho da Silveira ; un an auparavant Herculano manifestait son scepticisme sur les possibilités de salut de la patrie[165]. Tous les deux s'efforceront de la « regénérer », en 1851. Herculano vivra encore assez longtemps pour dire que tout cela (ce « futur terrible » dont Garrett flairait la menace) « donnait envie de mourir ». Quant à Garrett, il mourra cinq ans à peine après avoir prononcé son oraison funèbre.

Qu'avait-il fait de sa jeunesse, pendant les quinze ans de ce présent absurde, incohérent, chimérique ?

Herculano et lui, en plus des lois et des projets romantiques du gouvernement, avaient créé le romantisme littéraire.

Quel romantisme ?

---

163. GARRETT, *Viagens na Minha Terra*. Ed. *O. Compl*. II, 271.

164. GARRETT, *Memoria Historica de J. X. Mousinho da Silveira*. Ed. *O. Compl*. II, 438.

165. A. HERCULANO, lettre du 22 mars 1848 au duc de SALDANHA, in *Cartas*, II, p. 6 (3e ed.).

CHAPITRE II

LA CULTURE ROMANTIQUE : SOURCES, RÉFÉRENCES ET CONTRADICTIONS

Nous avons déjà vu le romantisme ou, plutôt, certains sentiments romantiques pénétrer au Portugal vers la fin du XVIIIᵉ siècle, par l'entremise, entre autres, de la marquise d'Alorna, cette « Mme de Staël portugaise ». Vers 1822, le mot « romantique » nous est apparu sous la plume de Garrett, à propos de Shakespeare et de son *Catão*. Rappelons que le genre littéraire qu'on appelait ainsi faisait alors l'objet d'un jugement ambigu (ses « grands défauts », ses « grandes beautés »)[1] ; remarquons aussi qu'une telle qualification était sensée faire rire, car Garrett la plaçait dans la bouche d'un personnage d'une petite pièce théâtrale jouée la même année par des amateurs de bonne société :

« Tu, com essa cabeça de novela,
　Sentimental, romantico, pateta, »[2]
· ·

En 1828 Garrett définira la muse romantique (« beauté mystérieuse », « vierge des montagnes »), son univers (« solitudes sauvages », « champs éclairés par les pâles reflets de la lune ») et son décor (« ruines d'un château abandonné », « cloître tapissé de lierre et de mousse »)[3]. Le dessin du tableau est juste, mais son coloris est un peu trop chargé. Garrett tient à garder ses distances à l'égard de cette muse envoûtante dont il se méfie.

Une position éclectique, qu'il défendra encore dans les années 40, et une position ironique qu'il n'abandonnera jamais, caractérisent

---

1. GARRETT, introduction à la première édition de *Catão* (Lisbonne, 1822). Ed. *O. Compl.* I, 532.
2. GARRETT, *O « Improptu » de Cintra* (1822). Ed. *O. Compl.* I, 615.
3. GARRETT, *Adosinda*, Introduction (Londres, 1828) .Ed. *O. Compl.* I, 332.

donc le romantisme ou la possibilité romantique de ce poète qui fut, historiquement, le créateur du romantisme portugais. Position hétérodoxe, qui ne manque pas de charme, certes — mais dont il faut souligner le caractère équivoque[4].

Politicien du parti de l'Ordre, il avoue également être un poète de l'Ordre[5]. Garrett imprime ainsi au romantisme portugais une responsabilité d'organisation, de régénération constructive qui est bien l'effet de la liaison intime entre le mouvement littéraire et les nouvelles structures politiques de la nation. Cette liaison, personne ne l'établit mieux que lui, poète et législateur, formé dans le cadre mental des Lumières[6]. On pourra en dire de même au sujet d'Herculano. Il faudra suivre de près les démarches de l'esprit de ces deux hommes, guettant leurs déclarations, leurs professions de foi. Nous y trouverons sans doute les documents les plus significatifs d'une pensée esthétique nationale au long de la première période romantique.

Tous les deux devaient refuser d'ailleurs le nom de « romantiques » : « Dieu me garde d'être romantique », écrivait Garrett en 1846 ; « nous ne sommes pas romantiques et espérons ne jamais l'être », avait déclaré Herculano, onze ans plus tôt[7].

Cependant, l'un comme l'autre croyaient ne refuser qu'un certain concept de romantisme — le concept courant « dans le jargon d'aujourd'hui »[7] (a) (les années 40), et basé sur « l'irreligion », « l'immoralité », « tout ce qu'il y a de noir et de dégoûtant dans le cœur humain »[8]. Garrett condamnait la mode[9], Herculano répugnait plutôt à un mode d'agir dans la réalité.

Mais que restait-il du romantisme, si on lui enlevait cette action dans le domaine psychologique et dans le domaine moral, où Herculano foudroyait un « monstre » appelé Byron ?

---

4. Cette attitude n'est évidemment pas exclusive de GARRETT. MUSSET, esprit combien contradictoire, lui aussi avouait : « . . . je hais les pleurards, les rêveurs à nacelles / Les amants de la nuit, des lacs, des cascatelles. . . » (dédicace de *La Coupe et les Lèvres*, 1831).

5. « Auteur de l'Ordre (« ordeiro ») entre les deux partis rivaux ». Préface à *Filipa de Vilhena* (Lisbonne, 1840). Ed. *O. Compl.* I, 655.

6. Voir A. COSTA DIAS, introduction à *O Roubo das Sabinas* de GARRETT (Lisbonne, 1968).

7. GARRETT, *Viagens na minha Terra*. Ed. *O. Compl.* II, 168 ; HERCULANO, in *Repositorio Literário* (Porto, 1835), in *Opusculos* IX, 70.

7 a. GARRETT, *Viagens na minha Terra*. Ed. *O. Compl.* II, 168.

8. HERCULANO, *Imitação-Belo-Unidade* i1836), in *Opusculos* IX, 70.

9. « Hoje é moda o romantico, é finura / E tom achar Ossian melhor que Homero ». GARRETT, in *O Cronista* (Lisbonne, 1827) p. 180.

Il restait la littérature comme école de bonnes mœurs civiques et comme véhicule d'une foi chrétienne expurgée de l'appareil clérical réactionnaire du vieux Portugal de Dom Miguel.

La conjoncture politique et idéologique du Portugal se définit à ce moment sous l'aspect d'une dichotomie très nette. On ne saurait trop souligner ici l'accord établi entre le crédo littéraire et le crédo politique de la génération des soldats de Dom Pedro. La lutte contre la faction de Dom Miguel était aussi la lutte contre un XVIIIe siècle qui tardait à mourir et qui persistait encore dans les schémas littéraires de l'Arcadie.

Il faut pourtant nous interroger sur l'aspect paradoxal que l'on décèle dans cette situation. Si les poètes du néo-classicisme s'inséraient dans les schémas idéologiques des Lumières, et si les romantiques se réclamaient encore des mêmes schémas, comment comprendre la querelle qui les opposait ? La réponse à cette question doit être donnée sur deux plans. Tout d'abord le sens même de l'esthétique des Lumières dépasse le cadre artificiel et figé du néo-classicisme, problème sur lequel nous ne saurions nous attarder ici[10] ; ensuite une pensée académique, qui avait toujours ignoré l'élan profond du grand mouvement mental du XVIIIe siècle européen, était arrivée à un état de décadence. Les vraies Lumières, il fallait les chercher non pas dans l'esprit des poètes orthodoxes de l'Arcadie, mais chez ceux qui, nous l'avons vu, se laissaient pénétrer par les courants de l'hétérodoxie. Et, enfin, chez Garrett et Herculano qui, eux aussi, n'hésiteront pas à faire chorus avec le dernier des « arcadiens », le bon F.J. Bingre qui mourra presque centenaire, en 1854, en s'indignant de ce que faisaient « os doutos romanticos autores » :

> « Só dão força à dramatica poesia
> C'os enredos de ilícitos amores.
> Disfarçada com a doce melodia
> Desacreditam toda a continencia,
> Piedade, modestia e valentia ».

Selon le vieux poète, leur but était

> « Representar defeitos de prejuizo,
> Lascivias seduções, vis adultérios,
> Assassínios, traições (. . .)[11].

---

10. Voir *Utopie et Institutions au XVIIIe siècle. Le Pragmatisme des Lumières* (Paris, 1963 ; actes du Congrès de Nancy, 1959).

11. F. J. Bingre, *Epistola ao Cura da Campanhã.*

Mais, plus qu'une leçon civique et chrétienne, le romantisme portugais se devait de donner une leçon de nationalisme.

Penchons-nous sur le déroulement de ce processus pédagogique, à travers l'analyse extérieure des influences subies, soit au niveau des sources, soit au niveau des références.

Une distinction s'avère en effet indispensable ici. Les références se définissent, pour ainsi dire, en cours de route ; les sources engagent la structure même de la création. Sans doute, les romantiques portugais puisaient-ils leur inspiration dans des domaines culturels d'outre-Pyrénées. On peut affirmer, dans l'ensemble, que les Portugais ont été initiés au romantisme par les Allemands : c'est l'école d'Alcipe, fréquentée par Herculano. D'Alcipe on remonte fatalement à Mme de Staël — et c'est très probablement chez celle-ci qu'Herculano, voulant donner, en 1835, des bases solides aux nouvelles créations de ses compatriotes, a trouvé la voie d'une interprétation kantienne qui glissait vers le platonisme[12]. Par elle aussi Garrett a connu le *Cours de Littérature Dramatique* de W. Schlegel, qu'il cite dès 1822, trop tôt pour que cela puisse avoir des conséquences[13].

C'est précisément ce manque de conséquences profondes qui doit faire hésiter lorsqu'on est amené à parler de sources. Trop souvent en effet les auteurs portugais se contentent de faire allusion à tel ou tel poète ou romancier qu'ils ont lu, qu'ils admirent, sans pour autant s'engager sur les voies que ceux-ci définissent. Ils établissent ainsi un réseau de références qui nous aide à éclairer leur propre création, sur le plan de leur goûts, sinon de leurs rêves personnels ou collectifs. Lorsque nous étudierons Herculano en tant qu'historien, nous aurons à parler de ses *sources théoriques* ; analysant la création de Garrett, nous nous trouverons plutôt en face de *références culturelles*.

Déjà les influences reçues de certains auteurs allemands nous permettent de déceler les deux niveaux de pénétration — et nous remarquons immédiatement que la source allemande s'est épuisée dans une expérience assez restreinte. *L'Obéron* de Wieland, traduit par l'arcadien Filinto Elisio en 1802, ouvre une série également influencée par les auteurs découverts par Mme de Staël. Goethe, bien que traduit seulement dans les années 40[14], après une traduction occasionnelle de

12. Voir A. J. Saraiva, *Herculano e o Liberalismo em Portugal* (Lisbonne, 1949), pp. 172 et suivantes.
13. Voir Note n° 1.
14. Nous avons suivi les renseignements donnés par V. Nemesio dans le chapitre VII (« Sur l'influence germanique ») de son ouvrage *A Mocidade de Herculano* (Lisbonne, 1933), I.

Werther[15] en 1821, servait d'exemple sinon de justification à Garrett pour une combinaison du romantisme et du classicisme ; Schiller entousiasmait Herculano[16] qui traduisait et présentait également Bürger[17], voyant en lui le restaurateur des traditions nationales dans la poésie — rôle que Garrett avait déjà souligné[18]. Klopstock, « le prince des poètes allemands » selon Pinheiro-Ferreira, a peut-être eu une action plus profonde : il est demeuré longtemps présent à l'esprit d'Herculano qui le traduisait encore en 1845[19], car le sentimentalisme religieux du poète de *Harpa do Crente* s'accordait fort bien à celui de ce prétendu rival de Milton. L'inventaire des influences du côté allemand s'arrête là et il serait vain de chercher d'autres noms sous la plume des premiers romantiques portugais, dans leur mémoire, et même dans leur cœur. Jean-Paul, Novalis, Hoffmann, Kleist, Arnim restent ignorés[20] — et cela n'est certainement pas l'œuvre du hasard, car il s'agit d'un oubli profondément significatif. Avec eux c'est tout un côté nocturne de la poésie qui demeure à l'écart de la formation (et de l'information) du romantisme national. De vastes domaines de modernité (de la modernité « désordonnée ») se trouvent ainsi soustraits à l'exploration des Portugais : ils n'ont pas été découverts ni même cherchés. Pire encore : les romantiques nationaux ne sauraient nullement y pénétrer et encore moins y voyager... Le chaos du « Sturm und Drang » ne pouvait convenir à une génération qui assumait la responsabilité de créer un univers encore éclairé par les lumières du XVIIIe siècle. Certes, les lecteurs portugais, lisant ces poètes du Nord, ressentiront « dans l'âme une douce impression de tristesse vague et indéfinie comme la perspective d'immensité des mers », ils seront touchés dans la profondeur de leurs cœurs, ils auront leur esprit « entraîné dans les spéculations les plus graves » — mais ce témoignage d'un

15. Voir A. GONÇALVES RODRIGUES, *A Novelistica Estrangeira em versão portuguesa no periodo pre-romantico* (Coimbra, 1951), p. 75.

16. HERCULANO, *Poesia-Imitação-Belo-Unidade* (1835), in *Opusculos* IX, 34.,

17. *Leonor, in Repositorio Literario* du 15 décembre 1834.

18. GARRETT, *Adosinda*, Introduction. Ed. *O. Compl.* I, 332.

19. HERCULANO traduisit de longs passages de *Der Messias* in *Revista Académica, jornal literario e cientifico* (Coimbra, 1845), I, pp. 21 et suiv. Une traduction de ce poème, due à João Felix PEREIRA sera encore publiée en 1871 (à partir du 8 février) dans le quotidien catholique *A Nação*.

20. Parmi les grands poètes allemands de cette tendance « nocturne » seul CHAMISSO fut traduit, par J. GOMES MONTEIRO et inclus dans son anthologie *Ecos da Lira Teutonica* (Porto, 1848).

publiciste érudit qui écrivait en 1843[21], marque les limites mêmes de l'action poétique qu'on pouvait subir, en deçà de toute folie de l'imagination.

Nous verrons plus loin comment ces lecteurs (et ces auteurs) ont accepté la littérature « gothique » anglaise et française ; par rapport à l'Allemagne, le problème du romantisme portugais se situe dans le domaine compris entre Bürger et Klopstock, bien en deçà de celui que définissent Novalis, Kleist — ou Heine, qui, traduit en 1848[22], n'interviendra vraiment dans le cadre portugais que plus tard[23].

On ne saurait pas non plus oublier Byron, en dépit de l'horreur qu'éprouvait Herculano à la seule évocation du nom de ce « Méphistofélès de Goethe lâché dans la vie réelle »[24]. Il faut pourtant aborder le domaine anglais.

Certains vers de *Childe Harold*, fort désobligeants pour les Portugais avaient sans doute provoqué les rancœurs tenaces d'Herculano contre Byron ; Garrett, au contraire, admirait le poète, l'aventurier, le dandy, voire l'immoraliste — « le plus grand poète du siècle »[25], qui avait su mourir pour l'indépendance grecque[26], mais s'il le cite assez souvent, il n'en tire pas de conséquences importantes pour son œuvre. Même s'il est traduit dès les années 30, tout de suite après la victoire libérale[27] (même si déjà Alcipe lui avait consacré des poèmes)[28], son influence reste en effet fort superficielle : le côté diabolique et désespéré de Byron ne pouvait ou ne devait pas ébranler l'édifice fait de prudence et d'illusion des romantiques nationaux de la première génération.

Il y avait aussi Shakespeare, très cité, mais pas assez lu et médité, et qui, nous le verrons, n'avait rien à voir avec le répertoire français qu'on applaudissait alors à Lisbonne ou à Porto. La traduction de son

---

21. J. Silvestre Ribeiro, *in Museu Pitoresco* (Lisbonne, 1843) II, p. 27.

22. J. Gomes Monteiro, *Op. cit.*

23. Voir Alberto Lopes, « A Ironia heineana de Cesario Verde » in *Coloquio* n° 47 (Lisbonne, février 1968).

24. Herculano, *Poesia-Imitação-Belo-Unidade*, in *Opusculos* IX, p. 71.

25. Garrett, *Camões*, note D, chant V. Ed. *O. Compl.* I, 254.

26. Id., Ibid. chant V-XIII. Ed. *O. Compl.* I, 221.

27. *O Preso de Chillon*, trad. de L. S. Mousinho de Albuquerque (Lisbonne, 1833) ; *O Cerco de Corinto*, trad. de H.E.A.C. (Porto, 1839).

28. Voir V. Nemesio, *Op. cit.* (II, chap. IV). Ajoutons deux références de Garrett à Byron qui ont échappé à l'auteur : *in Camões* V-XIII (Ed. *O Compl.* I, 221) et *in Dona Branca* V note A (Ed. *O. Compl.* I, 325).

œuvre n'était pas facile et il faudra attendre les années 50 pour lire
Othello dans une version portugaise[29]. Seul un jeune romancier verra,
en 1849, de façon un peu trop idéaliste, la réalité romantique portugaise palpiter à l'évocation du nom du « barde du nord » (le « barde
sublime (...), unique » de Garrett)[30], comme au souvenir de la mort
héroïque de Byron[31].

Herculano, quant à lui, affrmait que Shakespeare et Byron
« n'avaient pas su lier la mélodie matérielle aux harmonies intimes
de leurs idées ». A son avis, la cause en était la langue — cette langue
anglaise que l'historien n'a jamais pu supporter[32]...

Par contre Walter Scott contentait tout le monde : 16 traductions
entre 1836 et 1842 l'attestent[33], et c'est un record. En 1824 il apparaît
déjà à côté de Byron, sous la plume de Garrett, qui voulait donner
une idée du climat poétique de son *Camões*[34] ; il apparaîtra à coté de
Bürger lorsque Garrett écrira la préface d'*Adosinda* (1828)[35]. Le poète
préférait sans doute les aventures imaginaires de cet Ecossais réel
aux « fantasmagories runiques » qu'Ossian-Macpherson proposait, dans
un cadre romantique peu convenable au « très doux et riant climat » du
Portugal[35] (a). Garrett se référera encore, en 1827, de façon péjorative
à ces « Obscuros sonhos do Escocês sombrio »[36] qui avaient été mis
à la mode par l'intérêt passionné qu'y porta Napoléon lui-même.

Pour Herculano, Walter Scott constitue une source profonde : il
est l'inspirateur de sa tâche de romancier historique. L'écrivain en
parle très peu mais Scott est présent dans son esprit comme un paradigme de la littérature que lui-même a créée au Portugal. Il dira d'un
de ses disciples qu'il deviendra, peut-être, « un émule de Scott »[37], et

---

29. Traduction de L. A. REBELO da SILVA (Lisbonne, 1856).

30. GARRETT, *Camões*, I-XV. Remarquons pourtant que dans *O Cronista* (1827, p.
    180), il s'insurgeait contre une mode que faisait « vanter SHAKESPEARE et mépri-
    ser CORNEILLE ».

31. A. P. LOPES de MENDONÇA, *Memorias dum Doido*, chap VI, XIII, XIV, XV et XVI.

32. HERCULANO, *Cenas de um Ano da minha Vida*. (Pb 1934) p. 19. Texte publié dans
    O Panorama, vol. VII.

33. Voir A. GONÇALVES RODRIGUES, *Op. cit.*

34. GARRETT, lettre à Duarte LESSA, du 27 juillet 1824. Ed. *O. Compl.* II, 779.

35. GARRETT, Introduction à *Adosinda*. Ed. *O. Compl.* I, 332.

35 a. GARRETT, *D. Branca*. Ed. *O. Compl.* I, 323 (note C).

36. GARRETT, in *O Cronista* (1827) p. 180.

37. HERCULANO, *Lendas e Narrativas*, préface première édition (Lisbonne 1851), p.
    VII (13e ed.). Référence à REBELO da SILVA.

c'est le plus grand éloge qu'il pouvait lui faire. Walter Scott est donc le modèle souhaité, d'après un certain programme, moins pour la définition des thèmes, que pour la définition d'un enseignement national ou nationaliste. Nous revenons ici sur le rôle principal, voire sur l'*utilité* fondamentale de la littérature romantique au Portugal.

Un texte d'Herculano, publié dans une revue de Porto en 1835[38], doit éclairer ce problème. Les pages de théorie esthétique que le jeune poète écrivait alors représentent un effort très considérable que l'on ne saurait sous-estimer. Si elles ne peuvent être étudiées dans leur ensemble car elles manquent de cohérence philosophique malgré la curieuse position anti-aristotélique prise par l'auteur, nous ne les retrouverons pas moins au cours de notre enquête, au fur et à mesure que les problèmes se poseront. Le texte qu'on va lire est particulièrement important.

« Nous dirons seulement que nous sommes romantiques, voulant que les Portugais reviennent à une littérature qui leur soit propre (...), qu'ils aiment leur patrie même en poésie, qu'ils profitent de nos temps historiques que le Christianisme, avec sa douceur, son enthousiasme et le caractère généreux et brave de ces hommes libres du nord qui ont écrasé le vil empire de Constantin, a rendu plus beaux que les temps antiques ; (...) qu'ils remplacent (les vers des Grecs) par notre mythologie nationale, dans la poésie narrative ; et par la religion, par la philosophie et par la morale, dans la poése lyrique ». Ecrivant ces lignes, Herculano traçait un programme de travail en même temps qu'il marquait les limites créatives de sa génération. Son œuvre toute entière tient dans ce programme, aussi bien que la plus grande partie de l'œuvre de Garrett, poète, romancier et dramaturge.

La patrie qu'il mettait en cause, la patrie nouvelle et éternelle, était un sujet historique aussi bien qu'un sujet mythique. A l'aide du Christianisme de Lamennais, ce sujet devait toucher à la fois l'âme de l'individu et celle de la collectivité.

Le romantisme, n'a-t-il pas « apporté la renaissance de la poésie nationale et populaire » ? Garrett, présentant sa romance *Adosinda*, était absolument sûr que « rien ne pouvait être national s'il n'était pas populaire », et il faisait appel « à la réputation colossale de Sir Walter Scott qui avait restitué à l'Ecosse ancienne, dans la république des lettres, le nom et l'indépendance qu'elle avait perdus depuis longtemps dans le domaine politique »[39]. Il écrivait ces lignes en 1828,

---

38. Herculano, *Poesia-Imitação-Belo-Unidade*, in *Opusculos* IX, p. 23 et suivantes.
39. Garrett, *Adosinda*, préfaces aux première (1828) et deuxième éd. (1843).

exilé en Angleterre. Son pays, lui aussi, avait perdu en quelque sorte l'indépendance que procure la liberté. La littérature et la politique se superposaient une fois de plus.

Pour Herculano, comme pour Garrett, la littérature présentait une valeur normative. L'influence française, qu'il faut examiner maintenant, ne fait que confirmer cette hypothèse. Vers 1840, on cherchait des normes chez les auteurs français comme on les avait cherchées auparavant chez les poètes allemands et les romanciers anglais. Le passage des influences subies traduit d'ailleurs trois situations différentes des auteurs (et les lecteurs) portugais : le cercle de la marquise d'Alorna, à Lisbonne, l'émigration à Plymouth, et, enfin, la Lisbonne libérale de l'après-guerre, inondée par les idées françaises de la révolution de juillet.

Si Scott avait déjà fait l'objet de 16 traductions en 1842, à partir de cette date précise nous voyons se multiplier les traductions de deux auteurs français : Dumas (depuis 1841) et Eugène Sue (à partir de 1843)[40]. Victor Hugo commençait également à sortir des presses portugaises : *Notre Dame de Paris*, de 1831, a été publié en 1841 — et Hugo et Dumas figuraient à la tête d'une liste des auteurs les plus populaires établie en 1842 par une revue de Lisbonne[41]. Mais d'autres auteurs français étaient également traduits, comme Stendhal, dont l'*Abbesse de Castro* parut anonymement dans la *Revista Literária* de Porto, en 1839-1840,[41] (a) ou comme Benjamin Constant, dont *Adolphe* fut publié en volume en 1839. *La Nouvelle Héloise*, traduit en 1806 pour la première fois, fut réédité en 1837, un an après *René* et *Atala*, déjà parus en 1818 ou 1820. Les traductions des *Martyrs* et du *Génie du Christianisme*, présentées déjà en 1816 ou 1817, étaient également reprises[42].

Ces rééditions de Chateaubriand méritent notre attention ; maître à penser de la droite constitutionnelle, les valeurs de sa religiosité s'étendent à d'autres domaines idéologiques et c'est sans surprise que

---

40. Voir V. Nemesio, *Relações Francesas do Romantismo Português* (Coimbre, 1936). Remarquons que Dumas (*Antony*) avait déjà été traduit en 1836 (selon A. Gonçalves Rodrigues, *Op. cit.*). Entre 1841 et 1878, Dumas aura 25 titres traduits ; E. Sue en aura 12, en 50 tomes, entre 1845 et 1866.

41. *Revista Universal Lisbonense*, II, p. 428.

41 a. Vol. II, pp. 71, 177, 510 ; vol. III, pp. 71, 281, 405, 509. La dernière page porte le nom de F. de Lagenevais (traducteur ?). Cet ouvrage de Stendhal était paru dans *La Revue des Deux Mondes* en 1837-1839.

42. Un article sur Chateaubriand, illustré avec un portrait lithographique par J. C. Vilanova, était déjà paru in *Revista Literaria* (Porto, 1838) II, 187.

nous observons Garrett et Herculano soumis à son ascendant. Garrett le lisait déjà à l'âge de 17 ans[43], et il affirmait encore en 1854, l'année de sa mort, que *Les Martyrs* était « un livre sublime »[44] ; quant à son compagnon, il attribuait à Chateaubriand une qualité dont il était fort avare dans ses jugements littéraires : le génie[45].

La liste de ses propres lectures que Garrett établit en 1846[46], ne comprend que cinq auteurs romantiques sur les 34 noms cités ; il a certainement oublié ou éliminé d'autres noms, mais il a bien mentionné Goethe et Schiller, Rousseau, Lamartine et Chateaubriand. Il ne faut pourtant pas oublier que « le merveilleux chrétien » de celui-ci n'avait guère convaincu Garrett, en 1824[47] ; et qu'en 1822, il accusait l'auteur d'*Atala* d'être aussi sectaire que Mme de Staël[48] — tous les deux « ayant corrompu notre poésie du sud avec des platitudes du nord » (1828)[49], curieuse critique basée, rappelons-le, sur une distinction géo-culturelle chère au cercle de Coppet.

N'accordons pas trop d'attention à cette contradiction dans les jugements. Il est plus important de constater que le point de vue national et nationaliste revient toujours. Sans cesse, Garrett et Herculano cherchent à créer une œuvre, voire une école portugaise, qui doit s'identifier avec le romantisme même. *Dona Branca*, de Garrett, est pour Herculano, en 1835, l'œuvre représentative de « la poésie nationale, le romantique »[50]. Pour Garrett, il s'agit surtout de créer « un crédo poétique national »[51], malgré l'influence de Wieland qu'il ne cache d'ailleurs pas.

Mais il y avait aussi Lamartine, qu'Alcipe avait imité et qui, jeune homme, avait même reçu des leçons de portugais de Filinto exilé. Pendant un moment Garrett lui a préféré Delavigne qu'Herculano traduisait[52] — mais l'équivoque sera bientôt écarté, et le rôle de Lamartine

---

43. Voir Gomes de Amorim, *Op. cit.* I, 147.

44. Garrett, *Helena* 1854 ; pb Lisbonne, 1871). Ed. *O. Compl.* II, 135.

45. Herculano, *Poesia-Imitação-Belo-Unidade*, in *Opusculos* IX, p. 30.

46. Garrett, Préface *Viagens na minha Terra*. Ed. *O. Compl.* II, 149.

47. Garrett, lettre à D. Lessa du 19 novembre 1824. Ed. *O. Compl.*, II, 782.

48. Garrett, lettre du 13 février 1822.

49. Garrett, *Lirica de João Minimo*, préface. Ed. *O. Compl.* I, 45.

50 Herculano, *Qual é o estado da nossa literatura ? Qual é o trilho que ela hoje tem a seguir ?* (1835) in *Opusculos* IX, 8.

51. Garrett, *Lirica de João Minimo*, préface. Ed. *O. Compl.* I, 53.

52. Voir Gomes de Amorim, *Op. cit.* III, 548. Herculano a traduit *Le Chien du Louvre*, in *O Panorama* (1837), I, 60.

grandira sur deux plans parallèles. D'un côté, il est le poète des *Méditations*, le rêveur aux cris profonds de l'âme, au sentimentalisme intime mais majestueux, le lyrique épris de religiosité ; les romantiques portugais auront tendance à articuler son message avec celui de Chateaubriand et de Klopstock. Sans doute Garrett amoureux lui doit-il beaucoup et « les aspirations ' saudosas ' de son âme » sont imprégnées de parfum lamartinien ; pour Herculano c'est sa « poésie céleste »[53] qui surtout compte, sur le chemin du Dieu chrétien des temps nouveaux. Mais il y a l'autre côté de Lamartine : son côté « 48 ». Ce Lamartine homme public (auquel on compare les orateurs les plus célèbres du parlement portugais[54] qui, eux-mêmes, dans leurs discours, pouvaient évoquer son exemple moral et politique[55]) a connu la popularité la plus grande, vers 1850. Son *Histoire de la Révolution de* 1848 était déjà traduite en 1849-1850[56] : il était la dernière incarnation de la liberté dans le monde finissant du « cabralisme ».

Victor Hugo, lui aussi, fut un emblème de Liberté, mais seulement plus tard. Sa poésie n'apportait rien de nouveau aux romantiques portugais déjà inspirés par Chateaubriand et Lamartine ; les nuances de la chronologie de leur pénétration respective au Portugal ont déjà été soulignées[57]. Les romans de Hugo n'ont pas été traduits avant 1841, l'année où sont parus *Han d'Islande* (vieux de près de vingt ans et bénéficiant de la vogue du roman « noir », comme nous le verrons), et *Notre Dame de Paris*, auquel Garrett attachait son *Arco de Sant-Ana*[58]. Il ne manquera pas de lire ou d'applaudir le théâtre de Hugo (*Hernani* fut joué en 1835, par une compagnie française qui se produisait à Lisbonne), tandis qu'Herculano, appréciant également le dramaturge, mettra le romancier historique à côté de ses maîtres Scott, Guizot et Thierry[59]. On arrive alors difficilement à comprendre quel Hugo était visé par Garrett, en 1839, lorsqu'il parlait de ses « délires grotesques »[60]...

---

53. HERCULANO, *Poesia-Imitação-Belo-Unidade, in Opusculos* IX, 34.
54. Voir BULHAO PATO, *Sob os Ciprestres* (Lisbonne, 1877), 169.
55. José ESTEVAO, discours du 21 décembre 1857 au Parlement, in J. TENGARRINHA, *Op. cit.* II, 308-309.
56. in *O Nacional*, Lisbonne depuis le 25 août 1849.
57. Voir V. NEMESIO, *Op. cit.*, p. 87.
58. GARRETT, lettre à J. GOMES MONTEIRO du 12 juin 1833. Ed. *O. Compl.* II, 790.
59. HERCULANO, rapports sur *A Casa de Gonçalo* (1840), *D. Maria Teles* (1842), *in Opusculos* IX, 195, 245 et 27. Voir également *O Panorama* (1840), IV, 243.
60. Prospectus (anonyme) annonçant l'édition des œuvres complètes de GARRETT (1839). Ed. *O. Compl.* II, 397.

Il serait aisé, mais à peu près inutile de dresser l'inventaire des autres influences françaises. Nous avons déjà vu comment Sue et Dumas ont envahi le marché des lettres : *Le Comte de Monte-Christo* a même eu l'honneur d'une suite apocryphe[61]. *Le Juif Errant* a fait scandale dans les milieux dévots, tout comme *Les Mémoires du Diable* ; on a alors estimé que le traducteur de Soulié aurait mieux fait de s'occuper de *Cinq-Mars*[62]. Mais Vigny n'a pas connu de succès au Portugal ; Musset non plus, même si Garrett, de onze ans plus âgé, n'a sûrement pas ignoré ses nuits douloureuses. Pour le reste, Musset était trop subtil et trop complexe, trop « enfant du siècle » — du siècle dont Herculano n'admettait pas le « mal » que Garrett lui-même n'aurait su vivre au Portugal ; nous y reviendrons.

Il est inutile de parler de Béranger qui, traduit en portugais par Herculano en 1837[63], a connu son moment de gloire ; pendant les années cabralistes de 1840, un poète mineur a même voulu jouer son rôle[64].

Il n'est pas nécessaire d'insister sur cet inventaire : nous avons retenu ce qu'on y pouvait trouver dans le cadre d'une production dominée par des traductions qui montaient en flèche à partir de 1833, l'année même de la victoire libérale[65]. Les libraires (parmi lesquels les Français étaient fort nombreux)[66] s'empressaient de faire venir les nouveautés de Paris (ou de Bruxelles, en éditions contrefaites), et leurs importations atteignaient alors un montant annuel assez élevé, de l'ordre de 2 500 livres[67]. Il faut encore ajouter l'activité des cabinets de

---

61. Alfredo POSSOLO HOGAN, *A Mão do Finado* (Lisbonne, 1853).

62. Voir V. NEMESIO, *Op. cit.* pp. 122-123.

63. *O Canto do Cossaco*, in *Poesias* (Lisbonne, 1850), p. 293.

64. Luis Augusto PALMEIRIM. Voir V. NEMESIO, *Op. cit.* p. 18.

65. 1833 et 1834 : 12 titres traduits ; 1836 : 34 ; 1842 : 42. Voir A. GONÇALVES RODRIGUES, *Op. cit.* A. J. NERY se vantait d'avoir traduit 26 volumes et écrit 4 originaux en 20 mois. Voir Maria LEONOR CALIXTO, *A Literatura « negra » ou « de terror » em Portugal nos seculos XVIII et XIX* (Lisbonne, 1956), p. 45.

66. BERTRAND, ROLLAND, GENELIOUX, AILLAUD, FERIN, PLANTIER, MORÉ (à Lisbonne et à Porto).

67. En 1848 la *Revista Universal Lisbonense* (VII, p. 192) parlait d' « envois effectués régulièrement de France comprenant ce qui était publié et méritait d'être connu ». Valeurs de livres importés : en 1849, de France - 4 878 $ 000, de Belgique - 4 267 $ 000 ; en 1850, de France - 6 741 $ 000, de Belgique - 4 738 $ 000. Voir GOMES de AMORIM, *Op. cit.*, II, 497. Les lois de la propriété littéraire proposées par GARRETT en 1851 ont donné une solution au problème des contrefaçons.

lecture qui allaient jusqu'à rédiger leurs catalogues en langue française[68].

Cet inventaire est indispensable dans notre enquête sur les sources du romantisme portugais. Lui seul explique les nuances, voire la stratégie employée par ces poètes-soldats que l'émigration avait formés. Nous voyons alors que si les premières sources avaient été germaniques, les plus riches et les plus populaires, la langue aidant, furent les françaises. L'Allemagne avait été « le foyer de fermentation », selon le mot d'Herculano (1835) qui ne cessa pas de la donner en exemple aux jeunes poètes : ils y pouvaient trouver « les bons modèles d'un art vigoureux et original »[69] ; elle était le haut lieu de la révolution, pour Garrett[70] que nous avons vu se dresser, en 1826, contre la « gallomanie »[71]. La Gaule, pourtant, n'en déplaise à Herculano qui la voyait arriver à un « déchaînement barbare et monstrueux des innovations allemandes »[72], était bien l'autre source — plus près des Portugais, de leurs habitudes mentales, définies au XVIIIe siècle. La lecture de livres français « était générale », on « pensait en français »[73] — ce qui semblait impardonnable à un homme comme Dom Frei Francisco de São Luis, l'érudit cardinal-patriarche de Lisbonne[74]. Garrett lui-même, qui n'a appris l'allemand que vers 1834 (et imparfaitement), citait et commentait Schlegel en 1822, d'après la traduction française.

Insistons sur ce point : l'Allemagne, à travers la révélation française de Mme de Staël et de son « double » portugais, commandait la situation — mais à distance. Son nationalisme, que l'*Oberon* de Wieland reflétait, de la même façon qu'Ossian et Walter Scott reflétaient le génie de la nation écossaise, était, certes, paradigmatique, mais on

---

68. C'est le cas du cabinet de lecture de Mme FERIN, en 1839. Voir J. PEIXOTO, « Os gabinetes de leitura em Portugal nos começos do seculo XIX », in *O. Comercio do Porto* du 24 octobre 1967.

69. HERCULANO, *Qual é o estado da nossa literatura ?... in Opusculos* IX, 7 et lettre à J. GOMES MONTEIRO du 28 octobre 1848, *in Cartas* II (3e ed.) p. 118.

70. GARRETT, *Romanceiro*, introduction (Lisbonne, 1851). Ed. *O. Compl.* I, 408.

71. GARRETT, *Bosquejo da Historia da Poesia e Lingua Portuguesa* (Paris, 1826). Ed. *O. compl.* II, 358.

72. HERCULANO, *Qual é o estado da nossa literatura ?...*, in *Opusculos* IX, 7-8.

73. Voir *Revista Universal Lisbonense*, 1842 (II, 95) et 1846 (VI, 30).

74. Voir *Obras Completas do Cardeal Saraiva* (Lisbonne, 1878), VIII, 6. Remarquons pourtant que si Frère São Luis désapprouvait les excès du romantisme, il appréciait Mme de STAEL, CHATEAUBRIAND et W. SCOTT. (Voir Teofilo BRAGA, *Garrett e os dramas romanticos*, (Porto, 1905, p. 215).

sait que l'influence anglo-saxonne soulevait des réactions en France —
et cela n'a pas été sans effets sur la conjoncture littéraire portugaise.
Cet aspect de la question a certainement de l'importance et nous pouvons maintenant affirmer que le nationalisme historique français,
composant celui des « productions ossianiques et gothiques », dont
parlait Herculano, a éveillé, par sa propre action critique, un sentiment historique original chez les romantiques portugais. Même si
ceux-ci sont restés trop attachés à leurs modèles étrangers après y
avoir plongé les racines d'une pseudo-tradition médiévale populaire
que le peuple lui-même n'avait pas retenue, et qui a dû être dénoncée
dès la fin du romantisme[76].

    Quelle est la voie que notre littérature doit suivre aujourd'hui ? »
se demandait Herculano, en 1834[77] — et la réponse se dessinait d'avance
dans son esprit, car, faisant l'éloge de *Camões* et de *Dona Branca*, il
y voyait « les seuls monuments d'une poésie plus libérale que celle de
(ses) ancêtres »[78]. « Poésie libérale » et « poésie nationale » s'accordaient donc, sur la voie qu'il fallait suivre — car « toutes les nations
veulent se nourrir et vivre de leur propre substance »[79]. Vivre librement, vivre en liberté...

    La leçon de Garrett est toute semblable, et nous avons déjà vu
comment sa « saudade » d'exilé explique cette position, en même temps
qu'elle explique son romantisme même. Il avouait alors :

    « Nos românticos sonhos procurava
       Aureas ficções realizar dos bardos »[80]

« Des bardes » — c'est-à-dire de ce Camoëns, poète de la nationalité,
prototype romantique des émigrés de 1823.

    Tout de suite après, en 1826, Garrett demandait aux poètes de
s'occuper des fêtes rurales, des mœurs portugaises, des descriptions
du pays : ils y pouvaient prendre de « très riches ornements » pour
leurs poésies[81]. Ces « ornements » deviendront pourtant des structures,
lorsqu'un quart de siècle plus tard il publie la préface de son *Romanceiro* : « Ce qu'il faut, c'est étudier nos sources poétiques primitives

---

76. Voir OLIVEIRA MARTINS, *Op. cit.*, II, 134.
77. in *Repositorio Literario* (Porto, 1834), *in Opusculos* p. 3 et suivantes.
78. HERCULANO, *Qual é o estado da nossa literatura ?...*, in *Opusculos* IX, 8.
79. HERCULANO, *Historiadores Portugueses* (1839), in *Opusculos* V. p. 4.
80. GARRETT, *Camões* VII-I. Ed. *O. Compl.* I, 224.
81. GARRETT, *Bosquejo da Historia da Poesia e Lingua Portuguesa.* Ed. *O. Compl.*
    II, 562.

(...), le grand livre national qui est le peuple (le « peuple-peuple ») et ses traditions ». Sa position était devenue radicale — et il écartait avec humeur la poésie cultivée, aux racines normandes, germaniques, italiennes, espagnoles, françaises, sous laquelle se cachait la vraie poésie populaire nationale que Raynouard, auteur du *Recueil des Poésies des Troubadours* (1816-1821), l'avait amené à chercher et à collectionner[82].

Entre-temps Garrett avait décrit ses voyages à travers son pays et il avait loué les peintres étrangers qui fixaient les images de celui-ci ; s'il doutait encore, en 1843, de l'existence d'une littérature nationale moderne, il n'en affirmait pas moins solennellement que l'on allait dans cette direction « à pas plus grands et plus sûrs que jamais, depuis *Os Lusiadas* »[83].

« National », « moderne » et « romantique », voilà trois concepts qui se superposaient dans l'esprit de Garrett. « Un sujet moderne et national » l'avait obligé à être « romantique », avait-il affirmé déjà en 1828[84].

Ainsi le romantisme portugais accomplissait-il, avant toute chose, la tâche que partout, en Allemagne comme en France, en Pologne comme en Itlaie, il avait fait sienne. Aucune originalité théorique ne pouvant être décelée dans sa fonction pédagogique, nous devons enfin comprendre que les résultats ne dépendaient que du génie personnel des deux poètes, romanciers et dramaturges à l'immense popularité (« nous sommes les auteurs les plus vendus », écrira Herculano à Garrett, en 1851)[85]. Leurs affirmations, leurs doutes, leurs contradictions acquièrent une importance exceptionnelle dans le cadre de l'esthétique du romantisme national qui ne connaissait pas d'autres sources autochtones. Pourtant, chez eux (c'est maintenant évident), il s'agit plutôt de convictions que d'idées...

Les recherches sur la position ou sur les convictions romantiques de ces hommes, se doivent d'envisager l'attitude de Garrett à l'égard du style gothique, garant du sentiment national ; nous avons là une sorte de pierre de touche de la culture romantique. Le gothique est, nul n'en doute, le style emblématique du Moyen Age, époque élue des poètes et des romanciers du romantisme « revivaliste » ; il ne faut certainement pas insister là-dessus. Castilho, gagné à la cause romantique, le dira clairement en 1836 : « Lorsqu'on entreprend d'écrire un poème

82. GARRETT, *Romanceiro*, introduction. Ed. *O. Compl.* I, pp. 401 et suivantes.
83. GARRETT, *Frei Luis de Sousa*, note M. Ed. *O. Compl.* I, 796.
84. GARRETT, *Lirica de João Minimo*, préface. Ed. *O. Compl.* I, 53.
85. Lettre du 29 décembre 1851 *in* GOMES de AMORIM, *Op. cit.* II, p. 475.

romantique, le Moyen Age se présente à l'imagination comme la seule époque à laquelle sied le nom de romantique [86]. Herculano est bien d'accord ; Garrett, pourtant, hésite d'une façon assez surprenante — et ses hésitations portent directement sur les formes gothiques et leur signification sentimentale et idéologique.

Ces formes, les aimait-il, les comprenait-il, les sentait-il ? Herculano voyait dans le monument de Batalha « l'hymne des braves d'Aljubarrota écrit dans le marbre »[87]. Et Garrett ?

Une série de documents pris dans ses livres, entre 1821 et 1844, nous permet de répondre à ces questions.

En 1821, comme nous l'avons vu, le gothique était pour lui l'art des « peuples asservis », né « dans les fers » — au contraire de l'art classique. L'année suivante, l'opinion du poète n'avait pas changé ; un an plus tard, pourtant, il découvre dans son exil anglais, à Dudley, une église néo-gothique dont il chante la beauté et la solennité ; c'était l'architecture néo-classique qui lui semblait alors être « asservie ». En 1827 il se moquait d'une jeune dame parisienne enthousiasmée par la description d'un château gothique[88]. L'année suivante, pourtant, les formes « belles » et « élégantes » de l'architecture gothique éveillaient son admiration — ou « remplissaient (son) âme d'un certain je ne sais quoi, à la fois plaisir, respect, dévotion, mélancolie et douceur »[89]. Si en 1830 il soulignait la « victoire de la civilisation sur les abus gothiques », ces sentiments favorables sont encore vivants en 1839, dans les notes de la deuxième édition de *Camões*[90]. Mais en 1844 tout se gâche : la première révolte anti-« cabraliste » avait été écrasée et le gothique était à nouveau pour le poète l'image de la féodalité, voire de la réaction. Il mettait alors en cause le gothique et le Moyen Age et la passion du gothique devenait, en partie du moins, responsable du mouvement réactionnaire de l'oligarchie de Costa-Cabral[91]...

---

86. A. F. de Castilho, *A Noite do Castelo* (Lisbonne, 1836) p. 130.

87. Herculano, *A Abobada*, in *Lendas e Narrativas* (Lisbonne, 1851), I, 308 (13e ed.).

88. Voir note n° 91.

89. Voir note n° 91.

90. Voir note n° 91.

91. Voir successivement : a) *Borboleta Constitucional* du 21 septembre 1821 ; b) Oraison funèbre à Manuel Fernandes Tomas, le 27 novembre 1822, in Ed. *O. Compl.* II, 407 ; c) *O Castelo de Dudley* (1823), in Ed. *O. Compl.* II, 482 ; d) in *O Cronista* (Lisbonne, 1827) I, 180 ; e) lettre à Duarte Lessa du 15 août 1828 in introduction à *Adosinda*, in *O. Compl.* I, 332 ; f) *Lirica de João Minimo*, préface, in *O. Compl.* I, 47 ; g) *Camões*, Note L, 2e ed., *in O. Compl.* I, 247 ; h) *O Arco de Sant'Ana*, préface (1844) Ed. *O. Compl.* II, 2-3.

Pire encore, le romantisme tout entier, les Chateaubriand, les Scott, les Lamartine, les Hugo étaient les grands responsables — même s'ils avaient créé leurs œuvres avec l'innocence des poètes...

Peut-être Garrett s'est-il repenti de ce jugement un peu trop hâtif car il publia en 1845 son texte sur la cathédrale de Dudley, resté jusqu'alors inédit[92]. De toute façon, le problème d'un romantisme réactionnaire y est posé — mais sans vrai rapport avec la situation idéologique du romantisme national et nationaliste qui n'était pas assez riche pour admettre une telle dichotomie. Bien que nous verrons apparaître bientôt des poètes « moyenâgeux » engagés dans la faction miguéliste vaincue, l'influence ne se fera pas sentir dans le cadre culturel portugais où les problèmes éthiques, par manque de densité idéologique, restent distincts des options littéraires.

Garrett n'était pas en mesure d'apprécier ces différences essentielles car son point de vue était alors trop marqué par une position polémique qui l'entraînait à une attitude contradictoire.

Mais y a-t-il vraiment des contradictions chez Garrett ? N'a-t-il pas toujours déclaré qu'il n'était pas romantique, même s'il a eu des défaillances pendant son premier exil ? Nous revenons à ce curieux jeu garrettien dont on ne saurait par trop souligner l'importance. Les flèches gracieusement décochées par le poète contre le romantisme n'étaient pas seulement de la coquetterie. Il écrivait : « Les monstruosités de l'école moderne (Byron, le « monstre » d'Herculano...) ne font pas oublier l'art véritable »[93], et cela a un accent solennel qui sonne juste.

Qu'était-ce donc que « l'art véritable » pour Garrett ? Nous connaissons, certes, sa formation classique — mais, arrivé à l'âge de la maturité, il ne pouvait éviter de la dépasser. Il écrivait ce que nous venons de lire en 1845. Dans la même préface il affirmait que le romantisme avait un caractère éphémère ; il voulait dire que ce mouvement était déjà mort. Deux ans auparavant, dans un texte fort important, il avait opposé à cet art transitoire, produit de la mode, des idées très simples où l'on décèle l'accent de la sincérité : « mes idées sur l'art se réduisent à peindre et à dessiner d'après nature, ne cherchant aucune poésie ni sur le plan de l'invention, ni sur le plan du style, hors la vérité et le naturel »[94].

La pensée esthétique de Garrett, à laquelle nous avons dû nous attarder, glissait donc vers une sorte de réalisme sensible, dans lequel

---

92. *In Ilustração, Jornal Universal* (Lisbonne juin et juillet 1845).
93. GARRETT, *Catão*, préface à la 4e ed. (1845). Ed. *O. Compl.* I, 523.
94. GARRETT, *Frei Luis de Sousa*, Mémoire au Conservatoire (1843). Ed. *O. Compl.* I, 72.

elle tendait à résoudre les contradictions internes du romantisme —
des contradictions dont mieux que personne le poète était en mesure
de se rendre compte, dans la perspective de sa propre formation classique. Sans doute l'action des Lumières, dont nous avons parlé, inter-
vient-elle ici, comme une sorte de fil conducteur à travers un labyrinthe. Ce texte de Garrett est extrêmement important en ce qui concerne
le développement de l'esthétique du romantisme portugais, et non seulement sur le plan de la littérature. Nous verrons plus loin qu'il est
spécialement valable dans le domaine de la peinture.

Le problème du romantisme et du classicisme fut pourtant posé
en 1838, par Garrett, d'une manière assez inattendue. Dans un discours
parlementaire peu connu[95], il a défini en termes forts simples
la poésie classique (« belle » et « plaisante ») et la poésie romantique
(« terrible, noire et obscure ») — pour ajouter tout de suite qu'il trouvait romantique la poésie des financiers et des capitalistes, c'est-à-dire
de la réaction qui deviendra bientôt « cabraliste »...

Une fois de plus, la tendance « cabraliste » nous apparaît à la fois
comme responsable du romantisme et de l'anti-romantisme. L'Ordre
de Garrett se présente ainsi d'une façon assez étonnante : il se définit
en même temps contre le romantisme, sur le plan littéraire, et contre
le « cabralisme » sur le plan politique. Encore une fois il faut faire
appel à une définition dynamique des Lumières pour comprendre cela.
L'Ordre de Garrett ne saurait admettre les pouvoirs de la dictature :
son caractère rationnel bien qu'émotif s'opposait à la force brutale,
comme les puissances du jour s'opposent à celles de la nuit.

Nous avons approché jusqu'ici un problème qu'il faut poser maintenant en termes précis. Il faut en effet se demander si l'on doit chercher dans la poésie de Garrett une sorte de synthèse dialectique du
romantisme et du classicisme. La question est fort embarrassante dans
la mesure où il apparaît évident que la réponse est décisive pour la
compréhension du phénomène romantique au Portugal.

Or nous croyons qu'il est plus juste de voir dans la création de
Garrett une juxtaposition plutôt qu'une synthèse — une sorte de « combinaison » que le poète proposait déjà en 1822, dans sa première préface du *Catão*, et sur laquelle il insista dix-sept ans plus tard, dans une
note ajoutée à ce texte. Il évoquait alors Goethe et son *Faust*, non sans
une certaine imprudence[96].

---

95. Discours du 15 février 1838 in *O Nacional*, Lisbonne, le 16 février 1838.
96. GARRETT, *Catão*, préface à la 1ʳᵉ éd., « Nota-Bene » de 1839. Ed. *O. Compl.* I, 528.

Garrett juxtapose des valeurs, prenant son bien soit dans les souvenirs de ses lectures d'adolescent, soit dans un présent qu'il critique mais qu'il ne peut pas ne pas vivre, homme angoissé et contradictoire.

Un critique contemporain anonyme classe *Um Auto de Gil Vicente* (la pièce qui, jouée en 1838 — soulignons-le — suscita la rénovation théâtrale du romantisme portugais) dans un genre « classico-romantique », la voyant marquer une position contre le « dévergondage » dans lequel la littérature moderne était en train de tomber. Quel « dévergondage » ? Celui de Hugo, de Dumas et de Byron... Contre eux, Scott Chateaubriand et Lamartine (et aussi l'honorable George Crabbe, champion de l'anti-alcoolisme)[97] « levaient leurs nobles boucliers »[98]. Garrett paraissait d'accord...

... Les noms se croisent dans le ciel du romantisme portugais — des noms qu'on exalte, qu'on méprise, qu'on oublie, un peu au hasard ; aujourd'hui on était pour, le lendemain on était contre. Parfois il n'y avait que des noms, des enveloppes vides qu'on ne faisait que citer. C'est le problème des *références* que nous avons déjà évoqué. Par contre, il est plus difficile de croire que les romantiques portugais aient pu exprimer anonymement des idées prises dans leurs lectures : leur culture toute récente les menait à faire état d'un appareil érudit qui devait impressionner le lecteur... Etait-on quand même conscient des valeurs culturelles et morales que les noms cités représentaient ? Rien n'est moins sûr. On relève des contradictions partout — et il serait vain de chercher de la fidélité chez Garrett. Tout ce qu'on sait c'est qu'il ne voulait pas être pris pour un poète romantique. Il traçait d'ailleurs de ce poète un portrait-robot qui était un portrait-charge[99]. On sait aussi qu'il a toujours eu peur du ridicule ; mettant les rieurs de son côté, il ne risquait rien et il plaisait, somme toute, aux tenants de l'Ordre, aux bourgeois de son propre parti. Herculano est plus monolythique : pour lui Byron sera toujours le diable ! Il ne saurait revenir sur cette conviction profonde.

Mais il a été le seul à s'apercevoir, très tôt, que le romantisme national, par manque de bases philosophiques et faute d'un passé culturel vraiment structuré, sombrait dans le chaos. En 1835, ce chaos

---

97. George CRABBE (1754-1832)), poète anglais apprécié par W. SCOTT, publia *Inebriety* (Londres, 1775), *The Village* (1783).

98. Article *in Diario do Governo*, Lisbonne, le 10 septembre 1838.

99. GARRETT, *Catão*, préface à la 3ᵉ édition (1839). Ed. *O. Compl.* I, 525.

idéologique fut atteint — et, très probablement, « on se redresserait beaucoup plus tard que les autres nations »[100].

Cette hypothèse présentée par Herculano, est extrêmement importante. Nous verrons combien il voyait juste. Au chaos des idées s'ajoutait encore la confusion de ceux qui voyaient dans la tradition bucolique portugaise du XVIᵉ et du XVIIᵉ siècles un précédent glorieux. « Nous, les Portugais, nous seuls (avons précédé) les Allemands », s'écriait la Père Macedo, dès 1824[101]. On peut, certes, ne pas prêter trop d'attention aux paroles de cet énergumène migueliste — mais, fait plus grave, Garrett lui-même affirmait quatre ans plus tard : « le genre romantique n'est pas une chose nouvelle pour nous » — et il donnait les mêmes exemples que le Père Macedo[102]...

Soulignons maintenant l'expression « genre romantique ». Après tant de citations et de références, le moment est venu de le faire car nous pourrons trouver dans l'affirmation de Garrett une des clés de la solution du problème de la compréhension du romantisme par les Portugais : à savoir qu'ils ont toujours pensé en termes de *genre romantique* et non pas de *romantisme*.

En effet ils s'attachaient à une valeur adjective qui remontait aux *Rêveries* de Rousseau — qui avait déjà été employée en 1694 par l'abbé Nicaise, et qui sera enregistrée par le *Dictionnaire* de l'Académie française en 1798 : des « lacs », des « lieux » ou des « paysages » romantiques sont ceux qui rappellent à l'imagination les descriptions des romans[103]. Mais *la romantique* (die Romantik) schlegélienne est déjà une catégorie ; Sénancourt l'approchera dans son *Obermann* (1804), parlant du « romantique » qui « effraie » ou « charme » les « âmes profondes »[104]. L'adjectif pointe pourtant sous le substantif — tout comme chez Herculano qui, lui aussi, employa l'expression « le romantique » en 1835. Le stade suivant[105], c'est-à-dire la catégorie *roman-*

---

100. HERCULANO, *Poesia-Imitação-Belo-Unidade, in Opusculos* IX, 24.

101. Lettre à A. F. de CASTILHO du 13 août 1824, *in* Julio de CASTILHO, *Memorias de Castilho*, II, 84.

102. GARRETT, lettre à D. LESSA du 14 août 1828 en introduction à *Adisinda*, Ed. O. Compl. I, 333.

103. A. PINHEIRO da CUNHA (« O Governo nas mãos do vilão », *in Revista Universal Lisbonense* du 14 mars 1844, p. 364) qualifiait le fleuve Lima de « romantique ».

104. L'auteur distingue, avec une nuance péjorative, le « romanesque », qui « séduit les imaginations vives et fleuries ».

105. A. THIBAUDET, *Histoire de la Littérature Française de* 1789 *à nos jours* (Paris, 1936) considère « la romantique » comme un mouvement intermédiaire entre le pré-romantisme et le romantisme (p. 65, ed. 1947).

tisme qui, autour d'un état d'esprit, impliquait toute une structuration culturelle dont ils se montraient incapables, ne pouvait être que difficilement atteint par les romantiques portugais. Garrett ne parlera de « romantisme » qu'en 1845[106], après avoir parlé d'« école romantique », l'année précédente[107], et de « genre romantique » en 1822[108] et en 1828[109].

Comment nous étonnerons-nous alors de voir Castilho, célèbre poète du « genre classique », fabriquer en 1836 un poème du « genre romantique », avant de combattre l'œuvre de Schiller, Lamartine et Hugo — et avant de devenir, par la suite, l'inspirateur des poètes ultra-romantiques des années 50 ? Castilho plongeait à fond dans les contradictions de la culture nationale. Cela était, pourrait-on dire, dans l'ordre des choses — des choses portugaises[110]...

Une affirmation d'Herculano nous permet de reprendre le problème de la faiblesse des structures culturelles. En 1842, il écrit : « la révolution littéraire (du romantisme...) n'a pas été instinctive : elle a été le résultat de larges et profondes méditations ; elle est venue avec les grandes révolutions sociales et on l'explique par la pensée de celles-ci[111]. Il faut enchaîner ce texte de l'historien sur ceux que nous avons cités, écrits en 1834-1835[112]. On trouve là le problème fondamental du romantisme libéral.

La philosophie de l'art allait sans doute de pair avec la philosophie de la politique : l'une entraînait l'autre sur le plan civique et moral comme sur le plan religieux. Quant aux traditions, on pouvait se souvenir de Mme de Staël affirmant que l'indépendance était beaucoup

---

106. GARRETT, préface à la 4e édition de *Catão* (*O. Compl.* I, 523).

107. idem, prtface de la 1re édition de *Viagens na minha terra* (*O. Compl.* II, 2).

108. idem, préface à la 1re édition de *Catão* (*O. Compl.* I, 527).

109. Remarquons que STENDHAL a également parlé de « genre romantique » en 1823 (RACINE et SHAKESPEARE ed. 1925, I, p. 4) et de « romantisme » en 1824, à propos du « Salon » (*Mélanges d'Art*, 1932, p. 141). « Le romantisme » fut employé par BAUDELAIRE douze ans plus tard (*Salon de 1846, in O. Compl.* 1961, p. 879). STENDHAL et BAUDELAIRE donnent d'ailleurs des définitions contextuelles équivalentes à « romantique » et à « romantisme », les deux attachées à l'actualité. L'évolution linguistique est évidente, par l'acquisition d'une structure idéologique.

110. A. F. de CASTILHO, *Cartas de Eco a Narciso* (Coimbre, 1821), *Noite do Castelo* (Lisbonne, 1836), *Quadros Historicos*, préface (Lisbonne, 1839).

111. HERCULANO, *Elogio Historico de S. X. Botelho* (1842), *in Opusculos* IX, 219.

112. Textes publiés in *Repositorio Literario*, Porto 1834-35, *in Opusculos* IX, pp. 8 et 25.

plus ancienne que le despotisme[113]. L'indépendance, c'est-à-dire la liberté, était ancienne (ou « antique ») pour les hommes de 1820, elle était
médiévale (ou « municipale ») pour les hommes de 1834 — à qui Walter
Scott apportait cependant quelque frisson féodal. Il fallait rendre
moderne ce caractère ancien — mais on ne savait pas trop comment
s'y prendre et l'on s'égarait dans les méandres du romantisme comme
dans ceux de la politique, sans atteindre ses structures sociales et
culturelles.

Tout était à faire au Portugal. Disons également que tout était à
apprendre. Et à comprendre.

Nous avons vu Garrett et Herculano s'interroger sur la philosophie
ou les philosophes du romantisme et y prendre des options plus ou
moins variables, déjouant des engagements ou répudiant des responsabilités. Analysant leurs théories et leurs déclarations, nous les avons
vus étrangers au « mal du siècle », sinon au Mal tout court — qui ne
pouvait avoir de place dans leurs vues constructives, c'est-à-dire dans
l'Ordre qu'il fallait créer. Leur romantisme exemplaire ou normatif a
été le romantisme possible sinon nécessaire aux Portugais de la génération des soldats de Dom Pedro. D'où cette quête d'une tradition à tout
prix, ce Moyen Age obligatoire hors de la mémoire collective de la
nation ; d'où cette gageure de Garrett combinant anciens et modernes,
dans le cadre des illusions de 1820. D'où l'application qu'Herculano
mettait à méditer les problèmes d'une esthétique anti-aristotélique
en des pages assez moroses.

En ignorant l'*autre* romantisme allemand (que Mme de Staël
elle-même avait ignoré), ils ont eu trop facilement raison contre un
goût « noir » qui ne s'élevait pas au-dessus d'un niveau populaire. Ils
le blâmaient ou ils en riaient — mais nous pouvons les soupçonner
d'en avoir eu peur...

Citant ou interprétant les textes théoriques de Garrett et
d'Herculano, nous avons évolué dans une forêt de contradictions, et,
pour ainsi dire, obtenu une image floue des idées esthétiques du romantisme portugais. Pour la fixer, c'est-à-dire pour essayer de donner un
corps à ce romantisme fuyant et trop souvent paradoxal, il faut nous
arrêter enfin à l'action créatrice de ces deux poètes — à leurs œuvres
aussi bien qu'à leurs vies.

---

113. « C'est l'indépendance qui est ancienne, c'est le despotisme qui est moderne »,
     phrase de Mme de STAEL, d'après THIERRY, *Dix ans d'Etudes historiques* (ed.
     1842, p. 376). Cité par HERCULANO in *O Português* du 23 mai 1853. (Voir A. J.
     SARAIVA, *Herculano Desconhecido*, p. 209).

CHAPITRE III

GARRETT OU L'ILLUSION VOULUE

Parti de Porto en novembre de 1832, au sein d'une mission diplomatique dirigée par le duc de Palmela, J.B. d'Almeida Garrett arriva en octobre 1833 dans la capitale du royaume entre-temps libérée. Il avait eu des difficultés à rentrer, car, la mission dissoute, on l'avait oublié en Angleterre, sans ressources. Il était là, pourtant, et sa carrière d'homme public allait commencer ou recommencer en même temps que la deuxième phase de son œuvre littéraire. Nous connaissons en détail les péripéties de sa vie, racontée par un ami fidèle avec une jolie dévotion tempérée de candeur[1]. Nous avons là une biographie exemplaire, traversée par les maux du siècle constitutionnel portugais. A tout moment la vie privée de Garrett se mêle à une vie officielle où il jouait des rôles considérables, mais non de premier plan. L'avant-scène, il la tenait dans le théâtre littéraire où personne ne songeait à lui disputer une gloire qu'il ne négligeait d'ailleurs pas.

Une auto-biographie publiée anonymement en 1843[2] nous le montre conscient de sa valeur jusqu'à la naïveté ; un texte semblable, écrit en 1846 nous offre son portrait idéal (« un véritable homme du monde ») tel qu'il se voyait, ou tel qu'il voulait être[3]. La vanité était le grand péché de Garrett — beaucoup plus que l'orgueil, et en cela il était bien différent d'Alexandre Herculano. L'envie aidant, on a certainement exagéré ce point faible de sa personnalité ; beaucoup d'anecdotes sont peut-être fausses, mais les goûts et les succès mondains du poète, ses toilettes, ses perruques et ses attitudes de « dandy » spectaculaire,

---

1. Francisco GOMES de AMORIM, *Garrett, Memorias Biograficas*, 3 volumes (Lisbonne, 1881-1884).
2. *In Universo Pitoresco* (Lisbonne, 1843), III, pp. 298, 307, et 324. Ed. *Œuvres Complètes* (Lisbonne, 1904), I, pp. XXXIX-L.
3. GARRETT, *Viagens na Minha Terra*, préface 2ᵉ ed. (1846). Ed. *O. C.* II, 149-150.

forment un tout cohérent qui ne peut être séparé de son portrait psychologique et moral. Vaniteux, impertinent, il était pourtant bon, il savait pardonner et oublier ; il était humble sous les honneurs qu'il n'a pas refusés, au contraire d'Herculano. Il fut maintes fois décoré, eut la pairie, fut ministre, devint vicomte. Tout cela lui faisait sans doute plaisir, même s'il ne voulait le titre que pour sa fille — comme plus tard Passos Manuel, le chef septembriste. La cour n'aimait pourtant pas ses amitiés dans la faction de gauche et la reine réprouvait sa vie sentimentale agitée. Quant aux politiciens de gauche ou de droite, ils avaient leurs jeux à jouer dans lesquels il n'y avait pas de place pour un homme dont ils jalousaient le prestige intellectuel. Avec ses études de droit, et « sa plume d'or » (Passos), il était bon à préparer des réformes, des projets de loi, à écrire des rapports, à assister à des commissions, voire à rédiger les lettres de la reine elle-même, à des moments extrêmement graves[4]. Passos l'a employé très souvent — et de même Costa Cabral, quand il préparait son coup d'Etat ; plus tard, en 1852, le parti centriste au pouvoir lui a donné le porte-feuille des affaires étrangères, mais pendant cinq mois à peine. . .

Il dira très tôt, en 1837 : « Détesté par ses ennemis, à peine accepté par ses corréligionnaires, il ne lui reste que le témoignage de sa conscience ». Il a opté pour sa conscience contre les biens et les facilités du monde : « J'ai choisi cette position, tout en connaissant ses revers »[5].

Garrett aurait pourtant aimé jouer un rôle autrement important sinon un rôle d'« éminence grise » au sein de la politique nationale. Chateaubriand et Benjamin Constant auraient alors été ses modèles — mais, s'ils n'ont pas réussi à Palmela, comment auraient-ils pu réussir à cet intellectuel beaucoup moins préparé pour les luttes en coulisse ? Au fond, Garrett n'avait que son humilité réelle qui le poussait à servir pour satisfaire une sorte de conscience civique de grand travailleur. Et, en même temps, il travaillait à son œuvre.

Garrett publiait alors des originaux, préparait des rééditions, faisait des projets littéraires. Son *Catão* était republié en 1840, 1845 et 1851 ; son *Camões* en 1839 et en 1854 ; en 1853 paraissait une nouvelle édition de la *Lirica de João Minimo*, en même temps que son dernier recueil de poèmes : *Folhas Caidas*, un autre recueil, *Flores sem Frutos*, ayant paru en 1845. Deux romans ont également vu le jour dans les années 40, ainsi qu'une anthologie de romances populaires et tradi-

---

4. Lettre de Dona Maria II au duc de Saldanha du 1er mai 1851, après la révolution de la Regénération. Voir GOMES de AMORIM, *Op. cit.*, III, 277.
5. GARRETT, discours du 9 octobre 1837 au Parlement. Ed. *O.C.*, II, 710-711.

tionnelles. Créateur du théâtre national, Garrett a aussi fait jouer une demi-douzaine de drames depuis 1838. Et dès 1839, il commençait à préparer l'édition de ses œuvres complètes... Au Parlement, où il déployait également une activité fiévreuse, certains de ses discours sont devenus célèbres. Il parlait d'abord contre le champion de la gauche septembriste, José Estevão ; ensuite contre les Cabralistes qui ont lâché sur lui un officier matamore, le « baron du fouet », avec lequel il a dû se battre au pistolet[6].

Une vie politique, une vie mondaine, une vie littéraire et une vie parlementaire définie elle-même entre les trois coordonnées de la politique, du monde et de la littérature, lui laissaient encore assez de temps pour une vie sentimentale assez agitée. Il se disait malade (il l'était), on le disait sceptique (il ne voulait pas l'être) — mais, au-delà de ses « flirts » dans le monde (et ce fut lui qui introduisit cette coutume et ce mot britannique dans les mœurs portugaises bouleversées par tant de nouveautés étrangères), il aima. Les femmes lui ont fait lancer des magazines d'élégances[7], écrire maintes chroniques, éditer ce *Liceu das Damas* consacré à leur éducation littéraire ; elles lui ont inspiré des poèmes, comme il se devait. Au-delà de toutes ces brillantes activités, il aima pourtant, sincèrement, avec tendresse, gratitude et passion. Et rage, aussi. Une petite anglaise dans sa jeunesse, d'autres en Angleterre, une Italienne qu'il épousa et d'avec laquelle il divorça, une demi-Française qui, en mourant, lui a laissé une fille unique dans les bras, une Espagnole, enfin, qui enivra les dernières années de sa vie — l'éventail est varié et fort curieux. Sa dernière maîtresse lui a inspiré les poésies enflammées de *Folhas Caidas* — un livre qui bouleversa d'un coup le panorama du romantisme portugais, trop enlisé dans des schémas constructifs et nationalistes.

Garrett est mort, le foie pourri, à l'âge de cinquante cinq ans, en 1854. Il mourait à la fin d'une époque qu'il avait créée par son action et par sa présence. Les années 40 du romantisme portugais, c'est-à-dire de la vie nationale, se cristallisent autour de lui. Nous verrons comment et pourquoi.

L'inventaire des entreprises politiques auxquelles Garrett a prêté son concours est très large : après avoir aidé Mousinho da Silveira en

---

6. Le baron du Rio-Zezere, Joaquim BENTO PEREIRA, général et député. Le duel a eu lieu en juin 1843. Voir GOMES de AMORIM, *Op. cit.* III, 62-64 ; lettres *in* Ed. *O.C. II*, FOG.

7. *O Toucador, Periodico sem politica dedicado às Senhoras Portuguesas* (Lisbonne, 1822). 7 numéros, en collaboration avec L.F. MIDOSI.

1832, il a appartenu à des commissions de travail pour la réforme du corps diplomatique, pour la création d'une cour des comptes, pour la réforme de l'instruction publique, pour l'organisation du conservatoire d'art dramatique et d'un théâtre national, pour la fondation d'un panthéon, pour la rédaction de la constitution de 1838 et de l'acte additionnel de la Charte en 1851, pour la réforme de l'Académie des Sciences ; il a préparé une loi de la propriété littéraire, un traité de commerce avec les Etats-Unis, un accord diplomatique avec le Saint Siège, il a été membre du Conseil d'Outremer créé d'après une idée à lui... Ses états de service sont fort variés et ils s'articulent à une réalité mouvante qu'il s'agissait de structurer. Garrett se préoccupait du présent, pensant toujours à l'avenir. Créer, sur divers plans, réformer et garantir le fonctionnement des institutions nouvelles, telle était sa tâche sociale.

Mais il devait s'occuper également du passé, c'est-à-dire des racines de cette société en transformation. Il fallait donc étudier l'histoire du pays — et Garrett se proposait de le faire, dans le cadre d'une vieille charge publique ressuscitée un moment en 1820 et que le septembrisme finissant ressuscitait à nouveau, à son intention. Garrett devenait ainsi le « chroniqueur du royaume » en 1838, devant faire des conférences publiques sur l'histoire du Portugal ; l'idée venait du poète et représentait en fait la création d'un enseignement littéraire, à un niveau élevé. Garrett n'était certainement pas préparé pour cette tâche de professeur d'histoire politique, des institutions, de la science, de la littérature et de l'art : il avait l'intention d'utiliser des sources dans tous ces domaines, cherchant une sorte de globalité socio-culturelle. Réalisant sa première conférence en 1840, devant quelque quatre cents personnes[8], il ne fit pourtant pas moins état de points de vue historiographiques actualisés, lorsqu'il cita « les méthodes très modernes, analythiques » de Thierry et de Guizot. Il se proposait de les suivre, « observant les conséquences des faits et découvrant des lois à travers leurs séries ». Développant ses idées sur l'histoire du Portugal et ses divisions chronologiques possibles, il promettait alors de s'occuper d'une période marquée par une « civilisation progressive », née avec la lutte anti-aristocratique menée par Jean II, et terminée par Dom Sébastien[9]. Herculano, qui trois ans plus tard publiera son premier travail d'historien, apprécia la conférence et la méthode de Garrett,

---

8. Voir *Diario do Governo* du 13 avril 1840. Voir Gomes de Amorim, *Op. cit.* II, 412.
9. Voir Note n° 8.

tout en soulignant le choix de Guizot comme guide — mais ignorant curieusement la citation de Thierry qui sera pourtant bientôt son maître à penser. Il ne manqua pourtant pas de critiquer le style un peu trop brillant de l'orateur, style qu'il trouvait impropre à la gravité du métier d'historien[10].

Garrett historien ne fut qu'une promesse : sa conférence-programme fut la seule qu'il prononça[11] ; la politique l'a tout de suite pris, et la réaction anti-septembriste le limogea, l'année suivante. Mais l'histoire attirait Garrett d'une autre façon : par le théâtre dont les thèmes épousaient le passé national, choisis également, comme nous le verrons, dans des époques de « civilisation progressive ».

La « civilisation progressive », c'était sans doute celle du peuple — la civilisation ou la culture populaire et traditionnelle. Une sorte d'archéologie poétique attirait Garrett, dans le sillage de Raynouard qu'il citera volontiers, en 1851. Son enfance avait été bercée par des romances populaires qu'une vieille négresse lui chantait ; déjà en 1828 il avait écrit *Adosinda* d'après une romance ancienne, et en 1843 il publia le premier tome d'un *Romanceiro Cancioneiro Geral* auquel, en 1851, il donnera suite en deux nouveaux recueils. Il a d'abord recréé, réélaboré des thèmes traditionnels ; ensuite (et cela depuis 1834)[12] il a collectionné (et classé selon un critère para-scientifique) les espèces transmises par la tradition orale, avec de légères retouches. Il a fait donc œuvre de poète et d'ethnographe — le premier de tous, au Portugal, on ose presque le dire[13]. Nous avons vu comment ses idées sur le romantisme passaient par une idéologie nationaliste, pierre de touche de la fonction sociale nouvelle des lettres. S'il fallait être national pour être romantique, il fallait être populaire pour être national. Garrett l'a compris et il l'affirme dans la préface de son *Romanceiro*[14]. Faisant encore une fois œuvre de pionnier, il indiquait des domaines à explorer. N'étant pas historien ni, vraiment, ethnographe, il a pour-

10. Article anonyme (attr. à HERCULANO par GOMES de AMORIM, *Op. cit.* II, 418) in *O Português* du 14 avril 1840.

11. Remarquons que L.A. REBELO da SILVA tracera, l'année suivante, le plan d'une série de conférences sur l'histoire ancienne à réaliser à la Sociedade Escolastico-Filomatica. Il n'a pas réalisé son projet. Voir FIDELINO de FIGUEIREDO, *Historia da Literatura Romantica Portuguesa* (Lisbonne, 1913), p. 283.

12. GARRETT, *Adosinda*, préface de la 2e ed. (1843). Ed. *O.C.* I, 329.

13. Ignacio PIZARRO M. SARMENTO a publié son *Romanceiro Português* en Lisbonne 1841.

14. Voir note n° 12, p. 331.

tant vu juste, sur les plans culturel et social. Si Herculano suivra les maîtres historiens dont il parlait, les ethnographes venant après le romantisme ont donné suite à ses démarches[15].

Compilant ces documents vivants du peuple, Garrett était amené à voyager dans son propre pays. En même temps qu'il éditait le premier tome du *Cancioneiro* il écrivait et publiait dans une revue les premiers chapitres de ce qui sera la plus célèbre de ses œuvres, *Viagens na Minha Terra*. Elle ne paraîtra pourtant pas en entier avant 1846[16] et, entre-temps, Garrett reprendra et fera paraître (1845) sans nom d'auteur, le premier tome d'un autre travail dont le projet remontait à 1832 : *O Arco de Sant'Ana*, roman historique dont la publication précéda celle des romans d'Herculano. Le deuxième tome ne sera pas publié avant 1850 et il devra beaucoup à l'érudition de l'historien ; la première partie a vu le jour dans des circonstances assez particulières et avec une intention que l'auteur ne cache pas dans sa préface : il fallait alors combattre l'oligarchie éclésiastique qui « relevait la tête » sous la dictature cabraliste instaurée deux ans auparavant. Il s'agissait donc d'une œuvre de combat : reprise déjà en 1841, lorsque les menaces de la réaction s'étalaient en plein jour, elle devait souligner les dangers que la liberté courait et attaquer les évêques acquis à Costa-Cabral comme elle avait attaqué, en 1832, lors de son premier jet, les évêques miguelistes[17]. La scène dramatique où un évêque médiéval de Porto était fouetté par le bon roi Pierre-le-Justicier, était presque un avertissement... Mais le roman avait encore un autre but, en tant qu'œuvre d'art. Nous avons déjà vu comment Garrett mettait en cause dans sa préface le gothique, véhicule de la réaction et, d'une façon générale, toute la littérature romantique — les Scott, les Chateaubriand, les Lamartine, les Schiller, à l'ombre desquels l'Eglise de Rome reprenait pied dans l'Europe libérale de 1830. En dénonçant le danger, Garrett se proposait alors de l'endiguer. Si des romans et des vers avaient alimenté ce mouvement réactionnaire, il fallait répondre avec ces mêmes armes littéraires : « avec des romans et des vers nous détrui-

---

15. Travaux de Teofilo BRAGA, Estacio da VEIGA, Rodrigues de AZEVEDO, José Leite de VASCONCELOS.

16. *Viagens na Minha Terra* fut publié *in Revista Universal Lisbonense* du 17 août 1843 au 7 décembre 1843 et du 26 juin 1845 au 2 novembre 1846.

17. Il faut également voir dans *O Arco de Sant'Ana* le reflet d'un processus anticlérical suscité par le décret du 13 août 1832 qui abrogeait les donnations royales. On discutait alors dans la *Cronica Constitucional do Porto* (1832, n° 48), l'authenticité des donations de Dona Teresa et d'Alphonse Ier à l'évêque de Porto Dom Hugo. Voir *Lusitania Sacra* (Lisbonne, 1959, t. IV).

rons leur vil artifice »[18]. Le « romantisme libéral» se dressait contre le « romantisme féodal », qui n'avait pas de rapport profond avec la réalité littéraire nationale. *O Arco de Sant'Ana* constitue à la fois une arme dans la lutte politique et idéologique : il s'agissait bien d'un roman « de ce siècle » car « s'il a pris son thème au XIVe siècle, il a été écrit sous les impressions du XIXe siècle »[19]. Garrett allait jusqu'à lui refuser la qualité d'œuvre « historique » : il voyait son roman comme étranger aux « règles sévères du roman historique engagé et avoué » (« professo e confesso »)[20]. La critique officielle n'a pas manqué de regretter son intention et ses digressions politiques — et d'y voir, pas tout à fait à tort, une faiblesse. Regardé d'un œil soupçonneux par l'autorité, le premier tome était vendu sous le manteau ou presque[21]. Le mauvais évêque ne sera battu qu'à la fin du récit, c'est-à-dire cinq ans plus tard, par un jeune meneur révolutionnaire — mais l'auteur annonçait d'avance la scène dans sa préface et l'histoire, ou la légende, était connue. Dans la deuxième partie d'*O Arco*, on assiste à une révolte populaire contre l'évêque féodal, climax de la nouvelle dont le fil romanesque est assez mince ; le ton pourtant y est plus léger et les pages fourmillent de considérations drôles, de caricatures de l'actualité, où apparaissent des allusions à la maçonnerie[22]. Les jours de colère étaient passés et *Viagens na Minha Terra*, paru entre-temps, avait purifié et fixé le style de Garrett. Dans son dernier ouvrage, *Helena*, laissé inachevé, cette qualité se perdait, dans la mesure où la fiction devenait plus complexe, dans un décor brésilien d'ailleurs inconnu de l'auteur.

... Car Garrett, pionnier aussi dans le domaine du roman, n'avait pas le souffle d'un romancier : le récit convenait beaucoup mieux à son génie — le récit mélangé de chronique amusante, ce genre gracieux que le romantisme a créé.

Viagens na Minha Terra, c'est un récit de voyage — voyage sentimental comme celui de Sterne, voyage quelque peu imaginaire comme

---

18. GARRETT, *O Arco de Sant'Ana*, préface 1re ed. (1844). Ed. *O.C.* II, 3.

19. Id., Ibid. « Advertencia » (1849). Ed. *O.C.* II, 1.

20. Id., Ibid. préface 2e ed. (1851). Ed. *O.C.* II, 1.

21. Voir GOMES de AMORIM, *Op. cit.* III, 148.

22. GARRETT fait allusion au livre *Manifeste do Ir ∴ Licurgo Gr ∴ Insp ∴ da Ordem dos Francs-Maçons em Portugal* (Ferrol, 1849) qui fait état de certaines luttes cabralistes au sein de la maçonnerie (chap. XXVII ; Ed. *O.C.* II, 68). Teofilo BRAGA (*Garrett e os Dramas Romanticos*) cite ce passage sans comprendre sa signification cachée.

celui de Xavier de Maistre que l'auteur cite en haut de la première page[22] (a). Rien du XVIIIe siècle, pourtant, dans les sentiments de ce voyageur des temps nouveaux. N'oublions pas non plus que le voyage avait aussi, semble-t-il, un côté politique, ayant pour but de visiter Passos Manuel dans sa retraite, en plein Ribatejo, au moment où se préparait la première réaction contre le « cabralisme ».

C'est l'année 1843, l'année du *Cancioneiro*. Garrett voyage donc par petites étapes dans la vallée de Santarem dont il exalte la douceur du paysage, le pittoresque des mœurs populaires, dans une sorte de littérature « de genre », à la fois chronique et conversation à bâtons rompus. Aristocratie et peuple — voilà les deux pôles du goût littéraire de Garrett dans une sorte de dichotomie culturelle où la bourgeoisie n'a pas de place. Le style parlé, déjà annoncé dans la préface des poésies de João Minimo, en 1828, est un style entièrement nouveau, plein de charme dans son impressionnisme savoureux. Marqué par un sens rythmique très savant, il traduit et crée à la fois un schéma mental nouveau, moderne par son allure familière et son humour intellectuel. Pour la première fois au Portugal la langue littéraire sert à peindre d'après nature, à faire du modèle nu, à chercher le naturel. Les sentiments, les idées, les observations y glissent, discrètement appuyés : le goût populaire et le sens aristocratique font excellent ménage.

Pour Garrett, c'est le Tortoni, boulevard de Gand, en rentrant du Bois (« un des plaisirs les plus grands de ce monde ») ou bien une petite auberge au fond du Ribatejo — et il avoue, coquetterie suprême, préférer celle-ci[23]. . .

L'homme ancien déçu par une société bourgeoise qui n'a pas mérité les « Lumières » ou qui tout simplement les a ignorées, attirée par les biens nationaux, par la finance et par de minables jeux politiques — l'homme ancien assimile une culture nouvelle, assume une situation romantique, mais il garde des valeurs spirituelles d'autrefois. Le peuple aussi : c'est pourquoi il le comprend. L'autre, le bourgeois, c'est l'« âne baron » de Buffon, cet homme nouveau et avide qui, ayant tué le moine, maintenant rue à l'aise, couvrant de coups de pied les aristocrates (de sang ou de talent) et le peuple. . . Le moine (qui malheureusement n'avait pas su comprendre les temps nouveaux) a été vic-

---

22 a. Remarquons que Ferreira Borges avait écrit en 1828 (?) *Viagens ao redor do meu beliche*, resté à l'état de manuscrit (voir article d'Albino Lapa, in *Acção*, Lisbonne le 18 novembre 1945).

23. Garrett, *Viagens na Minha Terra*, VII. Ed. *O.C.* II, 166.

time de lui-même ; Garrett ne l'oublie pas et il peut affirmer que jusqu'alods il avait mis « 15 moines un quart » dans ses drames et romans...

La structure de la société garrettienne est claire dans la construction de *Viagens na Minha Terra* : il y rencontre ou se fait des amis dans le petit peuple ou dans une aristocratie éclairée, et il échange des idées, des impressions, commente les événements, critique la situation politique avec une ironie cinglante ; cette structure est dominée, enfin, par un récit qui occupe une grande partie du livre, roman dans le roman.

Il faut pourtant arriver au chapitre X pour entrer dans ce roman subtil, carrefour de significations, sorte d'autobiographie vue de l'intérieur, et portrait d'un bouleversement social, si on le considère du dehors. D'un côté comme de l'autre, c'est un document douloureux.

La « Joaninha aux yeux verts », qu'on pouvait voir assise à son balcon, dans cette charmante maison rustique de la vallée de Santarem, la Joaninha du « balcon aux rossignols » nous attend et c'est la figure féminine la plus lyrique du romantisme portugais. Elle se trouve liée à un passé littéraire national par ses rossignols mêmes qu'un poète du XVIe siècle, Bernardim Ribeiro, voyait tomber d'une branche et se noyer, après l'épuisement d'un long chant d'amour. Elle aussi, elle mourra à la fin de l'histoire — rendue folle par l'amour. Car il s'agit en effet d'un étrange roman d'amour.

Son héros est Carlos qui aime Joaninha, sa petite cousine. En 1833, la guerre civile s'achève. Carlos avait débarqué à Porto dans l'armée de Dom Pedro ; officier, il s'était battu sur tous les fronts et il se trouvait maintenant dans la vallée de Santarem, sur la ligne de feu, à côté de cette maison du « balcon aux rossignols » que les deux forces en présence respectaient, sorte de « no man's land » irréel dans le paysage que l'automne adoucissait.

Voici Carlos, le héros instable, enfant nerveux du siècle ; sa confession, une longue lettre, termine le livre.

L'histoire a, certes, une perspective symbolique : elle met face à face Carlos, jeune guerrier libéral, et Frère Denis, vieux moine franciscain fidèle à Dom Miguel. Elle nous offre également une perspective tragique : le moine, comme nous le saurons en même temps que le jeune homme, à un certain moment de l'histoire, est le père de Carlos, né d'un adultère affreux que l'amour ne saurait compenser. Les deux perspectives s'accordent, d'ailleurs, dans cette situation qui oppose père et fils — comme dans *O Arco de Sant'Ana*, où le jeune chef révolutionnaire était, sans le savoir, le fils de l'évêque. Mais derrière, ou au-delà de cette dimension idéologique, c'est la personne même de Carlos qui compte. Pour la première fois, le romantisme portugais dispose d'un héros sentimental[24].

Carlos aime donc Joaninha mais il n'aime pas seulement Joaninha : ses propres sentiments sont partagés et il souffre. Il s'interroge, il cherche la vérité, sa vérité — mais il ne la trouve pas au fond de lui-même. Existerait-il un accord dans le flux irréversible des sentiments ? Carlos aime Joaninha maintenant, mais il sait d'avance qu'un nouvel amour viendra remplacer celui-ci, car, derrière « Joaninha aux yeux verts », il y a Georgina... Pas de situation triangulaire dans cette histoire d'une angoisse de possession — ou plutôt d'une angoisse de *fixation*, car la pureté de Joaninha ne saurait être mise en jeu. Carlos feu-follet vit dans une sorte d'ambiguïté sentimentale, situation romantique par excellence qui tend à remplacer l'amour fou ou fatal, vécu sous le signe de l'exclusivité. Il aime les femmes les unes après les autres aussi bien que simultanément : l'amour ne trouve jamais la couche vide chez lui et c'est là son problème. Autrement dit, sa malédiction.

Rien de Don Juan chez Carlos, pas de quête, pas de victoire suivie de fuite : la femme n'est pour lui ni un idéal ni un objet. Il ne saurait préciser ce qu'elle représente, car il ne se connaît pas. Et c'est là l'autre aspect de ce procès qu'il fait à lui-même, et qui paraît devoir aboutir fatalement au scepticisme.

La vie personnelle et la vie sociale de Carlos se superposent alors, l'une entraînant l'autre, dans un climat à la fois passionné et dégénéré.

Fuyant le drame de sa famille, ce père pêcheur repenti et ténébreux, cette grand-mère aveugle, trop de malheurs tombés sur sa vie et fuyant aussi sa passion, ou ses passions, Carlos écrit à sa petite cousine Joaninha, pour lui dire qu'il est perdu, sans remède ni rémission. Il se lance alors dans un long aveu, mélange d'introspection affligée et de récit objectif de son passé. Ecrivant cette lettre, il cherche une réponse à la question qui le hante : « Qui suis-je ? » L'auteur lui-même s'était interrogé, deux chapitres plus tôt — et il savait d'avance : « A celui qui ne comprend pas qui je suis, il ne vaut pas la peine de le lui dire... »[25] Carlos écrit : « Je t'ai aimé avec un cœur qui ne m'appar-

24. Remarquons que les perplexités des sentiments intéressaient déjà GARRETT avant *Viagens*. On l'a déjà signalé dans le manuscrit incompl. *Duas Irmãs* (1833). Voir Ofélia M. C. PAIVA MONTEIRO, *Viajando com Garrett pelo vale de Santarem*, in *Actas do V Coloquio Intern. de Estudos Luso-Brasileiros*, Coimbre 1963 (Coimbre, 1966), V, 163.

25. GARRETT, *Viagens na Minha Terra*, XLII. Ed. *O.C.* II, 256.

tenait pas, j'ai accepté ton amour sans le mériter (...), j'ai trahi lorsque je t'aimais, j'ai menti, à toi et à moi-même, quand je te l'ai dit ». Le mot clé de cette phrase revient plus loin : « Je déteste le mensonge et pourtant j'ai menti toute ma vie » ; « Je suis fait ainsi, mon Dieu, et ainsi il me faudra mourir... » Peut-il en être autrement de l'homme ? Carlos ne le croit pas car il se donne en exemple : aucun homme n'est meilleur que lui ; Joaninha ne doit pas se faire des illusions... Mais n'est-il pas vrai que les femmes ne peuvent ni ne doivent comprendre les hommes ? Carlos en est vraiment sûr. Comment auraient-elles pu comprendre ces monstres à l'imagination déchaînée, que la poésie égare et le destin entraîne, ces monstres qui ont à l'intérieur d'eux-mêmes leur ennemi le plus implacable, le cœur ?[26]

Le mensonge involontaire et fatal, voilà le nœud du drame de Carlos qui est le drame du moi ou de l'unité, voire de la fixation du moi : le drame romantique tel que Garrett le trace et le vit. Car l'auteur et son personnage ne font qu'un : chaque exégète de Garrett a avancé cette hypothèse que des recherches biographiques ont fait accepter, à demi, au moins. L'histoire des amours passées de Carlos, en Angleterre, cette passion encore brûlante qu'il éprouve pour Georgina aux yeux bleus, était une réalité dans la vie de Garrett exilé — tout comme la passion que Carlos avait ressentie auparavant pour Laura aux yeux noisette, la sœur de Georgina, alors qu'il rêvait de Joaninha... Seule Joaninha n'a pas d'existence réelle[27] ; figure idéale, elle n'est qu'un prétexte, sorte d'agent catalyseur d'une histoire qu'il fallait raconter. L'étoile de Carlos lui fait intercepter le destin de la jeune fille comme l'étoile de Garrett lui fait écrire sa propre histoire. Carlos écrit à Joaninha pour voir clair en lui-même, pour se débarrasser d'un drame qui dépasse sa capacité de réaction. Et Garrett ? Il approche un tournant de sa vie ; il le sent déjà car il avoue être alors la proie de certains yeux noirs... Il s'offre donc un tableau de sa vie qui, quelque peu complaisant sous un *mea culpa* et des larmes pourtant sincères, est néanmoins très lucide. Ce faisant, Garrett s'engage dans un processus de scepticisme — qui est un processus de désillusion totale.

Déçu par lui-même, menteur par fatalité, être ambigu par malédiction, Carlos capitule. Il n'arrive pas à se faire tuer dans la guerre qui s'achève et il doit chercher une autre forme de suicide dans une sorte de réussite sociale. Il prend donc le côté négatif de la vie nou-

---

26. Id., Ibid XLIV à XLVIII. Ed. *O.C.* II, 260 à 270.

27. Pour la discussion de l'identification de Joaninha, voir Teofilo BRAGA, *Op. cit.*, 380, où sont assemblées des données intéressantes.

velle que la même guerre a instaurée : il se fait politicien marron, financier, et il deviendra baron cabraliste.

Cette espèce de suicide pittoresque (dont le caractère polémique ne cache pas la justesse de critique) remplace le suicide physique qui répugne à la conscience catholique de l'auteur. Herculano dira plus tard que l'état de la vie portugaise « donne envie de mourir » et lui-même pratique une sorte de suicide civique. Non pas Garrett : il échappe à la rigueur de son raisonnement sentimental en plongeant à nouveau dans le drame de sa vie. Sa deuxième femme venait de mourir et une autre (et quelle autre !) mêlait déjà son image ardente à un souvenir douloureux. A qui mentait-il ?

Nous revenons à l'intérieur du roman. L'originalité de Carlos-personnage se trouve dans la réponse impossible à cette question. Le « mal du siècle », cette instabilité foncière est assumée ici de façon nouvelle : une superposition d'images assez floues et un fleuve qu'on ne saurait arrêter, voilà les deux symboles de l'amour garrettien. Tout y est mensonge, certes, mais, parce que c'est ainsi, il faut y chercher la vérité possible. . .

Garrett n'appartient pas à une génération enfantée dans le tourbillon de la guerre : il a été lui-même pris par l'histoire mais il l'a faite, à l'âge d'homme. Il possédait donc une expérience directe, vécue ; il entre dans la vie romantique à un point où les sentiments bouleversés atteignent à une sorte de maturité. On ne voit pas Carlos sous des traits « ardents, pâles, nerveux », il ne subit plus, comme Octave-Musset, « une maladie morale abominable » car, s'il pense encore que l'homme est « une monstrueuse machine », il n'en sait pas moins que cela est *naturel*. Son aventure est, certes, très grande, trop grande, et il en meurt ; nous trouvons chez lui le sens romantique de la démesure. On ne saurait pourtant ignorer que cette démesure a ici une fonction spéciale car elle sert à souligner la situation d'infériorité de la femme — qui ne peut pas la supporter. Au Portugal, la femme vient à peine de se délivrer de quelques-uns des tabous d'une société médiévale, et Garrett tient à garder dans sa petite Joaninha l'image de la femme innocente et ignorante. S'il n'est pas le Musset des *Confessions d'un Enfant du Siècle*, les yeux noirs qu'il aperçoit déjà à l'horizon de sa vie d'homme mûr ne sont pas non plus ceux de George Sand. . . Nous le verrons bientôt.

Le péché que Garrett assuma personnellement et la malédiction qu'il refusa sur un plan social, se réunissent dans une œuvre composée cette même année. La tension dramatique y monte jusqu'à un climax brutal ; après l'ambiguïté de *Viagens*, vient l'explosion de *Frei Luis de Sousa*.

Garrett écrit alors sa quatrième grande pièce. Depuis 1838 il s'était engagé dans les démarches de la création d'un théâtre portugais moderne, effet et agent de la campagne nationaliste du romantisme. La publication des pièces de Gil Vicente d'après l'édition de 1562 découverte dans la bibliothèque de l'Université de Goethingen, dirigée à Hambourg, en 1834, par deux émigrés libéraux amis de Garrett, Barreto Feio et Gomes Monteiro[28], constitua la première pierre de cet édifice dont Garrett sera le maître d'œuvre. Ses idées d'un Conservatoire et d'une inspection générale des théâtres, auxquelles ses amis septembristes ont donné un appui légal[29], sont à l'origine d'un développement de la dramaturgie nationale qui touche au miracle. Parti de zéro, le théâtre portugais ne pouvait que faire appel au souvenir de Gil Vicente, auteur dramatique apparu à une période de la vie nationale que Garrett historien devait classer comme une période de « civilisation progressive ». La première pièce de Garrett dramaturge (« première en tout » — Herculano)[30] est basée sur un épisode de la vie de Maître Gil, la représentation des *Cortes de Jupiter* en 1527, au moment du départ d'une princesse jeune mariée dont un poète de la cour était tombé amoureux. Ce poète est Bernardim Ribeiro que Garrett évoquera dans *Viagens* et sa légende sentimentale (et fausse en ce qui concerne la princesse) se devait d'attirer les romantiques. L'Histoire, la figure du fondateur classique (et populaire) du théâtre national, celle d'un poète amoureux sans espoir, tout y était, dans cet *Auto de Gil Vicente* écrit et joué en 1838. Deux ans plus tard, *Amor e Patria*[31], pièce de circonstance, ou plutôt schéma dramatique inspiré également d'une légende, s'emparera d'un thème que nous avons déjà vu traité en peinture quarante ans auparavant. La signification d'*O Alfageme de Santarem*, ébauché en 1839 et joué en mars 1842, au commencement de la dictature cabraliste, malgré l'opposition de la police, est toute autre. Comme *O Arco de Sant'Ana*, il s'agit d'une œuvre de combat où les allusions au présent ne sont que transparentes. Le héros de la pièce basée sur une légende ancienne, est Nun'Alvares, futur connétable, qui au moment

---

28. J. V. BARRETO FEIO (1782-1850), officiel vintiste, traducteur de TITE-LIVE, SALUSTE, VIRGILE (*Eneide*) et ALFIERI. José GOMES MONTEIRO (1807-1879), spécialiste de CAMOENS et de la littérature du XVI siècle, a publié *Ecos da Lira Teutonica* (Lisbonne, 1848). Il sera le gérant du libraire-éditeur MORÉ, à Porto.

29. Conservatorio de Arte Dramatica, créé par le décret du 15 septembre 1836 ; Inspecção Geral dos Teatros, créée par le décret du 15 novembre 1836.

30. HERCULANO, *in O Panorama* (Lisbonne, 1839), III, 276

31. *Amor e Patria* fut publié en 1846 sous le titre définitif *Filipa de Vilhena.*

de la crise dynastique de 1385, sert un idéal populaire d'indépendance, donc de liberté — mais c'est bien le peuple, le peuple septembriste, qui vient au premier plan de l'action ; plus encore, il prendra le devant de la scène lorsque la pièce sera reprise, en 1846, en pleine guerre de Maria da Fonte. En 1848, à la fin de cette guerre civile, Garrett fera encore jouer *A Sobrinha de Marquês*, comédie superficielle où, cependant, la figure de Pombal dont la chute est guettée par la réaction, n'est pas de tout repos pour la conscience de l'oligarchie cabraliste.

En 1841 Garrett avait été chassé de ses postes de directeur du Conservatoire et d'inspecteur du théâtre : le Cabralisme préparait déjà son entrée en scène. *O Alfageme* avait été une réponse aux persécutions, sans doute — mais il représentait beaucoup plus que cela : la vitalité et la résistance d'une œuvre de culture qui s'était profondément attachée aux idéaux romantiques.

La nouvelle pièce de Garrett, composée en 1842, et jouée l'année suivante[32], constitua, du point de vue littéraire, le moment le plus élevé de cette démarche. *Frei Luis de Sousa* est un chef-d'œuvre — *le* chef-d'œuvre du théâtre portugais du XIXe siècle.

Encore une fois Garrett adaptait une histoire ancienne lue ou entendue quelque part[33] ; il reprenait une situation dont la qualité dramatique l'avait frappé — quitte à déformer la vérité historique pour pouvoir donner libre cours à ses propres démons. Il composa ainsi une œuvre fermée, d'allure tragique.

La jeune veuve d'un chevalier disparu en 1578, à Alcacer-Kibir, dans le désastre de l'armée de Dom Sébastien, se remarie. Elle est heureuse, a une fille. Un jour un pélerin arrive, venant d'Orient, portant des nouvelles du chevalier qu'on croyait mort dans la bataille. Il vit ; un vieux serviteur le reconnaît même sous le déguisement du pélerin — et tout est bouleversé dans la vie de ce ménage heureux. Le mystérieux visiteur repart, mais le mal était fait : les deux époux entrent dans les Ordres (lui, deviendra un écrivain fort célèbre dans la littérature nationale), leur fille, la douce Maria, meurt de honte. L'histoire est très simple ; l'accent est mis sur la simplicité même des choses fatales. Et sur celle des misères humaines.

---

32 En 1847 la pièce a eu des difficultés avec la Censure cabraliste. Voir article de L. A. Rebelo da Silva, in *Revista Universal Lisbonense* du 12 août 1847.

33. Une des sources d'inspiration de Garrett fut la vie de Frei Luis de Sousa dans la deuxième partie de son *Historia de S. Domingos* par Frei Antonio da Encarnaçao (Lisbonne 1662), dont s'était déjà servi A. J. Silva Abranches pour sa pièce *O Cativo de Fez* (jouée le 23 janvier 1841 au théâtre da rua dos Condes, à Lisbonne).

Fatalité et humanité, tragédie et drame s'articulent dans le tissu de cette pièce où des problèmes de conscience s'enchaînent — celui du chevalier réapparu, celui de son fidèle serviteur, celui des deux époux qu'un fantôme du passé vient séparer, celui de la jeune fille, victime du destin. Instrument du destin, le pélerin fait ce qu'il doit ; son vieil ami, qui avait toujours refusé de croire à sa mort, l'accompagne ; le mari a des phrases où l'on peut déjà déceler le style de l'écrivain classique qu'il deviendra. Restent les deux femmes — et c'est là que le drame vibre de toutes ses cordes.

Car Dona Madalena, centre tragique de la pièce, se trouve dans cette position ambiguë qui seyait à Carlos, le héros de *Viagens*. Avec sa conscience divisée, elle aussi vit le drame de l'unité, de la cohérence du moi. Elle aime son mari ; mais, ayant peut-être oublié l'Autre, lorsque celui-ci paraît, elle se sent engagée dans une sorte de double fidélité, irrémédiable dans ce bas monde. Elle essaye encore de résister mais le triangle tragique doit éclater ; le couvent est là qui l'attend : c'est le « divorce saint ». Ce qui lui arrive est trop grand pour elle, car elle n'est qu'une femme... Sa fille meurt de honte comme Joaninha était morte de chagrin : encore et toujours le rôle de la femme portugaise du romantisme est celui d'une victime.

On peut voir dans l'histoire de Maria et de sa mère des allusions à la vie privée de l'auteur, à ses préoccupations de père d'une fille illégitime[34]. Cela est peut-être exact — mais la vraie signification de l'œuvre n'est certainement pas là. Derrière son intrigue quelque chose nous guette qui fait de ce drame un portrait collectif. Quinet y a vu avec lucidité, en 1843, « le fond intime de la vie portugaise, avec ce mélange d'attente, de regrets, d'espérance empoisonnée, de bonheur apparent et impossible, qui aboutit à cette mélancolie brûlante » qui est la « saudade ». Et il ajoute : « L'effet est d'autant plus navrant que l'espérance réalisée ne sert ici qu'à briser tous les cœurs ; à la fin, quand les principaux personnages font leurs adieux au monde pour entrer au couvent, il semble que la nation entière prenne le voile »[35].

Le suicide moral de Carlos dans le monde même correspond au suicide psychologique de Dona Madalena hors du monde : les deux chemins du pays cabraliste y sont indiqués — celui des profiteurs, des « barons », et celui des purs, parmi lesquels on compte Herculano, comme nous le verrons. Garrett, quant à lui, refuse les deux solutions pour prendre les risques offerts par une troisième : celle de la lutte

---

34. Voir R. A. LAWTON, *Almeida Garrett, l'Intime Contrainte* (Paris, 1966), p. 524.
35. Edgard QUINET, *Mes Vacances en Espagne* (Paris, 1843), p. 340.

ouverte contre le monde mesquin qui l'entoure et contre lui-même. Personnellement, il choisit le péché que Dona Madalena ne saurait supporter, en même temps qu'il refuse cette malédiction que le pélerin apporte du fond des temps, non seulement sur le ménage imprudent, mais sur la nation toute entière qui croit encore aux revenants. Car dans *Frei Luis de Sousa*, et cela est très important, Garrett (qui avait abandonné le projet d'un poème sur Dom Sébastien) fait aussi le procès du « sébastianisme », démontrant par l'absurde ses effets catastrophiques. Le pélerin, *deus ex-machina* de la tragédie, est peut-être un des compagnons du jeune roi disparu. Mais qu'il soit ou non l'Autre, est somme toute secondaire : il se niera lui-même en se disant « Personne ! », dans le moment clé de l'action. Il est surtout, sinon seulement, le représentant idéologique du Passé. Le passé pèse lourd dans la pièce ; ne pèse-t-il pas toujours sur le destin de la patrie ?

Aucune lueur d'espoir n'est décelée dans la fin solennelle de *Frei Luis de Sousa* : le monde ancien écrase le monde nouveau quand celui-ci est bâti sur une équivoque — c'est-à-dire quand il n'arrive pas à se donner des structures.

« La société d'aujourd'hui ne sait pas encore ce qu'elle est », écrit Garrett dans le mémoire qui accompagne la présentation de sa pièce au Conservatoire ; le drame, non plus, « on ne sait pas ce qu'il est », mais, « expression littéraire la plus vraie de l'état de la société », « quand il le reflète, il modifie les pensées qui l'ont produit »[36].

Voici un texte fort important dans la perspective portugaise. Garrett y insiste sur le rôle du théâtre dans la société moderne, comme élément pédagogique, un « enseignement facile » répandu « au milieu des passe temps de la foule ». Voilà la mission de l'homme de lettres, du poète. Ainsi *Frei Luis de Sousa* pourra-t-il contribuer à éclairer la situation du pays, même s'il ne nous présente qu'un drame de passion et de malheur — ou, peut-être, à cause de cela. Car, ajoute encore Garrett, « l'étude de l'homme est l'étude de ce siècle ; son anatomie et sa physiologie morale sont les sciences les plus réclamées par nos besoins actuels ».

Dans la pièce on atteint à une sorte de maturité dans la prospection psychologique que le mémoire cité ne manque pas de souligner. Il se donne même pour « une véritable préface de Victor Hugo »[37], ce qui est tout de même trop, bien que tel soit l'avis de Garrett...

---

36. GARRETT, *Frei Luis de Sousa*, « *Mémoria ao Conservatorio* » (1843). Ed. *O.C.* I, 771.
37. GARRETT, *Autobiographie* (texte anonyme), in *Universo Pitoresco*. Ed. *O C.* I, XLIX.

Cette maturité fait pendant à la conscience introspective manifestée dans *Viagens* ; l'une ne va pas sans l'autre. Les deux textes ont été écrits la même année, au moins en partie. La même année encore (1843), Garrett voit pour la première fois les yeux noirs dont il est déjà question dans *Viagens*[38]. Il en tombera amoureux fou et pendant au moins une demi-douzaine d'années il écrira des vers passionnés, douloureux, enragés, à une belle aristocrate espagnole devenue baronne portugaise dont le nom et le titre pointent naïvement sous la plume du poète.

Rosa-rose, et *Luz*-lumière nous sautent aux yeux, mots privilégiés dont Garrett ne saura se passer. Le jeu de mots est, certes, facile, mais il lui conférera un éclat particulier...

Rosa Montufar, épouse d'un officier politicien devenu baron de Nossa-Senhora-da-Luz en 1847, a défrayé la chronique mondaine de Lisbonne par ses amours et par sa beauté typique d'espagnole, « toute juive, toute arabe ». On croit que Garrett pense à elle lorsqu'il décrit une des héroïnes d'*O Arco de Sant'Ana* : « le corps grand et élancé, les formes sévères, sans faiblesse dans la silhouette, la figure ovale, la peau mate, les yeux noirs et scintillants, le front court mais parfaitement dessiné, les sourcils un peu épais, les cheveux longs, noirs, fins — fins et d'une abondance et d'une beauté surprenante »[39]. Voilà le portrait simple et objectif d'un jeune et bel animal sensuel, volontaire, vaniteux, ingrat, qui fascina le poète pendant quelques années, et dont il ne pourra plus jamais se passer. La veille de sa mort, quatre ans plus tard, elle le visitait encore, mais sa présence blessait le moribond et il lui défendit sa porte. Trois cents lettres ont été retournées à la baronne après la mort de Garrett ; celles du poète, elle les montrait à une amie, les comparait avec d'autres lettres de personnages célèbres[40]... On connaît quelques unes de ces lettres[41] — et on possède là le document le plus important pour la connaissance immédiate de

---

38. Voir GOMES de AMORIM, *Op. cit.* III, 289). Selon J. Bruno CARREIRO (*Garrett, Cartas de amor à viscondessa da Luz*, Lisbonne, 1954, p. 28) la première rencontre a eu lieu le 29 mars 1845. On peut penser que le biographe du poète était mieux renseigné.

39. GARRETT, *O Arco de Sant'Ana*, XXVIII (IIe partie, 1850). Ed. *O.C* II, 70. GOMES de AMORIM (*Op. cit.* III, 364) assure qu'il s'agit de Rosa MONTUFAR.

40. Voir GOMES de AMORIM, *Op. cit.* III, 404-409 et 630.

41. J. Bruno CARREIRO, *Garrett, Cartas de Amor à Viscondessa de Luz* (Lisbonne, 1954). Voir également Julio BRANDAO, *Garret e as Cartas de Amor* (Porto, 1913) et Xavier da CUNHA, *As cartas amorosas de Garrett* (Famalicão, 1899).

Garrett. Les lettres à la belle Rosa da Luz valent ses meilleures pages par leur feu intérieur, par la puissance de leurs aveux, par la chaleur humaine d'une auto-analyse dans laquelle le poète se donne tout entier. Ces textes, que la critique a délaissés[42], éclairent maints aspects de l'œuvre du poète, tout en s'y intégrant comme un de ses éléments les plus précieux. Les amours de Garrett et de la baronne dont tout Lisbonne parlait, à peine dissimulés devant un mari sot et consentant[43], ont connu leurs grands moments vers 1846-1847 (« Tu bem sabes que sou teu, teu só, todo, de alma, de coração, de tudo, que para mais não tenho sentidos, nem vida, nem nada »)[44], et ont subi une crise terrible en 1849-1850 (« Vivemos assim contrafeitos sempre, descontentes no meio da alegria, inquietos no seio da paz, e tristes — ai ! tristes no proprio regaço da felicidade »)[45]. Les poésies de *Folhas Caidas*, recueil publié en 1853, en portent témoignage. Ils ont connu un succès hors du commun : une deuxième édition, publiée à peine un mois après la première, fut bientôt épuisée[46].

En 1829 Garrett avait publié la *Lírica de João Minimo*, « poésie de l'âme » ; en 1845, dans la deuxième partie de *Flores sem Fruto*, « les passions du cœur commencent à prendre possession du poète, de façon plus large et plus tenace ». *Folhas Caidas* « donnent suite à cet état ». C'est Garrett lui-même qui l'affirme[47].

Les passions du cœur et de la chair remplissent ce dernier recueil qui a fait scandale — et qui donna à la poésie lyrique du romantisme portugais son accent le plus intime, le plus vécu, le plus tragique aussi.

---

42. R. A. Lawton, *Op. cit.*, a été le seul chercheur à comprendre la valeur de la correspondance amoureuse de Garrett.

43. Le baron, ensuite vicomte de Nossa Senhora da Luz, général factotum du duc de Saldanha, fut ministre de l'Intérieur, des Affaires Etrangères et de la Marine, en 1851. Il est intervenu pour donner le titre de vicomte à Garrett (voir Gomes de Amorim, *Op. cit.* III, 302). Voir également *Memorias do marquês de Fronteira*, II, 274.

44. Lettre du 11 août 1846, *in* J. Bruno Carreiro, *Op. cit.* p. 48.

45. Lettre de novembre 1850, *in* J. Bruno Carreiro, *Op. cit.* p. 81

46. Voir Gomes de Amorim, *Op. cit.* III, 401. En 1854 un auteur anonyme publia une plaquette de 32 pages de vers qui avait l'intention de ridiculiser le livre de Garrett : *As Folhas caidas apanhadas a dente e publicadas em nome da moralidade*. La même année Camilo Castelo Branco publia anonymement *Folhas Caidas apanhadas na lama por um antigo juiz das almas de Campanhã e socio actual da Assembleia portuense com exercicio no Palheiro* (Porto, 1854). Le titre seul fait allusion à l'ouvrage de Garrett.

47. Garrett, *Lirica de João Minimo*, « A quem Ler » (2ᵉ ed. 1853). Ed. *O.C.* I, 101-103.

La lumière que Garrett y chante n'est plus celle qu'il avait vue briller dans les yeux de Joaninha — « luz quieta, límpida, serena »[48]. Le péché de Carlos était totalement assumé comme pouvait le faire un homme parvenu à la limite de lui-même, de ses possibilités de lutte, au-delà des apparences sociales. D'un homme épuisé et malade, la cinquantaine atteinte.

Peut-être faut-il revenir un peu en arrière : l'auteur lui-même nous y autorise lorsqu'il établit le rapport entre ses deux derniers recueils aux titres significatifs sinon symboliques. Après l'éclat des fleurs sans fruits (« elles auraient cessé d'être des fleurs poétiques si elles avaient porté leurs fruits »...)[49], les feuilles tombent. Elles étaient déjà tombées en 1853, à la date de la publication du livre. Dans la première partie, retenue pendant deux ans chez l'imprimeur, des compositions plus désintéressées étaient venues s'ajouter ; on peut même y déceler un accent de Lamartine, sans conséquences[50]. En 1843, le pessimisme envahissait aussi l'esprit du poète. « Ela », long poème-méditation placé sous l'invocation de Lamartine (« Oui, mon âme se plaît à secouer ses chaînes : /(...)/ Au monde des esprits je monte sans efforts »), fait allusion à sa femme qui venait de mourir ; il y est question d'éternité, de mort qui n'arrive pas à figer leur amour. Mais déjà des « yeux noirs » apparaissent qui viennent troubler Garrett, lui inspirant un poème (« Por teus olhos negros, negros,/Trago eu negro o coração »). Peut-être sont-ils contemporains : les dates incertaines (184...) ne nous permettent pas d'établir la chronologie relative des deux poésies, mais nous pouvons les mettre côte à côte, tout comme Carlos l'aurait fait... D'ailleurs, deux autres vers empruntés à Lamartine nous invitent à cette opposition, et c'est bien en « Déposant le fardeau des misères humaines, / Laissant errer (s)es sens dans ce monde des corps », que le poète reprend son essor...

Folhas Caídas s'ouvre sur un poème-dédicace, « Ignoto Deo » :

« ... a combatida
Existencia aqui ponho, aqui votado
Fica este livro — confissão sincera
Da alma que a ti voou e em ti só espera ».

48. GARRETT, *Viagens na Minha Terra*, XXII. Ed. *O.C.* II, 207.

49. GARRETT, *Flores sem fruto*, préface (Lisbonne, 1843). Ed. *O.C.* I, 136.

50. Poésie « Voz e Aroma », où GARRETT avoue une reminiscence de LAMARTINE. Ed. *O.C.* I, 182. Voir Note B, p. 190.

Quel est ce dieu inconnu ? C'est Garrett qui répond à cette question en 1853 : son dieu n'est pas un dieu à clé, mais « ce mystérieux, occulte et indéfini sentiment de l'âme qui la porte aux inspirations d'un bonheur idéal, le rêve d'or du poète »[51]. La déesse de ses amours s'était transformée en une divinité idéale ; le « monde des esprits » avait eu le dessus sur le « monde des corps ». Nous touchons là au problème, déjà posé, du néo-platonisme de Garrett[52]. Le poète fait sans doute appel à un idéal, voire à une essence première : « Ignoto Deo », comme le poème « Ela », comme « As minhas Asas », recueillie dans *Flores sem Fruto*, expriment une volonté d'élévation vers la pureté essentielle. On ne peut pourtant pas ignorer que ces moments de la vie spirituelle de Garrett ne sont que des moments et qu'après les avoir exprimés, il retombe dans le brûlant quotidien. De l'être du poète seules les cendres demeurent : « a cinza em que ardi »[53]. Cette dialectique d'élévation et de chute doit se terminer par la mort. Le deuxième poème du recueil s'appelle précisément « Adeus » : un adieu mortel couronne ce drame romantique, lui est indispensable — adieu rongé par le remords, sorte de « mea culpa » désespéré d'un être maudit qui assume la faute toute entière.

... Non, il n'avait pas aimé d'amour, il avait désiré le corps désirable de cette femme qui était un ange blessé, tombé du ciel[54] — à moins que, « être fatal et étrange » (« Anjo és tu ou és mulher »), elle n'ait été l'envoyée de Belzebuth[55]...

> « Ai, não te amo não ; e só te quero
> De um querer bruto e fero
> Que o sangue me devora,
> Não chega ao coração »[56] .

Des trois types de femme composant l'inventaire de Carlos, celle qu'on admire, celle qu'on aime et celle qu'on désire[57] ; la destinataire de *Folhas Caidas* incarnait bien le dernier. Mais elle inspirait en même

---

51. GARRETT, *Folhas Caidas*, préface (Lisbonne, 1853). Ed. *O.C.* I, 170.

52. Hernani CIDADE, article « Neoplatonismo » in *Dicionario das Literaturas Portuguesa, Galega e Brasileira* (Porto, 1960), pp. 536-537.

53. GARRETT, *Folhas Caidas*. Ed. *O.C.* I, 182.

54. Id., Ibid. « Anjo Caido ». Ed. *O.C.* I, 173.

55. Id., Ibid. « Anjo és ». Ed. *O.C.* I, 179.

56. Id., Ibid. « Não te amo ». Ed. *O.C* I, 178.

57. GARRETT, *Viagens na Minha Terra*, Ed. *O.C.* II, 261.

temps les quatre amours différents de Stendhal : l'amour-goût, l'amour de vanité, l'amour physique et l'amour-passion[58]... Au fond, le désir n'était qu'une sorte d'excuse pour Garrett. Il ne comprenait pas ce qui lui arrivait ; il ne comprenait pas cette femme amoureuse et infidèle : « Ai ! que não te entendo flor »[59]. Elle avait changé, elle n'était plus elle-même :

> « Não és a mesma visão,
> Que essa tinha coração
> Tinha, que eu bem lho senti »[60].

A-t-elle aimé le poète ? Il se le demande, il s'en plaint, sur un ton de jeu qui ne doit pas faire illusion :

> « Coquette dos prados
> Rosa, linda flor,
> Porquê, se não sentes,
> Inspiras amor ? »[61]

Ces jeux d'amour, contradictoires et féroces, à la fois ouverts sur la « saudade » *post-mortem*[62], et fermés sur « cet enfer d'aimer » (« Este inferno de amar — como eu amo ! »)[63], avaient des coordonnées variées et variables. Regretté, renié, enterré, l'amour dont Garrett mourait a bouleversé une vie — et une littérature.

Le plaisir le plus intense trouvait une voix nouvelle dans la bouche de Garrett. Il déraisonnait d'amour, certes, et cela n'était pas nouveau — mais il déraisonnait aussi de plaisir :

> « Sinto que se exaure em mim
> Ou a vida — ou a razão ».[64]

Les nuits de Musset n'avaient pas connu ce besoin de confidences directes ; Garrett, lui, sentait que le temps pressait : sa nuit

> « Era a noite da loucura,
> Da sedução, do prazer »[65]

58. STENDHAL, *De l'Amour*, Livre Ier, chap. Ier. (Paris, 1822).
59. GARRETT, *Folhas Caidas*, « Rosa sem Espinhos ». Ed. *O.C.* I, 175.
60. Id., Ibid. « Não és tu ». Ed. *O.C.* I, 178.
61. Id., Ibid. « Coquette dos Prados » Ed. *O.C.* I, 177.
62. Id., Ibid. « Estes Sitios » et « Cascais ». Ed. *O.C.* I, 177-178.
63. Id., Ibid. « Este Inferno de amar ». Ed. *O.C.* I, 174.
64. Id., Ibid. « Goso e Dor ». Ed. *O.C.* I, 175.
65. Id., Ibid. « Aquela Noite ». Ed. *O.C.* I, 172.

— comme si elle était la dernière. Lorsqu'il parlait de la mort, il savait à quoi s'en tenir...

Son amour n'a donc pas d'avenir ; mais il n'a pas non plus de passé ; il n'est, ni ne saurait être que présent :

« Que o passado fugiu da memoria
Do provir nem desejo ficou »[66].

Ce présent, pourtant, la poésie portugaise ne l'avait jamais frappé d'une force aussi violente de consubstanciation physique.

«... ela vivia em mim,
Como eu tinha nela tudo,
Minha alma em sua razão,
Meu sangue em seu coração ! »

Garrett était alors le seul à savoir écrire que l'amour était :

« ...dar, e tomar
Do outro ser a quem se há dado
Toda a razão, toda a vida
Que em nós se anula perdida »[67].

Ces minces poèmes qui tombaient tels des pavés dans la mare de la poésie romantique nationale, tournée vers le ciel de Chateaubriand ou le passé des traditions populaires pousseront Herculano à dire qu'elles feraient tout pardonner à l'auteur[68].

Carlos avait beaucoup appris après le constat de son échec. Le voyage en lui-même s'était poursuivi dans une sorte de délire lucide où la raison s'était faite chair et les larmes étaient devenues sang. Il s'était engagé au-delà de l'ambiguïté, contre tout scepticisme ; il trouva la mort sur le chemin de l'amour-passion, mais là aussi il fit figure de pionnier et de créateur.

Arbitre du goût littéraire et mondain de la société lisbonnaise, Garrett a inventé un style qui ne pourrait être qu'un style de vie. Toute son existence doit être définie d'après cette démarche essentielle sur le plan moral. Il est mort à la fin d'une époque que lui-même a créée ; on doit ajouter que sa mort est la fin d'une époque. Cela a été dit en

66. Id., Ibid. « O Album ». Ed. *O.C.* I, 174.
67. Id., Ibid. « Cascais ». Ed. *O.C.* I, 177.
68. Voir Gomes de Amorim, *Op. cit.* III, 400.

1854, au moment même où il mourait[69] : le romantisme était alors arrivé à un tournant et un homme de la génération suivante avait eu assez de clairvoyance pour affirmer ce que nous acceptons aujourd'hui comme un point de vue critique tout à fait juste.

Pendant cette période, plus précisément entre 1836 et sa mort, la célébrité de Garrett n'a fait que grandir, sur tous les plans. Nous l'avons déjà vu à l'œuvre, sur les scènes de théâtre, au parlement, à son bureau d'écrivain ; jeune poète vintiste, nous l'avons vu porté en triomphe au théâtre São Carlos ; nous aurions pu le voir sur les épaules de ses admirateurs, trente ans plus tard, lorsqu'une certaine nuit il avait lu des poèmes dans un salon[70]... Nous l'avons suivi dans ses luttes, ses passions, nous avons signalé les grandeurs et les misères d'un homme que ses amis appelaient « le divin ». Le génie de Camoëns, se serait-il incarné en Garrett, comme le prétendait, en 1851, le panégyrique anonyme publié dans une revue fort sérieuse de l'époque[71] ?

Le poète a pourtant vécu en des années fort prosaïques. Il ne l'ignore point et dans *Viagens na Minha Terra* il parle des trois poètes que le siècle a connus : Bonaparte, Silvio Pelico et Rothschild — le seul qui ait eu un piètre équivalent dans un pays dévoré par la banque... Quant aux autres poètes, ceux qui n'écrivent que des vers, leur sort ne saurait être que bien mesquin, leur place au ban de la société. Le concept de « poète maudit » se fait jour ici — mais avec mesure. Garrett n'y insiste pas trop : ses « barons cabralistes », somme toute, n'avaient qu'une importance conjoncturale et il n'a vraiment pas connu une expérience de malédiction sociale. En vérité, Garrett a toujours gardé une position indépendante mais non agressive face aux schémas de la société constitutionnelle, voire face à la haute société de la capitale du royaume cabraliste.

Dans ce triangle formé par *Viagens na Minha Terra, Frei Luis de Sousa* et *Folhas Caidas*, Garrett a réalisé un approfondissement de lui-même et des perspectives morales et culturelles du romantisme portugais. Il a créé un héros nouveau, une situation dramatique inéte et un langage original — autour d'un sentiment du péché qu'il n'arrive pas à définir comme une notion philosophique. Garrett assume ce sentiment et la responsabilité sociale qui en découle : entre Carlos, dans lequel le poète se voit lui-même, et l'auteur malheureux

69. J.M. Latino Coelho, cité par Teofilo Braga *in* Ed.*O.C. p.* XXXVII.
70. Voir Gomes de Amorim, *Op. cit.* III, 261.
71. In *Revista Universal Lisbonense* (1851), III, 522.

de *Folhas Caidas,* on peut déceler un processus d'usure, marqué par l'attirance de l'abîme. Carlos s'éloigne de ses bords en écrivant une lettre d'adieux et d'aveux à une jeune fille qui va en mourir ; Garrett y plonge avec une lucidité douloureuse. Quand il n'a plus rien à perdre, blessé à mort dans son cœur et dans sa vanité, dans son physique et dans son moral, il publie un recueil de poèmes et meurt quelques mois plus tard. Quant à la femme qui a été l'objet de sa passion, elle conserve la vie et la gloire mondaine ; baronne, elle était devenue vicomtesse l'année même de la mort du poète...

Tout cela ne saurait se passer sans une certaine dose de scepticisme que les désillusions façonnent. Garrett sceptique est pourtant une idée que ses ennemis, et Herculano avec eux, aimaient trop à répandre[72] ; il se défendra toujours de l'être, et il ne sombre vraiment pas dans cette philosophie de la désillusion malgré les apparences. Ayant perdu le goût de la vie des centaines de fois au cours de son existence, Garrett n'en mettait pas moins une certaine coquetterie dans ses plaintes. Mais il renaissait à chaque fois. Le « mal du siècle » ne l'atteignait pas, dans la mesure où il lui manquait un certain côté « nocturne ». On a déjà souligné chez Garrett l'opposition entre l'ombre et la lumière[73]. Il faut pourtant remarquer que l'ombre n'est jamais pour lui une puissance absolue — nuit peuplée de fantômes dans le commerce desquels l'esprit s'égare.

Les luttes politiques rendues mesquines par la petitesse des hommes (« le pays est petit et son peuple n'est pas grand », dira-t-il en 1849)[74], faute de mieux dans la société portugaise, avaient ceci de bon qu'elles le tenaient en éveil, sous la lumière d'un jour factice. Le désespoir, la haine, la terreur, les catastrophes morales, le mal, en somme, n'étaient pour lui que les éléments grossiers d'un théâtre trop épicé, voire trop peti-bourgeois. Le temps héroïque du « Sturm und Drang » n'était plus le sien ; le lieu non plus, d'ailleurs... Garrett demeurait sur une scène plus discrète, même lorsque « Dona Madalena » prenait le voile.

---

72. Voir anonyme (attr. à D. João de AZEVEDO), *Quadro politico, historico e biografico do Parlamento de* 1842 *por um Ermita da Serra de Arga* (Lisbonne 1845). Voir les considérations de GOMES de AMORIM à props, in *Op. cit.* III p. 142. Voir aussi HERCULANO, *Da Propriedade Literaria e da recente convenção com a França* (Lisbonne, 1851), in *Opusculos* II, 61.

73. R.A. LAWTON, *Op. cit.*, p. 81.

74. GARRETT, *O Arco de Sant'Ana,* préface ed. 1850. Ed. *O.C.* II, p. 1.

On avait tort de le croire sceptique ; ou alors il faudrait admettre la possibilité d'un scepticisme allant de pair avec l'action. Peut-être ne croyait-il pas à l'amour trop multiplié, ni à une action politique à tout moment trahie ; il n'en allait pas moins de l'avant. Il acceptait ou il souhaitait l'illusion : l'illusion était pour lui chose vécue. Contradiction ultime de sa personnalité ? Si l'on veut — mais on peut préférer le voir, Sysiphe entêté, répondre ironiquement par l'action aux obstacles, au malheur, au destin. C'est alors et c'est ainsi qu'il se plonge dans le travail et dans la création. Au fond, c'est tout ce qui lui reste...

Peut-être ne croit-il pas à ce qu'il fait — mais il le fait quand même, poussé par cette sorte d'« ironie du cœur » que Lamartine attribue à Musset.

Ment-il ? L'aveu de Carlos (« J'ai passé ma vie à mentir ») constitue certes une sorte de clé pour comprendre la personnalité de Garrett, « être très bizarre à cause de ses paradoxes et de ses inconséquences »[75] — mais chez lui le sens du mensonge est double, ou plutôt multiple : il ment et il sait qu'il ment ; il se voit mentir et il ment quand il dit qu'il ment... Il ment, pour ainsi dire, par rapport à la vérité d'un lendemain inlassablement ajourné. Garrett ment parce qu'il veut varier, devenir autre, sans cesse : « varier à chaque moment (...) est sans doute une chose très ingénieuse »[76]. Il ne peut jamais rester là où il se trouve : « De quoi suis-je fait, et comment, car je ne peux demeurer longtemps dans un endroit et je ne peux l'abandonner sans peine ? »[77] Il veut changer — et, en même temps, il veut se fixer, s'arrêter ; il doit changer de place,, changer de peau, mais il est trop lucide pour être dupe de ce besoin. Il s'y soumet donc ironiquement. On peut dire aussi qu'il porte toujours des masques, et voir dans le masque un thème unique modulé par son œuvre toute entière[78].

Homme ironique, Garrett a fait cavalier seul à travers le romantisme portugais. Il fallait le lui pardonner, disait Herculano, feuilletant les pages de *Folhas Caidas*. Comme Madeleine, ou « Dona Madalena », il avait trop aimé... Mais Herculano n'aurait pas su faire la part de l'ironie : il ignorait tout du sens de l'humour.

---

75. GARRETT, in *O Entreacto*, N° 2, juin 1837, Lisbonne.

76. GARRETT, in *O Toucador*, Lisbonne, 1822.

77. GARRETT, *Viagens na minha Terra*, XLIII. Ed. *O.C.* II, 259.

78. R.A. LAWTON, *Op. cit.*, p. 46. L'analyse de l'auteur, qui se penche sur la structure même du langage de GARRETT, présente un intérêt considérable.

CHAPITRE IV

HERCULANO OU LA CONSCIENCE EN EXIL

Alexandre Herculano est resté à Porto après la prise de Lisbonne, en 1833[1]. Débarqué sous les drapeaux, avec Garrett, il avait participé à des combats avant de recevoir une commission civile ; il eut alors une action remarquable dans l'organisation de la Bibliothèque Publique créée par les libéraux[2]. Il ne s'installera à Lisbonne qu'en 1837, après avoir présenté sa démission au gouvernement septembriste qu'en bon soldat de la Charte il ne voulait pas servir.

A Porto, Herculano médite sur les théories de philosophie de l'art et de la littérature que nous connaissons, écrit des poèmes, et, en 1836, fait paraître une diatribe, dont le ton biblique s'inspirait directement de Lamennais, contre les démocrates au pouvoir : *A Voz do Profeta*.

Ce livre fort discuté, le fait connaître d'un jour à l'autre. Prophète de malheurs nationaux, il donne une caution morale aux tenants de la Charte qui, enlisés dans des intrigues politiques et dans des affaires de banque, ne la méritaient certainement pas. La carrière littéraire et idéologique d'Herculano commence là. Journaliste, directeur de *Panorama*, revue de vulgarisation la plus importante de son temps, il deviendra le grand historien de la première génération libérale ; dans dix ans il commencera à publier son *Historia de Portugal*. Eloigné des affaires publiques, mais tenant à jouer un rôle d'« éminence grise », sinon d'oracle, au moment de la grande crise de 1851, dont la solution le décevra, il n'aura jamais de postes importants ni de portefeuille de ministre : à peine, en 1840, un mandat de député qu'il remplira sans éclat, et un poste de maire qu'il abandonnera en 1855, ou alors une

---

1. Nous avons adopté la chronologie établie par V. Nemésio dans l'édition critique d'*Eurico, o Presbitero* d'A. Herculano (Lisbonne, s/d, Ed. Bertand).

2. Voir Jorge Peixoto, « A. Herculano na Biblioteca Publica do Porto, 1833-1836 », *in O Comercio do Porto,* (Porto, les 13 juin et 11 juillet 1967).

170   LES ANNÉES DE FOLIE

place de bibliothécaire dans le palais royal d'Ajuda qui lui permettait de travailler à son aise. Il refuse tout le reste, décorations, honneurs, titres : il ne veut rien, sauf son orgueil. C'est par orgueil qu'enfin il abandonnera tout et se retirera à la campagne, dans une propriété achetée en 1859, qu'il exploitera en fermier attentionné. Parlant alors de « sa Patmos »[3], Herculano, même avec amertume, cherchait à définir son rôle.

Cette retraite silencieuse et hautaine, devenue définitive en 1867, lors de son mariage (il avait alors cinquante-sept ans et mourra dix ans plus tard), fut à peine interrompue par quelques lettres écrites à des amis et par la lente préparation d'un cinquième tome de son *Historia*. Ainsi dès 1854, année de la mort de Garrett, l'œuvre d'Herculano, poète, romancier et historien, était définie sinon pratiquement achevée.

Herculano n'a évidemment pas connu de vie mondaine, après avoir fréquenté le salon « germanique » de la marquise d'Alorna, au temps de sa jeunesse déjà sévère ; il n'a pas eu de vie sentimentale non plus, marié tard, au moment grave de devenir agriculteur. Et, pourtant, ce petit bonhomme mal habillé et sans charme, a connu la célébrité : on l'entourait, on l'écoutait, on attendait ses avis tranchants, on craignait ses haines tenaces, ses phrases cinglantes comme des coups de fouet... Quand il habitait encore Ajuda, ses amis allaient le voir une fois par semaine — pèlerins respectueux se rendant « au sanctuaire du Maître »[4].

Cet homme-conscience dans un monde qui n'avait pas la conscience tranquille, cet homme-volonté au milieu de gens veules ou trop habiles, n'a eu qu'une faiblesse : il se dévoua à Pierre V, petit-fils de Dom Pedro, un roi qui mourra jeune, en 1861, et qui, nous le verrons, éclairera la seconde période du romantisme portugais. Chateaubriand ou Benjamin Constant, modèles de son ami Garrett, ne lui convenaient guère ; trop jeune pour avoir pu croire aux Catons de 1820 et à leur « fausse liberté romaine »[5], Herculano aurait aimé être le Fénelon-Mentor d'un roi libéral. Dans ce prince avide de savoir qui passait des heures auprès de lui, il trouvait à la fois le fils qu'il n'a pas eu et le sauveur de la patrie gangrenée.

3. Lettre de L.A. PALMEIRIM cité par Julio PALMEIRIM *in Diario de Lisboa* du 4 mars 1922. L'auteur promettait alors la publication de l'épistolaire de son père, recueil qui n'a jamais paru.

4. Voir L.A. PALMEIRIM, *Galeria de Figuras Portuguesas* (Lisbonne, 1879), p. 19.

5. HERCULANO, *Mousinho da Silveira* (1856), *in Opusculos* II, p. 192.

Mais nous devons écouter maintenant sa propre confession, un document qui, sous l'aspect d'un jeu mondain, cache un portrait sincère et exact. Herculano présente cet avantage pour le chercheur : il ignore l'humour et, au contraire de Garrett, ne sait pas se déguiser...

Vers la fin de 1871 il répondra à un questionnaire français, sorte de « test » mondain très répandu sous le Second Empire. C'est déjà « un campagnard anonyme de la région de Santarem » qui répond, en français — mais c'est aussi Herculano tout entier, alors âgé de soixante ans[6].

« Votre vertu favorite ? — La loyauté. Vos qualités favorites : chez l'homme ? — La franchise ; chez la femme ? — La timidité. Le trait principal de votre caractère ? — Le peu de retenue dans l'indignation ». Il avoue avoir « la force et le bon sens d'accepter les réalités de la vie », de ne vouloir être que lui-même, de préférer vivre là où il vit — et l'enquête poursuit :

« Vos peintres et compositeurs favoris ? — Dieu qui a composé les tableaux du lever et du coucher du soleil (...), le rossignol qui chante au clair de lune. Vos héros favoris dans la vie réelle ? — Je n'aime pas les héros, ni les héroïnes non plus. Dans les romans, les héros et les héroïnes me plaisent quand il y a du terrible et du profond dans les caractères. Ce sont des cauchemars écrits au lieu de cauchemars rêvés. Le cauchemar donne quelquefois ce que j'appelle le plaisir de l'horreur, ce qui a pour moi de l'attrait. Quels caractères détestez-vous le plus dans l'histoire ? — Les tyrans. Je crois cependant que je déteste un peu plus les faux amis du peuple. Quelle est votre devise favorite ? — Peut qui veut. Tout le monde désire ; seuls les grands caractères veulent ».

Vers la même époque, Herculano avait avoué à Oliveira Martins, jeune historien qui voulait s'occuper de lui : « Le vouloir est rare ; j'ai la conscience d'avoir été un homme qui a voulu, dans le domaine littéraire »[7].

La réponse d'Herculano à l'enquête constitue, si l'on veut, un portrait de circonstance ; on y trouve cependant tous ses thèmes : l'honneur, la loyauté ou la franchise ; la douceur ou la timidité féminine ; le stoïcisme orgueilleux ; Dieu et la nature ; l'histoire sans héros ; le « plaisir de l'horreur », du « terrible » et du « profond » ; la liberté

---

6. In Novidades, Lisbonne, le 10 mars 1887.

7. Lettre à Oliveira MARTINS, sans date mais, d'apprès son sujet, référable à 1869-1870, in Cartas de A. Herculano II (Lisbonne, s/d. 3e ed.) p. 33.

contre la démagogie. Et la volonté absolue qui peut tout. L'œuvre d'Herculano avait dès lors satisfait à toutes ces exigences.

Il avait d'abord choisi la voie de la poésie, car le jeune poète qui traduisait Schiller en 1830 ne cessera pas de produire durant une vingtaine d'années. De la *Semana Santa*, de 1829, poème que le souffle de Klopstock anime et auquel Schiller fournit une épigraphe, jusqu'à *A Cruz Mutilada*, de 1849, la poésie d'Herculano accomplit son processus religieux.

«Creio que Deus é Deus e os homens livres»[8].

écrit-il en 1829, avant d'affirmer, vingt ans plus tard :

> « A cruz no ceu do Oriente
> Da liberdade anunciara a vinda »[9]

« Nous les Portugais, nous avons donné un digne rival à Chateaubriand et à Lamartine », écrivait un critique, en 1842[10]. Un disciple fidèle du poète voyait pourtant mieux les racines de sa pensée poétique, lorsqu'il écrivait : « Fils de la muse idéaliste du Nord, par la profondeur de son analyse, Herculano descend plutôt de Schiller et de Byron, de Bürger et de Shakespeare, que des poètes (...) du midi »[11]. Quoiqu'il en soit, Herculano se disait poète du Christianisme et de la Liberté, dès 1836[12].

Ces deux sentiments sont eux aussi à l'origine d'*A Voz do Profeta* publié en deux parties en 1836 et 1837[13]. « O espirito de Deus passou pelo meu espirito e disse-me : vai e faze ressoar nos ouvidos das turbas palavras de terror e de verdade... » Une révolution populaire avait rétabli la Constitution de 1822 : c'était un crime qu'il fallait expier, sous les foudres du ciel ! « La lie de la société » voulait non pas la liberté mais la licence — et « la malheureuse Lisbonne » était devenue « une antre de vices et de déchaînements ». Au bout, la misère, la servitude, la captivité — la domination espagnole... Mais la vision du Seigneur mène le poète plus loin encore : « Oh meu Deus, porque aban-

8. HERCULANO, « A Semana Santa » (1829), *in Poesias*, p. 8 (5ᵉ ed.).

9. HERCULANO, « A Cruz Mutilada », *in Poesias*, p. 129.

10. Anonyme, *in Revista Universal Lisbonense*, (1842), II, 530.

11. L.A. REBELO da SILVA, *Apreciações Literarias* (pb Lisbonne, 1909-10) II, p. 72.

12. HERCULANO, *in Jornal da Sociedade dos Amigos das Letras* (Porto, 1836).

13. HERCULANO, *A Voz do Profeta* (Ferrol, 1836 ; nouvelle série, 1837), *in Opusculos* I, pp. 31, 79, 112, 114 (4ᵉ ed.).

donaste este povo ? » Par-delà ce spectacle horrible, le poète entend des voix qui crient : « Guerra à religião do Cristo ! » Les dernières lumières de l'espoir s'éteignaient alors. . .

Le chaos littéraire que nous avons vu Herculano dénoncer corres-pondait au chaos moral de la patrie. Prophète du malheur, sorte de Lamennais sans l'esprit démocratique de ce dernier, le poète de la liberté chartiste fait du Christianisme le complice de sa réaction idéo-logique que seul l'honneur d'un serment politique justifie.

Trente ans plus tard[14], il sourira des « colères et des hyperboles de ses vingt-six ans ». Le texte sonne creux, tel est le décalage entre la cause politique et l'effet littéraire. Rien ne s'était passé comme Herculano le prévoyait, les émeutes des « Arsenalistes »[15] n'ayant été qu'une péripétie au sein d'un processus qui échappait aux schémas idéologiques du poète.

Il ne voyait que malheur là où le quotidien contrariait se pers-pective idéaliste. « La religion du Christ » avait pour lui des exigences à la fois mystiques et épiques que le rêve, voire la rêverie, et la gran-deur titanique traduisaient. On dirait aussi que cet accord entre Dieu et la poésie impliquait des exigences morales et civiques :

« Deus à poesia deu por alvo a patria,
   Deu a gloria e a virtude »[16]

Par ces vers écrits en 1838, Herculano assigne très tôt à la poésie une fonction pédagogique immédiate qui ne dénie pas sa mission divine.

A Harpa do Crente, publié pour la première fois en 1838, rassem-ble un grand nombre de poésies auxquelles Herculano ajoutera quel-ques autres lors de l'édition de 1850. A Cruz Mutilada porte la date de 1849 : elle est la dernière composition du poète — sa méditation la plus pure sur un signe chargé d'une puissance symbolique, que la nature elle-même doit assumer. Le poète parle de cette nature, des monts, des rochers, des forêts, de la mer, de la « lune solitaire », dans une description évocatrice ; il affirme enfin : en elle,

« . . . minha alma a eterna cruz adora »[17].

---

14. HERCULANO, *A Voz do Profeta*, introduction à l'édition de 1867, *in Opusculos* I, p. 24.
15. Mars 1838. Les « arsenalistas », milice populaire composée par les ouvriers de l'Arsenal, représentaient la faction radicale du Septembrisme.
16. HERCULANO, « A Vitoria e a Piedade », *Poesias*, p. 115 (5ᵉ ed.).
17. Voir Note nº 9, p. 135.

Malgré la destruction, malgré la disparition de l'objet (tombé dans la poussière, ses restes insultés « par le serf ingrat »), la signification demeure vivante. Poésie philosophique, on y a déjà décelé l'influence de Vigny[18], mais il faut bien admettre qu'il s'agit d'un Vigny allégé de sa charge métaphysique. Les « harmonies suaves » d'Herculano, aussi bien que les tempêtes qu'il décrit, ne sauraient altérer ses croyances simples. Son hymne à Dieu, de 1831, se termine sur ces vers limpides et confiants :

> « Eu, por mim, passarei entre os abrolhos
> Dos males da existencia,
> Tranquilo, e sem temor, à sombra posto
> Da tua Providencia »[19].

Poète religieux par excellence, Herculano l'est pourtant sur un mode mineur, pris entre les forces nouvelles de la liberté et le mur ancien de la théologie. Garrett, en le remerciant de l'exemplaire qu'il lui a envoyé[20], signalait la nouveauté de cette aventure romantique — « mission généreuse et régénératrice ». Il était vraiment heureux de lire de telles choses en portugais — alors que « depuis presque vingt ans M. de Chateaubriand avait commencé à explorer la précieuse mine du Christianisme ». Le contexte ne nous autorise certainement pas à découvrir dans cette phrase de Garrett un sous-entendu ironique, mais, comme par hasard, le décalage entre la démarche portugaise et celle du vieux chantre français n'y est pas moins souligné.

De toute façon, l'âme et le cœur se réduisent dans la poésie d'Herculano à exprimer des sentiments nobles que les passions de la chair ne viennent pas dévier. Lamartine, un Lamartine sans Elvire, est aussi son modèle ; Herculano s'adresse à lui : « avec une poésie céleste, tu fais adorer la religion que tu as saluée dans tes hymnes solitaires »[21]. Mais le Crucifix que Lamartine « a recueilli sur la bouche expirante » de Mme Charles, n'a rien à voir avec la croix mutilée d'Herculano, même si les admirateurs de ce dernier ne cessaient de l'appeler « notre Lamartine »[22]... Il ne traduira, en fin de compte, que quelques vers secondaires du poète français[23].

---

18. Voir Fidelino de Figueiredo, *Historia da Literatura Romantica Portuguesa*, p. 92. Voir aussi V. Nemésio, *Relações Francesas do Romantismo Português*, pp. 114 s.

19. Herculano, « Deus », *Poesias*, p. 90.

20. Lettre du 15 septembre 1838, Garrett, ed. *O.C. II*, 798.

21. Herculano, *Poesia-Imitação-Belo-Unidade*, in *Opusculos* IX, p. 34.

22. Anonyme, in *Revista Literaria* (1842), V, 357.,

23. « Vers à mon chardonneret », « A Costureira e o Pintasilgo », *Poesias*, p. 331.

En mars 1838, dans la revue *Panorama* qu'il dirigeait et qui connaissait un énorme succès auprès d'un public nouveau, avide de lecture, Herculano publiait sa première nouvelle historique, récit assez mince d'un acte héroïque accompli au XIVe siècle[24]. Depuis l'année précédente, il publiait dans les pages de la revue, des *Quadros da Historia Portuguesa*[25] ; il se risquait maintenant au-delà du domaine de la documentation, cherchant à animer une scène dramatique. En novembre il fera mieux et le récit qu'il publia est déjà divisé en chapitres[26]. Garrett avait commencé son *Arco de Sant'Ana* quelques années auparavant mais c'est Herculano qui, le premier, présenta ce genre littéraire au public. Il publia d'abord des nouvelles, « des légendes et des récits » qui seront réunis en volume en 1851 ; ensuite des romans, dont le premier, *O Bobo*, devait également paraître dans *Panorama*, dès 1843. Ses deux autres romans, *Eurico* (1844) et *O Monge de Cister* (1848), sont parus avant et après le roman de Garrett. Le roman historique naissait donc au Portugal sous la plume des deux écrivains — en même temps et dans le même cadre idéologique.

Garrett se défendait d'avoir fait œuvre d'historien et son roman était lié à la polémique politique de l'époque : la vie publique de Garrett, voire ses engagements, commandaient dans une large mesure sa production. Herculano était beaucoup plus libre, ses efforts étaient plus concentrés : bibliothécaire, il avait une formation et une patience d'archéologue et l'histoire était pour lui l'instrument le plus utile de la réforme nationale. Le VIIIe siècle d'*Eurico*, aussi bien que le Xe, le XIe, le XIIe, ou le XIVe siècles des autres nouvelles ou romans, constituent son domaine chronologique ; ils correspondent à une théorie médiévaliste de l'histoire nationale. Seul un drame très conventionnel, écrit en 1838[27], se situe à la fin du XVIe siècle, dans une période de résistance à l'occupation espagnole, mais alors Herculano hésitait encore sur le chemin à prendre.

On a vu dans certains romans d'Herculano l'influence directe de *Notre Dame de Paris*[28], mais le parallèle abusif a pu être facilement

---

24. HERCULANO, *O Castelo de Faria*, in *O Panorama* du 24 mars 1838, recueilli in *Lendas e Narrativas*, I.

25. HERCULANO, *Quadros da Historia Portuguesa*, in *O Panorama*, 1837-38, numéros 7, 17, 23, 37, 41, 60, 61 et 71.

26. HERCULANO, *Mestre Gil*, in *O Panorama* du 10 novembre 1838.

27. HERCULANO, *O Fronteiro de Africa*, joué le 28 octobre 1838 à Lisbonne ; publié à Rio de Janeiro, 1862.

28. Teofilo BRAGA, *Historia do Romantismo* (Lisbonne, 1880), p. 305.

détruit sans qu'il vaille la peine d'y revenir[29]. Pour Herculano, Walter Scott seul comptait comme modèle — « l'immortel Scott, modèle et désespoir de tous les romanciers »[30]. Sa démarche idéologique était la même, en apparence du moins, car il s'agissait de remonter dans un passé national, dans « les époques poétiques de notre pays ». « Pauvres, faibles, humiliés, après d'aussi beaux jours de puissance et de renommée, que nous reste-t-il hormis le passé ? »[31] Herculano posait cette question douloureuse en 1843, en pleine dictature « cabraliste ». Son état d'esprit était alors comparable à celui de Garrett reprenant *O Arco de Sant'Ana* — ou pire encore, car pour lui, chartiste idéaliste, la restauration brutale de la Charte, en 1842, avait été un crime.

Derrière les évocations nationales communes à Herculano et au romancier écossais, il y avait pourtant deux situations historiques dont la différence a déjà été mise en lumière[33]. Comment la nouvelle vision libérale pouvait-elle accepter la chevalerie féodale dont les exploits constituent l'axe de ces récits ? D'un côté se trouvait le monde ancien, de l'autre le monde moderne... L'aristocrate Scott évoluait dans son milieu naturel : lorsqu'il mettait en scène des châteaux d'Ecosse, il parlait de sa caste ; Herculano, par contre, soulignait les valeurs d'un passé social qui lui était étranger, et auquel s'opposait ce présent que les soldats de l'expédition de Dom Pedro étaient venus instaurer. Garrett avait peut-être raison lorsqu'il parlait du goût réactionnaire du gothique. Il faut d'abord remarquer que le présent portugais était tombé en de mauvaises mains (souvenons-nous des « barons » de Garrett...) ; de plus, dans le domaine des symboles, ces personnages, venus tout droit des romans de chevalerie, remplaçaient ceux de la Rome antique — paradigmes de l'honneur dont aucune conjoncture politique ne saurait faire changer le rôle social. A la tête de ces chevaliers il y avait le roi, gage suprême de la justice et de la liberté. Et les vaillants compagnons de Dom Pedro, n'étaient-ils pas des paladins, nouveaux chevaliers à l'intention desquels on avait même restauré un ordre de chevalerie du XVe siècle ?...[34]

---

29. Voir V. Nemesio, *Relações Francesas*..., pp. 98 et suivantes.

30. Herculano, *Eurico*, note n° 1 (ed. critique s/d) p. 265

31. Herculano, *O Bobo* (Lisbonne, 1878), p. 13 et 14 (15e ed.).

33. Voir A.J. Saraiva, *Herculano e o Liberalismo em Portugal*, pp. 194 et suivantes. L'ébauche de cette idée se trouve dans Oliveira Martins, *Portugal Contemporaneo*, II.

34. Ordre de la Torre e Espada de Valor, Lealdade e Merito.

Le moment n'était pas encore venu de s'occuper d'eux. Un genre littéraire à peine né plongeait ses racines fragiles non dans l'observation de la réalité mais dans l'érudition. Les scènes de la vie contemporaine n'attireront l'attention des romanciers portugais que plus tard, dans le cadre d'une deuxième génération romantique — qui n'abandonnera pas pour autant la veine historique. Certains disciples d'Herculano porteront ses couleurs tard dans le siècle, prêts à dépasser, comme son fidèle admirateur Rebelo da Silva, les sévères limites chronologiques imposées par le maître, pour pouvoir approcher les mœurs plus aimables du XVIIIᵉ siècle[35].

Dans l'exploration du présent, à côté de l'exemple des *Viagens* de Garrett, il faut pourtant placer une longue nouvelle d'Herculano, *O Paroco da Aldeia*, commencée en 1835 ou 1836, terminée en 1844 et publiée en 1851. Des souvenirs d'enfance mêlés à un sentiment religieux diffus, dans un milieu rural et pur, où un vieux curé s'occupe à la fois de l'âme et des problèmes domestiques de ses ouailles, y sont tissés à travers la trame d'une très mince histoire. Ce schéma fera souche et nous le verrons se reproduire vingt ans plus tard. Par son expression sensible, ce roman fragile est proche des poésies d'*A Harpa do Crente* : la même harpe et les mêmes croyances y vibrent ou s'y affirment. Le soleil couchant, la grande croix plantée au milieu du parvis de l'église, dans « son silence éloquant », le retour des champs (un Millet avant la lettre...), tout le sentimentalisme occidental est là, dans cette nature douce et dans ce catholicisme heureux et paternaliste. La « saudade » ajoute encore au tableau. « Ah, que la philosophie est triste et aride ! » devant tant de beauté naturelle, au sein de « l'immensité de Dieu » — s'exclame Herculano[36].

Eurico, o Presbitero vient pourtant altérer cette vision idyllique qu'il remplace par une sorte d'approfondissement idéal d'une situation terrible et mortelle.

Au contraire d'*O Monge de Cister*, dont la composition romanesque traîne et hésite, ou d'*O Bobo*, bien bâti comme un roman d'influence scottienne, *Eurico* se présente comme une « chronique-poème, légende ou quoi que ce soit »[37], d'après le classement incertain de l'au-

---

35. L.A. Rebelo da Silva, *A Ultima Corrida de Touros em Salvaterra*, 1848 ; *A Mocidade de D. João V*, 1851 ; *Lagrimas e Tesouros*, 1863, *De Noite Todos os Gatos são Pardos*, 1874.

36. Herculano, *O Paroco de Aldeia* (1835-36 - 1844, pb Lisbonne 1851), *in Lendas e Narrativas*, II, 105.

37. Herculano, *Eurico*, préface.

teur ; mais non comme un roman historique, ou un poème en prose, genre qu'Herculano considérait comme trop ambitieux pour lui. D'ailleurs l'écrivain n'admet la possibilité de composer des romans historiques qu'à partir d'une époque postérieure, qu'il situe après le VIIIᵉ siècle, sinon après le Xᵉ — temps semi-barbares qu'il voyait explorés par un de ses disciples de la première heure, Oliveira Marreca. A propos de celui-ci, il parle de du Monteil qui avait « popularisé » l'étude de cette période[38]. De toute façon, la période visigothique correspondait pour lui « aux temps homériques de la Péninsule »[39].

Dans *Eurico*, les coordonnées de la création d'Herculano se rassemblent et s'accordent. La poésie lyrique et la poésie épique, la sensibilité mystique, la science de l'historien et son rêve de donner un caractère mythique à la société chrétienne de la Péninsule — voilà autant de vecteurs de cet ouvrage célèbre. On y trouve enrore le problème du célibat sacerdotal : l'auteur lui-même attire notre attention sur ce fait dans sa préface, *Eurico* et *O Monge de Cister* constituant les deux volets fort inégaux du *Monasticon* dont le sujet central est la vie solitaire du moine. Mais cela n'est somme toute que secondaire et les comparaisons trop fréquentes entre *Eurico* et *Jocelyn* de Lamartine sont à peine valables pour le sujet[40].

Eurico se garde d'être une œuvre à thèse (comme l'est, dans une certaine mesure, *O Arco de Sant'Ana* de Garrett) et c'est au-delà de son interprétation sociologique immédiate qu'il faut chercher les raisons d'une renommée qui dura fort longtemps. Les lecteurs romantiques de la deuxième génération ont déjà trouvé ce roman dans les bibliothèques de leurs parents : ils l'ont lu et ont pleuré sur ses pages. « Nous avons tous grandi avec ce livre », avouera un chroniqueur de la génération suivante[41] ; « *Eurico* n'a pas eu d'admirateurs, il a eu des fanatiques », déclarera Julio César Machado, feuilletonniste célèbre des années 60. Une première édition, en 1844, une réédition trois ans plus tard, quatre éditions dans les années 50-60, huit réimpressions jusqu'en 1880 — ces chiffres font état d'un succès sans précédents, que l'œuvre de Garrett elle-même n'a pas connu.

38. HERCULANO, *Lendas e Narrativas*, préface, I, p. VIII. Oliveira MARRECA (1805-1889) a publié *O Conde Soberrano de Castela in O Panorama* (1844).

39. HERCULANO, *Eurico*, note n° 1, p. 266.

40. Voir V. NEMESIO, *Relações Francesas...*, p. 66.

41. Zacarias d'AÇA, *Lisboa Moderna* (Lisbonne, 1907), p. 96.

Que se passe-t-il dans cette « chronique-poème », située au moment de la chute de l'empire wisigoth de la Péninsule devant les armées arabes ? Un fond événementiel, coupé de batailles, d'alliances, de trahisons, de vengeances barbares, dans le contexte d'un bouleversement historique, enveloppe Eurico, le « héros du malheur » — ancien noble de la cour devenu prêtre devant l'impossibilité d'un amour trop élevé pour sa condition. Dans son refuge de prière et de poésie, Eurico n'oublie pourtant pas la patrie en danger et vient se battre, « chevalier noir » presque légendaire, contre arabes et traîtres, semant la terreur autour de ses armes invincibles et ensanglantées... Toujours anonyme, il sauvera sa belle, prisonnière des arabes (c'est là une aventure admirablement racontée, un des sommets du genre) ; il sera son gardien, dans le camp de son frère, le nouveau roi des wisigoths engagés dans les premiers pas de la Reconquête. Et voilà que le poème d'amour et de malheur reprend son cours et son souffle profond.

En effet, *Eurico* est une romance de chevalerie et d'aventures historiques prise entre deux parenthèses : les méditations d'un prêtre malheureux que le désespoir, la rage et la jalousie continuent d'habiter, dans son ermitage au bord de la mer, et la rencontre impossible avec une femme perdue dix ans auparavant. Eurico se lamente dans des poèmes qu'il compose toujours pendant la nuit, au coucher ou au lever du soleil — ce soleil « ennemi des rêves de l'imagination » qui « nous appelle à la réalité (...) si triste »[43]. Ressentant alors la « saudade » de Hermengarda, il demande à Dieu la paix et l'oubli car il sait que, dans sa condition, se souvenir est un crime. Il ne commettra pourtant pas un crime plus grave et irrémédiable et il aura la force de renoncer au bonheur. Mais sans se résigner : mêlé au sort de son peuple, il se fera enfin tuer. Quant à Hermengarda, elle sombre dans la folie, comme Ophélie délaissée... C'est une figure de femme romantique, telle que la comprend Herculano, une sorte d'ange, un intermédiaire entre le ciel et la terre ».

Mais le dernier chapitre d'*Eurico*, où les sentiments se développent et explosent, prend une énorme importance dans le cadre phénoménologique du romantisme portugais. Tout comme *Folhas Caidas* de Garrett, cette œuvre est une plaque tournante. Une grande part de l'idéologie romantique nationale y prend son élan, sans jamais pourtant parvenir à sa hauteur.

---

43. HERCULANO, *Eurico*, V, p. 67.

Ni Lamartine ni Chateaubriand (ni Walter Scott, ni Victor Hugo qu'on a évoqué à tort, à propos de Claude Frollo) n'ont atteint ce ton hérité du roman « gothique » et de la poésie allemande. Le pouvoir de souffrance d'Eurico, le sens du « terrible » et du « profond » que nous avons entendu Herculano lui-même réclamer, font de ce personnage une sorte d'être idéal, de « substractum » étranger à tout réalisme et à toute physiologie — à l'envers des créations de Garrett. Et les images de cette « chronique d'amertumes »[44] grandissent sous les yeux du lecteur ému. Hermengarda a été « une étoile momentanée (...) tombée dans l'abîme », un frêle arbuste... Son visage était toujours présent à son amant « dans le pâle reflet de la lune » — comme « sur une hostie du sacrifice »[45]. Ce symbolisme hérétique, aux couleurs nocturnes, évoquait la mort, thème par ailleurs cher à Herculano. Et Eurico nous apparaît comme un mort-vivant : « Sais-tu, Hermengarda, ce que signifie passer dix ans attaché à son propre cadavre ? »[46]...

Eurico dépasse les cadres de la science historique : Herculano s'adonne à sa fantaisie, ou aux fantômes de son imagination. Oserons-nous voir dans le sort de son héros une transposition prémonitoire de son propre sort — enterré vivant dans sa ferme, par dégoût d'une société bouleversée qui était, somme toute, la seule passion possible pour un caractère tel que le sien ?

Herculano a servi cette société sous la forme méthodique et désintéressée qui convenait à son tempérament et, des « tableaux historiques », il est passé à l'histoire, science qu'il devait créer dans son pays, faisant suite à ces moines érudits que lui-même, soldat de Dom Pedro, avait aidé à déposséder. Créer les structures d'une instruction publique qui ne serait plus le fief des couvents fermés, comme il a essayé de la faire, trouvait une équivalence dans cette structuration d'une recherche historique à laquelle il s'est consacré depuis l'âge de vingt-sept ans. L'édition de chroniques anciennes[47], et la publication de *Portugaliae Monumenta Historica*, recueil de documents puisés dans les archives du royaume, à partir de 1853[48], garantissent la profondeur

---

44. Id., Ibid. préface, p. VI.

45. Id., Ibid. 273.

46. Id., Ibid. XVIII, p. 232.

47. *Cronica de El-Rei D. Sebastião* par Frère Bernardo da CRUZ (avec la collaboration d'A.C. PAIVA), Lisbonne, 1837 ; *Anais de D. João* III par Frère Luis de SOUSA, Lisbonne, 1844.

48. *Portugaliae Monumenta Historica* ont été publiés sous la direction d'HERCULANO entre 1856 et 1873.

d'un travail qui l'a conduit à réaliser les quatre volumes d'une *Historia de Portugal* axée sur une problématique moderne.

Le premier volume de l'*Historia* d'Herculano paraît en 1846. Cependant, en 1842, l'écrivain avait publié dans une revue cinq lettres sur l'histoire du Portugal[49], dans lesquelles il marquait sa position théorique en établissant un programme de travail. En 1840, nous l'avons vu approuver Garrett, chroniqueur du royaume, qui avait choisi de s'appuyer sur l'autorité de Guizot et de Thierry. Celui-ci avait écrit quinze ans plus tôt (1827) des *Lettres sur l'Histoire de la France*, et il faut sans doute y chercher une des sources idéologiques d'Herculano qui voulait aussi, comme il le dira plus tard, produire « une histoire du peuple et de ses institutions, quelque chose dans le genre de l'*Histoire du Tiers Etat* de Thierry »[50]. Les *Cartas* d'Herculano contiennent une définition de l'historiographie qui s'accorde à celle que l'on décèle chez les deux historiens français. Déjà dans un texte peu cité de 1841[51], Herculano en appelait à la nécessité d'« un cri de révolte contre l'« archi-fausse » dénomination d'histoire donnée exclusivement à un complexe de biographies, de chronologies et de faits militaires ». Il écrivait alors le compte-rendu d'un ouvrage de droit public qu'il considérait comme un travail de pionnier[52] — dans un pays où « l'on ignorait l'histoire de la ville, non celle de ses maires, mais celle de ses citoyens ». Nous savons déjà combien il détestait les héros : à l'histoire des individus il opposait donc l'histoire de la société ou du peuple. Cela ne pouvait évidemment pas se passer d'une philosophie — mais il affirmait aussi que « dans la république des lettres portugaises l'érudition est plus courante que la philosophie »[53]...

Herculano, disciple de l'école « historique », voyait la société comme un organisme vivant engagé dans un processus permanent de déduction naturelle. Mais, en même temps, sa formation dans l'idéalisme kantien, l'amenait à considérer la nation comme un lieu somme toute abstrait où se développaient des consciences individuelles. Il ne s'est pas rendu compte de la contradiction entre cet individualisme

---

49. In *Revista Universal Lisbonense* (1842). *In Opusculos* V, p. 33.

50. Déclaration d'HERCULANO à Oliveira MARTINS, in *Portugal Contemporaneo*, II, 322.

51. *In Revista Universal Lisbonense* du 28 octobre 1841.

52. M.A. COELHO da ROCHA, *Ensaio sobra a Historia do Governo e da Legislação de Portugal para servir de Introdução ao estudo do Direito Patrio* (Coimbre, 1838).

53. Voir Note n° 51.,

absolu qui constitua toujours le fond de sa pensée et de ses sentiments, et la doctrine « naturaliste » qu'il suivait par esprit scientifique. Peut-être était-il trop tôt pour éclairer cette dualité que nous verrons préoccuper Oliveira Martins, dans la génération qui succéda à celle d'Herculano[54]. Mais, toujours dans le cadre de la philosophie de l'histoire, Herculano s'intéressait énormément au rôle pédagogique que l'historiographie devait jouer, « science utile par son application » actuelle — surtout au Portugal où elle surgissait au seuil d'une société en transformation qui cherchait ses racines sinon sa justification.

Herculano n'a pas manqué de remarquer, en 1849, que « les révolutions politiques du demi-siècle qui venait de s'écouler, avaient accompagné, avec leur propre progrès, les progrès admirables que la science de l'histoire avait accomplis en même temps ». Et il ajoutait : « En apparence, il s'agit de deux phénomènes d'ordre différent, mais, dans la réalité, il sont homogènes et liés »[55]. Tout comme la littérature, l'historiographie entrait dans une situation globale dans laquelle le romantisme trouvait sa définition : elle devait même éclairer la philosophie politique de l'actualité. Le moteur pédagogique d'Herculano était pareil à celui qui explique les démarches et les options de Guizot lorsque celui-ci cherchait les rapports entre « les conditions sociales »[56], ou celles de Thierry, lorsque cet historien s'occupait du « progrès des masses populaires vers la liberté et le bien-être »[57].

Au Portugal, où les problèmes (et les affaires) pressaient, la première recherche historique d'Herculano (1843) devait concerner les biens de la couronne et les charges de privilèges[58]. Il y annonça des études sur le Moyen Age portugais qui se transformeront en une histoire générale des origines jusqu'à la fin du XIIIe siècle, époque où s'amorce une transformation sociale. A l'idée d'une histoire du Tiers-Etat et de ses institutions est venu s'ajouter un dossier de documents qui conduisit Herculano à écrire une histoire politique plus vaste. Cette histoire

54. Voir A. J. SARAIVA, *Notas sobre o lugar de Oliveira Martins na evolução da cultura portuguesa*, in *Para a Historia da Cultura em Portugal* (Lisbonne, 1946), pp. 222 et suiv. Sur les idées kantiennes d'HERCULANO voir également Joaquim BARRADAS de CARVALHO, *As Ideias e o Liberalismo em Portugal* (Lisbonne, 1949). 1949) et A. J. SARAIVA, *Herculano e o Liberalismo em Portugal* (Lisbonne, 1949).

55. HERCULANO, *Historia de Portugal* (Lisbonne, 1849), VI, p. 11 (7e ed.).

56. Voir GUIZOT, *Essais sur l'Histoire de France*, 4e essai (Paris, 1823).

57. Voir A. THIERRY, *Lettres sur l'Histoire de France*, Lettre première (Paris, 1827).

58. HERCULANO, *Apontamentos para a Historia dos Bens da Coroa e Forais*, (1843), in *Opusculos* VI, pp. 195 et suivantes.

est structurée comme une lutte de classes qui doit connaître une issue progressiste avec la victoire de la bourgeoisie municipale à laquelle correspond la bourgeoisie libérale du XIXᵉ siècle. Herculano ne peut encore voir cette lutte qu'à travers ses aspects politiques et juridiques : le point de vue socio-économique ne pouvait évidemment pas entrer dans les schémas de sa formation scientifique. Mais les jeux politico-juridiques auxquels il conviait le peuple portugais étaient essentiellement limités sinon déterminés par les concepts d'une philosophie allemande de l'histoire qu'il citera toujours volontiers, parallèlement aux principes de ses maîtres français. Ce concept est celui de l'esprit national, le *Volksgeist* hégélien qui se définit à côté de la « race » de Thierry et qu'Herculano essaye de traduire par un mot plus faible : *indole* ou *indole social*[59]. Cela le conduit à une exigence de logique dans le développement des sociétés, et de la société portugaise en particulier, exigence qui lui fait condamner toute déviation et toute contradiction (la Renaissance, par exemple, en tant que processus de centralisation du pouvoir contre la situation « municipaliste » du Moyen Age) et l'amène à formuler des jugements moraux dont il exclue pratiquement toute considération temporelle. On a déjà remarqué que cette position était frappée par l'esprit religieux de l'historien, féru d'absolu, c'est-à-dire d'ordre et de principes[60].

Juge sévère de la vie contemporaine, Herculano étendait cette sévérité, dont sa propre vie publique et privée se portait garante, à l'histoire du passé. On dirait même qu'il était porté à confondre le passé et le présent (sinon l'avenir sur lequel il n'osait pas moins lancer des vues prophétiques) dans une même vision passionnée de justicier.

Le prétendu « miracle d'Ourique », apparition céleste de la croix au premier roi du Portugal, avant une bataille décisive pour l'indépendance toute récente de la patrie, sorte de mythe tabou des croyances historiques nationales, fut alors détruit par Herculano. L'église ayant levé ses boucliers contre l'historien iconoclaste, il s'est lancé dans une polémique féroce que rien n'arrêtera plus[61], et qui servira toute une campagne anti-cléricale allumée, comme nous le verrons,

---

59. Voir HERCULANO, *Cartas sobre a Historia de Portugal in Opusculos* V (Carta V), p. 134 ; *Historia de Portugal*, Vol. VI, p. 90 ; lettre à Oliveira MARTINS du 10 décembre 1870, in *Cartas* I, p. 216.

60. Voir A. J. SARAIVA, *Herculano e o Liberalismo em Portugal* (Lisbonne, 1959), p. 109 et suivantes.

61. HERCULANO, *Eu e o Clero* (1850), *A Batalha de Ourique* (1850-51), *A Reacção Ultramontana em Portugal* (1857). *A Herança e os Institutos Pios* (1859), in *Opusculos* III et X.

dans les années 50. Les adversaires d'Herculano, représentants naïfs, stupides ou malhonnêtes d'une pensée réactionnaire que le cabralisme avait aidé à se développer, ont été terriblement malmenés par l'historien, et c'est dans le processus de cette lutte sans merci qu'il faut placer l'histoire *Da Origem e do Estabelecimento da Inquisição*, sa dernière grande œuvre, trois volumes publiés entre 1854 et 1859, dont l'intention politique fut avouée avec force[61] (a).

Encore une fois, et plus que jamais, il s'agissait de mettre l'histoire au service de l'actualité. Le mécanisme des négociations entre Jean III et le Saint-Siège est démonté d'une façon minutieuse et irréfutable dans ce travail. Même au-delà des raisons polémiques de l'historien, le romantisme se devait de prendre pour cible ce roi qui a accéléré le processus de la décadence morale et physique de la nation et qui l'a fait par le truchement d'une action à la fois tyrannique et cléricale.

Mais la conception du Moyen Age comme une période exemplaire de la création nationale, conception sur laquelle Herculano appuyait l'édifice tout entier de son histoire, se mettait au service des rêves médiévaux des romantiques portugais. Le « gothique » n'était plus une arme secrète de la réaction, comme Garrett l'avait supposé, mais l'expression d'une action sociale que le Christianisme éclairait et qui tendait noblement à façonner et à outiller une nation rajeunie. « La virilité morale de la nation portugaise s'est complétée à la fin du XVe siècle »[62]. Cette affirmation d'Herculano prêtait une justification scientifique à la défense sentimentale des chevaliers sans peur et sans reproche de ses romans — de cet Eurico, héros des champs de bataille où l'on se battait au nom de la Sainte-Croix. L'*Historia* d'Herculano était l'histoire de la « nationalité » de Mme de Staël, ou de la « Volkstum » de Jähn, que le romantisme aurait pu, ou aurait dû concevoir.

Du fait de ses apports positifs, le Moyen Age se présentait comme un cycle dont les valeurs devaient être réintégrées à la culture. Période d'équilibre entre les deux principes dynamiques qu'Herculano décèle dans l'histoire des nations, l'inégalité et la liberté, le Moyen Age propose une leçon dont les portugais ne sauraient se passer. La question était de savoir comment en tirer profit.

Dans l'*Historia de Portugal*, l'écrivain a exposé ses idées sur le sens de l'histoire. Chez lui, l'histoire devient une chose vivante qu'il faut savoir analyser pour pouvoir ensuite organiser une synthèse, et,

---

61 a. HERCULANO. préface 3e ed. d'*Historia de Portugal* (I, 8 ; 9e ed.).

62. HERCULANO, *Cartas sobre a Historia de Portugal*, Carta V, *in Opusculos* V, 131.

surtout, pour pouvoir en tirer une leçon. Mais leçon ne veut guère dire imitation : l'exemple des ancêtres est dynamique et non pas statique. Aucun retour en arrière n'est proposé, loin de là, mais une sorte de restauration, « conformément à l'illustration du XIXᵉ siècle », d'institutions anciennes — et surtout de cette structure municipale décentralisée qui se trouve dans le caractère, dans l'esprit, dans l'*indole* de la nation. Tel est le credo absolu de l'historien — et c'est pourquoi Herculano destinait ce travail, œuvre de sa vie, à être lu et médité par un jeune prince qui allait régner sur le Portugal.

Il l'a avoué en 1863, dans sa préface à la troisième édition, sorte de testament moral — document impressionnant témoignant d'une situation extrême. Car Herculano aimait vivre des situations extrêmes. « Le plaisir de l'horreur », « la terreur », les « profondeurs » et les « abîmes » dont il parle volontiers, constituent vraiment le climat moral et psychologique dans lequel il se complaît. Au contraire de Garrett, il tient au sérieux de ces sentiments et de ces impressions. Chez lui, les figures de rhétorique du romantisme sont vraiment vécues, en toute sincérité.

Dans ces pages écrites à cinquante trois ans, alors qu'il ne produisait plus que de rares textes d'intervention polémique dans les problèmes nationaux, Herculano exprime toute son amertume et tout son orgueil. « J'ai disputé (écrit-il) chaque empan de ma vie intellectuelle »[64]. Il se voyait entouré de médiocrité et de méchanceté ou, pire encore, d'hypocrisie — « l'anémie de l'âme ». Il voyait aussi la faiblesse suprême de ses compatriotes qui n'avaient pas suffisamment de force pour « oser le bien », ni pour « pratiquer le mal avec assez de franchise »[65]. Sa philosophie politique, ses vues sur l'instruction publique se dissolvaient devant une aboulie collective. Pour lui, la liberté était une donnée de la conscience, de la conscience kantienne, base de la vie morale et sociale — et ses contemporains, eux, n'avaient précisément pas de conscience...

Il les avait servi sans demander rien en retour. Un petit poste à la bibliothèque d'Ajuda, une ferme achetée avec le produit de son travail — c'était tout, et quelle différence avec cette foule de quémandeurs, les « devoristas » du régime ! Même son travail, il le donnait volontiers pour rien. En 1851, Herculano se battra contre la convention des droits d'auteur défendue par Garrett. Cet homme essentiellement individualiste prendra alors un curieux parti à la fois sociali-

---

64. Id., Ibid. Préface vol. I (3ᵉ ed.), p. 10.
65. Id. Ibid., p. 13.

sant et idéaliste : il prônera une « loi des récompenses nationales »
(des prix, sinon des primes, des pensions académiques, des entreprises littéraires et scientifiques du gouvernement, voire « des charges
destinées, inventées peut-être, rien que pour assurer le pain aux hommes de lettres »)[66] en même temps qu'il se dressera contre l'idée que
« des phrases, des mots assemblés d'une certaine façon », des « efforts
immatériels » en somme[67], puissent être la propriété de quelqu'un.

Seize ans plus tard, il écrira que « les idées ne peuvent appartenir à personne » et que « la propriété littéraire ne peut être qu'une
chimère »[68]. Il cédait alors à titre gracieux les droits de traduction en
français de son histoire de l'Inquisition, comme il l'avait déjà fait pour
Eurico. Vers cette époque, il n'attendait plus rien de ses contemporains. Et encore moins en 1872, lorsqu'il insiste sur son point de vue[69].

Il serait difficile de marquer le moment où Herculano a cessé de
croire à la société portugaise libérale. Courroucé par la révolution
septembriste, par le Cabralisme ensuite et, enfin, par les habiletés
politiques de la Regénération, pour laquelle il avait étudié des réformes sérieuses[70] (« Pauvres hommes pratiques ! Pauvres hommes
d'Etat ! »)[71], il pouvait encore espérer une sorte de rédemption dans la
personne du jeune Pierre V. La mort de celui-ci, en 1861, fut la goutte
qui fit déborder le calice d'amertume. En pleurant derrière son cer-
cueil, il pleurait sur le sort catastrophique de la patrie.

Le temps avait pour cet historien scientifique une valeur absolue :
ayant dû interrompre ses travaux de recherche aux Archives Nationales à cause d'un acte malveillant du ministre[73], Herculano estimait

---

66. HERCULANO, *Da Propriedade Literaria...*, in *Opusculos* II, 88.
67. Id., Ibid. 169.
68. Voir lettre du 7 août 1867 (date du cachet de poste) adressée au comte Léon
    de CHARENGES-LUCOTTE, in *Coloquio* n° 48, Lisbonne avril 1968.
69. HERCULANO, *Da propriedade literaria...*, Apendice, in *Opusculos* II, p. 117.
70. Voir A. J. SARAIVA, *Camilo Desconhecido* 1851-1853 (Porto, 1953).
71. HERCULANO, *Historia de Portugal*, préface 3ᵉ ed., p. 9.
73. Le ministre de l'Intérieur, Rodrigo F. MAGALHAES, dont il était devenu l'ennemi
    après le coup d'état de 1851 a nommé en mars 1856 à la direction des Archi-
    ves Nationales (Torre do Tombo), J. J. da COSTA de MACEDO qu'HERCULANO avait
    dû faire démissionner de l'Académie des Sciences pour des motifs très graves.
    L'historien a pris cela comme une offense personnelle et, démissionnant de
    l'Académie, il a pris la décision de ne plus revenir aux Archives - ce qui lui
    a fait interrompre ses recherches pour l'*Historia de Portugal*. En octobre 1857,
    MACEDO ayant été mis à la retraite par un nouveau ministre, le marquis de
    LOULÉ, HERCULANO a repris ses travaux des *Portugaliæ Monumenta Historica*.

qu'il était trop tard pour recommencer, quelques mois à peine plus tard, lorsque le ministre fut remplacé. Chez lui le temps psychologique l'emportait sur toute notion réelle car sa réalité personnelle était imprégnée d'un sentiment d'orgueil qui ne saurait être que catastrophique. Là encore nous trouvons un effet secondaire de son esprit religieux.

Pour Garrett, les gens de son pays « n'étaient pas grands »[74] ; pour Herculano, les Portugais « avaient épuisé leur sève morale »[75], mais lui seul avait des visions pessimistes qui allaient au-delà d'une mauvaise humeur d'occasion. La remarque qu'il faisait était profondément ressentie : il dira sur son lit de mort qu'autour de lui tout lui donnait l'envie de mourir.

Oliveira Martins verra en Herculano un « dernier et importun Jérémie »[76], au terme du romantisme qui se mourait avec lui, à la fin des années 70 ; nous pouvons peut-être voir en lui la figure même de Cassandre, au commencement du romantisme portugais.

Ce n'est qu'une façon de parler. En langage plus conventionnel, un célèbre académicien brésilien dira, quelques jours après sa mort, qu'il était « la sévère personnification de la pensée scientifique et de la morale chrétienne »[77] — et il avait lui aussi raison. Déjà un romantique portugais, politicien et dramaturge trop célèbre, l'avait comparé à « l'aigle des rochers » dont il aurait la force. Garrett, lui, avec sa grâce, serait « le cygne du lac »[78]...

L'antinomie saute aux yeux, lorsqu'on parle de ces deux hommes — et il serait difficile de parler de l'un sans éprouver le besoin de parler de l'autre, même si l'on résiste à la tentation naïve de prendre rétrospectivement parti. La méthode surannée des « parallèles littéraires » aide quelquefois à voir un peu plus clair, sinon chez chacun des éléments que l'on compare, du moins dans l'ensemble que l'on considère. A cet ensemble, l'un a donné un portrait quotidien et dramatique, l'autre a offert une image mi-historique, mi-mythique — Garrett dressant les bornes des possibilités lyriques les plus aisées, Herculano élevant la tour d'un passé nécessaire et creusant l'abîme d'une passion

74. GARRETT, *O Arco de Sant'Ana*, préface. Ed. *O.C.* II. 1.

75. Lettre à Oliveira MARTINS du 10 décembre 1870, *in Cartas* I, 209.,

76. Oliveira MARTINS, *Op. cit.* II, 301.

77. Rui BARBOSA, discours dans une séance funèbre réalisée à Bahia, Brésil, en octobre 1877.

78. J. M. MENDES LEAL, *in Revue Lusitanienne*, Lisbonne, mai, 1852.

insatisfaite... Nous n'avons qu'à regarder leurs héros pour comprendre leurs attitudes, voire leurs procédés critiques. Cadavres en sursis tous les deux (et ils le disent clairement, bien que de façon différente), Carlos, après le « climax » de son histoire, se laisse aller à la dérive jusqu'à devenir « baron », tandis qu'Eurico meurt, une fois le « climax » atteint.

Garrett se laisse aller lui aussi ironiquement ; Herculano se terre dans sa ferme comme si elle était sa sépulture — ou la tour d'ivoire d'un juge, sinon le lieu de déportation d'un saint. Nous avons déjà vu chez le premier le portrait supérieur d'un sceptique ; il ne serait pas difficile de voir chez le second le portrait d'un pessimiste.

Herculano pessimiste, homme-volonté qui a choisi de ne plus continuer d'exister, est devenu une sorte de héros mythique du libéralisme portugais. Faisant le bilan de celui-ci, Oliveira Martins l'a très bien compris[79] — dans la mesure même où il n'a pas compris Garrett. C'était sans doute plus facile : les caractères entiers se laissent aisément définir. Mort en 1877, Herculano a accompagné le romantisme jusqu'à sa fin, comme sa conscience. Sa conscience en exil. Sa conscience accusatrice aussi car, comme nous l'avons dit, il n'avait pas le sens de l'humour...

---

79. Oliveira MARTINS, *Op. cit.* II, 283.

CHAPITRE V

PORTRAIT DE DEUX GRANDS DU ROYAUME LIBÉRAL

Une lithographie satirique anglaise de 1834 environ[1] montre Dom Pedro en train de distribuer des grand-croix et des titres de noblesse. On y voit des caricatures portant des noms en surimpression qui dénoncent l'inspiration portugaise de cette charge dont le caractère de « gauche » est marqué par des vers où le « Roi-Soldat » est accusé d'avoir volé la Charte :

> « Oh ! que Rey tam liberal !
> Rouba a Carta e dá Missangas
> Que mais queres, Portugal ? »

D'autres légendes, en anglais, se moquent de cette chasse aux requins avec de tels appâts, et de la bouche du roi lui-même sort une phrase, sorte de morale de l'histoire : « He who can catch have » ou « Quem apanhou, apanhou » — « Au plus fort la poche ! ». Au fond, une ville en ruines que des vautours survolent... La clique des « devoristas » (les « voraces ») ayant participé à l'expédition romantique ou adhéré après coup à la cause constitutionnelle, sont les nouveaux clients d'une situation nouvelle.

Une nouvelle société capitaliste, ou libéro-capitaliste, allait se constituer avec ces bourgeois enrichis par des affaires louches et par l'achat des biens des couvents supprimés ; dans son sein, se précisaient une noblesse et une cour. L'action du marquis de Pombal, ministre des Lumières, quelque soixante-dix ans auparavant, ayant privilégié la haute finance, avait ouvert la voie à une nouvelle aristocratie encore modestement titrée vers le commencement du siècle. Deux barons financiers avaient déjà vu le jour en 1805[2], descendants

---

1. Collection d'Alfredo L. de Gouveia Allen, Porto.
2. Les Barons de Porto-Corvo et de Quintela.

de la bourgeoisie pombaline — mais la porte étroite était maintenant grande ouverte et tout le monde pouvait y passer, négociants et généraux, politiciens et fonctionnaires. Parmi eux se trouvaient également quelques représentants de grandes Maisons séculaires qui avaient abandonné le drapeau de la tradition monarchiste pour suivre celui des temps nouveaux.

Certes, grand nombre de familles importantes avaient lié leur sort à celui de Dom Miguel : les deux seuls ducs portugais, alliés des Bragances, Cadaval et son frère Lafões avaient servi le frère de Dom Pedro, médiocrement d'ailleurs, car ils étaient des hommes médiocres, dépassés par les événements. Cependant, dans une proportion équivalente, d'autres Maisons, et non des moindres, avaient choisi le parti libéral[3].

Les raisons qui ont guidé leur option concernent en certains cas la tradition royale, la légalité : en effet, ils estimaient que la couronne revenait de droit à Dom Pedro et non à son frère cadet. Pairs héréditaires en 1826, ils s'accommodaient fort bien de la situation créée par la Charte ; les idées nouvelles, au fond, ne troublaient pas tellement leurs esprits. C'est le cas du 7e marquis de Fronteira, qui nous a laissé quelque mille cinq cents pages de mémoires d'un intérêt extraordinaire[4].

---

3. Si nous prenons comme base de notre enquête la liste des Pairs du Royaume nommés le 30 avril 1826 conformément à la Charte Constitutionnelle octroyée par Dom Pedro, nous constatons la distribution idéologique suivante, par rapport aux positions assumées dans la lutte entre les deux princes, c'est-à-dire entre les deux prinicpes politiques : *Option Dom Pedro* - 12 marquis : Alvito, Angeja, Castelo-Melhor, Fronteira, Lavradio, Loulé, Louriçal, Nisa (?), Palmela, Ponte-de-Lima, Torres-Novas, Valença ; 20 comtes : Alva, Anadia, Cunha, Ficalho, Funchal, Galveias (?), Linhares, Lumiares, Obidos-Sabugal, Paraty, Penafiel, Porto-Santo, Povoa, Resende, Ribeira-Grande, Rio-Maior, Sampaio, Taipa, Vila-Flor, Vila Real (plus la marquise d'Alorna, les représentants du marquisat de Minas et du comté de Penamacor, titrés plus tard, et le comte de Subserra, qui a été oublié) - total 36 titres. *Option Dom Miguel* - 2 ducs : Cadaval, Lafões (il s'agit de deux frères) ; 13 marquis : Abrantes, Alegrete, Belas, Borba, Chaves, Olhão, Penalva (il s'agit du fils aîné du marquis d'Alegrete), Pombal, Sabugosa, Tancos, V⌐gos, Valada, Viana (il s'agit d'un fils du marquis de Tancos) ; 22 comtes : Almada, Arcos, Barbacena, Belmonte, Bobadela, Carvalhaes, Ceia (il s'agit d'un fils du marquis de Tancos), Ega, Feira, Figueira (il s'agit d'un fils du marquis de Belas), Lapa, Lousã, Mesquitela, Murça (?), Oriola, Peniche (?), Ponte, Rio-Pardo, S. Miguel, S. Vicente, Sintra, Soure ; 2 vicomtes : Asseca, Balsemão (?) (plus le comte de Povolide, frère aîné du comte de Sintra qui a été oublié) - total 30 titres. Tous les ducs, marquis et comtes alors existants se trouvent sur cette liste.

4. *Memorias do Marquês de Fronteira e de Alorna, D. José Trazimundo Mascarenhas Barreto ditadas por ele proprio em* 1861 (pb Coimbre, 1928-1932), 5 tomes.

Arrêtons-nous à ce jeune officier de Dom Pedro. Né en 1802, héritier d'une des plus grandes Maisons du royaume, petit-fils de la marquise d'Alorna (dont il héritera également le titre), Dom José Trazimundo de Mascarenhas a vu le jour dans le plus beau palais des environs de Lisbonne. Enfant, il eut des abbés pour précepteurs ; jeune homme, il suivit la carrière des armes et se trouva quelque peu perdu à travers les péripéties des premières conspirations de Dom Miguel. En 1824 il prend la décision de voyager, habite Paris, fréquente les cercles « ultra », assiste avec enthousiasme à l'entrée solennelle de Charles X (« modèle d'élégance et de manières distinguées »)[5], voit Chateaubriand à la Chambre des Pairs, visite la Hollande et l'Italie. En 1826, il jure la Charte qui vient d'être octroyée — et lui restera fidèle. Il revient alors au Portugal et émigre une seconde fois, en 1828, lorsque Dom Miguel, prince félon, se fait proclamer roi absolu. Le marquis de Fronteira part « pour maintenir sans tache son serment de fidélité à la loi fondamentale de l'Etat et à la dynastie »[6]. Il était l'aîné de sa Maison — il ne pouvait que suivre l'aîné des Bragances ; pour lui, Dom Miguel n'était qu'un fils cadet... Il part donc en vrai légitimiste[6](a) et c'est en vrai légitimiste qu'il revient dans le royaume de Dona Maria II, quatre ans plus tard, les armes à la main, se battre pour les droits de la jeune reine, sous les ordres d'un de ses pairs, le 7e comte de Vila Flor qui deviendra le premier des maréchaux et des ducs libéraux. Après la guerre civile, Fronteira penche un peu du côté de la gauche car il est trop jeune (il n'a pas encore l'âge des « réflexions mûres ») et se sent lésé dans ses droits par une couronne ingrate (« après tant de sacrifices »)[7]. Peu de temps pourtant : les Septembristes (les « patriotes », les « Passos et Cie »)[8] lui font horreur car « ils détruisent l'œuvre immortelle de Dom Pedro »[9]. Tenant à sa fidélité chartiste, il comprend (au contraire d'Herculano, qu'il ne mentionne pas une seule fois dans ses mémoires) que seul un régime de force peut garantir l'ordre — et, à partir de là, devient le plus résolu des « cabralistes ». Ses préférences idéologiques se révèlent alors claire-

---

5. *Memorias do Marquês de Fronteira*, II, 24.

6. Id. II, 171.

6 a. Id. II, 106. Il se réfère au comte de Porto Santo : « grand légitimiste, il avait compris que la légitimité de la couronne du Portugal se trouvait chez Dom Pedro »

7. Id. III, 111.

8. Id. III, 177.

9. Id. III, 188.

ment et expliquent sa fidélité à la reine, cabraliste elle aussi. C'est encore un point de vue monarchique lié à la légitimité du pouvoir royal qui justifie son option, et il accepte le poste de gouverneur civil de la capitale dont son terrible frère assume le commandement de la garde municipale : chef de la « police préventive », responsable de la censure des spectacles, il ne saurait douter que « la Providence lui a donné des forces pour prévenir les révoltes et pour les abattre lorsqu'elles surgissent sur les places de Lisbonne »[10]. Le général Prim, qu'il fit expulser de Lisbonne en 1846, lui dira qu'il était « plus digne d'être le chef indigène d'un village d'Afrique que d'être le maire d'une capitale civilisée »[11]. Mais à ce moment le mot civilisation ne pouvait être employé que par dérision au Portugal. . .

A la chute de Costa Cabral, Fronteira se retire de la vie publique ; dix ans plus tard, il écrit ses mémoires. « Le monde portugais » était devenu pour lui « un monde incompréhensible »[12]. . . Il refusera la couronne ducale en 1878.

Homme d'une seule fidélité, il fut le féal parfait. Il éprouva deux haines profondes dans sa vie : la démocratie de la « populace » et ceux qui tournent casaque — autant dire un peu tout le monde, dans le cadre de la politique portugaise de son temps. . . Cela imprime aux pages de ses mémoires un ton amer et caustique à la fois. Fronteira n'est pas très intelligent ni très cultivé, mais il a le don de l'observation minutieuse et impitoyable et une excellente mémoire ; il n'y va pas par quatre chemins : il dit ce qu'il pense avec une franchise de soldat et un mépris de grand-seigneur. Comme il dictait son texte, son secrétaire devait arranger le style ; on n'en sent pas moins la force de ses phrases. Les mémoires du marquis de Fronteira constituent un document unique pour l'étude de l'époque ; même si d'autres mémoires personnelles ont été écrites alors[13], les siennes ne sauraient en souffrir la comparaison. Dire qu'elles traduisent une pensée ou tout au moins des sentiments réactionnaires n'a certainement pas de sens : Fronteira est un « légitimiste », voilà tout ; cette option seule justifie son action toute entière. Homme du « vieux Portugal », par sa formation et ses goûts, homme à la mentalité féodale à peine dégrossie, on

10. Id. IV, 59.
11. Id. IV, 153.
12. Id. II, 167.
13. Conde de Lavradio, *Memorias* (pb Coimbre, 1932) ; José Liberato Freire de Carvalho, *Memorias com o titulo de Anais para a historia do tempo que durou a usurpação de D. Miguel* (Lisbonne, 1841).

peut se demander pourquoi il ne s'est pas lié au prince qui représentait la ligne la plus pure de la tradition, avant que le problème de la
succession de Jean VI ne se posât. Le portrait qu'il fait de Dom Miguel
et de ses amis explique sa répugnance : au fond c'est une sorte de
plèbe brutale et stupide qu'un seigneur comme lui ne pouvait admettre dans le cadre d'une définition d'honneur aristocratique. Comme
Herculano, il finira par confondre « miguelistes » et « patriotes », l'extrême droite et l'extrême gauche...

Les Mémoires du marquis de Fronteira nous présentent le tableau
de la situation d'une Maison ancienne face aux réformes du pays. Il
vaut sans doute la peine d'écouter ses plaintes et l'expression de son
indignation lorsqu'il s'est vu sans les commanderies de ses ancêtres,
qu'une loi nouvelle supprimait, et dont les rentes atteignaient la
somme de 1 800 livres, plus de la moitié des revenus de sa maison[14].
« Après tant de services et de sacrifices, et au moment même ou triomphait la cause (qu'il) avait défendue avec tant de dévouement »...
C'était de l'ingratitude car, au moment de la crise, les aristocrates
étaient bien nécessaires dans les rangs des émigrants : la légitimité
(et c'est une observation extrêmement importante) « valait alors plus
que la liberté ». La cour, de son côté, avait été encore plus ingrate que
le pays : « les emplois rentables dont elle disposait n'ont pas été donnés
aux aristocrates (qui s'étaient battus) mais à quelques individus qui
ne s'étaient pas donné de peine étant restés chez eux »[15]...

Pour Fronteira, et cela explique ses plaintes, les campagnes de la
Liberté représentaient une sorte d'aventure de chevalerie destinée à
rendre un royaume à une jeune dame et à la fin de laquelle des récompenses devaient attendre les guerriers. C'est ainsi que des commanderies avaient été accordées à sa Maison, au XVIIe siècle, durant la
guerre de libération contre les Espagnols, où les Fronteira avaient
brillé. L'auteur des Mémoires ne saurait vraiment comprendre que
les choses pouvaient ou devaient se passer autrement, deux cents ans
plus tard. Nous verrons qu'il n'avait pas entièrement tort...

Cependant, un autre Grand du Royaume comprenait fort bien que
les vieilles commanderies fussent abolies et leurs biens vendus. Il
s'agit naturellement d'un acheteur. Le comte du Farrobo n'avait pas
rendu moins de services à la cause de Dom Pedro, sans doute même
le service le plus important dont elle avait besoin : il lui avait prêté

---

14. *Memorias do Marquês de Fronteira*, I, 6, et III, 41 (970 000 $ 00/1974). Les
     revenus de la maison Fronteira s'élevaient à 1.700 000 $ 00/1974.

15. Id. III, 41.

des sommes considérables. Farrobo avait misé toute sa fortune et le
crédit dont il jouissait à Londres sur la carte libérale, en 1832, au
moment le plus noir du siège de Porto. L'année précédente, ayant
refusé de participer à un prêt décrété par Dom Miguel, il avait perdu
une petite couronne de baron héritée de son richissime père, en 1817.
C'était alors un jeune homme de seize ans — car il avait le même âge
que le marquis de Fronteira, à un an près. Il faut nous arrêter un
moment à ce personnage clé du nouveau régime ; cette fois encore un
parallèle s'avère utile pour un portrait d'ensemble. La nouvelle société s'est constituée avec l'ancien et le nouveau, les aristocrates et les
parvenus...

Le 2ᵉ baron de Quintela a été fait comte du Farrobo en avril 1833
quand la guerre civile n'était pas encore terminée ; un an plus tard
il était pair du royaume. La première visite de Dom Pedro débarqué
dans sa capitale fut pour lui, dans son hôtel pas très ancien mais qui
était le plus beau du centre de Lisbonne[15] (a). Il a reçu une autre
récompense pour son dévouement à la bonne cause : le monopole du
tabac qui représentait des millions, dans le cadre de l'économie nationale et qui restera toujours lié au système du capitalisme portugais.
Des industries, des mines, des assurances, plus tard des chemins de
fer, composaient l'éventail de l'immense fortune Farrobo qui suppor-
tait des dépenses illimitées : un train de vie princier, des équipages,
des fêtes, des bals, des représentations dans un théâtre privé, de spectaculaires parties de chasse... Lancé dans les affaires et dans la vie
mondaine, Farrobo se tenait pourtant à l'écart de la politique active.
Il avait compris très tôt le rôle de la finance dans les coulisses et déjà
au moment du virage du Vintisme, il avait suivi le chemin le plus rentable. Mais il avait un peu trop confiance en son étoile et il négligea
un procès très lent d'indemnisation relatif au contrat du tabac. L'issue
de ce procès, au cours des années 60, l'accula à la ruine : l'Etat, contrairement à ce qu'il espérait, ne l'a pas soutenu. Il faut reconnaître que,
cabraliste modéré, il n'avait pas assez appuyé le mouvement de la
Régénération, en 1851, malgré les suggestions et les menaces des
auteurs du coup d'Etat, si l'on en croit Fronteira[16].

---

15 a. En 1839 l'hôtel Farrobo était considéré comme « le plus remarquable » de
    Lisbonne, l'hôtel de Porto Covo étant le second et celui du comte de Redondo
    marquis de Borba (maison ancienne, hôtel du XVIIᵉ siècle), le troisième (P.P.
    da CAMARA, *Descrição Geral de Lisboa em* 1839, Lisbonne, 1839 — hiérarchie
    fort discutable mais significative pour les places attribuées aux deux nouveaux
    titulaires financiers.

16. *Memorias do Marquês de Fronteira*, IV, 361.

Mort en 1869, ses années de gloire ont été celles de l'après guerre jusqu'au milieu du siècle, alors que son palais des Laranjeiras, proche du palais Fronteira, était une sorte de paradis où l'on trouvait, outre un théâtre privé, un pavillon aux miroirs et un labyrinthe aphrodisiaque, pour ne rien dire d'un temple grec érigé à la gloire de certain petit pied féminin — car le comte avait aussi des faiblesses fétichistes. Si l'on en croit Mme Rattazzi, « il épousa en secondes noces une parisienne sans fortune qui avait pu chausser une bottine de son idéal en beauté et en minusculisme »[17]...

Farrobo n'a pas laissé de mémoires, bien que, musicien et grand amateur d'opéra, il fut, et de loin, plus cultivé que le marquis de Fronteira. Produit de la nouvelle société, sa fortune datait pourtant du temps de Pombal : l'enchaînement d'une situation, voire du statut bourgeois de la famille Quintela, était bien typique, dans les cadres idéologique et économique des Lumières. Le premier comte du Farrobo n'était donc pas un parvenu : il échappait aux ridicules d'une noblesse improvisée et on ne saurait guère croire Oliveira Martins lorsque, dans le cruel bilan du romantisme que nous avons cité, il voit dans son palais un « eden d'épicier enrichi ». Il était un « dandy », le premier de son temps, par droit de chronologie et de fortune, même si d'autres après lui défraieront la chronique de Lisbonne et de Porto, en tant que produits d'une civilisation nouvelle.

... Le « dandy » pénétrait alors les mœurs patriarchales de la société portugaise, par voie franco-anglaise. Déjà, au commencement du siècle, être « anglais » signifiait être moderne ; maintenant, les expériences de l'émigration soulignaient le caractère étranger de la mode, voire du mode de vivre. Le « dandy » de la société constitutionnelle remplaçait le « marialva »[18] du vieux Portugal. Le roi Ferdinand de Cobourg, prince consort de Dona Maria II, roi étranger, fut le premier de ces « dandies » ; Dom Miguel, prince portugais, avait sans doute été le premier des « marialvas ». « Migueliste » et « marialva » s'accordaient fort bien ; et même de l'autre côté de la barricade, chez des aristocrates libéraux, férus de leurs privilèges, il y avait souvent un « marialva » qui perçait — avec sa vaillance physique poussée

---

17. Princesse Ratazzi, *Portugal à vol d'oiseau* (Paris, 1889), p. 56. Voir également les romans d'Eduardo de Noronha, *O Conde de Farrobo* (Lisbonne, s/d. 1920), *Milionario Artista* (Lisbonne, s/d. 1920) et *A Sociedade do Delirio* (Lisbonne, s/d. 1921).

18. Voir une des premières allusions au « marialva » in *Diario Ilustrado*, Lisbonne le 18 mai 1873.

à l'absurde, son mépris à peine caché pour la culture, son système de valeurs morales qui faisait fi des droits d'autrui, et une sorte d'« hombridad » où la femme ne jouait qu'un rôle d'objet de plaisir...

La femme étant devenue objet de luxe, la définition du « dandy » apparaît : même si le plaisir s'en mêle, la civilisation est également passée par là, et un *quantum satis* de liberté, aussi... Le « dandy » ne néglige pas les femmes ni les modes que le « marialva » réprouve parce qu'elles rendent efféminé : nous avons vu Garrett directeur d'un magazine pour dames, nous aurions pu le voir conseiller les toilettes de Mme da Luz. Voilà le « dandy » supérieur, avec son talent et ses gilets qui ne sont plus rouges... Le « dandy » est, certes, aristocrate, mais il n'a pas nécessairement des préjugés de sang ; dans les cas les plus purs, il ne saurait pas être « snob ».

Si nous disons que le comte du Farrobo est un « dandy », nous ne ferons pas injure au septième marquis de Fronteira en le prenant pour un « marialva », le représentant possible, actuel, du « marialvisme ». D'autres exemples seraient certainement décelables dans la jeunesse dorée du romantisme : même si elle n'a pas été spécialement bretteuse, les taureaux et le fado ont joué un rôle certain dans sa définition. Il y a eu ici une sorte de dégradation par anachronisme ; dans le domaine des « dandies » on ne pourrait ignorer une pareille dégradation, produit, non pas d'un décalage de temps mais d'une sorte de décalage géographique. Importé, le « dandysme », fleur fragile de civilisations plus développées, devait subir quelques adaptations — et bientôt le « dandy » deviendra le « janota », mot portugais qui cache son origine française de « Jeannot » ou « Janot », emprunté au répertoire d'une compagnie théâtrale parisienne populaire à Lisbonne vers 1835[19]. On était, certes, fier d'être « janota », de s'habiller chez les bons faiseurs, de fréquenter les salons, d'applaudir les *prima donne* de São Carlos — mais cela se passait à l'extérieur, n'engageait en rien ceux qui se contentaient de ce titre. Dans la société romantique portugaise le « janota » était, pour ainsi dire, le « dandy » du pauvre d'esprit...

---

19. L'influence du répertoire de la compagnie d'Emile Doux est signalé par J. Pinto de Carvalho-Tinop, *Lisboa de Outrora* (Lisbonne, 1938), I, 234. Remarquons que le personnage de « Janot » joué par Volange en 1778 dans la pièce de Dorvignes *Les Battus payent l'amende* connut un succès immense à Paris : on mangeait alors du potage « à la Janot », on fabriquait des objets « à la Janot », Sévres produisait des statuettes de Janot (que Marie Antoinette appréciait beaucoup), on créa même le verbe « janoter ». Remarquons aussi qu'un célèbre dandy de Lisbonne, neveu du vicomte de Picoas, était connu par le sobriquet « o petit janota », vers 1840.

L'extrême rareté des « dandies » nationaux aussi bien que leurs longs séjours à l'étranger, surtout dans le Paris du Second Empire, comme le mari de la célèbre Mme de Païva[20], caractérise le degré de culture mondaine existant à cette époque au Portugal.

L'écart entre ces deux types de noblesse, l'ancienne et la moderne, se manifeste dans un autre aspect de leurs relations : les mariages. En effet, les alliances ont été assez rares, au moins dans les deux premières générations de l'époque libérale. Fronteira a pris sa femme dans une autre grande famille, et s'il a marié sa fille unique avec quelqu'un de petite noblesse, ce fut pour conserver la prééminence de sa Maison. Farrobo, lui, a fait un mariage d'amour avec une jeune petite bourgeoise italienne et s'il a marié deux de ses cinq filles dans de bonnes maisons, la même d'ailleurs, une autre fille et son fils cadet dans une famille dont la riche héritière avait été mariée à l'héritier Palmela, son propre héritier n'a trouvé femme qu'à l'âge de quarante ans en la fille déjà veuve du duc de Saldanha[21], un des maréchaux de Dona Maria II.

Nous nous trouvons ici devant deux statuts sociaux qui ne se confondent pas dans des alliances arbitraires. La « dorure des blasons », thème courant dans la littérature romantique anti-bourgeoise tardive, ne joue que dans les cas où les vieux blasons ont perdu leur éclat ; c'est quand les maisons sont assez puissantes pour vivre fermées sur leur indépendance que le problème des alliances se pose vraiment. Au Portugal, il est encore trop tôt pour un grand brassage dans ce domaine ; c'est pourquoi il faut créer des titres et encore des titres : quelque 670 en quarante-huit ans (1832-1880)...

Un de ces titres a été donné à Dom Pedro de Sousa-Holstein que nous avons déjà rencontré. Comte en 1812, marquis en 1823, il a été fait duc en 1833. Diplomate, il venait en second après le chef militaire de Dom Pedro, le maréchal duc da Terceira premier titre ducal des libéraux, qui était déjà 7e comte de Vila Flor. Palmela était le représentant d'une Maison très ancienne et très illustre ; son cas est assez spécial et il est difficile de la placer dans le cadre de la nouvelle société dont il a été un des artisans les plus efficaces. N'oublions pourtant

---

20. Antonio da Cunha SOTTO-MAYOR, ministre à Stockolm (1813-1893), Jeronimo COLAÇO de MAGALHAES, de la maison Condeixa (1845-1884), M. PAIVA-ARAUJO qui s'intitulait marquis de Païva et fut le mari malheureux de la « marquise de Païva ».

21. Voir Visconde de SANCHES de BAENA et A. da SILVEIRA PINTO, *Resenha das Familias Titulares e Grandes de Portugal* (Lisbonne, 1883-1890), II, 155.

pas l'extrême soin qu'il a mis à consolider sa maison, à marier ses quatorze enfants. Il exigea pour ses fils un privilège de l'ancien régime, le titre de marquis[22], surveilla leurs alliances et poussa son aîné à épouser une dot, la très jeune héritière de la plus grande fortune nationale. Cela ne se passa d'ailleurs pas sans scandale public[23]. Tout comme Fronteira, Palmela tenait à son rang, au rôle de la noblesse dans la nouvelle société — mais, comme Farrobo, il savait se faire payer ; il alla même jusqu'à ne pas oublier les sommes dues par le gouvernement de Dom Miguel à la maison de sa belle fille, et à les faire payer par le gouvernement de Dona Maria II[23] (a). Une anecdote illustre la personnalité de Palmela, tout en caractérisant les nouvelles mœurs sociales. Castilho, le poète aveugle que nous connaissons, ayant dédié un livre au duc, s'est vu rétribué avec de l'argent. Il a renvoyé la somme reçue avec une lettre respectueuse mais ferme ; ils sont devenus amis par la suite[23] (b). On doit voir dans la première réaction du duc le reflet d'une mentalité ancienne : il a agi comme ses ancêtres l'auraient fait, selon les mœurs de jadis ; mais, ensuite, il a compris l'attitude du poète et s'est plié aux mœurs égalitaires du monde nouveau...

Homme à cheval sur deux époques, jeune homme froid, sinon néo-classique, dans les bras romantiques de Mme de Staël, homme habile mais trop méprisant dans les luttes politiques, homme moderne et ancien à la fois — Palmela demeure à l'écart du panorama national. « Grand du royaume », le plus grand peut-être de cette époque, il n'entrait pas dans le jeu des autres. On ne saurait voir autour de son titre d'autres titres — sauf ceux, très nombreux, de ses fils et gendres...

Par contre, autour de Farrobo, dans les années 40, il y avait d'autres comtes, vicomtes, barons et quelques marquis aussi. Si les deux ducs, Palmela et Terceira, furent les artisans suprêmes de la victoire, il faudra en ajouter un autre, le maréchal Saldanha qui, tête brûlée, n'aura sa couronne ducale que treize ou quatorze ans plus tard.

Saldanha était petit-fils du marquis de Pombal, par sa mère. Son esprit de condottière a fait de lui l'idole de l'armée, et il ne manqua pas d'en abuser. Nous le verrons être le bras de la révolution anti-

---

22. Id., Ibid. I, 177.
23. Voir LICHNOWSKY, *Op. cit.*, 74 ; *Memorias do Marquês de Fronteira*, III, 260 ; J. POURCET de FONDEYRE, *Lisbonne et le Portugal, Souvenirs d'un voyageur*, (Paris, 1846), p. 301 ; J. PINTO de CARVALHO-TINOP, *Lisboa de Outrora*, p. 213.
23 a. Voir *Memorias Marquês de Fronteira*, IV, 28-29.
23 b. Julio de CASTILHO, *Memorias de Castilho*, IV, 27 (2ᵉ ed.).

cabraliste de 1851 ; nous le verrons, vingt ans plus tard, prendre la tête d'une autre révolution. On a inventé un mot pour cela : Saldanha faisant des « saldanhadas »... Il en fera jusqu'à la fin de ses jours, en 1877. Sa vareuse couverte de décorations fait partie du décor de la tragicomédie romantique portugaise des années 30 jusqu'aux années 70. Nous devons donc attendre pour pouvoir parler de lui.

Il serait sans doute intéressant d'établir la statistique des titres alors créés[23] (c) — ces 230 couronnes que Dona Maria II a distribuées jusqu'en 1853 : 31 tout de suite, en 1835, 27 au moment de la victoire de la Régénération, en 1851, à des clientèles qu'il fallait satisfaire. La première promotion toucha surtout des militaires, c'est-à-dire les chefs de l'expédition de Dom Pedro qui, pour la plupart, sont restés au rang des barons ; la noblesse de la province qu'il fallait gagner à la cause libérale a donné aussi un contingent appréciable ; d'autres propriétaires, jouissant de l'influence politique locale, ont été également titrés : les uns et les autres représentent à pourcentages égaux, 35 % environ de tous les titres distribués ; les militaires dont la plupart (83) ont été annoblis jusqu'en 1851, dépassent légèrement ce pourcentage, aussi bien que les négociants. Ceux-ci, en effet, atteignent le chiffre de 115 (dont seulement 23 jusqu'en 1851), sur un total de 670, soit 17 %. Parmi eux, on compte 50 « brésiliens », c'est-à-dire, des négociants enrichis au Brésil — marché d'extrême importance pour l'émigration nationale, après son indépendance et surtout après le traité commercial de 1834. Les fonctionnaires, les diplomates, les politiciens de carrière, dont Costa Cabral lui-même, issus de la Faculté de Droit de Coimbre, avec tout leur appétit, et les étrangers, ne représentent que 3 à 8 % par classe, soit un total de 25 %. Les écrivains et les professeurs ne comptent vraiment pas : les premiers n'ont obtenu que 2 titres de vicomte, en 1851 ou 1870 (Garrett et Castilho), les universitaires en ayant eu cinq, tardivement aussi.

Les négociants, capitalistes, banquiers, les très rares industriels dont nous avons déjà remarqué les origines pombalines, et qui ont reçu leurs premiers titres de baron en 1805 ou 1813, n'ont pas été faits vicomtes (un seul, d'ailleurs) avant 1825 ; la couronne de comte, c'est-à-dire la « grandeur du royaume », n'a été posée sur une tête d'homme d'affaires qu'en 1833 — et c'est Farrobo qui l'a eue. Ce processus d'annoblissement, très discret encore, venait donc de loin, et Dom Miguel lui-même ne lui a pas échappé car il a fait baron un banquier

---

23 c. D'après Visconde de Sanches de Baena et A. da Silveira Pinto, *Op. cit.*

qui lui a rendu service. Le même baron de Picoas fut d'ailleurs élevé
au vicomté, en 1835, par les libéraux qui l'ont ainsi gagné à leur cause
victorieuse, mais toujours désargentée[24] ; il doit peut-être sa nouvelle
couronne à un refus d'argent de ses rivaux — si ce n'est à sa participation, aux côtés de Farrobo, à une affaire assez douteuse protégée
par le gouvernement, l'achat à vil prix des terres basses (« lezirias »)
du Tage et du Sado, biens nationaux, malgré la concurrence du marquis de Fronteira et de ses amis[24] (a).

Le premier des barons de 1805 (deux jours avant Quintela-Farrobo)[25], dont l'héritier a été aussi le premier des vicomtes (mais
comte seulement sous le régime cabraliste, en 1843) est encore plus
typique que Farrobo, sur une certaine voie — celle d'un arrivisme que
les affaires seules justifient. Les Porto-Covo-da-Bandeira, petits bourgeois de souche pombaline n'ont vécu que pour l'argent et son pouvoir : chez eux, pas d'action culturelle, pas de bals d'éclat, même pas
de mariages. Président de la Banque de Lisbonne dont il était un des
principaux actionnaires, le vicomte de Porto-Covo n'a eu que la faiblesse d'accepter le porte-feuille des finances dans un ministère fantôme formé par la réaction aulique anti-septembriste qui n'a duré
qu'une journée d'hiver, en 1836[26]... Il brigait alors les bonnes grâces
de la reine qui l'année précédente se plaignait de lui et de Farrobo
(celui-ci ne voulut pas — il ne voudra jamais — accepter un poste de
ministre des finances), disant qu'« il lui fallait demander à Dieu la
patience de les supporter »[27].

---

24. Le vicomte de Picoas, directeur de la Banque de Lisbonne avait été fait baron
en 1831.

24 a. Picoas, Farrobo et Mousinho da Silveira s'étaient associés au ministre des
Finances Silva Carvalho ; un autre groupe constitué par les marquis de Fronteira et de Loulé et par Sa da Bandeira entra en concurrence avec eux et
provoqua la chute du ministère (le 27 mai 1835). Silva Carvalho est revenu au
pouvoir le 15 juillet pour être remplacé à nouveau le 18 novembre. Au cours
de cette période Picoas a reçu le titre de vicomte, mais l'affaire ne fut emportée qu'en 1836 lors d'une nouvelle participation de Silva Carvalho au ministère, avant la révolution de Septembre que Sa da Bandeira appuya et face
à laquelle Fronteira et Loulé sont restés neutres.

25. Le baron de Porto-Covo da Bandeira a eu son titre le 15 août 1805 ; le baron
de Quintela le 17 août.

26. Ministère de la Belenzada, le 3 novembre 1836.

27. Lettre de Dona Maria II au duc de Palmela le 14 juillet 1835, in Historia de
Portugal (Barcelos, 1935), VII, p. 249.

... De supporter « le baron » — celui que Garrett appelait l'*onagrus baronius* », de Linnée, *l'âne Baron* de Buffon[28], la « maladie du siècle », sorte de *cholera morbus* de la nouvelle société... Dans cette prolifération de titres qui n'étaient plus liés à des domaines, on devenait souvent, comme sous l'Empire, baron ou comte de son propre nom ou du saint de son prénom, et on recevait alors des blasons de fantaisie ou des armes discrètement modifiées d'une famille qui n'était pas la sienne... Les fortunes transparaissaient dans les sobriquets de ces gens : le « Manuel dos Contos » (« Manuel des Millions ») était baron de quelque chose ; un richissime négrier recevait le nom de « Monte Christo », même sans comté...

> « Quem pouco furta é ladrão
> Quem muito rouba é Barão »,

rimait en piètres vers un journal humoristique de 1847[29] — qui ne manquait pas non plus un calembourg facile avec le titre tout récent de Costa Cabral, devenu comte de Tomar (*tomar*, prendre). D'autres vers couraient les rues déjà vers 1836 :

> « Foge cão que te fazem barão ».

Mais le chien ne savait pas où fuir, car il risquait d'être fait vicomte :

> « O cão, se não se esconde
> baptisam-no visconde »...

Le baron était (d'après un chroniqueur de la fin du romantisme) « la première marche de l'aristocratie monétaire », une sorte de « nécessité du trésor public »[30]. Passos, le démocrate, faisait lui-même créer des barons, cherchant ainsi des alliés... La voix sérieuse d'Herculano ne résonne pas autrement lorsqu'en 1856, il brosse le tableau des avides compagnons de Dom Pedro, les vrais et les faux : « Ce sont des financiers, des barons, des vicomtes, des comtes, des marquis de fraîche et même d'ancienne date, des commandeurs, des grands cordons, des conseillers, qui glapissent, qui se ruent, qui se pressent, qui se culbutent, qui se renversent et se relèvent, qui rongent cette maigre proie qu'on appelle le budget, ou qui crient au voleur quand ils ne peuvent pas prendre part à la curée »[31].

---

28. GARRETT, *Viagens na Minha Terra*, XIII. Ed. *O.C.* II, 181.
29. *Suplemento Burlesco do Patriota* du 15 novembre 1847.
30. L.A. PALMEIRIM, *Galeria de Figuras Portuguesas*, pp. 29-30.
31. HERCULANO, *Mousinho da Silveira, in Opusculos* II, 177.

Aux deux extrêmités de ce beau monde constitutionnel, Fronteira
et Farrobo se tenaient comme des cas exemplaires et rares. Ils sont ce
que leur société a produit de plus noble : un légitimiste égaré dans
un scénario qui au fond lui était étranger et un capitaliste regardant
de haut ce décor qu'il tenait à améliorer dans son propre théâtre du
château des Laranjeiras. L'un, le « marialva », atteignait à l'honneur
par la fidélité à son roi, ou, mieux, à son mythe du roi ; l'autre, le
« dandy », y arrivait également par sa fidélité à l'argent — mythe de
plus en plus puissant.

Il y avait aussi ceux qui prenaient le romantisme d'une façon plus
bruyante et qui, de scandale en scandale, jouaient de leur fortune ou
de leur nom. A leur tête on reconnaissait le trop fameux 9e marquis
de Niza, 15e comte de Vidigueira et 9e comte d'Unhão, descendant de
Vasco de Gama, dont les frasques cruelles au sein d'une « Société du
Délire » (cercle très fermé et assez mystérieux, sorte de société balzacienne des Treize, d'allure provinciale) étaient appréciées par le
« tout Lisbonne » des années 40[32], qui s'amusait dans les bals des
Farrobo, des Viana, des Carvalhal, voire des Palmela et des Fronteira,
et aussi dans les clubs et à São Carlos.

Laissons São Carlos, pour le moment, et arrêtons-nous à ces fêtes
et ces bals, ces soirées théâtrales qui enrichissaient une culture romantique toute nouvelle. Leur chronique a été faite dans les pages d'un
précieux petit journal rédigé en français[33], dont le titre était tout un
programme : L'Abeille. Les noms qui paraissent dans ce minutieux
carnet mondain sont, évidemment, toujours les mêmes et ils nous renseignent sur la constitution de la société élégante dans les années
« cabralistes ». On y remarquait les Farrobo, bien sûr, les dames Krus,
d'une famille de banquiers alliée des Farrobo, et qui tenaient le plus
important des salons littéraires et politiques (très fréquenté par
Garrett qui y a lu pour la première fois son Frei Luis de Sousa) ; les
dames O'Neill, également de souche financière. Il y avait aussi la
baronne de Regaleira, veuve de « brasileiro » mais qui avait hérité de
son père, négociant anglais de Porto et grand collectionneur (le seul
de son temps), le goût de la peinture : elle essayait de revivre dans

---

32. Voir J. Poucet de Fondeyre, Op. cit., pp. 36-70 et Eduardo de Noronha A Sociedade do Delirio.

33. L'Abeille (Lisbonne, 1836-1843). Rédigé par Mlle Pauline de Flaugergues, préceptrice des fils du duc de Loulé et de la princesse Dona Ana de Jesus Maria.
Mlle de Flaugergues fut une des amies de Garrett dont elle a traduit quelques
poésies en français.

son hôtel de Lisbonne les heures de luxe raffiné vécues dans une vie parisienne où sa présence avait été fort remarquée. Il y avait encore le marquis et la marquise de Viana, lui issu d'une famille très noble et très migueliste, mais fait à la nouvelle situation, elle une des petites filles de Farrobo — se ruinant en des fêtes somptueuses ; les comtes de Carvalhal, héritiers de riches et vieux majorats de Madère, et qui aimaient aussi les plaisirs du théâtre privé, sous la direction de Garrett ; les Palmela, plus discrètement, voulant se faire rares ; les Fronteira... Il ne manquait évidemment pas de « lions », « dandies » ou « marialvas » ou simples « janotas » ; les « lionnes » de Musset étaient plus rares : la baronne da Luz, sans doute — mais surtout, allant de bal en bal avec ses toilettes fascinantes, une princesse du sang à la chronique trop agitée, la belle infante Dona Ana-de-Jesus-Maria (« ce beau cygne, vraiment royal » — selon *L'Abeille*) tante de la reine et épouse très infidèle (et fort réactionnaire) du marquis (et futur duc) de Loulé, leader de la « gauche »...

Mais c'est encore le marquis de Fronteira qui nous fournit une idée précise sur cette vie mondaine qui s'étale depuis la fin des années 30, et tout au long des années 40. Voilà ce qu'il écrit sur la saison de 1838 : « La société s'est animée à un point tel que je l'ai rarement vu à Lisbonne ; on dirait qu'un grand cauchemar qui nous opprimait venait de se terminer, et que nous retrouvions notre respiration naturelle. Tout le monde pensait à s'amuser et c'était comme s'il s'agissait de fêter la chute d'une situation qui nous opprimait »[34]. Le « cauchemar septembriste » venait alors de se dissiper ; les affaires pouvaient reprendre leur train, et la vie de société aussi... Quatre ans plus tard, Fronteira parlera avec satisfaction de « l'animation de la capitale ».[35] : c'était au commencement de la dictature de Costa Cabral. En 1846, alors qu'il était devenu gouverneur civil de la Lisbonne cabraliste, le marquis observait (et c'était probablement juste) que « jamais il ne l'avait vue aussi florissante, aussi semblable, en vie de société et en amusements, aux capitales du monde civilisé [36].

Ce n'était évidemment pas la même civilisation dont parlaient naguère les réformateurs de 1833, ni Passos. L'une ne pouvait pourtant pas aller sans l'autre — et on ne s'étonnera pas de lire sous la plume de l'anti-cabraliste Garrett, en 1843, que Tombouctou était pré-

---

34. *Memorias do Marquês de Fronteira*, III, 259.
35. Id. IV, 7.
36. Id. IV, 43.

férable à l'« ennuyeuse capitale de notre pauvre royaume »[37]. Ce n'était pas une question de « Palmyre morale », comme dirait Herculano, mais d'une véritable harmonie entre vie sociale et vie de société.

On peut, certes, parler de « danse sur un volcan » : la tempête de Maria da Fonte grondait déjà en 1846, à l'heure même où Fronteira brossait son tableau optimiste. Nous croyons qu'il faudra surtout parler d'une excitation dont les racines plongeaient encore dans le souvenir des misères de la guerre civile — mais on doit aussi parler d'immaturité sociale, d'adaptation saccadée à de nouveaux rythmes sociaux. De toute façon, cette vie de société est entrée en perte de vitesse à partir de 1846-1848. Les années 50, plus apaisées au point de vue social (et économique), ont été plus sages. La « Régénération » a été à plus d'un titre « la tranquillité (socego) des capitalistes ». D'autres explications plus simples (réaction, survivance, inconscience...) doivent être également considérées pendant les années 40 — et parmi celles-ci, une mode internationale qui agissait au niveau d'une classe « civilisée » : le romantisme est aussi une façon internationale de vivre une vie de salon. N'oublions pas que les proverbes français étaient joués dans les petits théâtres privés de Lisbonne, dans la langue originale ou traduits et adaptés — par Garrett, par exemple[38]. La mode venait tout droit des théâtres privés du Faubourg Saint-Germain ; à Lisbonne comme à Paris, les membres des cercles aristocratiques montaient sur la scène, à la façon d'un XVIIIᵉ siècle qui, pourtant, n'avait pas été vécu de la sorte au Portugal...

Ces fêtes, ces bals, ces soirées théâtrales demandaient des hôtels particuliers. Ils n'étaient pourtant pas nombreux à Lisbonne : le tremblement de terre de 1755, la politique de la reconstruction pombaline, les guerres du premier tiers du siècle expliquent leur rareté ; si maintenant on en éprouvait le besoin, il fallait construire ou adapter. C'est ce que fera la nouvelle classe noble, et aussi quelques membres de l'aristocratie ancienne ralliée aux temps nouveaux.

Palmela a alors réalisé d'importants travaux dans son hôtel de Lisbonne. Chef de famille prévoyant, le duc n'en a pas moins amélioré un autre hôtel que sa belle-fille apportait dans sa dot. Une autre vieille Maison, les Castelo-Melhor, se décida également à achever un hôtel qui sera le plus beau de Lisbonne, à côté du « Passeio Publico » renouvelé.

37. Garrett, *Viagens na Minha Terra* XXXVIII. Ed. *O.C.* II, 247.

38. *Falar verdade a mentir* (imité de *Le Menteur Véridique* de Scribe, 1824), *Cada Terra com seu uso cada roca com seu fuso*, 1847.

Mais, plus conformément à la nouvelle situation, nous voyons alors surgir le « palacete » — petit hôtel particulier, plus rapidement édifié, à l'image même de la fortune qu'il annonçait. Farrobo et Porto-Covo étaient déjà servis, et bien servis ; leurs compagnons, au sein du nouveau statut social, étaient moins puissants, et n'avaient certainement pas le goût du Farrobo de l'éden des Laranjeiras. Nous les voyons pourtant s'acheter des hôtels anciens, y réaliser des travaux d'adaptation et de décoration[39]. Le cas le plus significatif cst celui du couvent du Saint-Esprit, de l'Oratoire, acheté en 1835 par le baron « Manuel dos Contos » que nous connaissons déjà, et devenu le plus imposant des hôtels particuliers de Lisbonne, en plein Chiado. Cette transformation, remarquable aussi au point de vue stylistique, car nous y voyons une façade d'église typiquement pombaline devenir la façade d'apparat d'un hôtel noble avec un minimum de changements dans sa structure[40], assume une valeur qu'on dirait symbolique. « Le baron (disait Garrett à peu près au moment où cette opération immobilière se réalisait) a mordu le moine, l'a dévoré »[41]... Ce glissement de la propriété seigneuriale ou monastique aux mains de la bourgeoisie libérale annoblie traduit parfaitement la situation portugaise des années 30-40 ; d'autres exemples postérieurs ne feront qu'illustrer, de façon plus complexe peut-être, le même processus de restructuration.

Le phénomène « palacete » que nous venons de surprendre à ses origines se développera dans les années 50-60, sous le capitalisme moins polémique de la « Régénération » ; la maturité du régime entraînera une campagne d'édification urbaine où les résidences de luxe auront leur place, à Lisbonne aussi bien qu'à Porto. Pour le moment, dans cette première phase du romantisme national, il ne s'agit que d'un mouvement culturel dont la signification dépasse les valeurs statistiques. Cette signification, ne nous trompons pas, s'arrête pourtant au niveau du luxe : des fêtes, des bals, on passe aux salons et aux façades, aux gens de service et à leurs livrées. Au-delà de ce plan du goût, on risque de tomber dans le vide et hormis la baronne mi-anglaise de Regaleira, tous ces gens fastueux, même les Farrobo, ignoraient le besoin ou le désir de collectionner des tableaux ou des sculptures.

---

39. Hôtel Corte-Real acheté par le vicomte da Junqueira, hôtel des Patriarches acheté par le « Monte Cristo ». Voir J.A. FRANÇA, *A Arte em Portugal no seculo XIX*, I, 352.

40. Voir Mario COSTA, *O Palacio Barcelinhos* (Lisbonne, 1959) et J.A. FRANÇA, *Op. cit.* I, 352.

41. GARRETT, *Viagens na Minha Terra* XIII. Ed *O.C.* II, 181.

Même le goût du bric-à-brac, invention d'un romantisme raffiné, leur faisait encore défaut en 1840.

Mais ces salons, ces hôtels, il fallait les décorer, les meubler. Les maisons portugaises avaient toujours été assez modestes dans ce domaine où pourtant l'expérience de l'émigration avait joué. Le consul de France à Porto, dont on a étudié la correspondance[42], est formel lorsqu'il écrit en 1837 : « ceux (qui) avaient émigré rapportaient le goût des modes et des meubles étrangers. (...) Il faut dire que la cour de Lisbonne donnait l'exemple. Tous les équipages s'efforçaient d'être arrangés à l'anglaise, on voulait des chevaux anglais et des meubles français. (...) Dans la capitale, la nouvelle aristocratie (...) se montrait surtout amie de ce luxe étranger ».

On importait donc des meubles et des étoffes, et des projets de décoration. Mais on faisait mieux que cela : on faisait venir des décorateurs, des ensembliers français. Les chroniqueurs indiquent Margotteau comme le plus fameux — mais il y avait aussi un certain Poisignon établi à côté de l'Opéra, premier fabricant de fauteuils de Lisbonne, et surtout de fauteuils Voltaire qu'il aurait été dangereux de mettre en vente du temps de Dom Miguel et de ses « commandos »...

42. Voir Albert SILBERT, *Chartisme et Septembrisme* (Lisbonne, 1953).

CHAPITRE VI

PHYSIOLOGIE DE LA CAPITALE

... Ces hôtels étaient bâtis, ces bals étaient donnés dans la capitale d'un royaume renouvelé. Comment Lisbonne accompagnait-elle physiquement le renouveau politique de la nation ? Ses structures urbaines, marquées par l'empreinte pombaline, créées d'après une pensée des Lumières mise en œuvre de façon empirique, comment s'articulaient-elles à des besoins modernes ?

Entre 1835 et 1840 le Portugal comptait de 3 millions à 3 millions et demi d'habitants. Mais les villes étaient représentées par Lisbonne avec moins de 200 000 habitants et par Porto dont la population dépassait à peine le quart de celle de la capitale[1]. Le reste n'était que campagne isolée et très petites villes séparées par des monts et des vallées, dans un espace que le manque de routes et de communications régulières aggrandissait. Pour aller de Lisbonne à Porto il fallait prendre le bateau à vapeur qui existait depuis 1825, voyage de deux jours, car ce n'est qu'en 1859 que la construction d'une route permettra l'organisation d'un service de poste. Les « almocreves » avec leurs bêtes de selle ou de charge, dont le nom à saveur mauresque en dit long sur l'ancienneté de leur métier, et les bateliers assuraient les transports par des chemins à peine perceptibles ou par les fleuves. Des bandits quelque peu légendaires, séquelles de la guerre civile, rendaient les

---

1. Voir A. VIEIRA da SILVA, *A População de Lisboa* (Lisbonne, 1919).
2. En 1842 on traduisait du français *Historias dos Salteadores mais celebres e dos bandidos mais notaveis que têm existido em diversos paises* (Lisbonne, 1842). Le « Remechido », chef d'une guérilla miguelliste (1797-1838) ; José do TELHADO (1816, mort en déportation en Angola en 1875), héros des guerres de la « Maria da Fonte », défendu devant la cour par Marcelino de MATOS, socialiste et poète d'*O Trovador* ; João BRANDAO (1827-1880) - voir *Apontamentos da Vida de J. B. por ele escritos nas prisões do Limoeiro envolvendo a historia da Beira desde 1834*, - furent les bandits les plus célèbres de l'époque, au Portugal.

voyages par terre peu sûrs. Ils n'enflammaient pas moins les imaginations romantiques que Schiller avait éveillées[2]... Ils ajoutaient une
dimension d'aventure au pittoresque des grands chemins immuables.

En 1842, voyant des dames en litière, près de Coimbre, le prince de
Joinville « se croyait au XVIe siècle »[3]. Cependant, la même année, la
Revista Universal Lisbonense soulignait que, sans routes, « le Portugal (...) ne serait pas une nation et son gouvernement ne serait que
Lisbonne et un peu Porto »[4]. Les voies de communication constituaient
maintenant un besoin prioritaire, la communication elle-même étant
un critère de modernité voire de civilisation, que l'ancien régime n'aurait pu définir, même sous les Lumières de Pombal.

Porto, bien qu'il ait reçu des soins d'urbanisme d'inspiration
anglo-palladienne (et pombaline) dans la seconde moitié du XVIIIe siècle, bien qu'il ait été le berceau héroïque (« ville invincible ») de la
nouvelle situation politique, et malgré sa « city » anglaise, restera
jusqu'en 1850 un « bourg médiéval » par l'esprit et par la forme — décor
élu par Garrett pour son *Arco de Sant'Ana*. Son Association Commerciale, fondation libérale de 1834, a pourtant fait poser en 1842 la première pierre d'une Bourse (que la capitale ne possédait pas), pour
laquelle on transformera un ancien couvent en édifice néo-palladien
— le dernier de la série.

A Lisbonne, comme à Porto, comme partout, les couvents nationalisés ont également fourni une solution empirique au nouvel outillage social : des hôpitaux, des asiles, des collèges, des tribunaux, des
bibliothèques, des académies, des casernes, et un parlement y ont
trouvé des installations toutes prêtes qu'on adaptait à peine. Le trésor profondément endetté ne pouvait pas se permettre des fantaisies
urbaines — et quant aux églises, les libéraux estimaient qu'on en avait
assez... Il y avait pourtant un problème dont la solution était ajour-
née depuis 1826 : l'achèvement du Palais Royal d'Ajuda. Il n'était évidemment plus question de reprendre les plans fastueux de 1802 : les
Vintistes les avaient bel et bien enterrés. Il n'en fallait pas moins
rouvrir les chantiers afin d'éviter que la partie bâtie, un tiers du total,
ne tombât en ruines. Un jeune architecte fraîchement (et patriotiquement) arrivé des chantiers du Palais Royal de Paris et des Tuileries,
Possidonio da Silva, présentera en vain ses projets : la reine se contentait modestement d'un palais du XVIIIe siècle et Ajuda restera à

---

3. Prince de JOINVILLE, *Les Vieux Souvenirs* (Paris, 1894), p. 308.
4. *Revista Universal Lisbonense*, 1842 (cité *in Dicionario da Historia de Portugal*,
   Lisbonne, 1963, I, 448).

l'abandon jusqu'aux années 60. Un voyageur de 1842 y verra à juste titre « une énorme masse de pierre qui demeure déserte, sans passé ni présent, des ruines modernes qui ne présentent rien et ne rappellent rien »[5].

La capitale ne se développait pas : un plan tracé en 1812 a pu être réédité jusqu'en 1855, avec de simples altérations de détail[6]. En 1836, la municipalité voulait obliger les propriétaires des terrains du centre à construire, mais la dévaluation de l'année précédente avait fait reculer les capitaux disponibles. Le cabralisme fera changer un peu cet état des choses, et pendant les années 40 la ville sera améliorée dans son aspect immédiat. Le Rossio sera terminé en 1845, au moment où l'on y achevait un théâtre royal, et quand on pensait y dresser, enfin, le monument au roi libérateur — ce qui ne sera fait que vingt ans plus tard. Vers la même époque, les immeubles de la partie centrale seront systématiquement agrandis, recevant un quatrième étage, car la peur des tremblements de terre qui avait déterminé une limite prudente à la hauteur des nouvelles constructions cédait définitivement le pas à des considérations de rentabilité. Et cela n'était pas sans traduire de nouveaux points de vue, voire une mentalité nouvelle qui mettait l'intérêt au-dessus de la crainte : le calcul des probabilités, science moderne, prenait le pas sur des terreurs métaphysiques... Ce fut également vers cette époque que les façades commencèrent à se couvrir d'azulejos, carreaux de faïence aux couleurs variées qui, accrochant la lumière lisbonnaise ou ruisselant de l'humidité de Porto, introduisaient de subtils changements dans la structure même des immeubles trapus et monotones[7]. Cela aussi traduisait une modification profonde dans la façon d'utiliser un élément de décoration. Passant des lambris des salons et des couloirs des palais ou des couvents sur la façade des immeubles bourgeois, l'azulejo acceptait un rôle nouveau, prenait une responsabilité nouvelle. On pourrait, peut-être, parler ici d'un processus de démocratisation ; de toute façon, nous ne pouvons pas ne pas souligner le fait que ce phénomène s'accorde à une situation sociopolitique nouvelle et qu'il entre dans le cadre culturel du brassage d'idées et de goûts du romantisme.

La ville dont les vaillants soldats de Dom Pedro avaient pris possession en 1834 était pourtant une ville immonde[8], aux rues couvertes

---

5. Lichnowsky, *Op. cit.* p. 117.
6. Voir A. Vieira da Silva, *Plantas Topograficas de Lisboa* (Lisbonne, 1950).
7. Voir J.A. França, *Op. cit.* I, pp. 363 et suivantes.
8. Voir L. Varela Aldemira, *Um Ano Tragico*, 1836 (Lisbonne, 1956).

d'ordures et de charognes, dans lesquelles, le soir, on lançait sans hésiter des eaux sales et des déjections. L'avertissement classique « agua vai ! » (« garde à l'eau ! ») qui accompagnait cette opération, entendu presque toujours trop tard, constituait la seule protection du passant... Autour de la ville basse, remarquablement tracée par les architectes de Pombal, mais dont les rues « funèbres » n'étaient pas encore entièrement bâties, dans les quartiers populaires trop peuplés, où des ruines et des décombres du tremblement de terre de 1755 s'étalaient toujours, la vie suivit son train provincial : on tenait atelier dans la rue, on y emmagasinait des marchandises et, le moment venu, on y tuait son porc... C'était sale mais pittoresque ; ça sentait mauvais et pourtant, ici et là, les fenêtres fleuries des rues sinueuses, les acacias, les mimosas, les héliotropes, les géraniums imprimaient un air de fête à ces quartiers villageois développés de façon organique autour de leurs églises encore baroques. Partout on était suivi par des bandes de chiens affamés et par des mendiants nauséabonds. Des noirs, descendants des esclaves, employés traditionnellement à peindre les murs à la chaux, des « galegos », porteurs d'eau privilégiés, arrivés tout droit de leur Galice natale, traînaient dans les rues ou somnolaient au soleil, attendant les clients, près des fontaines. Des « seges », voitures dont le modèle remontait au XVIIIe siècle, encombraient encore les rues ; les courses coûtaient cher : elles étaient réservées aux riches — mais, si des omnibus assuraient la liaison avec certains faubourgs dès 1836, il n'y aura pas de transports collectifs à l'intérieur de la ville avant 1873.

Les impressions de voyage des étrangers qui ont visité Lisbonne vers le commencement des années 40[9], nous donnent l'image d'une ville triste et vide où les gens « marchaient d'un pied tranquille, un parasol à la main, passant gravement (...) pour arriver au but sans fatigue » — ou faisait marcher leurs chevaux d'un « trot placide »[10] ... Le soir, la ville sera encore éclairée à l'huile de poisson, pendant des dizaines d'années, malgré la timide introduction du gaz, en 1848, au Chiado.

Le Chiado nous apparaît encore une fois ici comme un lieu privilégié, le haut lieu de la Lisbonne nouvelle. Le Rossio, place populaire de jadis et le Terreiro do Paço, place royale devenue Place du Commerce sous le marquis de Pombal, jouaient des rôles politiques spé-

---

9. Charles DEMBRONSKY, *Deux ans en Espagne et en Portugal* (Paris, 1841) ; LICHNOWSKY, *Op. cit.* ; E. QUINET, *Op. cit.*

10. Olivier MERSON, *Lisbonne, Histoire, Monuments, Mœurs* (Paris, 1857), p. 64.

cifiques. Le Terreiro do Paço, malgré le manque de l'Arc de Triomphe rêvé par Pombal et que Costa Cabral souhaitait faire ériger, était devenu le synonyme de gouvernement, d'intrigues de cabinet ; c'était la tête du pays. Le Terreiro do Paço gouvernait, le Rossio contestait... Le peuple en armes y a pourtant protesté pour la dernière fois un certain après-midi de 1838, y trouvant, grâce à un piège de Costa Cabral, le tombeau de son radicalisme[11]. Le Chiado de 1840 était plutôt l'allié du Terreiro do Paço « chartiste » sous un aspect que l'ordre commandait — car son rôle dans le désordre intellectuel et mondain n'aurait su vivre dans un climat social autre que celui que la bourgeoisie s'était créé.

La « physiologie » du Chiado (pour employer le mot balzacien que Garrett avait offert à la mode lisbonnaise) est très complexe dans ses détails pittoresques qui ne sauraient nous occuper ici ; elle n'est pourtant que très simple dans des structures fort naïves.

Le Chiado est « la rue » — mais la rue mondaine. Nous avons vu les clubs aristocratiques chercher ce quartier défini par un cercle où s'inscrivent les hôtels particuliers du comte du Farrobo et du baron « Manuel aux Millions », le Gremio Literario, trois églises fréquentées par d'élégantes dévotes, une fontaine fameuse et l'Opéra de São Carlos. Une enquête plus minutieuse[12] y trouverait les hôtels les plus cotés et des restaurants aux chefs français, des pâtisseries et des cafés italiens, des tailleurs allemands (de la nationalité du prince-consort), des libraires français, des coiffeurs et des fleuristes français, des modistes de la même nationalité. Quelques années plus tard un voyageur écrira : « Dans la rue du Chiado nous sommes en pleine France : les boutiques sont françaises, les marchands sont français et les marchandises accusent la même origine ». Observant avec esprit tant de richesse et tant de chic, « pour un peu (il) se croyait à Paris »[13]. Rien de cela ne doit étonner le chercheur d'aujourd'hui : il va sans dire que l'importation des goûts et des modes touchait très spécialement la coiffure et la toilette des dames, voire de la jeune reine.

D'ailleurs, ces boutiques contrastaient avec celles de la partie basse de la ville — ce « maussade quartier du commerce où tout est

11. Le 13 mars 1838, fin de la révolte de la gauche septembriste. Voir Oliveira MARTINS, *Op. cit.* II, 104.

12. Voir J. Pinto de CARVALHO-TINOP, *Lisboa de Outrora*, I, II et III, et Mario COSTA, *O Chiado Pitoresco e Elegante* (Lisbonne, 1965).

13. Olivier MERSON, *Op. cit.* p. 69.

terne et glauque », où l'on voyait des « marchands trop lugubres » qui
ne faisaient aucun effort pour vendre « quelques objets maigrement
appendus »[14]... Notre chroniqueur est précieux, revenons avec lui au
Chiado : « le grand monde s'y promène beaucoup et il affecte là plus
qu'ailleurs peut-être, le genre et les façons des habitués du boulevard
Italien... des beaux qui lorgnent, des belles qui jouent de l'éventail ».

C'était, si l'on veut, le boulevard des Italiens, avec une certaine
affectation qu'un parisien ne pouvait pas ne pas remarquer ; une imitation, disons : « imitation pâle et décolorée, indécise et mal faite »...
Mais qu'importe : à trois heures de l'après-midi, quand il faisait beau,
le « tout Lisbonne » se donnait rendez-vous au Chiado, dans la poussière soulevée par les coupés. Le Chiado était bien « l'enclume de la
renommée » de Lisbonne.

Mais, si, comme le voulait un historien de la ville qui a vécu à cette
époque, « Lisbonne était le Chiado, le Chiado était le café Marrare »[15]
— « lieu de réunion de tous les élégants et hommes supérieurs de
Lisbonne », ajoutait un autre écrivain, dans ses *Memorias*[16].

Le « Marrare », fondé par un Napolitain ou Sicilien de ce nom,
avant 1818, a joué un rôle extrêmement important dans la vie lisbonnaise des années 40 ; entré en décadence, il a fermé ses portes en 1866.
On trouvait son décor en bois poli le dernier cri de la mode et de l'élégance — et il frappait tellement l'imagination que le café n'était pas
seulement le « Marrare », mais le « Marrare do Polimento ». En 1848, un
feuilletonniste célèbre, voyant la salle éclairée au gaz, nouveauté à
Lisbonne, écrira : « le nom de Marrare continue d'être, comme toujours, le représentant des progrès de la civilisation matérielle »[17].

Tout près de l'Opéra, fréquenté par les journalistes et les « janotas » de cette période, par une jeunesse dorée férue d'aventures galan-
tes avec les ballerines du São Carlos, de jeux d'esprit et d'un peu de
politique aussi — le « Marrare » a été le foyer d'une certaine société que
le romantisme a fait naître et qui n'aurait pu exister avant. Garrett, qui
fréquentait volontiers le « Marrare », disait en 1843 dans les *Voyages*,
à propos du bistrot d'une petite ville de province : « le voyageur expé-
rimenté et fin, arrive à n'importe quelle ville, entre dans un café, l'observe, l'examine et acquiert la connaissance du pays où il est, de ses

14. Id., Ibid., p. 66.
15. Julio de CASTILHO, *Lisboa Antiga* (Lisbonne, 1874-1900), VIII, p. 207.
16. Bulhão PATO, *Memorias* (Lisbonne, 1894), I, 133.
17. A. P. LOPES de MENDONÇA, in *Revolução de Setembro* du 19 septembre 1848.

lois, de ses mœurs et de sa religion »[18]. Il aurait pu parler encore une fois de « physiologie morale ».

Il faut, certes, faire la part de la petite histoire sentimentale et pittoresque ; derrière elle le phénomène social ne s'en dessine pas moins — et c'est bien l'image de la petite élite bohème d'une société provinciale, rêvant d'évasion (Paris, la mode, l'Opéra avec ses danseuses), dans un temps vide qu'il fallait meubler...

La génération qui a fait le Chiado et le « Marrare », c'est bien la génération qui a fait ou qui, encore trop jeune, a subi la guerre civile. Génération de « bachareis », de fonctionnaires ou de fils de famille — elle s'ennuyait à mourir. On peut faire appel au « mal du siècle » : « ardente, pâle, nerveuse », cette génération vivait alors dans un climat d'excitation — mais ce n'était pas une excitation de bon aloi. Peut-être, voulait-elle assumer une responsabilité nouvelle, définir une nouvelle situation, mais elle ne savait pas comment faire — et, la paresse aidant, elle manquait à la fois sa tristesse et son plaisir. En définitif, il n'aurait pu exister un sentiment tel que le « spleen de Lisbonne » — et pas moins une « vie de bohème ». Nous ne pouvons ignorer que la société portugaise ne connaissait pas de poètes maudits ni de rapins.

Il y avait, certes, la politique et, chez « Marrare » comme partout (dans les salons aristocratiques aussi), on prenait parti contre le Cabralisme — attitude que le marquis de Fronteira, tout étonné d'ailleurs, n'est pas sans réprouver chez ses pairs. Cela ne comptait vraiment pas, dans le café du Chiado, même si José Estevão y montait sur une chaise pour faire des discours enflammés. Au niveau du « Marrare », les passions devenaient un jeu plus naïf que subtil.

Au fond, on peut voir le « Marrare » comme une sorte d'intermédiaire entre le grand et le petit monde : des habitudes aristocratiques d'un côté et les opinions politiques démocratiques de l'autre définissent le « marrariste » et le « marrarisme », comme on a appelé ce phénomène lisbonnais[19]. Ce n'est certes pas par hasard que Garrett et ses jeunes admirateurs fréquentaient cet endroit célèbre.

Ils fréquentaient également des cercles, formule alors très à la mode. Le milieu des salons privés débordait, en effet, sur les « assembleias » et les « clubs », créations étrangères dans la Lisbonne de Pom-

---

18. Garrett, *Viagens na Minha Terra*, VII. *O.C.* II, 166.
19. Silva Tulio, *cité par* J. Pinto de Carvalho-Tinop, *Lisboa de Outros Tempos* (Lisbonne, 1899), II, 131.

bal auxquelles les temps nouveaux ont redonné de l'éclat. C'est d'ailleurs à l'Assembleia Estrangeira qu'a été organisé le premier bal « libéral » de Lisbonne, le soir même de l'entrée des forces de Dom Pedro dans la capitale — les toilettes aux nouvelles couleurs bleu et blanc ayant été coupées longtemps à l'avance[20]...

La première Assembleia Portuguesa, fondée en 1819 (le jeune Farrobo était parmi les fondateurs), ayant penché un peu trop du côté libéral, entrait en décadence et fermait ses portes sous Dom Miguel, en 1832, avant le déchaînement de la guerre civile. Le Miguelisme n'avait certes pas besoin de centres de réunion des classes les plus éclairées, bien au contraire. C'est donc le nouveau régime qui a vu naître des clubs privés, en 1835 et 1837, le Club et l'Assembleia Lisbonense, cercles assez fermés (le Club a eu Fronteira comme président), dont les bals ont connu le succès le plus grand. Plusieurs cercles, consacrés à la musique et à l'opéra, sont nés en même temps, et en 1846 nous avons déjà vu apparaître, avec ses allures d'académie, un Grémio Literário moins porté vers les plaisirs de la danse.

Tous ces cercles s'installaient près du Chiado, c'est-à-dire de l'Opéra et du « Marrare » — et nous voyons les deux ou trois édifices les plus luxueux de cette zone de la ville changer de mains ou de locataires, offrant toujours les mêmes salons à une même société[21].

... Mais il y avait un endroit de Lisbonne qui constituait une sorte de plaque tournante dans la vie sociale de la capitale : le « Passeio Publico » — la « promenade publique ».

Création de Pombal, après le tremblement de terre, ce jardin triste où personne n'allait, n'a été pendant longtemps qu'une sorte de petite ferme de l'ancien régime enclavée dans le centre de la capitale. Les étrangers ne manquaient pas d'observer qu'il était curieusement limité par les prisons de l'Inquisition et par les potences érigées sur la place dite de l'« Alegria » — de la Joie... Ce n'était qu'un paradoxe de plus, la réalité qui dépassait la fiction, dans l'empirisme pressé du terrible marquis. Pourtant, l'Inquisition n'existait plus, la peine capitale sera bientôt abolie, et le « Passeio » avait droit à des grilles, à la française,

---

20. Voir J. Pinto de CARVALHO-TINOP, *Lisboa de Outrora*, II, 126.
21. Hôtel Torres Novas-Valadares : Assembleia Portuguesa et Club Lisbonense ; Hôtel do Manteigueiro-Condeixa : Assembleia Portuguesa et Assembleia Lisbonense ; hôtel du côté sud de la place Barão de Quintela : Assembleia Estrangeira et Associação Filarmonica. Le Gremio Literario a occupé successivement cinq édifices dans cette zone (dont l'hôtel Quintela-Farrobo). Voir J. Pinto de CARVALHO-TINOP, *Lisboa de Outrora*, II, 119 et suivantes.

qui remplaçaient ses vieux murs monacaux. Le « Passeio » respirait :
il fut l'objet immédiat des soins de la municipalité libérale qui proposait et pressentait à la fois de nouvelles habitudes urbaines. « Les
Portugais n'étaient pas promeneurs », avait observé un voyageur français en 1796[20] ; les femmes ne sortaient pas dans la rue — mais ces
mœurs appartenaient au passé. Elles étaient vieilles de quarante ans
ou de quarante mois, car ce passé coutumier se transformait à une
allure inattendue. Le bouleversement opéré dans le pays se manifestait aussi dans la rue voire dans les jardins publics — celui du « Passeio », un peu étouffé dans la verte vallée qui coupait le site où la ville
montrait déjà tendance à se développer, et celui de Saint-Pierre-d'Alcantara qui surplombait cette même vallée, sorte de belvédère où l'air
était plus frais. Le voisinage d'un vieux quartier malfamé explique
qu'on ait définitivement délaissé cet endroit pour le « Passeio ». C'était
bien sûr, une raison puissante, qu'il ne faut pas sous-estimer dans
cette enquête sur les mœurs de la société libérale à ses débuts : lorsque les bourgeois commençaient à sortir leurs femmes et leurs filles,
ils devaient se préoccuper de la respectabilité des lieux. Mais une autre
raison jouait en faveur du « Passeio Publico » : la préférence du prince
consort qui vraiment le lança dans les habitudes de sa nouvelle capitale. L'intention en est évidente, de la part de ce jeune prince allemand
qui était venu donner des enfants à la reine et un peu de goût et de
civilisation à ses sujets.

Il s'agissait bien de civilisation, et de modernité aussi. Ces femmes
et ces jeunes filles qui sortaient dans la rue s'affranchissaient elles
aussi. Par la rue, par la mode, par la lecture, par les bals, la femme
meublait quelque peu une oisiveté qui commençait à poser des problèmes psychologiques inconnus de leurs mères. Les « impulsions du
cœur », le « flirt », voire l'adultère, leur ouvraient de nouvelles perspectives, que la littérature importée de France alimentait — cette littérature dont Herculano soulignera les dangers, en 1851. Elle « parait
les vices, exagérait les passions, habillait de façon ridicule les sentiments les plus purs, corrompait la jeunesse et les femmes » — littérature « de dissolution et non de civilisation »[25]... On la traduisait pourtant abondamment et les libraires vendaient également les originaux
importés et largement annoncés dans la presse ; dans les cabinets de
lecture ils étaient disputés par les abonnés — les femmes surtout car

---

24. CARRÈRE, *Op. cit.* p. 39. Voir aussi H. J. LINK, *Voyage en Portugal depuis* 1797
    jusqu'à 1799 (trad. française, Paris, 1803), I, p. 277.
25. HERCULANO, *Da Propriedade Literaria...*, *in Opusculos*, II, p. 75,

les hommes lisaient moins et l'on sait que le Gabinete de Leitura da Praça de Lisboa « était presque entièrement composé par des étrangers »[26].

Le tournant était irréversible et, dans le nouveau rythme de l'évolution sociale, la femme casanière de jadis qui « ne sortait que pour être baptisée, mariée ou enterrée », comme on le disait, devenait autre.

Passos n'affirmait-il pas dès 1835 que « dans le monde civilisé », les femmes avaient une liberté d'opinion « pleine et illimitée » ? Il va sans dire que, affaire de « civilisation », la transformation a été plus sensible au niveau de la moyenne et de la petite bourgeoisie, qui abandonnaient enfin les capes et les fichus qui, la veille encore, couvraient leurs têtes : le chapeau et la capeline française se démocratisaient. La mode changeait aussi ou, plutôt, la façon de l'envisager et d'obéir à ses injonctions. La rue, ou le « Passeio », a certainement été un élément déterminant de cette transformation.

Les apparitions de Ferdinand de Cobourg au « Passeio » donnaient à celui-ci des lettres de noblesse dont cette société férue de distinctions profitait largement — mais le « Passeio », domaine de tout le monde, n'en avait pas moins ses jours et ses heures. La hiérarchie de la fréquentation de ces Tuileries de Lisbonne pourrait fournir un chapitre fort curieux à une enquête sociologique. Au sein de la société nouvelle qui était en train de se créer, des nuances s'établissent et surtout des coupures se font qui se maintiendront à l'avenir dans une sorte d'immobilisme. Le brassage libéral n'était qu'apparent, malgré le mouvement ascensionnel du « dandysme » littéraire et politique, car l'argent y tenait désormais une place irréductible. Miroir de la société romantique, incassable pendant quelque trois générations, on peut voir la « Promenade Publique » de Lisbonne comme un petit lac aux eaux stagnantes où pourrira doucement l'image de Lisbonne, capitale du royaume. Des eaux stagnantes, malgré les jets d'eau que tout le monde allait voir et dont l'admiration est passée dans les chansons populaires de 1840...

L'Opéra, le théâtre (voire le Parlement) et le cirque animaient cette capitale, tout en ponctuant, eux aussi, avec précision, une sorte de hiérarchie dans le domaine des spectacles. Nous devons nous pencher sur ces formes privilégiées que les temps nouveaux marquaient — mais, avant, il faut analyser un phénomène qui, passant d'un monde à l'autre, acquérait une nouvelle et subtile dimension. Il s'agit d'un

---

26. Costa GOODOLFIM, *Historia do Desenvolvimento das Associações Portuguezas* (Lisbonne, 1876), p. 148.

spectacle qui réunit toutes les classes dans un élan unique : les courses
de taureaux, sorte de sport national qui remplissait toujours les arè-
nes de Sainte-Anne édifiées par Dom Miguel, œuvre majeure de son
règne. De nobles cavaliers allaient toujours au combat, dans la bonne
tradition de l'art du vieux marquis de Marialva ; le menu peuple les
accompagnait à pied, comme « peones » ; les bourgeois applaudissaient
sincèrement les coups savants des uns et des autres — curieuse distribution d'emplois dans un spectacle où l'harmonie collective exigeait
de chacun sa part. Il serait certainement intéressant de déterminer le
processus de l'entrée de la bourgeoisie dans ce jeu mortel qui était
étranger à son pragmatisme et à son idéologie. On comprend bien que,
dans le cadre de la société traditionnelle, les aristocrates et le peuple
aient été unis dans cette sorte de catharsis collective : leurs excès pas-
sionnels y trouvaient une expression. C'est au commencement de la
nouvelle époque de la vie nationale que le problème se pose pour les
classes moyennes car les trois forces étaient encore distinctes dans le
cadre social portugais. On observe alors une sorte de survie sinon de
superposition de valeurs anciennes, garantie de continuité traditionnelle et même de réaction chez les uns et symptômes d'une sorte d'envie secrète sinon d'un complexe d'infériorité chez les autres. Les bourgeois n'étaient pas entièrement convaincus du bon droit de la raison
qu'ils incarnaient...

Il faut remarquer que les intellectuels romantiques de la première
génération ne se sont pas intéressés à ce thème : l'on découvre même
chez Garrett une curieuse dévaluation des gens à taureaux du Ribatejo
face aux bateliers du Tage qui devaient lutter journellement contre
des forces bien supérieures[27] — et Herculano n'a peut-être pas assisté
à une seule course de taureaux dans sa vie... Ce n'est que lorsque la
remise en valeur du XVIIe siècle, et surtout du XVIIIe siècle commence, que l'héroïsme du cavalier-gentilhomme devient une figure de rhétorique du romantisme — et son premier protagoniste n'est autre qu'un
marquis de Marialva[28]. Dans les années 40 aussi, un autre « fidalgo »,
appartenant à la branche cadette des Bragance, sera à la fois un héros
des « corridas » et des amours clandestines que le « fado » chantait[29].
Car une chose n'allait pas sans l'autre et la célèbre Severa, dans son

---

27. GARRETT, *Viagens na Minha Terra*, I, Ed. *O.C.*, II, 155.

28. L.A. Rebelo da SILVA, *A Ultima Corrida de Touros em Salvaterra* (1848) annonce cette attitude.

29. D. Francisco de Portugal, 13e comte de Vimioso et 6e marquis de Valença
(1817-1865).

quartier malfamé, chantait les exploits du 13e comte de Vimioso en même temps qu'elle se plaignait des frasques de son amant et seigneur.

Severa, c'était le peuple de la capitale, ou le peuple qui arrivait dans la capitale, dans une migration que la guerre civile avait alors rendu plus dense — et ce peuple qui continuait de fréquenter les « fidalgos » et de les accompagner dans de mâles prouesses de foire où des querelles devaient toujours éclater, ou dans leurs exploits tauromachiques, ce peuple prêt aux éclats de bravoure et aux larmes, n'était certainement pas loin de celui qui se battait dans les émeutes de la rue. Nous verrons mélangées, en 1846-1848, dans les luttes de Maria da Fonte, des bandes rurales encore miguelistes et une extrême gauche citadine pas encore consciente du rôle politique qu'elle pouvait jouer.

Dans les villes, à Lisbonne et à Porto notamment, les classes populaires fixes étaient constituées par des artisans et par des rares ouvriers d'usines qui commençaient à peine à définir leur statut social[30]. Les uns et les autres prenaient encore volontiers le nom traditionnel d'« artistas »[31] — et ce fut sous cette désignation et cette qualité qu'ils ont constitué en 1838 leur première société de secours mutuels à Lisbonne, où toute distinction politique a pu être ignorée. La plus grande difficulté éprouvée par l'organisateur a pourtant été une distinction de rangs, les maîtres ne voulant pas s'associer à de simples ouvriers[32]. Une structure corporative particulière à l'ancien régime contrecarrait donc une nouvelle forme de rapports internes dans le cadre du métier et dans une mesure telle que ses effets se superposaient à ceux des oppositions idéologiques modernes. Cela paraît très important dans le contexte national car nous pouvons y surprendre des difficultés d'adaptation à une nouvelle mentalité sociale.

Il est évident que cette sorte de difficulté est née de la lenteur du rythme du développement industriel auquel nous avons déjà fait allusion. Les années 40, dévorées par un capitalisme aux vues politiques trop immédiates, comme il était inévitable sous une dictature de groupe, n'auraient pu donner à leurs masses populaires des outils mentaux, tout comme elles ne leur fournissaient pas d'outils techniques.

---

30. Sociedade de Artistas Lisbonenses, créée en février 1838 par initiative d'Alexandre FERNANDES da FONSECA (1778-1860).

31. Voir J. A. FRANÇA, *Op. cit.* I, 401, et Joel SERRAO, *Temas Oitocentistas*, Lis-(Lisbonne, 1959), I, 157.

32. Voir J. Silvestre RIBEIRO, *Op. cit.* XV, 198.

Il en allait de même dans les campagnes sur lesquelles nous ne pourrons que jeter un trop rapide coup d'œil. Celui-ci suffira pourtant à nous montrer un panorama typique : des petites villes pratiquement inexistantes, avec de piètres industries locales, vivant surtout d'une agriculture arriérée, figée dans des méthodes traditionnelles. La vente des latifundia des couvents, phénomène qui caractérise le commencement de la période libérale, tout en créant un nouveau corps de propriétaires, n'a pas contribué à moderniser les méthodes d'exploitation agricole car, louée par les nouveaux maîtres absentéistes, la propriété demeurait cultivée selon des habitudes traditionnelles.

Le peuple des campagnes n'avait fait que changer de maîtres : les moines passaient la main aux « barons », les « capitães-mores » tout puissants de l'ancien régime aux députés de la Charte — les uns et les autres vivant dans la capitale gonflée du royaume dont ils transformaient les mœurs.

Une classe, pourtant, gardait ses privilèges séculaires : le clergé dont l'influence, un moment abattue, se relevait au cours des années cabralistes[33]. Garrett et Herculano, nous l'avons vu, ne manqueront pas de souligner l'importance et les dangers de la reprise cléricale, sur le terrain social et culturel.

Il serait inutile de parler ici du rôle de l'Eglise catholique dans les mœurs portugaises de l'époque. Chateaubriand et Lamartine avaient éclairé assez la lanterne chrétienne des poètes romantiques nationaux et, si Herculano écrivait les poèmes de *Harpa do Crente,* Garrett composait bien un discours pour la consécration de la chapelle du très mondain marquis de Viana, en 1846[34]. Au-dessous de ces niveaux de culture, il y avait pourtant, dans la vie quotidienne, des rapports auxquels le nouveau régime ne pouvait pas nuire dans les campagnes et nuisait à peine dans la capitale ou dans les villes les plus éclairées. En effet, ici, les rapports journaliers commençaient à intéresser surtout les femmes. Face à des hommes pris dans les préoccupations d'un régime social nouveau, ou dans une méfiance philosophique plus ou moins orientée et plus ou moins vague, la religion devenait plutôt une affaire féminine. Cependant, les femmes avaient acquis une importance nouvelle dans le cadre social ; changeant d'intermédiaire, conformément aux nouvelles données de la conjoncture, l'Eglise ne perdait pas de terrain, bien au contraire. La puissance

---

33. L'accord avec le Saint-Siège, en 1848, couronna ce mouvement.
34. GARRETT, *Dedicação da Capela dos marqueses de Viana* (1846). Ed. *O.C.* II, 159.

spectaculaire de ses fêtes et processions (comme celles du Corpus
Christi ou des Passos da Graça), héritage baroque qu'un nouveau
sentimentalisme adoucissait, jouait un rôle important dans la vie de
Lisbonne : en définitif, on ne saurait comprendre « la rue » sans
l'église — même si on ne bâtissait pas de nouveaux temples. Les grands
spectacles de l'Eglise, tout comme les courses de taureaux, venaient
de loin, du vieux Portugal. Ils n'en concurrençaient pas moins les
spectacles nouveaux, ou renouvelés, comme l'Opéra, le théâtre et le
parlement, dans une société complexe et partagée selon ses idéologies
et sa hiérarchie.

CHAPITRE VII

LA PAROLE EN LIBERTÉ

La société nouvelle voulait être informée, et discuter les informations. Le grand mouvement en faveur de la liberté de la presse qui s'était développé chez les Vintistes, et qui avait eu son couronnement légal en 1821[1], étouffé pendant la réaction miguéliste, en 1823, et, plus tard, sous le gouvernement du prince, a repris tout de suite après la victoire de Dom Pedro. La loi du 22 décembre 1834 traduit cette reprise d'une façon très nette, lorsqu'elle garantit une liberté intégrale. Une vie constitutionnelle normale ne serait vraiment pas possible sans la liberté de la presse : le libre exercice du pouvoir allait de pair avec le libre exercice de l'opinion critique sur ce même pouvoir. La rue voulait être renseignée — et le roi lui-même devait connaître l'Opinion Publique, comme le disait un courtisan nouveau style[2]. L'Opinion Publique devenait une force qui tendait à s'organiser ; elle constituera un mythe romantique par excellence.

Herculano donne ses lettres de noblesse à la presse, lorsqu'il la considère comme « l'invention de l'homme la plus puissante et la plus féconde » — « ressort du monde moral, intellectuel et physique »[3]. Pour lui, « la liberté de la presse est un dogme, le premier de la religion politique moderne »[4] — et ce dogme s'accorde avec le dogme herculanien de la liberté. Là aussi, Herculano doit distinguer le bon et le mauvais usage de la liberté — car « le silence, aussi bien que le délire frénéti-

---

1. Décret du 18 juillet 1821. Voir José TENGARRINHA, *Historia da Imprensa Periodica Portuguesa* (Lisbonne, 1965) pp. 254 et suivantes.

2. Lettre du comte da Taipa à Dom Pedro, en décembre 1833 in J. TENGARRINHA, *Op. cit.* p. 102.

3. HERCULANO, *A Imprensa* (1838), *in Opusculos* VIII, p. 15.

4. Id. Ibid. p. 17.

que de la presse rendent la vérité nébuleuse »[5]. Son opinion s'inscrit dans le procès qu'il fait aux excès de la gauche septembriste qui, à ses yeux, n'était que la « pègre » (la « canalha ») ; elle ne saurait donc mériter le libre usage d'un tel instrument de dignité humaine. Quatre ans plus tard, tourné alors contre d'autres ennemis, Herculano écrira : « L'or est fort ; la presse est plus forte que lui »[6]. Ce sera entre ces deux pôles, le désordre et l'ordre, voire la licence et le bâillon, que la presse libérale évoluera, au Portugal comme ailleurs. Mais on ne saurait oublier la célèbre remarque de Lamennais : « Il faut aujourd'hui de l'or, beaucoup d'or, pour jouir du droit de parler »...

Si l'information constituait le but de la presse libérale, l'opinion était sa passion — une opinion souvent dictée par des intérêts personnels ou de groupe qui prenaient volontiers un aspect ou un déguisement politique. Les nouvelles de l'étranger, les faits divers ne comptaient pas beaucoup ; à Lisbonne comme à Porto, les journaux se limitaient aux intrigues politiques de la capitale. Un seul journal d'information, dit d'*Utilidade Publica*, qui dura de 1841 à 1846, n'arrivait pas, malgré son prix exceptionnellement bas[7], à contre-balancer des dizaines de journaux d'opinion qui surgissaient chaque jour. D'ailleurs, les informations étaient assez vagues et arrivaient avec un retard immense que le manque de transports seul n'explique pas. Vers 1845, une nouvelle de France ou d'Angleterre, traduite d'un journal local, prenait 13 jours environ pour arriver à la connaissance du lecteur portugais ; quant aux nouvelles des points éloignés du royaume, transmises par des correspondants bénévoles, elles ne prenaient pas moins de 10 à 15 jours[8].

Par contre la discussion politique se répandait en un éclair car elle intéressait tout le monde — « sauf les noirs », si l'on en croit Lichnowsky[9]... Après la victoire libérale, tout le monde se mit à lire des journaux — et cela a contribué, plus que toute autre chose, à la transformation des mœurs nationales, au niveau de la petite bourgeoisie chez laquelle, le peuple sachant rarement lire, on trouvait les

---

5. Id. Ibid. p. 19.

6. HERCULANO, in *Revista Universal* (1842),II, p. 122, à propos de l'intevention du comte du Farrobo dans le concours pour la construction du Théâtre D Maria II.

7. Le *Jornal de Utilidade Publica* coûtait 10 reis, la moyenne des prix étant 30 à 40 reis. Voir J. TENGARRINHA, *Op.* cit. 199.

8. Voir J. TENGARRINHA, *Op. cit.*, 190.

9. LICHNOWSKY, *Op. cit.*, 71.

lecteurs les plus passionnés, surtout à Lisbonne et à Porto, centres névralgiques de la nation.

Déjà pendant l'émigration libérale, les nombreux journaux, surtout publiés à Londres, faisaient état des divers courants d'opinion ; c'est alors que certaines habitudes ont été prises en même temps qu'on apprenait une science journalistique nouvelle, ignorée encore en 1820. C'est à Londres, en 1830, que Garrett se demandait : « s'il y avait eu liberté de la presse au Portugal (...) depuis l'établissement de la Charte, Dom Miguel serait-il aujourd'hui assis sur le trône de Dona Maria II ? »[10]

Cette question recouvrait encore une critique qui serait fort valable pour l'avenir, car l'écrivain y faisait allusion aux empêchements réels que la liberté de la presse avait toujours subis au Portugal. Vers la fin des années 30, à l'agonie du Septembrisme, on essayait à nouveau de limiter l'exercice de cette liberté. Il va sans dire qu'elle avait rendu possibles maints abus — et Passos lui-même, avant sa révolution, la considérait comme un grand-guignol, lorsqu'il s'exclamait : «Pauvre nation si elle devait être gouvernée par les inconséquences des scribouillards ! »[11] Plus tard, son ami Garrett fera allusion aux « invectives grossières qui étaient à la mode ».

C'était pourtant la rançon qu'il fallait payer pour garantir la civilisation établie — et Costa Cabral l'a fort bien compris, qui s'est mis à persécuter méthodiquement journaux et journalistes, au long d'un processus qui ne s'arrêta qu'à sa chute. Cette répression a connu son point culminant en 1850 dans une loi qui souleva des protestations générales et qui a été connue comme la « loi du bouchon » (« lei da rolha »)[13], nom qui restera toujours dans le langage populaire des Portugais. Garrett et Herculano se sont manifestés en signant, les premiers, un document dont la grande dignité ne cache pas le sens profond de leur impuissance. Le projet était « monstrueux » — mais si la liberté devait périr, ils ne voulaient pas que « leurs noms puissent passer à la postérité déshonorés, entachés par la lâcheté ou par la complicité en un pareil attentat »[14]. Le Cabralisme avait la force, ou

10. GARRETT, *Portugal na Balança da Europa*. Ed. *O.C. II*, 568.

11. Passos MANUEL, discours du 16 janvier 1836 au Parlement. Cité par Oliveira MARTINS, *Op. cit.* II, 64.

13. Loi du 3 août 1850.

14. Document signé par HERCULANO, GARRETT, José ESTEVAO, Rodrigues de SAMPAIO, Oliveira MARRECA, A. P. Lopes de MENDONÇA, Fontes PEREIRA de MELO, Latino COELHO, Tomás de CARVALHO, Gomes de AMORIM, Rebelo da SILVA, Bulhão PATO et Andrade CORVO. Voir J. TENGARRINHA, *Op. cit.*, 138.

croyait l'avoir, car un an plus tard il sera renversé. La dictature avait écœuré les deux compagnons de Dom Pedro ; ils se relèveront pour prêter la main à la révolution de 1851 — mais leurs paroles traduisent une attitude psychologique de désenchantement que la presse elle-même déguisait mal sous les hautes couleurs de ses polémiques et de ses insultes et diffamations.

Le journal le plus poursuivi par la haine et la peur des Cabra-listes a été celui dont le nom était tout un programme : *A Revolução de Setembro*, fondé par José Estevão. Il a eu une longue vie : né en 1840, il a duré jusqu'en 1892 et a rendu célèbre son directeur, le « Sam-paio da Revolução », polémiste redouté sous l'apparence tranquille et quelque peu écclésiastique d'un gros bonhomme[15]. C'est lui qui, lors du mouvement de « Maria da Fonte », a réussi l'exploit de faire paraître pendant six mois, de façon rocambolesque, un journal clandestin, *O Espectro* — « *l'umbra mortis*, (...) l'innocent criant vengeance contre son persécuteur, le doigt invisible de la Providence écrivant sur les murs de la maison de Balthasar sa sentence de mort »[16]. Pour le marquis de Fronteira gouverneur civil de Lisbonne, cela signifiait « le journal le plus indécent, révolutionnaire et perfide qui s'était jamais publié dans le pays »[17]...

Autour d'*A Revolução de Setembro*, d'autres organes politiques naissaient facilement pour facilement mourir : ils défendaient des principes, des intérêts, des « chapelles » ou ne voulaient que critiquer, qu'attaquer, dans une démagogie étalée à cœur joie ; ils se risquaient même dans le domaine de la caricature et le *Suplemento Burlesco ao Patriota*, journal anti-cabraliste féroce, était lu avec le plus grand enthousiasme[18]. Quelques titres sont assez révélateurs : *O Trovão, O Raio, O Cometa, O Hercules, O Atleta, O Dragão, A Trombeta Universal, O Azorrague, A Lança*... A ces journaux polémiques, il faut encore ajouter les pamphlets pour avoir un panorama complet de la presse d'opinion.

---

15. Antonio RODRIGUES de SAMPAIO (1806-1882). En prison sous Dom Miguel, il s'est consacré au journalisme après la victoire libérale. Champion des idées sep-tembristes de nuance centriste, il fut ministre et président du conseil sous la Régénération. Voir son portait par Oliveira MARTINS, *Op. cit.* II, 239.

16. *In* « Advertencia », n° 1. Le dernier numéro (n° 63) est paru le 3 juillet 1847.

17. *Memorias do Marquês de Fronteira*, IV, 164.

18. *Suplemento Burlesco ao Patriota* (Lisbonne, 1847-1853).

Si l'on étudie la courbe de la création de ces journaux[19], on constate facilement que les années de troubles révolutionnaires ont été les plus fécondes : le nombre des journaux monte en flèche jusqu'en 1836, il tombe dans les années 40-45, pour remonter en 1846, l'année de « Maria da Fonte » — quitte à retomber au niveau des années noires du Miguelisme à la fin de la période cabraliste (1850 : « loi du bouchon »).

Liée aux destins d'une civilisation qui, avec ses maladies infantiles, marquait une crise de croissance, la presse d'opinion, aux clameurs romantiques, laissait pourtant une place à des journaux, ou magazines culturels pour la plupart illustrés. Des « hebdomadaires pittoresques »[20] paraissent alors, le premier dès le commencement de 1835[21]. Des vues de monuments, de villes, surtout, mais aussi des tableaux célèbres, élargissent l'information : la connaissance du monde entrait dans les mœurs nationales. Un de ces journaux, baptisé *Universo Pitoresco* posait fort bien le problème dès son premier numéro, lorsque, faisant l'histoire de la presse illustrée (et ne manquant pas de citer comme sources *Le Magazine Pittoresque* parisien, aussi bien que le *Lady's Magazine* de Londres), il parlait d'une nouvelle couche de lecteurs, issue des « classes laborieuses » qui n'avait pas le temps ni l'habitude de lire des livres et pour laquelle « il fallait créer une littérature appropriée » qui puisse l'attirer[22]. De l'amusement à l'instruction, tel était le principe de cette presse que de nouvelles techniques de reproduction permettaient d'animer.

La gravure sur bois entrait alors dans les ateliers des journaux de pair avec la lithographie qui était curieusement liée aux idées libérales au Portugal, car la première presse avait été introduite à Lisbonne par les hommes de 1820 et à Porto par Dom Pedro, pendant le siège de la ville. Cette importation culturelle avait été consciemment programmée[23] et elle a même débordé sur un enseignement de qualité mondaine, car dans des collèges de luxe on commençait à apprendre la litho dès 1836[24].

19. *In* José TENGARRINHA, *Op. cit.* p. 112.
20. *Arquivo Popular, leituras de instrucção e recreio, semanario pitoresco* (Lisbonne, avril 1837-1843).
21. *O Recreio, jornal das familias* (Lisbonne, janvier 1835-1836).
22. *Universo Pitoresco*, nᵒ 1 (Lisbonne, janvier 1839-1844).
23. Voir Note nᵒ 26, chapitre III.
24. Voir C. H. FERREIRA de Lima, *in Museu* (Porto, 1943), V, 108.

On avait déjà fait paraître plus d'une quinzaine de « journaux pittoresques »[25], dont une douzaine entre 1835 et 1840, dans l'enthousiasme de la nouveauté, lorsqu'un quotidien de Porto publia, en 1852, un article fort important où l'illustration était considérée comme « le langage caractéristique de notre temps », « un moyen de communication plus rapide avec le cerveau » — car alors « la science était destinée à entrer par les yeux et non plus par les oreilles »[26]. La fonction pédagogique de la presse illustrée devenait ainsi élucidée sinon glorifiée : elle s'accordait à la fonction des musées et c'était bien l'inauguration d'un musée qui servait de prétexte à cet enthousiasme pour la « communication visuelle ».

On comprend facilement que les intellectuels de l'opposition, s'occupant de l'amélioration matérielle de la presse pendant la période cabraliste (1846)[27], consacrent leur attention aux progrès de l'illustration, demandant en vain la création d'un cours de gravure sur bois à l'Académie, où, et pour cause, cette technique artistique n'était pas enseignée[28].

O Panorama, dont Herculano lui-même s'occupait, engagé par une Sociedade Propagadora de Conhecimentos Uteis que Farrobo présidait[29], sera l'hebdomadaire le plus important de la période romantique car, né en 1837, il prolongera sa vie jusqu'en 1868. Illustré de façon fort médiocre, les sciences naturelles, la géographie, et, comme l'on pouvait s'y attendre, l'histoire, constituaient ses thèmes préférés. L'Académie des Sciences elle-même lui rendra hommage en 1857 lorsqu'elle publiera ses Annales : *O Panorama* était « l'instrument d'initiation culturelle le plus admirable dans le sous-développement relatif où les

---

25. *O Recreio* (1835), *Correio das Damas* (1836), *Arquivo Popular* (1837), *O Panorama* (1837), *O Ramalhete* 1837), *O Recreativo* (1838), *O Biografo* (1838), *O Museu Portuense* (1838), *O Procurador dos Povos* (1838), *O Corsario* (1838), *O Universo Pitoresco* (1839), *O Museu Pitoresco* (1840), *Jornal de Belas Artes* (1843), *Ilustração, Jornal Universal* (1845), *Suplemento Burlesco ao Patriota* (1847), *Revista Popular* (1849).

26. *O Periodico dos Pobres do Porto* du 19 avril 1852.

27. Associação Promotora dos Melhoramentos da Imprensa, avec la collaboration de Garrett, J. Estevao, O. Marreca, Rebelo da Silva, Rodrigo da Fonseca Magalhaes.

28. Séance du 17 août 1846, proposition de J. Estevao. Voir J. Silvestre Ribeiro, *Op. cit.* VIII, 53.

29. Président de 1839 à 1844. Avant c'étaient A. Braamcamp (1836) et Vasco Pinto de -Balsemao (1838). En 1844 la société s'est dissoute et la revue sera éditée par une entreprise commerciale.

Portugais se trouvaient »[30]. Son influence auprès du public était partagée dans les années 40 par la *Revista Universal Lisbonense* (1841-1853) qui, entre 1842 et 1845, a été dirigée par un autre poète célèbre, A.F. de Castilho. La *Revista*, qui n'était pas illustrée, si elle était scientifique, agricole et commerciale, s'intéressait aussi à l'actualité. Elle donnait des nouvelles internationales choisies dans un but instructif et moral : recommandée par l'église[31], elle constituait une « véritable encyclopédie portugaise »[32] avec l'impressionnante équipe de ses collaborateurs. D'ailleurs, dès son premier numéro, la rédaction de l'hebdomadaire faisait appel à la collaboration de ses lecteurs en leur demandant des nouvelles qui puissent avoir comme résultat « du crédit, de l'instruction ou tout autre profit pour des Portugais »[33]. Ses articles étaient repris par les quotidiens qui la pillaient largement[34].

Mais ces deux hebdomadaires avaient encore un autre rôle à jouer dont on ne saurait trop souligner l'importance : ils ont fait développer la littérature de fiction en publiant dans leurs colonnes les premiers romans des nouveaux auteurs. Garrett publia les *Viagens na Minha Terra* dans la *Revista Universal*[35], Herculano ses romans et nouvelles dans *O Panorama*, dès 1838 : l'hebdomadaire ou la revue remplaçaient le livre que la petite bourgeoisie (et encore moins le peuple) ne pouvait pas ou n'avait pas l'habitude d'acheter ; en même temps, si l'on en croit l'article des annales académiques, que nous venons de citer, ils « développaient le goût pour les lettres, faisaient revivre les traditions (nationales) dans l'imagination populaire, (...) donnaient une impulsion aux nouvelles vocations ». La *Revista Universal* affirmait dans son programme : « ce siècle (...) a tué la librairie et a mis à sa place le journalisme » — car le XIXᵉ siècle était populaire. « Beaucoup de science pour peu d'hommes » ou « un peu de science pour

30. Anais das Ciencias e Letras da Academia das Ciencias de Lisboa, nº 1. Article d'introduction par Rebelo da Silva et Lopes de Mendonça.

31. Julio de Castilho, *Memorias de Castilho*, IV, 45

32. Inocencio F. da Silva, *Dicionario Bibliografico...* VII, 159.

33. *Revista Universal Lisbonense*, nº 1, le 1ᵉʳ octobre 1841.

34. Voir *Revista Universal Lisbonense*, 1845, p. 45.

35. Rebelo da Silva a également publié dans *Revista Universal* son premier roman *Rausso por Homizio* (1842), Oliveira Marreca, *O Conde Soberano de Castela* (1844), A. P. Lopes de Mendonça, *Memorias dum Doido* (1849). *O Cosmorama Literario* (1840), *Ilustração* (1845) et d'autres revues ont également publié des romans.

tous », voilà les deux situations que les livres et les journaux représentaient[36].

Véhicule nouveau d'une expression littéraire toute nouvelle, la revue trouvait aussi un public nouveau dont l'intérêt spécial pour la vie collective n'était pas simplement politique. Le feuilleton était le genre et la forme qui convenait à cette sorte de curiosité mi-mondaine, mi-culturelle qui vivait au jour le jour et, importation française, il se greffa sur les habitudes portugaises. Il a fait son apparition dans les bas de page d'*A Revolução de Setembro*, sous la signature d'un jeune homme plein de talent — A.P. Lopes de Mendonça qui sombrera dans la folie en 1860. Cependant, si le style de Mendonça est intelligent et facile, sa pensée, de plus en plus engagée dans un courant de gauche qui la conduira au socialisme en 1850, et assumant des responsabilités dans la critique et l'histoire littéraire, dépasse la légèreté du genre. Le feuilleton, chronique d'amuseur, ne trouvera son auteur idéal que dans la génération suivante, chez le jeune J.C. Machado — qui devra se suicider en 1890[37].

Il serait pourtant dangereux d'oublier que la vie lisbonnaise dont nous avons observé la médiocrité pendant les années 40, ne se prêtait pas tellement à cette littérature légère que peu de gens étaient en mesure de goûter. Seul le théâtre ou les passions théâtrales (ou musicales du *bel-canto*) en faisaient les frais, comme nous le verrons plus loin. De toute façon, les feuillonnistes devaient demeurer en marge de la politique. C'était une sorte de règle sous-entendue et il faut enregistrer ici un important mouvement tendant à garantir dans les journaux une position apolitique au-dessus de la mêlée, de façon à ce que les collaborateurs littéraires puissent conserver leur indépendance même dans les journaux politiques : les « convenances du progrès moral et intellectuel du pays » devaient être sauvegardées. Garrett et Herculano signaient ce document qui marquait déjà une certaine maturité socio-politique[38].

Il y avait, bien entendu, des journaux purement littéraires à la vie généralement très courte et, surtout, des journaux consacrés à la vie théâtre dont l'un fut dirigé par Garrett, en 1837[39]. Six ans plus tard

---

36. Voir *Memorias de Castilho*, IV, 34
37. A Porto, il y a eu un feuilletonniste célèbre : Evaristo Basto (1821-1865), fondateur d'*O Nacional* (184-1870).
38. Mémorandum du 27 août 1846, in Garrett, ed. *O.C.* II, 404.
39. *O Entr'acto* (Lisbonne, 1837 ; premier numéro le 17 mai ; 20 numéros parus). Le titre a été repris par d'autres journaux en 1840 et 1852.

Garrett lancera aussi un *Jornal das Belas Artes,* à la tête d'un groupe
d'écrivains et d'artistes ; pour des raisons que nous chercherons plus
loin, le succès n'a pas couronné cette initiative[40]. Mais il y avait également des journaux pour dames, comme *O Correio das Damas*
né en 1836, qui a duré seize ans et dont les belles lithos en couleurs arrivaient tout droit de Paris, apportant le dernier cri de la
mode. Là aussi Garrett faisait figure de précurseur : il avait lancé
O Toucador en 1822 — trop tôt pour des dames qui n'avaient pas encore
leur statut social. Maintenant elles méritaient même des journaux en
langue française, qu'une tendre amie de Garrett rédigeait ; *L'Abeille,*
comme nous le savons, était surtout consacrée à la chronique mondaine[41]. Mais le français, tout comme l'anglais, prétendait servir de véhicule d'information et des journaux rédigés dans ces deux langues furent
lancés à Lisbonne entre 1835 et 1839[42]. La nostalgie de certains rapports
de l'émigration de 1830 s'y mêlait à des intérêts commerciaux, surtout
dans les cas anglais. A partir de 1840, pourtant, les souvenirs se dissolvaient, même si un peu d'anglomanie demeurait dans les mœurs, et la
France habitait toujours les cœurs libéraux[43]...

Les « illustrés » ne négligeaient pas l'industrie et *O Panorama* tout
comme la *Revista Universal* se portaient garants de cet intérêt national qui ne trouvait pas assez d'appui en haut lieu. Pourtant, dès 1836,
un journal mariait dans son titre industrie et civilisation : *O Industrial Civilisador* ; d'autres publications lui feront écho au long des
années 40 — « cris qu'on lançait aux pays en faveur de l'industrie nationale »[44].

Les journaux étaient bien des cris lancés aux pays. Cependant, qui
les écoutait — qui pouvait les entendre ? N'oublions pas que les journaux coûtaient cher et que le pays était massivement illettré. En province et à la campagne, cette situation s'aggravait encore. On connaît
l'inventaire des journaux de Lisbonne postés vers la fin de 1839 : le

40. HERCULANO, CASTILHO, REBELO da SILVA et MENDES LEAL appartenaient au groupe
    éditeur. On a fait paraître 6 numéros. Le titre a été repris par d'autres jour-
    naux en 1848 et 1857.
41. Voir Note n° 33, chapitre V.
42. *Le Voltigeur Français* (1835-38), *La Lusitanie* (1839) *The Lisbon Mail* (1836-38),
    The Lisbon English Journal (1836), *The Lisbon Chronicle* (1839).
43. En 1852 fut lancée *La Revue Lusitanienne*, « avant tout littéraire et industrielle »,
    dirigée par Ontaire FOURIER, ex-chancelier de la Légation de France chassé
    par le Second Empire. La revue est parue du 2 janvier au 6 novembre 1852.
44. *O Industrial Portuense* du 31 mars 1845.

quotidien le plus populaire n'envoyait que 500 exemplaires, *O Panorama* 300 et *O Correio das Damas* 9[45]... Les différences sont saisissantes — mais n'oublions pas non plus que les journaux étaient alors lus en petit ou grand comité, dans les cafés et les clubs politiques — selon une habitude qui datait du XVIIIe siècle mais qui, au Portugal (où elle s'était probablement formée plus tard) se conservera plus longtemps. Les discours politiques y retrouvaient ainsi leur élément et les éditoriaux, qui imitaient leur ton, y créaient le climat passionnel qu'il leur fallait.

En effet, si « le prédicateur avait été la manière ancienne d'être journaliste, le journaliste était la manière moderne d'être prédicateur »[46]. De nombreux prêtres avaient jadis fait du journalisme au Portugal — les uns se faisant remarquer du côté migueliste, comme cet énergumène de Père Macedo (célèbre aussi comme orateur sacré)[47], les autres (beaucoup moins) du côté de Dom Pedro[48]. Des prêcheurs laïcs faisaient alors leur entrée en scène : nous les avons vus à l'œuvre, ces hommes de 1820, la tête chaude, pleine de République romaine, à peine refroidie par la réalité empirique.

Les premières manifestations d'éloquence politique n'ont pas été brillantes : la tradition baroque des orateurs sacrés au Portugal était encore vivante au commencement du XIXe siècle ; elle n'aurait su se plier à une nouvelle fonction sociale, et rien ne pouvait la remplacer. « Les moines sont partis, on a installé les députés au couvent de São Bento »[49], rappelait Garrett — mais ce nouvel instrument politique, très délicat, devait faire l'objet d'une préparation minutieuse que la conjoncture rendait impossible.

De toute façon, dans les années 40, être orateur était une condition *sine qua non* pour pouvoir faire de la politique ; le marquis de Fronteira refusa une demi-douzaine de fois la présidence du conseil

---

45. D'après un manuscrit publié par J. TENGARRINHA, *Op. cit.* p. 148. Le quotidien de Lisbonne le plus populaire était alors *O Periodico dos Pobres* (1826-1846) ; il suivait le courant chartriste pur. Ayant commencé à 10 reis, il avait augmenté le prix en 1834 : il coûtait alors 20 reis. Plus tard, il coûtera 40 reis, prix moyen des journaux de l'époque.

46. Sampaio BRUNO, *Portuenses Ilustres* (Porto, 1907-08), II, 3.

47. Signalons encore les P. RECREIO, BUELA et Frère Fortunato de S. BOAVENTURA (*Punhal dos Corcundas, Maço de Ferro Anti-Maçonico, Mastigoforo, Defensor dos Jesuitas, Contra-Mina*).

48. Signalons les P. VALBOM (*A Vedeta da Liberdade*), J.C. de CARVALHO (*O Rabecão*).

49. GARRETT, *Um Auto de Gil Vicente*, préface (1841). Ed. *O.C.* I, 629.

des ministres ou un portefeuille parce qu'il ne se sentait pas capable
de soutenir un duel oratoire au Parlement, et non parce qu'il lui manquaient les qualités nécessaires pour gouverner[50]... Peut-être pourrait-
on dire que la politique servait de prétexte à faire des discours : les
gens aimaient un peu trop parler ou s'écouter parler...

La presse et l'éloquence se combinaient : la parole parlée et la
parole écrite se ressemblaient beaucoup et les hommes étaient, en fin
de compte, les mêmes. Très souvent le journalisme, sorte de tremplin
au large spectre mondain, littéraire et politique, ouvrait les portes
d'une carrière qui menait au Parlement, voire aux bancs du gouvernement. Il faut donc mettre en rapport les deux phénomènes, produits
libéraux et romantiques, par leurs principes idéologiques et par les
attitudes mentales et sentimentales qui les caractérisent.

C'est ainsi que la lecture des journaux politiques de l'époque peut
nous offrir une idée à peu près exacte du climat qui régnait au Parlement et, derrière les compte-rendus des interventions des députés, nous
n'avons qu'à imaginer leur voix, leurs gestes, reconstituer, en somme,
leur présence physique — n'oubliant pas qu'elle constitue une des
conditions majeures du spectacle.

Il faut d'ailleurs considérer le Parlement comme un spectacle dans
une capitale qui n'en possédait pas tellement. Les tribunes pleines les
jours où l'on s'attendait à quelque intervention brûlante, en disent
long sur le rôle de la nouvelle assemblée de São Bento au sein d'une
société qui, par contre, laissait les théâtres vides. Il ne faut pas non
plus oublier que le spectacle du Parlement avait l'avantage d'être gratuit — et cela compte énormément en raison du faible niveau de vie
de la petite bourgeoisie lisbonnaise.

L'impression d'un voyageur étranger n'est certes pas à négliger.
Le prince Lichnowsky est allé au Parlement et à la Chambre des Pairs
en 1842. Il n'y a trouvé personne d'intéressant : l'un lui a paru « un orateur d'un meeting irlandais », un autre « gesticulait avec trop d'énergie, très à l'italienne, et pas avec assez d'à-propos »[51]. Ce dernier était
le duc de Palmela, ce qui n'est pas sans nous étonner. Chez les députés, c'était le chaos : on dirait un club révolutionnaire... « Au lieu du
sel attique, on pare les discours des injures les plus grossières » ; tout
le monde parle en même temps — « c'est une scène d'orgie »[52]. Le prince

---

50. Voir *Memorias do Marquês de Fronteira*, III, 153 et IV, 288.
51. LICHNOWSKY, *Op. cit.*, pp. 94-95.
52. Id. Ibid. p. 85.

qui penchait du côté de Costa Cabral car il aimait l'ordre et avait été aide-de-camp de Don Carlos en Espagne, n'est peut-être pas très impartial — mais le tableau n'en est pas moins vivant et vraisemblable. Nous connaissons d'ailleurs un portrait collectif des députés de cette même législature, ouvrage curieux d'un politicien un peu fantaisiste qui, dans ses impitoyables descriptions « physiologiques », se porte garant des impressions de Lichnowsky[53]. Et dix ans plus tard nous pourrons lire dans la *Revista Universal Lisbonense* une référence féroce aux « très viles algarades » des discours parlementaires[54].

En 1834, au seuil du romantisme, nous avons vu Herculano s'interroger sur la voie à choisir pour la littérature nationale — et s'il ne faisait allusion qu'à la poésie et à l'éloquence, il s'attardait à l'analyse de celle-ci, lui cherchant des modèles chez les orateurs anglais, les Pitt, les Canning, les Fox. Herculano ne voulait s'occuper que des orateurs parlementaires car ceux de l'Eglise ne créaient que « le luxe de la religion » — et « la belle et sublime morale de l'Evangile n'a pas besoin des secours de l'art de Démosthène et de Cicéron ; la religion pratique d'un clergé vertueux sera l'homélie la plus éloquente pour insinuer la morale du Crucifié »[55]. Aux orateurs politiques, à ces députés dont il fut un collègue silencieux en 1840, il conseille enfin « de la clarté, de l'ordre dans les idées, une logique sévère »[56]. C'est le moins qu'il aurait pu faire — mais ces moyens n'étaient vraiment pas bien répandus dans le monde libéral portugais, et, fort conscient de cela, Herculano ne revient pas sur ce sujet. Cela n'empêche pourtant pas que, vers 1870, on puisse affirmer que l'art portugais du siècle « se manifestait principalement par l'éloquence parlementaire »[57]. Herculano n'a pas été un orateur mais Garrett, lui, ne se refusait pas aux luttes parlementaires, quitte à s'y brûler. Il y mettait pourtant toujours une certaine élégance, et assez de tact. Il fut un des ténors les plus appréciés et les dizaines de discours qu'il nous a laissés ou dont on connaît des extraits, bien qu'un peu trop élaborés et difficiles à suivre, ont une

53. *Quadro Politico, Historico e Biografico do Parlamento de* 1842 *por um eremita da Serra de Arga* (Lisbonne ,1845). Son auteur est D. João de AZEVEDO (voir INOCENCIO, *Op. cit.*), bien que l'ouvrage ait été également attribué à A. da CUNHA SOTTO-MAYOR.

54. A.P.A. *in Revista Universal Lisbonense*, 1852, III, 522.

55. HERCULANO (1834), « A Imprensa », *in Opusculos IX*, pp. 15-16.

56. Id., Ibid., p. 19.

57. Ramalho ORTIGAO, in *As Farpas* (Lisbonne, janvier 1874), IV, p. 45 (ed. 1943).

portée littéraire et une force spectaculaire qu'en homme de théâtre il
ne manquait pas d'appuyer. On sait qu'on venait l'écouter dans les
galeries et que, dans le monde, on discutait de ses mérites.

Mais l'orateur le plus apprécié, l'orateur né, avec toutes les grandeurs et toutes les servitudes de sa condition, était José Estevão, souvent adversaire de Garrett car il était toujours dans l'opposition de
souche septembriste. Il avait pour lui un talent d'improvisateur et
une présence physique léonine. Héros du siège de Porto, député, professeur d'Economie Politique en 1840, chef de guérillas dans la révolution de « Maria da Fonte », voyant alors sa tête mise à prix par
Costa Cabral pour un million de réis[58], membre d'un triumvirat républicain en 1848, académicien en 1855, grand maître de la Maçonnerie
en 1862 — José Estevão (1809-1862), le tribun par excellence, a été la
véritable idole populaire de sa génération qui était celle d'Herculano.

Nous avons déjà vu combien était simple sa pensée politique ; la
puissance de sa parole, abrupte, imagée, enflammée, l'élevait pourtant
à un degré fonctionnel presque mythique[59].

Passos Manuel, le fondateur du Septembrisme, n'a peut-être fait
qu'un seul discours dans sa vie, et ce fut un discours posthume, en
1844, lorsqu'il analysait, avec une noble mélancolie, la dégradation de
la politique nationale après sa propre chute[60]. Homme simple et blessé,
qui avait préféré le silence et la retraite lorsqu'on lui enleva les moyens
de gouverner, il n'était certainement pas un orateur. Autour de José
Estevão et de Garrett (et souvent contre eux car ils se définissaient
parfois dans des positions quelque peu opportunistes)[61], il y avait
encore deux hommes nés entre 1818 et 1822 : un dramaturge, Mendes
Leal, et un romancier et historien, Rebelo da Silva. Les deux seront
députés et ministres, dans les années 60. Nous avons déjà rencontré
Rebelo, disciple d'Herculano dans le roman historique : polygraphe
fabuleux, il a laissé quelque 40 ouvrages bien qu'il n'ait pas atteint la
cinquantaine. Tuberculeux, il a passé les derniers mois de sa vie dans
la maison où Garrett avait « vu » sa « Joaninha aux yeux verts » et qu'il
s'était achetée... Depuis sa jeunesse il parlait avec la facilité la plus
grande, dans un style d'académicien, fleuri, raffiné, un peu   poudré

---

58. Circulaire du 16 avril 1844, in J. TENGARRINHA, *José Estavão, Obra Politica*, 1, 340.

59. Voir J. TENGARRINHA, *José Estevão, Obra Politica* (Lisbonne, 1962. . .).

60. Discours du 18 octobre 1844 au Parlement. Voir Oliveira MARTINS, *Op. cit.*, II, 111.

61. Voir J. PINTO de CARVALHO-TINOP, *Lisboa de Outrora*, III, 119.

même[62]. Leal, plus théâtral, moins fin dans ses effets rhétoriques, réalisait dans ses discours bourrés de lieux communs une sorte de caricature des procédés romantiques — même s'il devait faire, à l'Académie, l'éloge funèbre de Garrett (« hier un homme, aujourd'hui une statue »)[63], ou à cause de cela peut-être... Rebelo, remarquons-le, n'a pas manqué non plus de pleurer sur le tombeau du maître, le jour de ses funérailles. On dirait que le premier cercle de l'éloquence romantique se fermait à ce moment solennel où son créateur littéraire venait de disparaître.

Les premiers exercices d'une éloquence qui s'engageait surtout sur le plan littéraire ont été réalisés dans une société dont le nom bizarre rappelait la culture du passé : Sociedade Escolastico-Filomatica, sous la présidence de Rodrigo da Fonseca. Des jeunes gens romantiques s'y réunissaient, essayant leurs premières armes dialectiques ; ils discutaient, en 1838, de l'influence de la civilisation dans l'histoire, de la réaction romantique et des effets de la littérature en Occident. La salle tenait du café, du club et du parlement dont elle imitait d'ailleurs l'ordonnance, malgré la pauvreté des moyens. C'est là que Rebelo da Silva a fait des débuts prometteurs, à l'âge de 17 ans[64].

L'Eglise, une fois passé le temps de gloire et de haine de Dom Miguel, n'avait plus de prédicateurs à la hauteur de ses nouveaux concurrents. Le Père Macedo avait eu la chance de ne pas voir la débâcle de sa cause : il est mort en 1831. Frère Fortunato de São Boaventura, archevêque, grand érudit et pamphlétaire, avait suivi le roi dans son exil romain. Les grands éclats du baroque faisaient place au silence : aucun Lamennais, aucun Lacordaire ne montait ou n'aurait pu monter dans la chaire d'une église portugaise. Si on a nommé le Père Malhão le « Lacordaire portugais », le parallèle était sans doute immérité par ce prédicateur attaché durant toute sa vie à une petite ville de province, homme modeste malgré sa renommée et son talent[65]. L'élégance discrète de son expression oratoire, la simplicité de ses phrases tranchaient sur la tradition. C'était également le cas du Père

---

62. Voir Bulhão Pato, *Sob os Ciprestres* (Lisbonne, 1877), pp. 233 et suivantes ; J.M. Andrade Ferreira, *Literatura, Musica e Belas Artes* (Lisbonne, 1872), I, 44 et 60 et suivantes.

63. Mendes Leal, *Elogio Historico do socio effectivo visconde de Almeida Garrett recitado na sessão publica da Academia Real das Ciencias em 19 de Novembro de 1856* (Lisbonne, 1856)

64. Voir J.M. Andrade Ferreira, *Op. cit.* I, 43-44.

65. Voir l'article de Lino F. da Costa *in Ocidente* des 30 mars et 10 avril 1900.

Rodrigues de Azevedo, doyen de la Faculté de Théologie de Coimbre,
qui refusa des mitres et un chapeau de cardinal. Fin lettré, il s'exprimait de façon claire et peu chargée. Bien que célèbre déjà dans les
années 40, leurs homélies n'ont été publiées que beaucoup plus tard
— signe sûr d'un manque d'intérêt de l'opinion publique, au-delà du
cercle de fidèles. Le milieu était d'ailleurs fort médiocre[66]. Un recueil
hebdomadaire de pièces oratoires, publié dans les années 50 par un
jeune dramaturge aristocrate[67], sera considéré comme un excellent service culturel, étant donné « le retard de l'éloquence de la chaire et le
manque de lumières du clergé portugais »[68].

Les deux orateurs cités, tout comme l'éditeur du recueil mentionné, étaient miguelistes. Le rapport entre l'idéologie et la fonction
ne peut passer inaperçu car il n'était que trop logique. Leur roi
« ancien » étant parti, Malhão et Azevedo n'avaient que « la religion, la
vertu et la patrie »[69] à servir discrètement, auprès des rois « modernes » ; ils demeuraient étrangers à « la liberté » de ce monde nouveau
dans lequel ils ont largement vécu[70]. Cela ne pouvait que limiter la portée historique et sociale de leur verbe, face à celui des littérateurs
romantiques — même si le libéral José Estevão, enlevé par la puissance oratoire de Malhão, l'applaudit un jour en pleine église[71], ou si
le libéral Mendes Leal le salua en fort mauvais vers, en 1848 :

> « Tu mudas sobre as glorias do passado
> As palmas em ciprestes... »

---

66. Il faut encore mentionner José da CAMARA SINVAL (1806-1857), professeur célèbre
de l'Ecole de Médecine de Porto qui, ayant reçu les ordres mineurs chez les
prêtres de S. Philippe NERY, est devenu prédicateur en 1847. Ses *Sermões* seront
publiés par Camilo CASTELO BRANCO en 1864. Le romancier s'occupa de lui dans
Esboços de Apreciações Literarias (Porto, 1865) pp. 267-282.

67. D. José de ALMADA e LENCASTRE (1828-1861 a publié *O Orador Sacro* dont parle
INOCENCIO, *Dic. Bibiogr.*, sans donner des précisions. Les brochures n'existent
pas à la Bibliothèque Nationale de Lisbonne.

68. J. M. Andrade FERREIRA, *Op. cit.* I, 212. Voir dans le même volume des textes
sur le P. MALHAO et sur D. José de ALMADA (pp. 149 et 128).

69. Mots des éditeurs de l'homélie consacrée à la mort du comte de Barbacena,
maréchal de Dom Miguel, par le P. MALHAO, en 1854.

70. Le P. Francisco R. Silveira MALHAO (1794-1860 publia ses *Sermões* en 1858,
à Lisbonne, en fascicules. Sur le P. Francisco A. Rodrigues de AZEVEDO (1811-1897).
Voir *Tributo de saudade que à memoria do seu dedicado amigo Dr F. A. R.
de Azevedo paga pelo visconde de Taveiro*, Lisbonne, 1897.

71. Voir n° 65.

— recevant en échange une poésie du prêtre :

> « Após ti, como Orfeu, levas rochedos,
>   Feras, arvores, torres... »[72]

---

72. *In Revista Universal Lisbonense* du 10 février 1848, p. 114. Ecrivant sur la célèbre oraison funèbre consacrée au vicomte de Barbacena, féal « migueliste », *A Revolução de Setembro* du 17 août 1854 regrettait le manque de publicité qu'on lui avait faite, en ajoutant : « Le P. Malhão est un orateur partisan. Personne ne le dissimule moins » — mais « ses dons d'orateur justifiaient » le goût particulier qu'on éprouvait à l'écouter.

CHAPITRE VIII

LE THÉÂTRE NATIONAL

La parole au service de l'action appelle la parole au service de la fiction. « Le théâtre a fasciné l'homme de lettres comme la tribune a séduit le politicien », affirmait-on vers la fin de la période romantique[1]. Nous avons vu Garrett et Mendes Leal, orateurs et dramaturges, chercher à répondre à ce besoin. Un besoin pressant : deux mois avant la présentation d'*Um Auto de Gil Vicente* de Garrett (1838), point de départ du renouveau romantique du théâtre national, un journaliste devait écrire : « les spectacles sont devenus un besoin lorsque les peuples arrivent à un certain degré de civilisation ; ils présentent le tableau de toutes les passions faisant passer à l'âme du spectateur une partie des sensations qui agitent les personnages du drame et exercent une véritable influence sur les mœurs de beaucoup de citoyens réunis par la curiosité et par l'attrait du plaisir »[2]. Tout se trouve dans ce texte dont la banalité cache une profonde signification : le tableau, c'est-à-dire la description des passions et l'assimilation de ces passions par le spectateur. Cette assimilation s'oppose à la « catharsis » classique car la situation romantique n'est plus centrifuge mais centripète, et le moi du spectateur doit être chargé et non plus délivré. Chargé mais aussi instruit, voire éclairé : attiré par le plaisir, il reçoit en fin de compte une leçon de morale agissant sur ses mœurs de citoyen. Le théâtre se doit d'éduquer : il est un agent de cette civilisation — concept et mot clé dans chaque texte officieux de la première génération libérale, qui ne saurait manquer à l'article que nous avons cité.

---

1. Carlos de Moura Cabral, *in O Ocidente* (Lisbonne, 1881), p. 47.
2. Article anonyme in *Atalaia Nacional dos Teatros*, N° 1 (Lisbonne, le 28 juin 1838). La présentation d'*Um Auto de Gil Vicente* a eu lieu le 15 août de la même année.

238   LES ANNÉES DE FOLIE

Le rôle du théâtre est donc un rôle de tout premier ordre, dans le cadre du romantisme. D'après le plus important des écrivains de la deuxième génération, le théâtre fut le premier art à subir, au Portugal, la grande réforme littéraire et mentale[3]. L'affirmation est certes discutable mais elle n'en est pas moins significative de la manière dont on considérait les choses à l'époque. De toute façon, Herculano pouvait dater de 1838 le moment où le théâtre a acquis de l'importance dans le pays[4]. Acte de civilisation, il fallait pourtant le définir à partir du néant. La création de Gil Vicente, mise en valeur en 1834 par la réédition critique de ses pièces, œuvre dont nous avons déjà apprécié la résonnance chez Garrett, cette création à cheval sur des schémas médiévaux et des schémas de la Renaissance à peine compris dans une cour attirée par des goûts nouveaux, sera entraînée dans la toute prochaine décadence de la cour et du pays. Un siècle plus tard, les Espagnols introduiront dans les habitudes lisbonnaises leur théâtre, dans des « patios de comedias » fort populaires, dont la formule demeurera jusqu'au commencement du XIXe siècle. Ils jouiront de l'appui d'une mentalité baroque que les poètes bourgeois acquis à Pombal essayeront en vain de transformer. Au cours de la seconde moitié du XVIIIe siècle, nous observons, d'une part, les Jésuites du « delectando docere », d'autre part Pombal faisant figurer pour son plaisir un Jésuite sous les traits de « Tartufe » ; d'autre part encore, l'opéra italien qui était passé des menus plaisirs de la cour à la vie de la capitale dans un théâtre bâti par des bourgeois pombalins, définitivement installés dans la vie sociale du pays après la chute du « despote éclairé »[5]. Ce panorama médiocre[6] n'était certainement pas amélioré par les dizaines de tragédies classiques d'allure politico-philosophique ni par les drames larmoyants joués dans le premier quart du siècle, ni par les douteuses traductions de Racine ou de Voltaire, alors écrites. Il l'était encore moins par les « éloges dramatiques » qui sont passées de la glorification des victoires contre les armées de Napoléon à celle de la Constitution de 1820 — pour se terminer, en 1830, dans une *Apoteose de Hercules*, consacrée à Dom Miguel par son fidèle prédicateur et journaliste le P. Macedo[7].

3. Voir Camilo CASTELO BRANCO, *Curso de Literatura Portuguesa* (Lisbonne, 1876), p. 270.
4. Voir HERCULANO, *Historia do Teatro Moderno* (1839), in *Opusculos* IX, 117.
5. Voir J. A. FRANÇA, *Op. cit.*, I, 48.
6. Voir Teofilo BRAGA, *Historia do Teatro Português* (Porto, 1871), IV, pp. 1 à 94.
7. José Agostinho de MACEDO, *Apoteose de Hercules, elogio dramatico para se representar no Real Teatro de S. Carlos* (Lisbonne, 1830).

... Ou pour survivre chez les champions du nouveau régime car, dans les heures sombres de Plymouth, les émigrés, mettant en scène le *Catão* de Garrett, le faisaient précéder d'un « éloge dramatique » où les trois royaumes alliés, le Portugal, le Brésil et l'Angleterre venaient couronner la jeune reine[8]. Dans le royaume conquis, à Porto comme à Lisbonne, ce genre servait à glorifier Dom Pedro. *A Queda do Despotismo* était alors un « éloge dramatique » fort prisé[9] et, comme l'Assembleia Estrangeira, avec son bal très opportun, l'Opéra de São Carlos s'est empressé de saluer la victoire de Dom Pedro par des commémorations à la mode de jadis, lors de l'entrée de ses armées dans la capitale. Nous verrons plus loin comment l'Opéra a joué un rôle dans la nouvelle situation sociale ; les théâtres, de leur côté, ont vu leur destin marqué, sept mois à peine après la fin de la guerre civile, par l'arrivée d'une compagnie française à Lisbonne — et ce fut le premier pas vers un renouveau du goût de la scène théâtrale au Portugal.

Douze ans plus tôt, une autre compagnie française, opérant déjà pendant l'agonie du régime constitutionnel, mettait à l'affiche des pièces médiocres qui « ne contenaient que des principes de morale, de religion et de vertu »[10]. Sa saison lisbonnaise s'est soldée par de grandes pertes car la civilisation vintiste, au temps de *Catão*, ne réclamait pas encore assez les services du théâtre. En 1835, pourtant, la ville, libérée par les soldats émigrés de Dom Pedro, manifestait d'autres goûts et commençait à faire état d'une curiosité tournée vers des formes de vie cosmopolites.

Emile Doux, qui arriva à la fin de décembre 1834, « avec M. Paul et Mme Charton et 30 artistes des deux sexes, un répertoire et quelques ustensiles nécessaires pour l'éclairage »[11], n'était certainement pas un artiste de grande qualité. Ce n'était qu'une compagnie parmi des dizaines d'autres qui, en France, sillonnaient la province. A Lisbonne, elle faisait son effet et, surtout, elle arrivait à point.

Le Théâtre de la Rua-dos-Condes où elle avait échoué, tout comme le Théâtre du Salitre qui lui faisait concurrence, n'était qu'une masure, bâtie après le tremblement de terre. L'éclairage à l'huile qui rempla-

---

8. Voir Luz SORIANO, *Historia da Guerra Civil* (Lisbonne 1866-1884), 3ᵉ époque, III, 214.

9. Voir *Cronica Constitucional do Porto* du 31 juillet 1833.

10. Voir Silva TULIO *in Arquivo Pitoresco* (1864), VII, 383.

11. *O Nacional* du 30 décembre 1834. Il y avait aussi M. et Mme ROLAND et M. CHARLET. Monsieur PAUL était acteur de la compagnie du Gymnase, de Paris.

çait les bougies usuelles en constitua la première nouveauté ; un répertoire inédit de pièces de Dumas, Victor Hugo, Scribe, Malesville,
Pixérécourt, en fut la seconde ; mais il y avait aussi la façon de jouer,
les phrases traînant sur un ton déclamatoire, la cadence larmoyante
du débit, l'emphase des gestes — et voilà tout un public provincial
avide de sensations nouvelles, sous le charme du théâtre nouveau, qui
lui était fourni dans une langue qu'il ne comprenait pas toujours. Cela
a duré deux ans et demi[12], à raison de trois soirées par semaine — et,
quand la compagnie a plié bagage, Doux est resté à la tête d'une société
nationale qu'il a formée et entraînée et qui reprendra son répertoire
avec des traductions portugaises. Sa propre compagnie s'était proposée de créer une troupe locale qui puisse « sortir de l'état misérable »
où les acteurs nationaux se trouvaient, mais elle n'avait pas obtenu
la subvention demandée[13]. Doux est demeuré au théâtre de la Rua-dos-
Condes jusqu'en 1840, date à laquelle le comte du Farrobo est devenu
l'imprésario-mécène de cette salle. Il a alors pris le Salitre, ensuite le
Gymnasio ouvert en 1846, et le Théâtre Dom Fernando, bâti en 1849 sur
l'emplacement d'une église. Toujours fidèle à son programme, Doux a
inauguré cette dernière salle avec la célèbre *Adrienne Lecouvreur* de
Scribe.

Metteur en scène sans concurrent, fondateur d'un cours de déclamation, Doux a été le maître d'une nouvelle génération d'acteurs nés
entre 1810 et 1820 qui feront le succès du théâtre romantique. Ils ont
suivi son style, adopté ses tics, répété ses procédés avec force défauts
de prononciation que le manque de culture littéraire accentuait. C'était
l'école française de 1830 traduite en portugais, active pendant vingt
ans — avec la vedette du jour, déjà payée comme une véritable « star »,
la « belle Emilia » qui, engagée par Doux dès 1838, couvrira de ses
éclats les années 40 et 50[14].

---

12. Du 4 janvier 1835 jusqu'en avril 1837.

13. Voir *Jornal do Conservatorio*, Lisbonne, le 22 mars 1839.

14. Citons quelques noms célèbres : EPIFANIO (1813-1857), qui a également été un
    metteur en scène remarquable, TEODORICO (1818-1883), TASSO (1820-1870), ROSA père
    (1812-1884), SARGEDAS (1813-1866), Carlota TALASSI (1811-1891) et surtout Emilia das
    NEVES (1820-1883). Vers la fin des années 50 on doit mentionner Manuela
    REY (1843-1866). Voir Julio Cesar MACHADO, *Os Teatros de Lisboa* (Lisbonne, 1875),
    Sousa BASTOS, *Carteira do Artista* (Lisbonne, 1898) ; (anonyme - D. Luis da
    CAMARA LEME), *Emilia das Neves. Documents para a sua biografia por um
    dos seus admiradores* (Lisbonne, 1875) et Brito CAMACHO, *A Linda Emilia* (Lis-
    bonne s/d, 1932).

En face du théâtre de la Rua-dos-Condes, à la clientèle peu raffi-née, il y avait le Salitre, sorte de grand-guignol populaire aux acteurs fort modestes. Ils se trouvaient tous les deux à côté du « Passeio Publico ». Une scission chez Doux apporta au Salitre une transforma-tion qui s'est tout de suite traduite par la présentation d'*Antony*, en 1838[15]. Doux ne négligeait pourtant pas les succès populaires et la même année il a présenté une adaptation lisbonnaise du *Gamin de Paris*, de Bayard — annoncé comme « un drame manifestement accommodé à notre pays et plein des incidents les plus cocasses et moraux »[16].

Il va sans dire que le travail de renouveau de Doux ne fut pas sans soulever des polémiques : à son action « étrangère » on n'a pas man-qué d'opposer, dans le théâtre du Salitre, une action nationale ou nationaliste, qui se réclamait d'une Associação de Gil Vicente. En 1838, discutant une subvention officielle, Herculano et Castilho défen-daient la candidature « portugaise » du Salitre, malgré *Antony* et Molière. Il n'y avait pas encore d'originaux portugais : Garrett, qui venait d'en écrire le premier, préférait le Condes et c'est là que son *Auto de Gil Vicente* allait être joué[17]. Des passions étaient suscitées : la presse ne manqua pas de s'occuper de l'affaire et d'y prendre par-ti ; des journaux furent fondés pour défendre l'une ou l'autre scène. Le théâtre était devenu un sujet important dans l'échiquier de la vie sociale et politique ; et de la vie mondaine aussi, car, comme nous l'avons vu, il a gagné les salons de l'aristocratie. La vie théâtrale pre-nait une place avantageuse dans les préoccupations des Lisbonnais auxquels elle offrit quelque 30 ou 40 journaux dès la fin des années 30[18]. Puisque le théâtre allait de pair avec l'éloquence, nous ne serons pas étonnés de le voir comparé, dès 1836, à la presse elle-même[19].

Si celle-ci fera l'objet de certains soins de la part des anti-cabra-listes de 1844, le théâtre n'a pas été sans attirer l'attention des Sep-tembristes de 1836 et nous avons déjà vu Garrett à l'œuvre. Examinons de plus près son activité dans ce domaine, en tant qu'organisa-teur ; cela nous mettra en présence d'un phénomène fort important

15. Ver Sousa BASTOS, *Op. cit.*, p. 164.

16. *O Nacional* du 22 février 1838, jour de la « première ». *O Gaiato (ou o Garoto) de Lisboa* a connu un succès qui a duré une centaine d'années.

17. Voir GARRETT, *Um Auto de Gil Vicente*. Notes. Ed.*O.C.* I, 653 ; Gomes de AMORIM, *Op. cit.*, II, pp. 391 et suivantes.

18. Voir leurs titres in A. X. SILVA PEREIRA, *O Jornalismo Português* (Lisbonne, 1898).

19. Passos MANUEL, discours cité du 16 janvier 1836.

dans le cadre de la nouvelle « civilisation » libérale — à la suite, ne l'oublions pas, d'idées présentées par les hommes de 1820. En 1835 fut créé un Conservatoire de Musique qui reprenait les fonctions traditionnelles du séminaire de l'Eglise patriarchale fermé lors des réformes anti-cléricales ; l'année suivante Passos, quelques jours après avoir pris le pouvoir, chargea Garrett d'étudier la restauration du théâtre national[20]. Il s'agissait de « fonder et organiser » un théâtre qui, « étant une école de bon goût, devait contribuer à la civilisation et au perfectionnement moral de la nation portugaise ». C'est Garrett lui-même qui très probablement écrivit ces lignes.

Un mois et demi plus tard[21], une loi créait l'Inspection Générale des Spectacles, le Conservatoire d'Art Dramatique (qui absorbait le Conservatoire de Musique) et une société pour édifier un vrai théâtre qui devait remplacer les salles misérables de la rue des Condes ou du Salitre. Garrett était l'âme et le cerveau de toutes ces institutions et ce fut le second pas en avant du théâtre romantique au Portugal.

Un couvent désaffecté et quelque peu en ruines servit de siège au Conservatoire ; l'endroit où se trouvait le palais de l'Inquisition, détruit par un incendie l'année même, sera choisi pour l'édification du théâtre : il n'aurait pas été possible de trouver mieux, d'un point de vue symbolique...

Les statuts de l'école ont été étudiés sur ceux des conservatoires de Paris, Milan et Londres « accommodés à la petite échelle (du pays) et aux circonstances spéciales de l'économie »[22]. Cela n'empêchait pas Garrett d'en faire une sorte d'Académie, dont les premiers membres correspondants dans le domaine des belles-lettres furent Hugo, Scribe, Delavigne, et, un an plus tard, Dumas, Silvio Pelico et César Cantù. Le cours de déclamation a eu d'abord comme professeur Monsieur Paul, de la compagnie Doux, et par la suite un Italien, Perini di Lucca. En 1840, il y avait 200 élèves, chiffre qui sera à peu près constant pendant les années 40 et 50 — mais dont les trois quarts suivaient des cours de musique[23].

---

20. Décret du 28 septembre 1836.
21. Décret du 15 novembre 1836.
22. Lettre officielle de GARRETT du 17 décembre 1837, *in Revista do Conservatorio* (Lisbonne, 1838), p. 15.
23. Ver J. Silvestre RIBEIRO, *Op. cit.*, VI, 392-424.

En 1840, l'anniversaire de Dona Maria II fut fêté par le Conservatoire d'une façon qui ne doit pas rester sans commentaire[24]. Garrett y a fait jouer sa deuxième pièce mais, en même temps, on présentait aussi un « éloge dramatique » où figuraient Vénus, avec ses petites amours, Apollon et un Camoëns ravi de la renaissance des arts que la déesse lui annonçait... A la fin, un rideau s'ouvrait pour laisser voir un buste de la jeune reine que Vénus s'empressait de couronner de fleurs tandis qu'Apollon et le chœur chantaient les vers italiens du professeur de déclamation. On se croirait deux générations en arrière, par l'esprit, par la forme, et par la langue employée — ou, tout au moins, à l'époque des campagnes libérales, alors que le romantisme s'alimentait encore de formes vintistes.

Que s'était-il passé ? Garrett, allié aux Septembristes déchus, voulait sauver à tout prix ce Conservatoire qui avait été son rêve ; déjà le drame qu'il faisait jouer, *Filipa de Vilhena*, se terminait par un vivat historique à la Maison de Bragance. Mais ceci n'explique certainement pas tout : la formule « ancien régime » de l'« éloge », nous pouvons la retrouver chez les académiciens des Beaux-Arts, où une allégorie semblable avait été peinte l'année précédente[25]. Les chemins du romantisme national n'étaient pas encore très sûrs et la place de la royauté dans les nouveaux schémas socio-culturels devenait quelque peu ambiguë, surtout par rapport aux goûts personnels de la jeune reine qui n'étaient pas très fins. Douée d'un caractère volontaire, elle n'était pas sans apprécier un hommage aussi peu constitutionnel... On peut en déduire que la manière de s'adresser aux rois n'était pas encore passée de la salle du Parlement aux salles de théâtre — ou que le théâtre n'avait pas encore acquis sa force, c'est-à-dire un langage approprié.

Un an plus tard, cependant, Garrett n'était plus directeur du Conservatoire ni Inspecteur Général des Théâtres : il n'avait pas été épargné par le mouvement de centre-droite qui culminera en 1842 avec la restauration cabraliste de la Charte. Le prétexte d'économies mesquines, cachant à la fois un propos politique personnel et un mépris total pour « une œuvre de civilisation », avait rongé le budget du

24. Voir *Programa do Festejo que pelo faustosissimo aniversario da sua Protectora a Rainha Fidelissima a Senhora D. Maria II (...) fez o Conservatorio Dramatico de Lisboa en 1840 (...)* (Lisbonne, 1840).

25. *Alegoria à Instituição da Academia de Belas*, tableau de Norberto José RIBEIRO, 1839, à l'Academia Nacional de Belas Artes.

Conservatoire. Les protestations violentes de Garrett contre un ministre peu éclairé ont précipité sa propre chute[26].

Eloigné du Conservatoire, il n'abandonne pas son idée et en 1842 déjà il fonde une Associação de Amadores da Cena Portuguesa pour faire jouer des pièces au théâtre du Salitre[27] ; et il collabore avec les amateurs élégants de la société Thalia pour lesquels il écrit ou adapte des pièces[28]. Le mouvement mondain d'appui au théâtre, la mode de séances théâtrales en sociétés fermées, nous l'avons vu, caractérisent les années 40, Farrobo donnant le ton. Mais à Coimbra aussi, là où les Jésuites présentaient jadis leurs pièces, une Nova Academia Dramática fut fondée en 1839, par les étudiants de l'Université. A Porto, le théâtre de São João connaissait un regain d'activités — et, dans la province morose, de petits foyers s'allumaient, comme à Faro le théâtre Lethes, ouvert en 1845, dont le nom inattendu suggérait l'oubli de toute querelle politique. . .

Cette floraison de la vie théâtrale devait aboutir à l'édification d'un théâtre nouveau qui puisse offrir au drame, au drame romantique, ce que le théâtre de São Carlos avait offert à l'opéra. Les Septembristes et Garrett avec eux, avaient décidé de concrétiser cette idée dès 1836, mais les choses traînaient car l'argent manquait et, tout comme en 1821, les capitalistes ne s'empressaient pas autour d'une situation politique qui leur était suspecte. Si les financiers pombalins avaient intérêt à être en bons termes avec le gouvernement de Dona Maria Ire qui dépendait d'eux et leur avait donné les premières couronnes héraldiques, ils devaient poser des conditions en ce qui concernait leur appui à une initiative de la gauche libérale. On voit alors paraître Farrobo, d'abord dans une association de capitalistes sans lendemain, ensuite à la tête d'une commission élue par le Conservatoire. Dans cette situation, et puisque la municipalité voulait réserver pour son Hôtel de Ville l'endroit occupé par l'Inquisition, en plein Rossio, le financier « dandy » se proposa de bâtir lui-même le nouveau théâtre qui lui appartiendrait — s'il pouvait acheter, à un prix avantageux, les terrains du couvent des franciscains, à côté du Chiado. Le théâtre dramatique serait ainsi édifié dans le voisinage de l'Opéra. Mais les conditions de Farrobo n'ont pas été acceptées et, blessé dans

---

26. Garrett a été chassé le 16 juillet 1841. Le ministre était Joaquim Antonio de Aguiar.

27. Voir Gomes de Amorim, *Op. cit.*, II, 708.

28. Voir Sousa Bastos, *Op. cit.*, pp. 67, 139 et 143.

son amour propre, il abandonna son idée, préférant alors édifier un luxueux théâtre privé dans son château des Laranjeiras. Il y prit d'ailleurs l'architecte qu'il avait imposé au gouvernement — un Italien cousin de sa femme.

L'édifice sera bâti entre 1843 et 1846, sous le gouvernement de Costa Cabral qui ne manquera pas de se parer de la gloire factice d'avoir réussi une idée de « civilisation » qui traînait depuis fort longtemps. Garrett, écarté lors de l'agonie du Septembrisme, n'était plus là ; on lui enlevait aussi la gloire de la réalisation de son rêve. L'argent venait du monopole du tabac dont la subvention était désormais partagée entre l'opéra et le drame.

Le théâtre a été enfin bâti au Rossio, où l'allure élégante de son dessin venait animer la sévérité économique de l'architecture pombaline de la vieille place. Un concours manqué avait ouvert le chemin à l'architecte Fortunato Lodi, malgré les intrigues, les critiques malveillantes et les protestations patriotiques d'Herculano et de Castilho[29]. La protection du tout puissant Farrobo avait pourtant évité une grande erreur car aucun architecte portugais n'était alors en mesure de pouvoir fournir des plans dignes de l'œuvre qu'il fallait réaliser.

Le théâtre de Lodi se situe dans la ligne néo-classique de souche palladienne à laquelle les schémas érudits diffusés par les albums du commencement du siècle ne sont certainement pas étrangers[30]. A Lisbonne cela ne s'était jamais vu et le goût italien de l'architecte innovait aussi par rapport à l'anglo-palladianisme de Porto : moins de raideur académique, plus de fantaisie et de grâce, donnaient à la capitale son premier monument des temps nouveaux — malgré la médiocrité des bas-reliefs du tympan, un peu trop inspirés de Mengs, et celle des statues de l'acrotère dont celle de Gil Vicente, penchée en avant, la main tendue, avait l'air de demander l'aumône, symbole (dira un critique) des temps calamiteux qui avaient cours... Entre l'Opéra de São Carlos, consacré à la princesse Carlota qui fut la mère et la mauvaise conscience de Dom Miguel, et ce théâtre consacré à la petite reine constitutionnelle, il y avait un abîme dont deux façons diffé-

29. Pour l'histoire de la construction du théâtre Dona Maria II, voir *Memorias do Conservatorio* (Lisbonne, s/d. p. 321), Teofilo BRAGA, *Historia do Theatro Português* IV ; G. MATOS SEQUEIRA, *Historia do Teatro Nacional de D. Maria II* (Lisbonne, 1956) ; J. A. FRANÇA, *Op. cit.* I, 236 et suivantes.

30. Voir M. Th. MANDROUX, *Un Architecte portugais du XIXᵉ siècle : Manuel Joaquim de Sousa*, in *Belas Artes* (Lisbonne, 1964) Nº 20. Voir également J. A. FRANÇA, *Op. cit.* I, 236-244.

rentes de lire les modèles néo-classiques donnent la clé. Le régime ancien de la pesanteur, le régime moderne de la grâce... Seulement, l'opéra gardait un prestige et un sens que le théâtre déclamé n'arrivait pas à acquérir, malgré beaucoup de bonnes volontés.

L'analyse du répertoire du Théâtre de D. Maria II et l'histoire de ses mésaventures nous en dit long sur la démarche de l'art dramatique à Lisbonne pendant les années 40. Théâtre national, il n'était pourtant pas exploité par l'Etat comme le voulaient Herculano et Castilho ; la compagnie qui s'en est chargé était cependant composée par les artistes les plus célèbres de l'époque. Les atouts étaient du côté de la nouvelle scène qui comptait également sur la collaboration de Cinatti et Rambois, deux peintres décorateurs italiens que l'Opéra avait fait venir vers 1837 et que nous verrons jouer un rôle fort important dans la vie portugaise. Les bonnes pièces pourtant manquaient.

Pour l'inauguration du théâtre national on a ouvert un concours dont les résultats furent fort discutables : une pièce historique dédiée à Costa Cabral, œuvre d'un auteur inconnu, accomplit tant bien que mal sa fonction[31], un beau soir du printemps de 1846, date de l'anniversaire de la reine. Le succès n'a pas été énorme et, à vrai dire, les pièces présentées par la suite n'ont pas attiré le public, malgré le privilège dont le théâtre jouissait : lors des trois soirées hebdomadaires où il donnait des spectacles, les autres salles devaient être fermées. Le public n'était pas assez nombreux ni assez curieux et l'agitation du milieu, exalté par les journaux spécialisés, ne touchait en définitif qu'une faible minorité. Chaque saison présentait d'énormes déficits que les subventions officielles ne compensaient pas.

De mauvaises pièces portugaises, des traductions, voire des spectacles de music-hall anglais n'annoblissaient certainement pas la scène officieuse, et encore moins les vieilles et indiscrètes farces populaires — que d'ailleurs Sa Majesté préférait, les faisant jouer chaque fois qu'elle se rendait au théâtre[32]... Deux grands succès seuls ont marqué la vie du théâtre D. Maria II jusqu'en 1860 et ce furent deux pièces à grand spectacle, dont le souffle biblique exigeait le présence de chameaux sur la scène ou des incendies soigneusement simulés — *O Templo de Salomão* et *A Profecia ou a Queda de Jerusalem*. Les 50 représentations environ de chacune de ces pièces, en 1849 et 1852 (et le fait

31. Jacinto H. de F. AGUIAR de LOUREIRO, *O Magriço ou os Doze de Inglaterra* : total de 10 spectacles. L'auteur a répondu aux attaques de la critique, le 9 mai 1846, *in Diario de Governo*.
32. Voir L. A. PALMEIRIM, *Os Excentricos do meu Tempo* (Lisbonne, 1891), p. 94.

que la première fut souvent remise en scène par des impresarii en
difficultés) se portent garantes du succès obtenu auprès d'un public
qui venait de loin, de la province même, pour applaudir de tels pro-
diges — sans vouloir trop savoir si Mendes Leal, qui signait *O Templo
de Salomão*, était, oui ou non, tombé dans le péché de plagiat[33]... Une
pièce historique, *O Alcaide de Faro*, où l'on voyait un cheval sur la
scène, connut également le succès en 1848[34]. *Frei Luis de Sousa*, que la
censure cabraliste avait voulu écarter de la scène du D. Maria II, a
donné de l'éclat à la saison de 1850 — mais ce fut une autre pièce de
Garrett, *O Alfageme de Santarém*, qui, l'été de 1846, aux heures les plus
brûlantes de la lutte contre Costa Cabral, a offert le plus beau moment
romantique d'enthousiasme révolutionnaire au public de Lisbonne. Au
public qui, débordant de la salle pleine, faisait écho aux cris enflammés des acteurs[35]...

Garrett trouvait là une sorte de compensation morale. Homme du
renouveau théâtral, il était le maître d'une génération à laquelle appartenait Mendes Leal et qui comptait sur trois ou quatre jeunes qui commençaient à peine à se faire remarquer, vers le milieu des années 40.

La liste des succès établie par un vieux routier à la fin du XIXe siècle nous éclaire sur les préférences du public, à travers le répertoire
qui lui était offert, et sur la signification de ce répertoire même[36]. Un
nom que nous connaissons déjà prend tout de suite du relief, celui de

---

33. La critique a accusé MENDES LEAL d'avoir à peu près traduit *Le Jugement de
    Salomon* de A. J. B. SIMONIN (1842). Voir Matos SEQUEIRA, *Op. cit.*, 156 et Sousa
    BASTOS, *Op. cit.*, 278. A. M. CUNHA BELEM (*in O Seculo* du 16 mai 1904) écrira
    que la pièce avait été plutôt « imitée ou arreglada (pour employer un his-
    panisme à la mode, que traduite littéralement. L'autre pièce citée est
    A Profecia ou a Queda de Jerusalem, de D. José de ALMADA e LENCASTRE
    (éditée en 1852 avec les opinions de la critique et une réponse de l'auteur).
    Sur l'auteur voir Note n° 67, chap. VII. On doit signaler qu'en 1855 une pièce
    du même genre, *Sansão ou a Destruição dos Filisteus*, de José ROMANO, a connu
    un grand succès au théâtre da Rua-dos-Condes.

34. J. da COSTA CASCAIS, *O Alcaide de Faro* (1848), in J. da COSTA CASCAIS *Teatro* (Lis-
    bonne, 1904), II, 65.

35. Voir GOMES de AMORIM, *Op. cit.*, III, 196 et suivantes.

36. 1839 - *Os Dois Renegados*; 1841 - *O Valido*, COSTA CASCAIS; *O Cativo de Fez*, Silva
    ABRANCHES; 1842 - *O Pagem de Aljubarrota*; 1843 - *As Duas Filhas*, de A.
    PEREIRA da CUNHA; *Os Infantes de Ceuta*, A. HERCULANO; 1845 - *D. Antonio de
    Portugal*, MENDES LEAL; 1846 - *Madresilva*, MENDES LEAL; 1848 - *Marquesa*, P.
    MIDOSI; *O Alcaide de Faro*, COSTA CASCAIS; 1849 - *O Ermitão da Serra de Sintra*,
    A. X. PINTO de CAMPOS; 1850 - *O Mineiro de Cascais*, COSTA CASCAIS. Voir Sousa
    BASTOS, *Op. cit.*

Mendes Leal, en même temps qu'un autre se détache : celui de Costa Cascais, né en 1815, qui deviendra général et mourra octogénaire. Ernesto Biester y aurait pu paraître : né en 1829 et ayant vu sa première pièce jouée en 1848, il est le benjamin de cette génération — à laquelle appartenaient également Freire de Serpa, fondateur du Teatro Academico de Coimbra, João de Lemos et A. Pereira da Cunha[37], qui brandissait à Coimbre l'étendard du théâtre (et de la poésie) aux thèmes médiévaux. Un historien de la littérature trouverait encore une dizaine de noms à signaler[38].

Entre 1836 et 1846, si l'on en croit la statistique publiée par la *Revista Universal Lisbonense,* 112 pièces ont été jouées, imprimées ou présentées au concours du Conservatoire[39] — mais on ne doit pas se laisser tromper par la quantité car elle l'emportait largement sur la qualité.

Garrett, enthousiasmé par sa tâche d'animateur, ne manquait pas de louer la valeur de la quantité produite lorsqu'en 1839, il parlait de l'activité du Conservatoire : « nous avons commencé il y a un an à peine et voilà que plus de vingt drames originaux sont déjà parus dans cette langue portugaise (...) qui, depuis sa naissance, n'en avait pas produit autant »[40]. Les chiffres n'étaient évidemment pas corrects, mais la proportion lui donnait raison. Et il avait aussi raison de souligner la valeur de ce raz de marée qui déferlait sur la vie littéraire portugaise — car il était bien le signe d'une curiosité nouvelle. Même si les pièces étaient médiocres (et Garrett n'en était pas dupe), le résultat était positif car il fallait « rôder » le programme nouveau et éveiller des talents nouveaux. Au milieu des « faiseurs », dont la critique ne manquera pas de dénoncer les erreurs, se cachait peut-être un génie... Garrett lui-même n'avait pas encore produit son *Frei Luis de Sousa.*

Sur ce plan, les opinions de Garrett et d'Herculano ne s'accordaient pas et si, en 1843, Garrett, se moquant un peu d'un drame « de

---

37. João de Lemos (1818-1890) - *Cancioneiro* (3 vol. 1858-1875), *Maria Pais Ribeiro* (drame, 1845). Lemos fut diplomate au service de Dom Miguel en exil. J. Freire de Serpa Pimentel (1814-1870) - *Solaus* (1839). A. Pereira da Cunha (1819-1890) - *Selecta* (1848). Chef du parti légitimiste, directeur d'*A Nação.* A. X. Rodrigues Cordeiro (1819-1896) - *Esparsas* (1889). Député libéral.

38. Voir L. F. Rebelo, *Teatro Português* I (Lisbonne, s/d) et *Historia do Teatro Português* (Lisbonne, 1968).

39. Voir *Revista Universal Lisbonense* (1846), pp. 393 et 404.

40. Garrett, *in Jornal do Conservatorio* (1839), n° 2.

voleurs, tonnerres, éclairs, coups de feu, morts, enfants perdus et retrouvés », trouvait bon que de telles pièces surgissent « avec tous leurs défauts, pour contribuer à la libération du théâtre »[41], Herculano, un an auparavant[42], écrivait déjà que, le nombre des drames ayant augmenté et leur mérite étant le même sinon moindre, « il fallait écarter les non-vocations », et exiger des auteurs sérieux des preuves réelles de leur talent. Encourager ou décourager les dramaturges, voilà le dilemme dans lequel les deux maîtres prenaient position, selon leurs propres tempéraments. Il est vrai que Garrett, plus généreux, n'avait pas commis d'erreurs comme auteur romantique — tandis qu'Herculano devait se faire pardonner un certain *Fronteiro de Africa*, produit et joué en 1839, et jamais imprimé au Portugal[43]...

Les rapports des concours annuels du Conservatoire depuis 1839 nous fournissent des éléments non négligeables pour apprécier la qualité réelle des pièces écrites alors au Portugal. Il s'agit de jugements fort significatifs dans leur pittoresque même.

Tel drame qui se présentait comme un original portugais « était aussi peu original que portugais », car l'auteur n'avait fait que reprendre un roman d'Arlincourt[44] ; les péripéties d'une autre pièce étaient considérées comme fort intéressantes bien qu'elles fussent en partie copiées[45]... Un autre drame ne présentait aucun intérêt et « était fondé sur l'acte de perversité le plus condamnable — le viol et l'enlèvement »[46]. Un quatrième « n'avait pas d'intrigue, son style était impropre, le langage peu correct, faible et plein de gallicismes »[47]. Mais le censeur lui-même n'était pas sans apprécier « une des pensées les plus sublimes et heureuses : une grande et juste vengeance dirigée mystérieusement par quelqu'un qui n'est découvert qu'à la fin »[48]... Et ainsi de suite.

Mais ce n'étaient pas seulement les originaux (ou pseudo-originaux) qui étaient mauvais. La médiocrité était générale — et le choix

---

41. GARRETT, rapport sur *A Torre do Corvo*, d'I. M. FEIJO. Ed. *O.C.* II, 391.

42. HERCULANO, rapport sur *D. Maria Teles*, d'Andrade CORVO *in Opusculos* IX, 271. *Memorias do Conservatorio*, I, 131 (1842).

43. HERCULANO, *O Fronteiro de Africa* (Rio de Janeiro, 1862), joué pour la première fois au théâtre du Salitre le 28 octobre 1838.

44. *Jornal do Conservatorio*, n° 13, Lisbonne, le 1er mars 1840.

45. Voir *Memorias do Conservatorio*, p. 100.

46. Idem, p. 71.

47. *Jornal do Conservatorio*, n° 14, du 8 mars 1840.

48. *Memorias do Conservatorio*, p. 86.

des pièces étrangères traduites et publiées dans les fascicules de l'*Arquivo Teatral* qui commença sa publication en 1838, par *La Tour de Nesle*, ne laisse pas d'espoir : *Lucrèce Borgia* de Victor Hugo et les drames de Dumas y voisinaient avec des pièces fort discutables[49].

En 1841 Garrett essaya en vain de faire paraître un recueil de pièces moins commerciales, dont le Conservatoire lui-même prendrait la charge[50]. En vain aussi il voulut ouvrir un concours de pièces traduites pour le Théâtre D. Maria II, donnant comme exemple Calderon et Gutierres, parmi les Espagnols, une comédie anglaise de Bolwer, une tragédie de Schiller et une comédie de Guilparzer, le *Filippo* d'Alfieri et l'*Horace* de Corneille, et une comédie de Scribe[51]. Le Théâtre portugais suivait plutôt le chemin d'un romantisme dégénéré qui s'écartait des modèles de Garrett. C'était la Porte-Saint-Martin, mais sans la compensation de la Comédie...

Le public lisbonnais n'aurait d'ailleurs pu exiger une Comédie — et le D. Maria II, comme le Condes ou le Salitre, restaient au niveau des salles du Boulevard-du-Crime. Aimant les sensations fortes, ce public petit bourgeois et naïf, aux larmes et au chahut faciles, était toujours prêt à huer les pièces qu'on lui offrait et qu'il comprenait à peine...

Malgré son optimisme, Garrett, plus que personne, était conscient des difficultés éprouvées par le théâtre portugais et si, en 1822, dans sa préface de *Catão*, il se demandait si les Portugais avaient « la tête dramatique »[52], vingt ans plus tard, dans une autre préface, il pouvait dire : « le théâtre est un grand moyen de civilisation mais il ne prospère pas là où la civilisation fait défaut. Ses produits ne sont pas réclamés, tant que le goût ne forme pas les habitudes et, avec celles-ci, la nécessité »[53]. Herculano était bien d'accord, lorsqu'il affirmait qu'« il fallait créer de nouveau » des spectateurs[54].

Si nous nous penchons maintenant sur un certain texte de Mendes Leal, nous pourrons comprendre mieux la situation de la création nationale. Il s'agit de la préface de son célèbre drame *Os Dois Rene-*

---

49. *Arquivo Teatral*, Lisbonne, 1838-1845, 8 tomes. Voir INOCENCIO, *Dic. Bibliogr.* I, 303-304.

50. Voir *Memorias do Conservatorio*, p. 256.

51. Idem, p. 260.

52. GARRETT, *Catão*, préface première éd. (1822). Ed. *O.C.* I, 527.

53. GARRETT, *Um Auto de Gil Vicente*, préface (1841). Ed. *O.C.* I, 627

54. HERCULANO, *Historia do Teatro Moderno* (1839), *in Opusculos* IX, 117.

gados par lequel il débuta à l'âge de vingt-et-un ans — véritable profession de foi qui aurait pu convenir à ses rivaux. Le texte porte la date
de 1839 ; il ouvre donc le chemin. « Dieu (dit Leal) a placé dans la main
droite (du poète dramatique) la vertu et dans sa main gauche le vice :
il doit lancer l'une et l'autre à la foule ; le vice dans toute sa turpi-
tude ; la vertu dans toute la splendeur de sa beauté, afin que ce public,
qui un jour lui demandera des comptes sur la part de vice ou de vertu
qu'il a reçue de ses mains, puisse enterrer l'une dans son cœur, et
repousser l'autre de ses lèvres ». Les intentions moralisatrices sont
claires : il faut que « l'homme à l'âme perverse et au cœur damné soit
vaincu par l'homme à l'âme noble et au cœur sincère ». Pour Leal « le
drame (traitant de « la vie extraordinaire » et non de « la vie commune ») est un vrai poème » et il devra être paré « d'or et de diamants ».
Le jeune dramaturge voit même le drame, « assis sur le trône que la
main de Dieu a créé pour lui », recevoir l'hommage de la foule : « Salut
oh noble et très beau roi d'un beau et noble royaume ! — Salut »[55]. Victor
Hugo, Dumas, Delavigne, aussi bien que Shakespeare, se portaient
garants de ces idées. Lorsqu'on lit la production dramatique de cette
période, on comprend mieux ce texte qui sert de préface à la pièce la
plus populaire de son temps, malgré un anachronisme grossier — « le
drame du sauvetage qu'appelaient les radeaux » pris dans les tempêtes théâtrales[56]. On se rend alors compte qu'il correspond à la préface
de *Cromwell* dans le cadre de la dramaturgie romantique portugaise...

Mendes Leal, qui avait ainsi démarqué le champ du théâtre historique portugais a également compris, vers la fin des années 40, qu'il
fallait changer de cap et c'est lui le premier qui osa explorer l'actualité sous des couleurs dramatiques et presque sociales. Sa pièce *Pedro*,
écrite en 1849, parle de l'« abolition des privilèges », de la « décadence
des castes », traduisant ainsi une « aspiration populaire »[57] que nous
verrons définir une grande partie de la production théâtrale des
années 50. Pour le moment, pourtant, Mendes Leal n'a fait qu'écrire
sa pièce ; il attendra 1857 pour l'éditer et 1863 pour la faire jouer.
O Mineiro de Cascais, de Costa Cascais, joué avec succès en 1850[58],

---

55. J. S. Mendes Leal, *Os Dois Renegados*, préface (Lisbonne, 1839).

56. J. C. Machado, *Os Teatros de Lisboa*, p. 66. Voir la critique d'A. Braancamp à
    cette pièce *in Cronica Literaria da Academia Dramatica de Coimbra* (1840),
    pp. 74 et 84.

57. J. S. Mendes Leal, *Pedro*, préface (Lisbonne, 1857).

58. Voir Sousa Bastos, *Op. cit.*, p. 27. Matos Sequeira, *Op. cit.*, p. 159, affirme
    que la pièce « n'a réussi à intéresser personne » - mais il se contredit lorsqu'il
    informe que la pièce fut une des pièces les plus jouées en 1850 (p. 164).

amorce un changement dans les goûts et les intérêts du public, changement que nous étudierons plus loin.

Il s'agissait somme toute d'un intérêt porté à l'actualité considérée dans le temps et l'espace nationaux. Nous verrons que le roman subira le même changement, et en même temps.

Herculano, fidèle au roman historique, ne manquera pas, dès 1842, de déconseiller aux jeunes dramaturges cette exploration factice du passé à laquelle ils n'étaient nullement préparés. Ils feraient mieux d'« étudier le monde qui les entourait » — car « la vie présente est aussi histoire »[59]...

Mais, pour le moment, à travers des pièces dont les titres parlaient volontiers de châteaux, de couvents et de ruines, la parole était à l'histoire, c'est-à-dire à la vengeance, au crime, au châtiment, au vice et à la vertu de Mendes Leal, au Bien et au Mal, dans une dichotomie sans appel. C'était l'héritage français, dans le reflux d'un genre déjà démodé à Paris. Garrett s'en plaignait dès 1843 non sans humour, lorsqu'il donnait la recette dramatique du jour : « on prend les recueils de modes de Dumas, d'Eugène Sue, de Victor Hugo, on y découpe les figures dont on a besoin, on les colle sur une feuille (...) ; ensuite on va chez les chroniqueurs »[60]... C'étaient les « drames plusquam romantiques » couronnés par le Conservatoire lui-même, comme il ne manque pas de le dire[61]. En même temps, dans le mémoire qui accompagnait la présentation de son *Frei Luis de Sousa* au Conservatoire, il ne voyait qu'un théâtre miroir, un théâtre vérité, vérité du passé même (« les lecteurs et les spectateurs (...) sont peuple, ils veulent la vérité »), qui puisse « galvaniser le cadavre de nos spectateurs, usés et gâtés par l'habitude de stimulants violents ». Il marquait alors la tendance naturelle du public, après les saturnales de l'école ultra-romantique (...), vers l'ordre, les règles, le régime de la modération[62]. La classification d'ultra-romantique y apparaissait probablement pour la première fois : l'école se dessinait à peine et ses saturnales dramatiques (et poétiques) étaient loin d'être terminées.

Mais, Garrett prenait ses désirs pour des réalités. En 1840 Leal n'en étant encore qu'à son premier succès, il trouvait que « l'exagération romantique n'avait pas pris racine » dans le pays, et que l'on

59. Voir Note nº 42, p. 246.

60. GARRETT, *Viagens na minha Terra*, V. Ed. *O.C.* 160, II.

61. Id., Ibid. XXXVIII. Ed. *O.C.* 247, II.

62. GARRETT, *Frei Luis de Sousa*, mémoire au Conservatoire. Ed. *O.C.* I, 771-73.

commençait à remarquer ici « une vraie réaction contre le système exagéré »[63]. Un autre auteur affirmait à Porto que des drames comme *La Tour de Nesle* ou *Lucrèce Borgia*, « merveilles de talent mais aussi monstruosités de dépravation », « pourront être applaudies avec enthousiasme à Paris » — mais au Portugal « ils causeront du dégoût et de l'horreur, tant que les cœurs (des Portugais) ne seront pas plus corrompus »[64]... De toute façon, il fallait éloigner des scènes portugaises ces « terreurs absurdes », ces « immoralités dorées », comme on écrivait en 1841 dans le premier numéro de la *Revista Universal*[65]. Cependant, sept ans plus tard la même revue, porte-parole des voix les plus patriotiques, voulait encore voir le théâtre portugais délivré de « l'imitation servile du théâtre français »[66] — de cette « génération funeste » des Antony et des Hernani, « supplice de la langue et ruine de la véritable poésie » que Rebelo da Silva, disciple d'Herculano, mettra en cause en 1854[67]. Quant à son maître, il tonnait depuis 1841 contre le drame qu'il voyait « se prostituer de plus en plus » par la faute des imprésarii dont « l'évangile était la caisse »[68].

D'ailleurs, si l'on voulait remonter aux sources du romantisme (affirmait un auteur inconnu dès 1839)[69], Corneille et Racine, Shakespeare et Calderon étaient plus romantiques que Dumas et Hugo — car chez eux la passion ne se prêtait pas aux dangers moraux qu'*Antony* offrait à ceux qui « s'amusaient à voir des horreurs, des échafauds, des crimes et des suicides, qui s'extasiaient à entendre des invectives contre les rois et les prêtres, qui se croyaient juges des générations du passé... ». Cet article, écrit dans un esprit chrétien et monarchiste, passablement réactionnaire, est paru l'année même où Mendes Leal publiait son manifeste « plusquam romantique ». On ne doit pas le négliger car, à l'aube du romantisme, il précédait certaines critiques de Garrett et d'Herculano.

Toutes ces mises-en-demeure ont pourtant été vaines. Les jeux étaient faits dès le commencement, depuis que les compagnons d'Emile

---

63. Garrett, *Jornal do Conservatorio* n° 14, du 8 mars 1840.

64. J. Gomes Monteiro et autres, in *Memorias do Conservatorio*, p. 108.

65. *Revista Universal Lisbonense*, n°1, p. 10.

66. Idem, 1848, p. 551.

67. Rebelo da Silva, *Apreciações Literarias* I, 64.

68. Herculano, *Teatro-Moral-Censura* (1841), *in Opusculos* I, 118, 119.

69. A. Lista, « Do que hoje se chama Romantismo », *in Correio de Lisboa* des 20, 22 et 24 avril 1839.

Doux avaient apporté dans leurs bagages, et sans grand décalage, les pièces de Dumas, de Hugo, de Pixérécourt — et de telle sorte qu'en 1850 on parlait avec insistance de l'édification d'un théâtre français à Lisbonne[70]. La poésie et le roman avaient pu connaître des sources allemandes ou anglaises ; le théâtre, lui, était français. La seule intervention culturelle anglaise sur ce plan fut la série de trois conférences qu'un poète britannique fort secondaire est venu faire dans un hôtel de Lisbonne, en 1845, sur Shakespeare — le « géant du théâtre du nord »[71] que les scènes portugaises ne connaîtront pas de si tôt.

... Mais il serait injuste de ne pas voir sous le vernis littéraire français, l'authenticité d'une certaine réalité portugaise. Tout n'était pas traduit, adapté ou imité de Paris, et dans l'histoire même de ces années bouleversantes qui venaient de s'écouler, on peut déceler des attitudes qui se trouvent bien dans le ton romantique souhaité. Nous devons nous arrêter ici devant un geste dramatique officieusement sinon officiellement attribué à Dom Pedro lui-même.

Le « roi-soldat », dont l'Opéra et le théâtre de Porto glorifiaient l'action dans des « éloges dramatiques », à peine entré dans Lisbonne, court à l'église patriarchale et, dans la pénombre de la crypte, dépose sur le tombeau de son père un horrible mot, écrit de sa main : « Un fils t'a assassiné, un autre te vengera ! »[72]

Ne cherchons pas trop s'il s'agit de réalité ou de légende ; ce qui importe c'est que le journal officiel a donné de la publicité à cet acte, vrai ou faux. Il prend ainsi sa réalité, dans le cadre des significations mythiques qui lui convient. Le tombeau, le meurtre, la vengeance — l'ensemble est parfait ! Le premier scénario ultra-romantique portugais est né au moment même où la liberté, incarnée par Dom Pedro s'implantait dans la capitale du royaume. Dom Pedro a précédé Emile Doux et son Dumas d'un an et demi, et Mendes Leal de plusieurs années...

Quand, neuf ans plus tard, une pièce assez applaudie se terminera sur un cri de rage contre une mauvaise reine : « Le fils vengera la mort

---

70. Voir *Revista Universal Lisbonense* (1850), p. 556.

71. Idem (1845), p. 542. Il s'agit de Sheridan Knowles sur lequel il faut lire GARRETT, texte inclus in Ed. *O.C.* II, 495. Il y avait plus de cent personnes dans la salle, surtout des Anglais.

72. Voir *Cronica Constitucional de Lisboa* du 31 juillet 1833. Remarquons que cette phrase a été prise comme épigraphe de la traduction portugaise de *Der Raüber*, de SCHILLER, par Francisco FRUTUOSO DIAS (en manuscrit). Voir Maria Leonor CALIXTO, *Op. cit.*, p. 74.

de sa mère et le peuple les offenses reçues »[73], ce n'est que la reprise, à quelques variantes près, de la situation proposée par le premier roi libéral.

Le romantisme (ou l'ultra-romantisme) connaissait ainsi une source inattendue. A la faveur de l'excitation du moment, on créait un schéma dramatique nouveau par la violence sans déguisement de l'action directe (on était loin du serment des Horaces...) et par le langage employé. Et c'était bien le langage qui allait faire le théâtre nouveau. En 1840, lorsque nous l'avons vu se plier devant l'usage mélodieux de l'italien, c'était pour flatter les oreilles d'une jeune reine ; le père de celle-ci, chef des légionnaires romantiques, avait le droit de parler d'assassins et de vengeance, sur un tombeau. On n'aurait pas fait mieux au Théâtre de la Rua-dos-Condes.

On fera tout autrement à l'Opéra dont le nom évoquait une princesse de l'ancien régime.

---

73. Scène finale de *D. Maria Teles*, d'Andrade Corvo (Lisbonne), écrite en 1842, jouée en 1846, au Théâtre de la Rua-dos-Condes. Voir rapport d'A. Herculano *in Memorias do Conservatorio* (1842), I, 131.

CHAPITRE IX

LES NUITS DU SÃO CARLOS

Nous avons déjà vu bâtir l'Opéra de Dona Maria Ire, baptisée avec un nom qui évoquait celui de sa belle-fille, la mère de Dom Miguel. Œuvre de la génération des financiers pombalins, réalisée en 1793, sous l'inspection sévère du Préfet de Police qu'une sainte horreur des « malvados de Paris » hantait, l'Opéra de Lisbonne remplaçait avec quarante ans d'écart le magnifique théâtre qu'un des Bibiena était venu édifier la veille même du tremblement de terre. Avec ses « castratti » (car l'accès à la scène demeurait interdit aux femmes), avec ses compagnies et ses répertoires italiens où Cimarosa était de rigueur, le théâtre de São Carlos a connu une existence difficile, jusqu'au commencement du XIXe siècle. Si Crescentini, le « castrat » qui fera pleurer Napoléon, et la Catalani, enfin admise à chanter sur la scène, ont donné de l'éclat à l'Opéra, celui-ci était toujours modestement fréquenté. Les chanteurs et les chanteuses n'en passionnaient pas moins une élite bourgeoise dans ces temps difficiles : Maraffi et Gafforini ont alors donné leurs noms à des coiffures mises à la mode — et ces noms resteront dans le vocabulaire portugais jusqu'au XXe siècle[1].

La révolution de 1820 tout comme, dix ans auparavant, les victoires remportées sur les armées de Napoléon, ont été la source de cantates et de ballets allégoriques, *La Speranza di Portogallo* (1809) ou *A Restauração do Porto ou um dos Triunfos do Heroi Wellesley* (1810) faisant place à *Il Genio Lusitano Triumfante* et à *As Glorias de Lysia* (1822). A Cimarosa et Fioravanti succédaient alors Mercadante, connu à partir de 1824, et surtout Rossini dont *Il Barbiere di Siviglia* était

---

1. Gafforini - « gaforina » ; Maraffi - « marrafa ». Elisabeth GAFFORINI fut la rivale d'Angelica CATALINI dans une compétition qui provoqua la formation de partis parmi les dilletanti vers le commencement du XIXe siècle. BOCAGE a pris le parti de GAFFORINI à laquelle il dédia une ode en 1804 (?).

déjà joué à Lisbonne en 1819. Vingt-neuf de ses œuvres furent présentées jusqu'à l'arrivée de Dom Miguel sur le trône[1] (a).

Pendant la période migueliste São Carlos demeura fermé ; l'*Apoteose de Hercules* du Père Macedo qui voyait encore en 1830 le Prince-archange écraser l'hydre libérale, a été un des rares prétextes pour ouvrir les portes de la salle. Dom Pedro les a fait ouvrir pour la première fois trois semaines après son entrée triomphale dans la capitale, pour un spectacle de circonstance[2].

En janvier 1834 l'Opéra rouvrait enfin et définitivement ayant pour imprésario un Lodi, beau-frère du comte du Farrobo. L'œuvre choisie pour l'inauguration fut *Elisire d'Amore* de Donizetti qui avait été présenté à la Scala de Milan deux ans auparavant. Avec cet opéra, le célèbre compositeur faisait son entrée dans le goût lisbonnais : il sera pendant très longtemps l'auteur favori du São Carlos.

Si l'histoire intérieure de l'Opéra ne doit pas trop nous intéresser ici, elle n'en était pas moins liée à la vie politique du nouveau régime et nous trouvons dans le répertoire de 1834 une cantate et un ballet allusifs à des moments solennels : *O Templo da Immortalidade* commémorait l'inauguration du nouveau parlement tandis que *Lysia Libertada pelo Heroi Lusitano* saluait l'anniversaire de la Charte. Cela n'empêcha pourtant pas, quelques jours plus tard, l'odieuse réception faite à Dom Pedro qui venait de signer la convention mettant fin à la guerre civile. Ce fut une scène terrible qui à la fois signifiait une opposition de gauche au roi-libérateur, et marquait le rôle frondeur du théâtre de l'Opéra. Les conditions généreusement offertes à Dom Miguel par son vainqueur, le départ du prince rebelle sain et sauf, l'amnistie accordée à ses partisans, tout cela révoltait les tenants du nouveau régime. Il y avait eu trahison : « le tyran protégeait l'usurpateur » — et, faute de la tête de celui-ci, on demandait celle du tyran-Dom Pedro. « La canaille ! » cria le roi indigné, et un vomissement de sang annonça sa fin prochaine[3]... Dix sept ans plus tard, un héros de l'expédition de Dom Pedro, le duc de Saldanha, qui venait de mettre un terme violent au régime de Costa Cabral, connaîtra une apothéose au São Carlos, aux dépens de la reine cabraliste. L'Opéra marqua ainsi, avec éclat, le début et la fin du premier romantisme politique national. Vers

---

1 a. Voir F. da Fonseca Benevides, *O Real Teatro de S. Carlos de Lisboa* (Lisbonne 1883).

2. Voir *Cronica Constitucional de Lisboa* du 16 août 1833.

3. Voir les histoires de l'époque et J. Pinto de Carvalho-Tinop, *Lisboa de Outrora*, I, 177.

le commencement de cette période, lorsque le Septembrisme était menacé, nous ne saurions non plus ignorer combien un « duo » d'*I Puritani* enflammait le public :

> « Bello è affrontar la morte
> Gridando : Libertà ! »[4]

Entre l'une et l'autre soirée, le São Carlos a marqué le nouveau rythme de la vie lisbonnaise, avec les « arie » de son répertoire italien. Un imprésario illustre, le comte du Farrobo lui-même, a donné de l'éclat aux saisons de 1838-1840 et c'est lui qui osa interrompre la série des auteurs italiens avec *La Muette de Portici*, d'Auber, (chanté pourtant en italien), *Don Giovanni* de Mozart et *Roberto il Diavolo* de Meyerbeer qui sera donné pendant cinq saisons. Mécène averti, *fanatico per la musica* qu'il cultivait avec talent et pour l'opéra qu'il faisait chanter, et qu'il chantait lui-même dans son théâtre des Laranjeiras, Farrobo s'est donné complètement à sa tâche. Il n'en a pas moins perdu, dit-on, 40 millions de reis, soit 9 000 livres, en deux ans et demi, car le public ne se pressait pas aux guichets du théâtre et une centaine et demie de soirées d'abonnement et de nombreux « galas » par saison, dépassaient largement les besoins d'une population évoluée fort réduite. Le problème se posait finalement dans les mêmes termes que pour le Théâtre D. Maria II : la « civilisation » nouvelle ne remplissait pas les caisses de l'Opéra ni celles du drame. Les deux beaux théâtres que Lisbonne s'était offerts, endettaient ceux qui osaient les exploiter, malgré les subventions et toute la bonne volonté du gouvernement qui, en 1850, a même envoyé à Gênes un bateau de la flotte de guerre pour amener deux compagnies lyriques à Lisbonne et à Porto. Racheté par l'Etat en 1854, l'Opéra n'a pas vu pour autant son sort s'améliorer.

Si l'on doit aussi au São Carlos des innovations dans les mœurs de la capitale, des « bals masqués et parés » dès 1836[5], remarquons que là non plus le succès n'a pas couronné l'initiative. Ses décors, pourtant, ont joué un rôle qu'il ne faut pas négliger dans le goût artistique des Lisbonnais, et cela depuis 1836. Deux décorateurs italiens, Cinatti et Rambois, arrivés sous contrat vers cette époque, ont présenté des productions fort habiles, dont l'allure romantique dépassait de loin ce que les peintres nationaux étaient alors capables de faire ou de sen-

---

4. *I Puritani* de BELLINI a été chanté le 17 avril 1837. Voir PINTO de CARVALHO-TINOP, *Op. cit.* II, 159, et *O Entr'Acto* n° 1, Lisbonne, le 17 mai 1837.

5. Le premier bal avait eu lieu en 1823. Seulement en 1836 la mode a pu être lancée. Voir J. RIBEIRO GUIMARAES, *Sumario de Varia Historia* (Lisbonne, 1872), II, 206.

tir. Certains des décors qu'ils ont créés pour l'Opéra mais aussi pour
le théâtre national, avaient un caractère pictural, qui traduisait une nouvelle sensibilité de la nature ; d'autres présentaient des suggestions
architecturales que les deux décorateurs prendront au pied de la
lettre dans la mesure où ils deviendront des architectes à la mode pour
les riches hôtels particuliers des années 50 et 60. Nous les verrons à
l'œuvre — et surtout nous les verrons mourir vers 1880, auteurs et victimes d'une sorte de catastrophe finale du romantisme. Mais n'anticipons pas.

Le répertoire du São Carlos était d'origine italienne et ce fut en
vain que Farrobo a essayé d'y introduire, outre un chef-d'œuvre de
Mozart, qui datait déjà de 1787, Auber, qui ne sera pas repris avant
1875 et le Meyerbeer « français » qui deviendra plus populaire, étant
déjà connu par des œuvres « italiennes », jouées en 1829 et 1836. Cependant, ces pièces demeuraient étrangères au contexte culturel de la
scène du théâtre lyrique ; celui-ci s'expliquait surtout par des habitudes
de « dilettanti » plus portés à admirer les exploits des chanteuses que
des innovations dans les formules mélodiques rossiniennes.

Et c'est bien Rossini qui commanda le goût du São Carlos pendant
les années 30, 40 et 50 — et plus loin encore. Si un grand nombre de
ses opéras, une trentaine environ, avaient déjà été présentés avant 1828,
depuis l'Inganno Felice, en 1817, on ne les répétait pas moins chaque
saison, avec une préférence toute naturelle pour Il Barbiere di Siviglia
que Lisbonne avait connu en 1819, trois ans après sa « première » mon-
diale. Mais Rossini s'était déjà réduit en silence en 1833 et il n'y avait
rien de nouveau à présenter sauf sa dernière œuvre, Guglielmo Tell,
de 1829, jouée en 1836[6]. Par contre, tout Donizetti et tout Bellini étaient
à explorer, depuis Anna Bolena ou Il Pirata, l'un et l'autre présentés
peu après leurs « premières » milanaises. Lucia de Lamermoor, qui,
au Portugal aussi, deviendra l'opéra le plus populaire de Donizetti, sera
joué à Lisbonne trois ans après sa présentation à Naples ; I Puritani
deux ans à peine après son succès au Théâtre Italien de Paris. Les deux
auteurs disputeront donc les lauriers de Rossini, l'habile Donizetti ayant
plus de trente nouveaux opéras présentés entre 1834 et 1850. Son nom
restera en permanence à l'affiche, en reprises successives, bien au-delà
de la limite du demi-siècle, car c'était bien chez lui que les chanteurs
et les chanteuses aimés des « dilettanti » lisbonnais trouvaient leurs meil-

---

6. Le Siège de Corinthe (1826) fut joué en 1835 ; Le comte Ory (1828) n'a été présenté qu'en 1874.

leures occasions de briller[7]. Les deux Ricci[8] ont également connu du succès à Lisbonne, tout comme le rossinien Pacini, déjà applaudi dans les années 20.

On ne saurait pourtant ignorer que ce répertoire dont l'actualité était une valeur positive, n'était nullement l'effet d'un choix portugais : l'imprésario de São Carlos, faisant venir des compagnies italiennes, intégrait son théâtre à un circuit international. Cela se passait automatiquement, mis à part quelques clauses de contrat. Le plan de la consommation subissait à peu près passivement la situation créée par la production et la distribution dans le milieu franco-italien de l'Opéra.

Mais l'inventaire rapide des succès de l'opéra italien au São Carlos[9] doit se terminer, tout naturellement, avec le nom de Verdi. Chanté pour la première fois en 1843 (« *Nabuccodonosor* », dont la « première » avait eu lieu l'année précédente), il verra neuf de ses œuvres jouées pendant les années 40, cinq pendant les années 50, et six jusqu'en 1880. Encore, les nouvelles présentations doivent-elles être mises en rapport avec les très nombreuses et fréquentes reprises pour que nous puissions nous faire une idée de la situation privilégiée de Verdi dans la vie musicale portugaise. Les raisons qui ont joué en faveur de Verdi au Portugal ne sont certainement pas très différentes de celles qui ont fait son succès ailleurs ; mais ici le milieu était spécialement prédisposé à préférer un schéma défini par la mise en valeur d'éléments scéniques et vocaux — d'autant que ce même milieu ignorait le schéma wagnérien dont la nouvelle arrivera à Lisbonne précisément quarante ans après la révélation verdienne. Le « bel-canto » de Rossini, de Bellini et de Donizetti trouvait un rénovateur de génie chez Verdi et il continuait de charmer les « lions » de Lisbonne — le « tout-Lisbonne » et le Chiado, avec son café Marrare et son Gremio Literario où en 1847 était inauguré un cours de langue italienne, pour mieux apprécier les délices des « libretti ».

Il faut se placer dans le climat de ce quartier privilégié de Lisbonne pour bien apprécier et comprendre le rôle de l'Opéra de São Carlos. Son action culturelle dépasse naturellement le domaine de son répertoire bien que celui-ci ne soit pas sans le conditionner ; mais le

7. Le premier opéra de DONIZETTI joué au S. Carlos fut *Zoraida di Granata*, en 1825. *Puliuto* (1839) et *La Fille du Régiment* (1840) ont été chantés en 1860 et 1878.

8. Luigi et Federico RICCI.

9. Nous avons suivi les répertoires publiés par Fonseca BENEVIDES, *Op. cit.*

rossinisme des « dilettanti » de São Carlos portait aussi la marque de leur vie mondaine, de leurs goûts et de leurs amours. C'était, sinon un style de vie, au moins une forme de mœurs de jeunes ou de vieux beaux qui, plus (ou moins) que « dilettanti », étaient des « janotas »... Il faudra descendre au niveau de la petite histoire et des intrigues des coulisses et des loges pour prendre conscience de ce monde qui pénétrait les mœurs de la capitale du Portugal nouveau en y mettant un peu du sel de jadis.

Les années 40 furent spécialement marquées par la vie de l'Opéra, en même temps qu'elles l'étaient par la vie du nouveau théâtre du Rossio — mais de façon toute différente car, tandis que le drame attirait le public tout récent de la petite bourgeoisie de fonctionnaires et de commis, habitués des piètres salles de la rue des Condes ou de l'Alegria, le São Carlos gardait son allure aristocratique ou grande bourgeoise. Il demeurait *le théâtre* ; le passage d'un dialogue d'un feuilletonniste nous le fait savoir : « — Tu vas au théâtre ? — Oui — Au São Carlos ? — Bien sûr »[10]. Le foyer de São Carlos était le salon, le point de rencontre, voire la vitrine de la capitale. Il n'y avait pas mieux — il n'y avait presque rien d'autre...

Entre le café Marrare et l'Opéra s'établissait un courant social fortement passionnel dont la culture musicale faisait les frais. Le Signor Marrare lui-même avait été l'imprésario du São Carlos vers 1825 — et déjà de son temps des partis se constituaient autour de deux chanteuses, le jeune Garrett ayant alors participé à la lutte[11]. Car c'était bien une lutte parfois disputée le pistolet à la main sur le terrain d'honneur...

Les années 40 ont commencé par une de ces rivalités qui, au temps de Farrobo, opposa les partisans de la Boccabadatti, chanteuse célèbre alors sur le retour, à ceux de la Barili. Dix ans plus tard, un nouveau conflit terminera cette époque mouvementée : celui qui se déroula entre les tenants de deux artistes fameuses, la Stoltz, qui, dès 1849, et après un savoureux scandale, avait quitté l'Opéra de Paris pour des théâtres de province, et la Novello, célèbre soprano anglais. Les péripéties de cette lutte ont défrayé la chronique : les journaux partageaient leurs avis enflammés, le public suivait les meneurs qui s'attablaient chaque après-midi chez Marrare, préparant leurs coups et

10. Julio Cesar MACHADO, *Claudio* (Lisbonne, 1852), p. 27.
11. Paulina SICARD et Constancia PIETRALIA sont arrivées en octobre 1825. Voir Fonseca BENEVIDES, *Op. cit.*, 138 et J. PINTO de CARVALHO-TINOP, *Lisboa de Outros Tempos*, I, 276.

contrecoups — ces chahuts assourdissants, le pied tapant dur sur le plancher nu, ou ces envols de pigeons, de fleurs et de sonnets...

Terrain de bataille parfois rangée et exigeant l'intervention des forces de la Garde Municipale, le São Carlos traduisait dans un domaine artistique des passions suscitées par la vie politique elle-même. Il établissait aussi une liaison subtile entre le « dandy », produit d'une civilisation de salon, et le « marialva », produit d'une civilisation de foire. Il était chic, à Lisbonne comme à Paris, comme à Londres, d'avoir ses entrées et ses amours à l'Opéra ; seulement on peut craindre que le public lisbonnais n'ait été prêt à confondre, au-delà des mélodies rossiniennes, les exploits des chanteuses avec ceux des toréadors. Les chanteuses et les ballerines elles-mêmes, soutenues sinon entretenues par les Farrobo et les Niza de la« Société du Délire », par des « janotas » lyriques ou spadassins, devenaient des sortes de bêtes aimables chez lesquelles le plaisir et le luxe se confondaient...

Des comtesses qui se laissaient aimer par des ténors ou des barytons, peu nombreuses d'ailleurs car le milieu était étroit et tout se savait au Chiado, donnaient tant bien que mal la réplique aux sopranos et aux danseuses qui se faisaient entretenir par des comtes. En 1850, une danseuse deviendra même l'épouse du dernier des ducs du romantisme, prudent politicien par ailleurs[12]. Une autre montera encore plus haut et, parée pour l'effet d'une couronne allemande de comtesse, deviendra en 1869 l'épouse morganatique du roi Ferdinand de Cobourg, veuf de Dona Maria II, grand « dandy », arbitre du goût, amateur des arts et du « bel-canto ». Si ce couronnement fut tardif, le mariage de 1850 montrait déjà une espèce d'accalmie après les tempêtes des années 40 : il fallait que jeunesse se passe — et elle commençait alors à passer. En 1854, les campagnes menées autour de l'Alboni et de la Castellan se sont déroulées avec moins d'éclat. En 1883, les partis qui auront pour drapeaux les noms fameux de la Pasqua et de la De-Reszke, se comporteront avec sagesse, dans une sorte de souvenir du romantisme à l'ombre duquel vivait encore quelque « lion » épuisé...

La physiologie du Chiado, que nous avons abordée au niveau de ses hôtels particuliers, de ses cercles et de ses cafés, nous est maintenant connue en entier : il n'y manquait que l'image de l'Opéra. Le plaisir, le luxe, l'esprit, trouvaient leur complément nécessaire le soir, dans une salle fort belle que le gaz éclairait depuis 1849. La musique

12. Emilia HEGNAUER a épousé Antonio José d'AVILA, futur comte (1864), marquis (1870) et duc (1878) d'AVILA.

et le spectacle de l'Opéra achevaient l'œuvre de la « civilisation ». Le spectacle plutôt que la musique.

Mais le spectacle était aussi la danse qui, bien que dépassant le goût des « grotteschi » acrobatiques, très appréciés vers 1820[12] (a), se libérait avec difficulté de la tradition baroque à allure patriotique ou politique que nous avons vu éclater encore une fois en 1834. Six ans plus tard, Lichnowski ne manquera pas de regretter de tels spectacles qu'« avec l'indispensable accompagnement de fumée de poudre, de musique turque, de colophonie et de feu de Bengale », il considérait « indignes d'un théâtre sérieux et de la présence de la famille royale »[13]. Le ballet était alors une sorte de reflet de l'actualité, forme d'information et de discussion d'un public qui s'éveillait avec passion et naïveté. Garrett lui-même, critiquant en 1837 *Les Forges de Vulcain*, croyait « ces choses de la fable » peu à la mode et « éminemment ennuyeuses ». Il penchait alors pour les sujets tirés de l'histoire nationale, des traditions populaires[14], selon la bonne doctrine des débuts du romantisme littéraire. En 1848 encore on jouait *A Espada de Dom Pedro* — « danse héroïque contemporaine et historique ».

Ces préférences ne pouvaient qu'empêcher la compréhension du ballet romantique qu'on importait un peu au hasard. Et c'est ainsi que *Sylphide* et *Giselle*, dansés en 1838 et 1843, n'ont connu aucun succès. *Sylphide*, interprété par Mlle Clara, maîtresse de Farrobo, qui imitait les pas fameux de la Taglioni, a déçu tout le monde, on ne sait trop pourquoi. On l'a sifflée et la critique accusait Farrobo, qui l'avait mise au programme, de ne pas comprendre les goûts portugais[15]. Seul Garrett se souviendra soudainement de *Giselle*, en 1850, lorsque, amoureux fou de la baronne da Luz, il voyait en elle « sa Giselle adorée »[16]. . .

La danse étant secondaire dans le cadre des spectacles du São Carlos, les maîtres de ballet étaient fort médiocres. Si l'on fait exception de B. Vestris, à la fin des années 30[17], le São Carlos n'a été animé qu'en 1854, grâce à un célèbre chorégraphe français venant de l'Opéra de

---

12 a. Voir A. Balbi, *Op. cit* II, 228 ; *Marquês de Fronteira, Op. cit*, I, 167 ; L. F. de Tollenaye, *Notes Dominicales*. . ., I, 22 (Paris, 1971).

13. Lichnowsky, *Op. cit.*, 33.

14. Garrett (anonyme) *in O Entr'Acto* de juin 1837.

15. *In O Director*. Article cité par José Sasportes, *Historia da Dança em Portugal* (Lisbonne, 1970) p. 201.

16. Garrett, *Cartas de Amor à Viscondessa da Luz*, pp. 74, 75 et 81

17. Bernardo Vestris demeura à Lisbonne entre 1835 et 1839.

Paris, Saint-Léon, dont nous nous occuperons plus loin. L'un et l'autre furent professeurs au Conservatoire ; jamais pourtant l'enseignement n'a été structuré comme il le fallait — et l'absence d'un foyer de danse au São Carlos n'a certainement pas été sans contribuer au sous-développement de la danse au Portugal.

Si nous nous interrogeons maintenant sur la culture musicale, au-delà de ses effets scéniques et du climat « sui-generis » du São Carlos, nous serons obligés d'établir tout de suite un constat de faillite à l'action du Conservatoire. Créé en 1835, sous la direction de Bomtempo, qui avait déjà été une sorte de musicien officiel du Vintisme, le Conservatoire, malgré le nombre de ses élèves, une centaine et demie environ chaque année, n'a pas eu d'action remarquable dans le développement de la culture musicale au Portugal. Il n'a donné que des talents modestes à l'Opéra — qui, engagé dans un jeu mondain où surtout les vedettes étrangères devaient compter, s'en passait fort bien. Bomtempo était le seul musicien qui possédait alors un entraînement international, acquis d'abord à Paris (où, ami de Filinto, nous l'avons vu composer un requiem à Camoëns), ensuite et surtout à Londres, où il fut très apprécié ; mort en 1842, dépassé déjà par les événements du monde musical, il n'a pas laissé de disciples qui puissent garantir la continuité de son action réformatrice. La décadence de l'école de l'église patriarchale, vers la fin de l'ancien régime, fut suivie par la décadence de l'école du Conservatoire qui l'avait remplacée, comme un organisme des temps nouveaux. La vraie culture musicale, il fallait donc la chercher ailleurs, dans des sociétés privées, souvent liées à des cercles, comme l'Asembleia Lisbonense qui, à partir de 1838, présentait des concerts. D'autres associations étaient spécialement consacrées à la musique comme l'Academia Filarmonica qui faisait jouer des opéras, et sa rivale, l'Assembleia Filarmonica qui est arrivée à présenter un chœur de 86 participants. L'une et l'autre étaient installées dans de vieux palais, mais il y en avait d'autres plus modestes[18].

C'était encore une idée vintiste, lancée par Bomtempo qui, en 1822, était parvenu à fonder une Sociedade Filarmonica inspirée de la Phi-

18. On peut citer également l'Associação Musical 24 de Julho et l'Academia Melpomense, fondées en 1842 et 1845 par João Alberto RODRIGUES COSTA (voir J. BLANC de PORTUGAL, « Relance sobre a Musica do Seculo XIX português », in Atlantico, n° 3, Lisbonne, 1947, p. 68). Il y avait aussi les Sociedade de Recreação Filarmonica, l'Assembleia Filarmonica Lusitana, l'Academia Real dos Professores de Musica. L'Academia Filarmonica était installée dans l'hôtel Rio-Major ; l'Assembleia Filarmonica dans l'hôtel Barcelinhos. Voir PINTO de CARVALHO-TINOP, Lisboa de Outrora, III, 119.

larmonie Society de Londres — et qui, toujours suspecte à la réaction, a été finalement fermée par Dom Miguel, en 1828.

La musique a ainsi pénétré les milieux bourgeois dans les années de l'après guerre ; c'était une manière de rechercher la vie sociale et de se cultiver. Si les « libretti » bilingues des opéras étaient édités depuis toujours, même avant les « premières », un Italien fixé à Lisbonne, Sassetti, publiait des partitions à l'usage privé. La musique dépassait alors les fastes mondains du São Carlos — ou du petit Opéra des Laranjeiras, où, jusqu'à un incendie survenu en 1863, Farrobo a fait jouer une trentaine de pièces qui n'allaient pas loin au-delà des limites du répertoire de la salle officielle. En effet, il choisissait dans le répertoire français de Massé, Hérold et surtout Auber qu'il révéla au public de l'Opéra et dont une fameuse « barcarolla » devenait populaire. Hormis Meyerbeer qui, avec Rossini, fournissait les boîtes à musique de la rue[19], la musique allemande demeurait inconnue, sauf dans quelques milieux fermés. On pourrait encore parler de certain négociant autrichien qui dans les années 30 réunissait chez lui un groupe d'amateurs pour jouer Haydn, Haendel, Mozart, Bach et Beethoven[20]. L'Academia Filarmonica elle aussi inscrivait ces auteurs à ses programmes[21], tout comme Meyerbeer et Weber — mais en 1845 la *Revista Universal* ne se plaignait pas moins de l'absence de Haydn, de Mozart et de Beethoven dans les concerts donnés à Lisbonne, tout en regrettant qu'on n'accorde pas aux concerts l'importance qu'ils connaissaient à l'étranger[22].

Etait-on conscient des valeurs musicales en jeu ?

Castilho, se congratulant, dans la même revue, du « goût et de l'amour pour la musique » du peuple portugais, ne manquait pas de regretter que ce goût demeurât lié au domaine italien — alors qu'à son avis nationaliste, il fallait préférer aux pièces savantes d'au-delà des Alpes « la plus simple mélodie bien portugaise »[23]. Mais il ne faut pas oublier que les ouvrages de F.-J. Fetis étaient édités et réédités[24],

---

19. Voir J. CASAILHO, *Memorias de Castilho*, VI, 21.

20. Il s'agit de Francisco Antonio DRIESEL, selon FONSECA BENEVIDES, *Op. cit.*, 157.

21. Voir Cario de ALMEIDA, *Lisboa do Romantismo* (Lisbonne, 1907), p. 147.

22. *Revista Universal Lisbonense* du 26 juin 1845, p. 9.

23. Idem du 13 février 1835, p. 364 ; idem du 14 novembre 1841, p. 68.

24. F. J. FETIS, *A Musica ao alcance de todos ; trad.* par José Ernesto de ALMEIDA (Lisbonne, 1845). Réédité en 1859, accompagné de *Dicionario de Palavras que habitualmente se adoptam em musica...*

et que les journaux spécialisés qui paraissaient ne s'occupaient que de musique italienne[25].

Un texte anonyme publié en 1838 à Porto, dans la *Revista Literaria,* resta sans écho. Il s'agit, certainement, d'un article traduit car il se réfère à une culture qui ne saurait être définie dans le cadre national. Haydn, Mozart, Rossini et Weber y sont présentés comme les quatre révolutions de la musique contemporaine — mais (et cela est très important), l'auteur n'est pas dupe de ce que Rossini représente. Il le voit « appartenir à une époque de matérialisme, de corruption décisive et de repos sensuel — le musicien des hommes qui ne veulent que jouir de la vie »[26].

Ce point de vue sociologique s'accorde fort bien à la situation portugaise où le São Carlos constitue un haut lieu mondain comme nous l'avons vu.

Dans la vie musicale du pays, tournée vers l'extérieur, il serait bien difficile de parler d'une production autochtone. Après Bomtempo, il faudrait ressusciter des noms enterrés dans l'oubli, comme celui de Migoni, compositeur mort en 1861, successeur de Bomtempo dans la direction du Conservatoire et auteur de deux opéras sans intérêt chantés au São Carlos pendant les années 50.

Un autre nom ? Miró, Espagnol fixé à Lisbonne et mort au Brésil en 1853, disciple de Bomtempo ; il fut l'auteur de la musique d'un drame lyrique d'Herculano et d'autres pièces applaudies dans les théâtres de Lisbonne et par la suite complètement oubliées. La principale figure de cette période fut certainement Joaquim Casimiro, sur lequel les avis des spécialistes sont curieusement partagés[27]. Personnage fort pittoresque, protégé de Jean VI dans sa jeunesse, partisan fidèle de Dom Miguel, Casimiro, mort cinquentenaire en 1862, a produit plus de 200 partitions théâtrales et une centaine de pièces de musique d'église. On a décelé chez lui une adoption de certaines valeurs du romantisme, à tel point que le compositeur a reçu le sobriquet de « Donizetti portugais » — qui fait aujourd'hui sourire les historiens de la musique. On

---

25. *Semanario Harmonico* (Lisbonne, 1835-1840), *Lira de Apolo* (Lisbonne, 1840), Voir Bertino Daciano R. S. GUIMARÃES, *Primeiro Esboço duma Bibliografia Musical Portuguesa* (Porto, 1947).

26. « O Progresso da Musica desde o principio do seculo XIX » *In Revista Literaria* (1838), p. 397.

27. Voir Joaquim de VASCONCELOS, *Os Musicos Portugueses* (Lisbonne, 1870), I. Sampaio RIBEIRO, *Op. cit.*, 101. Voir également L. A. PALMEIRIM, *Os Excentricos do meu tempo*, p. 123.

a aussi vu chez Casimiro une sorte de précurseur de Verdi ! Il s'est toujours plaint du grand bouleversement de la vie nationale sans lequel
il aurait pu se réaliser dans le cadre de la Chapelle de l'Eglise Patriarchale qui, somme toute, lui aurait convenu beaucoup mieux. Romantique par l'adoption d'un goût romantique, il est resté fidèle, dans une
certaine mesure, à un esprit baroque que le style de ses compositions
religieuses laisse deviner.

Vaut-il la peine de parler ici de Dom Pedro, auteur d'un opéra disparu dont l'ouverture fut exécutée à l'Opéra Italien de Paris en 1832 ?
On ne saurait oublier cependant, qu'il est l'auteur de l'*Hymne de la
Charte* qui est resté l'hymne officiel du pays jusqu'en 1910. Roi-Soldat,
il n'en a pas moins voulu être roi-musicien, quitte à glorifier lui-même
son œuvre et sa propre victoire dans une pièce très conventionnelle.
L'*Hymne de la Maria da Fonte*, hymne révolutionnaire chanté contre
les chartistes, valait beaucoup mieux avec son élan plus convainquant
et plus moderne. Cet hymne était, évidemment, l'œuvre d'un musicien
italien fixé à Lisbonne[28]. De toute façon, les hymnes constituaient un
élément obligatoire des habitudes nationales. Garrett se plaisait à y
voir la preuve que le Portugal était une « nation harmonique » : ne
composait-elle pas un hymne pour chacune de ses révolutions ?[29]...

... Mais le grand événement de ce temps fut la visite de Liszt à
Lisbonne pendant l'hiver de 1845[30]. Tout le monde le connaissait déjà
car, soulignait un chroniqueur, « si le Portugal, par modestie ou par
mégarde écrit peu, il ne cesse pas pour autant de beaucoup lire et de
suivre avec l'anxiété de l'intérêt le plus vif les phases diverses de la
carrière brillante des artistes et des savants étrangers »[31]. La presse et
tout son pouvoir s'affirme dans cette critique faite à la première des
neuf auditions du célèbre pianiste. On le connaissait déjà à Lisbonne
mais, par contre « on pouvait (alors) dire qu'on ne savait pas parmi
nous ce qu'était le piano »... La dernière phrase de la critique pro-
clame en toute solennité que le secret de Liszt « c'était le génie ». Aucune nouveauté dans cet accueil : à Lisbonne comme à Paris ou à Saint
Petersbourg, c'était toujours le délire. Reçu et décoré par la reine (il
n'a pourtant pas eu la rosette de commandeur comme il s'y atten-

28. Angelo FRONDONI (Parma ? 1812 ; Lisbonne 1838-1891).
29. GARRETT, *O Arco de Sant'Ana* XXV. Ed. *O.C.* p. 62.
30. Voir Pedro BATALHA REIS, *Liszt na sua passagem por Lisboa em* 1845 (Lisbonne, 1945).
31. *Diario do Governo* du 25 janvier 1845.

dait...), Liszt allait de triomphe en triomphe. Il jouait des pièces de
Weber, de Chopin, de Rossini et de lui-même, improvisait des varia-
tions ; quelle importance ? Ses doigts couraient avec une légèreté fantastique sur le clavier et sa virtuosité surtout comptait : on ignore
ce qu'on a pensé alors de Chopin... Liszt fut l'idole du São Carlos et
du « tout-Lisbonne » pendant ce mois et demi durant lequel il séjourna
dans la capitale ; son piano y resta, acheté par la reine. Le « Dieu du
piano » contenta tout le monde, mais un peu moins les membres de
l'Academia Filarmonica auxquels il n'a accordé qu'une demi-heure
assez négligeante. La *Revista Universal Lisbonense*, toujours un peu
xénophobe, n'a pas manqué d'accuser le coup[32].

C'était la première, ou la seule fois qu'un grand nom du romantisme venait à Lisbonne, fait normal dans le cadre des voyages des musi-
ciens. Mais cela n'en fut pas moins significatif car nous pouvons voir
dans les péripéties de la visite de Liszt comment des valeurs mondaines se superposaient à des valeurs culturelles, et combien la virtuosité,
plus qu'une recherche en profondeur, attirait les gens. La présence de
Liszt à Lisbonne n'est pas sans dénoncer des prédispositions structurales qui se révèlent bien au-delà du domaine restreint de la culture
ou de la consommation musicales.

---

32. *Revista Universal Lisbonense* (1845), p. 365.

CHAPITRE X

CASTILHO ET LES TROUBADOURS

Les pleurs mélodieux des opéras préférés, venant de la Scala ou de l'Opéra Italien de Paris, allaient donc de pair avec des passions qui s'accommodaient fort bien de l'action du théâtre français de 1830 enraciné au Portugal. Les violences dictées par l'honneur rayonnaient du Chiado aussi bien que des scènes du Rossio ou de la rue des Condes ; les larmes aussi. Mais violence et larmes constituaient également le centre d'un autre mode d'expression privilégié : la poésie. Quelle Poésie ?

Le côté héroïque du romantisme que les campagnes de la liberté auraient pu inspirer resta ignoré malgré un concours poétique ouvert à Porto, dès 1834[1], ayant pour thème le siège de la ville. Les poèmes auraient dû avoir Dom Pedro comme héros — mais aucun des poètes-soldats ne s'est empressé de chanter sa geste. Il faudra attendre neuf ans pour voir un commerçant et maire d'une petite ville du nord du pays faire paraître le « poème héroïque de la liberté portugaise » : *Pedreida*, composition ridicule qui a été fort heureusement oubliée[2].

Ce que nous avons vu se réaliser, chez Garrett comme chez Herculano, ce fut plutôt un processus lyrique que Chateaubriand et Lamartine surtout (mais aussi Wieland et Klopstock) avaient suscité. Mais la harpe de croyant d'Herculano n'a joué que très brièvement au commencement de cette période, et les pleurs de Garrett amoureux fou ont eu un accent d'authenticité que le théâtre de Mendes Leal ignorait.

Il faut donc chercher les éléments ou les correspondances poétiques du tonus émotionnel des années 40 chez d'autres poètes — c'est-

---

1. Concours ouvert par le *Jornal da Sociedade das Ciencias Medicas e de Literatura*, Porto, le 15 octobre 1834. Titre proposé : « O Sitio do Porto ».

2. José Martins Rua, *Pedreida, poema heroico da liberdade Portuguesa* (Porto, 1843). En 1861 Antonio Joaquim Alvares publiera *Os Lusos ou a Dominação de Portugal* qui ne vaut guère mieux. Voir L. A. Palmeirim, *Op. cit.* 139 et 229.

à-dire dans une deuxième génération littéraire née autour de 1820. Les conditions de la culture portugaise expliquent aisément pourquoi cette génération s'est définie à Coimbre dans le cadre de la vieille université, une fois passée la période de bouleversements des années 30. C'est là que nous avons vu apparaître une Académie Dramatique en 1838. Une poésie « moyen âge » est issue du même effort, également marquée par les découvertes de Garrett dans le domaine des romances populaires. Hélas, les deux poètes qui se présentent comme disciples de Garrett, Freire de Serpa et Inacio Pizarro, sont très au-dessous de leur modèle, soit quand ils dressent de laborieux échafaudages dramatiques, soit quand, dès 1839, ils brossent des tableaux rimés pour faire connaître les gloires du passé — « l'histoire avec son tumulte passionné, ses héroïsmes, ses crimes »...[3] D'ailleurs, Serpa et Pizarro[4], le premier à peine plus âgé qu'Herculano et le second plus jeune que lui, ne font qu'annoncer la nouvelle génération qui s'est baptisée elle-même en 1844 dans les pages in 8° d'une petite revue qui durera quatre ans — O Trovador[5].

Poètes-troubadours, João de Lemos, Rodrigues Cordeiro et Pereira du Cunha[6], avaient alors vingt-cinq ans et ils croyaient à l'amour comme source d'inspiration désespérée et à la nature comme foyer d'images terrifiantes. Ils ne croyaient surtout pas à la société qui les entourait et qui s'était organisée pendant leur enfance. L'inventaire de leurs thèmes et le diagnostic de leur attitude serait facile à établir[7] : chez eux la simplicité était pauvreté — d'images, de rythme, de sentiments. Lamartine, Byron, et aussi Delavigne et Millevoye (le « très doux Millevoye », de Cordeiro) doivent, certes, être évoqués ici, mais les ouvrages de ces auteurs mettaient encore du temps à arriver jusqu'à Coimbre — par bateau jusqu'à Porto, à dos de mulet après... Il faut savoir superposer à toute influence d'autres valeurs, la *valeur Coimbre*,

---

3. Voir J. Prado Coelho, *A Poesia Ultraromantica* (Lisbonne, 1944), I, 13.

4. José Freire de Serpa Pimentel (1814-1870) a publié *Solaus* (1839) et plusieurs pièces de théâtre. Inacio Pizarro de Morais Sarmento (1807-1770) a publié *Romanceiro* (2 tomes, 1841 et 1845) et de nombreuses pièces de théâtre également. Freire fut le fondateur de la « Nova Academia Dramatica » et lui et son ami ont collaboré dans la revue de l'Academia : *Cronica Literaria da Nova Academia Dramatica* (1840-41). *Sur* Pizarro voir J. T. Montalvão Machado, *Dos Pizarros de Espanha aos de Portugal e Brasil* (Lisbonne, 1970), pp. 253-291.

5. En 1846 paraîtra à Lisbonne une revue de poésies portant le même titre.

6. Voir Note n° 37, chap. VIII.

7. Voir J. Prado Coelho, *A Poesia Ultra romantica* (Lisbonne, 1944), I, 15.

milieu provincial que des étudiants venant des provinces avaient du mal à animer. L'information culturelle attardée de l'Université, ses procédés d'enseignement que les temps nouveaux n'arrivaient pas à transformer, se mariaient parfaitement à un rythme de vie presque médiéval que les étudiants ne manquaient pas de mettre en valeur, méprisant le bourgeois — et allant chanter leurs peines sur les berges bucoliques du Mondego... Rodrigues Cordeiro, devenu gouverneur civil, député, et éditeur d'un almanach fort populaire[8], peindra beaucoup plus tard un tableau des temps de sa jeunesse : « assis sur le quai de Serieiro, à l'O-da-Ponte, contemplant le Mondego et ses naiades, ou perdus dans les bois du Choupal, cherchant leurs ombres, quand nous ne voguions pas dans un petit bateau, au fil de l'eau, pour faire durer plus longtemps le charme de nos promenades »[9]...

Les naiades du vieil arsenal mythologique allaient avec les sous-bois que les poètes d'une nouvelle sensibilité demandaient : la littérature seule ordonnait les gestes de ces jeunes hommes que l'uniforme obligatoire de l'Université enveloppait d'une grande ombre noire...

Pessimistes, sceptiques, Lopes de Mendonça, critique contemporain très lucide, a bien vu que leur attitude n'était qu'une attitude infantile : « une bouderie poétique, tout au plus »[10]. Cette innocence venait aussi d'un manque d'introspection et d'analyse qui conduisait à une sorte d'auto-punition — voire à une auto-satisfaction masochiste à peine déguisée. Le manque d'une structure philosophique, qui fut déjà remarqué[11], aussi bien qu'une espèce de repli idéologique dans le désenchantement général des années cabralistes, au matérialisme dévergondé, expliquait cet état d'esprit. Lopes de Mendonça a écrit quelques mots qui définissent la situation, telle qu'elle se présentait alors : « Le style ne pourra jamais occuper la place des recherches profondes du philosophe social — la fatuité des poètes ne trouvera jamais d'excuse hors les limites de la vérification »[12]. Mais cette exigence porte la date

8. *Almanaque das Lembranças Luso-Brasileiro* (Lisbonne, 1851-70). A partir de 1872 et jusqu'à 1909, paraîtra le *Novo Almanaque*... Directeurs : Alexandre MAGNO de CASTILHO (neveu de CASTILHO) et A. X. RODRIGUES CORDEIRO.

9. Lettre de A. X. RODRIGUES CORDEIRO à J. de LEMOS *in* João de LEMOS, *Canções da Tarde* (Lisbonne, 1875) p. XIII.

10. A.P. LOPES de MENDONÇA, *Ensaios de Critica e Literatura* (Lisbonne, 1849), p. 180.

11. FIDELINO de FIGUEIREDO, *Op. cit.*, 159.

12. A. P. LOPES de MENDONÇA, *in A Revolução de Setembro*. Dans le même sens, l'essai « A Poesia e a Mocidade », *in Ensaios de Critica e Literatura* (Lisbonne, 1849).

des années 40 ; vers la fin de ces mêmes années Mendonça annoncera un poème jamais paru, d'un jeune littérateur, J. Andrade Corvo — *D. Gil*, sorte d'« épopée métaphysique » où s'exprimaient « les agonies intimes de l'âme », canalisées par les voies de Faust, de Manfred et d'Hamlet...[13] Dans ce texte très important, le critique doit alors déclarer que la littérature portugaise se trouve en crise — cette même littérature sur l'avenir de laquelle Herculano s'interrogeait d'une façon optimiste en 1835. Quelques années après avoir écrit son essai, Mendonça comprendra que « la poésie s'adonne à un égocentrisme monotone parce qu'elle voit s'ouvrir entre elle-même et le monde un abîme qu'elle ne peut vaincre sans renier ses espoirs, sans perdre toutes ses illusions »[14]. Et, pourtant, pour lui, « les littératures ne peuvent se nourrir du passé, elles existent surtout par le mouvement des choses présentes et par les aspirations grandioses du futur »[14] (a).

Lopes de Mendonça situe à juste titre en 1839 le commencement de cette « évolution littéraire »[15] conduisant à l'égocentrisme du présent ; c'est l'année où Freire de Serpa a publié ses poèmes « médiévaux ». Mais c'est chez João de Lemos qu'il faut chercher le moment le plus significatif de cette évolution qui n'était certainement pas exclusivement littéraire. Lemos (écrit Mendonça) « exprime plus que tout autre poète la situation hésitante du pays entre des croyances diverses qui s'agitent sur l'arène politique »[16]. Migueliste fort engagé (n'était-il pas le fils du vicomte du Bon-plaisir-royal — do Real Agrado ?)[16] (a), diplomate au service de son prince exilé, il resta fidèle à une idée de patrie et de souveraineté, durant toute sa vie. Les « fleurs » et les « amours », la « religion » et la « patrie », les « impressions » et les « souvenirs », titres successifs des tomes de son *Cancioneiro*, traduisent un itinéraire spirituel qui, après maintes joies, quelques pleurs (*Lua de Londres*, avec sa nostalgie et ses « saudades » de la patrie, fut un des poèmes les plus populaires de l'époque), certains accents « noirs » et beaucoup de prières, a su se terminer sur un ton finement mélancolique, vers 1875 : « Não te entendo coração » — « Je ne te com-

---

13. A. P. LOPES de MENDONÇA, *Op. cit.*, 138.

14. A. P. LOPES de MENDONÇA, *Op. cit.* 106 et *Memorias de Literatura Contemporanea* (Lisbonne, 1855), p. 4.

14 a. Id. *Ensaios...* p. 15.

15. Id. *Memorias...*, p. 235.

16. Id. *Ensaios...*, p. 93.

16 a. Le titre avait été créé pour sa grand'tante, dame d'honneur de Dona Carlota Joaquina (en 1895).

prends plus, mon cœur »[17]... Il fut un des rares poètes de sa génération qui eut commerce avec les muses jusqu'à un âge assez avancé : les jeunes de son temps se sont arrêtés à mi-chemin, dévorés par la fonction publique, voire par la politique, et ils ont rarement publié après 1851[18].

Poète et migueliste, João de Lemos se situe dans une position idéologique très ferme que la religion surtout éclaire, faute d'autres éléments structuraux. Comme Pereira de Cunha, il n'est pas sans illustrer les craintes ou la méfiance de Garrett en face des formes ou des thèmes médiévaux, expression ou véhicule de la réaction. La position politique de ces poètes, même s'ils étaient des « activistes », ne doit pourtant pas nous tromper : la densité idéologique de leur pensée ne pèse pas lourd dans le cadre commun du nationalisme romantique. Certes, parlant de Lemos, le journal du parti migueliste dira, un jour, dans une sorte de bilan : « il faut remarquer que tandis que la muse légitimiste ne fait vibrer les cordes de sa lyre que pour chanter tout ce qui élève vers Dieu, la muse libérale, comme l'ange déchu, ne sait que prendre les voies de la perdition et de la mort »[19]. Mais ce n'était nullement vrai et il serait impossible d'établir des distinctions à ce niveau ; la mort, les cimetières, les tombeaux, les cyprès et les fantômes se répandaient sans ségrégation politique... Lemos et son corrélégionnaire Pereira da Cunha en usaient — tout comme Rodrigues Cordeiro, combattant « patuleia » (il se vantait d'avoir « porté le fusil sur l'épaule pendant la guerre de la Charte »)[20], ou Palmeirim qui, un soir de 1847, lors des déportations des « patuleias » vaincus, saura soulever un théâtre de Porto par la force sentimentale de ses vers[21]. Tous les quatre étaient des collaborateurs d'O Trovador[22].

---

17. João de LEMOS, Cações da Tarde, p. 9.
18. L. A. PALMEIRIM, Poesias (1851) ; A. de SERPA PIMENTEL, Poesias (1851) ; A. J. GONÇALVES LIMA, Murmurios (1851) ; Francisco PALHA, Poesias (1852) ; Francisco de CASTRO FREIRE, Recordações Poeticas (1861) ; A. O'NEILL, In Memoriam (1889) ; A. X. RODRIGUES CORDEIRO, Esparsas (1889). Les trois derniers recueils doivent être pris comme des attitudes de souvenir ou comme bilans d'un passé enterré.
19. In A Nação, du 24 octobre 1874, à propos du poème « Saudades do Claustro » de J. de LEMOS.
20. Voir Note n° 9, p. XIV.
21. « Os Desterrados », in L. A. PALMEIRIM, Poesias, p. 259.
22. Les principaux collaborateurs d'O Trovador furent A. J. GONÇALES LIMA (36 poésies). A. X. R. CORDEIRO (34), J. F. de SERPA (30) et J. de LEMOS (28). J. PEREIRA da CUNHA (7), L. A. PALMEIRIM (4), Evaristo BASTO (4), S. João de AZEVEDO (2), Costa CASCAIS (1) et A. de SERPA (3) comptaient également parmi eux.

On appela L.-A. Palmeirim le « Béranger portugais »[23] et lui-même considérait le poète de 1830, dont les *Œuvres Complètes* venaient alors de paraître (1847), comme « le premier poète français »[24] ; Lopes de Mendonça, qui préfaça les *Poesias* de Palmeirim en 1851, mettait lui-même Béranger à côté de Lamartine et de Hugo, cherchant chez lui de nouvelles perspectives pour la poésie portugaise. Il fallait que la poésie « fut inspirée par le génie du peuple, agrandie par la ferveur de ses espoirs »[25] disait-il ; Palmeirim était, pour lui, « un poète de la nationalité, non pas de celle qui se contemple mélancoliquement dans ce que nous avons été, mais de celle qui déchire avec un regard d'espoir et de foi les nuages qui cachent l'horizon de notre régénération »[26]. A une époque où la poésie épique était le fief des pauvres d'esprit, un poète populaire dont les chansons couraient les rues n'était certes pas à négliger. Quelque peu anarchiste, mi-bohème, mi-fonctionnaire, homme de chez Marrare et traducteur de comédies françaises, Palmeirim fut, dans la médiocrité lisbonnaise, un personnage typique.

> « Sou un poeta soldado
>   Não sei à missão mentir »[27]

écrivait-il — mais il n'en échappait pas moins à des thèmes mélancoliques ou sépulcraux...

En même temps, dans ce brassage de thèmes et d'idéologies, les châteaux, emblème de la poésie des traditionalistes férus de Moyen Age, pouvaient fort bien servir de décor à une romance - satire politique mettant en cause Dona Maria II et son favori Costa Cabral, œuvre anonyme d'un feuilletonniste de Porto qui s'était employé à rimer, avec succès, les péripéties d'*Uma Visita da Rainha de Portugal ao Castelo de Tomar*, résidence du ministre, en 1845[28]...

O Trovador ne pouvait certes pas accepter une telle pièce (bien que l'auteur fut parmi ses collaborateurs) mais l'idée officieuse que la revue laissera en disparaissant, en 1848, n'en sera pas moins retouchée par rapport à la réalité de cette époque complexe. On voulait alors

---

23. Camilo Castelo Branco, *Cancioneiro Alegre* (Lisbonne, 1879), II, 198 (2ᵉ ed.).

24. L. A Palmeirim, *Poesias*, p. 451.

25. A. P. Lopes de Mendonça, préface à *Poesias* de L. A. Palmeirim, p. XII.

26. A. P. Lopes de Mendonça, *Ensaios de Crítica e Literatura* p. 115.

27. L. A. Palmeirim, *Poesias*, p. XVIII.

28. « Xacara » anonyme écrite par Evaristo Basto. Voir Inocencio, *Dic. Bibliogr.*, IX, 198.

voir, dans « la pensée de la nouvelle génération », « la religion des ancêtres » flattée par « les sons merveilleux de leur lyre » et « l'honneur et la vaillance portugaise » glorifiée par leurs chansons. Et c'était là « l'idée grandiose » qui devait donner à la revue son « immortalité »[29].

Nous devons maintenant observer le processus de création d'*O Trovador* dont l'accent et l'allure « de Coimbre » ne peuvent être oubliés. Les attaches de la revue marquent une option fort significative dans le cadre de la culture portugaise du romantisme.

...Or il arriva qu'un beau matin, à la Saint-Jean de 1844, six jeunes troubadours ont pris un bateau couvert de guirlandes de laurier, de buis et de saule et, remontant le Mondego, « sur les ailes de la poésie », sont allés jusqu'à un endroit fort pittoresque, la Lapa dos Esteios, à un quart de lieue de la ville. Une fois débarqués, « une lumière s'était allumée dans l'âme » de ces jeunes étudiants et, « la tête découverte, un nom s'est envolé de leur bouche » — celui de Castilho... C'était la « Fête des Poètes » ou la « Saint-Jean Poétique » que Lemos décrira minutieusement à l'intention de la *Revista Universal Lisbonense*[30], dirigée alors par le même Castilho.

Nous avons déjà reconnu l'endroit et les motivations de cette fête qui s'est terminée par la composition d'une strophe de six vers, dictée un à un par chacun des poètes présents, et dédié à Castilho et « aux bardes de la *Primavera* » auxquels ils adressaient une « saudade ». Nous voilà revenus vingt deux ans en arrière ; alors que les poètes d'aujourd'hui étaient à peine nés, Castilho, en compagnie de dix de ses collègues, avait fait le même voyage, pour fêter l'arrivée du printemps, avec force poèmes dont nous avons déjà goûté la saveur gessnérienne. C'était encore l'« Arcadie » ; maintenant cet hommage à Castilho, à l'arrivée de l'été, se plaçait sous le signe du romantisme — ou de l'ultra-romantisme. Saluant ses jeunes confrères, « ces héritiers de la jeunesse », qui l'avaient élu comme patron, le poète de 1822 acceptait un rôle fort difficile. Et immérité.

C'est maintenant le moment de nous pencher sur la personnalité de ce poète qui avait l'âge de Garrett (il était né en 1800) et qui était devenu aveugle à six ans. Nous le connaissons déjà : la première promenade à la Lapa dos Esteios nous a permis de nous faire une idée sur

---

29. *Revista Universal Lisbonense* du 20 janvier 1848.

30. João de LEMOS, *in Revista Universal Lisbonense* du 4 juillet 1844. Texte recueilli *in O Trovador*, p. 386. Les poètes étaient J. de LEMOS. J. FREIRE de SERPA, A. X. R. CORDEIRO, A. J. G. LIMA, L. COSTA PEREIRA, et A. M. COUTO MONTEIRO.

LES ANNÉES DE FOLIE

son talent et sa position esthétique. Nous l'avons vu ensuite, vers 1828, dans *Amor e Melancolia* (ou « la très nouvelle Héloise »), pousser quelques-uns des premiers cris d'horreur de la poésie lyrique portugaise. Mais, en 1836, il a publié, coup sur coup, deux poèmes dont le caractère romantique est évident, un troisième demeurant inachevé. Il s'agit d'une trilogie d'allure dramatique, sur la jalousie. « Une vengeance solennelle », « une mort volontaire pour mettre fin à la peine subie », « la lumière de la raison qui s'éteint »[31] — voilà les trois solutions que Castilho a imaginées dès 1828.

Le premier poème a été écrit d'un seul jet ; on ignore le processus de création du second : ils ne furent publiés qu'en 1836 — et c'est alors qu'il faut étudier leur impact sur la poésie nationale. Un peu de Shakespeare dans le coloris nocturne d'*Os Ciumes do Bardo*, du Schiller aussi selon l'aveu du poète[32] qui a conçu ou « senti » *A Noite no Castelo* après avoir entendu Herculano lire une traduction de *Der Geisterseher* ; une ballade de Lewis que nous pouvons indentifier comme *Alonzo and Imogen*, extraite de *The Monk* — voilà pour les sources littéraires. Mais, derrière cette information, on oublie trop souvent chez Castilho l'existence d'une sensibilité attentive à des rumeurs, des odeurs, des sensations tactiles et thermiques qui tendaient à remplacer ce que la vue ne pouvait pas lui fournir. Et on oublie aussi une expérience personnelle malheureuse[33].

De toute façon, les schémas de ces compositions étaient conditionnés sinon dictés par une culture littéraire marquée par la mode « médiévale », que Castilho assimilait au romantisme même, et son exécution était facilitée par l'entraînement du poète, « faiseur » remarquable. Herculano qui publiait cette même année la vision catastrophique d'*A Voz do Profeta*, inspiré de Lamennais que Castilho lui-même venait de traduire, a reçu ces poèmes avec l'enthousiasme le plus grand[34].

Herculano aussi, dans quelques unes de ses poésies ou dans ses traductions d'*Alonzo and Imogen* de 1835 et 1836[35], avait frappé ou frappera cette note de la passion et de l'horreur sur laquelle Castilho

---

31. A. F. de CASTILHO, *Os Ciumes do Bardo*, « preambulo » (Lisbonne, 1836), p. 10 (ed. 1909).
32. CASTELHO, *Reparos acerca da invenção da Noite no Castelo*, p. 133.
33. Voir J. CASTILHO, *Memorias de Castilho*, II, 199.
34. HERCMLANO, *in Jornal da Sociedade dos Aimgos das Letras* N°. 1 (Lisbonne, 1836).
35. *In Repositorio Literario* du 15 avril 1835 et *in Correio das Damas* du 15 juillet 1836.

appuyait alors de toute sa force. Dès 1831-1832 il sous-titrait deux chapitres de son journal de soldat : « Os Sépulcros » et « A Noite »[36] ; dans *Eurico*, publié douze ans plus tard, la même note se fait encore entendre. Maître des « romanciers historiques » qui, comme Rebelo da Silva, parlaient volontiers de « trèves et de désespoir »[37], Herculano ne saurait pourtant être considéré comme le patron des nouveaux poètes, malgré la diffusion passionnée de son *Eurico* — ou précisément parce que ce livre avait un poids sous lequel ployaient leurs frêles épaules. Garrett non plus ne saurait être le « leader » de la nouvelle génération de Coimbre, malgré l'entêtement de l'Académie Dramatique ; très tôt il dénonça la supercherie de l'ultra-romantisme. Il restait donc Castilho, qui faisait figure de troisième grand, patriarche aveugle qui avait laissé sa fête du Printemps dans le souvenir d'une ville de province alanguie entre l'Université et les bois de peupliers qui l'entouraient...

Or c'est dans cette classification trop longtemps soutenue par les historiens de la littérature que réside l'*équivoque Castilho*. Et non seulement dans cette classification de qualité mais également dans la complicité établie entre le sens profond de la création de Castilho et celui de la poésie des jeunes troubadours — « apollons barbus fabricants de rimailles passionnées, de fado, nature, tristesse, malheurs, destin... »[38], comme le poète lui-même écrivait déjà en 1841[39] — avant de publier, en 1845, *Mil e um Misterios*, vaste et ennuyeuse satire du roman « gothique »[40].

Pourtant, en 1841, Castilho présentait la traduction des *Métamorphoses* d'Ovide — et avec ce travail il prenait le chemin de sa maturité. « La grande guerre entre classiques et romantiques est finie », proclame-t-il alors[41] — de la même façon que Garrett affirmera quatre ans plus tard que le « romantisme éphémère était déjà en train de passer en Europe »[42]. Mais même lorsqu'il avait commenté *A Noite do Castelo*,

36. Herculano, *Ceras dum Ano da minha Vida*, pp. 66 et 89 (ed. 1934).
37. Rebelo da Silva, *Odio Velho não Cansa* (Lisbonne, 1848), p. 203 (3e ed.).
38. Castilho, *Vivos e Mortos* (Lisbonne, 1904), I, 76.
39. Voir Alberto Ferreira, *Bom Senso e Bom Gosto* (Lisbonne, 1966), I, pp. LII et suivantes.
40. Castilho, *Mil e um Misterios, romance dos romances* (Lisbonne, 1845). On peut pourtant se demander si ce roman constitue vraiment une satire. Dédié « aux lecteurs de l'an 2000 » il n'atteint jamais à une allure burlesque, trouvant ses limites à l'intérieur des règles du jeu du roman noir.
41. Castilho, *Vivos e Mortos*, II, 44.
42. Garrett, *Catão*, préface 4e ed. (1845). Ed. *O.C.* I, 523.

en 1836, son langage ne semblait pas différent car s'il avait composé
un poème romantique, il n'avait pas pour autant « abjuré le classicisme » : « Je ne suis pas un transfuge du camp ancien vers le nouveau ;
je suis entré dans celui-ci plutôt comme un explorateur ». Et il affirme
avec force : « Je suis neutre »[43]. L'année précédente, nous avions entendu
Herculano déclarer solennellement qu'il n'était pas romantique et ne
le serait jamais ; et Garrett, en 1843, supplier que Dieu l'en garde...

En 1844 encore, Castilho a publié un recueil disparate de pièces
dont le goût « arcadien » est indiscutable — des élégies, des épîtres,
des fables, « fragments de son passé ». La préface d'*Excavações Poéticas* est pourtant assez curieuse, sorte d'aveu d'impuissance devant
un avenir encore nébuleux vers lequel il voyait s'acheminer la poésie
portugaise. Ceux qui, comme lui, et « malgré eux, avaient gardé quelque chose sinon beaucoup de certaines habitudes traditionnelles et
vicieuses », devaient être oubliés — car, s'ils avaient la foi en cette
« terre promise », ils savaient fort bien (Castilho le savait fort bien)
« qu'ils ne pourraient y pénétrer »[44]. Le poète parlait, en toute sincérité
— mais les jeunes d'*O Trovador* se seraient trouvés bien embarrassés
s'ils avaient dû approfondir les idées de la génération précédente. Nous
le savions déjà quant à Herculano et Garrett ; en ce qui concerne
Castilho, sa position est encore plus douteuse. « Poète éminent, appartenant par les tendances de son éducation classique à l'école ancienne,
par sa philosophie de l'art, par ses réflexions d'homme mûr, au présent ou plutôt à l'avenir », Castilho prend une position de « juge impartial ». C'est Herculano qui écrit ces mots en 1841[45]. Il voit juste lorsqu'il parle de la formation de son ami — mais il se trompe quant au
reste. La critique de Castilho à son *Eurico* le lui prouvera, très bientôt, hélas — et il se fâchera pour de bon[46]. Castilho pense en effet qu'on
ne saurait prendre *Eurico* pour un « vade-mecum » sans faire courir de
graves risques aux lecteurs. Il se referait surtout à la question du célibat religieux, point de départ du roman, comme nous le savons — mais
sa mise en garde acquiert un sens plus large lorsqu'il regrette, avec
des précautions infinies, les « dessins tout en noir » et « l'invention
sombre » de l'œuvre.

---

43. Voir Note n° 32.

44. Castilho, *Excavações Poeticas*, préface (Lisbonne, 1844).

45. Herculano, *in O Panorama*, V, 128.

46. Voir article de Castilho *in Revista Universal Lisbonense* (1845), IV, 313. Sur
    la réaction d'Herculano voir J. Castilho, *Op. cit.* IV, 225.

Les risques ou les dangers seront certainement beaucoup plus graves que ne le croyait Castilho (ou qu'Herculano ne pouvait le comprendre), mais la porte de la métaphysique poétique allemande ne pouvait s'ouvrir aux « troubadours » portugais : Coimbre, somme toute, n'était pas Heidelberg... Et puis, Castilho parlait au nom du passé, de son Ovide, de son Anacreon, de son Virgile qu'il ne cessera désormais de traduire, avec toute son habilité littéraire et toute sa conscience professionnelle. Après des « nationalisations » quelque peu abusives de Molière, le vieux poète n'échouera qu'avec le *Faust* de Goethe[47].

Les traductions de Castilho, comme ses meilleures productions originales, amènent pourtant à poser la question du langage poétique que sa génération pouvait se donner. Après les finesses de Filinto Elisio, on tendait vers une liberté qui allait de la familiarité élégante de Garrett aux pires abus de l'adjectivation enflammée des « dramalhões ». Castilho a essayé de mettre un peu d'ordre dans cette situation. Son admirable connaissance de la langue, toute auditive, le mettait dans une position privilégiée et il s'est attaqué, très tôt, au problème de la mélodie et de l'harmonie[48], donnant à celle-ci, comme Hugo, la liberté qu'il lui fallait. L'harmonie prend chez Castilho une responsabilité sémantique : « le son ajoute à l'idée signifiée par les mots ». Nous dirions aujourd'hui qu'il essayait de renouveler les rapports « signifiant-signifié ». Dans son *Tratado de Metrificação Portuguesa* (1850), dont le titre promettait, de façon un peu risible, « d'enseigner en peu de temps, et même sans maître, à faire des vers de toutes les mesures et compositions », nous trouvons une étude phonétique fort intéressante et une sorte de panthéisme poétique : « aujourd'hui on vit la poésie, elle sort de tout ce qui nous entoure ». Les incertitudes, les destructions, le désir de progrès « incommodent mais sont poésie »... L'idée de l'« harmonie infinie » revient donc ici, nécessairement, contre la « mélodie » du Parnasse, au temps où l'on cueillait

---

47. Pour la conscience mise dans ses traductions, voir J. Castilho, *Op. cit.*, IV, 132. Sur la question de la traduction de *Faust,* voir Adolfo Coelho, *Bibliografia Critica de Historia e Literatura* I (Lisbonne, 1870) ; Joaquim de Vasconcelos, *O Fausto de Gœthe e a tradução de Castilho* (Porto, 1872) ; Antero de Quental in *O Primeiro de Janeiro* du 4 juillet 1872 (*in Prosas*, II, p. 20) José Gomes Monteiro, *Os Criticos do Faust do Sr. Visconde de Castilho* (Porto, 1873), Antero de Quental, *Os criticos do Fausto, carta ao Exmo. Sr. Jose Gomes Monteiro* (Porto, 1873) ; Joaquim de Vasconcelos, *O Fausto de Castilho julgado pelo elogio mutuo* (Porto, 1873), Adolfo Coelho, *Ciencia e Probidade, a proposito das pasquinadas do Sr. Jose Gomes Monteiro e companhia* (Porto, 1873).

48. Dans la préface d'*A Noite no Castelo*, datée de 1834.

la poésie comme des pommes ou des fleurs champêtres... A cette
compréhension d'une situation moderne, voire dramatique, de la poésie, Castilho ajoutait, hélas ! une recette : il fallait « entourer (...)
toute la passion moderne par la sévérité des formes anciennes »[49].
Le Virgile de sa maturité de traducteur et le Shakespeare de sa jeunesse
marquée par des lectures trompeuses, devaient, enfin, se confondre[50]...
     Qu'a-t-il encore fait ? Que lui doit encore la patrie ? La création
d'une Sociedade dos Amigos das Letras, à Lisbonne, dès la fin de 1835,
dont la vie fut éphémère, la fondation d'une académie similaire aux
Açores, en 1848, la rédaction de *Quadros Historicos* pour la vulgarisation de l'histoire nationale, en 1838-1841, des interventions dans le
théâtre du Salitre, comme opposant au courant français de Doux, vers
1838, la direction de la *Revista Universal Lisbonense*, entre 1842 et
1845, la publication de textes classiques nationaux, dès 1845[51], un engagement politique assez passager, en 1846, du côté cabraliste[52], la défense
d'un schéma progressiste d'associations agricoles, cherchant « le bonheur
par l'agriculture », vers 1849[53], des fouilles systématiques pour découvrir le tombeau de Camoëns, sur lequel il a publié une étude en 1849[54]
— voilà maints programmes d'action qui prouvent la curiosité et
l'énorme force de volonté de cet homme que la cécité n'a pas abattu.
On ne doit pas non plus oublier son dévouement pour l'enseignement
des premières lettres.
     Castilho devenait un personnage de plus en plus important dans
le cadre national. Après la mort de Garrett et la retraite d'Herculano,
il se trouva être le doyen des lettres portugaises : à ce titre il fut fait
vicomte en 1870. Ses soirées littéraires, tout le respect qui l'entourait,
ses titres de membre de plusieurs sociétés savantes — tout cela sentait l'académisme, avait le parfum d'éternité. Ses admirateurs d'*O Tro-

---

49. CASTILHO, *Tratado de Metrificação* (Lisbonne, 1850).

50. Voir Hernani CIDADE, *O Conceito de poesia como expressão da cultura* (Coimbra,
1957), pp. 214 et suivantes.

51. Livraria Classica Portuguesa, 25 tomes parus.

52. Il a alors publié : *Cronica certa e muito verdadeira de Maria da Fonte, escre-
vida por mim que sou seu tio, o mestre Manuel da Fonte, sapateiro no Peso
da Regua dada à Luz por um cidadão demitido que tem tempo para tudo* (Lisbonne, 1846).

53. Voir CASTILHO, *Felicidade pela Agricultura* (Lisbonne, 1849). Voir CASTELO BRANCO
CHAVES, *Castilho* (Lisbonne, 1935).

54. CASTILHO, *Camões, estudo historico-poetico liberrimamente fundado sobre um
drama francês dos Srs Victor Perrot e Armand du Mesnil* (Lisbonne, 1849). Le
drame mentionné avait été publié à Paris en 1845.

vador lui donneront encore en 1854 le nom de « roi de la lyre »[55]. En 1859, il enverra son portrait lithographié à Hugo, exilé à Guernesey, pour lui tenir compagnie[56]...

Castilho se reposait sur ces lauriers quand, en 1865, il suscita la première campagne contre le romantisme, menée par une nouvelle génération d'étudiants de Coimbre. Nous étudierons cette affaire plus loin, car elle marque la fin d'une deuxième période romantique — mais il faut dès maintenant souligner ici un nouveau paradoxe de la vie de cet homme aimé des muses. On dirait que sa carrière tient toute entière entre deux malentendus, l'un qui l'a porté aux nues, en 1844, l'autre qui l'a abattu, vingt ans après... Dans les deux cas, il se voyait attribuer un rôle qui ne lui convenait en rien : celui de premier des romantiques ou de dernier des poètes de cette espèce. Castilho, prétexte à l'expression de deux générations successives, n'était en réalité que le « Memnide Eginense » de l'Arcadia di Roma — et c'était, peut-être, le titre qu'il chérissait le plus, au fond de son âme ovidienne[57]... Il l'éloignait, somme toute, du monde « gothique », où il y avait trop de tempêtes et trop de cadavres.

La littérature portugaise de l'après guerre et des années 40 (qui furent aussi des années de guerre) n'était pourtant pas moins remplie de cadavres et de tempêtes. L'ultra-romantisme, nous le savons, présentait à côté de sa face diurne, déjà voilée de mélancolie et de désenchantement, une face nocturne où la mort régnait sous le prétexte de « moyen-âge », ou d'autres. *O Espectro*, journal clandestin « patuleia » ne verra-t-il pas, en 1846, les fantômes de ceux qui venaient de mourir maudire la reine cabraliste dans son palais même — ou l'ombre de Dom Pedro se présentait, elle aussi, pleurant à chaudes larmes ?[58] Les cimetières ajoutaient leur décor mystérieux à celui des châteaux en ruines qui venait des thèmes « gothiques » du milieu du XVIIIᵉ siècle. Nous avons déjà vu cette littérature pénétrer les mœurs portugaises.

Si nous nous reportons seulement aux romans et aux nouvelles où les valeurs poétiques « noires » trouvaient une expression plus facilement traduisible, nous constatons que, lus en langue portugaise depuis les années 1770, timidement encore jusqu'en 1810, ils ont connu

---

55. João de Lemos, le 25 novembre 1854, à Porto. Voir J. Castilho, *Op. cit*, VII, 204.

56. Voir *Arquivo Pitoresco* (1864), VII, 174.

57. Remarquer la façon dont le pseudonyme arcadien est inscrit sur le frontispice d'*Excavações Poeticas* (1844).

58. *O Espectro* du 27 décembre 1846. Voir *Memorias do Conde de Lavradio*, III, 232-234.

une hausse à partir de cette date[59]. Entre 1835 et 1840, le mouvement s'est accéléré : pendant ces années agitées qui ont applaudi le répertoire de la Porte-Saint-Martin et les premiers « dramalhões » de Mendes Leal, on a traduit pratiquement autant de titres (34) qu'entre 1810 et 1835. Cette moyenne se maintiendra au cours des années 40 ; on constate ensuite une baisse sensible. Parmi les 160 titres repérés, les statistiques en font apparaître 30 % jusqu'en 1835, 50 % dans les quinze années suivantes de 20 % jusqu'en 1865. Le vicomte d'Arlincourt, plus particulièrement[60], Ducroy-Duminil et Baculard d'Arnaud ont été les auteurs favoris — aussi bien qu'Anne Radcliffe, celle-ci à partir de 1835. Le véhicule de ces acquisitions était français comme l'on pouvait s'y attendre. Radcliffe, connue en France depuis la fin du XVIIIe siècle, a toujours été traduite à partir du français — et on a même suivi les pseudo-traducteurs français dans de fausses attributions[61]. Mauvaises traductions, altérations sans conscience ni vergogne, mauvais papier, mauvaise impression — voilà les caractéristiques de ces éditions fort répandues. C'était de la sous-littérature, bien entendu, mais son abondance n'est certainement pas dénuée de signification. Car le pourcentage de sa participation dans l'ensemble de la consommation romanesque est très important. Cette production commerciale se dressait somme toute face à une création « historique » assez faible et qui se laissait pénétrer de ces mêmes valeurs par le truchement de Walter Scott - Herculano - Rebelo — Scott qui, lui-même, n'était pas étranger à Walpole ni à Radcliffe...

Des réactions n'ont pas manqué contre tous ces auteurs très répandus : Herculano, le premier, s'est attaqué, dès 1835, à Radcliffe et Lewis, « romanciers horribili-métaphysiques ». Il pensait surtout à *The Monk*, de ce dernier (qui ne sera traduit qu'en 1861), « roman qui ne valait rien et qui ne serait pas lu, n'était-ce la terreur qu'il inspirait ». Il se trompait, certes, d'autant plus qu'il faisait en même temps l'éloge d'*A Noite no Castelo* de Castilho[62]. Cinq ans plus tard, ce sera au tour de Garrett de se moquer des lecteurs d'Arlincourt ; ceci nous prouve que le fameux vicomte était encore fort populaire en 1850. Il

---

59. Nous avons utilisé les inventaires établis par Maria Leonor CALIXTO, *Op. cit*, et par A. GONÇALVES RODRIGUES, *Op. cit*.

60. Observer l'enthousiasme avec lequel en parlait le *Cosmorama Literario*, N° 10, du 7 mars 1840.

61. Voir Maria Leonor CALIXTO, *Op. cit.* pp. 157, 160, 165, 183, 185.

62. Lettre d'HERCULANO à CASTILHO (le 1er nov. 1835), *in Reparos acerca da invenção da Noite no Castelo*, p. 126.

constituait un brillant exemple de cette sous-littérature — mais on ne saurait oublier ici le rôle d'Eugène Sue car ses romans étaient traduits dès leur parution[64].

Des mots clés envahissent les titres de ces ouvrages : « château », « tour », « souterrain », « abbaye », « ruine », « nuit », « sépulcre », — « mystère »... Nous aurions pu les lire aussi sur les affiches théâtrales, signés par Dumas ou par Pixérécourt — et Herculano lui-même a fait jouer un *Fronteiro d'Africa* où il était bien question de « trois nuits de malheur ». Les vers ultra-romantiques des jeunes poètes d'*O Trovador* multipliaient l'écho de ces mots « noirs » :

> « Eu venho gemer sòzinho
> Dos campos no cemiterio :
> Esvai-se minha ternura
> Em morte, cinza, misterio »[65].

Ce quatrain de Serpa en est un échantillon précieux : rien n'y a été oublié !

Et pourtant, si nous l'analysons en profondeur nous y constatons, comme dans les dizaines de poésies du même genre qui ont été publiées, des valeurs de surface qui ne s'intègrent point à une structure mentale ou sentimentale. En effet, ces poètes se maintiennent au niveau du décor : ils ne prennent pas le large, ils ne sauraient risquer leur imagination ni leurs sentiments dans une aventure qui manifestement les dépasse : celle de la littérature « gothique ». Hantée par une métaphysique qui ne se contente pas d'un vocabulaire à la mode mais qui exige un engagement d'ordre sémantique, cette « création du nord » n'a pas connu de succès auprès des auteurs portugais — qui se considéraient comme des « hommes du sud ». Garrett, qui était de cet avis, ne se serait même pas laisser aller à « flirter » avec une telle position esthétique ou idéologique. Nous avons vu Castilho se donner la peine d'écrire un poème où le souvenir de Lewis n'était pas absent — de Lewis dont Herculano lui-même, malgré son opinion sur *The Monk*, a traduit la romance fameuse *Alonzo and Imogen* qui en faisait partie[66] ; par la

---

64. *Les Mystères de Paris* : Paris 1842 - Lisbonne 1843 ; *Le Juif Errant* : Paris 1844 Lisbonne 1844 ; *Les Mystères du Peuple* : Paris 1849 - Lisbonne 1850.

65. *In A Memoria de* (...) *José Antonio Aguiar* (...) *por Luis Albano Andrade Morais e Almeida* (Coimbra, 1850).

66. HERCULANO, « Afonso e Isolina », traduction libre de Lewis : première version *in Repositorio Literario* du 15 avril 1835, 2e version *in Correio das Damas* du 15 juillet 1836. HERCULANO ne les a pas inclues dans l'édition de ses *Poesias*. Voir Maria Leonor CALIXTO, *Op. cit.* 57, pour la critique de cette traduction.

suite, la ballade de Lewis, devenue un modèle à exploiter, devait inspirer une dizaine de pièces à différents auteurs[67] ; nous savons cependant que cela n'eut qu'une signification assez réduite. Il ne faut pas
trop se fixer aux apparences même si Lewis (comme W. Scott) constitue une des sources anglaises typiques de ce genre de poésie. Certes,
en 1848, un ami de Garrett et de Castilho, Gomes Monteiro, a pu explorer le riche domaine allemand, très mal connu, publiant *Ecos da Lira
Teutonica*[68], recueil de traductions, commencées dès 1842[69], où Lessing,
Chamisso, Von Platten et Heine sont représentés par des œuvres « noires » : cette information s'articule toujours mal à la culture nationale.
Les influences demeurent à un niveau littéraire, elles n'atteignent pas
le mouvement profond d'une nécessité vitale.

Peut-être faudra-t-il descendre au plan de la curiosité littéraire pour
trouver les exemples les plus authentiques du roman « gothique ». C'est
le cas de J.-M da Costa e Silva, que nous avons déjà rencontré, champion
du romantisme dès 1832. Dramaturge, on l'appela « le terrible », pour
faire recette[70] ; admirateur de Bocage au début de sa carrière[71], il a
laissé des romans en vers qui s'inspiraient directement de Walter
Scott[72]. Plus bas encore, au niveau de la caricature, nous trouvons une
dame dévouée aux œuvres de dévotion, grande admiratrice de Castilho : Mme Pusich[73]. *Olinda ou A Abadia de Cunnor-Place*, poème en

---

67. Voir Maria Leonor CALIXTO ; *Op. cit.*, p. 205 (bibliographie thématique).

68. José GOMES MONTEIRO, *Ecos da Lira Teutonica* (Porto, 1848) Poésies de FREILI-
GRATH, CHAMISSO, H. HEINE, UHLAND, SCHILLER, RUCKERT, VOSS, GŒTHE, ARNDT,
LESSING, PLATEN, KORNER, HAUT.

69. Voir V. NEMESIO, *A Mocidade de Herculano*, I, 348.

70. Programme du Théâtre de São João, à Porto, le 28 décembre 1837, présentant
A Capela Arruinada ou a Testamunha Invisivel. Voir Maria Leonor CALIXTO,
Op. cit., 218.

71. Voir *Obras Poeticas de M. M. Barbosa du Bocage precedidas de um discurso
sobre a vida e os escritos deste poeta por José Maria da Costa e Silva* (Lisbonne, 1812).

72. *Emilia e Leonido ou os Amantes Suevos* (Lisbonne, 1836) s'inspire d'une ballade
écossaise faisant partie de *The Lady of the Lake*, de W. SCOTT : *A Sombra de Pope* que l'auteur a traduit. J. M. COSTA e SILVA (1788-1854) a également publié
Isabel ou a Heroina de Aragão (Lisbonne, 1832), *O Espectro ou a Baronesa de
Gaia* (Paris, 1838), etc. Il a traduit DELILLE (*A Imaginação*, Lisbonne 1817), de
longs fragments de l'*Iliade* et de l'*Enéide* et écrit de nombreux « éloges dramatiques ». Sur l'auteur voir la biographie tracée par F. M. BORDALO *in Revista dos
Espectaculos* nº 26, avril 1854, p. 185.

73. Antonia Gertrudes PUSICH (1805-1883) a dirigé les journaux *A Beneficencia*,
A Assembleia Literária, *A Cruzada*.

cinq chants publié en 1848, réédité en 1852, s'inspire lui aussi de Walter Scott — et surtout du désir d'appliquer « une punition exemplaire aux auteurs d'une aussi noire atrocité »[74]... Au moment de rééditer son poème, Mme Pusich remercie le roi et le cardinal-patriarche de Lisbonne de la protection spéciale qu'ils lui avaient accordée.

Les bons sentiments avaient eu raison d'une situation hantée par les forces du mal ; peut-être pourra-t-on voir dans ce dénouement dramatique qui méritait la protection de l'Eglise la preuve finale, venue après tant d'autres (plus illustres certes, mais moins liées à la moyenne des sentiments du public), de l'impossibilité nationale de faire des rêves engendrés par les puissances noires de l'imagination.

Au-delà même du handicap de la qualité, cette aventure « ultra » se soldait par un échec — dont les « troubadours » ne pouvaient vraiment pas se rendre compte.

... Mais Mme Pusich évoque le nom du roi Ferdinand de Cobourg comme protecteur de son abbaye imaginaire. C'est lui qui maintenant va nous occuper.

---

74. A. G. Pusich, *Olinda ou a Abadia de Cunnor-Place*, préface (Lisbonne, 1848).

CHAPITRE XI

"DE SINOPLE AU CHATEAU D'OR"

Le prince-consort du Portugal, Ferdinand de Saxe-Cobourg-Gotha, est la personnalité-clé de la culture artistique portugaise du romantisme. « Roi-artiste », il l'a été moins par ses productions d'amateur que par son attitude dans un domaine délaissé sinon ignoré. Arrêtons-nous un peu à cette figure romantique venue de l'Allemagne et entrée de plein pied dans la vie portugaise, comme mari de la jeune reine et comme mécène.

Son rôle de mari royal apportera un appui fort utile à son action romantique. On l'avait fait venir pour donner un héritier à la branche constitutionnelle des Bragance ; il lui en a donné onze. Il a bien fait son devoir — à tel point que les Espagnols, associant le nom de « Cobourg » à sa qualité d'étalon, le souhaiteront pour roi, au moment d'une crise dynastique. Sa Maison était d'ailleurs bien placée dans le marché des princes-consort ou des souverains pour royaumes nouveaux : un de ses cousins deviendra bientôt le mari de Victoria d'Angleterre, un autre avait déjà été choisi comme roi des Belges — et lui-même se verra offrir, un jour, la couronne hellénique.

Neveu du prince souverain d'un état minuscule de la Thuringe ayant moins d'habitants que Lisbonne, Ferdinand de Cobourg, ou Dom Fernando II de Portugal, avait vingt ans à peine lorsqu'il est arrivé dans sa nouvelle patrie, en avril 1836. Il venait prendre dans le lit royal une place laissée vacante par la mort de son prédécesseur — car la jeune Dona Maria, reine de seize ans, était déjà veuve. Le premier prince-consort, fils d'Eugène de Beauharnais, avait été choisi parce qu'il était le frère de la veuve de Dom Pedro, belle-mère de Dona Maria ; victime d'une angine, il n'a vécu que deux mois au Portugal. La petite reine orpheline, perdue dans son royaume encore bouleversé, guettée par des politiciens fourbes et des « barons » avides, devenait une sorte de personnage de roman historique et populaire : elle était l'image même d'une héroïne romantique que le malheur éprouve et qu'un chevalier-« dandy » doit venir secourir — même si elle avait considérablement grossi[1]...

On a pensé à Louis Napoléon qui a même commis l'indiscrétion d'en parler publiquement : ce fut pour lui le prétexte de déclarer qu'il ne pourrait accepter un tel mariage pour ne pas renier sa patrie, ni son destin... Mais « le mariage souhaité par la cour et par (...) les (anciens) émigrés libéraux portugais était dans la Maison d'Orléans », selon le marquis de Fronteira[1]. Louis-Philippe, de son côté se montrait favorable à une alliance qui donnerait un trône au duc de Nemours, où à n'importe quel de ses fils ; l'Angleterre de Lord Palmerston ne pouvait pourtant consentir à un tel mariage et menaça carrément les Portugais de représailles qui firent reculer les Orléans[2]. C'est d'ailleurs le gouvernement anglais, en accord avec le gouvernement belge, qui a pesé sur le choix du fiancé royal. Ferdinand de Cobourg devait satisfaire à certaines conditions — et, surtout, se porter garant d'une alliance anglaise qui, sous plusieurs aspects, était devenue une sorte de main-mise sur le Portugal constitutionnel que Palmerston avait tant bien que mal aidé à édifier. Entouré par deux ambasadeurs assez indiscrets, ceux de l'Angleterre et de la Belgique, et par un conseiller privé, vieux précepteur aux idées réactionnaires qu'il faudra renvoyer un jour[3], le jeune prince-consort, devenu « roi de Portugal » lorsque son premier fils fut né, devait donc jouer un rôle important.

Cinq mois après son arrivé, le coup d'état des Septembristes marqua un virage à gauche que son entourage anglo-belge ne pouvait admettre — ni lui-même qui, avec un dédain rageur, appelait Passos Manuel « le roi de Lisbonne ». Quant à la petite reine romantique, devenue une jeune femme volontaire, elle restait furieusement accrochée à ses prérogatives royales. Dans le nouveau comme dans l'ancien régime, ces prérogatives appelaient la vengeance ou le contre-coup révolutionnaire. Ferdinand de Cobourg a peut-être compris, le jour où ce contre-coup fut manqué, qu'il n'était pas doué pour ce genre de missions politiques — il se contenta d'être désormais le père des onze enfants de Dona Maria qui mourra en couches, en 1853. En 1855,

---

1. Si l'on en croit le portrait lithogravé par SENDIM en 1836.

1 a. *Memorias do Marquês de Fronteira*, III, 164.

2. *Memorias do Conde de Lavradio*, III, 93.

3. DIETZ est parti en 1847, par conseil de l'Angleterre et de la Belgique (voir *Memorias do Marquês de Fronteira*, IV, 246). Les ambassadeurs étaient Lord HOWARD et VAN-DE-WEYER (Voir F. GOBLET d'ALVIELLA, *L'Etablissement des Cobourg en Portugal*, Paris et Bruxelles, 1869).

abandonnant la régence qu'il avait dû assumer, il dira que sa mission avait été de « faire aimer le régime représentatif (...), de maintenir les droits et les garanties des citoyens portugais et d'effacer les derniers vestiges des dissensions »[4]. Sachant que le roi doit régner mais non gouverner, il fut un souverain modérateur. Bref « le roi Ferdinand détestait la politique », comme l'a si bien vu le prince de Joinville lors de sa visite au Portugal.

Son portrait dans le domaine politique et militaire ne serait pourtant pas complet sans la description de deux scènes de sa carrière de commandant-en-chef de l'armée, charge qui ne lui convenait guère mais qui représentait un privilège lié à la politique des intérêts royaux — et qui, paraît-il, avait été acceptée parmi les conditions du contrat de mariage par un ministre trop distrait[5]... Etant parti pour inspecter les forces fidèles à la couronne au moment grave de la révolte de « Maria da Fonte », il s'est arrêté à mi-chemin, et ses aides-de-camp l'ont surpris en train de chanter, avec le plus grand naturel, un « duetto » de *Semiramis* avec la fille de son hôte. Plus tard, lors de la révolte de la Régénération, placé à la tête des armées fidèles au Cabralisme cher à son épouse, il a vu déserter une grande partie de ses forces devant Coimbre — où, face à l'hostilité des étudiants, il n'osa pas entrer, préférant rebrousser chemin[6]...

L'amour de l'opéra entraîna fort loin ce prince allemand qui n'aimait pas du tout la politique et qui ne pouvait que mépriser les contradictions de son nouveau pays ; il prendra comme épouse morganatique une chanteuse suisse venue au São Carlos — et, « dilettante » et amateur de châteaux, ajoutera à l'amour de Rossini celui des souvenirs médiévaux de son pays natal.

Nous l'avons déjà vu « lancer » le « Passeio Publico », contribuant ainsi à la transformation des habitudes lisbonnaises. En 1841, Castilho qui, aveugle, ne pouvait pas voir les dessins qu'il gravait, l'appela le « roi-artiste »[7], et ce nom connaîtra un écho flatteur sous la plume de maints journalistes et hommes de lettres. Plus que dessinateur, peintre, graveur ou céramiste, le roi Ferdinand était pourtant un amateur, un mécène. Ses œuvres, surtout ses eaux-fortes, ne dépassaient pas un niveau moyen : ses copies de Potter ou de Karel Dujardin (il aimait

---

4. Voir *Historia do Portugal* (Barcelos, 1935), VII, 335.

5. *Memorias do Marquês de Fronteira*, VII, 166.

6. Idem, IV, 221 ; Oliveira Martins, *Op. cit.*, II, 291.

7. Castilho, *in Revista Universal Lisbonense* du 11 novembre 1841.

les animaux qu'il dessinait aussi d'après nature), la fantaisie qu'il mettait dans les petits croquis qui bordaient le motif principal, ne méritaient certainement pas les éloges parus en 1860 dans un article de la *Gazette des Beaux-Arts* de Paris, où le prince était comparé à un Schnorr ou un Cornelius, peintres allemands du romantisme fantastique[8]. En tant que connaisseur, Ferdinand de Cobourg n'avait pourtant pas de rival au Portugal ; le comte Raczynski, ministre de Prusse à Lisbonne, que nous verrons se pencher le premier sur les richesses artistiques du pays, pouvait dire en 1844 que, « plus que personne (au Portugal), il était doué de goût ; plus que personne, il avait le sentiment des arts »[9]. Ferdinand de Cobourg avait donné l'exemple, il s'efforçait pour donner le ton d'une certaine « civilisation » que les soldats de l'expédition de son beau-père et les ministres de sa femme n'étaient pas en mesure de créer. En 1860, un journaliste pouvait affirmer, sans flatterie, que « dans le silence, il compensait l'oubli impardonnable des gouvernements »[10].

Ce n'était que vrai : le roi Ferdinand achetait des tableaux des jeunes peintres, collectionnait des toiles anciennes, et aussi des albums de gravures, des meubles, des pièces d'argenterie et de céramique, des « azulejos ». Il lançait dès les années 40 le goût du bric-à-brac qui ne se développera pas au Portugal avant les années 50-60, voulant ainsi éviter une sorte d'hémorragie des œuvres d'art qui, achetées à vil prix, passaient à l'étranger. En même temps, il s'occupait des monuments nationaux et faisait restaurer ceux qui risquaient de tomber en ruines. Ses subventions régulières au Musée de l'Académie des Beaux-Arts, les pensions qu'il donnait à de jeunes peintres pour aller étudier à l'étranger, la protection qu'il accordait à Herculano, sont autant de données positives pour son portrait civil[11].

Ferdinand de Cobourg fut un « mécène » au sein d'une société libérale en transformation — mais ce décalage ne saurait être critiqué car il joue un rôle positif sur le plan sociologique, dans la mesure même où la société ancienne n'avait pas connu de mécène...

L'action de ce roi allemand se présente ainsi comme une action unique, hors des mœurs nationales et hors du temps historique : elle

---

8. *In Gazette des Beaux-Arts*, cité dans *Revista Contemporanea de Portugal e Brasil* (Lisbonne, 1860), II, 8.

9. RACZYNSKI, *Les Arts en Portugal* (Paris, 1846), p. 404.

10. E. BIESTER, *in Revista Contemporanea de Portugal e Brasil*, I, 441 (1859) et (1860), II, 6 et 390.

11. Voir J. A. FRANÇA, *Op. cit.* I, 292.

porte en elle-même le parfum culturel de ces petites cours princières
d'Europe Centrale où le roi Ferdinand avait été élevé, et aussi le germe d'un changement qui va s'opérer dans la société portugaise au
cours des années suivantes. Arrivé au Portugal en 1836, il y vivra cinquante ans, traversant ainsi les trois phases du romantisme national.
Sa fonction de mâle royal étant terminée à la mort de la reine en 1853,
il a choisi de rester et de vivre au sein d'un morne équilibre progressiste qui définit les années 50-60-70 ; pour cela, il a refusé les couronnes de Grèce et d'Espagne. Regardant d'un œil ironique les péripéties
de la vie portugaise, comprenant assez bien ce qui se passait et pourquoi cela devait se passer ainsi, méprisant la gauche qui était « la
rue », mais aussi la droite cabraliste qui était « la rue » devenue aristocratique, détestant les impasses que l'orgueil infantile de sa femme
créait, à la fin des années 40, il voyait pour son nouveau pays une
seule issue qui ne pouvait être que la voie du progrès matériel d'une
bourgeoisie parvenue à la maturité. Il fut donc l'homme de la Régénération — mais sans en être dupe. En échange, il ne demandait qu'à
vivre sa vie. Il a su vivre à sa guise, avec dignité, et la dignité et la
discrétion ne l'abandonnèrent pas à l'heure de mourir d'un cancer de
la face. Il laissait alors une œuvre qui avait été le rêve de son existence, sa justification d'artiste, de créateur et d'amateur. Pour elle il
avait peut-être sacrifié une carrière royale ; il la léguera en testament
à sa dernière femme, comme le décor de leurs amours — qui était
aussi le décor d'opéra qui leur convenait.

Le château de la Pena à Cintra est le chef-d'œuvre de Ferdinand de
Cobourg ; il est aussi le chef-d'œuvre du romantisme au Portugal.

Commencés en 1838, les travaux ont duré jusqu'à la mort du roi,
mais nous pouvons considérer qu'en 1849 l'œuvre était définie et du
moins théoriquement achevée. Certes, elle continua de « devenir de
plus en plus belle », comme le disait et le voulait le roi Ferdinand ; le
programme avait été établi au cours des années 40, un peu au hasard
— mais tout en sachant que, souvent, le hasard fait bien les choses...
Le hasard et la folie : rappelons les châteaux du Rhin de Frédéric-
Guillaume IV, bâtis en même temps que la Pena, et ceux que Louis II
de Bavière fera élever à la gloire de Wagner, trente ans plus tard ; et
n'oublions pas non plus que la fameuse restauration de Hohenschwan-
gau, le château légendaire de Lohengrin, dans la Bavière des Wittels-
bach, s'est réalisée presque en même temps que la construction du
château de Ferdinand de Cobourg.

Avec sa sagesse de prince modérateur et son amour pour l'opéra
italien, Ferdinand de Cobourg s'écartait pourtant de ces princes que
le Rhin ou Wagner exaltaient. Le château de la Pena eut sa part de

délire et sa part de science. Il s'agit à la fois de la construction d'un château et de la reconstruction d'un vieux couvent hiéronymite du XVIᵉ siècle que le tremblement de terre de 1755 avait ruiné et qui avait été vendu comme « bien national ». D'un projet modeste de reconstruction le prince est passé à des rêves plus ambitieux et un château commença à se dessiner dans son imagination, avec la complicité d'un ingénieur militaire allemand fixé depuis une trentaine d'années au Portugal. Le baron von Eschwege[12], qui avait alors soixante ans, fut l'excellent collaborateur de ce prince qui dépassait à peine la vingtaine ; sa formation scientifique s'alliait aux élans fantaisistes de son patron.

Le château de la Pena illustre un programme revivaliste où le gothique et l'arabe jouent leur part. Von Eschwege a entrepris un voyage en Europe, visitant l'Angleterre, la France et Berlin où il a pu étudier des œuvres de Schinkel, l'architecte des châteaux du Rhin, élevés non loin de sa patrie. Mais il est allé aussi à Alger afin de visiter la Casbah et rentra par Cordoba et Séville et, probablement, par Grenade. Cet itinéraire montre de façon claire les attaches du projet de Cintra, d'autant plus que le voyage a eu lieu en 1847, lorsque les travaux étaient déjà avancés. Il ne cherchait donc pas une inspiration mais une information au niveau de certains problèmes qui s'étaient posés. On sait, d'ailleurs, que Von Eschwege commença par proposer un dessin néogothique cohérent conforme à la formule devenue officielle en Angleterre avec les Maisons du Parlement dont les projets venaient d'être approuvés. Le roi Ferdinand le refusa, souhaitant une œuvre « sui-generis », mieux accordée aux ruines du couvent et, surtout, au site.

On était parfois obligé de démolir le lendemain ce qu'on avait bâti la veille, dans le but d'altérer les plans, de corriger, de donner corps à une idée qui surgissait peu à peu. Et c'était Ferdinand de Cobourg lui-même qui venait dans les chantiers se renseigner, échanger des idées avec son architecte, critiquer ses projets, lui montrer des dessins que lui-même avait tracés... Les travaux se développaient de façon assez empirique obéissant à des projets qui s'enchaînaient pourtant avec une logique interne qu'une admirable intuition architecturale ordonnait.

Si l'on suit les différentes phases des travaux, on voit le bâtiment croître comme un être vivant — et la surprise que nous éprouvons aujourd'hui rejoint celle qui était ressentie par le roi lui-même et par son collaborateur. Ici ils faisaient dresser un clocher, là une

---

12. Voir Friedrich SOMMER, *Wilhelm Ludwig von Eschwege* (Stuttgart, 1927).

tour ronde à la grande coupole, plus loin un portique allégorique à
la création du monde, ou un pont-levis, puis un passage crénelé ouvert
sur le plus beau paysage du monde...

Une description du château de la Pena ne saurait ignorer le processus de son édification : elle s'accorde naturellement à lui. Mais ce
serait une erreur d'oublier que ce processus marqué par des valeurs
de décoration dans un courant de fantaisie lyrique où le pittoresque
surtout compte, cache une organisation structurale qui fait de la Pena
une œuvre majeure d'architecture.

Organisation est bien le mot qui convient à cet ensemble de bâtiments qui s'articulent dans un rythme de courbes et de lignes droites
correspondant au rythme même du mont sur lequel ils se dressent.
L'analyse du plan général du château[13] nous révèle ainsi un dessin tracé
avec la netteté la plus grande. Le mouvement des masses et des espa-
ces est animé avec intelligence et le rapport entre les volumes et l'espace environnant atteint la qualité d'un chef-d'œuvre. Les détails décoratifs s'effacent devant la réalité d'une structure remarquable par ses
valeurs dynamiques.

Au point de vue architectural il nous importe peu que le dessin
d'une célèbre fenêtre « manueline » du XVIe siècle ait été repris et
adapté, que d'autres éléments de ce style aient été employés dans le
château de la Pena : le ridicule qui aurait pu se dégager de certains
mariages bizarres n'affecte nullement l'ensemble et renforce plutôt
la couleur théâtrale qui lui convient. En fin de compte, on pourrait dire
que cette sorte de caricature éclaire les faiblesses du style « manuelin »,
malgré le dévouement ou l'innocence romantique qui présida à leur
adoption...

Il faut pourtant remarquer qu'un certain triton, imité d'un détail
de la célèbre fenêtre du couvent de Tomar et agrandi à l'échelle de
l'énorme console d'une fenêtre de la Pena, introduit ici un élément
fantastique qui n'est pas courant dans le goût national. D'autre part,
des vitraux exécutés à Nurenberg, fournissent au château l'échantillon
d'un romantisme légendaire, où perce le goût allemand. Rien n'est
pourtant passé aux murs sur lesquels Meneses, peintre qui avait fait
ses classes auprès d'Overbeck, rêva en vain de peindre des fresques[14].

Si le goût allemand est présent dans la conception, voire l'idée
même du château, sa réalisation n'en dépend pas moins de certains

---

13. Voir J. A. França, *Op. cit.* II, 304.
14. Id., Ibid., I, 280.

éléments nationaux, suggestions morphologiques de l'ancien couvent « manuélin » et du site lui-même. Celui-ci entre comme valeur déterminante dans la définition sémantique de l'ensemble. Œuvre étrangère, malgré tout, cela ne saurait nous empêcher de souligner son importance dans le cadre d'une architecture depuis toujours enrichie par les rapports de maîtres d'œuvre étrangers. Le château de la Pena est entré dans le paysage portugais du romantisme en même temps que le Théâtre D. Maria II, lui aussi œuvre d'un architecte étranger.

L'un et l'autre monument définissent, dans le cadre du romantisme, les deux courants du « revival » : l'option néo-classique, qui s'accorde à un temple des arts (comme à un temple du commerce, et ce fut le cas de la Bourse de Porto), et l'option médiévale, qui convient à un château royal. Le premier courant, à l'engagement « éclairé », trouvait là son aboutissement ; le second, par contre, fournira encore maints exemples durant le siècle, au-delà même de la période romantique, et conformément à une évolution des goûts nationalistes qui remonteront jusqu'au style roman.

... Mais pour le moment le château de la Pena se dresse isolé dans le panorama portugais des formes esthétiques ; sa solitude aussi bien que son caractère insolite aident à la fonction emblématique qui, en définitif, lui sied. Et c'est bien un emblème que ce château haut perché nous offre, figure d'une héraldique étrange, décor de drames « gothiques », de crimes « noirs » et d'apparitions « terrifiantes ». Ne raconte-t-on pas que sur ses terrasses, le roi Ferdinand, les nuits d'été, venait chanter des airs de *Lucia* ?...

Cependant, ce château offert aux poètes n'a pas, curieux paradoxe, enflammé leur imagination. Garrett, chantre de Cintra pourtant, ne l'a jamais regardé (il est vrai qu'il n'était pas « personna grata » à la cour) — et parmi les nouveaux romantiques, seul Mendes Leal s'est occupé de lui, dans un texte banal, farci de termes médiévaux[15].

Lichnowski, qui, invité du roi, a visité les chantiers en 1842, a laissé parler son enthousiasme et, comparant la Pena aux châteaux du Rhin et de la Bavière qui « avaient eu l'honneur d'être célébrés en de nombreux textes », n'a pas caché ses préférences pour le château de Cintra qui « produisait (en lui) la même impression que les rêves et les chansons arabes »[15] (a). De même, l'image du château fut surtout représentée par des artistes étrangers[16] — et si elle figure dans le premier por-

---

15. Mendes Leal, *Monumentos Nacionais* (Lisbonne, 1868), p. 92.
15 a. Lichnowsky, *Op. cit*. p. 141.
16. Voir la liste in J. A. França, *Op. cit*. Note n° 233, II⁣e partie.

trait collectif des peintres romantiques portugais, cela ne se produira qu'en 1855.

Avant cette date, et depuis longtemps, Cintra jouait pourtant un rôle dans la vie artistique portugaise et dans les mœurs des Lisbonnais en général. « Lo Cintra's glorious Eden » — écrivait Byron[17] ; Garrett, lui aussi, chantait les beautés des « verdes outeiros, gigantescas serras »[18] de cet endroit qui charmait tout le monde — et les Anglais surtout, dès la fin du XVIIIᵉ siècle.

Si l'on en croit Lichnowski, c'était « le Brighton des gentilhommes portugais »[19] ; on allait faire des « parties de campagne » dans ses bois délicieux qui se trouvaient à six lieues de Lisbonne. On s'y rendait à dos d'âne ou, à partir des années 40, en omnibus. C'était une extension du « Passeio Publico », un endroit plus aristocratique que Cacilhas, sur l'autre rive du Tage, ou que les jardins potagers qui s'étendaient juste au-delà des limites réelles de Lisbonne, lieux d'élection des piqueniques dominicaux de la petite bourgeoisie. On faisait sa cour à Cintra, où se trouvaient un vieux palais royal et des locaux pour les rencontres mondaines, le dimanche, après la messe. Bientôt les barons cabralistes prendront la relève des Maisons anciennes et, au fur et à mesure qu'ils s'installeront dans les « palacetes » de la capitale, ils bâtiront ici leurs « casas de campo ».

Nous y avons déjà vu s'édifier le château de Devisme qui constitua, en 1791, la médiocre tête de série du goût « médiéval » au Portugal. Byron le considérait comme une maison vide et maudite — et ses ruines (que Ferdinand de Cobourg voulut acheter) ont été chantées en 1839 dans un texte d'une remarquable beauté lyrique[20].

Le gothique et les ruines allaient de pair, dans les schémas mentaux et sentimentaux du romantisme. Mais, au Portugal, les décors gothiques tendaient à devenir « manuélins ». Nous savons déjà comment Garrett situait le gothique, se méfiant de sa fonction réactionnaire possible ; mais c'est lui qui soulignera le terme « manuélin » qu'un savant brésilien avait proposé en 1842[21]. Herculano préférait naturelle-

17. Byron, *Childe Harold*, XVIII.
18. Garrett, *Camões*, chant V, XI. Ed. *O.C.* I, 220.
19. Lichnowsky, *Op. cit.* 35.
20. Vicomte de Juromenha (anonyme), *Cintra Pinturesca* (Lisbonne, 1839), p. 80.,
21. F. A. de Varnhagen, *Noticia Historica e Descritiva do Mosteiro de Belem* (Lisbonne, 1842), *in O Panorama* 1842, II, 58 et suiv. Garrett, *in Jornal de Belas Artes*, nº 6 (1844) et *in Camões*, Note L, 4ᵉ ed. (1854). Voir J. A. França, *Op. cit.* II, 407 (note nº 445).

ment le gothique comme décor de ses romans et nouvelles[22] — car le « manuélin », somme toute n'était que l'effet de « la résistance du gothique à la renaissance »[23], c'est-à-dire la résistance de son Portugal authentique, celui des institutions municipales, aux illusions socio-économiques du temps des Découvertes.

Pereira da Cunha, troubadour et dramaturge historique que nous avons connu attaché, comme João de Lemos, à sa fidélité migueliste, apportera alors une curieuse illustration aux idées d'Herculano et aux méfiances de Garrett. Il commença en effet à bâtir en 1849 dans le nord du pays, patrie des guerrillas miguelistes de « Maria da Fonte », qu'on venait à peine de désarmer, un manoir « médiéval », aux grosses tours crénelées qu'un pont-levis desservait. Le rapport idéologique est évident : il s'agit d'une sorte de protestation du « vieux Portugal » que la polémique des styles ne faisait que déguiser[24]. On ne saurait pourtant attribuer trop d'importance à cette démarche somme toute gratuite, dans le cadre que nous avons déjà analysé. Le néo-gothique n'aura pas pour autant d'amateurs au Portugal et il sera bientôt absorbé par sa désinence « manuéline », dans la logique de la pensée nationaliste et nationalisante des romantiques.

C'est pourtant à partir de l'œuvre étrangère de la Pena que cette tendance s'est développée — en même temps que le principal monument « manuélin » de Lisbonne faisait l'objet d'une étude approfondie. Ce fut aussi un étranger qui se pencha sur l'originalité de ce style, tout en devinant qu'il était promis à un grand succès auprès des générations romantiques, et post-romantiques, durant le XIXe siècle. Ce n'était pas par hasard que le germano-brésilien Varnhagen dédiait son essai « aux admirateurs de l'architecture romantique »[25]. Le couvent des Hiéronymites à Belem, qui attira l'attention de Varnhagen, comme il avait attiré, dès 1824, l'attention du baron Taylor, célèbre agent de Louis-Philippe[26], sera le monument-type ou plutôt le monument-cobaye des romantiques car il fallait toujours restaurer ou embellir sa longue façade, comme Garrett le demandait dès 1838[27]. L'architecte Possi-

22. HERCULANO, *A Abobada, publié en* 1839 *in O Panorama ; O Monge de Cister,* 1848.
23. RACZYNSKI, *Op. cit.,* p. 331.
24. A Santa-Maria de Portuzelo, près Viana do Castelo.
25. F. A. de VARNHAGEN, *Op. cit.*
26. Voir J. A. FRANÇA, *Op. cit.,* I, 379. Il faut remarquer que le peintre DAUZATS, conseiller de TAYLOR, a peint l'intérieur de l'église en 1835 (Musée de Dôle, France).
27. GARRETT, *Camões,* Note L. Ed. *O.C.* I, 247.

dónio da Silva, que nous connaissons déjà, a voulu s'en occuper ; il a
même songé à publier un album pour diffuser ses beautés[28] — et nous
ne manquerons pas de voir ce monument assumer un curieux rôle
d'accusateur, vers la fin des années 70...

Garrett, comme Herculano, furent les premiers champions d'une
réhabilitation des monuments nationaux qui, avec la disparition des
ordres religieux, risquaient de sombrer dans le désintéressement général des profiteurs. Les « Huns modernes », tel était le nom vengeur
qu'Herculano donnait aux nouveaux matérialistes — agissant « dans un
pays abandonné par Dieu et par l'Art »[29]. Garrett ne cachait pas son
indignation en 1843 lorsqu'il « voyageait dans son pays » et imaginait
la ville de Santarem, près de laquelle vivait sa « Joaninha aux yeux
verts », disant à « l'ingrat Portugal » de « ne pas vendre les pierres de
ses temples », et de « ne pas transformer ses églises en granges ou en
écuries »[30]. Pourtant dès 1836, avant le Septembrisme, un ministre avait
demandé à l'Académie des Sciences une liste des couvents supprimés
qui méritaient d'être classés monuments nationaux,[31] et en 1839 ce fut
l'Académie des Beaux-Arts qui s'est vue chargée de la protection de
ces monuments[32]. La paresse aidant, rien ou presque rien n'a été fait
pendant les années 40. La conscience artistique de la nouvelle « civilisation » libérale qui dans la littérature, le théâtre et la poésie se plaisait dans un passé de fantaisie sinon de fantômes, avait du mal à
s'éveiller. On chantait des ruines inventées et on ignorait la ruine
réelle des monuments nationaux...

La connaissance du passé artistique n'inspirait guère les milieux
romantiques. Garrett, nous l'avons vu, épousait encore les thèses et
les admirations néo-classiques lorsque, tout jeune, il s'est occupé de
l'histoire de la peinture portugaise. Et nous ne le verrons jamais changer de goûts, dans ce domaine, malgré son « flirt » avec le gothique...
Quant à São Luis, cardinal et politicien libéral d'origine bénédictine,
que nous avons déjà rencontré, les fiches historiques qu'il publia en
1839[33] ne sauraient nullement définir un esprit romantique nouveau.

28. Voir *Boletim da Associação dos Arquitectos Civis e Arqueologos Portugueses*,
(Lisbonne, 1875), I, 60.
29. HERCULANO, « Monumentos » in *O Panorama* des 9 et 16 février 1839 ; *Monumentos Patrios* (1838), in *Opusculos* II, pp. 7 et suiv.
30. GARRETT, *Viagens na Minha Terra* XXXVI. Ed. *O.C.* II, 240.
31. L. MOUSINHO de ALBUQUERQUE.
32. Voir J. SILVESTRE RIBEIRO, *Op. cit.*, VI, 97.
33. D. Frei Francisco de SAO LUIS, *Lista de Alguns Artistas Portugueses* (Lisbonne,
1839).

... C'est alors qu'il faut observer à côté de Ferdinand de Cobourg, restaurateur ou réinventeur de la Pena, un autre étranger qui, arrivé en 1842 comme ministre de Prusse, s'est employé à défricher le domaine vierge de l'art ancien du Portugal. « Tout restait à dire sur ce sujet », affirmait-il, à juste titre, et il se proposait de « défaire les nuages qui enveloppaient l'histoire de la peinture »[34]. Le comte Raczynski, auteur d'une *Histoire de l'Art Moderne en Allemagne* publiée à Paris en 1836-1841, s'attaquait à une tâche bien difficile et délicate, au milieu d'une ignorance méfiante. On ne lui a pas pardonné la façon scientifique dont il étudiait son sujet, regardant les œuvres, lisant des documents et écartant les légendes. Les deux ouvrages qu'il a publiés par la suite[35] inaugurent l'histoire de l'art au Portugal ; ils n'auront, hélas ! aucun effet immédiat sur le développement de cette science qui devra encore attendre longtemps son statut.

Si, dans le domaine des belles lettres, on importait volontiers les livres et les pièces de théâtre, dans celui des beaux-arts, ne pouvant importer des œuvres, ni payer des artistes, on accueillait un spécialiste qui semblait tomber du ciel. Arrivé par hasard et étranger à la nation, Raczynki demeura un étranger face aux structures culturelles du pays. Il faut donc constater que la culture artistique portugaise, demeurant sur un plan provincial, n'a pas su ni pu profiter de cette aubaine : la leçon était sans doute trop difficile et la dose trop élevée. Il est peut-être utile de comparer cet historien prussien au prince de Cobourg, tous les deux ayant assumé dans la vie artistique nationale une position pédagogique. Le caractère du roi Ferdinand ne s'en éclaire que mieux — et nous nous rendons compte alors de sa patience. C'est sans doute cette longue patience de cinquante ans qui l'a fait réussir là où l'historien prussien échoua. L'exemple mondain du prince-consort a rendu son enseignement de goût plus facile et on oserait même dire que ses doses médicamenteuses sont devenues assez tôt homéopathiques. Pourtant, son aventure de Cintra n'a pas eu de suites ; le château de la Pena est demeuré une œuvre unique dans son haut exemple héraldique.

---

34. Raczynski, *Op. cit.*, pp. 3 et 331.

35. *Les Arts en Portugal, Lettres adressées à la Société artistique et scientifique de Berlin et accompagnées de documents* (Paris, 1846) ; *Dictionnaire Historico-Artistique du Portugal* (Paris, 1847).

CHAPITRE XII

LES PEINTRES À L'HEURE ROMANTIQUE

Les schémas héraldiques du romantisme allemand n'ont pas intéressé les peintres portugais qui restaient attachés à d'autres schémas issus du néo-classicisme de Winckelmann. Les allégories qui avaient couvert les plafonds du palais d'Ajuda après 1820, servant déjà la réaction migueliste contre la Révolution qui elle-même avait fait l'objet de compositions symboliques, continuaient de s'accorder au goût des peintres de 1835-1840. Nous avons déjà mentionné une de ces allégories qui saluait la création de l'Académie des Beaux-Arts — et nous avons alors vu comment elle répondait aux spectacles théâtraux contemporains qui pouvaient assumer la forme d'un « éloge dramatique » ou d'un ballet. Dona Maria II recevait ainsi des hommages qui n'étaient que l'écho de ceux qui avaient été rendus à sa grand-mère Maria 1re ou au grand-père de celle-ci, Jean V.

Et pourtant, comme nous le savons, son portrait avait été peint par un disciple de Lawrence, pendant son errance de prétendante, tandis que son père servait de modèle à Ary Scheffer ; on pourrait dire qu'il y avait deux mesures culturelles selon qu'on vivait à l'intérieur du pays ou à l'étranger.

Les changements intervenus dans la littérature n'ont pénétré que très lentement le domaine des arts plastiques même si celui-ci a reçu les soins des libéraux tout de suite après leur prise du pouvoir. La fondation de l'Académie des Beaux-Arts, œuvre septembriste, était déjà dans le programme des Chartistes, après avoir été prévue par les hommes de 1820 ; elle était sans doute une œuvre de « civilisation » qui à l'amour désintéressé du Beau ajoutait l'intérêt pour les besoins de l'industrie qu'il fallait créer. Déjà le marquis de Pombal avait fondé des écoles de dessin auprès des manufactures et les Septembristes prétendaient inclure dans leur programme politique mis au service de la petite bourgeoisie, une sorte d'essor industriel. La structure de l'enseignement créé ne correspondait pourtant pas à ces idées et les

« beaux-arts » seuls méritaient l'attention du législateur, conformément à un schéma italo-français qui s'était internationalisé au cours du XVIIIᵉ siècle.

La « grande manière » qui n'avait jamais été pratiquée avec décence au Portugal, constituait le nœud du programme des Académies de Lisbonne et de Porto, fondées l'une après l'autre, en 1836[1]. La peinture d'Histoire, la sculpture et la gravure, inspirées de l'« antique » avec intervention du « naturel », devaient être enseignées selon les règles essentielles de l' « Ecole Académique » qui définissaient les buts esthétiques de l'Académie Nationale. La peinture d'Histoire, le grand Art, recevait d'ailleurs le plus gros pourcentage des 150 élèves normalement inscrits. Quant au « naturel », il n'était pas assez puissant pour faire peindre des paysages d'après nature — et c'étaient toujours des estampes qui servaient de modèle... L'architecture entrait tout naturellement dans le même système, par son attachement aux « cinq ordres » vitruviens. De son côté, la sculpture était enseignée par un disciple de Machado de Castro, l'auteur de la statue équestre de Joseph I, joyau de l'époque pombaline — et le néo-classicisme régnait en maître dans son atelier[2].

Si le schéma admis appartenait à l'actualité internationale, au Portugal il n'en correspondait pas moins à un goût conservateur ; nouveauté dans les cadres d'une nation engagée dans un effort de renouvellement, l'Académie des Beaux-Arts dénonçait curieusement le décalage existant entre les divers plans des structures socio-culturelles. Il vaut la peine de souligner que le gouvernement septembriste a jugé bon de choisir le comte du Farrobo comme inspecteur de l'Académie, avec l'intention évidente de s'attirer un mécène. Le financier a déçu cet espoir en démissionnant un an et demi plus tard, sans rien faire car son intérêt pour les arts plastiques n'allait pas loin et ne souffrait surtout par la comparaison avec son enthousiasme pour le théâtre et l'opéra. Quant au premier directeur nommé, vieux professeur en retraite de la faculté de médecine, le choix lui-même se passe de commentaire.

Mal installés dans de vieux couvents désafectés de Franciscains, à Lisbonne comme à Porto, les deux Académies ont connu une vie difficile. Ce fut en vain qu'on rêva de luxueux projets pour l'installation de l'institut lisbonnais, en 1838[3] : bien au contraire, les gouvernements

---

1. Décrets du 25 octobre et du 22 novembre 1836.
2. Professeur Francisco de Assis Rodrigues (1801-1877).
3. Voir projet de Manuel Joaquim de Sousa, à l'Academia Nacional de Belas Artes.

successifs, malgré des protestations, ont diminué son budget de 20 %. Si celui-ci représentait 0,23 % du budget national en 1836, à la fin du romantisme, en 1880, il n'en représentait plus que 0,06 %[4]... On ne manquera pas de voir dans ces atteintes des gouvernements de droite, des effets de la même politique anti-culturelle que nous avons déjà vue s'attaquer au Conservatoire de Garrett.

Si l'on critiquait les « études incomplètes et erronnées » de l'Académie et sa « méthode routinière »[5], il ne faut pas oublier qu'un élément fort important intervenait dans cette situation. En effet, son corps enseignant venait des équipes de peintres décorateurs d'Ajuda. Appartenant à une époque néo-académique, avec leur présomption et leur ignorance, les professeurs ne sauraient être utiles à l'œuvre qu'on prétendait mettre sur pied. Cependant, ils se trouvaient être les seuls peintres existant au Portugal... Sequeira, peintre romantique du Salon parisien de 1824, était parti ; il s'était fixé dans sa chère Italie et, paralysé depuis 1833, il venait de mourir, sans même se rendre compte que Passos Manuel, en tant que « ministre de civilisation », l'avait fait commandeur dans l'ordre du Christ, honneur sans précédent pour un peintre. Le fait qu'il ait été nommé directeur honoraire de l'Académie demeurait également sans conséquences car il était au loin — revenu à ses anciennes amours au sein d'un XVIIIe siècle que nous l'avons vu prolonger, changeant à peine de palette. Les honneurs qui lui étaient rendus ne faisaient que souligner les rapports entre les deux situations démocratiques, celle de 1836 et celle de 1820 ; honneurs politiques, ils ne sauraient nullement agir sur un plan pictural ou pédagogique.

Parmi tous les professeurs, assistants ou artistes agréés par les Académies de Lisbonne et de Porto, un seul donnait certaines garanties de compétence : A.-M. Fonseca, qui venait tout droit de Rome où il séjournait comme boursier du comte du Farrobo, son protecteur[6]. Il était rentré avec l'intention très ferme d'offrir ses talents au nouveau régime : il le déclara en 1835, dans les très mauvais vers par lesquels il dédiait une exposition (la première réalisée au Portugal) à Dona Maria II. Agé de quarante ans (il était contemporain de Delacroix et de Corot), Fonseca était pourtant resté étranger aux chantiers d'Ajuda et il avait acquis à Rome des connaissances qui le plaçaient très au-

---

4. Voir J. A. França, *Op. cit.*, I, 416.

5. Voir *Diario do Governo* du 21 juin 1850.

6. Voir H. C. Ferreira de Lima, *in Museu*, (1944), III, n° 6.

dessus de ses contemporains nationaux. Mais Rome était son « alma
mater » et son art demeurera attaché à un système esthétique défini
par des valeurs académiques, au sein d'un classicisme fort éclectique.
Cela n'a pas manqué de favoriser maître Fonseca, professeur de peinture d'Histoire à l'Académie lisbonnaise depuis 1837 jusqu'en 1863 (il
mourra, presque centenaire, en 1890). Raczynski et Garrett, Rebello
da Silva et Mendes Leal ne lui ont pas ménagé les éloges au cours de
sa carrière. Au centre de son œuvre constituée surtout par des copies
fort habiles de classiques italiens, se détache un tableau de 1843 :
Eneas salva seu pai Anquises no Incendio de Troia, sujet souvent tiré
de l'*Enéide*.

Cette composition correcte et non sans qualités, fut pendant très
longtemps le tableau le plus célèbre de la peinture portugaise « moderne », et demeure, en fin de compte, le seul exemple national d'un
académisme érudit. Présenté en 1843 au deuxième salon de l'Académie,
il a fait époque et seulement douze ans plus tard on osera le combattre, au nom d'idées nouvelles ; il constituera désormais et pendant
assez longtemps encore, un motif polémique que tout historien de la
peinture portugaise devra prendre en considération[7].

Les éloges qu'*Eneas* a mérités, le rôle de cette toile dans la vie
artistique portugaise, fournissent des éléments précieux pour l'analyse de la situation esthétique au commencement du libéralisme ; ils
nous amènent à nous demander où étaient alors les jeunes peintres et
à essayer d'ébaucher une définition de la génération romantique dans
le domaine des arts visuels.

Cette génération est née entre 1815 et 1830 et sa première promotion
s'est manifestée vers le milieu des années 40, dans le cadre de l'Académie. Un médiocre peintre de genre doublé d'un fonctionnaire public,
M.-M. Bordalo Pinheiro, en était le doyen, suivi par Meneses et Anunciação, nés en 1817-1818 ; les autres personnalités du romantisme
étaient nées entre 1825 et 1829, comme Metrass et Cristino, qui feront
parler d'eux surtout dans les années 50, et Lupi et le sculpteur Victor
Bastos, qui ne paraîtront sur la scène que plus tard[8]. En 1843, dans
l'exposition dominée par l'*Eneas* de Fonseca, Anunciação, Metrass et
Lupi apparaissent à peine, comme disciples respectueux ; dans l'exposi-

7. Voir J. A. FRANÇA, *Op. cit.*, I, 248 et suiv.

8. M. M. BORDALO PINHEIRO (1815-80), L. P. de MENESES (1817-78), T. da ANUNCIAÇAO
(1818-79), F. METRASS (1825-61), F. de RESENDE (1825-93), M. A. LUPI (1826-83), A. J.
PATRICIO (1827-58), J. RODRIGUES (1828-87), Leonel MARQUES PEREIRA (1828-92),
Cristino da SILVA (1829-77), Vitor BASTOS (1829-94), Marciano H. da SILVA (1831-73).

tion précédente, la première que l'Académie a organisée, en 1840, ils étaient encore trop jeunes pour se manifester. Remarquons que la médiocrité de cet ensemble n'a pas empêché l'inspecteur de l'Académie d'observer que « nulle part ailleurs il n'avait vu un aussi grand nombre de talents »[9]. . .

Cette sorte d'innocence devait coûter cher — et l'histoire de l'*Eneas* nous le prouve.

Cependant, dans l'exposition de 1843, un fait catalysait de nouveaux besoins, sinon une nouvelle expérience : on y voyait des paysages de Cintra, d'un peintre français installé au Portugal, Dufourcq, et des tableaux de genre d'un autre peintre étranger, le Suisse Roquemont. Si le premier montrait, de l'extérieur, le chemin de la peinture romantique, le Suisse s'engageait plus profondément dans la vie nationale.

Roquemont était venu échouer dans le nord du pays en 1828 ; bâtard d'un prince allemand assez fantaisiste qui cherchait fortune auprès de Dom Miguel, il avait été appelé par son père et est resté discrètement au Portugal, peignant des portraits corrects de l'aristocratie ancienne ou nouvelle. Formé dans les académies d'Italie, il apportait un goût sûr et déjà ouvert à de nouveaux besoins sociaux — et c'est ainsi qu'il se consacra à une peinture de genre, représentant des scènes quotidiennes de la vie rurale. Celles-ci, montrant le rôle tout puissant du clergé, n'avaient rien à voir avec le Portugal nouveau, bien au contraire — mais Garrett, qui cette même année partait en « voyage dans son pays », a bien compris la signification profonde de ce nationalisme pictural. Il donnera alors à Roquemont le titre de « peintre portugais légitime » et souhaitera que « Dieu fasse tels tous les peintres romantiques nés au Portugal »[10]. Le « genre » s'introduisait donc dans la peinture romantique portugaise, par le truchement de ce petit maître étranger naturalisé par Garrett. Dès la fin du XVIIIe siècle, d'autres peintres étrangers s'étaient penchés sur les coutumes nationales. Quelques Français et Anglais avaient peint ou dessiné des scènes populaires dont M.-S Godinho, dessinateur du commencement du XIXe siècle, s'était inspiré dès 1806, date du commencement de la publication de sa *Colecção de Costumes servis da Cidade de Lisboa*[11]. D'autres étran-

---

9. Comte de MELO, *in* catalogue de l'exposition de 1840.

10. GARRETT, *in Jornal de Belas Artes*, N° 5, p. 77.

11. Œuvres de N. L.A. DELERIVE, Z. F. DOUMET, J. MURPHY, W. BRADFORD, H. L'EVEQUE (*The Costume of Portugal*, London, 1814). Voir H. C. FERREIRA LIMA, *Costumes Portugueses - ensaio bibliografico* (Lisbonne, 1917).

gers trouveront alors au Portugal une source inépuisable d'images pittoresques[12] — mais c'est bien Roquemont qui a ouvert les yeux à la nouvelle génération des peintres portugais qui devaient découvrir leur pays. En lui rendant hommage, Garrett était cohérent envers lui-même. Il ne manquait pourtant pas d'admirer l'*Eneas* et de soutenir la ligne davidienne jusqu'en 1843, lorsqu'il soulignait la grandeur de Canova et de Thorwaldsen[13] — celui-ci étant un des rares membres honoraires (« de mérito ») de l'Académie lisbonnaise.

Mais Garrett écrivait ses éloges à Roquemont dans le *Jornal das Belas-Artes* qu'il dirigeait lui-même avec la collaboration de Fonseca et comptant sur les noms célèbres d'Herculano, Castilho, Mendes Leal et Rebello da Silva, hommes de lettres qui n'avaient rien à voir avec les arts plastiques — comme Garrett, d'ailleurs... Les intentions étaient pourtant bonnes et ce journal spécialisé correspondait à l'action que les expositions de l'Académie souhaitaient avoir auprès du grand public. Le phénomène de la presse, qu'il faudra lier au phénomène des expositions, trouvait maintenant une définition plus directe, par rapport aux arts visuels.

Les six numéros parus, les trois numéros qui paraîtront encore en 1848, dans une nouvelle tentative, plus modeste, n'ont pas apporté grand chose à la culture esthétique nationale qui ne pouvait pas encore compter sur une critique spécialisée. Un jeune homme, qui sera auteur dramatique, romancier et poète manqué, et fera carrière dans la politique, Andrade-Corvo, essaiera en vain de jouer un rôle dans ce domaine. Il fut le premier des critiques d'art portugais, en 1844, mais, ses éloges à Canova et à Overbeck, et ses réticences devant Géricault, ne le mèneront pas loin[14]. Il faut dire que l'actualité artistique nationale ne se prêtait pas beaucoup aux jeux de la critique ni ne pouvait les éclairer. C'est encore l'exposition de 1843 qui nous permet d'apprécier son état, six ans après la création des Académies. Outre le cas *Eneas* un homme comme Raczynski n'y voyait pas d'« éléments de progrès ». La critique objective qu'il fait à cette exposition, dans ses lettres portugaises[15] constitue un document précieux. Ses points de vue n'ont même pas besoin d'être corrigés dans la mesure où ils ne s'appliquent

---

12. Œuvres de V. M. KINSEY, G. VIVIAN, A. DAUZATS, A. P. D. G., R. BATTY. Voir J. A. FRANÇA, *Op. cit.*, I, 253.

13. GARRETT, *Frei Luis de Sousa*, mémoire au Conservatoire. Ed. *O.C.*, I, 770.

14. Voir J. A. FRANÇA, *Op. cit.*, I, 397.

15. RACZYNSKI, *Op. cit.*, pp. 93 et suiv.

pas à des productions qui puissent les dépasser esthétiquement. Devant ses yeux assez condescendants il n'y avait encore rien qui lui eût permis de prévoir l'avenir de cette génération qui surgissait.

L'année suivante, pourtant, des jeunes artistes paraîtront sur la scène nationale de façon assez polémique. Quelques uns des élèves de l'Académie ont pris alors une grave décision qui marquera leurs carrières et leur vie : pour protester contre l'attribution d'une bourse pour l'étranger à un fils de maître Fonseca, tout puissant à l'école et bon cabraliste, ils se sont mis en grève[16]. Mais derrière ce fait il y avait des raisons plus profondes suscitées par les défauts de l'enseignement. En effet, maître Fonseca, peintre d'Histoire, représentait une position « historique », car il ne songeait pas à s'occuper des événements nationaux auxquels il superposait une culture figée représentée par son Virgile. Cela ne pouvait pas ne pas être senti par les jeunes, mais d'une façon certainement confuse. Par manque d'information, ils ne pouvaient vraiment critiquer les méthodes et l'esthétique de leur professeur. Ils étaient sans doute plus marqués par un autre aspect de l'enseignement officiel : une peinture de paysage, écartée des contacts directs avec la nature, ne pouvait leur convenir désormais. Il est légitime de supposer que les tableaux de genre de Roquemont, tableaux directement informés, étudiés d'après nature, y ont joué un rôle important. Au moins nous savons qu'Anunciação a visité le peintre suisse pour lui demander des conseils, sinon des leçons. Le jeune peintre portugais avait alors vingt-cinq ans ; il venait de terminer ses études et il cherchait et se cherchait. Observateur de la nature, il n'avait rien appris dans les cours de l'Académie où on l'obligeait à copier des estampes, lui qui était plus jeune que Rousseau, Millet ou Courbet... Il paraît que Roquemont l'a reçu avec distance ; n'importe : cet artiste lui ouvrait le chemin qui fera de lui le premier peintre de paysage de son pays. Peintre timide, homme timide, il fut alors le « père tranquille » d'une révolution romantique qu'il réduisait à des proportions fort convenables — au point de ne pas s'engager trop avant dans le lyrisme de la nature, préférant le rôle de peintre animalier qui fera sa fortune. Avec Meneses, un an plus âgé que lui, il fut un des premiers « disciples infidèles » de maître Fonseca, comme dira plus tard un de ses compagnons[17]. Meneses, pourtant, ainsi que Metrass, de sept ans son cadet, ont défini autrement leur infidélité.

---

16. Voir J. A. França, *Op. cit.*, I, 257.
17. M. M. Bordalo Pinheiro, *in Artes e Letras* (Lisbonne, 1872) I, p. 34.

Cela n'est certes pas sans importance car on doit également marquer en 1844 le commencement des rapports suivis avec l'étranger dans
le domaine des Beaux-Arts portugais.

A l'origine de ce mouvement, nous trouvons encore une fois le
comte Raczynski qui, n'ayant pu faire donner une bourse à Anunciação qui était pauvre, a poussé les deux autres peintres, bourgeois
aisés, à aller chercher en Allemagne une leçon nouvelle. Meneses (qui
avait reçu des leçons de Dufourcq et s'était fâché avec Fonseca) et
Metrass sont donc partis en 1844 — non pas à Munich comme le voulait le comte, mais à Rome. Ils devaient pourtant fréquenter les ateliers de deux Allemands « nazaréens » qui s'y étaient installés, Overbeck et Cornelius. Plus romains que les Romains mêmes, ces deux
peintres célèbres essayaient de renouveler les bases spirituelles de la
peinture avec un symbolisme qui touchait au romantisme par plus
d'un côté et dont la « modernité » charmait Raczynski.

L'influence des « nazaréens » sur les deux peintres portugais fut
très courte et ils ont senti assez tôt qu'il y avait là une impasse littéraire. Meneses a encore nourri le rêve de rentrer pour décorer les
murs du château de la Pena avec des fresques inspirées ; Metrass a
encore essayé d'exposer ses compositions à Lisbonne, en 1847. Dans un
cas comme dans l'autre, le succès ne couronna pas leurs projets.
Meneses est resté en Italie, visita la Flandres, Londres et Paris jusqu'en 1850, se préparant à un genre pour lequel il se sentait attiré : le
portrait. Nous le trouverons plus tard, devenu vicomte, remplir le rôle
semi-officiel de portraitiste de la société des années bourgeoises 50
et 60. Metrass, reparti à Paris, rentrera lui aussi en 1850, mais il apportera de France de nouvelles formules picturales et de nouveaux thèmes
qui lui permettront d'être le peintre d'histoire de sa génération pendant la dizaine d'années qui lui restera à vivre. L'action de l'un et
de l'autre peintre appartient plutôt à une deuxième période du romantisme ; pendant les années 40 ils se contentaient encore, ainsi qu'Anunciação, d'une attitude commune : la rupture avec maître Fonseca et la
formule d'*Eneas*. C'est par là que le romantisme s'est révélé, réaction naturelle à la recherche d'une définition qui vingt ans après le
Salon parisien de 1824 ne saurait être qu'artificielle.

Anunciação s'est fait connaître dès les années 40, par ses petits
tableaux de paysages des alentours de Lisbonne que des vaches ou des
moutons animaient un peu. Il était passé de la copie des estampes à
la peinture d'après nature corrigée à l'atelier — mais son expérience
visuelle était toute empirique, sans information culturelle, car il est
resté à Lisbonne, alors que ses compagnons commençaient à voyager ;
il ne prendra pas contact avec Paris avant 1867. Cependant il sera assis-

tant à l'Académie en 1852, marquant ainsi l'accès de sa génération à l'enseignement.

C'est Ferdinand de Cobourg qui lança Anunciação, donnant l'exemple par l'achat de ses toiles. Le roi a été suivi — mais il ne faut pas se faire des illusions sur les possibilités de vie des peintres portugais durant cette période, alors que des gens s'indignaient de voir « appuyer les Beaux-Arts quand il n'y avait personne pour payer un tableau ou acheter une sculpture »[18].

Ferdinand de Cobourg était, comme nous l'avons vu, une sorte de mécène d'autrefois, mais il est vrai que le passage du « mécène » à l'« amateur », amorcé en France par la Révolution, n'a pas eu lieu au Portugal. D'ailleurs là où les mécènes étaient inconnus, il aurait été difficile de découvrir des amateurs... Le roi Cobourg était un cas unique au Portugal : il était à la fois mécène et amateur en une sorte de paradoxe que la chronologie seule pourra expliquer.

Raczynski, dans sa méticuleuse exploration des richesses artistiques du pays, se pencha également sur les collections, pour arriver à la triste conclusion que « hormis le duc de Palmela et le comte du Farrobo, personne au Portugal ne voulait dépenser un sou »[19] pour les Beaux-Arts. Il trouvait qu'à Porto le goût des arts était plus développé qu'à Lisbonne — mais les exemples qu'il présentait ne concernaient que des négociants anglais[20]. Peut-être, peut-on affirmer que, dans la mesure où il y eut une architecture du « Port Wine » il y existait aussi une aptitude à collectionner[21]. Si John Allen, aidé par Sequeira, fut le principal collectionneur de sa génération, jusqu'en 1849, l'année de sa mort, c'est encore dans le domaine du commerce du vin de Porto qu'on trouve le meilleur collectionneur portugais, le Ferreirinha, « janota » au faste romantique qui donna son nom à une marque célèbre de vin qu'il produisait en abondance.

Ce fut également à Porto qu'en 1833, aux heures incertaines de la guerre civile, Dom Pedro a créé le premier musée de peinture du Portugal pour y conserver les toiles qui venaient des couvents du nord du pays, pas encore supprimés, mais abandonnés par crainte des représailles des forces libérales. L'idée en revint à J.-B. Ribeiro, peintre médiocre qui manifesta pourtant une conscience remarquable de la

---

18. Voir *O Correio*, Lisbonne, le 14 décembre 1836.
19. RACZYNSKI, *Op. cit.*, p. 260.
20. Id., Ibid., p. 390.
21. Voir J. A. FRANÇA, *Op. cit.*, I. 414.

fonction sociale de l'art. Son rapport à Dom Pedro nous laisse entre-voir comment les libéraux (ou même un migueliste converti, comme lui...) envisageaient l'action d'un musée. « La Nation viendra au musée pour déclarer son goût pour les Beaux-Arts, caractérisant ainsi l'épo-que actuelle », écrivait-il. Et il ajoutait que « les œuvres d'art déve-lopperont jusque dans les dernières classes du peuple le goût du beau, l'amour et le sentiment des arts »[22]. C'était un point de vue un peu trop optimiste — mais le programme idéologique y était. Musées et expositions s'accordaient dans une fonction complémentaire auprès du public — ou du peuple.

Un autre musée fut fondé à Lisbonne en 1836, intégré à l'Aca-démie ; il fera l'objet permanent de commissions qui se succèderont sans parvenir à des résultats convenables. Au moment de la suppres-sion des ordres religieux, on a partagé les œuvres d'art des couvents du nord et du sud du pays qui devaient être déposées soit au musée de Porto soit à l'Académie de Lisbonne. Beaucoup de toiles ont été abî-mées au cours de transports difficiles et mal préparés, beaucoup de pièces ont été ignorées, égarées — ou volées. Celles qu'on a pu garder ne connurent pas toujours le destin prévu : conservées dans de très mauvaises conditions, elles se détérioreront et un jour viendra où il faudra brûler plus de huit cents kilos de toiles irrécupérables...

C'était le chaos, affirmait un rapport en 1844[23]. Il faudra attendre encore un quart de siècle pour que les choses se normalisent, avec la création d'une Galerie Nationale de l'Art garantie par un minimum de conditions techniques.

Encore une fois, les idées, issues d'une idéologie où la civilisation était le mot clé (« on s'avançait sur la voie des nations civilisées » affirmait J.-B. Ribeiro en 1833), ont été trahies par la réalité — ou par les possibilités du pays et de sa nouvelle élite. Des bonnes volontés isolées ne pouvaient pas grand chose contre des difficultés souvent insurmontables. Ici aussi Garrett a joué un rôle, tout comme Fonseca, et on leur doit des interventions utiles pour la sauvegarde des tableaux. Mais l'inconscience de la grande majorité et l'indifférence des minis-tres ne permettront pas de créer des musées qui puissent vraiment assumer une fonction dans la nouvelle vie portugaise, lancée sur le chemin de la démocratie ou de l'égalité libérale.

---

22. J. Batista RIBEIRO, *Exposição Historica da Criação do Museu Portuense* (Porto, 1836).
23. Rapport de J. Feliciano de CASTILHO du 26 mars 1844 *in Documentos IV* (Lis-bonne, Academia N. de Belas Artes, 1938).

D'autre part, il ne faut pas oublier que parmi les tableaux existant dans les quelque cinq cents couvents de province ou de Lisbonne
il n'y avait que de rares chefs d'œuvre ; et ces collections ne
comportaient presque pas de compositions laïques. Des tableaux
religieux, presque toujours des copies de copies, surtout à partir
du XVIe siècle, s'entassaient donc dans les salles et les couloirs
des couvents franciscains de Lisbonne et de Porto, devenus musées.
C'était un héritage assez lourd et assez paradoxal, qu'il fallait digérer.
Il ne serait pas abusif de voir dans cette situation l'image réduite de la
situation générale du pays après la guerre civile.

CHAPITRE XIII

PORTRAIT DU ROMANCIER EN JEUNE FOU

Les hommes des années 40, nous l'avons vu, étaient avides de connaître. Le journal leur fournissait un instrument qui, bien que n'étant pas nouveau, trouvait une fonction nouvelle ; et dans le journal, où l'information perçait à peine, le feuilleton mettait en évidence des types, des scènes, des faits divers. C'était déjà la vie quotidienne avec toute sa diversité vue à travers des tempéraments. Il fallait pourtant que ces types, ces scènes et ces faits s'enchaînent dans une action factice, ordonnés par les puissances de l'imagination ; il fallait, en somme, un miroir où la société puisse se retrouver — le roman.

Après le roman historique, les romantiques se devaient de créer le roman contemporain. Au fur et à mesure qu'ils se sentaient installés dans la réalité historique de la nation, ils pouvaient risquer des démarches dans ce sens. Ils commençaient alors à accumuler des réflexions sur leurs propres conditions d'existence. Une attitude critique apparaissait également qui ne pouvait plus se contenter des positions idéologiques sinon allégoriques assumées par le roman historique. La réalité du moment s'offrait à leurs yeux, il fallait la saisir. Consommateurs de mille titres étrangers, ils devaient devenir producteurs. De toute façon le marché était relativement vaste car les romans étaient devenus « la lecture presque exclusive du public portugais » — si l'on en croit le témoignage d'un feuilletonniste et apprenti-romancier, en 1849[1].

Garrett, publiant en 1843 le début de ses *Viagens na Minha Terra*, et Herculano, faisant paraître la même année les premiers chapitres de son *Paroco da Aldeia*, touchaient déjà à ce besoin nouveau : l'un découvrait son pays, l'autre son enfance, tous les deux à travers des expériences personnelles.

---

1. A. P. LOPES de MENDONÇA, *Memorias dum Doido* (Lisbonne, 1849), p. 30 (3e ed.).

D'ailleurs, si Herculano poussait, depuis 1842, les jeunes dramaturges à s'occuper devantage des thèmes d'actualité, Garrett se demandait en 1833 s'il n'y avait pas de poésie ou de roman hors des sujets des vieilles chroniques[2].

En 1843 encore, Mendes Leal se lançait dans l'aventure du roman d'actualité avec *Flor do Mar*, piètre texte paru dans les colonnes de la *Revista Universal*, qui vaut surtout par les considérations esthétiques qui le précèdent[3]. Mais c'est un feuilletonniste et futur critique littéraire, A.-P. Lopes de Mendonça, qui a vraiment osé aborder pour la première fois les problèmes de l'imaginaire quotidien dans *Memorias dum Doido*, roman publié dans la même revue en 1849 seulement[4]. Six ans plus tôt, à l'âge de 17 ans, il avait publié un volume au titre balzacien, *Cenas da Vida Contemporanea*, recueil de textes passablement naïfs, descriptions de types sociaux et nouvelles. *Memorias dum Doido* reprenait la suggestion balzacienne, commençant par une évocation du maître du *Père Goriot* — titre que l'auteur ne citera que dans la réédition de son roman, en 1859. Juste avant, dans une nouvelle parue dans la même *Revista Universal, O Ultimo Amor*, Lopes Mendonça, s'attaquant déjà à « ce siècle égoïste et corrompu par la soif de jouissances matérielles », évoquait plutôt Dumas[5].

Le chemin de l'analyse des mœurs (qu'un autre feuilletonniste, J.-C. Machado, poursuivra dès le commencement des années 50) était sans doute difficile à explorer. Mendes Leal et Lopes de Mendonça nous expliquent pourquoi — le premier par sa propre naïveté, le second par la lucidité de ses observations. Mendes Leal, considérant le terrain du roman d'actualité (« enfant chéri de l'art et de la civilisation », « forme inséparable de la nouvelle littérature ») encore vierge, se propose de « sonder jusqu'au fond le gouffre illusoire de l'actua-

2. GARRETT, *As Duas Irmãs*, préface, inachevée. Voir Celia M. C. PAIVA MONTEIRO « Viajando com Garrett pelo Vale de Santarem » *in Actas de V. Coloquio Inter. nacional de Estudos Luso-Brasileiros, Coimbra* 1963 (Coimbre 1966), V, 177.

3. MENDES LEAL, *Flor do Mar, in Revista Universal Lisbonense*, à partir du 27 mai 1843, p. 397. Il publiera dans la même revue *Um Sonho na Vida* (1844) et *A Estatua de Nabuco* (inachevé, 1846).

4. Le roman est paru en feuilletons du 18 octobre 1849 au 15 août 1850 (et non en 1846 comme l'écrivent couramment les historiens de la littérature). Il est paru en volume, édité par la revue, daté de 1849 et a eu une deuxième édition profondément remaniée en 1859.

5. *O Ultimo Amor* est paru du 20 août 1849 au 4 octobre 1849. LOPES de MENDONÇA publia *in Eco dos Operarios*, nᵒˢ 2 à 6 (Lisbonne, 1850), la nouvelle *As Distrações dum Ceptico — A Tisica Moral*.

lité » — mais non dans le grand monde corrompu. Il préfère s'occuper d'un sujet populaire, « humble et honnête, conformément à la morale publique ». Car, pour lui, le roman se doit d'éduquer et d'enseigner — et « c'est le peuple qui a besoin d'éducation et d'enseignement »[6].

Lopes de Mendonça nous parle un langage autrement significatif : « Si Dieu avait accordé (aux Portugais) un Balzac, il leur aurait peut-être rendu un service inutile ; (...) au Portugal le célèbre romancier n'aurait probablement pas dépassé le stade d'un pamphlétaire osé, un de ces talents sans avenir qui dépensent inutilement les dons de leur intelligence dans la vie de la société » — car, « dans un pays qui demeure presque immobile au milieu de ses révolutions (...), l'imagination ne saurait se libérer des influences qui l'écrasent et prendre un vol risqué ». Au Portugal, affirme encore Mendonça, « l'imagination se consacre plutôt à l'analyse des sentiments qu'à l'étude des caractères et de la vie sociale ». D'ailleurs, dans un pays aussi petit, où tout le monde se connaît, il serait difficile de bâtir une intrigue qui ne fût pas tout de suite lue et déchiffrée à travers une grille d'allusions[7].

Voilà le portrait précis et lucide d'une petite société provinciale, prise à un stade passionnel de son développement, après le grand bouleversement de 1832-1834 qui l'avait comme épuisée. Pas de chance pour les Balzac, pas de place pour l'étude de la vie sociale... Mais le jeune romancier lui-même avoue son désarroi sinon son impuissance lorsqu'il voit « les types se confondre avec les individualités », dans la société portugaise. Le moine et le « baron » de Garrett, le « janota » et la « jeune fille » cachaient sans doute aux yeux des romanciers les hommes et les femmes réels qu'ils étaient censés représenter — mais cela n'était que l'effet d'une déformation de feuilletonniste. Lopes de Mendonça n'était peut-être pas encore capable de voir autrement ses personnages ; dans dix ans, pourtant, un Camilo Castelo Branco le fera, et après lui la nouvelle génération réaliste. C'était, bien sûr, une affaire de talent personnel mais aussi de possibilité de maturité sociale — et dans les années 40 « la société portugaise (Mendonça le voyait fort justement) ne favorisait pas, par sa situation », l'existence de ce genre littéraire assez récent, le « roman contemporain ou d'actualité ».

On comprend alors fort bien que le nom de Balzac ait eu du mal à s'imposer ; si en 1850, la *Revista Universal* traduira sans tarder un

---

6. MENDES LEAL, « Sobre o Romance », *in Revista Universal Lisbonense* du 20 avril 1843, p. 385.
7. Voir Note n° 1.

long article paru dans un hebdomadaire de Paris sur l'écrivain qui venait de mourir[8], Lopes de Mendonça lui-même, cinq ans plus tard, s'interrogera sur le bien fondé de son école (« école fausse à force de vouloir reproduire la vérité, calomniant la nature humaine à force de tenter d'expliquer minutieusement ses arcanes »)[9], avant de faire de nouveau confiance au maître dans la deuxième édition de son roman. De toute façon, l'heure de Balzac ne pouvait pas encore sonner au Portugal, malgré quelques allusions éparses — et les hésitations de Mendonça traduisent clairement le décalage entre deux systèmes ou deux schémas mentaux.

Un inventaire de la production romanesque de cette période nous mettrait en présence d'œuvres assez insolites — comme un curieux roman picaresque inachevé de Teixeira de Vasconcelos (que nous retrouverons beaucoup plus tard), *Roberto Valença* (1846), ou un roman d'inspiration maritime, placé sous l'enseigne de Cooper, *Eugenio*, de F. Maria Bordalo (publié au Brésil en 1846)[10], ou un roman dévot, œuvre archaïque fort prisée, *A Virgem da Polonia*, publiée en 1847 par un magistrat migueliste en retraite[11]. Mais ce sont, somme toute, des ouvrages atypiques.

A côté de la ligne timidement définie par *Memorias dum Doido*, il ne saurait y avoir qu'un chemin marqué par la patte d'Eugène Sue dont *Les Mystères de Paris* ont été traduits l'année même de leur parution (1843)[12]. Or, comme le disait un an plus tard un « dandy » très connu dans les salons et au Parlement, A. da Cunha Sotto-Mayor, « Lisbonne, comme Paris, comme Londres, comme tout le monde civilisé, est un abîme d'infâmies et de turpitudes, d'où surgit, semblable au rugissement de la panthère affamée, le cri triste et lugubre de la

---

8. *In Revista Universal Lisbonense* du 19 septembre 1850, traduction d'un article paru in *La Semaine* (Paris, le 1er septembre 1850).

9. A. P. Lopes de Mendonça *in A Revolução de Setembro*, du 17 juillet 1855.

10. Réédité au Portugal en 1854. Francisco Maria Bordalo (1821-1861), officier de marine, a publié encore : *Rei ou Impostor* (1847), *Quadros Maritimos* (in *O Panorama*, 1854), *Um Passeio de 7 000 Léguas* (1854), *Viagem à Roda de Lisboa* (1855), *Romances Maritimos* (1880).

11. J. J. Rodrigues de Bastos. Le roman fut réédité en 1849 et en 1859.

12. Il faut remarquer ici la traduction des *Mémoires* de Marie Capella, veuve Laffarge (Paris, 1841), parue à Lisbonne en 1845. Cette affaire judiciaire qui passionna les Français a donc trouvé un écho au Portugal. La traduction était due à deux frères de Castilho (José et Alexandre) qui se cachaient sous le pseudonyme de Tizio e Sempronio. Une deuxième édition paraîtra en 1873, avec une préface d'Amorim Viana.

pauvreté et de la misère, étouffé par le brouhaha dévergondé des foules ignorantes »[13]. Bref, Lisbonne aussi avait ses mystères — et dès 1844 *Frei Paulo ou os Doze Mysterios de Lisboa* satisfaisait les besoins récents d'un roman populiste aux intentions sociales. C'était une nouveauté et on l'a abondamment vendu ; vingt ans plus tard, un feuilletonniste le considèrera comme « une révolution au sein du romantisme »[14]. On n'en restait pas moins au niveau d'une médiocrité sentimentale qu'un vague socialisme utopique animait à peine, dans le cadre d'une conscience sociale que Sue lui-même n'avait assumée qu'involontairement.

Sotto-Mayor collaborera encore à une curieuse entreprise littéraire imaginée par D. João de Azevedo, écrivain assez fantaisiste (et fort mauvaise tête) qui voulait publier une « Trigonie Romantique », trois romans écrits par trois auteurs différents[15]. La philosophie (tendant au scepticisme), la politique (tendant à la misanthropie) constituent les thèmes traités ; un troisième thème devait couronner cette trilogie de la connaissance, ou de la « gnose » — celui de la croyance. Azevedo était migueliste et, outre Sotto-Mayor, il aurait dû avoir comme collaborateur son coreligionnaire, Pereira du Cunha, le « troubadour » et bâtisseur de châteaux néo-médiévaux que nous connaissons. Le résultat partiel de cette opération ne dépasse pas, sauf peut-être par le langage plus châtié, les quelconques « Mystères de Lisbonne ». L'auteur lui-même se considérait surtout redevable au Balzac de la première phase marquée par le pseudonyme de Saint-

13. Antonio da CUNHA SOTTO-MAYOR, *Frei Paulo ou os* 12 *Misterios de Lisboa* (Lisbonne, 1844), p. 4. Le roman fut continué par Aires PINTO de SOUSA MENDONÇA e MENESES, à partir de la page 32. (Œuvre incomplète : un seul tome publié). A.C. SOTTO-MAYOR avait publié dans *Revista Universal Lisbonense* une nouvelle, *Nem Anjo nem Demonio* (à partir du 3 août 1843). En 1851 Alfredo P. HOGAN publia *Misterios de Lisboa* (4 tomes) et à partir du 2 mars 1854 Camilo CASTELO BRANCO publia in *O Nacional* (Porto), *Os Misterios de Lisboa. Os Verdadeiros Misterios de Lisboa*, d'auteur inconnu, parurent vers 1850.

14. J. C. MACHADO, *in A Revolução de Setembro* du 11 décembre 1862.

15. D. João de AZEVEDO SA COUTINHO (1815-1854) : *O Ceptico* (1849), *O Misantropo* (2 tomes, 1851 et 1852) ; il n'a jamais publié le troisième tome : *O Crente*. Les deux ouvrages, d'abord parus en feuilletons in *O Nacional* (Porto), furent publiés sans nom d'auteur. A.C. SOTTO-MAYOR (*O Misantropo*) et Antonio PEREIRA da CUNHA (*O Crente*) auraient dû être les collaborateurs d'AZEVEDO : voir préface à *O Misantropo*, vol. I, p. 1. D. João d'AZEVEDO fut probablement l'auteur de *Quadro Politico-Historico e Biografico do Parlamento de 1842...* (1842).

Aubin : il vivait « de souvenirs et de rêves plutôt que de l'attirance de la réalité »[16].

Entre les deux courants, celui qui, de façon positive ou négative, se réclamait du Balzac de la « Comédie » et celui qui s'inspirait de l'exemple de Sue (ou de Saint-Aubin), il y avait de grandes confusions ; on pouvait même les enchaîner dans une seule accusation d'« immoralité française ». C'est Herculano l'accusateur, en 1851.

« Balzac, Sue, Sand, Dumas, Scribe, Alincourt et Cie — usine parisienne de nouvelles, drames, voyages, comédies, romans, feuilletons, physiologies morales et immorales ; ou, dans une autre combinaison : « les Arlincourt, les Kock, les Balzac, les Sue, les Dickens » ; ou encore, dans une troisième liste, plus serrée (et plus significative), « les Balzac et les Kock »[17] — subissaient les foudres de l'historien qui n'arrivait pas à distinguer les espèces et encore moins les qualités[18], dans le cadre de son patriotisme exacerbé et de son moralisme sans reproche. Il ne voyait dans le roman contemporain qu'une force de corruption de la jeunesse et des femmes.

Herculano n'avait pas totalement tort dans ces diatribes ; il suffisait d'observer le raz de marée des traductions médiocres qui envahissaient le marché — les boudoirs surtout. Car les femmes, « les gentilles lectrices » du romantisme, constituaient la majorité du public des romans d'amour. Le libéralisme leur avait ouvert les portes de la rue, le romantisme ouvrait les portes de leur âme...

Et de leurs corps aussi ; c'est là que les attaques d'Herculano visaient juste. Une subtile immoralité s'insinuait dans les mœurs lisbonnaises à travers cette littérature nouvelle. Des pages du « journal d'une dame qui venait de se marier » publiées dans un magazine féminin de littérature et de mode nous permet de mesurer le chemin très rapidement parcouru. Il s'agit d'une nouvelle fort banale, médiocre au point de vue littéraire, mais nous pouvons imaginer la surprise et le frisson qu'elle provoqua dans l'esprit de ses lectrices de 1836. Délaissée par son mari qui lui préférait les plaisirs de la chasse, une jeune mariée nous raconte comment elle a connu son cousin Adolphe ; bien-

---

16. *O Misantropo*, I, p. VIII.

17. Herculano, *Da Propriedade Literaria...* (1851), in *Opusculos* II, p. 108,78 et 83.

18. Remarquons que déjà en 1847 J. Carlos Massa (auteur sur lequel on ne trouve aucune information) avait mélangé les mêmes auteurs (Sue, Dumas, Soulié, W. Scott, V. Hugo, Chateaubriand, Vigny, Cooper, G. Sand, Balzac et Féval) les considérant alors comme de « vaillants athlètes dans l'arène de la civilisation » (*in Revista Universal Lisbonense*, 1847, VI, 440).

tôt elle ne souffrira plus de sa solitude... Son commentaire final en
dit long sur les nouveaux rapports matrimoniaux : « Enfin je commence à m'habituer à la vie de femme mariée »[19]...

Les lectrices de ce texte s'initiaient aux plaisirs clandestins du
« triangle » avec une naturalité amorale, voire une sorte de cynisme !

Les attaques d'Herculano montrent à quel point était difficile la
situation du roman d'analyse qui osait aller contre le courant que
l'historien avait instauré. Le roman historique prenait sa signification
nationaliste au niveau des thèmes comme une antidote contre ses origines anglaises ; le roman contemporain, trop timide en face de la
réalité nationale, restait sans défense contre la culture française d'où
il était issu et qui le guettait toujours.

Memorias dum Doido, selon un critique contemporain, « accusait
la lecture exagérée de romans français » ; il n'y avait pas dans son
intrigue un seul type portugais[20]. Si l'on parle de types ou d'archétypes
littéraires, le critique avait certainement raison. On savait pourtant
que le héros romantique était défini d'après un certain nombre de
caractères somatiques. Il devait avoir « la physionomie de Werther, la
pâleur de Hamlet, le regard d'Antony, la fatalité de Manfred », si l'on
en croit Mendes Leal qui déposera son modèle à la fin des années 40[21].

Mauricio, le héros de Lopes de Mendonça, le « fou » qui va nous
laisser ses mémoires, n'a certes pas le caractère fatal de Manfred, mais
il cite assez souvent Byron ; d'Hamlet il possède certainement la
pâleur et il se réclame de Shakespeare ; de Werther il adopte l'idée du
suicide dont il emprunte la méthode à un passage d'Antony — lorsqu'il se jette devant les chevaux emportés qui emmènent la femme
qu'il aime et qui vient de se marier avec un autre...

Mais chez lui on décèle surtout l'ombre d'un héros qui vient tout
droit d'un roman de Balzac : Rastignac. Car *Memorias dum Doido* est
le roman de l'ambition sociale. Seulement la Lisbonne de Costa-Cabral
n'est pas le Paris de la Monarchie de Juillet et dans une société « léthar-
gique » (Mendonça insiste sur le mot)[22] l'ambition ne mène pas loin...
« A nous deux maintenant ! » n'aurait certainement pas de sens à

19. « Jornal duma Senhora Recem-casada », *in O Correio das Damas ;* N° 2, le
    8 janvier 1836.

20. *In O Português* (reprod. in J. C. MACHADO, *A Vida em Lisboa* - Lisbonne, 1858,
    II, p. 201).

21. MENDES LEAL, *Pedro* (Lisbonne 1857, rédigé vers 1849), p. 7.

22. LOPES de Mendonça, *Memorias dum Doido,* pp. 37 et 95 (3e ed.).

Lisbonne. Mauricio brûle d'impatience mais il n'est pas un froid arriviste comme Rastignac : sa vicomtesse, femme de 30 ans, ne sera pas pour lui un tremplin car si, conquis par ses beaux yeux, il abandonne son propre parti politique, il ne se dégrade pas jusqu'à servir le gouvernement. Il préfère rompre : c'est un « fou ». Il est doublement « fou », d'ailleurs. Ecoutons l'auteur, tout en remarquant que l'envol de son lyrisme vengeur ne passera pas dans la deuxième édition du roman : « — Fous ! Fous en vérité, parce qu'ils ont voulu se dresser à partir de rien et dominer cette société où la corruption est un élément de pouvoir et la médiocrité une garantie d'obéissance ! Fous parce qu'ils n'ont pas su prendre la vie comme elle est et accepter de se soumettre à la force triomphante de la matière ! »[23].

L'ambition du héros de Mendonça n'a pas de mesure, elle n'est pas réelle et encore moins « pratique » : c'est ce qui distingue son univers de celui des héros balzaciens. Mauricio voulait en même temps « étonner la société »[24] et « redresser un peuple déchu », voire « régénérer une société »[25] qui deviendrait différente de celle qu'il haïssait. Mais que pouvait-il faire ? Il sentait sa propre impuissance[26] au milieu du cercle vicieux dans lequel il était entraîné. Le monde n'applaudit que celui qui réussit[27] ; avec « ses caprices frénétiques, ses accès fous de sensibilité »[28], il n'était certainement pas doué pour « respirer dans une atmosphère d'abomination et de mensonge »[29]. Il y avait donc deux issues logiques à la situation de Mauricio : le scepticisme de son confident, ou la mort. Il choisit le drame ; mais l'auteur déclare que ce n'est pas de sa faute et il échappe à une situation un peu trop autobiographique par une pirouette.

Memorias dum Doido mérite que nous nous attardions encore à sa lecture. Il raconte une histoire qu'il renie ; l'engagement lyrique de certaines pages est à tout moment contrarié par l'analyse impitoyable des possibilités de ce même lyrisme. L'action amorcée ne se développe pas, faute de programme ou faute de substance à programmer. De ses trois amours, commandées par la chair, l'ambition (ou le snobisme :

---

23. Id., Ibid., 9 (1re édition).
24. Id.,Ibid., 59 (3e ed.).
25. Id., Ibid., 71.
26. Id., Ibid., 105.
27. Id., Ibid., 109.
28. Id., Ibid., 57.   .
29. Id., Ibid., 227.

c'est un « amour de tête », comme l'auteur reconnaît)[30] et l'idéal, Mauricio ne tire qu'une expérience psychologique. Il est, en somme, « un héros en perspective »[31], comme le dit l'auteur lui-même par la bouche d'un de ses amis qu'il imagine dans la position de censeur du roman. Il veut dire par là que Mauricio n'est pas un héros complet, parfait, fini — et qu'il s'accorde ainsi aux « exigences du siècle ». Il faut pourtant souligner que Mendonça n'atteint à cette conscience des limites de son héros qu'en 1859, lorsqu'il récrit son roman. Il bénéficie alors d'une expérience littéraire qui, née avec son propre ouvrage, s'était développée au cours des années 50.

Héros manqué, par la frustation sociale de ses désirs, mais aussi et surtout par l'absence de cohérence interne de sa personnalité ou par son refus lyrique de s'accomplir, Mauricio se présente comme le vrai héros du premier romantisme portugais. Plus que Carlos, de Garrett, qui enrichit son expérience avec une ambiguïté sentimentale inédite, Mauricio se partage conformément à un programme « ouvert » qu'il ne serait pas capable de formuler. Le paradoxe douloureux de Carlos résidait dans son ambiguïté, celui de Mauricio dans son absurdité. D'ailleurs deux époques séparent nettement les expériences de ces deux héros : tandis que Carlos, né vers 1810, se bat dans la guerre civile, Mauricio voit tomber dans cette même guerre son père, et ses expériences d'homme se réalisent déjà vers le commencement des années cabralistes. Il est un « fou » car il veut l'impossible Carlos n'en est pas un, bien au contraire, et Garrett nous informe ironiquement sur son avenir flatteur.

En vérité, Mauricio (qui à l'âge des « troubadours » et des dramaturges de 1840) appartient à une génération pâle et nerveuse que le Portugal lui aussi a dû connaître — et nous l'entendrons parler d'un « vide dans l'âme » et d'un « spleen profond de la vie »[32] qui sont bel et bien significatifs. A ce titre, *Memorias dum Doido* sont bien des mémoires sinon des « Confessions d'un enfant du siècle » possibles à un jeune romancier portugais qui écrivait quelque quatorze ans après Musset et sans Georges Sand à côté de lui[33]...

---

30. Id., Ibid., 159.

31. Id., Ibid., 231.

32. Id., Ibid., 124 et 180.

33. Il convient de remarquer que les *Mémoires d'un Fou* de FLAUBERT, écrites en 1838 ne furent publiées qu'en 1900.

Feuilletonniste apprécié, Lopes de Mendonça n'est pas moins pris dans le mouvement dramatique qu'il met en branle et, s'il commence son ouvrage par un chapitre descriptif où l'action s'introduit mal, s'il hésite encore dans le deuxième chapitre très « mystères de Lisbonne », s'il imagine pour le chapitre suivant un décor de mansarde qui sent le lieu-commun, il en arrive tout de suite après à entrer dans un tourbillon où ambition et tentation, doute et désillusion se succèdent. C'est pourtant dans des chapitres composés par des lettres à son confident, ou des pages de journal (des « pages intimes », titre d'ailleurs éliminé dans la deuxième édition) que Mendonça est plus à l'aise. Le chapitre de la mort du héros a une allure théâtrale trop nettement marquée[34] — mais le dernier chapitre reprend, avec humour, un ton de feuilleton : des amis du romancier discutent son ouvrage quelque part (chez Marrare, par exemple) et leurs propos désabusés de journalistes se terminent sur un air de Rossini. Ce soir ils se rendront tous, comme d'habitude, à l'Opéra...

La composition du roman est donc fort incertaine : le genre faisait ses premiers pas et il les faisait comme à contre-cœur, en ayant conscience d'une sorte de « handicap ». Comment le présent, critiqué dans les feuilletons, pouvait-il faire l'objet d'une étude sérieuse ? Lopes de Mendonça choisissait la voie de la polémique sociale, s'engageant dans des attaques féroces que son idéalisme anti-bourgeois justifiait. Septembriste militant avant de plonger dans la lutte socialiste, vers 1850, Mendonça brossait le tableau de la société cabraliste — avec ses vils jeux politiques, ses intérêts et ses « barons » dont il présentait d'ailleurs un portrait-robot extrêmement suggestif[35]. Balzacien, il est attiré par la « physiologie » du cœur, dont il parle lui-même avec timidité[36], à la suite de Garrett et avant qu'Herculano ne se dresse contre une telle science appliquée aux choses morales et immorales. De toute façon, il tenait déjà à la « vérification » des faits lorsque, tout jeune critique, nous l'avons vu s'occuper de poésie.

Il serait curieux d'approcher *Memorias dum Doido* par le biais d'une critique statistique. Les limites de notre recherche ne l'admettant pas, nous ne pouvons que souligner un système de mots qui à la fois traduisent et provoquent un système cohérent d'idées et de sentiments.

---

34. LOPES de MENDONÇA est l'auteur d'une pièce historique *Afronta por Afronta* et de proverbes.

35. LOPES de MENDONÇA, *Memorias dum Doido*, p. 165 (3e ed.).

36. Id., Ibid., 76.

L' « horreur », la « passion », les « larmes », la « pâleur », la « douleur »,
le « vice » et la « vertu », la « mort », les « tombeaux », les « cimetières » surgissent à chaque page selon un rythme dont il faudrait
découvrir les lois empiriques, comme expressions de l'âme et lieux
d'élection.

Cet inventaire recoupe naturellement celui que nous aurions pu
faire dans le domaine de la poésie lyrique : au fond, les deux genres
ne sont pas encore totalement séparés. Mendonça, qui, du moins à la
connaissance des historiens, n'a pas laissé de vers, n'était pas sans se
rendre compte de cette tendance de littérateurs nationaux qui les faisait volontiers glisser du roman vers la ballade. A la vie intérieure du
texte, marquée par les pulsations de son vocabulaire, correspondent
des citations et des allusions littéraires, où les lieux poétiques deviennent plus clairs.

Le premier auteur cité par Lopes de Mendonça est Balzac — dont
le *Père Goriot* sera rappelé en 1859, avec une intention certaine, mais
Byron, Goethe et Hugo sont plus souvent cités, et Shakespeare, dont
l'*Othello* fournit le thème d'un chapitre sur la jalousie de Mauricio.
Plus que le drame, pourtant, c'est l'opéra de Rossini qui est en cause
— et Rossini, souvent mentionné, est plus grand que Shakespeare car
« il est né dans la patrie de Miguel-Ange, de Dante et de Leopardi »[37]...
L'opéra italien de Rossini et de Bellini joue un rôle important dans
le roman : il fait partie de la culture et des habitudes de ses héros et
on peut même s'étonner d'y voir paraître le nom de Beethoven, « l'imagination la plus puissante parue depuis des siècles »[38]. Sue, lui, n'est
pas très apprécié par Mendonça, Arlincourt, pas du tout, Dumas à
peine, et surtout à cause d'*Antony* dont il profite — en affectant de
s'en moquer[39]. Sur Musset et Lamartine, on connaît mal les réactions
de Mauricio qui ne cite le premier que dans l'édition de 1859 et qui ne
fait que chercher dans *Jocelyn* un état d'âme comparable au sien.
Nodier et Hoffman surgissent à peine, d'une façon assez légère ;
l'*Adolphe* de Constant, de son côté, disparaît curieusement entre la
première et la deuxième édition du roman — référence trop marginale
dans le système défini.

---

37. Id., Ibid., 194. Ce parallèle et ce commentaire ne paraissent que dans la deuxième édition (1859), bien qu'il n'ait pas eu altération de sens.

38. Id., Ibid., 232.

39. Id., Ibid., chap. XIII (1re édition) et XII (2e ed.). Il faut remarquer que le ton
moqueur de la 1re ed. disparaît dans le texte de la 2e ed.

Un système doublement défini, plutôt. En effet, il y a deux *Memo-rias dum Doido* — le roman de 1849 et celui de 1859. Même si l'histoire ne change pas, si elle ne fait que se perfectionner entre les deux éditions, elle est vécue par rapport à deux présents différents. La critique sociale qui s'y trouve développée a donc deux cibles successives : le monde cabraliste et le monde fontiste — et elle passe de l'un à l'autre à travers une évolution formelle, sans altérer ses propres structures. Cela n'est certainement pas dépourvu de signification : la « permanence » de *Memorias dum Doido* est une donnée importante pour la connaissance de la réalité portugaise entre la fin des années 40 et la fin de la décennie suivante.

De son côté, le réseau de significations culturelles que nous avons analysé traduit la situation structurale possible du roman contemporain, au milieu du siècle, dans un pays en crise. Et on voit facilement que la « folie » du héros de ce premier roman national a sa place dans l'aliénation générale. On le disait « fou » parce qu'il refusait de participer à l'ordre moral établi ; ce n'était qu'un paradoxe de feuilletonniste de Lopes de Mendonça qui fournissait beaucoup de ses traits personnels à Mauricio. Le romancier posait donc au jeune fou. La société qu'il mettait en accusation, sinon le Romantisme lui-même, pourront se sentir rudement vengés lorsqu'il sombrera lui-même dans la folie, en 1860.

TROISIEME PARTIE

LES ANNÉES DE SAGESSE
(1850-1865)

Les privilèges de la civilisation ne peuvent entrer dans la vie sociale de la plus
grande partie des habitants de cette place
de commerce. Une seule idée remplit toutes
ces têtes : l'argent ! Une seule cible est
visée par tout le monde : l'argent !

CAMILO (1855)

Ma condition officielle m'impose le devoir
d'avoir stupidement confiance en l'avenir ;
la réflexion me porte (...) à ne pas
y croire.

PIERRE V (1861)

CHAPITRE PREMIER

PIERRE V ET FONTES,
OU LES CHEMINS DE LA MODERNITÉ

Le retour de Costa-Cabral au pouvoir, en 1849, après l'intervention des armées espagnoles et anglaises qui, appelées par Dona Maria II, étaient venues écraser la révolte populaire, ne pouvait pas ne pas contrarier la réalité historique nationale. La situation dans laquelle la reine réinstallait son favori était irréelle : le jeu politique du dictateur et de la couronne n'avait plus de sens. L'Ordre était devenu le désordre, et la banque des « barons » se voyait obligée de chercher ailleurs, hors de la portée de Costa-Cabral. Celui-ci s'accrochait au pouvoir ; il prétendait en vain défier son destin — qui était bien le destin de sa propre génération romantique. Il voulait bénéficier de la réaction anti-48, comme si 48 n'avait même pas existé... La presse était muselée par une loi de 1850, la police, dirigée par le marquis de Fronteira, devenait de plus en plus puissante — mais rien ne pouvait sauver le ministre. Il était l'homme du passé moins par son système que par sa méthode. Un Guizot aurait pu avoir encore un rôle à jouer au Portugal — mais pas à la manière primaire et somme toute naïve de ce parvenu avide.

La situation exigeait une pensée politique plus fine, sinon plus fondée philosophiquement. Après quinze ans de liberté officielle, contrariée, trompée, rongée, besoin était encore de lui donner un corps doctrinaire et pratique, voire un statut au sein d'une société qui n'avait connu que des valeurs empiriques.

La crise éclata, sous la forme d'un soulèvement militaire organisé par un des vieux maréchaux de Dom Pedro, le duc de Saldanha que nous connaissons déjà. Les Septembristes de « Maria da Fonte » l'ont appuyé, le prince-consort lui-même n'était pas étranger à ce mouvement qui, mettant un moment la couronne en danger, devait lui assurer un avenir tranquille. Saldanha entra en vainqueur à Lisbonne, très content de lui ; la reine, voyant, la rage au cœur, Costa-Cabral prendre le chemin d'un exil doré, a dû l'applaudir au São Carlos — après lui avoir écrit une lettre rédigée par Garrett, dans laquelle

elle faisait appel à sa loyauté envers la dynastie[1]. La petite princesse des exilés de 1830 pouvait sans doute compter sur la loyauté d'un des maréchaux de son père, même si apparemment il venait à l'encontre de sa volonté. Un an plus tard, à la Chambre des Pairs, Saldanha pourra affirmer que, avec sa révolte, il avait sauvé le royaume et la reine des effets d'une vraie révolution populaire qui grondait dans l'ombre. Et il avait certainement raison, car sa révolution s'intègre au processus contre-révolutionnaire européen de 1849-1850.

Mais, après le « pronunciamiento », il fallait gouverner : contre « l'immoralité, la corruption, le vol, le péculat », le programme de Saldanha promettait « la justice, la liberté, la moralité et l'économie » — en un mot, que Porto acclamait, la « Regénération »[3].

Ce mot, que les hommes de 1820 avaient adopté, revenait comme mot d'ordre de la nouvelle conjoncture que la génération nouvelle devait servir. Dans les circonstances actuelles, il paraissait pourtant bien difficile de définir cette génération vraiment regénérée car, à côté du héros de la guerre de 1834, il y avait un vieux politicien, Rodrigo da Fonseca, et Herculano. Le sort de la Regénération allait se décider entre ces deux hommes ou, mieux, entre les principes qu'ils représentaient. Herculano avait alors quarante ans et, homme de confiance de Ferdinand de Cobourg, écouté par Saldanha, il représentait la moralité, ou le moralisme — un principe plutôt qu'un programme de gouvernement. Le principe, de fidélité chartiste et anti-démocratique dans son individualisme absolu, tenait dans la recherche de la souveraineté légitime « dans les manifestations de la droite conscience et dans le verbe du raisonnement »[4]. Quant au programme, il faudra le chercher dans la décentralisation « municipaliste » qui constituait l'axe des recherches d'Herculano dans le domaine de l'histoire médiévale du pays. Il rappellera son principe et son programme suranné lorsque, quelques mois plus tard, il devra soutenir une longue polémique contre ses anciens alliés — qui n'étaient plus des « regénérés » mais des « renégats »[5]...

Car la Regénération a pris une tournure contraire aux vœux de l'historien : entre Rodrigo da Fonseca et lui-même, Saldanha et

1. Gomes de Amorim, *Op. cit.* III, 277.

3. Au théâtre São João, la nuit du 28 avril 1851 (voir *O Nacional*, Porto, le 29 avril 1851). Pour le programme voir Conde da Carnota, *Memoirs of Field-marshal the duke de Saldanha*, (Londres, 1893), II, 294.

4. *In O Português* ; Lisbonne, le 20 avril 1853. L'auteur fut identifié par A. J. Saraiva, *Herculano Desconhecido* (Porto, 1953), p. 106.

5. *In O Português* du 15 avril 1853 (*in* A. J. Saraiva, *Op. cit.* ,33).

ses amis (c'est-à-dire la banque qui avait voulu se débarrasser de Costa-Cabral) ont fait leur choix et Fonseca resta au pouvoir : on était bien loin des caisses d'épargne proposées par Herculano dès 1844[5] (a)... Ministre libéral en 1842, Fonseca s'était vu déposséder par le cabralisme ; on l'appelait le « renard ». Herculano voyait en lui « le Méphistophélès de la politique de la corruption »[6] ; un romancier de la nouvelle génération romantique, Camilo Castelo Branco, décelait chez lui « un mélange chaotique de Danton, Polichinelle, Cagliostro et Fra Diavolo »[7] ; Oliveira Martins le prenait pour « un Morny bourgeois »[8]. Il était le représentant de la vieille génération de politiciens ou de « politicards » responsables de tout ce passé qu'on voulait en vain régénérer. Lors de sa mort, on dira, citant un mot au sujet de Robert Peel, qu'il avait été « le plus conservateur parmi les libéraux, le plus libéral parmi les conservateurs et dans un camp comme dans l'autre, le plus habile de tous »[9]. Comme le dira un romancier des années 70, il avait fait succéder aux « ministères de la force » les « ministères de l'astuce »[9] (a). Ce n'était que par astuce politique que Fonseca affirmait : « le pays a plus besoin de tolérance que d'organisation des finances publiques »[10], alors qu'il savait fort bien que l'immoralité publique où l'intolérance puisait sa force, était l'effet immédiat des vices de la finance nationale qui, à tous les niveaux, animaient l'agiotage. Mais il était un très fin comédien - et, lecteur amusé (et désabusé) de Paul de Kock[10] (a), il ne prenait pas trop la politique (sinon la patrie) au sérieux...

---

5 a. « As Caixas Economicas - relatório da direcção do Montepio Geral a este respeito » (1844) *in Opusculos* I. Il faut remarquer qu'Oliveira MARRECA avait déjà proposé au Parlement, sans succès, la création de ces caisses.

6. *In O Português* du 20 avril 1853 (*in* A. J. SARAIVA, *Op. cit.*, 106). Oliveira MARTINS (*in A Provincia* du 24 janvier 1887, article recueilli *in A Provincia*, Lisbonne, 1959, III, p. 458) reprendra le même épithète.

7. Camilo CASTELO BRANCO, *in Porto e Carta* (cité par Aquilino RIBEIRO, *O Romance de Camilo*, Lisbonne, 1961, II, 235).

8. Oliveira MARTINS, *Portugal Contemporaneo*, II, 292.

9. Latino COELHO, *Elogio Historico de Rodrigo da Fonseca Magalhães* (Lisbonne, 1859). Rodrigo PINTO PIZARRO a publié anonymement le poème comique *D. Rodrigo* (Lisbonne, 1838) contre R. da FONSECA (voir INOCENCIO, *Op. cit.*, VII, 165).

9 a. Eça de Queiroz, *O Conde de Alvanhos* (écrit en 1879, pb. en 1925), p. 58.

10. Voir F. J. PINTO COELHO, *Contemporaneos Ilustres - I - A. M. Fontes Pereira de Melo* (Lisbonne, 1877), p. 31.

10 a. Voir Julio Cesar MACHADO, *Claudio*, Lisbonne s/d, p. 131.

A côté de Rodrigo da Fonseca, il y avait pourtant les Chartistes qui avaient rapidement oublié Costa Cabral devenu le symbole d'une droite figée et dépassée, et les Septembristes, voire certains socialistes, qui se laissaient conquérir par un programme de travaux publics, car maintenant, pour eux, l'économie primait la politique[11]. Pour les uns comme pour les autres, de nouvelles coordonnées commandaient une pensée moderne et pratique, rendant possible une collaboration qui parut contenter tout le monde, pendant quelque quatre ans. Là aussi Garrett allait s'opposer à Herculano qui s'entêtait dans sa défense d'un progrès moral à côté du progrès matériel offert à la nation, et dans lequel il ne voyait qu'un déguisement des forces réactionnaires[12].

La Regénération de Rodrigo da Fonseca manœuvrait entre la réaction internationale aux mouvements de 1848 et les propositions révolutionnaires de ceux-ci. Ces propositions avaient amené Herculano à conseiller à Saldanha la formation d'un gouvernement où un libéral de la Vieille-garde, Silva Carvalho[13], ne voyait que des « fous communistes et socialistes »[14]. Il fallait donc tranquilliser la génération de la guerre civile tout en actualisant son action possible. A côté de Rodrigo, montait alors au pouvoir un jeune ingénieur qui prenait le portefeuille des Finances — « à l'étonnement de tout le monde (informe le marquis de Fronteira, dans ses *Memórias*), car personne ne le jugeait habilité à diriger un département auquel il était complètement étranger »[15]. Herculano lui dénie également toute autorité : pour l'historien « le hasard aveugle des révolutions » seule explique la nomination du jeune Fontes Pereira de Melo — « deuxième Necker, supplément des sept sages de la Grèce, Colbert et Pitt, Bastiat et Robert Peel », à la fois[16]... Les sarcasmes d'Herculano n'y pourront rien : Fontes dominera la scène politique portugaise pendant trente-

---

11. Voir A. J. SARAIVA, *Herculano Desconhecido*, p. XXXI.

12. HERCULANO mènera sa campagne contre le gouvernement de la Regénération jusqu'au milieu de l'année 1853.

13. José da SILVA CARVALHO (1782-1856), magistrat « vintiste », ministre des finances sous Dom Pedro et D. Maria II, est devenu un homme du centre et abandonna toute activité politique en 1836.

14. Lettre de J. S. CARVALHO *in* Antonio VIANA, *Silva Carvalho e o seu tempo* (Lisbonne, 1891-94), II, 419.

15. *Memorias do Marquês de Fronteira*, IV, 429.

16. HERCULANO, *in O Português* du 12 avril 1853 (*in* A. J. SARAIVA, *Op. cit.*, 11).

cinq ans. Il s'identifiera avec les destins du pays et définira le processus du capitalisme national qui, empruntant son propre nom,
deviendra le « fontisme ».

Fontes sera le personnage-clé de la seconde période romantique
portugaise — l'homme sage, pratique et froid de l'âge industriel, des
chemins de fer, du télégraphe... Au commencement de sa carrière,
il devra pourtant partager son influence avec celle d'un jeune homme
qui deviendra roi du Portugal peu de temps après son entrée dans le
cabinet de la Regénération, et qui le détestera.

Pierre V monta sur le trône en 1855, à l'âge de dix-huit ans. Sa
mère, Dona Maria II, la petite Dame des soldats de Dom Pedro, était
morte en couches, âgée de trente-quatre ans, en 1853 ; elle attendait
son douzième enfant. Ferdinand de Cobourg, le créateur romantique
du château de la Pena, fut alors un régent impartial qui laissait faire
ses ministres et qui apprécia Fontes. Il verra avec plaisir son fils
ceindre la couronne dès sa majorité légale — même si ce fils ne lui
ressemblait guère.

Le prince avait le physique attirant de son père : « jeune Cobourg
blond, d'une figure douce et mélancolique, timide ou réservé de
manières », comme le voyait en 1861 le fils de George Sand[17] — mais
ses goûts et ses intérêts étaient tout différents. Pierre V voulait régner
car c'était son devoir et son métier. Aimait-il le pouvoir ? On connaît
tout de sa vie, il a laissé plus de 2 000 pages, essais, lettres, journaux
de voyage, mémoires, articles, notes, qu'il faut lire — et on n'arrive
pas à y trouver une réponse à cette question. On ne parvient pas non
plus à saisir sa personnalité complexe. C'était un « anxieux » dont la
passion (disait sa mère) « était de se tourmenter »[18] ; jeune homme
marqué par le malheur, sentant l'ombre de la mort l'envelopper,
voyant sa femme disparaître en quelques jours, et mourant lui-même à
l'âge de vingt-quatre ans. Prince solitaire, beau et triste... on hésite pourtant à voir en lui le héros romantique de ces années charnière. Du
moins, avant sa mort.

Pierre V passa trop rapidement dans l'histoire du pays mais il
parut à un moment psychologique de la vie nationale, au moment
même où, après maints désastres et désillusions, il fallait poser une
question extrêmement grave : « Le pays dort-il ou est-il mort ? » Le
jeune roi ne recule pas devant l'énormité de cette question : il la
pose deux fois, au moins, en 1857 et en 1859. A la fin de 1857, il

---

17. Maurice SAND, *in Revue des Deux Mondes* (Paris, 1862), p. 652.
18. Voir Julio de VILHEMA, *D. Pedro V e o seu Reinado* (Coimbre, 1921), II, 343.

écrit à son homme de confiance, le comte du Lavradio, ambassadeur à Londres : « Pour le reconnaître, pour savoir ce que chacun doit faire et peut espérer, je ne vois qu'un moyen - secouer ce pays ; cette secousse pourra être constituée par un appel à l'opinion du pays, tandis que nous le voyons encore réagir au sentiment de la honte »[19]. Il pensait alors à des élections significatives menant à un parlement vraiment responsable. Un an plus tard, en janvier 1859, à un autre propos, le roi écrira à son président du conseil, dans une situation anti-fontiste : « Si nous dormons, le sifflet satanique de la locomotive nous réveillera, et l'industrie nous prendra, à nous aussi, dans ses bras de fer. Si nous sommes morts, ce que je ne crois pas encore — et il n'est pas permis de le croire — alors tous nos efforts deviennent inutiles »[20]. La politique des gouvernements libéraux et surtout leur politique économique ont conduit le jeune roi à poser le problème de cette alternative tragique dont l'avenir de la patrie dépendait — une patrie endormie ou une patrie morte. Régnait-il sur des gens endormis ou sur des cadavres ? Il voulait par-dessus tout le savoir ; il ne voulait pas se faire d'illusions. En 1861, il écrira : « Je suis de ceux qui n'arrivent pas à croire avantageux de se faire des illusions sur l'état du pays »[21]. Mais il écrivait aussi : « ma condition officielle m'impose le devoir de faire confiance stupidement à l'avenir ; la réflexion me persuade (...) de ne pas y croire »[22]. Cinq mois plus tard, il était déjà dans le Panthéon des Bragances.

L'avenir du pays était la préoccupation permanente du jeune roi — une sorte d'obsession. Il marquait bien qu'il venait du passé et qu'il allait vers l'avenir - mais il ne regrettait pas moins de voir que « beaucoup ont malheureusement les yeux derrière la tête »[23]. Un peuple « endormi », « aveugle », « obstiné »[24], marchant « en boîtant, un siècle en arrière de la France »[25], « formant la queue du cortège de la

---

19. *Cartas de D. Pedro V ao Conde do Lavradio* (Porto, 1945) - *Cartas-Lavradio* - p. 175 (lettre du 18 décembre 1857).

20. *Cartas de D. Pedro V aos seus Contemporaneos* (Lisbonne, 1961) - *Cartas-Contemporaneos* -, p. 252-253 (lettre au marquis de Loulé du 7 janvier 1859).

21. Idem, p. 322 (lettre à Casal Ribeiro du 26 mars 1861).

22. *Cartas-Lavradio*, p. 313 (lettre du 16 juin 1861).

23. *Escritos de El-Rei D. Pedro V* (Coimbre, 1926), III, 271 (texte daté du 17 décembre 1857).

24. Idem, IV, 41 (texte du 22 mars 1856).

25. Idem, II, 278 (texte de 1855, en français).

civilisation »[26], « modèle vivant du Moyen Age »[27], une armée vénale[28] — voilà ce qu'il voyait autour de lui. C'était « une société profondément démoralisée par le souvenir cuisant de son ancienne grandeur et par la vue de sa déchéance, vieillie par une enfance de plusieurs siècles, ayant perdu son temps et voulant le regagner tout d'un coup, écrasée par sa chute envers le passé et envers l'avenir »[29] — la société « qu'on (lui) demanait de regénérer »[30]... Des mots accusateurs ou ironiques s'étalent dans les écrits du roi, reviennent sans cesse sous sa plume.

Au milieu d'une époque de transformation sociale, dont il se rendait bien compte[31], Pierre V cherchait des hommes nouveaux. Il les cherchait, mais à la fin de sa courte vie il constatera qu'ils n'existaient pas[32]. Autour de lui, le petit roi ne voyait que des députés-« singes »[33], des nuages de « bachareis »[34] avides, des « maréchaux indémocratisables »[35], des « progressistes retardataires »[36] — des « hommes pour qui la révolution libérale n'a été qu'un échange de formules et d'influences, et auxquels elle n'a apporté qu'une augmentation de droits et de privilèges »[37]. Parce que, écrivait-il avec une sorte d'humour tragique : « les hommes n'ont pas changé d'idées, (...) les idées, elles, ont changé d'hommes ; ceci n'a pas de nom : il s'agit d'un phénomène tellement extraordinaire dont je ne sais pas s'il met en valeur les idées ou s'il met en cause les hommes »[38]...

---

26. Idem, IV, 51 (texte du 22 mars 1856). Il répétira l'image *in Diario de D. Pedro V - Viagem a Inglaterra em* 1854 (Lisbonne, 1950), p. 64.

27. Idem, I, 201 (texte de 1854).

28. *Cartas de D. Pedro V au Principe Alberto* (Lisbonne, 1954), p. 269 (lettre du 28 septembre 1860, en français).

29. Idem, p. 276 (lettre du 16 juillet 1861, en français).

30. *Cartas-Lavradio*, p. 265 (lettre du 16 juin 1860).

31. *Escritos*, V, 116 (texte daté du 21 février 1857) ; *Cartas-Lavradio*, 137 (lettre du 27 septembre 1857).

32. *Cartas-Lavradio*, p. 309 (lettre du 14 avril 1861).

33. *Escritos*, II, 278 (texte de 1855, en français).

34. *Cartas-Contemporaneos*, p. 180 (lettre à Rodrigo da Fonseca, du 1er juin 1856).

35. *Cartas-Lavradio*, 157 (lettre du 28 novembre 1857).

36. Idem, 207 (lettre du 1er mai 1858).

37. Idem, 316 (lettre du 17 septembre 1861).

38. Idem, 267 (lettre du 28 juillet 1860).

Cependant, il voulait semer quelque chose dans ce mauvais terrain : « Semer avec prudence et attendre avec patience »[39]. Mais cette idée défendue au commencement de son règne va se détériorer. Peu à peu, le jeune monarque perdait courage. A la mort de sa femme, il se voit au bord d'un « désert immense et sans consolation »[40] ; au moment où il fera le bilan de cinq ans d'action royale, en 1860, il parlera de « découragement » et de « dégoût »[41].

> « Graças a Deus que já temos
>   Em Portugal um rei novo,
>   Foi c'roado pelos anjos
>   Aclamado pelo povo »[42].

Le peuple l'acclamait, certes : il pouvait même communiquer directement avec lui, déposant ses plaintes dans une petite « boîte verte » inaugurée à l'entrée du Palais Royal ; le baisemain avait été aboli — mais tout cela n'allait pas très loin...

Pierre V savait pourtant ce qu'il fallait faire pour sortir son pays de l'impasse où un passé trop chargé d'erreurs l'avait mis. Il savait comment le regénérer — même s'il se méfiait du mot passe-partout qui avait fait la fortune des hommes de 1851. Son programme tenait en deux mots : instruction publique et progrès matériel. Celui-ci, l'industrie et les chemins de fer seuls pouvaient l'assurer.

Mais continuons de nous pencher sur les écrits du jeune souverain ; on ne saurait trop souligner leur importance. Aucun de ses contemporains n'a laissé autant de pages écrites, en aussi peu de temps, sur les affaires publiques. Pierre V ne vivait que pour cela.

L'instruction du peuple le hantait : il en faisait son éternel problème[43], il lui consacrait le meilleur de son temps, préparait des projets, faisait des études approfondies, écrivait de longs essais, pour voir plus clair. Il créa une Faculté des Lettres à Lisbonne dont dépendra dans l'avenir la qualité humaniste de l'enseignement secondaire et il ne cachait pas ses critiques à l'Université de Coimbra, coupable de regarder la science comme une fin et non comme un moyen[44]. Il

---

39. *Escritos*, IV, 81 (texte daté du 22 mars 1856).
40. *Cartas-Principe Alberto*, p. 36 (lettre du 6 octobre 1859).
41. *Cartas-Lavradio*, p. 279 (lettre 25 septembre 1860).
42. Voir A. Tomás PIRES, *Cancioneiro Popular Politico* (Elvas, 1906), p. 97.
43. *Cartas-Contemporaneos*, 264, (lettre au vicomte de CARREIRA du 4 février 1858).
44. *Escritos*, IV, 23-70 (« Considerações sobre a Instrucção Publica », texte daté du 22 mars 1856).

comprit alors qu'il fallait finir avec « le féodalisme intellectuel des écoles supérieures » et « faire appel aux communes qui sont les écoles primaires »[45]. Son indignation est révélée par ce parallèle révolutionnaire qui, nous le verrons, ne s'accorde nullement à ses schémas idéologiques. Mais, à côté de l'enseignement humaniste, il appuyait l'enseignement technique où il voyait « la satisfaction des tendances de notre époque vers l'instruction orientée dans le but de l'utilité pratique »[46].

L'industrie hantait également le jeune roi : il y voit dès 1854 la porte par où le pays pourra entrer dans la « communauté européenne ». La grande question, pour lui, était de savoir quelle industrie créer et comment[47]. Pierre V n'avait que dix-sept ans lorsqu'il s'interrogeait là-dessus. Pour le moment le Portugal ne pouvait présenter dans les expositions internationales que des produits naturels[48], et le roi, montant sur le trône, se sentait un « prince à demi-sauvage »[49]... Son cœur battait pourtant devant le Palais de Cristal de Londres : il y voyait « un prodige de proportions et de beauté physique ; mais sa beauté morale la surpassait »[50]. .Arkewight, Watt, Volta et Lavoisier — voilà les fondateurs de la société moderne, pour ce prince des années 50 qui devait déjà renier Rousseau et Voltaire[51].

Pierre V était tourné vers le présent auquel il faisait appel : « Quoi qu'on dise, nous vivons dans le présent et il est mieux de connaître bien sa propre époque et de se consacrer à l'étude de ses passions et de ses réclamations que d'aller s'extasier devant les défauts des époques passées »[52]. Parmi les erreurs du passé le jeune roi plaçait les Encyclopédistes, Rousseau et Voltaire — « un fossile » en 1850, car son temps réel était terminé depuis 1830[53]. Les lire et les suivre n'avait pas de sens — c'était l'affaire des « progressistes fossiles »[54]. Il n'était certainement pas possible d'être Hume et Guizot,

---

45. Idem, IV, 236 (texte du 5 juin 1858).

46. *Cartas-Contemporaneos*, 206 (lettre au ministre Silva Sanches du 12 nov. 1856).

47. *Escritos*, II, 238-239 (texte de 1855). Voir également Ruben A. Leitao, *Diário da Viagem a França de El-Rei D. Pedro V* (Paris, 1970).

48. *Cartas-Principe Alberto*, p. 89 (lettre du 28 novembre 1855).

49. Idem, 82 (lettre du 27 octobre 1855).

50. *Diario de D. Pedro V*, p. 64 (en français).

51. *Escritos* II, 59 (texte de 1855).

52. Idem, II, 164 (idem).

53. Idem. LV, 43 (texte du 22 mars 1856).

54. Idem, 1, 319 (texte de 1854).

Voltaire et Cousin à la fois[55] : à une époque où la spéculation théorique cédait le pas à la pratique[56], il fallait être « positiviste ». Pierre V
se déclara adepte du positivisme, à plusieurs reprises[57] : il se voulait
un homme de son temps, un homme moderne — le premier des hommes modernes de son temps, dans son pays...

Il se voulait positiviste mais non matérialiste car il ne manquait
pas de défendre le spiritualisme qui doit tempérer le progrès matériel
et contrecarrer tout indifférentisme[58]. L'indifférence morale, voilà le
mal. Le jeune monarque haïssait « du fond de son cœur, les hommes
sans croyances et sans foi »[59] — mais le spiritualisme ne devait « avi-
ver les esprits » que « jusqu'où il fallait »[60]. Pas au-delà — car au-delà
c'était le domaine de l'imaginaire, auquel il ne saurait s'habituer[61], au
contraire de son père Cobourg. Comment aurait-il pu aimer « ce
besoin permanent de roman et cette adoration exagérée de la
Nature» qui étaient les défauts du bon prince romantique de la première génération[62]? ...

« Le règne des idéologues, des poètes, et des hommes de l'abstraction est passé ; celui des hommes prosaïques et positifs est commencé ». Pierre V écrivait cela à Paris, dans son journal de voyage,
en mai 1855, juste avant de monter sur le trône[63]. Il accordera quand
même aux hommes d'imagination quelques îles désertes où ils pouvaient être laissés en paix, à « fabriquer des poésies et des romans
pour ceux qui en demandaient encore »... Le nouveau roi ne se
trouvait certainement pas parmi leurs lecteurs. Il y a sans doute de
la naïveté enfantine dans cette vue trop positiviste de la réalité culturelle — mais les poètes dont parlait Pierre V, ces troubadours ultra-
romantiques, tournés vers le passé, n'étaient pas sans lui donner raison...

Du même coup, le jeune roi se débarrassait de Caton, le vieil
emblème des hommes de 1820. En tant que roi, Pierre V en avait

---

55. Idem, IV, 53 (texte du 22 mars 1856).

56. Idem, V, 274 (texte s/d).

57. Idem, I, 319 (texte de 1854), II, 59, 61, 165 (texte de 1855), *Cartas-Contemporaneos*,
    104 (lettre au marquis de Ficaho du 22 mars 1855).

58. *Escritos*, V, 182 (texte s/d).

59. *Cartas-Contemporaneos*, 156 (lettre à Rodrigo da FONSECA du 12 avril 1856).

60. Voir Note n° 58.

61. *Escritos*, II, 59 (textes de 1855).

62. *Cartas-Principe Alberto*, 80 (lettre du 7 octobre 1855).

63. *Escritos* II, 60.

assez des « Catons de bistrots »[64], meneurs et démagogues. Dans
quelques pages écrites trois ans plus tard, il s'expliquera tout en faisant son choix : il préférait Cicéron à Caton[65]. Il voyait « plus d'action
dans l'attitude passive, voire négative de Cicéron, que dans la scène
finale du drame obscur de la vie de Caton (... qui) sacrifia plus à
sa renommée qu'à la patrie, (... car il) avait besoin d'illustrer la vie
par la mort ». Et il conclue : « pour les anciens Caton fut le plus
grand ; pour les modernes, Cicéron ». Cicéron était pour lui « celui
qui se laisse tuer ». Le jeune roi préférait une situation réelle à la
situation héroïque des anciens et des Vintistes ; une situation réelle
qui n'était pas très loin de celle dans laquelle il se trouvait, victime
d'une politique déchaînée... En même temps il se « projetait » dans
un sage de jadis et soulignait l'anachronisme d'un culte qui remontait à l'idéologie néo-classique de la révolution française. A un romantisme idéaliste il opposait, pour ainsi dire, un romantisme existentiel.
Son option a une signification très importante au virage des structures mentales qui s'opérait au milieu du XIXe siècle au Portugal.
    ... Mais attardons-nous encore à la lecture de ce texte de
Pierre V. Il n'y est pas seulement question de Cicéron et de Caton,
mais aussi de César et de Pompée. C'est-à-dire, dans le vocabulaire
personnel du roi, du « despotisme libéral » et du « libéralisme despo-
tique ». Non sans ambiguïté, le roi prend parti pour César...
    En 1857 il avait écrit à son fidèle Lavradio : « On peut dire à pro-
pos du souverain constitutionnel la phrase de Shakespeare : To be
or not to be that is the question »[66]. Mais cette lettre va beaucoup
plus loin : Pierre V y fait état d'idées césaristes. Il hésite, n'est
pas sûr des conséquences, pèse les résultats du coup d'état de
Napoléon III... La veille il avait écrit longuement et dans le même
sens à son oncle d'Angleterre[67]. Il ne prendra pas de décision — mais
le problème du césarisme y est posé ou, tout au moins suggéré, comme
un nouvel élément de la conjoncture idéologique du romantisme national — élément qui ne reviendra à la surface que trente ans plus tard[68].
    Tout ce que Pierre V pourra faire c'est de lire attentivement les
décrets avant de les signer[69], et cela dès le premier jour de son

---

64. Idem, II, 16 (texte de 1855).
65. *Cartas-Contemporaneos*, 342 (texte de juillet 1858).
66. *Cartas-Lavradio*, 149 (lettre du 29 octobre 1857).
67. *Cartas-Principe Alberto*, 179-185 (lettre du 28 octobre 1857).
68. 1885, ministère de la « Vida Nova », appuyé par le roi Charles Ier.
69. *Cartas-Contemporaneos*, 106 (lettre à Rodrigo da FONSECA du 26 sept. 1855).

règne ; le cas échéant, il les discutera en privé avec ses ministres. Il
arrivera même à écrire de longs mémoires sur leur doctrine ou leur
application pratique. Il ne sera pas un souverain soumis[70], mais il
essaiera en vain de « tenir en mains ses ministres »[71]. Il sera tout de
même accusé, vers la fin de sa vie, d'exercer un pouvoir personnel.
Cette accusation injuste le blessera profondément[72].

Car Pierre V savait appartenir à la race des libéraux[73] : il tiendra
à remplir son rôle de roi constitutionnel, jusqu'à se laisser tuer,
comme Cicéron...

On ne doit pourtant pas ignorer ses préférences idéologiques, la
fascination que Napoléon III exerça sur son esprit de roi apprenti, en
1855 : il voyait alors le second Bonaparte comme un vrai « regénérateur »[74] — mais bientôt il prophétisera sa chute[75]. La vision de la politique internationale chez Pierre V est vraiment extraordinaire ; à cet
égard, les lettres qu'il écrit à Lavradio et au prince Albert font état
d'un sens de l'évolution historique dont aucun de ses contemporains
ne se montrait capable au Portugal.

C'est pourquoi il écrivait à des étrangers ou des « estrangeirados »... Il aimait aussi voyager pour observer et apprendre : ses
journaux de voyage sont pleins de noms, de faits, de comparaisons,
de suggestions. Il savait que « la vue constante d'un état imparfait
fait beaucoup de mal à l'esprit[76] ». Il lisait beaucoup et on trouve la
trace de Montalembert, de Cousin, de Guizot, de Rémuzat, et surtout
de Tocqueville dans ses écrits. Il fera de *L'Ancien Régime et la Révolution*, l'année même de sa parution (1856), son livre de chevet. Anti-
démocratique, haïssant 48, anti-socialiste, prenant Proudhon pour un
« infâme » et Blanqui pour un « pygmée »[77], il pensait que la liberté
courait toujours le danger dans l'anarchie ou dans la dictature populaire. Il voulait examiner avec soin la réalité des faits et ne pas critiquer par pur esprit d'analyse, comme cela était arrivé à l'époque des

---

70. *Cartas-Principe Alberto*, 77 (lettre du 26 septembre 1855).

71. Idem, 83 (lettre du 7 novembre 1855).

72. *Cartas-Lavradio*, 313 (lettre du 16 juin 1861).

73. *Cartas-Principe Alberto*, 198 (lettre du 8 février 1858).

74. *Escritos* II, 14 (texte de 1855).

75. *Cartas-Contemporaneos*, 191 (lettre à LAVRADIO du 8 octobre 1856) ; *Cartas-Lavradio*, 151 (lettre du 28 octobre 1857).

76. *Diario de D. Pedro V*, 64.

77. Voir *Cartas-Principe Alberto*, 77 ; *Escritos*, II, 16, 18, V, 270.

Encyclopédistes. Pierre V trouva chez Tocqueville une orientation idéologique qui lui convenait et qu'il s'efforça d'appliquer en toute circonstance[78]. On ignore ce qu'il pensa du Tocqueville de la *Démocratie en Amérique* ; de toute façon, il n'admit pas d'autre maître et, si, parmi les penseurs portugais, Herculano mérita sa confiance, il ne se laissa pas influencer par lui[79]. Herculano, somme toute (il en était sûr d'avance), ne voulait pas comprendre Tocqueville[80]... Il réprouvait surtout son municipalisme qu'il situait dans le passé ; il voyait en Herculano quelqu'un qui « s'efforce de donner à la société une forme qu'elle ne peut aucunement accepter à nouveau »[81].

Les rapports entre le jeune souverain et Herculano sont fort significatifs. Le soldat de Dom Pedro se dévoua à Pierre V comme à un fils ; il lui consacra son « Histoire » « municipaliste »[82] ; il voulait l'aider à supporter le fardeau royal et, souvent, ils partageaient le même désespoir[83]. Le roi allait le voir, l'écoutait sans doute, mais il devait réagir tout de suite après car l'historien, pensait-il, corrompait la jeunesse[84]. Au fond, Herculano était un homme sans générosité, un ingrat[85]...

Même plongé dans l'affliction morale, Pierre V garda toujours l'esprit froid — un esprit royal, au-dessus de tous, par sa qualité spécifique et par sa qualité hiérarchique... Il ne trouvait personne à sa hauteur : il méprisait sa cour, son entourage, ses ministres, ses serviteurs, le *beau monde* — « cercle misérable d'imbéciles »[86] — les deux maréchaux de son grand-père, Saldanha et Terceira, compris. Un nom venait pourtant très souvent dans les lettres de Pierre V qui ne peut pas nous échapper : Fontes Pereira de Melo, le jeune ministre de la Regénération, le seul « homme nouveau » qui aurait pu l'aider.

---

78. *Cartas-Lavradio*, 224 (lettre du 9 novembre 1858).
79. Voir Ruben A. Leitao, *Ineditos de D. Pedro V nos Arquivos Reais de Windsor* (Lisbonne, 1966).
80. *Cartas-Lavradio*, 225 (lettre du 7 novembre 1858). Herculano ne manquera pourtant pas de se référer à *La Démocratie en Amérique* de Tocqueville pour défendre sa théorie municipaliste (article *in O Português* du 4 mai 1853).
81. *Escritos* V, 258 (texte s/d, fin 1858 ?).
82. Herculano, *Historia de Portugal* I, (1846).
83. Herculano, *Cartas* I, 203 (lettre au P. Pinto de Campos, lettre du 2 juin 1862).
84. *Cartas-Lavradio*, 270 (lettre du 26 juillet 1860) : « bande de garçons (...) du cénacle d'Herculano, imbus (...) du genre particulier de corruption que leurs maîtres leur ont transmis ».
85. Lettre à Pierre II du Brésil, du 21 décembre 1858, *Cartas de D. Pedro V ao Imperador do Brasil* (Lisbonne, 1968) p. 61.
86. *Cartas-Principe Alberto*, 77 (lettre du 18 août 1855).

Mais quelque chose les séparait à jamais, les vouant à une antipathie réciproque que le roi ne cherchait pas à cacher[87].

Pourtant, la politique du « fontisme », même si elle était discutable, s'accordait à celle que le roi défendait en ce qui concerne le progrès matériel de la nation : le ministre et le roi insistaient sur l'urgence des chemins de fer, du développement industriel, de l'instruction technique. Certes, le progrès moral n'intéressait pas trop Fontes, homme du « laisser faire » du capitalisme libéral, mais, dans ce domaine, le jeune monarque pouvait sans doute s'affirmer, complétant l'action de son ministre. Bien au contraire, Pierre V manifestait de l'hostilité à celui-ci, affectant de ne pas reconnaître sa valeur. On peut penser qu'il le tenait en disgrâce parce qu'il le craignait : Fontes devenait malgré lui son rival, n'acceptant pas la supériorité personnelle que le roi voulait imposer. Il tenait lui aussi à parler « ex cathedra » à Lisbonne[88] et Pierre V ne pouvait le lui pardonner. Il se plaignait même de lui d'une façon presque enfantine : « même moi je ne peux lui parler (il faudra lire : le critiquer) sans m'exposer au risque de recevoir des insultes auxquelles il n'est pas toujours possible de faire face »[89]... Il attendait le moment où la bonne étoile de son ministre s'éteindrait fatalement — mais il se trompait. Dans son injustice, le jeune souverain n'était pourtant pas sans voir juste lorsqu'il décrivait le politicien comme « le remplaçant et le successeur de Costa-Cabral »[90]. De toute façon, le césarisme de Pierre V n'aurait pu s'exercer contre Fontes ; et le roi n'aurait pu non plus prendre Fontes à son service...

Grand travailleur intellectuel, Pierre V se penchait sur n'importe quel sujet, politique ou militaire, naval, juridique, pédagogique, littéraire, économique, technique — et il écrivait sans cesse, avec une application un peu pédante. Il continuait de travailler au milieu des malheurs, des épidémies de choléra et de fièvre jaune, le lendemain même de la mort de sa femme : il cherchait à s'étourdir ou, peut-être, il appelait la mort. Quelques mois avant d'être délivré de sa peine, il pouvait écrire : « J'ai hâte d'être utile ou de reconnaître que je ne peux pas l'être »[91].

---

87. Idem, 246 (lettre du 16 décembre 1859).
88. *Cartas-Lavradio*, 271 (lettre du 26 juillet 1860). Voir également *Cartas-Principe Alberto*, 246 (lettre du 16 décembre 1859) ; « il sera la suite de Costa Cabral, si on n'y prend garde » (sic, en français).
89. *Cartas-Principe Alberto*, 96 (lettre du 22 décembre 1855).
90. Idem, 106 (lettre du 8 mars 1856).
91. *Cartas-Lavradio*, 309 (lettre du 14 avril 1861).

Le tableau de la situation politique qu'il avait brossé un an plus tôt[92], tableau lucide et désenchanté, lui donnait raison lorsqu'il constatait : « Je suis tout ce qui reste de la Constitution »[93]. . .

Le pays, dormait-il, ou était-il mort ? Pierre V croyait avoir la réponse à cette question cruciale ; il cessa alors de croire et sombra dans le pessimisme. Blessé par les accusations des politiciens, il trouvait utile la leçon — « même si elle était mortelle »[94]. Il ne lui restait qu'un peu plus de quatre mois à vivre.

Pleuré par tout son peuple, il mourra comme un martyr - « dernière lumière de l'espoir » dans une « nation condamnée à mourir », dira Herculano[95]. Celui-ci écrira également que le petit roi avait « la suprême ambition de mourir »[96]. On se souvient des derniers mots de l'historien : « tout cela donne envie de mourir ». L'image de la mort est bien l'emblème qui convient à tous les deux.

Pierre V, le petit souverain austère et chaste[97], avait voulu vivre comme un homme moderne, un positiviste de la nouvelle génération ; il mourut comme un homme de la génération libérale de son grand-père, dans une odeur ultra-romantique. Herculano avait finalement raison, en ayant eu raison de son prince. . .

Un autre homme moderne demeurera pourtant en vie, alors sans ombrage. Reprenant le pouvoir, Fontes ira définir, dans la relativité des compromis, l'œuvre que le jeune roi voulait pure et absolue.

. . . De toute façon, le sébastianisme que la génération de 30 avait décrié, n'aurait pu revenir alors : déjà en 1857 une fête de carnaval, à Porto, l'avait définitivement expulsé de la vie sentimentale portugaise[98]. Si Pierre V avait manqué son présent « positif » — Fontes se portera garant d'un avenir autrement réaliste.

---

92. Idem, 270 (lettre du 26 juillet 1860).

93. Idem, 185 (lettre du 8 janvier 1858).

94. Idem, 313 (lettre du 16 juin 1861).

95. Voir Note n° 83.

96. Lettre d'HERCULANO à PIERRE II du Brésil, in Oliveira MARTINS, Op. cit., II, 457.

97. Voir Julio de VILHENA, Op. cit., II, pp. 380 et suivantes.

98. Il s'agit d'un cortège burlesque (« cavalhada ») commémorant le retour de Dom Sébastien. Voir Alberto PIMENTEL, O Porto há 30 Anos (Porto, 1893), p. 177. On doit remarquer que le texte de F. M. BORDALO, « D. Sebastião o Desejado » paru en 1844 in Revista Universal Lisbonense, fut repris en 1854 in O Panorama (2 déc. 1854 - 13 janv. 1855). En 1866, la 6e éd. des Trovas de Bandarra ne représentait qu'une curiosité. D'ailleurs, on annonçait dans sa couverture la brochure d'HERCULANO sur le mariage civil.

Né en 1819, Fontes Pereira de Mello a été ministre, fait inédit, à l'âge de trente-deux ans. Enseigne de vaisseau, il s'était encore battu dans l'armée de Dom Pedro lors de la dernière bataille de la guerre civile. Mais il n'avait alors que quinze ans et peu de chose en commun avec les guerriers qui rentraient de l'exil. Il ne pouvait regarder vers un passé mythologique ; on peut croire qu'il attendait déjà beaucoup plus de l'avenir. Pour le moment, il choisit la Polytechnique. Son père fut un ministre occasionnel dans un gouvernement anti-cabraliste qui essayait d'enrayer le mouvement populaire de « Maria da Fonte » contre lequel lui-même dut se battre, comme officier du Génie. Il signera en 1850 à côté de Garrett et d'Herculano une protestation contre une fameuse loi de Costa-Cabral qui voulait baillonner la presse libre. Un an après il sera ministre des Finances de la Regénération ; l'année suivante, il créera le ministère des Travaux Publics, du Commerce et de l'Industrie : il avait trouvé l'emploi de ses talents, de son extraordinaire capacité de travail. Montant sur le trône, Pierre V le trouvera à la tâche. Ayant déjà commencé à redresser la situation financière, il allait alors obtenir l'appui du Stock Exchange ; un capitalisme nouveau se définissait au Portugal. Beaucoup de projets étaient en route : les chemins de fer, le télégraphe ; des écoles techniques avaient été créées — mais le roi verra alors non sans plaisir, tomber le ministère regénérateur, après une période record de cinq ans de gouvernement. Détesté par le trône, Fontes ne reviendra au pouvoir que pour un an (1859-1860) sous Pierre V ; il y retournera en 1865, de 1870 à 1877 et de 1881 à 1885. Il mourra en 1887 sans vouloir accepter un de ces titres de marquis ou de duc qu'il faisait donner à ses rivaux. Il n'a voulu être que chevalier de la Toison d'Or, et il le fut, en 1879. Dans la carrière des armes, il a obtenu les étoiles de général.

Orgueilleux, distant et froid, fort, volontaire et intègre, même s'il savait que tout homme avait son prix (on lui attribuait la question cynique : « Qu'est-ce qu'il vaut ; »), Fontes fut l'homme d'un régime qui s'identifia à lui : la Regénération est devenue le Fontisme, échangeant un contenu idéologique contre un programme pratique, des principes contre des moyens. Pierre V l'accusait d'être un despote qui s'intitulait libéral[99]. Nous pouvons l'envisager, « mutatis mutandis », comme un despote éclairé, dans une période politique fort changeante.

---

99. *Cartas-Principe Alberto*, 107 (lettre du 8 mars 1856).

Ainsi Fontes fut-il le symbole d'une nouvelle situation sociale et morale, d'une nouvelle conjoncture économique et culturelle. Au milieu d'une société de « bachareis » qui descendaient de l'Université de Coimbre à l'assaut de la capitale, il marquait sa position d'ingénieur, à la pédanterie des hommes de lois il opposait la précision d'une formation pratique, aux grands mots vides de la rhétorique parlementaire, des chiffres et des raisonnements logiques — avec lesquels, d'ailleurs, il est sorti victorieux de maintes polémiques. Homme pratique, Fontes n'était donc pas un homme de cabinet, un savant — bien au contraire. Comme ses adversaires, lui aussi improvisait, en se fiant à son intuition, à la rapidité de sa pensée. Il serait difficile de faire le point de ses lectures car il en parle très peu — à moins qu'il n'ait lu très peu[100]. Herculano l'accuse de « déclamer les doctrines de Say, de Bastiat et de Coquelin »[101], Oliveira Martins, écrivant vers la fin de sa carrière, voit en lui un « sectaire des opinions (... de) Chevalier »[102] — tous des théoriciens du libre-échange, avec des nuances saint-simonniennes. En fait, ces théoriciens l'intéressaient très peu : il préférait aborder les questions sous un angle pratique. Lorsqu'on l'attaquait au parlement sur les dangers de l'entrée des capitaux étrangers dans l'économie portugaise, il déclarait carrément « considérer la question sous un aspect plus strict, laissant de côté les réflexions philosophiques et économiques de la nationalité des capitaux »[103]. Pas de réflexions philosophiques : les résultats pratiques seuls comptaient pour lui.

Un successeur de Costa Cabral, comme le croyaient Pierre V et Herculano ?[103] (a). Dans une certaine mesure, sans doute : nous pouvons constater avec Herculano que « les temps ont changé mais que le système demeure le même »[104]. Il avait presque raison, mais, si le changement des temps n'aurait pu provoquer au Portugal un changement profond des systèmes idéologiques et culturels, les temps n'en

---

100. Il faut remarquer qu'on connaît très mal la personnalité de Fontes Pereira de Melo, car il n'existe pas encore de monographie scientifique sur lui.

101. Herculano, *in O Português* du 12 avril 1853 (*in* A. J. Saraiva, *Op. cit.*, p. 12).

102. Oliveira Martins, *Op. cit.*, II, 360.

103. *Discursos do Sr. Ministro da Fazenda Fontes Pereira de Melo pronunciados nas sessões de 6, 7, 9 de dezembro d*e 1865 - *A respeito da novação do contrato dos Caminhos de Ferro de Sul e Sueste* (Lisbonne, 1865), p. 28.

103 a. Remarquons que son neuveu et héritier, le deuxième marquis de Fontes Pereira de Melo, sera également par sa femme neveu de Costa Cabral.

104. Herculano, *in O Português* du 26 avril 1853 (*in* A. J. Saraiva, *Op. cit.*, p. 96).

étaient pas moins changés, dans le cadre d'une crise de croissance du capitalisme international. Fontes est plus qu'un Costa Cabral en plus sage : si, n'ayant pas subi les effets des luttes passionnelles des années 30 et 40, il a su, ou il a pu, gagner le calme — il a surtout compris la nature d'une nouvelle structure économique dans laquelle il cherchait à insérer son pays.

Il agissait toujours avec une supériorité d'esprit que Pierre V ne pouvait souffrir — et qui se traduisait aussi immédiatement par des préoccupations d'élégance et de donjuanisme. Jeune veuf auréolé par une histoire d'amour malheureux qu'il n'oubliera jamais, il fréquentait pourtant le monde, et les femmes remplissaient les galeries de la Chambre lorsqu'il devait parler. On l'appelait « Dom Magnifico » l'«Adonis do Fomento ». On l'appelait aussi le « Dandy » — et il en était un...

Comment le jeune roi sévère et misogyne aurait-il pu admettre dans sa croisade ce douteux chevalier ? Comment un pessimiste pourrait-il aimer un sceptique ?... Pierre V avait besoin de croire en son pays pour agir ; il finit par croire à la débâcle de la nation, sinon de la nationalité ; Fontes ne s'interrogea peut-être jamais sur la réalité morale de son pays : il préférait laisser son jugement en suspens et, gagnant toujours les élections par des moyens que le roi ne pouvait approuver[105], céer les conditions matérielles de sa regénéra- tion possible. Quant au reste, il s'en lavait les mains, au milieu de la corruption que sa propre action politique suscitait. Il ne connaîtra jamais les afflictions du jeune monarque : il en souriait, peut-être, car son action avait d'autres coordonnées, et servait d'autres intérêts. A l'absolu du roi romantique il opposait le relatif de la bourgeoisie pra- tique.

Pour Fontes les affaires « ne peuvent être résolues que par l'ana- lyse froide et circonspecte des documents statistiques »[106]. Sa devise ? Peut-être ce « quod erat demonstrandum » qu'il aime employer lors- qu'il met un point final à une discussion[107]. Ce qu'il fallait démontrer : l'analyse était là, menée selon une logique implacable. Il était tou- jours « disposé à garder la plus grande sérénité » dans les débats, aux cours desquels il laissait tomber des mots cinglants qui ont valeur de portrait : « je ne voudrais pas que le sens de mes argu-

---

105. *Cartas-Principe Alberto*, 145 (lettre du 8 décembre 1856).
106. Voir Note n° 103, p. 45.
107. Idem, pp. 106 et 118.

ments fut inversé car je n'inverse pas moi-même le sens des arguments de messieurs les députés »[108].

Cet homme qu'on disait indifférent aux arts et à la littérature[109] avait pourtant un secret : il était poète ! N'ayant jamais publié (on le croit du moins), il laissa des poésies dont sa famille édita anonymement une trentaine, après sa mort[110]. Datées de 1838 à 1886, ces pièces parlent de Dieu, de la Patrie, mais aussi de la Femme et de l'Amour surtout. Il chantera la raison mais pour reconnaître ses limites :

« Embora chegue ao Sol, chegue às estrelas,
Não chega ao coração, não chega ao cérebro,
Tudo sabe explicar, menos a vida ».

Ces cris d'âme et d'intelligence répondaient romantiquement à ses certitudes d'homme d'Etat, sorte de « catharsis » cachée, tribut payé à son pays et à sa génération... On comprend alors mieux pourquoi, dans sa propre vie publique, Fontes vibrait à la poésie des chemins de fer. Voilà son seul rêve avouable : il perd un peu la tête lorsqu'il en parle. Ah, s'il pouvait, il prendrait chaque jour le train, seulement pour le plaisir[111]... Il sacrifie tout à ses idées d'un réseau de routes et de chemins de fer ; il va jusqu'à avouer, suprême concession sentimentale, qu'il a beaucoup souffert pour elles : « beaucoup ... je ne veux même pas dire combien ! »[112]. Certes, il a eu des compensations au moins au niveau familial : à la fin de sa carrière politique, en 1885, le conseil d'administration de la Compagnie des Chemins de Fer du Nord et de l'Est avait son neveu comme président et n'était composé que par des parents par alliance de celui-ci...[112] (a).

---

108. Voir *Diario de Lisboa* du 21 février 1866.

109. Voir Ramalho Ortigao, *As Farpas*, janvier 1887 (ed. 1893,II, 186-187).

110. *Poesias*, s/d, s/l, 155 pages. Voir Alberto Pimentel, *Notas sobre Amor de Perdição* (Lisbonne, 1915), p. 7.

111. Voir Note n° 103, p. 15. Neuf ans plus tôt déjà il avait affirmé : « S'il était possible de faire approuver une loi obligeant la nation portugaise à voyager pendant trois mois, on était sauvé » (Voir Oliveira Martins, *Op. cit.*, II 361).

112. Voir Note n° 104, p. 15.

112 a. Voir *Pontos nos II*, Lisbonne, le 13 août 1885. Il s'agit de son neveu et héritier A.M.F.P. de M. Ganhado, qui deviendra deuxième marquis de Fontes Pereira de Melo (le titre avait été créé en faveur de sa mère, sœur du ministre). Les rapports de parenté dénoncés ont été vérifiés pour la plupart.

Pierre V partageait, sans doute, la passion de son ministre : lui aussi se battra pour les chemins de fer, il écrira même des articles pour les défendre[113] ; mais, pour lui comme pour Herculano, le progrès matériel n'était pas tout.

L'opposition entre ces deux « hommes nouveaux », entre ces deux façons de comprendre et de vivre le positivisme ou la modernité, se dessine toujours très nettement. Là où l'un abandonne la lutte, écœuré, l'autre continue — peut-être parce qu'il n'a pas de cœur ou a décidé de ne pas en avoir... De toute façon, le véritable homme nouveau du Portugal romantique, ne pourrait être celui qui meurt, vaincu, mais celui qui, victorieux, vivra encore trente ans : Fontes parle en vainqueur lorsqu'il affirme : « Je vois avec une satisfaction intérieure que mes idées, mes prognostics, mes espoirs, se sont réalisés, et que les prophéties sinistres et mélancoliques de mes illustres adversaires n'ont pas été vraies pour le pays »[114]. Le roi, qu'il comptait très probablement parmi ses « illustres adversaires », était déjà mort ; lui-même n'avait encore accompli qu'un tiers de sa propre carrière...

Fontes avait sans doute raison, lorsqu'il chantait sa victoire. Nous verrons dans la troisième partie de notre enquête le véritable sens de ce triomphe ; pour le moment nous devons pourtant nous pencher sur la route parcourue jusqu'au moment où il parle (1865), pour y chercher des transformations dans la vie portugaise — dans ses mœurs, dans ses sentiments, dans sa culture.

---

113. *In Revista Militar* du 15 mai et du 15 juillet 1860.
114. Voir Note n° 103, p. 15.

CHAPITRE II

CAPITAL, PROGRÈS ET HUMANISME

... Ces mœurs, ces sentiments, cette culture sont commandés par la situation du capitalisme « fontiste ». C'est alors que le capitalisme se forme et qu'il se définit professionnellement au Portugal, déterminant ainsi un nouvel état de la société nationale. Après les amateurs de Costa-Cabral, nous voyons apparaître les professionnels de Fontes ; après les agioteurs (« l'agiotage érigé en principe de gouvrenement »[1]), les capitalistes — même si ceux-ci, devenus actionnaires des nouvelles compagnies, « ne voulaient que des dividendes », incapables de surveiller leur administration, par indifférence, par paresse ou par habitude[2]. Ils ont mis une dizaine d'années à comprendre les transformations des procédés qu'il fallait entreprendre ; le Stock Exchange est venu les aider, les obligeant à un circuit international dont leurs origines provinciales les avaient écartés. En 1865 Fontes critique « la façon dont les banques portugaises réalisent leurs opérations et le développement qu'elles ont connu »[3]. Internationaliste dans ce domaine, Fontes fait une profession de foi qui mérite d'être citée : « Je déclare que je ne reconnais pas la nationalité des capitaux. Je crois que le capital est cosmopolite, qu'il n'appartient pas à une nation, mais qu'il appartient en premier lieu à son propriétaire, et ensuite à l'industrie, comme un élément de son développement, comme un de ses besoins indéclinables.

---

1. Discours de FONTES PEREIRA de MELO du 8 février 1854. Voir F. J. PINTO COELHO, *Op. cit.*, p. 87.
2. Voir J. A. SILVA CORDEIRO, *A Crise nos seus aspectos morais* (Lisbonne 1896), p. 275.
3. *Discursos do Sr. Ministro da Fazenda, Fontes Pereira de Melo pronunciados nas sessões de 6, 7 e 9 de dezembro de 1865 a respeito da novação do contrato dos Caminhos de Ferro de Sul e Sueste*, p. 29.

Voilà à quoi le capital appartient ; il n'est pas étranger comme il n'est pas national »[4].

Les banques portugaises faisaient pourtant de leur mieux. On sait comment la Banque de Portugal, qui était entrée en conflit avec Costa-Cabral, a fourni les fonds pour la révolution de 1851[5]. On comprend aisément son intérêt — et ses intérêts — dans cette opération qui devait conduire à la maturité d'un système financier à peine entrevu par le Cabralisme. L'aide apportée aux entreprises fontistes par le développement du commerce banquaire est, malgré les critiques cinglantes du ministre, un phénomène de la plus grande importance, durant cette période (1850-1865) qui a vu naître une dizaine de banques et une compagnie prêtant régulièrement sur la propriété immobilière[6]. La spéculation devient alors mieux organisée. De même une Associação Comercial de Lisboa remplace en 1855 la vieille Associação Mercantil Lisbonense, née tout de suite après la fin de la guerre civile — nouvel outil social dont le changement de nom même traduit une intention de modernité.

D'un autre côté, le commerce colonial et la mise en valeur des colonies commencent à intéresser les capitalistes. On y trouverait peut-être le salut de la patrie, d'après une idée du roi lui-même[7]... Dès 1851 Fontes se penchait sur les territoires d'outremer : le Conselho Ultramarino alors créé, sorte de centre d'études et base d'un nouveau système d'administration, traduit sa pensée que Garrett avait d'ailleurs devancée, en 1837[8]. Il est curieux de remarquer que cet intérêt n'allait pas sans susciter une attitude sentimentale et humanitaire bientôt exprimée dans deux traductions du célèbre roman anti-esclavagiste *Uncle Tom's Cabbin*, en 1853[9]. Les faits (les faits de civilisation) s'enchaînent : une Associação Promotora da Civilização em Africa verra le jour en 1856, l'année où se termine le processus de l'abolition de l'esclavage commencé deux ans auparavant, et où un magasin de Lisbonne prend le nom symbolique de « Casa Africana ». Huit ans plus tard sera fondée la Banque Nationale d'Outremer.

4. Idem, p. 27.
5. *Memorias do Marquês de Fronteira*, IV, 355.
6. Companhia do Credito Predial, fondée en 1864.
7. *Escritos de El-Rei D. Pedro V*, II, 107 (texte de 1855).
8. GARRETT, discours à la Chambre des Députés le 31 mai 1837.
9. Harriett BEECHER STOWE, *A Cabana do Pai Tomás ou a Vida dos Negros da America*, trad. par Francisco Ladislau ALVARES ANDRADA (Paris, 1853). Autre traduction, anonyme, à Lisbonne, la même année.

Vers la même époque, la production industrielle commence à
manifester une certaine consistance, dans la mesure où se multiplie
le nombre des chevaux-vapeur : environ 720 en 1852, presque dix fois
plus en 1860. Une Comissão Central das Maquinas a Vapor, qui devait
informer le gouvernement sur tous les problèmes concernant cette
invention, fut créée en 1853 ; sept ans plus tard s'organisa l'Associação Promotora da Industria Fabril. Des expositions se sont succédées à Lisbonne et à Porto ; une grande expositon internationale
couronna cet effort à Porto, en 1865. Cependant, on n'en publiait pas
moins une *Enciclopedia dos Artistas* (1863), collection de 1318 procédés industriels à l'usage des artistes et des familles — car on pensait toujours en termes d'« artiste », c'est-à-dire d'« artisan » et pas
encore d'« ouvrier »... Il était bien difficile de s'adapter aux temps
nouveaux. Une mentalité industrielle avait du mal à se définir au sein
de la société portugaise et l'industrie en pâtissait fatalement. Ses
champions s'entêtaient pourtant : « E pur si muove » affirmait un journaliste progressiste, en 1861, parlant de cette industrie apparemment
immobile[10].

Il va sans dire que les chemins de fer apportent ici un élément
décisif — payé par les capitaux nécessairement cosmopolites qu'il fallait attirer dans le pays. « L'organisation des finances publiques, ce
sont les routes, ce sont les chemins de fer, c'est le développement
du commerce et des industries, c'est l'amélioration des colonies »[11] :
Fontes définit dans cette phrase le dynamisme financier qu'il entend
imposer à la vie nationale. Les capitalistes peuvent être tranquilles :
leur avenir est assuré. Le Fontisme, dans la définition d'un grand
romancier, Camilo Castelo Branco, sera précisément, « la tranquillité
des capitalistes »[12]... La tranquillité qui leur est promise sera même
soutenue par un code civil que Costa-Cabral avait commandé en 1850
et dont le projet, publié en 1858, ne sera approuvé que neuf ans plus
tard, par le gouvernement de Fontes[13].

---

10. J. L. Oliveira PIMENTEL, *in Revista Contemporanea de Portugal e Brasil* (1861),
III, 251.

11. Discours à la Chambre des Députés le 11 février 1853. *In Diario de Lisboa* du
12 février 1853.

12. Camilo CASTELO BRANCO, *A Brasileira de Prazins* p. 148 (ed. coll. Lusitana).

13. Le projet du Code a été préparé par le vicomte de SEABRA et critiqué par une
commission composée par A. HERCULANO, V. FERRER NETO de Paiva et J. J.
OLIVEIRA PINTO.

Mais il est maintenant intéressant d'observer que cette tranquillité bourgeoise présente deux images dont une se tourne, de façon inattendue, vers la terre. En effet, le capitalisme, créé, ou aidé, par la Regénération, c'est-à-dire le « vicomte fontiste », peut s'adjuger la position de la vieille noblesse foncière dont les terres et les maisons ne sont plus protégées par le principe du majorat aboli en 1863. Mises en vente par des familles qui veulent se partager leurs biens, le nouveau potentat financier les achète — tout comme l'avait fait le « baron cabraliste », grand acheteur des biens monastiques dès 1834[14]. Encore une fois la ligne de succession est nette, et l'abolition du majorat devient un phénomène logique dans la conjoncture fontiste. Nous avons là une image passive définissant une situation qui, en fin de compte, contrarie le dynamisme du projet fontiste — une solution de facilité qui tendra à se figer dans une position réactionnaire. L'autre image de la tranquillité promise, celle du brassage des capitaux, porte un signe contraire : elle implique une activité nouvelle, et un rythme nouveau dans un processus social nouveau. La troisième période du romantisme nous dira comment ces deux images, ou ces deux états d'esprit, vont se comporter, selon quel dosage ils doivent intervenir dans la définition de la bourgeoisie capitaliste portugaise.

De toute façon, l'incidence des chemins de fer n'est pas seulement sociale par le truchement du domaine économique : elle l'est aussi à travers la catégorie inédite d'un nouvel élément culturel — la vitesse. La lenteur des voyages par des chemins mal tracés, à travers monts et vallées avait sans doute marqué le caractère archaïsant des hommes de 1840. Lisbonne était à huit jours de Porto, seconde ville du royaume distante de 70 lieues, par voie de terre. En 1859, Fontes créa la poste qui prenait 34 heures pour relier les deux villes — mais en 1864 on pouvait faire le voyage en quelques heures, par chemin de fer. Les distances s'annulaient donc et le rendement du temps augmentait — ce temps dont on commençait à prendre conscience qu'il valait de l'argent. En 1857, le télégraphe, autre initiative de Fontes, mettait encore un accent sur la nouvelle dimension du temps vécu, que l'information instantanée élargissait[15]. L'année précédente, on avait inauguré le premier tronçon de chemin de fer ; en

---

14. Voir Oliveira MARTINS, *Portugal e o Socialismo* (Lisbonne, 1873), p. 147-148 (2ᵉ ed.).

15. Il est curieux de remarquer qu'en 1845 paraissait à Lisbonne *O Telegrafo*, journal d'annonces, ce qui signifie une conscience du rôle de cet outil encore ignoré au Portugal.

1863, malgré la terreur de quelques-uns qui voyaient ainsi facilitée une invasion espagnole, le chemin de fer atteignait la frontière et pointait vers l'Europe : trois ans plus tard, il sera à Madrid. On assistera très bientôt à un virage philosophique et culturel, voire mental, qui définira, au-delà du positivisme de Fontes, et déjà contre lui, une nouvelle génération dressée contre l'ultra-romantisme ; ce phénomène n'est certainement pas sans rapport avec la liaison facilement établie avec Paris, plaque tournante de l'Europe pour les Portugais. Le Fontisme créa ainsi un outil précieux que le Cabralisme avait en vain essayé de se donner[16]. Garrett, dans les dernières lignes de ses *Viagens na Minha Terra*, jurait de ne pas utiliser « les chemins de fer des barons » — ironiquement convaincu de l'impossibilité où ils se trouvaient de réaliser leurs projets. C'était en effet trop tôt pour y arriver, dans le cadre national. Pour le Fontisme, pourtant, il s'agissait déjà d'une condition « sine qua non » de son existence et de sa formulation. Si le chemin de fer fut, pour la civilisation bourgeoise qu'il servait, une sorte d'arme à double tranchant, pour le moment, les effets sociaux de cet instrument nouveau paru avec un retard de trente ans sur l'Angleterre et de vingt ans sur la France, sur lequel on s'interrogeait encore, doivent être cherchés à l'intérieur du système qui, grâce à lui, s'est largement amélioré.

Le progrès était devenu un mot d'ordre. Il s'opposait au « fossilisme », dans le titre des revues de l'année[17]. Il s'opposait — mais il était vaincu, car la Nouvelle Année 1856 finissait par se marier à l'Ennui... Le « prophète du Progrès », Eugène Pelletan, n'en commençait pas moins à être cité et vénéré. Pour Castilho, il était « sans aucun doute, un des poètes en prose les plus insignes »[18].

Cependant, à Coimbre, le « Fossilisme » gagnait la partie. Si un Institut indépendant, sorte d'académie érudite, fondé en 1852[19], essaya alors de donner un sens plus moderne à des travaux de recherche, la

---

16. Benjamin de OLIVEIRA a voulu créer à Londres, en 1844, une compagnie à capitaux anglais pour construire une ligne de chemin de fer reliant Lisbonne à Porto. La même année, José Silva CABRAL, frère de Costa CABRAL, fonda la Companhia das Obras Publicas em Portugal qui devrait relier Lisbonne à la frontière espagnole. Cette société n'est jamais entrée en activité.

17. Manuel ROUSSADO, *Fossilismo e Progresso, revista em 3 actos e 6 quadros* (Lisbonne, 1856).

18. CASTILHO, « Conversação Preliminar » *in D. Jaime*, de Tomás RIBEIRO (Lisbonne, 1862), p. XLIII (ed. 1924).

19. L'Instituto de Coimbra resulta de la transformation de la Nova Academia Dramatica de Coimbra, fondée en 1839-40.

vieille université était toujours une usine de « bachareis » (en droit, surtout et de loin. . .)[20], dont on ne savait pas trop quoi faire (c'est Pierre V qui le dit). En 1854, on chercha en vain à briser son monopole pédagogique, distribuant les facultés entre Coimbre, Lisbonne et Porto[21] ; cinq ans plus tard, Fontes a pourtant pu réformer le Conseil Général de l'Instruction Publique qui devait siéger dans la capitale, dans le cadre d'une nouvelle direction générale du ministère de l'Intérieur. L'année suivante, un jeune étudiant de Coimbre qui deviendra célèbre, Antero de Quental, demandera la création d'un ministère de l'instruction publique[22] — mais les « lentes » de Coimbre cherchaient toujours à contrecarrer tout ce qui s'opposait à leurs privilèges et à leurs monopoles. Les étudiants sentaient certes l'absurde de la situation mais en 1861 ils ne savaient qu'organiser une société secrète qui avait pour but de sequestrer le doyen, personnage qu'on dirait sorti des cadres de l'Inquisition. La « Sociedade do Raio » tenait des séances mystérieuses derrière un cimetière ou à un endroit nommé la Vallée de l'Enfer, dans le meilleure tradition maçonnique[23]. . . Ce fut le dernier sursaut d'une suite de générations ultra-romantiques avant que le chemin de fer ne puisse jouer son rôle de véhicule culturel, dans cette ville provinciale et moyenâgeuse.

Cependant, les projets rocambolesques de la société secrète des étudiants annonçaient déjà, plus qu'un malaise, le commencement d'une révolution. L'année suivante les étudiants feront paraître un Manifeste à la Nation dont nous aurons à nous occuper.

A côté de cet enseignement figé, marqué encore par la réforme cabraliste de 1844, les années 50 ont vu naître ou se développer deux branches pédagogiques qui correspondaient à l'esprit de leurs fondateurs ou animateurs : un cours supérieur de Lettres et une Ecole Polytechnique qui, créée par le Septembrisme comme institut militaire, passa dans les cadres de l'enseignement civil, en 1859. Ce fut Pierre V qui créa le premier et Fontes qui donna un statut nouveau à la seconde. Il voulait l'imposer dans les habitudes de la capitale et la rue où se trouvait l'institution a reçu la même année le nom de

---

20. 35 % des inscriptions (moyenne des inscriptions à la Faculté de Droit : 450 sur 1300 dans l'ensemble des facultés) chaque année pendant la période 1850-64. Voir J. Silvestre RIBEIRO, *Op. cit.*, XVI, 297.

21. Voir Teofilo BRAGA, *Historia da Universidade* (Lisbonne, 1902), IV, 166.

22. Voir ANTERO de QUENTAL, *Preludios Literarios* (1860) *in Prosas* I (Coimbre, 1923), p. 11.

23. Voir Teofilo BRAGA, *Op. cit.*, IV, 489.

l'Ecole. La réforme de l'Ecole Polytechnique est venue confirmer une situation réelle, rendue évidente par l'Association des Ingénieurs créée l'année précédente et qui comptait déjà 33 membres. Elle permit la définition officielle d'ingénieur civil en 1864 et, enfin, la constitution d'une véritable association professionnelle en 1869. Ce mouvement vers un enseignement technique fut appuyé, à une échelle inférieure, par des Instituts Industriels fondés également par Fontes, à Lisbonne et à Porto, en 1852. Entre 1854 et 1861 la fréquentation de l'école de Porto augmenta de 50 %[24].

Le roi lui-même soulignait dans ses écrits la valeur d'un enseignement tourné vers des fins pratiques et il reliait volontiers la recherche scientifique à l'industrie. On lui doit aussi un Observatoire astronomique (1857) qu'il paya en partie de ses deniers. Les années 50 d'ailleurs ont vu se développer l'outillage scientifique : la carte géologique du pays fut achevée en 1852, la direction des travaux géodésiques fut créée en 1856, un observatoire météréologique fut fondé en 1853, un musée zoologique en 1858. Pendant cette décade également les mathématiques et la chimie firent l'objet de recherches remarquables[25].

Tout cela s'insérait sans doute dans le programme de progrès de Pierre V — mais son œuvre personnelle fut tout autre : le Cours Supérieur de Lettres, qu'il créa en 1858. Nous devons nous arrêter à l'histoire de ce cours qui tendait à devenir une faculté indépendante, car il faut nous demander comment une telle institution pouvait alors s'organiser, et dans quelle mesure elle pouvait compter sur les cadres enseignants. Dans les difficultés éprouvées par ce cours nous trouverons sans doute des symptômes assez clairs de la conjoncture culturelle nationale sur le plan des sciences humaines, dont Coimbre n'avait pas à s'occuper au-delà des limites de ses facultés de théologie et de droit.

L'idée avait été suggérée en 1823 par les vintistes et onze ans plus tard par Herculano[25](a) — mais c'est seulement en 1857 qu'un député a proposé la création de deux cours supérieurs, l'un à Coimbre (plus développé, hommage à la tradition universitaire) et l'autre à Lis-

---

24. Voir J. Silvestre RIBEIRO, *Op. cit.* XVII 172. Le nom d'Institut fut adopté en 1864.

25. Daniel A. da SILVA (1814-1878) fut un mathématicien fort doué. Julio de Oliveira PIMENTEL (1809-1884) fut un chimiste remarquable ; il est devenu vicomte de Vila Maior.

25 a. Voir Note n° 18, chap. I, 2ᵉ partie et HERCULANO, *Opusculos*, IX, 9.

bonne[26] ; devant son insuccès, Pierre V fonda un enseignement plus modeste de trois chaires, d'Histoire, de Littérature ancienne, et de Littérature moderne, surtout portugaise. Il y voyait un « commencement de réforme[27] de l'enseignement supérieur (...) dégradé de jour en jour par l'assèchement de ses racines ». Il le faisait parce qu'il était amené à penser que « la réforme harmonieuse et posée qu'on attendait paresseusement était loin d'arriver ». Le jeune roi voulait ainsi forcer la main à ses ministres : « Je vous laisse la Faculté des Lettres ébauchée et certes incomplète, mais telle que vous ne pouvez pas ne pas la mener à bien »[28]. Il avoue franchement ses plans. L'année suivante, Fontes, à nouveau au ministère, donnera un statut au Curso Superior de Letras, ajoutant deux chaires à celles créées par le monarque : l'Histoire Universelle et Philosophique et la Philosophie Transcendentale. Il contribuait ainsi à l'œuvre de son royal adversaire — tout en s'inspirant d'une thématique née au sein de l'Académie de Sciences Morales et Politiques de la monarchie de Juillet, où percent les idées de Guizot.

Pour la première fois, après la réforme pombaline reniée, la philosophie était jugée digne de faire l'objet de l'enseignement supérieur. Par là on pouvait enfin atteindre à la réforme des cours de philosophie dans les lycées, au sein desquels des polémiques avaient éclaté en vain durant les années 50[29] : la philosophie de Genovese y était toujours prisée[30] — et un professeur de Coimbre avait pu écrire en 1851 : « pour les Portugais, les réformes sont le passé des autres

---

26. José Maria de Abreu, discours à la Chambre des Députés, le 13 avril 1857.

27. On connait deux états de ce texte. Dans le premier le roi écrivit « reforma », dans le second « formação ». Le premier nous paraît plus logique. Il est probable d'ailleurs que le mot exact soit « reformação ». Voir note suivante.

28. *Cartas-Contemporaneos*, p. 245 (lettre au ministre des finances A. J. d'Avila, du 31 octobre 1858).

29. Voir José F. Marnoco e Sousa, *Algumas Reflexões sobre certos abusos ontologicos que se encontram nas Noções Elementares de Ontologia, Psicologia Racional e Teodiceia ou Metafisica de Genuense reformada por M. P. de A. e A. escritas em pró da religião e para desengano da mocidade* (Braga, 1856) et Manuel Pinheiro de Almeida e Azevedo, *A Hipocrisia Desmascarada, ou Historia da Famosa Embuscada a que se deu por titulo Algumas Reflexões sobre certos abusos ontologicos etc. e a respectiva refutação* (Porto, 1857). Voir aussi *A Semana* (1852) pp. 435, 493 et 512.

30. Sousa Doria, *Elementos de Filosofia Racional* (Coimbre, 1851, 1853, 1855, 1857, 1860, 1865, 1868) ne le répudiait pas.

nations »[31]. Maintenant, on voulait agir dans un tout autre esprit. Mais, au moment de nommer des professeurs, les difficultés commencèrent. Le roi avait tout de suite pensé à son vieux professeur A.J. Viale[32] pour la chaire de Littérature Ancienne, et à Castilho pour celle de Littérature Moderne — mais si le premier accepta, le second se déroba : il ne se considérait pas comme un savant et encore moins comme un orateur. Quant à la chaire d'Histoire, Pierre V avait pensé inviter ou du moins pressentir Herculano parce qu'il ne pouvait pas l'éviter — mais il ne voulait pas de lui, par crainte de lui offrir une tribune pour la propagande de ses idées « municipalistes »[34]. De toute façon Herculano refusa ; il resta Rebelo da Silva, disciple prudent d'Herculano, qui était un orateur célèbre ; celui-ci et Lopes de Mendonça, l'auteur de *Memórias dum Doido* qui s'était fait remarquer par des essais de critique littéraire[35], furent nommés aux postes vacants. Pour les deux chaires de philosophie il fallait penser à un concours et ce que le roi craignait se produisit : « Ce fut un combat de médiocres »[36].

Deux thèses soutenues en 1860 sur le rapport entre l'éclectisme de Cousin et la philosophie allemande[37] ne feront que confirmer les craintes de Pierre V : dans une de ces thèses, un spiritualiste enragé comparait même Cousin à Dumas et à Paul de Kock[38]. On voyait là le résultat d'un demi siècle d'enseignement figé, dans ces matières. Ce n'est que trois ans plus tard qu'on a pu nommer, de justesse, le modeste vainqueur d'un nouveau concours qui a traité, en quelque trente-sept pages, un thème plus général : les bases fondamentales de la philosophie de Descartes[39]. En 1863, un autre concours permet-

---

31. Manuel S. Pereira Jardim, *Relatorio e Programa para a Reforma da Filosofia Racional e Moral* (Coimbre, 1851), p. 6.
32. Antonio José Viale (1807-1889), helleniste consciencieux, auteur de *Bosquejo Historico-Poetico* (1856) et de *Miscelania Helenico-Literaria*.
34. *Escritos de El-Rei D. Pedro V*, V, 258 (texte s/d).
35. *Ensaios de Critica e Literatura* (Lisbonne, 1849) et *Memorias de Literatura Contemporanea* (Lisbonne, 1855).
36. *Cartas-Contemporaneos*, 247 (lettre à A. J. d'Avila du 31 octobre 1858).
37. Voir F. Adolfo Coelho, *Le Cours Supérieur de Lettres* (Lisbonne, 1900) et Manuel Busquets de Aguilar, *O Curso Superior de Letras*, 1858-1911 (Lisbonne, 1939).
38. J. S. Silva Ferraz, *Que relação há entre o Ecletismo de Cousin e a Filosofia Alemã* (Lisbonne, 1860), p. 13.
39. Augusto M. da C. e Sousa Lobo, *Memorias sobre as bases fundamentais do sistema filosofico de Descartes e sua influencia no desenvolvimento da filosofia* (Lisbonne, 1863).

tra de donner un titulaire à la chaire d'Histoire Universelle Philosophique, qui en 1860 avait vu exclure ses prétendants. Le sujet, « de
la nature et de l'étendue du Progrès considéré comme loi des Beau-
Arts », invitait, bien entendu, à suivre Hegel - sinon Pelletan[40]. Les
trois concurrents n'ont pas manqué de le faire et le vainqueur fut un
« bacharel » en droit, orateur applaudi et futur ministre, qui a soutenu
la thèse la plus brillante, exemple navrant de psittacisme philosophique et de totale ignorance dans le domaine des Beaux-Arts[41]...

L'aristocratie du talent « perpétuant l'espèce par l'enseignement »,
ne fut qu'un rêve de Pierre V[42]. Lopes de Mendonça lui-même n'a
jamais professé car le travail de préparation de ses cours l'a fait
sombrer dans la folie — et nous trouvons à sa place, pour quelque
temps, Mendes Leal, l'auteur célèbre d'*Os Dois Renegados*. En 1867
seulement un professeur sera nommé à titre définitif, A. Soromenho —
mais on était alors entré dans un nouveau cycle culturel au sein
duquel ce même professeur aura son rôle à jouer.

Pierre V avait une place réservée dans la salle : il allait écouter
Viale et Rebelo da Silva, attentivement, pour donner l'exemple — mais
son Cours présentait beaucoup moins d'avantages pratiques que le
cours de la Faculté de Droit et il était de loin le moins fréquenté :
40 inscriptions la première année, tout de suite tombées à 18-16-10
et zéro en 1864-1865. Parmi ces étudiants 16 seulement ont obtenu
leur diplôme. Pendant les quinze années suivantes la moyenne fut de
30 inscriptions et on a distribué au total 60 diplômes.

Projet optiuiste d'un jeune roi qui ne demandait qu'à être suivi, le
Cours Supérieur de Lettres pouvait aussi être considéré comme la
possibilité d'« orienter l'élaboration ardente et spontanée de talents
qui (...) manquent seulement de méthode et d'enseignement pour
donner un sens à leurs idées » ; il serait alors indispensable à l'orateur et à l'écrivain. Mais il devrait également « réveiller les imaginations de leur léthargie », à un moment difficile du romantisme. Le
journaliste qui écrivait ainsi en 1859[43], citant maintes autorités, dont

40. Le candidat P. Eugenio Avelino de MATOS s'inspira de *Le Monde Marche*, d'Eu-
    gène PELLETAN (Paris 1857).
41. Jaime de FREITAS MONIZ, *Memorias sobre a Natureza e Extensão do Progresso
    considerado como Lei da Natureza e sua aplicação especial às Belas Artes*
    (Lisbonne, 1863). Voir J.-A. FRANÇA, *A Arte em Portugal no seculo XIX*, I, 395.
42. Voir le brouillon d'une lettre au marquis de LOULÉ publié in Julio de
    VILHENA, *Op. cit.* III, 102.
43. J. M. Andrade FERREIRA, *in Revista Contemporanea de Portugal e Brasil*, 1859
    (texte recueilli *in Literatura, Musica e Belas Artes*, 1872, II, 15, 63).

le Villemain du *Cours de Littérature*[44] (qui, selon lui, devait être pris comme modèle à Lisbonne), posait le problème d'une façon trop idéaliste. Cette culture humaniste, que le roi souhaitait, cette « pensée regénération », dont Castilho parlait, espérant lui aussi le réveil de ce « lazarisme littéraire » dans lequel le pays était tombé[45], restera lettre morte. La « regénération » passait plutôt par les bancs de la Polytechnique, et toujours par ceux de la Faculté de Droit de Coimbre. Les décorations les plus recherchées n'étaient certainement pas celles de l'Ordre de Santiago-da-Espada du mérite scientifique, littéraire et artistique, qui, faute de ceux prônés par Garrett et Castilho, fut réformé en 1862[46] ; si Garrett avait été fait vicomte par la Regénération, en 1852, au cours d'années spécialement fructueuses en titres, ce ne fut qu'à cause de son activité politique.

Il convient pourtant de nous arrêter ici à certaines données de la statistique, car elles nous permettent d'ausculter cette société de barons cabralistes devenus vicomtes sous le Fontisme. Le nombre de titres créés en 1850-1865 fut à peu près égal à celui des titres de la période antérieure : quelque 170 ; mais il ne faut pas oublier que pendant les six ans du règne de Pierre V on n'a distribué qu'un total de 25 couronnes — contre 22 ou 23 dans chacune des années immédiatement précédentes ou suivantes. L'année 1862 fut même la plus généreuse de toute la série : le petit roi austère venait de mourir et la Regénération des capitalistes reprenait son train mondain... Déjà trois négociants avaient été couronnés à la veille du jour où Pierre V monta sur le trône ; trois autres le seront en 1862 ; un seul pouvait se vanter de lui devoir son titre, au moment solennel de l'exposition industrielle de Porto[47]. Le roi ne cachait d'ailleurs pas son antipathie

---

44. A. F. VILLEMAIN, *Cours de Littérature Française* (Paris, 1828-29).

45. Voir Julio de VILHENA, *Op. cit.*, IV, 106.

46. Voir *Diario de Lisboa*, octobre 1862.

47. Vicomte de Pereira MACHADO, capitaliste à Porto et Rio de Janeiro (le 18 sept. 1855). Le 11 septembre avaient été distribués les titres suivants : vicomtes de Carvalhido (négociant à Porto) et Sto-Antonio do Vale da Piedade (négociant à Porto), baron da Conceição (capitaliste). En 1862, ce fut le tour des vicomtes de Figueiredo (directeur de la Banque Commerciale de Porto), do Soto (banquier à Rio, dont la faillite deux ans plus tard provoquera une crise dans l'économie portugaise) et du baron de Nova Sintra (capitaliste à Porto et au Brésil). Voici la liste des titres distribués par Pierre V : marquis de Monfalim (maison Palmela), comte d'Acantara (un conseiller du roi de Prusse), vicomte d'Aljezur (maison Angeja), Cartaxo (capitaliste), Carvalho (professeur), Lagoaça (président du Conseil Municipal de Porto) Leceia (général), Moura (diplo-

pour la charité intéressée des capitalistes « brasileiros », chemin habituel pour obtenir des titres et des décorations[48].

Le pays ne changeait pas dans ses aspects extérieurs. Arrêtons-nous encore un moment au panorama d'une société qu'on aurait tort de croire tiraillée entre l'humanisme de Pierre V et la technocratie de Fontes. Elle demeurait plutôt indifférente à tant d'efforts — sinon morte, du moins endormie dans ses menus plaisirs... Regardons un peu vivre Lisbonne, la capitale du royaume fontiste de Pierre V, dans son existence quotidienne.

La population de la capitale s'était stabilisée au-dessous de 200 000 habitants ; le périmètre de la ville, tracé en 1852, n'était qu'illusoire car à l'intérieur subsistaient de vastes zones rustiques. On s'attendait pourtant en 1863 à ce que le chemin de ceinture devienne « une jolie promenade » capable de rivaliser avec les barrières de Paris[48](a). Le Passeio Publico était toujours le « rendez-vous de toute la société en robes à volants et en gants jaunes » — telle que l'avait vu un voyageur français en 1856[49]. L'endroit idéal, en somme, pour « jouir du parfum balsamique des fleurs et des sons mélodieux d'une musique martiale », comme l'affirmait un Guide de 1863[49] (a)...

De féériques illuminations au gaz, en 1851, ont inspiré les chroniqueurs : Lisbonne, qui avait vu apparaître le gaz au Chiado en 1848, commençait alors à participer d'un âge technologique[50]. Ses collines n'étaient-elles pas « éclairées par les myriades de lumières de leurs habitations » ?[50] (a). C'était une Lisbonne bourgeoise, enrichie, qui

---

47. *Suite.*
   mate), Passos (fille de Passos Manuel), Pereira (propriétaire), Pereira Machado, Reboredo (diplomate), Sta-Isabel (député), Sta-Luzia (services rendus par sa famille), Sta Quiteria (diplomate), Tavira (général), barons d'Erlanguer (consul de Prusse), Fonte do Mato (propriétaire). Remarquons encore que Pierre V a voulu faire comte de Geraz de Lima, Rodrigo da Fonseca ou son fils ; ceux-ci n'ayant pas accepté le titre, il fut donné à la veuve de Fonseca fils, en 1868.

48. *Cartas-Contemporaneos*, 142 (lettre au vicomte d'Atouguia du 11 février 1856).

48 a. *Novo Guia do Viajante em Lisboa e seus arredores* (Lisbonne, 1863, 2° ed.) p. 148.

49. Olivier MERSON, *Lisbonne, Histoire, Monuments, Mœurs* (Paris, 1857), p. 60.

49 a. *Novo Guia...* p. 46.

50. Voir Joel SERRAO, *Temas Oitocentistas* (Lisbonne, 1862), II, p. 41. La concession publique avait été donnée en 1846 à Claudio A. da COSTA et Y. DETRAY. La municipalité recevait des propositions depuis 1836 (J. M. O'NEILL). Remarquons pour la signification sociale du nouveau type d'éclairage que CAMILO aura l'idée de lancer un hebdomadaire sous le titre *Um Bico de Gaz* (1854).

50 a. *Novo Guia...* p. 46.

construisait déjà des « palacetes », qui s'offrait un parc à Estrela,
dans le style anglais, « imitant scrupuleusement la nature »[51] — et un
restaurant de luxe renouvelé « avec tout le goût parisien »[52], en 1851.
Elle aura son caf'conc six ans plus tard, à côté du Chîado (« remarquable par son élégance et son service à la française ») et un autre près
du Passeio Público ; elle aura ses musées de figures de cire, en 1851
et 1863, grande curiosité de l'époque. Elle avait toujours le Chiado,
ses clubs, ses journaux, le Marrare, les églises et les processions,
l'opéra de São Carlos et les Cortès de São Bento... L'« Ennui », qui
se mariait à l'« Année 1856 » dans l'apothéose d'une revue, planait
pourtant toujours sur la capitale du royaume.

En 1857 un autre chroniqueur accusera ironiquement le chemin
   Pendant quinze ou vingt ans encore, la vie lisbonnaise ne changera pas : elle se développera à peine, dans le sens que les années
40 avaient défini. Des bals aristocratiques (toujours les Viana et les
Carvalhal) altéraient à peine une vie tranquille qui n'avait pas encore
son romancier et dont les feuilletonnistes que nous connaissons,
Lopes de Mendonça et J.-C. Machado, s'occupaient de façon aimable, contents d'eux-mêmes et de ce que la vie leur offrait, avec les
petits moyens de la civilisation — même s'ils trouvaient que « la vie de
Lisbonne ne suffisait pas à alimenter un feuilleton... annuel »[52] (b)...
Ils pouvaient cependant écrire des *Leituras para Caminhos de Ferro*[53].

   En 1857 un autre chroniqueur accusera ironiquement le chemin
de fer, le gaz et le télégraphe de venir perturber la « nullité patriarcale » de la capitale : « Pourquoi le gaz serait-il venu annoncer que
la roue fatale du progrès venait te voler une partie des charmes de
ta fadeur ? »[54]. Les observations des feuilletonnistes s'enchaînent et
se répètent au long des années 50 : ville insipide, chaque saison y
était « une série de journées mal vécues et ennuyeuses, lorsque la
bouche s'ouvre pour bailler et non pas pour rire, lorsque l'esprit formule plus de plaintes que de projets »[55]. On dormait trop — car « on

---

51. Voir *Arquivo Pitoresco* (1858), II, 129.

52. Restaurant Mata, fondé en 1848. Voir J. PINTO de CARVALHO-TINOP, *Lisboa de Outrora*, I, 145.

52 a. *Novo Guia...*, p. 38.

52 b. J. C. MACHADO e A. HOGAN, *A Vida em Lisboa* (Lisbonne, 1861) p. 2.

53. Collection lancée en 1863 par la librairie Campos Jor. rue Augusta, à Lisbonne.
On connait deux volumes de J. C. MACHADO : *Contos a Vapor* et *Trechos de
Folhetim*.

54. Francisco Maria BORDALO, *Viagem à Roda de Lisboa* (Lisbonne, 1857), p. 10.

55. Anonyme *in A Semana*, février 1851, p. 63.

n'avait rien à faire... »[56] Tout était prétexte à événement. « Une petite extravagance était un scandale ; une tasse de thé et des toasts après minuit était une orgie »[57].

Ces plaintes ne font pourtant que cacher une résignation aimable, une sorte de contentement provincial. Malgré tout, il y avait le Chiado dont un journal commença à publier les *Misterios*, en 1851[58]. A ces deux hauts lieux, l'Opéra et le Marrare (dont on annonçait déjà la décadence en face du Clube da Peninsula qui montait[59]), il fallait ajouter alors un troisième symbole : Mme Levaillant qui habillait le grand monde, en lui offrant, du même coup, de discrets lieux de rendez-vous et des grisettes importées de Paris.

La vie du demi-monde, animée par ces grisettes et par l'esprit canaille des danseuses de can-can des Caf'conc, ou encore par de pauvres lorettes nationales dont on cherchait à établir une « physiologie » assez invraisemblable[60], était pourtant bien sordide[61].

Cependant, entre les café-concerts et le Passeio Público apparaissait, vers le commencement des années 50, une nouvelle possibilité de plaisir : la Floresta Egipcia, rendez-vous d'une grande partie du monde élégant[62]. C'était un jardin de délices, fondé juste en face de l'hôtel Palmela, dans les terrains de l'ancien hôtel du premier des grands bourgeois pombalins[63]. Un voyageur français de 1856 ne manquera pas de comparer cet endroit à ses modèles parisiens : « bien tenu, bien soigné et conçu sur le patron de Mabile... moins le luxe, la foule, l'animation, la gaieté et l'orgie »[64]. On peut conclure qu'il ne restait pas grand chose à la Floresta Egipcia — ou, pour employer les mots mêmes de ce voyageur, qu'elle était « froide, mesquine, terne et fade ». Elle n'en était pas moins un des deux lieux privilégiés de l'amusement à Lisbonne. Le Marrare et la Floresta Egipcia étaient, pour

---

56. Julio Cesar MACHADO, *Cenas da Minha Terra* (Lisbonne, 1862), p. 193.

57. Julio Cesar MACHADO, *Claudio* (2ᵉ ed. 1875), p. 239.

58. Anonyme, *Os Misterios do Chiado*, in *A Semana* (1851), II, p. 3.

59. Voir *A Semana*, mars 1851, p. 144.

60. J. M. Andrade FERREIRA, *O Baile Nacional e os seus Misterios - Fisiologia das lorettes de Lisboa e dos seus amantes* (Lisbonne, 1860).

61. Voir Josephine NEUVILLE, *Memorias da Minha Vida* (Lisbonne, 1864). Mme NEUVILLE était la nièce de Mme LEVAILLANT. Ses mémoires vont jusqu'en 1857.

62. *Revista dos Espectaculos*, n° 29 (juin 1854), p. 231.

63. Jardins de l'hôtel CRUZ ALAGOA, rue Escola Politecnica, 161-195.

64. Olivier MERSON, *Op. cit.*, p. 255.

J.-C. Machado, le décor obligatoire d'un roman contemporain — « les endroits de Lisbonne les plus distingués »[65]. On venait de chez Marrare à la Floresta Egipcia, mais on y voyait également le commis de la Baixa qui payait à grand peine une entrée assez chère[66]. Cela aussi nous amène à constater le caractère factice de la vie lisbonnaise, vécue au-dessus des moyens étriqués des bourses petites-bourgeoisie.

Ce monde lisait très peu mais des journaux littéraires et de récréation paraissaient chaque semaine. Le *Panorama* déclinait, mais déjà l'*Arquivo Pitoresco*, fondé en 1857 et qui durera onze ans (et, à un niveau inférieur, l'*Arquivo Familiar* (1857-1861), attelé à « la pureté des éternels principes conservateurs des sociétés »)[67] proposaient des images plus parfaites qui éveillaient la vue, dans un « modus » mental tout nouveau. Une revue littéraire a vu alors le jour ; elle aura la plus grande importance. La *Revista Contemporanea de Portugal e Brasil*, fondée en 1859 et qui paraîtra jusqu'en 1865, était une sorte de temple de l'éloge mutuel. Dirigée par un bourgeois riche et élégant, auteur de pièces applaudies, E. Biester[68], comptant respectueusement sur la collaboration artistique du roi Ferdinand de Cobourg lui-même, elle imitait l'allure compassée de la *Revue des deux Mondes*. Remarquons pourtant que si *A Semana*, dirigée par le poète João de Lemos, qui voulait moderniser la formule de la *Revista Universal*, valait mieux, elle n'était pas parvenue à intéresser le public, en 1850-1851, et sa publication s'était soldée par des pertes considérables. Quant au plus grand des quotidiens, *A Revolução de Setembro*, il ne cherchait plus le scandale car il était devenu l'organe du gouvernement. Le *Suplemento Burlesco ao Patriota*, qui avait fustigé de ses caricatures les tenants du cabralisme, s'est tu en 1853, et le *Jornal para Rir*, paru en 1856, faisait état d'un humour bon enfant, à l'image de la situation sociale.

... Derrière tant de tranquillité et de confiance, quelque chose se préparait, pourtant, sous le nom de révolution, de république et de socialisme.

---

65. Julio Cesar MACHADO, *A Vida em Lisboa*, I, p. V. L'adaptation théâtrale de ce roman, réalisée par l'auteur et Alfredo HOGAN en 1861, situe la première scène à la Floresta Egipcia.

66. 160 reis, soit 20 $ 00/1974.

67. *O Arquivo Familiar*, n° 1, Lisbonne, le 26 septembre 1857.

68. Ernesto BIESTER (1829-1880) publia plusieurs pièces théâtrales jusqu'en 1871 et en traduisit d'autres ; il fut le fondateur de la *Revista Contemporanea de Portugal e Brasil* (1859-65). Voir *O Ocidente* N° 73 du 1er janvier 1881.

CHAPITRE III

RÉPUBLICAINS,
SOCIALISTES ET RATIONALISTES

Le 25 avril 1848, deux mois après la chute de Louis-Philippe, en France, paraissait à Lisbonne un journal clandestin appelé *A Republica* — « Journal du Peuple », qui durera deux mois. Le drapeau rouge qui ornait le titre, brandi par un révolutionnaire, haut-de-forme à la main, épée à la ceinture, portait la légende « Igualdade ». Une autre légende enveloppait le tout : « Respublica circumit Orbem ». Ainsi le Portugal prenait-il part au grand mouvement international de 48. L'« Egalité » annoncée par le révolutionnaire bourgeois de la gravure aux traits naïfs, allait de pair avec la « Liberté » et la « Fraternité » qu'un autre journal, clandestin et éphémère lui aussi, prônait déjà. Ce journal s'appelait *O Regenerador*[1] ; l'esprit 1820 revenait donc mais son mot-clé aura un sort tout différent. *A Fraternidade* sera d'ailleurs le titre d'un autre journal clandestin qui publia deux numéros en mai[2]. Dès 1847 paraissait à Porto *O Eco Popular* qui se maintiendra plus longtemps et dont les sympathies républicaines, au moment de la révolution parisienne, ne laissent pas de doutes.

« République ! ! (...) Gouvernement de l'Egalité ! Gouvernement de la liberté sans abus ! Gouvernement d'amour entre tous les hommes ! Gouvernement angélique ! »[3] — la déclaration de principes d'*A Republica* nous plonge tout de suite dans un univers idéal, digne des anges, univers utopique qu'aucune structure idéologique ne soutenait.

---

1. Paru à Lisbonne, le 16 mars 1848. Vers la même époque sont parus à Lisbonne *O Republicano* et *A Alvorada*. Tous ces journaux étaient clandestins ou à demi clandestins. Voir A. X. Silva PINHEIRO, *O Jornalismo Português* (Lisbonne, 1896) et José TENGARRINHA, *Historia da Impressa Periodica Portuguesa* (Lisbonne, 1965).

2. Voir supplément spécial du 7 mars 1848.

3. Editorial d'*A Republica* du 25 avril 1848.

Un mois plus tard, pourtant, trois personnalités septembristes, révolutionnaires de Maria-da-Fonte, le tribun José Estevão, le journaliste Sampaio et l'économiste Oliveira Marreca, se constitueront en Comité Révolutionnaire pour étudier les possibilités d'un changement de régime. Ce « Triumvirat Républicain », comme les bourgeois l'appelaient[4], se dissoudra pourtant au moment de la Regénération à laquelle les deux premiers membres devront adhérer, bien qu'impliqués alors dans une confuse conspiration « des Hydres », opération presque régicide[5]. Le seul républicain conscient était Marreca dont l'œuvre et la vie témoigneront d'une calme cohérence doctrinaire.

La république, aperçue par les Vintistes dans leur horizon nuageux, défendue de façon inattendue par Castilho dans sa préface aux *Paroles d'un Croyant*, en 1836, n'était toujours qu'une idée trop vague en 1848 ou en 1849 — idée importée que le bon Passos Manuel n'avait pas prise en considération[6]. Les étudiants de Coimbre ne l'en saluaient pas moins[7], et la présence de deux princes de la maison d'Orléans, Aumale et Joinville, alors réfugiés à Lisbonne[8], en concrétisait la menace auprès du trône portugais, qui venait d'être ébranlé par une féroce campagne anti-cabraliste.

L'horizon se chargeait : l'histoire de la nouvelle révolution française par Lamartine sera traduite dès 1849[9], et cette même année, un autre réfugié, Kossuth, vaincu dans sa Hongrie natale, passera lui aussi par Lisbonne. Il recevra alors l'hommage d'un Centro Eleitoral Operario, avant de donner son nom à une loge de la Carbonaria, à Coimbre, en 1853[10]. D'ailleurs, la chute de la Hongrie comme la chute

4. Voir Augusto José VIEIRA, *Historia do Partido Republicano Português* (Lisbonne, 1909), p. 128.
5. *Memorias do Marquês de Fronteira*, IV, 298-300.
6. On lit dans *Republica Portuguesa* (Coimbre, mai 1873) qu'en 1829, dans l'île Terceira (Açores) qui résistait alors toute seule contre le gouvernement de D. Miguel, un général Marinho avait eu l'idée de proclamer la République des Etats Unis Portugais d'Outre-mer. Luz SORIANO (*Historia da Guerra Civil*, III-3) n'en parle pas, bien qu'il ait assisté aux événements de l'île ; il ne mentionne pas non plus le « général Marinho », alors qu'il donne les noms des commandants militaires de l'île, tous de grade inférieur. On sait pourtant qu'en 1842 le général Joaquim PEREIRA MARINHO dirigeait la Carbonaria au Portugal (voir M. BORGES GRAINHA, *Historia da Maçonaria em Portugal*, p. 132).
7. Voir Teofilo BRAGA, *Historia da Universidade de Coimbra*, IV, 179.
8. *Memorias do Marquês de Fronteira*, IV, 296.
9. LAMARTINE, *Historia da Revolução Francesa de 1848, in O Nacional*, à partir du 25 août 1849.
10. Voir BORGES GRAINHA, *Op. cit.*, 133.

de Vienne avaient déjà inspiré respectivement une poésie à Gomes de Amorim, « poète ouvrier » et un « poème socialiste » en dix chants à un partisan de Porto[11].

Les idées républicaines, même si elles bénéficiaient des doctrines de Marreca, « économiste humanitaire », disciple avoué de J.B. Say[12] comme Fontes (et professeur d'Economie Politique à l'Institut Industriel créé par celui-ci), s'insérait dans le processus libéral individualiste fondé par Mousinho de Silveira ; au fond, elles ne faisaient que marquer une tendance en faveur de la petite-bourgeoisie, baptisée du nom de peuple, contre les intérêts des oligarchies cabraliste et fontiste. Le formulaire républicain, jusqu'à la constitution d'un parti unitaire, en 1876 (qui sera présidé par Marreca, alors septuagénaire), et même après, demeurera trop attaché à des perspectives politiques illusoires. Fédéralistes et même ibéristes, ou centralistes, ses partisans n'étaient pas loin de mériter le sobriquet, plutôt sympathique et plus ironique que méchant, de « Clube dos Lunaticos » lorsqu'ils se réunissaient vers 1864[13]. Après plus de quinze ans d'endoctrinement, le peuple de Lisbonne avait trouvé, peut-être, le mot juste, pour critiquer des idées qui ne pouvaient rien contre l'optimisme, ou le scepticisme actif, du monde fontiste. Le futur, *O Futuro*, que le titre d'un journal républicain annonçait en 1858-1860, se présentait sous un aspect assez utopique sinon comique...

En même temps, pourtant, la pensée politique de l'opposition commençait à adopter une perspective économique qui, en tant que produit de la révolution de 48, répondait beaucoup mieux à l'essor de la bourgeoisie. Le socialisme fit ainsi son entrée dans le cadre idéologique portugais vers 1850, encore sous le Cabralisme. Les tenants du régime n'hésitaient d'ailleurs pas à appeler « socialiste », ou « communiste », ou même « rouge », les journaux de l'opposition, dont *A Revolução de Setembro* lui-même[14]. Dès 1848 trois étudiants en Droit

---

11. Luis M. de Carvalho Saavedra Donas-Botto, *A Queda de Viena poema socialista em 10 cantos em que se falam nas principais questões sociais que agitam os sabios e reformadores contemporaneos e com especialidade na miséria das classes operarias* (Porto, 1848).

12. Voir Oliveira Marreca, *Noções Elementares de Economia Politica* (Lisbonne, 1838) et *Relatorio Geral do Jurado da Exposição da Industria de 1849* (Lisbonne. 1850).

13. Oliveira Marreca, Elias Garcia, Giberto Rola, Saraiva de Carvalho et Bernardino Pinheiro.

14. Voir *A Liberdade zomba da calunia* (Lisbonne, 1848). Il se réfère à *A Revolução de Setembro* et à *O Patriota*. En 1848 avait été publié *Filosofia Popular de Cousin*, traduction de M.J. Cabral, dédiée au duc de Saldanha, contre l'école socialiste.

qui avaient participé du mouvement de la « Patuleia » (Casal Ribeiro, Custodio José Vieira et Marcelino de Matos) publient ou annoncent des brochures aux titres révélateurs où il est question du changement des temps ou du socialisme qui arrivera « bientôt » — textes idéalistes, utopiques et généreux[15]. La même année paraît à Lisbonne une brochure signée du nom de Guérin de Vitry, *Que é o Comunismo ?*, défense passionnée de principes communitaires et de solidarité humaine[15] (a). En 1849 le *Panfleto Socialista* placera la propagande sur la voie fouriériste, alors que les trois cahiers d'*A Biblioteca Socialista* recueillent des textes de vulgarisation. L'*Eco dos Operarios*, paru en avril 1850, à Lisbonne, fouriériste déclaré lui aussi, fut le premier organe périodique d'un mouvement socialiste tâtonnant mais qui disposera la même année d'un hebdomadaire à Porto, *A Esmeralda*. La presse coûtait cher (« silence aux pauvres ! » avait dit Lamennais) et chacun de ces journaux ne durera que jusqu'à l'année suivante. En 1852 paraissait pourtant à Porto *A Península*, dont le fondateur, Bernardino Pinheiro, un des « Lunatiques », s'occupera de l'organisation de la Société Universelle, sous la forme d'une fédération inspirée de certaines idées anglo-américaines. L'« homme naturel » de Jean Jacques et de Bernardin de Saint-Pierre, et le Saint Simon de la *Réorganisation de la Société Européenne*[16] définissaient cette utopie qui n'aura évidemment pas de suites dans un cadre idéologique national fort modeste.

Le titre de l'*Eco dos Operários* (qui correspondait mieux à cette modestie), s'inspirait visiblement de celui de l'*Eco Popular* (qui était en relation étroite avec *A. Esmeralda*)[17] ; mais maintenant ce n'est plus l'entité vague, « le peuple », qui est en cause, mais « l'ouvrier », acteur, sinon protagoniste d'une nouvelle situation socio-économique. On peut déjà parler de « classe ouvrière » dans le prospectus du journal qui adoptera comme légende : « écrit par des littérateurs et des ouvriers ». L'ouvrier qui entra dans la rédaction était un typographe[18] ; il appartenait à la profession manuelle la plus instruite et la plus cons-

---

15. Voir Victor de Sá, *A Crise do Liberalismo...*, pp. 312-318.

15 a. Traduction de João Maria Nogueira, qui avait déjà traduit Lamennais (voir Inocencio, *Op. cit.*, III, 412).

16. Bernardino Pinheiro, « Ensaio sobre a Organização da Sociedade Universal », *in O Instituto*, 1863 (article inachevé). L'auteur reprendra son texte dans l'édition de son roman *Sombras e Luz* (Porto, 1863).

17. On s'abonnait à *Esmeralda* aux bureaux de l'*Eco Popular*.

18. Francisco Vieira da Silva Jor.

ciente politiquement. Ce seront les typographes qui, en 1852, l'année même où la Regénération publiait son Code Pénal interdisant des mouvements grévistes, réaliseront la première grève au Portugal, d'où sortira une Association de classe présidée par un des directeurs de l'*Eco dos Operários*[19].

Journaux socialistes et associations de classe se développent donc en même temps, maille d'un filet de plus en plus serré. En 1849 fut créée une « Liga dos Interesses Industriais » pour les classes qui vivaient du travail industriel[20]. L'Associação dos Operários, née en 1850 et dirigée par un ancien « arsenaliste »[21], donnera naissance, deux ans plus tard, au Centro Promotor dos Melhoramentos das Classes Laboriosas, dont Herculano et Castilho deviendront membres[22], et qui sera la source d'un futur parti socialiste fondé en 1875.

On verra apparaître plus tard une Associação Promotora da Educação Popular (1856) — et même, en 1858, grâce à Herculano, une Associação Promotora da Educação do Sexo Feminino — qui ouvrira de nouvelles perspectives à la femme que la « civilisation libérale » avait mise sur le chemin de l'émancipation sociale et psychologique. Un Gremio Popular (1857) fondé par un typographe, donnera lieu à une Associação da Civilização Popular (1859) à laquelle Castilho prêtera sa collaboration. Il s'agit d'associations mutuelles et d'instruction publique, dans une ligne définie déjà sous le Septembrisme ; les désignations adoptées rappellent d'ailleurs les premiers temps du libéralisme, alors qu'il fallait également « promouvoir » des activités, allumant les lumières d'un « civilisation » nouvelle.

Un élément, ou des éléments nouveaux intervenaient pourtant qui changeaient l'aspect de ces associations : le vocabulaire ayant suivi l'évolution de la conjoncture sociale[23], leurs membres commençaient à se définir comme des « ouvriers » et non plus comme des « artistes » ou des artisans. Certes, le terme « artiste » persistait, à Porto surtout, où des journaux de tendance socialiste l'utilisaient dans leurs titres, au cours des années 50 et même 60, avant l'exposition de 1865[24] —

---

19. Voir J. TENGARRINHA, *Op. cit.*, p. 173.

20. Voir *Revista Universal Lisbonnense* du 30 août 1849.

21. Président MORAIS MANTAS, secrétaire A. P. LOPES de MENDONÇA (voir *O Eco Popular* du 22 juillet 1850).

22. Voir *Almanaque Democratico* (Lisbonne, 1856).

23. Voir Joel SERRADO, *Op. cit.*, I, 157 et J. A. FRANÇA' *Op. cit.*, I, 401.

24. *O Artista Portuense* (1855), *União Artistica* (1855), *Eco Artistico* (1863). Signalons, sur le monument élevé à la mémoire de Pierre V en 1862 : « Avec la reconnais-

mais, dans le milieu plus radical de Lisbonne, il tendait à être remplacé par le mot plus « moderne » d'« ouvrier »[25]. La nouvelle désignation correspondait à une conscience nouvelle et les gouvernements s'en rendaient compte, eux-aussi. Ils laissaient donc en souffrance la législation sur la liberté d'association[26]. Déjà Pierre V manifestait de sérieuses préoccupations sur les « contacts dangereux » que ces sociétés suscitaient, préoccupations que l'« histoire des événements modernes » n'était certainement pas sans autoriser — surtout pour quelqu'un qui, un peu puérilement, souhaitait voir Proudhon et Fourier enfermés à Charenton[27]...

Au cœur d'une situation qui prônait le « laisser faire » économique, tout projet d'association était forcément suspect. Si en 1864 un professeur de l'université de Coimbre, gagné aux idées de Krause, Costa Lobo, voyait dans l'association le lien entre l'individu et l'Etat[28], en 1852, au moment même où ces mouvements prenaient forme, un autre professeur, fidèle aux idées de J.-B. Say (qui étaient celles du roi et de Fontes) et imbu d'« économie politique chrétienne » selon Bergemont, écrivait encore : « Les principes des socialistes et des communistes sont diamétralement opposés à quelques-uns des principes les plus fondamentaux de l'économie politique, laquelle enseigne que la liberté et la prospérité individuelle sont les premières conditions de l'emploi actif et diligent du travail »[29].

C'était en vain que Garrett traçait les lignes suivantes (qui sont peut-être les dernières sorties de sa plume) dans un roman qu'il

---

24. *Suite.*
   sance des artistes de Porto ». Il faut remarquer qu'à Coimbre, milieu plus arriéré du point de vue industriel, paraissait *A Voz do Artista* encore en 1878-79 et de nouveau en 1884. Des journaux du même titre paraîtront à Vila Real (1887) et à Abrantes (1897).

25. *O Eco dos Operários* (1850), *A Voz do Operário* (1879), *O Protesto Operário* (1882 et 1886) (mais aussi *Jornal dos Artistas* - 1860). Signalons à Porto : *A Voz do Operario* (1853) et *O Operario* (1879). Voir César NOGUEIRA, « A Imprensa Social e Operaria » in *O Pensamento* (Porto, 1955).

26. Décrets du 15 juin 1870, du 27 décembre 1870, du 29 mars 1890 ; loi du 7 août 1890 ; décret du 9 mai 1891 (voir F. PITEIRA SANTOS, « Associação », *in Dicionario da Historia de Portugal* (Lisbonne, 1963).

27. *Cartas-Principe Alberto*, 94 (lettre du 17 déc. 1855) et *Cartas-Contemporaneos*, 110 (lettre à Rodrigo da FONSECA du 24 nov. 1855). Voir *Escritos* II, 23 (texte de 1855).

28. A. de Sousa Silva COSTA LOBO, *O Estado e a Liberdade de Associação* (Coimbre 1864).

29. Adrião FORJAZ de SAMPAIO, *in O Instituto* (1852 --I, 168). Cité par Victor de SA *Perspectivas do seculo XIX* (Lisbonne 1964), p. 67.

laissa inachevé en 1854 : « Si l'Evangile est socialiste... Si l'Evangile est le livre de Dieu qui ordonne aux hommes de s'aimer comme des frères et comme des égaux... »[30]. Il ne savait peut-être pas conclure, mis en présence des données nouvelles et de gens nouveaux.

Le jeune Henriques Nogueira, homme de la génération suivante, née dans les années 20, trouve, quant à lui, le moyen d'échapper à un tel doute, faisant appel « à la sensibilité des âmes généreuses » et « à la droite des intelligences élevées », dans le romantisme social ou socialiste qu'il prône, dans ses études théoriques et dans son action pratique.

On a déjà parlé de la « génération de 52 »[31], qui, définie au seuil de la deuxième période romantique, marque l'opposition idéologique la plus ferme aux solutions capitalistes de Fontes Pereira de Melo, lequel, apparu sur la scène politique en 1851, appartient à cette même génération.

Une vue schématique de la situation nous montre donc, d'un côté, un groupe de jeunes intellectuels indépendants qui voulaient créer un appareil économique et politique entièrement nouveau, ou presque, et, de l'autre côté, un jeune ingénieur qui préférait se servir de l'appareil existant, à peine discipliné, pour donner corps à ses projets économiques. Entre les deux pôles, un jeune souverain solitaire, trop orgueilleux pour comprendre les uns, trop vaniteux pour suivre les autres... Nous avons déjà analysé la façon d'agir, voire le style de Fontes, qu'une opposition parlementaire, dite « historique » de septembristes plus méfiants, devait, en fin de compte, imiter. La véritable opposition, qui demeurait étrangère au système, à ses vices comme à ses avantages, et qui se définissait en situation de rupture, n'avait aucunement la possibilité d'agir ; elle ne pouvait faire que critiquer. Et ce fut son rôle — jusqu'à ce que, quinze ans plus tard, une autre génération vienne prendre sa relève. En face de la toute récente (et encore considérable) opposition féodalisme-capitalisme, ou libero-capitalisme, cette nouvelle alternative, représentant un autre modèle social, n'avait pas de poids. Les rapports de production définis alors dans le pays ne pouvaient certainement pas la justifier et la mentalité de la classe opprimée, à peine sortie d'une situation de Tiers Etat, ne saurait nourrir des aventures idéologiques exigeant une conscience autre.

---

30. GARRETT, *Helena* (1854). Ed. *O.C.* II, 145.

31. Victor de SÁ, *perspectivas de seculo XIX*, pp. 199 et suivantes.

Les deux directeurs de l'*Eco dos Operários*, le feuilletonniste Lopes de Mendonça, qui venait de publier les *Memorias dum Doido* où nous avons vu éclater ses protestations passionnées, et l'ingénieur Sousa Brandão, contemporain de Fontes dans le Génie mais formé à Paris aux Ponts et Chaussées, marquent deux positions différentes dans le processus des idées socialistes au Portugal. Chez le premier, nous trouvons dès 1843, alors que, tout jeune, il essayait les premiers pas dans la carrière littéraire[32], une sorte d'humanitarisme social qui devra évoluer vers une position révolutionnaire plus nette. Dans la préface à la première édition de ses *Ensaios de Critica e Literatura* (1849), il évoque le socialisme contre « les honteux calculs de l'individualisme » qui tend à « assujettir les classes inférieures par l'esclavage prolongé du salaire »[33]. L'année suivante, il sera encore plus clair et plus ferme. Il écrivait alors dans les colonnes de l'*Eco dos Operários* : « Le socialisme, pour triompher, doit agir par la négation, il doit être uniquement révolutionnaire » ; « la démocratie prétend faire naître la réforme sociale sur les ruines des institutions abolies ». Pour lui, tout système, qu'il soit de Fourier ou de Blanc, ne saurait être accepté : « l'homme (n'est pas) un mannequin social » et, refusant toute utopie, il conseille : « consumons l'œuvre de la révolution et confions ensuite aux efforts des prolétaires la reconstruction de la société émancipée »[34].

Champion de l'ultra-romantisme, Lopes de Mendonça poussera la position « gauchiste » anti-cabraliste, ou « patuleia », de celui-ci, à une situation extrême. La terreur et la souffrance qu'il appréciait chez ses auteurs favoris ne le gênaient nullement dans sa profession de foi révolutionnaire — à vrai dire, il était un poète, et son attitude appartenait à un même mouvement d'âmes insatisfaites et généreuses que les réalités du matérialisme ne venaient pas encore ternir... Comme le dira Antero de Quental trente ans plus tard, « il ne pouvait être plus qu'une voix sans écho sérieux, un généreux dilettante révolutionnaire, un précurseur innoffensif »[34] (a). Vers 1855, la maturité le rendra moins enthousiaste ; il se défendra de moins croire à ses idées[35], mais, entre-temps, il n'en avait pas moins fait l'éloge de la

---

32. A. P. Lopes de Mendonça, *Cenas da Vida Contemporanea* (Lisbonne, 1843).

33. A. P Lopes de Mendonça, *Ensaios de Critica e Literatura* (Lisbonne, 1849), p. XI.

34. A. P. Lopes de Mendonça, *in Eco dos Operarios* des 22 août et 7 déc. 1850.

34 a. Antero de Quental, *in Prosas* ,II, 304 (texte de 1880).

35. A. P. Lopes de Mendonça, *Memorias de Literatura Contemporanea*, p. IX.

régence de Ferdinand de Cobourg (1853-1855), pour son esprit conciliateur[35] (a).

Quant à l'ingénieur Sousa Brandão, sa position est paradoxalement plus confuse, du point de vue idéologique : demeurant individualiste, considérant toujours la propriété comme « la base de tout progrès futur »[36], il mélange des théories de Fourier et de Proudhon et devient le champion des associations ouvrières.

N'oublions pourtant pas que l'« associationnisme », dont nous avons examiné le rôle social, était alors fort populaire : Lopes de Mendonça ne manqua pas de le soutenir[37], et nous verrons qu'Henriques Nogueira et C.-J. Vieira en faisaient la base de leurs programmes d'action. Seule une formation idéologique plus structurée, qui ne sera possible que chez les hommes de la génération suivante, permettra de critiquer ce penchant. Vers 1850, le courant fourieriste (auquel appartenait, dans une certaine mesure, Castilho, auteur de *Felicidade pela Agricultura*, 1849)[37] (a) était le seul qui comptait, ou auquel on pouvait se référer, mais toujours d'une façon assez vague. En 1851, on allait jusqu'à affirmer, pensant à Fourier : « le socialisme entre aujourd'hui dans l'éducation de la bonne société »[38]. Quant à Proudhon, on n'en parlera que quelques années plus tard.

Mais nous devons revenir aux deux hebdomadaires de Porto cités plus haut car c'est dans leurs colonnes qu'on trouve des textes remarquables de C.-J. Vieira (jeune enthousiaste que nous avons déjà rencontré et qui, comme son collègue de 1848, Casal Ribeiro, deviendra un militant fontiste) et d'Amorim Viana, le premier critique portugais de Proudhon, en 1852. Chez Vieira, l'idée de Dieu ne se sépare pas de celle de justice sociale que l'association ouvrière devra garantir — et s'il se déclare disciple de Louis Blanc[39], Hegel oriente ses vues esthétiques, dans un article qui est le plus profond de tous ceux qu'on a écrits au Portugal en ce domaine[40]. Nous le retrouverons plus loin ; pour le moment bornons-nous à signaler la dimension spi-

---

35 a. A. P. Lopes de Mendonça, in *Revista Peninsular* (Lisbonne, (1855).

36. Sousa Brandao, *in Eco dos Operarios* du 28 avril 1850.

37. A. P. Lopes de Mendonça, *Ensaios de Critica Literaria*, préface

37 a. Voir sur l'influence des socialistes utopiques (et de certaines idées de Proudhon) sur Castilho, *in* Victor de Sa, *A Crise do Liberalismo...*, pp 320-327.

38. L. C. *in A Semana*, mai 1851, p. 195.

39. C. J. Vieira, *in A Esmeralda* n° 12 du 22 juillet 1850.

40. C. J. Vieira, *in A Peninsula* n° 34 du 15 septembre 1852.

ritualiste de sa pensée — et, plus encore, cet élan de jeunesse qu'il tient à souligner chez ses compagnons, contre une gérontocratie que la seconde génération libérale doit déjà dénoncer au sein de la société portugaise, quinze ans après la victoire de Dom Pedro. Pour C.-J. Vieira, ce passé ne représente plus rien, en face du « mouvement européen commencé en février 1848 ». Et il ajoute que, même au Portugal, « le remède est l'avenir et l'avenir est le socialisme »[41]... La lutte des générations vérifie ici la situation dynamique de l'opposition idéologique des socialistes ; on ne saurait trop souligner ce fait.

Nous devons maintenant fixer notre attention sur les deux autres jeunes révolutionnaires déjà nommés : Amorim Viana, compagnon de Vieira à Porto, et Henriques Nogueira. Ils définissent les situations les plus significatives et les plus cohérentes de la pensée et de l'action de la génération des années 50.

Henriques Nogueira, jeune propriétaire terrien, est un autodidacte qui a voyagé en Europe et dont le cœur généreux palpite d'un enthousiasme révolutionnaire. Débordant d'activité, il ne ménage pas sa vie : il meurt en 1858, et sa mort — alors que la plupart de ses compagnons étaient entrés dans le jeu de la politique officielle, ou se repliaient sur eux-mêmes, comme des « lunatiques » — marque la fin d'une période d'action révolutionnaire intense.

Ses *Estudos sobre a Reforma em Portugal*, petit livre publié en 1851, contiennent une critique à la « société décadente » et un programme assez simple pour un avenir où « le prolétariat moderne disparaîtra (...) par l'influx des principes généreux de la fraternité »[42]. Nous avons déjà entendu son appel aux « âmes généreuses » : pour lui, Liberté, Egalité et Fraternité étaient un « nom saint » ou une « idée divine » que la « forme noble, philosophique et prestigieuse de la République »[43] devait concrétiser et auxquelles une fédération des peuples péninsulaires devait apporter la garantie finale. On croit qu'il a fréquenté le cercle du vieux Silvestre Pinheiro Ferreira[44] ; il adopte son idée d'une banque nationale, tout comme il suit les idées de Castilho dans son ouvrage *Felicidade pela Agricultura*. Il suit également

41. C. J. Vieira, *in A Esmeralda* n° 12 du 22 juillet 1850.

42. J. F. Henriques Nogueira, *Estudos Sobre a Reforma em Portugal* (Lisbonne, 1851), p. 97.

43. Idem, ibid., p. X.

44. Voir Teofilo Braga, *Historia das Ideas Republicanas em Portugal* (Lisbonne, 1880), p. 110.

les idées d'Herculano concernant la décentralisation « municipaliste »[45] et celles de Mousinho da Silveira, dans son individualisme moral — tout en se réclamant de Raspail et de la révolution de 1848.

Les idées de Henriques Nogueira, avec une sorte de cohérence naïve, marquent une tendance spiritualiste de type lamartinien ; il s'oppose, de toute façon, au socialisme des phalanstères de Fourier et au « communisme des icariens »[46], comme l'écrit un de ses collaborateurs[47]. Il n'en voit pas la nécessité au Portugal, car les associations locales qu'il propose dans des almanachs populaires qu'il fera paraître dès 1852[48], auront les mêmes effets, des effets « réformistes », « sans aller à l'encontre d'habitudes acquises (...) depuis des siècles »[49].

Toutes ces idées, dont la générosité quarante-huitarde ne cachait pas des imprécisions de pensée, un manque de maturité intellectuelle et d'expérience pratique, se développaient, ne l'oublions pas, au sein d'une société qui voyait à peine naître une classe prolétaire dont l'étendue était limitée par les faibles possibilités de son économie industrielle. Allant de la république au socialisme, elles se perdaient trop souvent en chemin...

Mais, à ces idées imprécises et parfois contradictoires, répondaient quelques dizaines de pages de critique au *Système des Contradictions Economiques* de Proudhon, publiées en 1852 dans *A Peninsula* par un professeur de mathématiques de l'Ecole Polytechnique de Porto, Amorim Viana, alors âgé de vingt-huit ans[50].

Cet essai est de la plus grande importance pour mesurer la possibilité d'une culture économique et sociologique au Portugal, à cette période-charnière. Il dépasse de loin les textes de la littérature militante contemporaine mais, bien que cela nous paraisse étrange, il a un équivalent : en effet, on connaît une autre critique à Proudhon,

45. Henriques NOGUEIRA a également écrit *O Municipio no seculo XIX* et pensa à une Sociedade Promotora da Reforma Municipal.

46. Allusion au roman idéologique fantaisiste d'Etienne CABET, *Voyage en Icarie* (Paris, 1842).

47. CAMPOS e SILVA, *in Almanaque Democratico para* 1852, p. 47.

48. *Almanaque Democratico*, 1852-1855 ; *Almanaque do Cultivador*, 1856-1857.

49. CAMPOS e SILVA, *in Almanaque Democratico para* 1855, p. 47.

50. Voir Vitor de SA, *Amorim Viana e Proudhon* (Lisbonne, 1960) et « Reflexos em Portugal da Polemica economico-social - Filosofia de Miseria - Miseria da Filosofia », *in Perspectivas do seculo XIX*.

publiée en même temps à Coimbre[51]. Bien qu'Amorim Viana, contrairement à l'autre auteur, ne cite pas Marx, on peut cependant être sûr qu'il connaît la polémique fondamentale de son temps. Le dialogue Proudhon-Marx eut donc un écho immédiat au Portugal — mais on est autorisé à penser que cela n'a été que l'effet du hasard. En réalité, cet écho ne durera que le temps de la publication des deux séries d'articles ; il s'est éteint tout de suite après, dans l'indifférence ou dans l'ignorance générale.

Certes, trois ans plus tard, Proudhon sera discuté (et rejeté) à Coimbre, dans un concours universitaire[52] ; en 1856, Camilo et un autre auteur[53] diront que leurs héros sont des lecteurs de Proudhon ; Camilo affirmera même : « vous les étudiants d'aujourd'hui (vers 1856) ... lisez beaucoup Proudhon, Barbès et Louis Blanc » — mais il écrivait en 1868[54], et, sans s'en rendre compte, il commettait un anachronisme, car en 1856 l'heure de Proudhon n'avait pas encore vraiment sonné pour l'« intelligentsia » portugaise.

D'ailleurs, si, en 1852, le concurrent d'Amorim Viana était, malgré l'adoption de points de vue marxistes, un partisan de Bastiat, Viana lui-même, critiquant Bastiat, Fourier, Blanqui et Proudhon, lisant Marx et appréciant que le socialisme ait reconnu « que la société n'est pas une simple collection d'individus mais un tout solidaire qui doit être réglé par une autorité supérieure », a défini une pensée sociologique dans la complexité de laquelle on a pu déceler des traits saint-simoniens[55].

Saint-Simon et Leibnitz constituent, peut-être, les deux sources d'inspiration les plus importantes de ce penseur original — la mentalité philosophique la plus puissante de tout le romantisme portugais, à laquelle nous devons nous arrêter un moment.

Eduqué au collège portugais de Fontenay-aux-Roses, Amorim Viana fut un mathématicien illustre, professeur à l'Ecole Polytechnique de Porto où ses élèves et ses collègues l'appelaient « O Newton », avec une ironie mêlée de sympathie que son allure de savant

51. José Julio de Oliveira PINTO MOREIRA appartiendra à la commission de révision du Code Civil, en 1865.

52. Voir L. CABRAL de MONCADA, *Subsidios para uma Historia da Filosofia do Direito em Portugal* (Coimbre 1938), p. 127 - Note.

53. Antonio de Serpa PIMENTEL, *Casamento e Despacho* (Lisbonne, 1856).

54. Camilo CASTELO BRANCO, *Misterios de Fafe* (Lisbonne, 1868), p. 128 (2e ed.).

55. Voir Vitor de SA, « Aspectos sociologicos em Amorim Viana » *in Perspectivas do seculo XIX.*

distrait justifiait. En même temps qu'il publiait sa critique à Proudhon, il préparait son travail fondamental, issu, dans une certaine mesure, d'une polémique avec Camilo Castelo-Branco, le grand romancier alors en mal de mysticisme. Viana ayant discuté le pouvoir temporel du pape, Camilo l'avait accusé d'être « socialiste » et « libre-penseur »[56].

Sympathisant des théories du socialisme, il était sans doute un libre-penseur, et en tant que tel il écrira son essai *Defesa do Racionalismo e Analise da Fé*, rédigé entre 1852 et 1865 et publié l'année suivante[57]. Libre-penseur ne voulait pourtant pas dire athée, loin de là. L'esprit d'Amorim Viana se présente « libre de préjugés et de superstitions »[58], dans un sens comme dans l'autre. Sa critique à Proudhon n'était qu'un reflet de sa pensée libre qui le conduisait à une conscience sociale où l'idée de Dieu n'était pas absente. Mais c'était bien par la pensée qu'il voulait approcher la divinité, l'analyser, l'expliquer en somme.

« Expliquer la divinité, l'expliquer de plus en plus rationnellement, voilà le but de toute méditation de l'homme, qu'il se considère théologue, philosophe ou législateur. Parce qu'expliquer la divinité, c'est déterminer la finalité de la providence et le destin de l'humanité »[59]. Viana voulait donc atteindre la foi, voire la vérité, par le truchement d'une conviction rationnelle — tout en sachant pourtant que « la recherche scientifique n'atteint pas l'absolu et l'éternel », car « Dieu seulement est sage ».

Le philosophe se situait ainsi, par rapport à l'Eglise, dans une position hétérodoxe ; il l'acceptait sous condition. Il critiquait maintes choses dans le christianisme : le péché originel, le dogme de la Conception, le jugement dernier, l'idée de l'enfer, voire la divinité du Christ. La liberté et la critique voilà la condition que Viana posait pour pouvoir accepter l'Eglise. Il ne saurait se satisfaire avec le catéchisme, comme le croyant reposant sur sa foi : « Le véritable apôtre de la science ne repose pas sur les lauriers conquis, il avance toujours à la recherche d'un avenir plus grandiose (...) parce que le progrès est infini, comme l'univers, comme son auteur »[60].

56. Camilo CASTELO BRANCO, *in O Cristianismo* (Porto, le 7 février 1852).

57. Voir SANTANA DIONISIO, *in perspectivas de Literatura Portuguesa do seculo* XIX (Lisbonne, 1947), I, pp. 143 et suiv. Voir également Note n° 55.

58. P. Amorim VIANA, *Defesa do Racionalismo e Analise da Fé* (Lisbonne, 1866), p. 58.

59/67. Idem, ibid. pp. 13, 5, 213, 214, 155, 79, 23, 233, 85.

Nous trouvons là, de pair avec un idéalisme foncier, un optimisme de caractère existenciel qui n'exclue pas le désespoir — mais un désespoir actif qui se réduit lui-même dans la perfectibilité de l'homme : « L'homme ne cessera jamais de souffrir parce qu'il est fini ; mais il souffrira de moins en moins (...) parce qu'il est perfectible et immortel ». Le mal ne pourrait donc pas avoir une « réalité essentielle » : il n'a pas de valeur ontologique — « il n'a pas de cause efficiente mais seulement déficiente »[61]. Il est un moyen, « condition du perfectionnement progressif (de l'homme) » — car « nous marchons incessamment vers le Bien sans que nous puissions jamais l'atteindre ». Nous nous y acheminons pourtant (il ne faut pas l'oublier) « avec une diligence inégale »...

L'homme nous apparaît donc comme condamné au Bien : « même les actions du méchant contribuent au Bien ». Leibnitz donne ici la main à Fourier, dans un monde de relativité qui tend à devenir le meilleur des mondes. La société ne saurait être absente de cette vue qui n'est pas seulement une vue de l'esprit car elle est fondée sur l'observation, même si l'expérience militante lui manque : l'organisation sociale est « une machine qui se perfectionne lentement »[62]. Il faut que l'homme y veille car « l'action divine, sous l'action humaine, est réduite (...) à une abstraction »[63].

Mais cela veut aussi dire que Dieu a une action permanente auprès de la créature. Il est un créateur continu, moteur de toute action — donc de l'action même de chercher son essence. « L'intelligence qui cherche la nature divine ne lutte pas avec Dieu, ne se rebelle pas contre lui ; elle lui rend hommage et adoration ». Comment le créateur pourrait-il être jaloux de la créature ? Comment aurait-il besoin d'agir par miracles ?

L'homme, théologue doublé de philosophe, cherche donc, en Dieu, le destin de l'humanité — et le législateur profite de son expérience. Viana montre ainsi la voie qui devait conduire à l'état parfait, voire à l'utopie. Sociologue idéaliste, il ne refuse pourtant pas le progrès matériel car sans lui « il ne peut y avoir d'états florissants fondés sur des lois justes et protectrices »[64].

Amorim Viana s'attaque donc au problème, faux problème pour lui, de l'opposition entre la philosophie et la religion et entre la science et la religion. Il n'oublie pas que ce fut la religion organisée en Eglise et non la religion naturelle de la foi qui se trouva engagée dans une lutte avec la science[65] ; quant à la philosophie, la religion s'en laissa toujours pénétrer « spontanément et inconsidérément, devenant insensiblement aristotélique et platonique, de la même façon qu'elle deviendra, bientôt peut-être, kantienne et hégélienne »[66]. Dans sa vue sociologique de l'histoire, Viana constate : « C'est la raison s'insinuant dans les croyances, dans les rites, dans les mœurs, dans les lois ; c'est la science prenant de plus en plus possession de la société, modifiant sans cesse sa façon d'être sans détruire aucun des principes de l'être humain »[67]. Mais il constate également que « depuis que les principes moraux d'une religion deviennent inférieurs aux doctrines de la philosophie régnante, cette religion perd toute son efficacité et meurt : la société doit alors passer par une crise ; un révélateur devient nécessaire au monde ».

Dénonçant la crise de son propre temps, et montrant le mécanisme historique de sa solution, Amorim Viana se refuse pourtant à tout messianisme, religieux ou social. Il est un penseur, un savant, homme de cabinet que les foules ignorent. Et non seulement les foules, car il restera ignoré durant quelques dizaines d'années, tant qu'il était en vie et même après. D'ailleurs, en vieillissant, il a perdu toute contenance, et c'est un alcoolique, une loque, qui est mort en 1901[68]. D'autres générations, prenant position dans la culture nationale, ne connaîtront ni l'analyse de l'œuvre de Proudhon ni la position sociométaphysique de Viana. Cela, nous le verrons, ne sera pas sans influencer l'adoption tardive des idées de Proudhon et de Comte[69].

Apparu à un moment important de la conscience idéologique portugaise, Amorim Viana surgit également dans le grand vide de la pensée philosophique nationale. Le panorama de cette pensée, que nous avons brossé lorsque nous nous sommes occupés du Cours Supérieur de Lettres, montre qu'il était aussi seul parmi les philosophes que parmi les sociologues réformistes. Sa position envers l'Eglise n'était pas non plus très bien comprise.

Les attaques de Camilo reflétaient une position religieuse que la protection reçue de la part du gouvernement cabraliste rendait intransigeante. Quelques années plus tard, en 1861, prêchant lors de la consécration d'une nouvelle église, à Lisbonne, un prêtre se plaindra du « rationalisme qui a traversé les Pyrénées »[70]. Une polémique s'en suivra. Le temps était d'ailleurs aux polémiques et les journaux de l'un et l'autre parti, cléricaux ou anti-cléricaux, ne manquaient pas.

---

68. Voir Alberto Pimentel, *O Romance do Romancista* (Lisbonne, 1890), p. 212 et Fialho de Almeida, *Figuras de Destaque* (pb Lisbonne, 1924), p. 63.

69 Voir Vitor de Sa, *Perspectivas do seculo XIX*, 215.

70. P. Pedro C. de Aguilar, le 18 août 1861, à l'église de S. Mamede. Voir *O Noticiarista do jornal A Liberdade e o autor do presente opusculo João Augusto da Graça Barreto* (Lisbonne, 1861).

La Vie de Jésus et Les Apôtres de Renan ont été traduits en 1864 ou 1866, par des hommes de lettres besogneux qui opéraient indifféremment sur des textes de Hugo, de Ponson du Terrail, de Montepin ou de Paul de Kock[71] — ce qui prouve qu'il s'agissait d'une entreprise rentable : on sait, d'ailleurs, que, en quelques mois, furent vendus 2 500 exemplaires de la Vie de Jésus[72]. Mais déjà Michelet avait été traduit en 1861, le Michelet de Le Prêtre, la Femme et la Famille dont les Etudes sur les Jésuites servaient de garantie ou de couverture à certains Conselhos de Satanás aos Jesuitas, ouvrage de basse propagande traduit en 1862[73].

Cependant, dans le « pays légal » rien n'ébranlait la puissance de l'église ni de la religion dans laquelle Pierre V voyait « le dernier frein qui domine (...) les populations rurales peu avancées en civilisation »[74].

Une affaire assez grave est pourtant venue agiter l'opinion publique, en 1857[75] : l'affaire des Sœurs de la Charité.

Entrées au Portugal au moment des épidémies de choléra et de fièvre jaune, les Sœurs françaises sont apparues comme une menace contre la liberté, car, trop liées à l'aristocratie réactionnaire, elles seront bientôt employées à l'éducation des jeunes filles. Une campagne de presse se déchaîna, passionnant l'opinion publique qu'Herculano lui-même est venu agiter dans un « meeting » anti-clérical. Une Associação Promotora da Educação do Sexo Feminino, fondée alors, et animée par Herculano[76], s'opposait à l'action éducatrice des congrégations religieuses dans laquelle elle décelait un dessein réactionnaire très vaste. Aux côtés d'Herculano, la vieille garde libérale agissait et Mendes Leal, Rebelo da Silva et José Estevão présentèrent une motion au Parlement : il fallait renvoyer les Sœurs qui, d'ailleurs, ren-

---

71. Francisco FERREIRA da SILVA VIEIRA e G. A Xavier de MAGALHAES.

72. Voir Joaquim de CARVALHO, A Evolução Espiritual de Antero de Quental (Lisbonne, 1929), p. 11.

73. Conselhos de Satanás aos Jesuitas encurralados por MM. Michelet et Quinet com muitas notas historicas e um proémio por M. de Belzebut vertido em Português (Porto, 1862 - 2e ed.). D'autres ouvrages anti-cléricaux furent alors traduits comme ceux de J. F. X. MOULS, O Frade, O Jesuita, O Maldito (entre 1864 et 1865).

74. Cartas-Contemporaneos, 183 (lettre à Silva SANCHES du 31 août 1856).

75. Voir Question des Sœurs de la Charité en Portugal, 1857 - 1862 (Lisbonne, 1863).

76. HERCULANO, Manifesto da Associação Popular Promotora da Educação do Sexo Feminino ao Partido Liberal Português (1858) in Opusculos II, 247 (3e ed.).

daient leur propre position très délicate dans la mesure où elles prétendaient ne pas obéir aux ordres du patriarche assez libéral de
Lisbonne. L'affaire, envenimée, traîna pendant trois ans ; elle est
devenue une sorte de thermomètre des sentiments et des passions
des libéraux portugais, une affaire de principes et une épreuve de
forces. Le grand mouvement populaire alors déclenché, dont Pierre V
reconnut l'importance[77], se solda par la victoire de l'anti-cléricalisme :
les Sœurs, que le gouvernement de Napoléon III appuyait, sont enfin
parties, en 1862.

   En définitif, l'affaire des Sœurs de la Charité posait le problème
de la politisation de la religion — et de la réaction cléricale qui
retrouvait son souffle. On ne peut oublier qu'en 1857 même fut signé
un concordat avec le Saint-Siège sur la présence de l'Eglise portugaise en Extrême-Orient, qui favorisait le rôle de Rome. En même
temps, les Jésuites, réexpulsés en 1834, commençaient à réapparaî-
tre au Portugal, peu à peu. En 1858, le Père Rademaker, leur chef,
homme remarquable et fort entreprenant, avait acheté au « troubadour » miguéliste João de Lemos des terrains pour construire l'énorme édifice du Collège de Campolide, relançant ainsi l'action de la
Compagnie[78]. Des prêtres envoyés alors en mission en province, prêcheurs itinérants chargés de ranimer la foi de naguère, polarisaient
eux aussi l'action anti-libérale de l'Eglise, suscitant souvent des
conflits locaux[79]. Tout cela devait soulever des soupçons ou rallumer
de vieilles haines. L'opposition entre des valeurs qui jadis avaient fait
couler du sang demeurait toujours vivante, dans les sentiments des
Portugais — même si Lopes de Mendonça, pouvait dénoncer, en 1855,
« l'alliance du bourgeois et du dévot » comme l'une des « extravagances les plus risibles » de ces temps[80]. La teneur anti-cléricale du libéralisme portugais, un peu naïve mais ferme, n'avait vraiment pas été
étouffée par les années cabralistes et il n'était pas bon d'attirer l'attention sur leurs cicatrices. Le jeune roi le comprenait fort bien lors-

77. *Cartas-Principe Alberto*, 210 (lettre du 28 oct. 1858).
78. Voir M. Borges GRAINHA, *Os Jesuitas e ás Congregações Religiosas em Portu-
    gal nos ultimos 30 anos* (Lisbonne, 1891) et *Historia do Colegio de Campolide*
    (Coimbre, 1913).
79. Julio DINIS se fera écho de ces conflits *in A Morgadinha dos Canaviais* (1868),
    et Camilo CASTELO BRANCO *in Misterios de Fafe* (1868).
80. A. P. LOPES de MENDONÇA, *in A Revolução de Setembro* du 16 juin 1855. Remar-
    quons que L. MENDONÇA publiera en 1859 une étude historique et politique :
    Damião de Gois e a Inquisição em Portugal.

qu'il écrivait, au milieu de la tempête : « Ce qu'on appelle la réaction religieuse doit compter (...) parmi les erreurs les plus funestes auxquelles le parti conservateur pouvait lier son nom »[81]. « Dieu fasse que je me trompe », ajoutait-il — mais, nous le verrons, il ne s'est pas trompé...

A ces problèmes qui avaient Dieu pour prétexte, venaient se lier des problèmes qui mettaient en cause la Patrie — et pouvaient également concerner le roi. Car le vieux schéma traditionnel que les hommes de 1834 avaient déguisé sous des couleurs constitutionnelles, continuait de commander les réactions idéologiques des Portugais des années 50.

On discutait l'action de l'Eglise, on osait discuter l'existence même de la couronne ; maintenant il s'agissait de l'affaire ibérique et l'on s'interrogeait sur la possible ou probable union des deux pays hispaniques.

L'idée de cette union traînera assez longtemps, présentant des aspects divers, sous une forme monarchique ou sous une forme républicaine, à partir du bouleversement dans les idées provoqué par la révolution de 48.

L'unification des deux états ibériques fut d'abord une affaire dynastique qu'un mariage pouvait résoudre ; celui du futur Pierre V avec Isabelle II[82], ou, plus tard, avec la fille de celle-ci[83]. Mais, dans la situation anarchique où l'Espagne se trouva en 1854, on pensa aussi à offrir la double couronne au roi portugais[84]. Le jeune souverain sentit le danger : « le temps des conquêtes est passé et celui de l'Ibérie n'est pas encore arrivé ni, espérons-le, n'arrivera jamais ; il aurait signifié la mort de sept siècles et demi de traditions glorieuses », écrit-il en 1855[85]. Cinq ans plus tard, précocément mûri, il se

---

81. *Cartas-Lavradio*, p. 231 (lettre du 26 mars 1859). Voir également *Cartas-Principe Alberto*, 265 (lettre du 26 septembre 1860).

82. Voir Oliveira MARTINS, *Op. cit.*, II, 369.. Il faut remarquer que déjà au temps de Jean VI, D. Carlota Joaquina, sœur de Ferdinand VII, revendiquait ses droits à la couronne d'Espagne lorsque son frère abandonna le pays. Il fut aussi question de Dom Pedro et de Dom Miguel, pendant les luttes des deux factions dans les deux pays. Certains politiciens espagnols (le général CORDOBA, E. CALDERON et MENDIZABEL) pensèrent un moment à Dona Maria II pour régner en Espagne. Voir Teofilo BRAGA, *As Modernas Ideias na Literatura Portuguesa*, I, 473.

83. Voir introduction de Ruben A. LEITAO *in Cartas de D. Pedro V ao conde do Lavradio*, pp. 14 et suivantes.

84. Voir *Memorias do conde do Lavradio*, V, pp. 83 et suivantes.

85. *Escritos de El-Rei D. Pedro V*, II, 7 (texte de mai 1855).

dressera encore contre « la folie ibérique »[86]. Le jour viendra où son père, Ferdinand de Cobourg, refusera également la couronne, après l'éclatement de la crise républicaine, en 1868.

Mais le problème de l'« union ibérique » nous offre un autre aspect fort important, que ce jeu dynastique, politique et diplomatique traduisait à peine. Il y avait, bien entendu, des intérêts économiques (auxquels le chemin de fer international n'était d'ailleurs pas étranger)[87] derrière lesquels se définissaient des conditions socio-économiques parallèles qui expliquent la synchronie de certains événements historiques portugais et espagnols jusqu'au milieu du XIX⁵ siècle[88]. Mais nous ne devons aborder ici que le côté idéologique de l'affaire.

Nous avons déjà vu comment Henriques Nogueira prônait le fédéralisme ibérique, dès 1851. La République lui aurait donné une forme — et les républicains suivront pendant assez longtemps cette solution qui figurera encore dans leur programme en 1873[89]. Du côté socialiste, l'option ibérique était logique ; chez les utopistes, ce n'était pas encore l'union des prolétaires de tous les pays, mais c'était déjà la fraternité universelle. L'union est d'ailleurs expressément défendue, dès 1850, par Lopes de Mendonça[90] et par C.-J. Vieira — qui va jusqu'à prétendre la fusion[91]. Un des premiers journaux socialistes, en 1852, s'appelait *A Peninsula*[92] ; quatre ans plus tard, paraissait la *Revista Peninsular*.

---

86. *Cartas-Principe Alberto*, 265 (lettre du 20 sept. 1860) et *Cartas-Lavradio*, 260 (lettre du 4 mai 1860).

87. Voir Oliveira MARTINS, *Op. cit*. II, 370et suivantes. Voir *A Iberia, memoria escrita em lingua espanhola por um filo-português e traduzida em lingua portuguesa por um filo-ibérico* (Lisbonne, 1852). L'auteur était un diplomate espagnol, Don Sinibaldo de Más et le traducteur Latino COELHO, futur ministre. Deux éditions sont parues en 1853 et 1855 ; en 1868 une nouvelle édition paraîtra en Espagne. Remarquons que le général PRIM, qui avait été explusé de Lisbonne en 1846, s'est occupé de la construction du chemin de fer liant le Portugal à l'Espagne, en 1858. Il s'est alors installé à Lisbonne.

88. Voir Joel SERRAO, « Setembrismo », *in Dicionario da Historia de Portugal*, II, 85.

89. Manifeste du Centro Republicano Federal de Lisboa. Voir *Historia do Regime Republicano em Portugal*, I, 241. Encore en 1881 paraîtra *Municipios e Federação segundo Henriques Nogueira. Conferencia sobre a Questão Ibérica por Antonio Policarpo da Silva*.

90. A. P. LOPES de MENDONÇA, *in Eco dos Operarios* du 7 déc. 1850.

91. C. J. VIEIRA, *in A Peninsula*, n° 40, du 31 octobre 1852.

92. Le même titre était alors adopté (depuis 1840 jusqu'en 1872) par le journal des émigrants royalistes à Londres. La péninsule dont il était question chez les miguelistes était clle de Dom Miguel et de Dom Carlos.

De toute façon, la légende sébastianiste ne pouvait reprendre alors et si un prêtre de Porto s'entêtait encore à expliquer les prophéties de Bandarra, en 1852[94], *O Panorama* rééditait le texte de F.-M. Bordalo[94] paru dix ans auparavant, où « la prétention de trouver l'Indesejado » était toujours jugée « dérisoire ».

Cependant, en 1856, un des poètes « troubadours », le dirigeant migueliste A. Pereira da Cunha, protestait contre l'idée ibérique (« Non ! Réponse nationale aux prétentions ibériques ») [95], et un jeune poète libéral publiera en 1862 un poème qui deviendra célèbre : *D. Jaime ou a Dominação de Castela*, tout de suite épuisé[96] et dont le succès fut confirmé au Brésil[97], auprès de la vaste et patriotique colonie portugaise. Il suscita même, comble de la popularité, deux parodies en vers qui ne concernaient pourtant guère sa portée idéologique[98].

Mais une autre protestation, plus solennelle et plus large, retentissait dès 1861 : celle des soldats de Dom Pedro et de leurs disciples immédiats. Hercuano, José Estevão, Rebelo da Silva, Mendes Leal Palmeirim signeront alors le manifeste de la « Comissão do 1º de Dezembro de 1640 » qui, rappelant la journée héroïque de la restauration de l'indépendance nationale, promettait à la fois une « propagande permanente et la vigilance contre les idées ibériques »[99].

La vieille garde se manifestait donc dans un domaine qui lui était cher. Herculano, tonnant contre la réaction religieuse en 1857, est bien le même homme qui doit s'élever contre le rattachement du Portugal à l'Espagne. Il avait une idée de Dieu et de la patrie qui ne pouvait per-

93. P. Antonio VELHO BARBOSA, *Explicação de Terceiro Corpo das Profecias de Gonçaleannes Bandarra, começadas a verificar no reinado do Sr. D. João V e acabadas no reinado do Sr. D. Pedro IV.* (Porto, 1852).

94. F. M. BORDALO, « D. Sebastião, O Desejado (Lenda Nacional) », *in O Panorama*, du 2 décembre 1854 au 13 janvier 1855.

95. Antonio PEREIRA da CUNHA, *Não às pretensões ibéricas* (Porto, 1857) et *Brios Heroicos dos Pertugueses* (Lisbonne, 1867).

96. Voir *O Instituto*, 1863, p. 112. Voir sur le poème les articles de J. Feliciano de CASTILHO in *O Constitucional* de Rio de Janeiro, republiés *in Gazeta de Portugal*, Lisbonne 11, 12, 13, 14, 22, 23, 26, 27 et 29 novembre 1862.

97. Voir Inocencio F. SILVA, *Dicionario Bibliografico*, VII, 322. On y trouve notice d'une contrefaçon de 6 000 exemplaires.

98. A. S. de CABEDO, « Excerpto duma parodia do poema D. Jaime », *in Gazeta de Portugal* du 30 novembre 1862 ; et Manuel ROUSSADO, *Roberto ou a Dominação dos Agiotas* (Lisbonne, 1862).

99. *Manifesto da Comissão do 1º de Dezembro de 1640* (Lisbonne, 1861).

mettre ce qui à ses yeux était des marchandages — cléricaux ou
politiques. Car, pour lui, ami de Dom Pedro, de Ferdinand de Cobourg
et de Pierre V, les républicains n'étaient que des politiciens comme
les autres, ces « démocrates » exaltés qu'il avait toujours combattu.
Leurs doctrines étaient, ne pouvaient être que des erreurs[100]. Quant au
socialisme, dont il parlera plus tard, il lui paraissait utile en tant que
critique, mais bien inutile « en tant que théorie constituante »[101].

Ainsi parlait, devant les nouvelles théories républicaines et socialistes, l'homme que nous connaissons déjà, symbole d'un passé
récent ; ainsi réagissait-il devant des problèmes touchant à la liberté
de la conscience et à la définition traditionnelle de la patrie.

On ne saurait trop souligner l'importance de son témoignage ; il
fait sans doute ressortir ce qu'il y a de nouveau dans les idées de la
génération qui succède à la sienne et ce qu'il y a de connu et de
dépassé. Le dosage nous permet de mesurer la distance parcourue ;
il nous permet également d'apprécier la permanence de certains schémas mentaux qui commandent l'action tout comme ils commandent
la réaction, au sein de la société portugaise du romantisme.

Cependant, par-dessus la voix de cet homme isolé, statue des
années 30 et 40, et par-dessus celles des jeunes idéalistes d'une pensée sociale nouvelle et généreuse, on entendait une autre voix qui
criait un désespoir sans remède que l'histoire seule ne saurait expliquer.

---

100. Herculano, *Cartas* I, 207 (lettre à Oliveira Martins, du 10 décembre 1870).

101. Idem, ibid., 220 et 234 (lettres à Oliveira Martins des 25 décembre 1872 et
novembre 1873.

CHAPITRE IV

CAMILO OU L'OPTION DU MALHEUR

Camilo Castelo Branco est né en 1825 : de quinze ans plus jeune qu'Herculano, il était, à quelques années près, contemporain de Lopes de Mendonça, de Gomes de Amorim ainsi que d'Henriques Nogueira, d'Amorim Viana et de Fontes Pereira de Mello. Il appartenait également à la génération de Dumas fils, Renan, Taine et de Ponson du Terrail et fut de trois ans l'aîné de Meredith, d'Ibsen et de Tolstoï. Il sera *le romancier* dans le cadre du romantisme portugais. Son premier roman, ou nouvelle, fut publié en feuilletons anonymes dans un quotidien de Porto, en 1846[1] ; il ne le terminera pas et ses vrais débuts de romancier doivent être reportés en 1850[2]. Le titre de son premier roman, *Anatema*, est à la fois le programme d'une œuvre et d'un style et l'annonce d'un destin...

Camilo (la rareté du prénom justifie le fait que l'écrivain ne soit connu que par lui seul) est un enfant naturel, un bâtard ; à dix ans il a perdu ses parents. Devenu aveugle, il se suicidera à l'âge de soixante-cinq ans. Sa vie sera définie entre une malédiction sociale et un malheur physique, comme emportée par les vents de la fatalité. Penchons-nous sur son destin ; nous y trouverons sans doute les traits d'une biographie exemplaire.

Camilo est né dans une famille de petite, sinon douteuse noblesse provinciale, les Correia-Botelho[3], seigneurs d'un semblant de manoir

---

1. *Lagrimas para quatro vitimas do despotismo*, in *O Nacional*, Porto, les 26 novembre, 1er et 3 décembre 1846. Voir Jacinto do PRADO COELHO, *Introdução ao Estudo da Novela Camiliana* (Coimbre, 1946, p. 167).

2. *Anatema*, in *A Semana*, Lisbonne, mai 1850, n° 18 et suiv. jusqu'au chap. XV.

3. Voir sur la généalogie de CAMILO, Alberto PIMENTEL, *O Romance do Romancista* (Lisbonne, 1890), p. 14, et Alberto PIMENTEL Filho, *Nosografia de Camilo Castelo Branco* (Lisbonne, 1898), p. 10.

à Vila Real, dans la province de Trás-os-Montes, au-delà de Porto, la région la plus primitive du royaume. Sa mère, morte alors qu'il avait à peine deux ans, était la servante de son père ; celui-ci vivait alors à Lisbonne, quémandant un emploi auprès du gouvernement ; il mourra en 1835. Son fils dira qu'il est mort fou. Mais il dira aussi que ses derniers mots furent : « Que deviendras-tu mon fils, sans personne pour t'aimer ? . . . »[4].

Camilo et sa sœur, de quatre ans son aînée, furent envoyés à Vila Real, chez une tante paternelle. En 1839 ils vivaient à Samardã, village où la jeune fille avait trouvé un époux. Deux ans après, Camilo lui-même se marie ; il n'avait pas encore seize ans ; sa fiancée n'en avait que quatorze. On ignore les raisons de ce mariage précipité. Camilo n'était certes pas beau garçon, mais il pouvait passer pour un beau parti car il avait hérité de quelque argent et d'un nom noble et peut-être cela avait-il séduit les parents de la belle, modestes villageois pressés de faire sanctifier cette union. Union d'ailleurs éphémère que Camilo rompra deux ans plus tard et qu'il cachera toujours. De toute façon, Camilo, en 1843, était déjà à Porto, sous prétexte d'y faire des études de médecine. Sa femme et sa fille mourront en 1847 sans qu'il en soit ému. Entre-temps, il avait publié de mauvais poèmes satiriques[5], fait jouer à Vila Real une pièce historique[6], aimé d'autres femmes (a-t-il exhumé le cadavre d'une maîtresse délaissée, comme il le prétend ?)[7], et même enlevé une jeune fille et fait quelques jours de prison. Sa propre famille le dénonça pour mettre fin à cette aventure, ce qui ne s'est pas produit : une fille en naîtra en 1848. Camilo n'abandonnera la mère qu'après l'accouchement (ou bien l'a-t-elle quitté ?) mais il prendra l'enfant à sa charge. On croit qu'interrompant ses études à Porto, Camilo est allé à Coimbra ; il se dit alors étudiant en droit mais rien n'est moins sûr. Il se prétend aussi lieutenant du général Mac Donnel qui, en 1846, est venu au Portugal pour prendre le commandement de l'armée fantaisiste de Dom Miguel, dans la guerre de « Maria da Fonte » — mais cela relève probablement de l'imagination. On n'est même pas sûr qu'il se soit battu dans les rangs

---

4. Camilo, *No Bom Jesus do Monte* (Lisbonne, 1864), p. 15.

5. *Os Pundonores Desagravados* (Porto, 1845) et *O Juizo Final e o Sonho do Inferno* (Porto, 1845).

6. *Agostinho de Ceuta* (Bragança, 1847).

7. Camilo, *Duas Horas de Leitura* (Lisbonne, 1857), p. 68.

miguelistes[8]... Anti-cabraliste tout de même, il écrit dans les journaux de Porto contre la reine et son « favori », au moment de l'intervention étrangère. A Vila Real, il avait échappé à trois attentats ; on a même tué un homme à sa place. Il avait alors essayé d'obtenir la protection d'Herculano pour s'installer à Lisbonne. Il voulait « fuir cette atmosphère maléfique » de la province et employait quelques petits mensonges pour apitoyer l'historien[9]. Peut-être n'a-t-il pas reçu de réponse.

En 1848 pourtant, il atteignit la notoriété publique en faisant paraître anonymement une brochure intitulée : *Maria não me mates que sou tua mãe ! Meditação sobre o espantoso crime acontecido em Lisboa : uma filha que mata e despedaça a mãe. Mandada imprimir por um mendigo ; que foi lançado fora do seu convento ; e anda pedindo esmola pelas portas. Oferecida aos pais de familia, e àqueles que acreditam em Deus.* Des tirages successifs compensèrent l'effort de Camilo qui composa cette histoire en une nuit, exploitant l'horreur d'un matricide qui venait de s'accomplir à Lisbonne. Littérature de colporteur, fortement assaisonnée, le récit marqua cependant une sorte de virage dans la destinée de Camilo. Même si les moyens laissaient à désirer, il pouvait être sûr de ses qualités d'écrivain : il savait émouvoir le lecteur, le faire frissonner, pleurer, s'indigner...

En quittant Vila Real, fuyant les bâtons et les poignards des partisans de Costa-Cabral, ne leur avait-il pas lancé un défi :

« .. .. Fartar, algozes,
    Hoje vós, eu no futuro ! » ?[10]

Ces vers d'une piètre poésie où l'écrivain battu criait vengeance, dépassent leur contexte : le défi va beaucoup plus loin. Il ne pouvait même pas soupçonner jusqu'où il irait. Ce fut alors que Camilo s'installa définitivement à Porto.

La vie de journaliste y était bien difficile : chroniqueur, feuilletonniste, très ignorant, mais plein de verve et de sarcasme, Camilo possédait à un degré extrême l'art de se faire des ennemis, et les jour-

---

8. Nous suivons ici la biographie d'Aquilino RIBEIRO, *O Romance de Camilo* (1961, Lisbonne ; 3 vol.) qui analyse avec pertinence les affirmations d'autres biographes et celles du romancier lui-même. Nous avons également utilisé les ouvrages suivants : Alberto PIMENTEL, *O Romance do Romancista* et Antonio CABRAL, *Camilo Desconhecido - A Vida de Camilo ano a ano* (Lisbonne, 1918).

9. *Uma Carta de Camilo na Biblioteca da Ajuda* (publié par Custodio José VIEIRA ; Lisbonne, 1916).

10. Voir Aquilino RIBEIRO, *Op. cit.*, I, p. 358.

naux lui fermaient leurs portes. Les « barons » aux fortunes « brési-
liennes » ne lui pardonnaient pas ses critiques cinglantes et ce fut
en vain qu'il flatta sans vergogne l'un d'eux, et non des moins importants[11]. Les images habituelles de l'ultra-romantisme venaient alors à
sa plume :

> « Não tens luz de esperança ? - aguarda
> A da tocha sepulcral »[12].

Il songea au suicide et écrivit une autre poésie dont le titre répondait
à un titre célèbre d'Herculano : *A Harpa do Ceptico*[13] :

> « Poeta ! que és tu na terra
> Sem o amor, sem a fé ? »

Il devait donc dire adieu à la « tormenta da vida »... Il se ravisa pourtant et essaya le journalisme, à Lisbonne. Ce fut alors (1850) qu'il
écrivit son premier roman, *Anatema*. Mais, la même année, il prit un
autre chemin, entra au séminaire, reçut les ordres mineurs en 1852.
Crise mystique ? Il est difficile de le croire. Amours malheureuses ?
manque absolu d'argent ? Il a connu en 1850, au cours d'un bal, celle
qui sera la passion de sa vie, sa « femme fatale » ; la même année elle
épousait un riche « brésilien ». Mais, en même temps, Camilo se faisait quelque peu entretenir par une religieuse cinquantenaire (qui
s'occupait de sa fille) et flirtait avec une dame de l'aristocratie de
Porto[14] dont le fils le roua de coups deux ou trois fois — à moins
que (version douteuse de l'écrivain) ils ne se soient battus en duel[15].
Vers la même époque il rédigeait des journaux cléricaux, dédiait des
poésies à Dom Miguel et à Dona Maria II qui venait de mourir. Un
journal migueliste les publia côte à côte pour démontrer la duplicité
du poète[16] — qui cherchait alors un emploi dans la capitale en se
proposant d'écrire sous les ordres de Rodrigo da Fonseca, chef de
la Regénération. Cependant, il ne recevait que de vagues promesses :

---

11. Le baron (futur comte) du Bolhão, dont la fille épousa le fils aîné du duc de
Saldanha. Il fera faillite en 1860. Voir CAMILO, *Revelações* (Porto, 1852).
12. *In O Nacional* du 20 février 1850.
13. *In A Semana*, n° 36 (1850), recueillie *in Inspirações* (1851).
14. Maria da Felicidade do SOTO BROWNE qui publia plusieurs poésies.
15. Voir J. PINTO de CARVALHO-TINOP, *Lisboa de Outrora*, III, 108 et A. Magalhães
BASTO, « Dona Maria BROWNE & Cie, *in O Tripeiro* XIII, 130 (Porto, 1957).
16. *A Nação* du 22 novembre 1853.

rien à Lisbonne, rien à la Bibliothèque de Porto (malgré l'appui d'Herculano), rien à l'ambassade de Rio-de-Janeiro[17]. On avait peur de lui — et, surtout, il n'inspirait pas confiance.

Camilo continuait pourtant d'écrire des romans : il était de plus en plus lu. Ana Augusta, la jeune fille connue en 1850, devenue la femme d'un « brésilien », belle femme selon le goût de Rubens, tomba dans les bras de l'écrivain, huit ans plus tard. Elle quitta son mari, tout en apportant à Camilo le fruit tout récent d'autres amours clandestines. Cela provoqua un grand scandale à Porto, et Camilo et Ana durent partir pour Lisbonne où il attendait toujours un emploi public. Déçu, il songea même à quitter le pays[17](a) ; en fait il retourna à Porto — pour être arrêté avec sa maîtresse, accusés d'adultère par le mari trompé.

Ils passèrent un an en prison sous un régime de faveur : Camilo y travaillait à son aise, sortait prendre des bains de mer ou se promener dans les rues... Des amis le fêtaient, le défendaient. On publia alors sa première biographie critique[18]. Pierre V, visitant la prison à deux reprises, s'arrêta pour lui parler. Mais, surtout, dans sa cellule, vivaient avec lui, jour et nuit, des dizaines de fantômes : les personnages des romans et des nouvelles qu'il y écrivait — dont *Amor de Perdição*, son chef-d'œuvre. Il parlera des « saudades de ces journées noires et de ces nuits solitaires »[19], lorsque, acquitté d'une façon assez douteuse, il devra retomber dans la vie quotidienne qui lui était insupportable. Ana Augusta qui, en prison, avait écrit de médiocres pages sentimentales[20], le rendait jaloux, à tort ou à raison ; à raison paraît-il. Vers 1870 il écrira deux livres et un drame pour défendre son biographe qui entre-temps avait tué l'épouse adultère[21]. Un fils va naître dans son ménage à la dérive ; il sera fou ou idiot.

---

17. En 1858 on lui avait refusé un poste à la Bibliothèque de Porto, en 1859 le poste de commandant de la garde fiscale municipale de Porto (« guarda-barreira »), en 1863 un poste au ministère de la marine. Le 8 août 1855 il fut nommé attaché à Légation de Portugal à Rio, sans honoraires ; il n'y est jamais allé.

17 a. Voir lettre de CAMILO datée de septembre 1872, adressée à un ami de Rio, in Julio BRANDAO, *Galeria de Sombras* (Porto, s/d) p. 6.

18. J. C. VIEIRA de CASTRO, *Camilo Castelo Branco, Noticia da sua Vida e Obra* (Porto, 1861).

19. CAMILO, *O Romance dum Homem Feliz* (Lisbonne, 1862), préface de la 2e ed. (1863).

20. Ana PLACIDO, *Luz Coada por Ferros* (Porto, 1862).

21. J. C. VIEIRA de CASTRO. CAMILO, *O Condenado* (1870), *Voltareis, ó Cristo ?* (1871), *Livro de Consolação* (1872).

En 1863 pourtant, le mari d'Ana Augusta meurt. Camilo, sentit-il vraiment, à l'instant même, des mains de fantômes l'étrangler, comme il l'a écrit ?[22] Toujours est-il qu'Ana et son premier fils furent reconnus comme les héritiers du « brésilien ». Ils reçurent beaucoup de bons du Trésor, des immeubles à Porto, des propriétés rustiques — et une ferme à S. Miguel-de-Seide, en pleine province de Minho, où le ménage va s'installer définitivement. Dès l'année suivante Camilo écrira : « La maison où je vis est entourée de sapins gémissants qui sous le moindre coup de vent font vibrer leurs harpes ». Et il ajoutait : « Ce bruit incessant, c'est le langage de la nuit qui me parle : il me semble une voix d'outre-tombe »[23].

Un deuxième fils de Camilo et d'Ana Augusta y voit le jour, en 1864. Un an plus tard, la fille naturelle du romancier, âgée de seize ou dix-sept ans, épousera un « brésilien » qui en avait quarante.

Entre 1863 et 1865 Camilo publiera douze romans, huit volumes de mémoires, critiques et récits, sans compter deux volumes de poésies et une comédie. Après 1865, et jusqu'à la fin de sa vie, en 1890, il publiera soixante-treize volumes ; en 1882 il écrira encore un de ses meilleurs romans : *A Brazileira de Prazins*. Son dernier ouvrage, un recueil de poèmes, paru l'année même de sa mort, s'appelle *Nas Trevas*.

Un accident de chemin de fer, en 1878, hâta le processus d'une maladie à la fin de laquelle il devint complètement aveugle. Mais il était souffrant depuis longtemps, plus particulièrement depuis 1867. La syphilis, une angoisse nerveuse permanente, des malaises généralisés, l'hypocondrie[24] — son existence devenait misérable. A la fin même, le tabes le guettait.

Mais il travaillait toujours comme un forcené — volume après volume, polémique après polémique, sans jamais s'arrêter. Le fils aîné fou, perdu, jouait de la flûte, perché sur un arbre de la cour : le pauvre garçon ne savait que siffler, recommençait toujours le même air. On dut l'interner. L'autre, un fainéant, sorte de « marialva » provincial, courait les filles, jouait dans les tavernes de campagne. Il fallait le marier — et Camilo agença tout un roman, faisant enlever pour lui une riche héritière « brésilienne » en 1881. Son fils ne changea pas pour autant ses habitudes et gaspilla cette fortune tombée du ciel ;

---

22. Voir Aquilino RIBEIRO, *Op. cit.* III, 72.
23. CAMILO, *Amor de Salvação* (1864), p. 31 (ed. coll. Lusitana).
24. Voir Alberto PIMENTEL Filho, *Op. cit.*

Camilo se créait toujours des soucis. Sa bru et sa petite-fille allaient-elles mourir ? Il fallait absolument que la mère disparaisse la première à cause de l'héritage. L'histoire est sordide comme celles qu'il inventait dans ses romans — mais son fils, un bon à rien, devait conserver tous ces millions de « cruzados »... Il lui fera obtenir le titre de vicomte de S. Miguel-de-Seide, en 1887, en désespoir de cause.

Lui-même était devenu vicomte de Correia-Botelho deux ans auparavant : les quartiers de noblesse assez discutables qu'il avait hérités de ses ancêtres et dont il s'énorgueillissait en tant que généalogiste amateur se trouvaient ainsi plus ou moins confirmés — et sa bâtardise oubliée ; il avait convoité le titre pendant quinze ans. En 1883, faute d'argent, il avait dû vendre sa bibliothèque. En 1871, menacé par ses créanciers, il avait écrit à un ami : « Je n'ai rien qui puisse être saisi, grâce à Dieu et au pays où j'ai écrit 80 volumes »[25]. Vers la fin de sa vie, devenu gloire nationale, il obtint tout ce qu'il désirait des gouvernements. Mais cela venait trop tard...

Les temps aussi avaient changé : une nouvelle génération proposait d'autres formules esthétiques. De féroces polémiques avaient ébranlé le milieu littéraire vers 1865 et 1871. Camilo avait soutenu Castilho, devenu patriarche des romantiques, contre les jeunes iconoclastes de Coimbre ; en 1881, il attaquera un partisan de l'école nouvelle avec sa « furia » de jadis[26]. Mais surtout il se mit à parodier, vers 1880, les romans réalistes avec des ouvrages scandaleux : *Eusébio Macário* et *A Corja*.

En 1881 il pensa aller s'installer à Samardã, là où il avait vécu « deux années d'enfance, les moins malheureuses »[27]. C'était s'éloigner plus encore du monde. Après 1882 il écrira un seul roman : les fantômes qui avaient hanté sa cellule de la prison de Porto, ceux qui s'étaient agités autour de lui dans les heures fiévreuses de S. Miguel-de Seide, l'abandonnaient. Ils cédaient la place à des êtres de chair et d'os, dont son imagination ne savait plus que faire. Un fils sombré dans la folie, un autre ivrogne et méprisable, des morts — et Ana Augusta qu'il haïssait maintenant et qui, condamnée elle aussi, vivait toujours auprès de lui : « Nous mourrons de la même mort. C'est l'om-

---

25. Lettre à J. Gomes MONTEIRO du 6 janvier 1871 in Alberto PIMENTEL, *Op. cit.*, p. 250.

26. Alexandre da CONCEIÇAO, *in Rebaltas e Gambiarras*, reproduit in *A Boémia do Espirito* (1886). Voir Alexandre CABRAL, *As Polemicas de Camilo* II (Lisbonne, 1968).

27. Lettre à Silva PINTO du 19 mai 1881, in Silva PINTO, *Pela Vida Fora* (Lisbonne, s/d) p. 115.

bre (du mari) qui nous a enveloppé dans le même linceul » [28]... Il n'accepta de l'épouser qu'en 1888, presque de force.

Un titre, la gloire... Pourtant il se sentait seul, comme un vieux chien malade. « Je m'appelle Camilo Castelo Branco et je suis devenu aveugle. Je suis un cadavre représentant un nom qui eut quelque réputation glorieuse en ce pays durant 40 années de travail »[29]. Il ne voulait plus que mourir — et il se suicida. Il y songeait depuis très longtemps. N'avait-il pas déjà écrit, en 1862 : « Le suicide m'est tellement habituel qu'il n'a plus de poésie ni de grandeur à mes yeux »[30]. Se suicidant, il était sûr d'accomplir son destin maudit.

On peut croire que cette vie remplie de péripéties, d'intrigues et de contradictions, est bâtie à l'image des personnages du romancier. Il peut tout aussi bien parler d'elles comme de lui-même lorsqu'il avoue en 1854 : « J'avais de l'or, je l'ai jeté. J'avais de l'innocence : je me suis corrompu. J'avais de la générosité : je l'ai dissipée. J'avais de l'honneur : je suis un dépravé »[31].

Camilo et ses héros vivent dans le même univers dramatique, haut en couleurs, à la fois sublime et sordide. L'idéal d'un programme imagé et la réalité d'une expérience vécue se trouvent soudés à jamais. Mais, si cet idéal est celui d'un jeune homme portugais, la tête remplie de lectures françaises, le cœur palpitant, l'âme angoissée par les remous d'un ultra-romantisme provincial, l'expérience sur laquelle il se fonde est celle que le nord du pays doit offrir avec ses structures sociales archaïsantes, sa truculence primitive, son catholicisme mêlé de survivances païennes, l'explosion des passions politiques soulevées dans la deuxième moitié des années 40. Camilo est un écrivain de Porto où il travailla pendant une vingtaine d'années, entre vingt et quarante ans ; ensuite il se transforma en écrivain rural, réfugié pendant une période encore plus longue dans un village du Minho. Ce fut à Porto et dans ce village qu'il recueillit la matière première de ses histoires : elle devait ensuite obéir à certains schémas idéologiques et sentimentaux qui venaient de loin et avaient façonné son esprit. Pourtant, l'expérience du milieu et du malheur personnel a fourni peu à peu à l'esprit de Camilo des formes ou des moules

28. *Cartas de Camilo a Vieira de Castro* (Lisbonne, 1931) p. 43 (lettre s/d : 1865-1866).

29. Lettre de CAMILO au Docteur E. Magalhães MACHADO du 21-5-1890, in *Cartas de Camilo Castelo Branco* (Rio, 1923) II, 57.

30. CAMILO, *Memorias do Carcere*, « Discurso Preliminar » (1862) p. LXIII (2e ed.).

31. CAMILO, *Um Livro* (poésies, 1854), p. 162 (5e ed.).

nouveaux — et, sur les bases quelque peu datées d'un romantisme d'outre-Pyrénées, il a pu édifier l'expression d'un drame qui était bien un drame national. La terre portugaise telle qu'elle se trouvait en 1850 découvrit en même temps sa voie et sa signification dans cette centaine de romans où chacun pleurait, tuait, souffrait ou se vengeait, galerie d'anges et de démons.

Cela n'avait pas été fait avant Camilo. Nous connaissons l'état du roman portugais avant 1850, son attrait pour l'histoire, son indigence et sa naïveté lorsqu'il s'occupait de sujets pris dans l'actualité[32]. *Memorias dum Doido*, de Lopes de Mendonça, était le seul exemple valable et son héros, Mauricio, avec Carlos de *Viagens na Minha Terra*, de Garrett, constituaient jusqu'alors la galerie très stricte des portraits de l'homme portugais contemporain, avec ses problèmes, ses rêves et ses désillusions.

En 1850, on regrettait encore le manque d'un roman d'actualité au Portugal[33] — mais l'année suivante on s'interrogeait sur les possibilités de ce même roman, en reprenant les craintes exprimées par Lopes de Mendonça deux ans auparavant : « Y a-t-il de l'individualité dans la physionomie des classes sociales ? Nos mœurs, notre éducation, notre état, en somme, se prêtent-ils à l'autopsie morale, comme il arrive en France, où la plume de Balzac, de Dumas et de Mérimée, analysant l'homme, donne à chaque passion sa véritable voix, conserve à chaque sentiment la fleur et la fraîcheur et descend dans le cœur, jusqu'aux profondeurs de l'affectivité, afin de ne laisser ignorée aucune de ses aspirations, le moindre espoir, la moindre illusion ? »[34].

Nous devons nous arrêter à ce texte paru dans *A Semana* et signé d'un pseudonyme, « Sidney »[35]. Dans la suite de l'article[36], on insistait particulièrement sur deux conditions difficiles auxquelles le roman « de l'actualité et de passion » devait obéir : « simplicité dans l'action et dans les caractères ; grande vérité dans les sentiments ». « La réalité, c'est la base de sa composition ; l'idéal, c'est la lumière, la couleur, l'expression, l'âme, habillant la réalité et la conduisant embellie

---

32. Voir pages 313 et suivantes.
33. Article signé « F. » *in O Ateneu*, nº 31, Lisbonne, le 4 août 1850.
34. Article signé « Sidney » *in A Semana* nº 11 de mars 1851, p. 126. Voir également pp. 105 et 138.
35. L'identification de Sidney n'a pas été faite ; elle s'est dérobée à nos efforts. Peut-être faudra-t-il le mettre en rapport avec L. C. qui signe l'introduction d'un roman *in A Semana*, mai 1851, p. 195.
36. *In A Semana* nº 12, de mars 1851.

dans les domaines de l'imagination ». Il s'agissait, en somme, « d'être toujours fidèle à la vérité humaine et à la nature » et de ne pas « déformer l'idéal ». Cela était-il possible dans le cadre de la littérature nationale ? « Sidney » arrive à une conclusion négative, ou, tout au moins, à un doute : « Je doute fort que le roman puisse être cultivé au Portugal ». Déjà l'année précédente, dans la même revue, on avait remarqué que « le naufrage du romancier arrive au moment où il touche à la réalité et où il voit se dissiper les nuages des illusions fantastiques dont il croyait qu'elles composaient l'atmosphère réelle de la vie »[37]. On commençait donc à avoir conscience d'un abîme entre la fantaisie du jeune romancier (« le roman est la littérature de la jeunesse ; le romancier est toujours un jeune homme ») et la réalité à laquelle il ne connaissait rien... Ou alors, allant plus loin et plus profondément, on pouvait situer le problème sur le plan de l'imagination — non de la fantaisie, sans doute abondante chez tous ces romantiques passionnés, mais de l'imagination créatrice qui leur faisait défaut. Au Portugal les mœurs existaient « comme partout ailleurs » — moins « évidentes » peut-être. J.-C. Machado ne pensait pas, en 1851[37](a), que la pratique du roman contemporain fut impossible chez ses compatriotes : « La question serait mieux posée si l'on disait qu'au Portugal il y avait peu d'imagination ». Mais le feuilletoniste savait-il précisément de quoi il parlait ? ...

Or, dans ce même journal et entre les deux articles, Camilo publia en feuilletons le premier roman qu'il fera ensuite paraître en librairie : *Anatema*[38]. L'article de « Sidney » sans s'y référer, n'est pas sans critiquer le mélange d'« intrigue » et de « passion » qu'on décèle dans son ouvrage[39]. De toute façon, on sait que le roman était lu : il bénéficiait de l'« impression profonde » causée par la poésie *A Harpa do Ceptico* que Camilo venait de publier[40]. Il marquait aussi un virage dans la production courante.

Jusqu'alors Camilo n'avait publié que quelques tentatives de romans, souvent interrompues, dans des journaux de Porto[41]. Byron et

---

37. S. B. (Silva BRUSCHI, co-directeur de la revue) *in A Semana*, février 1850 p. 33.

37 a. J. C. MACHADO, *in A Revolução de Setembro* du 6 juillet 1851.

38. Voir Note nº 2. Partant pour Porto, CAMILO a laissé le roman inachevé ; il le publiera en volume en 1851, à Porto.

39. Remarquons qu'*A Semana* publie également des notes hostiles à CAMILO (pp. 311, 340, 350).

40. Voir J. C. MACHADO, *Claudio* (2e ed. 1875), p. 269.

41. Voir Jacinto PRADO COELHO, *Op. cit.* pp. 170 et suivantes.

Radcliffe orientaient ses recherches — même si, en 1850, il avait mis comme épigraphe à l'un de ses romans en feuilleton, un phrase de Garrett qui vivait encore[42] : « L'étude de l'homme est l'étude de notre siècle, son anatomie et sa physiologie morale sont les sciences les plus recherchées, étant donné ses nécessités actuelles ». Il l'avait prise dans la présentation de *Frei Luis de Sousa* au Conservatoire, et il s'était déjà donné pour but cette étude subtile.

Anatema, inspiré d'une situation de *Notre Dame de Paris* où Claude Frollo traduit son désespoir par ce même mot, est un roman-feuilleton coupé de péripéties hasardeuses où, cependant, le drame humain n'est pas absent. Roman d'actualité, voilà qui est discutable car l'action se passe tout au long de la première moitié du XVIIIe siècle : mais il s'agit encore moins d'un roman historique car l'époque n'y compte pas et le facteur historique intervient à peine. Ce drame sanglant et touffu de vengeances et de remords aurait pu se passer au temps même de l'écrivain car il a comme décor le pays de Tras-os-Montes qui vivait encore à l'heure médiévale.

La catégorie « historique » du récit se trouve donc doublement démentie, et cela est fort important : d'une part Camilo traite les situations créées comme si elles appartenaient à son expérience quotidienne ; d'autre part, l'ambiance sociale de son propre temps sert à recréer une ambiance de jadis, c'est-à-dire qu'elle se présente sous la lumière archaïsante qui lui convient sociologiquement. Sans le vouloir, ou sans s'en rendre compte, Camilo touche au problème fondamental de ce que nous pouvons appeler de *décor-actif* sinon conditionnant de son œuvre : les vieilles provinces figées et atemporelles dont il explore l'âme et qui sont bien les protagonistes privilégiés de ses romans.

Cependant, au sein de cet univers, les figures commençaient déjà à avoir une vie indépendante — une physiologie propre. « Dona Inês abdique sa couronne d'orgueil, devient une femme malléable, et sent le besoin d'être reconnaissante à un mari qui lui est volé par son père. A partir de ce point je conseille aux lectrices de ne pas l'imiter. Dona Inês da Veiga commence à être romantique ou malheureuse, ce qui revient au même »[43]. Camilo parle directement à son lecteur, à sa lectrice plutôt ; il gardera toujours ce tour rhétorique qui est propre au feuilletonniste. Son héroïne devient une « femme malléable » : elle

---

42. Camilo, « Memorias », in *O Nacional* du 16 janvier 1850.
43. Camilo, *Anatema*, p. 65 (8e ed.).

n'est plus un type anonyme mais un personnage — un personnage romantique dont on analyse les réactions. Le fait que romantisme signifie malheur constitue la donnée fondamentale du problème de la liberté relative à l'homme ou à la femme, qui s'achemine vers sa perte. « Anathème » n'a pas d'autre signification.

Camilo pose donc les pierres essentielles de son œuvre dès 1850 lorsqu'il écrit ce long roman où des histoires secondaires viennent se greffer tant bien que mal sur l'histoire principale.

Il fera mieux en 1854, dans les trois volumes de *Mistérios de Lisboa*, où la série portugaise des *Mistérios*[44], suscitée par le roman de Sue, devenu très populaire au Portugal, trouve son meilleur exemple. Vers 1845 Camilo avait rêvé de *Mistérios de Coimbra* ; il écrira encore, en 1868, des *Mistérios de Fafe* sur un ton plus humain. Lisbonne, qu'il connaissait à peine, ne joue pas un rôle considérable dans son roman : elle n'est qu'un décor assez vague qui se confond avec celui de Londres, de Rome ou de Paris, villes qu'il ne connaît pas et où les personnages se rencontrent au hasard d'une intrigue trop compliquée. Un héros-Providence, le Père Denis (dont le journal, *O Livro Negro do Padre Dinis*, constituera la suite des *Mistérios*, l'année suivante) qui avait été duc de Cliton en France, ne reste pas en-deçà du prince Rudolphe, le héros d'Eugène Sue — et un fond moral, mis en relief par un drame qu'on a tiré du roman, en 1863[45], vient justifier tant de malheurs et tant de crimes.

L'expiation du Père Denis, comme l'anathème du héros de l'autre roman, devront pourtant atteindre à une expression littéraire où le drame humain, sans perdre sa teneur de feuilleton, se replie sur lui-même : dans *Amor de Perdição*, écrit en 1861, la péripétie est présente mais elle se cache derrière la vérité d'une passion dévorante. Si le protagoniste et son drame viennent des pages antérieures du romancier, ils acquièrent maintenant une autre puissance. Le héros et son histoire viennent aussi de l'expérience familiale de Camilo et ils sont nés dans des circonstances douloureuses, lorsqu'il était en prison — mais rien de cela n'explique *Amor de Perdição*, chef-d'œuvre que la force seule de la douleur et de l'angoisse transforme en un roman nouveau.

Arrêtons-nous à cet ouvrage qui a été lu et relu pendant des années ; sur ses pages sont tombées les larmes de plusieurs géné-

---

44. Voir page 316.
45. Ernesto BIESTER, *A Penitencia*, jouée au Théâtre D. Maria II le 23 mai 1863.

rations de Portugais — et cela aussi ne doit pas être oublié car les préférences des lecteurs ont ici, plus qu'ailleurs, une signification profonde.

Camilo avait entendu raconter l'histoire d'un frère de son père qui avait tué par amour et qui, condamné, était mort en déportation aux Indes. Simão Botelho lui apparaissait donc auréolé de la lumière noire du malheur, voire de son propre malheur car dans ses veines coulait et remuait le même sang. Alors qu'il recréait, dans sa cellule, l'histoire de son oncle, il trouvait un plaisir amer à se rappeler les soirées de son enfance villageoise : « Je suis resté là, en écoutant ma tante raconter l'histoire de mon grand-père assassiné, de mon oncle mort en déportation, de mon père poussé par la démence à une congestion cérébrale ». Sa vieille tante, « décrépite et cadavérique », lui disait aussi qu'« il fallait être malheureux pour ne pas contredire le destin de la (...) famille »[46]... *Amor de Perdição* était pour lui les mémoires imaginaires de sa propre famille ; il le dira d'ailleurs dans le sous-titre du roman[47]. Ce fut dans cet état d'esprit qu'il dressa la figure irréelle d'un gentilhomme de province aux amours contrariées et malheureuses, amant d'une jeune fille qui se mourra d'amour dans son couvent. Simão et Tereza surgissaient aux yeux du romancier comme Roméo et Juliette ; les Botelho et les Albuquerque réincarnaient les Montechi et les Capuletti ; Viseu, ville de Tras-os-Montes, était Véronne. Le malheur était le même, depuis le commencement du monde romantique... Camilo et Ana, purgeant leur propre crise d'amour en prison, en étaient victimes, eux aussi.

On sait maintenant jusqu'à quel point la réalité fut embellie par Camilo et que son oncle Simão n'était guère un jeune homme amoureux de dix-huit ans, victime de la fatalité, mais un adolescent au caractère odieux, fils cadet typique de maison noble du fond de la province, un bagarreur capable d'assassiner de sang froid, comme il le fit, sans aucune excuse d'amours contrariées. Son histoire devenait ainsi douteuse sinon sordide, dans un contexte provincial. Mais rien de tout cela n'a d'importance[48].

---

46. CAMILO, *Memorias do Carcere*, p. 54 (7ᵉ ed.).

47. Voir B. A. LAWTON, « Technique et Signification de Amor de Perdição », *in Bulletin des Etudes Portugaises* (Lisbonne et Paris, 1964), p. 77.

48. Voir A. Magalhães BASTO, *Homens e Casos duma Geração Notavel* (Porto, 1937), pp. 209 et suiv. et Alberto PIMENTEL, *Notas sobre o Amor de Perdição* (Lisbonne, 1925).

Simão Botelho et Tereza sont les héros par excellence d'une aventure amoureuse — dans un roman qui est le roman d'amour par excellence de la littérature portugaise.

Simão « aima, se perdit et mourut en aimant » : Camilo résume ainsi le drame de son personnage ; il aurait pu également dire que l'amour l'avait d'abord sauvé ou transfiguré : « J'ai vu la vertu à la lumière de ton amour », dira son héros. Cette permanence de l'amour dans la vie dramatique de Simão explique tout. Il faut voir dans ce sentiment exclusif et douloureux une sorte de moteur irrémédiable que rien n'arrêtera : il commande le destin de Simão et celui de Tereza liés à jamais, jusque dans la mort. Car cet amour est un amour de perdition : il ne pourrait pas ne pas l'être, en 1861, au moment où les schémas romantiques nouveaux arrivaient à maturité. Il devait l'être également par la force de la crise dans laquelle se débattait le romancier, amoureux malheureux lui-même.

L'amour et la mort se réunissent donc, dans le même processus mental et sentimental qui est un processus ultra-romantique. On récitait alors, accompagné au piano, le *Noivado do Sepulcro*, longue poésie plaintive de Soares de Passos — et c'était bien un sentiment morbide semblable qui animait Tereza lorsqu'elle écrivait à son amant : « La mort est avec nous (...). Suis-moi Simão ! N'aies pas « saudades » de la vie ! »[49] ; ou quand il lui répondait : « Je sens le froid de mon tombeau passer dans mon sang et dans mes os »[50]. Devant les obstacles que la vie dressait sur leur chemin, seul l'espoir dans une vie d'outre-tombe pouvait leur sourire : « A la lumière de l'Eternité, il me semble te voir déjà, Simão ! »[51], écrivait Tereza mourante, à la fenêtre du couvent où son père l'avait enfermée, voyant passer le voilier qui conduisait son amant condamné, vers un destin tragique.

L'Eternité était le domaine du dernier espoir, contre la fatalité qui sévissait ici bas. Rien à faire contre elle, toute révolte était vaine : « Le destin doit s'accomplir... que la volonté de Dieu soit faite »[52], disait Simão avant de perpétrer son crime. Et la mort elle-même n'était qu'un cadeau du ciel pour les malheureux sans issue. Le romancier le dira devant le cadavre de Simão : « Il est bon de mourir quand on est venu au monde avec un destin pareil »[53].

Le soleil ne pénètre dans cet univers de ténèbres que pour mieux faire ressortir les ombres menaçantes. Lorsque les deux amants

---

49 à 56. CAMILO, *Amor de Perdição*, pp. 153, 117, 223, 120, 228, 156, 146, 191 (32ᵉ ed.).

s'écrivent, rayonnants d'espoir, nous savons d'avance que cela ne peut durer. Tereza veut-elle vivre, bercée par des nouvelles heureu-ses de Simão ? Elle invoque le ciel : « Laisse-moi vivre, Seigneur ! »[54] — mais son visage émacié et les mains qu'elle porte à son front étaient déjà les mains d'un cadavre.

Simão et Tereza sont deux êtres taillés pour le malheur. La souf-france fait partie de leur statut : ils sont les protagonistes du drame et de l'amour qui les unit et les tue. Mais il y a un troisième person-nage dans *Amor de Perdição* qui imprime au roman une structure triangulaire dont on ne se rend généralement pas compte. C'est pour-tant là que réside la grande originalité de cet ouvrage : Camilo apporte ici une innovation dans les cadres romantiques.

Les deux amants ne sont pas seuls : à côté de Tereza il y a Mariana, la confidente de Simão — son « ange », sa « sœur », la deuxième victime de sa destinée tragique, car elle aussi, elle meurt d'amour. Elle n'est pas la maîtresse délaissée que Garrett et Lopes de Mendonça avaient déjà campée dans leurs romans : elle ne cède pas sa place à Tereza, elle ne gémit pas d'un amour perdu. Mariana aime simplement Simão et se tue lorsqu'il meurt. Elle l'aime sans l'ombre d'un espoir : elle ne pourrait pas se comparer à Tereza car, bien que plus jolie que la « fidalga », elle n'est que la fille d'un maré-chal-ferrant. Tout ce qu'elle fait c'est l'accompagner discrètement, et sa présence est à peine trahie ici et là, par un geste ou par une larme. Elle n'embrassera que son cadavre — avant de couler avec lui en haute mer.

Ce personnage secondaire dans la trame dramatique, nous devons pourtant le mettre en lumière car il constitue le premier personnage féminin dont la vie atteint une certaine complexité, dans le roman portugais. Tereza est encore le type de la jeune amoureuse qui agit conformément à une définition préalable : nous savons d'avance qu'elle va mourir, nous devinons qu'elle mourra phtysique, et tout, chez elle, contrariétés d'amour, résistance à la volonté paternelle, entrée dans un couvent, obéit à des données précises. Rien de cela chez Mariana : elle réagit, essaie d'intervenir dans le cours des évé-nements et c'est elle qui choisit sa mort dont la logique dramatique et la force poétique ne doivent pas nous cacher la volonté du person-nage.

Avec Mariana, Camilo touche à une catégorie romanesque plus profonde qu'avec Tereza — et cela lui permet d'introduire dans son roman une dimension dynamique qui altère subtilement la perspective marquée par l'action dramatique polarisée en Simão-Tereza. Simão devient lui-même plus riche, pour un instant au moins, lorsque Camilo surprend chez lui des sentiments ambigus dignes du Carlos des *Viagens*. Ce n'est qu'un éclair, sans conséquences dramatiques ; on peut même se demander si Camilo se rend compte de l'importance de son intuition — mais il faut souligner ce passage. Dans sa prison, « lorsqu'il évoquait l'image de Tereza, un caprice de ses yeux fatigués lui montrait la vision de Mariana à côté de l'autre. Il les voyait pleurer toutes les deux. Il sautait alors de son lit, s'accrochait aux fers de la fenêtres, et pensait à se briser le crâne contre les grilles »[55]. Le triangle défini par les trois personnages s'anime donc non par une opposition de valeurs morales, au niveau des types, mais par un élargissement psychologique qui ouvre de nouvelles possibilités à la littérature de fiction au Portugal.

Mais Mariana n'en joue pas moins un rôle social dans la structure d'*Amor de Perdição* : elle est, avec son père (personnage dont le romancier ne manque pas de souligner la complexité et les contradictions)[56], le peuple, en face de l'aristocratie représentée par Simão et Tereza et par leurs familles ennemies. Camilo met alors dans la peau d'un maréchal-ferrant et de sa fille des sentiments de loyauté et de discrète passion qui font contraste avec les sentiments de cruauté et d'orgueil des seigneurs du pays. Si les deux jeunes amoureux ne sont que des jouets du destin, vaincus d'avance, c'est aussi parce qu'ils représentent, ou symbolisent, une classe en décadence dont les préjugés trahissent une tradition féodale figée qui est le propre de cette région du Nord du Portugal. Ainsi le roman, ébauchant à peine un problème de classe, se présente-t-il à la fois comme une plaidoierie en faveur des droits de l'amour et un réquisitoire contre les structures inhumaines de la société. Sa teneur sentimentale s'insère donc dans le processus social que le romantisme anime, sans pour autant s'engager sur le plan du roman à thèse que Camilo n'écrira d'ailleurs jamais — à moins qu'il ne tombe dans des histoires édifiantes que le marché lui demandait. Mais celles-ci n'ont elles-mêmes rien de commun avec les problèmes sociaux auxquels il ne croit vraiment pas[57].

Amor de Perdição, roman de la passion et du malheur, ne défend d'autre morale que celle du sentiment. Cela conduit fatalement Camilo

---

57. CAMILO, *Dez Casamentos Felizes* (1861), *Três Irmãs* (1862), *Estrelas Funestas* (1862), *Estrelas Propicias* (1863), *O Bem e o Mal* (1863), *A Filha do Dr. Negro* (1864). Cependant on a déjà souligné un soupçon de sentiments anti-militaristes et anti-colonialistes dans une nouvelle (*O Degredado*) qui fait partie du recueil *Novelas do Minho* (1877).

à une critique du milieu social dans lequel il est né — et auquel, neveu de Simão, il tient à appartenir. Mais ce roman est dédié à Fontes Pereira de Mello pour des raisons de gratitude, croit-on, et rien ne nous paraît plus étrange. Cette chronique d'une sorte de passé psychologique et sociologique vécu dans le présent, offerte à l'homme du présent et de l'avenir progressiste, n'est pas sans nous laisser rêveurs... Cependant, l'abîme qui sépare les deux hommes, le poète romantique et le politicien pratique, la contradiction qui résulte de la relation établie entre leurs noms éclaire la situation de la mentalité portugaise contemporaine. N'est-il pas vrai que la dédicace d'*Amor de Perdição* enchaîne le ministre, malgré lui (bien que poète à ses heures), à un fond sentimental qui subsiste derrière ses projets d'ingénieur portugais ?... Encore est-il que, s'adressant à Fontes, Camilo se réfère à un ministre qui, au Parlement, parlant de chemins de fer, « le faisait avec tant d'ingéniosité, et colorait de tant de fleurs cette matière, qu'il se délectait à l'entendre »[58] ; il se souvient également qu'un soir, il avait surpris le même ministre en train de lire *Fanny*, d'Ernest Feydeau, que le romancier lui-même avait traduit. L'allusion à Fontes est transparente, surtout si nous nous rappelons sa passion quelque peu lyrique pour les chemins de fer et ses expériences poétiques. Le tableau sociologique dans lequel le roman figure comme un élément capital, devient ainsi plus complet et plus net...

Amor de Perdição est un poème ultra-romantique plus qu'un roman, ses protagonistes sont des êtres portés par le destin. Simão est pris tout de suite par sa passion, il n'existe qu'en fonction d'elle, et ses rapports avec le milieu, ses idées, ses haines et ses amitiés sont fort réduits et conditionnés. Le fait que l'action d'*Amor de Perdição* se passe autour de 1805, s'il n'est pas senti par le lecteur de l'époque comme un handicap car l'histoire entre dans son propre schéma sentimental, empêche cependant une approche minutieuse de la réalité quotidienne. Il s'agit d'un roman d'actualité dans un sens psychologique et non pas dans un sens chronologique. Simão, héros romantique, ne partage pourtant pas les expériences du romancier et de ses contemporains. Camilo, poète de l'amour, a également besoin de s'exprimer d'une façon plus directe et plus immédiate — car il est aussi, ne l'oublions pas, un feuilletonniste, engagé dans la voie du commentaire sinon de la confession.

---

58. CAMILO, *Amor de Perdição*, LXXXV.

Avant *Amor de Perdição*, en 1856-1857, il avait publié deux romans qui constituent un dyptique : *Onde está a Felicidade ?* et *Un Homen de Brios*. Les historiens de la littérature qui se sont penchés sur Camilo sont d'accord pour y voir le commencement d'une deuxième époque de sa production qui porte la marque de la maturité[59]. Ces deux romans devront pourtant attendre un troisième, écrit et publié sept ans plus tard, en 1863 (c'est-à-dire moins de deux ans après *Amor de Perdição*), pour parachever non seulement l'histoire racontée mais le message qu'elle porte en elle. Comme nous l'avons fait pour *Amor de Perdição*, nous devons nous attarder à cette série romanesque car il y a là également un des pôles de la création camilienne, dans ce qu'elle peut avoir de plus significatif pour notre étude.

Le troisième volume de la série *Memorias de Guilherme do Amaral* altère la structure de la suite primitive en lui imposant un volet supplémentaire. Mais le dyptique de 1857 représentait déjà une préoccupation dramatique chez l'auteur, qui doit être analysée par rapport au personnage central du roman — ce Guilherme do Amaral qui revient à l'esprit de Camilo, comme une compagnie recherchée, sinon comme un auto-portrait idéal[60].

S'il est difficile d'accepter l'identification de Guilherme do Amaral avec le romancier, il n'en est pas moins vrai que Camilo a créé, avec ce jeune gentilhomme campagnard, le personnage le plus riche et le plus significatif de sa galerie de figures masculines. Après le cynisme social de Carlos, personnage de Garrett, et la perdition de Simão, Guilherme présentait sur la scène romantique portugaise un désespoir qui, littéraire à ses débuts, lucide plus tard, sombre finalement dans le malheur aveugle. Le Maurice de *Memórias dum Doido* était « un héros en perspective » ; or, c'est bien dans sa perspective que s'insère et s'éclaire le héros de Camilo.

Guilherme do Amaral, monté à Lisbonne en 1843, est une « victime des romans ». Il n'avait fait que lire les auteurs français et il avait perdu toute illusion : « Il y a en moi la préexistence de toutes les désillusions », déclarait-il ; et il ajoutait : « Je suis le symbole du

59. Fidelino de FIGUEIREDO, *Historia da Literatura Romantica Portuguesa* (Lisbonne, 1913), p. 212 ; Jacinto do PRADO COELHO, *Op. cit.*, p. 341.

60. Voir J. PRADO COELHO, *Op. cit.*, p. 295. Aquilino RIBEIRO, *Op. cit.* II, 200, considère cette identification comme une erreur. Pour lui CAMILO serait le confident de Guilherme do Amaral, un journaliste de Porto, personnage auquel il n'attribuera un nom que dans le troisième volume de la série.

désespoir sur la terre »[61]. Personnage byronnien, on se moquait de lui et on le craignait car, par innocence, il poussait le style littéraire au-delà de la petite stratégie mondaine définie entre le Marrare et l'Opéra de São Carlos. Il quitte donc Lisbonne et va s'installer à Porto où, dans un milieu encore plus étriqué, sa personnalité évolue. Il tombe alors amoureux d'une petite couturière, et c'est le grand amour jusqu'au jour où une « femme fatale » l'attire. A partir de ce moment, engagé dans le processus de détériorisation de sa passion, Guilherme devient un personnage humain et intéressant dont le romancier cherche à saisir les subtilités du comportement. « Celui qui pourra t'étudier, Guilherme, devient Stendhal ou Balzac »[62], lui dit un ami — et c'est bien l'ombre de la *Physiologie de l'Amour* et de l'œuvre de Balzac, maintes fois citée, qui s'étend sur le personnage camilien. Guilherme finit par abandonner sa maîtresse enceinte pour suivre l'autre femme à Londres ; quand il revient, quelques années plus tard, ayant vraiment perdu toutes ses illusions à la suite d'une expérience douloureuse, la couturière avait épousé un ami d'enfance enrichi et était devenue baronne. Commence alors pour les deux amants de jadis un jeu dramatique qu'elle, toujours amoureuse de Guilherme, mais épouse fidèle, supporte mal et que lui n'arrive pas à comprendre — jaloux, perplexe, s'interrogeant sur ses sentiments, sur lui-même... Déjà dans *Onde está a Felicidade ?* Camilo avait écrit : « Qui peut se connaître ? Qui peut prendre la responsabilité de ses actes du lendemain ? »[63]. La fin est là qui les guette : Guilherme sombrera dans la folie, tandis qu'Augusta meurt de douleur.

Cette folie, solution romantique, mérite pourtant une explication. Camilo doit appréhender son héros d'un autre point de vue, montrant selon une idée fort curieuse et originale[64], dans le troisième volume de la série, comment il avait été aimé, en même temps, par une autre femme, Virginia, dont le journal accompagne le manuscrit de ses Mémoires. Guilherme y acquiert une nouvelle dimension dramatique — et le triangle dans lequel son histoire était confinée devient une sorte de prisme qui réfracte les feux croisés de l'amour et du désespoir vécu. Aux approches de la mort, Virginia atteint à une sorte de

---

61. CAMILO, *Onde Está a Felicidade ?* (1856), pp. 42 et 65 (9ᵉ édition).

62. Idem, ibid., 166.

63. Idem, ibid., 161

64. Il serait curieux de remarquer qu'une structure romanesque semblable fera le succès d'*Alexandra Quartet* de Lawrence DURRELL, quelques cent ans plus tard.

conscience du néant ; lisant son journal, Guilherme ne peut pas s'empêcher d'apprécier la qualité tragique de son style. Son seul commentaire personnel sera, à ce moment-là, une phrase prémonitoire : « Je dois mourir fou »[65].

Guilherme do Amaral est donc un protagoniste nouveau dans l'expérience romantique nationale. Au milieu de coordonnées rigides, déterminées par des oppositions irréductibles, Camilo pouvait affirmer, en parlant de ce nouveau héros : « La vertu n'est pas définie, le crime non plus »[66]. La lenteur de la genèse de Guilherme do Amaral, qu'on dirait justifiée par le développement d'un besoin intérieur du romancier hanté par son personnage, traduit également la formation d'une maturité sentimentale chez le lecteur. Les *Memórias de Guilherme do Amaral* auraient pu s'intituler « Mémoires d'un fou » ; le fou qu'elles présentent est pourtant apparu, en tant que personnage de roman, sept ou quatorze ans trop tard — et cela compte énormément dans le processus du romantisme portugais.

L'histoire de Guilherme, d'Augusta et de Virginia aurait pu également avoir pour titre *Amor de Perdição*. Tout de suite après, en 1864, Camilo publiera *Amor de Salvação* qui répond à cette histoire — ou prétend y répondre. « L'amour n'a point de moyen terme : ou il perd ou il sauve », affirme l'épigraphe du roman, empruntée à Victor Hugo[67].

Entre-temps Camilo avait publié une demi-douzaine de romans édifiants, à la manière d'Emile Souvestre, où la vertu trouvait son compte[68]. Dans sa préface de *Memórias de Guilherme do Amaral*, il dira que « les romans moralisateurs de Souvestre ne sont pas encore parvenus à convertir un méchant »[69] ; *Amor de Salvação*, malgré son titre, présente des malheurs et des misères morales que la fin seule contrarie, dans une « réhabilitation du cœur » et une « regénération de la conscience ». Dans le dosage de malheur et de bonheur que Camilo établit comme recette, on trouve à la fois un reflet de sa conception de la vie et de son concept du roman[70] : « Pour l'amour maudit, deux

---

65. CAMILO, *Memorias de Guilherme do Amaral* (1863), 194 (6e ed.).

66. CAMILO, *Onde está a Felicidade*, p. 161.

67. *Les Misérables*. L'autre épigraphe d'*Amor de Salvação* est empruntée à Lord BYRON (*Don Juan*, IV, 73).

68. Voir Note n° 57.

69. CAMILO, *Memorias de Guilherme do Amaral*, p. 34. Comparer avec le commencement du chapitre II d'*Amor de Salvação*.

70. CAMILO, *Amor de Salvação* (1864, p. II (9e ed.).

cents pages ; pour l'amour de salvation, celles, peu nombreuses, qui restent. Un volume qui aurait décrit un amour de bonheur sur la terre, serait une fable » . Après des amours citadines fracassantes, le héros du roman trouve la paix du cœur à la campagne ; après les erreurs du cœur et de la tête, le bonheur par l'intermédiaire de l'estomac...

Camilo reprend là les idées qu'il avait défendues d'une façon encore plus claire et sur un ton ironique, trois ans auparavant, dans le roman *Coração, Cabeça e Estomago*, écrit la même année qu'*Amor de Perdição* et qu'*O Romance de um Homem Rico*. Celui-ci fut le roman préféré de l'auteur : une histoire de paix, de pardon et de tendresse, qui faisait contraste avec le feu ardent d'*Amor de Perdição* et avec l'ironie de l'autre volume, que Camilo mettait sur la liste de ses ouvrages de circonstance. L'antipathie qu'il éprouvait pour les thèses et les démonstrations l'amenait à être injuste car on trouve dans les trois parties de *Coração, Cabeça e Estomago* une sorte d'*ars vivendi* picaresque fort curieux, une critique des mœurs et des sentiments de l'époque et un appel à la *pax rustica* — qui sera d'ailleurs une des constantes du romantisme portugais, depuis Garrett et Herculano. Elle devra même assurer un repli romantique dans les années 90 comme nous le verrons.

La paix, la pureté, le bonheur de la campagne ? C'est à voir...

Si en 1866 le romancier s'amuse à décrire la chute d'un gentilhomme du Minho aux seize ancêtres reconnus, perdu dans le milieu de la capitale, et l'échec de sa politique (« ange de ce fragment paradisiaque du vieux Portugal »...)[71], peu à peu il se rend compte que cette province « paradisiaque », qu'il avait encore appelé le « perpétuel jardin du monde », dans *Amor de Salvação*, était aussi pourrie que les villes... Quelque dix ans plus tard, découragé, il écrira de S. Miguel-de-Seide à un ami : « les romans tissés avec des cas purs et innocents, seuls les font par ici les oiseaux en avril... »[72]. Quant aux hommes, ils sont partout les mêmes. Son expérience s'était accrue : « Depuis treize ans je me suis fixé dans le Minho, y cherchant l'air balsamique de pins et le parfum des âmes innocentes : on me disait que la rusti-

---

71. Camilo, *A Queda dum Anjo* (1875), p. 257 (7e ed.).

72. Camilo, *Novelas do Minho* (1875-77), dédicace d'*O Comendador* p. 72 (5e ed.). Camilo dédie la nouvelle à D. Antonio da Costa qui venait de publier *No Minho*, livre de voyage où cette province est décrite avec enthousiasme. Camilo écrit alors : « Le Minho gagne beaucoup à être vu de passage, du haut d'une diligence (...). Votre Excellence a particulièrement vu le Minho, du dehors» (p. 71).

cité était le dernier bastion de la pureté, et que les agriculteurs du Minho (...) étaient de candides bergers d'Arcadie, comparés aux malandrins de Gomorrhe »[73].

L'âge, le malheur, expliquent le changement et le dégoût — mais il y a sans doute aussi l'évolution qui s'était opérée, après 1865, dans les goûts d'une nouvelle génération littéraire. Camilo réagissait contre le réalisme que ses jeunes camarades prônaient ; mais, s'il pouvait s'imaginer que la société s'était arrêtée avec lui vingt ans auparavant[74], il s'écartait lui-même des formes romanesques de sa jeunesse et regardait plus attentivement tout ce qui l'entourait, au-delà du rideau lyrique des « sapins gémissants » de S. Miguel-de-Seide, avec leur voix d'« outre-tombe ». Entre 1875 et 1877 sont parus les douze tomes des *Novelas do Minho* et la vieille veine satirique avec laquelle il voulait fustiger l'école nouvelle, dans ses romans de 1879-1880, *Eusébio Macario* et *A Corja*, ne fait que le rapprocher de la réalité — c'est-à-dire d'une vie rurale désenchantée où les enlèvements, les trahisons, les lâchetés ne connaissent plus d'excuses romanesques. Dans *Eusébio Macário* et *A Corja*, Camilo avait raconté, pastichant la manière de Zola, l'« histoire naturelle et sociale d'une famille au temps des Costa-Cabral ». C'était pour lui une sorte de vengeance, à la fois contre la jeune école réaliste et contre son propre monde. *A Brasileira de Prazins*, de 1882, et *Vulcões de Lama*, de 1886, illustrent un milieu sordide qu'aucun amour fou ne vient éclairer. Si Byron est encore invoqué dans son dernier roman, ce n'est qu'une référence érudite et inutile[75] ; ce qui compte c'est que, dans ce roman, « les cratères des passions du village sont en activité permanente ; elles sont volcaniques et épuisantes, mais en même temps se trouvent couvertes d'une saleté nauséabonde »[76]...

... En 1851, *O Paroco da Aldeia*, d'Herculano, était paru dans le recueil de *Lendas e Narrativas*, dont le ton était tout différent ; en 1861, un volume de contes rustiques très populaires, *Os Contos do Tio Joaquim*, de Rodrigo Paganino, jeune médecin dévoué à l'huma-

---

73. Idem, ibid., p. 79

74. Voir CAMILO, *A Viuva do Enforcado* (1877), II, 9.

75. CAMILO, *Vulcões de Lama* (1886), p. 113.

76. Idem, ibid., p. 6 (préface).

nité[77], suivaient la ligne d'Emile Souvestre[78]. Nous verrons comment, à partir de 1866, un nouveau venu, Julio Dinis, bâtira une vision idyllique de la campagne, alors que la fiction prenait déjà d'autres responsabilités réalistes, dans lesquelles Camilo plongeait rageusement, avec une fureur toute romantique. Dans cette période des années 50 et de la première moitié des années 60, tandis que Camilo publiait *Anatema* et *Mistérios de Lisboa*, et dressait la figure de Guilherme do Amaral, le genre « roman » se développait à peine dans la littérature portugaise. Les importations se succédaient, présentées dans des collections fort populaires, comme la Biblioteca Economica, fondée en 1851 et recommandée par le gouvernement fontiste, ce qui n'alla pas sans scandale politique — et non seulement parce que ses traductions de Sue, de Dumas, de Chateaubriand ou de Victor Hugo (dont *Les Misérables* parurent en 1863) étaient fort médiocres[79]... Vers 1850, Paul de Kock l'emportait sur n'importe quel autre auteur : c'était « la première entreprise rentable de traductions au Portugal »[80] ; même si *The Monk*, de Lewis était traduit en 1861, la littérature noire souffrait une baisse sensible dans les années 50, comme nous l'avons déjà constaté, et d'Arlincourt, auteur favori des décennies précédentes, était mis de côté[81].

Dans le domaine national, si Herculano, se reportant à ses propres débuts dans la nouvelle historique, pouvait mesurer en 1858, avec optimisme, le chemin parcouru jusqu'à *Onde está a Felicidade ?*[82] un tour d'horizon effectué en 1855 par Lopes de Mendonça dans la deuxième édition corrigée de ses *Memórias de Literatura Contempo-*

---

77. Rodrigo PAGANINO (1835-1863), médecin, a traduit des pièces de théâtre et publia un livre de nouvelles rurales qui a connu le succès, *Os Contos do Tio Joaquim* (1861).

78. R. PAGANINO, *Os Contos do Tio Joaquim*, p. 12 (ed. 1935).

79. Voir Inocencio F. SILVA, *Dic. Bibliogr.* II, 22. Il faut aussi rappeler la Biblioteca dos Dois Mundos qui annonçait des œuvres de LAMARTINE, DUMAS, SUE, BALZAC, FÉVAL, SOULIÉ, HUGO, Paul de KOCK, PONSON du TERRAIL, GEORGE SAND, A. KARR, vers 1865.

80. Voir J. C. MACHADO, *Claudio*, p. 132. Le traducteur attitré de P. de KOCK était A. J. NERY qui a donné une continuation apocryphe à *La Maison Blanche : Robineau e Fifina* (4 tomes, 1845).

81. Une seule traduction après 1850 : *La tache de sang* (Paris, 1847), traduit en 1852-53. L. de MENDONÇA, *in Memorias dum Doido* affirme : « Les romans d'ARLINCOURT sont en baisse sur le marché » (p. 162, 2ᵉ ed. 1859).

82. HERCULANO, préface de la deuxième édition de *Lendas e Narrativas* (1858), p. XII (13ᵉ ed.).

ranea ne présentait rien de nouveau — et nous n'avons certainement pas à nous arrêter à l'idée fort superficielle que le feuilletonniste se faisait alors des rapports entre la littérature et la société au Portugal[83]. L'année suivante, E. Biester, consacrant un volume d'essais à *Uma Viagem pela Literatura Contemporanea*, ne s'occupait que de Rebelo da Silva et de Mendes Leal, les écrivains alors en vue, que nous connaissons déjà.

Rebelo da Silva, se penchant sur le XVIIIe siècle et sur la guerre péninsulaire[84], marquait alors un rapprochement de l'époque contemporaine et cela n'était certainement pas sans signifier une modification dans la pensée nationaliste que le romantisme, à ses débuts, avait traduite par des thèmes médiévaux. Camilo a lui-même produit des romans historiques[85], mais il l'a fait sans conscience d'historien, se limitant à déplacer dans le temps des intrigues passionnelles que sa curiosité et son amour des livres anciens n'arrivaient pas à insérer dans un décor actif et responsable. Chez lui la vision de l'actuel l'emportait toujours sur des schémas érudits.

Son jeune ami A.-C. Lousada[86] s'intéressa aussi au passé et n'envisagea le présent que pour répondre à la question posée dans le titre *Onde está a Felicidade ?* par un roman assez naïf qui situait *Na Consciencia* un bonheur si difficile à atteindre que, parmi cent personnes, deux à peine se trouveraient heureuses...

Neuf ans plus tard, un autre auteur profitera encore de la renommée de Camilo pour lancer une production fort médiocre : *Onde está a Infelicidade ?*, dédiée à Chagas[87]. Cependant cette préférence pour le roman d'actualité n'était qu'apparente : le roman historique continuait d'intéresser les jeunes écrivains et le futur ministre Andrade Corvo, poète métaphysique manqué, se pencha alors sur le XVIIe siècle, pour y développer un drame assez flou, où l'on assistait au glissement lent des sentiments d'une jeune fille qui délaissait son amant prisonnier pour un autre. Dans *Um Ano na Corte*, le romancier s'inté-

83. A. P. Lopes de MENDONÇA, « A Literatura e a Sociedade em Portugal », *in A Revolução de Setembro* des 10, 16, 24 juin et 8 juillet 1865.
84. *A Mocidade de D. João V* (1852), *Lagrimas e Tesouros* (1863), *A Casa dos Fantasmas* (1865), *De Noite todos os Gatos são pardos* (1874).
85. *O Judeu* (1866), *O Regicida* (1875), *A Filha do Regicida* (1876), *A Caveira da Martir* (1876).
86. Antonio COELHO LOUSADA (Porto 1828-1859) publia *Rua Escura* (1856) et *Na Consciencia* (1857).
87. CUNHA BELEM.

ressait aussi aux « singularités inexplicables du cœur »[88] — et il prenait en 1850 une position inédite dans le cadre d'un roman aux schémas rigides, ignorant la souplesse des sentiments. Plus conventionnel, Teixeira de Vasconcellos, que nous avons déjà rencontré, osa édifier un roman sur un sujet historique contemporain, le mouvement de « Maria da Fonte », qu'il avait lui-même vécu, liant ainsi chronique et fiction, dans *O Prato de Arroz Doce*, publié en 1862. Le roman atteignait là une sorte de maturité de genre, l'année même où Camilo faisait paraître son chef-d'œuvre, *Amor de Perdição*.

Si Alvaro de Carvalhal écrivait alors les seules pages hoffmannesques de la littérature portugaise, il mourra inconnu à vingt-quatre ans, en 1868. Ses contes[89] posthumes, furent médiocrement appréciés. Les deux révélations de ces années furent Arnaldo Gama et Julio Cesar Machado. Le premier est encore un romancier historique[90] qui avait, comme Rebelo da Silva, le sens des reconstitutions. Mais il possédait en plus, dans la ligne de Garrett, la notion d'une conscience de l'histoire comme lutte d'intérêts et de classes. Il ne voulait pas seulement amuser mais instruire[91] — et il pouvait encore compter sur une force passionnelle qui venait de son premier roman, *O Génio do Mal*, paru en 1856 et qui constitue les « Mystères de Porto » que personne n'a écrits, avec ses folles péripéties, sa critique sociale primaire (« la société est le bourreau du pauvre »)[92], ses polarités naïves (« l'esprit d'un ange dans le corps d'un monstre »)[93]. Gama, jeune romancier, sublimait le Bien et le Mal, avec une sorte d'innocence dans sa foi romantique. En 1853 il raconta l'histoire de *Paulo*, bandit des grands chemins et poète, se rapportant à Dumas et à son Antony[94]. Camilo, parlant d'un bandit célèbre de son temps, qu'il a connu en prison, sera déjà réaliste : « Notre Portugal est un pays où l'on ne peut même pas être un bandit célèbre, aux éclats et à la sublimité féroce ! »[95].

88. Andrade CORVO (1824-1890), *Um Ano na Corte* (Lisbonne, 1850-51), p. 172.
89. Alvaro de CARVALHAL (1844-1868), *Contos* (Lisbonne, 1868).
90. Arnaldo GAMA, *Um Motim há cem amos* (1861), *O Sargento-Mor de Vilar* (1863) *O Segredo do Abade* (1864), *A Ultima Dona de S. Nicolau* (1866), *O Filho do Baldaia* (1866).
91. A. GAMA, *Um Motim há cem anos*, p. 12 (ed. 1935). Arnaldo GAMA mourra en 1869, âgée de quarante ans.
92. A. GAMA, *O Genio do Mal* (1856), III, 75 (ed. 1936).
93. Idem, ibid. I, 198.
94. A. GAMA, *Verdades e Ficções* (1859), II, 7.
95. CAMILO, *Memorias do Carcere*, II, 75.

J.-C. Machado, qui succéda à Lopes de Mendonça dans le feuilleton, continua également son œuvre romanesque, dans une série
d'ouvrages d'ambiance lisbonnaise, assez médiocres[96], bien inférieurs
à *Memórias dum Doido* — qui, ne l'oublions pas, a eu une deuxième
édition profondément remaniée en 1859. La carrière de Machado se termina pourtant par deux volumes de nouvelles qui valent mieux et dont
les titres, à travers un jeu de mots facile de feuilletonniste, en disent
long sur une transformation assez rapide de la mentalité nationale :
Contos ao Luar (1861) et *Contos a Vapor* (1864) — ceux-ci constituant
une « lecture pour chemin de fer », parus l'année même où Camilo
(qui s'opposera toujours à la « stupide célérité de la voie ferrée »)[97]
publiait *Vinte Horas de Liteira*. . .

Mais Machado nous a également laissé un roman de mœurs, un
« feuilleton de 400 pages » comme il disait, qui ne doit pas nous être
indifférent : *A Vida em Lisboa*, paru en 1858.

L'année précédente, F.-M. Bordalo, avec ses chroniques garret-
tiennes de *Viagem à Roda de Lisboa*, avait exploré la vie de la capitale d'une façon à la fois sentimentale et précise ; Machado essayait
d'y insérer un fil romanesque peu vraisemblable où l'appel à la physiologie n'était pas sans ajouter une critique interne au romantisme
même. Si, à la fin du premier volume, le héros découvrait en lui une
vocation balzacienne, en s'écriant « Je vaincrai pourtant ! Maintenant,
à Lisbonne ! »[98], cependant, au terme de ses aventures, déçu, trahi,
il s'en va au Brésil. L'auteur se vante de cette solution, observant
que, s'il ne pousse pas son héros à se suicider ou à mourir au cours
d'un duel, cela « n'est pas aussi bon comme roman », mais « c'est
beaucoup mieux comme physiologie »[99].

. . . Camilo ne pouvait s'empêcher de critiquer ces ruses qui
portaient naïvement une marque étrangère. Il préférait faire l'éloge
du médiocre auteur d'un roman intitulé *Viver para sofrer* et sous-titré
Estudos do Coração (1855)[100], qui était plus proche de lui, dans cette

---

96. *Claudio* (1852), *Uma Mulher Casada* (1852), *Estevão* (1853).

97. Camilo, *Maria da Fonte* (1884), p. 177 (2ᵉ ed.).

98. J. C. Machado, *A Vida em Lisboa* (1858), p. 198 (2ᵉ ed.).

99. Idem, ibid., p. 240.

100. José Barbosa e Silva. Voir Camilo, *Esboços de Apreciações Literarias* (1865).
    Les deux écrivains étaient liés d'amitié.

poursuite des valeurs de la souffrance et du sentiment qui appartenaient à la culture vécue du romantisme portugais. Chez Camilo, ces
valeurs atteignent à leur définition la plus pure et la plus exaltée. Certes, elles sont internationales et déjà quelque peu datées lorsque
Camilo les exploite, vers le milieu du siècle — mais elles prennent
dans son œuvre une allure inédite venant d'une expérience sociologique originale.

L'analyse des romans de Camilo nous fournit un catalogue de ces
valeurs, parmi lesquelles l'amour tient la place principale. L'amour,
le malheur et la mort : les trois signes définissent le message du destin inéluctable qui s'empare de la vie des héros de *Amor de Perdição* et de tant d'autres histoires, dont celle du romancier lui-même.
Il ne pourrait en être autrement : l'inspiration encore arcadienne qui,
vers 1840, dictait à Camilo les vers d'une ode[101] où le jeune poète, sous
les traits d'Alcino, aimait une bergère nommée Elmena, portait en elle
plus de présages qu'on ne saurait le croire :

> « Eu vi-te, Elmena, eu vi-te, e ao ver-te, subito
>   Senti amargo fel junto à doçura !... »

C'était, certes, un sentiment commun aux romantiques, que
Bocage avait déjà exprimé[102] — mais, quinze ans plus tard, Camilo
écrira : « L'amour ne vit que par la souffrance ; il cesse avec le
bonheur ; car l'amour heureux, c'est la perfection des rêves les plus
beaux, et tout ce qui est parfait, ou perfectionné, touche à sa fin »[103].
Le malheur est donc le moteur de l'amour ou son but ; de toute façon
il constitue une valeur qui lui reste inlassablement liée. Camilo propose une métaphysique de l'amour où le malheur et la mort jouent
les rôles principaux. Même si l'amour paraît conduire à la vertu et à
la regénération, même s'il fait des miracles, le malheur le guette. Une
fin heureuse, chez Camilo, résulte toujours de la superposition d'un
schéma moralisateur au vrai sens intérieur de l'aventure vécue.

Au sein de cette aventure, ses protagonistes, l'homme et la
femme ne deviennent réels que sous l'éclairage de l'amour. Hormis
des rôles secondaires, ils n'existent qu'en tant qu'êtres amoureux.
Guilherme do Amaral ou Simão Botelho sont des amants ; ils n'au-

---

101. Voir Aquilino RIBEIRO, *Op. cit.*, I, 110.

102. « E doce, é brando amor em seu principio/Amor em seu progresso é agro,
     é duro ».

103. CAMILO, *Onde está a Felicidade ?*, p. 128.

raient pas d'autre possibilité de vie romanesque et cela est encore
plus vrai pour les femmes. Jeune fille amoureuse, épouse fidèle,
femme fatale ou femme adultère, selon les circonstances, la femme
chez Camilo doit, d'une part, jouer un jeu dont les règles ont été établies par l'homme, et, d'autre part, apporter à l'homme l'éclairage
qui lui donne consistance. Elle est donc à la fois une victime et
l'agent de la réalité romanesque. Mais pour cela elle doit être touchée
par la sentimentalité romantique — sans quoi elle n'est qu'un être
stupide[104]. Encore faut-il savoir dans quelle mesure elle peut atteindre
cette sentimentalité. En 1850 Camilo croit que la femme « ignore gros-
sièrement les subtilités de l'idéal »[105] ; il changera peut-être d'avis —
mais souvent elle ne prend connaissance de cet idéal que pour en
mourir. C'est le cas paradigmatique de Tereza, dans *Amor de Perdição* — où, comme nous l'avons vu, Mariana, restant à l'écart de toute
subtilité, n'arrive pas à offrir son amour, mais n'en meurt pas moins.

   « J'aime beaucoup plus (que tout) la mort », dira Camilo, même
dans un roman qui s'appelle *Amor de Salvação*[106] — car le dénouement heureux n'y intervient que dans une sorte de *quantum satis*,
dans le dosage général.

   Pourtant, le romancier ne veut rien prouver pas plus que donner
un sens à l'histoire qu'il raconte. Il ne fait qu'obéir à une conception
du monde, à un « Weltanschauung » tragique qui se situe au-delà du
plan rationnel des romans à thèse.

   Camilo est absolument opposé à ces romans et sans cesse il tient
à le déclarer, d'abord contre l'idéalisme vague des romantiques
démocrates regénérateurs de la société, ensuite contre le matérialisme programmé des réalistes positivistes. Sa profession de foi est
enregistrée dans la préface d'*Anatema*, en 1850 et dans le « post-
scriptum » d'*A Brasileira de Prazins*, en 1882 — au commencement
et à la fin de sa carrière. Au milieu de son œuvre, en 1863, avant le
déclenchement de la réaction réaliste, il doit encore déclarer : « Cette
question de l'utilité, fondée en matière de romans, je l'ai toujours
trouvée à la fois stérile et puérile »[107]. En 1850 il avait affirmé : « Si
l'école (romantique) au nom du siècle, de l'avenir et de l'humanité,
l'interroge sur la substance utile de cet amoncellement de paroles,

104. CAMILO, *Memorias de Guilherme do Amaral*, p. 162.
105. CAMILO, *in O Nacional* du 25 février 1850.
106. CAMILO, *Amor de Salavção*, p. 31.
107. CAMILO, *Memorias de Guilherme do Amaral*, p. 34.

l'auteur ne lui répondra pas »[108] ; en 1882, il écrira : « Quelle est l'intention scientifique, disciplinaire, moderne de ce roman ? Que prouve-
t-il, que conclut-il ? Qu'y trouve-t-on d'utile en tant qu'élément pour
la réorganisation de l'individu ou de l'espèce ? Je réponds : Rien,
absolument rien. Mon roman ne prétend réorganiser quoi que ce
soit »[109]. Entre-temps, il avait appris que ses romans édifiants n'avaient
eu aucun effet sur la société. « Personne ne les a crus », dit-il sur un
ton moqueur, en 1874. Car « ce ne sont pas les romans qui forment
les mœurs bonnes ou mauvaises ; ce sont les mœurs qui forment les
romans »[110]. L'année suivante il trouvera chez Paul Bourget une épigraphe pour *Novelas do Minho* : « Les romans moraux ne corrompent
personne ; il est vrai d'ajouter qu'ils ne convertissent personne »[111].

L'utilité sociale déjà mise en cause par les romantiques ne pourrait être approuvée par Camilo qui avait à la fois un autre sens de l'action sociale et une position théologique arrêtée sur le destin et l'expiation. « La vie sur la terre est une interminable expiation »[112], dira-
t-il en 1855 ; il mettra les mêmes paroles dans la bouche du Seigneur,
qui s'adressait ainsi à lui, pauvre pécheur[113].

Le romancier et ses personnages acceptent l'expiation — mais ils
se dressent contre le destin, et c'est leur lutte aveugle qui constitue
l'intrigue de la presque totalité des romans de Camilo. Le destin sort
vainqueur de cette lutte, car il faut que la terre soit la vallée de larmes de la Bible. Mais déjà Camilo s'interroge sur les éléments de ce
destin, sur la part de Dieu et la part d'un César douteux.

Dans le destin qui écrase ses amoureux transis ou rebelles, il y
a une morale sociale que le romancier n'hésite pas à qualifier d'« infâme »[114]. Il la condamne à la lumière de la vraie morale, voire de la
philosophie chrétienne[115], dont il a d'ailleurs une idée assez vague.

Ecrivain chrétien, par sentimentalisme, Camilo s'attaque à une
société injuste, dominée par deux principes, l'un qui vient de loin :

---

108. CAMILO, *Anatema*, p. 9.

109. CAMILO, *A Brasileira de Prazins*, 243.

110. CAMILO, *Noites de Insonia* (1874), II, 232. Voir également *Amor de Salvação*
(1864), commencement du chapitre II.

111. CAMILO, *Novelas do Minho*, III, 57.

112. CAMILO, *Cenas Contemporaneas* (1855), 194.

113. CAMILO, *No Bom Jesus do Monte* (1864), p. 201.

114. Voir CAMILO, *Misterios de Lisboa*, II, 135.

115. Voir CAMILO, *A Sereia* (1865), p. 132 (4e ed.).

des préjugés de caste, l'autre qui est le signe des nouveaux temps libéraux : les intérêts matériels.

Intérêts d'argent et d'orgueil généalogique, voilà le mal qui s'oppose à l'amour, dans la conjoncture sociale portugaise des années 40, 50, 60 que Camilo explore. Il reconstitue alors des histoires recueillies au hasard, les transformant, les embellissant selon les données de son univers personnel. Cette lutte entre l'amour et les intérêts sociaux, voire entre l'homme et son destin social, entre l'esprit et la matière, présente la situation principale d'une opposition entre le Bien et le Mal. Camilo propose une polarisation manichéiste à laquelle il soumet sans cesse la trame de ses histoires d'amour tragiques.

La défense désespérée des droits de l'amour qu'il entreprend dépasse pourtant le cadre social dans lequel ses personnages agissent : son propre caractère passionné lui confère une valeur sociale dont Camilo est fier, comme tout créateur. C'est par là qu'il se sait utile à la société et non pas par la défense de thèses abstraites. Sa propre position ne saurait d'ailleurs lui permettre de formuler une critique idéologique. Se prétendant membre de la classe aristocratique du vieux Portugal, s'entêtant à le prouver, Camilo se trouve dans une situation ambiguë : il se bat contre certains préjugés qui sont les siens... Il ne pourrait donc pas proposer un programme et tout ce qu'il peut faire c'est se laisser porter par les raisons du cœur — par les mouvements généreux d'un cœur indiscipliné. Sa critique est indirecte : elle est le résultat d'une *action poétique*.

Camilo se refuse donc à toute explication : « Le peintre dessine des yeux et il n'explique pas les fonctions optiques de l'appareil visuel »[116], dit-il, lorsqu'il doit parler de Simão prisonnier. Il ne veut que peindre la vérité — et la vérité, pour lui, c'est l'amour. Même si son oncle Simão Botelho n'a pas tué par amour, même s'il n'y a jamais eu de Tereza... Camilo parle de vérité, il avoue qu'il « s'est tué à étudier la vérité »[117] ; il affirme que sa devise est « vérité, naturalité, fidélité »[118] — et il ment...

Ment-il vraiment ? On n'a pas manqué de surprendre Camilo en train de se contredire, de se faire passer pour ce qu'il n'est point dans ses mémoires épanchées à travers une demi-douzaine de volu-

---

116. CAMILO, *Amor de Perdição*, 202.

117. Idem, ibid., 201.

118. CAMILO, *Carlota Angela*, 1858), p. 7.

mes, des lettres, des confidences. On a également constaté que les histoires qu'il dit être vraies, les documents qu'il présente, sortent de sa fantaisie — même dans les romans historiques. Comment ne pas comprendre alors qu'il veuille se confondre d'une façon générale avec ses personnages, être un de ces gentilshommes du Minho dont il explore les généalogies invraisemblables ? Vers 1870, lorsqu'il rêva d'un titre de vicomte, il avait choisi le fief : Montezelos, propriété qui était dans sa famille[119]. Vingt ans auparavant, il avait attribué le titre de marquis de Montezelos à un personnage d'*Os Mistérios de Lisboa*.

Pour Camilo la vérité était une. Il jouait avec elle comme un seigneur, ou comme un enfant. Il jouait avec la vérité comme il jouait avec le malheur, car le malheur n'était qu'un des aspects de cette vérité globale des êtres et des choses qu'il cherchait depuis toujours dans la réalité. S'il se défendait de puiser dans l'imagination (« la réalité est tellement féconde qu'elle n'a pas besoin de faire des emprunts à l'imagination »)[120] c'est qu'il confondait l'un et l'autre plan, dans une seule catégorie éthique.

Avec ses personnages et leurs histoires, Camilo créa donc (on l'a dit assez souvent)[121] une *Comédie Humaine* d'énorme ampleur. Le nom de Balzac vient à l'esprit lorsqu'on approche Camilo ; déjà de son temps, depuis 1867 au moins, on établissait le parallèle[122], et le romancier portugais lui-même, qui avait déjà parsemé l'histoire de Guilherme do Amaral de références à Balzac, avouera, en 1879, être depuis vingt-cinq ans, « le plus inhabile et le plus ordinaire de ses disciples »[123].

Il s'agit, bien entendu, d'un aveu ironique, qui devait avoir son poids dans la querelle du réalisme qui était alors allumée — mais la piste est ouverte pour atteindre le cœur même de la création camilienne.

Celle-ci va de Sue à Hugo et à Balzac, suivant un itinéraire marqué par les modes du temps, telles qu'elles arrivaient au Portugal, et (disons-le avec la nuance qui s'impose) à Porto. Au feuilleton plein

---

119. Pour le titre de vicomte de Montezelos, voir Aquilino Ribeiro, *Op. cit.*, II, 185.

120. Camilo, *Um Homem de Brios*, p. 9.

121. Voir articles de José Regio, Virgilio Ferreira et Carlos de Oliveira *in Europe* (Paris, juillet-août 1950).

122. Voir Anibal Pinto de Castro, *Balzac em Portugal* (Coimbre, 1960). Voir Alexandre da Conceicao, *Notas e Ensaios de Critica e de Literatura* (Coimbre, 1882) p. 113.

123. Camilo, *Eusebio Macario* (1879), préface, p. XII.

de mystères, de péripéties et de coïncidences, Camilo oppose, à partir d'un certain moment, comme nous l'avons vu, une analyse plus subtile qui n'est pas sans l'approcher de Balzac ; le personnage qu'il crée alors, ce Guilherme do Amaral, être jouisseur et fatidique, commence par être lui-même un héros byronien avant d'atteindre, pris dans les complexités de l'amour, à un autre plan. Il ne finit certes pas comme un héros balzacien, son « journal » l'attache à un univers plus lyrique et plus primaire à la fois, mais l'ombre monstrueuse du romancier de la *Comédie Humaine* ne cesse de le poursuivre. Ce sont dans une certaine mesure les fantômes littéraires de la première moitié du siècle qui poursuivent un romancier portugais de la deuxième moitié... Cela n'est pas l'œuvre du hasard. Camilo reste techniquement redevable aux formules romanesques antérieures : il doit commencer son apprentissage par le commencement et, le manque de culture littéraire de ses débuts aidant, il a dû suivre les modèles les plus populaires. Il n'a jamais pu perdre l'habitude du feuilletonniste commentant l'histoire racontée, imposant sa présence ; il n'a jamais su non plus se débarrasser d'un rythme narratif qui date du début du siècle, avec ses conclusions précipitées, que l'analyse psychologique « moderne » ne vient pas altérer. On a déjà affirmé qu'il restera toute sa vie un auteur de nouvelles, ignorant les détours qui définissent la durée romanesque[124]. Camilo agit par types, jusqu'au niveau de la caricature dans laquelle il se complaît : il n'a que des idées générale sur les classements psychologiques et rit des physiologies à la mode, comme plus tard du naturalisme et du positivisme.

Cette façon de rire de certaines situations culturelles propres à ses contemporains traduit, plus que des options idéologiquement définies ou structurées, une sorte d'humour féroce, dont l'allure est fortement marquée par un milieu provincial. Camilo n'oppose pas de raisons aux raisons de son adversaire quand il entre dans une polémique : il attaque, recule, ergote, s'arme du ridicule ; tous les moyens sont bons pour écraser celui qui ose le contrarier[125]... Ses idées, à l'image de ses procédés, varient, se contredisent et ont toujours une teneur agressive. Fidèle aux principes esthétiques de sa jeunesse ultra-romantique, en politique il sera à la fois migueliste, anti-cabraliste, partisan de la Régénération, anti-républicain (il veut tuer ses cham-

---

124. Voir Jacinto PRADO COELHO, *Op. cit.*, pp. 499 et suivantes.

125. Voir *As Polemicas de Camilo*, édition critique d'A CABRAL (Lisbonne, en publication).

pions par le ridicule)[126], anti-socialiste. Sujet respectueux du roi qui le fait vicomte, après avoir poursuivi les Bragances de sa haine[126](a) et considéré le trône comme « la sentinelle de cette énorme épicerie » qui est le pays[126](b), il devient un bourgeois conservateur et réactionnaire[127]. Un caricaturiste célèbre, très attaché aux réalistes, publiera alors un excellent dessin représentant Camilo-vicomte (et vicomte « brésilien » — embonpoint, chaîne de montre, bagues, panama blanc...) chassant Camilo-homme de génie qui pour lui ne peut être qu'une sorte d'« astrologue »[127](a). C'est féroce et c'est à la fois juste et injuste...

Certes, Camilo se moque de l'esprit borné des bourgeois « constitutionnels » — mais il rit également, ou se plaint du progrès, des chemins de fer, de l'industrie, des « temps malheureux d'industrialisme matériel et nauséabond »[128]. Sur le plan religieux, après avoir soutenu, vers 1851, des valeurs cléricales[129], et après avoir subi l'« indigestion de scepticisme » qui en résulta, il fut en 1865 le défenseur de la divinité de Jésus contre Renan[130] — avant de s'approcher, après 1880, des idées de l'historien[131], et avant de traduire, en 1872, un roman anti-clérical assez douteux[132]. Mais n'a-t-il pas dit que « le Portugal (pays « trop respectueux des prérogatives seigneuriales », pays de « servilité »[133]) est un pays où l'on ne comprend que les idées sociales de la *Besta Esfolada*[134] ; elles seules y donnent des fruits.

---

126. *Cartas de Camilo a Tomás Ribeiro* (Lisbonne, 1922), lettre du 11 mai 1884, p. 53.

126 a. Par exemple dans *A Infanta Capelista* (1872).

126 b. Préface de *Vida d'El-Rei D. Afonso VI* (anonyme, Porto, s/d - 1872), p. XII.

127. Voir José Fernando de CAMPOS, *Camilo contra-revolutionario* (Lisbonne, 1925).

127 a. Rafael BORDALO PINHEIRO, in *Pontos nos ü* (Lisbonne, le 2-7-1885).

128. CAMILO, *Doze Casementos Felizes* (1861), p. 8.

129. Dans les journaux de Porto : *Portugal, O Cristianismo, A Cruz*. Il commença à cette époque à traduire *Le Génie du Christianisme*.

130. CAMILO, *Dividade de Jesus e Tradição Apostolica* (1865).

131. Voir João MENDES, « O Drama Religioso de Camilo », in *Broteria* (1937) n° XXIV 6. Voir également Visconde de VILA MOURA, *A Vida Mental Portuguesa - Psicologia e Arte* (Coimbre, 1908).

132. *A Freira no Subterraneo*, attribué à un auteur français anonyme. Alexandre CABRAL (*in* Camilo CASTELO BRANCO, *Páginas quase esquecidas* I, Lisbonne, 1972, p. 15) admet l'hypothèse d'un roman original de CAMILO.

133. Note n° 126 b, p. XII.

134. Fameux journal migueliste de 1829, dirigé par le P. J. A. MACEDO.

« Tout ce qui n'est pas ça n'est que semence tombée sur des rochers »[135] ? Il explique ainsi la faiblesse des structures culturelles de la nation — mais il avoue là aussi, sans le vouloir (osera-t-on le penser ?), ses propres défauts, sinon ses propres préférences...

Il affirme pourtant son nationalisme, par l'instrument même de son métier d'écrivain — la langue. Après le renouvellement apporté par Garrett, ce fut Camilo qui travailla la langue littéraire dans un sens à la fois traditionnel et moderne : grand amateur (et collectionneur) de sermons, il s'inspira de la puissance baroque des écrivains des XVIIe et XVIIIe siècles, en même temps qu'il adaptait des formules populaires de la langue parlée. La richesse de modulations de la langue ainsi créée[136] restera pourtant assujettie à un goût provincial ; elle tendra à se superposer aux schémas dramatiques et se figera dans un mouvement néo-baroque étranger aux besoins nouveaux d'une expression plus subtile. Nous ne pouvons nous attarder ici à cet aspect de la création camilienne — mais il faut tout de même remarquer que cette langue à la richesse indiscrète et encombrante constituera une des barrières idéologiques que la génération des années 70 devra franchir.

Ce processus de nationalisation de la littérature de fiction, que personne ne porta aussi loin que Camilo, s'achève à S. Miguel-de-Seide. Isolé dans son village, où il vivra plus d'un quart de siècle, le romancier apprendra à mieux connaître le peuple. Cela n'a pas été sans le décevoir, nous le savons déjà — mais cela lui a donné une leçon de réalité. Il dira en 1864 : « Enfin, et bien à temps, j'ai abandonné les drapeaux des maîtres français, et j'ai trouvé la meilleure façon de décrire les usages et les mœurs de mon pays, les sentiments bons et mauvais tels que je les ai observés ici, les passions telles qu'elles sont chez nous »[137]. Son installation dans le village lui a donc fait abandonner définitivement Sue et Balzac, avec leurs modèles urbains — mais elle l'écarta aussi de la culture contemporaine. Au milieu d'un peuple qui ne savait pas lire (et Camilo n'était pas sans voir dans cette ignorance la condition *sine qua non* de sa bonté...)[138]

---

135. CAMILO, *O Retrato de Ricardina* (1868), 253 (2e ed.).

136. L'étude philologique et structurale de la langue de CAMILO constitue un vaste terrain opératoire que nous ne pouvons aborder ici.

137. CAMILO, *A Filha do Dr. Negro* (1864), p. XII, préface.

138. « Le peuple portugais n'est pas méchant, mais si vous le voulez très méchant et abominable, apprenez-lui à lire et à écrire ». Lettre du 26 mars 1881., *in Cartas de Camilo Castelo Branco a Silva Pinto*, p. 66.

et d'une petite noblesse campagnarde également illettrée, éloignée de toute civilisation, Camilo pouvait se croire dans un monde arrêté quelques dizaines d'années plus tôt — un siècle peut-être. Déjà *Anatema* avait été pour lui comme un roman d'actualité, tant le décalage des mœurs entre le siècle où se passait l'histoire racontée et celui de l'auteur était insignifiant.

Pays de « morgados » qui, encore imbus de préjugés féodaux, survivaient à la loi de 1863, et de« brazileiros » qui, attachés à des intérêts du temps de Costa-Cabral, survivaient eux aussi dans le Fontisme, le Minho de Camilo se reliait étroitement à son Porto des années 50, peuplé de héros ultra-romantiques qui imitaient Saint-Preux et affichaient un cynisme plus féroce que celui des « lions » de la capitale. Et tout cela représentait une nation éminemment rurale, mal à l'aise dans des villes que ne justifiait aucun mouvement profond de civilisation.

... Une nation qui lisait Camilo comme elle n'avait jamais lu un autre auteur. La popularité du romancier fut immense et incontestée — même si les « réalistes » de 1870 opposaient à ses formules d'autres formules dont lui-même d'ailleurs fera la caricature, mettant les rieurs de son côté. Et si un jeune critique trop obéissant à la stratégie « positiviste » l'attaquera vers 1883, voyant dans la place de premier plan qu'il occupait « l'expression originale et triste d'un public arriéré »[139], il faudra encore voir, derrière la sottise de cette affirmation trop catégorique, la constatation du pouvoir du romancier.

Certes, Camilo s'adressait à un « public arriéré » qui était le public du romantisme national — mais, par-dessus cette foule de lecteurs enthousiastes, il touchera bien d'autres générations d'admirateurs. Car il sait faire parler des passions qui font partie des structures sentimentales et mentales de la nation — de sa nation comme de sa personne même...

Camilo nous offre un portrait sans pitié des drames primitifs qui agitaient des êtres primaires — peuple misérable et affamé végétant sous la paix « fontiste » avec la même inconscience qu'il avait rallié les drapeaux des curés miguelistes de la « Maria da Fonte »... A travers les amours contrariées, les mariages de convenance forgés par les familles, les abandons de jeunes filles séduites qui pullulent dans son œuvre, il dénonce les structures morales d'une société arriérée

---

139. Reis DAMASO, « Ultimos Romanticos - Camilo », *in Revista de Estudᵔs Livres*, (Lisbonne, 1884-85), II, 558.

où la femme n'est qu'une chose appartenant au mâle à qui l'« honneur » accorde des droits plutôt qu'il n'impose des devoirs.

Mais le romancier lui-même est victime de cet état de choses et son réquisitoire, nous le savons, est fondé sur une expérience bien amère. L'anathème qu'évoque le titre de son premier roman pèse bien lourdement sur sa vie. L'expiation n'y est pas un vain mot.

L'œuvre de Camilo se définit donc entre la catharsis et l'exorcisme. L'auteur cherche un transfert qu'il sait impossible, et il lutte contre ses démons — mais en courant après eux. Il se complaît dans ce comportement contradictoire : « Je joue toujours (avec la roue du malheur) tel un enfant avec son cerceau », dira-t-il à l'âge de quarante ans[140]. Il assume son malheur — il le choisit, tout au long de sa biographie exemplaire, dans ce métier qu'il portait comme une tunique de Nessus : « J'écris des romans — qu'aurais-je pu faire d'autre ? ! »[141]. Camilo écrit des romans pour rester fidèle à lui-même et à son temps : l'ultra-romantisme portugais s'imposait des références démodées que les citations de Balzac et de Stendhal déguisaient à peine, et Camilo, s'il nargue les Saint-Preux de Porto, imagine toujours un monde peuplé de Des Grieux. N'a-t-il pas produit, avec *Amor de Perdição*, le *Werther* national, responsable de catastrophes familiales, voire même de suicides ?...

Les deux poètes et penseurs qui, quatre ans plus tard, mettront en cause l'ultra-romantisme, Antero de Quental et Teofilo Braga, avoueront sans honte l'impression profonde que le livre leur a causée. « J'ai perdu la nuit en lisant ce roman », dira Antero. « Le livre a été lu d'un seul trait », écrira Teofilo. Pour Antero, il était le « Werther péninsulaire » ; pour le « positiviste » Teofilo, il avait été « un des stimuli de l'Ecole de Coimbra » qui se dressera pourtant contre l'ultra-romantisme[142]. L'*Amor de Perdição*, chef-d'œuvre et symbole de la création camilienne, avait donc une qualité sinon une vertu dynamique que la nouvelle génération se devait de déceler.

Aux yeux de Camilo, qui avait été hanté par les fantômes de son imagination, le dynamisme de son roman était pourtant une qualité

---

140. Camilo, *A Queda dum Anjo*, dédicace à Rodrigues de Sampaio (1865).

141. Lettre à J. Gomes Monteiro du 28 avril 1862 *in* Antonio Cabral, *Camilo Desconhecido*, p. 159.

142. Voir Alberto Pimentel, *Notas sobre o Amor de Perdição* : lettres de Azevedo Castelo Branco (p. 62), de A. Teles de Utra Machado (p. 65), de Teofilo Braga (p. 67). En 1891 une édition monumentale d'*Amor de Perdição* fut préfacée à la fois par Teofilo Braga, Pinheiro Chagas et Ramalho Ortigao.

intérieure, une dimension existentielle. Toute sa vie durant il demeurera fidèle à des valeurs que sa génération et lui-même ont sincèrement vécues. En 1877 il avouera : « De mon temps, on aimait beaucoup. Mon imagination butine toujours sur cette saison des fleurs, telle une abeille autour des corolles d'un bouquet de roses (...). C'est des cendres presque éteintes de cette société que je tire les étincelles qui m'éclairent à peine les choses de l'amour »[143]. Il ne reconnaît plus la société des années 70-80 et il était encore condamné à vivre quelque quinze ans...

A vivre ? Il avait commencé sa carrière quand Garrett, malade, touchait à la fin de la sienne. En 1877, Herculano, après des années de silence, trouvait que la vie portugaise donnait envie de mourir. Camilo, lui, survivait rageusement, voyant ses valeurs combattues — et, pire encore, les voyant se dissoudre dans la médiocrité passive de la société fontiste. « Ecrivain fou », dernier chevalier de « l'amour fou », Camilo a proposé une conscience de folie romantique à son pays. Celui-ci l'a-t-il méritée ?

Nous ne pouvons pas encore répondre à cette question. Bornons-nous à dire que Camilo a été à la fois victime de cette conscience et de ce pays. Lorsqu'il se tirera une balle de révolver dans la tête, un jeune écrivain d'une autre génération aura l'impression de voir « parmi les ruines d'un pays vaincu, son dernier géant, assassiné »[144].

143. CAMILO, *A Viuva do Enforcado* (1877), II, 9.
144. Fialho de ALMEIDA, *Figuras de Destaque* (texte de 1890), p. 65 (ed. 1923).

CHAPITRE V

PORTO, MICROCOSME ROMANTIQUE

L'univers de Camilo, monde provincial qui imprima une allure provinciale à son œuvre, a un centre : la ville de Porto. Ville sérieuse, ville de travail où pendant des siècles la noblesse n'avait pas été autorisée à s'installer, ville bourgeoise et libérale qui portait dans son blason le cœur que Dom Pedro lui avait légué, Porto demeurait étrangère à l'insouciance, voire à l'inertie de la capitale du pays. Elle développait son industrie malgré le « handicap » d'une acceptation trop prudente de l'énergie de la vapeur[1], et, surtout, son commerce défini par deux marchés qui étaient les deux pôles de son économie : l'Angleterre et le Brésil.

Vers 1850, deux sociétés se profilaient donc à Porto, avec leurs mœurs et leurs significations culturelles : celle des Anglais, petite colonie très fermée mais dont la puissance et la cohérence imposaient un stye, et celle des « brésiliens ». On nommait ainsi les Portugais qui avaient fait fortune dans les terres distantes et mirifiques d'un empire dont la perte politique avait été largement compensée par un considérable apport financier dans la balance fragile de l'économie nationale.

Les Anglais du Port-Wine vivaient entre eux, à la « city » que leur « Feitoria » de style Adam dominait, ou dans leurs « cottages », éloignés du centre bruyant de la ville. Leur degré de civilisation était de loin supérieur à celui des Portugais : ce fut chez eux que, dès 1844, Raczynski remarqua des collections d'art[2] et la seule collection importante organisée dans le pays pendant la première moitié du siècle est due à un Anglais, de la colonie de Porto, John Allen. Cependant, c'étaient les « brésiliens » qui donnaient le ton à la société « por-

---

1. Voir Joel SERRAO, *Temas Oitocentistas*, I, 147.
2. RACZYNSKI, *Les Arts en Portugal*, pp. 384 et suivantes.

tuense », avec leurs capitaux, leur esprit économe, leur bêtise typique et leurs villas couvertes d'azulejos — sorte d'Auvergnats de comédie ou de Joseph Prudhommes... Les « brésiliens » figurent dès le XVIIIᵉ siècle dans les mœurs portugaises que la littérature fixait (on trouve déjà leur caricature chez Antonio José da Silva, « o Judeu » et chez Filinto Elisio), mais ils assumaient à partir des années 40 du XIXᵉ siècle un rôle important sur la scène nationale, grâce aux nouveaux rapports commerciaux avec l'ex-colonie. Et ce rôle était surtout considérable à Porto, car les « brésiliens » sortaient du Nord du pays, émergeant de la misère la plus noire ; ayant travaillé plus que durement au Brésil, pendant 20 ou 30 ans, ils retournaient à leur patrie, la santé perdue, mais riches. Ils n'étaient évidemment pas nombreux, peut-être un pour mille de la masse anonyme qui, toutes illusions perdues, mourait loin de la patrie — mais ils comptaient énormément dans le cadre socio-économique de la deuxième ville du royaume. Ils achetaient des terres, des immeubles de rapport et des bons du Trésor, ils fondaient également des asiles, des hôpitaux et des crèches — effet, à la fois, d'une vanité personnelle et d'une vanité régionale. Si l'origine de leurs fortunes n'était pas toujours avouable, un titre de baron ou de vicomte surmontant un blason improvisé venait souvent passer l'éponge sur le passé. Le « brésilien » entrait dans le processus normal de la création d'une grande partie de la noblesse constitutionnelle, que nous connaissons déjà ; ce processus était pourtant pratiqué ici d'une façon plus franche et plus grossière, si l'on regarde de près les têtes ainsi couronnées. Les « brésiliens » ne reniaient d'ailleurs pas leurs origines et le premier parmi eux qui osa bâtir un hôtel particulier, que lui-même dessina, n'oublia pas de mettre sur son fronton armorié une statuette de Mercure, un sac de livres à la main[3].

Ce baron-vicomte-comte de Bolhão, dont le titre était bizarrement emprunté au quartier des halles de Porto, où il avait dressé son hôtel payait Camilo pour faire son éloge en feuilleton[4], et il figurera, sous le nom de baron de Bouças, dans deux de ses romans[5], comme une sorte de symbole de sa classe — bien qu'il fût « le moins sot de son espèce et, pour ainsi dire, le moins baron de tous ». Son histoire ? « Le secret de tous les hommes qui hier encore pataugeaient dans

---

3. Hôtel particulier du comte de Bolhão, Rua Formosa, 342. Voir Henrique DUARTE e SOUSA REIS, *Apontamentos para a verdadeira historia da cidade do Porto* (ms. s/d., c. 1866, vol. V, à la Bibliothèque Municipale de Porto).

4. Voir Note nº 11, chapitre IV.

5. *Um Homem de Brios* (1856) et *Coração, Cabeça e Estomago* (1862).

les porcheries sociales et aujourd'hui surgissent enrichis, jetant à la
face du monde des résidus de boue dont ils ne peuvent se débarrasser bien qu'ils endossent habit sur habit ». Camilo les considérait
comme indispensables à « l'histoire physiologique de Porto ».

Les hypothèses qu'on se communiquait assez franchement sur
l'origine de la fortune du baron de Bouças-Bolhão ne manquaient pas
d'imagination romanesque : « trafic d'esclaves, blancs et noirs,
contrebande, fausse monnaie »[6]... Camilo défend son personnage
ou son ami, dont les bals étaient fameux — malgré la concurrence
d'un autre vicomte « brésilien », celui de Pereira Machado, bâtisseur
d'un « palacete » également célèbre[7]. Bolhão fera faillite en 1860, som-
brant dans des histoires de famille assez sordides auxquelles le duc
de Saldanha ne fut pas étranger[8] — et qui auraient pu fournir un
excellent sujet à Camilo. Malgré le luxe qu'ils pouvaient afficher, ces
milliardaires arrivaient difficilement à avoir un comportement culturel :
en 1857, le plus beau des palais de Porto, celui de Freixo, fut vendu
par ses nobles propriétaires à un futur vicomte — qui osa installer
dans les jardins une fabrique de savon ![9] Un autre capitaliste, figure
fort populaire à Porto, dira avec humour qu'on ne trouvait plus un
« gallego » pour porter un colis, car ils étaient tous devenus vicomtes[10]...

En 1849 un poème satirique anonyme, *As Comendas*, mit tout ce
beau monde en panique. Chaque baron, chaque commandeur, chaque
capitaliste y trouva son portrait, tracé sans pitié en 80 pages de vers
assez grossiers ; on y dévoilait des histoires cachées, on insultait
rudement les « forces vivantes » de la ville... L'auteur, Ayres de Gouveia, petit employé dans le commerce, ayant été démasqué sans

---

6. Camilo, *Um Homem de Brios*, p. 70 (7ᵉ ed.).

7. Rua Formosa angle Rua da Alegria. Ce Pereira Machado s'appelait en réalité
   Machado Pereira ; une erreur à la chancellerie de la cour explique l'inversion qui
   a donné lieu à une facétie populaire : on appelait le nouveau titulaire « le
   vicomte ' de très para diante ' (à rebours) ».

8. Voir *Cartas de D. Pedro V aos seus Contemporaneos*, p. 310, (lettre au comte
   do Lavradio du 19 mai 1860).

9. Le château de Freixo (1750-1754, architecte Nasoni) fut vendu par le deuxième
   vicomte d'Azurara (ancienne noblesse de robe, héritier, par sa mère, du château
   de Freixo) à A. A. Velado devenu baron de Freixo en 1865 (vicomte en 1872).
   Voir *Arquivo Pitoresco* (1867), p. 198.

10. Il s'agit du capitaliste Lobo, dit « da Reboleira » (quartier populaire de Porto)
    qui fut le protagoniste du roman d'Eduardo de Noronha, *O Lobo da Reboleira*
    (Porto, 1938). Voir Alberto Pimentel, *O Porto há 30 anos*, p. 40.

générosité par Camilo, a dû s'enfuir de Porto. Bien lui en prit d'ailleurs, car, devenu étudiant à Coimbre, il sera professeur douze ans plus tard, puis ministre et il mourra archevêque — toujours poursuivi par la haine de Camilo qui soulignait son destin fort curieux de jeune poète romantique provincial[11]...

L'écho de ce poème était encore dans l'air lorsque Camilo lui-même, qui venait de lancer dans un article d'*O Nacional* un « anathème » sur la société portugaise toute entière[12], essayant ainsi le titre que, quelques mois plus tard, il donnera à son premier roman, publia dans le même journal un feuilleton dont le titre est tout un programme : *Que é o Porto ?* Ce fut à nouveau un scandale. Il s'agissait pourtant d'un feuilleton d'adieu car le même numéro du journal annonçait le départ de l'auteur pour Lisbonne. Cette fuite, si elle indignait le bourgeois « portuense », devait également le rassurer car il se voyait ainsi débarrassé de son ennemi le plus agaçant...

L'article de Camilo est un réquisitoire d'une extrême violence, sorte d'inventaire des mœurs et des ridicules de cette micro-société provinciale. Le feuilletonniste y parle de la « table de la loi des quatre opérations mathématiques », de lettres d'amour « dans le style veuillez porter à mon compte » ; il voyait dans un bourgeois à cheval « Enée transportant son père Anchise »... Porto était, en somme, une société où « on fait la cour pour se marier ; on se marie pour avoir des enfants qui d'habitude ressemblent à leurs parents. Que Dieu les bénisse ! ». Camilo attaquait cette société dans ses fondements familiaux ; onze ans plus tard, au nom de ces mêmes fondements, la bourgeoisie de Porto le fera arrêter...

L'affaire entre Camilo et la femme d'un important négociant de Porto, qui intenta un procès aux deux amants quelques mois après leur fuite, nous permet de caractériser les réactions de la société bourgeoise de la deuxième ville du royaume, tout en définissant en même temps les folies amoureuses de la jeunesse romantique. On ne

---

11. Antonio AIRES de GOUVEIA OSORIO (1828-1916), professeur en 1861, ministre en 1865, évêque de Besaida en 1881, archevêque de Calcedonia en 1905. CAMILO a soutenu une polémique avec lui *in Jornal do Povo* (décembre 1849-janvier 1850) ; il le prendra comme modèle de son ridicule personnage Liborio de Meireles *in A Queda dum Anjo* (1866), où il cite abondamment, sur un ton ironique, des passages de son ouvrage *A Reforma das Cadeias em Portugal* (Coimbre 1860). Voir Ricardo JORGE, *Camilo e Antonio Aires* (Lisbonne, 1925).

12. CAMILO, « Anatema ! », *in O Nacional* du 18 février 1850.

13. CAMILO, « Que é o Porto ? », *in O Nacional* du 25 février 1850.

saurait oublier qu'Ana Placido, la maîtresse de Camilo (fille d'un riche armateur sur la vie conjugale duquel le poète d'*As Comendas* insinuait beaucoup de choses), avait épousé sans amour un mari beaucoup plus âgé qu'elle, et que sa sœur, enlevée par un des éléments les plus en vue de la « jeunesse dorée » de la ville[14], avait elle-même défrayé la chronique « portuense »...

« Les avantages de la civilisation ne peuvent entrer dans la vie sociale de la plupart des habitants de ce marché. Il n'y a qu'une idée à l'intérieur de toutes ces têtes : l'argent ! Il n'y a qu'un but vers lequel se dirigent toutes les visées : l'argent ! » Camilo écrivait ceci quelques années plus tard[15] : l'objet de son portrait n'avait pas changé. Il reviendra là-dessus en 1862, s'acharnant avec ironie et violence sur la « physiologie » de la ville où il venait de connaître la prison[15] (a).

La vie monotone et plate de Porto était rythmée par les mêmes habitudes ou vertus bourgeoises : on gagnait de l'argent, on mangeait énormément, dans les bals, dans les pique-niques — au théâtre même, où l'on apportait des gigots et des casseroles pleines de riz au four, pour souper dans les loges... L'été, les familles au grand complet, accompagnées des servantes et des garçons du magasin, louaient des barques, remontaient le fleuve et s'offraient des parties de campagne dont le goûter ou le dîner étaient l'objet principal. Ces bons négociants et pères de famille allaient aussi à la plage ; Leixões fut le prétexte d'un poème satirique, en 1855, et Foz d'une comédie, en 1858[16]. On jouait prudemment et on dansait avec décence à l'« Assembleia Portuense » que les mauvaises langues appelaient le « palheiro » (« paillier ») ou « Sociedade da Herva », cercle assez fermé où Camilo n'a pas été admis ; fondée en 1834, dans le cadre de la civilisation libérale, elle sera remaniée en 1859, alors qu'un « Club Portuense », plus luxueux, créé en 1857, traduisait de nouvelles exigences mondaines.

Les bons bourgeois, qui avaient dans leurs salons médiocrement meublés un espace dégarni réservé à la danse, allaient encore se promener dans le jardin de São Lazaro, miniature du Passeio Publico de

14. Antonia Candida PLACIDO a épousé Antonio Bernardo FERREIRA, le « Ferreirinha » du Port-wine.
15. 1855. Cité par Aquilino RIBEIRO, *Op. cit.* II, 238.
15 a. CAMILO, *Coração Cabeça e Estomago* (Lisbonne, 1862). Voir p. 123 (ed. Rio de Janeiro 1961).
16. Alexandre GARRETT, *As Viagens a Leixões - poema heroicomico* (Porto, 1855) ; Faustino Xavier de NOVAIS, *Cenas da Foz* (Rio de Janeiro, 1858).

Lisbonne. Quand ils sortaient en ville, le véhicule utilisé était le « car-roção », sorte de chariot archaïque et monumental lentement tiré par des bœufs — mais on les voyait encore dans des chaises à porteurs ! On comprend alors très bien qu'en 1865 la première demi-mondaine qui, battant coupé et louant une loge au Théâtre São João, a voulu s'installer à Porto, ait été fort déçue[17]...

Une vie toute différente de celle de la capitale définissait donc Porto — vie provinciale et patriarcale, au rythme inébranlable. Les deux villes étaient d'ailleurs séparées par huit jours de voyage au long de routes non carrossables : un service de poste ne sera créé qu'en 1859, précédant alors de près le chemin de fer inauguré en 1864. Pour aller d'une ville à l'autre, il fallait prendre le bateau et passer une journée toute entière en mer. Les « portuenses » mourraient souvent sans avoir visité la capitale du pays — qu'ils dédaignaient plus qu'ils ne l'en-viaient.

Leur vie tranquille et sédentaire (ils ne connaîtront les transports en commun qu'à partir de 1874) ne se prêtait nullement à des intri-gues romantiques. « Comment peut-on tirer un roman de cette balour-dise ? » s'interrogeait Camilo en 1850[18]. « Porto est chaque semaine égal à lui-même : tristement sévère dans son aspect (...), il refuse toute définition scientifique », avait-il déjà dit[19]. Comment cette ville aurait-elle pu produire des romans, comment n'aurait-elle pas protesté « contre la littérature des feuilletonnistes »[20], de Camilo, d'Evaristo Basto, d'Agostinho Albano, de Benalcanfor ?[21]

... Cependant, en avril 1849, l'arrivée du pauvre roi de Sardaigne Charles-Albert, vaincu à Novara, constitua un grand événement senti-mental que la mort du prince phtysique trois mois plus tard assombrit à souhait. Mais surtout (et en même temps) on pouvait constater : « de temps en temps apparaît une tête de feu qui veut se nourrir de flammes au milieu de ce glacial réservoir de têtes de pierre. Des hom-mes qui n'ont pas étudié la valeur spécifique de la société de Porto,

---

17. Voir Alberto Pimentel, *O Porto há 30 anos* (Porto, 1893), p. 76.

18. Voir Note nº 13.

19. Cité par Aquilino Ribeiro, *Op. cit.*, II, 39.

20. Idem.

21. Evaristo Basto (1821-1885) fut, avec Camilo, feuilletonniste d'*O Nacional*, ainsi qu'Agostinho Albano, auteur de *Antes de soprar a Luz, historietas* (Porto, 1871). Ricardo Guimaraes (1830-1889), premier vicomte de Benalcanfor en 1871, politi-cien, député et propriétaire, fut également feuilletonniste à Porto (*in O Por-tuense*) ; il publia plusieurs livres de voyages, etc.

viennent à elle avec un cœur plein d'élan et de fraîcheur : leur âme en meurt ou ils se suicident »[22]. Camilo savait de quoi il parlait. Il était une de ces « têtes de feu » qui réagissaient contre la vie quotidienne par le feuilleton et par l'existence qu'il menait.

Affichant ses amours avec la femme d'un riche bourgeois, en 1859, il couronnait un processus de réaction contre cette société qu'il haïssait et qui le détestait. Entre-temps, d'autres affaires et d'autres personnages avaient fait jaser le bourgeois. Tel était d'ailleurs le but d'une génération de jeunes gens sur laquelle, dira Camilo, avait passé « l'haleine pestilentielle du roman »[23].

Ils voulaient agacer les bourgeois et surtout se définir en opposition à eux. Faute de mieux, ou d'un programme personnel, ils faisaient le contraire de ce qu'on faisait normalement : ils s'habillaient de façon voyante s'enveloppant d'un « plaid » écossais parce que les bourgeois s'habillaient en noir ; ils affichaient des moustaches parce que les négociants restaient fidèles aux favoris de naguère ; ils portaient un casse-tête et des pistolets, et ils se battaient la nuit contre la police... Leurs haines étaient naïves et fatalement provinciales. Camilo parle de Saint-Preux et d'Antony, que ses jeunes amis prenaient comme exemple ; vers la fin de sa vie, il parlera aussi de l'influence de la « pourriture littérairement amoureuse d'Arlincourt, de Sue, de Paul Féval et de Sand »[24].

Cette littérature, alors avidement consommée, empoisonnait les esprits — des « natures inconscientes dépravées par la contagion d'une demi-douzaine d'excentriques vraiment malheureux par tempérament et par l'infiltration » des auteurs secondaires du premier romantisme français. Cette sorte de mise-au-point critique de Camilo, soulignait aussi le processus d'auto-destruction qui accompagnait l'action des jeunes intellectuels de 1850. Ils imitaient Antony — et, en même temps, en dénonçaient le danger. Arnaldo Gama écrivait en 1856 : « La jeunesse d'aujourd'hui est comme ça. A dix-huit ans il n'y a pas un seul jeune homme qui ne raconte pas, avec un sourire de scepticisme infantile, mille prouesses de salon, imaginées plus ou moins brillamment ». Et le jeune romancier de Porto ajoutait : « La faute de tout cela revient à ce maudit Antony, de Dumas »[25]. Gama,

22. Voir Note nº 13.
23. CAMILO, *Coração, Cabeça e Estomago*, p. 89 (ed. Rio, 1961). CAMILO fait allusion au commencement des années 50.
24. CAMILO, *Vulcões de Lama*, p. 114.
25. Arnaldo GAMA, *O Genio do Mal*, I, 154.

auteur d'un long essai sur Zorilla[25] (a), n'en écrivait pourtant pas moins un roman dans la ligne des ouvrages de Dumas et de Sue...

La critique de la bourgeoisie et l'auto-critique, l'une et l'autre destructives, sont les pôles de l'action de Camilo et de ses compagnons, dans le milieu arriéré et réfractaire de Porto.

Ils fréquentaient les salons de l'hôtel-restaurant de l'« Aguia de Ouro », le Café Guichard qui était le Marrare de la ville, le magasin d'un libraire français, Moré, où ils pouvaient acheter les romans arrivés de Paris — qu'ils allaient discuter autour des tables du café et du restaurant, tout à côté, dans une sorte de cercle vicieux de petite ville. Ils publiaient alors force revues littéraires, poétiques et mondaines, au tirage très limité[26] — et étaient prêts à se battre pour la supériorité poétique des roses rouges contre celle des roses blanches[27]... Ils allaient également au Théâtre São João, dont le programme admettait aussi bien des drames du Théâtre D. Maria II que les opéras du São Carlos, joués ou chantés par les compagnies qui montaient à Porto — et là ils imitaient, avec une violence égale, les guerres lisbonnaises, allumées autour des chanteuses et des danseuses[27] (a). Ils constituaient « une nombreuse secte qui passait la moitié de l'année à soupirer pour le théâtre lyrique et l'autre moitié à dire systématiquement du mal des compagnies engagées »[27] (b). A partir de 1859, ils pouvaient aller également au nouveau théâtre Baquet, œuvre d'un tailleur entreprenant, qui ressemblait à une maison de « brésilien ». La fréquentation de ces spectacles était pourtant fort limitée : le Théâtre São João était considéré comme « un tour de force »[27] (c) et on reconnaissait volontiers que, si « Porto avait de l'argent, la bourse bourgeoise ne s'ouvrait pas aux folies théâtrales [27] (d).

---

25 a. in *A Peninsula* (Porto, 1852) pp. 4, 13, 26, 209, 241, 254 et 258.

26. *A Lira da Mocidade* (1849), *Miscelania Poetica* (1851-52), *O Bardo* (1852-54), *A Grinalda* (1855-69), *A Abelha* (1856), *Eco dos Bailes* (1856), *Esperança* (1857), *O Mundo Elegante* (1858), *Primavera* (1859), *Rainunculo* (1860), *Terpsicore* (1860), *Vespa* (1861).

27. Voir *O Periodico dos Pobres*, à partir de décembre 1849. Voir F. GOMES de AMORIM, *Canticos Matutinos*, 366 (2ᵉ ed.).

27 a. La lutte la plus vive fut engagée entre les partisans de la Dabedeille et ceux de la Belloni (dont CAMILO), en 1849.

27 b. Julio DINIS, *Uma Familia Inglesa* (Porto, 1868), 41 (19ᵉ ed.).

27 c. Alberto PIMENTEL, *O Porto na Berlinda* (Porto, 1894), 138.

27 d. José Augusto VIEIRA, *O Minho Pitoresco* (Porto, 1887), II, 710.

Il y avait à Porto des noms célèbres par la fortune et par les frasques comme les frères Browne dont l'un, qui avait fait la campagne
d'Algérie dans les rangs de la Légion Etrangère, et qui, consumé par
l'alcool, vivait dans sa chambre à coucher sous une tente, avec des
momies apportées d'Egypte et un lion vivant enfermé dans une cage[28] ;
ou comme le « Ferreirinha », beau-frère de la maîtresse de Camilo
potentat du vin de Porto, émule du comte du Farrobo, avec ses équipages et ses fêtes, et qui mourra jeune, à Paris, d'une indigestion ; ou
comme ce Paiva qui sera ruiné à Paris par la célèbre et fausse marquise de Paiva[29]... Le jour où le marquis de Niza, héros de la « Société du Délire » de Lisbonne, est venu à Porto poursuivant une chanteuse de l'Opéra, il n'a pas manqué de joyeuse compagnie pour prendre d'assaut, la nuit, le château de Queijo, une des fortifications de
la ville ![30]

Mais il y avait d'autres histoires moins gaies, comme celle du
jeune poète Jorge Artur, une de ces « têtes de feu » que Camilo citait
dans son feuilleton et qui quelques jours auparavant s'était jeté dans
le Douro, portant « sur son cœur, sous le paletot noir, boutonné jusqu'au cou, un bonnet de velours brodé par la femme pour laquelle il
se tuait »[31]. Il avait laissé des vers :

« De que vale sem ela o prado, as flores ?
De que valem imperios e riquezas ?
O mundo de que vale ? »[32]

Sa mort marqua profondément ses amis : elle leur mettait sous les
yeux un exemple tragique et trop tangible du résultat de leurs rêves
et de leurs jeux...

Une autre affaire agita cette génération qui jouait avec le feu —
celle de Fanny Owen, jeune fille anglaise que Camilo a peut-être
aimée et qui fut la protagoniste d'un étrange drame passionnel.

Arrêtons-nous un moment à cette histoire qui est, sans doute, la
plus douloureuse de l'inventaire romantique portugais. Camilo la

28. Manuel BROWNE était le fils de la poétesse Maria da Felicidade BROWNE amie de
     CAMILO. Voir Ramalho ORTIGAO, As Farpas, janvier 1884, III, 109 (ed 1943).
29. Voir CAMILO, A Boemia do Espirito (1886), p. 7 et J. PINTO de CARVALHO-TINOP,
     Lisboa de Outrora, I, 81.
30. Voir Eduardo de NORONHA, A Sociedade do Delirio (Lisbonne, s/d, 1921) p. 55.
31. Jorge Artur de Oliveira PIMENTEL s'est suicidé le 10 janvier 1850. Il sera évoqué
     par CAMILO in As Três Irmãs (1862), Coisas Leves e Pesadas (1867), A Mulher
     Fatal (1870).
32. « Meia Hora de Melancolia », in A Lira da Mocidade, p. 62.

raconte dans un livre de mémoires, *No Bom Jesus do Monte*, en 1864, dix ans après son épilogue tragique ; son héros est José Augusto[32] (a) « l'homme le plus malheureux » que le romancier ait jamais connu.

Petit gentilhomme provincial, il appartenait à la « jeunesse dorée » de Porto ; poète, il fréquentait les cercles littéraires de la ville. Amoureux hésitant, il pouvait écrire en 1850 :

> « Agora vivo sem norte
> Neste oceano de dor... »

L'année précédente, il avait connu et aimé la sœur de Fanny, Maria Owen, qu'il avait fui. En 1852, pourtant, il croyait toujours l'aimer, alors que son ami Camilo courtisait Fanny. Cela l'a peut-être excité et il a compris que des deux jeunes Anglaises c'était Fanny qu'il aimait vraiment — Fanny qui, entre-temps, écrivait des lettres à un jeune Espagnol, se disant à jamais incomprise. Devant les sentiments de son ami, Camilo abandonna la partie et Fanny, elle aussi, tomba amoureuse de José Augusto. Le temps passait, et José Augusto se trouvait pris entre les deux sœurs qui l'aimaient ; il se décida pour Fanny qui, pour « l'assister dans cet affaiblissement moral où la douleur l'avait conduit »[34], s'enfuit avec lui, l'été de 1853. José Augusto l'enleva donc, et Camilo ne manqua pas de colorer le récit, avec un cheval emballé, galopant parmi les sapins qui déchirent la blanche robe de Fanny... Respectueux, le ravisseur l'installe chez lui, fait bénir leur union qu'il ne consomme pourtant pas — par délicatesse ou par impuissance ? C'est alors que Camilo obtient de l'Espagnol à qui Fanny avait écrit les lettres de la jeune fille et agit de telle façon qu'elles parviennent à José Augusto. Pourquoi a-t-il fait cela ? Camilo fournit une explication un peu trop simple : il voulait éviter certaines calomnies et il avait déposé les lettres chez l'avocat de son ami et ex-rival. On ne peut certainement pas écarter l'hypothèse d'une vengeance de la part de Camilo — mais ce qui nous intéresse ici c'est l'effet de son indiscrétion.

José Augusto lut les lettres et sombra dans le désespoir. Il croyait alors maladivement que Fanny lui avait été infidèle, du moins en esprit — et, dès ce jour, il vivra auprès d'elle comme un frère,

---

32 a. Jasé Augusto Pinto de Magalhaes, mort le 24 septembre 1854. Voir Camilo, *No Bom Jesus do Monte* (1854), p. 103 et suiv. (2ᵉ ed.) ; Visconde de Vila-Moura, « Fany Owen e Camilo » *in A Aguia* (Porto, 1917), XI-II, 5 ; Antonio Cabral, *Camilo Desconhecido*, pp. 293 et suiv. ; Aquilino Ribeiro *Op. cit* II, pp. 165 et s.

34. Voir Aquilino Ribeiro, *Op. cit.* II, 145.

ruminant de vagues désirs de vengeance, non contre sa femme mais
contre les « malvados » qui les avaient séparés à jamais.

> « Como tu sofreste !
> E eu pude deixar-te !
> Era a minha honra ! »

Son journal nous décrit cet état d'esprit d'une façon sybilline qui
trahit le désarroi, sinon le déséquilibre mental.

> « Jurei hoje ser para ti
> O que um anjo é para Deus »[35].

Ses vers révèlent angoisse et frustration — et une douleur qui grandit
au fur et à mesure que Fanny dépérit. Car la jeune fille répudiée souffre elle aussi ; elle est seule : ses parents, sa sœur lui retournent ses
lettres. Elle tombe malade : tuberculeuse — et meurt, vierge, l'été de
1854. Camilo priera alors :

> « Senhor em vosso amor entrou um anjo !
> Senhor, dai recompensa à virtude !
> . . . .
> Olhai, Senhor, tragou quanta amargura
> O calix de infeliz em si continha »[36].

José Augusto fit embaumer le cadavre et garda le cœur dans un
flacon d'alcool. « Je suis devenu l'homme le plus malheureux du
monde », écrit-il à un ami[37]. Il partit pour Lisbonne, cherchant il ne
savait pas trop quoi. « Comment pourrai-je oublier ? »[38]. Il s'installa
dans un hôtel. La chambre voisine était occupée par le frère de Fanny.
Il le sut et fut atteint d'une fièvre cérébrale ; il résista quelques jours
à peine. Dans sa valise, on ne trouva que la robe de mariage de
Fanny et la couronne de fleurs d'oranger qu'elle avait portée le jour
de ses noces. . .

Amour, enlèvement, honneur, intrigue (vengeance diabolique peut-
être), désespoir, maladie, mort, fatalité et malheur, enfin — voilà les
ingrédients de ce drame insolite auquel se trouva mêlé, deus ex-
machina ou complice du destin, le romancier qui aurait pu l'inventer.
Le décor est Porto ou le nord du Portugal — pays camilien par excel-

---

35. Idem ibid. II, 181.
36. Camilo, *Um Livro*, (1854), p. 125.
37. Lettre *in A Aguia* (1917), XI, II, p. 22.
38. Idem.

lence. Cette histoire s'accorde à la teneur émotionnelle de la ville romantique ; ses protagonists n'auraient sans doute pu vivre ailleurs. Et aucun autre romancier que Camilo n'aurait certainement pu y intervenir, ou du moins comprendre le sens du drame...

Dans ce microcosme de Porto, les sentiments romantiques se subliment, atteignent à un degré d'explosion. Etroitement surveillés par une société de philistins, ils doivent se manifester par des drames soudainement déclanchés et par des situations pathologiques, dans une « sorte de vague hallucination érotique » dont parlera, plus tard, un témoin de ce temps[39].

Cette ville qui, à la fois, caricaturait Lisbonne et conservait ses vertus d'autrefois, ville où le travail et le rêve se trouvaient en opposition féroce (n'oublions pas son infra-structure libérale et révolutionnaire, maintenant traduite par le mouvement socialiste)[40], offre un document exceptionnel à notre étude. Il faut pourtant examiner celles de ses créations qui représentent un esprit différent de celui que le romantisme littéraire et émotionnel domine.

Si Porto était encore vers 1850 un « bourg médiéval, étroit et profond » semblable à celui décrit par Garrett dans *O Arco de Sant'Ana*[41], malgré des travaux publics entrepris dans les années 40, il allait se transformer assez rapidement et sa population de 50/60 mille habitants s'élevait déjà à 85 mille, en 1864. La ville voulait alors se donner un équipement technique moderne et elle commença, en 1842, par s'offrir un palais destiné à une Bourse du Commerce digne des transactions importantes qu'on y réalisait. C'était, bien entendu, le négoce qui comptait — mais il comptait d'une façon nouvelle, avec de nouvelles incidences culturelles.

Installée dans le vieux couvent de S. Francisco, incendiée en 1832, pendant le siège migueliste de la ville, l'Associação Comercial do Porto commença des travaux de reconstruction dès 1842, selon un projet inspiré du style anglo-palladien que la colonie anglaise avait imposé par l'exemple de ses propres édifices. Un fronton et une colonnade devaient donc annoblir la façade. En 1860, quand les travaux n'étaient pas encore terminés, on écrivait qu'il s'agissait d'« un

---

39. Ramalho ORTIGAO, préface à l'édition monumentale d'*Amor de Perdição* (1891), p. XLVIII.

40. Signalons la fondation de l'Associação de Civilização Popular, en 1862. Voir chapitre II sur les journaux socialistes parus à Porto.

41. Voir Note nº 39, p. XXXV.

des édifices les plus beaux et grandioses du Portugal »[42]. Deux ans plus tard, on entreprenait la décoration d'un « salon arabe » dont la richesse défiait toute critique.

Cependant, dès 1860, on ouvrait le chantier de la Douane, projet d'un architecte français[43] qui a su obéir au goût anglais classique de la ville. Ce goût était encore appliqué aux « palacetes » de la petite bourgeoisie « agrandie » et titrée et, plus modestement, à maintes maisons de rapport, avec leurs frontons triangulaires. Il évoluera pourtant du palladianisme de la fin du XVIIIe siècle vers de toutes nouvelles structures en fer ; c'est le cas du Palais de Cristal dont nous nous occuperons plus loin.

Les activités commerciales étaient donc envisagées dans le cadre d'une dignité artistique qu'il faut comprendre comme relevant d'une sorte d'orgueil civique. En 1850 la municipalité s'est crue obligée d'acquérir la collection Allen, poussée par un document couvert de signatures où les potentats de la finance voisinaient avec les intellectuels. La ville doublait ainsi son musée créé par Dom Pedro aux heures sombres du siège — et, la curiosité aidant, on comptait plus de quatre mille visiteurs en 1854, soit huit pour cent des habitants de la ville.

Mais il faut aussi comprendre l'orgueil civique de Porto par rapport à la capitale ; il se manifesta donc dans le monument que « la capitale du nord » a voulu ériger, avant Lisbone, à la mémoire de Dom Pedro. En 1862, Porto choisit le modèle d'une statue équestre qui sera inaugurée quatre ans plus tard. Elle sera modelée par Calmels[44], artiste français installé à Lisbonne, car il n'y avait pas de sculpteur portugais capable de telles aventures plastiques.

Cette compétition avec Lisbonne présente également un caractère politique qu'on ne saurait ignorer : la figure de Dom Pedro, dont la ville conservait le cœur, était le garant des sentiments libéraux de Porto où, en 1848, une Junta révolutionaire s'était opposée au gouvernement central. Ce fut d'ailleurs à partir de cette date que les altérations sociales provoquées par l'action anarchique du romantisme se firent sentir.

---

42. Vilhena BARBOSA, in Arquivo Pitoresco (1860), IV, 308. Les plans étaient de l'architecte Joaquim da COSTA LIMA.

43. C. F. G. COLSON. Il a tracé les plans de l'observatoire d'Ajuda (1861) et décoré la Chambre des Pairs (1863).

44. Anatole CALMELS, disciple de PRADIER et de BLONDEL, est arrivé avant 1858 au Portugal.

Le Porto libéral, dans la tradition de 1820, de Passos et de la Junta de « Maria da Fonte », s'était pourtant assagi avec la Regénération baptisée dans la ville même. Au sein du Fontisme, « tranquillité des capitalistes », comme l'avait défini Camilo, Porto avait trouvé lui-même son repos.

Un repos que les feuilletonnistes et surtout les poètes ne manqueront pourtant pas de troubler.

CHAPITRE VI

LES FIANCÉS DU SÉPULCRE

Entre 1849 et 1855 Porto a vu naître quatre revues entièrement consacrées à la poésie, où les poètes de la ville donnaient libre cours à leur inspiration. Si, par règle générale, elles ne duraient qu'un an ou deux, l'une d'entre elles est pourtant parue pendant quatorze ans, bien qu'irrégulièrement. Elles arboraient toutes le même emblème, utilisant la même gravure qui passait d'un frontispice à l'autre — cette lyre couronnée d'un ruban dont l'éclat rayonnait...

A Lira da Mocidade, O Bardo, A Grinalda[1] sont des titres qui en disent long sur le contenu de leurs pages où les thèmes ultra-romantiques, noirs et larmoyants, s'enchaînaient à ceux qui avaient déjà été exploités par les poètes d'*O Trovador*. «Troubadours» et «bardes» appartenaient à la même famille de joueurs de lyre, la tête couronnée de guirlandes... Une énorme famille que celle des poètes de Porto : *Miscelania Poética* a publié pendant vingt mois 40 pages de vers d'une centaine de poètes, dont seize dames qui avaient droit à une place à part dans la table des matières.

C'étaient des jeunes qui, comme le disait Camilo, étaient les seuls à «émerger à la surface de la mare sociale»[2]. Mais on ne saurait pas oublier non plus que, selon l'ironie d'un poète d'*O Trovador* qui se proposait, dès 1852, d'en écrire l'anatomie, la physiologie, la statistique et l'histoire naturelle — «parmi tous les types nationaux

---

1. *A Lira da Mocidade* (1849), *Miscelania Poetica* (janvier 1851-août 1852), *O Bardo* (dirigé par Faustino Xavier de NOVAIS, 1852-54), *A Grinalda* (dirigé par Nogueira de LIMA paru en 1855, 1857, 1860, 1862, 1864 et 1869). Remarquons que F. J. BINGRE, le dernier «arcadien» a encore publié une poésie dans *A Grinalda* (1869) et qu'ANTERO et R. ORTIGAO y ont également collaboré.

2. CAMILO, *Esboços de Apreciações Literarias* (1865), p. 112.

le poète d'inspiration est le plus fécond et vulgarisé (...). L'ignorance, crasse et absolue, est la première qualité exigée »[3].

On pouvait encore moins ignorer que la poésie des années 40-50
était produite dans des circonstances sociales pénibles. Lopes de
Mendonça ne manquait pas d'interroger dans un élan rhétorique :
« Pourra-t-elle (la poésie) devenir épique et chanter les évolutions
des majorités et des minorités, les discours gonflés des orateurs parlementaires, les farces plus ou moins corrompues du gouvernement
représentatif ? Pourra-t-elle demander l'inspiration à l'industrie ? (...)
Comment une société matérialiste et cupide peut-elle entrer en extase
et révéler au monde le mystère des amours poétiques, alors que le
mariage est un contrat commercial, un des aspects de l'avidité
humaine ? »[4]. Et il demandait aussi : « Le dégoût de la vie, l'amertume funèbre et angoissante qui dévore certaines organisations,
paraîtra-t-elle à nouveau dans le cœur des générations qui apparaissent maintenant ? »[5] — les générations qui, somme toute, n'avaient
pas su « croire en l'avenir » et n'avaient pu que « pleurer sur le présent ». Son diagnostic de 1849 le conduisait à constater une faillite.
Mais il ne saurait en être autrement car, pour l'auteur de *Memorias
dum Doido*, champion d'un socialisme romantique, « l'homme était
toujours malade, de corps et d'esprit, entouré de mystères insonda-
bles, foudroyé par la terreur du doute ».

Somme toute la poésie ne pouvait que crier ou pleurer :

   « Honra e crime é tudo o mesmo,
     A providencia é mentira ! »[7]

s'exclamait Camilo dans une des revues de Porto. Dans le premier
numéro de cette même revue, il avait déjà défini la situation du poète
avec le vocabulaire qui lui convenait :

   « Cadaver, spectro sou, já nada sinto...
     Bem cedo envelheci !.. Gelada vida
     Gelou-me o coração !.. com voz sentida,
     Se eu falar de paixões, digam que minto !
     . . . .
     Prevejo a hora extrema do morrer...

3. A. de SERPA PIMENTEL, *in A Semana* (février 1852), p. 429.
4. A.P. Lopes de MENDONÇA, *Memorias da Literatura Contemporanea* (1855), p. 4-5.
5. Idem, ibid., p. 2.
7. CAMILO, *Miscelania Poetica* (1851), n° 17.

A campa vejo além... na campa o nada...
Um sono sem ter dia... jamais sofrer...»[8]

De son côté, Mendes Leal, auteur de « dramalhões » applaudis, poète fêté de cantiques humanitaires et opportuns, à la sonorité facile[9], grand maître de la Maçonnerie en 1863, jouait à la fois de la lyre, de la harpe et du luth, et murmurait :

« A minha musa é triste : ama o segredo
    E a muda quietação ;
  A noite na cidade, o sol no campo,
    E Deus na solidão ! »

Cependant, à Coimbre, quatre étudiants-poètes de Porto devaient lancer en 1851, un journal de poésies qui joua un rôle plus important que ceux parus dans leur ville natale. *O Novo Trovador* bénéficiait de la célébrité d'*O Trovador* dont il prenait le titre et quelques-uns des collaborateurs. Une nouvelle promotion universitaire se solidarisait donc avec la précédente, essayant de donner continuité à son œuvre, c'est à-dire à ses options spirituelles et à sa thématique. Elle passait au-dessus de toute transformation sociale — ou, mieux, elle révélait qu'aucune transformation n'était intervenue profondément dans la vie mentale et sentimentale des Portugais. *O Novo Trovador* de 1851-1856 ne « regénérait » nullement les propositions d'*O Trovador* de 1844-1848...

Comme dans les revues de Porto, une lyre décore le frontispice d'*O Novo Trovador ;* les mêmes épigraphes viennent adorner ses poésies : Byron, Schiller, Scott, Ossian, Espronceda ; Lamartine continue de hanter l'imagination de ses poètes. L'heure de Hugo n'avait pas encore sonné : ce sera *A Grinalda* qui, après 1860, permettra d'établir le graphique de l'influence de l'auteur des *Châtiments*[11]. Rien n'était changé : la poésie qui ouvre le recueil est d'un auteur d'*O Trovador*[12]. Si l'un des volumes est déjà dédié à la mémoire de Garrett, c'est surtout la leçon de Castilho qui est présente, beaucoup plus que celle des *Folhas Caidas*.

---

8. Idem, ibid., n° 1.

9. *Canticos* (Lisbonne, 1858), *Poesia* (Lisbonne, 1859).

11. Voir Vitorino NEMESIO, *Relações Francesas do Romantismo Português* (Coimbre, 1936), pp. 85 et suiv. et Oscar LOPES *Literatura Portuguesa* (« Histoiria Ilustrada das Grandes Literaturas », Lisbonne, en publication), II, 182.

12. Antonio Xavier RODRIGUES CORDEIRO.

Ecrivant en 1853, Camilo pouvait affirmer : « Si nous feuilletons les meilleurs livres de poésies que la presse portugaise nous a offerts au cours des derniers trois ans, nous devons dire sincèrement qu'ils sont, avec de petites variantes de style, le même amour, la même désillusion, le même désespoir ; les mêmes historiettes de chevalerie et les mêmes jolies romances qui font non seulement chanter celui qui les lit mais aussi danser ceui qui les écoute ! (...) Personne ne croit au sinistre et à l'effrayant qui y est exprimé. Les agonies d'un poète n'attristent pas plus le lecteur que les grimaces violentes d'un pacifique acteur de tragédie (...) »[13].

Trois ans plus tard, un jeune poète, Bulhão Pato, dans la préface d'un poème qui deviendra célèbre, *Paquita*, devait attribuer « cette espèce d'assoupissement littéraire » à l'influence de l'époque — et il ne manquera pas de s'attarder aux méfaits de la machine : « L'atmosphère de nos journées obscurcies par la fumée des machines à vapeur vole à nos yeux les douces et charmantes perspectives de la nature »[14].

On est ici en présence de l'un des premiers symptômes de ce duel nature-industrie, poésie-machine qui sera le thème favori d'une idéologie post-romantique réactionnaire. Parlant ainsi, l'un des derniers abencérages du romantisme annonçait déjà l'évolution future de la pensée de son école. Que cela ait été fait dès 1856, alors que le chemin de fer inaugurait ses premiers kilomètres de rail, doit être souligné. Déjà Lopes de Mendonça s'était interrogé ironiquement sur la possibilité pour les poètes de s'inspirer de l'industrie fontiste ; un poète venait alors se plaindre de la fumée de cette même industrie... La poésie ultra-romantique prenait donc parti — et ses cris et ses larmes acquièrent un sens nouveau. Un sens négatif, de réaction et d'exil.

« Que árida vida neste mundo eu vivo !
Sou qual cativo que só trevas vê ! »[15]

Se plaignant ainsi, Silva Ferraz, futur candidat malheureux à une chaire de philosophie du Cours Supérieur de Lettres, que Camilo appréciait outre mesure[16], ne demandait pourtant qu'à voir la lune se

---

13. CAMILO, *Dispersos*, II, p. 5 (pb 1924).

14. Bulhão PATO, *Paquita*, lettre à A. HERCULANO (Lisbonne, 1856), p. VI.

15. Silva FERRAZ, « Aspirações dum Poeta », *in O Novo Trovador* (1851), p. 123.

16. CAMILO considérait *Harmonias da Natureza* (Lisbonne, 1852) comme « le meilleur livre de vers publié au cours des derniers douze ans par n'importe quel poète de Porto » (préface).

promener dans le ciel et à aimer une femme idéale. Là s'arrêtaient les
« aspirations d'un poète » d'*O Novo Trovador*.

Cette monotonie sur le plan des thèmes, l'indigence d'un vocabulaire trop régulièrement utilisé et réduit à une sorte de jargon qui
nécessitait un « petit glossaire », invitait à la facilité — de la part du
poète comme de la part du lecteur. Celui-ci aussi pouvait être caricaturé — et les chants ou les « polkas » dont Camilo parlait correspondaient à une curieuse réalité quotidienne dans les salons de la petite
comme de la grande bourgeoisie de l'époque où l'on récitait au piano
les grands morceaux lyriques des « troubadours » de Coimbre, de
Porto ou de Lisbonne. . .

Parmi les quatre poètes de Porto descendus à Coimbre il y avait
pourtant un excellent poète : Soares de Passos. A côté de l'auteur d'*As
Comendas*, devenu lui aussi étudiant à Coimbre, de Silva Ferraz et
d'Alexandre Braga, à côté des poètes du premier *Trovador* qui
publiaient alors seulement leurs recueils de poésies, avant de se taire
pour toujours[17], le jeune Soares de Passos brillait d'un éclat plus
authentique. Son volume de *Poesias*, publié en 1856, marque l'apogée
de l'ultra-romantisme dans ce qu'il a de plus valable. Le poète mourra
tuberculeux quatre ans plus tard, à l'âge de trente-quatre ans.

La vie de Soares de Passos est fort intéressante par sa platitude
même. Pas d'aventures, rien de Don Juan ni d'Antony, rien de Byron
ni de Dumas, pas d'éclats, pas de tragédie : une vie de petit bourgeois de Porto descendu à Coimbre faire sa licence en droit, avec un
recueillement de moine que ses poumons malades trahissaient.
D'abord commis chez son père, et dévorant des livres en silence, il
n'a pas participé à la vie de bohème des poètes-feuilletonnistes de
Porto : à l'âge de vingt-cinq ans il était encore inconnu. En 1854 il
rentra à Porto, manqua le barreau, ne sut pas se faire nommer bibliothécaire — et traîna pendant six ans sa mélancolie, jeune misanthrope
vaguement blond et chétif... Il avait déjà publié des poésies dans
O Novo Trovador, dans des revues de Porto comme *O Bardo* où, en
1852, était paru son poème le plus célèbre : *O Noivado do Sepulcro*[18].
Lors de la visite de Castilho à Porto, Passos, qui faisait partie de son
cercle, l'a récité au cours d'une des soirées poétiques où le vieux
poète trônait. Il l'avait travaillé, le reprendra encore en 1856, date de
la parution de son volume de *Poesias*.

17. Voir Note n° 18, chapitre X, IIᵉ partie.
18. *In O Bardo*, n° 9, juin 1852.

O Noivado do Sepulcro est le poème le plus populaire du romantisme national : on le récitait dans les salons de la bourgeoisie, à Porto comme à Lisbonne, avec accompagnement de piano, et le peuple le chantait dans les rues, au clair de lune, altérant ses mots savants[19] ; les éditions de colporteurs l'imprimeront encore au XXᵉ siècle, mêlé à des prévisions astrologiques... Cette mélopée qui coule comme un fleuve de larmes doucement versées, s'accorde à la vision pessimiste de cette génération de poètes. Le mot même de « sépulcre », évoquant dans sa sonorité une image spectrale, appartient au vocabulaire de l'époque. Palmeirim avait publié l'année précédente *A Virgem e o Sepulcro*[20] ; Herculano avait imité dès 1838 *A Noiva do Sepulcro*, de Spencer, qu'une revue de Lisbonne devait publier de nouveau à la demande d'un abonné, en novembre 1852[21]. Arnaldo Gama imitera bientôt Passos, avec *A Paz no Tumulo*[22].

Camilo, en privé, accusait Passos d'avoir imité la *Comédie de la Mort*, de Gautier[23] ; on suppose également qu'il s'est inspiré de *Leonor*, de Bürger, qu'Herculano avait traduit en 1834[24]. Il faut pourtant chercher les racines culturelles d'*O Noivado* d'une façon plus large et plus vague, dans l'air du temps, dans la mode, certes, mais aussi dans un mode d'exister en attendant la mort.

La mort était, pour Passos, une présence authentique et permanente, et les cadavres qu'il mettait dans le même tombeau

(« Dois esqueletos um ao outro unidos
        Foram achados num sepulcro só»)

représentaient une expérience imaginaire qu'on ne saurait méconnaître.

Le poète atteint ici la puissance dramatique d'Herculano dans son *Eurico* — d'Herculano qui, lui aussi, avait sacrifié aux coups de minuit et aux tombeaux :

---

19. Voir Teofilo BRAGA, « Escorço biografico de Soares de Passos », *in Poesias*, p. XXI.
20. *In Revista Universal Lisbonense*, N° 1, vol. IV, le 14 août 1851.
21. *In Jardim Literario*, N° 47, VIII, le 19 novembre 1851. La poésie avait été publiée en 1838 (?). Recueillie *in Poesias*, p. 281 (5ᵉ ed.).
22 *In A Peninsula* N° 32, I (Lisbonne, le 31 août 1852).
23. Note de CAMILO sur son exemplaire de *Poesias* de S. PASSOS. Voir F. ALVES de AZEVEDO, *in Feira da Ladra* (Lisbonne, 1929), I, n° 45.
24. Voir Fidelino de FIGUEIREDO, *Op. cit.*, p. 164. *In Poesias*, p. 319 (5ᵉ ed.).
25. HERCULANO, « Desesperança », *Poesias*, p. 68.

« Meia noite bateu, volvendo ao nada
Um dia mais, e caminhando eu sigo !
Vejo-te bem, oh campa misteriosa. . .
Eu vou, eu vou ! Breve serei contigo ! »[26]

Après 1856, du fond de l'apathie dans laquelle il était tombé, Passos
ne trouvera de forces que pour traduire des poésies de Heine étrangement semblables à son *Noivado* :

« Quando ao sepulcro desceres
Eu contigo descerei ;
E ao meu peito hei-de apertar-te
O tu a quem tanto amei »[27].

Les fantômes de Soares de Passos qui, sur les douze coups de
minuit, se rencontrent dans un cimetière, l'un se plaignant d'avoir été
oublié, l'autre venant lui apporter la certitude de son amour d'outre-
tombe, restent comme une sorte d'emblême d'un sentiment qui vient
de loin — dernier emblême, désuet certes, mais raffiné par le temps,
sorte d'écho qui résume un passé de vingt ans, ou de cinquante, si
nous remontons aux premiers exemples de la poésie sépulcrale dans
la littérature portugaise[27]. Après *O Noivado do Sepulcro*, le genre se
fait de plus en plus rare ; on le rencontre encore au cours des années
50, mais presque plus après 1860[28].

Les historiens de la littérature ont trop souvent l'air de s'excuser
devant le succès populaire de ce poème comme s'il ne correspondait
pas concrètement à un besoin de l'état sentimental du romantisme
portugais. Cet état se rencontrait alors avec une sorte d'état philosophique que Passos a également représenté. La familiarité avec la mort
l'a conduit à se poser des questions métaphysiques où Dieu et la
nature trouvaient leur place. L'influence d'Herculano est encore visible ici et le poète des années 30 ne manqua pas de saluer le nouveau
venu. Il le voyait se dresser « contre un gongorisme français correspondant, au XIXe siècle, au gongorisme italien du XVIIe siècle »[29]. Si

26. *In A Grinalda* (1869), VI, p. 92.
27. *As Qutro Estações do Dia*, « poema alemão de Mr. ZACHARIAS, traduzido em por-
    tuguês por Antonio Estevão de LIMA » (Lisbonne, 1806). Voir Maria Leonor
    CALIXTO, *Op. cit.*, 154.
28. D'après l'inventaire établi par Maria Leonor CALIXTO, *Op. cit.*, de 185 pièces
    poétiques enregistrées, 38 ont été publiées entre 1812 et 1860 et 7 seulement
    après cette date. La dernière aurait été publiée en 1869.
29. Lettre du 5 août 1856 *in Cartas*, II, 87.

LES ANNÉES DE SAGESSE

le parallèle nous paraît aujourd'hui absurde, il n'en signifiait pas moins pour Herculano une idée de décadence spirituelle dont, selon lui, nous le savons, la France serait la cause. Par contre, Passos se montrait capable de lui rappeler Klopstock, par le poème *O Firmamento* qui fut une de ses productions les plus célèbres.

Les poètes de Porto, raconte Camilo en 1886, sortant des brasseries, tard dans la nuit, « saluaient avec force zig-zags et gestes larges l'Aurore, vociférant des strophes du *Firmamento* de Soares de Passos »[30]. A Lisbonne, on récitait volontiers le poème au théâtre D. Maria II, en soirées de gala.

On sait d'où vient l'idée de cette poésie : Passos a lu *Le Système du Monde* de Laplace et s'est laissé pénétrer par les vues d'une philosophie scientifique bouleversée par les découvertes de l'astronomie.

> « Gloria a Deus ! Eis aberto o livro imenso,
>   O livro do Infinito,
>   Onde em mil letras de fulgor intenso
>   Seu nome adoro escrito, »

Ainsi commence le poète, et il plonge ensuite dans la vision d'un univers où l'homme n'est qu'« um atomo subtil, um froixo alento » et où « mundos, estrelas, sois brilantes » s'engloutissent dans une catastrophe totale. La vie refluera alors vers Dieu, « foco soberano » :

> « Apenas restarão na imensidade
>   O silencio aguardando a voz futura,
>   O trono de Jeová e a eternidade ».

Vision finale d'espoir dans une « voz futura » ? Son pessimisme s'explique alors, au niveau du quotidien, son manque de courage, son *Desalento*

> (« Cansado, ai ! já cansado quando a vida
>   Em flor nascente desabrocha ao mundo »)[31]

et son attente de la mort : plongeant dans le néant, le poète espère une sorte de re-naissance. Il fuit, certes, le « medonho abismo de amarguras » — mais il fuit la vie, à cause de la vie, même... C'est-à-dire qu'il n'hésite pas à donner le titre *A Vida* à une poésie où il fait appel à la mort :

30. CAMILO, *Boemia do Espirito*, p. 18 (2ᵉ ed.).
31. Soares de PASSOS, « Desalento » *in Poesias*, p. 103 (ed. 1917).

« Morte, morte, benvinda sejas sempre !
Em nome da existencia eu te saudo !
. . . .
Depois da noite escura vem o dia :
Depois desde desterro, a eterna pátria ! »[32]

Cet espoir admet même le suicide et le thème de Caton revient alors sous la plume de Passos qui chantait aussi Camoëns et Ossian[33]. Mais Caton n'est plus le révolté de 1820 : s'il se tue, c'est parce qu'il sait qu'il trouve ainsi la liberté. Le *Canto do Livre* résout son ambiguïté et dans *Catão*, publié en 1851, il voit le héros s'envoler

« . . . . calcando a morte,
A etéreas regiões ! »[34]

« Espera, confia e crê ! », « crê e espera », « Povos da terra, esperai ! »[35] — le mot « espérer » revient toujours ; il signale sans cesse une situation dans l'avenir, au-delà des souffrances et des amertumes. Cette situation sera offerte par le Seigneur : l'archange du Christianisme et l'archange de la Liberté ne font qu'un, dans *A Visão do Resgate*. Le vieux Passos Manuel, le bon dictateur de 1836, voyait dans cette poésie « le futur » que Dieu lui-même révélait au poète[36]. La fraternité universelle sera la loi dans cet avenir que la liberté garantit.

« Os passos da mesquinha humanidade
Aonde os levarei, Senhor, aonde ?
Uma voz retumbou do ceu radiante,
Que ao anjo respondeu, dizendo : AVANTE ! »[37]

Soares de Passos assume ici le rôle de poète humanitaire et chrétien mais d'une façon trop indirecte pour qu'il puisse être entièrement compris de son temps. Un critique plus jeune l'affiliera à « l'école de Lamartine »[38]. C'était une idée fort défendable — si le

---

32. Idem, « A Vida », Ibid., p. 75.
33. Idem, « Camões » et traductions d'Ossian, Ibid., pp. 5 et 131.
34. Idem, « Catão », Ibid., p. 65.
35. Poésies : « Consolação », Visão do Resgate » et « Esperança ».
36. Lettre de Passos Manuel adressée au père de Soares de Passos lors de la mort de celui-ci.
37. Soares de Passos « O Anjo da Humanidade », *in Poesias*, p. 55.
38. J. M. Andrade Ferreira, *Literatura, Musica e Belas-Artes*, II, p. 207.

même auteur n'avait pas cité ensuite Millevoye... Herculano voyait
certainement plus juste lorsqu'il lui écrivait qu'il était destiné à être
le premier des poètes lyriques ; de toute façon, dans la même lettre,
il le mettait à côté de Garrett qui venait de mourir[39]. Chez le poète
d'*A Harpa do Crente*, le sens du mot « lyrique » était très large ;
admettons qu'il pouvait englober même le sens ambigu du message de
Passos.

Tel que Soares de Passos dans *O Firmamento*, mais d'une façon
plus simple, Alexandre Braga montrait des préoccupations poétiques
qui dépassaient les thèmes usuels de ses camarades. Il est peut-être
plus près d'Herculano lorsqu'il demande à sa muse une inspiration
solennelle pour chanter des *Vozes da Alma* (1849). Passos lui a
dédié une poésie importante, *Visão do Resgate* ; il répondra à son
Firmamento par un hymne au soleil où il voyait l'astre briller d'une
« inextinguivel chama » et proclamer toujours « de novas eras o
raiar »[40].

Chez Bulhão Pato, Tomás Ribeiro et Pinheiro Chagas, nous touchons déjà au repli, sinon à la décadence de l'ultra-romantisme. Les
deux premiers, nés en 1829 et 1831, sont à peine plus jeunes que Passos et lui survécurent largement. Ce fut leur tort : avec leurs derniers
poèmes trop ambitieux, le romantisme se meurt au sein d'une situation déjà polémique. Le troisième d'entre eux, et le plus médiocre,
Chagas, né en 1842, sera le prétexte de la grande querelle entre
« anciens » et « modernes », vers 1865, dans le cadre d'un curieux
malentendu[41].

C'est dans *Paquita*, roman en vers dont les chants se multiplie-
ront entre 1856 et 1894, que Bulhão Pato s'insurgeait contre la
machine. Le poème, dont les péripéties abondantes ne sont pas étrangères à l'influence de Dumas-*Antony*, cherche une inspiration formelle
dans les poèmes narratifs des classiques italiens ; c'est, d'après son
ami Herculano, qui préfaça l'ouvrage, « une protestation contre la
poésie française qui nous a envahi ». Herculano voyait aussi dans
Paquita « le symbole de la poésie dévoyée qui revient à l'état d'où
elle s'était écartée »[42]. Il n'en est rien et le maître se trompait dans

---

39. Voir Note n° 30.

40. Alexandre BRAGA, « Ao Sol », *in A Grinalda*, II, 134 (1854).

41. Pinheiro CHAGAS, *Poema da Mocidade, seguido do Anjo do Lar*, accompagné de *Critica Literaria, carta ao Ilmo. e Exmo Sr. Antonio Maria Pereira*,
par A. F. de CASTILHO (Lisbonne, 1865).

42. HERCULANO, lettre à Bulhão PATO, *in Paquita* (1856), p. XIII.

ce moment de crise d'un romantisme passionnel dont il avait été le parrain.

Camilo lui aussi se trompait voyant dans *Delfina do Mal* de Tomás Ribeiro, poème narratif publié en 1868, le commencement « de l'école réaliste, dans ce pays traînard »[43]. Déjà Castilho s'était trompé criant au génie dans sa préface à *D. Jaime*[44], le poème avec lequel Ribeiro avait fait ses débuts dans la littérature, en 1862, et dont nous avons déjà apprécié la teneur patriotique et anti-ibérique. Ce poème avait été écrit pour la patrie, l'autre le fut pour la société — déclarait l'auteur, se trompant également[45]... Mais les porte-paroles du romantisme (et cela est très important) se faisaient des illusions devant ce qui leur paraissait être une regénération de l'école. Cette approche du naturel que Pato et Ribeiro prônaient (« esquisser les scènes d'un poème de l'actualité (dans) les limites du naturel » — Pato ; « l'art et la poésie qui ne s'inspirent pas de la vérité, et qui ne se modèlent pas sur la nature, ne sont pas poésie ni art » — Ribeiro)[46] était pourtant contrecarrée par leur propre fond de mièvrerie lyrique — par ce « paradis joyeux de la poésie » de Pato ou par cet amour « aux fleurs, aux oiseaux, aux amours, à Dieu, aux ciels clairs, aux eaux transparentes, aux musiques sentimentales, aux « saudades », au patriotisme, à la vertu, à la famille, à tout ce qui est beau, grand et bon » de Ribeiro[47]. L'un comme l'autre ne faisaient que suivre la voie même de la fiction romantique portugaise qui, chez Camilo surtout, dosait le rocambolesque avec l'observation de la nature. L'un comme l'autre, et Chagas avec eux, représentaient déjà l'académisme, vers 1865, année fatidique pour le romantisme national.

Ribeiro et Chagas seront hommes politiques, députés, ministres. En 1865, Camilo demandait avec ironie : « Qu'auraient-ils pu faire, les chanteurs du ciel, sinon s'abaisser jusqu'aux toits des ministères ? »[48].

---

43. CAMILO, préface à *A Delfina do Mal* (Lisbonne, 1868), p. XLV.

44. Tomás RIBEIRO, *D. Jaime ou a Dominação de Castela, com uma conversação preambular pelo Sr. A. F. de Castilho* (Lisbonne, 1862).

45. Tomás RIBEIRO, *A Delfina do Mal*, préface, p. XIX. Cette préface fut écrite à Cascais, dans une maison que GARRETT avait habitée. L'auteur ne manque pas de souligner ce fait.

46. Bulhão PATO, préface à *Paquita*, p. XII ; T. RIBEIRO, préface à *Delfina do Mal*, p. IX.

47. Bulhão PATO, préface à *Paquita*, p. VI ; T. RIBEIRO, préface à *Sons que Passam* (Lisbonne, 1868), p. XIV.

48. CAMILO, *Esboços de Apreciações Literarias*.

Peut-être Camilo ne visait-il personne — mais il touchait là à une situation fort curieuse des poètes du Fontisme. En effet, ces intellectuels, satisfaits d'eux-mêmes et de la société, profondément conservateurs malgré leurs cris[49] et leurs pleurs, devenaient les alliés du régime, et mangeaient largement (ou chichement) à « la table du budget national », comme on le disait.

Plus âgée que tous ces poètes nés après 1825, se trouvait pourtant une femme dont la poésie fournit à leur génération les accents les plus purs, les plus sereinement douloureux — et sans doute les plus sincères : Maria Browne. Née en 1800, contemporaine de Castilho et de Garrett, de dix ans plus âgée qu'Herculano, elle n'est pourtant intervenue dans la vie littéraire que vers la fin des années 40, à Porto. C'est d'ailleurs dans l'ambiance de Porto qu'il faut la comprendre. C'est là que ses deux fils se rendirent célèbres par leurs frasques de « dandies » ou par leur vie aventureuse ; là aussi que sa fille se suicida en buvant de l'eau de cologne. Maria Browne tenait le seul salon littéraire qui existait à Porto ; invalide, elle finira par recevoir dans sa chambre, dont les ruelles se remplissaient encore de jeunes poètes, vers 1860.

Maria Browne, qui mourra en 1861, était peut-être née en Angleterre, ou en Ecosse, dans une famille portugaise. Son mariage avec un riche négociant anglais de Porto n'arrêta pas l'élan culturel de cette « bas bleu » étouffant dans un milieu trop strict.

Est-elle tombée amoureuse du jeune feuilletonniste Camilo, à l'approche de la cinquantaine ? On le suppose, on l'a insinué dans les polémiques trop personnelles de l'époque ; Camilo lui-même ne manque pas de s'en vanter, de façon assez sybilline[50]. Sous le pseudonyme de « Soror Dolores » (ou de « Coruja Trovadora »), Maria Browne publia entre 1849 (?) et 1854 trois éditions confidentielles d'un volume de poésies qu'elle offrait à ses amis sous condition de ne pas le donner ou le prêter[51].

Si elle aussi chante des cimetières et des fantômes, c'est l'illusion (« Illusão, doce, e perdida ») qui constitue le fond de son inspiration et de son vocabulaire poétique. Le mot revient toujours sous

---

49. Remarquons que T. Ribeiro a écrit la poésie *As Novas Conquistas* (Lisbonne, 1864), commémorant l'anniversaire du Centro Promotor dos Melhoramentos das Classes Laboriosas.

50. Voir Aquilino Ribeiro, *Op. cit.* qui conteste ces amours ; pp. 58 et suivantes.

51. *Coruja Trovadora* (première édition, s/d ; 27 poésies), *Soror Dolores* (deuxième édition, s/d ; plus 29 poésies), *Virações da Madrugada* (troisième édition, 1854 ; plus 35 poésies).

sa plume, et l'on sent qu'il est mouillé de larmes authentiques. Parle-
t-elle de l'hiver ?

> « No teu seio desabrido
> Do fruto não vinga a flor ;
> No meu peito amargurado
> Não dura a ilusão d'amor ! »

Il ne lui reste que la « saudade » et la pureté de l'âme :

> « Se as ilusões já passaram
> Como a flor que pouco dura,
> E me deixaram num ermo,
> Ficou nele esta alma pura ».

Un soupçon d'orientalisme et l'annonce d'une qualité parnassienne,
caractérisent la poésie de Maria Browne que le symbolisme guette
déjà[52]. Elle est donc, dans une certaine mesure, en avance sur son
propre temps littéraire. Si sa mélancolie s'exprime dans

> « ... o arrulhar mavioso
> Da rola que perdeu o amor »,

le poète ne se laisse pas tomber dans les pièges littéraires de ses
contemporains car elle se refuse à exalter sa propre douleur ; bien
au contraire, elle la calme discrètement et ses pleurs, pleurs de
femme qui viellit, coulent doucement, comme une musique de chambre, la seule de toute la poésie portugaise de l'époque :

> « O meu jardim acabou ;
> Já não tenho mais que dar ».

Maria Browne peut même dire adieu à la lyre qui avait adouci sa douleur : elle le fera dans quelques vers où la sentimentalité se trouve
retenue par une maîtrise qu'on devine à peine :

> « Sinto o pranto... choro... adeus
> Extremo alivio dos meus ais !
> Ah ! ninguem ouvirá mais
> Nem teus sons, nem cantos meus ! »

Maria Browne s'est tue l'année même de la mort de Garrett qui
venait de publier *Folhas Caídas*. Peut-être avait-elle été secouée,
comme lui, par une passion qu'elle savait être la dernière et la plus
violente de sa vie. Certes, il n'y a pas de commune mesure entre les

---

52. Voir Jacinto do Prado Coelho, *A Poesia Ultraromantica* (Lisbonne, 1944), p. 43.

deux poètes, mais, au milieu d'un système esthétique qui approchait déjà son point de désagrégation, ils représentent bien une authenticité personnelle et aristocratique à l'encontre d'un monde où, somme toute, les philistins n'étaient pas seulement les bourgeois « brésiliens » de Porto ou les financiers fontistes de Lisbonne, mais aussi les poètes sentimentaux aux vers pompeux et à l'âme vide...

Si leurs confrères n'existaient trop souvent que par opposition aux pouvoirs établis, Garrett et Maria Browne, eux, affirmaient une présence individuelle marquée par une douleur vécue.

La continuité des schémas idéologiques de la poésie des années 30-40 durant les années 50 et la première partie des années 60, constatée dans la ligne des deux *Trovadores*, trouve deux sortes de confirmations, chez Passos, un jeune, et chez Garrett, un survivant. Maria Browne, par son âge et par son entrée tardive dans la vie des lettres, n'en apporte pas moins un témoignage précieux sur cet enchaînement de thèmes et de styles.

Au fond de l'inspiration des poètes des années 50 brille encore la lumière noire d'*Eurico*. Plus que Castilho, parrain d'*O Trovador*, qui alors se cantonnait dans la traduction des classiques latins, et beaucoup plus que Garrett, évoqué à tort par *O Novo Trovador*, c'est Herculano qui est présent — ou, plutôt, son spectre...

Les satires de F.-X. de Novais[53] qui ajoutait à sa situation de directeur d'*O Bardo* celle de critique de la société de Porto, ne dépassent pas la hauteur des feuilletons des quotidiens et ce n'était certainement pas chez Mendes Leal, malgré ses efforts humanitaires à la manière de Hugo, que la poésie romantique renouvelait sa puissance. Non plus chez Gomes de Amorim, l'ami fidèle de Garrett[54], qui dès 1848 chantait la Liberté, Garibaldi, la Hongrie martyrisée, avec force épigraphes de Hugo, Mendes Leal et Palmeirim — ce qui lui a d'ailleurs valu un banquet d'hommage. Le succès couronna son travail sympathique ; les deux mille exemplaires de la première édition de ses *Cantos Matutinos* (1858) étaient presque épuisés un an après leur publication. Il s'appelait lui-même « le poète ouvrier »[55] car il se

---

53. Faustino Xavier de NOVAIS (*Porto* 1820-1869). Emigra en 1858 au Brésil. Publia *Poesias* (1855).

54. Francico GOMES de AMORIM (1827-1891). Il imita son maître et ami dans *Viagens no Minho* (*in O Panorama*, 1853), œuvre prolixe et sans intérêt. On doit à GOMES de AMORIM *Memorias de Garrett* (Lisbonne, 1881), travail de base pour la connaissance de la biographie de GARRETT.

55. Voir *Eco dos Pperarios* N° 6 du 4 juin 1850.

vantait d'avoir un métier mécanique — et cela ne fut pas sans ajouter quelque chose à son succès, dans le cadre d'un sentimentalisme
progressiste sinon socialiste. « Il symbolisait une idée nouvelle : il
était le poète-ouvrier », dira le feuilletonniste Machado[56], se faisant
écho de l'opinion générale. De toute façon, l'heure des « poètes-soldats », comme Palmeirim, était passée. Le « soldat » contre le Cabralisme devenait l'« ouvrier » dans le cadre du Fontisme[57].

Tout comme le roman camilien, dans sa première phase, la poésie
dénonçait, en fin de compte, l'immobilité des goûts ou des besoins d'une
société qui s'était assagie dans la médiocrité et qui ne pouvait nullement
trouver inspiration dans les bienfaits du Fontisme.

Vers la fin des années 50 pourtant, João de Deus, jeune poète
étudiant à Coimbre, proposera de nouvelles formules lyriques, étrangères aux conventions de ses contemporains. Il était « poète par le
cœur » — « il écrivait ce qu'il sentait et quand il le sentait », dira un
de ses collègues en 1860[58]. Ses modèles étaient la nature, ses lois celles de la raison : « si dans ce siècle il pouvait encore y avoir des écoles, João de Deus serait le créateur d'une école »[59].

Eternel étudiant bohème, João de Deus restait à l'écart de la vie
littéraire ; ses poésies étaient populaires mais il ne s'en souciait
guère : elles ne seront recueillies qu'en 1869 et en 1893 par des amis
dévoués. Nous les étudierons plus loin — mais nous devons remarquer ici qu'elles ont constitué un des volets d'une transformation profonde dans la poésie nationale, tant attendue à Coimbre. L'autre volet
sera défini, un peu plus tard, précisément par le collègue de João de
Deus qui parlait si bien de lui en 1860. Le jour viendra donc où la
poésie s'identifiera, chez le jeune Antero de Quental, avec « la voix
de la révolution », au milieu de la « désorganisation et du déchirement
spirituel », c'est-à-dire des « contradictions » de cette société[60]. Ce
sera en 1865. Avant, il aurait été difficile d'interpréter la première édition des *Sonetos* que ce jeune poète publia en 1861, dans le sens de
la modernité spirituelle qu'ils annonçaient, comme nous le verrons.

---

56. J. C. MACHADO, *Claudio*, p. 241 (2e ed.).

57. On doit encore citer E. A. VIDAL (1841-1907) qui sera le dernier champion d'une
    poésie lyrique à l'accent mièvre (*Harmonias da Madrugada* - 1859 ; *Folhas
    Soltas* - 1865 ; *Cantos do Estio* - 1868).

58. ANTERO de QUENTAL, « A Proposito dum Poeta », in *O Futuro* (Coimbra, 1860),
    Nos 7, 9 et 12, *in Prosas* II, pp. 99 et 96.

59. Idem, ibid. pp. 96 et 83.

60. ANTERO de QUENTAL, *Odes Modernas*, « Nota » (Coimbre, 1865), p. 153.

CHAPITRE VII

LE THÉÂTRE SOCIAL
ET LA CRISE DU SÃO CARLOS

Le mouvement du roman romantique vers l'actualité aussi bien que certaines préoccupations sociales de la poésie sont accompagnées d'une réaction semblable dans le domaine du théâtre, à partir de 1850. L'appel qu'Herculano avait fait, dès 1842, aux jeunes dramaturges invités à « étudier le monde qui les entourait », pouvait maintenant être entendu. Si le drame de Mendes Leal, *Pedro*, a été écrit en 1849, on a hésité à le présenter alors sur la scène[1] car les sentiments qu'il exprimait, son sentimentalisme, voire son « romantisme social »[1] (a) n'avait pas encore libre cours dans l'esprit des spectateurs.

Pourtant, en 1863, le drame de ce jeune homme issu du peuple qui, par la seule force de son talent, s'élevait à une grande position sociale, enthousiasmera Lisbonne. Le plus célèbre des romans humoristiques de l'époque, *Lisboa sem camisa*, fera de lui, en 1890, le noyau de son action — consécration paradoxale, certes, mais non imméritée[1] (b). De son côté, l'auteur du drame, ex-jeune homme pauvre, était devenu ministre en 1862[2], comme s'il avait attendu cet événement pour faire jouer sa pièce... On ne manqua pas d'établir un rapport entre le héros de la scène et le dramaturge. Mendes Leal-*Pedro* s'était imposé par son talent, sinon (et ses contemporains n'étaient pas loin de le croire) par son génie. Poète et auteur dramatique, il faisait état d'opinions sociales assez généreuses dans son humanitarisme sentimental qu'un verbe éloquent faisait briller.

---

1. Voir *Revista Universal Lisbonense* du 3 janvier 1850.

1 a. A. M. Cunha Belem in *O Seculo* (Lisbonne, le 16 mai 1904).

1 b. Gervasio Lobato, *Lisboa em Camisa* (Lisbonne, 1890 ou 1891), deuxième partie.

2. Mendes Leal fut ministre de la Marine et d'Outre-mer entre janvier 1862 et décembre 1864 dans une situation « historique » (de centre-gauche).

On lui devait déjà, en 1854, dans *Homens de Marmore*, une atta-que à l'insensibilité des riches, aux façons froides et sans merci de faire fortune. Le succès fut immense — on dirait (on le dira[3]) que cette pièce était attendue. L'année suivante l'auteur ajouta un deuxième volet à ce qu'il voulait transformer en un tryptique, et ce fut *Homens de Oiro* où le même héros, ruiné, aux abois, menace de devenir un « homme de sang ». Mendes Leal ne réalisera jamais *Homens de Bem* ; il n'a donc pas complété son œuvre, par la réha-bilitation de la famille, bien qu'en 1857, il ait écrit *A Escala Social* où il affirmait : « Il y a beaucoup de façons d'arriver, mais un seul moyen de se maintenir : l'estime des hommes de bien »[5]. *O Agiota*, œuvre d'un auteur médiocre, exploitera le même filon, en 1855[6].

Dans l'édition de *Pedro*, Mendes Leal s'est vanté d'avoir devancé, en 1849, la prédilection française pour le « drame d'actualité ». Camilo qui le considérait comme le premier dramaturge du Portugal (« partout il serait un des premiers »), soulignait bien qu'il avait inauguré le drame « réaliste »[7]. Dès 1856, il définissait sa nouvelle théorie drama-tique : il avait mis de côté les idées qu'il avait exposées dans la pré-face des *Dois Renegados*, dix-sept ans auparavant. Maintenant sa « poétique » consistait dans la création d'un « genre éclectique (...) s'approchant de la réalité sans cesser d'être idée ». L'idéal était pour lui « la comédie qui n'exclut pas les larmes et qui sait allier l'ironie à la véhémence, le sarcasme acerbe à l'éloquence hardie, la délica-tesse de la sensibilité aux traits de l'enthousiasme (qui) fait vibrer toutes (les cordes) de l'attention et du cœur ». Il ajoutait : « la société offre (l'action) comme exemple au théâtre lequel doit la retour-ner, copiée et transformée en leçon, à la société »[8]. Et il avançait des exemples : Pixérécourt, Ducange, Caigniez, Mme Ancelot, Kotzebue — dans un éclectisme où pointaient inévitablement des amours anciennes.

---

3. Voir J. M. Andrade FERREIRA, *Op. cit,*. I, 195 (texte de 1865).

4. Voir Idem, ibid., I, 79 (texte de 1856).

5. MENDES LEAL, *A Escala Social* (Lisbonne, 1857), p. 72.

6. Première le 30 septembre 1855 au théâtre D. Maria II. L'auteur était Luis Eduardo FURTADO COELHO, acteur.

7. CAMILO, *in Revista Contemporanea de Portugal e Brasil* (1862), IV, p. 313.

8. MENDES LEAL, « Apontamentos para uma Questão de Arte », in Ernesto BIESTER, *A Redenção* (Lisbonne, 1856), p. XXIII.

Homens de Marmore et toutes ces pièces qui « aspirent à pein-dre la société telle qu'elle est »[9] s'inspirait aussi du titre d'une comé-die dramatique française assez fameuse, *Les Filles de Marbre*, de Barrière et Thiboust, jouée à Lisbonne en 1855, qui s'insérait dans une thématique commandée par le succès de la *Dame aux Camélias*. C'était à la fois le « drame intime » et le « drame social » ; de toute façon, c'était le dépassement du « drame historique ».

« Le drame historique, en tant que manie de l'époque, est passé » affirmait un critique en 1859 : « aujourd'hui l'orientation des esprits est toute autre »[10]. Quelle était donc cette nouvelle orientation de l'es-prit et du goût des spectateurs ? Le même critique, Andrade Ferreira, qui mieux que personne a su analyser la littérature dramatique de son temps, avait déjà signalé la création du « drame intime » comme une nouvelle situation théâtrale qui, croyait-il en 1855, devrait regé-nérer la décadence dans laquelle on était tombé vers le commence-ment des années 50[11]. On applaudissait le nouveau genre ; on se ren-dait compte que le mouvement théâtral était devenu tellement intense que les critiques arrivaient à peine à le suivre ![12].

Cinq ans plus tard, pourtant, Andrade Ferreira devra constater, faisant état de sa déception : « on est passé d'une période de tres-saillement à une période de mièvrerie »[13]. Les « scénarii » tournaient alors autour d'une « ingénue » à l'âme pure et simple, qui faisait pleu-rer l'assistance. Le « drame intime », portrait des conflits de la société moderne, devait glisser alors vers le « drame angoissant », comme *Les Pauvres de Paris* que Mendes Leal a traduit en 1856 sous le titre plus alléchant de *Pobreza Envergonhada*.

On revenait donc, par une autre voie, au vieux moteur sentimen-tal du « dramalhão ». Le « drame social », dans lequel débouchait le « drame intime » qu'il contaminait dès le commencement (le cœur n'était-il pas souvent vaincu par les préjugés de la société ?), était lui aussi un « dramalhão ». Finalement, Mendes Leal, le dramaturge d'*Os Dois Renegados* de 1839, ne changea pas trop de genre... En 1862 la critique constatera que le public tendait à revenir à son goût des « luttes violentes de passions exagérées »[14]. L'année suivante

9. MENDES LEAL, *A Escala Social*, p. 3.
10. J. M. Andrade FERREIRA, *Op. cit.*, I, 191.
11. Idem, ibid., II, 164.
12. Voir *Revista dos Espectaculos* (Lisbonne, 1856).
13. J. M. Andrade FERREIRA, *Op. cit.*, II, 164.
14. Voir *Cronica dos Teatros* (Lisbonne, le 16 septembre 1862).

encore, on adaptait *O Misterios de Lisboa* de Camilo au théâtre, dans une sorte de mélodrame[15].

En 1850, comme nous l'avons vu, Costa-Cascais avait recueilli des applaudissements avec une comédie de mœurs rurales où l'incidence sociale se faisait sentir : *O Mineiro de Cascais*. L'auteur, qui mourra octogénaire et général de division, avait fait ses premières armes en 1841, avec une pièce historique ; quelqu'un l'appela « le dernier soldat de la vieille garde de Garrett »[16].

Costa-Cascais était animé des meilleurs sentiments chrétiens : il avait la foi et faisait confiance aux hommes. *A Pedra das Carapuças*, en 1858, se terminait par un tableau édifiant : un prêtre priait, entouré de ses ouailles les plus fidèles ; les autres, les « méchants », se présentaient « la tête baissée et plongés dans un profond silence de douleur et de honte »[17]. Se penchant plus tard sur le problème des majorats (alors déjà résolu par la loi de 1863), il terminera sa pièce *A Lei dos Morgados*, dont l'action se passait en 183..., par ces mots révélateurs : « L'aube de l'égalité entre les frères vient de poindre. Le jour ne pourra pas tarder »[18]. Il n'a connu que des succès, au long de sa carrière.

Dans sa naïveté, Costa-Cascais ne se croyait plus romantique et dès 1851 se permettait d'en sourire :

> « ..., enfim, é um mistério,
>   Aquilo que sabe fora do comum :
>   Muito sangue, muita morte, muito pum ! »[19]

Ernesto Biester, beau-frère de Mendes-Leal, homme du monde et auteur dramatique, le plus fécond de son temps, ne se croyait pas non plus romantique. Il accomplissait un devoir de conscience écrivant ses pièces qui passaient du « drame intime » au « drame social », de *Nobreza de Alma* (1858) à *Os Operarios* (1865). D'après Biester, « le théâtre doit être la reproduction véritable des mœurs contemporaines de la vie de notre temps, de la société actuelle »[20]. La critique

---

15. *Penitencia*, adapté par Camilo et E. Biester.

16. Maximiliano de Azevedo, introduction à *Teatro de J. Costa Cascais* (Lisbonne, 1904-05). La première pièce de Costa Cascais (1815-1898) fut *O Valido* (1841).

17. *Teatro de J. Costa Cascais*, « A Pedra das Carapuças », IV, p. 184.

18. Idem, « A Lei dos Morgados », III, p. 37.

19. Idem, « O Estrangeirado », III, p. 56.

20. E. Biester, *in Revista Contemporanea de Portugal e Brasil* (1861), III, 223.

était unanime à le considérer « réaliste »[21]. *Os Operários* a mérité les éloges les plus chauds de Castilho. Celui-ci écrivait à l'auteur : « le théâtre doit être en tous les sens normal : école de sentiments honnêtes, de doctrines saines et fécondes, de dévouement au devoir, d'amour du travail »[22]. La pièce se terminait par l'« Hymne au Travail » de Castilho lui-même — après un vivat lancé en cœur par le patron (un ex-ouvrier sage ct studieux) et les ouvriers : « Vive l'industrie portugaise ! »

Les doctrines de Biester, assurait Castilho, étaient « dénuées d'emphases socialistes comme de flatteries dangereuses ». Deux ans auparavant, ayant dédié sa pièce *Fortuna e Trabalho* à la « noble et très distinguée classe des typographes », l'auteur avait accepté sur la scène une couronne de lauriers offerte par la classe consacrée dans le drame.

Biester prônait aussi la pauvreté, gage du bonheur (*Os Homens Ricos*, 1863), était sûr que « les hommes pouvaient s'abuser, mais non la justice de Dieu » (*Os Homens Serios*, 1858)[23]. Il sera également le traducteur, en 1876, des *Deux Orphelines* de D'Ennery. Bons sentiments et justice sociale se donnaient la main : l'harmonie sociale était le grand but à atteindre, alors que grondaient déjà dans l'ombre les menaces du socialisme. Exaltant l'ouvrier, nouveau personnage de la scène portugaise, le « faisant triompher » ou « lui adressant des amabilités », comme disait un feuilletonniste en 1862[24], Biester et ses confrères, bien inconsciemment, cherchaient à « conditionner » cette nouvelle classe, à exorciser les dangers qu'elle représentait.

L'*Associação na Família* de l'auteur laïc d'*Orações Sacras*, selon Andrade Ferreira en 1858, « dit (à la classe pauvre) que l'abondance des biens de fortune sera le résultat de sa persévérance dans le travail et de l'association de ses efforts dans le sein de la famille »[25]. En 1867, le principe de l'association présentera déjà un tout autre sens idéologique dans la pièce d'un ouvrier utopiste, *O Operário e a Associação*[26] ; mais le schéma dramatique restait immuable et les sentiments qu'il charriait se portaient encore garants d'une intégration sociale.

---

21. Voir *Cronica dos Teatros*, N° 3, du 1ᵉʳ octobre 1861.
22. E. BIESTER, *Os Operarios*, lettre de A. F. CASTILHO (Lisbonne, 1865), pp. 222-223.
23. E. BIESTER, *Os Homens Serios* (Lisbonne, 1858), p. 55.
24. J. C. MACHADO, *in A Revolução de Setembro* du 6 septembre 1862.
25. J. M. Andrade FERREIRA, *Op. cit.*, I, 197. L'auteur était D. José de ALMADA e LENCASTRE.
26. J. M. SILVA e ALBUQUERQUE.

Des titres de pièces produites entre 1855 et 1865, par des « faiseurs » plus ou moins habiles, en disent long sur leurs intentions apparentes ou cachées : *Cinismo, Cepticismo e Crença, Os Dois Irmãos* (un noble et un plébéien), *Fazer Fortuna, Mistérios Sociais, Os Filhos do Trabalho, Trabalho e Honra, Aristocracia e Dinheiro, A Mascara Social, A Roda da Fortuna, Primeiro o Dever, Culpa e Perdão, Os Homens do Povo, Glorias do Trabalho*... Parmi leurs auteurs se trouve un acteur souvent applaudi, Cesar de Lacerda[27]. Mais Camilo lui-même a écrit *Poesia ou Dinheiro ?*, dans le même sens[28], et en 1870 Gomes de Amorim, le « poète-ouvrier », qui s'était déjà penché sur l'esclavage au Brésil[29], publiera la pièce *Aleijões Sociais*, dans laquelle il s'occupera de l'émigration vers le Brésil, véritable trafic de blancs, dont il avait fait l'expérience personnelle[30]. En 1865, *La Belle au Bois Dormant*, pièce à succès à Paris, recevra à Lisbonne un titre inattendu et obsessionnel : *Nobres e Plebeus*...

Les influences françaises, de Dumas fils, Scribe, Sardou, Sandeau, Feuillet, ou d'auteurs dont les noms n'étaient même pas cités, voire de ceux dont Mendes Leal se réclamait, se faisaient sentir sur la production portugaise. La Porte-Saint-Martin n'était certainement pas loin et son souvenir s'étendait sur les préoccupations du théâtre social des auteurs lisbonnais, ou sur leur humour comique, redevable au « boulevard » qui leur fournissait sans cesse inspiration et textes à traduire.

C'est là que les auteurs portugais puisaient le « réalisme » mal défini auquel ils prétendaient et dont Mendes Leal et son beau-frère s'étaient faits les porte-paroles. Lopes de Mendonça écrivait en 1855, à propos de Biester : « La littérature dramatique, aujourd'hui, doit for-

---

27. *Cinismo, Cepticismo e Crença* (1855), *Misterios Sociais* (1858), *Trabalho e Honra* (1860), *Os Filhos do Trabalho* (1859), *Aristocracia e Dinheiro* (1860). Les autres pièces sont dues aux auteurs suivants : *Os Dois Irmãos*, Rodrigo PAGANINO (1856), *Fazer Fortuna*, Antonio de LACERDA (1856), *A Mascara Social, A Roda da Fortuna, Primeiro o Dever*, A. HOGAN ; *Culpa e Perdão*, P. Alcantara CHAVES (1863) ; *Os Homens do Povo*, J. Avelar MACHADO (1864) ; *Glorias do Trabalho*, F. Leite BASTOS (1865). Voir inventaire in Luis Francisco REBELO, *Teatro Português do Romantismo aos nossos dias* (Lisbonne, s/d, v. 1955), I, pp. XXX et XXXI.

28. Le théâtre de CAMILO répète les thèmes de ses romans. Voir son analyse dans V. M. AGUIAR e SILVA, *O Teatro de Actualidade no Romantismo Português* (Coimbre, 1956).

29. GOMES de AMORIM, *Odio de Raça* (Lisbonne, 1854).

30. Le même thème avait été traité par Antonio de LACERDA dans *Fazer Fortuna* (Lisbonne, 1856).

cément accepter l'influx de l'école française et les auteurs qui voudront décrire la société (étant donné l'«uniformité des mœurs des
classes ») doivent sans doute reproduire les couleurs qui les caractérisent dans les autres pays »[31].

La critique sociale que les pièces françaises exposaient, était
cependant plus insistante au Portugal : les couleurs devaient être plus
vivantes ici car on était plus passionné dans l'appréciation des mœurs
politiques. A un journalisme débridé répondait un théâtre sans pitié.
Palmeirim, « le Béranger portugais » enseignait *Como se sobe ao
Poder* en 1856, et la même année, un futur chef de parti et président
du Conseil, venu des pages d'*O Trovador*, Antonio de Serpa, écrira
une pièce encore plus assaisonnée : *Casamento e Despacho*.

Au milieu de ce panorame qui traduisait toujours un manque
d'exigences esthétiques, les « proverbes » surgissaient, suivant la
mode française que Garrett avait d'ailleurs été le premier à exploiter[32].
Lopes de Mendonça traduisit alors Musset et essaya lui-même le
genre[33]. J.-C. Machado, son successeur dans le feuilleton, commentera
plus tard : « Tout le monde s'est servi de ses lumières, pour faire des
proverbes. (Mais) ni l'esprit portugais ni la langue ne se prêtaient à
ce genre (...) Est-ce vraiment un genre ? Chez nous il n'a pas réussi
à le devenir »[34].

Tout au contraire, le goût théâtral et les possibilités des auteurs
portugais des années 50-60 penchaient plutôt du côté « grand spectacle », lorsqu'on sortait du cercle idéologique, ou pseudo-idéologi-
que du « drame social ». On ne doit pas oublier que le commencement de cette période est marqué, en 1852, par le succès d'*A Profecia ou a Queda de Jerusalem*, de D. José de Almada, candidat malheureux à une chaire de philosophie du Cours Supérieur de Lettres
et, quoique laïc, orateur religieux. Cette pièce spectaculaire succéda
à *O Templo de Salomão* adaptée par Mendes Leal, dont on venait
voir les chameaux de loin, en 1849... Dix ans plus tard, lorsqu'on
se rendit compte de la fatigue du public devant des drames « réalistes », *Cora ou a Escravatura*, adapté de Jules Barbier par Biester,
souleva l'enthousiasme de la salle du Théâtre D. Maria II, avec le

31. A. P. Lopes de Mendonça, « Critica Literaria » in E. Biester, *Um Quadro da Vida*
(Lisbonne, 1855), p. 174.
32. Garrett, *Falar a Verdade a Mentir* (1845).
33. A. P. Lopes de Mendonça, *Uma Porta deve estar aberta ou fechada* (s/d), *Casar
ou meter freira* (s/d), *Como se perde um noivo* (s/d), *Já é tarde* (1849).
34. J. Cesar Machado, *Claudio*, p. 232 (2e ed.).

luxe de ses décors roulants. On la reprendra assez souvent car elle
permettait de renflouer la caisse. En 1863, l'administration du théâtre
fera même venir de Paris une « machine à spectres », dernière invention de la Porte-Saint-Martin : on tenait à être au courant des nouveautés parisiennes, dans le domaine du grand spectacle[35]. En 1858,
O Defensor da Igreja, drame religieux fort spectaculaire de l'acteur
Lacerda, était assimilé par la critique aux *Martyrs* de Chateaubriand[36].
Ainsi l'esprit du théâtre historique s'insinuait-il encore parmi des productions plus modernes ; *Maria Stuart* de Hugo, dans une traduction
de Mendes Leal connut un grand succès en 1862[37], de même qu'*Egas
Moniz,* que l'auteur d'*Homens de Marmore* écrivit alors.

A côté de ces pièces sérieuses il faut pourtant remarquer la présence, plus gaie, de deux genres nouveaux qui ne connaissaient pas
— bien au contraire — le « handicap » intellectuel des « proverbes ».
En effet, les pièces fantastiques (les « mágicas ») et les « revues » ont
fait leur entrée victorieuse sur les scènes lisbonnaises vers 1855.

Mendes Leal lui-même comptait parmi les premiers auteurs de
« mágicas », en 1853, avec *O Anel de Salomão. A Romã Encantada*
(1855), *A Coroa de Carlos Magno* (1859), *O Corsario* (1863), *A Gata
Borralheira* (1869)[38], attireront toujours le grand public aux théâtres populaires, malgré les sarcasmes de la critique. Les exploits
mécaniques remplaçaient trop souvent les finesses de l'imagination
— mais cela n'était pas sans plaire à un public naïf qui courait s'extasier devant les « tableaux vivants » ou les prouesses des acrobates
au cirque[39] — aux « cavalinhos », comme on disait dans un langage
infantile fort significatif.

Ce même public, à partir de 1851, dix ans après Paris, fera la fortune des revues qui commenteront régulièrement, avec plus ou moins
d'esprit, les événements de l'année. Dans la première, *Lisboa em
1850*[40], on assistait à un dialogue entre une lampe à huile et un bec

---

35. G. Matos Sequeira, *Historia do Teatro Nacional D. Maria II* (Lisbonne, 1955),
I, 260.

36. J. M. Andrade Ferreira, *Op. cit.,* I, 197.

37. Voir G. Matos Sequeira, *Op. cit.,* I, p. 256.

38. La première pièce est de Carlos A. Silva Pessoa, la seconde de José Romano, les
deux autres de Joaquim Augusto de Oliveira.

39. Les « Quadros Plasticos » de Mr. Keller s'exibaient en octobre 1854 avec succès
(voir *Revista dos Espectaclos* nº 34). Le cirque était alors très fréquenté.

40. *Lisboa em* 1850, par Francisco Palha et Latino Coelho, jouée en janvier 1851
au Théâtre du Gymnasio.

de gaz qui traduisait l'attention prêtée aux phénomènes du progrès matériel. C'est dans cette ligne que se situe la plus célèbre de ces pièces, que nous connaissons déjà, *Fossilismo ou Progresso*, de Manuel Roussado, journaliste qui suivra la carrière diplomatique et finira baron. On a prétendu couper court à ce nouveau genre de journalisme qui se moquait de toute chose et de gens haut placés, les ministres et Saldanha compris. Ce fut pourtant le ministre de l'Intérieur lui-même, le fameux Rodrigo da Fonseca, dit « le renard », qui a empêché les censeurs d'agir[41]. Il fallait bien que le peuple s'amuse sous le régime de la Regénération... Quatre ans plus tard, pourtant, Fontes interdira les représentations d'une revue d'Andrade Ferreira, dont le titre annonçait l'éternelle critique aux *Melhoramentos Materiais* de l'époque[42].

Ces deux genres populaires restaient pourtant dans le domaine de l'allusion directe, quelquefois grossière, ou de la fantasmagorie infantile. On se moquait des gens, on les insultait même, mais les idées ou les structures n'étaient pas atteintes... Le jour où l'on essaya d'aller plus loin, dans une direction plus loufoque, les spectateurs ont sifflé.

Ce fut le cas de *Figados de Tigre, ou O Melodrama dos Melodramas* que, d'une façon tout à fait inattendue, Gomes de Amorim, le « poète-ouvrier », a fait jouer au Théâtre D. Maria II, le 31 janvier 1857. L'occasion avait été mal choisie pour une farce : la fièvre jaune sévissait à Lisbonne et les théâtres attiraient peu de public. Déjà quelques semaines plus tôt, *O Estrangeiro*, de Costa-Cascais, avait été mal accueilli. Maintenant, c'était plus grave : cette « parodie des mélodrames » ébranlait le théâtre tel que le public le définissait. Les structures mentales et sentimentales du public étaient attaquées : l'horreur devenait non seulement comique mais elle perdait tout son sens — c'était le « disparate », le non-sens intégral ! Le sens de l'humour du spectateur lisbonnais n'allait pas très loin : il s'arrêtait d'habitude à la situation cocasse ou à l'allusion verbale. Feydeau et Offenbach ne lui avaient pas encore ouvert des horizons plus spirituels...

Dans la pièce d'Amorim, le rire même était mis en question, à partir d'un schéma absurde, sinon « surréel ». Pilate et Goliath, Macbeth, Pluton et Cervantès, Orphée et Prométhée, Titus Andronicus et Don Quichotte, Sysiphe et Tantale, Othelo et Oncle Thomas, une Impératrice,

---

41. Voir J. C. MACHADO, *Claudio*, p. 128 (2ᵉed.).

42. Voir Sousa BASTOS, *Op. cit.*, 417.

deux princesses, l'Empereur Figados-de-Tigre lui-même, Proserpine, Eurydice, six valets de cartes, des Ombres, un Ecossais, le Soleil et la Lune, une patrouille de la Garde Municipale — tout ce monde s'agite sur la scène, pendant quatre actes, dans les situations les plus bizarres. La pièce commence par un chœur où la compagnie au grand complet chante au son de l'ouverture de *Rigoletto* ; à la fin, tout le monde danse le fado, la polka, le tango qui se succèdent, au hasard...

Au milieu des « drames intimes » ou « sociaux » cette « parodie » échevelée que l'auteur a commencée d'écrire pour s'amuser déroutait les amateurs de Mendes Leal, première ou seconde manière. On a sifflé le premier soir mais, peu à peu, la salle se remplissait, les gens revenaient pour essayer d'y comprendre quelque chose... Il y a encore un détail qui ne doit pas nous échapper : dans la préface de la pièce, publiée en 1869, Amorim informe qu'Epifanio, l'acteur et metteur en scène le plus célèbre de l'époque, homme de l'« école de 1830 », qui avait été disciple de Doux et qui connaissait bien son public, prophétisait alors que, dans l'avenir, « la seule friandise dont (les foules) deviendraient gourmandes (...) seraient des pièces dépourvues de sens commun, radotages et sottises où ne devait pas manquer un mélange d'indécence pour égayer les libertins »[43].

Gomes de Amorim, auteur moralisant, se déroba à ce dernier ingrédient mais il arriva à créer, avec l'appui d'Epifanio qui s'engagea à fond à faire réussir la pièce, un spectacle d'allure insolite, œuvre unique dans le panorama du théâtre national. Un peu plus tard, Camilo, avec son fameux personnage le « Morgado de Fafe », symbole du bon sens du temps jadis, faisait la critique des salons ultra-romantiques en deux farces très applaudies qui, en fin de compte, suivaient la ligne d'*O Estrangeirado* de Costa-Cascais[44]. *Figados de Tigre*, critiquant lui aussi l'ultra-romantisme, se plaçait pourtant au-delà du plan de la critique de mœurs — sur un plan vraiment poétique. Pas loin, en apparence, des « magiques » et des « revues », contrepoids du « dramalhão » qu'elle ridiculisait, cette pièce annonçait bien une situation autre — et son héros, « Figados de Tigre » lui-même, nous rappelle aujourd'hui le « Père Ubu » de Jarry, dont la truculence n'aura pourtant jamais d'écho sur les scènes portugaises...

---

43. F. Gomes de Amorim *Figados de Tigre*, in *Teatro de Francisco Gomes de Amorim* (Lisbonne, 1869), p. 10.

44. Camilo, *O Morgado de Fafe em Lisboa* (1860) et *O Morgado de Fafe amoroso* (1863).

Gomes de Amorim n'avait sans doute pas conscience du sens
réel de son exploit ; rien dans son œuvre généreuse et sentimentale
ne prouve le contraire[45]. Epifanio se trompait sans doute dans sa pro-
phétie et Amorim demeurait fidèle au statut du milieu bourgeois auquel,
tout « poète-ouvrier » qu'il était, il n'appartenait pas moins.

Pendant les années 50-60, alors que le Conservatoire sommeillait,
ce milieu était servi par les mêmes acteurs qui avaient enchanté la
génération précédente. Si Epifanio fut victime de l'épidémie de fièvre
jaune en 1857, Tasso, le « jeune premier », Teodorico, le « centre dramatique » des « dramalhães » et Sargedas, le « comico assoluto », ne
disparaîtront qu'entre 1866 et 1883, tout comme Emilia das Neves.
Cela explique sans doute la persistance d'un répertoire qui n'obligeait
pas les acteurs à changer de technique — leurs gestes à peine modérés et leurs accents trop intentionnels. On disait en 1850 qu'ils parlaient un portugais « qui ressemblait au mauresque » — et cela était
encore vrai dix ans plus tard. La « Linda Emilia », presque illettrée,
était toujours la favorite du public — véritable vedette qui se faisait
payer trois fois plus cher que ses rivales[46]. Elle entrait dans la compagnie du théâtre national et la quittait à son gré, par caprice ou par
intérêt ; entourée d'admirateurs, elle faisait toujours parler d'elle.
Imposant son programme, elle ne manquait pas l'occasion de se
mesurer avec les vedettes étrangères qui venaient en tournée à Lisbonne, comme la célèbre Ristori, reçue en apothéose en 1859 et que
Castilho identifiait à la tragédie elle-même[47]. Certes, Emilia das Neves,
malgré son talent, ne pouvait être une « Médée » ou même une « Marie
Stuart » convaincante, mais, en 1854, elle tint avec brio le rôle de
« Marguerite Gauthier » dans *La Dame aux Camélias* qui était, enfin,
jouée en langue portugaise[47] (a). La Ristori avait déjà tenu le rôle et,
quelques jours auparavant, une compagnie française, un des multiples groupements qui s'attardaient à Lisbonne, avait joué cette célèbre
comédie dramatique. « Amateurs du théâtre français ! Attention ! La

---

45. F. GOMES de AMORIM a fait encore jouer *Historia dum Enforcado*, « comédia
burlesca », au théâtre D. Maria II pendant le Carnaval de 1872, qu'on disait
« dans le genre de Figados de Tigre » (voir Rangel de LIMA, *in Artes e Letras*,
février 1872). On ne connait pourtant pas le texte de cette pièce.

46. Emilia das NEVES assigna un contrat avec le théâtre D. Maria II en 1863 qui
lui garantissait 240 $ 000 par mois. Les autres acteurs ne gagnaient que 72 $ 000.
(Voir *Revista dos Espectaculos* nᵒ 18 de décembre 1853.)

47. Voir J. M. Andrade FERREIRA, *Op. cit.*, I, 93. CASTILHO y est cité.

47 a. Traduction de A. J. Silva ABRANCHES.

célèbre *Dame aux Camélias* apparaîtra bientôt au théâtre D. Fernando », annonçait un journal spécialisé[48].

Le théâtre D. Fernando, exploité jadis par Doux, avait été inauguré en 1849, dans l'église de Santa-Justa transformée, au cœur de la Baixa ; il se maintiendra dix ans, sans jamais rallier la sympathie du public — peut-être parce qu'il était installé dans une église. Du moins, les revues de l'époque se faisaient-elles l'écho d'un tel soupçon[49]. Pendant les années 50 il y avait donc cinq théâtres ouverts à Lisbonne[50] ; trois avaient été améliorés, dont le Théâtre D. Maria II lui-même qui, éclairé au gaz depuis 1850, fut décoré par Cinatti en 1855. Deux autres théâtres ouvriront leurs portes en 1865 et 1867 : c'était alors le tour du Trindade, édifice déjà luxueux appartenant à une société anonyme qui avait le 3e duc de Palmela à sa tête.

La vie théâtrale était assez nourrie pendant cette période. Et passionnée aussi : une douzaine environ de journaux paraissaient alors, consacrés aux spectacles, aux pièces comme aux affaires de coulisse dans lesquelles ils ne manquaient pas de prendre parti[51].

Une statistique de l'année 1854, ne concernant que les trois principaux théâtres de la capitale, mentionne 128 pièces jouées. Cependant, même au théâtre national, le pourcentage de traductions était important : 29 sur un total de 39 pièces[52]. L'année suivante, la revue *Fossilismo e Progresso* mettait en scène un personnage représentant le théâtre D. Maria II tenant un langage incohérent truffé de mots français... Entre 1862 et 1865 le pourcentage de traductions ou d'imitations diminua quelque peu ; la statistique se maintient cependant autour de 66 %, le total des pièces jouées s'élevant à 73[53].

Le théâtre national éprouvait de grandes difficultés à équilibrer son budget : sous l'administration directe de l'Etat, entre 1853 et

48. *Revista dos Espectaculos*, février 1854, p. 173. Il s'agit de la compagnie de Mr. UBRIC, avec Mlle DESGRANGES. D'autres compagnies françaises travaillant au Portugal, vers la même époque : LUGUET, MINNE, LEVASSOR.
49. Voir *Revista dos Espectaculos*.
50. D. Maria II (1846-), Ginasio renouvelé (1852-), Condes renouvelé (1852-1882), D. Fernando (1849-1859), Variedades, ex-Salitre renouvelé (1858-1879).
51. *Galeria Teatral* (1849), *Revista dos Espectaculos* (1850-1856), *Semana Teatral* (1851), *Gil Vicente* (1852), *Mundo Teatral* (1855), *O Rigoletto* (1856), *O Pirata* (1856), *Teatros e Assembleias* (1856), *Atila* (1858), *O Universo Artistico* (1858-59), *Galeria Artistica* (1859), *Cronica dos Teatros* (1861-69).
52. Voir *Revista dos Espectaculos*, n° 3, III, de février 1855.
53. Voir *Semana Teatral* du 20 août 1866.

1868, le déficit n'a fait qu'augmenter. En 1860, les dettes s'élevaient à 16,7 contos[54], la recette annuelle moyenne étant de 25 contos[55]. En 1868, on dut renoncer à monter une pièce à grand spectacle car les décorateurs réclamaient le règlement de près de 14 contos impayés[56].

Les finances de l'Opéra national n'étaient pas prospères non plus : en raison de l'importance de ses frais, le déficit pouvait même être quelque sept fois plus élevé que celui du théâtre D. Maria II, en 1860[57]. L'Etat acheta le théâtre de S. Carlos en 1854 et deux ans plus tard il nomma D. Pedro Pimentel de Meneses de Brito do Rio commissaire. Ce gentilhomme de vieille souche était déjà commissaire du gouvernement auprès du Théâtre D. Maria II. Il restera en place jusqu'en 1860 et son action contribua sans doute à transformer les mœurs du spectacle lyrique — dans la salle surtout... Marié à D. Maria Krus, amie sinon maîtresse de Garrett, qui tenait un salon littéraire et mondain célèbre[58], Brito do Rio était un homme sévère, économe et ami de l'ordre. Il devait certainement sa nomination administrative à ces qualités plus qu'à sa compétence de « dilettante ». Mais il n'était pas très souple dans ses rapports avec les artistes, et encore moins, paraît-il, avec les « janotas » de la salle, les habitués du Marrare ; il refusait certaines stratégies, ne savait pas utiliser la « claque »[59] ; pendant son consulat, les anciens champions de la Barilli ou de la Stolz dédaigneront donc l'Opéra...

En 1854-1855 les partisans de l'Alboni et de la Castellan avaient fomenté la dernière guerrilla lyrique de Lisbonne. Moins féroce que celle qu'avait connue la génération des années 40, elle fit quand même grand bruit — et il y avait encore des « dilettanti » amoureux capables de brûler avec un raffinement rituel le petit mouchoir de soie blanche que l'Alboni laissa tomber lorsque, de son balcon, au Chiado, elle

54. Voir G. Matos SEQUEIRA, *Op. cit.*, I, 240.

55. Voir *Semana Teatral* du 20 août 1866, (1862-63 : ... 23 273 $ 515 dont 1 424 $ 400 de bals de Carnaval ; 1863-64 : 25 197 $ 255 dont 3 610 $ 300 idem ; 1865-66 : 27 723 $ 685 dont 4 678 $ 300 idem).

56. Voir G. Matos SEQUEIRA, *Op. cit.*, I, 288.

57. F. FONSECA BENEVIDES, *Historia do Real Teatro de S. Carlos* (Lisbonne, 1883), I, 283 : 110 contos.

58. D. Maria KRUS, fille de riches négociants allemands installés à Lisbonne, habitait l'hôtel particulier des vicomtes de LANÇADA. Rodrigo da FONSECA disait que GARRETT « était mort embrassant la Krus (croix) les yeux posés sur la Luz (lumière) », faisant ainsi allusion à cette dame et à la vicomtesse de Luz.

59. Idem, ibid., I, 271-172.

remerciait ses admirateurs massés dans la rue. Cela se passait encore chez Marrare et les cendres du mouchoir, dissoutes dans des coupes de champagne, furent bues avec émotion... La Castellan, à son tour, fut fêtée à l'Opéra même et ensuite chez les ducs de Palmela — où brillait la vicomtesse da Luz, l'ancienne maîtresse de Garrett qui venait de mourir... On vendait des mouchoirs avec les effigies des deux chanteuses, on imprimait des poésies allusives sur papier, sur bois, sur soie[60]... Le petit milieu de Lisbonne, ou du Chiado, s'agitait pour la dernière fois. C'était déjà la Regénération et l'ordre bourgeois après l'agitation de la période cabraliste. Un pamphlet anonyme parlait alors de *Rilhafoles em S. Carlos* — c'est-à-dire Charenton à l'Opéra — et Lopes de Mendonça, le feuilletonniste, s'amusait à demander ce que les deux « divas » penseraient de leurs admirateurs[61]. Un duel entre les adorateurs de deux danseuses françaises, Mlle Fleury (« riante vision de la mythologie ») et Mlle Lisereux (« une fée, un feu follet, le tribly de Charles Nodier » — selon les mots de Lopes de Mendonça[62]) couronna la saison — mais ce fut vraiment la fin. Les vedettes du « bel canto » n'inspireront plus que des vers à l'inévitable Mendes Leal ou à Castilho[63]. Parmi ces « divas », la Tedesco, la plus illustre peut-être, séjourna plus longtemps, de 1857 à 1860. De son temps on publia une brochure anonyme dénonçant *Les Péchés du Théâtre de S. Carlos ou La manière de préparer un succès*[64]. Passant de Lisbonne à l'Opéra de Paris, la Tedesco y chantera en 1861 *Tannhauser*, provoquant un grand scandale que le Jockey Club attisa. Rien de cela à Lisbonne, bien entendu, car ici le répertoire, toujours servi par les décors de Cinatti et de Rambois, demeurait fidèle aux préférences italiennes des années 40.

Entre 1850 et 1865 São Carlos présenta trente-six opéras nouveaux au cours de quelque mille trois cents soirées. Il n'y eut pas de « première » de Rossini, bien sûr, car toute son œuvre était déjà connue à Lisbonne[65] — mais deux présentations de Donizetti, une de Paccini,

---

60. Voir J. Pinto de Carvalho-Tinop, *Lisboa de outros Tempos*, I, 301 et suivantes.

61. A. P. Lopes de Mendonça, *in A Revolução de Setembro* du 10 juin 1855.

62. A. P. Lopes de Mendonça, cité par Pinto de Carvalho-Tinop, *Op. cit.*, I, 9.

63. Voir Pinto de Carvalho-Tinop, *Op. cit.*, I, 308 et suivantes.

64. *Les Péchés du Théâtre S. Carlos, causeries par un humoriste ou les Préliminaires de la manière de se préparer un succès. Comédie morale en plusieurs vérités* (Lisbonne, 1859).

65. Seulement en 1879 sera présenté *Il Conte Orly*.

une de Rossi[66], vinrent alimenter le feu sacré du « rossinisme » que maintes reprises allumaient chaque saison. La mort de Donizetti, « cet Orphée d'Italie », fut vivement ressentie en 1850 — et on pensait alors que n'apparaîtrait pas de sitôt un artiste capable d'extraire de son luth brisé « les sons angéliques et les mélodies célestes » qu'il avait répandus sur la terre[67].

Il y avait pourtant Verdi qui, en pleine gloire, fournissait abondamment le répertoire international du domaine « italien ». Il ne faisait évidemment pas défaut au répertoire portugais et un ou deux ans après leurs « premières » à Venise, à Rome ou à Paris, ses opéras étaient applaudis à Lisbonne : *Rigoletto* en 1854, *La Traviata* en 1855 (alors que la Ristori et la « linda Emilia » venaient de se pâmer dans le rôle de Marguerite Gauthier), *Un Ballo in Maschera* en 1860 — dont la partition, par économie, fut louée et non pas achetée par D. Pedro Brito do Rio[68].

La popularité de Verdi était telle que des revues consacrées à l'opéra et au théâtre ont vu le jour vers 1855 sous des titres empruntés à ses œuvres : *O Rigoletto*, et *Trovador*[69].

Si les mélodies de von Flotow, dont on a donné deux œuvres, ne s'opposaient nullement au domaine italien, celui-ci ne fut guère élargi que par *Le Prophète* et *Les Huguenots*, de Meyerbeer, en 1850 et 1854, qui furent pourtant chantés en version italienne ; Meyerbeer n'avait pas été à l'affiche depuis 1838, bien que son nom fut assez connu, voire populaire, à travers des pièces pour piano[70]. Le *Faust* de Gounod, chanté également en italien, fut applaudi en 1865, six ans après sa présentation à Paris.

Cette soumission aux goûts italiens ne sera critiquée que beaucoup plus tard ; pour le moment, on ne saurait encore penser aux productions allemandes. Le seul compositeur portugais remarquable, d'ailleurs fils d'Italien, Migoni, entrait volontiers dans le même jeu, avec ses deux opéras chantés en italien, en 1853 et 1854, *Sampiero*

---

66. DONIZETTI : *Maria de Rohan* (1850), *Poliuto* (1860) ; PACCINI : *Maria, Regina d'Inghilterra* (1853) ; L. ROSSI, *I Falsi Monetari* (1852).

67. Voir *A Semana*, décembre 1850, p. 377.

68. Voir F. FONSECA BENEVIDES, *Op. cit.*, I, 272.

69. *Trovador* (1855), *O Rigoletto* (1856). Autre revue musicale : *Le Lutin* (1858-59).

70. Une salle de bal publique inaugurée en 1864 à Lisbonne sous le nom Salão Wauxall prendra le nom Salão Meyerbeer, l'année même.

et *Mocanna,* où l'on a vu l'influence de Mercadante[71]. Il mourra en 1861 ; l'année suivante ce fut le tour de Casimiro Junior, que nous avons déjà entendu appeler « le Donizetti portugais » et qui, à sa mort, deviendra « le Verdi portugais »[72], car dans son œuvre surabondante, on trouve maintes fantaisies pour piano d'après des motifs tirés des opéras les plus populaires du maître de Busseto. Un autre compositeur, Francisco Eduardo da Costa, mort tuberculeux en 1855, à l'âge de trente-six ans, professeur effacé à Porto, a été justement oublié[72] (a). Les albums musicaux qu'on publiait alors[73] suivaient la même orientation prônée d'ailleurs par Frondoni, l'auteur de l'hymne de « Maria da Fonte », dans ses articles *Da Poetica em Musica,* extraits de Fétis, publiés en 1854[74]. En matière de culture et d'information littéraire dans le domaine musical n'a fait d'ailleurs que rééditer la traduction de *La Musique à la portée de tout le Monde* de Fétis, et de certains *Elementos de Cantochão* publiés en 1800[75].

... Pendant cette période São-Carlos a pourtant connu un regain de goût pour le ballet, grâce à un chorégraphe français, Arthur de Saint-Léon, engagé en 1854. Il venait de quitter le Théâtre Lyrique de Paris et apportait à Lisbonne un répertoire nouveau qui était le répertoire romantique. Il a alors délivré la scène portugaise « de ces Olympes démodés et insignifiants, compagnons indispensables des ballets de jadis »[76].

Sylphide et *Giselle* n'avaient pas intéressé le public de Lisbonne, en 1838 et en 1843 ; une longue période vide leur avait succédé. En 1850 et 1854, *Esmeralda* et *O Veu Encantado,* composés par Libo-

---

71. Voir Mario de Sampaio Ribeiro, *A Musica em Portugal nos seculos* XVIII *e* XIX (Lisbonne, 1938), p. 101.

72. Voir J. M. Andrade Ferreira, *Op. cit.,* I, 229 (texte de 1863).

72 a. F. E. da Costa figura comme personnage principal dans le roman romantique tardif d'Alberto Pimentel, *O Arco de Vandoma* (Lisbonne, 1916).

73. *Album Musical* (Lisbonne, 1851, 1859 et 1862) et *Album de Musicas Nacionais* (Porto, 1858 et années suivantes). Voir Bertino Daciano R. S. Guimaraes, *Primeiro Esboço duma Bibliografia Musical Portuguesa* (Porto, 1947).

74. *In A Revolução de Setembro,* les 9 et 10 novembre 1854. A. Frondoni publiera encore, em 1883, un médiocre *Memoria acerca da influencia da Musica na Sociedade* (présenté par Mendes Leal) et *Considerações sobre Ricardo Wagner e o seu Lohengrin.*

75. *A Musica ao Alcance de Todos,* traduction de José Ernesto de Almeida (1845). Dans la deuxième édition on ajouta *Dicionario de palavras que habitualmente se adoptam em Musica* (1859). José Ribeiro de Almeida Campos, *Elementos de Cantochão* (...) (Lisbonne, 1800 ; 2e ed. 1859).

76. *In Revista dos Espectaculos,* n° 2 III, de janvier 1855.

nati, ont pourtant attiré l'attention des « dilettanti »[77]. *Esmeralda* évoquait *Notre-Dame de Paris* et la renommée de Hugo ; on le trouva un peu long, certes, mais on l'applaudit et on le soutint dans la presse. On découvrait, enfin, le ballet romantique.

Le venue de Saint-Léon couronna le fragile édifice de l'admiration toute récente des habitués du São-Carlos, et dès le commencement de son action la critique écrivait : « Le nouveau ballet ne comporte ni intrigues longues et compliquées, ni scènes de grand apparat, ni feux de Bengale ; on n'y voit pas de satyres ni de sorcières : mais on y trouve une collection de pas de différents genres, si joliment dansés (...) que le public en demeure très satisfait »[78]. On parlait alors de *Saltarello ou O Maniaco pela Dansa*, qui sera dansé quarante-sept fois — succès inattendu. Six mois plus tard, le roi Ferdinand de Cobourg faisait M. Saint-Léon chevalier du Christ.

L'excellent chorégraphe et danseur se faisait payer cher : presque 1 650 mille reis par mois, pour lui et sa compagnie ; il resta encore une saison mais en 1856 l'économe Brito do Rio n'a pas cru possible de renouveler son contrat et Saint-Léon partit pour Saint-Petersbourg où on l'appelait. En 1862 un journal de Lisbonne dira encore qu'il était « le talent par excellence de la chorégraphie »[79].

Après les quelque deux cent quarante spectacles donnés par Saint-Léon, le ballet retombait dans le néant, à l'Opéra de Lisbonne. Aucun maître de ballet ne s'est fait remarquer depuis lors, jusqu'à la fin du siècle. On a écrit que, dans le domaine du ballet, au São-Carlos, le XIXe siècle se termina en 1856, avec le départ de Saint-Léon[80]. Mais la découverte du ballet romantique par les « dilettanti » Lisbonnais, correspondait-elle à un besoin intérieur ou à une conscience esthétique ? A un goût érotique plutôt : Mlles Fleury et Liséreux, que nous avons déjà rencontrées, faisaient partie de la compagnie de Saint-Léon et il est significatif que le gouvernement ait voulu imposer des pantalons pudiques aux danseuses parisiennes[81]. Le « petit mélange d'indécence » qu'Amorim n'osa pas ajouter à son « mélodrame des mélodrames » s'avérait nécessaire sur la scène du théâtre lyrique national.

---

77. Voir José Estevão Saportes, *Historia da Dansa em Portugal* (Lisbonne, 1969) p. 206-207.

78. *In Revista dos Espectaculos*, nº 34, octobre 1854, p.. 241. Voir article sur A. Saint-Leon *in Revista dos Espectaculos*, nº 9 - III, du 16 mai 1855.

78. *Gazeta de Portugal*, Lisbonne, le 11 novembre 1862.

80. Voir José Estevão Sasportes, *Op. cit.*, p. 214.

81. Voir J. Pinto de Carvalho-Tinop, *Lisboa de Outros Tempos*, I, p. 10.

CHAPITRE VIII

LES TRAVAUX PUBLICS ET PRIVÉS

Derrière les passions que le théâtre, l'opéra et leurs feuilletonnistes soulevaient, derrière les discussions parlementaires ou journalistiques où l'on chercherait en vain des oppositions idéologiques, derrière les professions de foi républicaines ou socialistes elles-mêmes, derrière les pièces de Mendes Leal, les poésies de Soares de Passos et les romans de Camilo — la tranquillité publique demeurait un fait. Un fait morne dont nous avons apprécié les résultats dans le profond ennui dégagé par les mœurs sociales...

Le Fontisme était issu de la dernière révolution possible pour un pays exténué (« endormi ou mort ? » — demandait son jeune roi) ; il avait assuré la tranquillité des capitalistes et créé, en même temps, par un processus fort logique, un ministère de travaux publics. Les travaux publics et privés devaient maintenant répondre à tant de garanties et d'empressements : un équipement social restait à créer, ainsi que les installations propres à la classe tranquillisée. Les années 40 avaient, certes, amorcé ce mouvement cohérent, mais le Cabralime, maladie infantile du capitalisme, ne pouvait assurer les conditions indispensables à son développement.

Nous assistons maintenant à la définition d'un programme où l'intelligence des besoins et la volonté d'ostentation s'accordent : le fait de réaliser une œuvre utile autorise, la conscience tranquille, à entreprendre des travaux de luxe. Une sorte de compensation sociale doit couronner les contributions de la classe au pouvoir pour le bien commun ; les chemins de fer, en fin de compte, devaient rapporter des profits, tout comme l'industrie, au sein de laquelle, si l'on en croit les dramaturges « sociaux », le capital et le travail se donnaient la main. La conscience bourgeoise s'installait : on faisait semblant d'être sûr que seul l'argent mal acquis n'était pas méritoire...

L'adaptation des couvents nationalisés à des fins laïques (hôpitaux, hospices, casernes, tribunaux, écoles) résolut immédiatement le problème de l'équipement de la nouvelle société libérale. Un des couvents les plus vastes de la capitale, celui des bénédictins, lui fournit un palais pour les Cortès, avec assez peu de frais d'adaptation. Ce n'est qu'en 1863 que la chambre des Pairs a mérité des travaux plus poussés dont fut chargé un ingénieur français, installé au Portugal, C.F.G. Colson. La décoration de la nouvelle salle n'a pas été sans susciter l'admiration ; elle n'a pas été non plus sans être simplifiée par un ingénieur portugais qui dirigeait les travaux et ce fut une salle au décor appauvri qu'on inaugura en 1866. De son côté, la chambre des Députés restera pendant soixante ans telle qu'elle était le lendemain de la victoire libérale : un amphithéâtre improvisé.

Un incendie qui ravagea l'Hôtel de Ville en 1863, posa alors un problème important, celui de l'édification d'un palais qui puisse correspondre à la dignité de la capitale dont le nouveau régime soulignait le rôle prééminent dans un pays centralisé. Il n'était certainement pas possible de reprendre le vieil édifice tracé par les architectes de Pombal : les goûts avaient changé et, surtout, les principes d'économie qui présidaient aux projets pombalins n'étaient plus adaptés à la situation, bien au contraire. La municipalité commanda le nouveau projet à son architecte privé, l'ingénieur P.-J. Pézérat, professeur à l'Ecole Polytechnique, qui avait déjà réalisé des travaux à Lisbonne. Français d'origine, Pézérat était arrivé au Portugal en 1832 avec Dom Pedro dont il avait été l'architecte en titre au Brésil ; il avait alors plus de soixante ans et ne savait sans doute pas dépasser la stricte formation néo-classique de ses origines. Son goût, daté, convenait difficilement à ce qu'on souhaitait : « un édifice aussi riche que possible », sans que l'architecte soit limité par des problèmes d'argent[1]. Pézérat alla jusqu'à 200 contos ; la réalisation d'un nouveau projet, approuvé en 1866, devait s'élever au triple de cette somme, une fois l'édifice terminé, en 1880. Ses chantiers n'appartiennent donc pas à la période qui nous occupe ici, ainsi que ceux de l'Ecole Polytechnique, ouverts après un incendie, en 1843. En effet, le nouvel édifice ne sera terminé qu'en 1878, malgré l'urgence que l'achèvement d'un tel établissement devait imposer, aux temps fontistes des travaux publics.

Si les années 50, dans le domaine de l'architecture publique, furent encore nulles, un inventaire établi vers 1865 inclut déjà une

---

1. Voir Domingos PARENTE da SILVA, *A Obra dos Paços do Concelho* (Lisbonne, 1874). Voir également L. Pastor de MACEDO, e Norberto de ARAUJO, *Casas da Camara de Lisboa* (Lisbonne, 1951).

série d'entreprises qui viennent combler maints besoins de la nouvelle société : un observatoire, des abattoirs, une caserne de marins,
un théâtre, la gare centrale des nouveaux chemins de fer et deux jar-
dins-promenades qui n'arriveront pas à détrôner le « Passeio Público »[2]. Leur création n'en vérifiait pas moins le développement des
nouvelles habitudes citadines créées par le « Passeio ». Il faut encore
voir qu'un de ces nouveaux jardins, planté en face de la basilique
d'Estrela, adopta un tracé à l'anglaise, d'allure romantique, qui s'opposait au schéma français du « Passeio ». Castilho ne manqua pas
d'en faire l'éloge, y trouvant l'expression de la pensée de son cher
Dellile[3]. Deux églises de la Baixa pombaline ont été terminées
après 1850 ; mais la réédification de deux temples plus importants, au
Chiado, traîna encore jusqu'en 1866 ou 1873[4]. Ce retard, constaté dans
deux domaines extrêmement significatifs de la vie de la Lisbonne
romantique, l'Eglise et le Monde, s'explique mal. En principe, les deux
églises du Chiado (malgré la concurrence mondaine de l'église de
São-Domingos, à côté du Rossio, où les rois se mariaient) devaient
mériter l'attention immédiate de la municipalité. Bien que des difficultés économiques aient arrêté l'élan de leurs chantiers, il faut y voir
deux explications, l'une d'ordre psychologique — la paresse ; l'autre
d'ordre sociologique — le manque de programmes, voire l'ignorance
d'une logique urbaine qui ne sera établie que vers 1880. C'est ainsi
que la place qui fermait l'aire du Chiado ne fut débarrassée des ruines du tremblement de terre qu'en 1865[5]. La Lisbonne romantique,
malgré les nouvelles formules sociales du Fontisme, n'a pu, ni su,
s'imposer un comportement rationnel en ce qui concerne l'urbanisme.
Dans les années 50, 60 et 70, elle était encore dépendante de l'aventure
pombaline du troisième quart du XVIIIe siècle.

D'ailleurs, le monument le plus important de cette période ne fut
pas élevé à Lisbonne, mais à Porto ; il s'agit du palais de l'Industrie
— un « Crystal Palace », tout en fer et verre[6]. Nous y reviendrons.

L'Industrie l'emportait sans doute sur la Royauté. Le marquis
de Pombal avait déjà rebaptisé le « Terreiro do Paço » en lui donnant

---

2. Le jardin d'Estrela a été planté en 1850, celui du Prince Royal a été aménagé
   entre 1859 et 1863.
3. A. F. CASTILHO, in Alberto FERREIRA, Bom Senso e Bom Gosto (Lisbonne, 1966), 58.
4. Les églises de S. Nicolau et de S. Julião ont été terminées entre 1850 et 1854,
   celles des Martyres et d'Encarnação en 1866 et 1873, respectivement.
5. Voir Norberto de ARAUJO, Peregrinações em Lisboa (Lisbonne, s/d, 1940) V, 19-20.
6. Voir chapitre XI.

le nom de Place du Commerce. Le « Paço » des rois n'était plus là :
à vrai dire il n'était nulle part, et ce n'est que vers 1800 qu'on décida
de le rebâtir. Nous connaissons déjà la tragédie de ce palais trop
grand auquel les Vintistes se sont attaqués et que les libéraux de 1834
ont délaissé, ruines modernes sans excuse gothique... En 1857, le
malheureux architecte Possidonio da Silva terminera un petit palais
royal à Alfeite, en face de Lisbonne, œuvre médiocre pour un homme
qui, dans sa jeunesse, avait rêvé d'achever Ajuda. Nous le verrons
pourtant en 1862 s'occuper encore de ce palais maudit, au sein d'une
commission dont les travaux seront approuvés l'année suivante[7] — sans
aucune conséquence pratique.

On a pourtant décoré quelques salles : le roi Louis, montant alors
sur le trône, s'était marié à une fille de Victor Emmanuel, princesse
au caractère volontaire, et le jeune couple était enfin allé s'installer
à Ajuda. On a fait venir des meubles, des tapisseries et des objets de
Paris, de Londres, d'Allemagne et d'Italie, dans un goût composite,
très Second Empire, que l'architecte Possidonio ne manqua pas de
décrire avec complaisance[8].

L'Industrie et la Finance surtout expliquent, de leur côté, le développement de l'édification d'hôtels particuliers pendant la même
période. Nous nous sommes déjà penchés sur le processus d'organisation du plus important de ces hôtels de la bourgeoisie titrée, celui
du baron de Barcelinhos, dit « Manuel dos Contos », qui avait acheté
le couvent du Saint-Esprit au Chiado. D'autres « barons » ont cons-
truit eux-mêmes, d'autres encore n'ont pas hésité à acheter de vieilles maisons seigneuriales de la capitale, les adaptant à un goût et à
un confort nouveaux. Ce fut ainsi que l'ancien palais des Patriarches
devint l'hôtel d'un capitaliste « brésilien », plus ou moins négrier, que
tout le monde appelait le « Monte-Christo »[9]. Les vieilles pierres suivaient le destin de leurs propriétaires qui, conséquence des temps
modernes, redoraient leurs blasons avec des fortunes bourgeoises au
moyen de mariages qui n'étaient que des mésalliances. Même dans le
cadre de ce brassage social dont les romans et surtout le théâtre
répandaient la formule, la vieille noblesse n'a pas bâti, ou très peu.

7. Voir *Diario do Governo* du 7 juillet 1863.

8. J. N. Possidonio da SILVA, *Descrição das Novas Salas do Real Palacio da Ajuda...* (Lisbonne, 1865).

9. Voir sur ce problème, J. A. FRANÇA, *A Arte em Portugal no seculo XIX*, I, pp. 350 et suivantes.

Seuls deux hôtels particuliers, en possession de nobles sans mélange de sang, ont subi des travaux importants pendant cette période[10].

Toutes ces constructions n'ont pas grande valeur artistique. Les architectes manquaient et ce fut un décorateur de l'Opéra et du Théâtre D. Maria II qui s'est alors défini comme l'architecte le plus habile des années 40, 50, 60 et 70.

Nous avons déjà rencontré Giuseppe Cinatti, Italien arrivé au Portugal en 1836, à l'œuvre sur les scènes lisbonnaises. On doit beaucoup de succès théâtraux à son imagination scénographique, à son talent de peintre que les paysages doux ou arides du romantisme faisaient rêver. Il travaillait avec un Piémontais, Rambois, formant une équipe que seule la mort détruira.

Nous le rencontrerons encore plus tard, vers 1879, lorsqu'il dirigera les travaux de restauration (et d'imitation) du couvent « manuélin » des Hieronymites ; ce sera un moment très important du romantisme national. Vers 1860, pourtant, Cinatti méritait d'être considéré comme le meilleur architecte d'une époque où le dessin des façades comptait avant tout. Personne ne dessinait alors une façade noble mieux que lui : il avait le talent des proportions élégantes et son goût discret aménageait les éléments d'un vocabulaire classique avec une souplesse unique au Portugal. Cinatti travailla un peu pour tout le monde, pour Ferdinand de Cobourg au château de la Pena, pour le duc de Palmela comme pour des nouveaux riches — tel ce tailleur célèbre qui, en 1865, lui demanda les plans d'un hôtel à construire à côté du Passeio Público. Cet hôtel se trouvait presque en face de l'hôtel Castelo Melhor, commencé vers la fin du XVIIIe siècle et achevé vers 1850, qui était le meilleur hôtel particulier de Lisbonne. L'hôtel Nunes-Correia, le prenant pour modèle, actualisait sa formule italienne ; il est devenu la plus belle œuvre des années romantiques portugaises. Réalisé vers 1865, il couronna une période d'affirmation de possibilités — et, en même temps, il démontrait l'infériorité des architectes formés au Portugal. Il n'était pas non plus sans montrer l'état de la culture de la bourgeoisie nationale. Si, à Porto, le comte tout récent du Bolhão a eu l'idée de mettre au-dessus de son blason improvisé un Mercure tenant à la main un sac de livres sterling, le riche tailleur lisbonnin a placé sur sa façade les bustes ou les médaillons des hommes qu'il admirait le plus. C'est une théorie de figures

---

10. Ceux du marquis de Ribeira Grande (marié dans la maison Lafões) et du marquis de Castelo Melhor (marié dans la maison Ponte de Lima).

qui donne à penser : Newton, Dante, le duc de Palmela, Colomb, Molière, Gutenberg, Michel-Ange, Cuvier, Volta et Galvani, Camoens, Shakespeare, Castilho, Rousseau, Raphael — et Meyerbeer[11].

A Sintra, où le « Monte-Christo » avait fait bâtir dans les années 50 une villa en style mauresque qui fut très discutée[12], un richissime Anglais, qui avait fait fortune dans les cotonnades, Cook, éleva un hôtel particulier qui obtint tous les suffrages. A la place où un autre Anglais avait fait construire un château gothique qui marqua le début du « revival » au Portugal, et qui se trouvait alors en ruines, dans ce même endroit que Byron avait chanté, Cook a fait bâtir un édifice en style oriental, de type mongol, d'où le souvenir du fameux pavillon de Nash à Brighton n'était certainement pas absent ; Knowles, un des plus célèbres architectes victoriens, fournit les plans[13]. Les « Mille et Une Nuits » passaient par ce pavillon insolite qui, édifié entre 1863 et 1865, demeura en marge du goût portugais, auquel il pouvait tout au plus fournir une donnée exotique.

Ces « palacetes » de la nouvelle aristocratie de l'argent, de ces « hommes de marbre » (car les « filles de marbre » dans la société portugaise, n'arrivaient guère à se faire bâtir des hôtels) — comment étaient-ils aménagés, décorés, meublés ?

Les tapissiers français dominaient sans doute le marché lisbonnais, depuis les années 40 — et les mots français que Camilo ne manquait pas de caricaturer dans ses descriptions d'intérieurs[14], circulaient dans ce domaine comme dans ceux de la toilette ou des menus des restaurants de luxe. On se meublait français, on s'habillait français (les hebdomadaires publiaient des hors-textes de modes, imprimés en France[15]), on mangeait français... Le goût le plus impersonnel était satisfait par ces meubles et ces bibelots importés ou imités, et par un bric-à-brac d'antiquaire que l'exemple de Ferdinand de Cobourg avait mis à la mode. Fontes, qui était pourtant un « dandy », paraît ne pas avoir le sens du décor — ce qui pouvait être considéré comme caractéristique, sinon symbolique, du goût officiel. On dira

---

11. Voir Julio de Castilho, *Memorias de Castilho*, III, 89.

12. Voir Vilhena Barbosa, *in Arquivo Pitoresco* (1863), VII, 153.

13. Voir J. A. França, *Op. cit.*, I, 373. Voir également le feuilleton de J. C. Machado in *A Revolução de Setembro* du 23-9-1854.

14. Camilo, *Eusebio Macario* (1879), p. 69 (ed. Bibl. Lusitana). L'action se passe en 1850.

15. Voir *A Semana*, Lisbonne, 1851-52.

de lui que le salon où il donnait ses réceptions de président du conseil était « meublé avec un tel goût (...) qu'aucun coiffeur de Francfort ou de La Haye ne l'aurait voulu, s'il avait dû se soumettre à la vexation d'y recevoir (...) un client de la société »[16]... Et, pourtant, le Portugal avait donné au monde, ou tout au moins à Paris, un artisan célèbre, Constantino, le « roi des fleurs », que le tout-Paris du Second Empire choyait. Mais, cet émigré migueliste qui daignait exposer ses fleurs artificielles à l'Académie de Lisbonne, que Castilho chantait, à qui Garrett et le Marrare rendaient hommage[17], était loin et son art était le produit d'une autre civilisation...

Les expositions internationales de 1851 et 1855 avaient fait voyager les riches bourgeois portugais, imprimant dans leur esprit de nouveaux besoins de luxe et une révélation de confort moderne. En même temps on commençait à apprendre ce qu'il fallait faire et à savoir qu'on pouvait le faire. Mais, arrivait-on vraiment à le faire ?

La ville se développait ; on bâtissait, certes, mais sans qualité. En 1850, quittant Lisbonne pour un voyage en Italie, Lopes de Mendonça voyait défiler, de son bateau, de « grandes baraques peintes en blanc, en rouge et en jaune que certains parvenus appelent pompeusement hôtels particuliers »[18]. Un quart de siècle plus tard, la situation demeurait sans changement : « nos villes se couvrent d'édifices ridicules et laids et d'étonnantes décorations de mauvais goût, sans aucun sens », affirmait-on, dans des documents officiels[19]. La raison, une des raisons au moins, il faut la chercher dans le fait qu'on commandait les plans à des maçons et des entrepreneurs habiles. Un autre document, semi-officiel celui-là, parlait en 1863 de cette « habitude déplorable qui s'était enracinée »[20]. Certes, la critique était juste — mais, où trouver les architectes ? On pouvait affirmer encore en 1875 que l'enseignement de l'Acadamie se bornait au dessin d'architecture et à l'étude de l'ornementation architccturale[21]. Nous avons déjà vu deux ingénieurs français employés dans des chantiers de Lis-

16. Ramalho ORTIGAO, *in Revista de Estudos Livres* (1883-84) textes recueilli *in Arte Portuguesa* (1947), III, 109.

17. Voir J. A. FRANÇA, *Op. cit.*, I, 369.

18. A. P. LOPES de MENDONÇA, *Recordações de Italia* (1892), p. 23.

19. Luciano CORDEIRO, *Relatorio dirigido (... ao) ministro do Reino pelo Commissario da reforma do Ensino Artistico* (Lisbonne, 1876).

20. *Relatorio da Sociedade Promotora de Belas Artes* (Lisbonne, 1963).

21. Voir Note n° 19.

bonne, à des postes officiels ; pendant ce temps, Possidonio da Silva, disciple de Percier, qui était le seul architecte compétent au Portugal, n'avait pas de travail et, déçu, devait se consacrer à l'archéologie. Si les architectes manquaient, il n'est pas moins exact de dire que la société n'en avait pas conscience — ou qu'elle préférait s'adresser à des entrepreneurs. Un principe mesquin d'économie explique naturellement ce fait, qu'aucun besoin esthétique ne venait contrecarrer.

En cas de nécessité, ces besoins étaient amplement satisfaits avec le simple emploi d'un fronton. Vers 1870, un critique de la vie portugaise se moquera cruellement de ce fronton qui comblait le goût lisbonnais. Une fois placé, « l'artiste l'analyse dans un petit article qu'il fait passer dans les quotidiens et se repose sur ses lauriers, jusqu'à ce qu'il ait reçu la commande d'un nouveau triangle »[22]... C'est la dernière réminiscence d'un néo-classicisme qui n'a d'ailleurs jamais trouvé d'emploi dans les édifices de la capitale : il a peut-être pénétré ici par le truchement de Porto où l'anglo-palladianisme avait laissé une empreinte érudite. A Lisbonne, le fronton triangulaire n'était qu'un élément isolé du vocabulaire d'une langue qu'on ne parlait guère... On ne l'en voyait pas moins, un peu partout, couronnant chaque édifice public, chaque « palacete » ou chaque étage qu'on construisait systématiquement au-dessus des vieux immeubles pombalins, pour augmenter leur rentabilité. Seuls les « azulejos », qui continuaient de tapisser les murs extérieurs plus régulièrement encore au cours des années 50 et 60, rompaient la monotonie des façades. leur imprimant une animation originale et inattendue. De toute façon, on publiait encore en 1858 la réédition d'un traité d'architecture paru en 1839 qui comprenait la traduction du traité des cinq ordres de Vignole[23].

En 1864, Possidonio da Silva trouva opportun de fonder une Associação de Arquitectos Civis qui devait garantir la dignité de leur profession. Une douzaine d'années de travaux publics rendaient logique cette fondation — mais, en 1872, Possidonio trouva nécessaire d'ajouter aux architectes, qui n'étaient pas nombreux, des archéologues au sein de la même association professionnelle. Cependant, aux environs de l'année 1864 se définissent maintes entreprises architecturales :

---

22. Ramalho ORTIGÃO, *As Farpas*, août 1871 (XII,104, ed. 1946).

23. José da COSTA SEQUEIRA, *Noções Teoricas de Arquitectura Civil seguidas dum breve tratado das cinco Ordens de J. B. de Vignola* (Lisbonne, 1839, 1848, 1858).

le moment était peut-être venu d'essayer de mettre un peu d'ordre
dans ce domaine où nul n'avait plus d'autorité professionnelle et
morale que Possidonio. Mais il ne pouvait que rêver...

Un an plus tard, Pézérat, qui n'était pas allé à Paris depuis fort
longtemps, rentrant d'un voyage dans son pays, publiera une brochure
très intéressante, concernant des « améliorations » et des « embellis-
sements » de la capitale[24]. Il était alors bouleversé par les grands travaux d'Haussmann et ses projets concernant Lisbonne faisaient, tant
bien que mal, écho aux plans parisiens. Dans son esprit, il s'agissait
d'entreprendre des travaux d'ensemble, créant des quartiers nouveaux
— et, surtout, il fallait éviter des rénovations partielles qui ne pouvaient que nuire à une pensée urbanistique sérieuse. Malgré ses
trente ans d'expérience portugaise et ses contacts professionnels
avec la municipalité lisbonnaise, Pézérat était un optimiste. Cependant, rien n'autorisait ses vues haussmaniennes : il était alors impen-
sable de réaliser de vastes démolitions tout comme il était inimagi-
nable d'entreprendre des séries de constructions de luxe. La tranquillité et les profits de l'ordre fontiste ne sauraient aller si loin...

Dès 1857, un jeune architecte et peintre portugais, formé à Gênes,
Alfredo de Andrade, avait rêvé d'une grande avenue tracée à l'endroit
du Passeio Público[25]. Ce n'était qu'une idée abstraite qui ne répondait à aucun besoin : il était encore trop tôt pour faire disparaître et
remplacer la promenade, ce « boulevard », haut-lieu du romantisme
lisbonnais. On ne s'y résoudra qu'un quart de siècle plus tard.

Durant la première partie des années 60 nous assistons pourtant
à une sorte de réveil de la capitale. Les plans idéaux de Pézérat ne
faisaient, en somme, que donner un sens, trop grandiose, certes, mais
logique, à des projets assez vagues et à une volonté de monumenta-
lité qui se traduisait déjà au niveau des monuments commémoratifs.

Là aussi, le processus fut assez lent et contradictoire. L'Arc de
Triomphe imaginé par Pombal pour terminer sa Place du Commerce
n'avait toujours pas dépassé l'état de projet. A peine, car les projets
variaient et se succédaient depuis le milieu du XVIIIe siècle... Le
cabralisme qui avait essayé, mais en vain, d'achever les travaux, organisa un concours en 1845, et attribua un prix. Tout était pourtant
tombé dans l'oubli lorsqu'en 1861 un nouveau gouvernement approuva

---

24. P. J. PÉZÉRAT, *Mémoire sur les Etudes d'améliorations et embellissement de
    Lisbonne* (Lisbonne, 1865).
25. Voir « Plantas Urbanisticas de Lisboa por Alfredo de Andrade », *in Olisipo* (Lis-
    bonne, 1939, nᵒ 6), p. 103.

un nouveau projet et le mit en exécution[26]. Il ne sera terminé que douze ans plus tard.

En 1862 un journal parlait de sculptures pour les places publiques de Lisbonne et de Porto[27]. Pour la capitale du Nord c'était trop tôt — mais la même année on posa solennellement la première pierre d'une statue qui sera le premier monument érigé à Lisbonne, une centaine d'années après la statue équestre de Joseph 1er, œuvre pombaline. Il s'agit de Camoëns dont nous connaissons le rôle idéographique dans le romantisme national. Dès 1817, sous la domination anglaise, on avait pensé à ce monument qui devait être sculpté par Canova ; l'idée a été reprise par les Portugais du Brésil en 1857 et le résultat d'un concours ouvert en 1860 contenta tout le monde. La statue, modelée par le seul sculpteur portugais de l'époque, Victor Bastos, qui avait fait un voyage en Italie et en France afin de s'informer, fut inaugurée en 1867, sur une place où s'achevait le Chiado. La figure de Camoëns est entourée de huit écrivains et poètes de son temps selon une sélection qui, réalisée par Mendes Leal et Rebelo da Silva, définit l'idée assez éclectique de la littérature de 1400-1500, formée par la seconde génération romantique[28]. Ajoutons que chacune de ces figures a été sagement faite d'après des modèles habillés par la garde-robe du théâtre D. Maria II, curieux souvenir des « drames historiques » de naguère[29]. Ce monument venait d'ailleurs compenser un autre qu'on avait retiré du Chiado : la statue de Neptune, œuvre du XVIIIe siècle, qui couronnait une fontaine fort populaire. Cette sorte de substitution n'était pas sans signifier un changement de goût dont elle constitua le symptôme le plus immédiat. Pour la première génération romantique, Camoëns avait été le symbole subversif de la regénération libérale du pays ; la seconde génération (qui, en 1867, avait fait graver une inscription sur la façade de la maison où l'on s'imaginait que le poète était mort) le considèrera comme une valeur déjà officielle — avant de faire de lui, vingt ans plus tard, le symbole d'une nouvelle révolution. Mais ne devançons pas les événements...

En 1862 on a également choisi à Porto le modèle d'une statue plus importante : celle de Dom Pedro, que la capitale du Nord tenait

---

26. Voir J. A..FRANÇA, *Op. cit.*, I, pp. 325 et suivantes.

27. Idem, ibid., I, 189.

28. Fernão LOPES, Pedro NUNES, Gomes Eanes de AZURARA, João de BARROS, Fernão Lopes de CASTANHEDA, Vasco MOUSINHO de QUEVEDO, Jeronimo CORTE REAL e SÁ de MIRANDA.

29. PINTO de CARVALHO-TINOP, *Op. cit.*, I, 14.

à ériger avant Lisbonne. Il s'agit d'une statue équestre qui concurrençait celle que Rio de Janeiro avait inaugurée cette même année, l'une et l'autre œuvre de sculpteurs français. Calmels, qui avait gagné le concours de Porto, sera le sculpteur attitré de la cour, compensant ainsi le manque d'artistes nationaux ; nous le verrons à l'œuvre à l'Hôtel de Ville et à l'Arc de Triomphe.

Deux ans après l'inauguration de la statue de Porto, en 1868, on connaîtra enfin les résultats d'un concours international ouvert à Lisbonne qui, gagné par l'équipe française composée de Davioud, l'architecte du Trocadéro, et d'Elie Robert, disciple de Pradier et de David d'Angers, réalisera un monument terminé en 1870.

Derrière cette statue inaugurée après la période qui nous occupe ici, se cachent pourtant des péripéties qui ne doivent pas être ignorées car elles se présentent chargées d'une signification culturelle concernant la vie artistique portugaise.

Dès 1834, tout de suite après la mort du Roi-Soldat, on pensa à lui élever une statue ; les Septembristes allèrent même jusqu'à ouvrir un concours public auquel on invitait n'importe quel citoyen inspiré par le seul patriotisme... Un concours officiel des Cabralistes, en 1842, ne donna pas non plus de résultats malgré la souscription publique alors ouverte. L'année suivante, lors de l'incendie qui ravagea l'édifice de l'Ecole Polytechnique, les hommes de Dom Pedro qui étaient aussi les hommes de la nouvelle civilisation, se demanderont si l'argent du monument ne trouverait pas un emploi plus utile et plus digne dans la reconstruction de l'Ecole. Castilho fut le premier à le proposer et Herculano le suivit[30].

Pourtant, en 1851, alors qu'on se rendait compte qu'il n'y avait encore « ni école ni statue » et qu'on n'aurait sans doute pas « les moyens ni, peut-être, les hommes pour réaliser un monument convenable »[31], la Regénération a érigé un piédestal auquel les moqueurs appliqueront tout de suite le sobriquet de « galheteiro » (« huilier »). Il resta au milieu du Rossio jusqu'en 1864 ; en 1860, le gouvernement avait approuvé un projet qui fut également oublié. Cependant, en 1851, une voix s'était élevée pour proposer un monument qui, mieux que tout autre, devait servir à consacrer le héros de la Liberté nationale.

30. A. F. Castilho, in Revista Universal Lisbonense du 8 juin 1843, N° 38, II, p. 469 ; Herculano, in Opusculos, V, 193 (texte de 1843).

31. Silva Tulio, in A Semana, n° 16, avril 1851, p. 181.

Castilho, le poète aveugle du Printemps et de la Nuit, nous donna là la mesure de son talent esthétique. Pas de statue sur un piédestal : l'idée serait vraiment trop banale ! Ce qu'il fallait, c'était faire sortir du centre de la place « un Bras de bronze, Fort, Herculéen, Gigantesque, arborant dans les airs une torche digne d'une telle main, radieuse comme le soleil lui-même ! ». Tout autour, à genoux sur des coussins, les six provinces du royaume ainsi éclairé au gaz[32]... C'est d'ailleurs le gaz qui joue un rôle essentiel dans ce projet : le flambeau idéographique que Castilho met dans la main de ce cadavre royal qui tend le bras hors du tombeau ne pouvait être imaginé avant l'introduction de ce nouveau moyen d'éclairage. Si l'idée esthétique du poète est bizarre, elle n'en rend pas moins hommage à un produit de la civilisation nouvelle que le Romantisme glorifiait ainsi. L'idée esthétique s'accordait d'une certaine manière à la conjoncture contemporaine...

Mais analysons d'abord les programmes et les œuvres des peintres qui devaient approvisionner en images la société portugaise du milieu du siècle.

32. A. F. CASTSILHO, « Monumento a D. Pedro », in A Semana, n° 6, février 1851, p. 67. Sur l'histoire du monument voir J. A. FRANÇA, Op. cit., I, 331 et suiv.

CHAPITRE IX

LES IMAGES DU MONDE FONTISTE

1850 marque la date du retour des deux peintres les plus significatifs du romantisme portugais : Menezes et Metrass. Nous les connaissons déjà : nous les avons vus à Rome en 1844, chez Overbeck ou Cornelius, suivant la consigne de Raczynski. Ils abandonneront pourtant bientôt les leçons des « nazaréens » pour suivre un chemin qui passait déjà par Paris.

Chez Menezes, Paris était tempéré par Londres et par la Flandre que la peinture anglaise de portrait avait assimilée. Car il sera le peintre de portraits du Fontisme, le Winterhalter portugais.

Les lettres qu'il a écrites pendant ses années d'apprentissage à l'étranger[1] nous révèlent à la fois l'éveil d'une vocation artistique et la préparation d'un programme social. Menezes « sentait » le portrait, tout en constatant qu'il n'existait pas de peintres de cette spécialité au Portugal ; encore pensait-il qu'« aucune branche de l'art ne convenait mieux à un gentleman que le portrait ». Fils d'une anglaise, fréquentant le monde, il se sentait un véritable gentleman. Il vivra à l'écart de ses collègues qui lui donneront de l'« Excellence », sera Président de la « Junta do Credito Público » pendant dix ans et recevra maintes décorations. En 1853 il avait hérité d'un titre de vicomte que la Regénération avait tout récemment accordé à son père, vieux magistrat libéral. S'il devait rentrer au Portugal (idée fort désagréable, car en cette « terre barbare », il « serait à nouveau dans un désert »), qu'au moins la peinture puisse lui assurer une position assortie à son statut aristocratique ! S'étant consacré au portrait, et pouvant choisir ses clients, le vicomte de Menezes devait donc fournir à la société fontiste ses images les plus flatteuses. Ce fut d'abord celle de sa femme, la vicomtese, fille d'une dame née MacMahon, dont le portrait,

---

1. *In Arte de Ontem e de Hoje* (Lisbonne, 1948).

devenu célèbre, demeure une pièce unique dans la peinture portugaise contemporaine[2].

Arrêtons-nous un moment à cette image fort admirée en 1862 que
la mode de la crinoline définit immédiatement. Portrait de cour, il
étale des valeurs de convention que Winterhalter n'aurait pas désavoué. La soie blanche de la robe, le châle rouge des Indes, le bouquet de camélias attaché à la ceinture, un vase sur une balustrade,
un fond de jardins — le tableau est complet et assez significatif, sorte
d'emblème d'une situation et d'une société qui suivaient, dans une
mesure toute provinciale, les formules mondaines de la France du
Second Empire.

Certes, Menezes a encore peint d'autres portraits où la connaissance intime du modèle est poursuivie de façon subtile, sur un ton
de discrète mélancolie — mais c'est pourtant le portrait de la vicomtesse qui joue un rôle primordial dans son œuvre car, pièce insolite,
il assume une importance spéciale. Il faut vraiment le voir sous cette
lumière, sans oublier que ce tableau, qui n'aurait été qu'une œuvre
parmi des centaines d'autres en France, en Allemagne ou en Angleterre, est demeurée unique en son genre au Portugal. Peut-être faudra-t-il rappeler ici que la peinture nationale a ignoré les schémas du
portrait mondain du XVIIIe siècle. Cent ans plus tard elle devait payer
cette ignorance, faisant ainsi la fortune d'un peintre mieux outillé que
ses collègues.

Parmi ceux-ci, José Rodrigues, de dix ans plus jeune que Menezes
et d'origine petite-bourgeoisie, qui n'a jamais passé les frontières de
son pays, mettra un accent plus populaire, ou plus dur, dans ses images. Son portrait de la seconde comtesse du Farrobo, en 1860[3], jeune
femme du célèbre « dandy » vieilli et près de la ruine, moins sophistiqué que celui de la vicomtesse de Menezes, impose des valeurs plus
cohérentes dans la conjoncture portugaise.

Si à Porto J.-A. Correia demeurait plus fidèle à des modèles du
commencement du siècle, que satisfaisaient ses clients provinciaux,
un autre peintre de portraits se réalisera plutôt en Angleterre où ses
miniatures étaient fort prisées par la reine Victoria elle-même. Lobo
de Moura, frère d'un vicomte diplomate, imprimait à ses petits portraits une allure aristocratique que ses collègues restés à Lisbonne,
les quatre Furtado et les deux Santa-Barbara[4], n'étaient pas censés

---

2. Au Musée National d'Art Contemporain de Lisbonne.
3. Idem.
4. Antonio Joaquim et Antonio Manuel Santa Barbara.

atteindre, au service de leurs clients bourgeois — qui, d'ailleurs, commençaient à fréquenter les ateliers de photographes français, installés à Lisbonne et à Porto[5]. Ils y trouveront une certitude réaliste dans une situation progressiste qui, au simple niveau de la curiosité, n'était pas sans convenir à leurs définition fontiste...

Il faut encore observer dans le domaine du portrait un certain snobisme marqué d'abord par les rois eux-mêmes. Nous avons vu Dom Pedro recourir au talent de Scheffer, à Paris, et charger un disciple de Lawrence de peindre la petite reine encore en exil ; Pierre V, quant à lui, ne manquera pas l'occasion de poser pour le fameux Winterhalter. Au Portugal même, des peintres de portraits français, allemands et italiens fournissaient la famille royale et de riches particuliers. Cela traduit à la fois le manque de main-d'œuvre nationale et de nouvelles possibilités de marché que des artistes étrangers venaient exploiter vérifiant ainsi le développement d'une société bourgeoise que le capitalisme animait.

Cette même société, aurait-elle besoin d'un autre type d'imagerie concernant le passé national qu'elle s'appropriait, ou, du moins, d'un sentimentalisme doux ou tragique — l'Histoire ou des histoires ?

Le jeune Metrass, rentrant de Paris en 1850, se posera la question, essayant en même temps d'y répondre par une œuvre qui, tout comme celle de Menezes, restera sans écho dans la production portugaise de son temps. Etant parti pour Paris en 1847, après une mauvaise expérience à Lisbonne, où sa peinture d'inspiration « nazaréenne » n'a pas suscité d'intérêt, Metrass revenait en 1850 avec d'autres idées que Paris lui avait donné — des idées d'une peinture d'Histoire obéissant aux schémas romantiques des maîtres du « Salon ». Il retournera bientôt à Paris et c'est là qu'il peindra en 1853 un *Camões na Gruta de Macau*[6], où le poète, attristé, médite et rêve son poème, la plume à la main, son fidèle et légendaire esclave à ses pieds, tandis qu'une épée et un livre ouvert sont posés sur le sol. On a cru que le peintre avait donné ses propres traits au poète, dans cette compo-

---

5. On doit mentionner à Porto Talbot et à Lisbonne Emile Riché et surtout A. Fillon, arrivé en 1851 avec une lettre de recommandation de V. Hugo pour Castilho. Remarquons que W. Cifka, collaborateur artistique de Ferdinand de Cobourg fonda le premier atelier de daguerreotypie au Portugal. En 1861 on créait à Lisbonne le Clube Fotografico Lisbonense. En 1863 la deuxième édition du *Novo Guia do Viajante em Lisboa e Arredores* enregistrait quatorze photographes dont huit portaient des noms étrangers : Nasi, Fillon, Martin, Tisseron, Palomé, C. Bernard, Cifka, Chianca (p. 112).

6. Au Tribunal « da Relação », à Lisbonne.

sition mélancolique qui, par sa qualité picturale et par son élévation morale, selon l'avis de la critique, « ne pouvait être conçue et réalisée ailleurs qu'à Paris »[7]. Le tableau connut du succès et fut acheté par Ferdinand de Cobourg.

Camoëns, sujet de la première peinture romantique portugaise, en 1824, revenait, trente ans plus tard, sous les pinceaux d'un nouveau peintre de la génération romantique. Metrass peindra encore les derniers moments du poète, comme Sequeira, et « la lecture des Lusiades au roi Dom Sébastien » — comme le fera, quelque soixante quinze ans plus tard, le dernier des peintres romantiques nationaux. . . Il peindra également Inês de Castro dans l'attente angoissée de ses assassins et on ne manquera pas d'y voir l'influence des *Enfants d'Edouard*, que Delaroche avait peint vingt ans plus tôt. F. Resende, peintre de Porto, s'occupera aussi de Camoëns, en composant, plus tard, le *Naufragio* du poète[8] — un peu trop inspiré du tableau de Vernet.

Le roman et l'épopée historique atteignaient enfin la peinture — alors qu'ils commençaient à perdre du terrain chez les écrivains, les poètes et les dramaturges. Ce retard de la peinture sur la littérature traduit nécessairement une situation déjà ancienne. Elle n'est pas non plus sans exprimer l'insuffisance « visuelle » de la société portugaise que la conjoncture romantique ne pouvait corriger.

Mais, chez Metrass, il faut surtout chercher les sentiments, au-delà des sujets. Somme toute, il n'est que secondairement peintre d'Histoire. Pour lui, Camoëns ou la belle Inês, ne sont que des prétextes pour peindre le malheur et la mort. Et le malheur et la mort ne quitteront pas l'œuvre de ce peintre qui mourra tuberculeux en 1861, à l'âge de trente-six ans. La *Viuva junto do cadaver de seu marido*[9] porte l'anecdote au-delà du domaine historique, dans une sorte de dépouillement où le sujet atteint à une émotion plus pure. On retrouve la même émotion dans un nu, portrait d'un modèle de l'Académie que le peintre avait peut-être aimé. Metrass introduisait ainsi dans la peinture portugaise le nu sans justification mythologique — un simple corps de femme nue couché sur des fourrures, dans une grotte. L'intervention de la nature imprimait une note romantique au sujet inexploré par les peintres nationaux — mais le nu, en soi, n'en était pas moins

7. J. M. Andrade FERREIRA, *in Revista Contemporanea de Portugal e Brasil*, 1860 (*in Op. cit.*, II, 292).

8. Au Musée National d'Art Contemporain de Lisbonne.

9. Idem.

une conquête de la nouvelle génération, conquête tardive dans un pays de stricte obédience tridentine qui n'avait pas connu de peinture mythologique au XVIIᵉ siècle, et encore moins de sujets libertins au siècle suivant. On ne saurait donc être trop exigeant quant à la qualité de la peinture que Metrass proposait.

En 1856, il peindra un autre nu engagé dans une action dramatique. C'est son tableau le plus célèbre, le second emblème de la peinture romantique portugaise. Rien de plus dramatique que son titre même : *Só Deus !* Dieu seulement pourra sauver cette jeune femme qui, tombée à l'eau, un enfant dans ses bras, lutte contre le courant qui l'entraîne, entre des rochers glissants où l'écume bouillonne... Son corps est déjà livide ; la mort la guette. Dieu seulement...

Un poète fort secondaire s'inspirera de cette toile qui obtiendra un grand succès à l'exposition de l'Académie et qui sera, elle aussi, achetée par Ferdinand de Cobourg.

« Quem pode valer-lhe, quem pode salvá-la ?

. . . .

Perdida, desmaia... sucumbe... já morre...
Em tanto abandono, quem pode ?.. Só Deus ! »[10]

Les poètes aimaient l'œuvre de Metrass, esprit sensible et quelque peu morbide. Gomes de Amorim, parlant d'une toile où ses amis voyaient l'auto-portrait poétique du peintre dans une tourterelle endormie auprès d'un nid abandonné, chantera mélancoliquement : (Metrass)

« ... numa rola triste e solitária
Deixou sua existencia debuxada »[11].

Entre Overbeck et Delaroche, Metrass mettait le sentimentalisme mièvre de sa tourterelle. Il avait peint aussi des « scènes turques » et des « fantaisies arabes » d'inspiration française ; il reviendra vers la fin de sa vie à des modèles plus classiques, dans une sorte d'involution qu'on a déjà constatée chez Sequeira, après l'explosion romantique de 1824. N'importe : peintre d'Histoire et surtout peintre sentimental, Metrass marque un tournant dans l'art portugais. Après lui, on ne peut que mentionner un seul peintre : Marciano Henriques, jeune protégé de Castilho — ce qui n'est certainement pas une recommandation. Il lui succéda à l'Académie, mais pour peu de temps car,

---

10. Claudio de Chaby, *in Jornal de Belas Artes*, n° 8, 1858.
11. F. Gomes de Amorim, *Efemeros* (Lisbonne, 1866), pp. 352 et 419.

tuberculeux lui aussi (et demi-fou), il mourra en 1867 ; ce sera le seul artiste à se consacrer alors à la peinture d'Histoire. Ayant travaillé à Paris dans les ateliers de Vernet et de Scheffer, il passera aussi par Rome et par Londres ; il mènera une vie errante pendant une douzaine d'années, jusqu'en 1863. Marciano apportera de son séjour romain une énorme toile à peine ébauchée, *O Beija-Mão de Inês de Castro*, qu'il ne terminera jamais et dont le sujet sera encore repris vers la fin du siècle.

L'inventaire possible de la peinture d'Histoire, au niveau de la première génération romantique, s'arrête ici : c'est tout et c'est très peu. Mais le destin même de Marciano et de sa composition manquée peut servir de commentaire à la situation de ce genre de peinture au Portugal, dans les années 50 et 60. S'il apporte une sorte de témoignage négatif, on ne peut envisager autrement la signification de l'œuvre de Metrass, par rapport à une conscience idéologique dans le domaine de l'histoire nationale.

Sa peinture sentimentale était plutôt proche d'une peinture de genre ; l'artiste n'y glissera certes pas mais, autour de lui, cette peinture était spécialement prisée.

En effet, si l'on cherche un troisième emblème pour la peinture portugaise de cette période, on le trouve dans *O Cego do Violino*[12] peint en 1855 par Rodrigues que nous connaissons déjà comme peintre de portugais. Un pauvre mendiant s'applique à titrer des sons de son instrument. Il est assis ; une petite fille, à ses pieds, tend la main aux passants. Derrière lui, un jeune garçon, son fils très certainement, et frère de la petite fille, tourne vers nous son regard triste. Un fond de paysage mélancolique complète la scène qui rappelle Murillo et Ceruti. Paganino, le narrateur des *Contos do Tio Joaquim*, admirateur d'Emile Souvestre, écrira un long texte sur cette composition, ou, plutôt, sur sa « philosophie »[13]. Encore une fois le bon roi Ferdinand se portera acheteur ..

Mais voici d'autres images. *O Adeus* (un émigrant part pour le Brésil ; il n'apparaît même pas : sa vieille mère pleure, sa petite sœur agite son mouchoir, sa fiancée regarde au loin, avalant ses larmes...), *A Avó* (interrompue dans sa lecture par de gentils galopins), comme *A Tempestade*, sont des scènes rustiques où les figures jouent des drames quotidiens, de misère, de douleur et de résignation. Ces trois

---

12. Au Musée National d'Art Contemporain de Lisbonne.
13. *In Jornal de Belas Artes*, 1857, n° 3.

toiles[14] ont été peintes entre 1855 et 1858 par A.-J. Patricio qui est
mort cette année même, jeune artiste poitrinaire et pauvre[15]. Pauvre
(il mourra invalide demandant l'aumône) et tuberculeux était également Vizela[16], disparu tout jeune en 1863. Il peindra des souvenirs de
son enfance passée dans le Minho, où pointe un sentimentalisme religieux — ou de tristes présages comme dans son *Enterro dum Pobre*[17].

Une imagerie mélancolique et quelque peu mièvre voit ainsi le
jour, pendant les années 50 et 60. Si elle traduit des goûts rustiques
perçant derrière une vie urbaine improvisée par des provinciaux nos-
talgiques, elle n'en représente pas moins une sorte de réaction, voire
de fuite, devant les apports de la civilisation fontiste. C'est, dans une
certaine mesure, le monde de Camilo — mais c'est aussi, et surtout,
le monde plus calme et plus résigné de Julio Dinis, que nous rencontrerons bientôt, une fois passées les dernières tempêtes des grandes
années romantiques.

La découverte des mœurs nationales, due, en grande partie,
comme nous le savons, à Roquemont, sera une des filières des premiers peintres romantiques portugais. Leonel Marques-Pereira consacrera toute sa longue vie à peindre des petits formats avec des fêtes
campagnardes et des foires, sujets privilégiés d'une documentation
paysanne, traités platement, sans aucune imagination — et très
recherchés par les amateurs. Resende, peintre de Camoëns lui aussi,
s'occupera également de types campagnards dans une peinture de
genre qui ne vaut guère mieux.

Cette peinture représente d'ailleurs une solution imposée à la
peinture de paysage par des peintres qui étaient incapables de sentir les valeurs abstraites d'une simple vue de monts et de vallées,
d'arbres et de moissons. Car la peinture de paysage, en soi, était
inconnue des romantiques portugais...

Nous avons déjà vu Anunciação à l'œuvre, vers 1845. Il demeurera le peintre de paysage de sa génération, avec Cristino da Silva,
onze ans plus jeune que lui et qui mourra fou en 1877. Mais Anunciação suivra un chemin à part et bientôt la nature ne sera pour lui qu'un
décor où évoluent ses animaux favoris, les bœufs, les moutons, les

---

14. Les trois toiles au Musée N. d'Art Contemporain.

15. A. J. PATRICIO (1827-1858) était né à Lisbonne dans une famille d'ouvriers.

16. A. Alves TEIXEIRA, dit « le Vizela » (1836-1863) était né à Vizela, dans le Minho,
    dans une famille d'ouvriers.

17. A l'Ecole Supérieure des Beaux-Arts de Porto.

chevaux ; il deviendra peintre animalier, comme Troyon qu'il admirait à distance, n'ayant pas vu ses compositions avant 1867, date à laquelle il ira tardivement à Paris, en même temps que Cristino. En 1860[18] on s'étonnait que le gouvernement n'ait pas encore songé à envoyer Anunciação à l'étranger étudier la peinture européenne et surtout la peinture française, alors qu'il était depuis huit ans déjà professeur à l'Académie.

Il était alors considéré comme le chef de file du romantisme national ; en 1865 il sera classé officiellement comme « le créateur d'une école de paysage au Portugal ». Il était, sans aucun doute, le plus populaire des peintres, et vendra plus de six cents tableaux durant sa vie. Grâce aux paysages ou grâce aux animaux ? Grâce à ces derniers très probablement, car le jour viendra où une nouvelle génération de critiques s'attaquera à ses bœufs et à ses moutons, l'accusant d'être tombé dans le procédé, et de devenir un peintre « biologique » et non un peintre « psychologique »[19].

> « Cumpre a tua missão ; recebe a parte
> Que pertence aos ilustres desditosos ;
> Completa teus destinos gloriosos :
> Trabalha e morre por amor da arte !... »[20]

Gomes de Amorim le défendait des critiques modernes et, au-delà de l'hyperbole poétique, il avait raison. Anunciação avait une sorte de mission à accomplir. Il avait été le père de la petite révolte romantique vers 1845 — le « père tranquille » de la peinture romantique portugaise. Dans la tranquillité de son humeur il ne trahira jamais ses propositions de jeune homme ; il ne les dépassera pas non plus. Définissant une manière et une formule, il s'arrêtera sur son chemin ; ou, mieux, il arrivera au but de son chemin où se profilaient cette même manière et cette même formule...

Anunciação établit les limites de la peinture - peinture au Portugal, dans les années 50-60. D'autres, comme Metrass, se risqueront sur les voies de la littérature ; lui, ne saurait guère emprunter de tels chemins. Son sentimentalisme se contentait de quelques animaux et si, à Paris, il appréciera Meissonier et Kaulbach, c'est bien Troyon, qui venait de mourir, et un animalier italien de second ordre, Palizzi,

---

18. Voir E. BIESTER, *in Revista Contemporanea de Portugal e Brasil*, 1860, II, 340.

19. Antonio ENNES, *in Artes e Letras*, 1874, III, p. 43.

20. F. GOMES de AMORIM, *Efémeros*, p. 361.

qu'il sentira plus proche de son programme esthétique et de ses rêves sentimentaux. Il s'intéressera un peu aux peintres de Barbizon — mais c'était trop tard pour lui et cette école, qui lui paraissait d'avant-garde devra attendre encore dix ans pour gagner des disciples portugais.

Cet homme timide et maladif, chef de file malgré lui, illustre ainsi un paradoxe de plus dans la culture du romantisme national. Cristino, qui se disait son disciple, peintre doué de plus de force expressive que son maître mais irrégulier dans le travail, fera figurer Anunciação, en 1855, dans une composition qui doit être considérée également comme un emblème : *Cinco Artistas em Sintra*[21].

Portrait de groupe, le seul de son espèce, cette toile montre Anunciação trônant au milieu de ses camarades : Metrass, Cristino, Rodrigues et un sculpteur, Victor Bastos. Il y manquait évidemment Menezes — mais le peintre « gentleman » ne saurait être mis sur le même plan que les autres, dans cette partie de campagne, sur les flancs de la montagne de Sintra, le château de la Pena profilé à l'horizon. Des paysans complètent le tableau qui est aussi une peinture de genre. Anunciação peint, les autres observent ; ils lui sont tous dévoués. Ferdinand de Cobourg achètera la toile, comme il avait acheté les autres : située à Sintra, elle ne manquait d'ailleurs pas de rendre hommage au château délirant du prince romantique.

Victor Bastos, figurant dans ce portrait collectif de la génération romantique, était le seul sculpteur de son temps. Il sera professeur assistant à l'Académie en 1860, l'année où il présentera son modèle pour le monument de Camoëns. Mais en 1856 Bastos devait exposer un bas-relief, *A Cólera Morbus*, qui restera comme l'œuvre la plus significative de la sculpture du romantisme national[22]. On ne saurait pas pour autant la voir comme une œuvre romantique : elle gardait à travers son sentimentalisme discret quelque chose d'un néo-classicisme que le mouvement des formes agitait à peine. Sa qualité surtout graphique l'imposera à l'admiration des contemporains qui n'étaient d'ailleurs pas loin de s'émouvoir devant cette image d'un fléau tout récent.

A côté de Bastos, qui ne mourra qu'en 1894, il y aura pourtant le français Anatole Calmels, que nous connaissons déjà et qui, arrivé au Portugal avant 1858, produira, jusqu'au commencement du XXe siècle,

---

21. Au Musée N. d'Art Contemporain.
22. Au Palais National de Pena, Sintra.

une œuvre abondante, dont la qualité académique se montra digne d'un disciple pompeux de Pradier et de Blondel, sans plus[23].

Entre 1853, date de *Camões na Gruta de Macau*, et 1862, date du portrait de la *Viscondessa de Menezes*, se définit donc le romantisme plastique portugais qui, en 1855 et 1856, réalisa quatre de ses œuvres les plus significatives : *O Cego do Violino*, les *Cinco Artistas em Sintra, Só Deus!* et *A Cólera Morbus*. La série est ouverte par Metrass et fermée par Menezes, et cela n'est pas sans correspondre à leur position relative au sein du mouvement romantique : une position active, celle du peintre d'Histoire, une position passive, celle du peintre de portraits. L'un comme l'autre produisaient des images dans lesquelles la société fontiste devait se retrouver — l'image critique du portrait d'un poète abandonné à son sort (alors que tant de poètes devenaient des fonctionnaires, voire des ministres) et l'image flatteuse d'une belle dame du monde, femme d'un peintre (alors que d'autres peintres crevaient de faim...). Rodrigues, avec son « aveugle » résigné, n'était certainement pas loin du sentimentalisme social que la scène du Théâtre D. Maria II débitait volontiers. Quant à Cristino, il présentera plutôt l'image d'une image : l'image d'eux-mêmes en train de produire des images — sorte de rêve collectif que l'auteur lui-même savait être vain dans une société qu'il voyait rageusement sous les couleurs d'une « Sibérie des Arts »[24].

Mais 1855 est aussi l'année où le mythe du grand tableau de maître Fonseca, la scène troyenne d'Enée, se défait. Peinte il y avait douze ans à peine, cette composition commençait alors à paraître à demicentenaire — et elle fut refusée par un jury chargé de préparer la représentation portugaise à l'exposition de Paris. C'était soulever le problème de la validité de la fameuse toile, la mettre en question[25]. Au milieu de la polémique qui agitait la faible vie artistique lisbonnaise, on remarque une phrase qui n'aurait pu être écrite ou pensée en 1843 : quelqu'un parla alors du « grand solécisme de l'art »[26]...

Deux ans auparavant, Metrass avait peint à Paris son *Camões* : un nouveau formulaire romantique s'y définissait. Enée était un personnage possible en 1843, au moment où le romantisme n'avait pas

23. Voir *Relação das Principais Obras executadas por Antonio Célestin Calmels* (Lisbonne, 1860).

24. João CRISTINO da SILVA, *Visita à Exposição Internacional do Porto* (Lisbonne, 1866).

25. Voir J. A. FRANÇA, *Op. cit.*, I, 251-252.

26. Joaquim Antonio MARQUES, *O Quadro de Eneas* (Lisbonne, s/d, 1855).

encore gagné une nouvelle génération d'artistes ; en 1855, il ne pouvait se maintenir face à Camoëns, le premier héros romantique de la peinture nationale, né en 1824, à Paris ausi. Fonseca tombait donc de son piédestal — même si Ferdinand de Cobourg, bon prince, achetait alors le tableau décrié.

L'opposition idéologique de Camoëns à Enée (comme jadis à Caton...), du romantisme au classicisme, est aussi l'opposition historique de Paris à Rome, manifestée, avec un énorme décalage, à l'intérieur de la conjoncture esthétique portugaise.

Il faut maintenant observer comment cette conjoncture se définit, dans les domaines de la consommation, de la distribution, de l'enseignement, de l'information et de la réflexion critique — qui correspondent alors à cette production abondante. Il ne suffit pas aux images d'être de bonne qualité et fidèles à leur sujet : encore faut-il savoir s'en servir...

CHAPITRE X

LES VOIES DE LA CULTURE ARTISTIQUE

Nous avons déjà connu le collectionneur le plus important, sinon le seul dans les années 30-40 : John Allen, Anglais de Porto. Allen étant mort en 1849, la Municipalité a acheté ses quelque six cents toiles. Entre 1850 et les années 70, aucune autre grande collection ne s'est constituée au Portugal. Si l'on doit encore mentionner deux ou trois noms, on constate sans surprise qu'ils sont de souche étrangère ou qu'ils appartiennent à des personnalités vivant à l'étranger. Ainsi Moser, fils d'Allemand et directeur de la Bourse de Lisbonne, ainsi le comte de Carvalhido, « brésilien » installé à Paris. De son côté Ferdinand de Cobourg, qui ne cessait d'acheter, collectionnait les chefs-d'œuvre de ses sujets portugais, le *Só Deus!* de Metrass, *O Cego do Violino* de Rodrigues, les *Cinco Artistas em Sintra* de Cristino, des animaux d'Anunciação, des scènes rustiques de Leonel et de Resende, des scènes sentimentales de Patricio — et l'*Enée* de Fonseca. Il possédait également beaucoup de toiles anciennes et des œuvres de peintres étrangers contemporains, des Allemands surtout. Il avait une prédilection pour un peintre français, secondaire mais habile, Tony de Bergue, spécialisé dans les vues fluviales de Lisbonne. Cette collection fort discutable[1] traduisait la culture et le goût éclectique du « roi-artiste », Mécène attitré de la société portugaise. Son exemple n'a cependant pas été suivi ; les grandes maisons elles-mêmes laissaient disperser leurs collections, comme les ducs de Lafões, en 1865.

En 1862, le bilan de la situation est franchement pessimiste : « Au Portugal, la vie de l'artiste passe presque inaperçue ; elle n'est connue que d'un petit nombre de collègues et d'amateurs. Heureux

---

1. Voir *Quadros existentes no Real Paço das Necessidades pertencentes à herança de S. M. El-rei o Senhor D. Fernando e que hão de ser vendidos em leilão* (Lisbonne, 1892).

celui qui, après des années de travail pénible, obtient que ses œuvres soient estimées dignes d'une compensation plus grande que le prix mesquin auquel il doit les vendre ». Ainsi parlait le secrétaire d'une association d'artistes qui venait d'être organisée[2].

En 1850, un bilan semblable avait servi de commentaire à l'action de l'Académie des Beaux-Arts que nous avons vu naître en 1836 et s'attarder au milieu de maintes contradictions, pendant les années 40. « L'organisation de l'Académie est très imparfaite, la méthode routinière, l'enseignement faux (...). Il lui manque, en somme, sinon tout, du moins et sans doute le principal ». Ces affirmations ont été faites par Sotto-Mayor et ce « dandy » que nous connaissons, cet homme de lettres sans œuvre avait certainement raison lorsqu'il concluait : « L'Académie est un monument de honte »[3]. Pour Rebelo da Silva, qui parlait dans la même séance des Cortès, il fallait « abolir de telles institutions qui sont vraiment anormales, inutiles et surtout ruineuses »[4].

Ce fut seulement alors que l'Académie a pu acheter des plâtres de la Vénus de Milo, du Laocoon, de l'Apollon du Belvédère, et d'œuvres de Canova ou de Michel-Ange[5]. C'était très peu car, toujours selon Sotto-Mayor, elle « ne disposait pas de livres d'estampes sur l'art, n'avait pas de mannequins, d'instruments, de modèles de machines, de tableaux (...), ne possédait pas un seul tableau des écoles alors suivies »... Elle n'avait même pas (elle n'aura jamais) d'installations convenables, malgré les efforts de son professeur d'architecture, homme fort médiocre d'ailleurs, qui proposait sans cesse des projets de façade, de plus en plus pauvres, en 1840, en 1852, en 1856[6]...

Après le salon de 1843, l'Académie n'a pu présenter les travaux de ses professeurs que dix ans plus tard : en 1846 et 1849, comme nous le savons, l'art ne pouvait avoir de place dans des situations révolutionnaires. Pourtant, en 1853, la nouvelle génération dominait l'ensemble, avec ses paysages, ses portraits, ses scènes de genre. Maître Fonseca présentait des compositions religieuses inspirées de ses modèles bolognais — mais c'était Joaquim Rafael qui représentait mieux le passé, un pré-romantisme où pointait le souvenir de

2. Joaquim PRIETO, *Relatorio da Sociedade Promotora de Belas-Artes*, in *Revista Contemporanea de Portugal e Brasil* (1863), IV, 320.

3. Voir *Diario do Governo* du 21 juin 1850.

4. Idem.

5. Voir J. Silvestre RIBEIRO, *Op. cit.*, VI, p. 112.

6. Voir J. A. FRANÇA, *Op. cit.*, I, p. 224.

Greuze. Les titres de ses compositions fort moralisantes sont assez significatifs : « Un riche propriétaire qui, n'ayant pas, depuis beaucoup d'années, de nouvelles de son père, le rencontre, enfin, dans un état méprisable, traînant des fers et vivant dans une prison publique et, non obstant, le fils le reconnaît et se jette à ses pieds pour lui baiser la main ». On est amené à soupçonner que ce « Greuze » présente quelque rapport avec Camilo - Paganino - Emile Souvestre...

La société fontiste paraissait satisfaite : le ministre de l'Intérieur, Rodrigo da Fonseca, faisait l'éloge de l'exposition aux Cortès même[7]. Trois ans plus tard, le succès fut total : « les dames (disait un journaliste[8]), ayant perdu cette timidité vicieuse qui les éloignait de tels spectacles » étaient venues animer l'exposition de leur présence et de leurs toilettes. Alors seulement le salon devenait « le Salon »... Un Espagnol entreprenant risquait même l'édition d'un album de vingt *Souvenirs Photographiques*[9]. Le fait que le titre ait été écrit en français signifie précisément un désir ou un rêve cosmopolite qui est nouveau.

Mais bientôt tant d'optimisme sera contrecarré par les faits, et en 1860, au milieu de violentes critiques à l'action et à la situation de l'Académie (« préjugés anachroniques », « négligence », « insouciance, ignorance » — Andrade Ferreira ne ménage pas ses mots)[10], le gouvernement pensa à une réforme. Pierre V, il faut le remarquer, n'y était pour rien ; lui, qui consacra une grande partie de son temps aux réformes de l'enseignement, ne fera jamais allusion aux Beaux-Arts. La commission nommée, étrangement composée de politiciens et de médecins, n'entreprendra rien. Trois ans plus tard, un nouvel inspecteur des Beaux-Arts, le marquis de Sousa-Holstein, fils du premier duc de Palmela, entreprendra, plus sérieusement, une transformation de l'Académie, essayant d'élever son niveau culturel. Il ira jusqu'à demander des conseils à Violet-le-Duc[11], élu pour l'effet membre honoraire de l'institution. Les démarches de Sousa-Holstein ne donneront pas de résultats positifs et on attendra très longtemps la réforme souhaitée. Tout au plus, l'Académie recevra le titre de « Royale », en 1862.

Entretemps, de 1852 à 1860, les cadres de l'Académie avaient été bouleversés : Anunciação, Metrass, Cristino, Bastos (et J.-A. Correia,

7. Voir J. Silvestre RIBEIRO, *Op. cit.*, VI, p. 113.
8. A. Silva TULIO, *in Revista Peninsular* de décembre 1856.
9. Publié par le photographe C. A. MUNRO avec une préface de R. PAGANINO.
10. J.M. Andrade FERREIRA, *A Reforma da Academia de Belas Artes* (Lisbonne, 1860), p. 14.
11. Voir Catalogue de l'Exposition VIOLLET-LE-DUC (Paris, 1965).

à Porto) étaient devenus professeurs, malgré la mauvaise volonté de maître Fonseca et de maître F.-A. Rodrigues, représentants de la vieille-garde encore néo-classique. La réforme se faisait donc de façon personnelle et empirique, selon des habitudes bien portugaises.

Mais une des critiques que l'Académie subissait concernait la fonction industrielle de son enseignement. Celle-ci avait été prévue par les législateurs septembristes et, dans la conjoncture fontiste, elle devait être fatalement soulignée. Certes, la moitié des élèves de l'Académie, cent cinquante en moyenne, fréquentaient des cours nocturnes destinés à la classe ouvrière — mais l'enseignement qu'ils y recevaient n'était nullement adapté à leurs besoins ni aux besoins d'une industrie en train de s'organiser dans la nouvelle conjoncture économique. Les Instituts Industriels créés en 1852 lui opposaient un enseignement appliqué mais également médiocre. Le problème ne sera posé en des termes à la fois sociologiques et modernes que plus tard. Les arts industriels se ressentaient des conséquences de cette situation : les pastiches de formes historiques, les copies de formes étrangères, une décadence générale, définissaient les domaines de l'orfèvrerie, de la menuiserie, de la verrerie, de la céramique (où seule une usine anglaise faisait exception)[12], de l'industrie de la porcelaine[13].

Les rapports entre l'art et l'industrie étaient pourtant pensés de façon contradictoire, en fonction d'une hiérarchie de catégories. En 1863, O Instituto, revue très sérieuse publiée à Coimbre, mettait ses lecteurs en garde : « La renommée claironne aujourd'hui les noms de Watt, de Fulton et de Wheatstone (...) ; que personne ne s'attende pourtant à ce que l'humanité les considère « inter divos » avant un Raphael, un Camoëns ou un Meyerbeer »[14]. Les créateurs de l'industrie et de l'art étaient, certes, des « frères et co-ouvriers » de la civilisation — mais il fallait tout de même garder le sens de la mesure...

De leur côté les musées prétendaient s'ouvrir également aux arts industriels. Du moins tel était le programme proposé en 1853 par le directeur de la collection Allen que la municipalité de Porto venait d'acquérir : le nouveau musée devait donner impulsion aux Beaux-Arts aussi bien qu'aux arts industriels « qui contribuent plus directe-

12. Fabrica de Sacavem, fondée en 1858 par John Scott Howorth, baron Howorth de Sacavem en 1885.

13. Voir J. A. França, Op. cit., I, pp. 420-422.

14. Augusto Luciano Simões de Carvalho, in O Instituto (Coimbre, 1863), p. 85.

ment au développement de la richesse nationale »[15]. Si la collection Allen était la meilleure qu'on ait jamais constituée au Portugal, le musée auquel elle avait donné naissance l'était également ; il sera dirigé par le fils du collectionneur. Les habitants de la ville le préféraient à juste titre à celui qui avait été créé en 1833 et se trouvait à demi-abandonné. Le Musée Allen reçut en 1854 quelque 4 250 visiteurs — c'est-à-dire à peu près dix pour cent de la population de Porto. Son catalogue avait été publié depuis l'année précédente — innovation que le musée de Lisbonne ignorera jusqu'en 1868.

Le musée de la capitale était lui-même ignoré de tous : il demeurera jusqu'au milieu des années 60 tel qu'il était à sa création, en 1834. Quelques toiles douteuses offertes par les « membres de mérite » de l'Académie ne l'avaient certes pas enrichi ; quant aux achats faits à des artistes vivants, il n'en fut pas question pendant tout ce temps[16].

L'afflux de visiteurs et de jolies visiteuses aux salons de 1853 et de 1856 ne traduisaient pas un intérêt vivant pour les œuvres d'art — car la curiosité n'allait pas jusqu'à pousser le monde fontiste à revenir dans ces mêmes salles pour voir les toiles du musée que le salon obligeait à décrocher tous les trois ans. Ce musée n'était qu'un « charnier sépulcral », comme l'on disait en 1856 ou une « taupinière » comme on l'écrivait en 1860[17]...

Les expositions, le Salon, jouaient un rôle à part dans le contexte de la vie artistique lisbonnaise, rôle qui devait s'améliorer dès le commencement des années 60, avec la création d'une société d'artistes qui tenaient à leur indépendance face à l'Académie. L'idée était apparue dès 1853, on l'avait reprise en 1857, et en 1861, la Sociedade Promotora de Belas Artes est née — sous le signe de la « promotion » qui avait été un des mots d'ordre du constitutionalisme romantique. Le président en était le marquis de Sousa-Holstein, le vice-président le vicomte de Menezes. Deux cent cinquante-deux actionnaires la première année, six cent trente-cinq en 1866, traduisent l'intérêt apparent que l'idée a soulevé — mais il ne faut pas oublier que ces actionnaires n'achetaient à peu près rien dans les salons annuels de la société : quinze pièces la première fois, moins de cinq les années suivantes.

---

15. E. ALLEN, cité par Joaquim de VASCONCELOS, *A Reforma do Ensino de Belas Artes, II* (Porto, 1878).

16. Voir J. A. FRANÇA, *Op. cit.*, I, p. 417.

17. Anonyme *in A Federação* du 22 novembre 1856 et E. BIESTER *in Revista Contemporanea de Portugal e Brasil* (1860 ; II, 389).

Au fond, ils se bornaient à attendre les quelque quarante primes tirées au sort, lors de chaque salon, auxquels leurs cotisations donnaient droit... A partir de 1866 et surtout après 1872, l'appui brésilien lui ayant manqué (presque la moitié des actionnaires), l'association entrera en décadence[18].

Ayant remplacé les salons de l'Académie par un Salon indépendant, la Sociedade Promotora traduisait une nouvelle situation de l'art portugais vers le commencement des années 60. Elle paraissait animée de grandes espérances faisant état d'une sorte d'optimisme social. Elle voulait protéger les intérêts des artistes et, dans le premier rapport de son administration, en 1862, se vantait des résultats obtenus : il aurait été difficile d'exiger plus en si peu de temps. En 1864, « le résultat dépassait ce qu'on pouvait attendre »[19].

Peu de temps après, pourtant, les actionnaires commencèrent à abandonner l'association. Pourquoi ? Il est difficile d'en trouver la raison car la qualité des exposants n'avait pas changé et nulle crise ne s'était fait sentir dans la vie économique nationale, bien au contraire. A quoi attribuer ce manque d'intérêt ? Demandons-nous plutôt s'il y avait jamais eu un intérêt véritable ; la réponse est peut-être là. Mais elle n'en réside pas moins dans cette sorte de lassitude qui envahit fatalement les activités d'une société peu structurée. Peu à peu, les associés s'en détachaient : ils avaient assez vu, ils s'étaient assez amusés, comme des enfants... Dès ce moment, les jours de l'association étaient comptés. Nous ne pouvons ignorer que son sort dépendait de l'appui brésilien puisque près de la moitié de ses cotisations était versée par des Portugais du Brésil. La crise qui s'y manifesta vers la fin des années 60 entraîna directement la décadence de l'association qui ne pouvait plus compter sur des transferts de fonds.

Entre une certaine Exposição Filantropica réalisée en 1851 où les jeunes artistes romantiques étaient apparus comme une force déjà cohérente et l'apogée de la Sociedade Promotora, vers 1866, en passant par les salons de l'Académie, nous pouvons tracer un graphique de l'évolution des mœurs du consommateur, de l'amateur, ou, du moins, du spectateur ; mais nous y trouvons également l'inventaire des possibilités qu'avaient alors les artistes d'intervenir dans la société. Ils exposaient — et attendaient un peu de chaleur dans cette « Sibérie des Arts » dont parlait l'un d'entre eux...

---

18. Voir J. A. FRANÇA, *Op, cit.*, I, pp. 427 et suivantes.
19. Voir *Relatorios* des années 1862 et 1863.

Depuis 1855 ils pouvaient aussi exposer à l'étranger, c'est-à-dire à Paris où une représentation officielle fut envoyée pour la grande Exposition Internationale. On veut croire que l'idée en revient à Ferdinand de Cobourg qui était alors le régent du royaume. Une commission de vingt-sept membres, présidée par le comte du Farrobo, choisit alors, après maintes hésitations, quatorze peintres et trois sculpteurs. On note dans le *Journal des Débats* la critique suivante : « Il est indispensable que (les peintres portugais) s'efforcent de traiter (la peinture) avec plus de perfection »[20]. Cet échec, tout à fait normal, étant donné la qualité des œuvres envoyées, à défaut de meilleures, se répéta douze ans plus tard, lorsqu'une sélection composée à peu près des mêmes artistes fut envoyée à l'Exposition de 1867.

Cependant, plus qu'un moyen de se manifester, Paris devait être pour les artistes romantiques portugais un lieu d'apprentissage. Nous l'avons vu paraître, bien qu'irrégulièrement, à l'horizon des peintres : Menezes y a fait un bref séjour, Metrass y est allé deux fois, Marciano y passa trois ans. Mais nous connaissons mal les résultats de cette fréquentation probablement surestimée. Resende est passé chez Yvon, Correia chez Ingres, Vernet et Delacroix, selon un programme un peu trop éclectique qu'il faudra d'ailleurs vérifier — mais ce ne sont que des peintres secondaires. Le cas le plus important est sans doute celui de Metrass, que nous avons étudié. Ce n'est qu'après 1865, au niveau de la génération suivante, que Paris interviendra méthodiquement dans la formation des peintres, des sculpteurs et des architectes nationaux.

Ce sera une chance nouvelle pour les artistes portugais qui, comme nous l'avons vu, ne pouvaient compter sur beaucoup d'autres possibilités, victimes d'une Académie arriérée et d'un marché trop pauvre.

Ils bénéficiaient cependant d'un marché parallèle dans le pays même : celui que leur offraient les revues illustrées, innovation née avec le romantisme lors de la victoire libérale. On les appelait « journaux pittoresque » et leur source est évidemment française et anglaise. *O Panorama*, né en 1837, a interrompu sa publication en 1858, mais la revue la plus caractéristique de cette période fut l'*Arquivo Pitoresco*, paru en 1857 et qui durera onze ans. « La plume et le burin se donnent la main dans cette entreprise patriotique », affirmait innocemment l'article de présentation[21] — mais c'était là tout un programme.

---

20. E. J. DELÉCLUZE, *in Journal des Débats*, Paris, le 15 septembre 1855.
21. *Arquivo Pitoresco* du 1er juillet 1857.

Les numéros de la revue sont généreusement distribués par six cents écoles primaires, couvrant le pays tout entier — tâche commandée à son administration par une société de Portugais du Brésil, la Sociedade Madrépora. La revue fera faillite en 1868 précisément parce que ses commanditaires lui devaient alors beaucoup d'argent que la crise brésilienne ne leur permettait pas de payer[22]. Tout comme la Sociedade Promotora, l'*Arquivo Pitoresco* dépendait de l'appui brésilien. Cela veut dire qu'il n'y avait pas assez de public au Portugal pour soutenir de telles entreprises. La connaissance de la vie artistique nationale ne serait pas complète sans la constatation de cette impossibilité — à la fois économique et culturelle.

Il importe pourtant de signaler qu'on avait néanmoins conscience du rôle de la presse illustrée : dès 1852 un quotidien de Porto parlait de l'illustration comme « du langage caractéristique de notre temps ». L'auteur anonyme de l'article considérait qu'une estampe de l'*Illustrated London News* portait en elle plus d'information artistique que les livres enluminés de jadis. De toute façon, ajoutait-il, « aujourd'hui (...) la science est destinée à entrer par les yeux et non plus par les oreilles »[23]. Cet avantage du regard, dans une civilisation visuelle, est une notion nouvelle née de l'épanouissement de la presse illustrée. Des spécialistes, comme Pedroso et Nogueira da Silva s'y emploieront ; celui-ci, né en 1830 et mort en 1868, animateur de l'*Arquivo Pitoresco*, sera le premier grand caricaturiste portugais. Avec ses types de Lisbonne pris sur le vif, il s'affirmera comme un des créateurs d'images du monde fontiste considéré déjà comme un monde « para rir », titre du journal que Nogueira publiera en 1856-1857.

A côté de ces revues il faut encore considérer un nouveau *Jornal de Belas Artes* qui reprenait, en 1857, le titre d'une publication des années 40. Nous nous trouvons toujours dans les limites des années où nous avons vu se définir l'art romantique portugais. Les deux salons de l'Académie, la création de la Sociedade Promotora, la représentation envoyée à l'Exposition de Paris, le lancement de ces revues pittoresques, humoristiques et artistiques, tous ces phénomènes apparurent entre 1853 et 1862.

Mais attardons-nous un peu à ce journal des Beaux-Arts. Derrière un frontispice au dessin trop académique du sculpteur Bastos, on y pouvait admirer des reproductions en hors-textes d'œuvres de tous

---

22. Voir J. Silvestre RIBEIRO, *Op. cit.*, X, p. 153.
23. *Periodico dos Pobres no Porto* du 19 avril 1852.

les peintres romantiques nationaux y compris Ferdinand de Cobourg. On y trouvait aussi des poésies et des articles qui commentaient ces œuvres. Ces articles n'étaient pas très bons — mais il fallait pardonner à leurs auteurs qui « osaient aborder des sujets de grande transcendance ». Il fallait leur pardonner « non seulement parce qu'ils n'avaient pas fait d'études spéciales mais encore parce que les sources où ils auraient pu trouver des renseignements et des données pour traiter les beaux-arts portugais étaient très rares pour ne pas dire qu'elles manquaient absolument »[24]. En écrivant ceci, l'auteur de l'article de présentation de la revue faisait le procès de la culture esthétique portugaise sur le plan de la critique ou de l'histoire de l'art. Le témoignage d'un érudit, le vicomte de Juromenha, ne fait que vérifier ces affirmations, lorsqu'il écrit dans le même numéro de la revue : « L'histoire de l'art est parmi nous à l'état d'enfance »[25]. L'année suivante, L'Arquivo Pitoresco parlera du pays « où malheureusement les Beaux-Arts sont inconnus (...) où personne n'a encore écrit sur ce sujet avec justesse »[26]. La revue présentait alors un texte assez banal d'Emeric David considéré comme « le Vasari français » — le seul texte érudit sur les arts visuels que la presse nationale traduira au cours de ces années. En effet, dans le domaine de l'histoire de l'art, rien n'avait été réalisé après les recherches du comte Raczynski, en 1846-1847 ; rien ne sera d'ailleurs réalisé jusqu'en 1865, lorsque Sousa-Holstein a fait venir J.-C. Robinson, historien anglais, pour étudier, tant bien que mal, la peinture portugaise du XVe siècle[27].

Ce ne sera certainement pas Mendes Leal qui, avec une série de brochures sur les monuments portugais, publiée à partir de 1861, pourra changer cet état de choses. Ne prenait-il pas en 1856 une position trop éclectique lorsqu'il affirmait : « Phidias et Raphael extrayaient de chaque individu une beauté pour faire un tout parfait dans le beau » ?[28]...

Mais nous connaissons déjà le document le plus important de la pensée esthétique durant cette période : les thèses du concours pour

24. Anonyme in Jornal de Belas-Artes, n° 1 (Lisbonne, 1857).

25. Vicomte de Juromenha, in Jornal de Belas Artes, n° 1.

26. Arquivo Pitoresco (1850), II, p. 154.

27. J. C. ROBINSON, The Early Portuguese School of Painting in The Fine Arts Quarterly Review (London, octobre 1866).

28. MENDES LEAL, « Apontamentos para uma questão de Arte » in Ernesto BIESTER, A Redenção (1856).

le professorat du Cours Supérieur de Lettres, soutenues en 1863, ayant pour sujet la notion de progrès appliquée aux Beaux-Arts. Les trois thèses présentées suivent l'itinéraire hégélien, allant de l'architecture à la sculpture et de celle-ci à la peinture — à la peinture qui, avant la Renaissance, « ne pouvait être considérée comme un art »[29]. Les idées du candidat choisi, Jaime Moniz, ne vont pas plus loin. N'était-il pas sûr que, « absorbée dans la contemplation de l'infini et se croyant une émanation de Dieu, l'Asie a inventé l'architecture » ?[30] Dénué de toute culture visuelle, il ignorait complètement le domaine des Beaux-Arts. Hélas, cet intellectuel et futur ministre représentait bien le niveau culturel des autres écrivains, poètes, orateurs et politiciens nationaux du romantisme !

A une exception près, peut-être, celle d'un jeune politicien socialiste, doublé d'un poète, C.-J. Vieira, que nous avons déjà rencontré. Il est en effet l'auteur du texte hégélien le plus intéressant et le plus profond qu'on ait publié au Portugal dans le domaine de l'esthétique[31]. Paru en 1852, onze ans avant les thèses des concurrents au Cours de Lettres de Pierre V, cet article nous place au cœur du problème de l'avenir de l'art au moment même où le romantisme se présentait encore de façon polémique au Portugal. Selon C.-J. Vieira, les idées de Hegel concernant les trois époques de l'art, le symbolisme, le classicisme et le romantisme, se trouvaient dépassées au seuil de la crise de transformation de la société, à une époque de transition. Le romantisme ne saurait plus représenter les trois idées maintenant associées : la liberté, l'égalité et la fraternité. On ne pourrait pas non plus revenir sur des périodes passées ; l'art devra donc « avoir comme base l'indépendance indéfinie de l'esprit, conservant ainsi l'élément romantique, et la réhabilitation de la chair, un anthropomorphisme plus élevé et plus pur que celui du classicisme, combinant en même temps le général, l'universel, avec le particulier, l'individuel, sans les confondre ». Ainsi la forme et l'idée, que le romantisme avait séparées, s'approcheraient-elles — « revenant à l'unité ou à la perfection de l'art à un degré supérieur à celui du classicisme ». C.-J. Vieira rêvait alors d'un esprit sûr de lui et d'objectifs définis d'où sortirait une « expression moins vague, plus spirituelle et accordée (...) au

---

29. Eugenio Avelino de MATOS, *Memoria sobre a Natureza e Extensão do Progresso considerado como lei da Humanidade* (Lisbonne, 1863).
30. Jaime de FREITAS MONIZ, *Da Natureza e Extensão do Progresso considerado como lei da Humanidade* (Lisbonne, 1863).
31. Custodio José VIEIRA, *in A Peninsula* (1852), n° 34, 401.

niveau de la pensée qu'elle représenterait alors avec dignité ». « Ceci fait, l'unité sera obtenue à nouveau ».

Cette pensée unitaire n'était pas sans annoncer la position de Proudhon qui ne sera entendue au Portugal que quelque vingt ans plus tard, par une génération anti-romantique. Vieira mettait en cause le romantisme même, mais, ce faisant, il approfondissait ses valeurs.

Il était vraiment le seul à le faire. Des critiques comme Andrade-Ferreira, tout dévoué à Anunciação et à Metrass[32], ou comme Zacarias d'Aça, qui commençait à écrire vers 1864[33], ne savaient que défendre assez platement les valeurs d'une peinture tournée vers la nature.

Dans ce milieu, on imagine assez aisément que l'intérêt pour les monuments anciens n'allait pas loin. Les mots d'Herculano et de Garrett tombaient dans le vide : la Regénération n'agissait pas dans ce domaine manifestement secondaire de la vie nationale. Vers la fin de 1849 le duc de Palmela avait présidé la séance inaugurale d'une Sociedade Arqueologica Lusitana qui six mois plus tard sera la promotrice des premières fouilles au Portugal, à la recherche des vestiges de Cetobriga, ville romaine disparue. Elle publiera encore trois numéros d'un bulletin jusqu'en 1851[34] — et, après avoir lutté jusqu'à épuisement contre des difficultés économiques, disparaîtra vers 1856. En 1853-1854 un recueil de textes et d'images — *Portugal Artistico* — attirait l'attention sur les monuments portugais — mais en 1854 et 1857 Costa Cascais, général et dramaturge, devait encore se battre pour la sauvegarde des monuments nationaux dont personne ne voulait entendre parler[35]. Dix ans plus tard, Possidonio da Silva reprendra envain sa lutte, au sein d'une association d'architectes.,

Limitée par un marché inexistant et par une culture esthétique arriérée (que l'abonnement de la *Gazette des Beaux-Arts* par l'Académie de Lisbonne ne suffisait certainement pas à résoudre), la vie artistique portugaise ne se développa pas pendant cette période où le théâtre, la poésie et la littérature de fiction ont évolué. L'année 1864 nous fournit d'ailleurs un document précieux pour apprécier la situation à ce moment très important, au seuil d'une crise sinon d'un

32. J. M. Andrade FERREIRA, *A Reforma da Academia de Belas Artes* (1860) et « Metrass » in *Literatura, Musica e Belas Artes* ; II, 277.

33. Zacarias d'AÇA, *in Revista Contemporanea de Portugal e Brasil* (1864), V, 194.

34. *Anais da Sociedade Arqueologica Lusitana* (Lisbonne, 1850 et 1851).

35. COSTA CASCAIS, *in O. Panorama*, (1854, XI, p. 209) et *in Jornal de Belas Artes* (1857, n° 2).

changement dans les schémas mentaux de la nation culturelle. Il s'agit d'une sorte de bilan établi par la Sociedade Promotora de Belas-Artes elle-même[36]. On ne pourrait penser à un parti-pris pessimiste : le rapport de cette année constatait des résultats assez brillants. Il n'en affirmait pourtant pas moins que l'art était en décadence, qu'on ne voyait pas surgir de talents nouveaux, que personne ne se risquait dans les carrières artistiques, qu'il n'y avait pas de possibilités de perfectionnement, qu'on ne pouvait pas compter sur la critique, qu'on ne produisait pas assez, qu'on ne vendait pas dans un pays où il n'y avait pas d'amateurs...

Comme à dessein, ce texte vient mettre la dernière touche à notre tableau.

---

36. *Relatorio da Sociedade Promotora de Belas Artes* (Lisbonne, 1864).

CHAPITRE XI

L'AFFAIRE DE COIMBRE :
LITTÉRATURE ET MORALE

Au milieu des eaux stagnantes de la vie d'une société bureaucra-
tisée dans l'ordre bourgeois et l'apparent bien-être capitaliste, une
affaire éclata qui passionna les esprits, agitant l'opinion publique. « Il
y a longtemps qu'il n'y avait pas eu de tempêtes littéraires au Portugal », dira-t-on en 1866, dans le feu de l'action. En effet, « la critique
avait caché ses griffes ; sur les ruines de l'impartialité s'était dressée,
orgueilleuse, l'école de l'éloge mutuel, appuyée sur les théocraties
littéraires »[1].

Il s'agissait donc d'une tempête littéraire, de l'avis de chacun.
Mais en réalité c'était beaucoup plus que cela car, derrière les hommes de lettres qui intervenaient, souvent un peu trop pressés de
publier leurs brochures, se cachaient des problèmes plus graves qui
concernaient des positions morales dont les polémistes n'étaient pas
toujours conscients. Ce ne semblait être qu'une tempête dans un verre
d'eau : la critique qu'un vieux et illustre poète de Lisbonne avait fait
à deux jeunes poètes de Coimbre. Une affaire de générations ? Ce
serait trop simple. Une affaire de villes rivales, alors ? Ce serait aussi
simplifier la question — mais ces deux aspects de l'affaire doivent
pourtant être considérés. L'histoire littéraire, en prenant possession
du dossier[2] lui donnera un titre : « l'Affaire de Coimbre ». Mais il n'en
recevra pas moins un second titre : « l'Affaire du Bon-Sens et du Bon-
Goût », tiré de certains mots employés dans la polémique — et cela

---

1. Augusto MALHEIRO DIAS, *Castilho e Quental, Reflexões sobre a actual questão
literaria* (Porto, 1866) p. 5.
2. Voir l'ensemble de brochures reliées sous la cote L 970 V à la Bibliothèque Nationale de Lisbonne. Voir également Fran PAXECO, *A Escola de Coimbra e a Dis-
solução do Romantismo* (Lisbonne, 1917) et surtout Alberto FERREIRA, *Bom Senso
e Bom Gosto. Questão Coimbrã* (Lisbonne, 1966-1968), travail de recherche et
de compilation précédé de préfaces remarquables.

touchait déjà à une catégorie morale. Arrêtons-nous à l'étude de ce
chapitre de la vie portugaise ; n'hésitons pas à suivre ses méandres
car nous y trouverons le bilan le plus nourri de la culture, de la mentalité et des mœurs de la société portugaise à ce moment de *son*
romantisme.

Mais remarquons d'abord que le temps et l'endroit comptent
énormément pour la définition de cette affaire — les année 60 et
Coimbre ou, mieux, l'Université.

Le vieux poète était Castilho. Nous le connaissons fort bien : il
était illustre car il représentait la littérature dans son aspect le plus
solennel et le plus tranquillisant, conformément aux données de la
société fontiste. Se consacrant alors à des traductions d'Ovide et
d'Horace, il s'était créé un nouveau visage de poète classique, planant au-dessus d'une mêlée littéraire dont il entendait diriger tout de
même les mouvements. Les deux jeunes poètes étudiants étaient
Antero de Quental et Teofilo Braga, tous les deux quarante ans plus
jeunes que Castilho. Ils venaient de naître lorsqu'une autre génération, à Coimbre même, couronnait le chantre de *Primavera* ; ils se
proposaient maintenant de lui arracher ses lauriers. Car, entretemps,
la vie mentale de Coimbre avait profondément changé.

Les exploits de la Sociedade do Raio dont nous avons parlé, ne
faisaient qu'annoncer, en 1861, ce changement : ils signifiaient déjà
un divorce entre une génération de professeurs affublés de surnoms
ridicules, « arriérés, étrangers à tout le mouvement européen » (comme
l'écrira plus tard Teofilo Braga[3]) et des étudiants dont l'esprit s'ouvrait à ce même mouvement. Or, à la tête de la Sociedade do Raio se
trouvait Antero de Quental, qui venait d'entrer à l'Université. L'année
suivante, la visite du prince Humbert d'Italie a permis de définir sans
équivoque la position des étudiants qui saluaient en lui non le représentant de la Maison de Savoie, mais « le fils du premier soldat de
l'indépendance italienne »[4]. Ils voulaient certainement dire le fils du
compagnon de Garibaldi... Un mois et demi plus tard, ils quitteront
le salon noble de l'Université lorsque le recteur commença son discours — et ils tiendront à s'expliquer publiquement, dans un manifeste qui étonna la nation[5].

Ils protestaient alors contre « une législation arriérée en retard
de trois siècles qu'ils considéraient comme issue du Saint-Office,

---

3. Teofilo BRAGA, *Historia da Universidade de Coimbra*, IV, p. 489.
4. Texte d'ANTERO de QUENTAL *in Prosas* I (Lisbonne, 1897), p. 159.
5. Idem, ibid., 161.

et exigeaient une réforme — des « garanties pour ceux qui voulaient être libres, dignes et justes »[6]. Le recteur démissionna. Antero avait été le rédacteur du manifeste.

Quelques mois plus tard, en 1863, le chemin de fer qui la reliait déjà à la capitale, s'apprêtait à joindre cette petite ville provinciale au monde du « mouvement européen ». Cela ne pouvait que faire accélérer le développement d'actualisation culturelle, de modernisation des formules mentales de la jeune génération. Quelque trente ou quarante ans plus tard, ces jeunes se pencheront sur leur passé pour y chercher le souvenir de lectures caractéristiques[7]. Un recoupement de leurs citations nous permet de réunir certains noms qui recueillirent tous les suffrages : Proudhon, Hegel, Michelet, Darwin et Vico. Mais il y a aussi Hugo, Strauss, Renan, Quinet, Taine, Buchner et Littré.

« Chaque matin apportait sa révélation, comme un soleil renouvelé (...) Toutes ces merveilles tombaient à la manière de bûches dans un bûcher, provoquant un énorme crépitement et une abondante fumée ! Et, en même temps arrivaient par-dessus les Pyrénées moralement arriérées, de larges enthousiasmes européens que nous adoptions tout de suite, comme s'ils étaient à nous »[8]. C'était Garibaldi, c'était la Pologne, c'était l'Irlande... « Notre suprême découverte fut celle de l'humanité » Eça de Queiroz, qui sera le premier romancier réaliste portugais, décrit ainsi le panorama moral de cette époque. Un autre témoin ajoute : « L'enseignement universitaire ne satisfaisait point la jeunesse, bouleversée par les grandes questions du jour — questions religieuses, historiques, littéraires, sociales, économiques (...) qui attiraient surtout l'attention, devenant le thème des discussions habituelles, à la place des leçons officielles »[9].

La jeunesse vivait dans une atmosphère de « rébellion permanente »[10]. Elle « était impétueuse et pressée »[11] ; c'était « un exode général des esprits »[12].

---

6. Teofilo BRAGA, Op. cit., pp. 492-496.

7. Voir In Memoriam de Antero de Quental (Porto, 1896) textes d'Eça de QUEIROZ, M. d'ARRIAGA, Anselmo d'ANDRADE et Teofilo BRAGA Op. cit., IV, pp. 505 et suiv.

8. Eça de QUEIROZ, in In Memoriam, p. 485 (et Notas Contemporaneas, pb. Lisbonne, 1909, pp. 329-33, 4e ed.).

9. Alberto de SAMPAIO, in In Memoriam, p. 10.

10. Eça de QUEIROZ, Op. cit., p. 334.

11. Anselmo d'ANDRADE, in In Memoriam, p. 321.

12. Raimundo CAPELA, cité par Teofilo BRAGA, Op. cit., IV, 514.

Michelet (dira Camilo) « s'est assis sur le pont de Coimbre pour bavarder avec ces enfants et leur apprendre à rire des croyances absurdes de Châteaubriand »[13].

Dans sa réponse à Castilho, Antero réalisa en quelque sorte « la proclamation des droits »[14] de cette génération — qui un an plus tard pourra enfin voir les rôles féminins des pièces jouées au Théâtre académique, tenus par des femmes, des vraies[15]... Antero ne manqua pas de citer dans son texte les noms que nous connaissons et d'autres encore, dans une longue liste assez incohérente, qui (cela n'est pas sans importance) commençait par Hegel. Ensuite venaient : Stuart Mill, Comte, Herder, Wolff, Vico, Michelet, Proudhon, Littré, Feuerbach, Creuzer, Strauss, Taine, Renan, Buchner, Quinet (plus tard il distinguera Hegel, Quinet, Michelet et Proudhon) et encore la philosophie allemande, la critique française, le positivisme, le naturalisme, l'histoire, la métaphysique — « les immenses créations de l'âme moderne, esprit même de notre civilisation »[16]... Le jeune poète jetait tout cela à la tête de son adversaire — des autorités contre l'autorité, des demi-dieux contre la théocratie...

Tous ces auteurs cités un peu pêle-mêle avaient-ils été lus et médités ? Sommes-nous en présence de « sources » ou de « références », pour reprendre une distinction faite à propos des citations des intellectuels de 1835 ? Il est impossible de répondre avec certitude — mais le renouveau de mentalité auquel nous assistons maintenant nous permet de penser à un dosage plus positif dans la connaissance réelle des œuvres des auteurs nommés. Parmi ceux qu'Antero cite il y en a dont l'influence est évidente et profonde. Le proche avenir se portera d'ailleurs garant de la valeur « source », même si certains noms d'auteurs, chez Antero comme chez Teofilo Braga (qui ne reste pas en deçà de son collègue en matière de citations), ne traduiront que des références culturelles.

Mais Coimbre était tout cela : l'enthousiasme de la jeunesse et sa pédanterie aussi. La vieille ville s'éveillait à une littérature nouvelle ou plutôt à une nouvelle fonction de la littérature.

13. CAMILO, *Vaidades Irritadas e Irritantes* (Porto, 1866), 10.

14. Alexandre da CONCEIÇAO, *Notas e Ensaios de Critica e Literatura* (Coimbre, 1882), p. 243.

15. Ver *A Semana Teatral* n° 10, Lisbonne, le 23 octobre 1866.

16. ANTERO de QUENTAL, *Bom Senso e Bom Gosto* (Coimbre, 1865) p. 12. Il distingue HEGEL, QUINET et PROUDHON dans la lettre biographique à W. STOCK (1865) traducteur allemand de *Sonetos, in Raios de Extinta Luz* ı1892), pp. XXVI et XXVII.

Cependant, la querelle avait déjà commencé dans ce domaine en 1862, lorsque Castilho, présentant *D. Jaime*, le poème patriotique de Tomás Ribeiro, l'avait placé plus haut qu'*Os Lusiadas* même, suggérant son utilisation comme livre didactique. Ce fait marque, en effet, la première étape de l'« Affaire de Coimbre », car, tout de suite après, une jeune feuilletonniste de Porto, qui faisait alors ses premières armes et que nous rencontrerons plus loin, Ramalho Ortigão, contestera ironiquement l'opinion du vieux poète[17]. João de Deus, poète de Coimbre, en fera autant, un an plus tard[18]. Entretemps, un frère de Castilho interviendra longuement et platement dans la polémique[19] et Palmeirim, le « Béranger portugais », lui aussi, ne manquera pas de faire l'éloge de *D. Jaime*, tout comme Cunha Belem et, surtout, Pinheiro Chagas qui est venu appuyer son protecteur Castilho[20] : les acteurs de l'« Affaire de Coimbre » sont déjà en place. L'action « pratique et sociale » que Tomás Ribeiro attribuait à la poésie, ou à sa poésie[21], limitée et viciée, ne saurait convenir à la nouvelle génération qui se formait à Coimbre, hors, sinon contre, la « praxis » de l'Université. La poésie sociale de Mendes Leal, que Castilho soutenait, tout comme celle de Palmeirim, ou même celle de Gomes de Amorim, le « poète ouvrier », appartenaient au monde fontiste, du feuilleton (J.-C. Machado lui aussi appuyait Ribeiro), de la bureaucratie et d'un patriotisme réactionnaire que les socialistes et les républicains de 1850 avaient déjà démystifié. Ce n'étaient que des « vers pour réciter au piano », « écho du passé, souvenir nostalgique du temps de jadis (...), reflet d'un sybaritisme politique » (...) « en larmes rhétoriques », œuvres d'« égoïstes en vers et en prose », de « troubadours de brises » — comme dira un des jeunes révolutionnaires de Coimbre dans un remarquable article qui précède de peu l'éclatement de l'affaire[22]. Le même auteur fera ensuite l'éloge de *La Légende des Siècles* : Hugo dépassait, enfin, Lamartine, dans le cadre du romantisme portugais.

17. Ramalho Ortigão, *in Jornal do Porto* du 21 août 1862 et du 1er décembre 1862.
18. João de Deus, *in O Bejense*, Beja, le 7 novembre 1863.
19. José Feliciano de Castilho *in O Constitucional*, de Rio de Janeiro, reproduit *in Gazeta de Portugal*, Lisbonne, du 11 au 29 novembre 1862.
20. *In A Revolução de Setembro* des 13 août et 3 sept. 1862. Voir sur cette polémique Alberto Ferreira, *Op. cit.*, pp. CIV et suivantes.
21. Tomás Ribeiro, *Delfina do Mal* (1868), p. XXIII.
22. Germano V. Meirelles, *in O Seculo XIX* (Penafiel, le 23août 1865). G. V. Meireles, à qui Antero dédia *Odes Modernas*, mourra jeune laissant deux orphelines qu'Antero adoptera.

Mais le Hugo de *La Légende des Siècles*, c'était Antero de Quental et Téofilo Braga, auteurs des *Odes Modernas* et de *Visão dos
Tempos*, dans une généalogie qu'amis et ennemis se plairont à souligner.

En 1864-1865, Teofilo, âgé de vingt et un ans, en même temps qu'il
fait jouer à Coimbre une pièce historique[23], publie à Porto, volume
après volume, *Visão dos Tempos*, *Tempestades Sonoras* et *Poesia do
Direito* — « essai de la généralisation de la symbolique du droit
universel ». Il avait déjà écrit un roman historique et un long poème
sur le Christ, philosophe de l'égalité[24], et publié aux Açores un petit
volume de poésies lyriques : *Folhas Verdes*[25]. Il avait alors seize ans
et dédiait encore ses vers à Castilho, à Herculano, à Garrett, à Lemos
et aux lyriques de la génération précédente[26] — bien que dans la troisième partie de son livre pointent déjà des préoccupations philosophiques nouvelles. Maintenant il changeait d'inspiration et Hugo était
à l'origine de ses deux nouveaux livres de poésies ; Vico (dont la
Scienza Nuova lui apparaissait comme une apocalypse car « chaque
jour on y découvrait le germe d'une science nouvelle, la philosophie
de l'histoire, la symbolique du droit, la critique de l'art ») et *Les origines du Droit Français* de Michelet qui s'ouvraient sur les travaux
de Jacob Grimm, constituaient, selon l'aveu de l'auteur lui-même, la
source de son essai[27] — œuvre insolite d'un étudiant en droit qui osait

---

23. *Sede de Justiça ou Resignação*, sur l'emprisonnement et la mort du poète
    Correia Garçao. Remarquons qu'Eça de Queiroz y tint le rôle principal.
24. Voir lettre de Teofilo à F. Supico du 25 août 1861 in J. Bruno Carreiro,
    Vida de Teofilo Braga (Coimbre, 1955), 41.
25. Teofilo, *Folhas Verdes* (Ponta Delgada, 1859).
26. Les épigraphes sont empruntés à Herculano, Garrett, Lemos (4), Castilho,
    Mendes Leal (3), Palmeirim (2), A. Pereira da Cunha, J. F. Serpa, M.
    Browne, Rebelo da Silva et à Lamartine (3), Millevoye e Delille, et en-
    core à des poètes des Açores.
27. Bibliographie indiquée dans *Poesia do Direito*, « pour comprendre ce livre » :
    Vico, *Scienza Nuova* ; J. Grimm, *Deutscher Rechtsalterthümer, Poesie im Rechts* ;
    Ryschner, *Symbol. der Germanischen Rechts* ; Dumge, *Symbol. der Germ. Völ-
    ker in einigen Rechtsgewohn* ; Michelet, *Origines du Droit Français cherchées
    dans les symboles et formules du droit universel* ; Chassan, *Essai sur la Sym-
    bolique du Droit* ; Creuzer, *Symbolik* ; Hegel, *Esthetica II* ; Goguet, *Origine
    des Lois, des Arts et des Sciences* ; Ballanche, *La Mythologie et la Fable expli-
    quées par l'histoire* ; Dupuis, *Origine des Cultes* ; Altesserra, *De Fictionibus
    Juris* ; Monfaucon, *Antiquité Expliquée* ; *Leis de Mam*, trad. de Loiseleur des
    Longchamps ; Du Cange, *Glossarium ad Scriptores mediae et infimae latiniatis* ;
    Viterbo, *Elucidario* ; Giraud, *Histoire du Droit français au Moyen-âge* ; Martene,
    De antiquis ritibus ecclesiae ; Balluze, *Capitul. e Thesaurus* ; *Etablissements
    de St-Louis* ; *Assises de Jérusalem* ; *Dictionnaire de la Pénalité*.

se consacrer à des recherches et des élucubrations exentriques par rapport à la « praxis » universitaire. La démarche des trois œuvres était la même : la construction d'une épopée de l'humanité (titre générique des deux volumes de poèmes qui ne seraient que les premiers d'une série), « par le rapprochement de tous les symboles de chaque peuple ou civilisation représentant l'effort du rachat des fatalités cosmiques et historiques jusqu'à atteindre à la liberté mentale et sociale »[28]. Les trois parties de *Visão dos Tempos, Antiguidade Homérica - A Bacante, Harpa de Israel - Stella Matutina e Avé Stella !*[29] et *Rosa Mistica - Savonarola ou o Extase do Profeta e Spasimo*, expliquent assez bien les intentions du poète. Et il faut remarquer tout de suite que le livre est dédié à Gomes Monteiro qui, dix-sept ans plus tôt, avait publié les *Ecos da Lira Teutónica*. On ne saurait trop souligner la signification de cet hommage.

L'épopée métaphysique d'Andrade Corvo, annoncée en 1849 n'ayant pas pris forme, nous sommes maintenant en présence d'un programme nouveau. Mais ces poèmes cycliques, philosophiques, mythiques et symboliques (on parlait de Goethe et de Quinet à leur propos, ou d'Homère et d'Ossian — et l'auteur approuvait)[30], que Teofilo expliquait un peu trop minutieusement dans des préfaces érudites[31] dont on se moquait[31 (a)], devaient provoquer des remous. *Visão dos Tempos* « a produit l'effet d'un livre de Hegel publié chez les Hotentots », disait l'auteur, non sans plaisir[32]. Certes, on appréciait ces œuvres, machinalement (Chagas le fera, et Castilho et Camilo) mais on s'avouait désarmé devant la pluie de théories de l'auteur. La

---

28. TEOFILO, *Historia da Universidade de Coimbra*, IV, p. 519.

29. Il convient de remarquer que TEOFILO a probablement trouvé l'inspiration pour cette partie de *Visão dos Tempos* chez José BEN-SAUDE, poète des Açores d'origine juive qui avait publié *Voz de Israel* (*in A Grinalda* VI, p. 53, 1853) et auquel le jeune poète avait déjà dédié la poésie « O Grito do Sião » dans *Folhas Verdes*.

30. Voir Raimundo CAPELLA, cité par TEOFILO, *Op. cit.*, IV, 521 et lettre de TEOFILO à F. M. SUPICO en octobre 1863, in J. Bruno CARREIRO, *Vida de Teofilo Braga* p. 46.

31. « Generalisação da Historia da Poesia », *in Visão dos Tempos* et « Sobre a Evolução da Poesia determinada pelas relações entre o sentimento e a forma », *in Tempestades Sonoras.*

31 a. Ils constituaient pour l'Eremita do Chiado (A. OSORIO de VASCONCELOS), *Garrett, Castilho e.a Escola Coimbra* (Lisbonne, 1866 ; p. 4) une « sorte d'arche de Noé », du « vrai sirop de pavot », le « mouvement perpétuel ».

32. Lettre de TEOFILO à F. M. SUPICO du 22 mai 1864, in J. Bruno CARREIRO, *Op. cit.*, p. 47.

thèse soutenue dans le premier poème, selon laquelle l'art moderne
tendait vers le panthéisme (« on ne peut concevoir l'un sans l'autre »)
ou les théories de Hegel exposées dans la préface du second volume
désarçonnaient la critique qui n'était pas du tout habituée à de pareil-
les propositions intellectuelles. Chagas, très feuilletonniste, informait
qu'il avait depuis longtemps interrompu ses relations avec la philosophie de l'histoire : maintenant il était même contre Herder, Niebuhr
et Michelet[33]. Castilho, lui, « sentait une espèce de vertige » devant
de telles « nébulosités des transcendences »[34]. Quant à Camilo, esprit
versatile, comme il s'avouait, « interloqué par l'esthétique de M. Braga »[35], il parlera bientôt d'« averses de sottises » — mais il fit une critique juste à la faible qualité poétique des vers de Teofilo, en parlant
d'« océans infinis d'un lyrisme où chaque vers est un écueil »[36]. En ce
qui concerne Herculano, il tracera dans une lettre le portrait de Teofilo, non sans méchanceté (sentiment d'ailleurs réciproque, manifesté
à travers le temps) : « Il a trouvé la porte de l'abstrusion synthétique
et symbolique enguirlandée de copeaux français et a foncé sur elle »[37].
Mais si l'historien abhorrait les « détours des symboliques, des esthétiques, des dogmatiques, des héroïques, des harmoniques, etc », (comme il
disait dans un effet assez facile), son correspondant, Oliveira Martins,
qui sera le critique le plus lucide du romantisme portugais, ne parlera
pas moins alors d'une « production qui ne représente pas une véritable fertilité », à propos de Teofilo[38] — qui, jeune homme chétif,
misanthrope, de souche petite bourgeoise, ne vivant que pour son
travail, était le plus productif et le plus pressé des deux nouveaux
bardes de Coimbre.

L'autre était Antero de Quental, né comme lui aux Açores, mais
d'une famille noble. En 1861 il avait publié un petit recueil de vingt et
un *Sonetos* dédiés à João de Deus, mais le volume ne circula que
parmi ses amis. Deux ans plus tard, *Béatrice*, long chant d'amour pla-

---

33. Voir Pinheiro Chagas, *Ensaios Criticos* (Lisbonne, 1866), 83.
34. Castilho, *in Diario Official do Imperio do Brasil*, Rio de Janeiro, le 29 janvier
1865, cité par Teofilo, *Op. cit.*, 329.
35. Camilo *in Jornal do Comercio*, Lisbonne, le 15 avril 1865.
36. Lettre à Ernesto P. de Almeida du 24 août 1865, *in* Teofilo *Op. cit.*, IV, p. 529.
37. Lettre à Oliveira Martins, s/d (1865) *in Cartas de Alexandre Herculano*, II, 36.
38. *In Jornal do Comercio* (1870), à propos de Teofilo, *Estudos da Idade Media*
(Porto, 1870).

tonique dont l'épigraphe a été empruntée à Lamennais[39], confirmera les thèmes de *Sonetos* — les tourments de l'idéal, les mirages, la tristesse bénie, les amours dans le ciel, l'exil de la terre :

« Seja a terra degredo, o ceu destino »[40].

Et, surtout, cette certitude affreuse qui, nous le verrons, l'accompagnera sans cesse :

« Que sempre o mal maior é ter nascido ! »[41].

En 1865, il publiera enfin les *Odes Modernas* que ses amis connaissaient déjà[42]. A l'encontre de Teofilo, il n'avait pu trouver d'éditeur. Antero avait tenu à montrer le manuscrit à Castilho et à Herculano et il leur a rendu visite à Lisbonne[43]. Castilho (qu'il considérait alors comme « un grand poète » — « poète qui croit et espère »[44]) lui fit de grandes éloges dénuées de toute signification qui l'ont exaspéré ; Herculano discuta avec lui des intentions révolutionnaires de certains passages, préféra l'ode à l'Eglise, *Flebunt Euntes*, que le poète lui dédiera dans la première édition. Mais, sans aucun doute, Herculano était plus sensible à la poésie de Soares de Passos et de Bulhão Pato.

Le livre, dira Alberto de Sampaio, étudiant révolutionnaire à Coimbre lui aussi, était « étranger à une société comme la nôtre, dont la vie est contenue dans une enceinte très étroite » ; ses thèmes « bouleversent et troublent l'âme moderne »[45].

Odes Modernas s'ouvrent sur un poème, *A Historia*[46], qui, croit-on, avait déjà été publié en 1860[47]. On a décelé l'influence d'Hercu-

---

39. LAMENNAIS, *Etude sur Dante* : « Béatrice ! o douce vision !... C'était bien plus que l'idéal du Dante, c'était l'aspiration, rayonnante et pure, de toutes les grandes âmes d'alors » (...).

40. Sonnet dédié à João de Deus, *in Os Sonetos Completos de Antero de Quental*, p. 12 (ed. 1890).

41. Sonnet dédié à Germano MEIRELES, idem, p. 17.

42. Voir Eça de QUEIROZ, *in In Memoriam*, p. 484 (*in Notas Contemporaneas*, p. 329).

43. Voir José Bruno CARREIRO, *Antero de Quental, Subsidios para a sua Biografia* (Lisbonne, 1948), I, 246.

44. ANTERO, *Preludios Literarios* (1860), à propos de *Felicidade pela Agricultura* (*in Prosas* I, 24).

45. Alberto de SAMPAIO, *in Gazeta de Portugal* du 19 sept. 1865.

46. Dans la deuxième édition (1875), ce poème occupera la seconde place, venant après le nouveau poème « Panteismo » — altération significative dont nous nous occuperons plus loin.

47. Voir « Ensaio de Biografia Anteriana », *in In Memoriam*, p. II.

lano[48] derrière le pessimisme latent de ce poème dont la thèse n'est pas loin de nier le progrès. Une série de sept sonnets, *Ideia*, dédiés à Camilo, marque la position de doute du poète chez qui « o lirio da fé não renasce »[49]. La conséquence ?

« Conquista pois sozinho o teu Futuro,
    Já que os celestes guias te hão deixado »[50].

L'avenir (« As imensas auroras do Futuro ! »)[51] est, avec l'Idée (« L'idée... c'est Dieu ! » affirme Hegel dans la première épigraphe du volume) et la Vérité, le mot clé du livre :

« Tal o vento dos tempos leva a Ideia,
    A pouco e pouco, sem se ver fugir...
    E nos campos da Vida assim semeia
    As imensas florestas do porvir ! »[52]

Antero prévoit ce monde heureux, libre et formidable :

« O novo mundo é toda uma Ama nova,
    Um Homem novo, um Deus desconhecido ! »[53]

Pour y arriver, il faut pourtant détruire le monde actuel :

« E preciso passar, sobre ruinas,
    Como quem vai pisando um chão de flores ! »[54]

Ce principe conduit Antero dans la seconde partie des *Odes,* constituée par des poésies d'une extrême violence contre le monde bourgeois, les riches, les rois, les tyrans, l'Eglise (« Salamandras da Sombra ! »)[55]. On n'était jamais allé aussi loin dans la voie d'un procès de la société. Dans cette poésie nouvelle n'en vibre pourtant pas moins une certaine corde ultra-romantique qui fait penser à Mendes Leal. Un Mendes Leal qui aurait des idées dans sa tête bureaucratique ; un ultra-romantisme au signe inversé...

Antero avouera plus tard qu'il ne sait pas comment classer ce livre. Il y voit « l'alliance singulière (...) du naturalisme « hégélien et de l'humanitarisme radical français ». Et il ajoutera : « le pamphlétaire apparaît souvent derrière le poète, et l'Eglise, la monarchie, les

48. Voir Oscar Lopes, *Historia da Literatura Portuguesa* (Lisbonne, en publication), p. 229.
49/55. Antero, *Odes Modernas* (1re ed., Coimbre, 1865) : « Idea I », p. 51 ; « Idea IV », p. 54 ; « Tentando Via », p. 64 ; « Secol' si renova », p. 82 ; « Secol' si renova », p. 78 ; « Tentando Via, p. 64 ; « Carmen Legis... », p. 105.

grands de ce monde, constituent la cible de ses apostrophes de nive-
leur idéaliste ». Et il parlera encore de « l'intention philosophique
du livre, vague sans doute, mais humaine et noble »[56].

Odes Modernas allait de pair avec les deux volumes de Teofilo
— mais Antero était un vrai poète et son camarade un simple fabricant de vers, même si ses poèmes étaient plus ambitieux et mieux
structurés que les siens. D'un point de vue sociologique extérieur,
hors le cadre des valeurs esthétiques, il faut pourtant considérer l'ensemble de ces œuvres car c'est bien cet ensemble qui explique le
tournant qu'on doit ensuite constater au sein de la poésie portugaise
en ce qui concerne sa thématique, c'est-à-dire ses préoccupations
culturelles et sociales. Ce fut, selon le mot que Camilo emploiera plus
tard : « un tremblement de terre dans la vieille ville des lyriques »[57].

Antero faisait accompagner son livre d'une *Nota* sur la mission
révolutionnaire de la poésie, véritable manifeste qui dépassait les
intentions explicatives des préfaces de Teofilo. Attardons-nous un
moment à ce texte explosif[58] qui s'achève par une bibliographie fort
intéressante qui, complétant celle que Teofilo avait fourni, couvre
les lectures essentielles des jeunes intellectuels de Coimbre[59]. Une
bibliographie qui tend à prouver la « formule précise et claire des
Ecoles les plus avancées de France et d'Allemagne : *athéisme social-
anarchie individuelle* ».

« La Poésie est la confession sincère de la pensée la plus intime
d'une époque », affirme Antero. Or, « l'Etat, l'Eglise, l'Enseignement,
la Famille, l'Art, la Propriété, tout cela exhale aujourd'hui une puan-
teur sulfureuse et infernale d'hérésie et de révolution qui étouffe ».
Donc (et le poète lui-même souligne le caractère logique de sa

---

56. Voir Note nº 15, p. XXXV.

57. CAMILO, *Cancioneiro Alegre* ; II, p. 139.

58. *In Odes Modernas*, première édition, pp. 151 et suivantes. Ce texte fut éliminé
dans la deuxième édition (1875).

59. PROUDHON, *A Justiça na Revolução e na Igreja, O Principio Federativo, Cria-
ção da Ordem na Humanidade, A Revolução Social e o Golpe de Estado*, etc.
QUINET, *Genio das Religiões, Cristianismo e Revolução Francesa*, etc. etc.
RENAN, *Estudos Religiosos, Ensaios de Critica*. MICHELET, *O Povo, A Reforma,
A Renascença, Biblia da Humanidade*, etc. DOLFUSS, *Cartas Filosoficas, Revelação
e Reveladores*, etc. TAINE, *Criticas* ; LITTRÉ, *Palavras de Filosofia Positiva, Con-
servação, Revolução e Positivismo*, etc. ; H. HEINE, *Da Alemanha, Lucette, a
França* ; B. BAUER, *Criticas* ; FEUERBACH, *A Religião, Essencia do Cristianismo* ;
BUCHNER, *Força e Matéria*. (ANTERO cite tous les titres en portugais, bien que
les œuvres n'aient pas été traduites.)

conclusion) « la poésie moderne est la voix de la révolution ». Antero
analyse alors le monde bourgeois qu'il faut bouleverser ; « la désorganisation, le déchirement spirituel d'une classe (« ignorante », « lâ-
che », « sans dignité », « corrompue », dont le nom est « contradiction ») qui a été grande et vivante tant qu'elle a su conserver la foi
et la chaleur des idées révolutionnaires et qui, en moins de cinquante
ans, gît renversée, vacillante, à la merci de tous les vents ». Les vents
de l'histoire ? Le poète observe alors ironiquement que le Portugal
en est abrité : « sous nos toits règne le contentement des simples ».
Toutes ces choses anarchiques « se trouvent à cinquante et cent
lieues de nos terres patriarchales » — et encore plus loin, dix fois
plus loin « de nos patriarchales intelligences ». . . Antero dénonce
ensuite la recette de la bourgeoisie portugaise : « Pour vivre à l'écart
des secousses horribles du tourbillon social, nous avons résolu le
problème d'une façon bien à nous, à laquelle, au moins, on ne saura
nier l'originalité — vivre hors l'histoire et le progrès ».

La campagne nationaliste de la première génération romantique,
continuée passivement, dans la société fontiste, par la seconde génération, est ici attaquée au nom des principes d'un dynamisme social
que l'idéologie représentée par *D. Jaime* ou par les traductions de
Castilho ne pouvait pas comprendre. Et, pourtant, on n'y fait que
reprendre la vraie tradition humaniste des Lumières, celle des « estrangeirados », que les romantiques, emballés par les progrès matériels de la Regénération, avaient oubliée sinon dérobée.

Nous verrons qu'une nouvelle période de la vie culturelle portugaise s'attachera aux racines mêmes du romantisme international :
la génération qui la définit fait également appel à des maîtres que les
premiers romantiques, orientés vers l'Allemagne par Mme de Staël,
n'avaient pas connus. La nouvelle jeunesse de Coimbre lisait alors
Heine, Schlegel, Schelling, Novalis. Et Antero de Quental, qui avait
traduit la célèbre lettre de Heine à Gérard de Nerval[60], pouvait suggérer que la Poésie était la Vérité — car plus une chose est poétique
plus elle est vraie. La science et la religion cherchent la vérité —
mais son nom « l'Art seul le sait, et lui seul le révèle » : « l'art est la
vérité devenue vie ! » ; elle est « la chose sainte de l'humanité ». Sans
doute se souvenait-il aussi de Goethe lorsqu'il publia son essai
incomplet sur *Arte e Verdade* où il défendait ces idées[61].

---

60. *In O Seculo XIX*, Penafiel, le 24 mars 1864 (*in Prosas* III, p. 226).
61. *In Revista do Seculo*, nº 2, 1865 (*in Prosas* I, p. 322).

Antero déroutait à la fois la société et la critique par l'exigence de ses affirmations révolutionnaires et par l'exigence de sa pensée esthétique. Il était en même temps socialiste et « nébuleux ». Chagas décrira le phénomène à sa façon : « La philosophie hégélienne, liée dans une hyménée monstrueuse avec la poésie, a mis au monde un avorton qui s'appelle le symbolisme ou quelque chose du même genre »[62]. Ni Hegel, ni Œdipe, n'auraient été capables de comprendre tout cela ! Le frère de Castilho, qui prendra part à la querelle comme il avait déjà participé à celle de *D. Jaime*, établira le bilan brutal de la situation en définissant les Dix Commandements de l'« Ecole de Coimbre » : « Guerre à Dieu ; à l'Eglise et aux prêtres ; au sentiment du patriotisme ; au Portugal — à sa société, à ses hommes de lettres, à oes docteurs, à son Université, à son Académie, à ses Conseils et Cours Supérieurs, à ses institutions littéraires, à sa capitale et à tous ses habitants sauf deux (Antero et Teofilo) ; au Brésil ; aux rois ; aux institutions publiques ; aux classiques latins ; aux classiques portugais ; à l'Humanité toute entière »[63].

Il parlait sérieusement ; il tenait le même langage, avec moins de style, que son célèbre frère. Celui-ci, le vieux poète aveugle qui recevait à Thibur les hommages des jeunes (dont Antero lui-même) se décida enfin à intervenir. Thibur, c'était sa petite maison de Lisbonne et lui-même l'avait baptisée, modeste Horace de la langue portugaise, qui avait abandonné toute création originale pour se consacrer aux traductions de ses chers classiques latins et aux préfaces des ouvrages de ses amis. Il faisait alors l'éloge de n'importe quelle médiocrité — car cette même médiocrité avait d'abord fait son éloge. C'était la « Société de l'Eloge Mutuel », comme l'on disait à Coimbre...

Pinheiro Chagas ne manqua pas à la règle. Il avait alors vingt-trois ans (il était né la même année qu'Antero) et avait déjà attaqué ses rivaux — « groupement de jeunes hommes intelligents qui ont convenu de se comprendre les uns les autres ». Il avait parlé de leurs « fièvres transcendentales » et de leurs « charades sans clé, énigmes sans solution »[64] ; il se vantera du fait que l'Affaire de Coimbre avait été en partie provoquée par ses critiques à Teofilo[65]. Il y avait sans doute un peu de vérité dans cela : les esprits étaient alors exaltés et

62. Pinheiro CHAGAS, *in Jornal do Comercio* du 31 déc. 1865.
63. José Feliciano de CASTILHO, *A Escola de Coimbra, cartas do Conselheiro...* (Lisbonne, 1866), I, p. 31.
64. Pinheiro CHAGAS, *in Jornal do Comercio*, du 2 sept. 1865.
65. Pinheiro CHAGAS, *Ensaios Criticos*, p. 359.

l'Affaire a eu plusieurs prétextes, au sein d'une causalité fort complexe.

L'Affaire proprement dite, ou sa troisième phase, commença donc avec la lettre d'éloge que Castilho a fait publier dans le volume du *Poema da Mocidade seguido do Anjo do Lar,* de Pinheiro Chagas. Elle constituait la postface du livre dont la préface était une lettre de l'auteur à Castilho — « un des grands prêtres (de la poésie) »[66]. Castilho, qui avait été témoin au mariage de Chagas, l'avait d'ailleurs poussé à écrire son poème.

Le texte de Castilho[67] ne mérite certes pas une analyse ; il suffira de souligner les points auxquels il s'attaque — et ce sont toujours les mêmes. Il s'amuse (comme son ennemi Herculano) à aligner des mots dont il se méfie : « plastiques », « esthétiques », « philosophies », « transcendances » ; il parle d'« infirmité » ; dénie aux poètes allemands une place dans l'histoire ; suggère que certains auteurs étrangers ont été « mal feuilletés et encore plus mal compris ». C'est tout et c'est très peu : pas une seule idée esthétique au long de quelque trente-neuf pages. Mais Castilho voulait faire d'une pierre deux coups : il voulait également recommander Chagas pour le poste de professeur de Littératures Modernes au Cours Supérieur de Lettres. Une des preuves qu'il donne de la compétence du poète-feuilletonniste réside précisément dans ses critiques défavorables à Teofilo et à Antero... Quant au poème de Chagas, qui représentait pour lui l'annonce, l'aube d'une poésie nouvelle, Castilho pense qu'il appartient « au genre Millevoye ».

Les noms d'Antero et de Teofilo entrent dans la tactique de Castilho par un biais fort antipathique ; il feint même de les citer à contre-cœur, poussé par un interlocuteur invisible qui reprochait à Chagas sa rigueur envers le deux poètes de Coimbre. Le fil est vraiment trop gros mais Castilho n'hésite pas. Il veut, coûte que coûte, mettre de l'ordre dans son royaume : Chagas à la chaire et Antero et Teofilo au pilori ! Ce n'est, en fin de compte, qu'une petite lutte personnelle, une guerre de clocher, autour de Thibur...

Les deux poètes visés vont pourtant répondre — et l'affaire acquiert tout de suite une autre dimension et une autre qualité.

66. Pinheiro CHAGAS, lettre à A. F. de CASTILHO, *in Poema da Mocidade* (Lisbonne, 1865), p. IX.

67. « Carta do Ilmo e Exmo Sr. Antonio Feliciano de CASTILHO ao editor » (Antonio Maria PEREIRA), *in* Pinheiro CHAGAS *Poema da Mocidade,* pp. 181 et suivantes.

Antero publiera deux opuscules en 1865[68], Teofilo un seul, en même temps[69].

Dans son premier texte, Antero situe d'emblée le problème dans sa véritable perspective : ce qu'on attaque dans l'école de Coimbre n'est pas la position littéraire ou poétique assumée, son style ou ses idées, voire son idée — « mais on fait la guerre à l'indépendance irrévérencieuse d'écrivains qui ont décidé de faire par eux-mêmes leur chemin, sans demander permission aux *maîtres,* mais consultant seulement leur travail et leur conscience ». Et plus loin : « l'Ecole de Coimbre a commis (...) quelque chose de pire qu'un crime — elle a commis une grande faute : *elle a voulu innover* ». L'invention et l'indépendance étaient, en effet, des péchés contre l'esprit officiel. Castilho et ses protégés, on le savait, n'avaient pas d'idées. « Mais, Monsieur, est-il possible de vivre sans idées ? Voilà le grand problème ». La question restait là, vibrant dans l'air, comme une terrible menace...

Mais il fallait parler également de ces « nébulosités » dont on accusait les jeunes universitaires. Antero prenait alors le point de vue de l'« estrangeirado » pour qui « de nos jours en Europe ce n'est pas le Portugal, ce n'est pas Lisbonne qui pensent et connaissent (...) — mais Paris, Londres et Berlin ». Dans ces villes illustres il y avait pourtant du « brouillard » et de la métaphysique... « Les trois grandes nations qui pensent sont risibles devant la critique de moine de Monsieur Castilho ».

« Critique de moine ». C'est une expression-clé dans le texte d'Antero, qui s'était tout récemment dressé contre les « modernes arcadiens »[70]. Le vieux Portugal des couvents et des académies existait encore, dans tout son nationalisme sentimental et satisfait. La révolution romantique avait été impuissante contre la force de la tradition : la nouvelle révolution pourra-t-elle assurer une transformation radicale dans la mentalité portugaise ? C'est alors que le poète de Coimbre déroule l'énorme liste de ses lectures, que nous connaissons déjà, de Hegel à Quinet — les coordonnées d'une jeune pensée qui se cherchait.

---

68. ANTERO, *Bom Senso e Bom Gosto* (Coimbre, 1865) et *A Dignidade das Letras e as Literaturas Oficiais* (Lisbonne, 1865).

69. TEOFILO, *As Teocracias Literarias. Relance sobre o estado actual da Literatura Portuguesa* (Lisbonne, 1865).

70. ANTERO, préface à *Cantos na Solidão,* de Manuel FERREIRA PORTELA (Lisbonne, 1865) (*in Prosas* I, p. 316).

522   LES ANNÉES DE SAGESSE

(Jeune pensée ? Il se trouvera un adversaire, le frère de Castilho, pour rappeler que Hegel est né en 1770, et Vico en 1668...)[71].

Dans son deuxième texte, Antero, plus calmement, en raison, paraît-il, d'une observation de João de Deus[72], reviendra à son idée de « défendre la liberté et la dignité de la pensée » contre les littératures officielles — l'âme contre la bureaucratie... Le poète assume une position idéaliste (c'est un « apôtre », avait-il déjà affirmé dans sa première brochure) — mais il n'oublie pas pour autant l'importance de la littérature et sa fonction : « enseigner » et « améliorer » le peuple, « la véritable nation, c'est-à-dire les hommes qui sentent et les hommes qui pensent ».

Et contre les littératures officielles tout est préférable : « Ah — mille fois plutôt l'excès, l'extravagance même, l'audace sans règles, la pétulance aventurière de conceptions et de formes, l'abus de la liberté, enfin, que cette étroite et petite prudence ». Le romantisme rénovait-il son combat ? Ensuite il n'a plus qu'à analyser l'œuvre même de Castilho — pour conclure à sa parfaite nullité. Ce qu'il fallait démontrer...

L'intervention de Teofilo est très courte : son opuscule, que le journal de Chagas a refusé de publier, n'a qu'une dizaine de pages. Il se dresse contre les théocraties littéraires dont Castilho était l'exemple privilégié, et il rappelle l'erreur de Goethe en face de Novalis. Bien entendu, il se défend de comparer Goethe à Castilho — mais le parallèle entre Antero et Novalis subsiste car il ne le renie pas. Sans doute faut-il retenir ceci.

Teofilo nie alors l'existence d'une « Ecole de Coimbre », et cela n'est peut-être pas sans rapport avec l'hypothèse Novalis-Antero, car tout de suite après, il propose sa définition d'idéal : « passage de la réalité naturelle vers la réalité artistique ». On y a déjà vu percer l'annonce d'une transformation du concept hégélien par l'intromission d'une dimension réaliste[73]. A cette lumière, le fait qu'il considère, comme Antero, qu'« une des premières conditions de l'art est la vérité » acquiert une signification qui n'est plus déjà complètement idéaliste. En effet, des deux poètes, c'est Teofilo qui définira, le comtisme aidant, une position réaliste — laquelle, dans les années 70, entrera en conflit avec un romantisme alors contesté.

71. José Feliciano de Castilho, *A Escola de Coimbra* (Lisbonne, 1866), II, p. 18.
72. Voir « Ensaio de Bibliografia Anteriana », *in In Memoriam*, p. XV.
73. Alberto Ferreira, *Op. cit.*, p. 380, I.

De toute façon, Teofilo voit juste lorsqu'il ose affirmer dans son texte que les pages écrites par Antero constitueront un chapitre de l'histoire de la littérature contemporaine. Plus que les pages elles-mêmes, ce qui nous intéresse c'est leur signification, c'est-à-dire les positions des jeunes intellectuels de Coimbre, considérés en bloc.

De l'autre côté de la barricade, se trouvait toujours Chagas qui ne cessait d'écrire — mais aussi Camilo, que Castilho (qui ne reparaî-tra plus sur la scène) poussait dans l'ombre, lui demandant d'interve-nir avec le poids de son autorité. Camilo hésitait, trouvait des prétex-tes ; il publia enfin sa brochure vers le commencement de 1866, à Porto.

Antero lui avait dédié une partie des *Odes* ; il n'était pas à son aise pour s'occuper de l'affaire d'autant plus qu'il y avait une troi-sième personne visée par Castilho : son ami Vieira de Castro auquel il était redevable d'une plaidoirie dithyrambique lors de son empri-sonnement, quatre ans plus tôt. Polémiste habile, capable de tout sacrifier à une victoire de son verbe terrible, il s'en tirera par un réquisitoire dénué d'intérêt culturel qui visait surtout Teofilo[74]. L'allié tellement sollicité par Castilho se dérobait donc en partie : l'Affaire avait d'autres raisons que la raison ignorait...

Mais il ne faut pas oublier que Camilo défendait en même temps sa propre position que la marée montante de la génération de Coim-bre n'était pas loin de menacer. Lorsqu'il écrivait à un ami disant iro-niquement que dans ce nid d'aigles se font des religions nouvelles, il pensait sans doute aussi à des littératures nouvelles[75]...

Dans le volumineux dossier de la « Questão Coimbrã » il y a un document plus important : la brochure d'un feuilletonniste de Porto, Ramalho Ortigão, qui s'était déjà dressé contre les éloges de Castilho à *D. Jaime.* Cette fois-ci pourtant il tenait à jouer le rôle d'arbitre entre les deux villes ennemies : Coimbre (avec ses hommes de lettres au « mic-mac verbeux et abstrait ») et Lisbonne (avec ses écrivains au « verbiage trop mièvre »)[76]. A Porto, grâce au ciel, c'était la paix ! Pour lui, il s'agissait d'une simple affaire littéraire qui ne méritait qu'un bon poème satirique[77]. Mais Ramalho appréciait assez le *Poema da Mocidade* de Chagas (il y voyait « un descendant légitime

74. Camilo, *Vaidades Irritadas e Irritantes* (Porto, 1866).

75. Camilo, lettre à Luis de Almeida e Albuquerque du 23 novembre 1864.

76. Ramalho Ortigao, *Literatura de Hoje* (Porto, 1866).

77. Comme *O Hissope* d'A. D. da Cruz e Silva (pb 1802) qu'il cite.

de *D. Juan*, de *Rolla* et de *D. Branca* (de Garrett) ») pour pouvoir être impartial. D'ailleurs, il ne voyait chez Antero « aucun système nouveau, aucune idée nouvelle » ; il n'en aurait pas été capable, car la formation de cet homme qui sera dans quelque cinq ou six ans le critique le plus écouté de la société portugaise, n'était certainement pas très solide.

Un mot malheureux contre Antero dans cette brochure motiva un duel. Dans la réalité (qu'il vaut la peine de connaître) Antero était monté à Porto pour corriger Camilo et Ramalho. Mais le premier lui a ouvert les bras et, assez diaboliquement, l'a convaincu de se battre en duel avec Ramalho qui était tenu pour une fine lame... Le poète de Coimbre a néanmoins blessé le feuilletonniste de Porto — et la petite histoire n'a pas manqué de voir dans cet accident, qui marqua le commencement de leur amitié, le début de la conversion de Ramalho aux idées modernes[78]. Saül précipité à terre, il devient le Saint Paul de la nouvelle croyance...

Hormis Camilo, Ramalho et son fidèle Chagas, Castilho rassemblait autour de lui les noms les plus connus de la littérature nationale : Mendes Leal, Rebelo da Silva, Pato, Tomás Ribeiro, J.-C. Machado, Latino Coelho, Vidal, Cunha Belem, Silva Tulio, directeur de l'*Arquivo Pitoresco*, et d'autres encore. Il a même caressé, pendant un moment, l'idée d'organiser un livre avec la collaboration de tous ses amis, où la discussion des problèmes en question devait permettre de « confirmer les saines doctrines »[79].

Malheureusement cette « somme » esthétique de la littérature officielle n'a pas été publiée — mais l'Affaire fera encore couler de l'encre. Vidal ne manquera pas de parler de la « littérature monstrueuse, fille bâtarde de ce livre tyrannique appelé *La Légende des Siècles* »[80] ; d'autres lui feront écho, parmi lesquels le frère et les deux fils de Castilho et Roussado qui pourtant avait prouvé qu'il ne se faisait pas d'illusions au sujet du « fossilisme » de l'Université traditionnelle[81]... En même temps, de l'autre côté de la barricade, quelques voix se lèveront également sans qualité. Six ou sept brochures en vers composeront le dossier — que l'on pourra fermer sur un article anonyme

---

78. Voir João Machado de FARIA E MAIA, *In Memoriam*, p. 166.

79. Lettre de CASTILHO à CAMILO du 8 décembre 1865, in Alberto FERREIRA, *Op. cit.*, I, 445. Voir également p. 388.

80. E. A. VIDAL, *in Gazeta de Portugal* du 3 novembre 1865.

81. Manuel ROUSSADO, *Bom Senso e Bom Gosto* (Lisbonne, 1865).

de la *Voz Académica* de Coimbre dont le titre est fort significatif :
Delenda Thibur[82].

Thibur, le petit royaume de Castilho, était voué à la mort et à la
destruction ! Les barbares du Nord déferlaient sur les plaines tranquilles où chantait la lyre d'Ovide et d'Horace que le vieux poète
aveugle traduisait...

Tomás Ribeiro, le poète de *D. Jaime*, lèvera sa voix au Parlement
pour faire part de ses craintes : « Je crains que le Nord au lieu de
penseurs savants et profonds ne nous donne que des Huns et des
Ostrogoths »[83]. « Des Ostrogoths du pays des brumes qui veulent tuer
le reste de notre bon sens », s'écrira Camilo[84]. Et il insistera, pris dans
sa fougue de polémiste : « L'idéal arrive ; c'est la Germanie ; c'est le
fils cadet de Vico, dont le parrain est Michelet ! »[85].

Il faisait allusion à Teofilo, mais c'était toujours le fantôme de la
nouvelle influence allemande qui préoccupait les prétendus défenseurs de la latinité. Cette influence, les jeunes poètes ne la cachaient
pas, bien au contraire. Leur poésie avouait bien des « Echos de la lyre
teutonique » — et ils ne manquaient pas d'étaler leurs sources d'inspiration et d'information. « La littérature et la science allemandes sont
(...) l'élément révolutionnaire » — affirmait un contemporain qui soulignait la nouveauté de leurs lectures de Fichte, de Hegel et même de
Kant[86].

Les bibliographies qu'ils offraient généreusement dans leurs livres
étaient pour moitié allemandes — et si Proudhon et Michelet ont attiré
l'intérêt d'Antero c'est qu'ils sont « ceux qui se ressentent le plus de
l'esprit de l'au-delà du Rhin ». Dans son auto-biographie Antero nous
indique clairement ce qu'il doit à Rémusat dont le rapport fait en 1845
à l'Académie des Sciences Morales, *Sur la Philosophie allemande*[87],
a exercé sur son esprit une « impression » profonde et durable, et,

---

82. *Delenda Thibur*, tiré à part (Coimbre, 1866). Est attribué à Luciano CORDEIRO,
directeur du journal, *in* « Ensaio de Bibliografia Anteriana », *in In Memoriam*,
p. XV.

83. Discours dans la séance de la Chambre des Députés de janvier 1866.

84. Voir Note n° 75.

85. CAMILO, *Vaidades Irritadas e Irritantes*, p. 7.

86. J. VALLE, *in Revista de Coimbra* n° 2, le 15 février 1865.

87. F. M. C. de RÉMUSAT, *Rapport à l'Académie des Sciences Morales sur la Philosophie Allemande* (Paris, 1845 ; 2 vol.).

enfin, à Hegel : « l'hegelianisme fut le point de départ de mes spéculations philosophiques », écrira-t-il[88].

Mais les auteurs allemands étaient souvent lus en français. Ce
sont les traductions de Vera qui ont fait connaître Hegel à Antero,
tandis que Teofilo lisait déjà l'allemand. De toute façon, l'orientation
était claire et nouvelle et l'ironie de Chagas était déplacée, lorsqu'il
se référait à l'« arbre de science de l'Allemagne »[89].

La charge idéaliste et métaphysique que les auteurs allemands
portaient en eux rénovait pourtant les schémas du romantisme national. Klopstock et Bürger avaient charmé Herculano ; Passos, auteur
d'O Firmamento, suscitait encore dans l'esprit du poète en retraite le
souvenir de ses anciennes amours. Mais c'était hors le domaine culturel et spirituel de la génération d'O Novo Trovador que le problème
devait se poser. Maintenant, dans ce virage d'interrogations et de tendances, il ne s'agissait plus d'une affaire de troubadours : ceux-ci
étaient tous de l'autre côté . .

Certes, dans Folhas Verdes, le tout jeune Teofilo Braga, poète
provincial des Açores, était proche des poètes des années 40-50 ; cela
ne nous permet que mieux d'apprécier le décalage accusé par ses
livres suivants.

Ce décalage n'annulait pourtant pas leur filiation romantique —
bien au contraire. Vidal ne parlait-il pas de Hugo à leur propos ? et
Camilo de Hugo, de Musset et d'Espronceda, à propos des Odes
Modernas[90] ? Ne dira-t-il pas : Antero « comprendra mieux que moi
les fièvres et la mort de Gérard de Nerval »[91] ? Le témoignage est très
clair et celui de Castilho le confirme lorsque, pensant à Antero qui
lui reprochait sa vaine activité de traducteur (« réchauffant des fables
insipides »[92]), il accuse ses ennemis non pas d'avoir délaissé les muses romantiques mais d'avoir « pendu Horace, crucifié Quintilien, pié-
tiné Cicéron... »[93]. Inocencio, méticuleux bibliographe dénué de sens
critique mais sincère dans sa naïveté, classera Antero au sein d'une
« nouvelle école ultra-idéaliste »[94] — et Germano Meireles, ami fidèle du

---

88. Voir Note n° 15.
89. Pinheiro CHAGAS, Ensaios Criticos, p. 359.
90. CAMILO, Vaidades Irritadas e Irritantes, p. 9.
91. Idem, ibid., p. 9.
92. ANTERO, Bom Senso e Bom Gosto, p. 11.
93. CASTILHO, lettre à CAMILO du 25 novembre 1865, in Alberto FERREIRA, Op. cit.,
    p. 426.
94. Inocencio F. da SILVA, Dicionario Bibliografico, VIII, 71.

poète, invoquera encore Mendes Leal qui, d'après lui, « a été l'un des premiers à saluer la grande clarté »[95].

Le portrait-charge que Roussado tracera des poètes de Coimbre les montre sous un aspect ultra-romantique indiscutable :

> « Cabelo em desalinho, hirsuto et farto,
>   A face macilenta, o olhar incerto... »[96].

Cette caricature n'était certainement pas ressemblante, mais elle traduisait l'idée qu'on se faisait à Lisbonne des jeunes révolutionnaires. Un autre adversaire de l'Ecole de Coimbre ne manquera pas de tomber dans la confusion la plus inattendue, lorsqu'il verra dans la nouvelle poésie l'effet de « nébulosités » d'Herculano-Eurico et du style de Castilho qui avait tué la simplicité... Seul « le bon Garrett » échappait à de telles accusations — et c'était bien à lui qu'il fallait revenir[97]. On devançait ainsi une recette qui sera reprise vers 1890, dans une situation romantique épigonale.

Mais Antero lui-même tenait à une position romantique. Nous l'avons déjà entendu opposer aux raisons et surtout à la Raison de Castilho « l'excès, l'extravagance, l'audace sans règles » ; plutôt que la raison, disait-il, « l'élévation et toute la poésie de la fièvre et du délire ». Avant, il avait écrit : « Mort à toutes les poétiques du monde (...) mais que la poésie soit sauvée ! »[98]. Plus tard, il dira encore : « un souffle romantique ardent mais balsanique, faisait éclater tumultueusement nos printemps dans un bouillonnement de fleurs »[99].

Il n'y a pas d'équivoque essentielle dans toutes ces affirmations même si elles peuvent nous surprendre. Le mouvement de 1865 est un mouvement romantique. Il aboutira, certes, dans le réalisme, mais pas tout de suite, malgré la démarche de l'esprit de Teofilo. Pour le moment, le réalisme était, selon Antero, le domaine des littératures officielles — « officielles, réalistes et banales »[100]. Le mot n'avait pas

---

95. G. MEIRELES, cité par SALGADO Jor. *in* préface à *Raios de Extinta Luz* (ed. 1948), p. XII.

96. Manuel ROUSSADO, *Noites de Lisboa* (Lisbonne, 1866), « Aos Vates transcendentes da Escola de Coimbra », p. 33.

97. Voir Ermita do Chiado (Alberto OSORIO de VASCONCELOS) *Garrett, Castilho, Herculano e a Escola Coimbra* (Lisbonne, 1866), p. 15.

98. ANTERO, préface à *Cantos na Solidão*, de Manuel PEREIRA PORTELA, (*in Prosas* I, p. 319).

99. ANTERO, préface de *Primaveras Romanticas* (Lisbonne, 1872), p. VI.

100. ANTERO, *A Dignidade das Letras e as Literaturas Oficiais*, p. 18.

encore un contenu établi. Il ne s'opposait que trop à l'idéal, voire à
l'idée. En 1850, C.-J. Vieira était allé plus loin, dans sa lecture critique
de Hegel.

La vision du temps (historique), le sens du moderne, de l'Idée,
des deux jeunes poètes fait que la bataille de Coimbre se présente,
en fin de compte, comme une lutte entre deux romantismes. Dégradée ou reconduite dans une dignité perdue ou oubliée, l'expression
romantique recouvrait entièrement la situation vécue par les intellectuels portugais en 1865.

Vécue comment, à quel niveau ?

On a déjà fait remarquer que l'Affaire de Coimbre montre très
clairement la médiocrité de la vie intellectuelle nationale[101]. En effet,
nous l'avons vu, les arguments produits, les critiques faites (par Castilho, par Camilo, par Ramalho, voire par Herculano) tournent court.
Celles des jeunes de leur parti, d'un Chagas par exemple, valent
encore moins. Antero et surtout Teofilo révèlent alors une culture qui
n'avait rien à voir avec la culture de leurs adversaires — ces auteurs
latins emmagasinés dans la mémoire prodigieuse de Castilho, les lectures hasardeuses de vieux *in-folios* de Camilo, les Thierry et les Guizot d'il y a vingt ans, que Herculano avait étudiés.

Les accusations que Chagas faisait à Teofilo (« érudition mal
digérée » ; « il plagie sans critère ou bien il invente d'incroyables ab-
surdités »[102]) plus que méchantes sont ridicules, si l'on considère l'autorité intellectuelle du filleul de Castilho. Certes le jeune Teofilo
n'avait pas complètement digéré ses auteurs de la « symbolique universelle » — mais nul autre que lui n'aurait osé les aborder. « Au pays
des aveugles... » — insinuait aussi Chagas. Mais il était précisément
un de ces aveugles — à côté d'un poète aveugle et encore plus aveuglé par la haine. Le spectacle des démarches de Castilho est cons-
ternant : il veut démolir à tout prix les indépendants de Coimbre (sincèrement, on peut le croire) dont il réduisait l'attitude à une simple
« manifestation d'indépendance et de suprématie » d'une école littéraire[103]. Il s'abaisse alors aux pires insultes (« teutons bâtards », « métaphysiciens stupides »[104]). Il avoue ainsi qu'il ne les comprend pas et

101. Voir Antonio COIMBRA MARTINS, « A Questão nua e crua », *in O Comercio do
     Porto* des 11 et 25 janvier 1966.
102. Pinheiro CHAGAS, *Ensaios Criticos*, p. 359.
103. CASTILHO, lettre à CAMILO du 25 novembre 1865, *in* Alberto FERREIRA, *Op. cit.*,
     p. 424.
104. CASTILHO, lettre à Gama LOBO *in Gazeta de Portugal* du 17 décembre 1865.

qu'il ne veut pas les comprendre. Tout comme Herculano, lorsque nous l'avons vu parler de Teofilo. Tout comme Chagas qui interroge avec dédain : « Qu'est-ce qu'ils innovent ? Qu'est-ce qu'ils inventent ? La philosophie de Hegel ? Les systèmes historiques de Vico ? (...) la critique de Schlegel, de Raynouard, de Villemain, de Michelet, de Quinet, de Taine ? » Tout cela, selon le protégé de Castilho, appartenait au passé — « jaquette allemande déjà bien élimée », que les jeunes de Coimbre tenaient à « louer à tant par ode »[105]. Et Camilo, affirmant que les auteurs choisis par les poètes de Coimbre ne sont que des plagiaires (« Hegel traduisit et imita Fichte, Schelling et Kant (...), Renan imita et traduisit Strauss, Strauss traduisit les primitifs hérésiarches et imita les réformistes allemands »[106]...), prend, lui aussi, une position très délicate à l'égard des responsabilités culturelles.

On ne sait rien, on ne veut rien savoir.

Voici deux textes où deux jeunes partisans de Castilho avouent franchement leur ignorance et leur mauvaise foi.

Aça, jeune critique d'art, qui avait attaqué Teofilo et l'Ecole de Coimbre, reviendra quelques semaines plus tard sur sa position car il pense « qu'il faut donner un exemple de conscience littéraire »[107]. C'est au nom de cette conscience qu'il affirme : « Notre public est encore très innocent dans ces matières. Les plus avancés lisent la *Revue des Deux Mondes*, les autres feuillettent toujours des romans ; la grande majorité des écrivains passent leur temps à faire du style, c'est-à-dire à couvrir le squelette avec force oripeaux »[108]. Antero avait parlé des « idoles littéraires de la foule qui sait à peine lire » et des « philosophes aimés par la foule qui n'a jamais pensé »[109]. La main sur la conscience, un de ses adversaires l'approuve. La raison de cet état culturel du public ? On délaisse les sciences, les arts, et les lettres pour la politique. La faute en revient sans doute à la formation acquise dans les lycées — et dans l'Université que les jeunes poètes cherchaient précisément à faire réformer.

Antero avait dit de *Visão dos Tempos* « son pire défaut c'est son public » — un public grossier et ignorant, incapable d'apprécier une

105. Pinheiro CHAGAS, *in Jornal do Comercio* du 22 nov. 1865.
106. CAMILO, *Vaidades Irritadas e Irritantes*, p. 24.
107. Zacarias d'Aça, *in O Panorama* (1866), p. 11.
108. Idem, ibid, p. 86.
109. ANTERO, *Bom Senso e Bom Gosto*, p. 10.

telle œuvre[110]. Mais ce public qui ne comprenait pas, ne voulait pas comprendre non plus — et il s'en vantait : « La fameuse école dit qu'à Lisbonne on comprend à peine la philosophie. Mon Dieu, vous nous faites grand éloge. Nous ne vous comprenons pas, nous en tirons honneur : nous ne voulons pas vous comprendre »[111]. C'est très clair. L'auteur ne voudra comprendre que Pelletan : quelques mois plus tard il publiera sept articles dithyrambiques sur ce penseur dont nous avons déjà trouvé le nom sous la plume des candidats à la chaire de philosophie du Cours Supérieur de Lettres[112]. N'était-il pas dans la mauvaise langue de Camilo : « l'oracle de nos philosophes dans les langes qui ne le comprennent pas » ?[112] (a).

C'est précisément à ce public qu'Antero se réfère, lorsqu'il demande à Castilho si l'on peut vivre sans idées... Revenons sur cette phrase car toute l'Affaire est là.

L'indépendance de l'écrivain, à la lumière d'un romantisme fondamental, est la seule garantie des idées. Voilà la thèse d'Antero. Et les idées constituent le garant de l'avenir pour lequel il faut travailler, au nom duquel il faut agir. Le mot surgit avec toute sa charge symbolique dans les deux textes du poète.

Quel avenir pourtant ? Au-delà de l'idéalisme d'Antero et de Teofilo, pointe la révolution sociale. Teofilo sera le premier président de la République portugaise, Antero, qui trouvait alors que « toutes les royautés naissent du vice »[113], et qui avait rendu hommage à Henriques-Nogueira dans un de ses premiers articles, en 1860[114], deviendra un des *leaders* du socialisme au Portugal. Quant à Castilho, on ne doit pas oublier qu'il avait eu son moment cabraliste...

Voilà une autre dimension, et pas la moindre, de l'Affaire de Coimbre. Et on comprend alors le parallèle établi entre cette polémique apparemment littéraire et la polémique soutenue par Herculano contre l'Eglise, quelque quinze ans auparavant[115]. Antero lui-même ne publiera-t-il pas alors une brochure contre le Syllabus, texte ironique

---

110. ANTERO, *in O Seculo XIX* du 6 avril 1864 (*in Prosas*, I, p. 76).

111. A. OSORIO de VASCONCELOS, *Op. cit.*, p. 22.

112. *In O Panorama* (1867), pp. 9, 21, 54, 58, 66, 92 et 196.

112 a. CAMILO, *Esboços de apreciações Literarias* (Porto, 1865) p. 72.

113. ANTERO, *A Dignidade das Letras...*, p. 15.

114. ANTERO, in *Preludios Literarios*, 1860, (*in Prosas*, I, p. 18).

115. HERCULANO, *Eu e o Clero* (Lisbonne, 1850).

sans merci ?[116] L'Affaire se définit plus clairement sur le plan de l'idéologie. Elle va même plus loin qu'Antero ne le croit lorsqu'il dit : « Je vois
que dans cette question littéraire se trouve engagée une chose assez
valable — la plus grande liberté de la pensée et les progrès de l'esprit »[117].

Quelqu'un, dont on ignore l'identité[118], écrira alors dans un journal de Porto quelques considérations au sujet de l'Affaire qui doivent
retenir notre attention. « La poésie exaltée a déjà donné au Portugal
un livre de poésies (...), un volume de cantiques patriotiques pour
s'opposer à la poésie conservatrice et à la muse constitutionnelle ».
Il s'agit, bien entendu, des *Odes Modernas* d'Antero de Quental. Ce
volume de vers, selon le même auteur, prouvait que « la littérature doit
être l'organe d'une civilisation nouvelle ».

Il faut sans doute rapprocher ces vers et les théories esthétiques
et sociologiques qui les enveloppent, des théories politiques qui
quinze ans plus tôt avaient été formulées au Portugal. En 1850 comme
en 1865, il s'agissait d'une action révolutionnaire, bien que par des
voies différentes. Le socialisme de la génération de 1850 perce derrière le modernisme épique et cosmogonique de la génération de
1865, par-dessus quinze ans de Fontisme. Dans quelque six ou sept ans
nous le retrouverons dans le nouvel avatar du réalisme proudhonien.

Pourtant dans le cadre de la polémique, un texte publié à Porto
affirmera alors que la littérature de demain devra être consacrée au
peuple, qu'elle apprendra à l'homme « que c'est lui-même qui décide
dans ce monde de son destin » ; elle lui enseignera surtout « la liberté
collective », demandant pour les « fils du travail » l'instruction dans
des établissements comme les « Mechanic's Institutes » anglais. Si
cela entrait dans les vues du Fontisme, la perspective était pourtant
différente sinon opposée. On revendiquait alors l'instruction, des habitations convenables, de meilleures conditions de vie — et cela aussi
dépassait les vues métaphysiques d'Antero[119]...

Ainsi l'Affaire éclate-t-elle définitivement. Le mouvement de 1850
était né à Lisbonne et à Porto ; il avait été mené par des gens pratiques au milieu d'une force prolétaire qui s'annonçait à peine. Le mou-

---

116. ANTERO, *Defesa da Carta Enciclica de S. S. Pio IX contra a chamada opinião liberal* (Lisbonne, 1865), (*in Prosas*, I).

117. ANTERO, *A Dignidade das Letras...*, p. 48.

118. L. S. « Arte e Democracia », *in O Comercio do Porto* du 27 septembre 1865.

119. Voir E. A. SALGADO, *Literatura de Amanhã* (Porto, 1866).

vement de 1865 était le produit d'une génération d'intellectuels bourgeois généreusement passionnés d'idées et de littérature — des
« niveleurs idéalistes » (Antero). A Lisbonne, où le Fontisme avait ses
assises bureaucratiques, les forces de 1850, tout comme celles du
romantisme de la première génération, s'étaient endormies ; à Porto
elles reprenaient le combat, parallèlement à celui de Coimbre.

Mais à Porto ce combat, qui est le combat de l'avenir, prendra
encore un autre visage, où les intérêts du capitalisme jouaient un rôle
essentiel. En 1865, l'année de l'Affaire de Coimbre, il y aura une
Affaire de Porto : la première exposition internationale organisée au
Portugal et dans la péninsule ibérique. Il faut mettre les deux affaires
en relation pour bien comprendre le tournant que la société portugaise allait prendre. L'une et l'autre affaire, ne l'oublions pas, sont
l'effet de l'avènement du chemin de fer...

CHAPITRE XII

L'AFFAIRE DE PORTO :
L'INDUSTRIE ET L'ARCHITECTURE DU FER

Le 18 septembre 1865, neuf jours avant la date où Castilho écrira son texte polémique contre l'« Ecole de Coimbre », Porto inaugura son exposition internationale. Ce fut un événement dont il faut souligner la portée dans le cadre de la culture portugaise.

Quatre ans plus tôt, la veille de sa mort, Pierre V avait posé la première pierre d'un Palais de Cristal qui, imitant celui de Londres, devait servir de décor à des expositions industrielles ou agricoles que depuis longtemps la ville organisait, en concurrence avec la capitale. En 1861, précisément, Porto avait offert à la nation une exposition de produit de l'industrie portugaise que le roi était venu inaugurer. Trois ans plus tard, quand les travaux étaient presque achevés, donnant corps à un rêve que tout le monde considéra comme téméraire, la société du Palais de Cristal annonça une exposition internationale pour l'année suivante.

Cette société, dont le premier actionnaire avait été Pierre V, s'était constituée avec la collaboration du capitalisme de Porto, lié à l'agriculture et à l'industrie ; elle résultait de la transformation d'une Sociedade Agricola do Distrito do Porto qui avait déjà réalisé la première exposition agricole portugaise en 1857. Cette transformation est un signe des temps. Le mot « Progredior » fut inscrit sur la façade du palais de cristal et de fer qu'on s'était engagé à faire bâtir d'après l'idée d'une personnalité de la colonie anglaise de la ville, un fils du collectionneur Allen. Il s'était inspiré du palais londonien — mais non seulement le nom et l'idée de ce palais, mais aussi son projet et ses matériaux venaient d'Angleterre, donnant ainsi suite à une tradition de l'architecture de Porto qui datait du XVIIIe siècle.

La première Maison noble de la ville[1] céda un terrain près de son palais, et devient le principal actionnaire de la société dont le prési-

---

1. Le marquis de TERENA.

dent, Allen, sera fait vicomte. Mais l'apport le plus important est venu du Brésil, dont la colonie portugaise était en grande partie originaire de Porto — et ce fut elle qui sauva l'entreprise lorsque celle-ci fut menacée par la faillite. Toutes les forces vives de la ville participèrent à l'affaire — luttant de près ou de loin contre l'étonnement, le scepticisme, la raillerie et la jalousie de la capitale qui, plus modestement, préparait alors une exposition nationale et ne voyait pas la possibilité d'aller au-delà d'une exposition ibérique, tout au plus.

La capitale du Nord attaquait Lisbonne — « la décadence qui (...) ronge la vie dans le confort exagéré de la luxueuse Lisbonne »[2]. Porto, qui avait fondé sa propre Association Industrielle en 1852, se vantait d'être « la première terre industrielle du royaume (...) par ses habitudes industrielles et par le génie actif et entreprenant de ses habitants »[3]. Il se moquait de ceux qui « préfèrent les miroirs et les tables du Marrare aux arbres et aux engrenages des usines »[4]. Les intellectuels de Coimbre s'attaquaient à ceux de Lisbonne en même temps que les capitalistes de Porto critiquaient ceux de la capitale. Les journaux des deux villes prenaient parti — mais la voix la plus enthousiaste et la plus autorisée dans la presse était celle de l'ancien commissaire du Portugal à l'exposition parisienne de 1855[5]. Il voyait certainement plus loin que ses adversaires, et il était pour l'exposition.

Mais rien n'aurait été possible sans le palais lui-même, qui était dû à un architecte et à un ingénieur britanniques. T. Dillen Jones et F.-W. Shields. Celui-ci installa la structure métallique fabriquée à Manchester. L'architecte de la Bourse[6] collabora à l'édification, assurant ainsi une unité de programme ou, mieux, le passage d'un programme architectural à l'autre, dans le cadre d'une activité économique et culturelle commune. Les bâtisseurs d'une Bourse anglo-palladienne qui résultait de la transformation d'un ancien couvent, se consacraient maintenant à la construction d'un édifice dans un style anglais nouveau, qui était implanté dans des terres féodales. Le progrès commandait l'entreprise : « les directeurs du Palais de Cristal sont des

---

2. RIBEIRO de SA, *in O Comercio do Porto* du 26 août 1864.

3. I. Vilhena BARBOSA, *in Arquivo Pitoresco* (1864), VII, p. 2.

4. *In Diario Mercantil*, Porto, cité *in Catalogo da Exposição Internacional do Porto* (1866), p. LXVII.

5. S. RIBEIRO de SA (1822-1865).

6. G. A. GONÇALVES de SOUSA.

hommes de notre temps et de notre pays. Au lieu de plaider des titres
archéologiques auprès de la Cour royale, ils ont pris des pierres, du
fer et du cristal et se sont occupés à dresser un de ces majestueux
temples modernes que les nations libres et civilisées consacrent
maintenant au travail »[7].

De la pierre, du fer et du verre : la pierre était le granit grisâtre
du Nord qui imposait une certaine lourdeur à l'ensemble, avec ses
tours d'angle — mais la structure en fer, produit d'une technologie
que le Portugal ignorait encore, montrait de nouvelles possibilités et
un nouveau chemin esthétique.

Dès janvier 1864 l'*Arquivo Pitoresco* publia l'image et la description du palais avec force éloges[8]. Ses dimensions y étaient complai-
samment exposées : 110 mètres de long, 72 mètres de large ; sa nef
centrale, avec une coupole en fer et verre haute de 19 mètres, pouvait abriter dix mille personnes. Une salle de concerts, une galerie de
tableaux, des salles de banquets, de lecture, de billard, un cirque,
une serre pour des plantes tropicales, une annexe pour des expositions agricoles — l'inventaire de ses avantages et de ses nouveautés,
y compris le panorama dont on jouissait de ses jardins, était méticuleuse-
ment chiffré. « Le Portugal sera redevable à la ville de Porto du fait
de pouvoir compter parmi les monuments commémoratifs de ses gloires passées un des monuments les plus caractéristiques du XIXᵉ siècle, le monument par excellence de la civilisation actuelle ». Le journaliste de l'*Arquivo Pitoresco* avait sans doute raison : Lisbonne ignorera cette technologie moderne durant vingt ans encore[9]. La capitale
du Nord, qui fera construire un pont par Eiffel dix ans plus tard,
entrait dès ce moment dans la civilisation du fer. Quant aux signes
des gloires du passé auxquelles l'article faisait allusion, ils entraient
dans le contexte d'une pensée patriotique qui n'hésitera pas à comparer l'exposition à la découverte de la route maritime des Indes[10]...

Le mot « civilisation » revenait sous la plume des journalistes,
comme jadis — mais il était maintenant concurrencé par le mot « progrès ». De toute façon, ce n'était pas le Passé qui comptait : il n'entrait
dans les articles et les discours officiels que comme une figure de
rhétorique car la valeur qui s'imposait d'abord aux esprits était l'Ave-

---

7. Ribeiro de Sa, *in O Comercio do Porto* du 14 septembre 1864.

8. I. Vilhena Barbosa, *in Arquivo Pitoresco* (1864) VII, 2 et 11.

9. Marché da Figueira, inauguré en 1885.

10. I. Vilhena Barbosa, *in Arquivo Pitoresco* (1865), VIII, 337.

nir. « Saluons Porto, car nous saluons ainsi l'avenir du Portugal »,
écrivait l'ancien commissaire portugais à l'exposition de 1855[11]. L'avenir et le progrès : « monument de civilisation et de progrès national »,
« instrument puissant pour l'avenir glorieux de notre patrie », « hommage sacré rendu à la glorification de l'industrie », « temple géant du
Progrès »[12] — le diapason était très élevé et Fontes lui-même, alors
ministre des Finances, viendra ajouter sa voix au chœur : pour lui
c'était un « monument de la paix ». Il s'agissait d'« élever à la civilisation moderne le monument sans doute le mieux adapté, le plus
riche, et le plus important parmi tous ceux qui dernièrement ont été
entrepris et réalisés au Portugal ». Fontes y pouvait voir la conséquence de sa politique économique — et surtout des chemins de fer.
Car pour lui « l'exposition de Porto, c'est le chemin de fer ». Il ajoutera à la fin de son discours ce « quod erat demonstrandum » qu'il
aimait employer et qui agaçait fort ses adversaires — mais il n'en
avouera pas moins « sentir battre de joie son cœur de Portugais… »[13]

    « Avec la construction du Palais de Cristal, nous devenons une
nation de premier plan dans le domaine des progrès sociaux », affirmait en même temps le commissaire de 1855[14]. Le Portugal entrait dans
le « congrès des nations industrielles », ajoutait un historien qui s'interrogeait à Lisbonne sur les possibilités de la grande exposition
rêvée à Porto, par rapport à l'état réel de l'industrie nationale[15].

    Le problème était sans doute là, et il ne faut pas seulement voir
dans l'opposition de Lisbonne de la mauvaise volonté, de la jalousie
ou une simple réaction de routine. L'industrie portugaise avait-elle
suffisamment progressé pour pouvoir être présentée décemment, dans
son propre pays, à côté des industries des nations plus développées ?
Il ne s'agissait certainement pas de concurrencer mais, au moins, de
faire bonne contenance. Les grands pays accepteraient-ils l'invitation
portugaise, alors que la France avait déjà annoncé son exposition de
1867 ? Le Portugal pouvait-il prétendre diriger une entreprise tellement
importante ; avait-il assez d'autorité morale et de savoir faire ? Ne

---

11. RIBEIRO de SA, in *O Comercio do Porto* du 26 août 1864.

12. *O Comercio do Porto* du 25 août 1864 ; RIBEIRO de SA, in *O Comercio do
    Porto* du 20 août 1864 ; idem, ibid, 26 août 1864.

13. *Discursos do Sr. Ministro da Fazenda, A. M. Fontes Pereira de Melo pronun-
    ciados nas sessões de 6, 7 e 9 de dezembro de 1865 a respeito da novação do
    contrato dos Caminhos de Ferro do Sul e Sueste* (Lisbonne, 1865), pp. 53, 52, 106.

14. RIBEIRO de SA, in *O Comercio do Porto* du 19 août 1864.

15. Latino COELHO, in *Jornal do Comercio* (cité in *Catalogo…*, p. LXII).

vaudrait-il pas mieux attendre encore un an l'inauguration de la ligne de chemin de fer international qui relierait le pays à l'étranger[16] ? Autant de points d'interrogation ne pouvaient pas manquer de refroidir l'enthousiasme des promoteurs eux-mêmes — et dans une ambiance de scepticisme (malgré l'apport du gouvernement qui attribuait à l'initiative les trois quarts des crédits demandés — cent contos), Allen s'est retrouvé presque seul à la tête de l'entreprise déjà mise en route[17]. Il faut enregistrer toutes ces péripéties car elles nous renseignent sur le degré de conscience qui présidait à ces démarches. L'élan progressiste de certains capitalistes de Porto, l'orgueil de leur propre ville aidant, les entraînait dans une aventure dont personne ne pouvait vraiment deviner l'issue.

On était hanté par l'idée d'inaugurer « le nouvel âge de la civilisation portugaise » et de participer aux « grandes entreprises du génie et du travail modernes »[18] — et on ignorait la faiblesse des structures économiques du pays. On voulait, en somme, forcer celles-ci, les mettre devant un fait accompli et leur faire suivre le mouvement d'une pensée qui se développait à un autre rythme et d'une façon assez idéaliste. Le fait culturel devait ainsi entraîner le fait économique, le guider dans un terrain inconnu. Il ne faut pourtant pas oublier que ce terrain était non seulement inconnu d'un point de vue économique mais aussi d'un point de vue sociologique. On y avançait en tâtonnant, d'une façon empirique, à coup de grands mots...

Il y avait pourtant, et cela dès le commencement de l'aventure, des gens qui mesuraient le rôle auquel l'exposition pouvait vraiment prétendre. On déclarait alors qu'on attendait des grandes nations rien d'autre qu'une leçon : « demandons-la avec empressement car nous en avons un besoin urgent »[19]. Et la circulaire annonçant l'entreprise ne manquait pas d'épouser ce point de vue : il s'agissait d'un « essai général de nos forces » ; tout ce qu'on souhaitait c'était de « figurer avec dignité comme nation industrieuse » : le plan moral prenait le dessus sur un plan économique surestimé.

---

16. Le chemin de fer s'était arrêté à Badajoz en 1863. En 1866 (le 1er octobre) il liera Lisbonne à Madrid. Voir *Jornal de Lisboa* du 8 septembre 1864.

17. Voir I. Vilhena BARBOSA, *in Arquivo Pitoresco* (1865), VIII, p. 338. A côté d'A. ALLEN se trouvait A. FERREIRA BRAGA, capitaliste et professeur à la Faculté de Médecine. Il s'y ruina (voir Alberto PIMENTEL, *O Porto há 30 anos*, Porto, 1893, p. 72).

18. J. M. Latino COELHO, *Op. cit.*

19. *O Comercio do Porto* du 31 août 1864.

Les avantages de cette leçon qu'on demandait étaient évidentes, et on comptait d'avance sur les rapports qu'on ne manquerait pas d'écrire sur les différents aspects de l'exposition, comme cela était arrivé dans le cadre de l'exposition de Londres, en 1851. Cette comparaison était, certes, naïve. Deux grandes expositions avaient eu lieu après celle de Londres, l'une à Paris, en 1855, l'autre également à Londres, en 1862, et on attendait la prochaine exposition parisienne, en 1867. Tout au plus, on pourrait comparer l'exposition de Porto avec celles qui avaient été réalisées à Dublin en 1853 et à Florence ne 1861. Entre 1851 et 1862, le nombre des participants aux grandes expositions s'était élevé de 17 000 à 28 600 ; en 1867, Paris en comptera plus de 42 000. L'exposition irlandaise n'en avait eu que 3 171 ; celle de Porto en aura à peine plus : 3 450 environ — mais seulement 1 073 étrangers[20].

On sait que les grandes nations ont hésité ; elles se sont inscrites, bien entendu, la France en tête, mais ce n'est qu'après l'inauguration et les nouvelles envoyées par les observateurs, que quelques-unes d'entre elles ont fait de nouveaux envois, pour enrichir leurs représentations[21]. Ce fut un succès auquel les pays les plus entreprenants ont contribué : la France surtout — à tel point que le rapport officiel pouvait affirmer que le bon résultat du concours « devait être attribué, pour la plus grande partie, à la nation française »[22]. L'expansionnisme du Second Empire ne perdait pas l'occasion de s'affirmer face à l'allié traditionnel du Portugal. En effet, le Royaume Uni, comme les nations allemandes, est resté très au-dessous de ses possibilités. Si la Belgique a fait un effort, les autres onze pays ont à peine marqué leur présence diplomatique[23].

Il ne nous appartient évidemment pas d'analyser ici l'aspect industriel de l'exposition de Porto. Les pages que Fradesso da Silveira, champion de l'industrie nationale[24], a alors écrites permettent pourtant d'aborder certains problèmes qui s'articulent à la situation socio-culturelle qui nous intéresse. Il y a d'abord le problème de la

---

20. Voir chiffres *in Catalogo...* et Armando de CASTRO, *in Dicionario da Historia de Portugal* (Lisbonne, 1965), II, 165.
21. Voir I. Vilhena BARBOSA, *in Arquivo Pitoresco* (1865) VIII, 335.
22. *Diario de Lisboa*, du 3 février 1866.
23. Autriche, Brésil, Danemark, Espagne, Etats Unis, Italie, Japon, Pays Bas, Russie, Suède, Turquie. Voir *Catalogo...*
24. J. H. FRADESSO da SILVEIRA. *Visitas à Exposição de* 1865 (Lisbonne, 1866). Sur F. da SILVEIRA voir Brito ARANHA, *Esboços e Recordações* (Lisbonne, 1875), 201.

méthode qui présida à l'exposition des produits ; ce problème prend encore d'autres aspects comme celui du manque de données non seulement techniques mais aussi statistiques sur les représentations des fabricants. Encore cela ne fait-il que souligner l'inexistence d'une enquête sur l'industrie nationale — symptôme extrêmement grave du manque de conscience des grands besoins de la nation, de la part des gouvernements. Mais nous devons y voir surtout le reflet d'une inconscience culturelle dont le procès doit être fait à un niveau national. Fradesso trace les grandes lignes du processus de l'industrie portugaise — voire de la mentalité économique des fabricants et des capitalistes nationaux. « En général nos établissements industriels commencent par la tentative timide d'un entrepreneur disposant de peu d'argent », affirme-t-il[25]. La faillite s'ensuit, fatalement, car le fabricant, incapable de faire face aux engagements qui découlent du développement de son industrie, ruiné par un crédit trop cher, préfère sombrer plutôt qu'échanger son statut individuel (et individualiste) contre le statut dynamique d'une société anonyme. Il n'est pas sans mettre dans son attitude un goût amer de vengeance — contre le destin et contre la patrie... Quant aux capitalistes, « qui pouvaient fonder des établissements, (ils) fuyaient l'industrie »[26]. Quinze ans après l'institution du régime fontiste, la culture ou la mentalité économique n'avaient pas beaucoup changé dans le pays : les dispositions psychologiques des uns ou des autres demeuraient fermées au dynamisme de la vie sociale.

Le rapport officiel[27], faisant état de l'absence de beaucoup d'industriels confirmait la critique de Fradesso. Il ne manquait pourtant pas de considérer comme brillant l'aspect général de l'exposition et de le comparer, toutes proportions gardées, à ceux des expositions de Paris et de Londres. L'exposition de Porto se présentait surtout aux yeux des rapporteurs comme une possibilité d'apprentissage et comme « une stimulation pour réaliser d'importantes réformes » — d'autant plus qu'il s'agissait alors de préparer les envois nationaux à la prochaine exposition de Paris.

Malheureusement la situation ne connaîtra pas de transformations ni de réformes avant de longues années et ce n'est qu'en 1880 qu'une enquête sur l'industrie permettra de poser scientifiquement les pro-

25. Idem, ibid., p. 20.
26. Idem, ibid., p. 25.
27. Francisco A. de Vasconcelos e Francisco A. Florido da Mouta e Vasconcelos, in Diario de Lisboa du 3 février 1866.

blèmes socio-économiques, aussi bien que culturels que le Fontisme avait soulevés. Pour le moment (et tel fut le rôle de l'exposition de Porto) on commençait à savoir qu'on ne savait rien et à avoir conscience d'une vie industrielle mal vécue...

Mais l'exposition de Porto a également servi les Beaux-Arts dans la mesure où la plupart des pays ont envoyé de vastes représentations artistiques — quelque cent cinquante numéros pour la France, une centaine pour le Royaume Uni et la Belgique, quelque soixante-quinze pour l'Italie, entre cinquante et soixante pour le Brésil et l'Espagne.

Les sculptures italiennes et les peintures françaises, fort académiques, constituaient sans doute l'ensemble le plus important que les artistes lisbonnais de la Sociedade Promotora ne manqueront pas d'aller voir. Cristino da Silva, qui écrira un rapport assez passionné de sa visite[28], ne se laissa pas convaincre, et il avait peut-être raison car, outre quatre toiles de Boudin et de Ribot, il n'y avait pas grand chose à admirer sur les cimaises du Palais de Cristal.

Ce fut pourtant la première occasion offerte au public national (et à maints artistes qui n'avaient pas encore voyagé, comme Cristino lui-même et Anunciação) de voir les produits esthétiques d'autres pays. A ce titre, l'exposition n'en marqua pas moins une date importante qui fait pendant aux dates des représentations nationales dans les expositions de Paris, en 1855 et 1867.

Dans la section portugaise, on a donné libre accès à de simples amateurs et parmi ses deux cent quarante numéros, on voyait beaucoup d'« objets artistiques » qui concurrençaient les tableaux et les sculptures — des objets fort variés qui se classaient plutôt au niveau de la curiosité décorative, telles les statues de fonte venues de France, ou un enfant en cire endormi dans son berceau qui, aux dires de certain journaliste, paraissait vivant...

L'exposition du Palais de Cristal fut tout de même l'occasion de distinguer Anunciação par l'attribution d'une médaille d'honneur, le prix le plus important de la section des Beaux-Arts ; Metrass était déjà mort ; Bastos a eu une première médaille, Cristino n'en eut qu'une seconde et il en fut fort dépité ; Menezes, Rodrigues et Leonel étaient absents du concours. Pour Anunciação, c'était le couronnement de sa carrière qui atteignait alors à son sommet ; trois ans après, comme nous le savons. il sera déjà contesté.

---

28. João Cristino da SILVA, *Visita à Exposição Internacional do Porto* (Lisbonne, 1866).

C'est dans l'exposition de Porto que l'on voit s'accorder les points de vue et les efforts de Pierre V et de Fontes : la civilisation moderne y trouvait une expression à la fois humaniste et technique. La Regénération de 1851, évoluant dans le cadre du capitalisme fontiste, déboucha logiquement sur l'exposition de 1865. Le développement de l'industrie envisagé dans un rapport international de forces était la seule issue du système, à la fois sa projection possible et son remède nécessaire. On verra si le Fontisme pouvait prendre la voie indiquée à Porto ; pour le moment remarquons que le système était surtout Lisbonne — et l'exposition de 1865 fut réalisée, dans une certaine mesure, contre Lisbonne.

Ainsi, à ce moment de la vie portugaise, nous assistons à une mise en question de la suprématie de la capitale, soit de sa bureaucratie politique soit de sa théocratie littéraire. Le parti financier de Porto et l'école philosophique de Coimbre représentent deux aspects d'une réalité contradictoire. Il faut pourtant remarquer que si les jeunes idéalistes de Coimbre ne s'intéresseront pas à l'affaire de Porto, les sages intellectuels de Lisbonne ne manqueront pas d'y intervenir. Nous avons déjà entendu Latino Coelho (il parlait du « nouvel âge de la civilisation portugaise », même s'il se méfiait des possibilités de l'entreprise de Porto) ; le poète et dramaturge Mendes Leal, alors ministre d'outremer, ne refusa pas son concours à l'initiative — et Chagas lui-même s'esclaffait : « Capitalistes de Lisbonne, de tout le royaume, au travail ! »[29]. C'était le groupe de Castilho qui, en 1865, appelait Porto « la capitale de l'industrie portugaise », lorsqu'il écrivait à Biester à propos de sa pièce *Os Operarios*, dédiée à la même ville[30].

De son côté, Camilo s'amusait à faire un calembour : « Dai-me dinheiro e eu cristalisarei o Porto »[31] — et Lemos, après Camoëns, fournissait quelques vers en épigraphe au catalogue officiel des produits nationaux : celui qui a vu les rives du Mondego, du Douro, qui a voyagé sur le Tage, celui-là

« Não pode amar outra terra ! »

---

29. Pinheiro CHAGAS, *in Jornal do Comercio* du 23 février 1865.

30. CASTILHO, lettre du 16 octobre 1865, *in* E. BIESTER, *Os Operarios* (Lisbonne, 1865), p. 226.

31. CAMILO, *in A Revolução de Setembro* (1861 ?), cité *in O Tripeiro* (Porto, 1958), XIV, p. 162.

La terre portugaise toute entière, c'est-à-dire Coimbre, Porto et Lisbonne, devenait ainsi solidaire de l'entreprise de Porto.

Porto épousait le point de vue lyrique de la génération de 1840. Ses gens pratiques eux aussi ignoraient la révolution de Coimbre : le « nouvel âge de la civilisation portugaise » dont on parlait n'était certainement pas une affaire métaphysique. . .

Mais, refusant la métaphysique, ils refusaient aussi la morale qui en découlait et leur propre affaire entrait dans l'orbite du sytème officiel.

En 1865 se jouait l'avenir de ce système — mais pas dans l'exposition de Porto car, comme Fontes l'avait fort bien compris, cette exposition était sa propre victoire, c'est-à-dire la victoire d'un schéma de pensée et de sensibilité qu'il avait façonné. Il pouvait alors sentir son cœur battre de joie. . .

L'affaire de Porto ne porte pas le vrai visage de l'avenir : il ne fait que déguiser le présent dans une continuité logique et perfectionnée. Et c'est finalement pourquoi les gens de Coimbre n'en prendront pas connaissance, au cours de leur propre affaire. Le progrès bourgeois qui, encore une fois, se réclamait de Pelletan[32], et, exprimé par un mot latin, rayonnait sur le frontispice du Palais de Cristal, devait plutôt plaire à Castilho qui ne manquera pas de voir dans cet édifice un capitole. . . La civilisation des structures en fer, en fin de compte, n'était qu'une coïncidence dans l'esprit et dans l'action de ces capitalistes auxquels Chagas faisait appel. L'avenir en fournira la preuve.

32. Voir article de J. J. de Sousa Teles *in Arquivo Pitoresco* (1864), VII, p.242.

QUATRIEME PARTIE

LES ANNÉES
DE CONTESTATION
(1865-1880)

Pour vivre à l'abri des cahots horribles
du tourbillon social nous avons résolu
le problème d'une façon bien à nous dont
on ne nira pas du moins l'originalité
— vivre en dehors de l'histoire et du
progrès.

ANTERO (1865)

Nous ne savons peut-être pas où nous devons aller ; nous savons certainement où
nous ne devons pas être.

EÇA DE QUEIROZ (1871)

CHAPITRE PREMIER

LA CAPITALE DU MONDE FONTISTE

...Dans la capitale du royaume, ville devenue sage, le café Marrare se mourait. Après avoir été le haut lieu d'un romantisme en crise de croissance, son rôle était maintenant terminé. José Estevão n'avait plus de discours enflammés à déclamer ; les cendres du mouchoir de l'Alboni, dissoutes dans des coupes de champagne, étaient consommées depuis bien des années... En 1866, le Marrare ferma ses portes pour faire place au magasin d'un marchand de chaussures. Symbole de la paresse lisbonnaise, comme le disaient les gens de Porto, il mourait de cette même paresse. Il sera tant bien que mal remplacé par le café Martinho qui, loin du Chiado, n'aura ni son charme ni son prestige[1].

Trois ans plus tard, Ferdinand de Cobourg épousera morganatiquement une chanteuse du São-Carlos. Fin bourgeoise d'une aventure romantique — la dernière des aventures du beau prince-consort vieillissant. Enterrement d'une époque où l'Opéra avait joué son rôle...

Bien entendu, les saisons du São-Carlos continuaient d'attirer le « tout Lisbonne » — mais, faute de public, elles furent raccourcies vers 1870. Le gouvernement refusa alors la subvention habituelle et seul le duc de Saldanha, qui avait instauré une bizarre dictature personnelle, la fit augmenter. Les « impresarii » se succédaient et ils étaient toujours enlisés dans des difficultés financières, car l'Etat avait abandonné l'administration directe de la salle. En 1876, le dernier spectacle de l'abonnement n'eut même pas lieu parce que la compagnie, n'ayant pas été payée, se mit en grève.

---

1. En 1866 le Marrare était encore mentinné comme un haut lieu de la vie intellectuelle de Lisbonne : « Ils vont du Gremio (Literario) au Marrare débiter niaiseries » (J. A. FREITAS OLIVEIRA e A. F. CASTILHO, *A Questão Literaria*, Lisbonne, 1866, p. 6). Le café Martinho avait été fondé, près du Théâtre D. Maria II, à côté de Rossio, en 1846.

Le répertoire ne pouvait certainement pas changer : c'étaient toujours les compositeurs italiens de la lignée Rossini-Verdi qui faisaient les belles nuits du São-Carlos. En 1877, un jeune historien de l'art et musicologue, élevé en Allemagne, J. de Vasconcelos, fera pourtant la critique la plus sévère à ce répertoire repris chaque année — « répertoire qui date de 1840-1850 ». Il faisait allusion à la carence de la musique allemande (il affirmait que Don Giovanni chanté à Lisbonne avait été « coupé et estropié »), de la musique de l'école franco-allemande de Gluck, et de celle de l'école italienne classique[2]. Mais ces accusations n'étaient pas écoutées... Et c'était également en vain qu'un jeune pianiste, disciple de Lavignac à Paris, A. Machado, prétendait, vers 1867, opposer à Meyerbeer, seul compositeur allemand connu au Portugal, Bach, Mozart, Beethoven, Mendehlson et Schumann[3]. Si Don Giovanni de Mozart fut chanté une deuxième fois en 1867, vingt-huit ans après la « première » portugaise, l'enthousiasme d'Andrade Ferreira pour cet opéra qu'il avait d'abord considéré comme une vieille chose de l'« enfance de l'art musical », et qui lui paraissait alors une œuvre moderne (« neuve, pour les sensations, et de même nouvelle à l'égard de la science moderne »[4]) n'était certainement pas partagé par les « dilettanti » qui, tout au plus, applaudiront l'Africaine de Meyerbeer en 1869. Si Verdi était présenté avec un retard plus grand qu'auparavant[5], Aïda n'en constitua pas moins un succès extraordinaire, en 1878, succès dû, en grande partie, aux décors de Cinatti et Rambois qui touchaient à la fin de leur carrière. Quant à Wagner, il faudra attendre 1883...

Un des rares signes positifs d'une évolution esthétique fut pourtant l'accueil fait à Giselle, en 1870. Le chef-d'œuvre du ballet romantique, qui jadis avait échoué devant l'indifférence de la salle, fut alors considéré comme « la meilleure danse que l'on connaisse »[6].

En 1878 une compagnie française put enfin renouveler les programmes en faisant entendre des opéras-comiques d'Auber, de Mail-

---

2. Joaquim de VASCONCELOS, A Reforma do Ensino de Belas Artes (Lisbonne, 1877, p. 39.

3. Jaime BATALHA REIS, préface à Prosas Barbaras d'Eça de QUEIROZ (pb Lisbonne, 1903), texte de 1903, p. XXII (3e ed.).

4. J. M. Andrade FERREIRA, texte de décembre 1867 in Literatura, Musica e Belas Artes II, p. 270.

5. Don Carlos (1871-1867), La Forza del Destino (1873-1862) et Aïda (1878-1872).

6. Le ballet fut alors dansé par la compagnie de Katty LANNER. Voir J. E. SASPORTES, Op. cit.

lart, d'Halévy et de Boieldieu[7]. Auber était à peu près ignoré : son *Fra Diavolo* avait été chanté en italien en 1875, ainsi que *La Juive* d'Halévy, en 1869, ou le *Faust* de Gounod, en 1865. C'est seulement la saison de 1878 qui fit connaître tout un ensemble de « libretti » français — auxquels il faut encore ajouter, quarante ans après sa création, *La Fille du Régiment*, de Donizetti.

Mais les opéras-comiques d'Auber-Scribe avaient été précédés par des « zarzuelas » espagnoles, dont le bon accueil populaire doit être signalé vers 1865, et par les opérettes d'Offenbach dont le succès fut immense — et inattendu. Tout de suite après *La Grande Duchesse de Gerolstein*, chantée en 1868, alors que son succès parisien était encore retentissant, une des œuvres secondaires d'Offenbach, *Les Georgiennes*, fut choisie pour inaugurer un nouveau théâtre[8]. Ces caricatures de la société du Second Empire n'avaient pourtant pas grand chose à voir avec la vie vécue à Lisbonne et l'on peut s'étonner de l'accueil qu'elles ont reçu, à 400 lieues des « Bouffes Parisiens ». A quoi était-il dû ? Certainement pas à leur style, à leur rythme spirituel, voire à leurs qualités esthétiques qui échappaient au public des théâtres lisbonnais et aux « dilettanti » rossiniens. Il faut plutôt analyser le côté politique de ce phénomène car le spectateur était amené à chercher dans la fantaisie libre d'Offenbach une charge étroitement appliquée à des situations nationales — d'autant plus que les œuvres étaient chantées en portugais. En 1837 le chœur révolutionnaire d'*I Puritani* avait presque provoqué une émeute. Maintenant on se contentait d'Offenbach. A moins que le frisson suscité dans la salle par la Fricci-Baraldi chantant les mots « Fatalità ! Fatalità ! » dans l'air de *La Forza del Destino*[9] ne fut encore plus significatif...

De toute façon, si l'on en croit les exagérations de Mme Ratazzi, touriste illustre, Offenbach était si populaire que les carillons des églises de Lisbonne le jouaient fort volontiers : « Le Seigneur (disait-elle) appelait ses fidèles à la prière sur l'air de *Venus-la-Cascadeuse* »[10]...

Dans le domaine de la musique, par lequel on doit commencer tout panorama de la vie artistique et mondaine de la capitale, la consommation l'emportait toujours sur la création — et ce n'étaient

---

7. *Le Domino Noir, Les Diamants de la Couronne, Fra Diavolo, Haydée ; Les Dragons de Villars ; Les Mousquetaires de la Reine ; La Dame Blanche*.

8. Le nouveau théâtre du Ginasio, le 29 octobre 1868.

9. Voir F. Fonseca Benevides, *Historia do Real Teatro de S. Carlos de Lisboa*, p. 339.

10. Princesse Ratazzi, *Portugal à vol d'oiseau* (Paris, 1879), p. 29.

certainement pas les compositeurs nationaux, Noronha ou le vicomte d'Arneiro, auteurs d'opéras dont les « libretti » italiens déguisaient des sujets tirés de Garrett, d'Herculano ou de Chagas[11], qui auraient pu faire changer cet état de choses. Noronha a surtout travaillé à Porto, avant d'aller s'installer au Brésil ; Arneiro a surtout visé une carrière italienne qui d'ailleurs ne devait pas lui sourire. Artur Napoleão, talent précoce, dut lui aussi émigrer au Brésil, car, malgré des succès flatteurs en France, en Allemagne et en Russie, et malgré les éloges de Meyerbeer et de Liszt, son pays natal ne lui assurait pas les moyens de vivre. Le dévouement des « dilettanti » portugais des Opéras de Lisbonne ou de Porto n'allait pas jusqu'à alimenter une vie musicale autochtone. D'ailleurs, s'il existait à Lisbonne une *Gazeta Musical* depuis 1873, une revue consacrée à la musique, parue l'année suivante à Porto, pouvait encore s'appeler *Grinalda de Euterpe*...

Mieux qu'aucun autre milieu, celui du São Carlos nous permet de situer la grande bourgeoisie portugaise, ses goûts et sa culture, dans le déclin du romantisme. A ce point de vue, l'opéra était plus significatif que le théâtre — qui, d'ailleurs, ne présentera pas non plus d'intérêt jusqu'en 1880.

Arrêtons-nous maintenant à cet autre domaine.

Une nouvelle salle, près du Chiado, le théâtre da Trindade, offrit à la vie lisbonnaise un luxe nouveau, vers la fin de 1867. Une société de capitalistes, présidée par le 3e duc de Palmela, y avait fait de son mieux. Une pièce de Biester, dans sa ligne « sociale », inaugura cet édifice cossu, à l'allure bourgeoise de « palacete » ; son titre était *A Mãe dos Pobres*...

Dès 1865 un nouveau théâtre, l'Apolo, avait ouvert ses portes. En 1868, le Gimnasio, rebâti, inaugurera à côté du Trindade une salle nouvelle qui sera consacrée à des traductions de comédies françaises[12]. Six théâtres se trouvaient donc au service du public lisbonnais vers 1870[13]. Mais que lui offraient-ils ? Et à quel public s'adressaient-ils ?

---

11. Francisco de Sá Noronha (1820-1881) : *Beatrice di Portugallo*, (1862, tiré d'*Um Auto de Gil Vicente*), *L'Arco di Sant'Ana* (1867), *Tagir* (1876, d'un sujet de Chagas). Vicomte d'Arneiro (1838-1903) : *Elisir di Giovinezza* (1876, d'un sujet d'Anne Radcliffe).

12. Rangel de Lima (1839-1909), grand voyageur, journaliste et critique d'art, fut un des plus féconds traducteurs et imitateurs de comédies françaises.

13. D. Maria II, Rua-dos-Condes, Salitre devenu Variedades, Principe Real, Trindade et Ginasio. Remarquons qu'en 1866 *A Semana Teatral* (n° 1, du 20 août) dénombrait 67 théâtres au Portugal, dont 4 à Porto (S. João, Baquet, Camões et le Cirque).

Les pièces « sociales » continuaient de faire recette : *Fome e Honra, Riquezas do Trabalho* et *Um Drama do Povo*[14] sont des titres qui en disent long. Biester produira encore jusqu'en 1870, et en 1875 Cascais fera jouer avec succès un drame larmoyant sur les enfants abandonnés recueillis par l'Assistance Publique : *A Caridade*. Au cours de la même année, *Les Deux Orphelines* de D'Ennery, dans une traduction de Biester, soulèveront l'enthousiasme du public du théâtre D. Maria II qui applaudissait encore *Marion Delorme, Lucrèce Borgia* et *Antony* en 1869-1870, et qui, en 1871, sifflait le bourreau de *Marie-Antoinette*, pièce de Giacometti[15]... Sans doute préférait-il encore le « dramalhão » du bon vieux temps (*Le Courrier de Lyon ou Lazare le Pâtre* que le vieux théâtre de la rue des Condes présentait toujours)[16] à certaines pièces un peu trop parisiennes dont le « réalisme » ou l'immoralité le faisaient sursauter — par hypocrisie, dira Biester, en défendant l'une de ses traductions, vers 1873[17]. Pourtant, en 1867, *La Famille Benoiton* de Sardou connut un retentissement extraordinaire. Applaudie par le public, cette pièce influença même la mode et fournit des références littéraires aux jeunes poètes qui regardaient déjà (nous le verrons) du côté de Baudelaire[18]...

Mais la grande pièce portugaise de cette période fut la *Morgadinha de Valfor*, de Pinheiro Chagas, jouée en 1869 et très souvent reprise. L'action se passait vers la fin du XVIIIe siècle : elle opposait l'orgueil d'une jeune « fidalga » à l'orgueil d'un jeune artiste, fils du peuple, enlisé dans un amour impossible malgré le virage de la Révolution que le Portugal voulait ignorer. Cela servait de prétexte à maints discours ampoulés où s'affirmait l'idéologie naïve du jeune amoureux. La mort de celui-ci dans les bras de la « morgadinha » couronnait ce produit mièvre d'un ultra-romantisme réchauffé. Mieux que toute autre pièce, celle-ci marque le niveau de la vie théâtrale portugaise à ce moment — résultat de deux générations d'auteurs dramatiques médio-

---

14. *Fome e Honra* (1876, Salvador MARQUES), *Riquezas do Trabalho* (1881, Julio ROCHA), *Um Drama do Povo* (1875, P. CHAGAS).

15. Matos SEQUEIRA, *Historia do Teatro D. Maria II* (Lisbonne, 1955), p. 315.

16. Princesse RATAZZI, *Op. cit.*, 103.

17. Voir G. Matos SEQUEIRA, *Op. cit.*, 317.

18. Voir Eça de QUEIROZ (*in Gazeta de Portugal* du 15 décembre 1867) ; ANTERO de QUENTAL, « A Carlos Baudelaire » (1869) ; Guerra JUNQUEIRO, *A Morte de D. João* (1874), p. 77 ; Guilherme de AZEVEDO, *A Alma Nova* (1874), p. 81 (2e ed. 1923).

cres pris dans le piège de leur propre système. Camilo allait jusqu'à affirmer qu'il s'agissait d'un plagiat[19]...

De nouveaux acteurs, les deux Rosas, Brazão, António Pedro, Virginia, Rosa Damasceno[20], tenaient maintenant la scène, remplaçant les disparus et tentant leur chance. Ils deviendront célèbres par leur talent, mais aussi par les tics qu'ils avaient pris au temps du « dramalhão » et qui s'étaient changés en habitudes prétendues réalistes avec le « drame social ». La « Belle Emilia » demeurait la vedette la plus admirée et la mieux payée. Si, en 1876, un critique osa voir en elle une « relique vénérable »[21] telle n'était pas l'opinion du public fidèle qui fut encore capable de l'applaudir en « travesti », lorsqu'elle se risqua, à quarante ans de distance, à reprendre un succès de sa jeunesse[22].

L'idéal des spectateurs lisbonnais était toujours la grandiloquence, dans le style de deux comédiens italiens célèbres, Rossi et Salvini, qui, lorsqu'ils étaient venus interpréter Shakespeare, vers la fin des années 60, avaient été fort discutés, suscitant la formation de deux partis rivaux[23].

En 1875, le gouvernement nomma une commission pour étudier la réforme du Théâtre National D. Maria II, mais aucune décision ne put être prise. Une nouvelle génération, formée dans l'Affaire de Coimbre, aura, dès 1871, son mot à dire sur le théâtre qu'elle verra surtout d'un point de vue sociologique. Attardons-nous à son commentaire.

« Il n'y a pas d'argent. Lisbonne est une ville de fonctionnaires. La cherté de la vie, les loyés élevés, le prix des vêtements, un certain besoin d'ostentation, tout cela laisse la bourse trop fatiguée, incapable de théâtres. Le théâtre est cher. Par conséquent, l'affluence aux salles est réduite »[24]. Les acteurs ? Ils se présentaient « sans études,

---

19. Lettre à Silva PINTO du 28 août 1880, *in* Silva PINTO *Pela Vida Fora* (s/d, Lisbonne, 1900), p. 101. Il s'agit de Lord LYTTON, *The Lady of Lyons* (Londres, 1838).

20. João ROSA (1843-1910), Eduardo BRASAO (1851-1925), Augusto ROSA (1852-1918), Antonio PEDRO (1836-1889), Rosa DAMASCENO (1849-1904), Virginia DIAS da SILVA (1850-1922). Voir Oscar TIDANT, « Dos Actores mais Antigos e Principais », *in Museu Ilustrado*, Porto 1878, n⁰ˢ 4 et 5.

21. *In Diario da Manhã* (cité par G. Matos SEQUEIRA, *Op. cit.*, p. 337).

22. *Les Premières Armes de Richelieu*, présenté à Lisbonne en 1842.

23. Voir Luciano CORDEIRO, *Segundo Livro de Critica* (Lisbonne, 1871), pp. 214 et 255 et J. M. Andrade FERREIRA, *Op. cit.*, II, 224 (texte de 1868).

24. Eça de QUEIROZ, *in As Farpas* n⁰ 1 (1871), *in Uma Campanha Alegre*, I, p. 361 (ed. 1927).

sans école, sans stimulants, sans cachets, sans public »... «-Mutatis
mutandis », ce théâtre, « loisir de la société », se trouvait dans une
situation pareille à celle où nous l'avons vu languir trente-cinq ans
auparavant. Faudrait-il tout recommencer ? C'était la thèse des jeunes critiques qui brandissaient alors la nouvelle recette « réaliste ».
Sur le plan théâtral, le romantisme avait vécu : un témoin ira jusqu'à
assurer que « les mœurs de théâtre (étaient) bourgeoises plutôt que
déréglées » — tout comme celles de l'Opéra, vers la fin des années
70[25]. Ce fut alors que les vestibules des deux théâtres nationaux furent
interdits aux badauds qui depuis toujours y entraient librement, appréciant et commentant l'arrivée des spectateurs[26]. On doit considérer
cette décision apparemment simple comme un changement important
dans les habitudes des Lisbonnais par rapport au théâtre — ou à leurs
théâtres. Ce n'est qu'un fait divers, certes, mais il mettait fin à une
tradition à laquelle on tenait énormément — sorte de droit acquis par
la rue qui avait reçu du romantisme la révélation de certains plaisirs
urbains...

La vie à Lisbonne était d'ailleurs devenue plus triste, plus ennuyeuse — et Louis Ier, le bon roi bourgeois et morose que la mort inattendue de son frère Pierre V avait fait monter sur le trône, laissait
couler les jours dans son palais à demi-bâti d'Ajuda, à travers des
salons qui avaient été alors piètrement achevés et meublés. « On dit
qu'il s'y ennuie souverainement », informait Mme Ratazzi[27].

On disait également que sa plus grande occupation était la création de titres nobiliaires. « Ceux de vicomte et de baron en veux-tu,
en voilà », assurait ce chroniqueur sans pitié. On doit d'ailleurs à
Mme Ratazzi[27] (a) la caricature la plus cruelle de la noblesse portugaise

---

25. Princesse RATAZZI, Op. cit., 105. Remarquons qu'un auteur dramatique médiocre,
    ex-républican et moraliste à ses heures, João Luis da SILVA VIANA, attribuait
    la décadence de l'art dramatique au Portugal (Decadencia da arte dramatica
    em Portugal, Belem, 1880) à l'immoralité des pièces, contre laquelle il demandait
    l'institution d'une censure. L'exploitation mercantile des scènes, le manque de
    critiques sérieuses dans l'organisation du Théâtre National, les insuffisances
    du Conservatoire étaient autant de causes de cette décadence — qui d'ailleurs
    reflétait l'état de la société portugaise elle-même.

26. Idem, ibid. p. 111 et G. Matos SEQUEIRA, Op. cit., p. 363. Cela se passait le
    30 octobre 1880.

27. Princesse RATAZZI, Op. cit., p. 11.

27 a. Sur Mme RATAZZI, ses voyages au Portugal et ses sources d'information, voir
    l'article de Patrocinio RIBEIRO, in Ilustração Portuguesa (Lisbonne le 13 août
    1921).

créée pendant la période du constitutionnalisme — dans les rangs de laquelle « on entrait exactement comme on entrait au parterre d'un théâtre ». On y payait d'ailleurs sa place « en beaux deniers comptants »... La mauvaise langue de cette bas-bleu née Bonaparte ne manquait pas d'ajouter ce que tout le monde savait, à Lisbonne comme à Porto : « les parchemins de ces comtes, vicomtes et barons sont imprégnés de mélasse, d'huile rance, de vieux cuir, de morue salée et même de poudrette »[28]. Ce fut d'ailleurs la période la plus féconde pour les titres : autant de nobles créés en 1866-1880 que pendant les trente-quatre années précédentes, depuis le commencement du régime ; les soixante-trois titres accordés en 1870 ont même doublé le record antérieur qui avait été établi en 1835. Onze vicomtes de 1870 appartenaient au monde du négoce qui fournira toujours un fort contingent — sauf en 1876 et 1877, car (il faut le souligner) ce furent des années de crise économique assez grave.

Cette noblesse improvisée ignorait trop souvent la « loi de la noblesse » et les hôtels particuliers ne se multipliaient nullement en proportion des titres. Un guide de l'amateur des Beaux-Arts, paru en 1871[29], n'enregistra que deux édifices récents.

Mais le milieu des années 60 a vu disparaître de la scène mondaine portugaise les derniers vestiges d'un passé prestigieux. En 1867 le magnifique comte du Farrobo, déjà ruiné par la perte d'un procès retentissant, donna sa dernière fête. Il mourra deux ans plus tard. Les marquis de Viana, qui, depuis les années 40, offraient dans leur palais des bals fastueux, se trouvaient eux aussi ruinés et en 1867 les toilettes de la marquise, née Cunha-Farrobo, n'étaient (tout le monde le chuchotait) qu'un dernier éclat de sa puissance. Ce fut également en 1867 que les Penafiel donnèrent leur dernier bal dans un riche hôtel dont les meubles seront bientôt dispersés dans une vente publique. « Les bals Penafiel (dira un chroniqueur) fermèrent en 1867 le cycle des grandes fêtes lisbonnaises [30].

De tous ces personnages, la chronique ne gardera que le nom de Farrobo. Dix ans après la mort de celui-ci, Mme Ratazzi pouvait écrire : « le souvenir des grandeurs du comte du Farrobo est encore vivant et

---

28. Princesse RATAZZI, Op. cit., p. 12-13.

29. D.M.M.G. (Daniel Martins de Moura Guimarães), Guia do Amador de Belas Artes (Lisbonne, 1871).

30. J. PINTO de CARVALHO-TINOP, Lisboa de Outros Tempos, I, 115. Voir également pp. 127 et 142.

quand on veut parler de magnificence, on cite son nom, on se rappelle sa mémoire »[31].

Le Marrare et la maison Farrobo se mouraient donc en même temps. En même temps encore disparaissait définitivement *O Panorama* qui, après huit ans de sommeil, avait repris sa publication en 1866 ; sa nouvelle phase ne dura que deux ans. Egalement en 1868, s'achevait la publication de l'*Arquivo Pitoresco* qui, pendant onze ans, avait concurrencé l'autre revue dont il avait copié la formule l'améliorant un peu en ce qui concernait l'aspect graphique des illustrations, garanti par des clichés souvent importés de France.

L'aventure de l'*Arquivo Pitoresco* est pourtant significative car, comme nous l'avons vu, la revue vivait surtout de l'apport d'une société de Portugais installés au Brésil. La carence de cet appui provoqua la faillite de l'entreprise qui, dans le dernier numéro de la revue, ne manqua pas de souligner l'impossibilité de compter exclusivement sur le marché national. La mort simultanée d'*O Panorama* lui donnait sans doute raison. Et déjà en 1865 avait cessé la parution de la *Revista Contemporanea de Portugal e Brasil*, l'homologue portugais de la *Revue des Deux Mondes* dont la lecture était la pierre de touche de l'« intelligentsia » nationale. Mme Ratazzi dira d'un ministre, avec un soupçon d'ironie, certes, mais non sans raison, qu'il « possédait une instruction réelle, étant lecteur assidu de la *Revue des Deux Mondes* »[32]. Et l'on sait que Fontes lui-même était abbonné à la revue parisienne[33]...

Ce n'est qu'en 1878 que paraîtra une nouvelle revue illustrée, *O Ocidente*, qui durera jusqu'en 1915. Elle sera beaucoup plus luxueuse que les revues précédentes, avec ses clichés importés et, surtout, elle proposera une nouvelle définition de l'actualité dans laquelle le sens de la mobilité du temps, voire le sens de l'éphémère, s'accordait avec un « tempo » pragmatique qui n'était plus celui du romantisme. Celui-ci continuait plutôt à s'accorder à celui des « almanachs » qui se multipliaient vers la fin des années 60[34] et dont l'un fut célèbre ; l'*Almanaque de Lembranças Luso-Brasileiro* qui, dirigé d'abord par Rodrigues Cordeiro, poète d'*O Trovador*, paraîtra de 1851 à 1926.

---

31. Princesse RATAZZI, *Op. cit.*, p. 57.

32. Idem, ibid., p. 31. Il s'agissait de Mgr Alves MARTINS, évêque (libéral) de Viseu et président du conseil des ministres.

33. Voir Alberto PIMENTEL, *Notas Sobre o Amor de Perdição*, p. 7.

34. En 1868, il y en avait plus de vingt (voir *A Folha*, n° 6, 1868).

Les journaux quotidiens, eux aussi, changeront beaucoup au cours des années 60-70. Notre panorama ne pourrait ignorer cet aspect de la vie de la capitale fontiste. En 1865, fait très important, le *Diario de Noticias* inaugure la phase industrielle des journaux au Portugal[35] — par son prix réduit, quatre fois moins cher que la moyenne des autres journaux, par son tirage (en quatre ans, avec ses 17 000 exemplaires, il dépassera le tiers du tirage total des quotidiens de Lisbonne), par sa façon d'être vendu dans les rues, crié par des vendeurs ambulants dont le nombre se multipliera rapidement — et, enfin, par la création d'un système de publicité qui s'institutionnalisera à la fois comme moteur et comme reflet d'un dynamisme économique qui était surtout commercial.

L'habitude de la consultation des annonces ne fut certainement pas sans faire changer la mentalité nationale : les Portugais entraient ainsi soudainement dans un univers de consommation que la publicité conditionnait déjà. Si l'on analyse l'aspect de cette publicité, on voit que, peu à peu, elle se libère d'une espèce de naïveté qui caractérisait ses premières manifestations : avec le temps, les annonces deviendront plus convaincantes, plus pratiques et moins enlisées dans une sorte de pudeur provinciale... Les boutiques amélioraient leurs étalages et leur décor, le commerce changeait, en somme — même si l'heure des grands magasins que Paris connaissait alors et que Zola chantait, ne devait sonner à Lisbonne que vers la fin du XIXe siècle ou dans les premières années du XXe siècle[35](a). Le fait est qu'au cours de sa première année de publication, le *Diario de Noticias* fera paraître 14 000 annonces ; au cours de la deuxième année ce chiffre sera triplé ; vingt ans plus tard les colonnes du journal se rempliront de quelque 180 000 annonces. Déjà vers 1865 pourra naître une « Agencia Primitiva de Anuncios » qui commencera à assurer la distribution de la publicité[36].

Le *Diario de Noticias* allait en outre à l'encontre de la presse romantique qui était une presse d'opinion : il sera un journal apolitique ne cherchant que l'information, en toute impartialité. En 1866, le *Diario Popular* adoptera la même formule. A Porto, *O Primeiro de*

35. Voir José TENGARRINHA, *Historia da Imprensa Periodica Portuguesa*, pp 187 et suivantes.

35 a. Grandes Armazens Herminios, à Porto (1893), Grandes Armazens do Chiado, à Lisbonne (avant 1899), Grandes Armazens Grandela, à Lisbonne (1906). Les structures internes de ces magasins suivent le modèle français.

36. J. TENGARRINHA, *Op. cit.*, p. 205.

Janeiro, né en 1868, insufflera également un dynamisme nouveau à la presse de la deuxième ville du royaume. L'Agence Havas, fondée à Paris en 1832, aura son bureau à Lisbonne en 1870. Les journaux engagés politiquement présenteront eux aussi un nouveau style, plus libre, plus animé, plus spirituel. Et ce nouveau journalisme devra sans doute beaucoup à Pinheiro Chagas qui succèdera à Sampaio dans la direction d'*A Revolução de Setembro* alors décadente, avant de créer ses propres journaux[37] auxquels il consacrera des qualités d'écrivain doué de trop de facilité et d'orateur aux improvisations brillantes, mais vides d'idées.

Le journal politique le plus célèbre de l'époque fut pourtant *A Lanterna*, qui, paru en 1868, imitait de près, jusque dans le titre, la fameuse publication de Rochefort. Son style non plus n'était pas un style, mais « un stylet »... Souvent poursuivi en justice, devant changer de nom à chaque livraison, transformé en pamphlets aux titres fracassants, il dura jusqu'en 1873, sans qu'on ait jamais connu son véritable rédacteur[38]. *A Lanterna* n'avait pas de politique définie : elle était démagogique, anti-cléricale, anti-ibérique, un peu républicaine ; elle voulait reprendre l'élan d'*O Espectro* de 1846 — mais le pays, fatigué, ne savait plus lui répondre. Il ne fait pas de doute que dans les pages de ce journal soi-disant révolutionnaire, on trouve les signes les plus clairs d'un esprit conservateur, monotone, et vide de sens, à l'image même du monde politique qu'il critiquait.

D'après les statistiques, les années 70 ont vu naître soixante-sept journaux — contre près de trente-cinq dans chacune des trois décennies antérieures[39]. En 1880, il y avait environ deux cents publications périodiques au Portugal, colonies comprises, dont le tirage global se maintenait au niveau de cent mille exemplaires[40].

La vie changeait à Lisbonne : les changements de la presse en constituent autant de symptômes, en même temps qu'ils fournissent à la ville de nouveaux éléments sociaux. Remarquons encore que la publicité, situation nouvelle, était d'autant plus efficace que le consommateur pourra bientôt circuler plus librement et plus rapidement dans les rues de la capitale pourvue, à partir de 1873, d'un système de transports en commun, les « americanos », voitures sur rails, tirées

---

37. *A Discussão* (1875), *Correio da Manhã* (1884-1897), *Diario da Manhã* (1876).
38. Voir P. V. Brito ARANHA, *Factos e Homens do Meu Tempo*, III, 70.
39. Voir J. TENGARRINHA, *Op. cit.* p. 176.
40. Voir Eduardo COELHO, *Notice présentée au Congrès Littéraire International de Lisbonne* (Lisbonne, 1881).

par des chevaux[41]. Il ne faut évidemment pas oublier que l'électricité fut utilisée pour la première fois au Chiado vers la fin de 1878, bien que sans conséquences pratiques immédiates. L'électricité équivalente de progrès, voire de progrès social, n'était pour le moment qu'une vue de l'esprit — même si, répondant au titre d'*A Lanterna*, en 1869, les républicains de Lisbonne avaient baptisé l'un de leurs journaux éphémères *A Luz Electrica.*

Quatre ans après les premières expériences publiques d'éclairage électrique, en 1882, le téléphone annoncera un changement dans les rapports humains, sociaux et sentimentaux dont les Lisbonnais pouvaient à peine soupçonner l'importance.

... La vie à Lisbonne était pourtant mélancolique, nous le savons déjà. Les « Assembleias » de 1840, la « Floresta Egipcia » des années 50, appartenaient au passé, comme le « Café Concert » qui avait déjà pris le nom plus discret (et cela n'est certes pas sans signification) de « Casino Lisbonense ». La nouveauté appartenait au « Salão da Trindade », inauguré en 1867 et lié au théâtre du même nom. On y retrouve un vieil entrepreneur de divertissements publics des années 50 qui, durant trente ans, ne manquera pas à sa tâche, servant les goûts successifs de deux ou trois générations romantiques[42].

On ne doit pas non plus ignorer qu'après 1870 une partie non négligeable de ces goûts se portait vers les jeunes Espagnoles qui commençaient alors à Lisbonne une brillante carrière. Ce fut une sorte d'invasion organisée par une compatriote qui avait connu ses jours de gloire et qui, le succès des « zarzuelas » aidant, imagina une bonne affaire d'importation[43]... Les Italiennes du São-Carlos et les Françaises du « Caf'Conc » cédaient alors la place, et pour longtemps aux Espagnoles. Le « charme » était remplacé par le « salero » — et cela représentait, on ne peut l'ignorer, une involution dans les goûts, une sorte de déchéance culturelle dans la mesure où le domaine géographique de la recherche du plaisir devenait plus étroit. Et plus sordide aussi, dans une sorte de reprise d'habitudes ancestrales liées à des schémas « marialvas »...

---

41. Remarquons que le prix des courses des coupés était assez élevé : dans la ville (2 personnes), $ 300 (à l'heure, $ 400), soit £ 1, 15 courses. Le soir les prix augmentaient. Voir *Almanaque de Lembranças*, 1872, p. 65.

42. Voir J. Pinto de Carvalho-Tinop, *Lisboa de Outrora*, III, p. 192. Il s'agit d'Antonio Figueira, « o Figueira do Baile Nacional ».

43. Idem, ibid., II, 77. Il s'agit d'Antonia Moreno.

D'autres emblèmes du romantisme se perdront également vers 1870 — comme la « crinoline », abandonnée à Lisbonne comme à Paris, vers 1868, alors que les dames de la capitale faisaient acquisition d'un chic nouveau, en s'habillant (« irréprochablement » ou « follement »[44]) « à la Benoiton », influencées par la pièce fameuse de Sardou. La mode demeurait pourtant française et à la « crinoline », que la vicomtesse de Menezes exhibait dans son célèbre portrait, succédait la « tournure » que les femmes du peuple appelaient en toute franchise le « c... français ». Habitantes d'une ville demeurée fidèle à des habitudes rustiques, elles n'étaient certainement pas prêtes à abandonner leur mante et leur foulard[45]. Des bourgeoises obéissant à la mode française et des femmes de « capote et lenço » se promenaient donc au vieux « Passeio Público » qui, lui, ne changeait guère — avec ses rues étroites, sa tribune où les fanfares militaires s'appliquaient maintenant à jouer Offenbach.

A Porto, où (ne l'oublions pas) la population se développait, passant de soixante mille à cent mille habitants entre le milieu du siècle et 1878, les jardins du Palais de Cristal, arrangés à la française par un jardinier allemand, ouvraient de nouvelles perspectives de plaisir. L'ancien jardin de S. Lazaro n'inspirait plus les « Portuenses » : l'exposition de 1865 avait changé des habitudes que la grande folie romantique des années 50 avait à peine effleurées. Ce que les soupers de la bohême provinciale de l'« Aguia d'Ouro » n'avaient pas réussi, fut accompli par le restaurant du nouveau palais de la civilisation : il révélait la cuisine française à la seconde ville du pays[46].

Le plaisir importait donc de plus en plus à une société triste — paradoxe dans lequel le romantisme se mourait, après avoir perdu beaucoup d'illusions.

Le « Gremio Literario », jadis cercle culturel que les noms de Garrett, Herculano et Fontes avaient garanti, n'a pu réorganiser ses cours en 1864. Deux ans plus tard, Rebelo da Silva, Palmeirim, Machado et le jeune Chagas y avaient encore réalisé des conférences ; en 1869, le club s'engageait à maintenir sa position de premier cabinet de lecture de la capitale[47]. Mais tout cela était vain : en 1870, les dernières conférences ont eu lieu[48] et dès 1865 un feuilletonniste tournait en

44. Voir Note n° 18 (Antero de QUENTAL et Eça de QUEIROZ).
45. Voir J. PINTO de CARVALHO-TINOP, Op. cit., I, p. 156-159.
46. Voir Alberto PIMENTEL, O Porto há 30 anos (Porto, 1893), p. 225.
47. Voir J. Silvestre RIBEIRO, Op. cit., XIII, 135.
48. Voir João SARAIVA, O Gremio Literario (Lisbonne, 1934).

dérision le nom même du « Gremio », alors que l'on ne faisait qu'y jouer le whist, le boston — et même le « gamão », « comme en n'importe quelle pharmacie de province »[49]. Camilo lui-même ne manquera pas de s'attaquer à la vieille institution, en 1877[50], lorsque, installé définitivement dans un « palacete » luxueux à côté du São Carlos, le « Gremio » abandonna toute prétention culturelle.

Encore un emblème qui se dissipait en fumée. Le Marrare, *O Panorama*, Farrobo, les crinolines — les symboles de la situation romantique portugaise disparaissaient, un à un...

La douceur des mœurs nationales avait fait abolir la peine capitale en 1867 : il s'agissait là d'une conquête de la civilisation prônée par des hommes de 1830, comme Herculano[51]. Les crimes passibles de la peine de mort n'étaient d'ailleurs pas fréquents et deux corps de police avaient été organisés à Lisbonne et à Porto, la même année.

Mais comment s'étonner que dans ce pays paisible et triste, on enregistre beaucoup de suicides ? Les statistiques nous manquent mais des cris d'alarme ont été poussés. En 1852 on avait interdit la circulation des piétons sur l'aqueduc car les suicides y étaient devenus très fréquents ; quinze ans après, la situation ne s'était pas améliorée. En 1867, un moraliste cherchait les motifs de « la douloureuse répétition » de ces gestes de désespoir. Il n'a pu trouver que des raisons banales et sottes : « dans les temps qui courent on parle beaucoup de *droits* et très peu de *devoirs*. On parle beaucoup de *liberté* et très peu d'*obéissance* et de *respect* (...). Il est beaucoup question d'*instruction* et très peu d'*éducation* »[52].

Douze ans plus tard, Mme Ratazzi aura des choses plus intéressantes à nous dire, lorsque, se penchant sur la société portugaise, elle y verra « une collection d'apparences, de marionnettes, qui ont l'air de vivre et qui ne font que s'agiter sans agir »[53].

Peut-être avons-nous dans cette phrase cruelle, le portrait le plus lucide du monde fontiste, à la fin de la dernière période romantique.

---

49. A. A. Teixeira de VASCONCELOS, *in Gazeta de Portugal* du 27 décembre 1865.

50. CAMILO, in Lady JACKSON, *A Formosa Lusitania* (Porto, 1877), note in page 50.

51. HERCULANO, « Da Pena de Morte », *in Diario do Governo*, janvier 1838, *in Opusculos, VIII*, p. 3.

52. J. Silvestre RIBEIRO, « Algumas Considerações acerca do Suicidio », *in Arquivo Pitoresco*, VIII (1867), p. 335. L'auteur s'appuie sur l'ouvarge du Dr. E. LILSE, *Du Suicide* (Paris, 1856).

53. Princesse RATAZZI, *Op. cit.*, p. 18.

CHAPITRE II

FONTES : SUITE ET FIN

Fontes, le « régisseur » du régime, qui avait été écarté du pouvoir en 1860 par l'hostilité de Pierre V, y retournait en septembre 1865, dans un gouvernement de coalition, comme ministre des Finances. Après cinq ans de pouvoir, ses prétendus rivaux de gauche faisaient appel à l'union, à la « fusion ». Encore une fois Fontes, qui dominait le cabinet, parlait un langage positif, sinon positiviste : « attendre de la réduction des dépenses l'équilibre des finances publiques est une utopie que les esprits pratiques ne peuvent accepter »[1]. Il s'agissait, bien entendu, de lancer de nouveaux impôts car le déficit avait augmenté de plus de 60 %, entre 1865 et 1866[2]. En même temps, pourtant, de nouvelles routes avaient été ouvertes, de nouvelles lignes de chemin de fer construites[3]. Et le Code Civil avait été promulgué (juillet 1867)[4].

Nous aboutissons là, on l'a déjà dit, au « couronnement d'un long processus de réélaboration doctrinale »[5]. Chargé en 1850 par Costa Cabral de préparer un corpus législatif qui puisse normaliser un

---

1. Fontes PEREIRA de MELO, séance du Parlement du 8 février 1867. Voir *Diario das Sessões* du 9.

2. Voir Damião PERES, *in Historia de Portugal* (Barcelos, 1935), VII, 370.

3. Jusqu'en août 1849 : 218 km de routes ; d'août 1849 à juin 1864 : 1 772 km ; de juin 1864 à décembre 1867 : 775 km. Jusqu'en juin 1868 : 700 km de lignes de chemin de fer. (Voir Sebastião LOPES de CALHEIROS e MENESES, *Os Melhoramentos efectuados pelo Ministerio das Obras Publicas, Comercio e Industria desde a sua origem até hoje*, (Lisbonne, 1869, pp. 26 et 75). Total des sommes appliquées entravaux publics de 1852 à 1867 : 33 218 contos (Voir L. A. REBELO da SILVA, *Compendio de Economia Rural*, Lisbonne, 1868, p. 240).

4. Il entrera en exécution le 1er janvier 1868 (il ne sera réformé qu'en 1968).

5. G. BRAGA DA CRUZ, « La Formation du Droit Civil Portugais moderne et le Code Napoléon », *in Annales de la Faculté de Driot de Toulouse* (1963), XI, fasc. 2.

ensemble de lois éparses, L.A. de Seabra, magistrat à Porto, qui venait d'écrire un livre de philosophie du droit sur la propriété[6], se mit au travail dans la nouvelle situation politique de la Regénération dont il sera d'ailleurs ministre de la Justice (1852). Rien n'était pourtant changé dans le domaine législatif et le Code Napoléon diffusé depuis 1807[7], accepté par un juriste éminent en 1844[8], devait constituer la base du code portugais. Seabra était un individualiste kantien, dans la ligne que son contemporain et ami Ferrer, compagnon d'Herculano, avait définie durant les années 40 ; mais il n'en était pas moins un « jusnaturaliste »[9] et cela devait le rapprocher de Krause dont les idées trouveront un écho dans certains articles du code national. Dans la pratique, Seabra s'est servi des commentateurs traditionnels du code français : s'il n'innove pas, il n'imite pas hâtivement.

Longuement discuté entre 1857 et 1867[10], le code de Seabra fut revu par une commission à laquelle appartenaient Herculano et Ferrer. Cette commission y introduisit, contre l'avis de Seabra lui-même, devenu vicomte en 1865, la législation du mariage civil qui suscita une large polémique. A ceux qui, en 1865 comme en 1835, lançaient des « brados » contre un tel projet[11], d'autres, parmi lesquels Herculano, répondaient avec violence. Les fondements anti-cléricaux du libéralisme portugais se réveillaient ; il est bien significatif que cet aspect du code ait intéressé le public plus que tous les autres.

Si le code civil fut une des œuvres culturelles les plus caractéristiques et caractérisantes des schémas idéologiques de la société libérale cabraliste-fontiste, on comprend bien que l'opposition n'ait pas eu grand chose à lui opposer. Elle ne savait que s'attaquer à d'autres domaines, plus immédiats, du Fontisme, exigeant des économies dans l'administration et des réformes dans le système. C'était là, d'ailleurs, que le formulaire économique de Fontes accusait au maximum les intérêts de la grande et moyenne bourgeoisie qui en étaient la base. Une révolte populaire fit tomber Fontes en janvier 1868, mais,

---

6. A. L. de SEABRA, *A Propriedade. Filosofia de Direito para servir de Introducção ao Comentario da Lei dos Foros* (Coimbre, 1850).

7. Voir l'œuvre de Manuel de ALMEIDA E SOUSA entre 1807 et 1817.

8. COELHO DA ROCHA, *Instituições do Direito Civil* (Coimbre, 1844).

9. Voir L. CABRAL DE MONCADA, *Subsidios para uma Historia da Filosofia do Direito em Portugal* — 1777-1911 (Coimbre, 1938), pp. 70-79.

10. Voir catalogue de l'*Exposição Bibliografica dos Trabalhos Relativos ao Codigo Civil de 1867...* (Coimbre, 1959).

11. Idem.

après une période assez agitée qui a vu quatre ministères se succéder au cours de l'année 1870, il est revenu au pouvoir en septembre 1871, plus fort que jamais. Il demeurera six ans à la tête d'un gouvernement qui, créant de nouveaux impôts, parviendra à augmenter la recette publique de 50 %, pendant cette période. Il saura également faire remonter les titres des emprunts de l'Etat qui étaient alors cotés à la Bourse à 33,5 % de leur valeur nominative, et réduire le déficit à moins de la moitié de son niveau en 1866. Il entreprendra en même temps de nouveaux travaux publics fort importants.

Tout cela sans programme politique — car le Fontisme n'avait toujours pas d'idées définies en termes idéologiques. Fontes s'affirmait, certes, « libéral » et, s'il se considérait déjà comme « conservateur », il ne voulait nullement « une restauration »[12]. Homme positif, pris dans l'élan pragmatique de son système, il n'aurait su aller plus loin. De toute façon, il définissait le principe « rotativiste » qui désormais présidera aux affaires nationales, pendant une trentaine d'années.

Fontes avait sa place au gouvernement comme chef du parti « conservateur » et il était salué, de l'autre côté, au nom du parti « avancé ». Il lui cèdera la place, le moment venu, non pas en 1877, lorsqu'il dut quitter le pouvoir pendant quelques mois à la suite d'une grave crise financière, mais en juin 1879. Un ministère « progressiste » c'est-à-dire « avancé », sera alors constitué — mais le parti fontiste « regénérateur », c'est-à-dire « conservateur », reviendra en mars 1881 pour demeurer encore cinq ans au pouvoir. Puis, ce sera à nouveau le tour des « Progressistas »... Fontes mourra tout de suite après, en 1887.

Le duc de Loulé, chef du parti de gauche, était mort depuis 1875 et le duc d'Avila, qui avait occupé la présidence du conseil des ministres dans les périodes où Fontes l'avait laissée vacante, avait disparu en 1881 : Fontes, le « Dom Magnifico » avait survécu à ses adversaires — dernier abencérage d'un romantisme politique qui, contesté déjà de tous les côtés, se défendait dans cette solution académique qui était le jeu bi-partiste.

Fontes, héritier de Rodrigo da Fonseca, valait sans doute beaucoup mieux que ses rivaux, dont le premier était ce Loulé aristocratique et distant, beau-frère et compagnon d'armes de Dom Pedro, qui aurait pu être un nouveau Palmela à l'anglaise s'il n'était pas resté fidèle à une sorte d'amour pour le peuple, amour ou dévouement, qui

---

12. FONTES PEREIRA DE MELO, séance du Parlement du 13 septembre 1871. Voir *Diario das Sessões* du 14.

appartenait à la tradition de la noblesse paternaliste du vieux Portugal... Ce « fidalgo », descendant de croisés, si ce n'est de Charlemagne, frère-Cincinato et grand maître de la Franc-Maçonnerie (1851-1862)[12] (a) était et se voulait « progressiste » — tandis que l'autre duc, celui d'Avila, représentait le type même du « conservateur ». Peut-être faut-il révéler qu'il n'était pas un « vrai » duc...

Avila, comte en 1864, marquis en 1870 et duc en 1878, venait de la toute petite bourgeoisie des Açores : il fut le seul duc de création libérale sans pedigree et, n'ayant pas droit au nom noble qu'il portait, la chancellerie prit la précaution d'altérer subtilement, pour son usage, les armes de la famille à laquelle le nom appartenait vraiment... Ambitieux, profiteur, arriviste, bourreau de travail, d'intelligence médiocre, mesquin dans ses actes et comiquement vaniteux, il commença sa carrière politique en se faisant insulter au Parlement par Garrett ; il le fut plus tard par Antero[12] (b), et subit ensuite les railleries impitoyables des jeunes « réalistes » de 1870... Le marquis de Fronteira, « conservateur » enragé pourtant, le peignit dans ses *Memorias* toujours à l'affût d'une décoration, comptant avec envie celles des autres politiciens, et toujours prêt à accepter un portefeuille de ministre[13]... La faiblesse des partis seule justifiait son existence : on avait souvent besoin de lui, comme un inévitable « troisième homme »[14].

On ne pourrait trouver un produit plus parfait de la situation politique nationale dans cette longue période. Avila est le prototype du politicien borné qu'Offenbach aurait pu mettre en scène et que les « réalistes » ne manqueront pas de peindre dans leurs romans... Ce n'est certainement pas un hasard si sa couronne ducale est la dernière grande création du Gotha romantique portugais.

Avila lui-même n'aurait pourtant pas refusé l'étiquette de « progressiste » — et nous devons nous arrêter un peu à ce mot qui est

---

12 a. Voir *Epinicio que na Sessão Solene de 9 da Lua de Sivan do a ∴ da V ∴ L ∴ 5856 consagrada à posse e entrega do Gr ∴ malh ∴ ao SS ∴ e SS ∴ I ∴ Cincinnatus eleito pela quinta vez para o cargo de Gr ∴ Mest ∴ da Conf ∴ Maç ∴ Port ∴ recitou I ∴ Milton, C ∴ R ∴ + ∴ membro da R ∴ L ∴ Fraternidade e seu repr ∴ ao G ∴ O ∴* (Lisbonne, 1856).

12 b. Almeida GARRETT, discours du 15 juillet 1841 (*in* Gomes de AMORIM, *Op. cit.*, II, 641) ; ·ANTERO de QUENTAL, *Carta ao Exmo. Senhor Antonio José d'Avila...* (Lisbonne, 1871).

13. *Memorias do Marquês de Fronteira*, IV, 313.

14. Voir RODRIGUES de FREITAS, *Diario da Camara dos Senhores Deputados* du 28 janvier 1881, p. 273.

devenu l'étiquette d'un parti politique, après avoir longtemps été une devise que les factions se disputaient.

Les anti-cabralistes constituaient un parti progressiste ; déjà en 1820, 1828 et 1836 le mot avait caractérisé des situations de gauche. Mais les « regénérateurs » prétendaient qu'ils étaient aussi « progressistes » que leurs adversaires (ils lançaient même, à Lisbonne, en 1869, le journal *O Progresso...*) et ceux-ci se voyaient alors obligés de s'intituler « progressistes historiques ». Ils voulaient dire par là qu'ils avaient historiquement droit à ce titre ; mais on peut aussi voir dans leur choix une sorte de contradiction entre deux situations : ils étaient « progressistes », certes, mais ils n'en étaient pas moins « historiques », cette dernière position chassant ou, du moins, freinant l'autre... Peu à peu, puisque le progrès était bien le but des deux partis, le mot « progressiste » devint hors d'usage et ne fut plus utilisé que comme arme polémique.

La « fusion » de 1865 révèle clairement l'identité de vues et de programmes — ou de non-programmes — des factions en jeu : « étant donné que tout était effacé, mou, troué, pourri, tout fondit ensemble », dira Oliveira-Martins, en 1881[15].

Ce mouvement a pourtant provoqué une réaction de « gauche » qui s'annonça sous la désignation de « réformiste ». On essayait alors de sortir du cercle d'une politique « regénératrice », trop marquée par ses limites bourgeoises, en empruntant la voie de réformes qu'on entrevoyait à peine. La gauche républicaine ou simplement démagogique (qui avait pris au vocabulaire de la « Patuleia » un mot déjà éprouvé en 1836 et en 1820, toujours dans le cadre de 89 : celui de « patriotique »[16]) s'alliera alors à certains milieux « historiques »[17] pour créer, en juin 1867, le parti réformiste. Son programme sera rédigé par un ex-républicain qui deviendra ministre l'année suivante : Latino Coelho, le dernier des historiens romantiques. Son idée fondamentale était bien simple : l'urgence d'un nouveau système d'impôts qui puisse alléger les charges fiscales de la petite bourgeoisie et du peuple. Rien de très révolutionnaire dans cela — mais une révolte éclata en janvier 1868 (la « janeirinha ») qui fit tomber le gouvernement de Fontes. L'ayant remplacé par un ministère du duc d'Avila, qui saisit l'occasion, le mouvement se condamna lui-même — et le nouveau parti aussi.

15. Oliveira MARTINS, *Portugal Contemporaneo*, II, 353.
16. Associação Patriotica (créée à Lisbonne, en 1860-61) et União Patriotica et Centro Eleitoral Patriotico (créés à Porto, en 1867).
17. ...et à la fraction démagogique du comte de PENICHE.

Il se verra obligé de s'unir avec les « historiques » déjà déçus par les résultats de la fusion de 1865 qui avait offert une victoire « ad aeternum » à Fontes. En 1876, la soudaine débâcle de la politique financière du fontisme, traduite par une chute des valeurs en Bourse et par une ruée sur les banques, constitua le moment idéal pour achever un processus qui s'était déjà engagé. Trois semaines après le « vendredi tragique » de la Bourse, un pacte fut signé entre « réformistes » et « historiques » qui prenaient dorénavant ce nom de « progressistes »[18] que les « regénérateurs » ne leur disputeront plus. Car le moment était alors venu d'une alternance au pouvoir. Sous une apparence dynamique, on opposait ainsi une force définitivement statique à d'autres forces qui réapparaissaient sur la scène politique : les socialistes et les républicains. Les vingt-deux points du programme du nouveau parti ne présentent qu'un intérêt secondaire[19] : on y insiste sur le besoin d'une réforme fiscale, sur le besoin d'une décentralisation du pouvoir et de l'enseignement — mais tout cela n'a qu'une valeur pragmatique immédiate. Aucune proposition idéologique ne recouvre ces réclamations, aucune idée politique ne justifie ces demandes trop vagues que le Fontisme lui-même n'aurait pas désavouées, dans le cadre d'un constitutionalisme figé.

Dénués d'idées, les uns comme les autres ne cherchaient qu'à survivre. « Créer des inscriptions et faire des élections » tel était « le mode de vie de ce pays », disait un pair du royaume en 1871[20] — et un romancier de la génération « réaliste » de 1870 écrira quelques années plus tard : « la seule occupation des ministères était de recouvrer les contributions et d'augmenter la dette publique »[21].

Là encore Mme Ratazzi peut nous aider à comprendre la situation, lorsqu'elle parle du « singulier mélange de libéralisme et de Syllabus qui est le caractère de la constitution portugaise »[22]. Ce n'était pourtant pas moins « la liberté » et « la paix » — comme le reconnaissait gravement Herculano, en 1873[23]...

---

18. Pacte de Granja (Porto), le 7 septembre 1876.

19. Voir *Diario Popular* du 17 décembre 1876.

20. Le marquis de VALADA, citant le vicomte de CHANCELEIROS, *in Diario da Camara dos Dignos Pares do Reino* du 13 mars 1871, p. 15.

21. EÇA de QUEIROZ, *Os Maias* (Lisbonne, 1881) I, p. 28 (5e éd.). Le romancier y reprend la critique exprimée de façon fort semblable par RAMALHO ORTIGÃO, *in As Farpas* (1881), X, 171 (ed. 1944).

22. Princesse RATAZZI, *Op. cit.*, p. 32.

23. HERCULANO, « A Emigração » (1870-1875), *in Opuculos* IV, p. 217.

Dans ce panorama à la complexité seulement apparente, il n'y avait que les Miguelistes qui tenaient à une définition objective. Leur roi est mort en novembre 1866 au terme d'un exil qu'il supporta avec une dignité inattendue — qui d'ailleurs s'inscrivait dans le cadre psychologique du « marialvisme ». Marialva vieilli, Dom Miguel était devenu un homme assagi, un conservateur attaché à son vieux monde, maintenu par le dévouement d'un ordre militaire privé et fantômatique... Au moment de sa mort, Chagas, fils d'un libéral émigré, écrivit avec émotion qu'« à l'ombre des croix tumulaires », on devait oublier les haines « pour n'écouter que la voix de l'infortune »[24]. Une pluie d'étoiles filantes « fit l'étonnement de toute la population de Lisbonne », à l'heure même du trépas du prince proscrit. João de Lemos, le poète, n'a pas manqué de commémorer le fait dans une élégie[24] (a)...

La paix était revenue et le « royalisme » n'était plus qu'une ombre, sinon un mythe. Ses idées primaires n'avaient pas changé : elles s'étaient figées dans un passé révolu et c'est peut-être à cause de cela qu'elles se définissaient si bien. L'irresponsabilité leur garantissait un statut idéologique : elles se nourissaient de nostalgie et se satisfaisaient de leur propre indigence. On peut d'ailleurs penser que l'orgueil seul, un orgueil que le temps avait rendu abstrait, empêchait les Miguelistes de se ranger du côté de la faction conservatrice des défenseurs de la Charte. Chez ceux-ci également, la séparation idéologique n'était pas très claire et on n'est pas loin de pouvoir penser que seul une sorte d'habitude, voire de paresse sentimentale, les poussait à écarter le spectre du Miguelisme. Les « troubadours » moyenageux, fidèles au prince proscrit, auraient pu être des libéraux sans avoir à altérer leur formulaire littéraire ; sur le même plan des significations idéologiques, le texte nécrologique de Chagas éclaire l'ambivalence de cet univers « effacé, mou, troué, pourri ».

Un voyageur espagnol aux idées libérales, parlant de Lisbonne en 1870, a fait une analyse extrêmement lucide de la situation. S'il appréciait l'organisation migueliste, il n'était nullement dupe du jeu des partis : « hoy por hoy los partidos no se distinguen, los hombres no representan idea alguna (...) no hay mas que nombres sin significación politica por mas que algunos la tengan muy alta personel (...) Las situaciones politicas que se siguen unas á otras ni presentan programa distinto de los que las precedieron ; ni se forman por

---

24. M. Pinheiro Chagas, *in Arquivo Pitoresco* (1866), IX, 274.

24 a. João de Lemos, *Cancioneiro* (Lisbonne 1866), III, 229 : « Na Morte do Proscrito ».

la necessidad de realizar une idea, ó de reformar une institucion »[25]. Et il parle ensuite de « los que llamándose liberales ni profesan determinadas doctrinas ni obedecen á las concretas aspiraciones de agrupamientos diferentes, ni nunca levantan su criterio á las altas regiones de las teorias »[26].

Cette médiocrité au niveau des politiciens ne fait que refléter une médiocrité de base — ou de provoquer une indifférence générale que l'observateur espagnol décèle tout de suite : « Portugal es un país indiferente que pocas ó ninguna vez discute acerca de los assuntos publicos con verdadero interés, que los ve venir, sucederse y pasar sin casi tomar parte en ellos (...) como si estuviera proximo á la muerte, ó si como esperara y se preparase á una radical y profundisima renovación social y politica esencialmente regeneradora »[27]. Et il insiste dans ses observations : « Portugal en lo que dice relación á su vida politica parece completamente atrofiado » ; et encore : « el vecino reino (tienne la) triste y glacial indiferencia del enfermo ». Ou : « Portugal sufre hoy una de esas enfermedades de desorganización completa que afligen á quien los observa »[28]. Il aurait pu ajouter que, d'après la loi, moins de 10,5 % des habitants jouissaient du droit de vote.

Après vingt ans de Fontisme, ce bilan est évidemment tragique. Après vingt ans de « regénération », on vivait, tout au plus, comme si l'on attendait une « regénération »... Le voyageur ne met certainement aucune ironie dans ses propos ; d'ailleurs, il nous donne à choisir : ou bien le pays attend cela, ou bien il n'attend rien du tout et il est « proximo á la muerte ». Nous le saurons dans dix ans ; nous l'entendrons même dire dans quelques mois, par une nouvelle génération d'écrivains, qui se moquera des arrangements politiques des « regeneradores-historico-reformistas » ou des « republicanos-monarquico-socialistas » — tout en signalant l'indifférence politique de la nation[29]. Un homme de la même génération, le protagoniste de l'Affaire de Coimbra, Antero de Quental, avait déjà vu dans cette indifférence « un des pires symptômes de désorganisation sociale ». Et il ajoutait : « un peuple d'endormis, on ne le trouve que dans les cimetières »[30].

---

25. G. Calvo Ascencio, *Lisboa en* 1870 (Madrid, 1870), p. 90.
26. Idem, ibid., p. 91.
27. Idem, ibid., p. 53.
28. Idem, ibid., pp. 83 et 89.
29. Eça de Queiroz, in *As Farpas*, 1871 (in *Uma Campanha Alegre*, I, 33).
30. Antero, « A Indiferença em Politica », in *Gremio Alentejano* du 3 avril 1862 (*in Prosas* I, pp. 146 et 148).

Mais ce n'était pas seulement la nouvelle génération qui voyait la situation absurde dans laquelle le pays était tombé : déjà Gomes d'Amorim, le « poète-ouvrier », l'avait remarqué et en 1870 même il montrait le pays « démâté comme un vieux vaisseau battu par les tempêtes ». C'était le royaume même de la confusion : « les poètes s'occupent de chiffres ; les mathématiciens font des vers ; les chirurgiens et les médecins préfèrent être députés (...) ; les professeurs préfèrent enseigner la politique au Parlement (...). Pourquoi tous ces gens se trouvent déplacés sinon parce que, au Portugal, on ne recherche pas les hommes compétents (...) Tout le monde veut être employé, manger et vivre aux frais de l'état »[31].

Le régime constitutionnel, avec sa centralisation et son besoin d'une vaste clientèle politique, avait institutionalisé une bureaucratie qui ne faisait que proliférer. Nous avons vu les hommes de lettres chercher une place dans son sein ; on aurait donc tort de s'étonner de voir les poètes et les écrivains les plus en vue de l'ultra-romantisme — Mendes Leal (1862-1864), Latino Coelho (1868), Rebelo da Silva (1869), Jaime Moniz (1871), Tomas Ribeiro (1878), Pinheiro Chagas (1883) — prendre successivement le portefeuille d'outremer[31](a).

Les colonies d'Afrique noire attiraient pourtant l'attention des gouvernements. L'Angola avait d'abord été un réservoir de main-d'œuvre pour le Brésil. Cependant, depuis 1836, le processus de l'abolition de l'esclavage, qui ne sera terminé qu'en 1869, ruinant ce commerce facile, obligeait à prendre conscience d'autres richesses que la terre abritait généreusement ; l'agriculture et le commerce étaient à organiser. Il fallait s'employer à fond dans « le développement des colonies » ; Fontes indiquait déjà en 1853 cette tâche comme l'une des conditions essentielles de l'organisation des finances publiques[32] — mais les revenus des provinces d'outremer s'accroissaient lentement : entre 1852 et 1867 ils étaient passés de 750 contos à 1 275 contos, soit à peine 8 % du budget national[33].

---

31. F. GOMES de AMORIM, *A Abnegação* (Lisbonne, 1870) I, VIII.

31 a. EÇA de QUEIROZ mettra dans la bouche de son *Conde de Abranhos* (écrit en 1879, pb. en 1925 ; p. 21) l'affirmation suivante : « un poète ne peut être ministre de l'Intérieur mais il peut fort bien être ministre de la Marine et d'Outremer ».

32. FONTES PEREIRA de MELO, séance du Parlement du 12 février 1853. Voir *Diario das Cortes* du 13.

33. Voir Pedro DINIS, *O Conselho Ultramarino e as Colonias* (Lisbonne, 1868), p. 20.

En 1865, à Porto, les produits coloniaux ont déjà attiré l'attention et des compagnies commençaient à se former, élargissant ainsi la formule d'un commerce trop timide devant les interrogations de l'exportation et trop habitué à considérer le Brésil comme un marché privilégié. Les premières fortunes coloniales apparaissaient dans les années 60-70 ; les nouveaux riches bâtissaient alors leurs « palacetes » à Lisbonne et recevaient des titres nobiliaires tout neufs. Mais déjà un professeur de la faculté, médecin honoraire du roi, osait écrire : « Qu'a fait la vieille noblesse ? Elle a tué des blancs. Et la nouvelle ? Elle a vendu des nègres »[34]...

Très lentement, les colonies, vagues et ténébreux lieux de déportation pour criminels de droit commun, acquéraient une réalité aux yeux des Portugais. Les journaux illustrés ne commencèrent à s'y intéresser que vers les années 60, et encore très modestement. La littérature les ignorait : ce n'est qu'en 1868 qu'un roman d'un nouvel écrivain, ouvrage devenu populaire, *Mario*[35], emmènera son héros jusqu'en Angola — mais en déportation politique. L'auteur, qui ne connaissait pas l'Afrique, n'en avait qu'une vision littéraire : « O sacro-sainte nature ! murmurait le déporté oubliant sa propre misère sous l'influx de ce panorama »... Un noir (« être stupide, sauvage, placé sur la dernière marche de l'échelle humaine ») y figure pour la première fois. Son dévouement à l'homme blanc (« la lumière de l'esprit qui descendait sur le noir »[36]) l'élèvera à une vie paisible de domestique dans la patrie que son maître retrouve...

Il faudra étudier le développement de cette découverte socio-culturelle dans la mentalité nationale, au-delà des aspects d'une exploration géographique souvent teintée d'héroïsme. Celle-ci ne commença à suivre les normes scientifiques qu'après la formation de la Sociedade de Geografia, en 1876, société savante reflétant des intérêts économiques qui se définissaient alors. Remarquons que l'année précédente on avait enfin reconnu officiellement une banque d'outre-mer, fondée dès 1864.

Mais, durant le Fontisme, le Brésil continuait d'être le principal objet d'espoir des Portugais. Il était bien « le moyen extra-naturel par lequel nous tenions une position économique anormale et écartions l'imminence du danger social », dira un théoricien du socialisme, en

---

34. Manuel BENTO de SOUSA (sous le pseudonyme de MARCOS PINTO), *A Parvonia, Recordações de Viagem* (Lisbonne, 1868), p. 15.

35. SILVA GAIO, *Mario* (Lisbonne, 1868).

36. Idem, ibid., I, p. 104, 126 et 219 (ed. Porto, 1936).

1873[37]. Un « moyen extra-naturel », un moyen passif, se superposait donc à l'invitation d'une aventure plus incertaine, moyen actif que l'Afrique offrait.

Le mythe brésilien tenait pourtant : l'ancienne colonie était toujours « l'El Dorado de l'émigration », « le vaste terrain des opérations financières du Trésor », « le grand acheteur de la dette publique »[38]. Herculano, lorsqu'en 1873 il se pencha sur le problème de l'émigration, pouvait affirmer : « notre meilleure colonie, c'est le Brésil, depuis qu'il n'est plus une colonie »[39].

Le Brésil recevait alors chaque année de cinq à dix mille émigrants[40] représentant une rentrée annuelle de quelque 3 000 contos en devises — qui devenait de plus en plus indispensable. L'un et l'autre chiffre ne feront que grandir. L'insuffisance des salaires et le manque de crédit dans les milieux ruraux ruinés par une exploitation agricole arriérée et très souvent basée sur l'absentéisme, expliquent cet exode. Il y avait aussi, bien entendu, l'espoir de faire fortune et de revenir riche à la partie, dans la peau d'un de ces « brésiliens » qui depuis les années 40 faisaient partie de l'économie et du folklore nationaux. Le manque total de culture dans les milieux ruraux (ces six septièmes de la population accusent environ 90 % d'illettrés vers 1875)[41] fit que les émigrants purent remplacer ou concurrencer les esclaves dans leur travail ; c'est une enquête du parlement portugais qui l'affirme, en 1873[42]. Quant aux émigrantes, elles seront très souvent vouées à la prostitution. Mais les pauvres paysans portugais, tout compte fait, n'avaient rien ou presque rien à perdre, au sein de la société fontiste.

La mentalité rurale était affreusement arriérée — et si l'on savait que « les révolutions agricoles sont les plus lentes de toutes » on comptait toujours un peu trop sur « l'évolution spontanée des idées ».

---

37. Oliveira MARTINS, *Portugal e o Socialismo* (Lisbonne, 1873), p. 42.

38. Idem, ibid., p. 42.

39. HERCULANO, « A Emigração », *in Opusculos* IV, p.

40. Voir *Primeiro Inquerito Parlamentar sobre a Emigração Portuguesa* (Lisbonne, 1873), p. 35.

41. D'après le cens de 1878, 15,6 % de la population du royaume savait lire et écrire ; dans les villes ce pourcentage atteint 36 %. 12,2 % (1/8) de la population vit dans des villes. D'après Gerardo A. PERRY, *Geografia e Estatistica Geral de Portugal e Colonias* (Lisbonne, 1875), la population se divisait en 706 mille urbains et 3 583 mille ruraux (1/6 urbains). Nous avons adopté une valeur moyenne.

42. Voir Note n° 40, p. 34.

C'est Rebelo da Silva, romancier et historien, disciple d'Herculano qui pose ainsi le problème, tout en divulgant les doctrines de Ricardo et de Cobden, en 1868, dans un manuel d'économie rurale à l'usage des « écoles populaires » créées deux ans auparavant[43]. Ces idées n'étaient pas près de changer car l'ouvrage de Rebelo sera réédité encore en 1884.

Seule l'industrialisation du pays aurait pu modifier la situation donnant emploi à l'excès rural de la population — mais elle tardait à venir. Entre 1864 et 1878, les recensements enregistrent une augmentation de population urbaine de 0,8 %, symptôme concret d'une mobilisation industrielle en souffrance.

Si un chroniqueur enthousiaste de l'exposition de 1865 au Palais de Cristal écrivait encore, deux ans plus tard, à propos de la représentation de l'industrie nationale à l'exposition parisienne : « Le Portugal est entré dans le cercle des peuples civilisés »[44] — cette « entrée » victorieuse était fort discutable. Elle ne parvenait certainement pas à susciter un virage des structures traditionnelles de la vie portugaise. La création d'une association de commerçants en détail, qui, en 1870, devaient se grouper en face des gros négociants de l'Associação Comercial, était sans doute plus significative que la fondation d'une association d'ingénieurs civils en 1869.

En 1881 la réalisation d'une enquête officielle sur l'industrie nationale permit de connaître le chaos dans lequel vivait une source de richesse mal utilisée depuis toujours[44] (a). A partir de statistiques quelque peu laborieuses, Ramalho Ortigão pouvait alors rééditer, dans sa pittoresque critique d'*As Farpas*, les commentaires que Fradesso da Silveira avait produit quinze ans auparavant, lors de l'Exposition de Porto. C'était toujours le capital fuyant les risques d'une entreprise dynamique et préférant, dans un « dolce farniente », la piètre assurance des emprunts de l'Etat — où « quatre cerveaux vides de gouvernants (se trouvaient) chargés de représenter l'immobilité dirigeante du progrès »[45]...

Le chaos n'était que l'effet de l'imprévoyance, de la paresse, de l'inconscience des problèmes de structure d'un état moderne que le Fontisme n'était pas parvenu à définir.

43. L. A. REBELO da SILVA, *Compendio de Economia Rural para uso das Escolas Populares criadas pela lei de 26 de Junho de 1866* (Lisbonne, 1868), p. 131.

44. J. Vilhena BARBOSA, in *Arquivo Pitoresco* (1867), p. 50.

44 a. *Inquerito Industrial de 1881* (Lisbonne 1881).

45. RAMALHO ORTIGÃO, in *As Farpas* (1881, vol. X, p. 166, ed. 1944).

... Mais le même chroniqueur de l'exposition de 1865 trouvait que le style « manuélin » du pavillon parisien de 1867, caricature due à un architecte français, convenait absolument à l'exposition des produits portugais, car il annonçait une nouvelle époque de grandeur. Par le truchement du souvenir des Découvertes qu'un tel style symbolisait, il annonçait plutôt une relation mentale toute nouvelle avec les colonies, dans l'unité économique proposée par Fontes. Derrière le nationalisme romantique que le style « manuélin » traduisait depuis 1840, commençait à percer un sens utilitaire — même s'il ne savait pas s'exprimer sans une naïveté idéologique qui d'ailleurs durera.

Beaucoup plus que l'industrie, dont le capital se méfiait, le commerce banquaire comptait alors dans le cadre de l'économie nationale. C'était lui qui surtout bénéficiait de la législation des sociétés anonymes qui, suggérée en 1834, fut approuvée en 1867, étape considérable dans la définition du capitalisme portugais. Les statistiques de la création des banques dénoncent clairement une spéculation furieuse qui en 1873-1875, pendant un ministère Fontes, atteint à son apogée : cinq banques nouvelles en 1873, sept l'année suivante, treize rien qu'en janvier et février 1875 ![46]. En 1858, il y avait trois banques au Portugal ; en 1867, douze ; huit ans plus tard, cinquante-et-une[47]. Vers le commencement de 1876, le gouvernement fontiste lui-même a créé par décret de loi, la Caixa Genral dos Depositos, sorte de banque publique[48]. Porto, qui avait quatre banques en 1864, en aura dix ainsi que vingt-et-une filiales en 1877 — « chiffre vertigineux », dira un chroniqueur de la ville[49]. Les dépôts croissaient parallèlement : les quatre mille contos de 1860 devenaient sept mille en 1870 — et plus de dix-sept mille en 1874 et vingt-cinq mille l'année suivante[50]. Parlant de l'année 1875, un économiste de l'époque l'appelle « année d'opulence et de rêves ». Et il ajoute : « Tout montre que le pays vit content, sans préoccupations et

---

46. José Joaquim PINTO COELHO, *Os Bancos em Portugal em* 1875 (Porto-Braga, 1875), p. 42.

47. D'après des données fournies par Armando de CASTRO, « Bancos », *in Dicionario da Historia de Portugal*, I, 287.

48. Loi du 10 octobre 1876. La loi du 26 avril 1880, signée par un gouvernement du parti progressiste créa, auprès de la C.G.D., la Caixa Economica Portuguesa, « à fin de diffuser, promouvoir et inciter l'esprit d'économie dans les classes moins riches ». Cinq ans plus tard (loi du 15 juillet 1885) la C.E.P. fut intégrée à la C.G.D.

49. Alberto PIMENTEL, *Guia do Viajante na cidade do Porto* (Porto, 1877).

50. Voir J. A. Silva CORDEIRO, *A Crise nos seus Aspectos Morais* (Lisbonne, 1896), p. 79.

dans l'aisance (...) L'argent abonde, les améliorations publiques sont copieuses et variées (...) On n'a pas souvenir d'une époque semblable »[51]. Mais, terminant son livre, il ne manquait pas d'écrire : « nous aurons la foi dans la prospérité des banques (...) lorsque nous verrons le travail productif, vrai travail, succéder à la spéculation boursière [52].

Il avait sans doute raison car, ces lignes ayant été écrites en 1875, quelques mois plus tard, ce fut le « crack », le « vendredi noir » du 18 août 1876. On avait trop spéculé sur les fonds espagnols qui se dévaluaient soudainement — et la même naïveté qui avait conduit les gens à s'engager dans les opérations risquées de la Bourse commanda la panique d'une réaction qui entraîna la faillite de quelques banques et une baisse de 35 % dans les dépôts, en 1876 même[53]. Fontes secourra les banquiers qui étaient un produit déréglé et également naïf de sa politique économique ; l'irréalité de cette politique n'en était pas moins dénoncée. Si les crises cycliques de 1857 et 1866 avaient eu des répercussions peu importantes dans une économie qui participait de façon somme toute lointaine au système capitaliste occidental, celle de 1873 n'avait presque pas été ressentie car les activités de spéculation à la Bourse l'ont fort bien déguisée[54]. Or le procédé même de ce déguisement fut à la base de la crise locale et déraisonnable suscitée trois ans plus tard par les reflets d'une mesure du gouvernement espagnol qui réduisait les intérêts de ses bons du Trésor. Les causes et les effets s'accordaient mal au sein des schémas portugais marqués par l'empirisme des solutions. Cet empirisme rendait apparemment inutile tout effort culturel d'approfondissement — dans le domaine de l'économie également.

Les passions continuaient de dominer la vie romantique portugaise : l'économie en faisait état, alors que la politique était tombée dans la situation caricaturale que nous avons observée et qui se traduisait par une indifférence profonde.

On décèle cette même indifférence devant le renouveau du problème ibérique suscité par la révolution républicaine de 1868 en Espagne. Sous un apparent déferlement de passions patriotiques, rien

51. J. J. Pinto Coelho, *Op. cit.*, p. 23.

52. Idem, ibid., p. 71.

53. Voir J. A. Silva Cordeiro, *Op. cit.*, p. 80.

54. Voir Armando de Castro, « Crises Economicas e Financeiras », *in Dicionario da Historia de Portugal*, I, 745.

ne se passait au cours d'un petit jeu dynastique, qui n'avait plus aucun sens idéologique.

Cela ne manquera pas de paraître paradoxal si l'on remarque que le champion portugais de l'ibérisme en 1852, le « républicain » Latino Coelho, venait d'obtenir un portefeuille de ministre, à la veille de la révolution espagnole[55]... Il n'avait pourtant rien à voir avec Prim dont les émissaires sondaient le terrain à Lisbonne faisant coller des affiches clandestines avec des « vivats » à l'union ibérique et à Louis Ier « chef des deux pays réunis »[56].

Louis Ier, le médiocre frère de Pierre V — ou son père, Ferdinand de Cobourg ? Certes, le jeune roi avait épousé une fille de Victor-Emmanuel mais cela ne pouvait faire de lui un « unificateur » de la trempe de son beau-père : il avait plutôt peur de la situation, la voyant se définir dans le sens inverse[57]. On parla également de son abdication en faveur du petit prince héritier qui deviendrait ainsi roi de Portugal et d'Espagne. Si cela paraissait trop compliqué, il restait toujours la solution incarnée par Ferdinand de Cobourg, prince allemand, heureux roi sans trône. Il était le candidat de Prim, il sera également le candidat de Napoléon III.

Les démarches furent longues, lentes et sans intérêt[58]. On négociait encore en août 1870 — malgré les protestations solennelles des vieux patriotes de la Comissão Central do 1er de Dezembro de 1640 qui, l'année précédente, pour l'anniversaire de la restauration de la nationalité, avaient manifesté, le peuple à leurs côtés. (Ils n'en connaîtront d'ailleurs pas moins une dissidence cinq ans plus tard[59]...). Une abondante littérature est parue entre 1866 et 1870, surtout pour prendre parti contre l'ibérisme, dans le cadre d'une propagande « patriotica-libéral » qui donna son nom à des brochures polémiques[60].

---

55. Latino COELHO, ministre le 22 juillet 1868 ; révolution espagnole le 3 oct. 1868.

56. Voir Oliveira MARTINS, *Portugal Contemporaneo*, II, 379.

57. Voir Antonio de SERPA PIMENTEL, *Da Nacionalidade e do Governo Representativo* (Lisbonne, 1881), p. 74.

58. Voir A. FERNANDEZ de los RIOS, *Mi Mision en Portugal* (Paris, 1876) Andrade CORVO, *Perigos* (Lisbonne, 1870), Visconde de FONTE ARCADA, *Vozes Leais ao Povo Português* (Lisbonne, 1869), Emile OLIVIER, *L'Empire Libéral ; études, récits, souvenirs* (Paris, 1908), XIII.

59. En 1874 sera fondé l'Associação Popular do 1° de dezembro de 1640.

60. Propaganda Patriotica-liberal contra a pretendida União Iberica, Lisbonne, 5-9 rue da Vinha. Editeur Francisco GONÇALVES LOPES, 1867. La cote HG10667P groupe plusieurs brochures de cette période à la Bibliothèque Nationale de Lisbonne.

Les républicains et les socialistes, eux aussi, soulevaient alors des difficultés car la solution ibérique n'était plus la leur : tout au contraire, la candidature portugaise représentait un obstacle à la possibilité d'un régime républicain en Espagne. Antero publia une brochure fort lucide, dans laquelle il analysait la position du pays face à la révolution espagnole. Il soutenait encore le principe de la démocratie et de la fédération ibérique, mais il se trouvait seul car il avait été dépassé par l'évolution de la conjoncture politique[61]. Un vieil aristocrate aux idées réactionnaires, voyait plus juste, en 1869, lorsqu'il défendait, à la Chambre des Pairs, l'idée de placer Ferdinand de Cobourg sur le trône de Madrid, observant que cela contribuerait puissamment à la formation d'une solide institution monarchique dans le pays, et à fortifier le principe monarchico-constitutionnel en Europe »[62].

Ainsi le voyageur espagnol dont nous avons recueilli le témoignage sur le Portugal en 1870, avait raison quand il écrivait : l'ibérisme est une « arma de ataque para escalar el poder como de defensa para conservarle los ministeriales »[63].

... Mais le dernier champion de la candidature de Ferdinand de Cobourg au trône d'Espagne fut le vieux maréchal duc de Saldanha qui, à l'âge de quatre-vingt ans, avait repris le pouvoir après un « pronunciamiento ». Ami de Prim, il tenait toujours à une idée née dans son esprit quelque quarante-deux ans plus tôt, alors qu'il voulait faire Dom Pedro roi de Portugal et d'Espagne. Il n'avait jamais oublié cette idée pour laquelle il n'avait cessé de combattre pendant le règne de Pierre V, et pour laquelle il combattait maintenant. Elle lui a d'ailleurs coûté le pouvoir car il fut limogé par le roi Louis Ier lorsque tous les ponts furent coupés[64]. Ce fut la seule idée constante du dernier des « condottieri » romantiques.

---

61. ANTERO, *Portugal perante a Revolução de Espanha...* (Lisbonne, 1868), *in Prosas* II, p. 68.
62. Comte de CAVALEIROS, cité par Joaquim de CARVALHO, *in Historia de Portugal* (Barcelos, 1935), VII, 391.
63. G. CALVO ASCENCIO, *Op. cit.*, p. 92.
64. Voir Joaquim de CARVALHO, *in Historia de Portugal* (Barcelos, 1935), VII, 396.

CHAPITRE III

SALDANHA :
PORTRAIT DU HÉROS ROMANTIQUE

Nous avons souvent rencontré le maréchal-duc de Saldanha au cours de notre enquête : il nous est apparu comme chef militaire et comme chef politique aux nombreux carrefours de l'histoire portugaise du romantisme, à ses moments les plus graves comme à ses instants les plus cocasses.

Maréchal, comte, marquis, duc, chevalier de la Toison d'Or, président du Conseil, agriculteur, industriel, homéopathe, philosophe, personnage haut en couleurs, Saldanha fut le héros du romantisme national, un homme unique dans le cadre de la réalité portugaise — « un homme qui ne ressemble à aucun autre », comme le disait Pierre V, en 1860[1], alors qu'il avait atteint l'âge de soixante-dix ans. Mais s'il avait déjà étonné son roi et ses compatriotes il lui restera encore seize ans à vivre qui ne seront pas vides de surprises...

C'est pourquoi on ne pourrait brosser son portrait qu'après sa mort. Il fut un des protagonistes du drame national dans les années 30-40, comme dans les années 50, et défrayait encore la chronique en 1870. Sa figure ne cessa de changer, au long des années — sorte de kaléidoscope historique et psychologique sur lequel nous devons nous pencher pour mieux comprendre les paradoxes du romantisme portugais.

Homme incomparable, il faut pourtant l'envisager par rapport à ses contemporains, au long de trois ou quatre générations. Il faut d'abord le placer à côté de Palmela : c'est une position à laquelle il s'attacha fort longtemps. Le duc diplomate des cadres libéraux fut une sorte de fantôme pour Saldanha : il le hantait. Ils se haïssaient car ils polarisaient deux mentalités, voire deux situations. L'homme

---

1. *Cartas-Contemporaneos* (lettre au comte de LAVRADIO du 19 mai 1860), p. 310.

576   LES ANNÉES DE CONTESTATION

froid, l'« italien rusé », né à Turin, et l'homme passionné, sorte de
« condottiere » des temps nouveaux qui aurait pu être un Garibaldi, ou
un Murat napolitain, ne pouvaient s'entendre. Mais c'est le premier
qui fut écarté du jeu de la vie politique portugaise au sein de laquelle
le second agira encore vingt ans après sa mort. L'autre duc libéral,
qui était aussi un des maréchaux de Dom Pedro, Terceira, n'avait pas
sa place parmi les phobies de Saldanha. Il ne lui en était pas moins
opposé : nous avons déjà rencontré cet homme tranquille, sans imagination, le parfait féal de la couronne. Saldanha l'entraînera dans
une de ses aventures, en 1837, mais ce fut sans conséquences. Il lui
survécut seize ans et, assistant à ses funérailles, « imagina avoir vu
encore vivant ce qu'il adviendra de lui après sa propre mort ; et ce
qui aurait pu être une leçon utile ne fut pour lui qu'une justification
de plus de son imprévoyance »[2].

Dans la génération suivante Saldanha trouva un nouveau rival chez
Costa-Cabral, son allié devenu son ennemi mortel à partir de 1850.
Mais leur opposition se définissait à un niveau où les idées et les
tempéraments comptaient moins que la mécanique des conjonctures
politiques dans leurs détails, leurs intrigues et leurs menus plaisirs,
Cependant, on comprend mieux Saldanha, sa « furia » et son désintéressement, si on l'oppose à l'ambition violente du dictateur des
années 40. Nous observerons ensuite Saldanha face à Fontes. En 1851
les schémas possibles de son action se trouvent dépassés : à ce moment, Saldanha est déjà un ancêtre. En face de l'ingénieur, de l'homme pratique, le vieux maréchal idéaliste fait figure d'apparition venant
d'un autre monde — d'un monde qu'il croyait avoir créé par la grâce
de son épée. . .

Un quart de siècle plus tard, au moment de la mort de Saldanha,
le sens fantômatique de son personnage s'imposait encore plus aux
yeux d'une nouvelle génération qui commençait à critiquer l'univers
romantique. Les funérailles nationales qu'il a méritées ont été suivies
par une foule passive de curieux ou de gens portés par « le respect
des conventions »[3]. Ce fut un grand spectacle officiel d'où le cœur
était absent. L'explication, on la trouve dans le fait que le maréchal
était mort pour son siècle depuis quarante ans[4] — depuis le moment
où son épée n'avait plus de mission à accomplir.

---

2. Idem, ibid., du 29 avril 1860, p. 304.

2. Idem, ibid., du 29 avril 1860, p. 304.

3. *In Diario Ilustrado* (voir *As Farpas*, novembre 1876, III, 22, ed. 1943).

4. Ramalho Ortigao, *in As Farpas* (novembre 1876), III, 23 (ed. 1943).

Mais jusque-là la biographie du maréchal-duc de Saldanha demeure exemplaire, digne de Plutarque qu'il aimait citer.

Neuvième enfant du 16ᵉ seigneur d'Oliveira, petit-fils, par sa mère, du marquis de Pombal, Saldanha appartenait à une grande famille. Jean VI et la reine Charlotte avaient été ses parrains, en 1790. Tout jeune, João Carlos avait pris comme modèle un héros anglais de jadis, Charles Grandison, dont il relisait sans cesse l'histoire. En 1808 il avait conspiré contre l'occupation de Junot et, en 1810, s'était battu contre l'armée de Masséna. Trois ans plus tard, lieutenant-colonel, il avait le commandement d'une division. En 1815 il fut envoyé dans le sud du Brésil prenant alors part à la campagne de Montevidéo ; capitaine-général de cette province, il refusa une couronne que, au moment de l'indépendance de la colonie, les provinces du sud lui offraient. Le Brésil indépendant voulut alors l'attirer. Poste de maréchal-général de l'armée, titre de marquis, Saldanha refusa tout et le jour de la proclamation de l'indépendance il s'installa dans une loge du théâtre de Rio-de-Janeiro, tout de noir habillé. Le lendemain, il s'embarquait pour Lisbonne où il refusa le commandement d'une expédition militaire qui devait restaurer l'autorité portugaise dans l'ancienne colonie. Il estimait que les forces qu'on lui confiait n'étaient pas suffisantes et il fut mis aux arrêts pour insubordination. Peut-être ne voulait-il pas se battre contre une nation prise dans le grand mouvement d'indépendance de l'Amérique hispanique : il n'avait pas voulu être un Bolivar mais il respectait la liberté acquise. On n'a pas encore approfondi les raisons de Saldanha ; peut-être peut-on y déceler une attitude morale qu'une certaine conscience historique inspirait. Toujours est-il qu'il applaudira la révolution de 1820 — mais en 1823 il sera du côté de Dom Miguel... Trois ans plus tard, pourtant, on lui doit, en tant que gouverneur militaire de Porto, la proclamation de la Charte de Dom Pedro que le gouvernement de Lisbonne hésitait à accepter. Il sera fait comte tout de suite après, devenant en même temps grand maître d'une faction de la Franc-Maçonnerie — mais, ayant émigré, et s'étant mis à la tête d'une faction de gauche qui, à Paris et à Londres, combattait l'entourage de Dom Pedro, son titre ne sera confirmé qu'en 1833. Ce n'est qu'alors qu'il put prendre part à la guerre civile qui s'était jusqu'à ce moment déroulée sans lui. Dom Pedro avait refusé son concours en 1832 et Saldanha était certainement flatté de savoir que Ferdinand VII d'Espagne menaçait d'intervenir à côté de Dom Miguel s'il s'embarquait avec l'expédition. Emigrant désargenté, il a dû écrire dans *Le National* pour vivre ; il confirma alors son option de gauche, travaillant aux côtés d'Armand Carrel. Mais en janvier 1833 tout allait mal à Porto et on avait besoin de lui ; il sera le héros de la ville assiégée qu'il sauvera avec son sens de l'improvisation et sa vaillance déjà légendaire. Il sera ensuite le vainqueur des batailles décisives de la guerre civile. Celle-ci terminée, il deviendra marquis et recevra cent contos de l'Etat. Sa carrière politique commença alors — et ce fut une deuxième vie autrement exemplaire dans laquelle il s'engagera de façon fort variée et très discutable. Attardons-nous encore un moment au film coloré de l'existence de Saldanha.

En 1837, nous le voyons se battre contre les Septembristes, attirant le duc de Terceira pour la « Révolte des Maréchaux » ; ayant émigré à la suite de ce « putch » manqué, il demeurera hors du pays jusqu'en 1846. On s'empressa d'ailleurs de le nommer ambassadeur à Vienne, de crainte qu'il n'acceptât le commandement de l'armée du Pacha d'Egypte. En 1846 il sera le commandant de l'armée gouvernementale de Costa Cabral contre le mouvement de « Maria da Fonte », et achèvera son œuvre faisant intervenir l'armée espagnole ; il réinstallera alors le Cabralisme au pouvoir et deviendra duc. Tout de suite après, pourtant, il se tournera contre Costa Cabral, passant à l'opposition, du côté de ses adversaires de la veille. Ayant perdu ses charges palatines, il prendra la tête du mouvement de la Regénération, à la fois comme chef militaire et comme dirigeant politique. Président du conseil des ministres pendant cinq ans, il ne sera pourtant qu'une figure décorative : le Fontisme se servait de lui au sein d'une situation à laquelle il était déjà étranger. En 1856, il quittera le pouvoir et pendant six ans il se consacrera à des études de théologie, de géologie, d'homéopathie et à des exploitations agricoles, à Cintra. Il sera ensuite ambassadeur à Rome, à Londres et à Paris. Nous arrivons ainsi en 1870, la dernière des grandes dates de sa carrière : à quatre-vingt ans, il sera le chef d'un « pronunciamiento » qui le mettra encore une fois à la tête du gouvernement de la nation, appuyé par l'aile gauche des Regénérateurs. On appela ce mouvement une « saldanhada » — la dernière... On ne le prenait plus au sérieux[4](a), et tout le monde, l'homme de la rue comme le politicien, indifférent, étonné ou amusé, le regardait faire[4](b). Pendant cent jours, trouvant difficilement des collaborateurs, Saldanha exerça une sorte de dictature, signant alors quelques décrets fort importants dans une orientation libérale. Il a même créé un ministère de l'Instruction Publique que son successeur Avila s'empressa de supprimer. Mais on était en train de vivre le moment décisif de la solution ibérique et Saldanha s'était trop

---

4 a. Voir *A Lanterna*, n° 6, 1869.
4 b. Voir Julio DINIS, lettre du 27 mai 1870 *in Ineditos e Esparsos*, II, 245 (2ᵉ ed.).

compromis avec Prim : il sera limogé par Louis Ier (qui guettait patiemment le moment où le vieux guerrier commencerait à ne plus s'amuser...) et reprendra le chemin d'un exil doré, comme ambassadeur à Londres. C'était mieux pour tout le monde et il y mourra six ans plus tard. Sa dépouille sera déposée à Saint-Vincent-hors les-Murs, à l'entrée du Panthéon des Bragance, comme il se devait — et comme il lui était dû. Mais on prenait alors conscience qu'il était mort depuis 1833...

C'est à cette date qu'il sauva Porto, à la tête d'une charge folle des trente-huit cavaliers de son état major et de son escorte de lanciers contre toute une division de Bourmont, le vainqueur d'Alger devenu général de Dom Miguel. Ses braves tombaient autour de lui, mais il s'en tira sans une égratignure[5]...

Tout Saldanha est là : un général l'épée à la main dans une folle chevauchée, un miracle de bravoure — et une légende !

Deux mois et demi plus tard, à Lisbonne conquise mais assiégée, il fera encore parler de lui. Mais donnons-lui la parole : « Ne voulant pas que l'Empereur passât le jour de son anniversaire dans une ville encerclée par l'ennemi, avec six cents chevaux et huit mille quatre cents fantassins, dont la moitié était des artisans de Lisbonne, vers 10 heures du matin, j'attaquais les très fortes positions de l'ennemi qui, l'avant-veille, avait paradé avec vingt-deux mille bayonnettes et trois mille cent chevaux. La surprise fut totale et même le chien de Dom Miguel tomba entre nos mains »[6]. La simplicité et l'humour sont des dimensions de légende. Voilà le soldat — ou « le Maréchal », comme tout le monde l'appelait, oubliant qu'il y en avait d'autres. « Le Maréchal » — un bel homme au torse bombé, les gestes imposants, le regard vif, cavalier et danseur infatigable, aimé par les femmes, redouté et adoré par les hommes...

« Il concevait des plans comme Soult, parlait comme Bonaparte, combattait comme Ney ». On parlait ainsi de lui[7], et sa légende se superposait à celle des soldats-maréchaux de l'Empire ; lui seul parmi ses camarades portugais aurait pu être l'un d'entre eux — mais avec le décalage d'un quart de siècle.

---

5. Charge des Guelas de Pau, le 25 juillet 1833.

6. Duque de SALDANHA, *in Jornal do Comercio*, Lisbonne, 26 octobre 1866.

7. *In Esquerda Dinastica*, Lisbonne, le 11 mai 1889. Déjà P. CHAGAS avait écrit : « un maréchal de l'Empire avec toute la science stratégique de l'école de Napoléon, un maréchal de France avec toutes les élégances de la cour de Louis XV » (*in Ocidente*, juin 1881, p. 2).

Pour lui, la vie militaire était la guerre et la guerre une belle charge de cavalerie, à dix contre mille, ou un coup d'œil souverain qui changeait le sort d'une bataille : toujours l'héroïsme. En 1870, au moment de la chute de Sedan, lorsqu'on lui faisait remarquer que l'armée française n'avait plus de poudre, il répondait, comme un vieux grognard : « Ils avaient quand même leurs bayonnettes ! »[8].

« Saldanha, génio da guerra,
Sê da nação protector ».

Gomes de Amorim, le « poète-ouvrier », lui adressait cette prière en 1851, sur la scène du théâtre D. Maria II, lors de la révolution « regénératrice ». Les vedettes de la compagnie venaient à tour de rôle réciter les vers que le poète improvisait en coulisses : la salle, debout, applaudissait le héros qui venait d'entrer dans la capitale. C'était

« ... de novo a espada
Do velho heroi d'Almoster ! »[9]

Mais cette épée, dira dix ans plus tard Pierre V, était « une épée sans caution »[10]. Herculano a été son garant en 1851 — mais rien qu'un moment... Déjà en 1847, un journal « patuleia » de caricatures représentait le duc en arlequin[11] ou comme un être dont les multiples visages pendaient d'un arbre que Costa Cabral arrosait[12]. Quelque vingt ans plus tard, un autre journal annonçait son arrivée au Portugal par une sorte de parade burlesque, cirque délirant qui l'acclamait[13]...

Saldanha passait, sans s'en rendre compte, d'un parti à l'autre, changeant d'amis et d'ennemis avec la facilité la plus étonnante. Vapereau, qui l'avait connu à Paris, écrira gravement dans son célèbre *Dictionnaire des Contemporains*, en 1870 : « son inconstance politique appartient depuis longtemps à l'histoire »[14]. Le marquis de Fron-

---

8. Comte de CARNOTA, *Memoirs of the Duke de Saldanha* (Londres, 1893), II, 419.

9. GOMES de AMORIM, *Cantos Matutinos* (Lisbonne, 1858), 179.

10. *Cartas-Lavradio*, lettre du 31 mai 1860, p. 264.

11. *Suplemento Burlesco ao Patriota*, 1847, p. 286.

12. Idem, 1847, p. 163.

13. Voir *O Democrito*, Lisbonne, le 18 juin 1865.

14. G. VAPEREAU, *Dictionnaire Universel des Contemporains* (Paris, 1870, 4e édition), p. 1614.

teira, son vieil ami mais qui, en bon Cabraliste , ne lui pardonnera jamais la Regénération, ne manque pas de mettre en évidence sa volubilité. Il raconte ses disputes avec des ministres qui, choisis le matin, étaient répudiés le soir, ses oublis, ses distractions, ses petites manies de vieillard, les retraites qu'il s'offrait chez lui, en pleine crise, interdisant sa porte aux ministres eux-mêmes, ne répondant pas aux lettres ni aux appels de la reine[15]...

« J'ai à Cintra le duc de Saldanha dans une période très avancée de grossesse politique : je ne sais pas encore qui est le père de l'enfant, je ne crois pas non plus qu'il le sache »[16] : Pierre V s'amusait à suivre ses conspirations, en 1858. Le maréchal était toujours atteint de ce que le jeune roi appelait « la folie ibérique ». En 1870, il songeait, avec Prim, à mettre sur les deux trônes un fils de Louis Ier, dont les deux généraux seraient les régents. Mais déjà à la veille de son coup d'état, il se faisait siffler au théâtre ou, vingt ans plus tôt la foule applaudissait les vers du « poète-ouvrier ». On en avait assez de lui — et même à Paris un poète se moquait de sa révolution, le voyant sous les traits d'un personnage d'Offenbach :

« Beaucoup de chic ce capitaine
Comparé de croquemitaine
De Malbrough, ou général Boum[17]... »

... Mais l'arbre au cent visages de la caricature dont nous parlions ci-dessus était arrosé non pas avec de l'eau mais avec des espèces sonnantes et trébuchantes — car Saldanha avait toujours besoin d'argent et il considérait que tout lui était dû... Il coûtait cher à l'Etat qu'il n'hésitait pas à rançonner, dans des situations qui frisaient le chantage. Ses ambassades fastueuses ne faisaient que garantir un peu de tranquillité dans le pays. Mme Ratazzi, se faisant écho des racontars lisbonnais, écrivait à propos des obsèques royales du maréchal : « C'était la dernière fois qu'il coûtait de l'argent, aussi n'y regarda-t-on pas trop »[18]...

En 1849, le célèbre poème *As Commendas* mettait en scène Saldanha qui essayait de vendre des décorations sur le marché de Porto,

15. *Memorias do Marquês de Fronteira*, IV, 309.
16. *Cartas-Lavradio*, lettre du 10 octobre 1858, p. 216.
17. Albert MILLAUD, *in Le Figaro*, Paris, le 23 mai 1870. En 1882, Alexandre da CONCEIÇAO (*Notas - Ensaios de Critica e de Literatura*, Coimbra, 1882, p. 121) parlera de « scènes militaires d'opéra buffa d'Offenbach ».
18. Princesse RATAZZI, *Op. cit.*, p. 46.

« A quem tiver dinheiro para pagá-las
Ou queira *empresta-dar* agora ao duque
Uns dois contos de reis, metal sonante[19] ».

Il avouait avoir besoin de vingt contos par an[20], qu'il laissait filer entre ses doigts — le « bon maréchal », le « père du peuple », comme on l'appelait avec tendresse[21]. Autour de lui tout le monde profitait : « Il n'y aura pas de parents pauvres », disait-il, dans un aveu innocent[22]. Il se consacrait alors à l'exploitation agricole à Cintra, faisait venir du bétail et des machines d'Angleterre, lisait des dizaines de livres techniques — et perdait tout son argent. Il cherchait ensuite des affaires, devenait président de conseils d'administration de compagnies de mines, d'engrais, de « steem tramways » à Lisbonne — on se servait de son nom et on le dupait[23]... « Je dois lui rendre cette justice (écrivait Pierre V en 1860) qu'il a à peine conscience du rôle qu'on lui fait jouer, et que la vanité qui le mène d'accord avec le besoin d'argent l'aveugle »[24]. Cela ne lui épargnait pourtant pas des accusations : en 1854, ses adversaires se souvenaient que ses propres amis avaient déjà vu en lui « un homme qui laissait pratiquer les agiotages les plus sanglants, un patron pour toutes les compagnies irrégulières »[25]...

En 1856, en pleine Chambre des Pairs, Saldanha et Costa-Cabral, devenus ennemis, discuteront de leur honorabilité respective, dans une atmosphère de scandale[26]. Deux ans plus tôt, un autre scandale avait éclaté à son sujet, que la presse de l'opposition ne manqua pas d'exploiter pendant deux mois. Il lui intenta un procès qu'il a gagné ; pourtant, derrière les attaques politiques il y avait sans doute quelque chose de vrai. Et de tragi-comique.

---

19. Anonyme (Ayres de GOUVEIA), *As Comendas*, p. 19.

20. ROCHA, *A Revolução do Porto* (Porto, 1851), cité par Oliveira MARTINS, *Op. cit.*, II, 285. (En 1974, 2 400 000 escudos, soit 400 000 francs français).

21. Comte da CARNOTA, *Op. cit.*, I, 443.

22. Entre 1860 et 1871. Voir Comte da CARNOTA, *Op. cit.*, II, pp. 340 et 429.

23. Idem, ibid., II, 339.

24. *Cartas-Principe Alberto*, lettre du 26 septembre 1860, p. 265.

25. *In Imprensa e Lei*, Lisbonne, le 15 août 1854. SALDANHA fut président ou directeur de la Compagnie dos Caminhos de Ferro do Norte e Leste, Cie. Francesa do Credito Predial Português, Cie. do Guano, Cie. Fabril da Abrigada, Cie. da Fundição de Ferro de Leiria, Cie. dos Caminhos de Ferro Larmanjat. (Voir *A Lanterna* n° 5, 1869, p. 11).

26. Voir *Diario da Camara dos Dignos Pares do Reino* du 17 février 1856.

Car il s'agissait de marier son fils dans la maison très riche d'un grand viticulteur de Porto, le Ferreirinha, que nous connaissons. La fiancée n'avait que douze ans et il fallait l'enlever contre la volonté de sa mère. Saldanha réédita l'exploit de son émule Palmela — mais vingt ans étaient passés, les temps n'étaient plus les mêmes, et l'affaire (qu'on dirait inspirée d'un roman de Camilo) a échoué, avec la fuite de la jeune fille et de sa mère, pour l'Espagne[27]. Le fils Saldanha se mariera un peu plus tard à la fille d'un autre grand négociant, le « brésilien » comte de Bolhão pour lequel Camilo avait écrit des feuilletons de complaisance. Mais Bolhão se verra bientôt dans une situation délicate et devra fuir ses créanciers. Pierre V commente alors : « le charme qui liait le duc de Saldanha au beau-père de son fils s'est brisé ; le comte de Bolhão n'était pas inépuisable et, habitué à faire de l'argent plutôt qu'à s'en défaire, il commettait l'indiscrétion de se plaindre de la main qui l'avait sorti du néant »[28].

Le duc de Saldanha, soldat désargenté, avait voulu assurer à l'héritier de son nom la fortune que le duc de Palmela avait obtenu pour son premier fils. Comme Palmela, il avait exigé l'ancien privilège d'un titre de marquis pour chacun de ses enfants mâles — mais il n'en eut que deux, contre huit chez son rival[29]. Le mariage même d'une de ses filles avec l'héritier du comte du Farrobo ne réussit pas car le fameux milliardaire se trouvera ruiné quelques années plus tard...

Au milieu d'affaires qui s'écroulaient, tout comme au sein d'une vie politique qui le dépassait, le vieux duc chercha alors refuge dans la science — la science des hommes et celle de Dieu qu'il voulait accorder à tout prix.

Entre 1837 et 1839, passionné d'agriculture, la terre l'avait conduit jusqu'au domaine de la géologie. Il deviendra alors membre de la Société Française de Géologie. Mais ses idées allaient beaucoup plus loin et il rêvait d'établir la *Concordancia das Ciencias Naturais e prin-*

27. Voir surtout *Imprensa e Lei*, quotidien de Lisbonne dirigé par MENDES LEAL, numéros à partir du 31 août 1854. L'affaire est racontée avec détails dans le numéro du 2 septembre 1854. *A Revolução de Setembro* a répondu à ces accusations de façon peu convaincante. Il s'agissait de la famille « Ferreirinha » — D. Antonia Adelaide FERREIRA, veuve de son cousin Antonio Bernardo FERREIRA II et mère de Antonio Bernardo FERREIRA III et de la petite Maria da Assunção qui deviendra en 1860 comtesse d'AZAMBUJA par son mariage avec le troisième comte, de la maison LOULÉ.

28. *Cartas-Contemporaneos*, lettre au comte de LAVRADIO du 19 mai 1860, p. 310.

29. Voir Albano Silveira PINTO e Visconde de SANCHES de BAENA, *Resenha das Familias Titulares e Grandes de Portugal*, I, 177.

cipalmente da Geologia com o Génésis fundada sobre a opinião dos Santos Padres e dos mais distintos Teólogos[30]. Mais ce n'étaient que quelques chapitres d'un travail sur la philosophie de Schelling, que le maréchal avait rencontré personnellement à Carlsbad.

Il continuera sur la même voie. Deux fois chef de la Franc-Maçonnerie, en 1828 et en 1834, Saldanha retournait maintenant au bercail de l'Eglise[31]. Le choc provoqué par la mort d'un fils, en 1845, l'avait confirmé dans sa foi. Il fera dresser une grande statue néo-gothique à la Foi dans sa ferme de Cintra et ne cessera plus de publier des ouvrages sur des problèmes touchant à la religion[32]. En 1846 il s'informait déjà sur les meilleurs auteurs anciens et modernes qui avaient écrit sur l'existence de Dieu et l'immortalité de l'âme : il demandait alors à un ami vivant à Londres des bibliographies et des prix[33].

Une lettre contre le mariage civil que le nouveau Code instituait, et qu'Herculano défendait, lui valut les plus grands éloges du Pape : « Caro duca mio, voi avete scritto comme un Santo Padre »[34]. Au soir de sa vie, il se croyait investi d'une mission : en 1869 il affirmait que « le service de Dieu et l'intérêt moral de ses compatriotes » le poussaient à écrire sur la Vérité. Il comparait alors le Christianisme aux autres religions, s'appuyant sur « les meilleures autorités, modernes et classiques »[35] — depuis Rémusat et Creuzer (qui avaient autrement inspiré Antero de Quental et Teofilo Braga...) jusqu'à Aristote et Cicéron. En 1871, après les Cent Jours de son dernier gouvernement, et après les événements de la Commune parisienne, il défendra le grand besoin d'une association catholique — seul moyen d'arrêter le libéralisme et le communisme, « son successeur naturel », et d'éviter la « lutte de classes » dont il avait eu soudainement conscience.

30. Vienne d'Autriche, 1845.

31. Voir BORGES GRAINHA, *Historia de Maçonaria em Portugal* p. 207.

32. *Algumas Ideias sobre a Fé* (Lisbonne, 1867), *Carta sobre o Casamento Civil* (Lisbonne, 1865), *A Verdade* (Lisbonne, 1869), *Necessidade de Associação Catolica* (Londres, 1871), *A Voz da Natureza* (Londres, 1874-1876).

33. Voir Comte da CARNOTA, *Op. cit.*, II, 70.

34. Idem, ibid., II, 369.

35. SALDANHA cite F. LEJARD (*Recherches sur Mithra*), A. RÉMUSAT (*L'Invariable Milieu*, Paris, 1817), J. BRUKER (*Histoire Critique de la Philosophie*, Leipzig, 1742), G. F. CREUSER, (*Religions de l'Antiquité*, Paris, 1825-1851), NIEBUHR, *Histoire Romaine*, Paris, 1830-1890), A. VEUILLOT (*La vie de N.S. Jésus Christ*, Paris, 1864), PLATON, ARISTOTE, TITE-LIVE, SÉNÈQUE, OVIDE, SALUSTE, PLUTARQUE, CICÉRON, TACITE et SUÉTONE.

Mais Saldanha servait en même temps une autre foi : l'homéopathie. Il se battait depuis 1858 pour cette science discutée[36] ; et cela jusqu'à s'engager dans une polémique avec un grand médecin de Lisbonne qui a cru devoir critiquer ses idées, pour éviter le pire. Il a même voulu compromettre, dans l'institution officielle de l'homéopathie, Pierre V — qui le trouvait « de plus en plus fou »[37].

De plus en plus fou... On s'arrête à la méchanceté de ces paroles royales et on y trouve la clé de cette personnalité sans égal. Le jeune roi lui-même n'était pas sans l'admirer : « Je ne refuse pas une certaine admiration, même une certaine sympathie à cet homme qui ne ressemble à aucun autre — mais je sais qui il est, j'ai le devoir de le connaître »[38]. Tout le monde, d'ailleurs, savait qui il était — mais on était volontiers dupe de ses attitudes, de ses frasques. « Personne n'ose (le) désavouer (...), tout le monde s'accorde à (le) tolérer par peur, par intérêt, ou encore par un sentiment de reconnaissance et de respect qui survit obstinément à ses propres raisons »[39]. Pierre V voyait sans doute juste — et derrière ses mots nous apercevons la réalité nationale toute entière : cette survie passive et paresseuse d'un passé que les aventures guerrières teintaient d'irresponsabilité ; cette « saudade » de la geste héroïque qui précédait un quotidien laborieux dont personne ne voulait ; ce sentimentalisme que la vieillesse et la prestance du héros suscitait...

Saldanha survivait à ses propres raisons d'exister : Pierre V avance, dès 1861, la critique que les « réalistes » de 1870 feront, au moment de la mort du maréchal. On dira alors que le duc souffrait de « sénilité précoce », car il ne s'était pas donné une « destinée mentale » après son époque héroïque[40]. Mais ce diagnostic n'était-il pas pareil à celui que les mêmes critiques faisaient sur leur patrie, après tant d'années de romantisme ?

---

36. *Estado da Medecina em* 1858, *Opusculo em cinco partes dedicado a S.M. El-Rei D. Pedro V...* (Lisbonne, 1858), *O Sr. Dr. Bernardino Antonio Gomes e o seu Folheto* (Lisbonne, 1859), *Duas Palavras sobre a Homeopatia como preservativo e curativo da Colera Morbus* (Lisbonne, 1865). Remarquons que l'homéopathie avait été mise en valeur par les libéraux de Porto en 1835 (voir J. J. de M., « Reflexões sobre a doutrina homeopatica », *in Repositorio Literario* du 15 juillet 1835).

37. *Cartas-Principe Alberto*, lettre du 8 mars 1856, p. 107.

38. *Cartas-Contemporaneos*, lettre au comte de Lavradio du 19 mai 1860, p. 310.

39. *Cartas-Principe Alberto*, lettre du 22 août 1861, pp, 280-281.

40. Ramalho Ortigao, *in As Farpas* (novembre 1876), III, 21 et 20 (ed. 1843).

LES ANNÉES DE CONTESTATION

Ce n'est pas encore le moment de faire le bilan de ce romantisme — mais il convient de retenir le fait que cet homme ,« Le Maréchal » des heures chaudes de la guerre civile, le duc politicien aux cent visages, le brasseur d'affaires somnambule, le théologien naïf, fut l'homme le plus populaire de son temps, au Portugal. Et cela ne fut certainement pas l'effet du hasard. Comme l'on ne doit pas attribuer au hasard le fait que cet homme ait été quatre fois président du conseil des ministres entre 1835 et 1870, et qu'il ait gouverné le pays durant huit ans et demi.

Il était (c'est toujours le jeune Pierre V qui parle) « par droit consuétudinaire le « deus ex-machina » de la tragi-comédie que nous jouons tous, chaque jour »[41].

Mais Saldanha était à la fois le « deus ex-machina » des situations politiques nationales et le produit d'une situation sociale définie — l'une de ses causes, et son effet le plus pur...

C'est pourquoi, au même titre que Garrett et que Camilo, il mérite un chapitre dans une enquête sur le romantisme portugais. Peut-être est-il plus significatif, à travers la caricature que sa personnalité exige, que Fontes ou que le jeune monarque qui le condamnait si impitoyablement !

Homme contradictoire, instable dans ses opinions, Saldanha ne connaissait pourtant pas de véritable inquiétude. Il ne tenait pas en place — c'est tout. Ses fréquents voyages, qui étaient souvent des escapades, ses manies culturelles, tout cela traduit plus qu'une « sénilité précoce », une sorte d'infantilisme psychologique.

Il n'en croyait pourtant pas moins à ses idées. Dans sa défense du mariage civil, il déclarera : « Six ans d'études approfondies et des méditations ont fortifié mes croyances »[42]. Il était de ceux qui « prennent les inspirations du moment pour des méditations profondes » — disait le roi[43].

Il était, au moins (c'est encore Pierre V qui écrit), « une étude psychologique fort intéressante ». Et le roi ajoute : « c'est l'imagination se brûlant jusqu'à la température de l'aliénation »[44].

---

41. *Cartas-Lavradio*, lettre du 8 janvier 1858, p. 185.

42. *Cartas sobre o Casamento Civil dirigida ao Exmo Presidente do Conselho de Ministros pelo duque de Saldanha*, p. 3.

43. *Cartas-Contemporaneos*, lettre au comte de Lavradio du 19 mai 1860, p. 310.

44. *Cartas-Lavradio*, lettre du 31 mai 1860, p. 264.

Dans le secret de son imagination, le duc se voyait roi : Jean Iᵉʳ de Rio Grande, au sud du Brésil, ou Jean VII de Portugal[45] — comme on en est venu à l'appeler en 1851. Mais il était fidèle à sa reine, la fille de Dom Pedro, et elle pouvait lui écrire à ce moment très grave : « Je rends justice aux sentiments du Maréchal Saldanha en croyant qu'il n'est pas capable de vouloir abuser de la situation où il se trouve. J'ai foi en sa dignité et en son honneur de militaire et de gentilhomme ; et je confie à mon ami et au général de mon père l'avenir de ce pays et de la couronne »[46]. Garrett, comme nous le savons, a rédigé cette lettre historique ; il deviendra ministre de Saldanha — de Saldanha que nous pouvons imaginer pleurant des larmes sincères en lisant l'appel de sa reine... Dix-huit ans plus tard le duc ne manquera pourtant pas d'écrire à son biographe officiel : « Je suis persuadé que j'aurais été un assez bon chef dans n'importe quel Etat »[47]. Un an après, ce fut la « Saldanhada » de 70, dans laquelle, à la fin de ses Cent Jours, il fera comte son biographe, sujet anglais qui était aussi le frère de sa seconde femme.

Le maréchal-duc de Saldanha n'osera jamais se dresser contre sa reine : il était, certes, un « condottiere » mais il n'en était pas moins un féal de la maison royale. Castilho, qu'il fera vicomte en 1870, l'appelait le « second père de l'excellente princesse », en ajoutant qu'il était « au palais royal, l'ami du peuple et, au milieu du peuple, l'ami de la royauté constitutionnelle »[48]. Il fit ce qu'il fallait faire en 1851 : il considérait Dona Maria II comme une enfant mal conseillée — et Ferdinand de Cobourg, appréciant froidement la chute de Costa-Cabral, lui donnait raison et l'appuyait en secret... En 1870 il s'imposera à un homme, le bon roi Louis Iᵉʳ.

Il avait alors, depuis huit ans, le titre de « parent de la maison royale » — mais, tout vaniteux qu'il était de ses honneurs, il gardait plutôt dans son cœur sentimental certains mots de Lafayette qui, au temps de l'émigration libérale à Paris, disait de lui à une députation de Portugais : « Je n'ai qu'un enfant et je puis vous donner ma parole que je l'aime autant que votre général Saldanha ». En 1866 le vieux maréchal tenait à se rappeler cette phrase vieille de trente-cinq ans[49].

45. Voir Oliveira MARTINS, *Op. cit.*, II, 294.

46. Voir GOMES de AMORIM, *Garrett, Memorias Biograficas*, III, 277.

47. Comte da CARNOTA, *Op. cit.*, I, 41.

48. CASTILHO, *Felicidade pela Instrucção* (Lisbonne, 1854), pp. 91 et 92.

49. Duque de SALDANHA, *in Jornal do Comercio* du 26 octobre 1866.

Même si, entretemps, à Vienne, il s'était pris d'amitié pour Metter-nich...

Parlant avec « saudade » de Lafayette et des années de sa jeunesse, le maréchal-duc de Saldanha pouvait alors évoquer en toute tranquillité un autre mot, célèbre celui-ci, de Dessaix après Marengo : « J'ai assez fait pour la postérité ». Son mal, c'était de vouloir faire mieux — ou de faire toujours des choses, des choses inutiles, que l'histoire n'admettait plus... Il mourra un an après Castilho et un an avant Herculano, qui étaient de dix ou vingt ans plus jeunes que lui. Dernier paladin du romantisme héroïque de 1830 — il mourait avec le romantisme fatigué de 1870...

CHAPITRE IV

JULIO DINIS OU CINQ ANS DE BONHEUR

Nous avons déjà vu agir Camilo, au milieu de ce romantisme contesté. Mais il y a un autre romancier qui, en même temps, entre 1866 et 1871, créera un univers de situations et de formes qui reflète la conjoncture sociale et contribue à la formation d'une conscience bourgeoise convenant à la période finale du Fontisme.

Cet univers contrecarre celui de Camilo : son auteur, un jeune professeur de la Faculté de Médecine de Porto qui se cache derrière le pseudonyme de Julio Dinis, n'a rien à voir avec le romancier truculent et malheureux d'*Amor de Perdição*, bien au contraire. Et pourtant le décor est le même : le Porto et le Minho des années 50 et 60, avec ses bourgeois ou ses gentilshommes campagnards, ses « brésiliens » ou ses « morgados ». Chez Julio Dinis tout ce monde se trouve apaisé, bien au-delà du délire camilien. Après le malheur et les larmes, apparaît un bonheur discret et timide choisi par ce jeune homme discret et timide lui aussi, plein de pudeur, qui se méfie de Camilo[1] et lui préfère Rodrigo Paganino, à travers lequel les doux espoirs d'Emile Souvestre lui paraissent plus vraisemblables et plus réels.

Né dans la moyenne bourgeoisie de Porto, après les luttes libérales, le futur Docteur Gomes Coelho a vu très tôt sa vie menacée par la tuberculose qui sévissait dans sa famille. Il en mourra en 1871, à l'âge de trente-deux ans, après avoir essayé en vain de vaincre la maladie à force de séjours à Madère, le faux paradis des phtysiques du Romantisme portugais.

Souffrant, de plus en plus affaibli, sans espoir, car, médecin, il savait fort bien le sort qui l'attendait, Julio Dinis écrivait surtout pour son plaisir, en cachette. Seule une indiscrétion paternelle a fait iden-

---

1. Lettre à Custodio de PASSOS (frère de Soares de PASSOS) du 18 février 1869, *in Ineditos e Esparsos* (pb 1909), II, p. 213 (2e ed.).

tifier l'auteur qui, en 1866, commençait à être connu. Il tenait en horreur la littérature comme profession : en 1869 il dira à un ami que,
dans ces conditions, il deviendrait « *ipsofacto* (...) incapable d'écrire
deux lignes »[2]. Tout de suite après, il écrira dans ses cahiers : « Quand
j'écris, le secret absolu me stimule » ; toute indiscrétion sur son travail représentait pour lui une inhibition : « Je me sens refroidi et
durant des jours le sujet qui jusqu'alors m'attirait, me répugne ». Et il
ajoutait qu'il ne pouvait pas comprendre comment « de nombreux
auteurs aiment à faire savoir qu'ils vont entreprendre une œuvre et
apprécient même que le public soit informé, pas à pas du progrès de
leur travail »[3]. Julio Dinis s'opposait ainsi à des mœurs que la vie littéraire portugaise avait adoptée, à Lisbonne surtout — et il se gardait bien de toute fréquentation littéraire dans la capitale. Un jour, au
Chiado, l'auteur d'un drame inédit en cinq actes se précipite sur
lui et lui raconte toute l'intrigue ; il écrit alors à un ami : « J'ai été
consterné. Il y a de folles catastrophes à Lisbonne ! »[4].

Julio Dinis était un jeune homme sérieux, sans amours, sans maî-
tresses, cachant ses rêves, fuyant toute intimité, toute fréquentation
— haïssant Offenbach[5]...

Avant d'avoir rendu célèbre son pseudonyme, le Docteur Gomes
Coelho s'était caché derrière un nom aristocratique de femme, Diana
de Aveleda — et la délicatesse de ses chroniques dans le *Jornal de
Porto*, quotidien préféré par la bourgeoisie de sa ville natale, où il
publiera ses romans, en feuilletons, laissait croire à un auteur féminin.
Ramalho Ortigão lui-même est tombé dans ce piège innocent : il
s'adressera cérémonieusement à cette dame dans un feuilleton[6]...
Toujours sous le nom de Diana, Gomes Coelho rendra hommage à
Paganino[7] et décrira ses « impressions de la campagne » à une amie
supposée, Cecilia[8], dont le nom passera dans le premier roman de
Julio Dinis, comme une sorte de symbole de douce féminité portugaise — et bourgeoise.

---

2. Idem du 5 mars 1869, idem, II, p. 217.
3. Julio DINIS, *Ineditos e Esparsos*, I, 41.
4. Lettre à C. PASSOS du 14 octobre 1870, Idem, II, 250.
5. « Cartas para a minha Familia », signé Diana de AVELEDA, *in Ineditos e Esparsos*, II, 80 et siuvantes. (Texte de 1860).
6. *Jornal do Porto* des 21 janvier et 25 février 1863, *in Ineditos e Esparsos*, I, 130 et suivantes.
7. Idem, 28 mai 1864, *in Op. cit.*, I, 176.
8. Idem, 1 août 1864, *in Op. cit.*, II, 5.

Cecilia sera l'héroïne-type de Julio Dinis : Cecilia à la ville et Cristina à la campagne. Femmes douces et résignées, femmes-sœurs ou mères (il comparera un de ses personnages à Charlotte de *Werther*[9]), les héroïnes de Julio Dinis représentent la femme qui n'a jamais traversé sa vie réelle de grand malade solitaire. Mais Cecilia et Cristina incarnent les deux pôles thématiques du romancier, la vie urbaine et la vie rustique ; il s'attachera pourtant de préférence au second.

De ses quatre romans un seul se passera à Porto, les autres ayant comme décor des endroits rustiques mal identifiés du nord du pays. Julio Dinis n'aura le courage de publier son roman urbain, *Uma Familia Inglesa*, le premier qu'il ait écrit, à vingt-trois ans, qu'après avoir connu le succès avec *As Pupilas do Senhor Reitor*, en 1866. Il se sentait plus à l'aise dans les milieux ruraux qu'il ne connaissait pourtant qu'à travers quelques cures de malade. Mais là il pouvait imaginer, il se sentait plus libre pour appliquer certains schémas théâtraux qui lui tenaient à cœur et qui correspondaient, somme toute, à sa première vocation de dramaturge[10]. Ce n'est certainement pas par hasard que ses romans ruraux furent très tôt adaptés au théâtre[11]. Dans *Uma Familia Inglesa*, on sent que le milieu urbain l'intimide — et c'est pourquoi il se réfugie dans une exploration psychologique qui n'aura pas d'équivalent dans ses romans suivants. Bien au contraire, il dilue volontiers la complexité des personnages de la ville dans la simplicité de la vie rustique. L'itinéraire de son œuvre est l'itinéraire même de ses héros — et de son idéologie. Nous y reviendrons.

Julio Dinis écrit des romans d'amour et de mœurs — ou, mieux, des romans de mœurs qui ont l'apparence, ou le dénouement de ro-

---

9. Julio DINIS, *A Morgadinha dos Canaviais* (Porto, 1868), 64 (17e ed.).

10. *O Casamento da Consessa de Vilar-Maior (ou da Amieira)* (deux actes 1856). *O Ultimo Baile do Dr. José da Cunha* (un acte, 1857), *Os Aneis ou Inconvenientes de amar às escuras* (un acte, 1857), *As Duas Cartas* (deux actes, 1857), *Similes Similibus* (un acte, 1858), *Um Rei Popular* (Jean II ; deux actes, 1858), *Um Segredo de Familia* (trois actes, 1860), *A Educação de Odivelas* (époque de Jean V, deux actes, 1860), *O Bolo Quente* (incomplet). Quelques unes de ces pièces furent jouées dans des cercles d'amateurs ; seul *O Bolo Quente* fut publié *in Ineditos e Esparsos* : voir Julio DINIS (« Colecção Patricia », Lisbonne, 1925).

11. *As Pupilas do Senhor Reitor* (en 1868, par E. BIESTER, plus tard, par ANTERO de FIGUEIREDO, *A Morgadinha dos Canaviais* (deux adaptations : Carlos BORGES et Batista MACHADO), *Os Fidalgos da Casa Mourisca* (deux adaptations : Carlos BORGES et Alberto ESTANISLAU), *Uma Flor entre o Gelo* (en 1925, par Acurcio CARDOSO).

mans d'amour. Il ne manquera d'ailleurs pas de défendre, en 1870, dans le secret de ses cahiers, le roman de mœurs contre l'opinion du premier des critiques « réalistes »[12]. Et il a raison, son point de vue étant plus naturel dans le cadre de la culture nationale.

Les deux codes, de l'observation du quotidien et des jeux d'amour au « happy end » assuré, se superposent de façon très habile : les coups de théâtre par lesquels se résolvent les problèmes des amoureux ne font que confirmer la douceur d'une vie patriarcale où la nature se porte garant de l'honnêteté des caractères. Dans cette nature les paysages physiques et humains ne font qu'un — vision idéale d'un curiste qui fuit l'atmosphère maligne des grandes villes. Cela n'avait rien à voir avec l'attitude de Camilo...

Dans le sein de cette nature omniprésente et toute puissante, Julio Dinis abat ses cartes de psychologue. Carlos, le héros d'*Uma Familia Inglesa*, est l'objet d'une analyse psychologique qui va jusqu'à pénétrer dans un champ que la psychanalyse se réservera : la description d'actes involontaires apparaît pour la première fois dans ce roman[13], tout comme la description d'un rêve de l'héroïne[14], la douce Cecilia. Dans un cas comme dans l'autre, le romancier montre une intuition inattendue des valeurs symboliques du « moi » freudien. On a déjà pensé qu'il avait connu certains travaux de Scherner parus en 1861[15].

C'est sans doute une perspective que la culture médicale de l'auteur autorise mais qui n'est pas fondée sur des preuves — et rien dans ses cahiers ou ses lettres ne le laisse supposer. De toute façon, il s'agit de moments insolites et sans conséquences dans l'œuvre de Julio Dinis.

Cristina, la figure féminine qui correspond à Cecilia dans *A Morgadinha dos Canaviais*, ne rêvera plus, et si Augusto, le héros de ce roman, souffre la nuit de douleurs d'âme, le romancier considère que ses passions sont si violentes qu'il doit abandonner l'idée de les décrire[16]. Car maintenant on est au village...

Au village tout finit bien et dans les trois romans rustiques la structure dramatique est toujours la même : A, esprit volage, croit

12. Julio Dinis, *Inéditos e Esparsos* (texte de février 1870 se référant à Luciano Cordeiro, *Livro de Critica*, p. 240), I, p. 18.

13. Julio Dinis, *Uma Familia Inglesa* (Porto, 1868), 174 (19e ed.).

14. Idem, ibid., p. 218.,

15. Voir Egas Moniz, *Julio Dinis e a sua Obra* (Lisbonne, 1924), I, 366 et suiv.

16. Julio Dinis, *A Morgadinha dos Canaviais*, II, 257 (17e ed).

aimer C qui est aimée (en silence, *Morgadinha* et *Fidalgos da Casa Mourisca*) par B (frère bien différent d'A — *Pupilas* et *Fildagos*), et finit par se marier avec D (qui l'aimait en silence — *Pupilas* et *Morgadinha*). *A Morgadinha dos Canaviais* se présente ainsi, d'un point de vue statistique, comme le roman le plus « informatif », car ses coïncidences structurales sont plus significatives que celles qui se manifestent dans les deux autres romans. Le fait que B aime en silence C est plus important que le fait que B soit le frère d'A ; on ajoute ainsi une dimension psychologique à l'histoire, tandis que dans l'autre cas on n'y ajoute qu'une dimension dramatique. Dans le roman urbain, le schéma de l'intrigue est plus simple : A, bien qu'esprit volage, aime D et l'épouse grâce à l'intervention de sa sœur, figure angélique qui n'a pas de partenaire car il n'y a pas de B dans *Uma Familia Inglesa*. Cette simplicité qui ne connaît pas de péripéties ouvre le chemin à des analyses approfondies déplacées chez des êtres autrement tranquilles du village.

C'est ici que le message de Julio Dinis atteint son point le plus significatif.

L'opposition entre la ville et la campagne constitue le noyau de l'idéologie de Julio Dinis — ou, mieux, de sa mythologie personnelle. La ville, pour lui, c'est le mal : l'endroit où Carlos d'*Uma Familia Inglesa* risque de perdre sa générosité et sa pureté, dans les soupers de l'Aguia d'Ouro, l'endroit qu'Henrique d'*A Morgadinha dos Canaviais* fuit, à demi hypocondriaque, l'endroit, en somme, que l'auteur lui-même, parlant de Lisbonne, voit comme une sorte de tête ou d'estomac monstrueux qui « cherche à lui seul à tout absorber »[17]. Carlos certes, ne se rend pas à la campagne — mais, assagi par le mariage, il deviendra, comme son père, un Anglais respectable de la colonie du « Port Wine », vivant retiré de la vie proprement urbaine, entouré d'arbres dans un « cottage » du quartier britannique. Henrique, lui, cherche et trouve la paix dans le village : « Henrique, l'élégant du Chiado, l'habitué du Gremio Literario et du São Carlos, devient un propriétaire rural riche et laborieux. Il est tombé amoureux de l'agriculture et deviendra le type même de l'ancien patriarche »[18]. Ainsi s'achève son histoire. Celle de Julio Dinis lui-même s'achève par la mort précoce — mais c'est encore là le destin de la victime d'une

---

17. Julio Dinis, *Ineditos e Esparsos*, I, 11 (texte de 1870 ?).
18. Julio Dinis, *A Morgadinha dos Canaviais*, II, 278.

maladie qu'on croyait être propre aux villes qu'il n'avait pas fuies à temps[19].

Cependant, Henrique se passionne pour l'agriculture — tout comme un des seigneurs du Manoir Mauresque qui arrive ainsi à reconstituer sa maison séculaire ; l'agriculture est la seule base de la richesse de la famille des héros d'*As Pupilas* ou de l'héroïne d'*Os Fidalgos*[20]. Le travail des champs est donc la base de la richesse et du bonheur : « L'argent placé dans la terre, produit de l'argent, Monsieur ! » dira le serf devenu propriétaire au fils de son ancien patron[21] ; et Julio Dinis lisait, la plume à la main, le *Compendio de Economia Rural* de Rebelo da Silva[22], disciple d'Herculano conquis par la terre comme son maître. Quand le romancier affirme que le jeune « fidalgo » réalise l'intégration du capital, du travail et de l'intelligence dans la propriété (...) montrant jusqu'à quel point cette alliance est féconde »[23], il se fait écho des idées de la bourgeoisie fontiste, liées aux concepts économiques de Ricardo et de Cobden que Rebelo da Silva ne manque pas de citer. Castilho lui-même ne prônait-il pas « le bonheur par l'agriculture » ? *Os Fidalgos*, tout comme *A Morgadinha*, marquent ce retour à la terre — soit au niveau de l'ancienne aristocratie ruinée soit au niveau de la nouvelle bourgeoisie assouvie.

Les deux cas sont pourtant très différents et il vaut la peine de nous pencher sur eux. Tandis que la recherche du bonheur dans la terre de la part de la bourgeoisie exprime une involution de sa vocation économique essentielle, et une sorte de remontée aux sources de la noblesse, le chemin que Julio Dinis montre aux vieilles familles déchues représente une issue moderne. A leur orgueil basé sur des traditions (orgueil caricaturé dans les frustes et nobles cousins des seigneurs du Manoir Mauresque, les « fidalgos do Cruzeiro »), il oppose l'orgueil du travail — au vieux Dom Luis da Casa Mourisca,

---

19. Le Docteur Gomes Coelho avait soutenu une thèse sur l'influence de la météorologie dans le traitement de certaines maladies : « *Da Influencia dos estudos metereologicos para a medecina e especialmente de suas aplicações ao ramo operatorio* (Porto, 1861).

20. Antinio José Saraiva a analysé le rôle de l'économie agricole dans l'œuvre de Julio Dinis, *in Para a Historia da Cultura em Portugal* (Lisbonne, 1967), II, 61 et suivantes.

21. Julio Dinis, *Os Fidalgos da Casa Mourisca*, p. 43 (15ᵉ ed).

22. Voir Egas Moniz, *Op. cit.*, II, 396. Rebelo da Silva, *Compendio de Economia Rural para uso das Escolas Populares* (Lisbonne, 1868).

23. Julio Dinis, *Os Fidalgos da Casa Mourisca*, p. 261.

son ex-serf Tomé da Herdade, qui deviendra le beau-père de son fils aîné. C'est un brassage social qui doit sauver les traditions qu'un sang nouveau, plus rouge mais respectueux, va enrichir... On ne s'étonne pas de lire en 1877 dans le journal à plus grand tirage du pays qu'*Os Fidalgos da Casa Mourisca* est « le roman de plus grande portée philosophique » parmi les livres de l'auteur[24]. Le journaliste anonyme ne fait d'ailleurs que reproduire, sans la citer, l'opinion de Camilo qui, à plus juste titre, parlait de « portée sociale »[25].

Mais ce retour à la terre représente la conclusion de deux générations romantiques qui se sont mises à aimer leur pays ; et c'est aussi la conclusion des gens qui n'ont pas su s'adapter aux nouveaux rythmes sociaux. Vingt ans plus tard, un mouvement vers la terre marquera une autre génération post-romantique ; pour le moment, l'idéologie de Julio Dinis est à peine réactionnaire : elle n'a pas encore été mise en présence des faits contre lesquels elle puisse réagir...

Quant à l'industrie, Julio Dinis, qui fuit Porto dont il ne retient que l'image de la Bourse et de la rua Nova dos Ingleses, s'en fait une idée bien trop simple. Augusto, l'autre héros d'*A Morgadinha*, qui reste attaché au village par une peine d'amour (donc par un espoir de bonheur), enrichi par son mariage, s'emploie à « généraliser et orienter les procédés agricoles » et à « implanter des industries nouvelles »[26]. Mais quelles industries ? La sériculture, à un niveau artisanal...

Par ailleurs, Julio Dinis demeure un adepte des idées nouvelles. Augusto veut également « organiser l'école sur des bases plus rationnelles »[27] : il avait été instituteur et il était toujours poète. C'est le second poète-instituteur qui apparaît dans l'œuvre du romancier[28], ce qui souligne la signification du personnage.

Si l'on veut faire l'inventaire des idées nouvelles chez Julio Dinis, on les trouve toujours envisagées par le biais de leur fonction rurale, et, surtout, des sentiments ruraux qu'elles peuvent susciter. Les routes qu'il défend dans *A Morgadinha*, contre l'avis d'un « prêtre missionnaire » ridicule dans son imbécilité[29], trouvent dans *Os Fidalgos*

---

24. *In Diario de Niticias* du 27 juin 1877.

25. Camilo, note à la traduction portugaise d'*A Formosa Lusitania* de Lady Jackson, p. 106.

26. Julio Dinis, *A Morgadinha dos Canaviais*, II, 279.

27. Idem, ibid., II, 279.

28. Voir Julio Dinis, *Ineditos e Esparsos*, II, 54 (texte de 1864-65).

29. Voir Julio Dinis, *A Morgadinha dos Canaviais*, II, 58.

une réaction burlesque chez un vieux chapelain qui y voit l'œuvre du démon, réalisée par des démons qui sont des ingénieurs, voire des « francs-maçons »[30]... Mais ces mêmes routes peuvent, par des raisons politiques, traverser la petite propriété d'un vieillard — et nous voyons alors, les larmes aux yeux, abattre un vieux châtaignier, dans un passage d'*A Morgadinha*[31].

Les raisons politiques, voilà ce que le romancier ne peut souffrir. Julio Dinis est totalement étranger à la politique qui ,dans le cadre du « rotativisme » de « regénérateurs » et d' « historiques », se présentait comme une science ou un art de compromis et d'immoralité. Le père de la « morgadinha », député, candidat à un porte-feuille de ministre, lui sert d'exemple ; il ne le critique pas, ne s'en moque pas comme l'aurait fait Camilo et comme le feront bientôt les « réalistes » : on dirait qu'il le prend en pitié.

Pour Julio Dinis, qui avait été éduqué dans les principes de la Révolution de 89, et de l'Encyclopédie[32], la guerre civile de 1833 était toujours l'« héroïque Illiade de notre émancipation politique »[33], mais, en observant une campagne électorale au village et la façon de voter, en troupeau, il constatait que, quarante ans après, l'éducation politique du peuple restait à faire[34]. Pour lui, si les ministères se succédaient, c'était en réalité toujours le même[35] — et le Saldanha de 1870 n'était qu'une espèce de Rocambole[36]...

D'autre part, Julio Dinis demeurait attaché à une idée sentimentale de la religion — et c'était encore une idée libérale qui résistait à toute situation réactionnaire, du passé comme du présent. Une idée fort simple pourtant, qui l'amène à combattre Michelet[37], l'idole de la génération de Coimbre, contemporaine de la sienne. On l'imagine plu-

---

30. Voir Julio DINIS, *Os Fidalgos da Casa Mourisca*, I, 80.
31. Julio DINIS, *A Morgadinha dos Canaviais*, II, 85.
32. La thèse du concours du docteur GOMES COELHO à la Faculté de Médecine, en 1867 présentait « des considérations philosophiques imbues d'Encyclopédisme », selon Egas MONIZ, *Op. cit.*, I, 54.
33. Julio DINIS, *Os Fidalgos da Casa Mourisca*, I, 9.
34. Voir Julio DINIS, *A Morgadinha dos Canaviais*, II, 215.
35. Idem, ibid., II, 278.
36. Lettre à C. de PASSOS du 27 mai 1870, *in Ineditos e Esparsos*, II, 245. Remarquons que l'auteur se moque également de SALDANHA à propos de ses idées homéopathiques (idem, p. 246). Il a d'ailleurs écrit une pièce, *Similes Similibus*, et une poésie (*in Poesias*, p. 82) mettant en cause ces idées.
37. Julio DINIS, « A Ciencia a dar razão aos poetas » *in Ineditos e Esparsos*, I, 165.

tôt lié à Lamennais, conformément à des schémas de pensée plus anciens. Trois figures de prêtres représentent dans son œuvre les trois positions assumées par l'Eglise (l'Eglise dont il se méfiait : « cette chose compliquée qu'on appelle l'Eglise Catholique, Apostolique et Romaine »[38]) : la vieille position migueliste du chapelain des Seigneurs de la Casa Mourisca, la nouvelle position des « prêtres missionnaires » qui, prônant une renaissance de la foi, avec leur bêtise et leurs haines, ne faisaient que « retarder la civilisation et porter préjudice à la véritable religion »[39] (c'est le cas du missionnaire d'*A Morgadinha*) ; et, enfin, la position humaine et douce de l'abbé d'*As Pupilas*, liée d'ailleurs à la tradition patriarcale, dans le cadre d'une vie rustique où Dieu ne saurait être qu'amour.

Si Julio Dinis regardait la vie politique comme il regardait tout, autour de lui, avec le désenchantement d'un grand malade, il conservait pourtant la foi en certaines valeurs : la nature, la religion nouvelle et la femme. Celle-ci lui apparaissait « toujours couronnée d'une auréole de dévouement et d'amour », dira un vieux poète d'*O Trovador*[40]. C'est l'épouse et c'est la mère, le moteur éternel de la famille. Les romans de Julio Dinis se terminent tous par des mariages : pas d'amours malheureuses, pas de couvents, pas de morts. La famille est la cellule de la société bourgeoise telle que les mœurs fontistes doivent la définir. Aux conflits de Camilo succède la paix de Julio Dinis : à une réalité exacerbée une réalité idéaliste. En d'autres mots, on voit se définir au Portugal une nouvelle esthétique romantique du roman.

Cette esthétique, Julio Dinis l'a ébauchée dans ses cahiers, entre 1869 et 1870, alors qu'il avait déjà rédigé tous ses romans[41]. Les pages qu'il a écrites constituent la première et la dernière méditation d'un romancier romantique sur son propre métier et son propre programme. Attardons-nous un peu à la lecture de ces pages.

L'auteur commence par discuter le problème du rythme du roman, de sa lenteur possible et nécessaire. Il avoue répondre à quelqu'un qui lui reprochait les descriptions et les analyses de caractères, et il tient à défendre son point de vue ; il n'accepte pas l'idée du roman ayant pour seule base l'imagination et l'intrigue. Il défend, en somme,

38. Lettre à C. de Passos du 27 mai 1870, *in Op. cit.*, II, 246.
39. Julio Dinis, *A Morgadinha dos Canaviais*, II, 56.
40. A.X.R. Cordeiro, *in Almanaque da Lembranças Luso-Brasileiro*, Lisbonne, 1876.
41. Julio Dinis, « Ideias que me ocorrem », *in Ineditos e Esparsos*, I, pp. 27 et suivantes. Textes de novembre 1869 à mars 1870.

l'idée de la durée — et en cela il s'oppose carrément à la poétique camilienne. Entre Ponson du Terrail et Goldsmith il choisit : *Le Vicaire de Wakefield* (« et beaucoup d'autres, de l'école véritablement anglaise ») lui paraît le paradigme du roman moderne. Doit-on écrire des « épisodes indifférents » ? Oui, sans doute — « pour augmenter l'effet des scènes principales ». L'« atmosphère » du roman, son « tempo » lent et enveloppant, naît donc avec Julio Dinis, dans la littérature portugaise ; aux *nouvelles* de Camilo s'oppose le *roman* de Julio Dinis — le premier roman national. De la même façon, au « romanesque » de Camilo s'oppose le sens du vécu d'un quotidien imaginaire[42]. Et c'est cela qui rendra le roman à son destin populaire.

Car le quotidien veut aussi dire le naturel, dans les descriptions comme dans le dialogue, comme dans la psychologie des personnages — concept nouveau sur lequel l'auteur insiste. Pas d'abus de lyrisme, gare aux ornements du style « manuélin » — de l'analyse plutôt... L'imagination se présente ainsi aux yeux de Julio Dinis comme un élément dont la fonction littéraire est mal comprise — car on appelle couramment imagination la facilité de composer une intrigue avec force péripéties, en ignorant le talent de celui qui crée des personnages, leur donne un caractère propre et individuel, les place dans un monde connu, leur fournit les moyens d'action ordinaires et « éclaire le tableau avec la lumière de la réalité, qui dissipe les mystères ». Et l'auteur pose alors la question : lequel des deux écrivains doit être le plus applaudi — « l'écrivain consciencieux qui vous émeut avec les recours au naturel que l'observation de l'homme lui fournit (ou) le funambule littéraire qui, pour vous attacher et vous émerveiller, fait appel à toutes les extravagances possibles » ?

Eclairé par « la lumière éblouissante de la réalité » que ses prédécesseurs n'avaient pas connue, Julio Dinis abandonne définitivement la généalogie du roman romantique portugais qui, de *Memorias dum Doido* à *O Genio do Mal* et d'*Anatema* à *Amor de Perdição*, avait transporté le lecteur dans une chevauchée fantastique d'aventures et de sentiments. L'horreur abolie, le rire et les larmes cessent de nous faire mal : la mélancolie ou le bonheur peuvent alors nous envahir, doucement...

Augusto, le héros d'*A Morgadinha*, pauvre instituteur perdu dans un amour qu'il croit irréalisable, lit comme *Hermann et Dorothée* et

---

42. Remarquons que ce même sens anti-événementiel se manifeste dans le synopsis (*Ineditos e Esparsos*, I, p. 73) d'un roman historique jamais écrit, *A Excelente Senhora* (?), dont l'action se passait au XVIe siècle.

pleure sur les *Confessions* de Jean-Jacques — mais déjà Carlos, le
protagoniste d'*Uma Familia Inglesa*, rejette un livre de Byron, poète
« décourageant ». Certes, Julio Dinis a traduit Heine[43], aimé Gérard
de Nerval[44], et sa poésie s'insère, selon Rodrigues Cordeiro, poète
d'*O Trovador*, dans l'« école mélancolique de Soares de Passos »[45]
qui fut un de ses amis : certes, il a étouffé une poésie où il criait
son exaltation, son désir de jouir de la vie, dans une note amère : « Je
ne suis pas arrivé à importuner les convives aux banquets de la vie,
en leur demandant une place, et j'espère ne jamais les importuner.
Mon chemin est bien différent. Qu'ils s'amusent en paix »[46]. Il souffrait, sans doute — mais il n'a payé qu'une seule fois son tribut à la
poésie des tombeaux. Auguste écrit ses adieux à la « morgadinha »
sur la pierre d'une sépulture[47] — mais ils se marieront quelques pages
plus loin... L'imitation des Chatterton, des Werther, des héros de
Byron ou de Schiller faisait rire Julio Dinis[48] : ils n'avaient plus d'intérêt à côté de ses chers romanciers anglais, dont le romantisme était
une fonction de l'observation même. On a déjà évoqué Dickens à son
propos ; on pourrait également parler de Georges Elliot ou de Jane
Austen à propos d'un homme qui aurait pu maintenir son pseudonyme
féminin de Diana de Aveleda, jusqu'à la fin de sa vie...

Cette sensibilité presque féminine, cette « imagination » et cette
« réalité » appliquées aux tableaux de la vie quotidienne d'un village
idéal, ont été reçues avec enthousiasme. *As Pupilas do Senhor Reitor*
était tombé « au milieu d'une littérature sans signification, contrefaçon
ridicule de l'orgie littéraire de la France »[49], comme le disait, trois ans
après sa mort, A. Soromenho, compagnon des « réalistes ». Les éditions se sont succédées : en 1875 paraîtra la quatrième ; les trois
autres romans de Julio Dinis n'ont pas connu moins de succès : en
1878 tous les trois avaient déjà atteint leur troisième édition. Pas plus
tard qu'en 1868, *As Pupilas* était adapté au théâtre par Biester et le

---

43. Julio Dinis, « A Intercessão da Virgem » et « Sonhos », in *Poesias*, pp. 114 et
    136 (8ᵉ ed.).

44. Julio Dinis, « A ciencia a dar razão aos poetas » (texte de 1864), *in Ineditos
    e Esparsos*, I, 165.

45. A.X.R. Cordeiro, *in Almanaque de Lembranças Luso-Brasileiro*, 1876.

46. Julio Dinis, Exaltação (avril 1860), *Poesias*, p. 288.

47. Julio Dinis, *A Morgadinha dos Canaviais*, II, 242.

48. Diana de Aveleda, lettre à Ramalho Ortigao *in Jornal de Porto* du 25 février
    1863, *in Ineditos e Esparsos*, I, 145.

49. A. Soromenho, préface à *As Pupilas do Senhor Reitor* (texte de 1874).

romancier lui-même se faisait applaudir à la « première », dans le nouveau théâtre da Trindade. En 1877 ce fut le tour d'*Os Fidalgos*, et *A
Morgadinha* a également connu la consécration des feux de la rampe.
L'auteur avait écrit des livres populaires car il savait que « le roman
est un genre de littérature essentiellement populaire »[50], mais il n'en était
pas moins apprécié par les élites. Camilo voyait en lui un « romancier
très remarquable » et un « esprit adorable »[51]. Castilho appréciait chez
lui « le philosophe et le moraliste qui doit être un jour placé au premier plan »[52] — et Herculano fut le parrain le plus généreux d'*As
Pupilas* qu'il considérait comme « le premier roman portugais de ce
siècle », et son auteur comme le « premier talent de la génération
moderne »[53]. On comprend d'ailleurs fort bien l'enthousiasme de l'historien : n'avait-il pas été l'auteur d'*O Paroco da Aldeia* où la lignée
des romans rustiques de Julio Dinis prenait naissance, comme le
romancier lui-même l'avouait ?[54]

Rodrigues Cordeiro écrira lui aussi : « Lisez ses romans et dites-
moi s'il y a des tableaux plus doux et plus moralisateurs, qui conso-
lent plus et qui parlent plus à l'âne ? »[55]. Interrogeant, il était bien
sûr de pouvoir affirmer que personne ne saurait aller plus loin dans
cette voie... Et Pinheiro Chagas, en 1871, parlant du romanicer qui
venait de mourir, faisait allusion aux « heures douces » que son « tendre esprit » avait offert. Il allait même jusqu'à exprimer ses souhaits
sous une forme passablement lyrique : « Que voltigent autour de son
tombeau les anges aux blanches ailes, les douces figures auxquelles
il a donné la vie ; que les modestes violettes parfument sa pierre tom-
bale, symboles de son style, par leur coloris chaste et par leur parfum
discret »[56]... Il le relisait comme il relisait Feuillet, Scott et Dumas ;
il le relisait mal, mais sincèrement...

Au même moment solennel, les jeunes « réalistes » salueront eux
aussi le cadavre d'un homme qui « vécut doucement, écrivit douce-

---

50. Julio Dinis, *Ineditos e Esparsos* (texte de novembre 1869), p. 31.

51. Note en marge d'un exemplaire d'*Uma Familia Inglesa*. Voir Egas Moniz, *Op.
cit.*, II, 41.

52. Lettre à Julio Dinis du 15 juillet 1868, *in Ineditos e Esparsos*, XXXII.

53. Voir A. Soromenho, préface à *As Pupilas do Senhor Reitor*, p. VII (24e ed.).

54. Lettre de Julio Dinis à Herculano du 7 avril 1867, *in Ineditos e Esparsos*, II,
127.

55. A.X.R. Cordeiro, *in Ineditos e Esparsos*, p. XVI.

56. M. Pinheiro Chagas, *in Diario de Noticias* de septembre 1871.

ment et mourut doucement » — un homme qui « fut simple, intelligent et pur ». « Que les personnes délicates se souviennent de lui et se recueillent un moment : se le rappeler c'est apprendre à l'aimer »[57].

Superposons tous ces réseaux de mots et d'opinions et nous obtiendrons une seule image qui ne pouvait souffrir de contestation. « Esprit adorable », ou « tendre », « doux tableaux », « douces heures », « douces figures », « chaste coloris », « anges aux blanches ailes », « personnes délicates », — tout est harmonieux dans son portrait tracé par des écrivains fort différents. Nous sommes en présence d'une sorte d'image d'Epinal qui n'est pourtant pas sans vérité — car Julio Dinis assume une responsabilité insolite dans le cadre de la littérature portugaise du romantisme : il est le romancier de la bonne morale bourgeoise telle que la société bourgeoise se devait de la définir. Il travailla toujours pour la bourgeoisie de Porto, écrivant dans son journal favori ; il lui offrit, en somme, le bonheur, pendant cinq ans d'action littéraire optimiste.

Andrade Ferreira écrira lors de sa mort : Julio Dinis « comprenait que la littérature avait une mission sacrée et il n'a pas souillé sa plume dans les turpitudes de la comédie humaine »[58] — et là nous touchons à une allusion que ce journaliste ne fut pas le seul à faire. En 1868 il avait déjà parlé de Balzac à propos de Julio Dinis, mais Castilho lui aussi l'avait fait, cette même année, parlant de « son frère aîné, l'auteur de la *Comédie Humaine* »[59].

Ils se trompaient tous les deux, naturellement, bien que Ferreira ait bien vu que, dans cette « Comédia », Julio Dinis ne s'emparait que de la partie saine, ou éclairée. Le romancier lui-même dira qu'il lui « répugne d'attarder sa pensée sur un type antipathique, sur un caractère dégoûtant, sur une de ces créatures dont la contemplation salit et indigne l'âme »[60]. Certes, de tels personnages traversent la scène — mais ils ne s'arrêtent pas ou alors ils se convertiront au Bien, car (c'est toujours le cas de l'un des deux héros de chacun de ses romans) ils n'ont pas un mauvais fond. Et la nature, ou la femme-épouse-mère (ou les deux à la fois) se chargent de faire leur éducation. . .

---

57. Eça de Queiroz, *in As Farpas*, septembre 1871, *in Uma Campanha Alegre*, I, 229.

58. J. M. Andrade Ferreira, *In Jornal do Porto* du 13 septembre 1871.

59. Voir Note nº 52.

60. Julio Dinis, *Ineditos e Esparsos* (texte de 1869), p. 37.

Dans le projet pour un conte jamais écrit[61], Julio Dinis dresse la figure d'un romancier dont les livres « imbus de scepticisme et décourageants (...), à l'imitation de ceux d'une certaine école française », connaissent le succès le plus grand. Attiré à la campagne par l'amour d'une femme, il y trouve le chemin de la regénération morale ; il y écrit alors un roman plein de bons sentiments que le public boude. Dégoûté par cet insuccès, le héros de Julio Dinis abandonne toute activité littéraire. Peut-être son créateur aurait-il fait de même, si le succès, c'est-à-dire la sympathie du public, n'avait pas couronné ses efforts, dès son premier livre.

Mais ses « scènes de la vie de Porto » et ses « chroniques du village » comme le romancier intitulait ses ouvrages, sont bâties sur une réalité arrangée sinon embellie — une réalité sans « réalisme » mais néanmoins une réalité qui éclairait sa démarche d'écrivain, comme il l'affirme[62].

Eça de Queiroz écrira en 1871 : « ses villages sont vrais mais ils sont poétiques : on dirait que (Julio Dinis) les voit et les dessine quand le brouillard de l'automne idéalise, bleuit, estompe les perspectives. On dirait que jamais un soleil sincère et large ne dévoila leur forte réalité ; et pourtant, il l'étudie, la poursuit, l'aime : seulement, lorsqu'il la dessine, c'est avec une plume trempée dans l'idéal »[63]. Ses romans constituent, en somme, (selon l'avis d'un critique à demi réaliste, en 1872) « des copies fidèles du naturel, mais du naturel qui mérite d'être copié » — et c'est ainsi qu'il avait été « un des écrivains qui ont le mieux compris la moderne école réaliste »[64]. Ou l'école naturaliste ? Dix ans plus tard, un critique positiviste verra en lui « l'initiateur du naturalisme »[65] — mais il s'agissait alors de contrecarrer les révolutionnaires de l'Ecole de Coimbre...

En 1871-1872, « idéal » et « réalité » devaient pourtant s'opposer : c'était la phrase la plus aiguë de la querelle du réalisme, comme nous le verrons. Esprit indépendant, Julio Dinis ne prenaient pas parti ; s'il paraît pencher vers les romantiques on ne sait pas quelle aurait été sa position lorsque la grande querelle éclata : il se mourait à ce moment même (mai 1871).

61. Julio DINIS, « Pecados Literarios », in Ineditos e Esparsos, I, 67.
62. Julio DINIS, « Ideias que me ocorrem », in Ineditos e Esparsos, I, 33.
63. Voir Note n° 57.
64. RANGEL de LIMA, in Artes e Letras n° 11, p. 11 janvier 1872.
65. Reis DAMASO, « Julio Dinis e o Naturalismo » in Revista de Estudos Livres (Lisbonne, 1883), I, 512.

Remarquons pourtant qu'à Porto, où il avait fait ses études, Julio Dinis demeurait à l'écart des influences d'une pensée moderne qui avait façonné l'esprit des étudiants de Coimbre, ses contemporains. Entre Porto, ville camilienne qu'il avait à peine actualisée, et la Coimbre d'Antero de Quental et de Teofilo Braga, s'ouvrait un abîme.

Beaucoup plus près de Dickens ou d'Elliot que de Balzac, près aussi d'un Emile Souvestre ou d'un Henri Conscience dont on parlait alors assez[66], on avait pourtant tort de le comparer à Soares de Passos, dont il avait été l'ami[67]. La position de Julio Dinis, comme poète et comme romancier, est celle qui convient à un tempérament lyrique qui, dans sa douce mélancolie, refuse tout pessimisme comme toute propagande — c'est-à-dire tout compromis.

On peut alors le comparer à João de Deus.

66. A.X.P. CORDEIRO, in Ineditos e Esparsos, p. XVI.
67. Andrade FERREIRA, Literatura, Musica e Belas-Artes, p. 147 (texte de 1868).

CHAPITRE V

DE JOÃO DE DEUS A BAUDELAIRE

Nous connaissons déjà João de Deus, étudiant perdu dans la bohème de Coimbre. La guitare à la main, cet homme bon, insouciant et irrévérencieux fut collègue d'Antero de Quental et de Teofilo Braga, vers le commencement des années 60. Il était plus âgé que les jeunes gens de l'affaire de Coimbre qu'il avait d'ailleurs annoncée dans sa première polémique avec Castilho, en 1863 ; il avait l'âge de Bulhão Pato et de Tomás Ribeiro et quatre ans de moins que Soares de Passos. Il appartenait ainsi à une deuxième génération romantique dont il ne contrariait les formules que par la spontanéité de son talent. Il s'était pourtant tenu à l'écart d'O Novo Trovador publié pendant la longue période où il avait fait ses études universitaires de droit (1849-1859).

Selon Antero, il aurait pu créer une école littéraire ; selon Teofilo, il fut le « précurseur de l'Ecole de Coimbre »[1]. « Personnage semi-légendaire dans la tradition de l'Université » (comme l'on reconnaissait déjà en 1871[2]). João de Deus constitua plutôt une sorte d'agent catalyseur de certaines forces qui réagissaient contre l'ultra-romantisme, entre 1855 et 1865.

Il écrivait « une main sur le cœur », comme le disait aussi Antero[3] ; en 1869, un autre poète écrira : « il ne chante pas pour la société, mais pour lui-même »[4].

---

1. Teofilo BRAGA, As Modernas Ideias na Literatura Portuguesa (Lisbonne, 1892), II, 12.

2. Luciano CORDEIRO, Segundo Livro de Critica (Porto, 1871), p. 157.

3. ANTERO, « A proposito do poeta » in O Fosforo, nos 7, 9 et 12 (Coimbre, 1860), in Prosas I, 96.

4. Candido de FIGUEIREDO, in A Folha n° 7 (Coimbre, 1869).

S'il s'était tenu à distance des bardes d'*O Novo Trovador* qui l'ignoraient, il était également étranger au grand brassage d'idées suscité par ses amis Antero et Teofilo. Il se présentera même en 1879 comme « un homme qui n'a encore lu qu'un morceau de *La Légende des Siècles* et à la demande d'un ami »[5]. Déjà au moment culminant de l'Affaire de Coimbre il avait écrit : « Peu m'importent Renan et Michelet. J'aurais pu être l'un d'eux ; jamais pourtant je n'aurais pu être le Christ »[6].

Lorsqu'il lui offrit un exemplaire d'*Odes Modernas*, Antero savait que ses idées ne pouvaient lui plaire — mais il était sûr que les sentiments qui avaient inspiré son œuvre, « voix sincère qui demande justice et vérité », mériteraient son approbation[7].

João de Deus imitera donc Lamartine, Hugo, Chénier, Salomon, Dante et le Tasse, et entre Byron et Camoëns, il préfèrera celui-ci car il voyait en lui la poésie même — la poésie dressée contre l'enfer :

« ... Em ermo tumulo,
Em ignea letra (cúmulo
D'horror) Byron — o inferno
. . . .
Deus ! que harmonia !
 Aqui a ama exalta-se ;
A alma aqui dilata-se
Camões ! — é a poesia »[8]

Un cœur innocent de poète lyrique, voilà le portrait le plus exact de João de Deus : un Hugo bonhomme avec la même face barbue de grand-père, aimant sincèrement Dieu, la Femme et les bonnes farces... Le Hugo que son pays pouvait s'offrir. C'est pourquoi il fut adoré par la nation toute entière, par des générations successives d'étudiants de Coimbre qui, encore en 1895, participeront à une manifestation nationale, tirant la voiture qui le transportait.

L'année suivante, João de Deus aura sa place dans le panthéon national, à côté de Garrett, d'Herculano et de Camoëns, après des

---

5. João de Deus, *Prosas* (Lisbonne, 1898), p. 110 (texte de 1879).

6. Idem, ibid., p. 51 (texte de 1865).

7. Lettre d'Antero à J. de Deus, *in Memoriam de Antero de Quental - Ensaio de Bibliografia anteriana*, p. 111 (Porto, 1896).

8. J. de Deus, « A Poesia - Emblema Camões e Byron - Cepticismo e Crença », *in Flores do Campo*, p. 1 (2e ed.).

funérailles qu'on ne pourrait comparer qu'à celles de Hugo, onze ans auparavant.

Mais il était non seulement le poète dont tout le monde connaissait les poèmes par cœur, mais aussi l'auteur de la *Cartilha Maternal*, méthode rationnelle et sensible d'apprendre à lire qui, en 1877, avait remplacé celle de Castilho et qui avait reçu l'approbation officielle.

João de Deus était alors le pédagogue, l'ami des enfants, le vieux poète tendre, aux images simples, capable aussi d'écrire des satires gracieuses, qui ne blessaient personne et qui, au niveau du fait divers, disaient ce que tout le monde pensait... Un jour il se laissa élire député (1869), une autre fois s'employa à résoudre le problème de la trisection de l'angle (1883)[9] — mais il était poète et rien que poète, et s'il avait fait ses adieux à la poésie à l'âge de trente ans, il n'en avait pas moins continué d'écrire des poèmes. En 1869, ses amis avaient pubié un recueil de *Flores do Campo* qui eut une seconde édition en 1876 ; en 1893, Teofilo Braga organisera enfin son « opera omnia » dans les deux tomes de *Campo das Flores* — des fleurs, toujours, comme image exacte de sa poésie...

En 1860, João de Deus écrivait :

« Fique em silencio eterno a minha lira :
Pomba do ceu, tu vai, Deus te benfade.
Esta alma em teu lugar guarde a saudade
Se a essencia sobrevive à flor que expira »[10].

Tout était dans ces faux adieux : la « lyre », la « colombe », le « ciel », la « saudade » — et la « fleur ».

Plus tard il corrigera ce poème : à la place de la « pomba do ceu » il mettra l'« efluvio de Deus ». Telle était pour lui la poésie ou l'inspiration — mais la « pomba » est une image qui lui tenait à cœur : c'est le titre de sa première poésie connue, écrite en 1850-1851[11]. Il s'agit alors d'une pucelle, « casto lirio », qui est surprise par l'an-

---

9. Voir J. de DEUS, *Prosas*, pp. 221 et suivantes.

10. J. de DEUS, poésie de 1860 citée par ANTERO *in O Fosforo* nº 12 (les deuxième et troisième vers seront altérés dans la rédaction définitive *in Campo de Flores* (Lisbonne, 1893), I, 258 (3ᵉ ed.).

11. Voir *João de Deus* (« Collecçâo Patricia », Lisbonne, 1931, p. 3). Cette poésie fut reprise dans *Campo de Flores*, I, p. 199. Remarquons que ce recueil de pésies, organisé par Teofilo BRAGA, ne porte malheureusement pas de dates ce qui rend impossible une étude chronologique de l'œuvre du poète. J. de DEUS collabora vers 1861-62 dans *Estreia Poetica* (directeur CUNHA BELEM), *Ateneu* (directeur VIEIRA de CASTRO), *O Instituto* et *O Académico*, journaux de Coimbre.

nonce de l'amour — et ces doux sentiments ne deviendront jamais étrangers au domaine lyrique de João de Deus chez qui la femme, image sublimée, est l'innocence, avant de devenir l'épouse et la mère comme chez Julio Dinis. Il l'aimera chastement, la confondant avec l'amour même. Il écrira aussi : « Amo o amor sobre todas as coisas »[12].

L'analyse des thèmes de João de Deus, qu'il serait fastidieux de poursuivre ici, nous aurait montré une cristalisation assez nette autour de deux ou trois sentiments très purs. La mélancolie, l'adieu, la mort (les tombeaux aussi — mais sans aucune couleur pathétique), la « saudade », l'amour qu'on attend, l'amour heureux, la maternité, la lumière de la foi, les fleurs comme image qui recoupe cet ensemble thématique — autant de motifs d'inspiration qui déclenchent des mouvements d'âme traduits mélodieusement par une expression facile.

> « Mimosa noite de amores,
> Mimoso leito de flores,
> Mimosos, languidos ais !
> . . . .
> Ondas de fogo, uma a uma
> Naquele peito de espuma
> Eram as ondas do mar ! »[13]

On sent, derrière la chanson, le son de la guitare de Coimbre — mais aussi, à travers Camoëns, et Gonzaga, comme à travers certaines « mòdinhas » régionales du folklore, le souvenir discret des formes du lyrisme médiéval portugais. Car ce poète innocent avait une conscience professionnelle qui n'était pas courante chez ses contemporains. Antero de Quental, qui deviendra célèbre par ses sonnets, lui saura gré d'avoir restitué à la poésie nationale cette « forme supérieure du lyrisme »[14], que les romantiques avaient délaissée. Mais c'est la conscience du langage parlé et du rythme de la parole qui sont les noyaux de la poétique de João de Deus. En 1863 il opposait à l'enseignement figé de Castilho certains principes auxquels il restera fidèle : « la nature de l'homme, c'est le rythme et la musique » ; la poésie est une « langue symétrique qui ressemble en quelque sorte au mouvement périodique des sphères célestes »[15].

12. Lettre à Joaquim de ARAUJO, in Prosas, p. 131. Lettre de 1881.

13. J. de DEUS, « Noite de Amores », in Op. cit., I, 10.

14. ANTERO, Sonetos (Coimbre 1861).

15. J. de DEUS, « Os Lusiadas e a Conversação Preambular (de CASTILHO) - Carta a Avelino de SOUSA », in O Bejense, (1863) in Prosas, p. 83.

Aucune théologie, aucun « méta-langage » derrière ou devant les idées de João de Deus — mais une connaissance sympathique de la vie populaire, de ses habitudes et de ses sentiments avec lesquels il s'identifiait. Il écrira encore : « S'ils chantent le panthéisme, comme le font parfois Hugo ou Antero, ou bien je ne comprends pas, ou si je comprends, je n'aime pas »[16] ! La vie était si brève qu'il fallait la vivre à l'abri des complications des grandes idées... On récitera ses vers par cœur pendant des dizaines d'années :

« A vida é o dia de hoje,
    A vida é ai que mal soa,
    A vida é sombra que foge,
    A vida é nuvem que voa ; »[17]

Une tendre mélancolie voile le sensualisme du poète : quoi de plus populaire — ou de plus petit bourgeois ?...

« . . . . poeta inculto,
    Espontaneo, popular »[18].

se disait-il — et il s'accordait au génie même de la nation. Teofilo Braga le défendra toujours à ce titre, réservant pour soi-même la tâche philosophique de la poésie moderne — d'après *La Légende des Siècles* que son ami se refusait à lire...

Teofilo suivra ainsi un chemin inverse, riche d'implications culturelles[19], pauvre en poésie, jusqu'en 1894-1895, date à laquelle il fera paraître les quarante-cinq mille vers de l'édition définitive d'*A Visão dos Tempos*, en quatre volumes, ou quatre « cycles »[20], chacun étant précédé d'un « inventaire philosophique » où le programme du poème est minutieusement analysé. Teofilo était devenu partisan dévoué du comtisme, et c'est bien Auguste Comte et son *Système de Politique Positive* qui est derrière la nouvelle *Visão dos Tempos* : l'auteur s'empresse de nous informer que dans la partie IV, page 482 de son ouvrage « Comte trace la structure de l'épopée humaine quant à son

---

16. Voir Note n° 12.
17. J. de DEUS, « A Vida », *in Campo de Flores*, I, 208.
18. J. de DEUS, poésie de 1895, *in Campo de Flores*, II, 33.
19. TEOFILO a traduit entre 1867 et 1869 trois ouvrages de CHATEAUBRIAND (*Atala, René, Les Aventures du Dernier Abencérage*) et trois ouvrages de BALZAC (*La Duchesse de Langeais, La Messe de l'Athée, Une Passion dans le Désert*).
20. Cycle de la Fatalité, cycle de la Lutte (universalisme héllénico-romain), cycle de la Lutte (régime catholico-féodal), cycle de la Liberté.

enchaînement psychologique », auquel il a essayé de donner « le relief poétique ». Il était d'ailleurs sûr d'avoir atteint « la phase définitive de l'art correpondant à la transformation de la philosophie à la fin du XIXe siècle »[21].

Œuvre de la vie d'un homme fort ambitieux, ce poème avait beaucoup vieilli pendant sa gestation. La médiocrité poétique manifestée par l'auteur dans la version de 1864, ne s'était évidemment pas transformée au point d'atteindre le génie qui lui aurait été indispensable pour mener à bien sa tâche. Les tableaux monotones de cette poésie « scientifique » s'ils sont nourris d'idées, ne nous invitent nullement à continuer au-delà des résumés qui présentent ces milliers de strophes rhétoriques, tout en les remplaçant avantageusement.

Lorsqu'il devra classer la poésie de son temps, en 1892, Teofilo, mettant João de Deus à part, comme un « génie spontané », établira trois sections — les deux premières sous l'influence du Hugo des *Châtiments* ou de *La Légende*, à laquelle viennent s'ajouter respectivement l'influence de Byron et de Baudelaire, et l'influence de la philosophie positive. Le dernier cas est bien entendu le sien et celui de quelques auteurs moins que secondaires qu'il cite[22]. Le premier cas est celui d'Antero de Quental, de Guilherme d'Azevedo, de Guilherme Braga, de Gomes Leal, de Junqueiro, et d'autres encore, moins importants[23]. Finalement il rassemble un certain nombre de poètes « qui cultivent exclusivement la Forme » dont Gonçalves Crespo, João Penha, Cesário Verde et quelques autres — les « parnassiens »[24].

Si Antero est un poète difficile à classer et si le classement de Teofilo se ressent de son animosité envers son ancien camarade de 1865[25], les autres poètes se situent fort bien en fonction des coordon-

21. Teofilo, *A Visão dos Tempos* (Lisbonne, 1894-95), I, XII et XI.

22. F. TEIXEIRA BASTOS (1856-1901), disciple dilecte de Teofilo ; historien de la philosophie positiviste, a publié *Rumores Vulcanicos* (1878) et *Vibrações do Seculo* (1881) Luis de MAGALHAES, Freitas da COSTA et Antonio FEIJO. L'œuvre de ce dernier serait pourtant difficilement liée à celles des autres poètes cités.

23. Alexandre da CONCEIÇAO (1842-1889) : *Alvoradas* (1866) et *Outonais* (1891) ; Fernando LEAL (1846-1910) : *Reflexos e Penumbras* (1879) et *Relampagos* (1888).

24. Jaime SÉGUIER (1860-1932) : *Alegros e Adagios* (1883), José de SOUSA MONTEIRO (1846-1909) : *Estrelas e Camafeus* (1879) ; Joaquim de ARAUJO (1858-1917) ; *Lira Intima* (1882), etc. ; SOUSA VITERBO (1845-1910) : *Rosas e Nuvens* (1870), *Harmonias Fantasticas* (1875) ; Conde de SABUGOSA (1854-1823), *Poemetos* (1883).

25. Teofilo et Antero avaient rompu en 1872 lors d'une critique du second à l'*Historia da Literatura Portuguesa* du premier. Voir J. Bruno CARREIRO, *Antero de Quental* (Lisbonne, 1948), I, 413.

nées tracées. Nous les acceptons pour leur coefficient d'information culturelle...

La phase révolutionnaire de Hugo, tempérée par le souvenir byronien et par une nouveauté néo-romantique que le « réalisme » de Baudelaire apportait, marque donc une série de poètes nés entre 1839 et 1850 qui seront les poètes de la génération anti-romantique des années 70 et 80. Les deux derniers auteurs cités par Teofilo vivront encore dans les années 20 du XXe siècle.

Leurs racines romantiques les rattachent pourtant à une problématique du passé qui entre en conflit avec une nouvelle réalité culturelle qu'ils n'arrivent pas à assimiler. En effet, la liberté qu'ils chantent est bien la même que celle que Palmeirim, Gomes de Amorim ou Mendes Leal avaient chantée — ou continuaient de chanter. Amorim publiera encore ses *Efémeros* en 1866, Leal son *Napoleão no Kremlin* en 1865 et *Avé Crente !* en 1868 — et Palmeirim, qui rééditera ses *Poesias* en 1864, était encore récité par cœur dans des soirées provinciales vers 1874[26]. Herculano et Michelet, eux-mêmes, étaient l'objet de deux poèmes épiques publiés ensemble en 1877[27].

D'ailleurs les poètes romantiques de la première génération étaient encore vivants et les « troubadours » Lemos et Cordeiro publieront des inédits en 1875 et 1889[28] — en même temps que Vidal, ami de Castilho, le dernier abencérage des conventions lyriques des années 40 et 50, qui avait pourtant l'âge d'Antero ou de Teofilo, à un ou deux ans près[29]. Castilho lui-même, qui mourra en 1875, se lancera dans la traduction de *Faust* (1872), d'après une version française — alors qu'Antero de Quental travaillait déjà sur l'original allemand[30] ; il subira d'ailleurs la critique féroce de la nouvelle génération, à laquelle Antero ajoutera une note ironique[31].

Entre 1867, date d'*Aparições* de G. d'Azevedo (ou 1869, date de *Heras e Violetas* de G. Braga), et 1874, date d'*A Alma Nova* de G.

---

26. Voir Alberto PIMENTEL, *Fotografias de Lisboa* (Porto, 1874), p. 102.

27. Jaime VITOR, *Alexandre Herculano - Michelet* (Lisbonne, 1877).

28. João de LEMOS, *Impressões e Recordações* (1867) et *Canções da Tarde* (1877). A.X. Rodrigues CORDEIRO, *Esparsas* (1889).

29. E.A. VIDAL (1841-1907), *Canto de Estio* (1868), *Crepusculo, No Ocidente*.

30. Textes publiés *in A Folha*, janvier-février 1871, III, N°s 1 et 3. En 1874, Antero détruira son travail. Voir J. Bruno CARREIRO, *Op. cit.*, II, 28.

31. Voir Note n° 47-III partie. Voir article d'ANTERO *in O Primeiro de Janeiro* du 4 juillet 1872. Voir Rodrigo VELOSO, *Antero de Quental e os Criticos do « Fausto »* (Barcelos, 1896).

d'Azevedo et d'*A Morte de D. João* de Junqueiro (ou 1875, date de *Claridades do Sul* de Gomes Leal), la poésie portugaise évoluera dans le sens « réaliste » baudelairien indiqué par Teofilo Braga.

Pour Guilherme d'Azevedo, qui mourra de la gangrène à Paris en 1882, cette évolution fut très rapide. En 1867 il pouvait encore écrire :

> « A noite, as strelas são olhos serenos
> Das virgens que em sonhos vagueiam no ceu[32] ; »

dans *A Alma Nova*, dédié à Antero de Quental, il dira déjà :

> « Eu poucas vezes canto os casos melancolicos,
> Os letargos gentis, os extasis bucolicos
> E a desditas crueis do proprio coração[33] ; »

ou :

> « Eu não professo muito o culto das ruinas
> Prefiro uma oficina às velhas barbacãs[34] ».

Entre l'un et l'autre recueil il avait prôné « la nouvelle foi sociale et démocratique », « l'épopée du grand événement de notre époque — la démocratie »[35]. En 1871 il imaginait Krupp dialoguant avec Voltaire et parlait de « bandidos coroados »[36] ; trois ans plus tard, des éléments baudelairiens se mêlaient à cette démagogie. Des images de cadavres pourris, de « grandes miseraveis que morrem sem lençol »[37], s'opposent alors au souvenir des tombeaux du passé... Car maintenant la nuit lyrique des cimetières de village explose sur la ville gangrénée par mille vices nouveaux :

> «Eis a velha cidade, a cortesã devassa,
> A velha imperatriz da inercia e da cubiça
> Que da torpeza acorda, e à pressa corre à missa !»[38]

C'était le « réalisme » dont la fleur devait être cueillie « nas coisas triviais »[39].

---

32. Guilherme de AZEVEDO, « As Estrelas » *in Aparições* (Lisbonne, 1867).
33. Idem, *A Alma Nova* (Lisbonne, 1874), p. 1 (ed. 1923).
34. Idem, « As Velhitas », *in A Alma Nova*, p. 91.
35. Idem, *Radiações da Noite* (Lisbonne, 1871).
36. Idem, « Durante a Guerra », *in Radiações da Noite*.
37. Idem, « A Vala », *in A Alma Nova*, p. 113.
38. Idem, sonnet XXIX, *in A Alma Nova*, p. 105.
39. Idem, « As Visões », *in A Alma Nova*, 97.

En 1869, Guilherme Braga, dans ses *Heras e Violetas*, habitait encore un univers mélancolique et heureux où l'amour, la nature, l'enfance, la mort avaient une signification qui ne s'écartait pas trop de celle définie chez les « troubadours » de naguère — mais non chez les poètes officiels comme Tomás Ribeiro dont Braga se moquera cette même année, écrivant une parodie d'*A Delfina do Mal*[40]. Le Hugo qui surgit en maints épigraphes de son premier livre (« O Victor Hugo, ó Deus da nova criação ! »)[40] (a) est l'auteur des *Chants du Crépuscule*, ou des *Chansons des Rues et des Bois* autant que l'auteur de *La Légende des Siècles* ; et Byron et Lamartine sont invoqués[41], au même titre que « Michelet et Renan, deux bons amis »[42]. Mais déjà, dans l'esprit de ce jeune homme qui mourra tuberculeux (lui, sa femme, ses quatre enfants, sa mère et ses frères...), germait (voir « Monstros e Reis »)[43] un pamphlet poétique contre les Jésuites, *Os Falsos Apostolos*, qui, couronné par le succès immédiat, paraîtra deux ans plus tard et sera suivi par *O Bispo*, terrible réponse à un pauvre évêque brésilien qui lui avait lancé un anathème[44]... Ce fut son dernier ouvrage, paru en 1874, l'année même de sa mort. Poète social (il avait écrit un poème au Progrès lu le jour de l'inauguration de l'Exposition internationale au Palais de Cristal de Porto, en 1865[45]) et anti-clérical (« Hoje o padre é o truão da divinidade... », écrivait-il déjà en 1869)[46], tout comme Guilherme d'Azevedo, qui est venu à ce domaine plus tard que lui, Guilherme Braga annonce Gomes Leal et Junqueiro, nés en 1848 ou 1850.

Gomes Leal assume la responsabilité d'une « poésie nouvelle » que lui-même identifie à l'« humanisme » et qui devait établir « le véritable équilibre entre l'idéal et le réel », s'éloignant ainsi de tout « satanisme » comme de tout « réalisme ». Sa note finale à *Claridades do Sul* (1875) est un texte fort important[47]. Le poète, sorte de vaga-

---

40. Guilherme BRAGA, *O Mal da Delfina* (Porto, 1869).

40 a. Idem, « No Jardim », *in Heras e Violetas* (Lisbonne, 1869), p. 48 (2ᵉ ed.).

41. Idem, « Luta », *in Heras e Violetas*, p. 203.

42. Idem, « Versos escritos num dia santificado », *in Op. cit.*, p. 124.

43. Idem, « Monstros e Reis », *in Op. cit.*, p. 232.

44. Idem, *O Bispo* (Lisbonne, 1874). Il s'agit de l'évêque de Pará.

45. Idem, « Progresso », *in Heras e Violetas*, p. 97.

46. Idem, « Versos escritos num dia santificado », *in Op. cit.*, p. 122.

47. Gomes LEAL, « Algumas Palavras », *in Claridades do Sul* (Lisbonne, 1875), pp. 333 et suivantes.

bond, tout orgueil et innocence, se situe par rapport aux coordonnées culturelles de l'époque — lecteur superficiel de Proudhon, de
Cicéron, de Vico, de Dante, de Baudelaire, de Renan, de Voltaire et
de Saint Augustin — et du «saudoso et aimable Michelet» dont il
parlera encore en 1899[48]. C'était somme toute un « produit littéraire de
son temps ». « Une des grandes missions du poète est d'être bon et
juste », dit-il, et un quart de siècle plus tard il proposera son programme trop simple : une fédération internationale, un tribunal international, l'enseignement généralisé, la culture de la terre, les sciences industrielles — « mais plus que tout, au-dessus de tout, comme
base transcendente et spirituelle de tout, l'éducation du sentiment et
du cœur »[49].

Il était un « poète de mission » au destin fatal : il chantera donc
Camoëns et Bocage, la « faim » de l'un et la « mort » de l'autre[49] (a),
éclairant d'une lumière nouvelle les deux anciens emblêmes des
romantiques. Pour lui, comme jadis pour Lopes de Mendonça, Bocage
avait été assassiné... Sa poésie s'égare sur les voies de Hugo, de
Baudelaire, de Verlaine, déjà, et des « parnassiens » : la rhétorique
romantique et celle d'un symbolisme intuitif se marient dans des poèmes qui marquent souvent une attitude autrement moderne — ou
autrement romantique, sinon surréelle. Mais cette perspective n'était
nullement celle de son temps qui ne sût voir en lui que le poète qui
terminait ses poésies sur un ton désabusé sinon cynique, ou, mieux
encore, le pamphlétaire apocalyptique, l'auteur de la première version
d'*O Anti-Cristo*, en 1884[49] (b), et celui qui insultait l'Eglise et les rois
— y compris le roi portugais qui le fera arrêter en 1881[50], suprême

---

48. Idem, « Fim do Mundo », *in Satiras Modernas* (Lisbonne, 1899), p. XV.

49. Idem, ibid., p. XV.

49 a. Gomes LEAL, *A Fome de Camões* (Lisbonne, 1880) ; in *Bocage Lirico* (Lisbonne, 1905).

49 b. La seconde version, publiée en 1908, profondément différente, annonce la conversion du poète au catholicisme. Voir l'étude des deux versions par A. COIMBRA MARTINS : *Os três Anti-Cristos*, communication présentée au colloque sur « La génération de 70 et les conférences du Casino » organisé par le Centre d'Etudes du XIXe siècle au Gremio Literario (Lisbonne, 1971).

50. Gomes LEAL fut arrêté par la suite de la publication du poème *A Traição* ; « car-
ta a El-Rei D. Luis sobre a venda de Lourenço Marques » (deux éditions en 1881), concernant un traité avec l'Angleterre. Il écrira en prison *O Hereje*, « carta à Rainha a Senhora D. Maria Pia acerca da queda dos Tronos e dos Alta-
tares » e *O Renegado* (contre le président du Conseil A. R. SAMPAIO) qui seront publiés la même année.

gloire de sa carrière de poète révolutionnaire. On voyait en lui le traducteur des *Mystères de l'Eglise* plutôt que celui d'Hoffmann[51]... La
mort de sa mère, dont il dépendait psychologiquement, fera de lui un
pauvre dévot qui se convertira et répudiera toute son œuvre.

Gomes Leal fut, sans doute, le plus grand poète de son époque,
après Antero — mais il fut moins populaire que Guerra Junqueiro dont
A Morte de D. João, en 1874, manifestait un système rhétorique plus
habile. Junqueiro publiait depuis l'âge de quatorze ans mais ce fut
ce poème de 300 pages, dont on a vendu rapidement 1 200 exemplaires, qui lui assura la renommée. L'auteur lui-même établit la généalo-
gil de son œuvre : *La Légende des Siècles* et le *Faust*, en tant que
poèmes d'idées, c'est-à-dire ceux où la poésie peut être définie
comme « la vérité changée en sentiment ». Dans l'introduction à la
deuxième édition de son poème (1876)[52], Junqueiro prône la poésie
scientifique, l'art de caractère socialement progressif. Le Don Juan
de Byron devient l'anti-héros, sorte de symbole de la dégradation de
la société bourgeoise, corrompue et libertine. Il s'agit donc de dénoncer cette corruption et ce libertinage dont le romantisme est le grand
responsable, depuis la génération française de 1830 — depuis Lamartine et Musset, noms spécialement visés par Junqueiro, car, comme
Zorilla[53], il veut faire une œuvre de moraliste.

Le Don Juan romantique et byronien de la première partie du
poème de Junqueiro cède alors la place à un Don Juan cynique et
« réaliste » ; il mourra de faim, car il n'est qu'un bon à rien. Voilà
pour la justice sociale. Antero dira qu'il s'agit d'un « beau poème qui
est en même temps une bonne action »[54].

... Mais à cette justice sociale s'opposent précisément Don Juan
et Jéovah — c'est-à-dire l'Eglise. Une fois exécuté le premier, il faudra faire mourir le second — et tel sera le but d'*A Morte de Jéovah*,
dont l'auteur ne publiera qu'une partie, *A Velhice do Padre Eterno*,
éditée en 1885, mais écrite dès 1879. Le troisième volet du tryptique,
Prometeu Libertado, où Jésus, ressuscité, aurait désenchaîné Prométhée,

---

51. Gomes LEAL a traduit en 1889 *Les Mystères de l'Eglise* de L. TAXIL et K. MILO
et *Le Violon Mystérieux* de HOFFMANN.

52. Guerra JUNQUEIRO, *A Morte de D. João*, p. VII (2ᵉ ed.).

53. ZORILLA, *D. Juan Tenorio* (Seville, 1844).

54. ANTERO, *in Provincia*, Vila Real, 1873 (*in Prosas* I, p. 265).

« hymne d'espoir et d'harmonie »[55], sera à peine commencé[56], car l'auteur se tournera en 1892 vers une poésie lyrique, sinon virgilienne, pleine de calme et de paix :

> « Que a minha alma durma, tenha paz, descanso,
> Quando a morte, em breve, ma vier buscar !»[57]

L'œuvre qu'il publiera alors s'appelera *Os Simples*, et il la considèrera comme son meilleur livre[58].

Junqueiro vivra encore une trentaine d'années, sera ambassadeur de la République en 1911, et reposera enfin au Panthéon, à côté de João de Deus.

Poète essentiellement orateur, au verbe facile, devant beaucoup évidemment, à Hugo, qui le hantait[59], mais aussi à la tradition sonore de Mendes Leal et de Tomás Ribeiro dont il adapta l'élan sentimental, Junqueiro fut, avec João de Deus, le poète le plus populaire de son temps — à la fin d'un romantisme qu'il reniait sur le plan critique mais dont il subissait les influences culturelles, au niveau portugais. Si sa critique à la société nationale, malgré ses citations de Proudhon, reste sur un plan de petit propriétaire bourgeois[60], qui est le plan idéologique qui convient au parti républicain portugais, sa critique morale du romantisme ne dépasse pas celle qu'Herculano avait faite, dès les années 30. Nous aurions donc tort de nous étonner devant la dédicace d'*A Morte de D. João* à la mémoire d'Herculano[61]. Quant à *A Velhice do Padre Eterno*, il est juste d'en approuver la dédicace à la mémoire de Guilherme d'Azevedo, ami et compagnon de l'auteur qui l'influença assez profondément. Nous devons également admettre la défense que, tout en s'appuyant sur des vers du poème, Camilo

---

55. Guerra JUNQUEIRO, « Nota », *in A Velhice do Padre Eterno* (Lisbonne, 1885).

56. JUNQUEIRO a écrit quelques strophes en 1879 et 1890. Le plan du poème et les strophes trouvées dans les papiers du poète furent publiés : *Prometeu Libertado* (*Esboço do Poema*) (Porto, 1926).

57. JUNQUEIRO, *Os Simple*s (Lisbonne, 1892), p. 119 (7e ed.).

58. Dédicace d'*Os Simples* : « A F. Querida : é este por enquanto o meu melhor livro. Pertence-te. Teu J ».

59. Voir Pierre HOURCADE, *Guerra Junqueiro. Le Problème des Influences Françaises dans son Œuvre* (Paris, 1932).

60. Voir Oscar LOPES, *Op. cit.*, pp. 272 et suivantes.

61. A partir de la troisième édition, parue en 1887, six ans après la mort d'HERCULANO, « à la mémoire d'A. H. ».

(qui avait d'ailleurs préfacé un livre de jeunesse de Junqueiro) fera du croyant sincère qu'était le poète[62].

Le contenu critique de la dénonciation de Don Juan cache à peine le pessimisme de Junqueiro pour qui « la vie, c'est le mal » et « l'homme, la bête épanouie »[63] ;

> « Forçados, histriões, vadios, concubinas,
> E a gente infeliz que habita essas latrinas
> Onde a fome produz mil coisas assombrosas :
> Chagas fenomenais, sangrentas como as rosas,
> Abortos, aleijões, vermes, hipocondrias[64]... »

Baudelaire est présent dans cet univers satanique qui est un univers surtout urbain et prolétaire. Comme le voulait Teofilo, Junqueiro a donc sa place aux côtés de Leal (qu'on appelait « Poète du Mal » ou « Poète Satanique »[65]) et d'Azevedo, dans une situation baudelairienne.

Leur satanisme est pourtant tardif car dès 1869 les « poètes du mal » étaient entrés dans les schémas de la littérature portugaise par les voies inattendues de la supercherie sinon du canular.

Eça de Queiroz, jeune feuilletonniste, ami d'Antero de Quental qui sera le plus grand des romanciers réalistes portugais mais qui, à vingt et un ans, découvrait Baudelaire, avait révélé cette école inquiétante au public portugais, dans un article publié en 1866[66]. Il n'avait pas encore lu *Les Fleurs du Mal* dont il parlait[67], mais pour un lecteur de Heine, de Nerval, de Gautier et de Hugo, Baudelaire, comme Poë et Flaubert, « poètes du mal » qu'il opposait alors à la mélancolie de Byron et de Musset, apportait le « frisson nouveau » dont il avait besoin — l'incarnation réaliste d'un romantisme essentiel.

« L'initiation à cet art nouveau », « dernière incarnation du romantisme », était alors reçue avec « un saint enthousiasme » — Baudelaire

---

62. CAMILO, « Estudo », *in A Velhice do Padre Eterno*, p. IX. CAMILO avait écrit le prologue de *Batismo de Amor* (Coimbre, 1868).

63. JUNQUEIRO, « O que é a Vida ? », *in Guerra Junqueiro* (« Colecção Patricia », Lisbonne, 1924), p. 3.

64. JUNQUEIRO, *A Morte de D. João*, p. 31.

65. A. Forjaz de SAMPAIO, *in Gomes Leal* (« Colecção Patricia », Lisbonne, 1924), p. 2.

66. Eça de QUEIROZ, « Poetas do Mal », *in Gazeta de Portugal* du 21 octobre 1866. *In* Eça de QUEIROZ, *Cartas Ineditas de Fradique Mendes e mais Paginas Esquecidas* (Porto, 1929).

67. Voir J. Batalha REIS, introduction à Eça de QUEIROZ, *Prosas Barbaras* (Lisbonne, 1905), p. XXXVII.

et Leconte de Lisle étant deux « soleils » aux pieds du « Seigneur-Hugo-Tout-Puissant »[68]... C'est ainsi qu'Eça de Queiroz décrira plus tard l'atmosphère où vivait la jeunesse de 1866-1867.

Deux ans plus tard, environ, Eça, en collaboration avec Antero (auquel Baudelaire n'était pas sans répugner), créera un poète baudelairien, « Carlos Fradique Mendes » — sorte de surhomme, mélange de Heine, de Chateaubriand, de Brummel, d'aventuriers de la Renaissance et de savants de l'Institut de France[69]. Cette description, qu'Eça attribue par jeu à Junqueiro, est, certes, tardive — mais elle se rapporte bien au climat de l'époque où le personnage fut créé, et les noms de Heine et de Chateaubriand y sont extrêmement significatifs. Comme il est significatif que « Fradique » ait été élevé par une grand-mère qui traduisait Klopstock.

Eça et Antero présenteront certaines productions de leur poète imaginaire dans des journaux de Lisbonne et de Porto, en août et en décembre 1869[70]. D'après le texte introductif d'Eça, « Fradique Mendes » connaissait personnellement Baudelaire, Lecomte de Lisle, Bainville et tous leurs camarades de Paris ; il représentait une école de « satanistes » du Nord, poètes que le feuilletonniste inventait de toutes pièces ; leurs œuvres seront alors commandées chez les libraires de Lisbonne[71], et même citées par des critiques naïfs[72]... Cette école n'avait pourtant pas de représentants au Portugal car elle « n'avait presque pas eu d'écho dans l'âme des sociétés péninsulaires où la foi romaine était tellement enracinée »[73]. Remarquons seulement que l'opposition entre le Nord et le Sud, opposition de sens et de formes, soulignée par les jeunes « modernistes » de Coimbre, ne faisait que répéter une situation définie quelque trente ans auparavant chez les Herculano et les Garrett. Peut-être ne se rendaient-ils pas compte que leur farce dénonçait un état passif sinon atemporel de la vie intellectuelle portugaise... Les noms de Heine et de Chateaubriand, évoqués à propos de « Fradique Mendes », ne sont pas sans

---

68. Eça de Queroz, *Correspondencia de Fradique Mendes* (Lisbonne, 1900), pp. 8 et 9 (6e ed.).
69. Idem, ibid., p. 64.
70. *In A Revolução de Setembro* du 29 août 1869 et *O Primeiro de Janeiro* du 5 décembre 1869.
71. J. Batalha Reis, *in In Memoriam de Antero de Quental*, p. 460.
72. Luciano Cordeiro in *Livro de Critica* (Porto, 1869) p. 20, qui parle du poète Hulurugh.
73. *In A Revolução de Setembro*, du 29 août 1869.

le confirmer. « Fradique » n'en cachait pas moins trois recueils de poèmes inédits aux titres éclatants de modernité : *A Guitarra de Satan, Boleros de Pan* et *Ideias Selvagens*[74] ; Antero lui en attribuera un quatrième, *Poemas do Macadam*, dans l'introduction à d'autres poésies que lui-même avait écrites.

Les premiers poèmes, ceux d'Eça, n'étaient pas de très bonne qualité :

> « Eu sou Satan, o triste, o derrubado !
> Mas vós, estrelas, sois o musgo velho
> Das paredes do céu desabitado,
> E a poeira que se ergue no ar calado
> Quando eu bato com o pé no Evangelho ! »[75]

La signification de cette farce littéraire dépasse pourtant le niveau de la petite histoire — car dans ces fausses notices et dans ces poésies fabriquées, caricatures baudelairiennes, perçait une volonté de modernité — de modernité physique au moins — qui portera ses fruits chez Guilherme de Azevedo, Gomes Leal et Junqueiro. Si l'idée de l'invention de « Fradique Mendes » était due à Eça (qui reviendra à ce personnage beaucoup plus tard, faisant de lui un curieux épigone du dandysme romantique des années 50)[76], Antero ne la répudiera pas et affirmera encore vers la fin de sa vie qu'il y avait là « l'idéal d'un portugais moderne »[77].

Quatre ans plus tard, il publiera encore sous son propre nom des *Ladainhas de Satan*, deux sonnets inspirés de Baudelaire qui auraient pu être attribués à « Fradique Mendes ».

Cette fois-ci, pourtant, la revue littéraire qui osa publier de telles hérésies trouva bon de les faire précéder d'une sorte de justification de l'auteur — « qui n'est aucunement solidaire des doctrines désolantes qu'il expose... »[78].

Il s'agit d'une revue qui, à Coimbra, entre 1868 et 1873, lancera bien en marge du « satanisme », un « parnassianisme » sans mélange. Dès son premier numéro, *A Folha*, par la voix de João Penha, marquait une position éclectique : « le beau est toujours beau, sous n'im-

---

74. Idem.

75. Idem. *In Prosas Barbaras*, p. LII.

76. Eça de QUEIROZ, *Correspondencia de Fradique Mendes.*

77. Voir Carolina M. de VASCONCELOS, *in In Memoriam de Antero de Quental*, p. 388.

78. *A Folha*, nº 2-V, 1873.

porte quelle forme »[79]. Le beau est donc le seul programme de ce groupe de poètes qui se veut à égale distance des « versificateurs du ah ! » et des « prêtres de l'idée vague », c'est-à-dire des poètes de Lisbonne et de ceux de l'Ecole de Coimbra, les « poètes individuels » et les « bardes socialistes »[80]. Les uns et les autres collaboreront pourtant à la revue : Vidal et Antero, Amorim et Junqueiro, le vieux Pizarro et le jeune Guilherme Braga. *A Folha* portera encore plus loin son éclectisme : respectueuse à l'égard de Castilho, elle publiera des traductions de Béranger et de Millevoye et citera largement Lamartine auquel ses collaborateurs dédieront souvent leurs poésies.

Mais si Penha définit le poète comme l'« homme divin »[81], c'est Simões Dias qui souligne plus clairement le concept romantique de poésie qui convenait à ce groupe se voulant à l'écart des poètes français du *Parnasse Contemporain*, publié en même temps — même si Eça les recommandait chaleureusement à Penha[82]. Pour Simões Dias, la poésie est un « fantôme (...) non de ceux qui terrifient (...) mais semblable au visage pâle et décoloré d'une vierge morte ». Il regrettera alors l'influence française baudelairienne : « les odeurs maudites de la France ont vicié notre atmosphère. Nous brûlons en vain de temps en temps un peu d'encens et de myrrhe devant l'autel de Garrett — car les miasmes ambiantes nous suffoquent »[83].

L'éclectisme de la poésie nationale tendait donc vers un retour à la tradition romantique et moralisatrice : on était en 1870 mais on pouvait se croire trente ans en arrière, sous l'emprise du nationalisme de la première génération. Seuls Penha[84] et Crespo[85] indiqueront un autre chemin, le premier attaché à une tradition arcadienne (qui était, pour un poète portugais, une curieuse mais efficace voie d'accès à l'esthétique parnassienne), le second marquant une position naturaliste et critique que ses vers « artistes » ne diluent pas. L'un comme l'autre malgré leurs différences idéologiques, demeureront fidèles à un pro-

79. João PENHA, *in A Folha*, n° 4-I, 1868.
80. Idem, ibid., n° 4-I, 1868.
81. Idem, ibid., n° 1-V, 1873.
82. Voir João Gaspar SIMOES, *Eça de Queiroz* (Lisbonne, 1945), p. 171.
83. José SIMOES DIAS, *in A Folha*, n° 3-I, 1868. SIMOES DIAS (1844-1899) est l'auteur de *Peninsulares* (Elvas, 1870).
84. João PENHA (1839-1919) publia *Viagens por Terra ao País das Sombras* (1879), *Rimas* (1883), *Novas Rimas* (1905), *Ecos do Passado* (1914), *Ultimas Rimas* (1919).
85. Gonçales CRESPO (1846-1883) publiera *Miniaturas* (1871 ; deuxième édition 1875), *Nocturnos* (1880 ; deuxième édition 1882).

gramme de perfection technique. « Progresser dans la facture, dans le labeur et dans la nette perfection du vers », tel était le but de Crespo[86] ; Penha, lui, parlera de l'Art Poétique d'Horace[87] et défendra l'éternel principe de l'art pour l'art, l'art trouvant sa fin moralisatrice en lui-même[88].

Ainsi le romantisme s'achevait-il sur un ton précieux et technique qui ne lui appartenait pas, dans le cadre de ses possibilités nationales. Il avait perdu sa raison d'être sentimentale entre la naturalité populaire de João de Deus et les recherches savantes de Penha. Il fut donc tué par la forme, mais aucune critique valable ne fit éclater son esprit.

C'est pourquoi il languira longtemps dans la poésie ultérieure — même dans celle qu'écrira en 1880 un poète que Teofilo Braga classait à tort parmi les formalistes : Cesario Verde. La dénonciation qu'on y trouve d'*O Sentimento dum Ocidental* est, encore une fois, une dénonciation romantique :

> « Nas nossas ruas, ao anoitecer,
>   Há tal soturnidade, há tal melancolia,
>   Que as sombras, o bulicio, o Tejo, a maresia
>   Despertam-me um desejo absurdo de sofrer »[89].

Le poème n'est certes pas par hasard dédié à Junqueiro.

Avant, le poète avait écrit des *Ecos do Realismo*[90] qui marquent une position polémique d'anti-romantisme où perce la mode baudelairienne. Avec ses luxes et ses vices, il restera fidèle à cette mode assez longtemps — « Nesta Babel tão velha e tão corrupta »[91], dans cette « capital maldita » où règne le « spleen »[92]. En même temps, la femme irréelle de ses poèmes deviendra une femme naturelle — « muito natural »[93] — qui pourra même lancer le cri d'« As suas couves repolhudas, largas »[94]...

---

86. Gonçalves CRESPO, *Obras Completas* (1897), p. 407.

87. João PENHA, *Por Montes e Vales* (1899), p. 59.

88. Idem, péface à *Novas Rimas*.

89. Cesario VERDE, « O Sentimento dum Ocidental I », *in Jornal de Viagens* (1880), *in O Livro de Cesario Verde*, p. 116 (ed. 1964).

90. Cesario VERDE, « Ecos de Realismo », (janvier 1874), *in Obras Completas* (Lisbonne, 1964). Voir préface de Joel SERRÃO.

91. Idem, « A Debil », *in Livro de Cesario Verde*, p. 65.

92. Idem, « Nós III », *in ibid.*, p. 180.

93. Idem, « A Debil », *in* ibid., p. 66.

94. Idem, « Num Bairro Moderno », *in ibid.*, p. 75.

Chantant les « burguesinhas do catolicismo », Cesario « quis era que o real e a analise » lui fournissent « um livro que exacerbe »[95] ; la peinture des mœurs urbaines, fondée sur l'analyse du réel avait donc comme but d'exciter, d'exacerber les sentiments : le réalisme assumait ainsi un programme romantique... Ce poète jeune et tuber-culeux écrira *in extremis* un dernier vers qui rappelle le doux confort bourgeois des jeunes filles catholiques et romantiques de son pays : dans un murmure, il parlera alors d'« a tepidês duma alcova »[96]...

Cesario Verde est mort en 1886 : son livre, *O Livro de Cesario Verde*, volume posthume, annonce une modernité esthétique qui, comme celle qui marquait les vers de Gomes Leal, échappait aux perspectives culturelles de ses contemporains. Disons plutôt qu'il meurt comme un grand poète romantique, à la fin du romantisme.

...D'autres poètes lui survivront, se survivant trop souvent à eux-mêmes. Ils feront tous bon ménage avec la littérature ; ; un seul aura alors le courage de mettre fin à ses peines et à ses contradictions : Antero de Quental.

---

95. Idem, « O Sentimento dum Ocidental III », *in* ibid., p. 125.
96. Idem, « Provincianas II », *in* ibid., p. 188.

CHAPITRE VI

LES ANGOISSES D'ANTERO DE QUENTAL

Nous avons quitté Antero de Quental en 1866 lors de son duel avec Ramalho-Ortigão, à la suite de l'affaire de Coimbre. Mais il s'éloignait déjà de ce monde où la polémique n'était pas sans bassesse. Dans une lettre à un de ses amis il parlera alors « des choses misérables qu'on a dites et écrites », et il s'exclamera : « Quelles gens ! quelles choses ! quelles opinions ! quelle vie ! je sens entre moi et mon pays la distance et l'abîme de ce sentiment, le mépris. J'ai pris la décision de me taire pour toujours, parmi ces hommes »[1].

Le poète d'*Odes Modernas* avait alors vingt-trois ans : il faisait sa première crise de pessimisme. L'atmosphère de l'Affaire de Coimbre avait certes quelque chose de sordide que la stupidité de la plupart des polémistes chargeait d'un sens irrémédiable — mais l'éloignement d'Antero n'en traduisait pas moins une incapacité personnelle d'agir ou de se fixer. Il songea alors à une espèce de fuite : il voulait partir pour l'Italie et combattre à côté de Garibaldi. « Un bel morir tutta la vita onora », écrira-t-il à un ami[2]. Il avait déjà pensé aller s'installer au Brésil[3] ; il pensera ensuite partir vers les Indes ou Macao[4]. Il publiait en même temps un essai, *O Sentimento da Imortalidade*[5], où il opposait le sentiment à la philosophie, la « larme » au « syllogisme », dans la recherche du dernier mystère de l'homme — « qui est déjà le mystère de Dieu ». Antero s'éloignait ainsi de sa posi-

---

1. Antero de QUENTAL, *Cartas a Antonio de Azevedo Castelo Branco*, lettre de février 1866 (Lisbonne, 1942), p. 25.
2. Idem, ibid., lettre de décembre 1865, p. 17.
3. Idem, ibid., p. 5.
4. Idem, ibid., lettre de mars 1866, p. 31.
5. ANTERO, « O Sentimento da Imortalidade », *in O Instituto*, 1866, 2e XII (*in Prosas II*, p. 1).

tion révolutionnaire : il défendait maintenant la position du cénobite et du contemplatif, voire celle du mystique, y voyant la « victoire de la conscience » — « les obstacles les plus fermes que la liberté de l'esprit peut opposer à la brutalité envahissante des conditions brutales du monde »[6]. Les *Odes Modernes* lui paraissaient déjà une chose lointaine : « Il y a là beaucoup de nos anciens rêves. Tant de choses défaites ! »[7]. D'ailleurs, il n'en avait vendu que quatorze exemplaires à la fin de 1865[8]... Les chansons de Gomes de Amorim, le « poète-ouvrier », étaient sans doute plus populaires. « Les bourgeois ne sont bons à rien, absolument à rien ! » écrira Antero à son confident[9] — et il se fera lui-même ouvrier.

Comme Michelet et Proudhon, Antero est devenu typographe en 1866 — à moins que cela ne fasse partie de sa légende. Il aurait donc appris le métier, et, s'installant à Paris, se serait embauché dans un atelier — mais pour peu de temps, car les effets d'une névrose se firent alors durement sentir. Déçu, déprimé, il rentra au Portugal. Un mot de Michelet, qu'il avait connu à Paris, rongeait son esprit : « Je ne puis me passer de Dieu »[10]. Peut-être le marquera-t-il pour toujours.

Il chercha alors refuge chez lui, aux Açores. Là, dans le vieux manoir de sa famille, il se sentait protégé. Les Quental étaient de grands seigneurs originaux : son grand-père, ami de Bocage, avait été député en 1820 ; son père, qui avait fait marteler le blason de la famille sur la façade de son hôtel, avait été un des compagnons de Dom Pedro en 1832 ; maintenant il voyageait ou consacrait son temps à la reliure. Quant à son frère aîné, il était fou.

Antero reviendra souvent dans sa famille, au cours de crises psychologiques : son équilibre dépendait de cette sorte de protection ancestrale, où les forces du passé se superposaient aux forces du présent que lui-même suscitait ou défiait.

En 1868 il prit position en faveur d'une fédération ibérique[11]; en même temps, il retrouvait à Lisbonne, chez d'anciens compagnons de Coimbre, l'atmosphère d'enthousiasme idéologique et quelque peu fantai-

---

6. ANTERO, *Cartas-Castelo Branco*, p. 11.

7. Idem, ibid., p. 5.

8. Idem, ibid., p. 17.

9. Idem, ibid., p. 9.

10. J. MACHADO de FARIA e MAIA, *in In Memoriam de Antero de Quental*, p. 169.

11. ANTERO, *Portugal perante a Revolução de Espanha - Considerações sobre o futuro da politica portuguesa no ponto de vista da democracia iberica* (Lisbonne, 1868) (*in Prosas* II).

siste de la première moitié des années 60 : c'était le « Cenaculo »
dont nous nous occuperons plus loin. En 1869 il s'embarqua pour les
Etats-Unis[12], ayant décidé à la dernière minute de remplacer João de
Deus qui y avait été invité[13]. Il ne parlera jamais de ce voyage, pendant lequel il s'est mis à apprendre l'allemand, mais on a déjà pensé,
et c'est fort vraisemblable, qu'il ait pris conscience aux Etats-Unis de
l'organisation d'une société capitaliste développée. Il pensa un moment
à y rester mais il retourna à Lisbonne. Il eut alors une grande activité
au sein d'un mouvement socialiste en plein essor. En même temps, en
1871, il fut un des animateurs, avec ses compagnons du « Cenaculo »,
d'une série de « conférences démocratiques » qui ébranlèrent à jamais
les habitudes mentales de la société romantique nationale. En 1873 il
travailla dans un *Programa para os Trabalhos da Geração Nova* —
qu'il ne terminera jamais.

Dès 1866 Antero avait constaté que « la classe moyenne est arrivée à ce dernier terme des sociétés condamnées : l'imbécilité »[14]. Il
s'agissait maintenant de savoir pourquoi et comment (conférences)
et d'essayer de porter remède à cette situation (mouvement socialiste
et *Programa*). La logique du comportement d'Antero pendant cette
période est évidente — mais en 1874 «sa vie ancienne lui a paru
vaine et l'existence en général incompréhensible »[15]. Il était malade
(il sera durant toute sa vie affligé d'une gastrite qui avait des conséquences néfastes sur son système nerveux et le dérèglement de celui-
ci, d'autre part, devait accentuer les symptômes de sa maladie), il
abandonna tout projet et toute activité. Il détruisit même son manuscrit du *Programa*. Ce furent des années noires : entre 1874 et 1881,
Antero sera soigné par Charcot, tentera de se suicider (« Je commence
à être fatigué et il faut décider — si je meurs ou si je vis »)[16]. En
1875 il écrivit une série de six sonnets, *Elogio da Morte*[17], de la *Mors*

---

12. Voir Antonio ARROIO, *A Viagem de Antero de Quental à America do Norte* (Porto, 1916).

13. José Bruno CARREIRO, *Antero de Quental - Subsidios para a sua biografia* (Lisbonne, 1948), I, 311. Nous avons suivi cet ouvrage remarquable dans l'établissement de la chronologie de la vie d'ANTERO.

14. ANTERO, *Cartas-Castelo Branco*, lettre de mars 1966, p. 32.

15. Lettre autobiographique à Wilhelm STOCK, 1887, *in Cartas de Antero de Quental*
(Coimbre, 1915), p. 9.

16. *Cartas ineditas de Antero de Quental a Oliveira Martins* (Coimbre, 1911), lettre
de 1874, p. 18.

17. ANTERO, *Sonetos Completos*, pp. 103-108 (ed. 1890).

Liberatrix[18], dans lesquels il exprime une « philosophie idéaliste de la mort »[19]. En même temps, il publia la deuxième édition d'*Odes Modernas* en éliminant les poésies les plus agressives et la note idéologique finale. Ces années de crise se solderont après 1880 par une sorte de bonheur vague et contemplatif. Antero revenait alors à ses rêves anciens de cénobite et, ayant adopté les deux petites-filles d'un ancien compagnon de Coimbre qui venait de mourir, il vécut toute cette période isolé dans un village près de Porto. « J'ai reculé sur le chemin de la négation absolue dans laquelle je m'étais précipité »[20], dira-t-il ; il devint alors le « Santo Antero » pour ses amis — et sa légende s'affermit. En 1886 il publia ses *Sonetos Completos*, l'année suivante il écrivit une longue lettre autobiographique au traducteur allemand de ses sonnets[21]. Il pensa alors aller vivre en Californie — mais il ne croyait plus qu'à une liberté spirituelle qu'il fallait conquérir dans l'isolement. En 1887 il écrivit ses derniers vers ; en 1890 un essai sur *As Tendencias Gerais da Filosofia na Segunda Metade do Seculo XIX*[22] fut son travail définitif dans le domaine des idées philosophiques.

Les jeux de la vie d'Antero de Quental n'étaient pourtant pas encore faits : en 1890 même, un grave conflit colonial avec l'Angleterre, terminé par un ultimatum honteux, soulevait l'indignation nationale. On voit alors élire le poète comme président de la « Liga Patriotica do Norte », mouvement qui, politisé, n'aura pas la vie longue.

« Je veux sacrifier ma vie et je mourrai content si j'ai vécu six mois au moins de la vraie vie de l'homme qui est celle de l'action pour une grande cause »[23]. Dans cette phrase, prise dans une lettre à un de ses amis, il revenait en arrière : vingt-cinq ans plus tôt il avait écrit, dans une autre lettre : « J'aurais voulu avoir dans ma vie l'histoire d'un grand, d'un réel sacrifice »[24]. L'oscillation entre l'action et la contemplation était incessante : Antero sera toujours tiraillé entre les deux pôles. Il essaiera en vain d'échapper à sa vie personnelle par une action collective ou par une dissolution dans le nirvana : il n'at-

---

18. Idem, ibid., p. 78 (publié pour la première fois en 1878).

19. ANTERO, *Cartas-Castelo Branco*, lettre de 1875, p. 82.

20. ANTERO, *in In Memoriam*, p. 381.

21. Voir Note n° 15, pp. 1 et suivantes.

22. *In Revista de Portugal*, Porto, janv. févr. mars 1890.

23. Lettre à J. Magalhães LIMA du 8 février 1890, in J. Bruno CARREIRO, *Op. cit.*, II, 210.

24. ANTERO, *Cartas-Castelo Branco*, lettre de 1865, p. 4.

teindra jamais aucune des deux situations — qui ne sont que les deux
impossibilités majeures de sa vie. Il sera renvoyé d'un pôle à l'autre,
insatisfait, déçu, angoissé. L'angoisse du *moi* et celle de l'*autrui* le
rongent ; seule la mort pourra le libérer — *mors liberatrix, mors
amor*... Antero de Quental revint alors à ses Açores natales (« onde
vim ao mundo não sei para quê... ») pour y mourir. En septembre
1891, quinze mois après Camilo, il se tira deux balles dans la tête. Il
résolvait ainsi le « mal pior » de « ter nascido » dont il avait parlé
trente ans auparavant dans un de ses sonnets[25]. Son corps tomba
contre le mur d'un couvent où était écrit le mot « Esperança » au-
dessus d'une ancre. On ne saura jamais s'il l'avait remarqué.

> « Eu passo a vida sonhando
> Sonhos de Luz e de treva »[26]

Antero avait vingt-et-un ans lorsqu'il écrivit ces vers : la « lumière » et
les « ténèbres » de son option impossible s'y trouvent inscrites. A
maintes reprises il avouera à ses amis son angoisse majeure. Il craignait les « combats de la réalité », la « froideur des hommes » ; il ne
marchait que « par intermittences, par poussées » ; il avait « une horreur instinctive (...) pour toutes les idées qui représentent l'activité
de la vie, en tant que plénitude, bonheur, espoir » il perdait le « sentiment du réel », il sentait « le pied lui manquer dans le courant de la
vie sociale »[27]. On aurait pu multiplier les citations : Antero a une
conscience aiguë de ses impossibilités, de sa faillite. Il cherche un
remède à la fois dans « tout un système d'idées transcendantales » et
dans le labeur manuel. Quel système ? Il se l'offrira lui-même, à travers ses incertitudes. Quel labeur ? Il faut remarquer là que l'épisode
« ouvrière » de sa vie est nécessairement très courte et qu'elle n'arrive
sûrement pas à surmonter des sentiments de seigneur rural, ayant la
conscience d'un « chão seu » (son patrimoine) aux Açores et rêvant
de s'y réfugier avec ses amis, d'y conduire leurs « Dieux exilés »[28].
A-t-il pensé à une sorte de phalanstère fouriériste ? Toujours est-il
que ses valeurs spirituelles concernent sans cesse un univers près de

---

25. ANTERO, *Sonetos Completos*, p. 17 (ed. 1890). « Que sempre o mal maior é ter
nascido ».
26. ANTERO, « Peppa » (1863), *in Primaveras Romanticas* (Porto, 1872), p 51 (ed.
1934.)
27. *Cartas ineditas de Antero de Quental a Oliveira Martins* lettre de 1872, p. 149 ;
ANTERO, *Cartas-Castelo Branco*, lettre de 1866, p. 40-41.
28. ANTERO, *Cartas-Castelo Branco*, lettre de mai 1866, p. 38.

la nature, de la simplicité, loin des horribles bruits des villes. Antero
détesta Paris et New-York — et une de ses premières lectures fut
A Felicidade pela Agricultura de Castilho, qui avait été son maître de
latin ..

Comme Castilho (et João de Deus) il se penchera sur l'enfance,
pensant à lui consacrer en 1883 une anthologie de poésies, *Tesouro
Poético da Infancia*. La poésie aurait ainsi servi à « développer dans
l'esprit des enfants certaines tendances morales ». La morale, tel est,
en fin de compte, le but de la poésie, aux yeux d'Antero. Les soins
mis dans la réédition d'*Odes Modernas* en 1875 en découlent : c'est
pour souligner son côté moral que le poète retira certaines compositions ou certaines strophes anti-cléricales jugées trop violentes, en
ajoutant des poésies « qui altèrent avantageusement le ton général,
l'accordant à un diapason plus serein et plus humain, plus digne des
idées inspiratrices du livre »[29].

Mais on ne saurait ignorer que ces idées elles-mêmes ont changé.
Le volume commence maintenant par une poésie intitulée *Pantéismo*
qui porte la date 1865-1874. Elle fait état des nouvelles préoccupations
du poète. Encore est-il que l'épigraphe du volume est changée : à
la place d'une citation d'Hegel (« l'idée c'est Dieu ») Antero met des
vers du *Faust* de Goethe : « Allein im Innern leuchtet helles Licht ».
Déjà un huitième sonnet est ajouté à la série *Ideia* (qui devient *A
Ideia*), où

« A Ideia, o Sumo Bem, o Verbo, a essencia
 Só se revela aos homens e às nações
 No ceu incorruptivel da Consciencia ».

Et déjà une poésie, *Mais Luz !*, dédiée à Junqueiro, traduit la nouvelle
influence de Goethe que le poète était alors en train de traduire.

Entre les protestations de 1865 et les affirmations de 1875 il y a un
décalage très sensible. Le ton a changé, la pensée s'est affirmée : il
y a eu « une fixation, une épuration » de l'état premier, dira Oliveira
Martins[30]. Antero sera d'accord sur cette interprétation, d'autant plus
que son critique affirme que le mouvement qu'on décèle entre les

---

29. Idem, ibid., lettre du 4 juillet 1875, p. 84. La première édition contient 17 poésies dont trois (« Como a serpente larga a pele antiga », « A Irlanda » et « Uns
são filhos de Cristo e outros de Mafoma ») ont été éliminées. La deuxième
édition contient 14 poésies nouvelles.

30. Voir article d'O. MARTINS *in Revista Ocidental* du 31 mai 1875 et *Cartas ineditas
de Antero de Quental a Oliveira Martins*, p. 43.

deux éditions correspond au mouvement même de la génération d'Antero. En effet, cette génération se trouve sur le chemin normal de la maturité : après deux moments d'éclat, en 1865 et en 1871, à dix ans de son point de départ, elle se considère définitivement installée. C'est d'ailleurs le mot qu'Antero emploie pour parler de la 2ᵉ édition de ses *Odes* : « définitive ». Les *Odes Modernas* nous permettent ainsi de contrôler d'autres symptômes de maturité des jeunes révoltés de 1865 qui avaient développé un programme d'où tout romantisme devait être exclu : en 1875, Antero parlera de la « noble forme de la poésie » qu'il avait ignorée en 1865. Le critique qui avait établi le parallèle entre l'évolution des *Odes* et celle de la génération de l'auteur, qui était aussi la sienne, Oliveira Martins, n'en parlera pas moins de l'esprit révolutionnaire romantique qui les anime. D'après lui, la révolution religieuse des *Odes Modernas* allait de pair avec la révolution morale d'*A Morte de D. João* et la révolution sentimentale d'*A Alma Nova* — œuvres aux racines également romantiques[31]. Les trois volumes, ne l'oublions pas, sont parus en même temps, entre 1874 et 1875.

En 1872 Antero de Quental avait assemblé des poésies de ses vingt ans sous le titre de *Primaveras Romanticas*. Il écrivit alors dans la préface que le mérite moral du livre était encore inférieur à son mérite littéraire. Pourquoi le publiait-il donc ? « Parce que je n'ai pas honte d'avoir été jeune », c'est-à-dire innocent, plein d'illusions. Le volume n'est-il pas dédié « à cette Coimbre enchantée et quasi fantastique d'il y a dix ans ? »[32]. En 1887 il sera encore plus sévère, lorsqu'il écrit à son traducteur allemand : c'est « du Heine de deuxième qualité »[33].

Les *Odes Modernas* et *Primaveras Romanticas* sont des œuvres classées chronologiquement ; les *Sonetos* échappent plutôt à la critique chronologique. Mieux : ils se situent sur un plan atemporel dans la mesure où ils reprennent souvent les mêmes thèmes, revenant sur des sentiments déjà exprimés. Au classement en cinq cycles chronologiques proposé par l'édition de 1884 peut donc s'opposer le classement thématique de l'édition d'Antonio Sergio en 1943, qui distingue dans l'œuvre huit thèmes[34]. On pourra évidemment déceler encore

31. O. MARTINS, *in Revista Ocidental* du 31 mai 1875, p. 158.
32. ANTERO, *Primaveras Romanticas*, « Duas Palavras ».
33. Voir Note n° 15, p. 8.
34. 1 - Da Expressão lirica ; do amor-paixão, 2 - Do apostolado social, 3 - Do sentimento pessimista, 4 - Do desejo de evasão, 5 - Da Morte, 6 - Do Pensamento de Deus, 7 - Da Metafisica, 8 - Da « voz interior » e do « amor puro sempiterno ».

d'autres thèmes dans la structure des *Sonetos* ou grouper autrement les poésies ; c'est une affaire de points de vue. Il ne fait pourtant pas de doute que l'amour-passion, le pessimisme, la volonté d'intervention sociale aussi bien que la volonté d'évasion, la mort, Dieu, le sentiment pessimiste et une sorte de « voix intérieure », constituent autant de thèmes qui traversent les cent neuf sonnets recueillis. On n'en constate pas moins une liaison assez étroite entre certains thème et les cycles temporels établis en 1884 : 1860-1862, 1862-1866, 1864-1874, 1874-1880 et 1880-1884.

En effet, une analyse statistique appliquée à la superposition des deux réseaux, de thèmes et de périodes, nous montre que le thème de l'amour apparaît surtout dans les années 1862-1866 (15 des 21 sonnets sur ce thème appartiennent au cycle respectif) ; la thématique sociale n'apparaît qu'entre 1864 et 1874, et seulement six fois. Quant au thème de la mort, on l'observe surtout vers la fin de la vie du poète : sept fois en 1880-1884 et trois fois en 1874-1880[35] ; il enchaîne sur le thème de Dieu qui surgit entre 1864 et 1880. La thématique métaphysique, plus fréquente (20 sonnets), paraît en 1862-1866 (une seule fois), en 1864-1874 (9 fois), en 1874-1880 (3 fois) et en 1880-1884 (7 fois) ; il s'agit donc des sujets les plus chers à Antero. L'évasion est également un thème assez bien distribué dans l'œuvre du poète (où il apparaît 13 fois). Mais le thème le plus abondamment traité est le pessimisme : 25 sonnets l'exploitent et cela en 1860-1862 (6 fois) comme en 1862-1864 (9 fois) ou en 1874-1880 (8 fois). En 1880-1884 « Saint Antero » ne connaît presque pas le pessimisme (le thème se manifeste une seule fois) ; en 1864-1874, période d'activité politique et mentale intense, le thème disparaît.

Ainsi les *Sonetos* se présentent-ils comme une « autobiographie psychologique ou des mémoires moraux et psychologiques »[36]. Antero n'a pas écrit de préface pour son édition de 1883, mais il en parla longuement dans des lettres. Ses sonnets, surtout ceux du dernier cycle, montrent des conclusions morales, affirme-t-il — bien que sa pensée se montre encore « obscure et perturbée par d'autres éléments, surtout par le pessimisme »[37]. Il se proposait alors d'aller plus loin, sur la voie d'un « mysticisme moderne, (...) scientifique et posi-

---

35. Remarquons que les derniers sonnets d'ANTERO, écrits en 1885 et non compris dans les éditions de *Sonetos Completos*, ont comme thème la mort.
36. *Cartas de Antero de Quental a Francisco Machado de Faria e Maia*, lettre du 28 mars 1885. (Lisbonne, 1961), 31.
37. Idem.

tif »[38], et en 1885 il annonçait une vingtaine de nouveaux sonnets dans ce sens, qui sont perdus ou qu'il a détruits. Ailleurs, Antero parle d'une « autobiographie poétique [39]. Il est certainement inutile d'insister sur ce point : l'œuvre porte témoignage sur la vie mentale et sentimentale du poète ; elle est le journal sublimé de ses luttes et de ses angoisses. Jamais la poésie portugaise n'avait connu une telle capacité de confession doublée de méditation abstraite. Le jeu des allégories qui constituent un des moteurs les plus importants des sonnets, nous renvoie à des schémas culturels qui ne sont pas loin de ceux de l'humanisme de la Renaissance ; il oppose l'Idée au jeu sentimental des romantiques. L'adoption même de la forme sonnet est significative de l'attitude de l'auteur qui y fonde à la fois son classicisme et son modernisme anti-ultra-romantique. Il faut rappeler ici que deux de ses premiers textes critiques concernent précisément la défense de cette forme poétique qu'il explore, parallèlement à João de Deus[40].

Mais le sonnet représente encore chez Antero la garantie de sa propre unité, au milieu de la dispersion ou de l'oscillation de ses désirs, de ses craintes, des questions qu'il se pose. Si, comme il le dit, un système d'idées transcendantes constitue une sorte de « corset en acier » qui lui permet de « marcher droit à travers la réalité »[41], on pourrait en dire de même à propos du sonnet dont la souple structure d'acier lui permet de s'exprimer tout en lui imposant une discipline dont il a le plus grand besoin.

Cette discipline lui permet de poser les questions métaphysiques les plus profondes et les plus angoissées de toute la poésie portugaise de son époque — c'est-à-dire de toute la poésie portugaise romantique. En pleine crise, entre 1874 et 1880, il se voit « Entre os filhos dum seculo maldito », pris « Duma ansia impotente de infinito » ; il croit avoir trouvé la paix « na inercia e esquecimento » — pour lancer tout de suite après un cri tragique : « Só me falta saber se Deus existe ! »[42]. Il fera alors appel au « seio inviolavel » de la « noite sem termo, noite de Não-ser ! », et il se demandera dans un tourbillon

---

38. Idem.

39. *Cartas de Antero de Quental.* Lettre à Santos VALENTE du 15 févr. 1882, p. 72.

40. ANTERO, « A proposito dum poeta », *in O Fosforo*, nᵒˢ 7, 9 et 12 ; *in Prosas I*, p. 96 ; et « A João de Deus », préface à *Sonetos de Antero* (Coimbra, 1861).

41. *Cartas Ineditas de Antero de Quental a Oliveira Martins*, lettre de 1876, p. 67.

42. ANTERO, *Sonetos Completos*, « O Convidado — a Gonçalves Crespo, p. 86 (ed. 1890).

d'idées : Ai de mim ! ai de mim ! e quem sou eu ? !...»[43]. Après quoi, apaisé, il pourra dire :

> « Já socega, depois de tanta luta,
> Já me descansa em paz o coração »[44].

Un peu plus tard, en 1882, « Santo Antero » écrira :

> « Na mão de Deus, na sua mão direita,
> Descansou afinal meu coração »[45].

— et ce sera le dernier sonnet dans le recueil des *Sonetos Completos*.

On ne chercherait certainement pas en vain un parallèle avec Herculano et sa *Harpa do Crente* de 1838. Quarante ans après ce poète croyant et anti-clérical qui allait mourir dans deux ans, Antero reprenait la position romantico-chrétienne traditionnelle. Il n'admirait aucun poète des générations précédentes autant qu'Herculano ; dans son jeune âge, vers 1861, il s'était même inspiré d'*Eurice* dans un poème qu'il détruira[46]. Et en 1886 encore il citera Herculano comme l'exemple de l'homme qui avait de la volonté. Lui, à qui cette force manquait, y voyait un des moteurs de la rédemption de l'homme[47].

Certes, Antero écrit : « Le romantisme a été un météore. Le grand chant du siècle s'est perdu graduellement dans un murmure ». Pour lui « ce voile fantastique de sentimentalité de jadis » s'était déchiré, les voix qui venaient des temps romantiques étaient des « voix sans écho »[48]. Il parlait de la sorte en 1871, lorsqu'il s'occupait des tendances nouvelles de la poésie contemporaine, à propos de *Radiações da Noite*, de Guilherme d'Azevedo. Dix ans plus tard, il se dressera encore contre le subjectivisme romantique. Les poètes romantiques, dira-t-il, ne sauraient représenter « la vie collective de l'esprit humain » car ils ne représentent qu'eux-mêmes[49]. Cette « vie collective de l'es-

---

43. Idem, ibid., « No Turbilhão », à J. Batalha REIS, p. 92.
44. Idem, ibid., « Transcendentalismo » à J. P. Oliveira MARTINS p. 101. Remarquons que ce sonnet, inclus dans la série 1880-84, fut écrit en 1876 et publié en 1878 *in Renascença*, Porto (voir J. B. CARREIRO, *Op. cit.*, II, 370). On y a décelé l'influence de HARTMANN (voir Joaquim de CARVALHO, *Antero de Quental e a Filosofia de Eduardo Hartmann*, Lisbonne, 1934).
45. Idem, ibid., « Na Mão de Deus », à Mme Oliveira MARTINS, p. 121 (daté mai 1882).
46. Voir J. B. CARREIRO, *Op. cit.*, I, 137.
47. *In Consagração*, Porto, le 28 mars 1886, *in Prosas*, III, 18.
48. ANTERO, « Tendencias Novas da Poesia Contemporanea », *in A Revolução de Setembro*, 1871, *in Prosas* II, 192.
49. ANTERO, « A Poesia na Actualidade », Porto, 1881, *in Prosas* II, 310.

prit humain » est la forme que revêt en 1881 l'« humanisme » que l'Antero de 1871 assignait comme but à la poésie ; dans un cas comme dans l'autre, le poète s'opposait à l'expression de ce moi qu'il trouvait en péril — mais qui ne l'en attirait pas moins...

En 1869, lors de l'invention du poète « Carlos Fradique Mendes », il parlait du « satanisme » comme d'une « grande école qui dans toute l'Europe est venue remplacer et s'opposer, en partie du moins, à l'école romantique ». Il y voyait « la conscience moderne (...) se regardant dans le spectacle de ses propres misères et bassesses »[50]. Cette sorte de réalisme à outrance n'était pourtant pas autre chose que du romantisme — et sept ans plus tard Antero devait écrire : « le réalisme, le satanisme et d'autres ismes finissent par faire de ces jeunes, d'ailleurs doués, de parfaits idiots »[51].

Antero de Quental se défendait bien des pièges où tombaient ses compagnons, qu'il s'agisse de la sèche érudition de Teofilo Braga, de la rhétorique de Junqueiro, ou encore de l'éloge moderne des machines de Guilherme d'Azevedo[52]. Sachant qu'un grand poète est « un écho vibrant des grandes idées de notre temps », il savait également que « l'idée poétique sort abondante et libre dans la mesure où l'idée philosophique est claire et logique [53]. Son opposition aux romantiques d'il y a trente ans s'y trouve éclairée : il les voyait « vagues et secs », en 1847[54], car il leur manquait une idée philosophique, seule source de rénovation. Il revenait alors sur un adjectif déjà employé en 1864, lorsqu'il voyait en Gomes Monteiro un « traducteur sec » des poètes germaniques[55] — les mêmes poètes que vingt ans plus tard il voulait lui-même traduire[56]. Car Antero restera fidèle au monde roman-

---

50. ANTERO, *in O Primeiro de Janeiro* du 5 décembre 1868, *in Prosas* II, 84.

51. ANTERO, *Cartas-Castelo-Branco*, lettre du 24 février 1876, p. 99.

52. Remarquons qu'il a altéré le texte d'O. MARTINS paru dans la *Revista Ocidental* du 31 mai 1875 en éliminant son nom dans la phrase suivante : « un poète comme M. QUENTAL ne tomberait pas dans le piège de faire l'apothéose des machines comme le fait M. AZEVEDO ». Il a agi par délicatesse, selon sa lettre du 29 mai 1875 à l'auteur (*Cartas Ineditas de Antero de Quental a Oliveira Martins*, p. 43) bien qu'il soit d'accord avec l'observation très lucide d'O. MARTINS.

53. *Cartas ineditas d'Antero de Quental a Oliveira Martins*, lettres de 1874 et 1875 pp. 21 et 38.

54. Idem, lettre de 1874, p. 22.

55. Lettre à J. Gomes MONTEIRO in J. Bruno CARREIRO, *Op. cit.*, I, 210.

56. ANTERO avait fait le projet de préparer une anthologie luso-germanique vers 1885 (voir Carolina M. de VASCONCELOS, *in In Memoriam*, p. 403).

tique des poètes allemands. Il fut l'« introducteur et le défenseur du germanisme dans la poésie portugaise »[57] ; dans sa bibliothèque il y avait von Arnim, Heine, Hölderlin, Lessing, Goethe — tout comme *De l'Allemagne* de Mme Staël. Mais il y avait aussi Ossian-Macpherson, Byron, Musset, Vigny, Lamartine, Béranger — tout comme Lecomte de Lisle, Banville, Nerval et Baudelaire. Espronceda, Leopardi, Poe, Longfellow, Tennyson et Shelley y figuraient également, à côté de Hugo, des *Confessions* de Rousseau et de quatre poètes portugais : Camoëns, Herculano, Soares de Passos et João de Deus. De Garrett on y voyait seulement le *Cancioneiro*[58].

Cette bibliothèque romantique, qu'il sélectionna à la fin de sa vie[59], est sans doute significative de la véritable inclination de son esprit. Plongé dans le romantisme, Antero ne fait qu'essayer d'y introduire l'Idée ou la Raison hégélienne d'abord, une conscience mystique ensuite. De toute façon, il cherche une situation existentielle où son moi poétique puisse trouver une vérification sinon une justification morale. Et c'est là son drame essentiel.

Entre Hegel, Michelet[60], Proudhon, Hartmann, Kant et le Boudhisme, se définit donc la pensée d'Antero de Quental. Il citera très souvent les trois premiers[61], mais, à partir de 1876, Hartmann conquiert son esprit. Cette année même il écrira à un ami : « (Hartmann) s'accorde mieux à ma façon de voir » ; le pessimisme du philosophe ressemblait « singulièrement (à son) optimisme »[62]. Antero traversait une longue période de crise et Schopenhauer et Hartmann parlaient à son cœur meurtri. Ils remplaçaient alors Proudhon, guide de sa période active, avec Michelet qui enthousiasmera sentimentalement toute la génération de Coimbre. Antero mettra alors également de côté le matérialisme de Haeckel — et le positivisme qui d'ailleurs ne l'a jamais atteint, Comte ne figurant pas dans sa bibliothèque. Il acceptait donc volontiers l'influence de la philosophie spiritualiste allemande — sa propre pensée philosophique permettant d'observer (comme il l'écrivait à son traducteur allemand, non sans ironie) « les réactions provoquées par l'inoculation du Germanisme dans l'esprit

---

57. Idem, ibid., p. 399.

58. Voir J. B. CARREIRO, *Op. cit.*, II, 311 et suivantes.

59. Voir idem, ibid., II, 225-226.

60. Voir ANTERO, *Julio Michelet* (Barcelos, 1896), reprise de l'article publié *in Dois Mundos*, Paris, le 31 août 1877.

61. Voir J. B. CARREIRO, *Op. cit.*, I, 229.

62. *Cartas ineditas d'Antero de Quental a Oliveira Martins*, lettre de 1876, 67.

non préparé d'un méridional, descendant des navigateurs catholiques du XVIᵉ siècle »[63].

Antero de Quental était fondamentalement, par tempérament, un métaphysicien . « nous autres les métaphysiciens », dira-t-il en 1887 dans un texte où il s'oppose au « monisme » de Haeckel[64]. C'est cette même année qu'il écrivit la longue lettre autobiographique à son traducteur allemand, dont nous avons déjà parlé. Son évolution spirituelle s'y trouve éclairée : « le naturalisme, même le plus élevé et le plus harmonieux, même celui d'un Goethe ou d'un Hegel, n'apporte pas de solutions vraies : il laisse toujours la conscience en suspens, et le sentiment, dans ce qu'il a de plus profond, n'est pas satisfait ». Il plongeait donc dans la lecture de Hartmann, de Lange[65], de Du Bois-Raymond[66] — lequel vraisemblablement lui a fait relire Leibnitz (la « monadologie » leibnitzienne « se prêtait parfaitement à son interprétation du monde à la fois naturaliste et spiritualiste », pensait-il)[67]. Il médita aussi Kant (« le 'numeron' kantien, c'est l'esprit lui-même », écrivait-il)[68] ; il lut également des moralistes et des mystiques anciens et modernes, la *Theologia Germanica*[69] et des ouvrages concernant le boudhisme[70] — lequel se présentait à lui inévitablement teinté d'un coloris romantique[71].

---

63. Voir Note n° 15, p. 13.

64. ANTERO, *in A Provincia*, Porto, du 1ᵉʳ au 15 mars 1887, *in Prosas* III, p. 22. Il critiquait alors le titre d'Artur VIANA de LIMA, *Exposé sommaire des Théories transformistes de Lamarck, Darwin et Haeckel* (Paris, 1885).

65. Il existait dans la bibliothèque de ANTERO le livre de F. A. LANGE *Histoire du Matérialisme et Critique de son importance à notre époque*, en trad. française (Paris, 1877-79).

66. Du BOIS-RAYMOND, *Das Kaiserreich und der Friede Leibnitzische Gedanken in des neueren Naturwissenschaft* Berlin, 1871) et *Uber die Grenzen des Naturerkennens* (Leipzig, 1882) - ouvrages existants dans la bibliothèque d'ANTERO.

67. Voir Note n° 15, p. 11.

68. ANTERO, « Tendencias Gerais da Filosofia na segunda metade do seculo XIX » (1890), *in Prosas* III, 119.

69. *Theologia Germanica*, edited by Dr. PFEIFFER, translated by S. WINKWORTH (London, 1874) - exemplaire existant dans la bibliothèque d'ANTERO.

70. *Buddhis Suttas*, translated from Pâli by T. W. RHYS DAVIS (Oxford 1881) ; Henry OLCOTT, *A Buddhist Catechism* (London, 1881) ; J. Barthélemy SAINT-HILAIRE, *Le Boudha et sa Religion* (Paris, 1866) - ouvrages existants dans la bibliothèque d'ANTERO.

71. Voir Oliveira MARTINS, préface à *Sonetos Completos* (Porto, 1886) ; Joaquim de CARVALHO, *A Evolução Espiritual de Antero* (Lisbonne, 1929) ; Antonio SERGIO, commentaire à *Sonetos* (ed. Sá da Costa, 1962), p. 159.

Le mysticisme lui paraissait alors correspondre « à l'essence la plus profonde des choses » : l'esprit moderne ne pourrait « sortir du naturalisme », de plus en plus en état de banqueroute, que par la porte du psychodynamisme ou du panpsychisme ». C'est ainsi que la Liberté se réaliserait dans la sainteté — et « l'Occident produira à son tour son bouddhisme, sa doctrine mystique définitive, mais sur des bases plus solides »[72]. Il pensait alors à Tolstoï — qui était « non seulement un saint mais aussi un sage ». Et il rêvait d'une sorte d'« hellénisme couronné par un Bouddhisme »[73]. Il avait déjà parlé d'une « synthèse entre mécanisme universel et idéalisme universel », une sorte de « matérialisme idéaliste »[74]. Il doutait de pouvoir écrire sur ces théories son « œuvre suprême » — mais il était sûr de mourir « dans la satisfaction d'avoir entrevu la direction définitive de la pensée européenne, le Nord vers lequel tend la boussole divine de l'esprit humain ». Ainsi pensait-il mourir dans la paix du Seigneur[75]. Il le pensait depuis 1881[76]. De toute façon, il avait la conscience d'avoir atteint sa maturité : « il m'a fallu arriver à l'âge de 45 ans pour avoir quelque chose à écrire »[77].

Il laissera à l'état d'ébauche un essai sur les bases philosophiques de la morale, sorte de philosophie de la liberté où la mort était définie comme « la seule manière de savoir comprendre la vie et de savoir vivre »[78] — mais en 1890, un an avant de se tuer, il publiera un long essai sur les *Tendencias Gerais da Filosofia na Segunda Metade do Seculo XIX*[79]. Le spiritualisme kantien, état final de l'évolution d'Antero, s'y trouve exprimé dans certaines données qu'Herculano n'aurait pas refusées : « l'univers aspire à la liberté mais il ne la réalisera que dans l'esprit humain » ; « le progrès de l'humanité est essentiellement un fait d'ordre moral » ; « les lois de l'histoire ont leur dernière racine dans les lois de la conscience ». Dans cette perspective, « le bien,

---

72. Voir Note n° 15, p. 12.
73. *Cartas de Antero de Quental*, lettre à J. Magalhães LIMA du 2 févr. 1889, p. 171.
74. ANTERO, *in A Provincia* du 5 mars 1887, *in Prosas* III, 51. En 1885 (*Cartas de A. Q. a Machado de Faria e Maia*, p. 31), ANTERO avait déjà parlé d'un « mysticisme moderne ».
75. Voir Note n° 15, p. 12.
76. Lettre autobiographique du 3 mai 1881 *in* Candido de Figueiredo, *Cartas Ineditas de 85 Escritores...*, (Rio de Janeiro, 1924), p. 8.
77. Voir Note n° 15 p. 8.
78. *In Prosas* III, pp. 164-179.
79. *In Revista de Portugal*, janv., févr., mars 1890, *in Prosas* III, pp. 62-140.

c'est le moment final et le plus intime de l'évolution de l'être où l'esprit se libère de toutes les limitations dans la conscience, créant en lui-même, de lui et pour lui, un monde complet, transcendant et définitif ». C'est alors que le moi se dissout dans l'absolu : « transition de l'être vers le non-être qui (...) équivaut (...) à la plénitude et à la perfection de l'être ». En d'autres mots : « le drame de l'être s'achève dans la libération finale par le bien ».

On peut sans doute voir dans ce texte (le plus parfait de tous ceux qui avaient été écrits au Portugal dans le domaine de la spéculation philosophique) le testament de l'auteur. Mais Antero y répète l'éloge de la mort déjà fait, entre 1872 et 1874, dans une série de six sonnets[80] où la mort surgit comme « irmã do Amor e da Verdade », « unica Beatriz consoladora », « irmã coeterna da minha alma », quelque chose de « libertadora e inviolável » :

> « Só quem teme o Não-ser é que se assusta
> Com o teu vasto silencio mortuario,
> Noite sem fim, espaço solitario,
> Noite da Morte, tenebrosa e augusta...
> . . . .
> Talvez seja pecado procurar-te
> Mas não sonhar contigo e adorar-te,
> Não-ser, que é o ser unico absoluto »[81].

Commentant ces sonnets dans une lettre, Antero écrivit qu'il y avait voulu traduire une sorte de philosophie idéaliste de la mort — qu'il avait voulu être théologien et non pas romantique[82]. Comment éviter pourtant d'y voir l'expression de sentiments romantiques, où l'image de la nuit, dans son « silence mortuaire », « nuit sans fin », « ténébreuse », agit dans le cadre de l'imaginaire allemand qui est le cadre même d'un Schopenhauer ?

Cependant nous devons remarquer que certains parmi ces sonnets correspondent à une phase d'activité politique d'Antero. Il était donc en même temps l'animateur politique et l'être qui rêvait de non être. Il y a là, sans doute, une contradiction — mais le problème doit être posé à un niveau personnel, là où les contradictions intellectuelles

---

80. ANTERO, *Sonetos Completos*, « Elogio da Morte », pp. 103-108.

81. Dernier sonnet de la série « Elogio da Morte ». Voir commentaire d'Antonio SERGIO in édition Sá da Costa, pp. 154 et suivantes. On y trouve la discussion du concept de « non-être » dont les racines doivent être cherchées chez HEGEL et SCHOPENHAUER.

82. ANTERO, *Cartas-Castelo Branco*, lettre de 1875, p. 82.

s'intègrent autrement. En 1866, Antero avait écrit sur le sentiment de l'immortalité au moment même où l'Affaire de Coimbre suivait son cours ; tout de suite après l'activité critique des conférences de 1871, il cherchait refuge dans un domaine psychiquement opposé. Il s'agit bien d'un refuge psychologique, plutôt que d'une instabilité, ou d'une hésitation intellectuelle. Refuge ou compensation, dans la quête dramatique d'un équilibre impossible — ou réconfort pour quelqu'un qui se débattait sur cette « table des tortures du doute ». L'expression est de 1860 ; Herculano-*Eurico* avait déjà parlé de « la table des tortures de l'esprit » à propos de l'existence, ou de l'« exister »[83].

Mais arrêtons-nous aux conséquences idéologiques de la période où, selon ses propres termes, il fut, « pendant sept ou huit ans (...) une sorte de petit Lasalle »[84].

Adepte de Marx et d'Engels, Antero se trouvait pourtant sous l'emprise de Proudhon. En 1873, il écrivait à un ami : « J'étudie Proudhon depuis huit ans et chaque jour je trouve de quoi apprendre chez lui »[85]. Deux ans plus tard, il critiquera encore un livre à la thèse socialiste utopique, livre dépassé car son auteur n'avait pas pris en considération les théories de Proudhon[86]. Le philosophe français, qui était devenu le maître à penser de la génération ou de l'Ecole de Coimbre, sera pour Antero une sorte d'emblème — même lorsque ses préoccupations mystiques l'auront éloigné de son endoctrinement. En 1889, rédigeant un article pour un journal socialiste, il parlera encore du « grand Proudhon » — mais pour rappeler un mot du philosophe vieillissant et déçu qui, comme lui, voyait dans la morale la seule voie de libération et de salut du monde[87].

Proudhonnien fidèle ou nostalgique, Antero se battra toujours contre les républicains que Teofilo Braga représentait avec son comtisme petit-bourgeois. Nous étudierons plus loin cette lutte entre socialistes et républicains dans les années 70 ; pour le moment retenons seulement la position politique d'Antero qui resta très ferme au

---

83. ANTERO, « As Meditações Poeticas de Lamartine », *in Fosforo*, novembre 1860, *in Prosas*, I, p. 73. HERCULANO, *Eurico* (1844), p. 41 (ed. 1944).

84. Voir Note nº 15, p. 4.

85. *Cartas de Antero de Quental*, lettre à J. Magalhães LIMA, p. 273. Selon J. B. CARREIRO, *Op. cit.* (p. 339-I, note) cette lettre doit être datée de 1873.

86. *In Revista Ocidental* (1875), I, 764. Critique à João BONANÇA, *Da Reorganização Social - aos trabalhadores e proprietarios* (Lisbonne, 1875).

87. ANTERO, « O Socialismo e a Moral », *in O Trabalhador* du 6 février 1889, *in Prosas* III, 141.

milieu de l'oscillation de ses options psychiques. Si en 1870, il voyait
la République d'une façon assez vague[88], en 1871, il publia une brochure : O que é a International ; il publia ensuite plusieurs articles
dans la presse socialiste[89], et fut un des hommes de l'« Internationale »
au Portugal. En 1876, s'étant déjà éloigné du mouvement, il considérait le radicalisme républicain comme « absurde, stérile et dangereux »[90] ; dix ans plus tard, il conseillait de se méfier des compagnons
de Teofilo[91] et en 1891, l'année même de sa mort, il mettait encore en
garde les ouvriers contre les républicains « qui affirment être le parti
du peuple mais qui ne sont que le parti de la bourgeoisie »[92].

Malgré son évolution mystique, Antero ne perdra donc pas sa
capacité critique dans le domaine de la vie politique qui ne le concernait plus. Il gardera également cette capacité dans le domaine de la
religion officielle : en 1865, il avait défendu ironiquement le Syllabus[93]
contre l'opinion des catholiques libéraux qu'il acculait à une position
paradoxale — car il fallait bien se décider pour ou contre l'Eglise et
son autorité légitime et logique ; il était alors arrivé à la conclusion
que « le christianisme et le monde actuel étaient incompatibles et
ennemis ». Un écho plus serein de ces opinions se trouve encore
dans ces considérations sur la doctrine d'une église et l' « activité
créatrice de la nature humaine », lorsqu'en 1890 il parle des tendances de la philosophie contemporaine[94].

Puisque ses problèmes dépassent le domaine intellectuel, pour
intéresser sa personne toute entière, Antero n'est nullement dupe de
son évolution ou de ses contradictions : il reste lucide à travers les
expériences ou les besoins de son existence (« vie moralement agitée et douloureuse » dira-t-il en 1887)[95], car il sait chercher la morale

---

88. Article anonyme in A Republica du 11 mai 1870, in Prosas III, 185.

89. Article anonyme, « A Republica e o Socialismo », in Pensamento Social, Lisbonne, 23 février 1873, traduit la position d'ANTERO envers la République.

90. Cartas ineditas d'Antero de Quental a Oliveira Martins, lettre de 1876, p. 39.

91. Idem, lettre de 1885, p. 111.

92. Voir J. B. CARREIRO, Op. cit. I, 349, note.

93. ANTERO, Defesa da Carta enciclica de SS. Pio IX contra a chamada opinião
Liberal (Coimbre, 1865), in Prosas I, 279.

94. ANTERO, « Tendencias Gerais da Filosofia na segunda medade do seculo XIX »,
in Prosas III, pp. 137-138. Remarquons qu'en 1871, dans une lettre à Teofilo
BRAGA (Cartas de Antero de Quental, p. 279), ANTERO oppose « association » à
« église », opposant « problème » à « doctrine ».

95. Voir Note n° 15, p. 12.

derrière tout événement et s'y engager. La Commune de Paris ne fut-elle pas pour lui avant tout « une grande chose religieuse » ?[96].

A la suite des Conférences Démocratiques, où il avait parlé des causes de décadence des peuples péninsulaires, il pouvait préparer un *Programa para os Trabalhos da Geração Nova*. Il y travaillera de 1871 à 1875, au commencement avec enthousiasme, ensuite rongé par les doutes ; le livre sera annoncé comme étant sous presse, mais Antero détruira les deux volumes du manuscrit en 1875[97]. On ne sait rien de cette œuvre dont l'auteur ne parla que dans des lettres privées. Hegel et Proudhon l'avaient certainement animée, mais les exigences mêmes de l'esprit du poète l'ont fait douter de la justesse de ses points de vue ; sa crise psychologique de 1874-1875 y fut évidemment pour quelque chose.

Proposer un programme de travail à sa propre génération, voilà une tâche de toute première importance dans les années 70. Ce document devait marquer un virage dans la culture portugaise : il devait sonner le glas des schémas mentaux et sentimentaux des générations romantiques. Un journal l'annonçait encore en 1875 selon ces termes précis : « C'est un livre attendu, un livre précieux ; ce sera un livre très utile »[98]. Hélas, ce ne fut qu'une vue de l'esprit — ou, pire encore, une réalité avortée, inutilisée et inutile... En 1892, Teofilo Braga parlera d'un *Programa dos Trabalhos para a Geração Moderna*, empruntant le titre de son ennemi qui venait de mourir — mais ce n'était certainement pas la même chose, bien au contraire, car Teofilo ne pouvait alors faire que l'histoire d'un mouvement déjà établi.

Antero de Quental, l'auteur des *Odes Modernas* et des *Sonetos*, le poète, le penseur et le « saint », a manqué sa révolution. Comment ne pas penser qu'il l'a manquée romantiquement ? Cela fait fatalement partie de sa légende.

« En nous tous, et tout modernes que nous voudrions être, se trouve caché, dissimulé, mais non entièrement mort, un dévot, un fanatique ou un jésuite »[99]. Antero observait la décadence de son pays en 1871, dans le cadre des Conférences Démocratiques alors réalisées ; nous nous occuperons bientôt de ce texte essentiel. Trois ans

---

96. ANTERO, *Cartas-Castelo Branco*, lettre de 1871, p. 72.

97. Voir J. B. CARREIRO, *Op. cit.*, I, 440.

98. *A Republica* du 12 mai 1875.

99. ANTERO, *Causas da Decadencia dos Povos Peninsulares nos ultimos três Seculos* (Porto, 1871), *in Prosas* II, 123.

plus tard, il parlera d'« insouciance sobre et philosophique, d'enthousiasme, de bravoure et de vantardise » comme de qualités éminemment portugaises — tout en se sentant devenir chaque jour de plus
en plus portugais[100]... Certes, il était malade, un malade de la volonté
au moins — mais il aurait pu se demander à quoi pouvait servir la
volonté dans un pays « où le libéralisme a triomphé de la façon la
plus complète ct où ses éléments dissolvants se montrent le plus clairement »[101]. Et il aurait pu penser à Herculano.

En 1891, Antero arrivait à la fin de sa vie dans le même état d'esprit qu'Herculano seize ans auparavant. La situation de la vie portugaise, après l'Ultimatum et la révolution républicaine avortée de 1891,
lui paraissait « très grave, pour ne pas dire désespérée »[102]. Tout cela,
ajoutant à ses angoisses, lui donnait, comme à Herculano, une
immense envie de mourir. Sa vie se confondait presque avec la vie
nationale, dans une situation romantique qui se survivait à elle-même.
Son suicide nous le verrons, apparaît ainsi comme la plus terrible des
critiques à sa propre génération réalisto-romantique.

---

100. *Cartas Ineditas d'Antero de Quental a Oliveira Martins,* lettre de 1874, p. 21.

101. Idem, lettre de 1878, p. 92.

102. *Cartas de Antero de Quental,* lettre à J. Machado de Faria e Maia, du 19 mai
1891, p. 205.

CHAPITRE VII

L'ÉCOLE NOUVELLE,
SES CONFÉRENCES ET SES REVUES

L'Affaire de Coimbre avait flambé comme un feu de paille, en 1865 et 1866. Tout s'était passé comme si le groupe de Lisbonne avait eu gain de cause[1] ; de toute façon, l'Ecole de Coimbre, qui n'avait jamais existée, s'est tue après l'explosion des *Odes Modernas* et des deux volumes de poésies de Teofilo Braga. Pour tout le monde, elle était devenue synonyme d'idées confuses et de métaphysiques extravagantes. L'univers intellectuel revenait à sa paix essentielle, romantiquement fontiste. Et Castilho était fait vicomte en 1870, par la « Saldanhada ».

Certains parmi les jeunes étudiants de Coimbre, partis de la ville universitaire avec un diplôme de licence en droit dans leur valise, n'avaient pourtant pas oublié les heures folles qu'ils y avaient vécues. La bohème intellectuelle de la « quasi fantastique Coimbre » demeurait dans leurs esprits comme un souvenir nostalgique ; elle représentait pour eux une sorte de bouée de sauvetage dans la mer dangereuse de la médiocrité nationale... Pouvaient-ils recréer ailleurs cette atmosphère irréelle ? Au hasard de certaines rencontres, ils vont s'efforcer de le faire à Lisbonne même — et ce fut le « Cenaculo ».

Vers 1868 nous assistons donc à une réédition de l'activité révolutionnaire de Coimbre dans la capitale même du royaume, chez un jeune homme — qui n'avait d'ailleurs pas fréquenté l'Université car il avait une formation scientifique acquise à Lisbonne. Cela n'est certes pas sans importance car l'agronome Batalha Reis jouera sans doute un rôle de premier plan dans l'avenir du « Cenaculo », à côté d'Antero de Quental qui s'y était introduit en 1869, après son aventure prolétarienne de Paris. Le scientifique qui lisait surtout Comte, Littré

---

1. Voir Teofilo BRAGA, *Historia das Ideias Republicanas em Portugal* (Lisbonne, 1880), p. 154.

et la *Revue de Philosophie Positive*[2], et le révolutionnaire socialiste, lecteur de Proudhon, décidèrent de vivre ensemble ; ils mèneront dorénavant les jeux de ces enfants terribles qui voulaient encore vivre à l'heure romantique.

Batalha Reis sera le meilleur historien du « Cenaculo »[3], qu'il fera pourtant tourner à la gloire d'Antero. Dans cette « académie obscure et terrible »[4], on discutait de tout et chacun y possédait une science, voire une spécialité — de la physique au droit, de l'histoire à l'économie, de la linguistique aux mathématiques[5]. Les réunions quotidiennes, au hasard des allées et venues d'amis qui pouvaient y passer des journées entières ou y coucher, se passaient à deux pas du Chiado — mais on se gardait de toute promiscuité avec les intellectuels en titre ; plus encore, on se gardait de tout contact avec la vie de Lisbonne.

Antero était la Révolution, mais sur un plan mental que la conspiration socialiste pour l'organisation de la section portugaise de l'Internationale n'arrivait pas à bouleverser. Il faisait lire Proudhon à ces amis obéissants — et eux tous écoutaient un agitateur socialiste, José Fontana, qui leur annonçait la révolution pour le lendemain... A l'arrivée d'Antero on avait abandonné l'idée de composer un opéra-bouffe « contenant un nouveau système de l'Univers »[6], à moins que ce ne fut une « mágica » « truffée de forêts et de spectres historiques », dont parle un autre membre du groupe, dans des mémoires qui se contredisent parfois[7]. De toute façon, il s'agissait d'une parodie des systèmes et des pouvoirs établis — œuvre de démolisseurs qui sera encore agitée par l'invention du poète « satanique » « Carlos Fradique Mendes ».

2. Jaime Batalha Reis, *in In Memoriam de Antero de Quental* p. 445.

3. Jaime Batalha Reis, *in In Memoriam de Antero de Quental*, p. 443. Voir également Eça de Queiroz, *in In Memoriam*, p. 449 et Ramalho Ortigao *in As Farpas*, octobre 1874, p. XXIII, p. 4 et suivantes (ed. 1944-46).

4. Ramalho Ortigao, *Op. cit.*

5. Ont fréquenté le « Cenaculo » : Antero de Quental, J. Batalha Reis, Eça de Queiroz, Oliveira Martins, Ramalho Ortigão, João Lobo de Moura, Santos Valente, Mariano Machado de Faria e Maïa, Salomão Saraga, Manuel de Arriaga, Guerra Junqueiro, Guilherme de Azevedo, Augusto Soromenho, José Fontana. Teofilo Braga vivait alors à Porto.

6. Eça de Queiroz, *Op. cit.*

7. Adriano Pimentel *in Revista Portuguesa* de février 1895 et J. Batalha Reis *in Diario de Noticias* du 6 juin 1921.,

On se dispersait : Antero partait pour les Etats-Unis, Eça faisait son voyage romantique au Proche-Orient avant d'être nommé maire d'une ville de province — mais on revenait toujours au « Cenaculo » qui en 1871 se lança dans une aventure dont le but sérieux tranchait sur ses plans précédents. Il s'agissait d'une série de Conférences dont l'allure critique et pédagogique devait servir à une réforme des schémas mentaux de la vie nationale. Le « Cenaculo » prenait ainsi conscience de sa mission au milieu d'une société stagnante. Ce sera sa dernière aventure car il en mourra : en 1871 le temps de la bohême était passé et il devait engendrer une nouvelle époque autrement sérieuse que les conférences marquèrent à jamais, par leur apport thématique et surtout par leur signification idéologique.

Les Conférences « Libres »[8], « Démocratiques » ou « Scientifiques »[9] doivent être examinées de plus près : c'est là le deuxième moment du virage amorcé six ans auparavant par l'Affaire de Coimbre dont elles sont issues.

Si la présence de Fontana dans l'administration de l'entreprise et celle d'Antero de Quental dans sa direction et, surtout, dans sa planification, peut faire songer à des plans concertés par le nouveau mouvement socialiste, il faut remarquer que l'action qu'on voulait définir était « purement spirituelle et non pas révolutionnaire dans le sens ordinaire du mot »[10]. Ainsi Antero et Batalha Reis se sont-ils adressés à un élément extérieur au groupe dont la collaboration était précieuse : le professeur Adolfo Coelho qui devait s'occuper de la situation de l'enseignement. Ecrivant à Teofilo, Antero parlait d'esprit « de franchise, de courage, de positivisme » — et, pour éviter toute confusion, soulignait : « nous aurons un *programme* mais non une *doctrine* : nous sommes *association* mais non *église* ; je veux dire que nous sommes liés par un esprit de rationalisme, d'humanisation positive des questions morales, d'indépendance de points de vue, mais que nous n'imposerons guère des opinions et des idées, en dehors des limites largement définies à notre unité par ce commun point de vue »[11]. Cela justifiait d'ailleurs le titre de « Conférences Démocratiques »[12].

---

8. Voir lettre d'ANTERO à TEOFILO *in Cartas de Antero de Quental*, p. 279.

9. Voir table des matières du *Diario do Governo* de 1871. Eça de QUEIROZ souligne également leur objectif « scientifique » (*in As Farpas*, 1871, *in Uma Capanha Alegre*, I, 51).

10. Adolfo COELHO, *Alexandre Herculano e o Ensino Publico* (Lisbonne, 1910), p. 207.

11. *Cartas de Antero de Quental*, p. 279.

12. J. Batalha REIS, *in In Memoriam*, p. 464.

Le programme[13] daté du 16 mai, était signé par douze intellec-tuels dont Antero, Teofilo, Eça, Oliveira Martins, Batalha Reis et Guilherme de Azevedo[14].

Il commençait par affirmer le besoin de savoir « comment on doit regénérer l'organisation sociale », alors qu'une transformation politique était en cours. Encore une fois le mot « regénérer » paraissait sur la scène idéologique nationale ; mais maintenant il était étranger à tout compromis et son emploi dynamique ne faisait que souligner une nouvelle voie d'action. « Etudier toutes les idées et tous les courants du siècle », « faire des recherches sur la société, telle qu'elle est et telle qu'elle doit être » — voilà les fins générales du programme. Mais le groupe du « Cenaculo » et ses amis se proposaient encore et surtout de « lier le Portugal au mouvement moderne, lui permettant ainsi de se nourrir des éléments vitaux dont vit l'humanité civilisée » et « d'étudier les conditions de transformation politique, économique et religieuse de la société portugaise ».

C'était bien cette société qui était en cause et les conférenciers se penchaient sur ses problèmes. Il fallait donc « acquérir la conscience des faits qui nous entourent, en Europe » et aussi « agiter au sein de l'opinion publique les grandes questions de la philosophie et de la science moderne ».

Le « Cenaculo » se dressait donc contre l'immobilisme de la société constitutionnelle, dans une action aussi pédagogique qu'idéologique. En cela il prenait une position nouvelle qui n'était plus romantique.

Les conférences ont eu lieu dans la salle du Casino Lisbonense, tout près du Chiado, à l'endroit même où quinze ans plus tôt avait été fondé le Café-Concert et où des danseuses françaises continuaient d'égayer avec leur « can-can » l'insipide vie nocture de la capitale. L'entrée était payante et on comptait, peut-être avec exagération, de 250 à 400 spectateurs — intellectuels, politiciens et quelques ouvriers invités par Fontana.

Antero de Quental réalisa la première conférence sur l'esprit qui animait l'entreprise. On ne connaît de son texte que le résumé donné par la presse et surtout par A Revolução de Setembro qui, malgré son virage fontiste, restait ouvert à une critique sociale. Il faut pourtant

---

13. Voir Antero, *Prosas* II, 90.
14. Il était également signé par Adolfo Coelho, A. Soromenho, A. Fuschini, Germano Meireles, Manuel de Arriaga et Salomão Saragga.

remarquer que Fontes n'étant pas alors au pouvoir, le journal se trouvait dans l'opposition au morne gouvernement du futur duc d'Avila[15].

Ayant alors développé les idées exprimées dans le programme distribué, Antero ne s'est vraiment produit que dans la deuxième conférence de la série, dont le titre traduit bien la portée critique : *Causas da Decadencia dos Povos Peninsulares*[16], au cours des XVIIe, XVIIIe et XIXe siècles, alors que « chez nous l'âme moderne était complètement morte »[17]. Il en distingue trois : le catholicisme tridentin dans la pensée, l'absolutisme dans la politique, et l'aventure folle des conquêtes du XVIe siècle qui avaient dévié le peuple d'un effort local, dans l'agriculture et dans l'industrie, le lançant dans les mirages de l'Afrique, des Indes et de l'Amérique. « Je condamne les conquêtes et l'esprit guerrier à la lumière de l'économie politique »[18] disait Antero, car le peuple péninsulaire perdit ainsi l'habitude du travail et du sacrifice, préférant miser sur une situation aléatoire — dont les résultats se laissaient voir dans l'actualité mesquine. « Nous sommes les Portugais indifférents du XIXe siècle», concluait-il[19].

Cette vision d'ensemble des problèmes de la péninsule ibérique traduisait évidemment une position fédéraliste — selon le *Principe Fédératif* de Proudhon ; de toute façon, on osait, contre les habitudes patriotiques du romantisme, ou à côté de ses vues lyriques d'unité, regarder en face le caractère commun d'une problématique qui concernait le Portugal aussi bien que l'Espagne. La faillite d'une expansion coloniale apparaissait également dans toute son ampleur, au moment même où l'on commençait à regarder le nouvel « el-dorado » d'Afrique — et cela n'en contrecarrait pas moins le patriotisme des romantiques, emballés par la geste des Conquistadores de jadis, voire les opinions de successifs ministres d'outremer doublés de poètes lyriques... Antero posait donc deux problèmes à la fois, tous des deux s'ouvrant sur l'avenir. Anti-catholique, mais non anti-chrétien, car il distinguait « sentiment » et « institution » (et il terminait affirmant que

---

15. Le gouvernement Avila tombera le 11 septembre 1871. A. R. SAMPAIO deviendra alors ministre de l'Intérieur, dans un nouveau ministère de Fontes Pereira de Melo. Comme Fontes, bien qu'indirectement, était contre les Conférences, *A Revolução de Setembro* les attaquera, défendant son interdiction.

16. ANTERO, *Causas da Decadencia dos Povos Peninsulares nos ultimos três seculos* (Porto, 1871), *in Prosas* II, 92.

17. Idem, ibid., II, 105.

18. Idem, ibid., II, 128.

19. Idem, ibid., II, 137.

« la Révolution c'est le Christianisme du monde moderne »)[20], républicain et fédéraliste, prônant une large décentralisation du pouvoir et le régime socialiste, Antero faisait surtout appel à une nouvelle situation morale qui puisse contrarier celle que la paresse libérale avait institutionnalisée. Une nouvelle situation morale qui puisse surtout combattre « l'indifférence terrible des Portugais du XIXe siècle — effet de l'influence de l'esprit catholique ». A celle-ci « doit être attribuée cette indifférence générale pour la philosophie, pour la science, pour le mouvement moral et social moderne, cette torpeur somnambulique en face de la révolution du XIXe siècle »[21]. L'attaque était très directe : le retard économique du pays et la faiblesse éthique de la nation avaient une origine commune qu'il fallait chercher dans le dogmatisme catholique. La conférence suivante, d'A. Soromenho, professeur de littératures modernes au Cours Supérieur de Lettres, disciple d'Herculano et ex-catholique pratiquant, concernait la littérature portugaise — et ce fut un réquisitoire contre son passé d'importation et son présent ridicule et faux. Le conférencier mélangeait pourtant esthétique idéaliste et sociologie — et il proposait comme modèle Chateaubriand, poète chrétien qui avait été mal suivi. Eça de Queiroz fut beaucoup plus intéressant lorsque, dans la quatrième conférence, il s'occupa de la littérature nouvelle : *O Realismo como nova expressão da Arte*, dont le texte n'a pas été publié[22].

Le réalisme surgit ainsi dans l'horizon esthétique national, comme l'expression proudhonienne de la justice dans le domaine de la conscience, et de la vérité dans le domaine de la science. Flaubert et Courbet furent les exemples choisis de cet art nouveau tel qu'il se présentait avec ses intentions de critique sociale au monde que le romantisme avait créé — à ce « christianisme à jouer au piano » que Chateaubriand avait proposé... Eça avait été frappé par la lecture de *Madame Bovary* ; quant à Courbet, il connaissait ses tableaux à travers les descriptions de Proudhon dans *Du Principe de l'Art et de sa Destinée Sociale* (1865) : s'il ne le cite pas (comme il ne cite pas Taine dont il adoptait pourtant l'idée du milieu physique), il avouera bientôt sa source d'information[23]. Un jeune critique positi-

---

20. Idem, ibid., II, 140.

21. Idem, ibid., II, 136.

22. Voir résumé in Antonio Salgado Jor, *Historia das Conferencias do Casino*, 1871 (Lisbonne, 1931).

23. Eça de Queiroz, *in As Farpas*, 1871 ; *in Uma Capanha Alegre*, I.

viste, Luciano Cordeiro, qui depuis 1868 s'occupait du « naturalisme »
dans l'art, en des conférences et des articles naïfs et trop enthousiastes[24], soulignera cette double filiation dans la critique qu'il fera au
conférencier[25]. Il était sans doute courroucé parce qu'il avait été mis
de côté par le « Cenaculo » — mais il était vrai qu'il s'était montré
contraire aux socialistes et aux réalistes, et, surtout, il était tombé
dans le piège de leur farce « sataniste »[26]. Sa critique à Eça n'en
demeure pourtant pas moins comme la seule réaction valable à la
quatrième conférence du Casino.

Le procès de l'enseignement occupa le conférencier suivant,
Adolfo Coelho[27], qui n'épargna pas son organisation au Portugal, critiquant surtout la position d'infériorité des sciences sociales, historiques et philosophiques dont on se méfiait depuis le temps des réformes
du marquis de Pombal.

Ce fut la dernière conférence : la sixième, où le juif Salomon
Saragga devait étudier *Os Historiadores Criticos de Jesus*, fut interdite par le gouvernement ainsi que les suivantes : *O Socialismo*, de
Batalha Reis, *A Republica*, d'Antero, *A Instrução Primaria*, d'A. Coelho, *Dedução Positiva da Ideia Democratica*, d'A. Fuschini et d'autres
encore qui, prévues, n'ont peut-être pas été annoncées.

La société officielle réagissait donc : les libéraux faisaient chorus
avec les miguelistes du journal *A Nação* qui, dès le lendemain de la
première conférence, parlaient d'« individus égarés par les théories
du philosophisme libéral », de « prêcheurs d'(une) mission désorgani-
satrice » — tout en brandissant la menace de la Commune (qui ces
jours mêmes était écrasée à Paris), et de l'Internationale[28]. Au milieu
d'une polémique qui se déchaînait[29], le gouvernement Avila sévissait.

Les conférenciers eurent beau protester au nom de la liberté de la
pensée, de la liberté de la parole et de la liberté de réunion, faire
appel à « la conscience libérale du pays », demander au ministère

---

24. Luciano CORDEIRO, *Livro de Critica - Arte e Literatura Portuguesa de Hoje*
(Porto, 1869) et *Segundo Livro de Critica* (Porto, 1871).

25. *In A Revolução de Setembro* des 16 et 24 juin 1871.

26. Luciano CORDEIRO, *Livro de Critica*, p. 290. Il y cite le poète ULURUGH qui
n'existe pas.

27. Adolfo COELHO, *A Questão do Ensino* (Porto, 1872).

28. *A Nação* du 24 mai 1871 et du 8 juin 1871.

29. Un écho de cette polémique peut être trouvé dans la médiocre pièce satyrique
d'Ernesto BIESTER, *Os Sabichões* (Lisbonne, 1872), jouée au Théâtre D. Maria II
le 21 décembre 1872. Voir Ramalho ORTIGÃO, *As Farpas*, 1872, IX, p. 183.

public l'instauration d'un procès[30], promouvoir des interventions au
Parlement (où l'« interdiction » deviendra le cheval de bataille contre
le gouvernement Avila jusqu'à la chute de celui-ci, deux mois et demi
plus tard)[30](a) — la décision avait été prise en haut lieu : Avila s'était
engagé personnellement dans l'affaire. « Ils ont peur » titra un journal
en gros caractères[31] ; c'était sans doute vrai et c'est aussi pourquoi
on n'osa pas faire un procès aux conférenciers[32]. La menace démocratique et socialiste, si elle ne pouvait nullement se concrétiser sur
le plan des masses, n'en était pas moins réelle sur le plan des idées.
Proudhon n'était pas seulement l'inspirateur du réalisme littéraire
d'Eça : il marquait, comme nous le savons, la pensée d'Antero.
Batalha-Reis, l'autre maître à penser du « Cenaculo », homme de formation positiviste, n'aurait certainement pas manqué d'avouer des
options proudhoniennes et déjà marxistes, dans sa conférence sur le
socialisme[33].

Ce n'était pas seulement le pauvre duc d'Avila qui avait peur ; il
fut durement traité par Antero dans un opuscule devenu célèbre[34], mais
on peut se demander si Fontes aurait agi autrement, car lui aussi était
hanté par le spectre de la Commune... N'avait-il pas déclaré, au
milieu des applaudissements de la Chambre des Pairs, le 19 avril, c'est-
à-dire quelques jours à peine avant le commencement des conférences : « Maintenant que les révolutionnaires de tous les pays cherchent
à discréditer le principe de l'autorité (...) il sied aux pouvoirs publics (...), pour sauver la liberté qui est inséparable de l'ordre, de
protester contre les aberrations des vrais principes où la société
civile et politique trouve ses fondements, et d'opposer une barrière
invincible à toute manifestation qui puisse mettre en danger des intérêts et des droits aussi élevés et respectables ? »[35]. Le romantique
Pinheiro Chagas, qui, dans les journaux, avait à la fois réagi aux doctrines réalistes exprimées par Eça et approuvé la décision gouverne-

---

30. Voir ANTERO, *Prosas* II, 168.
30 a. Le 11 septembre 1871. Voir *As Conferencias do Casino no Parlamento*, 1871, notes et commentaires de J. A. FRANÇA (Lisbonne, 1973).
31. *O Jornal do Comercio* du 28 juin 1871.
32. ANTERO, dans une lettre à TEOFILO (*in Cartas de Antero de Quental*, p. 283) se demandait s'ils auraient « l'audace de la lâcheté de refuser » de leur faire un procès.
33. Voir J. Batalha REIS *in Diario de Noticias* du 6 juin 1921.
34. *Carta ao Exmo Sr. Antonio José d'Avila, marquês d'Avila, presidente do Conselho de Ministros por Antero de Quental* (Lisbonne, 1871).
35. Voir *Diario da Camara dos Dignos Pares* du 19 avril 1871, p. 122.

mentale[36], ne s'en est pas tenu là : en tant que député élu avec l'appui du gouvernement, (d'une façon qui, d'ailleurs, était discutée parallèlement à l'affaire du Casino)[36] (a), son entrée au parlement fut marquée par un discours où il défendait précisément l'interdiction des conférences[36] (b). Parlant des « circonstances spéciales où se trouvait l'Europe », il répétait les arguments de l'organe légitimiste...

Il ne reste pas trace de l'attitude du vicomte de Castilho en face de l'interdiction ; mais, s'il ne l'a pas approuvée publiquement, elle devait certainement lui faire plaisir et, surtout, lui donner raison. A ses yeux, l'affaire était très claire : ses adversaires de 1865 constituaient un danger public dont le gouvernement prenait, enfin, conscience. D'ailleurs il était ami d'Avila qui avait collaboré à son édition des *Fastes* d'Ovide (1862). Herculano, lui, n'hésitera pas à désapprouver la décision d'Avila : il écrivit une longue lettre à Fontana[37], dans laquelle il critiqua la conférence d'Antero dont il n'appréciait pas moins la qualité morale. Plein de mépris, il considérait l'action du gouvernement comme une « déraison » — et, surtout, il répétait ce qu'Antero avait dit au sujet de l'indifférence des Portugais : « les peuples, comme les individus, s'assoient, indifférents et sereins, sur le seuil de la mort lorsque la période fatale de l'idiotisme sénile arrive »[38]. Son pessimisme social y trouvait de nouvelles raisons : ce romantique libéral désenchanté voyait sa nation avec des yeux qui n'étaient pas très différents de ceux du jeune révolutionnaire socialiste qui avait du respect pour lui. Herculano admirait la position morale d'Antero, Camilo sa position formelle : sans se mêler de l'affaire, il considérait la réponse d'Antero aux attaques de la presse ultra-catholique comme « une des choses les plus belles et les plus éloquentes qu'il ait jamais lues en langue portugaise »[39]. Quant à Julio Dinis, il se mourait.

Si les conférences donnaient un prolongement à l'Affaire de Coimbre, leur élan ne pouvait pas se briser en 1871. « Les Conférences doivent continuer », écrivait Antero à Teofilo[40]. Pour lui, la dyna-

---

36. Voir *Diario de Noticias* du 19 juin 1871 et *Jornal da Noite* du 29 juin 1871.

36 a. Voir n° 30 a.

36 b. Voir *Diario da Camara dos Senhores Deputados*, séance du 6 septembre 1871.

37. HERCULANO, *Opusculos* I (1873), p. 249 (5e ed.).

38. Idem, ibid., p. 271.

39. Voir ANTERO, *Prosas* II, 167.

40. *Cartas de Antero de Quental*, p. 283.

mique révolutionnaire s'imposait : il s'occupait en même temps de l'organisation ouvrière et, malgré ses déclarations de neutralité doctrinaire, les conférences elles-mêmes ne constituaient qu'un volet d'une vaste entreprise pédagogique activement intéressée à une réforme des structures nationales, dans la perspective d'un changement du monde... Il était pourtant d'accord avec Teofilo, trouvant qu'il « avait été imprudent de leur imprimer un caractère révolutionnaire »[41]. Mais Antero parlait aussi de l'hypothèse d'une revue — « qu'il était honteux de ne pas avoir encore réalisée »[42]. Lui-même et Batalha Reis fonderont la *Revista Ocidental* quatre ans plus tard ; en juin 1871, le mois même des dernières conférences, on avait déjà vu paraître une publication adoptant le schéma parisien des *Guêpes* d'Alphonse Karr[43] : *As Farpas*, qui sera dirigée par Eça de Queiroz et par Ramalho Ortigão. Ce dernier, qui s'était tenu à l'écart du scandale des Conférences, entrait alors en scène.

Ce groupe de « seize ou vingt garçons (...) qui (selon Antero) n'étaient plus catholiques ni monarchistes, qui parlaient de Goethe et de Hegel comme leurs aînés avaient parlé de Chateaubriand et de Cousin ; et de Michelet et de Proudhon, comme les autres de Guizot et de Bastiat »[44], ne sortait que renforcé par l'affaire des Conférences. Entre 1865 et 1871 le procès de la culture romantique, qui n'était que le procès de la société libérale du romantisme, avait pris un visage nouveau : celui du réalisme critique à la Proudhon. Hegel, Michelet et Proudhon, comme nous l'avons vu, avaient guidé la prise de conscience des besoins d'un monde nouveau : ils s'étaient succédés dans ce rôle de telle façon qu'en 1871 Proudhon, qui n'avait encore subi que les critiques précoces de la génération de 1850, se présentait comme le directeur de conscience des jeunes révolutionnaires sociolittéraires. Derrière lui, Comte pointait déjà, mais les schémas idéologiques du maître socialiste l'emportaient encore sur sa science figée. Batalha Reis, comtiste en 1868, devenait proudhonien en 1871,

---

41. Idem, p. 283.

42. Idem, p. 281.

43. Des pages des *Guêpes* seront traduites au Portugal : Alphonse KARR, *Paginas humoristicas* (Lisbonne, 1878). Une autre revue, avouant imiter les *Guêpes* avait vu le jour à Porto, en 1868 : *Os Gafanhotos*. Son rédacteur était Urbano LOUREIRO. Fort médiocre, elle a interrompu sa publication après le n° 7 (mars-septembre-octobre).

44. Voir Note n° 15, chapitre VI, p. 6.

influencé par Antero[45]. Nous assisterons bientôt à un mouvement inverse, dirigé par Teofilo Braga, et nous verrons le comtisme prendre le dessus, dans le cadre idéologique petit-bourgeois du Parti Républicain. Mais, pour le moment, Proudhon était le maître à penser — et As Farpas d'Eça (proudhonien par obéissance à Antero) et de Ramalho (proudhonien sous l'influence d'Eça) seront le porte-parole des points de vue critiques de son école. Proudhon était d'ailleurs présent dans chacune de ces petites brochures de cent pages : il avait fourni l'épigraphe à cette « chronique mensuelle de la politique, des lettres et des mœurs » : « Ironie, véritable liberté ! C'est toi qui me délivre de l'ambition du pouvoir, de l'esclavage des partis... ». Sur la couverture, Satan riait, lorgnant l'horizon. Ce n'était plus l'Ange Déchu des romantiques, mais un diable railleur qu'aucun pouvoir ne saurait conjurer...

As Farpas parurent jusqu'en 1883, en quatre séries, mais, Eça étant parti pour l'Amérique au commencement de sa carrière diplomatique, Ramalho demeurera seul devant cette tâche critique, à la fois œuvre de démolition et de construction.

C'est Eça l'auteur du texte de présentation[46] — et on croit entendre les diatribes des Conférences : le procès de la société libérale continuait. « Le pays a perdu l'intelligence et la conscience morale. Les mœurs sont dissolues et les caractères corrompus (...). La classe moyenne s'effondre progressivement dans l'imbécilité et dans l'inertie. Le peuple est dans la misère. (...) Le mépris pour les idées augmente chaque jour. Nous vivons tous au hasard (...) Toute la vie spirituelle et intellectuelle se trouve arrêtée. L'ennui a envahi les âmes ». Et, sorte de résumé brutal, une affirmation à laquelle Antero ou Herculano auraient pu souscrire : « Indifférence parfaite, absolue, de haut en bas ! ». Quel rôle jouer dans cette situation pénible ? « Montrer, jour après jour, ce qu'on pourrait appeler — le progrès de la décadence ». Avec l'indignation amère des pamphlétaires ? Avec la sérénité expérimentale des critiques ? Avec la fine jovialité des humoristes ? » On a vite opté : « L'âpre Veuillot ne suffirait pas ; Proudhon ou Vacherot seraient insuffisants » — il fallait rire brutalement, comme dans les vieilles faces d'avant le romantisme[47]. Pas d'autre programme : « Nous

---

45. Voir lettre d'ANTERO à J. Batalha REIS de 1873 (in Cartas de Antero de Quental, p. 273) ; voir aussi J. Batalha REIS in Diario de Noticias du 6 juin 1921.

46. As Farpas n° 1, juin 1871. In Uma Campanha Alegre, pp. 1-38.

47. Eça cite Manuel Mendes Enxundia, farce célèbre d'Antonio Xavier FERREIRA de AZEVEDO. de 1810 environ.

ne savons peut-être pas où aller ; nous savons, par contre, où l'on ne
doit pas se trouver ». « Nous sommes deux simples sapeurs aux
ordres du bon sens. Pour le moment, il n'y a que nous en haut de la
colline. Le gros de l'armée vient derrière. Il s'appelle la Justice ».
Voilà Proudhon qui perce, dans cette justice sociale, menace suspen-
due sur la pauvre société romantique...

La différence ? « La poésie nous parle de Juliette, de Virginie,
d'Elvire » — et les poètes cherchent des emplois publics ; le roman...
Après trois succès, le pays, plein de gratitude, donne au romancier le
portefeuille des Finances ! Le théâtre, on le traduit mal, du français.
La société petite-bourgeoise de la capitale du royaume, la famille, la
rue, le café, la justice, l'armée et l'instruction — composent un
tableau sinistre. Le pays n'est plus qu'« une agglomération hétérogène
d'inactivités qui s'ennuient ».

Voilà le ton d'*As Farpas* : ironie et douleur, indignation et éclat
de rire se succèdent. Au fond, un désarroi sans remède, quelque
trente-cinq ans après l'institution de la société romantique libérale.

Vingt ans plus tard, Eça réunira ses articles sous le titre *Uma
Campanha Alegre*. Mais il n'était plus le même : il était bien loin de
ses rêves de jeunesse, doutait du bien fondé de ses idées et se
demandait si la bêtise était bien la bêtise... L'image du jeune auteur
de 1871 apparaissait devant ses yeux de 1890 avec son Proudhon
« mal lu sous le bras ». Il considérait alors que les chapitres de
Ramalho étaient bien plus valables que les siens. Mais Ramalho lui
aussi avait rassemblé ses textes, en 1887, en onze volumes, remplaçant
l'ordre chronologique par un classement par thèmes[48]. Il n'était pas
non plus le même Ramalho de 1871 et, s'il suggérait le sous-titre *Historia Alegre de Dezassete Anos de Vida Burguesa*, il n'en était pas
moins devenu un bourgeois en paix avec l'Eglise, la royauté, et, en
somme, la société qui l'employait... Son évolution, comme celle
d'Eça, appartient, certes, à l'avenir — mais on doit y voir le résultat
d'une transformation subtile qui est décelable au long des fascicules
de la publication. Et on peut même soupçonner l'auteur d'avoir fait
exprès de brouiller les pistes, afin, sinon de cacher cette transformation de son esprit, du moins de diluer ses positions de jeune pamphlétaire dans un faux contexte plus constructif... Ce n'est certainement pas par hasard qu'il a placé en tête, dans le premier tome, les

---

48. Cette édition, parue entre 1887 et 1889 comprenait encore deux volumes (XII
et XIII) formés avec la collaboration d'Eça de QUEIROZ, qui paraîtront en 1890.

pages les plus conservatrices, concernant la vie provinciale et les paysages. Encore a-t-il éliminé la matière de trois volumes[49]. . .

Le feuilletonniste du *Jornal de Porto*, en 1858-1867[50], candidat à une décoration[51] et visiteur « dilettante » de l'Exposition de Paris en 1867[52], l'admirateur des Chagas en 1869[53], était un nouvelliste encore romantique dans des *Historias cor de rosa* en 1870, à la veille de son entrée au « Cenaculo ». Il avait pris une position douteuse sinon hostile envers les poètes de Coimbre lors de l'Affaire ; il en avait résulté un duel avec Antero. Mais la fréquentation d'Antero, Batalha Reis et Eça au « Cenaculo » transforma ses idées. Il écrira un roman de parodie romantique en collaboration avec Eça[54] et plongera dans l'aventure d'*As Farpas*. Seul dans l'arène vers la fin de 1872, il fera sienne cette aventure révolutionnaire et échappera, peu à peu, à l'emprise de Proudhon. Eça absent, Antero couvant sa crise psychologique, Ramalho devra chercher une nouvelle référence culturelle chez Teofilo Braga et ce sera le comtisme.

Les deux forces idéologiques agissant sur le Portugal des années 70 ont connu des moments différents : Proudhon domina les Conférences, Comte dominera *As Farpas*, dans une continuité critique que Ramalho servait, pris entre deux personnalités et deux programmes, Antero de Quental et Teofilo Braga — brouillés à jamais en 1872, à cause d'une critique du premier à la *Filosofia da Historia Litteraria Portuguesa* du second. Eça aura certainement raison lorsqu'il dira que « *As Farpas* sont les auteurs de Ramalho »[55]. . .

Devenues positivistes, *As Farpas* perdront de leur drôlerie et de leur agressivité : le ton pédagogique de journaliste savant de Ramalho marquera sa campagne. Un anti-romantisme de façade y cachait, sincèrement sans doute, un profond sentiment nationaliste tourné lyriquement vers les vertus d'un pays traditionnel et pittoresque. Certes, Ramalho critiquera toujours les erreurs et les ridicules de la société

---

49. Ajoutés à une nouvelle édition, en 14 volumes, parus entre 1944 et 1946 (Lisbonne, Livraria Classica).

50. Voir Ramalho ORTIGAO, *Primeiras Prosas* (pb 1944).

51. Voir J. PINTO de CARVALHO-TINOP, *Lisboa de Outrora*, I, p. 23.

52. Voir Ramalho ORTIGAO, *Em Paris* (Porto, 1868).

53. Voir J. PINTO CARVALHO-TINOP, *Op. cit.*, 1161. Il salua Pinheiro CHAGAS par sa pièce *A Morgadinha de Valflor*.

54. *O Misterio da Estrada de Sintra* (Lisbonne, 1871) ; paru en feuilletons *in Diario de Noticias* du 24 juillet au 27 septembre 1870.

55. Voir Eça de QUEIROZ, *Notas Contemporaneas*, p. 31 (4e ed.).

constitutionnelle, ses ministres, ses évêques, ses députés, ses professeurs, ses vicomtes — mais, petit à petit, didactiquement, il se faisait un nid de solides sentiments bourgeois qu'un anti-cléricalisme
foncier assaisonnait à peine. Ne racontait-il pas qu'un phrénologue
avait constaté qu'il avait à la place de la bosse de la religion une
dépression ? « En outre (continuait-il) la classe ecclésiastique m'inspire de l'antipathie »[56] : il ne pouvait pas admettre ses principes
d'obéissance et de chasteté... Teofilo dira qu'il devait son talent « à
la forte discipline mentale reçue du *Cours de Philosophie Positive* de
Comte »[57] ; Littré lui écrira en 1876, tout « heureux de voir qu'un
recueil estimé et répandu (...) prend à la philosophie positive quelques directions si utiles au milieu du conflit de doctrines diverses »[58].

Littré et Taine satisfaisaient l'esprit et la mentalité de Ramalho, et
Proudhon était de moins en moins cité à partir de 1873. En 1878 il sera
une simple référence[59] ; en 1884, un « vieil ami »[60] qu'on ne fréquentait
plus. Entretemps Ramalho avait écrit une biographie de Teofilo Braga[61]
et avait participé, à ses côtés, en 1880, à la célébration du troisième
centenaire de Camoëns — ce qui avait fait rire Antero[62]. Comme Teofilo et au contraire d'Antero, Ramalho était violemment contre Herculano, ne respectant pas le vieil historien[63].

As Farpas n'étaient certainement pas la revue rêvée par Antero en
1871 : véhicule d'idées nouvelles, porte-parole d'une critique que les
Conférences Démocratiques avait inaugurée. Ramalho n'était pas à la
hauteur de cette mission : il n'était, en fin de compte, que le continuateur des feuilletonnistes des années 50 et 60, aimant le naturalisme
comme nouvelle possibilité de fixation des paysages de son pays. Critique d'art, nous les verrons défendre les valeurs de l'école de Bar-

56. RAMALHO, *As Farpas*, V, 122 (ed. 1944).

57. Teofilo BRAGA, *As Modernas Ideias da Literatura* (Porto, 1892), II, 317.

58. Lettre de LITTRÉ à Ramalho ORTIGAO du 18 mars 1876, cité par Teofilo, *Op. cit.* II, 317.

59. RAMALHO, *As Farpas*, VIII, 231 ; VIII, 241, (ed. 1944).

60. Idem, ibid., II, 143.

61. Ramalho ORTIGAO, *Teofilo Braga* (Lisbonne, 1879).

62. *Cartas ineditas de Antero de Quental à Oliveira Martins*, pp. 97 et 107. Voir *In Memoriam de Antero de Quental* - « Bibliografia » n° 165, p. LXV.

63. Voir *As Farpas*, IX, 113 (1873) ; X, 77 (1874) ; IX, 135 (1876) et III, 7 (1877). Il faut remarquer qu'HERCULANO méprisait Ramalho ORTIGAO (Voir J. Pinto CARVALHO-TINOP, *Op. cit.*, I, 26).

bizon en 1880, alors qu'il avait déjà oublié la défense du réalisme à la Courbet d'un jeune artiste de 1872[64].

As Farpas ont pourtant connu le succès : sa formule, entre *A Lanterna* et les feuilletons de Lopes de Mendonça ou de J.-C. Machado, plaisait ; on l'imitera et Camilo lui-même lancera deux publications du même type qui tourneront court[65]. La *Revista Ocidental* d'Antero de Quental et Batalha Reis, à laquelle collaboraient des écrivains portugais et espagnols[66], correspondait sans doute mieux au programme des conférenciers de 1871. Teofilo, évidemment, l'attaquera, n'y voyant pas de pensée philosophique[67], c'est-à-dire de reflets comtistes. Elle se proposait de provoquer « la nouvelle renaissance intellectuelle de la péninsule et la formation des nouvelles écoles espagnole et portugaise[68], mais elle n'a pu durer que quelques mois, au cours de l'année 1875. Ce fut pourtant dans ses pages qu'Oliveira Martins a disserté avec la plus grande lucidité sur les buts de l'« école nouvelle » : « une rénovation du système des institutions civiles et politiques, résultant d'une altération du système des idées morales et religieuses »[69]. Mais, si « l'étape décisive des idées du XIXe siècle consiste dans la fusion de l'esprit français et de l'esprit germanique, effectuée chez Proudhon, Quinet et Vacherot[70], liant ainsi la morale idéale et la liberté humaine, Martins n'en admettait pas moins que « la pensée de l'Ecole Nouvelle (...) aujourd'hui encore, est plutôt une élaboration difficile, tumultueuse parfois et souvent contradictoire, qu'une définition dogmatique[71]. Comment aurait-il pu en être autrement si telle était la position de « toute la pensée européenne ? » Oliveira Martins s'occupait alors de trois volumes de vers, les *Odes* d'Antero, *A Alma Nova* d'Azevedo et *A Morte de D. João* de Junqueiro, « poésie annonciatrice », poésie d'anticipation. Il y cherchait les symptômes idéologi-

---

6«. Voir *As Farpas* XII, 251. Il s'agit d'un dessin de Rafael BORDALO PINHEIRO, « L'Enterrement au Village » (Musée R. B. Pinheiro, Lisbonne).

65. *Ecos Humoristicos do Minho* (Porto, 1880) et *Serões de S. Miguel de Seide* - « Cronica mensal de literatura amena, novelas, polémica mansa, critica suave dos maus livros e dos maus costumes » (Porto, 1885-86).

66. Oliveira Martins, J. Magalhães Lima, Antero de Quental, Adolfo Coelho, Py y Margall. Eça de Queiroz y publia son premier roman, *O Crime do Padre Amaro*.

67. Teofilo, *Historia das Ideias Republicanas em Portugal* (Lisbonne, 1880), p. 191.

68. *Revista Ocidental*, n° 1, 1875, p. 5.

69. Oliveira MARTINS, *in Revista Ocidental*, n° 2, p. 185.

70. Idem, ibid., p. 182.

71. Idem, ibid., p. 169.

ques et sentimentaux d'un virage de structures, et c'était sans doute
la bonne voie pour arriver à comprendre le projet de la jeune génération dont la revue se présentait comme le porte-parole socialiste
et fédéraliste. Quelques années plus tard, en 1878, à Porto, deux
revues, *Museu Ilustrado* et *A Renascença*, chercheront à jouer un rôle
dans une situation de virage mental. On y trouvera la collaboration
la plus variée, sorte de relais des générations romantiques (Cordeiro,
Soares de Passos, J.-C. Machado, Tomás Ribeiro, Soror Dolores,
Antero, Teofilo, Ramalho, Eça, Gomes Leal...). Dirigée par un ami
d'Antero, *A Renascença* se proposait néanmoins d'être l'« organe des
travaux de la génération moderne », affirmant alors que « l'esprit philosophique était entré au Portugal »[72]. Elle atteindra à peine dix numéros.

On ne doit pas ignorer non plus un autre type de journaux étroitement liés à la campagne de la génération de Coimbre : les journaux
humoristiques du jeune Rafael Bordalo-Pinheiro qui, depuis 1870, critiquait gaiement la société fontiste. En 1871 on le trouve aux côtés des
conférenciers du Casino, soulignant leurs affirmations révolutionnaires
et s'attaquant au duc d'Avila et à son entourage d'« ânes et de jésuites » avec ses dessins fort efficaces[73]. Déjà l'année précédente il avait
cherché *O Calcanhar de Aquiles* des intellectuels du romantisme finissant — et ce fut une série de portraits-charges où l'on voyait Herculano
retiré dans sa ferme, Chagas déguisé en *Morgadinha de Valflor*, Vidal,
« poète très doux » (« mimosissimo ») sortant d'une fleur, Ramalho
donnant le bras à J.-C. Machado et à Roussado, et d'autres encore ;
une deuxième série (dans laquelle Castilho devait figurer à contre-
cœur) resta à l'état de projet[74]. En 1875, Bordalo récidivera avec un
nouveau journal, *A Lanterna Magica*, mais le Brésil lui offrit un bon
contrat et il y passera quatre ans — rongé par la nostalgie de son
pays, de Lisbonne et surtout du Chiado auquel son cœur appartenait.
Il était un dessinateur-feuilletonniste bohême, dans la bonne tradition

---

72. *A Renascença*, directeur Joaquim de ARAUJO, n° 1, 1878.

73. *In A Berlinda*, n° 7 paru le 5/7/1871. Voir J. A. FRANÇA, *As Conferencias na
Berlinda*, communication au colloque sur « La Génération de 1870 et les
Conférences du Casino », organisé par le Centre d'Etudes du XIXe siècle, au
Grémio Literario (Lisbonne, 1971).

74. R. Bordalo PINHEIRO, *O Calcanhar de Aquiles*, préface de Teixeira de Vasconcelos (Lisbonne, 1870). Caricatures publiées : T. de Vasconcelos, E. A. Vidal,
Herculano, P. Chagas, F. Palha, J. C. Machado, M. Roussado, Ramalho Ortigão, B. Pato. Caricatures annoncées : Palmeirim, T. Ribeiro, Rebelo da
Silva, J. Viale, Camilo et Castilho.

romantique, et son ami Ramalho le verra comme une sorte de Numa Roumestan portugais[75]...

En 1879, à peine débarqué, il lancera un nouveau journal qui devait connaître le succès le plus grand et le plus long : *O António Maria* (c'était, comme par hasard, les prénoms de Fontes...) qui durera jusqu'en 1898[76]. « Nous ferons (...) en prose et vers, à la plume et au crayon, la silhouette de la société portugaise du dernier quart du XIXe siècle »[77] : ce programme, parallèle à celui d'*As Farpas* (*O António Maria* se déclarait également non romantique), sera suivi sans tergiversation — et avec la collaboration de Ramalho lui-même, qui écrira dans la revue pendant deux ans[78], et d'Azevedo, le poète d'*A Alma Nova*[79]. Le groupe se resserrait donc autour d'une intention commune — mais Bordalo pouvait, grâce aux pouvoirs de l'image, proposer une critique symbolique plus efficace car plus populaire. Le « Zé Povinho », personnage de sa « commedia dell'arte » privée, créé en 1875[80], demeurera dans l'imagerie nationale comme le symbole du « bon peuple portugais », du « petit-peuple » que son nom même suggère avec un diminutif tendrement sentimental. C'est le peuple victime, illettré, ignorant, indifférent, celui qui fait rire par son allure de rustre, celui qui obéit et celui qui paye, dans le cadre fortement hiérarchisé de la société constitutionnelle. A ses côtés, apparaissait sa femme, « Maria da Paciencia ». La définition d'Eça dans l'article de présentation d'*As Farpas* trouva l'illustration juste, à peine quelques années plus tard.

Petit-bourgeois, anti-clérical, dressé contre les partis du « rotativisme », Bordalo deviendra républicain. Sa culture improvisée et le manque de culture de ses lecteurs ne lui permettront pas d'aller loin dans ses critiques sociales ; en cela aussi *O António Maria* s'accordait à *As Farpas*, puisant à la même source romantique.

L'esprit de Conférences Démocratiques déclinait ainsi, au long des années 70, en même temps que les forces du romantisme. La

---

75. RAMALHO, *As Farpas*, 1882, IX, 149.

76. *O Antonio Maria* sera remplacé par *Os Pontos nos* II entre 1891 et 1895 ; il reparaîtra après cette date.

77. *O Antonio Maria*, nº 1, du 12 juin 1879

78. De novembre 1880 à avril 1882

79. De juin 1879 à septembre 1880.

80. In *A Lanterna Magica* nº 5, du 12 juin 1875.

retraite d'Antero et l'involution de Ramalho y sont sans doute pour quelque chose. Pour le moment, Eça et Oliveira Martins assumaient encore les rôles de procureurs dans le procès dont nous suivons le déroulement.

Mais eux aussi avaient débuté sur la scène romantique...

CHAPITRE VIII

AU CARREFOUR
DU ROMANTISME ET DU RÉALISME

Entre 1866 et 1867, tandis que Julio Dinis débutait à Porto avec *As Pupilas do Senhor Reitor*, que le Marrare fermait ses portes à Lisbonne, et qu'Herculano se retirait définitivement dans sa ferme, Eça de Queiroz publiait en feuilletons, dans un quotidien lisbonnais[1], des récits fantastiques qui dénonçaient la présence spirituelle de Heine, de Nerval, de Michelet (deuxième germanisme, à l'usage de l'Occident) et de Baudelaire dont nous connaissons déjà les effets « sataniques ». Poë, traduit par Baudelaire, Villiers de l'Isle Adam, Hoffmann, Arnim, et Shakespeare, Goethe et Hugo[2] — voilà les lectures préférées du jeune Eça qui avouera plus tard : « En ces temps-là (...) le romantisme était dans nos âmes »[3]. Ses premiers feuilletons portaient le titre général de *Prosas Romanticas* ; lui-même pensera au titre sous lequel ils devront être publiés après sa mort : *Prosas Barbaras*[4]. Cent ans auparavant il aurait dit « gothiques ».

Elles étaient « barbares » par le style truffé d'images et par l'esprit d'un ultra-romantisme qui portait déjà en lui sa propre condamnation.

Forêt de fantômes, de spectres, où les potences écrivaient leurs mémoires et où le Diable, « la figure la plus dramatique de l'Histoire de l'Ame »[5], se promenait, ces textes, comme les poèmes « satani-

---

1. *Gazeta de Portugal*, entre le 7 octobre et le 23 décembre 1866 et le 6 octobre et le 22 décembre 1867.
2. Voir préface de J. Batalha REIS à Eça de QUEIROZ, *Prosas Barbaras* (texte de 1903), p. XXXI (3ᵉ ed.).
3. Eça de QUEIROZ, « Uma Carta (a Carlos MAYER) » *in Gazeta de Portugal* du 3 novembre 1867 (*in Prosas Barbaras*, 147).
4. Voir Note nᵒ 2, p. LXVI.
5. Eça, « O Sr. Diabo », *in Gazeta de Portugal* du 20 octobre 1867 (*in Prosas Barbaras*, 127).

ques » de « C. Fradique Mendes » que nous connaissons, couronnaient un système de pensée et de sensibilité qui appartenait au passé. Chez Eça, ils représentaient un vaccin qui était indispensable à sa situation de portugais imaginatif.

En 1869, Eça partira pour l'Egypte, assister à l'inauguration du Canal de Suez. Ce fut « son voyage en Orient » — mais l'ouvrage d'art qu'il allait visiter était en train de transformer ce même Orient... Il y verra encore des contes des *Mille et Une Nuits*, mais, s'il commençait son voyage par une évocation de Shakespeare (« hier nous avons doublé le cap Saint-Vincent sous un clair de lune digne des drames de Shakespeare »)[6], il le terminera en rentrant « dans la froide réalité, monotone, imbécile, ordinaire et couleur de poussière »[7]. Après tant de féerie, la réalité le guettait. Il écrira encore en 1869 *A Morte de Jesus*[8] où Renan et déjà le Flaubert de *Salambo* étaient présents. C'était l'époque du « Cenaculo » et les schémas intellectuels du jeune feuilletonniste subiront là, comme nous l'avons vu, une transformation radicale. Ensuite ce sera sa conférence proudhonienne et, en même temps, il fera paraître *As Farpas*.

Cependant, en 1870, Eça avait publié, en collaboration avec Ramalho, auteur d'un volume récent d'*Historias Cor de Rosa*, un roman soi-disant fondé sur des faits réels et mystérieux : *O Misterio da Estrada de Sintra*, lettres anonymes adressées au plus grand des quotidiens de la capitale[9]. Il s'agissait encore d'une sorte de feuilleton écrit en alternance par les deux auteurs, sans plan pré-établi, sorte de mystification qui intéressa le grand public : « récit étonnant qui révèle un crime horrible, enveloppé dans les ombres du mystère, et entouré de circonstances vraiment extraordinaires (...), séquestration nocturne d'un médecin et d'un de ses amis, pour assister à un acte très grave et encore d'autres faits subséquents »[10]. L'intrigue dramatique suit son cours, de plus en plus mystérieuse, avec des coups de théâtre, des révélations et des catastrophes. Eça, rédacteur d'*As Farpas*, y verra deux ans plus tard « l'idéalisation de la catastrophe, le charme terrible des malheurs de l'amour. Surtout de l'amour illé-

---

6. Eça, *O Egito, Notas de Viagem*, p. 3 (2e ed.). (pb 1926).

7. Idem, ibid., p. 347.

8. *In A Revolução de Setembro*, 1870 (*in Prosas Barbaras*, p. 199 — texte incomplet).

9. *O Misterio da Estrada de Sintra, Cartas ao Diario de Noticias* ; feuilletons parus entre le 24 juillet et le 27 septembre 1870 ; en volume la même année.

10. *In Diario de Noticias* du 23 juillet 1870.

gitime et coupable » : « un livre déplorable », reflet d'une « stérilité morale »[11]...

Le schéma d'*O Misterio* était, certes, le schéma des autres « mystères » qui avaient terrorisé et charmé les lecteurs des années 40 et 50 : une œuvre romantique dans le sillage de celles de Sue et de Dumas. Mais ces lettres écrites au journal, avec l'intention de couper le souffle du lecteur petit-bourgeois, de « réveiller tout le monde à grands cris » (c'est-à-dire la capitale qu'Eça et Ramalho voyaient somnoler autour du « Passeio Público »[12]), portaient en elles-mêmes une perspective critique. Il s'agissait d'une parodie des habitudes ou des goûts qui subsistaient encore — une parodie de la littérature romantique elle-même. Faite du dedans, elle n'était pourtant pas sans engager ses auteurs... On observe dans ce jeu de contradictions une espèce de paradoxe qui traduit, somme toute, une mutation des deux apprentis-romanciers. Romantisme et anti-romantisme s'accordaient dans leur esprit, à la fin d'une période historique.

Antero lui aussi avait commencé par écrire des vers qu'il rassemblera sous le titre critique de *Primaveras Romanticas*, en 1872 — et Teofilo, le positiviste, avait également débuté par *Folhas Verdes*. Oliveira Martins n'échappa pas à la règle et son premier livre fut un roman historique, dans le style de Rebelo da Silva. Son *Phoebus Moniz*, en 1867, contemporain des derniers travaux d'Arnaldo Gama, obéissait aux conventions du genre — mais dans la personnalité du héros, le seul représentant du Tiers Etat à s'élever, en 1850, contre l'acclamation de Philippe II d'Espagne comme roi du Portugal, le futur historien dressait déjà le bilan de la décadence nationale. Encore en profitait-il pour défendre l'union ibérique dans un avenir libéral, sous la devise « e pluribus unum »[13]. Cela n'est qu'un détail ; ce qui est important, c'est le fait que le contenu idéologique le plus profond de ce roman médiocre marque une position personnelle qu'on doit mettre en rapport avec celle que Garrett avait prise dans son *Frei Luis de Sousa*. On a déjà remarqué l'influence de cette pièce sur l'esprit du jeune romancier-historien[14] — et il faut souligner cet accord entre un homme de la nouvelle génération anti-romantique et un des créateurs

11. Eça de QUEIROZ, *in As Farpas*, mars 1872 (*Uma Campanha Alegre*, II, 158).

12. Voir préface d'Eça de QUEIROZ dans la deuxième édition d'*O Misterio da Estrada de Sintra* (Lisbonne, 1884).

13. Oliveira MARTINS, « Nota Final » *in Phoebus Moniz*, p. 321 (2e édition).

14. Voir Antonio José SARAIVA, *Para a Historia da Cultura em Portugal* (Lisbonne, 1946), pp. 226-227.

de l'idéologie romantique. La tragédie nationale que Garrett avait dénoncée éveille un écho profond chez ce jeune écrivain, par-delà une vingtaine d'années de littérature conservatrice. Cela, marquant la portée de la pensée garrettienne, n'en marque pas moins une continuité d'esprit qui explique les débuts romantiques des futurs écrivains réalistes. A ce phénomène correspond le prolongement épigonal d'une littérature romanesque aux thèmes et aux schémas purement romantiques. Sans vouloir nullement en faire l'inventaire, nous devons pourtant retenir trois romans fort populaires qui, publiés entre 1868 et 1876 marquent la fixation du genre au-delà de ses possibilités dynamiques, tout en signifiant également la persistance de certaines préférences du public.

Mario, dont Tomás Ribeiro préfaça la deuxième édition en 1877, est la seule œuvre de Silva Gaio, professeur à la Faculté de Médecine de Coimbre, qui, comme son collègue Julio Dinis, cherchait dans les lettres l'oubli de la maladie qui devait le tuer à l'âge de quarante ans, en 1870, deux ans après la publication du roman.

Dans ses pages se développe un drame de l'époque « migueliste » : il s'agit donc à la fois d'un roman historique et d'un roman d'actualité. Les problèmes idéologiques qui sont à la base de la formation mentale et sentimentale de la première génération romantique peuvent encore intéresser, trente ou quarante ans plus tard ; aux yeux d'un romantique, ils assument une catégorie paradigmatique : « Il m'a paru qu'il serait utile de rappeler ce que la liberté a coûté à des gens qui, l'ayant oublié, ne tolèrent pas la liberté des autres », écrit l'auteur dans la dédicace de son roman[15]. Il placera symboliquement dans la dernière scène une fanfare militaire « qui, dans le lointain, jouait l'hymne de la liberté ». « Salut, idée nouvelle, qui s'avance », s'exclamera alors un vertueux abbé[16]. Le chapitre s'intitule « Solemnia Verba ».

Nous avons déjà vu comment Silva Gaio crée un personnage nouveau — le noir d'Angola, ami fidèle du héros poursuivi qui deviendra soldat de Dom Pedro. Il imagine aussi un bon prêtre emprunté encore à Herculano, une vierge qui vient de Camilo et un migueliste, « génie du mal », sorti de l'univers d'Arnaldo Gama. Bien qu'avec plus de sobriété, les protagonistes du feuilleton lancent ici un dernier éclat de qualité.

---

15. A. da Silva Gaio, *Mario* (Porto, 1868) I, p. 7 (ed. 1936).

16 Idem, ibid., II, 280.

Dix ans plus tard, la même période à demi-historique inspira encore un roman libéral, *A Infamia de Frei Quintino*, d'U. Loureiro que la mort a également enlevé très jeune. L'anti-cléricalisme y ajoute une nouvelle dimension au système romanesque qui détermine une conclusion pareille à celle de *Mario* : le mariage d'un soldat de Dom Pedro avec une victime du miguelisme.

Mais les années 70 ont encore vu paraître à Porto deux romans voués à la popularité la plus grande, grâce à la générosité de leurs intentions socio-sentimentales : *A Rosa do Adro* (1870), œuvre d'un journaliste peu remarqué, M.M. Rodrigues[17], et *O Selo da Roda* (1876), œuvre de jeunesse d'un banquier et directeur de grandes entreprises qui se cachait derrière le pseudonyme de Pedro Ivo[18]. Leur recette est trop évidente : un mélange de Julio Dinis et de Camilo, assimilant l'heureux monde rustique du premier et le sentimentalisme tragique du second. Rodrigues sera encore le traducteur de l'*Œuvre* de Zola en 1886 — mais rien ne l'annonçait dans son mièvre roman de 1870, qui sera lu durant un demi siècle, ou même plus, sorte d'*Amor de Perdição* du pauvre... Herculano, source d'inspiration de Julio Dinis, avait apprécié les débuts de Pedro Ivo ; Camilo ne manqua pas de faire l'éloge de son roman : ces deux œuvres répondaient aux exigences successives de la sensibilité de deux ou trois générations romantiques et c'est là la raison de leur succès. Cela explique aussi pourquoi ces deux auteurs, nés tout comme Loureiro vers le milieu du siècle, retournent, après l'Affaire de Coimbre et les Conférences du Casino, à une position romantique. Débutant tardif, Silva Gaio entre logiquement dans le même système d'intérêts et de goûts.

N'oublions pas que, vers la fin des années 70, le public dévorait encore les éditions de l'Empreza Serões Romanticos et de l'Empreza Horas Romanticas[19], leurs Montepin, leurs Paul de Kock et leurs Ponson du Terrail : on ne lisait que cela, affirmait Eça dans *As Farpas*, en 1871 — en volumes qu'on empruntait[20]...

---

17. Manuel Maria RODRIGUES (1847-1899) publia : *As Infelizes* (1865), *O que faz a ambição* (1866) ; *Os Filhos do Negociante* (1873), *Estudantes e Costureiras* (1874).

18. Carlos LOPES (1849-1909) publia deux livres de contes : *Contos* (1874) et *Serões de Inverno* (1880). Voir Joaquim COSTA, *A Lição de Pedro Ivo* (Lisbonne, 1943).

19. Voir *Almanaque Prospecto da Empreza Horas Romanticas* (Lisbonne, 1876).

20. Eça, *in As Farpas*, n° 1, 1871 (*Uma Campanha Alegre*, I, 37). Signalons que en 1845 déjà A. J. NERY, traducteur attitré de P. de KOCK, avait imité cet auteur dans *Robineau e Fifina*.

Il va sans dire que les intellectuels formés dans les années 50 ou vers le commencement des années 60 continueront de publier des romans romantiques, historiques ou non. Ainsi feront Rebelo da Silva et Arnaldo Gama, jusqu'en 1872, de même que Teixeira de Vasconcelos, jusqu'en 1875[21]. Les poètes Gomes de Amorim et Vidal feront alors paraître leurs contes et romans[22], tout comme A. Pimentel, ami fidèle de Camilo[23], ou comme Chagas qui publiera abondamment des romans historiques fort conventionnels, entre 1866 et 1878[24].

Arrêtons-nous maintenant à deux ouvrages où les habitudes ou les formations mentales romantiques entrent en conflit avec de nouveaux programmes ou, du moins, avec de nouveaux points d'attraction. Il faut observer comment ce conflit peut se résoudre, c'est-à-dire quel est le dosage de l'ancien et du nouveau dans la situation créée. Teixeira de Vasconcelos, que nous connaissons déjà, termina sa carrière de romancier par un ouvrage assez compliqué dans le genre de Dumas ou de Sue[25]. En 1870, il avait pourtant publié un roman qui mérite un peu plus d'attention : *A Ermida de Castromino*, dédié à Castilho. Le vieux poète n'avait rien à voir avec cette histoire d'amour malheureux, qui se terminait par un accident et par une retraite d'ermite — solution certes ultra-romantique mais qui mettait fin à une situation insolite dans le romantisme portugais : une sorte de ménage à trois, entre « caractères vertueux (...) où s'agitent des passions violentes mais contenues avec une énergie étonnante dans la probité et la délicatesse les plus grandes »[26]. La puissance dramatique de cette situation délicate transparaît d'une façon assez habile : à la fin du romantisme, on arrivait à bâtir une intrigue que le réalisme aurait

---

21. Arnaldo GAMA est mort en 1869, Rebelo da SILVA en 1871 et Teixeira de VASCONCELOS en 1875.

22. Gomes de AMORIM : *Os Selvagens* (1875), *O Remorso Vivo* (1875), *Frutos de Vario Sabor* (1876), *Muita Parra Pouca Uva* (1878), *O Amor da Patria* (1879), *As Duas Fiandeiras* (1881) ; E. A. VIDAL : *Contos da Sesta* (1870), *Entre a Murta*.

23. Alberto PIMENTEL : *Contos ao correr da pena* (1866), *Peregrinações na Aldeia* (1870), *Idilios à beira de Agua* (1870), *O Anel Misterioso* (1873), *A Porta do Paraiso* (1873), *Um Conflito na Corte* (1875-76), etc. Il est mort en 1925.

24. Pinheiro CHAGAS : *Tristezas à Beira-mar* (1866), *A Flor Seca* (1866), *A Corte de D. João V* (1867), *O Juramento da Duquesa* (1873), *Os Guerrilheros da Morte* (1872), *As Duas Flores de Sangue* (1875), *A Mantilha de Beatriz* (1878).

25. Teixeira de VASCONCELOS, *A Lição ao Mestre* (Lisbonne, 1878).

26. Teixeira de VASCONCELOS, *A Ermida de Castromino* (Lisbonne, 1870), p. 175 (3e ed.).

pu mieux exploiter. Si l'instrument romanesque n'était pas encore suffisamment accordé pour de telles aventures, celles-ci n'en attiraient
pas moins les romanciers.

La même année, un autre auteur, qui avait des rapports avec Vasconcelos[27], le jeune journaliste Santos Nazaré, publiait un roman qui
doit être évoqué dans le cadre du romantisme finissant : *Eva*. Il s'agit
d'un roman d'analyse psychologique qu'il faudra placer dans la ligne
de *Memorias dum Doido*. L'auteur avait d'ailleurs à peu près l'âge de
Lopes de Mendonça lorsque celui-ci publia son roman : à peine plus
de vingt ans ; il n'écrira plus rien, sauf une traduction de Dumas Fils[28].
Eva se présente comme un livre moral : il « veut indiquer le mal
qu'une femme peut causer » ; il « ne nie pas plus qu'il n'affirme : il
doute »[29] : c'est le roman du doute psychologique. *Eva raconte*, à la
première personne, une histoire d'amour entre un jeune sculpteur et
une femme mariée, plus âgée que lui, femme symbolique au nom symbolique : Eva. L'auto-analyse passionnée de Mendonça cède la place
à l'analyse intellectuelle de Nazaré qui, dans le cœur de son héros,
ne trouve que « le vide et le rien »[30], alors que dans sa tête il y a un
tourbillon de questions, de doutes, une jalousie terrible. Il s'agit d'une
passion toute cérébrale que le désespoir guette à chaque moment
chez deux êtres qui ne se cachent pas leurs propres sentiments. Œuvre insolite dans la littérature portugaise de l'époque, qui trouvera difficilement son pendant chez les romanciers du réalisme, *Eva* est
comme l'écho d'une voix romantique qui ne s'était pas fait entendre
parmi les hommes de 1840 ou 1850. Certes, « Carlos » de Garrett,
« Mauricio » de Mendonça, comme « Guilherme » de Camilo, vivaient
une vie intérieure — mais « Gustavo » de Nazaré vit encore plus en
lui-même, perdu au milieu des fantômes créés par son propre cerveau,
jusqu'à atteindre le « RIEN » dont il fait le dernier mot de ses confessions[31]. Nous le rencontrons lisant *Werther* au début du roman ; une
page des *Confessions d'un Enfant du Siècle* de Musset le prépare à
une désillusion ; Byron le plonge dans une méditation finale sur le
temps et la possibilité de connaissance ou de vérité. Trois dieux du

27. José Julio SANTOS NAZARÉ (1849-1879). Il collabora dans *Gazeta de Portugal* (1867)
    dont T. VASCONCELOS était de directeur.

28. Alexandre DUMAS fils, *L'Homme-Femme* (1872).

29. SANTOS NAZARÉ, *Eva* (Lisbonne, 1870), p. 3.

30. Idem, ibid., p. 284.

31. Idem, ibid., p. 304.

romantisme l'accompagnent donc à travers son pélerinage douloureux. Mais ni Balzac ni Stendhal n'y sont admis : l'auteur s'arrête à l'âge de vingt ans au seuil d'un monde mental nouveau vers lequel il est à peine attiré, en 1870.

Mais il y a encore un troisième ou quatrième phénomène repérable dans ce virage des goûts littéraires : c'est l'adhésion des romantiques aux nouvelles formules réalistes. Nous pourrions parler ici de Julio Dinis dont nous avons observé l'approche naturaliste — mais un exemple plus significatif par son allure polémique s'offre à nous : celui de Camilo.

Nous avons déjà vu le romancier pénétrer dans le domaine des réalistes avec *Eusebio Macario* et *A Corja* publiés en 1879 et 1880. Son intention était toute polémique : il se référait au style de ses concurrents Eça et J.-L. Pinto (et Teixeira de Queiroz) et déclarait que la nouvelle phase de sa production devait « faire rire »[32]. La publicité orchestrée autour d'*Eusebio Macario* le présentait comme une sorte de *Don Quichotte* des romans réalistes[33]. Il s'agissait à la fois d'une opération commerciale de la part de l'éditeur (et de la part de l'auteur) et d'une opération critique de la part du romancier qui entendait dénoncer ce qui pour lui n'était qu'un procédé, qu'une mode dont le caractère scientifique devait lui répugner. Chez Camilo, il s'agissait aussi d'un jeu : le métier littéraire qu'il possédait lui permettait d'imiter ce procédé, jusque sur les plans de la structure dramatique et du langage.

« Un vieil écrivain de nouvelles anciennes pourrait-il écrire, selon des procédés nouveaux, un roman avec tous les tics du style réaliste ? »[34] : voici le pari qu'il considérait perdu, par fausse modestie, car il savait bien qu'il l'avait gagné. Dans la préface de la seconde édition, parue tout de suite après la première rapidement épuisée, il dira déjà : « La chose était tellement facile que j'ai pu la réaliser moi-même » — et, dans une sorte de contre-coup, il considèrera *Eusébio Macário* comme « le roman le plus banal, le plus vide et le plus insignifiant » qu'il ait produit : de la « pacotille »[35]. Il atteignait ainsi ses

---

32. Lettre de CAMILO à l'éditeur CHARDON du 26 avril 1879 *in* Julio Dias de SILVA, *Escritos de Camilo* (Lisbonne, 1922), p. 97-98. CAMILO citera Teixeira de QUEIROZ dans la préface de la deuxième édition d'*Eusebio Macario* (1879).

33. Voir J. PRADO COELHO, *Introdução ao Estudo da Novela Camiliana*, p. 450.

34. CAMILO, *Eusebio Macario*, « Dedicatoria », p. I.

35. Idem, ibid., préface à la deuxième édition (septembre 1879) p. XI.

propres concurrents... *O António Maria* lui souhaitera la bienvenue dans la confrérie : le roman de Camilo surgissait aux yeux de la critique réaliste comme « un cierge nouveau dans l'église de Zola » et Bordalo Pinheiro commentait : « Félicitations au grand romancier et à nous tous »[36].

Retenons l'expression : « l'église de Zola ». Le sous-titre d'*Eusebio Macário* était : « histoire naturelle et sociale d'une famille au temps des Cabral ». Cela rappelait évidemment Zola, quoique Camilo niât que le Cabralisme puisse être comparé au Second Empire...

Mais le romancier niait également avoir jamais lu Zola. Il ne connaissait l'auteur des *Rougon Macquart* qu'à travers l'opinion d'un membre de sa famille qui lui avait assuré qu'il s'agissait, tout compte fait, de sa vieille école « avec une adjectivation de souche étrangère et une profusion de science empruntée à l'introduction aux Trois Royaumes ». La physiologie remplaçait la sentimentalité et il fallait « dériver la morale des bosses (du crâne) et subordonner à la fatalité ce qui, par les vieux procédés, était attribué à l'éducation et à la responsabilité »[37].

Quoi de neuf alors ? Il était bien d'accord, d'autant plus qu'« il pensait ainsi, il y a vingt-cinq ans, alors que Balzac avait (en lui) le plus inhabile et le plus ordinaire de ses disciples »[38]...

Feignant d'accorder Zola et Balzac, Camilo feignait également de prendre le parti de celui-ci[39], dans une sorte de réalisme lyrique dressé contre les procédés scientifiques dont il se moquait dans la préface de la première édition, mêlant alors Offenbach et Taine — c'est-à-dire « l'étude des milieux, l'orientation des idées par la fatalité géographique, les incoercibles lois physiologiques et climatériques du tempérament et de la température, le despotisme du sang, la tyranie des nerfs, le problème des races, l'ethnologie, l'hérédité inconsciente des défauts et des vices de famille »[40].

Placé dans une perspective caricaturale et une intention polémique, telle était l'idée que Camilo se faisait du réalisme, de Balzac jus-

36. *O Antonio Maria* du 28 août 1877.

37. Camilo possédait pourtant des romans de Zola dans sa bibliothèque, à S. Miguel de Seide (voir J. Prado Coelho, *Op. cit.*, p. 443).

38. Camilo, *Eusebio Macario*, préface à la deuxième édition.

39. Lettre à Adelino das Neves e Melo du 1er novembre 1879, citée par J. Prado Coelho, *Op. cit.*, 480.

40. Camilo, *Eusebio Macario*, « Advertencia », p. XIII.

qu'à Flaubert et Zola. Certes, il avait traduit dix-huit ans plus tôt *Fanny* de Feydeau ; mais le réalisme du groupe de Champfleury était assez loin de celui qu'il caricaturait maintenant — et après avoir traduit *Fanny*, il écrivit *Amor de Perdição*, dans la dédicace duquel il citait le roman français. Balzac et Champfleury demeureront néanmoins des points de repère pour Camilo, même si pour agacer les naturalistes portugais, il les considérait comme dépassés[41] : il s'agit en effet d'une préférence de génération, contre les préférences de la génération de Coimbre et du Casino[42]. Cela explique aussi le sens « historique » des considérations de Camilo : ne pensait-il pas alors que, dans quelques années, le naturalisme devrait céder la place à une sorte d'ultra-naturalisme ? Il était porté à établir un parallèle avec l'ultra-romantisme, dans la mesure même où il ne comprenait pas les bases idéologiques du nouveau mouvement.

Mais ses préférences traduisaient également une réaction de l'instinct, voire de l'inspiration romantique, contre « la science » dont ses concurrents naturalistes faisaient un usage assez indiscret. Pourquoi consulter à tout moment Spencer, Haeckel, Comte et Hartmann ?[43] Un romancier ne doit pas avoir besoin de telles béquilles : l'observation et le style doivent lui suffire. Camilo s'appuyait sur ces deux éléments : il pouvait être un excellent observateur et il possédait sans doute un style — un style portugais, vierge de toute importation d'origine française, péché majeur des réalistes. Le point de vue nationaliste se laissait entrevoir dans cette prise de position — car, à son tour, le romantisme finissant n'aurait pu admettre une révolution idéologique venue de l'extérieur... Nous y reviendrons.

En 1864, dans *Vinte Horas de Liteira*, Camilo avait mis en accusation ses propres méthodes romantiques : « Narrateur d'infortunes très matérielles, inspecteur des plaies sociales les plus purulentes (...) criant en style touffu qu'il y a des femmes porteuses de baumes célestes, recueillis dans les ruches des anges »... Il prônait alors l'« école mixte » ou, dans le même chapitre, il devait y avoir « la femme nue

---

41. CAMILO, *in Bibliographia Portuguesa e Estrangeira*, Porto, décembre 1879, p. 216.

42. Il faut remarquer que dans une publication à intention polémique et pornographique, *Gazeta do Realismo*, parue à Porto le 23 décembre 1879, on confondait toujours Feydeau, Zola, Daudet et Flaubert : *Gazeta do Realismo*, « orgão do ultimo boémio. Periodico redigido no Café Lisbonense onde, entre as 10 e as 11, são visiveis na sua magnitude os profanos Alphonse Daudet, Emile Zola Ernest Feydau ,Gustave Flaubert, etc, etc. ».

43. Voir CAMILO, *A Boemia do Espirito*, p. 427. Polémique avec Alexandre da CONCEIÇÃO.

exsudant le pus de la gangrène morale, et une autre femme couverte
du manteau des vierges et exhalant l'odeur des petites fleurs de
Zola »[44]. C'était une formule empirique et assez confuse, qui précédait son expérience « réaliste ». Dans sa préface à la 5e édition
d'*Amor de Perdição*, il reviendra à cette idée du « pus de maintes
écrouelles » qu'on lançait alors à la face du lecteur. C'était en 1879,
l'année même où il publiait *Eusebio Macário*. Il affirmait préférer être
un écrivain d'« aujourd'hui » — mais, en même temps, il se tournait
vers le passé, ces années où il avait écrit son grand roman, « alors
que les douleurs de l'âme pouvaient être décrites... ». En 1882, il
écrira pourtant quelques pages où ses arguments esthétiques trouvent
un développement plus grave et plus significatif[45]. Il défendra alors
« le sacerdoce de l'idéal » contre « le culte du positivisme », défendant en même temps l'action, la « dramatisation », le pathétique, contre
« l'analyse déraisonnable », dans laquelle il verra « le crépuscule ves-
péral de l'Art », une situation de décadence où le détail l'emporte sur
l'ensemble, la matière sur l'esprit, l'idée, la passion[46].

Il s'agit d'une vision catastrophique : l'art va mourir ou, du moins
il revient à une position primitive, sinon primaire. Camilo compare les
lois de Taine, le conditionalisme biologique de l'individu, à la Fatalité
des Anciens ; il y voit la même atteinte à la liberté, au libre-arbitre et
un pareil sentiment d'irresponsabilité. « Quels qu'ils soient, la science
et l'art sont arrivés aux résultats du vieil Orient des Atrides » ; « nous
avons reculé jusqu'au berceau de l'esthétique et on pense que nous
avons inauguré un cycle nouveau ». Ces deux phrases synthétisent
la pensée et la position définitive du vieux romancier : une critique
aux théories mécanistes, c'est-à-dire à un abus de la science moniste,
et la crainte d'une chute dans la barbarie ancienne. Le péché contre
l'esprit prend ainsi l'allure d'un péché contre l'histoire : Camilo ignore
l'aspect dynamique et dialectique du réalisme pour n'y voir que la
simple négation de l'apport idéaliste du romantisme et un recul dans
la nuit des temps. Il est franchement pessimiste devant la nouvelle
vague esthétique et éthique — et cela est aussi une affaire d'âge et
de maladie. Camilo n'aura plus que deux romans à écrire jusqu'à la

---

44. CAMILO, *Vinte Horas de Liteira* (Porto, 1864), pp. 50 et 52.
45. CAMILO, préface à Silva PINTO, *Combates e Criticas* (Lisbonne, 1882).,
46. Il faut remarquer les auteurs que CAMILO cite dans ce texte, mélange assez
    bizarre : Mollechott, Lewes, Buchner, Th. Bucke, Quetelet, Planche, Monselet,
    Janin, L. Wiesenes, Vigny, Gilbert, Brougham, Littré, Baumgartner, Th. Gautier,
    Chesterfield, P. L. Courier, H. Heine et Cormenin.

fin de sa vie, dont *A Brasileira de Prazins*, terminé cette même année
où, malgré un changement d'attitude esthétique de l'auteur, apparaît
encore un personnage d'*Eusebio Macário* et d'*A Corja* ; quelques
leçons techniques acquises dans ses ouvrages réalistes y percent
aussi. Nous avons déjà vu qu'il reprend dans sa conclusion la thèse
négative de son premier roman, l'*Anatema*, d'après laquelle un roman
ne veut rien prouver, ni rien réformer. Mais, maintenant, cette thèse
est exprimée comme réponse à une question probable du lecteur :
« quelle est l'intention scientifique, disciplinaire, moderne, de ce roman ? » En niant ce but, il niait toute justification à l'école réaliste.

Camilo reniait d'ailleurs ses propres ouvrages polémiques : il ira
jusqu'à dire qu'ils lui faisaient honte[47]. Mais au cours de 1879, l'année
d'*Eusebio Macário*, il n'en annoncera pas moins un « roman réaliste sur
les coutumes constitutionnelles »[48], qui sera d'ailleurs réduit aux proportions d'une nouvelle satirique, suivant une formule ancienne[49]. L'auteur confondait toujours étude et charge, science et humour. Mais il
confondait aussi le réalisme avec la description complaisante de la
pourriture sociale et physique. Eça critiquera sociologiquement cette
confusion y voyant les dernières cartouches d'une génération dépassée : « les disciples de l'Idéalisme, pour ne pas être complètement
oubliés, s'accroupissent mélancoliquement et, pleins de larmes rete-
nues, se barbouillent de boue, eux aussi »[50]. Camilo venait alors de
publier *Vulcões de Lama*.

D'autres écrivains romantiques s'attaqueront aux nouvelles propositions réalistes, parmi lesquels Pinheiro Chagas, toujours premier sur
la barricade ; mais la situation de Camilo est la seule qui atteint à une
signification vivante car dans cette polémique il versa généreusement
son sang. Et il y gagnera aussi quelque chose : les historiens du
roman national ne peuvent pas manquer d'observer dans les deux
ouvrages « réalistes » de Camilo un changement de rythmes et de
structures romanesques, voire l'avénement d'une durée que ses nouvelles précédentes ignoraient, l'affermissement de son pouvoir d'ob-

47. Voir lettre à Martins MORAIS SARMENTO, *in* Silva PINTO, *Cartas de Camilo Castelo Branco* (Lisbonne, 1895), p. 95.

48. Voir *O Ocidente*, 1878, n° 23, p. 182. Il s'agit d'un fragment du roman jamais paru *Onde Está o Ministro ?* (chapitre I).

49. CAMILO, « O Sr. Ministro », *in Narcoticos* I (Lisbonne, 1882). Remarquons l'iden-
tité des titres de cette nouvelle et de la traduction portugaise de *Son Excellence Eugène Rougon*, d'Emile ZOLA, parue la même année.

50. Eça de QUEROZ, préface à *Azulejos do* Conde de ARNOSO (Lisbonne, 1886), p. 25.

servation de la réalité extérieure, certaines critiques sociales qui
atteignent surtout le clergé en mal de luxure. Dans le gros abbé Justino, qui deviendra chanoine à Porto, personnage de premier plan
dans *Eusébio Macário*, il y a évidemment beaucoup des traits de la
foule de prêtres qui hantaient dès 1865 le premier roman d'Eça,
c'est-à-dire le premier roman réaliste de la littérature portugaise.

CHAPITRE IX

LES CRIMES DE L'ABBÉ AMARO
ET DU COUSIN BASILIO

En 1871, l'année même des Conférences et d'*As Farpas*, Eça de Queiroz écrivit son premier roman[1]. Maire de Leiria depuis l'été 1870, il avait pu y observer la lente vie provinciale, ses intrigues, le rôle prépondérant du clergé sur la vie quotidienne d'une petite bourgeoisie stupide et mesquine. Il rédigeait alors les feuilletons d'*O Misterio da Estrada de Sintra* et, avec *A Morte de Jesus*[2], achevait la série de ses textes romantiques et « barbares ». En 1870 il avait lu à Batalha Reis la longue ébauche d'un roman disparu que celui-ci compara à l'*Affaire Clémenceau* de Dumas Fils[3].

La méditation proudhonienne d'Eça sur le réalisme dans l'art contemporain avait alors eu des effets sur sa propre force créatrice ; et ses attaques contre la vie nationale et les romans qui reproduisaient cette même vie, dans le premier fascicule d'*As Farpas*, traduisaient une position éthique et réformatrice qu'il devra prendre lorsque lui-même se consacrera à la littérature romanesque.

L'« école » et le « parti » que Proudhon animait, le réalisme et le socialisme, étayaient la conception du premier roman d'Eça : *O Crime do Padre Amaro*. Le romancier ne cache pas qu'ils « ont eu une influence puissante sur le plan original du livre »[4] ; il s'agissait, dans

---

1. Voir Eça de Queiroz, *O Crime do Padre Amaro*, préface de la troisième édition (1880), p. XXIX (ed. critique 1964).

2. Eça de Queiroz, *A Morte de Jesus*, in *A Revolução de Setembro* du 13 avril jusqu'au 8 juillet 1870.

3. J. Batalha Reis, in Eça de Queiroz, *Prosas Barbaras*, p. LXIV (3e ed.). Le roman de Dumas fils paraissait en feuilletons dans *O Primeiro de Janeiro* (Porto) depuis le 20 janvier 1870.

4. Eça de Queiroz, *O Crime do Padre Amaro*, préface de la deuxième édition (1876), p. XXVIII (ed. critique 1964).

une certaine mesure, d'une démonstration pratique de leurs propositions idéologiques. Il s'agissait surtout d'un changement de mentalité, d'une sorte de discipline qu'Eça imposait à ses délires « sataniques » de lecteur de Heine et de Baudelaire.

Le romancier prit pourtant son temps. Ayant écrit *O Crime* en
1871, il le lut à quelques-uns de ses amis l'année suivante[5] et laissa
le manuscrit de côté pendant deux ans, durant lesquels il vécut à la
Havane, comme consul du Portugal. C'est seulement à la fin 1874,
avant de partir pour Newcastle où il allait occuper un nouveau poste
qu'il donna ses feuilles manuscrites à Batalha Reis qui les publia dans
la *Revista Occidental*, parue vers le commencement de 1875[6]. Un an plus
tard, le roman paraîtra en « édition définitive », « refondu et transformé »[7]. L'auteur considèrera alors le premier état de son œuvre comme
une ébauche, une « improvisation négligée » sur laquelle il s'achar-
nera tout de suite. De cet effort sortit pratiquement un roman nouveau dont l'intrigue seule rappelait celle de l'édition de 1875. Ce
remaniement fort naturel n'est certes pas sans signification — mais il
faut remarquer immédiatement que le romancier ne s'arrêta pas à ce
travail et que, vers 1878, il produira une troisième version d'*O Crime*,
publiée au début de 1880. Il ne cachera pas à Ramalho qu'il s'agit,
une fois de plus, d'un roman nouveau[8] — mais un long essai sur l'esthétique réaliste qui devait servir de préface à la nouvelle édition, restera dans ses tiroirs. Ce texte fort important, qui ne sera imprimé
qu'en 1929[9], éclaire pourtant la démarche du romancier, dans ses rapports avec l'école réaliste et l'école naturaliste, classements assez
fluides et très discutables qu'il voulait refuser. Il revendiquait plutôt
une position personnelle et originale, au milieu de ses médiocres
confrères portugais qui venaient alors d'entrer en scène, tous férus
d'orthodoxie.

Le premier roman réaliste portugais a donc eu une gestation difficile et complexe. Cas assez rare dans la production romanesque
universelle, les trois versions d'*O Crime do Padre Amaro* expriment

---

5. Voir Note nº 1 et 3.

6. *Revista Ocidental*, nᵒˢ 1 à 6, de février à mai 1875.

7. Voir Note N° 4.

8. Lettre à Ramalho ORTIGÃO du 10 novembre 1878, *in Novas Cartas Ineditas* (Rio de
Janeiro, 1940), p. 28. Le roman a presque doublé le nombre de ses pages.

9. Ce texte sera publié sous le titre *Idealismo e Realismo in* Eça de QUEIROZ,
Cartas Ineditas de Fradique Mendes e mais paginas esquecidas (Porto, 1929),
p. 175.

sans doute une position personnelle extrêmement curieuse ; elles traduisent une conscience professionnelle unique dans le cadre de la
littérature portugaise, qu'on se doit de souligner. Mais il est plus intéressant d'apprécier les changements résultant d'une maturité esthétique, en y voyant, en même temps, les difficultés d'une mutation mentale et sentimentale au sein d'une génération handicapée par une éducation romantique en déclin. C'est la façon dont ce déclin agit sur le
départ du nouveau mouvement qui doit nous occuper ici : nous y
décelons une sorte de frein à double action. Si d'une part il altère le
rythme de réalisation du nouveau programme, d'autre part il imprime
à ce programme un vice d'origine. Les difficultés éprouvées par Eça
ne sont pas seulement des difficultés individuelles que le temps et le
talent peuvent résoudre : elles concernent surtout une situation culturelle générale, une sorte de faiblesse des structures mentales.

C'est ainsi que pour mieux affirmer son indépendance envers les
systèmes du passé romantique, le jeune romancier doit charger les
couleurs de son tableau, brossé dans le nouveau style : les deuxième
et troisième versions traduisent un grossissement de traits repérable
soit dans de nouveaux apports d'information, soit dans des considérations idéologiques et des développements critiques.

Il faudrait conduire une analyse parrallèle des trois versions, à différents niveaux linguistiques, esthétiques et sociologiques pour pouvoir trouver la signification de leurs différences littéraires[10]. En nous y
arrêtant, nous ne pourrons que chercher les traits les plus saillants,
dans la perspective et les limites de notre enquête.

Il ne fait pas de doutes que la première version d'*O Crime* présente encore des éléments romantiques que le langage du récit peut
à peine déguiser. On peut penser que ces mêmes éléments ont effrayé
le jeune romancier qui chercha alors à s'en libérer. Le héros de son
roman, l'abbé Amaro, jeune prêtre aux prises avec le démon de la
chair, est plus sensible, plus humain, dans la version de 1875. On l'a
déjà remarqué[11] : un point de vue compréhensif devant son drame
intime est remplacé par un point de vue qu'on prétend plus objectif
et qui ne fait que pousser l'auteur à superposer à son analyse psychologique un code critique puisé dans une convention idéologique.

---

10. En 1964 le Centro de Estudos Filologicos de Lisbonne se proposait de réaliser
    cette recherche. La publication parallèle des trois versions fut dirigée par
    Helena Cidade Moura en 1964 (2 vol., Porto).
11. Voir João Gaspar SIMOES, *Eça de Queiroz, O Homem e o Artista* (Lisbonne,
    1945), pp. 353 et suivantes.

Si la « thèse » plane sur la première version, elle s'affermit dans la seconde et finit par dominer la troisième.

Se voulant indépendant d'« école » ou de « parti », d'une façon générale, par rapport à ses confrères, Eça n'en garde pas moins une obéissance à ses propres schémas critiques définis dans sa conférence et dans le premier tome d'*As Farpas*.

Dans la première scène du roman de 1871-1875, Eça dépeint avec application un tableau rustique. Certes, le roman commençait, un peu naïvement, comme *Salambo* : « C'était à Leiria », comme si c'était à Carthage... — mais il enchaînait sur une description qui a trait au naturalisme de Julio Dinis. Eça éliminera tout cela en 1876 (et en 1878-1880), réduisant l'action à la ville même, champ privilégié de son analyse sociologique. La conclusion du roman fut elle aussi changée : le dénouement de l'intrigue avec une évocation nostalgique du passé, dans une sorte de tour d'horizon où passe chaque personnage d'une histoire déjà morte et enterrée, vieux cliché des romanciers du romantisme, cède la place à une critique ironique de la décadence de la nation, sorte de bilan qui porte la marque de la fin des années 70.

Quant au climat du drame, il connaît une solution plus ou moins terrible, c'est-à-dire plus ou moins romantique : dans les deux premières versions, l'abbé Amaro tue son fils qui vient de naître[12] ; il le laisse, comme malgré lui, tuer par un engrenage sordide de nourrices spécialisées, dans la version de 1878-1880[13]. Là où il avait conçu un homme affolé, aux prises avec les fantômes de la nuit, le désespoir, la peur de l'avenir, il envisagera un système plus significatif, une affaire inhumaine, sorte d'institution à l'épreuve de tout sentimentalisme. Eça hésita longuement sur cette scène qu'il laissa passer dans la deuxième version, en y ajoutant alors une messe que l'abbé Amaro devait dire le lendemain matin, comble de l'horreur[14]. Il a tout éliminé par la suite, comme il a supprimé les détails de la mise en bière de la maîtresse d'Amaro, décrits dans la deuxième édition[15].

Toute autre modification, dans ce roman qui cherchait sa voie, peut être considérée comme un perfectionnement, sur le plan de l'intrigue[16], ou sur le plan du style. En 1878-1880 l'intrigue était bâtie et

---

12. Chapitre 20 (première version) et chapitre 25 (deuxième version).
13. Chapitre 24 (troisième version).
14. Chapitre 25 (deuxième version).
15. Chapitre 27 (deuxième version).
16. Voir chapitre 10 (troisième version).

le style trouvé, à travers les mille tortures que le romancier connaîtra durant toute sa vie. Quant à l'observation des mœurs, Eça, abandonnant tout contact avec la province portugaise, ne pourra nullement
l'améliorer. S'il dira que son héros était « plutôt deviné qu'observé »,
cela ne pourra certainement pas changer, à partir de 1871. Il n'est
guère vrai qu'« une fréquentation longue et méthodique », et une
meilleure observation lui aient permis de refaire le livre « sur de nouvelles bases d'analyse »[17].

Avec une fausse modestie, Eça présentera son œuvre de 1880
comme « une intrigue de prêtres et de grenouilles de bénitier tramée
et murmurée à l'ombre d'une vieille cathédrale de province »[18]. Il se
défendait ainsi de toute ressemblance entre *O Crime do Padre Amaro*
et *La Faute de l'Abbé Mouret* que la critique avait signalée, trompée
par la similitude des titres, et par les rapports qu'elle croyait exister
entre Zola et Eça. Cette « intrigue de prêtres et de grenouilles de
bénitier » sortait pourtant du cadre de mœurs dans lequel elle se définissait jusqu'à devenir une histoire qui représentait les dangers du
néo-cléricalisme dans la société portugaise des années 60-70.

La faute commise par un prêtre assumait, dans le cadre polémique
de l'époque, une importance énorme. L'abbé Amaro s'était épris
d'Amélia, la fille de son hôtesse qui était elle-même la maîtresse d'un
vieux chanoine ; il lui fera un enfant, elle mourra en couches. C'est
une histoire triste et sordide — mais bien naturelle. Le jeune prêtre a
commis une faute grave, aux conséquences malheureuses, certes,
mais c'était un acte humain. Une faute n'est pas un crime. Amaro
devait pourtant en commettre un, puisqu'il allait tuer son fils. Mais
dans la troisième version, l'abbé ne tue plus l'enfant, il veut même le
reprendre à une nourrice assez spéciale qui devait le faire mourir discrètement. Remarquons que malgré l'absence de crime, le titre du
roman fut pourtant maintenu ; il faut s'arrêter à ce fait. Si la faute
d'Amaro continue d'être prise pour un crime, alors que le crime
n'existe plus, c'est que le concept de crime se déplace, passant du
niveau individuel vers le niveau social — et c'est là la leçon, la
morale de cette histoire qui, au contraire de celles que les romans
nationaux racontaient alors, voulait « étudier » et « expliquer » un problème. La critique d'Eça dans *As Farpas* ne trouvait son application
pratique que dans la 3e édition d'*O Crime*, c'est-à-dire huit ans plus
tard. Il avait alors le droit d'écrire au républicain Rodrigues de Frei-

---

17. Voir Note n° 9.
18. Voir Note n° 1.

tas que le but du réalisme était de « photographier le vieux monde
bourgeois, sentimental, dévot, catholique, explorateur, aristocratique,
etc ; et, le présentant à la risée et au mépris du monde moderne et
démocratique — de préparer sa ruine ». Ainsi l'art se présentait-il à
ses yeux comme « un auxiliaire puissant de la science révolutionnaire »[19].

On sait qu'Eça s'inspirera de Proudhon pour brosser une des
scènes de mœurs cléricales d'*O Crime*[20]. Il s'agit de la toile de Courbet, *Retour de la Conférence*, que Proudhon commente minutieusement dans ses *Principes de l'Art*, ouvrage qui avait déjà servi de point
de départ à Eça pour sa conférence de 1871. Les abbés d'Eça observés après de joyeuses ripailles présentent des ressemblances extraordinaires avec les personnages de Courbet décrits par Proudhon.
« Son front insouciant, ses lèvres lippues, son œil en ce moment quelque peu lubrique... »[21] — on croit voir un des prêtres d'*O Crime*[22]...
Le romancier conservera cette scène qu'il se limitera à perfectionner,
avec une complaisance bien évidente.

O Crime do Padre Amaro est l'œuvre la plus significative d'un
programme réaliste possible et nécessaire au Portugal ; elle est aussi
l'œuvre-limite de la phase héroïque du réalisme révolutionnaire portugais. Dans le silence qui accueillit le roman, Ramalho Ortigão (à la
demande d'Eça)[23] écrivit en 1877 un long article dans *As Farpas*[24], où
il parlait de « la portée sociale » de l'œuvre, des lois du milieu, sol,
climat — tout en citant Littré et Michelet. Il commençait alors à prendre une position positiviste et reculait un peu devant les responsabilités assumées par son ancien camarade de rédaction.

A son tour, Teofilo Braga approuvait le roman — mais Antero de
Quental était contre ; il y voyait un ouvrage pornographique, sorte de
« Pigault-Lebrun doublé de Flaubert »[25]. Batalha Reis était le seul à

---

19. Lettre à Rodrigues de FREITAS du 30 mars 1878, *in Novas Cartas Ineditas*, p. 166.

20. Voir Jean GIRODON, « Eça de Queiroz et Courbet », *in Bulletin des Etudes Portugaises* (Lisbonne-Paris,, 1963 ; n° XXIV) et Helena Cidade Moura, préface de l'édition critique d'*O Crime do Padre Amaro* (1964), p. XVI.

21. J. P. PROUDHON, *Principes de l'Art et sa Destination Sociale* (Paris, 1865) p. 270.

22. Eça de QUEIROZ, *O Crime do Padre Amaro*, chapitre VI (première et deuxième version) et chapitre VII (troisième version).

23. Lettre du 7 novembre 1876, *in Novas Cartas Ineditas*, p. 4.

24. Ramalho ORTIGAO, *in As Farpas* (1877), IX, 211 (ed. 1943).

25. *Cartas Ineditas de Antero de Quental a Oliveira Martins*, lettre s/d, p. 34. On doit remarquer que PIGAULT-LEBRUN avait été traduit en portugais en 1815 et vers le commencement des années 40.

croire à la réalisation de son ami, affirmant qu'il s'agissait bien d'une révolution littéraire et morale[26].

Certes, Camilo mettra dans son *Eusebio Macário* un des prêtres d'Eça ; U. Loureiro, en 1878, fera père son « infâme Frère Quintino » ; mais aucun d'eux n'atteindra la signification des personnages d'*O Crime do Padre Amaro* — où la « faute » devenait un véritable crime social.

Un autre « crime » occupa ensuite Eça de Queiroz. Encore une fois son thème était compris dans le panorama de la vie portugaise qu'il avait tracé : il s'agit de la dissolution, par l'adultère, de la famille bourgeoise — de « la famille lisbonnaise produit du « namoro », réunion désagréable d'égoïsmes qui se contredisent »[27]. Don Juan y est le héros — le même Don Juan que Junqueiro avait fait symboliquement mourir en 1874 ; il s'appelle, pour l'effet, le « cousin Basilio ».

Eça publia en 1878 *O Primo Basilio* qu'il avait écrit à Newcastle en 1876, alors qu'il réécrivait *O Crime* ; après la parution de ce nouveau roman, il reprendra encore une fois son premier travail. Les deux ouvrages se présentent ainsi étroitement liés, dans le temps et dans les préoccupations littéraires et idéologiques de leur auteur. Tous les deux concernent les structures culturelles de la société, à l'exclusion d'autres problèmes : on a déjà remarqué qu'Eça demeurera toujours étranger aux questions économiques, dans ses romans[28]. Consul à la Havane en 1873, il s'est intéressé aux conditions de vie et aux problèmes de la main-d'œuvre dans les plantations de canne à sucre[29] ; mais ces mêmes problèmes l'ennuyaient dans la mesure où son analyse empêchait l'exercice de son propre métier d'écrivain. Au lieu d'être considérés comme source directe ou indirecte de documentation romanesque, les problèmes économiques demeureront ainsi à ses yeux comme le symbole des forces anti-littéraires. Son manque de culture historique, l'isolement dans lequel il passera sa vie de consul, en Angleterre ou à Paris, l'amèneront à protéger de plus en plus son métier, excluant toute observation apparemment éloignée de ses intérêts immédiats.

---

26. Idem.
27. Lettre d'Eça de Queiroz à Teofilo Braga du 12 mars 1878, in Eça de Queiroz *Correspondencia* (pb Porto, 1925), p. 42.
28. Voir Oscar Lopes, *Historia Ilustrada das Grandes Literaturas - A Literatura Portuguesa* (en publ.), 249.
29. Voir João Gaspar Simoes, *Op. cit.*, pp. 310 et suivantes, et Mario Duarte, *Eça de Queiroz, cônsul, ao serviço da Patria e da Humanidade* (Lisboa, 1973).

Dans cet « épisode domestique » (tel est le sous-titre d'*O Primo Basilio*) la vie économique de ses héros suit un train confortable — et la fortune « brésilienne » de Basilio n'est qu'un élément extérieur qui permet de définir mieux le type de l'amant oisif, créant ainsi un « brésilien » qui échappe au cadre plus significatif et plus réel du formulaire romantique.

L'histoire d'*O Primo* est très simple : Luisa, mariée, sans enfants, se laisse séduire par son cousin Basilio qui revient riche du Brésil ; rassasié, il l'abandonne. Mais la femme de chambre de Luisa s'empare de ses lettres d'amour et l'histoire rebondit pour devenir une affaire de chantage. Luisa mourra de fièvre cérébrale et son cousin poursuivra sa carrière de Don Juan. Dans le domaine de la thèse, il s'agit de « la rencontre d'une femme formée dans le culte de la sentimentalité avec un être sans scrupules, élevé dans le libertinage ; tout le malheur découle de ces deux fausses éducations »[30].

L'adultère ne paye pas : Amélia et Luisa doivent mourir d'après la thèse morale d'Eça ; mais Amaro et Basilio ne sauraient succomber car ils représentent les forces sordides du monde bourgeois, c'est-à-dire du monde constitutionnel, du monde fontiste, du monde romantique...

Luisa est une version portugaise, ou lisbonnaise, d'Emma Bovary : le type français se dissout pourtant sur le sol national, en lisant *La Dame aux Camélias*. Elle est « la dame sentimentale, mal élevée (...) entichée de romans, lyrique, au tempérament surexcité par l'oisiveté (...), nerveuse, par manque d'exercice et de discipline morale »[31]. Amália, dans une petite ville de province, est un être passif ; elle n'existe pas et ne songe même pas qu'elle puisse exister autrement ; à Lisbonne, Luisa a d'autres sources d'information, les romans, les théâtres. Elle rêve donc d'une vie passionnelle : elle est perdue d'avance, dans une société ainsi organisée... Des concepts de Proudhon percent sans doute encore ici : la femme oisive de la société bourgeoise n'est-elle pas vouée par le sociologue à la dégradation ? Luisa s'abandonne à son propre sort, selon une logique dont la « vérité sociale » du thème se porte garante.

L'adultère et le « spleen » sont donc les deux situations qui définissent l'existence de la jeune bourgeoise de Lisbonne dans la mol-

---

30. Lettre d'Eça de Queiroz à Rodrigues de Freitas du 30 mars 1878, *in Novas Cartas Ineditas*, p. 165.

31. Voir N° 27, p. 43.

lesse d'une vie commandée par de fausses valeurs. Guilherme d'Azevedo, poète de la modernité, se montrait alors bien content que la
capitale « possédât les vices raffinés qu'il fallait pour inspirer un
roman essentiellement moderne, original, exquis, morbide, élégant,
fait surtout avec un talent impétueux, à la Zola »[32]. . .

    Autour d'Amélia, Eça avait cristallisé tout un monde clérical ;
autour de Luisa, il assembla des exemplaires typiques de la vie sociale
de la capitale, à un niveau moyen. Monsieur Acacio, membre du
Conseil d'Etat est voué à la célébrité : il restera dans la galerie des
figures nationales comme le symbole des hauts fonctionnaires à l'esprit vide, respectés pour la solennité de leurs phrases (qui doivent
rappeler Offenbach : la rosette de Santiago est, pour le Conseiller
Acacio, « le jour le plus beau de sa vie »[33]), et pour leur profonde inu-
tilité. C'est le second « type » créé par le réalisme : après le « Zé
Povinho » de Bordalo[34], vient le « Conselheiro Acacio » d'Eça — les
deux seules caricatures ayant une portée nationale. Certes, Ramalho
parlera encore dans As Farpas de « conviction sociale » et de « réalisme » à propos d'O Primo Basilio[35] mais, caricaturiste de génie, Eça
décida ici de sa vocation et, ce faisant, il marqua une nouvelle limite
au réalisme portugais. Par la caricature, Eça met celui-ci à l'écart
de Flaubert et de Zola. Rappelons encore une fois la lettre du romancier au député républicain Freitas. Il y parle de « photographier le
monde bourgeois » — mais il ajoute : « Je dirai presque (en faire) la
caricature ». Or c'est bien la caricature du monde bourgeois qu'il fera
et non pas son portrait. Cette lettre se rapporte d'ailleurs directement
à Primo Basilio ; elle se réfère donc, sans doute, à Monsieur Acacio.

    En effet, cette année même, Eça établira en vain le programme de
longue haleine d'une douzaine de tomes de « Scènes de la Vie
Réelle » ou de la « Vie Sentimentale » — « de la vie portugaise », en
somme. Il s'agissait de décrire la vie nationale « telle que le constitutionnalisme l'a faite, depuis 1830 », en peignant « le pays triste » que
les Portugais ont créé[36]. C'est à Teofilo Braga (dont il soupçonnait la
méfiance) qu'Eça communique ses plans, car maintenant lui aussi

---

32. Guilherme de AZEVEDO, in O Ocidente du 1ᵉʳ mars 1878, p. 34.
33. Eça de QUEIROZ, O Primo Basilio (Lisbonne, 1878), p. 386 (10ᵉ ed.).
34. Il faut pourtant remarquer que « Zé Povinho », bien que créé en 1875, n'aura
    une existence significative qu'à partir de 1879. Le « Conselheiro Acacio » le
    précède donc dans la galerie des types nationaux.
35. Ramalho ORTIGAO, in As Farpas (1878), IX, 245 (ed. 1943).
36. Voir Note n° 27, p. 44.

penchait vers l'idéologie positiviste, où l'influence de Taine surtout comptait. Proudhon ne lui convenait plus : dans dix ans nous verrons Eça revenir à un nationalisme paisiblement romantique...

O Primo Basilio connut un succès inhabituel et inattendu : trois mille exemplaires vendus en un mois[37] et une seconde édition publiée tout de suite après. Les huit cents exemplaires de l'édition d'O Crime do Padre Amaro de 1876, édition payée par le père du romancier n'étaient pas encore épuisés, mais O Primo Basilio l'entraîna dans son succès et cela aussi explique la nouvelle version du premier roman où, à l'exemple d'O Primo, apparaissent des scènes plus osées. Eça cherchait quelque peu le scandale. On sait qu'il ne reculait pas devant certains procédés publicitaires, qu'il tenait à faire valoir sa production, moins pour satisfaire une vanité naturelle d'auteur que pour mieux répondre aux besoins de sa bourse. Ce professionnel des lettres s'éloignait ainsi d'une sorte de sacerdoce que les réalistes de 1871 avaient assumé, au sein d'une société corrompue.

Autour d'Eça, vers la fin des années 70, trois écrivains s'attacheront avec plus d'acharnement à l'orthodoxie de l'école naturaliste ; il s'agissait de romanciers « positivistes », comme la critique liée à Teofilo Braga (c'est-à-dire toute la critique responsable du moment) ne manquait pas de les appeler, les mettant en valeur, au besoin, contre l'auteur d'O Primo Basilio. Attardons-nous un peu à leur production.

Teixeira de Queiroz, trois ans plus âgé qu'Eça, avait publié depuis 1876, des contes et un roman paysan ainsi qu'un roman citadin, ébauchant ainsi deux séries de volumes, Comedia do Campo et Comedia Burguesa[38], sorte de « systématisation positive », fondée sur l'école de Comte et de Littré[39]. Bon physiologiste, il écrivait en 1879 : « le roman critique décrit, énumère, dissèque les événements apparemment les plus insignifiants, les platitudes les plus innocentes »[40]. C'est

37. Voir J. Gaspar SIMOES, Op. cit., 390.

38. Francisco Teixeira de QUEIROZ (1842-1919), médecin, directeur de Compagnies, deviendra président de l'Académie des Sciences. Il a publié, sous le pseudonyme « Bento Moreno » : Comedia do Campo : Os Meus Primeiros Contos (1876), Amor Divino (roman, 1877), Antonio Fogueira (1882), Novos Contos (1887), Amores, Amores... (1897), A Nossa Gente (1899), A Cantadeira (1903), Ao Sol e à Chuva (1915) ; Comédia Burguesa : Os Noivos (1879), Salustio Nogueira (1883), D. Agostinho (1898), A Caridade em Lisboa (1901), Cartas de Amor (1906), A Grande Quimera (1919).

39. Alexandre da CONCEICAO, Novos Ensaios de Critica e de Literatura (Coimbre 1882), p. 100.

40. Teixeira de QUEIROZ, Os Noivos, préface, p. VI.

en 1883, seulement, avec *Salustio Nogueira*, qu'il donnera la mesure de ses possibilités, créant, fort d'une conscience lucide des valeurs en jeu, une figure de politicien lié à l'oligarchie dominante. Déjà l'année précédente J.-L. Pinto[41] avait brossé, dans *O Senhor Deputado*, un tableau de la vie politique portugaise, n'hésitant pas à passer le seuil dangereux des diagnoses pathologiques — comme le fera, dix ans plus tard, Abel Bothelho, le plus fidèle des disciples de Zola, dans sa série *Patologia Social*[42]. Eça n'ira jamais aussi loin, demeurant dans les limites de la caricature humoristique, lorsqu'en 1879, il écrivit *O Conde de Abranhos*. Il précéda ainsi ses concurrents dans la création d'un « type » de politicien, député, ministre, conte, qui complète, avec une charge plus violente, la figure contemporaine de Monsieur Acacio ; mais il laissera dans ses tiroirs cette œuvre secondaire qui dénonce son penchant et les limites de sa critique.

En 1879, l'année suivant la parution d'*O Primo Basilio* (et l'année d'*Eusebio Macário*), J.-L. Pinto avait publié *Margarida*, histoire d'adultère qui suit de trop près le roman d'Eça. Premier volume d'une morne série de *Cenas da Vida Contemporanea*, cet ouvrage rend aussi hommage à Flaubert ; son auteur, qui était dès lors sûr que « le réalisme dans l'art succédait au positivisme dans la science »[43], en viendra très bientôt à Zola ; il exposera longuement et platement les idées du naturalisme dans ses essais d'*Estetica Naturalista*, publiés chez Teofilo Braga (1883-1884)[44].

Le troisième écrivain est J.-A. Vieira qui, la même année, fit paraître un volume de contes ruraux[45]. Camilo l'appréciera alors en tant qu'« observateur ethnologique du Minho »[46] — mais il attira également l'attention de la critique « positiviste » : sa « supériorité scientifique »

---

41. Julio Lourenço PINTO (1842-1907) a publié *Margarida* (1879), *Vida Atribulada* (1880), *O Senhor Deputado* (1882), *O Homen Indispensavel* (1884), *O Bastardo* (1889), *Esboços do Natural* (contes, 1885) et *Estetica Naturalista* (essais, 1885).

42. Abel BOTELHO (1856-1917), militaire (colonel) et diplomate. Il publia : *O Barão de Lavos* (1891), *Mulheres da Beira* (1898), *Livro de Alda* (1898), *Amanhã* (1901), *Os Lazaros* (1904), *Fatal Dilema* (1907), *Prospero Fortuna* (1910).

43. Julio Lourenço PINTO, *Margarida*, préface, p. VIII (2e ed.)

44. Julio Lourenço PINTO, *Estetica do Naturalismo* (Lisbonne, 1885). Trois des essais qui constituent ce volume avaient été publiés in *Revista de Estudos Livres*, vol. 1883 et 1884 et vol. II, 1884 et 1885.

45. José Augusto VIEIRA (1856-1890), médecin. Il a publié : *Fototipias do Minho* (1879), *A Divorciada* (1881), *Minho Pitoresco* (histoire, paysage, mœurs, 1886).

46. CAMILO, *Boemia do Espirito*, p. 235.

sera soulignée par Reis Damaso[47], jeune essaiste tout dévoué à Teofilo qui, en 1884, à propos d'*O Crimo do Padre Amaro*, attaquera Eça et son imagination[48]. D'après ce critique strictement orthodoxe, J.-A. Vieira valait beaucoup mieux qu'Eça, celui-ci n'étant qu'un « continuateur distingué de Julio Dinis » — le véritable « pionnier du naturalisme ». Les positivistes voulaient alors attaquer « les jeunes révolutionnaires métaphysiques et sentimentaux » qui ne croyaient certainement pas à l'abbé créé par Julio Dinis dans *As Pupilas do Senhor Reitor*[49]... En 1882, un autre critique lié au comtisme avait écrit : « Eça n'a pas, au contraire de Teixeira de Queiroz, une compréhension profonde des intentions et de l'idéal de la nouvelle école positive de la littérature »[50].

En effet, Eça n'était pas un « physiologiste », loin de là. Au contraire de Queiroz, de Pinto et de Vieira, il n'avait pas sacrifié sur « les autels du roman physiologique ». C'est un troisième critique qui parle ainsi[51] : il se montre bien content de voir Eça suivre Balzac plutôt que Flaubert ou Zola. De son côté, le romancier, attaché à Flaubert depuis qu'il avait cité *Madame Bovary*, dans sa conférence de 1871, et cherchant aussi des leçons chez Zola, se plaint de ne jamais pouvoir « faire rien de semblable au *Père Goriot* »[52].

Une coupe dans cet ensemble complexe et contradictoire de critiques et d'options réalisée vers 1880, nous laisse assez perplexes. A dix ans de distance des Conférences du Casino, on n'avait nullement formulé une problématique du réalisme naturaliste. Pire encore : on n'était pas assez renseigné sur ses bases esthétiques. On abordait ces questions d'une façon empirique — comme on l'avait déjà fait en 1835. On les abordait, pourrait-on dire, d'une façon toute romantique.

---

47. REIS DAMASO, *in Revista de Estudos Livres*, 1883, I, pp. 512-513. Fidèle disciple de Teofilo BRAGA, REIS DAMASO publia dans cette revue une série d'études sur les romanciers réalistes : Eça de QUEIROZ (qui, d'après lui, « ne pouvait être considéré comme un maître dans la formule naturaliste »), II, pp. 76 et 228 ; Teixeira de QUEIROZ (qu'il voyait « applaudi par la critique et par le public ignorants »), II, 417 ; J. L. PINTO (qu'il préfère), I, 598. Il y avait déjà publié un essai sur « Julio Dinis e o Naturalismo » (I, 511) et y publia également une étude sur « Ultimos Romanticos - Camilo » (II, 553).

48. Idem, ibid., avril 1884.

49. Voir Note n° 47.

50. Alexandre da CONCEICAO, *Op. cit.*, p. 111.

51. Silva PINTO, *Combates e Criticas* (Lisbonne, 1882), p. 34.

52. Lettre à RAMALHO ORTIGAO du 3 novembre 1877, *in* Eça de QUEIROZ, *Novas Cartas Ineditas*, p. 7.

Si, en 1856, Mendes Leal, apôtre romantique de la vérité dans l'art distinguait « la vérité ignoble et nauséabonde» et « la vérité pure et sainte » (qui « améliore, console et honore l'humanité»), se dressant alors contre les « apôtres du réalisme absolu »[53], vers 1868, un critique lié au positivisme, Luciano Cordeiro, s'opposera aux « aberrations des romantiques et des socialistes », comme aux « exclusivismes ignares des réalistes » — tout en considérant « l'Ecole de Balzac comme un romantisme à l'envers, également exagéré »[54]. En 1877, Silva Pinto, polémiste versatile et redouté, écrira un long essai, *Do Realismo na Arte*[55], qui commence par citer l'étude célèbre de Balzac sur Stendhal, parue dans la *Revue Parisienne*. C'est le texte portugais le plus intéressant de cette période. L'adoption des points de vue de Gustave Planche conduit l'auteur à condamner l'école physiologique de Zola, à défendre l'école psychologique de Balzac (préférant le portrait de « l'homme intérieur » à celui de « l'homme extérieur ») — et à se dresser contre Taine. Ce ne sera pourtant qu'une voix isolée, au milieu d'un chœur imbu d'idées positivistes.

... Mais le public, qui ne pouvait lire Balzac en portugais que depuis 1869, grâce à Teofilo[56] ; qui, de Flaubert connaissait seulement *Salambo* (1863) et de Zola *La Curée* (1877)[57], demeurait étranger à cette polémique, réduite à une petite guerre d'intellectuels allumée autour des romans d'Eça de Queiroz.

L'auteur d'*O Crime do Padre Amaro* deviendra lui aussi étranger à cette polémique dès la publication de la troisième version de son roman. Nous avons vu comment il avait dû se libérer de sa jeunesse romantique ; mais, si nous l'observons attentivement, nous le voyons se débarrasser, du même coup, de sa seconde jeunesse réaliste. Au

---

53. Mendes LEAL, *Apontamentos para uma Questão de Arte*, préface à Ernesto BIESTER, *A Redenção* (Lisbonne, 1856).

54. Luciano CORDEIRO, *Livro de Critica, Arte e Literatura Portuguesa de Hoje* (Porto, 1869), p 125.

55. Silva PINTO, *Combates e Criticas* (texte de 1877).

56. Teofilo BRAGA a traduit en 1869 *La Duchesse de Langeais, La Messe de l'Athée* et *Une Passion dans le Désert*. En 1873 Silva PINTO a traduit *Eugénie Grandet*, en 1874 Bulhão PATO a traduit *La Vendetta*, en 1875 A. Silva DIAS a traduit *La Physiologie du Mariage*. Douze ans après on annonçait, enfin, la traduction complète de la *Comédie Humaine*, ce qui ne s'est jamais produit.

57. FLAUBERT fut traduit en 1863 (*Solambo*) et 1881 (*Madame Bovary*, par F. F. Silva VIEIRA) ; ZOLA fut traduit en 1877 (*La Curée*, par Pedro dos REIS), en 1882 (*Son Excellence Eugène Rougon*, par E. Barros LOBO), en 1884 (*Nana*), en 1885 (*Germinal*, par E. Barros LOBO), en 1886 (*L'Œuvre*, par M. M. RODRIGUES).

long des trois versions d'*O Crime,* Eça paya la double rançon due à la culture portugaise hésitant entre son passé et son futur, dans la mesure où elle ignorait son présent... On ne saurait trop souligner l'importance de ce roman que nous avons pris ici comme témoin de la réalité culturelle nationale et de son développement possible.

CHAPITRE X

VIE ET CULTURE ARTISTIQUES

Le moment est venu de rechercher le témoignage des arts plastiques.

Certes, les peintres des années 50, groupés régulièrement dans les salons de la Sociedade Promotora, se tenaient à l'écart de toutes ces rénovations esthétiques. Anunciação peignait toujours ses animaux, animé maintenant par l'exemple de Troyon et de Rosa Bonheur dont il avait enfin pu apprécier les tableaux, à Paris, en 1867. C'est un artiste passif et besogneux qui devait à la longue lasser son public, tout en se fatigant lui-même. Mais les années 70 ont vu se déployer l'activité de quelques peintres auxquels il faut nous arrêter.

Alfredo Keil, jeune artiste, né en 1850, était de trente ou vingt ans plus jeune que les peintres de la génération romantique nationale, mais il s'intégrait à leur système, avec ses petits paysages sensibles qui seront recherchés encore en 1910. Fils d'un célèbre tailleur (et usurier) allemand de Lisbonne, Keil reçut pendant trois ans une bonne formation à Munich et à Nuremberg chez des disciples de Cornelius[1] ; il en gardera un souvenir prudemment dégagé de toute littérature — un souvenir plutôt musical, car il était aussi compositeur... On lui doit pourtant des scènes d'intérieur, images confortables et très bourgeoises, qui auraient pu illustrer les romans des jeunes réalistes. *Leitura duma Carta* (Musée d'Art Contemporain, Lisbonne), peinte en 1874, peut-être appréciée comme une sorte d'emblème de la vie quotidienne lisbonnaise sous le Fontisme.

Un autre artiste, de douze ans plus âgé que Keil, mais dont la renommée se forma lentement, Ferreira-Chaves, modeste fonctionnaire, peintre de fleurs appréciées et de portraits honnêtes et sensibles, devait produire, presque en même temps, une image féminine qui atteint également à une signification emblématique. *Mademoiselle de Sa*, qu'il

---

1. KAULBACH *et* KRELING.

a fixée dans un tableau[2] et dont on ignore tout, est bien le type de jeune fille bourgeoise de la capitale, héroïne probable d'un roman d'amour et très certainement lectrice passionnée de *La Dame aux Camélias*... On l'imagine dans la composition de Keil — et Eça aurait pu s'en inspirer pour sa « Luisa », de même qu'il aurait pu décrire dans *O Primo Basilio* l'intérieur cossu de Keil.

Mais c'est un autre peintre, Miguel-Angelo Lupi, fils d'Italien, qui nous propose des toiles d'une signification plus large dans le cadre de la vie sociale portugaise. Né en 1826, il était à peine de six ans plus jeune qu'Anunciação mais, bourgeois sévère, il renonça très tôt à la peinture car il n'y trouvait pas la possibilité de gagner son pain. Fonctionnaire public et peintre du dimanche, il a pu revenir à la carrière artistique et, après avoir été se perfectionner à Rome, il se spécialisa dans la grande peinture d'Histoire qu'il devait enseigner à l'Académie de Lisbonne, comme successeur de maître Fonseca, de 1868 à 1883. Cependant le manque de commandes officielles devait l'orienter vers la peinture de portraits, avec laquelle il connut un succès mérité. Lupi est le portraitiste de la fin du romantisme, maître officiel que, toutes proportions gardées, il faudrait comparer à un Bonnat. Il a peint les personnages du régime, les grandes figures du monde fontiste, nobles et bourgeoises. Castilho fut son modèle en 1878 , au cours de séances dont Ramalho nous a laissé une description fort amusante[3] ; il fit également un portrait du duc d'Avila, en 1880[4], qui constitue l'image critique la plus profonde de l'élite officielle contemporaine. Une image d'autant plus significative qu'elle est involontaire ; Lupi a voulu décrire le personnage dans toute sa grandeur et il l'a fait avec sincérité ; mais il pénétra si bien la psychologie du fameux politicien, que celui-ci nous apparaît comme une sorte de caricature, dont la portée va bien au-delà de celles d'Eça ou de Bordalo-Pinheiro. Le regard volontaire et sottement froid, la bouche mesquine de cet homme, dénoncent le petit-bourgeois avide et sans scrupules voué à une grande carrière que des dizaines de décorations et de colliers ponctuent, sur l'habit richement brodé...

Sans le vouloir, le peintre attitré de la bourgeoisie a représenté la condamnation de sa classe. Ce portrait réalisé à la fin du roman-

---

2. Au Musée National d'Art Contemporain, Lisbonne.

3. Ramalho ORTIGAO, *in O Figaro*, Lisbonne les 8 et 11 mai 1883 (*in Arte Portuguesa*, Lisbonne, 1947 ; III, 116). Le tableau se trouve au Musée N. d'Art Contemporain.

4. Au Musée N. d'Art Contemporain.

tisme constitue une sorte de résumé symbolique de ses forces officielles, dans une image involontairement réaliste. La simple honnêteté d'un peintre fidèle à son modèle valait mieux que les intentions
théoriques des romanciers qui entouraient alors Eça de Queiroz.

Mais Lupi était aussi capable de peindre des portraits sans éclat,
où perce la vie quotidienne[5], illustrée également par de petites compositions intimistes, livrant le secret d'une liaison amoureuse que ce
peintre solennel cachait[6]... Il n'en devait pas moins poser pour l'éternité comme un peintre d'Histoire et il est mort en 1883, en exécutant
pour l'Hôtel de Ville une vaste composition où le marquis de Pombal
étudiait les plans de Lisbonne, après le tremblement de terre — composition par ailleurs symbolique, comme nous le verrons.

Un duc bourgeois, une petite bourgeoise, un intérieur bourgeois,
voilà, dans les années 70, l'authentique imagerie nationale — recueillie,
délaissant le paysage, préférant une atmosphère feutrée, étrangère à
cette nature découverte avec enthousiasme trente ans plus tôt.

Un seul peintre chercha alors à renouveler le goût du paysage :
Alfredo de Andrade, formé à Genève chez Calame, et qui, ayant subi
l'influence de Fontanesi, réalisa sa peinture dans le nord de l'Italie.
Classé comme « réaliste » en 1872, et considéré comme l'introducteur
au Portugal de cette « nouvelle manière de peindre », en 1880[7], il s'était
pourtant limité à assimiler le goût assez ambigu de la peinture pié-
montaise. Il restera ainsi à l'écart de l'art portugais : non seulement
il cessera ses activités de peintre en 1870, mais aussi se fixera au
Piémont où son œuvre d'architecte et d'archéologue le rendra justement célèbre[8]. On le croyait à tort réaliste alors qu'il était un esprit
romantique, passionné de vieux châteaux. Romantiques étaient également les premiers photographes qui depuis 1861 se groupaient dans
un club[9] et qui, dans les années 70, avec C. Relvas, disciple d'un fidèle
serviteur et ami de Ferdinand de Cobourg[10], dépassaient le niveau de
la curiosité. Ce nouvel art scientifiquement objectif, fixait pourtant

5. *La mère de Sousa Martins* (1878), au Musée N. d'Art Contemporain.

6. *Contraluz* (1875), collection A. Osorio de Castro.

7. J. M. Andrade FERREIRA, *in Artes e Letras* (1872, I, 73) et RAPIN (Rangel de Lima)
in A Arte (1880, II, 15).

8. Alfredo de ANDRADE (1838-1915) exerça d'importantes fonctions publiques en
Italie dont celle de Superintendant des Monuments du Piemont et de la Ligurie ;
il était citoyen honoraire de Turin.

9. Clube Fotografico Lisbonense.

10. Wenceslau CIFKA.

la réalité selon des cadrages qui imitaient ceux des peintres romantiques, et participaient de leur esprit. L'appareil nouveau, manié avec
passion, ne pouvait pas encore se porter garant d'un langage nouveau ;
l'heure du réalisme n'avait pas encore sonné pour les photographes
portugais qui s'arrêtaient devant les paysages tranquilles d'Anunciação. Le mot « réaliste » n'est jamais venu à l'esprit des journalistes
qui couvraient d'éloges l'habilité de Relvas...

Ce mot, employé à propos d'Andrade, mais qui aurait mieux caractérisé l'activité analytique de Lupi, entre pourtant dans le domaine
de la vie artistique portugaise en même temps qu'il apparaît sur le
champ de bataille de la littérature. Eça, dans sa conférence de 1871,
s'en réfère moins à *Madame Bovary* qu'aux trois toiles de Courbet,
Le Retour de la Conférence, *Les Casseurs de Pierres* et *Un Enterrement à Ornans*. Quelques mois plus tard il parlera des *Demoiselles
des Bords de la Seine*[11]. Certes il en parle sans les avoir vues : il fait
confiance à Proudhon, comme nous le savons — mais il affirmait alors
les nouveaux principes de l'art, en cherchant sa destination sociale.
Ramalho fait de même, tout de suite après, lorsqu'il se penche sur un
grand dessin de Bordalo Pinheiro, *O Enterro na Aldeia*[12] ; son analyse
se ressent sans doute de l'interprétation donnée par Proudhon du
Retour de la Conférence, de Courbet[13]. Cette composition « réaliste et
révolutionnaire », sorte de « sentence morale », « travail éminemment
moderne, grave et critique »[14], demeurera pourtant une œuvre unique
et insolite dans le contexte de l'art portugais contemporain — et dans
l'ensemble de l'œuvre de Bordalo qui consacrera dorénavant son talent
à la caricature, imprimant à la critique sociale une allure humoristique. D'un point de vue orthodoxe, ce dessin est le premier travail
réaliste portugais — et le seul, bien que Manuel de Macedo[15], illustra-
teur spécialisé dans des dessins de genre ou de mœurs, ait également
mérité l'attention de Ramalho qui voyait en lui « un observateur de
l'homme, un réaliste »[16].

Bordalo et Macedo étaient pourtant engagés dans le système
romantique, avec leur rhétorique et leurs redondances pittoresques :

---

11. Eça de Queiroz, *in As Farpas*, mars 1872 (*in Uma Campanha Alegre*, II, 128).

12. Au Musée Bordalo Pinheiro, Lisbonne.

13. Voir J. A. França, *A Arte em Portugal no seculo XIX*, I, p. 433.

14. Ramalho Ortigao, *in As Farpas*, avril 1872 (XII, 251).

15. Manuel de Macedo P.C.V. da Cunha Portugal e Meneses (1839-1915).

16. Ramalho Ortigao, *in As Farpas*, avril 1872 (XII, 247).

leurs œuvres ne sauraient guère correspondre aux doctrines proudhoniennes et encore moins être comparées aux graves compositions de
Courbet. Il y avait sans doute là une erreur d'appréciation que seul
le manque de culture artistique, ou visuelle, les deux rédacteurs d'*As
Farpas* explique.

Ce manque de culture est l'aspect, voire la dimension la plus nette
des intellectuels portugais qui vers le commencement des années 70
s'improvisent critiques d'art. Eça, qui sera conquis par les artistes du
Salon parisien, n'insistera pas dans ce domaine ; Ramalho, par contre,
restera attaché à la critique de la spécialité, accordant dans son admiration Bonnat, Bouguereau, Carolus Durand, les peintres victoriens
et les peintres de Barbizon, descendants légitimes de ses chers maîtres hollandais. Et mettant de côté les impressionnistes, et leur « har-
diesse sympathique »[17]...

Ainsi la campagne réaliste tournait-elle court, à peine commencée :
nous sommes ici en présence d'un nouvel effet du glissement du pôle
idéologique de Proudhon vers celui de Taine. En 1874 et 1876, un positiviste se dressera contre l'exclusivisme du culte de Courbet, alors
que l'Allemagne présentait des peintres autrement valables[18]. Dans
l'histoire de l'art le mot « naturalisme» a une précision que l'histoire
de la littérature met en cause. En face de l'impossibilité d'un programme réaliste des peintres (ou des dessinateurs) cités par Ramalho,
on a préféré la réalisation pratique d'un programme moins ambitieux
et sans engagement idéologique immédiat qui est celui des naturalistes
des années 80.

Arrêtons-nous un moment devant ces peintres, et cherchons leur
signification ; ils pourraient en effet ne pas trop s'écarter des principes esthétiques défendus par les deux générations de peintres romantiques, explorateurs du paysage national.

En 1868, un jeune critique dont les idées positivistes manifestent un lyrisme quelque peu intempestif, Luciano Cordeiro, avait jeté
la première pierre contre la situation établie par Anunciação et ses
amis ; il s'attaquait alors à la médiocrité du salon de la Promotora
— qui n'était pas un salon mais une « barraque »[19]. Derrière les effets

---

17. Ramalho ORTIGÃO, *in Diario da Manhã* du 14 février 1879 (*in Arte Portuguesa*,
   III, 11).

18. Luciano CORDEIRO, *in Artes e Letras*, 1874, III, 165 et *Da Arte Nacional* (Lisbonne, 1876). Il préférait alors KAULBACH et OVERBECK.

19. Luciano CORDEIRO, *in A Revolução de Setembro*, 1868 (*in Segundo Livro de
   Critica*, p. 5.

polémiques (que d'autres journalistes avaient essayé depuis les années 40), il est aisé de voir une attitude culturelle plus significative.
Quatre ans plus tard, un autre critique, Rangel de Lima, dramaturge
lié aux formules du romantisme, affirmait que « l'école romantique
a dû céder le pas à l'école réaliste »[20], tout en donnant Courbet en
exemple. On y décèle sans doute l'influence des Conférences Démocratiques mais cela veut dire que l'ombre des nouvelles théories grandissait, en créant une sorte de malaise dans le royaume des arts. La
même année nous pouvons assister aux réactions de romantiques
orthodoxes qui luttent contre « les fausses théories que la perversion
du goût moderne ose appeler école réaliste »[21] ou qui pleurent sur « le
prétendu réalisme, c'est-à-dire un sombre abaissement du regard, une
absence totale d'aspiration, une bruyante négation du beau (...) —
une mauvaise volonté contre l'espèce humaine »[22]. Nous connaissons
les deux critiques qui parlent ainsi : il s'agit d'hommes fidèles au
romantisme, Andrade-Ferreira et le poète E.-A. Vidal. On ne saurait
s'étonner de ces propos romantiques, car, au Portugal, il était encore
possible d'exprimer des idées néo-classiques... Si, en 1866, pour Pinheiro
Chagas, « dans les Beaux-Arts et dans les Belles Lettres l'éloquence
était le premier des mérites », la peinture étant « l'éloquence des couleurs », un autre affirmait en même temps que, « en matière de Beaux-
Arts, on doit se préoccuper en premier lieu des règles et ensuite du
bon goût »[23].

Vers 1870 le choc des forces en présence ne peut être défini à un
niveau esthétique. Ce qu'on attaque chez les vieux peintres, ce n'est
au fond que leur manque de qualité et leur involution. « Il nous manque tout, d'abord la manière, le procédé, la pratique de l'atelier » et
aussi « les pérégrinations artistiques, les voyages fréquents, les longs
séjours à la campagne et la philosophie de la nature ». Ramalho écrivait cela en 1876, dans une sorte de réquisitoire publié dans *As Farpas*,
à propos du salon[24] ; la même année, L. Cordeiro interrogeait ses compatriotes sur un ton rhétorique : « Pourquoi tournez-vous le dos systématiquement à votre pays ? »[25]

---

20. Rangel de LIMA, *in Artes e Letras*, 1872, I, 24.

21. J. M. Andrade FERREIRA, *in Artes e Letras*, 1872, I, p. 73.

22. E A. VIDAL, *in Artes e Letras*, 1872, I, 18.

23. Pinheiro CHAGAS, *Ensaios Criticos*, p. 42 ; Vilhema BARBOSA *in Arquivo Pitoresco*
(1865), p. 50.

24. Ramalho ORTIGAO, *in As Farpas*, 1876 (X, 111).

25. Luciano CORDEIRO, *Da Arte Nacional* (Lisbonne, 1876), p. 19.

Or les naturalistes des années 80 vont précisément se tourner vers leur pays. Leurs chefs de file se trouvaient à Paris comme boursiers depuis la fin de 1873 et rentreront en 1879. Leur arrivée sera saluée par Ramalho comme un « alleluia »[26] : ils remplaceront bientôt les anciens maîtres des Académies de Lisbonne et de Porto, à commencer par Anunciação, mort fort à propos, en 1879.

Ils allaient être des réformateurs : on les attendait avec impatience, tout en examinant les toiles qu'ils envoyaient de Paris. Silva-Porto, surtout, attirait l'attention car il avait été un des derniers disciples de Daubigny. L'école de Barbizon pointait à l'horizon esthétique de la peinture portugaise, alors même que les temps héroïques de l'impressionnisme étaient déjà dépassés. Les jeunes boursiers n'en soufflaient mot : on peut se demander s'ils avaient jamais vu une toile de Monet ou de Manet pendant leur long séjour parisien... Bien que leur action n'appartienne pas à la période couverte par notre enquête, il faut sans doute souligner que le manque de préparation mentale reçue dans leur jeunesse, à l'Académie de Porto (ou de Lisbonne) et dans l'ambiance nationale, explique dans une large mesure leur réaction passive devant les bouleversements de l'impressionnisme.

Ils ne faisaient que développer leur propre expérience romantique, l'élargissant à peine, au contact de la nature. Un critique qui avait soutenu la génération de 50 (laquelle « avait consulté la nature comme le grand maître »[27]), continuera sagement à défendre celle de 80, sans avoir de problèmes à se poser. Et le jour viendra où Silva-Porto subira les critiques jadis faites à Anunciação[28].

Au moment où Ramalho annonçait la régénération de la peinture nationale par le retour des jeunes Portugais de Barbizon, Rangel, plein de bons sens, écrivait : Nos artistes, à de très rares exceptions près, n'ont pas assez de courage pour lutter avec les difficultés de la nouvelle école, ni avec les déceptions qu'elle leur apportera, tant qu'elle ne sera pas définitivement enracinée et tant que le goût du public ne s'habituera pas à elle »[29]. Mais si les difficultés de l'école

---

26. Ramalho ORTIGAO, *in Gazeta de Noticias* (Rio, le 20 mai 1880), (*in Arte Portuguesa*, III, 69).

27. Zacarias d'AÇA, *in Revista Contemporanea de Portugal e Brasil* (Lisbonne, 1864 ; V, 194).

28. Voir J. A. FRANÇA, *Op. cit.*, II, 31

29. Rangel de LIMA, *in A Arte* (1879), I, 182

nouvelle devaient être tournées, dans la mesure où les données esthétiques de celle-ci s'enchaînaient à celles de l'école romantique de naguère, le public pouvait facilement s'habituer aux propositions actuelles. Il n'a pas manqué de le faire, assurant le succès de Silva-Porto comme il avait accordé ses suffrages à Anunciação, peintres également féconds.

Si les salons de la Sociedade Promotora étaient entrés en perte de vitesse à partir de 1872, un nouveau groupement de peintres sera constitué dans les années 80 qui traduira les affinités et les intérêts des nouveaux venus[30].

La brève querelle du réalisme vers le commencement des années 70 intéressa discrètement une revue d'art qu'on ne peut négliger car elle représente, à la fois, une nouvelle voie d'information et une tentative inédite d'accorder les intérêts des artistes et des écrivains dans une publication dont la recherche graphique dépasse de loin la formule d'*Arquivo Pitoresco*. *Artes e Letras*, dirigée par Rangel de Lima, paraîtra pendant quatre ans, entre 1872 et 1875, avec un frontispice de style manuélin et des hors textes de maîtres anciens ou modernes, flamands et allemands surtout, dont l'éditeur, maison française installée à Lisbonne[31], importait les clichés. Il s'agissait de toiles anecdotiques.

Cette ouverture sur une information étrangère, d'ailleurs fort discutable, n'était guère compensée par l'intérêt porté aux artistes nationaux dont on ne reproduisait jamais les travaux. Recherchant la collaboration de personnalités consacrées du romantisme littéraire, la revue traduisait la situation presque irréelle à laquelle la culture officielle était parvenue après l'ébranlement des Conférences du Casino, alors que la nouvelle génération réaliste rassemblait ses forces. *Artes e Letras* était comme le négatif de la *Revista Ocidental* — mais le programme commun que son propre titre indiquait n'en était pas moins voué à l'échec ; un an après la disparition de la revue, Ramalho écrira dans *As Farpas* : « Nos hommes les plus éminents dans les sciences et dans les lettres ont une incompétence navrante dans le domaine de la critique d'art »[32]. Une revue insistant sur la même formule, en 1879-1881, *A Arte*, ne fera que souligner cette faillite.

---

30. Voir J. A. FRANÇA, *Op. cit.*, II, pp. 22 et 82.

31. Rolland & Semiond.

32. Ramalho ORTIGAO *in As Farpas*, 1876 (X, 111).

Vers la même époque, Teofilo Braga essaiera en vain de constituer une « esthétique positive ». Bien que son essai ait été publié (suprême honneur !) dans la revue de Littré[33], il n'allait pas loin dans ses considérations sur « l'inspiration ancienne » produite par « l'hallucination religieuse » et sur « l'inspiration moderne » fondée sur « la profonde conviction de solidarité humaine à travers l'histoire » ; ou sur « les deux formes spontanées et inconscientes par lesquelles l'Art s'élève jusqu'à l'expression idéale — la tradition et l'imitation ».

Si les écrivains, Ramalho mis à part (et encore...), étaient étrangers à toute culture artistique, la grande masse du public montrait de son côté « une ignorance illimitée, étonnante » formant l'« aspect extérieur, rebelle à la peinture, d'une société incolore ». Et Ramalho pouvait conclure, dans le même texte de 1876 : « Nous n'avons pas d'école, nous n'avons pas de musée, et nous n'avons pas de public ».

C'était un bilan brutal (et combien juste !) de quarante ans d'art romantique — et d'académie.

Nous avons déjà vu comment l'Académie des Beaux-Arts, créée par le Septembrisme, avait eu une vie difficile, comment elle avait résisté à toute réforme, ajournant toujours une réorganisation qu'on savait pourtant indispensable. En 1868 une petite réforme manqua son but et en 1870 et 1875 nous voyons nommer successivement deux commissions pour étudier, enfin, la réforme souhaitée. En 1876 L. Cordeiro, secrétaire de la commission créée l'année précédente, a publié un remarquable document[34], terrible réquisitoire contre l'état des arts et de la culture artistique dans le pays. En même temps, le marquis de Sousa-Holstein, inspecteur des Beaux-Arts, que nous avons déjà rencontré, publiait des *Observações*[35] auxquelles la commission a voulu donner la publicité la plus grande, les faisant tirer à 4 000 exemplaires.

Une atmosphère d'enthousiasme paraissait donc envelopper les travaux de cette commission officielle — mais ce n'était qu'apparence car on doit signaler l'indifférence totale de la presse en face du rap-

---

33. Teofilo BRAGA, « Constitution de l'Esthétique Positive », *in La Philosophie Positive* (Paris, juillet-août 1875 ; VIII, n° 1), traduit *in O Positivismo* (Lisbonne, 1879 ; I, pp. 409-429).

34. *Relatorio dirigido (...ao) ministro (...) do Reino pela Comissão nomeada por decreto de 10 novembre de 1875 para propor a Reforma do Ensino Artistico (...)* (Lisbonne, 1876).

35. Marquês de SOUSA-HOLSTEIN, *Observação sobre o actual Estado das Artes em Portugal, a organisação dos Museus e o Serviço dos Monumentos historicos e arqueologicos* (Lisbonne, 1875).

port de la commission ; et, fait encore plus significatif, le projet de loi auquel on est arrivé à la suite des critiques et des propositions de Cordeiro et de l'inspecteur, n'a même pas été présenté au Parlement[36], Sousa-Holstein mourra d'ailleurs en 1878, et la réforme enfin promulguée en 1881 ne prendra que vaguement en considération les travaux réalisés, dont une étude pleine de bon sens que le peintre Lupi avait été invité à faire, en 1879[37].

Les défauts de l'enseignement officiel étaient évidents. En 1879, Rangel n'hésitait pas à accuser les professeurs : ils étaient mal informés des progrès de l'art et, surtout, « aucun d'eux n'avait étudié profondément les questions relatives à l'enseignement artistique »[38]. Deux ans plus tard, Joaquim de Vasconcelos (qui est le véritable fondateur de l'histoire de l'art au Portugal) écrira gravement, au sujet de l'Académie : « une expérience de 45 ans semble suffisante pour lui intenter un procès »[39]. Elle n'avait qu'une excuse : son budget avait été réduit de 30 % depuis 1836...

L'inventaire des critiques faites alors (et depuis toujours) à l'Académie ne doit pas nous occuper ici[40]. Il nous suffit de remarquer qu'il y a deux courants qui s'opposent idéologiquement en ce qui concerne la marche à suivre. L'un soutient la voie traditionnelle, la voie « salonnarde » et mythique de Paris ; l'autre propose une réforme dans le sens utilitaire de l'art appliqué à l'industrie — intention d'ailleurs exprimée par les Septembristes, en 1836.

Nous savons déjà que depuis 1847, date du voyage de Metrass à Paris, la « ville des lumières » hantait les peintres romantiques portugais. Les ateliers de l'Ecole des Beaux-Arts constituaient un supplément d'apprentissage jugé indispensable, et, grâce au marquis de Sousa-Holstein, un sytème de bourses fut institué à partir de 1865 : cinq ans à Paris, assortis d'un bref passage à Rome. Paris se réduisait à leurs yeux à Yvon et Cabanel, « salonnards » chevronnés qui conduisaient les jeunes peintres portugais (comme des centaines d'élèves venus de toute l'Europe) vers une esthétique conventionnelle, alors que les impressionnistes commençaient à mettre le monde en

---

36. Voir J. A. FRANÇA, *Op. cit.*, I, 415.

37. Miguel Angelo LUPI, *Indicações para a Reforma da Real Academia de Belas Artes de Lisboa* (Lisbonne, 1879).

38. RAPIN (Rangel de LIMA), in *A Arte* (1872 ; I, 78).

39. Joaquim de VASCONCELOS, « A Nova Reforma », in *Revista da Sociedade de Instrucção do Porto* (n° 5, Porto, le 1er mai 1881).

40. Voir J. A. FRANÇA, *Op. cit.*, I, 416.

question... Silva-Porto, disciple d'Yvon, put encore suivre l'enseignement, à titre privé, de Daubigny — mais il fut le seul à chercher, du
côté de Barbizon, un apprentissage que les Beaux-Arts officiels ne lui
offraient pas. Et il ne fut pas capable d'aller plus loin.

Des Beaux-Arts au Salon, le chemin était tracé et, à partir des
années 80, quelques peintres portugais pourront obtenir l'honneur
suprême d'être admis dans la grande exposition parisienne. Mais ils
avaient une autre possibilité de présenter leurs œuvres à Paris : les
expositions internationales, organisées à partir de 1855. Les sélections
nationales aux expositions de 1867 et de 1878 sont passées à peu près
inaperçues : Gautier s'interrogea sur la signification de la première[41],
Houssaye trouva que la seconde (que Zola ignora) n'avait pas de
caractère national [42].

Nous avons également vu que l'exposition de Porto en 1865 avait
permis au public portugais d'apprécier des œuvres étrangères sans
grande signification — mais il faut ajouter qu'un peintre parisien
célèbre, Carolus-Duran viendra à Lisbonne en 1880, exécuter les portraits de la reine et de la duchesse de Palmela, femme-sculpteur. Cela
n'a pas eu de conséquences au Portugal, si ce n'est l'admiration que
le peintre inspira au public du Salon de la Sociedade Promotora la
même année — mais, si l'on en croit Ramalho, il reçut pour honoraires
l'équivalent du budget annuel de l'enseignement artistique dans le
pays[43]...

A cette orientation pédagogique, érudite ou mondaine, s'opposaient ceux qui se battaient pour l'utilité pratique, et industrielle, de
l'enseignement. Il est sans doute important d'analyser la pensée progressiste de ces hommes qui s'inspiraient directement d'exemples
étrangers. Pour eux ce n'était plus Paris qui comptait, mais l'Angleterre ou l'Allemagne, et même l'Autriche. Les doctrines de Williams
Morris et de Ruskin, invoquées par le marquis de Sousa-Holstein[44],
ou les méthodes et les modèles du South Kensington Museum de

---

41. Voir Luciano CORDEIRO, *Segundo Livro de Critica*, p. 5.

42. Voir Ramalho ORTIGAO, *in Diario da Manhã* du 14 février 1879 (*in Arte Portuguesa*,
    III, 12). Remarquons également que Charles BLANC (*Les Beaux Arts à l'Expo-
    sition Universelle de 1878*, Paris, 1878, p. 368) trouvait que « l'art s'endormait
    au Portugal ».

43. Ramalho ORTIGAO, *in Gazeta de Noticias* du 20 mai 1880 (*in Arte Portuguesa*,
    III, 70).

44. Voir Note n° 35.

Londres, cités par Vasconcelos[45], constituaient des bases solides — mais il s'avérait difficile de les adopter dans un pays où la conscience du développement industriel n'était pas suffisamment répandue. Les classes de dessin des Instituts Industriels de 1852, œuvre du Fontisme, remplissaient apparemment la demande de main-d'œuvre spécialisée ; ce n'est qu'en 1878 que Coimbre aura une « Escola Livre das Artes do Desenho », au programme plus ambitieux.

Ramalho se plaignait du manque d'écoles en même temps qu'il regrettait le manque de musées. La situation du musée de Lisbonne s'était à peine améliorée pendant cette période, malgré la bonne volonté de l'inspecteur Sousa-Holstein qui, en 1868, parvint à ouvrir au public une Galeria Nacional de Pintura mal installée dans les salles et les couloirs du vieux couvent de S. François. Encore une fois nous rencontrons Ferdinand de Cobourg, éternel mécène dont une donation assez importante permit, entre 1865 et 1868, d'acquérir de nouvelles toiles qui venaient, enfin, enrichir les collections confisquées aux couvents nationalisés en 1833. En vain la commission des réformateurs de l'Académie avait été autorisée à louer de nouvelles installations : toute décision était arrêtée par le manque de fonds.

Autour du vieux musée, on ne remarquait pas de grandes collections privées. « Nous n'avons pas de public » avait constaté Ramalho — et Rangel, en 1879, parlera de « l'indifférence criminelle (...) particulièrement chez les classes les plus riches et les plus éclairées »[46]. Et il concluera en dénonçant une sorte de cercle vicieux : « Il n'y a pas de commande de tableaux ou de statues parce que l'offre est très réduite (...) Il n'y a pas d'offre parce que la demande est, peut-être, encore plus réduite »...

Un seul collectionneur tranchait sur ce panorama négatif — mais il dépassait les limites du jeu de l'offre et de la demande nationales car il n'achetait qu'à Paris, dans les Salons, ou par l'entremise de Goupil. Il s'agit d'un grand industriel d'origine française, qui deviendra comte de Daupias. Il appartenait à la génération des premiers peintres romantiques (né en 1818, il avait l'âge d'Anunciação) mais, venu tard au monde des arts, la cinquantaine passée, il se pencha en même temps sur les « salonnards » célèbres dans les années 60 et 70, comme Bouguereau, Bonnat, Laurens, Bastien-Lepage, et sur les peintres de Barbizon. Il s'intéressait aussi à Courbet — et ce n'était que

45. Joaquim de VASCONCELOS, *A Reforma das Belas Artes* (Porto, 1877) et *A Reforma do Ensino de Belas Artes* (Porto, 1878).

46. RAPIN (Rangel de LIMA), *in A Arte*, 1879, I, 30.

chez ce grand bourgeois industriel du textile, qui dirigeait depuis 1865 une des plus grandes usines portugaises[47], qu'on pouvait admirer des œuvres de ce peintre dont les révolutionnaires des Conférences Démocratiques se réclamaient... Ramalho ne manquera d'ailleurs pas de faire l'éloge de sa collection, qu'il tenait pour une des premières en Europe[48] et dont la vente partielle en 1892, à Paris, atteindra un million deux cent mille francs-or[49].

Cette collection, constituée par amour-propre, plus que par amour de l'art, si l'on en croit Mme Ratazzi[50], n'eut pas de conséquences sur la culture portugaise. Daupias était un étranger, comme le collectionneur Allen, de Porto, que nous avons rencontré au commencement de la période romantique ; leurs activités culturelles restent en marge de la vie nationale dont elles ne font que souligner la pauvreté sur le plan de la consommation artistique.

La réalité de la vie de la capitale était toute autre, avec ses monuments dont la construction traînait, ses théâtres dont seul le Trindade (inauguré en 1867) s'imposait, ses énormes et fades immeubles de rapport que des « azulejos », tapissant les façades, animaient à peine, ses « palacetes » devenus plus rares et cherchant des programmes bizarres, médiévaux ou orientaux[51].

L'Hôtel de Ville, rebâti d'après des plans tracés en 1866 par un jeune architecte, Parente[52], pratiquement sans limite budgétaire, nous permet de faire le point de la situation de la culture architecturale au Portugal. C'est ainsi que la façade de l'édifice a suscité des critiques et même une polémique, en 1874. L'architecte, après avoir dessiné un fronton courbe, voulait le remplacer par une balustrade couronnée de statues allégoriques, surmontant en outre l'édifice d'une

---

47. L'usine DAUPIAS, au Calvario (Lisbonne), avait été fondée par le père du collectionneur, Bernardo DAUPIAS, en 1839. En 1865 elle employait déjà 648 ouvriers. Le montant de ses ventes annuelles était alors de 350 millions de reis (d'après Fradesso da SILVEIRA, Visitas à Exposição de 1865 (Porto), Lisbonne, 1866).Le premier vicomte et comte de Daupias, ruiné, se suicidera en 1900.

48. Ramalho ORTIGAO, in Diario da Manhã du 14 février 1879 (in Arte Portuguesa, III, p. 9).

49. Voir J. A. FRANÇA, Op. cit., I, 410. En 1880, la collection avait été évaluée à 400 millions de reis, soit 9 600 000 francs/ 1974 environ.

50. Princesse RATAZZI, Portugal à vol d'oiseau, p. 53.

51. Hôtel J. M. Eugenio, à Palhavã, vers le commencement des années 70 ; hôtel Ribeiro da Cunha, au Jardin du Principe Real, en 1877.

52. Domingos PARENTE da SILVA (1836-1901).

tour à quatre horloges. C'était le schéma français (et flamand) qu'il trouvait maintenant préférable. La vive opposition soulevée par ses idées le força d'adopter un fronton triangulaire comme le voulait la tradition. Son fronton courbe, plus moderne, comme il le croyait, ne trouva pas grâce aux yeux de ses censeurs. Ramalho critiquait en vain cette manie du fronton triangulaire : « Un édifice est un prétexte pour un triangle », disait-il dans *As Farpas*[53]. Un cliché néo-classique persistait ainsi dans les habitudes visuelles, écarté déjà de toute signification sémantique. L'Hôtel de Ville de la capitale marqua l'épreuve de force contre ces habitudes et une volonté, quelque peu naïve, de modernité ; la victoire de la convention apparente dans maintes édifications publiques et privées, traduisait bien, dans ce cas privilégié, la décadence d'un goût et d'un schéma mental que le romantisme avait créés.

Par contre, le monument à Camoëns, inauguré en 1867, le mémorial de Dom Pedro, érigé entre 1868 et 1870, et l'obélisque célébrant l'indépendance nationale de 1640, commencée en 1877 (ainsi que la statue de José Estevão, élevée en 1878), traduisent, de façon positive, le couronnement de l'esprit romantique et de sa politique.

Le héros-symbole des années noires de l'émigration, en 1824, et le héros porte-drapeau de l'idée libérale, dix ans plus tard, ce « prince des Lumières » qui délivra son pays des forces du mal, devaient être commémorés en même temps par la génération finissante des guerres civiles. En 1870, lors de l'inauguration du monument à Dom Pedro, un de ses maréchaux, Saldanha, vivait encore ; l'autre, Terceira, mort en 1860, aura bientôt sa statue, tandis qu'on préparait déjà celle d'un troisième général, Sá da Bandeira, disparu en 1874. Castilho avait été un des premiers à défendre l'idée d'un monument à Dom Pedro pour lequel nous savons déjà qu'il avait proposé un projet surprenant ; pourtant, Herculano et lui-même admettront plus tard que l'argent recueilli serait plus utile à la nation si on l'employait à la reconstruction de l'Ecole Polytechnique[54]...

Toujours est-il que le concours international ouvert, enfin, en 1868, fut gagné par un architecte et un sculpteur français, Davioud et Elie Robert[55], devant quelque quatre-vingt concurrents venus de toute l'Europe et spécialement d'Italie. La maquette, consciencieusement

53. Ramalho ORTIGÃO, *in As Farpas*, août 1871 (XII, 103).

54. CASTILHO, *in Revista Universal Lisbonense* ; HERCULANO, *A Escola Politecnica e o Monumento*, 1843 (*in Opusculos*, VIII, pp. 193 et suivantes).

55. DAVIOUD est l'architecte des deux théâtres de la Place du Chatelet et de l'ancien Trocadero de Paris ; Elie ROBERT fut disciple de PRADIER et de David d'ANGERS.

choisie après cinquante séances de travail du jury, fut également approuvée par le « public éclairé » — qui (fait à retenir) est venu très nombreux visiter l'exposition des modèles ; si l'on en croit le rapport de la commission, 10 % de la population de Lisbonne s'y est rendu[56]. On s'intéressait donc à ce monument qui sera érigé dans un délai record auquel les artistes nationaux n'auraient certainement pu se conformer, tout comme ils n'avaient pu satisfaire aux exigences d'une qualité portée sur un plan international.

Le troisième monument, commémorant la séparation d'avec l'Espagne au XVIIe siècle, portait une charge idéologique différente. Il s'agissait toujours de l'idée romantique de nationalité et de liberté, mais celle-ci devait être définie par rapport à une conjoncture spéciale : elle répondait aux idées ibériques ou fédéralistes qui entraient alors, et définitivement, en perte de vitesse. L'obélisque dessiné par le fils du vieux maître Fonseca de l'Académie, portait une sculpture d'un élève de Bastos, l'auteur du monument à Camoëns, Simões de Almeida ; deux générations collaboraient ainsi à cette œuvre qui couronnait la période romantique.

Elle n'avait d'ailleurs été possible que parce que le « Passeio Público » disparaissait. L'obélisque des « Restauradores » se dresse à l'endroit où commençait la vieille promenade détruite pour faire place à l'Avenue de la Liberté. Il sera alors défini par un feuilletonniste comme « un phallus minable et patriotique érigé à la mémoire des phtysiques idéales » du « Passeio »[57]...

La fin du « Passeio Público » est un phénomène de la plus grande importance dans le processus de la ville et dans la vie du romantisme qui s'achève avec ce jardin bourgeois et populaire.

Les rêves haussmanniens de Pézerat, en 1865, ou d'une grande compagnie de capitalistes, en 1866[58], avaient tourné court : le moment n'était pas encore venu d'altérer le statut urbain de la capitale fontiste. De même, en 1870, comme en 1863, l'idée de percer de nouvelles voies de communication qui auraient pour conséquence la disparition du « Passeio » était trop précoce, dans la mesure où la ville se conten-

---

56. Voir *Relatorio apresentado a* (...) *ministro das Obras Publicas pela Comissão nomeada para tratar da erecção do monumento à memoria de* (...) *D. Pedro IV* (Lisbonne, 1868, 2 vol.).

57. Article anonyme (probablement de Mariano PINA), *in Correio da Manhã* du 13 décembre 1884.

58. Voir le programme de la Companhia Geral de Edificações *in A Revolução de Setembro* du 14 janvier 1866.

tait encore de ses limites traditionnelles. Mais en 1874 la menace se
précisait, et deux mille signatures s'y sont alors opposées, protestant
contre le sacrilège. Eça appelait le « Passeio » « un bureau planté d'arbres », « un plaisir lugubre »[59] ; Ramalho y voyait une sorte de « Père
Lachaise »[60] — mais pourtant on l'aimait bien et Ramalho lui-même
fera chorus la même année avec ceux qui protestaient. Si elles critiquaient le romantisme national, *As Farpas* ne s'engageaient pas moins
dans la défense d'un de ses produits les plus significatifs, voire d'un
de ses emblèmes. Son directeur préférait alors que la ville, évitant
tout danger de « boulevardisme », puisse « se recueillir à la maison et
vivre en famille »[61], au bon rythme des années 40 ou 50...

Cependant, l'été de 1879, un maire entreprenant, Rosa-Araujo,
donnait le premier coup de pioche dans les murs du « Passeio » : l'Avenue était créée, rompant le carcan traditionnel de la ville qui, en cinq
siècles, avait à peine osé dépasser ses limites nord. La promenade
fondée par le marquis de Pombal et chérie par les romantiques, définissait ces frontières comme une barrière inamovible. La dernière
toile de Lupi, en 1883, rappelant l'œuvre de Pombal, signalait du même
coup la création d'une ville nouvelle. La création de l'avenue marquait
en effet l'ouverture d'un troisième âge urbain pour la capitale portugaise, signifiant du même coup la fin de douces et mornes habitudes
— qui étaient aussi bien celles des vieux feuilletonnistes lisbonnais
que celles des héros des romans nouveaux, signés par Eça de Queiroz.

Camoëns - symbole ne fut pas absent de cet événement car tout
un quartier nouveau fut urbanisé qui porta le nom du poète dont le
troisième centenaire était alors commémoré. Opération fructueuse,
menée par un financier fameux, le comte de Burnay (le Farrobo des
années 70-90), elle marquait de l'empreinte capitaliste un ou deux
faits de civilisation...

Mais à quelques mois de distance du commencement de l'agonie
du « Passeio Público », un autre événement artistique était venu annoncer la fin du romantisme.

Nous avons vu comment celui-ci avait « découvert » le style « manuélin », en lui prêtant une signification idéologique précise — signification
qui inspira le projet du pavillon bâti à Paris, pour l'exposition universelle de 1867. Son style « manuélin », mal compris par un architecte

---

59. Eça de Queiroz, *in As Farpas*, juin 1871 (*in Uma Campanha Alegre*, I, 83).

60. Ramalho Ortigao, *in As Farpas*, 1874 (VII, 26).

61. Idem, ibid., (VII, 239).

engagé sur place, fut alors considéré par la critique comme le style qui s'accordait le mieux à une prétendue renaissance nationale, sous le signe de l'industrie[62]. Mais déjà en 1824 Garrett avait fait entrer son Camoëns dans l'église des Hieronymites, au Restelo, monument-type de l'art des Découvertes ; de son côté, le premier historien qui s'est penché sur le couvent, en 1842, dédia son étude « aux admirateurs de l'art romantique »[63]. Il ne fait pas de doute que le couvent des Hiéronymites constitue un haut lieu non seulement du style « manuélin » mais encore du concept romantique qu'on s'en faisait alors. L'inspiration « revivaliste » du romantisme, qui s'était emparé de la morphologie « manuéline » comme d'un cas particulier du gothique, y trouva sa condamnation.

Il s'agissait de refaire et d'embellir une partie tardive du couvent en y créant un pastiche « manuélin ». Dès 1859 on fit appel à Colson, architecte français établi à Lisbonne ; Bennett, architecte assistant du château de Monserrate, prit sa place en 1865 ; deux ans après, ce fut le tour des décorateurs italiens Cinatti et Rambois que nous connaissons déjà comme architectes amateurs, appréciés de la grande bourgeoisie lisbonnaise — et comme auteurs de fausses ruines pittoresques. C'est donc à des étrangers que fut confié successivement, et paradoxalement, ce chantier qui recouvrait pourtant une idée nationale sinon nationaliste. On avait préféré les décorateurs de l'Opéra à Possidonio da Silva qui en 1867 proposa des plans plus sérieux ; cela n'est certes pas sans signification. Il faut remarquer que cette impulsion donnée au chantier des Hiéronymites correspondait alors (1868) au commencement de la publication d'une série de brochures sur les *Monumentos Nacionais*, dues à Mendes Leal, qu'Herculano ne manqua pas d'approuver[64]. Or Cinatti et Rambois travaillaient en 1878 à une tour placée au milieu de la façade pastichée ; cette tour s'écroula à la fin de l'année, ensevelissant une dizaine d'ouvriers. Elle « couvrit le Restelo de ruines et le pays de honte », dit alors Vasconcelos[65]. Plus que le pays, ce fut tout un concept, voire un système culturel que l'écroulement de cette tour néo-« manuéline » ridiculisa. On n'aura pas

---

62. Voir Vilhena BARBOSA, *in Arquivo Pitoresco* (1867), 50.

63. F. A. de VARNHAGEN, *Noticia Historica e Descritiva do Mosteiro de Belem* (Lisbonne, 1842).

64. HERCULANO, lettre à Mendes LEAL du 6 avril 1868, (*in Cartas*, I, 261).

65. Joaquim de VASCONCELOS, *Historia da Arte em Portugal - Sexto estudo* (Porto, 1879, p. 28).

tort d'y voir le symptôme sinon le symbole de l'effondrement même du romantisme national ..

Cinatti est mort de désespoir tout de suite après — et Batalha Reis, homme du « Cenaculo » et des Conférences du Casino, ne manquera pas de faire son éloge funèbre[66], tout comme Ramalho fera l'éloge[67] d'un jeune sculpteur né en 1847 (deux ans après Eça) qui sera le dernier sculpteur portugais du romantisme. Le dernier et le plus grand. Boursier à Paris et à Rome, entre 1867 et 1872, Soares dos Reis fera, durant les années 70-80, des portraits d'excellente qualité naturaliste[68], mais aussi des travaux très secondaires auxquels, faute de mieux, il se voyait contraint malgré sa position de professeur à l'Académie de Porto dès 1881. Il avait pourtant réalisé dans sa jeunesse romaine une statue qui demeurera unique dans les annales de l'art portugais. *O Desterrado* (1872-1874)[69], inspiré de l'*Ares Ludovisi* du musée des Thermes, est lui aussi un portrait — le portrait idéal d'une situation portugaise. L'exilé, rongé de « saudades », assis sur un rocher que l'écume des vagues (l'écume du temps passé...) vient caresser, est l'image même d'une certaine angoisse nationale, d'une sorte d'anxiété déçue. Aucune « littérature » dans cette statue à la fois classique et naturaliste qui, dans son ambiguïté esthétique même, assume une définition romantique : on doit y voir une œuvre existentielle qui exprime l'engagement le plus profond de l'artiste, la confession de son âme meurtrie trop tôt.

En 1874 un autre jeune sculpteur, Simões de Almeida, réalisera une petite statue de *D. Sebastião*[70], enfant rêveur, en y mettant tout son métier naturaliste qui, derrière la signification romantique du personnage, définira le chemin de la peinture historique « salonnarde » des années 80 et 90. Le mythe du roi disparu, évoqué dans des périodes de crise, réapparaissait dans le cadre de l'imaginerie portugaise. Nous y reviendrons.

Mais le néo-romantisme annoncé par la figure de Dom Sébastien prendra possession d'*O Desterrado* de Soares dos Reis : il faussera

---

66. J. Batalha REIS, *in O Ocidente*, 1879, p. 40.

67. Ramalho ORTIGAO, *in As Farpas*, 1876 (X, 111).

68. Portraits du Comte de FERREIRA (cimetière de Porto 1876), de la vicomtesse de MOSER (Musée N. d.Art Contemporain, 1884) et de *L'Anglaise* (Musée Soares dos Reis, Porto, 1887).

69. Musée National de Soares dos Reis, Porto.

70. Musée N. d'Art Contemporain, Lisbonne.

alors le sens de cette image douloureuse du romantisme finissant, qui est à la fois sa synthèse et sa Passion. Entre le Camoëns moribond peint par Sequeira en 1824 et cette figure à l'âme malade, sculptée cinquante ans plus tard, se développe le processus du romantisme national tel que l'imagination visuelle pouvait le définir.

... Mais la « saudade » immense d'*O Desterrado* était aussi mortelle : angoissé comme Antero, malheureux comme Camillo et comme J.-C. Machado, Soares dos Reis se tuera en 1889, ouvrant ainsi la série de suicides des derniers romantiques.

La belle statue du seul sculpteur portugais original de la période romantique assume alors une signification finale — au moment même où paraissait *A Morte de D. João* et où allait paraître *O Crime do Padre Amaro*. A ces ouvrages polémiques, tournés vers l'avenir, *O Desterrado* opposait une image de désespoir. Soares dos Reis léguait ainsi à l'avenir révolutionnaire des réalistes une sorte de méditation sur l'impossibilité d'être. Nous verrons qu'ils ne tarderont pas à y participer.

CHAPITRE XI

LE POSITIVISME : PHILOSOPHIE
ET HISTOIRE DE LA CULTURE

Cette image idéale d'*O Desterrado*, symbole d'une certaine angoisse nationale, est née en même temps que la structuration positiviste au Portugal. Le positivisme fut enseigné pour la première fois dans le pays en 1872, à la Faculté de Droit de Coimbre, par Emidio Garcia ; Teofilo Braga en fera la base de son enseignement de philosophie, à partir de 1874, au Cours Supérieur de Lettres de Lisbonne. En 1877, riche de l'expérience de cet enseignement, Teofilo publiera *Traços Gerais da Filosofia Positiva*, œuvre de grande importance dans le cadre de la pensée portugaise.

Il s'agit, certes, d'un travail de synthèse et de propagande des théories de Comte que le poète de *Visão dos Tempos* avait assimilées et méditées à Porto, à partir de 1868 ; mais on y trouve, sinon une perspective personnelle, du moins une actualisation des idées exposées trente ans auparavant, d'après des données nouvelles de la science. Teofilo avait d'ailleurs commencé ses cours par des leçons originales d'esthétique positive[1] et on a déjà remarqué qu'il tenait à garder son indépendance envers les écoles positivistes existant à l'étranger[2]. Dans sa proposition d'un concept de sociologie il n'en critique pas moins Comte, signalant l'importance des études sur la population, confrontant les observations de Malthus avec celles de Darwin[3]. Teofilo énonçait là le problème fondamental de sa pensée — car à ses yeux la *population* devenait le *peuple*, et le peuple était bien celui de

---

1. Voir Teofilo BRAGA, *in O Positivismo* (1879 ; I, pp. 409-429). Voir également Note nº 33, chap. X. Voir aussi Teixeira BASTOS, *Teofilo Braga e a sua Obra* (Porto, 1892), p. 276.

2. Voir Alvaro RIBEIRO, *Os Positivistas* (Lisbonne, 1951), p. 65.

3. Teofilo BRAGA, *Traços Gerais da Filosofia Positiva*, chapitre « Reorganisação da Sociologia » (Lisbonne, 1877), p. 114.

son pays. Un point de vue nationaliste se dégage ici qui est le moteur des théories et des intérêts intellectuels et sentimentaux de l'écrivain, dans chacun des domaines où il exerça son activité mentale ou politique. L'épopée de l'humanité conçue par le poète de Coimbre devra trouver une application immédiate, dans le temps et dans l'espace nationaux. Le romantisme de Garrett et d'Herculano perce sans doute ici, mais élargi à une nouvelle dimension que le système comtiste garantit. Teofilo pouvait donc affirmer : « C'est par l'influx de la philosophie positive que nous avons compris l'idéal de l'Humanité en tant que thème définitif de l'Art moderne ; et nous devons à cette philosophie l'impulsion nécessaire pour compléter l'épopée cyclique de la *Visão dos Tempos* »[4]. Là aussi, son attitude est clairement romantique.

Ce petit bourgeois des Açores, fils d'un officier migueliste, jeune homme ardent et ambitieux, complexé et rongé par la volonté de puissance, envieux et rancunier, menteur au besoin[5], se prenant pour un des trois surhommes de l'histoire de l'humanité[6], se faisant sans cesse des ennemis et soupçonnant tout le monde — était bien un romantique attardé que, seules, les nécessités de l'histoire lançaient dans une aventure scientifique. Il entrait dans le naturalisme par la porte du romantisme et il cherchera toujours dans un système matérialiste une issue qui puisse compenser un théisme entrevu, adopté et perdu. S'il n'était qu'âgé de onze ans lorsqu'il décida de prendre le nom significatif de « Théophile »[7], on doit souligner le fait qu'il ne l'abandonnera jamais. En 1884, dans son *Sistema de Sociologia*, où il reprend souvent le texte de 1877, il défend le positivisme contre les attaques de la science anglaise — mais il ne manque pas d'opposer aux synthèses de Comte une « synthèse spéculative », à la fois pragmatique et abstraite. L'horreur des schémas religieux le conduisait alors à reprendre

---

4. Teofilo BRAGA, *Historia da Universidade de Coimbra* (Lisbonne, 1902), IV, 513.

5. Il a faussé des documents pour le livre qu'il attribua à son ami F. M. SUPICO, *Mocidade de Teofilo Braga* (Lisbonne, 1920) et qu'il a écrit lui-même. Voir J. Bruno CARREIRO, *Vida de Teofilo Braga* (Coimbra, 1955).

6. Voir Adolfo COELHO, *Inquerito Literario* (Lisbonne, 1915), p. 79. Sur la personnalité de Teofilo voir aussi J. Bruno CARREIRO, *Antero de Quental*, I, 417.

7. Il est curieux de penser que sous ce nom il aurait pu succéder à LAFFITE, à la tête de la collectivité socialiste internationale car en 1903 on a pensé à lui pour cette charge. Voir A. PRADO COELHO, *Teofilo Braga e a sua Obra* (Lisbonne, 1924), p. 208. De toute façon c'est sous ce nom qu'il a accédé à la présidence de la République Portugaise anti-cléricale, sept ans plus tard.

les idées civiques des Lumières, voulant, d'après Littré, remplacer les cérémonies rituelles par des expositions, des congrès et des commémorations de centenaires de grands hommes ou d'événements importants. Il sera ainsi le principal animateur des fêtes du troisième centenaire de la mort de Camoëns, comme nous le verrons.

Antero de Quental ne manqua pas de trouver l'idée ridicule ; il prépara même un pamphlet que ses amis l'ont empêché de publier pour raison politique[8]. L'opposition entre les deux anciens compagnons de l'Affaire de Coimbre était irrémédiable : Hegel et Proudhon, ces deux foyers de la pensée d'Antero, n'étaient pour Teofilo que « deux métaphysiciens arriérés »[9], tandis que le comtisme était pour Antero un système « assez étroit »[10].

Certes, Hegel, tout comme Vico, avait éclairé la route du jeune poète de la *Visão dos Tempos*, vers 1865, mais ce fut chez Comte qu'il trouva son vrai chemin — ou, mieux, son hâvre et son salut. Le comtisme fut pour lui, romantiquement, une philosophie de l'existence qu'il vivait avec toute la passion dont il était capable. On pouvait dire que sa doctrine « satisfaisait les besoins d'affirmation et les instincts de négation de son esprit »[11]. On pouvait encore dire (et Ramalho Ortigão l'a dit, comme un éloge) qu'il était « un fanatique » — comme Hurs, Savanarole, Calvin, Marat ou Robespierre[12]...

En 1911, lors de la mort de sa femme, cet homme qui avait aussi perdu tous ses enfants, mais qui avait vu la victoire de ses idées positivistes au sein de la République proclamée l'année précédente, s'interrogeait sur sa propre vie : « En a-t-elle valu la peine ? »[13]. Il avait été le premier président provisoire de la République, mais cela lui semblait bien secondaire : dans le bilan de son existence, il ne voyait qu'une vie « équilibrée entre deux réalités et deux idéaux élevés » — la famille et la patrie, « positives » toutes les deux. Il avait accompli une tâche digne d'une université ou d'une académie ; son œuvre représen-

8. Voir J. B. CARREIRO, *Antero de Quental*, II, 90.

9. Teofilo BRAGA, *Historia das Ideias Republicanas em Portugal* (Lisbonne, 1881).

10. Antero de QUENTAL, *O Futuro da Musica* (in *O Instituto*, 1866 ; XIII, n° 10), *in Prosas*, II, pp. 43.

11. Moniz BARRETO, *A Literatura Portuguesa Contemporanea* (in *Revista de Portugal*, I, 1889), *in Ensaios de Critica*, (Lisbonne, 1944), *p.* 113.

12. Ramalho ORTIGAO, *Teofilo Braga* (Lisbonne, 1879), 17.

13. Lettre à Joaquim de ARAUJO de octobre 1911, *in In Memoriam do Doutor Teofilo Braga* (Lisbonne, 1929) p. 494.

tait « le travail de toute une génération entrepris dans le cerveau d'un seul homme », disait Ramalho[14]. Teofilo Braga pouvait alors dire qu'il « avait vécu ». Il vivra encore quinze ans, sera une deuxième fois président de la République, sa dépouille aura les honneurs du Panthéon National. Il pouvait être sûr de sa gloire — mais tout ce qui l'intéressait à ce moment d'abandon, c'était de comparer son attitude à celle d'Antero. « (Ma vie) en a-t-elle valu la peine ? », se demandait-il — et il ajoutait : « Antero aurait dit non ». Lui, il répondra oui. A Hartmann il opposait Comte — à la perdition, le salut. . .

Et ce fut bien le salut comtien, qui était ou sera le salut républicain du bateau libéral à la dérive, qui attira la plus grande partie de l' « intelligentsia » portugaise des années 70-80-90. En 1880, Teofilo présentera une énorme liste de penseurs positivistes au Portugal. Il y avait son disciple préféré Teixeira Bastos[15], des professeurs de Coimbre, comme Emidio Garcia, des professeurs du Cours Supérieur de Lettres comme Consiglieri Pedroso, des mathématiciens comme Moreira de Sousa, des archéologues comme Correia Barata[16], des économistes comme Rodrigues de Freitas, député républicain, des médecins comme Julio de Matos, des écrivains comme Teixeira de Queiroz et J.-A. Vieira, des journalistes comme Ramalho Ortigão, des critiques comme Alexandre da Conceição[17]. Il aurait pu citer encore les trois critiques que nous connaissons déjà : Luciano Cordeiro, Reis Damaso et ,surtout, J.-L. Pinto, romancier et auteur d'une *Estetica Naturalista* (1884). Ce mouvement qui en 1874 avait déjà mérité les éloges de Littré lui-même[18], disposait d'une revue, *O Positivismo*

---

14. Voir Note n° 12, p. 12.

15. F. J. Teixeira Bastos (1856-1901), journaliste, a publié : *Comte e o Positivismo* (1881), *Ensaio sobre a Evolução da Humanidade* (1882), *Principios de Filosofia Positivista* (1883), *Ciencia e Filosofia* (1890), *Ensaios de Critva Positiva* (1890), Teofilo Braga e a sua Obra (1893), etc.

16. Directeur de la *Revista de Coimbra* (1880).

17. Teofilo Braga cite encore José Falcão, Alves da Veiga, P. Gastão Mesnier Laborde Barata, Vicente Pinheiro, Alves de Sá, Bettencourt Raposo, Horacio Ferrari, Augusto Rocha, João Diogo - et Bernardino Machado (professeur de Droit à Coimbre et futur président de la République Portugaise) et Zeferino Candido qui, parti en 1878 pour le Brésil, y fut un important propagandiste du positivisme.

18. Littré, « La Philosophie positiviste au Portugal », in *La Philosophie positiviste* (Paris, juillet-août 1884 ; XXII, p. 164).

(1878-1882)[19], que Braga dirigeait et dont il annonçait le programme en ces termes précis : « Une entreprise comme celle-ci a pour but d'orienter l'esprit public dans un sens scientifique, d'opérer la jonction de tous les éléments qui pensent, en faisant converger leur travail vers cette œuvre de rénovation mentale »[20]. Science, pédagogie sociale et rénovation mentale étaient donc les buts de ce groupe au milieu duquel trônait Teofilo Braga qui, enfin, dominait avec ses qualités — cette phénoménale capacité de travail qui lui a permis de publier quelques dizaines de milliers de pages ; et ses défauts — ce sectarisme borné, cette adhésion à une doctrine, dont les motifs sentimentaux se cachaient derrière des raisons scientifiques, cette pensée « désordonnée et incertaine », ce manque de discipline mentale et de « lignes systématiques fermes »[21]...

On a déjà dit que le naturalisme, positif ou matérialiste, « fut la seule philosophie que le pays a comprise et assimilée »[22] — et cela n'est certainement pas loin d'être vrai. Antero de Quental, n'écrivait-il pas déjà en 1881 : « Le positivisme (...) paraît clair, simple et capable de tout expliquer ; en outre il ne demande pas d'effort de l'intelligence pour être compris ; il est, enfin, commode comme tous les dogmatismes »[23] ? Il y a là sans doute une vision polémique du problème — mais on ne saurait cacher que (comme le dit le plus fécond des adversaires philosophiques de Teofilo) « la jeunesse se sent bien au sein du positivisme parce que cette doctrine n'est pas exigeante »[24]. La pensée philosophique des romantiques, quarante ans après l'entrée en scène de la première génération, n'aurait su produire une curiosité profonde pour les problèmes de l'esprit à un niveau spéculatif abstrait. Ce système traduisible, comme il était inévitable, en séries de clichés,

---

19. *O Positivismo* était dirigé par Teofilo BRAGA et Julio de MATOS. Il y avait en même temps deux autres revues de doctrine positive : *Era Nova* (Lisbonne, 1881, dirigée par Teofilo BRAGA et Teixeira BASTOS) et *Revista de Estudos Livres* (Lisbonne, 1883-1886, dirigée par les mêmes, avec Americo Brasiliense, Carlos Koseritz et Silvio Romero dirigeant la partie brésilienne que le volume III ne comporte plus).

20. Lettre de Teofilo BRAGA à M. Emidio GARCIA du 16 août 1878.

21. Delfim SANTOS, « O Pensamento Filosofico em Portugal », *in Portugal* (Lisbonne, 1946), p. 269.

22. L. CABRAL de MONCADA, *Subsidios para uma Historia da Filosofia do Direito em Portugal* (Coimbre, 1938) p. 128.

23. Lettre d'Antero de QUENTAL, *in* préface à Domingos TARROSO, *Filosofia da Existencia* (Ponte de Lima, 1881), *in Cartas de Antero de Quental* p. 101.

24. A. M. Cunha SEIXAS, *Ensaios de Critica Filosofica* (Lisbonne, 1884), p. 76.

fermé dans des réponses apparemment satisfaisantes à des questions
que la métaphysique menait trop loin, créait ainsi une situation mentale idéale pour les Portugais — une situation qui, en fin de compte
(selon Oliveira Martins)[25], répétait celle que l'esprit théologique définissait. Sinon celle qui, pour Camilo, était la seule que le Portugal
était capable de vivre intellectuellement et que *A Besta Esfolada*
personnifiait...

N'oublions pourtant pas (et cela n'est certes pas sans importance)
que l'enseignement de la philosophie dans les lycées, à la grande indignation des positivistes[26], demeurait subordonné à des manuels des années
50. Si Sousa Doria rééditait pour la septième fois ses *Elementos* en 1869,
durant les années 60-70, et jusqu'en 1881, on publiera des cours ou des
abrégés dont la tendance spiritualiste éclectique hésitait toujours à se
libérer de la vieille influence de Genovèse[27]. Le succès de la philosophie positive peut être expliqué, en partie, par une réaction à cet
enseignement figé. Une autre explication doit être cherchée dans une
poussée matérialiste plus générale où l'anti-cléricalisme libéral devait
aboutir.

Certes, le positivisme n'adoptait pas les solutions matérialistes
qu'il prétendait dépasser, dans la mesure même où elles traduisaient
un « degré de positivité incomplète »[28] — mais l'atmosphère créée s'y
prêtait.

En effet, dès 1870, dans *Vida e Alma — Breve exposição de algumas verdades scientificas*[29], on avait défini l'âme comme une propriété de la matière organisée ; quatre ans plus tard, un jeune homme

---

25. Oliveira MARTINS, *O Helenismo e a Civilização Cristão* (Lisbonne, 1878) p.
XXXV-XXXVI.

26. Voir Teixeira BASTOS, « A Filosofia dos Liceus », *in Revista dos Estudos Livres*
(1884 ; I, 501).

27. Sousa DORIA, *Elementos de Filosofia Racional* (Braga, 1848), A. Ribeiro da COSTA
e ALMEIDA, *Curso de Filosofia Elementar* (Porto, 1866), Joaquim ALVES de SOUSA,
Curso de Filosofia Elementar (Coimbra, 1871), Pedro MONTEIRO, *Compendio de
Filosofia Moral* (Lisbonne, 1881).

28. Teixeira BASTOS, « Positivismo e Materialismo » in *O Positivismo* (1882 ; IV,
p. 27). Il s'agit d'un commentaire à André LEFÈVRE, *La Renaissance du Matérialisme* (Paris, 1881).

29. Par F.M. FRANÇA et C.A. PERRY, Lisbonne, 1870. Nous devons signaler qu'il
nous a été impossible de consulter la bibliographie suivante : Bettencourt
RAPOSO, *Os Estudos Filosoficos e Fisiologicos sobre a Vida* (Lisbonne, 1870),
Augusto Eduardo NUNES, *A Teologia e a Ciencia da Natureza* (Coimbra, 1876)
et Bento NASICA, *O Transformismo e a Filosofia Positivista* (Coimbra, 1876).

de dix-sept ans, Sampaio Bruno, publiera, à Porto, une *Analise da Crença Cristã* à l'enseigne de Voltaire (« Ecrasons l'infâme ! ») et sous l'influence de Büchner. Avec l'âge, l'auteur deviendra le penseur le plus profond dans le domaine des idées pures au Portugal : hétérodoxe, individualiste absolu, sinon anarchiste, épris de « révélation », il publiera en 1902 *A Ideia de Deus*, déjà annoncé en 1874, où l'on a décelé curieusement une sorte de « positivisme métaphysique », marqué à la fois par Comte et Hartmann[30] — les deux philosophes qui constituent les derniers pôles des idées de Teofilo Braga et d'Antero de Quental. Mais, pour le moment, J.-P. de Sampaio, qui à quatorze ans adopta pour toujours le pseudonyme de Bruno, attaquait le christianisme (« Tu mens ! ») et exaltait la Révolution (« Salut, o vierge libératrice des esclaves ! »)[31]. Il évoluait alors dans une sorte de théisme qui glissait vers l'athéisme — et cherchait la lumière, avec la hantise de l'absolu indéfinissable qui convenait à son jeune âge. Ce livre passionné était aussi issu de la lecture enthousiaste de *Defesa do Racionalismo e Analise da Fé*, d'Amorim Viana[31] (a) dont l'auteur imitait le titre ; il a fait scandale. « Giordano Bruno » ne sera pourtant pas voué au sacrifice, si ce n'est en 1891, lorsqu'il fut contraint de s'exiler après avoir participé à une révolution républicaine à Porto. Entretemps, il publiera, en 1878, une remarquable critique du positivisme[32], et annoncera un essai sur la théodicée et une étude sur *Le Capital* de Karl Marx[33]. A son avis, le positivisme se bornait à écarter les problèposés par la métaphysique, alors que l'esprit demandait toujours des réponses (« terrible besoin ») — et que Hartmann et Vacherot (« deux créateurs ») exprimaient une tentative de redressement de la métaphysique.

---

30. Voir Amorim de CARVALHO, *O Positivismo Metafisico de Sampaio Bruno* (Lisbonne, 1960).

31. Sampaio BRUNO, *Analise da Crença Cristã* (Porto, 1874) p. 123.

31 a. Il faut souligner l'influence d'Amorim VIANA sur la pensée de BRUNO. *A Ideia de Deus* a eu comme premier titre (que l'éditeur refusa) *Amorim Viana*.

32. Sampaio BRUNO, « A Proposito de Positivismo (Relance) » *in Museu Ilustrado* (Porto, 1878, n° 3). Cet article sera repris et développé dans *O Brasil Mental* (Porto, 1898). L'auteur suit dans son étude Charles PELLERIN, *Essai Critique sur la Philosophie Positive*.

33. Voir Joel SERRAO, *Sampaio Bruno, O Homem e o Pensamento* (Lisbonne, 1958). En même temps BRUNO annonçait *A Geração Nova*, remarquable recueil d'études sur la nouvelle génération littéraire, qui sera publié en 1886 (voir Joel SERRAO, *Op. cit.*, p. 34).

La critique de Bruno au système comtiste (il dira plus tard qu'il n'y avait là qu'une « négation métaphysique de la métaphysique »)[34] pose les problèmes à un niveau auquel la critique catholique ne pouvait prétendre. Celle-ci ne voulait d'ailleurs que dénoncer le danger que le positivisme représentait pour la foi. Le P. Sena Freitas[35], ami de Camilo, fut un des principaux animateurs de la campagne ultramontaine dans la ligne de Veuillot ; mais le texte le plus important de cette campagne fut écrit par un journaliste provincial qui suivait la ligne réactionnaire de la hiérarchie française lorsqu'il se pencha, en 1880, sur O Positivismo e a Sociedade[36].

Avant que le thomisme n'ouvre un nouveau front anti-positiviste à Coimbra, en 1881, sans grand retard par rapport à la doctrine de Léon XIII (ce qui révèle une stratégie active de la part de l'Eglise)[37], la pensée catholique n'avait pas d'armes assez puissantes pour combattre les sectaires de Comte. Une petite collection provinciale « Ciencia e Religião »[38], ne pouvait certainement pas s'opposer au raz-de-marée de collections et d'éditions d'originaux et de traductions qui déferlaient sur le marché, portant la bonne parole positive et républicaine[39] : l'heure appartenait sans doute à Teofilo Braga.

A côté des amis et des ennemis catholiques de celui-ci, à côté du républicain Bruno et des socialistes Antero de Quental et Oliveira Martins (avec les « élans intermittents » de l'un et les « indécisions

---

34. Sampaio BRUNO, O Brasil Mental ; p. 240.

35. P. Sena FREITAS (1840-1913) écrira aussi contre RENAN (O Milagre e a Critica Moderna, Braga, 1873) et contre Guerra JUNQUEIRO (Autopsia da Velhice do Padre Eterno, São Paulo, 1886 ; Porto, 1888).

36. Carlos José CALDEIRA, O Positivismo e a Sociedade (Guimarães, 1883), avec une préface du Pe. Sena FREITAS. Le texte fut d'abord publié dans O Catolico (Angra do Heroismo, Açores, 1880). C. J. CALDEIRA se réclame de l'ouvrage de l'abbé GUTHLIN, Les Doctrines Positivistes en France (Paris, 1873) dont M. PUPANLOUP avait fait l'éloge.

37. L'Academia de S. Tomás de Aquino, fut fondée en 1881, d'après l'encyclique Aeternis Patris (1879). Son action échappe déjà à notre perspective chronologique (voir Ferreira DEUSDADO, La Philosophie Thomiste en Portugal, Louvain, 1898).

38. Publiée à Povoa do Varzim par Gomes dos SANTOS. L'introduction du P. Sena FREITAS au livre de C. J. CALDEIRA en constitue de n° 42. (Cité par Alvaro RIBEIRO, Op. cit., p. 113.).

39. La Biblioteca Cientifica Moderna (ed. Magalhães & Moniz, Lisbonne, vers 1880) imitait la Bibliothèque Scientifique Internationale et la Bibliothèque des Sciences Contemporaines. La Biblioteca Historica Cientifica publiait LITTRÉ, BUCHNER, Teofilo BRAGA - mais aussi THIERRY, GUIZOT, MICHELET et QUINET.

théoriques de l'autre »[40]), il existait pourtant deux penseurs auxquels il faut s'arrêter car, plus que tous les autres, ils représentent une opposition originale qui n'était pas due à des préjugés religieux ou politiques et qui se maintenait vierge de toute contamination comtiste. Il faut parler ici de Cunha Seixas et de Domingos Tarroso. Ils appartenaient à deux générations différentes ; le premier, né en 1836, était plus âgé que Teofilo ; le second, né en 1860, était plus jeune que Bruno.

Avocat à Lisbonne, politicien « progressiste » bientôt déçu, Seixas publia son premier ouvrage de philosophie en 1870 ; il y cherchait encore, dans la croyance de l'immortalité de l'âme, un point de départ pour sa pensée[41], ses *Principes Gerais de Filosofia* ne paraîtront qu'en 1897, deux ans après sa mort. Il s'agit de la première partie d'un vaste *Curso Geral de Filosofia Pantiteista*, base d'un système universel nouveau « et de la réforme conséquente des sciences », qui demeura inédit — et que l'auteur annonçait pourtant dès 1878[42]. Son ambition était de réorganiser un système spiritualiste cohérent — mais il n'en affirmait pas moins une intention polémique car il voyait dans son livre « l'affirmation des forces du spiritualisme et la débâcle finale du matérialisme »[43]. Il visait surtout le positivisme de Teofilo, son ennemi personnel[44].

Le système de Seixas, qui devait le projeter hors du siècle dans l'attente d'un monde nouveau, monde ultra-sensible[45], est un système original et personnel. « Penseur solitaire conduit uniquement par la lumière de (ses) idées », Seixas s'honore pourtant de « présenter les parentés les plus proches » de son système ; il parle alors de Saint Augustin, de « la philosophie allemande » (faisant certainement allu-

---

40. Sampaio BRUNO, *O Brasil Mental*, p. 245.

41. J. M. Cunha SEIXAS, *A Fenix ou a Imortalidade da Alma Humana* (Lisbonne, 1870).

42. J.M. Cunha SEIXAS, *Principio Gerais da Filosofia da Historia* (Lisbonne, 1878), p. 77.

43. J. M. Cunha SEIXAS, *Principios Gerais da Filosofia* (Lisbonne, 1897), p. XVII.

44. Voir J.M. Cunha SEIXAS, *Principios Gerais da Filosofia da Historia* (thèse de concours pour la chaire de philosophie du Cours Supérieur de Lettres - que, en face de l'opposition de Teofilo BRAGA, l'auteur n'a pu obtenir), *Galeria das Ciencias Contemporaneas* (Porto, 1879, critique à la structure du Cours Supérieur de Lettres), *Ensaios de Critica Filosofica* et *Estudo de Literatura e Filosofia* (Lisbonne, 1884, où l'auteur a recueilli de violents articles de critique à l'œuvre et à la pensée de T. BRAGA).

45. Voir J. M. Cunha SEIXAS, *Estudos de Literatura e Filosofia*, p. XV.

sion à Kant et à Fichte), de Cousin et de Bordas-Demoulin[46]. Dans son
« pantithéisme » (mot qui voulait dire Dieu partout), le philosophe
s'opposait non seulement au panthéisme spinozien mais au « panen-
théisme » de Krause, philosophe de la lignée de Kant et de Schelling,
qui, par la voie espagnole, était alors connu et suivi au Portugal dans
certains milieux doctrinaires de la Faculté de Droit de Coimbre[47].
Seixas y a soutenu une thèse de doctorat — après avoir reçu des ordres
mineurs et fréquenté la Faculté de Théologie, faits qui ne doivent pas
nous échapper.

Mais Seixas était aussi poète et son « pantithéisme » s'est exprimé
par des cantiques et des poésies fort médiocres[48]. En cela il sera
imité par Tarroso qui, dans son ouvrage *A Poesia Filosofica* (1863),
prétendait offrir de vrais « poèmes modernes », voire une « poésie nouvelle » qui pourtant n'est pas toujours étrangère à la rhétorique de
Junqueiro.

Autodidacte isolé en province[49], Tarroso avait commencé son œuvre en 1881, par la proposition d'un système original dans *Filosofia
da Existencia*. Il avait alors 21 ans et s'attaquait au positivisme, dans
le sillage de Seixas qui consacra toute une série d'articles à la critique
de son livre[50], tandis qu'Antero s'occupait d'en écrire la préface. Débou-
chant sur un monisme spiritualiste, au sein d'un univers où la matière
atomique manifeste une lutte générale pour la non-existence, la philosophie de Tarroso constitue, malgré le manque de discipline et d'authentique formation intellectuelle de son jeune auteur, une curieuse
proposition métaphysique contre le raz-de-marée positiviste. Seixas

46. Pour son exploration de la pensée de MALEBRANCHE sur les « infinis-relatifs »,
voir *Principios Gerais da Filosofia da Historia*, p. 77.

47. Voir Ferreira DEUSDADO, *Esboço Historico da Filosofia em Portugal no seculo XIX*, préface à J. M. Cunha SEIXAS, *Principios Gerais de Filosofia*, p. XLII
et L. Cabral de MONCADA, *Op. cit.*, pp. 52 et suivantes. Voir la critique de
Cunha SEIXAS aux idées de KRAUSE dans *Principios Gerais de Filosofia*, pp.
110 et suivantes.

48. J. M. Cunha SEIXAS, *O Pantiteismo na Arte - Canticos e Poemas* (Lisbonne,
1883).

49. Dans *O Monopolio da Ciencia Oficial* (s/l., 1888), dédié à Oliveira MARTINS,
D. TARROZO a fait le procès de l'enseignement officiel. Pour lui, « les programmes officiels sont la prison de l'intelligence ». Il ajoutait : « C'est pourquoi je viens demander la liberté, la liberté intellectuelle, comme d'autres
demandent la liberté pour le travail » (p. 63).

50. *In Comercio de Portugal*, Lisbonne, à partir du 8 janvier 1882. Ces articles
ont été recueillis dans *Ensaios de Critica Filosofica*, pp. 71-192.

et lui, avant Bruno, furent les seuls penseurs personnels de cette période finale du romantisme — romantiques eux-mêmes par cette illusion, propre à l'époque, de créer de toute pièce des systèmes universels de pensée. Ils n'ont d'ailleurs pas eu d'influence sur les courants de la pensée portugaise de leur temps.

Antero de Quental, dans ses *Tendencias Gerais da Filosofia da Segunda Metade do Seculo XIX*, texte que nous connaissons déjà, prônera, quelque neuf ans plus tard, un spiritualisme kantien tendant vers le « non-être ». Il se défendra bien d'organiser un système même ouvert comme Seixas prétendait le faire ; c'était un homme qui interrogeait ou, mieux, s'interrogeait, alors que les autres avaient la prétention de répondre... Ils n'étaient pourtant pas nombreux : du fond de sa « prostration », de son « manque absolu de science », le pays ne pouvait produire des ouvrages de philosophie. Seixas ne manque pas de s'en plaindre[51].

Cependant, la pensée philosophique se présentait aussi comme fonction historique. Le moment était également venu d'étudier l'histoire de la création nationale dans les domaines les plus divers — la philosophie, la littérature, l'art.

Il va sans dire que l'histoire de la pensée philosophique s'arrête court et qu'elle n'est pas capable de s'attarder au domaine national. Latino Coelho, historien romantique doublé d'un politicien, ayant mis en 1878 son style laborieux au service d'une traduction de l'*Oraison de la Couronne* de Démosthène, brossa en même temps une histoire de la philosophie en Grèce ; celle-ci marqua l'acquisition d'une conscience de l'évolution des systèmes philosophiques qui n'avait pas encore été exprimée au Portugal[52]. Silva Cordeiro, futur professeur du Cours Supérieur de Lettres (en 1901), s'est plutôt occupé de l'histoire générale : il publia le premier tome de ses *Ensaios de Filosofia da Historia*, en 1882, alors qu'il n'était encore qu'un jeune étudiant en droit. Ses pages, marquées par un comtisme discret, révèlent un historien sérieux, dans cette première tentative d'une vision historique coordonnée qui n'aura pas de lendemain car l'auteur ne publiera jamais les second et troisième tomes où il aurait été question d'une période allant de Kant à Hartmann et aux positivistes, et d'une nouvelle théorie de l'histoire. Déjà chez Lopes Praça, une enquête sur l'histoire de la

---

51. Voir J. M. Cunha Seixas, *Ensaios de Critica Filosofica* p. 78.

52. J. M. Latino Coelho, *Estudo sobre a Civilização da Grecia* (Lisbonne, 1879). Voir Joaquim de Carvalho, *Evolução da Historiografia da Filosofia em Portugal até fins do seculo XIX* (Coimbre, 1947) p. 32.

pensée philosophique au Portugal n'avait pas été achevée. Le premier tome de l'*Historia da Filosofia em Portugal nas suas relações com o movimento geral da Filosofia* (1868)[53], œuvre de pionnier d'un jeune étudiant de vingt-quatre ans, restera isolé car le second tome ne paraîtra jamais. Faisant suite à des recherches ne dépassant pas l'époque de Pinheiro Ferreira, il devait s'occuper des contemporains — c'est-à-dire de la pensée romantique. Ainsi, les mauvaises conditions du marché aidant, le romantisme hésitait à se pencher sur son passé récent, sur sa propre histoire, dans un domaine où, d'ailleurs, on avait toujours connu de profondes hésitations idéologiques[54].

On était certainement plus à l'aise dans le domaine de l'histoire de la littérature — malgré des difficultés éprouvées par le Cours Supérieur de Lettres pour trouver des professeurs, depuis la mort de Lopes de Mendonça, la seule vocation critique de la première phase du romantisme. Le choix de Teofilo Braga pour ce poste sera lourd de conséquences ; il n'en résultait pas moins d'une activité fiévreuse de l'écrivain qui, entre 1869 et 1872, date de son concours, avait écrit quelque seize volumes sur l'histoire de la littérature nationale. Il doublera au moins cette production, se montrant ainsi l'auteur le plus fécond de la littérature nationale.

Il est indispensable de remarquer que Teofilo Braga commença son activité d'historien de la littérature en 1867 par une *Historia da Poesia Popular Portuguesa* et par une *Historia da Poesia Moderna em Portugal*, publiée en 1869 : ce n'était donc pas un point de vue archéologique qui l'intéressait, bien au contraire. Il se voulait un historien en action. Lorsque, l'année suivante, il tracera le programme de son histoire générale, il exposera ses idées dans une introduction[55] qui aura son correspondant en 1872 dans la *Teoria da Historia da Literatura Portuguesa*. Il avait alors publié toute la partie concernant l'histoire du théâtre, de Gil Vicente à Garrett, et trois volumes de l'histoire des poètes du XVIe siècle, et il considérait qu'il avait réuni des éléments suffisants pour démontrer ses théories ou, mieux, sa « vérité ».

---

53. Lopes Praça a publié ensuite le premier fascicule des *Provas* de son histoire, travail également interrompu.

54. Dix ans plus tard, Lopes Praça se proposa d'écrire pour la revue *Renascença* (Porto) une série d'articles sur le mouvement scientifique, historique et de philosophie de l'histoire au Portugal. Il n'a publié qu'un premier article (1878, dernier numéro de la revue, p. 132) où il fait l'éloge de Teofilo Braga, tout en abordant avec prudence le positivisme. On a déjà remarqué dans son *Historia* « une certaine influence de Cousin » (Joaquim de Carvalho, *Op. cit.*, p. 31).

55. Teofilo Braga, *Historia da Literatura Portuguesa - Introdução* (Porto, 1870).

Les deux premiers chapitres de l'introduction de Teofilo éclairent tout de suite sa route : il s'y occupe « des races et de leurs créations artistiques » et du « génie des Mozarabes ». Plus loin, il composera un tableau fort ingénieux où les « Eléments de la Race » correspondent aux « Formes de Création » — à commencer par les Mozarabes vis-à-vis des « romanceiros »[56].

Deux ans plus tard, il marquera l'itinéraire de sa pensée, en parlant de Cujacio (qui, au XVIe siècle, avait cherché le véritable esprit du droit romain chez les poètes satyriques et comiques de Rome), de Vico, de Wolf — et, comme l'on pouvait s'y attendre, de Schlegel. Le principe romantique de la « race », que Taine reprendra dans une certaine mesure, est donc le noyau de la pensée historique de Teofilo. La race mozarabe, assujettie par les seigneurs auxquels la loi romaine et wisigothique avait donné le pouvoir, possède son génie propre qui s'exprime dans les traditions populaires du peuple portugais. Ces traditions là, le romantisme les a repérées, dans un contexte idéologique nationaliste auquel il s'agissait de fournir des instruments scientifiques nouveaux. Car les luttes du romantisme étaient alors terminées — et « le courant des travaux historiques et philosophiques conduisit l'art insensiblement vers sa seconde période que Schlegel définit comme le pressentiment de l'avenir »[57].

Le passage entre l'expression populaire (que Garrett avait devinée) et l'expression érudite moderne se faisait donc logiquement, d'après cette théorie pour laquelle Teofilo Braga se battra tout au long de sa vie. Au début de sa *Teoria*, il énonce nettement un théorème qui traduit un effet contraire, enregistré dans le processus historique de la culture nationale, faussé par des forces anti-populaires : « Dans la lutte entre les traditions latines et le génie des littératures du Moyen Age, la littérature portugaise fut celle qui a le plus perdu de son originalité »[58].

« Caractère national » et « originalité » — voilà les deux pôles d'une création qu'il fallait réhabiliter au sein d'un schéma idéologique dont seul le positivisme pouvait se porter garant.

Dans *Modernas Ideias na Literatura Portuguesa*, publié en 1892, Teofilo pourra enfin tracer l'histoire du romantisme : il se situait alors dans cette seconde période où l'avenir dont parlait Schlegel

---

56. Idem, ibid., p. 340.

57. Teofilo BRAGA, *Teoria da Historia da Literatura Portuguesa* (Porto, 1872), p. 83.

58. Idem, ibid., p. 6.

n'était plus pressenti mais déjà vécu. Avec un recul à peine suffisant, l'historien pouvait distinguer trois époques : celle des promoteurs, Garrett et Herculano, définie entre 1818 et 1847 (date de la fin de la guerre civile « patuleia », avec le clivage provoqué par l'intervention des armées étrangères appelées par Dona Maria II), l'époque des ultra-romantiques, située entre 1847 et 1864 et, finalement, la période écou-lée entre 1865 (date de l'Affaire de Coimbre) et 1880, où l'on observait la dissolution du romantisme et l'institution d'un « régime critique et philosophique ». D'après ce régime, il pouvait parler d'un « programme de travaux pour la génération moderne »[59], titre emprunté à Antero de Quental qui avait abandonné son propre programme et qui venait de se tirer une balle dans la tête.

Il y a là, sans doute, une sorte de vengeance posthume de Teofilo Braga : c'était lui et non pas Antero qui, grâce à sa persévérence, avait pu déceler le programme des nouvelles générations. Il y voyait la réno-vation esthétique apportée par Eça et la rénovation scientifique pro-posée par Oliveira Martins, avec ses recherches sur la civilisation ibérique — et, surtout, il y insérait l'étude des traditions populaires et de l'histoire de la littérature nationale, ses propres fiefs. Il y voyait finalement une rénovation philosophique et politique, que le positi-visme et le fédéralisme garantissaient, même si celui-ci avait été mis définitivement de côté par les idéologues républicains, comme nous le verrons.

Le bilan du romantisme établi par Teofilo permettait à ses contem-porains de voir clair dans leur passé récent, et, en même temps, de prendre conscience des changements profonds que les années 80 avaient apportés, après une querelle de quinze ans. Teofilo avait sans doute raison : il avait toujours vu juste...

Vingt ans auparavant il avait entretenu une polémique avec Antero et Oliveira Martins (et Chagas — mais Chagas, qui en 1872 avait voulu réfuter son histoire de la littérature, s'opposant à lui lors du concours pour la chaire du Cours de Lettres[60], ne comptait vraiment pas...), au sujet du fondement idéologique de ses théories. Teofilo a également engagé des polémiques avec Castilho, Herculano, Camilo et une dizaine d'autres écrivains — mais c'est Antero qui l'a blessé le plus profon-

---

59. Teofilo BRAGA, *Modernas Ideias na Literatura Portuguesa* (Porto, 1892), vol. II.

60. Pinheiro CHAGAS, *Desenvolvimento da Literatura Portuguesa* (Lisbonne, 1872). Voir Teofilo BRAGA, *Os Criticos da Historia da Literatura Portuguesa* (Porto, 1872), p. 41.

dément, lorsqu'en 1872 il analysa sa philosophie de l'histoire littéraire portugaise[62].

Antero comparait alors les idées de Teofilo avec celles d'Oliveira Martins qui venait de publier un essai sur *Os Lusiadas*[63] ; au point de vue nationaliste et absolu de Teofilo, il opposait le point de vue relativiste de Martins qui cherchait chez Camoëns plus que le poète portugais, l'homme de la Renaissance — trahison érudite au développement intérieur et authentique du « génie » autochtone, selon Teofilo. Antero ne manqua pas de rendre hommage au travail acharné de celui qui était encore un de ses amis — mais il n'en soulignait pas moins la faiblesse de ses théories générales, c'est-à-dire de la partie philosophique de son système. Teofilo Braga lui apparaissait alors comme le représentant d'une école ethnologique, sans doute très riche par ses perspectives, mais trop systématique, tandis qu'Oliveira Martins défendait une école sociale et historique qui était la seule à pouvoir assumer une responsabilité philosophique. Déjà Martins avait critiqué la position de Teofilo dans son propre essai. La polémique suivit son cours, avec une violence extrême de la part de Teofilo qui ne voyait dans toutes ces critiques qu'une coalition contre lui — alors même qu'il jouait son avenir dans le concours pour une chaire du Cours Supérieur de Lettres, après avoir été refoulé à Porto et à Coimbre.

Si, dans les considérations d'Antero de Quental, la « faiblesse et parfois la puérilité de certaines inductions » de Teofilo, son abus de l'intuition comme procédé scientifique, le manque de logique dans la structure de ses ouvrages, sont très justement dénoncés[64] — c'est surtout la position de l'historien par rapport aux schémas mentaux du romantisme qui doit nous intéresser. Trois ans plus tard, Oliveira Martins reviendra là-dessus, dans une sorte de synthèse finale : pour lui, il ne fait pas de doute que le système des idées de Teofilo Braga

---

62. Voir Antero de Quental, *Considerações sobre a Filosofia da Historia da Literatura Portuguesa* (Lisbonne, 1872 ; in *Prosas* II, 208) ; Teofilo Braga, *Os criticos da Historia da Literatura Portuguesa, exame das afirmações dos Srs. Oliveira Martins, Antero de Quental e Pinheiro Chagas* (Porto, 1872) ; Antero de Quental, *Duas Palavras a proposito do folheto do Sr. Teofilo Braga mas não em resposta ao Sr. Teofilo Braga nem ao seu folheto* (in *O Primeiro de Janeiro* des 30 et 31 juillet 1872 ; in *Prosas*, II, 241). Voir aussi Silva Pinto, *Teofilo Braga e os Criticos* (Lisbonne, 1872).

63. Oliveira Martins, *Os Lusiadas, Ensaio sobre Camões e a sua obra em relação à sociedade portuguesa e ao movimento da Renascença* (Porto, 1872).

64. Antero de Quental, *Considerações...* (in *Prosas*, II, p. 214).

« s'attache encore à celui des idées romantiques par la manière poétique ou scientifique dont il conçoit l'histoire, c'est-à-dire comme
expression naturaliste des génies des races »[65].

Mais nous ne saurions oublier que le point de vue de Teofilo ne
le conduisait pas moins à une position optimiste, qui était nouvelle
dans l'expérience romantique — tandis qu'Antero, comme nous le
savons déjà, et Martins, comme nous le verrons, parvenaient fatalement à une position pessimiste qui était la situation traditionnelle
des romantiques portugais, depuis Herculano. Teofilo trouvait une
« causa vivendi »[66] pour sa patrie — et pour lui-même. Position irréelle
dans la conjoncture sociale ? Seul l'avenir pouvait répondre à cette
question qu'il faut déplacer du plan de l'histoire de la littérature (ou
de celui des idées philosophiques qui lui est étroitement lié) vers celui
de l'histoire de la société. Nous y reviendrons.

Il faut d'abord chercher dans le domaine de l'histoire de l'art une
attitude qui puisse correspondre à l'attitude prise envers le passé
littéraire national. Sur ce plan, l'héritage du romantisme avait été
nul, comme nous le savons.

Dans quel sens s'orienta alors une enquête qui devait s'insérer
dans l'inventaire général des biens culturels dont s'occupaient les
hommes de 70 ?

L'histoire de l'art, au contraire de celle de la littérature, n'attirait
pas les vocations. En 1886, Ramalho pouvait encore affirmer : « Bonne
ou mauvaise, nous ne possédons pas d'histoire de l'art national ». Et il
pouvait même ajouter : « Hormis ce qui nous est venu d'Allemagne et
d'Angleterre, nous ne savons rien de nos écoles anciennes de peinture
et d'architecture »[67] — car la connaissance du passé de l'art national
s'arrêtait alors aux ouvrages de Rackzynski et de Robinson, publiés
dans les années 40 ou en 1865. Il faut pourtant faire une exception :
J. de Vasconcelos, que nous connaissons déjà, commença à s'occuper
de l'histoire de l'art portugais des XVe et XVIe siècles vers le début des
années 70. Il bâtit alors une théorie des sources flamandes de la peinture portugaise, étudiant, avec une grande lucidité, à la lumière d'une
méthode scientifique acquise en Allemagne, les rapports entre les peintres nationaux et les écoles de Flandres et du Brabant, ainsi que les

---

65. Oliveira MARTINS, *in Revista Ocidental*, 1875, p. 160.

66. Antero de QUENTAL, *Considerações...* (*in Prosas*, II, p. 226).

67. Ramalho ORTIGÃO, *in As Farpas*, 1886 (III, 163).

itinéraires des migrations artistiques vers la Péninsule[68]. Le problème des origines pouvait ainsi être déplacé, des limites de l'école locale de Viseu (auxquelles la culture romantique, nationaliste et quelque peu mythique, l'avait réduit), vers une situation socio-culturelle plus large et plus profonde. Dans le domaine de l'histoire de l'architecture, Vasconcelos a également joué un rôle de première importance : on lui doit, en effet, une critique du prétendu style « manuélin », dont il dénonça, dès 1884[69], l'inconsistance structurale, s'attaquant ainsi à un autre mythe de la culture esthétique du romantisme. A cette architecture pittoresque (« l'effet général est très pittoresque, ça oui »[70]), l'historien opposait le style roman du Nord du pays[71], lançant alors les bases idéologiques et méthodologiques d'une recherche qui aura d'énormes répercussions, non seulement dans les schémas historiographiques mais dans la création même des architectes nationalistes de la fin du siècle[72].

Un troisième domaine attira l'attention de Vasconcelos : celui des arts décoratifs. Nous l'avons déjà vu défendre l'enseignement des arts appliqués à l'industrie ; ce n'était qu'un des aspects du problème qui lui tenait le plus à cœur. Son dévouement à l'artisanat portugais, c'est à-dire aux traditions nationales, marque une nouvelle situation du nationalisme romantique dans une voie qui venait de Garrett et qui trouvait maintenant un appui érudit dans les travaux littéraires de Teofilo ; là aussi, Vasconcelos a produit une œuvre fort importante qui s'insérait dans une vision d'ensemble dont il proposera un programme de recherche. Il énonça alors des théorèmes qu'il fallait démontrer par une étude systématique[73] qui s'écartait, enfin, de la perspective empirique et impressionniste des romantiques. Il assimilait d'ailleurs l'esprit de l'art roman rural et archaïsant à l'esprit de l'art populaire. Il y voyait le commencement et la fin de l'art popu-

68. Voir Joaquim de VASCONCELOS, *Albrecht Dürer e a sua influencia na Peninsula* (Porto, 1877) ; *Sobre Alguns Pontos da Historia da Arte Nacional, Carta ao Dr. Augusto Filipe Simões*, in *A Renascença* (1878), p. 75 ; *A Pintura Portuguesa dos seculos XV e XVI* (Porto, 1881, 1888 et 1889).

69. Joaquim de VASCONCELOS, *Da Arquitectura Manuelina* (Coimbra, 1885 ; conférence en janvier 1884, à Coimbre).

70. Idem, ibid., p. 15.

71. Joaquim de VASCONCELOS, *A Arte Romanica em Portugal* (Porto, 1919). En 1908 et 1914, VASCONCELOS avait réalisé de remarquables conférences à Porto.

72. Voir J. A. FRANÇA, *Op cit.*, II, 149 et suiv. et pp. 168 et suiv.

73. Joaquim de VASCONCELOS, in *A Aguia*, Porto, p. 40.

laire : « Nous l'avons affirmé, répété et prouvé : l'avenir de l'art portugais se trouve dans l'industrie populaire, dans l'artisanat ! »[74].

Il y avait sans doute un fort dosage polémique dans la position de Vasconcelos dont l'œuvre s'étendra jusqu'en 1919[75]. Né en 1849, il fut le fondateur d'une science historique qui ne trouvera jamais de maîtres à sa hauteur ; isolé, aigri, sacrifiant sa bourse et sa santé, il sera toujours tenu à l'écart de l'enseignement de l'histoire de l'art qui était alors confié à des professeurs médiocres. D'ailleurs, la bibliographie artistique au Portugal n'enregistrera pas, avant les années 90, d'autres ouvrages que les siens. Et cela est également vrai pour l'histoire de la musique où il fut aussi un pionnier mal compris et mal apprécié. *Os Musicos Portugueses*, en 1870, marquent également ment une date dans la culture nationale : c'est là que commence une recherche systématique aux sources de l'art musical au Portugal — dans une attitude mentale qui tranchait absolument sur les habitudes des « diletantti » des Opéras de S. Carlos ou de João.

Pendant les années 70, Vasconcelos publia une série de volumes ou de brochures concernant les arts plastiques ou la musique, sous le titre général d'*Arqueologia Artistica*. Son érudition d'archéologue était pourtant soumise à un programme culturel dynamique que ses confrères ignoraient. La saveur de chronique passionnée que Julio de Castilho, fils du vieux poète, imprimait à ses remarquables recherches sur l'histoire de Lisbonne, commencées en 1874[76], ne pouvait nous illusionner sur leur manque de programme ; et les travaux d'Estacio da Veiga, illustre fondateur de l'archéologie scientifique au Portugal, avec ses études sur l'Algarve, commencées vers 1877, se tenaient dans les limites d'une discipline érudite[76](a). En face des impressions romantiques du jeune Castilho, Vasconcelos définissait une mentalité nouvelle — et il la définissait mieux encore que Teofilo, car il ne se laissait pas emporter par une croyance, fut-elle positiviste. Sa passion polémique n'arrivait pas à nuire à la structure de sa pensée ; on

---

74. Joaquim de VASCONCELOS, *Exposição Distrital de Coimbra em* 84 (conférence).

75. Voir Alberto MEIRA, « Noticia Bibliografica de Joaquim de Vasconcelos », *in* *O Tripeiro*, Porto, février et avril 1949.

76. Julio de CASTILHO (1840-1919), *Lisboa Antiga* (1879-1900), *A Ribeira de Lisboa* (1893).

76 a. Estacio da VEIGA (1828-1891), *Memorias das Antiguidades de Mertola observadas em* 1877 (1880), *Carta Arqueologica do Algarve* (1878, pb 1883), *Antiquidades Monumentais do Algarve* (4 vol., 1891). Il a créé le musée archéologique d'Algarve, noyau du Musée Ethnologique de Leite de Vasconcelos (1893). Signalons ici les travaux de J.Leite de VASCONCELOS (1858-1941) à partir de 1886.

décèle chez lui une position unique dans la vie mentale portugaise au tournant des années 70-80. On comprendra qu'elle se dessine dans un domaine culturel vierge, pas encore vicié par des prises de position marquées par les intérêts des générations romantiques successives. L'importance de Vasconcelos devient ainsi énorme et le fait qu'elle ait été mal comprise dans le cadre de la culture nationale de l'époque n'est que la rançon d'un véritable novateur. La perspective historique de Vasconcelos est un fait nouveau : elle représente une rupture dans les structures socio-culturelles du romantisme, au moment même où celui-ci cherchait à se donner une histoire, ou du moins un inventaire, sur les plans et dans les domaines les plus variés.

Les deux inventaires les plus vastes réalisés vers cette époque furent le *Portugal Antigo e Moderno* dont les douze volumes parurent de 1873 à 1880, et l'*Historia dos Estabelecimentos Cientificos e Literários de Portugal*[77], en dix-sept tomes parus entre 1871 et 1893. Pinho Leal et J.-S. Ribeiro, nés en 1810 ou en 1807, appartiennent à la première génération romantique ; ils se sont voués à leurs tâches avec un esprit de sacrifice qui l'emporte sur la méthode. Le minutieux recueil de notices sur les villes et les monuments du pays, que l'on doit à Leal, l'inventaire chronologique des institutions culturelles nationales depuis le commencement de la monarchie, réalisé par Ribeiro, sont deux ouvrages fort importants qui représentent bien la situation empirique de la recherche culturelle vers la fin du romantisme. On ne doit pas ignorer non plus un ouvrage fort utile dont nous avons déjà parlé : le *Dicionario Bibliografico* d'Inocencio Silva, homme de la même génération, qui reprenait son travail en 1868, avec la publication d'un huitième tome. Le classement alphabétique des auteurs y est accompagné de commentaires critiques parfois fort naïfs sur les ouvrages minutieusement enregistrés[78].

La langue elle-même fit alors l'objet de recherches. Après Gonçalves Viana, que l'*Essai de phonétique et de phénologie de la langue portugaise d'après le dialecte actuel de Lisbonne* fit connaître au-delà des frontières, dès 1863, les noms d'A. Soromenho et d'Adolfo Coelho, conférenciers du Casino, doivent être rappelés ici : Soromenho fut

---

77. Les deux derniers volumes furent organisés par le P. Antonio Augusto FERREIRA, collaborateur de l'auteur.

78. Inocencio Francesco da SILVA (1810-1876) a encore préparé le dixième tome, Après sa mort, le travail a été poursuivi par P. V. de BRITO ARANHA (1833-1914) qui a publié onze volumes.

l'auteur d'un essai sur l'*Origem da Lingua Portuguesa* (1867) et Coelho fut le premier, en 1870, à faire l'application méthodique des principes de grammaire comparée indo-germanique à une langue latine, dans sa *Teoria da Conjugação em Latim e em Português*. Elargissant les domaines de ses travaux, il fut également le premier à proposer dix ans plus tard, un programme d'études d'ethnologie — comprenant des recherches sur les habitations, les costumes, les véhicules, les bateaux, les outils, la céramique, l'orfèvrerie, les armes[78] (a). Mais les années 70 furent aussi des années où les dictionnaires proliférèrent. Une nouvelle édition du célèbre dictionnaire de Morais a vu le jour en 1877-1879, alors que celui de l'Académie des Sciences était toujours arrêté à la fin de la lettre A, et, dès 1871, Teofilo Braga avait mis ano-nymement la main à un manuscrit préparé par le P. Domingos Vieira[79]. On pensait encore alors que les dictionnaires devaient être œuvre monas-tique, et l'on cachait le nom de Teofilo qui, d'ailleurs, ne se sentait pas doué pour ce genre de travaux : il n'avait certainement pas la patience ni la science de son coreligionnaire Littré. João de Deus lui aussi a organisé un dictionnaire en 1877[80], mais ce ne fut qu'une affaire commerciale. Si le premier dictionnaire préparé méthodiquement était alors en voie de réalisation (il ne paraîtra qu'en 1899)[81], on pou-vait se procurer dès 1881 celui de Caldas Aulete[82], personnage fort pittoresque qui, dans le désordre le plus complet, parvint cependant à composer un ouvrage intéressant dont la préface fait le procès des dictionnaires alors existants[83].

Toutes ces activités, tout cet enthousiasme n'ont certainement pas été étrangers à la création d'un ministère de l'Instruction Publique en 1870, sous la dictature de Saldanha qui plaça à sa tête son neveu

---

78 a. Voir Adolfo COELHO, *Esboço dum programa de estudos de Etnologia penin-sular* ,in *Revista de Etnologia e Glotologia* (Lisbonne, 1880) vol. I.

79. Voir lettre de Teofilo BRAGA, à F. M. SUPICO d'octobre 1869, *in* J. Bruno CARREIRO, *Vida de Teofilo Braga*, 69.

80. João de DEUS en collaboration avec Antonio José de CARVALHO, *Dicionario Prosodico de Portugal e Brasil* (Lisbonne, 1877).

81. Candido de FIGUEIREDO, *Dicionario da Lingua Portuguesa* (Lisbonne, 1899). C. FIGUEIREDO (1846-1925) fut un poète romantique tardif.

82. Sur Caldas AULETE, mort en 1879, voir Ramalho ORTIGAO,*in As Farpas*, mai 1879 (III, 73).

83. En 1881 étaient également en publication les fascicules du *Dicionario Universal Português* de Francisco de ALMEIDA.

D. Antonio da Costa, pédagogue remarquable[84]. Cependant, quelques mois plus tard, Avila, qui interdira bientôt les conférences du Casino, sera le fossoyeur de cet organisme d'Etat qu'il considérait superflu. Il l'était, sans doute, si l'on envisage la situation de l'enseignement supérieur — car à toutes ces activités, à tout cet enthousiasme, la vieille Université de Coimbre opposait le silence. Elle était toujours le foyer du « fossilisme », haut lieu d'un enseignement conservateur qui ne correspondait nullement aux nouvelles lumières du siècle. Elle vivait toujours, si l'on en croit Teofilo Braga, « sous le régime du Moyen Age »[85]. En 1872, la commémoration du centenaire de la réforme pombaline permit à chaque faculté de faire le bilan de son action — et on a alors vu que toutes étaient d'accord pour se féliciter du fait que l'esprit et la lettre de cette réforme continuaient encore à diriger leurs destins[86]...

L'indifférence au progrès technique et aux idées nouvelles que l'on constatait, était bien le reflet de la situation générale du pays — mais, dans cette institution aux lourdes responsabilités, une telle attitude passive ne pouvait rester sans conséquences sur la vie nationale. Le recteur devait écrire en 1877 : « On peut dire aujourl'hui qu'en aucune autre université la jeunesse étudiante est plus sage et tranquille »[88]. « Endormie ou morte ? » La question avancée dès 1857 par le jeune Pierre V pouvait toujours être posée. De toute façon, on affirmait en 1879 : « L'Université de Coimbre est aujourd'hui un établissement funeste pour le pays, le plus funeste de tous »[89].

Si la philosophie n'était toujours pas enseignée à Coimbre (malgré les efforts de J.-F. Laranjo qui voulut y créer un cours en 1871), il faut pourtant regarder du côté de la philosophie du droit où, dans les années 70, on assiste à un profond changement de principes[90]. Si Teofilo ne fut pas admis dans le corps enseignant en 1872, l'année précédente, Emidio Garcia, qui appartenait à sa génération, était entré

---

84. D. Antonio da Costa (1823-1892), poète et voyageur romantique (*No Minho*, 1874), écrivit une *Historia da Instrucção Publica em Portugal* (1871). Esprit catholique, il publia également *O Cristianismo e o Progresso* (1868).

85. Teofilo Braga, *As Modernas Ideias na Literatura Portuguesa*, II, 433.

86. Voir Teofilo Braga, *Historia da Universidade de Coimbra*, IV, pp. 561 et suiv.

88. Visconde de Vilar Maior, *Exposição Sucinta* (...) *da Organização actual da Universidade de Coimbra* (Coimbre, 1877), p. 161. Cité par Teofilo Braga, *Op. cit.*, IV, 566.

89. José Augusto Coelho, *in Actualidade* (Porto, le 16 novembre 1878). J. A. Coelho, professeur à Porto était l'auteur de *Principios de Pedagogia* (Porto, 1892-1893).

90. Voir L. Cabral de Moncada, *Op. cit.*

dans ce même corps — et avec lui les idées positivistes. La fidélité de
la génération libérale de 33 à Kant et/ou à Krause, représenté par
l'œuvre de Ferrer, ami d'Herculano, et également par le Code Civil de son
ami Seabra, approuvé en 1867, fit place à un intérêt naturaliste. C'est
ainsi qu'on peut déceler des idées de Proudhon chez Rodrigues de
Brito[91] dès 1869, de Spencer chez Henriques da Silva[92], et surtout de
Comte chez Garcia[93] et, de façon plus complexe sinon contradictoire,
chez Faria e Maia, ami d'Antero[94]. Ce fut pourtant le comtisme de
Garcia qui marqua le plus profondément la mentalité de la nouvelle
génération d'étudiants. Un *Estudo Sociologico* publié en 1880 dans le
cadre du cours de ce professeur, permet de mesurer cette influence,
dont on peut encore voir une preuve dans le fait qu'en 1873, un professeur de théologie s'attaquait à Comte dans des conférences qui ont
ému le clan catholique[95].

Les spéculations philosophiques dans le domaine du droit n'en
demeuraient pas moins à l'écart des préoccupations des étudiants et
des professeurs, les uns et les autres abîmés dans les obligations ou
la routine de la praxis des cours. Cela veut dire que l'importance de
la Faculté de Droit dans l'ensemble de l'enseignement supérieur ne
doit pas être cherchée dans le cadre d'une pensée philosophique mais
dans les avantages pratiques et immédiats procurés par ses diplômes.

L'année même des commémorations pombalines, 55 % des étudiants étaient inscrits à la Faculté de Droit. Entre 1867 et 1876, la
moyenne des étudiants en droit représentait 45 % du total annuel de
850 inscriptions[96]. Un tiers d'entre eux terminaient leurs études, aug-
mentant ainsi chaque année la cohorte des « bachareis » sans culture
qui cherchaient avidement un emploi de l'Etat. C'étaient, encore en
1880, des habitudes définies au temps du Cabralisme — et que le
Fontisme était loin de pouvoir, sinon de vouloir changer. Pour 1266
« bachareis » en droit on comptait alors 280 médecins et 120 « bachareis » en sciences naturelles, car dans cette section 5 % à peine des
inscrits arrivaient à la fin de leur cours. Quant aux ingénieurs, en

---

91. J. M. Rodrigues de BRITO, *Filosofia do Direito* (Coimbre, 1869).
92. A. Henriques da SILVA, *Relações da Justiça com a Utilidade* (Coimbre, 1885).
93. M. Emidio GARCIA, *Estudo Sociologico*, préface (Coimbre, 1880).
94. F. MACHADO de FARIA e MAIA, *Ensaio sobre a Vida Juridica* (Coimbre, 1878).
95. M. E. da MOTA VEIGA, *Conferencias Religiosas recitadas na Sé Catedral de Coimbra em os Domingos de Quaresma* (Coimbre, 1874). Voir Inocencio da SILVA, *Dicionario Bibliografico*, XVI, p. 178.
96. Voir J. Silvestre PINHEIRO, *Op. cit.*, XVI, 456.

1872-1873, 84 étudiants civils étaient inscrits à l'Ecole Polytechnique de Lisbonne, soit moins d'un quart de ceux qui fréquentaient la Faculté de Droit de Coimbre[97]. La même année on comptait 14 étudiants au Cours Supérieur de Lettres de Lisbonne — qui entre 1865 et 1880 a reçu 483 inscriptions, soit une moyenne de 32 par an[98].

Nous connaissons les circonstances dans lesquelles cet embryon de faculté des Lettres a été créé, et quelles furent les difficultés qu'elle rencontra à ses débuts. Les cours ont pourtant repris en 1864-1865, bien qu'il n'y ait toujours pas de professeur d'Histoire de Littérature Moderne. Mendes Leal, Bulhão Pato et Silva Tulio, simple journaliste, déclinèrent l'invitation ; la candidature de Pinheiro Chagas, protégé de Castilho, n'a pas été acceptée et le concours ouvert en 1866 a fait attribuer le poste à A. Soromenho, qui sera un des hommes des Conférences Démocratiques de 1871. Mais la mort de Rebelo da Silva, en 1871, rendra vacante la chaire d'histoire que Soromenho préféra, et en 1872 on a dû ouvrir un nouveau concours pour la chaire de littérature — auquel se présenta Teofilo Braga.

L'entrée de Teofilo au Cours des Lettres fut un événement ; l'ayant emporté sur Chagas et L. Cordeiro[99], il fut nommé, malgré la réticence du gouvernement. Il avait déjà publié, en trois ans, quelque treize volumes de son histoire de la littérature portugaise, dont il présentait au concours un résumé théorique.

A partir de ce moment se confirme un virage dans cet enseignement, virage déjà amorcé avec l'entrée de Soromenho. Teofilo ne se bornera pas aux charges de sa chaire. Il aurait voulu être le seul maître de l'Ecole : de 1874 à 1878, lors de la défection de Jaime Moniz, il sera professeur de philosophie ; il écrira alors son *Traços de Filosofia Positiva*. En 1878-1879, à la mort de Soromenho, il deviendra professeur d'histoire universelle et nationale — et il écrivit pour cette chaire deux volumes d'une *Historia Universal*. La même année, il présentera en vain un rapport pour la réorganisation du Cours Supérieur de Lettres[100] : il voulait le transformer en une sorte de Faculté de Sociologie.

---

97. Voir *Anuario Estatistico do Reino de Portugal para* 1875, pp. 176 et 184 : 398 étudiants à la Faculté de Droit ; un total de 165 dont 81 militaires à l'Ecole Polytechnique.

98. Voir Manuel BUSQUETS d'AGUILAR, *O Curso Superior de Letras* (1858-1911), pp. 323-324.

99. Les deux thèses : Pinheiro CHAGAS, *Desenvolvimento da Literatura Portuguesa* (Lisbonne, 1872) ; Luciano CORDEIRO, *Da Literatura como Revelação social* (Lisbonne, 1872) - travaux fort médiocres.

100. Voir Manuel BUSQUETS d'AGUILAR, *Op. cit.*, pp. 387-425.

Un concours dans le jury duquel il siégera donnera le poste à Consiglieri Pedroso, qui adoptait également la philosophie positive dans sa thèse sur la *Constituição da Familia Portuguesa*, contre Cunha Seixas — qui se plaindra de la façon déloyale dont Teofilo le traita lors de la soutenance de sa thèse[101] sur les *Principios Gerais da Filosofia da Historia*. Il y avait encore un concurrent positiviste[102] et, déplacé dans le temps, un des derniers romantiques fidèle à Camilo[103], qui devait être naturellement exclu. En 1878, un autre conférencier du Casino, Adolfo Coelho, deviendra professeur de philosophie — mais, la même année, la mort de Viale, le vieux maître de Pierre V, rendit vacante la chaire de Littérature Grecque et Latine et, après trois concours, Chagas obtint enfin en 1882 la charge de professeur titulaire. Sa nomination n'était plus significative : le concurrent de Teofilo en 1872 appartenait déjà au passé car, en dix ans, le petit monde portugais des idées avait connu une révolution qu'un homme comme Chagas ne pouvait sentir et encore moins comprendre. Grâce à Teofilo et à ses adversaires, les idéalistes ou les socialistes, la culture portugaise s'était imposée des exigences dans l'étude et l'analyse que les intellectuels attachés aux systèmes d'improvisation d'un romantisme polémique ne pouvaient supporter. Seul le Ramalho Ortigão d'*As Farpas* avait su passer d'un plan à l'autre car, feuilletonniste de Porto descendu dans la capitale, il avait pu absorber les idées du *Cours de Philosophie Positive* et se donner la « forte discipline mentale » dont parlait Teofilo à son propos[104].

L'entrée assez paradoxale de Chagas dans le corps enseignant du Cours Supérieur de Lettres n'a pas eu de conséquences car l'écrivain sera ministre l'année suivante et sa carrière politique ne lui laissera plus le temps de se consacrer à sa nouvelle tâche. F. Deusdado, concurrent malheureux au concours dont il était sorti vainqueur, le remplacera — introduisant à son tour dans le Cours de Teofilo Braga une opposition au Positivisme qui n'aura, cependant, qu'une portée réduite.

---

101. Voir Idem, ibid., p. 192.

102. Manuel de ARRIAGA B. da SILVEIRA, *Renovação Historica - 1a. parte : Da Necessidade da intervenção das Ciencias Naturais na historia universal dos Povos para se fundamentar em bases positivas e dar-lhe um caracter cientifico* (Lisbonne, 1872). ARRIAGA deviendra président de la République en 1911 ; il était également poète et avocat.

103. Alberto PIMENTEL, *Da Importancia da Historia universal filosofica na esfera dos conhecimentos humanos* (Porto, 1878). *

104. Teofilo BRAGA, *As Modernas Ideias na Literatura Portuguesa*, I, 317.

CHAPITRE XII

LE PEUPLE, LA RÉPUBLIQUE,
LE SOCIALISME ET L'ÉGLISE

La prétendue solution positiviste de la crise de l'université s'insérait, en fin de compte, dans le courant démocratique du libéralisme national. En effet, il s'agissait de mettre en valeur la structure populaire du pays et d'attribuer au peuple, mozarabe ou non, un rôle privilégié. On y décèle sans doute le programme d'une action politique dans laquelle Teofilo Braga était passionnément engagé, et, en même temps, le programme d'une action pédagogique qui devait se manifester à un niveau primaire.

Le développement de l'instruction publique est un fait important au long de cette période et c'est bien un député républicain, le seul à l'époque, qui attire l'attention de l'historien Oliveira Martins sur l'augmentation considérable du nombre des écoles entre 1864 et 1878 : 50 % en ce qui concerne les écoles de garçons, presque 100 % pour les écoles de filles[1]. Il y avait en outre, et de façon certainement plus significative, des écoles libres, qui étaient surtout créées par des Associations populaires aux noms révélateurs : « D. Pedro V », « 24 de Julho »[2] — et, encore une fois, « Civilização », dans une curieuse permanence de vocabulaire. En 1879, les ouvriers de l'industrie du tabac ont fondé « A Voz do Operario » qui, sous un régime de coopérative, signalait plus clairement une situation idéologique.

A côté de ces associations pédagogiques il faut placer des collections de livres, des « bibliothèques » également populaires qui contribuaient, à un niveau comparable, à l'éducation des masses. Les noms de ces collections sont eux aussi significatifs : Biblioteca Democra-

---

1. 1864 : 752 et 2023 ; 1878 : 1458 et 2910. Voir Rodrigues de FREITAS, *O Portugal Contemporaneo do Sr. Oliveira Martins* (Porto, 1881), p. 50.

2. Le 24 juillet 1833 est la date de l'entrée de l'armée libérale de Dom Pedro à Lisbonne.

tica, Biblioteca Republicana Democratica[3]. La première était dirigée par Consiglieri-Pedroso, professeur au Cours Supérieur de Lettres ; la seconde publiait des ouvrages de Teofilo Braga ou le concernant[4]. L'une et l'autre s'occupaient de religion, politique, économie et finances — sciences qui caractérisaient également le programme d'éditions et les rayons de vente de la Livraria Internacional, entreprise fort active à Lisbonne. Une autre « bibliothèque », « do Povo e das Escolas », était publiée vers la même époque par l'éditeur de la vieille collection des « Horas Romanticas » — et cela aussi traduit la relation étroite entre un esprit ou une situation qui se mourait et une fonction qui se développait.

Le rapport peuple - école, rapport déjà défendu par les libéraux de 1834, sert alors de drapeau au Parti Républicain Portugais. Celui-ci fut fondé en 1876, lors d'un banquet où l'on commémorait la victoire des républicains français aux élections ; il s'agissait d'unifier des efforts divergeants, sinon contradictoires, des républicains nationaux dont nous avons suivi les activités et les rêves au cours des années 50. La mort de Henriques Nogueira, en 1858, avait arrêté leur élan idéologique jusqu'à la fin des années 60, lorsque la révolution espagnole l'a remis à l'ordre du jour. Des journaux alors parus affichaient le mot « République »[5] avec insistance — et en 1873 paraissait à Coimbre *A Republica Portuguesa*[6].

Cette année même naissait l'éphémère république espagnole et les républicains portugais penchaient alors vers une formule fédérative que le programme du « Centro Republicano Federal de Lisboa» traduisait[7]. L'année suivante, la constitution fédérale de la Suisse semblait leur donner raison, alors que l'Espagne sombrait à nouveau dans la monarchie bourbonnienne.

L'opposition entre le principe fédéral et le principe unitaire constitue le fond de la problématique républicaine des années 70. Les deux courants, auxquels il faut ajouter celui des « modérés », représentaient des options qui s'engageaient plus ou moins dans une critique

---

3. Lancées, respectivement, en 1867 et 1873.

4. Teofilo BRAGA, *Michelet* (Nº VIII) ; Ramalho ORTIGAO, *Teofilo Braga* (Nº IX, 1879).

5. *A Republica Federal* (Lisbonne, 1869), *O Republicano* (Lisbonne, 1869), *A Republica* (Lisbonne, 1870), *Republica* (Lisbonne, 1874).

6. Directeur S. Magalhães LIMA (1850-1928). Journaliste et grand propagandiste républicain, M. LIMA fut grand maître de la Franc-Maçonnerie. Il publia, parmi de nombreux ouvrages, *Episodios da Minha Vida* (mémoires, 2 vol., Lisbonne, s/d).

7. *In O Rebate* nº 1 (Lisbonne, 1873). Directeur Carrilho VIDEIRA.

sociale. Les « lunatiques » de 1864 devenaient des « démocrates » plus ou moins modérés[8], tandis que la nouvelle génération se définissait comme radicale[9] et un peu socialiste — malgré l'avertissement de J. Fontana, chef socialiste d'origine suisse, qui garantissait sur l'honneur que chez lui les masses ouvrières subissaient autant qu'au Portugal les méfaits du capital — le véritable ennemi[10]. . .

Le journal *Republica*, fort des lettres d'appui de Victor Hugo et de Garibaldi[11], n'en prônait pas moins le fédéralisme suisse et celui des Américains, s'occupant de moins en moins des problèmes sociaux qui effleuraient à peine le programme de son parti.

Le directeur de ce journal était Consiglieri-Pedroso ; gagné au positivisme, il publiera des textes de Littré. Teixeira Bastos, disciple de Teofilo, publiait alors un catéchisme républicain[12]. C'était la ligne positiviste qui triomphait et Teofilo lui-même ne manquera pas de le souligner en 1880, lorsqu'il publiera son *Historia das Ideias Republicanas em Portugal* : « depuis le jour où le critère positiviste fut proclamé, l'indiscipline révolutionnaire a pris fin »[13]. A ses yeux, les « solutions positives » pour la politique portugaise étaient seules à trouver grâce[14].

On ne saurait pourtant ignorer l'autre source des idées et des sentiments des républicains nationaux : la France de 89, de 48 et de 70. Avant le coup d'état de Saldanha, en 1870, c'est-à-dire avant la proclamation de la 3e république française, des pamphlets jacobins étaient déjà distribués à Lisbonne et des vivats à la république retentissaient dans les rues de la capitale[15]. L'auteur anonyme d'*A Lanterna* publiait en même temps un de ses cahiers où le mot République était salué avec lyrisme : « République ! Déjà ce mot n'est plus un rêve de poètes (...) La République est maintenant un fait beau, grandiose, sublime ! La République, c'est le cri de salut pour la France »[16]. Un autre journal de

---

8. Elias GARCIA était « démocrate » ainsi que Latino COELHO et Bernardino PINHEIRO ; Oliveira MARRECA « modéré », ainsi que Costa GOOLDOFIM.

9. Nobre FRANÇA, Silva PINTO, Cecilio de SOUSA, Eduardo MAIA.

10. Voir *O Protesto Operario* n° 4 (Porto, 1882).

11. *In Republica* du 22 février 1874.

12. Teixeira BASTOS e Carrilho VIDEIRA, *Catecismo Republicano para uso do Povo*.

13. Teofilo BRAGA, *Historia das Ideias Republicanas em Portugal*, p. 191.

14. Teofilo BRAGA, *Soluções Positivas da Politica Pertuguesa* (Lisbonne, 1879), ouvrage refait en 1912.

15. Conde da CARNOTA, *Op. cit.*, II, 391.

16. *In A Republica - pelo autor da Lanterna* (Lisbonne, 1870).

Lisbonne annonçait alors des noms qui étaient « bien capables d'être les initiateurs de l'idée républicaine sur la tribune parlementaire » — et parmi ces noms figuraient ceux du plus prestigieux des hommes de 1830, Herculano et de deux jeunes du groupe iconoclaste de Coimbre : Antero et João de Deus[17].

Un député de tendance républicaine entrera en 1870 au parlement : Rodrigues de Freitas, professeur à l'Ecole Polytechnique de Porto. Il y demeurera quatre ans et reviendra en 1878 — toujours seul, mais apportant alors une signification plus profonde à son mandat.

Mais la République n'était pas la Commune, loin de là — et la brochure que le chef républicain de Coimbre, le professeur José Falcão, a publiée en 1871, lors de l'écrasement des révolutionnaires parisiens, protestation sentimentale contre les excès des Versaillais[18], ne devait agir que sur un plan émotionnel — même si le duc d'Avila, excédé par les Conférences Démocratiques qu'il venait d'interdire, s'en effrayait[19]. Eça de Queiroz décrira les mouvements de l'opinion lisbonnaise, plus pittoresque que profonds, dans le microcosme du Chiado, à la fin de la troisième version d'*O Crime do Padre Amaro*.

Plus sagement, ou plus modestement, la constitution du directoire du Partido Republicano Unitario, en 1876, traduit la victoire de la faction modérée et petite bourgeoise. Ce fut en vain que Teofilo Braga essaya de relancer la formule fédérative, avec un manifeste où il n'hésitait pas à faire appel aux idées de décentralisation municipale de son ennemi Herculano. On a déjà considéré ce document comme le « chant du cygne » du courant fédéraliste[20]. En effet, cette faillite marqua un appauvrissement idéologique que le programme républicain de la même année, document d'une habile stratégie politique, exprimait tout au long de ses chapitres.

Cependant, dès 1877 les appels à l'unité dans le camp républicain devenaient de plus en plus pressants, d'un côté comme de l'autre[21].

---

17. *In A Alvorada*, Lisbonne, le 12 janvier 1870. Le journal cite encore les noms de VIEIRA de CASTRO, Elias GARCIA, PEREIRA de MACEDO, Gaspar de AZEVEDO et VERDADE FARIA.

18. Anonyme, *A Comuna de Paris e o Governo de Versalhes* (Coimbre, 1871 - s/d).

19. Le marquis (futur duc) d'AVILA, président du Conseil, a voulu faire un procès à l'auteur qui était professeur à Coimbre - mais le juge a décidé d'un non-lieu.

20. Joaquim de CARVALHO, *in Historia do Regime Republicano em Portugal* (Lisbonne, 1930), I, 254.

21. Voir *O Rebate* (n° 3, septembre 1877), dirigé par Carrilho VIDEIRA et *Democracia* (1878), dirigé par Elias GARCIA.

Le parti de Teofilo en sortira vaincu — mais l'unité sera bientôt acquise, résultat pragmatique du succès obtenu par un projet positiviste du même Teofilo[22].

En juillet 1880 un banquet célébra à la fois le succès des commémorations du centenaire de la mort de Camoëns et la réconciliation des républicains unitaires et fédéralistes.

L'idée de Littré, traduite par Teofilo, de créer une ambiance émotionnelle autour des grands hommes du passé dont on célébrait les centenaires, servait merveilleusement les intentions idéologiques de la nouvelle génération républicaine. Il s'agissait de mettre en opposition le passé brillant de la nation et le présent décadent — et aussi de suggérer une régénération. « Le centenaire de Camoëns est le point de départ pour une époque de revivescence nationale » — affirmera Teofilo Braga[23]. Ramalho Ortigão, devenu disciple de Teofilo, sera le rédacteur du programme d'un cortège symbolique auquel devront collaborer les derniers artistes du romantisme. Il voulait alors « promouvoir sur la place publique le spectacle d'un grand cortège triomphal où puisse s'épanouir le contentement d'un peuple qui, à travers les conquêtes lentes mais successives de la liberté, a su racheter dans notre siècle cette morne et vile tristesse qui annonçait au poète (à Camoëns) la décadence de la patrie »[24]. Les journalistes, suivis par les associations de classe et par les étudiants ont tout réalisé dans un grand élan que le public appuya, applaudissant, le 10 juin, la « procession civile » qui parcourut le centre de Lisbonne. Toujours animée par Teofilo et Ramalho, une Association des journalistes et des écrivains portugais fut fondée le jour même — date désormais de la fête nationale. Les romantiques de deux générations, de Castilho à Tomás Ribeiro, de Mendes Leal à Pinheiro Chagas y figuraient — mais les hommes de 1871, Antero et Oliveira Martins, se sont, quant à eux, abstenus. La vie de l'association fut brève — mais l'initiative souligne l'euphorie du moment[24] (a).

---

22. Teofilo BRAGA, « O Centenario de Camões » *in Comercio de Portugal*, Porto, les 8, 9 et 10 janvier 1880.

23. Teofilo BRAGA, *As Modernas Ideias na Literatura Portuguesa*, II, 435.

24. *In Historia do Regime Republicano em Portugal*, I, 291.

24 a. Signalons ici le projet avorté de la création d'une association de gens de lettres à Lisbonne en 1873 (idée de Francisco da Costa BRAGA, auteur médiocre qui n'a pas trouvé d'écho) et la fondation de l'Associação de Jornalistas e Homens de Letras de Porto, en 1882.

La commission de neuf membres élue par les journalistes de Lisbonne était composée presque uniquement de personnalités de gauche sinon de républicains. Pinheiro Chagas, élu d'ailleurs avec moitié moins de voix que Teofilo ou Ramalho, y faisait exception[25]. Les partis monarchiques qui s'entretuaient au sein de la politique « rotativiste », ont délaissé la commémoration ; ils comprenaient d'ailleurs qu'ils avaient perdu d'avance toute bataille engagée avec les républicains que l'enthousiasme et la supériorité intellectuelle animaient. Les pouvoirs publics se méfiaient : selon Teofilo, ils se sont écartés de la manifestation nationale « trop bruyante et immodeste ». Ils craignaient d'ailleurs la révolution, et des régiments furent consignés[26]...

Camoëns est ainsi devenu le drapeau de l'opposition au régime — comme c'était déjà arrivé en 1823. Le même symbole servait le commencement et la fin du système romantique... Si le monument érigé treize ans auparavant représentait un accord au sein de la bourgeoisie libérale, la figure du poète s'imposait maintenant d'une autre façon : elle retrouvait sa valeur d'accusation et sa vertu d'espérance. Eça, dans la dernière page de la troisième version d'*O Crime du Padre Amaro*, en 1880, placera les représentants du pouvoir, un ministre et deux prêtres, « sous le froid regard de bronze du vieux poète » — regard combien méprisant...

Certes, un congrès de l'Association Internationale de Littérature réuni en septembre à Lisbonne, en hommage à Camoëns, fut présidé par Ferdinand de Cobourg, par le duc d'Avila et par Mendes Leal, avec Pinheiro Chagas comme vice-président — mais cette assemblée à laquelle ni Teofilo ni aucun des écrivains vivants du Portugal n'ont participé, n'a pas eu de répercussions dans le pays[27]. Camoëns devait être surtout une affaire nationale et nationaliste — même si, avec la spéculation de Burnay dans le nouveau quartier urbanisé à partir de l'Avenue de la Liberté, il justifiait également une « affaire » tout court.

---

25. Eduardo Coelho (directeur du *Diario de Noticias*) 43 voix, T. Braga 42, Luciano Cordeiro 40, Ramalho Ortigão 36, Rodrigues da Costa et Magalhães Lima 35, J. Batalha Reis 20, Pinheiro Chagas 18, Vicomte de Juromenha (érudit spécialiste de Camoëns) 17.

26. Teofilo BRAGA, *Historia das Ideias Republicanas em Portugal*, 358.

27. Voir *O Ocidente* du 1er octobre 1881, pp. 221-223. Aucun écrivain étranger important n'a participé. Remarquons qu'un congrès d'anthropologie et archéologie pré-historique très interessant (dans lequel ont participé QUATREFAGES et MARTILLET) s'est tenu en même temps à Lisbonne. Le secrétaire du Congrès fut Estacio da VEIGA. Voir Oliveira MARTINS, *Elementos de Antropologia* (2e ed., 1881).

Affaire nationale, la politique s'en servait habilement. Elle servait également des conspirateurs libéraux tués en 1817 : quelques mois plus tard le conseil municipal donna le nom de Campo dos Martires da Patria au vieux Campo de Sant'Ana dont la désignation était encore imprégnée de souvenirs miguelistes...

A partir de 1880, l'idée républicaine a fait boule de neige au Portugal : sa propagande se développait — rien ne pourra plus l'arrêter. Le quotidien *O Seculo* fondé alors, comme organe du parti, aura le plus gros tirage après le *Diario de Noticias*. Nous ne pouvons signaler ici même les principaux points de cette trajectoire triomphale — mais il faut absolument remarquer qu'il s'agissait de la victoire d'une idée à la fois populaire et petite bourgeoise, démagogique et généreuse, profondément romantique dans son jacobinisme essentiel, dans la lignée de 1820 et de 1836. Au fond on aurait pu dire que, pendant ces soixante ou quarante ans, les hommes de trois ou de deux générations n'avaient rien oublié ni rien appris. Les nouveaux républicains ne pouvaient rien apprendre non plus, si ce n'est la loi des « trois états » dont Teofilo Braga et ses amis étaient toujours les bons apôtres, dans le cadre d'une république unitaire comme, naguère, dans celui d'une république fédérative. Ils laissaient de côté toute étude de la question sociale pour ne s'occuper que d'une critique des institutions. Rodrigues de Freitas, seul député républicain au parlement, s'amusera à souligner les critiques des partis monarchiques à la monarchie pour conclure : « Nos institutions ne correspondent pas au degré d'instruction et d'intelligence de notre pays »[28]...

Cependant, la question sociale se profilait à l'horizon de l'histoire de la nation portugaise. Certes, les économistes académiques, comme F. Luis Gomes[29], officieux, comme le romancier et historien Rebelo da Silva[30], ou républicains, comme Rodrigues de Freitas[31], continuaient de suivre Bastiat, vers la fin des années 60, jusque dans les années 80, tout en ignorant Proudhon et Marx ; ou bien ils cherchaient à les critiquer, faisant ainsi le procès de la position socialiste qui commençait

---

28. Voir *Diario da Camara dos Srs Deputados*, séance du 28 janvier 1881, p. 273.

29. F. L. (Francisco Luis) GOMES, *Essai sur la Théorie de l'Economie Politique et ses rapports avec la Morale et le Droit* (Paris, 1867).

30. L. A. Rebelo da SILVA, *Compendio de Economia Politica para uso das Escolas Populares criadas pela lei de 27 de junho de 1866* (Lisbonne, 1868 ; 2e ed. 1883).

31. J. J. Rodrigues de FREITAS, *A Revolução Social - Analise das Doutrinas da Associação International dos Trabalhadores* (Porto, 1872) et *Principios de Economia Politica* (Porto, 1883).

à s'organiser au Portugal. Mais en 1870 J.-F. Laranjo, professeur à Coimbre, attaquait déjà Bastiat, en étudiant les *Origens do Socialismo*[32], ou s'intéressait à Fourier[33] dans ses articles.

Après une phase théorique définie pendant les années 50, où nous avons vu discuter Proudhon et paraître des mouvements associationnistes, après les hésitations d'un socialisme chrétien, opposé à Max Stirner, dans les années 60[34], le socialisme actif faisait irruption dans la vie portugaise en 1871, à travers l'action clandestine de trois réfugiés espagnols qui se sont mis en rapport avec les jeunes intellectuels du « Cenaculo ». L'un des espagnols, membre du conseil fédéral de l'Internationale, racontera plus tard les détails rocambolesques de cette rencontre la nuit, sur un petit bateau à rames au milieu du Tage. — dans « un silence majestueux », au sein de « l'obscurité que seul l'éclat phosphorescent de l'eau atténuait »[34] (a)... José Fontana, relieur et libraire, et Antero de Quental, présents à ce rendez-vous ultra-romantique se sont alors lancés dans la création d'une association inspirée de l'Alliance Internationale de Bakounine, la Fraternidade Operaria, qui devait s'opposer aux tendances plus modérées de l'Associação Protectora do Trabalho Nacional. Elle est sortie vainqueur de cette lutte interne mais, tout de suite après, lors du congrès de la Haye, en 1872, les socialistes nationaux prendront parti pour Marx contre les anarchistes. Ils y étaient représentés par Lafargue qui était venu à Lisbonne. Une section portugaise de l'Internationale Ouvrière, l'Associação dos Trabalhadores da Região Portuguesa, fut alors fondée[35]. Antero avait expliqué *O que é a International* dans une brochure célèbre[36], abandonnant les idées de Proudhon et de Bakounine et adop-

---

32. J. Frederico LARANJO, *in O Instituto*, XX, 1874.

33. J. Frederico LARANJO, *in A Folha*, IV, 1872, n° 2 et suivants.

34. Voir préface de Vieira da SILVA à la pièce théâtrale de J. M. SILVA e ALBUQUERQUE, *O Operario e a Associação* (Lisbonne, 1867).

34 a. Anselmo LORENZO, *El Proletariado militante* (*Memorias de um internacional*) (Barcelone, 1901 ; p. 143, 3e ed.). Voir A. MACHADO da ROSA, « O Socialismo Português há um seculo », in *Seara Nova* n° 1502 (Lisbonne, décembre 1970).

35. Voir Luis GONÇALVES, *A Evolução do Movimento Operario em Portugal* (Lisbonne, 1905) ; Cesar NOGUEIRA, *A Primeira Interncional* (Lisbonne, 1961) et *Notas para a Historia Internacional do Socialismo em Portugal - 1871 - 1910* (Lisbonne, 1964).

36. *In Prosas* II.

37. Voir son article anonyme « O Congresso da Internacional na Haia », *in O Pensamento Social*, 1872.

tant celles de Marx[37]. Son activité, comme celle de Fontana, était débordante : « J'ai été un petit Lassalle », dira-t-il[38] — et c'est grâce à eux qu'une véritable pensée sociale s'instaurera au Portugal. Le journal *O Pensamento Social*, alors paru, est un témoin significatif de cette prise de conscience.

Lié à la section de l'Internationale, un parti Socialiste fut créé en 1875 comme instrument de lutte politique. Son fondateur, un ouvrier graveur, Azedo Gneco, avait une parfaite conscience de la situation : « Il est indispensable que la démocratie bourgeoise n'influe pas sur l'esprit du peuple avant nous », affirmait-il[39]. Il fallait en somme que les masses ouvrières puissent mener leur combat sur le terrain des masses petites bourgeoises gagnées aux sentiments républicains.

Mais quelles masses ouvrières ?

Le sous-développement de l'industrie nationale que l'Inquérito Industrial de 1881 dénoncera, la rendait incapable de justifier, par de nouveaux rapports de production, une intervention politique homogène dans la vie portugaise. Vers 1880, il n'y avait pas plus de dix mille ouvriers au Portugal[40], et le Parti Socialiste (malgré ses congrès annuels, à partir de 1877, où se sont fait représenter 23 associations ouvrières[41], malgré la fusion de l'Association et du Parti votée l'année suivante, pour unifier la lutte socio-politique[42], malgré les six journaux qui sont parus entre 1872 et 1880[43], malgré une propagande permanente) n'avait que 913 affiliés en 1877[44], et n'a pas recueilli plus de 130 votes à Lisbonne et 69 à Porto, aux élections du corps législatif de 1879[45].

Le cercle socialiste était très limité et sa position continuait d'être quelque peu paradoxale dans la conjoncture socio-économique portugaise ; d'autre part, en face des formules mentales et sentimentales de

---

38. Voir Note n° 84, chapitre IV.
39. Voir *O Protesto Operario*, n° 45, 1883.
40. Voir *Inquerito Industrial de 1881* (Lisbonne, 1881).
41. Voir Cesar Nogueira, *Resumo Historico dos Congressos e Conferencias do Partido Socialista Português*, 1877 - 1926 (Porto, 1933).
42. Voir Cesar Nogueira, *Notas para a Historia do Socialismo em Portugal*, pp. 76 et suivantes.
43. *O Protesto* a duré de 1872 à 1875 (Lisbonne). Voir Note n° 42, p. 343.
44. *O Protesto*, n° 148, 1879.
45. Voir Cesar Nogueira, *Notas para a Historia do Socialismo em Portugal*, pp. 102 et 103.

l'opposition anti-monarchiste, attachée au libéralisme sinon au libéro-capitalisme de 1820 ou de 1827, de 1836 ou de 1851, il osait à peine affirmer son option scientifique d'un nouveau modèle social à travers les écrits d'Antero de Quental, critiquant les utopies de certains de ses compagnons[46], et surtout d'Oliveira-Martins. En effet, celui-ci publia une *Teoria do Socialismo*, en 1872, et un livre sur *Portugal e o Socialismo*, en 1873, qui constitue le premier programme national de révolution socialiste. Il y présenta un projet de législation derrière lequel, comme derrière sa *Teoria*, se profile nettement l'influence de Proudhon.

Au-delà de l'option marxiste, mi-tactique, mi-passionnelle, d'Antero, en 1872, Proudhon continuait d'orienter la pensée socialiste nationale ; il sera d'ailleurs traduit pour la première fois en 1874[47]. Tout comme les conférenciers de 1871, Martins était un proudhonien convaincu. Benoit Malon trouvait chez lui des idées plus pratiques et plus raisonnables que chez Proudhon — et, même lorsqu'il montrera sa « peur » du socialisme, se repliant sur une position de réformisme bourgeois, Gneco le considérera comme « supérieur à Proudhon son maître ». Mais le chef socialiste ne manquera pas non plus de dénoncer sa formation au sein d'un « socialisme romantique »[48]. N'est-il pas vrai que Martins voyait dans la philosophie de Proudhon « un kantisme compris à la lumière de la science ? »[49]. On comprend alors fort bien qu'Antero ait pu lui écrire, en 1873, à propos d'un long dialogue établi entre son ami et le vieil Herculano : « Que veut-il, qu'imagine-t-il qui réalise mieux ses aspirations sociales ? »[50]. Il aurait presque pu ajouter, sa conscience individualiste...

Aux livres théoriques d'Oliveira Martins, Herculano répondait pourtant par des lettres fort cordiales qui ont pour nous l'intérêt le plus grand : plus encore que sur la position du vieil historien, elles nous éclairent sur l'antagonisme idéologique existant entre deux générations, à la fin de la période romantique[51]. « Le meilleur service que nous, les vieux libéraux, pouvons rendre (à la patrie) c'est de disparaî-

---

46. *In Revista Ocidental*, 1875. Critique à José BONANÇA, *Da Reorganização Social - aos Trabalhadores e Proprietarios* (Lisbonne, 1875). *In Prosas* II, p. 277.

47. PROUDHON, *Do Principio da Federação* (Lisbonne, 1874). Trad. Dr. A.J. NUNES Jor.

48. Azedo GNECO, *in O Protesto Operario*, nos 11 et 12, des 17 et 24 mai 1882.

49. Oliveira MARTINS, *Teoria do Socialismo* (Lisbonne, 1872), p. 103.

50. *Cartas Ineditas de Antero de Quental a Oliveira Martins*, p. 14 ; lettre du 26 septembre 1873.

51. *Cartas de A. Herculano*, I, pp. 220 et suiv. Lettres de 1872, 1873 et 1877.

tre dans l'ombre, pour y mourir », écrivait Herculano à Martins, en 1870[52]. Il nie l'utilité du socialisme en tant que « théorie constituante », bien qu'il l'accepte en tant que critique[53]. La situation scientifique du socialisme des jeunes ne pouvait pas ne pas entrer en conflit avec le concept métaphysique de liberté auquel Herculano avait sacrifié sa vie. Cependant, il respectait la doctrine nouvelle, avec une sorte de scepticisme de « retraité », parce qu'il respectait les deux jeunes socialistes Martins et Antero qui, comme lui, souffraient de la décadence de la patrie. Il les aimait autant qu'il détestait Teofilo et son disciple Ramalho Ortigão en raison de leur optimisme positiviste et petit-bourgeois.

D'ailleurs, l'opposition entre Antero et Teofilo s'affirmait encore une fois, et très nettement, dans le cadre de l'opposition entre socialistes et républicains.

Si, en 1880, Teofilo parlait avec rancune de l'« absence absolue d'idées dans les esprits des dirigeants du socialisme portugais », à la tête desquels il voyait Antero comme une sorte de « voyant », s'il les accusait de « pervertir l'idée pratique et immense de la République », et de n'être que des « métaphysiciens révolutionnaires »[54] — Antero, écrivant à Oliveira Martins, ne manquait pas de le mettre en garde contre « cette race perfide » des républicains[55] dont le programme, en 1873, avait été fabriqué d'une façon fort simple : « Ils prennent au hasard des phrases du nôtre (le programme socialiste), et les mélangent avec des bêtises de leur propre crû »[56]... En 1891, Antero insistera encore devant une assemblée d'ouvriers : « Ce qu'il faut, c'est éviter toute confusion avec les républicains qui allèguent être le parti du peuple alors qu'ils ne sont que le parti de la bourgeoisie. »[57].

Lors de la commémoration du centenaire de Camoëns, l'opposition d'Antero à Teofilo se manifesta à nouveau. Il a failli publier un pamphlet contre les « fêtes du *santanario* »[58], où il voyait une curieuse influence de l'esprit clérical. Le cortège où, « révolutionnaires sans

---

52. Idem, I, 219 ; lettre du 10 décembre 1870.

53. Idem, I, 239 ; lettre de novembre 1873.

54 Teofilo BRAGA, *Historia das Ideias Republicanas em Portugal*, p. 280.

55 Voir Note n° 50, p. 111 (lettre de 1885).

56. Idem, p. 158 (lettre de 1873).

57. Article de Cirilo MACHADO, *in Nova Alvorada* du 1ᵉʳ novembre 1891, cité par J. Bruno CARREIRO, *Antero de Quental* ; I, 349 (note).

58. Voir Note n° 50, p. 107 (lettre de 1886).

masque », les socialistes de l'Internationale virent leur drapeau rouge rapidement saisi par la police[58] (a), le faisait rire : « L'idée, dit-on, est partie de Ramalho qui l'a présentée naturellement comme une idée moderne et positive. Nous avons là un cas remarquable de « régression morphologique ». Ramalho, croyant devancer le siècle, agit tout bonnement comme son grand-père, qui appartenait au Tiers Ordre de Saint François »[59]. Oliveira Martins, de son côté, soulignait le caractère burlesque de l'affaire — ces « navires de carton doré » commémorant « les flottes de jadis d'une nation qui n'avait plus de marine »... Il voyait alors « le patriotisme réduit à un sentiment théâtral et la vie nationale à un opéra »[60].

Le nationalisme de Ramalho et de Teofilo (et leur goût, sinon leur théologie) est ainsi cruellement dénoncé ; l'esprit internationaliste de leurs adversaires, Antero ou Martins, leurs garantissait du moins cette dimension européenne que Teofilo tenait en horreur — et que Ramalho n'était pas loin d'oublier car chez lui elle n'avait été que touristique...

Eça de Queiroz, vivant à l'étranger depuis des années, voyait l'opposition entre républicains et socialistes d'un œil narquois, lorsqu'il peignait, dans un roman écrit avant 1880, la capitale du royaume et ses pièges tendus à un jeune poète romantique et provincial[61]. Les équivoques et les haines petites bourgeoises qui se manifestaient sur le plan politique de l'opposition trouvent dans ces pages une caricature impitoyable que nous ne devons pas oublier lorsque nous voulons pénétrer dans le domaine de l'expérience quotidienne où les théories agissent et se dissolvent.

Mais l'esprit religieux traditionnel qu'Antero dénonçait chez les idéologues du centenaire de Camoëns n'était pas moins accompagné d'un anti-cléricalisme féroce que les républicains surtout animaient, appuyés par une franc-maçonnerie qui obéissait toujours à des schémas libéraux.

Un « Grand Orient » réorganisé en 1867, sous le « maillet » du poète Mendes Leal, réunit des cercles épars, et de nouveaux re-

---

58 a. Voir Note n° 42, pp. 109-111.

59. Idem, p. 97 (lettre de 1880).

60. Oliveira MARTINS, *Os Criticos da Historia de Portugal*. Remarquons qu'en 1892 la *Revista de Portugal*, dirigée par Eça de QUEIROZ, niera toute valeur aux commémorations ; « La preuve que le Centenaire n'a été qu'un spectacle pittoresque sans le moindre influx moral dans le pays, réside dans le fait très triste que les dernières douze années ont peut-être été celles où le caractère national s'est le plus déprimé et avili » (anonyme : tome IV, p. 252).

61. Eça de QUEIROZ, *A Capital* (pb Lisbonne, 1925), p. 355 (2ᵉ ed).

groupements ont eu lieu jusqu'à l'unité finale, en 1872, le grand
maître étant alors le comte de Paraty, appartenant à une des plus
nobles maisons du royaume. En 1888, pourtant, les républicains
s'empareront de ce poste qu'ils n'abandonneront jamais, dans une
institution qui, depuis 1878, avait pris une position foncièrement
nationaliste en face de l'Espagne[62]. La maçonnerie des libéraux de 30
reflétait ainsi l'évolution de la conjoncture politique nationale et de
son idéologie, accusant les nouvelles formes que celle-ci prenait. Elle
s'opposait surtout à l'action reprise par les Jésuites.

Ces ennemis traditionnels des libéraux étaient rentrés au Portugal où, grâce à l'action remarquable du P. Rademaker, que nous
connaissons déjà, ils avaient développé une grande activité, surtout à
partir de 1865. Ils constituaient donc la principale cible des anti-
cléricaux qui ne manquaient pas non plus de s'attaquer aux Lazaristes de Saint-Vincent-de-Paul. La presse, le livre, la brochure et les
scènes théâtrales étaient leurs instruments de lutte. « Les Lazaristes
ont l'école et la chaire pour leur propagande. Nous avons le journal,
la tribune, le livre, le théâtre », écrivait *A Revolução de Setembro*[63]
qui était pourtant devenue fontiste. Les monarchistes, les républicains,
les socialistes multipliaient leurs attaques — mais rien ne causa plus
de scandale que la pièce du futur ministre A. Ennes, *Os Lazaristas*,
mise en scène en 1875[64]. On s'est battu autour de cette pièce médiocre
que l'on disait être le produit d'un concours organisé par la franc-
maçonnerie de Coimbre[65]...

Teixeira Bastos, le fidèle disciple de Teofilo Braga, écrivait des
brochures et des poésies[66]; Silva Pinto, polémiste redouté, s'attaquait
à la traduction portugaise de l'*Histoire Impartielle des Jésuites* de

62. Voir M. Borges GRAINHA, *Op. cit.*, pp. 116 et suivantes.

63. *A Revolução de Setembro* du 25 avril 1875.

64. Le 17 avril 1875, au théâtre du Ginasio. Une vaste bibliographie polémique est
née autour de cette pièce : P. Sena FREITAS, *Os Lazaristas, pelo lazarista Sr.
Ennes* (Porto, 1875) ; F. Guimarães da FONSECA, *Os Lazaristas pelo lazarista
Sena Freitas* (Lisbonne, s/d) ; Augusto José de FONSECA, *A Questão Lazarista*
(Porto, 1875) ; Antonio ENNES, *O Conservatorio Dramatico do Rio de Janeiro
e o drama Os Lazaristas* (Lisbonne, 1875). Voir également *O Conimbricence*
du 23 novembre 1875. Autres pièces anti-cléricales de l'époque : Silva PINTO,
Os Homens de Roma (1875) *et O Padre Gabriel* (1877) ; Luis de FIGUEIREDO,
Os Jesuitas (1880).

65. P. Sena FREITAS, *Op. cit.*, p. 11.

66. Teixeira BASTOS, *Os Padres* et *Os Jesuitas* (Lisbonne, 1880).

Balzac, publiée en 1877[67] ; Magalhães Lima, orateur républicain, futur directeur d'*O Seculo*, mélangeait « Padres e Reis », dans ses articles virulents[68]. De l'autre côté de la barricade, le Père lazariste Sena Freitas était le plus actif. Ami de Camilo, il s'attaquait à Teofilo et au positivisme, à *A Velhice do Padre Eterno* de Junqueiro[69], et au réalisme de la nouvelle école — cherchant alors à imposer le « roman chrétien » qu'il se vantait, non sans naïveté, d'avoir créé au Portugal, avec *A Tenda do Mestre Lucas*, ouvrage soporifique[70]. Un franc-maçon converti à la suite de la mort de sa femme, Sousa Monteiro[71], engagé dans la même action, mérita alors le surnom de « Veuillot Portugais ». Il animait de ses articles un journal appelé *O Bem Publico*, organe privilégié de la réaction ultramontaine, paru de 1857 à 1877.

En 1874, l'Académie des Sciences refusera d'admettre Renan dans son sein — malgré un scandale animé par Luciano Cordeiro, et les protestations des étudiants. Parmi ceux qui vontèrent contre, se trouvait, fatalement, le duc d'Avila[72]. . .

Il n'y avait d'ailleurs pas de demi-mesures dans cette lutte mortelle. Antero de Quental l'avait très bien montré dès 1865, lorsqu'il faisait ironiquement la défense du *Syllabus* de Pie IX, contre les scrupules des catholiques libéraux[73]. L'Eglise, disait-il, c'était cela — à prendre ou à laisser. . .

---

67. Traduction de F.G.S., Porto, 1877. Articles de Silva PINTO, « Os Jesuitas, Cartas ao Bispo do Porto », *in Combates e Criticas*, pp. 215-278 (2e ed., 1907).

68. S. Magalhães LIMA, *Padres e Reis* (Coimbre, 1873), recueil d'articles publiés in *A Republica Portuguesa*, 1873.

69. P. Sena FREITAS, *Processo do Positivismo* (Rio de Janeiro, 1893), *A Doutrina Positivista* (Lisbonne, 1904), *Autopsia à Velhice do Padre Eterno* (S. Paulo 1886 et Porto, 1888).

70. P. Sena FREITAS, *A Tenda de Mestre Lucas, Historia dum Pobre de Deus contada por ele mesmo. Romance Religioso Original* (Porto e Braga, 1875). Voir préface, p. IX.

71. Voir M. Borges GRAINHA, *Op. cit.*, p. 210.

72. Ont également voté contre le vicomte de SEABRA, INOCENCIO et VIDAL. CAMILO a pris le même parti. Il fut également le rédacteur principal d'*Eco de Roma* (1869-1878) et collabora à *A Nação* et *O Domingo* (1855-1857). Voir aussi INOCENCIO, *Op. cit.*, XII, 18. Voir *Revista de Portugal e Brasil* (dirigée par Luciano CORDEIRO et R. A. PEQUITO), n° 1, II (1874) et *Diario Ilustrado* des 21 et 22 avril 1874 et des 1er et 24 mai 1874. Voir également Bulhão PATO, *Renan e os Sabios da Academia* (Lisbonne, 1874) et Ramalho ORTIGAO, *As Farpas* (avril 1874), VII, p. 96 (ed. 1943).

73. Antero de QUENTAL, *Defesa da Carta Enciclica de S. S. Pio IX contra e chamada opinão liberal* (Lisbonne, 1885), *in Prosas*, I, pp. 279 et suivantes.

Mendes Leal, vieux poète libéral, rompu aux luttes anti-cléricales de sa génération, déclarera en 1883 : « Dans cinquante ans, le monde appartiendra aux ouvriers commandés par la Compagnie de Jésus » ; il s'attendait à un socialisme catholique ou à un communisme universel à la manière de celui institué jadis au Paraguay par les Jésuites qui (« hélas ! ») « prévaudront toujours spirituellement »[74]...

Une thèse soutenue en 1881 dans le cadre du concours pour une chaire de la Faculté de Théologie de Coimbre, sur *O Catolicismo e o socialismo*, se proposera de résoudre la « question sociale » avec les seules armes de l'Eglise. Son auteur, le P. Augusto Eduardo Nunes, futur archevêque d'Evora, observait carrément « l'opposition irréductible » et « l'antagonisme essentiel » entre les deux forces — tout en affirmant que « l'inégalité entre les classes et les fortunes était nécessaire et utile ».

Mais l'Eglise avait d'autres atouts : en 1864 il y avait 4 108 abbés et vicaires contre 1 987 instituteurs et 458 institutrices ; en 1873 il y avait 1 816 séminaristes contre 6 000 élèves inscrits dans les lycées du pays ; la même année on a consommé près d'un million et demi d'indulgences au Portugal[75]... Et si, en 1876, une Associação Promotora do Registo Civil, au nom encore marqué par le vocabulaire de 1820 ou de 1830, exigeait l'état civil obligatoire qu'une loi oubliée avait imposé en 1867, après la grande polémique suscitée par le Code Civil, elle n'obtiendra satisfaction qu'en 1879 — tandis qu'en 1877 le pays était consacré officiellement au Sacré Cœur de Jésus. La procession du Seigneur dos Passos de l'église de la Graça, le dernier grand spectacle de la foi populaire, avec son cortège de pénitents traînant dans les rues de Lisbonne leurs genoux ou leurs pieds ensanglantés, ne sera abolie qu'en 1878.

Un demi-siècle après l'instauration du libéralisme romantique, sa lutte idéologique n'était donc pas terminée. La continuité des structures libérales impliquait la continuité de leurs problèmes au sein d'une société qui demeurait statique — et qui ainsi se mourait.

... En 1880, le moment était venu d'en établir le bilan. Certes, l'*Inquerito Industrial* lui-même constitua une sorte de bilan de l'œuvre de la société capitaliste portugaise, mais au langage des chiffres,

---

74. Coelho de Carvalho « Homens e Facts de Hoje e de Antanho - Mendes Leal », *in Contemporanea* (Lisbonne, 1923), n° 9, p. 113.

75. Voir Gerardo Perry, *Geografia e Estatistica Geral de Portugal e Colonias* (Lisbonne, 1875), pp. 235, 275, 277, 238 et 278.

qu'on arrivait mal à interpréter (et que très peu lisaient), il fallait ajouter un commentaire plus large et plus grave, socio-politique et culturel.

Bien sûr ce n'est pas pure coincidence s'il fut publié en même temps. Et ce n'est pas par hasard non plus que ce commentaire-bilan sera écrit avec passion — une passion romantique...

CHAPITRE XIII

LE BILAN DU ROMANTISME

Le bilan de la vie sociale portugaise de 1826 à 1868 fut dressé en 1881 par Oliveira Martins dans les deux volumes de son *Portugal Contemporeno*. Faisant suite à une *Historia da Civilização Iberica* et à une *Historia de Portugal*, parues en 1879, cet ouvrage — lui aussi inclus dans une « Bibliothèque des Sciences Sociales », ce qui indique l'intention générale de l'entreprise — parachevait une vision globale de l'histoire du pays, c'est-à-dire de sa vie politique, économique, sociale, et surtout morale.

De trente-cinq ans plus jeune qu'Herculano, c'est Oliveira Martins qui reprend ainsi le projet romantique dans le domaine de l'historiographie. Entre leurs deux générations, personne, en effet, n'avait été capable de poursuivre la tâche de l'illustre soldat de la guerre libérale. Entre l'*Historia de Portugal*, publiée par Herculano de 1846 à 1855, et les œuvres historiques d'O. Martins c'était le vide, ou presque[1].

On devait, certes, à Rebelo da Silva, de 1860 à 1871, une histoire du règne de Jean II et une *Historia de Portugal nos seculos XVII et XVIII*[2], où, disciple d'Herculano, il se penche méthodiquement sur deux périodes de la vie nationale qui pouvaient éclairer le présent. Latino Coelho avait, en 1874, commencé à faire paraître une *Historia Politica e Militar de Portugal desde os fins do seculo XVIII até 1814*[3],

---

1. En même temps qu'HERCULANO publiait son histoire, le vicomte de SANTAREM, ex-ministre de Dom Miguel exilé à Paris, faisait paraître, avec une subvention du gouvernement libéral, son *Quadro Elementar das Relações Publicas e Diplomaticas de Portugal com as Diversas Potencias do Mundo* (1842-1853), important ouvrage d'histoire diplomatique.

2. L. A. Rebelo da SILVA, *D. João II e a Nobreza* (Lisbonne, 1857) ; *Historia de Portugal nos seculos XVII e XVIII* (Lisbonne, 1860, 1874 ; 5 vol.).

3. Latino COELHO, *Historia Politica e Militar de Portugal desde os fins do seculo XVIII até 1814* (Lisbonne, 1874).

et, depuis 1866, Luz Soriano avait livré au public huit des dix-neuf tomes de son interminable *Historia da Guerra Civil*[4]. Pinheiro Chagas avait, lui aussi, collaboré, de 1867 à 1874, à une vaste *Historia de Portugal* « par une société d'hommes de lettres », sur un canevas de Ferdinand Denis[5]. Mais, pour ces auteurs, à l'exception de Rebelo da Silva que la dimension sociale des événements intéressait sur un mode scientifique, seuls les faits bruts comptaient et leurs ouvrages n'étaient le plus souvent qu'une collection de récits fastidieux (même si la rhétorique les animait) d'intrigues et de batailles sans rapport avec une véritable problématique historique et sociale. En 1841 Herculano s'était déjà élevé en vain contre l'« archifausse dénomination d'Histoire » appliquée à ce genre de travaux. On dirait qu'il les devinait : le manque de formation philosophique les rendait inévitables au Portugal. Teofilo Braga, qui, dans le cadre de son enseignement au Cours Supérieur de Lettres de Lisbonne, avait composé en 1878 deux tomes d'une histoire universelle d'allure positiviste[6], songeait, vers la fin de sa vie, à opposer à ces œuvres routinières (et surtout à celles d'O. Martins) une *Historia Filosofica de Portugal* en quelques quinze volumes.

---

4. Luz SORIANO, *Historia da Guerra Civil e do Estabelecimento do Governo Parlamentar em Portugal* (Lisbonne, 1866-1884 ; 19 vol.). En 1846-49 l'auteur avait déjà fait paraître *Historia do Cerco de Porto precedida duma extensa noticia sobre as diferentes fases politicas da Monarquia, desde os mais remotos tempos até ao ano de 1820, e desde mesmo ano até ao começo do sobredito cerco* ; il publiera encore : *Historia do reinado de D. José I e da Administração do Marquês de Pombal* (Lisbonne, 1867 ; 2 vol.) et *A Vida do Marquês de Sá da Bandeira* (Lisbonne, 1887-88 ; 2 vol.).

5. *Historia de Portugal* (Lisbonne, 1867-1874 ; 12 vol.). Signalons encore que *Geschichte von Portugal* d'Henry SCHAEFFER (Paris, 1836-1864) fut traduite en Portugais par Sampaio BRUNO à partir de 1893. En 1879 (*in O Positivismo*, II p. 142), Teofilo BRAGA demandait déjà à l'Académie des Sciences de faire traduire l'ouvrage de SCHAEFFER. Il écrivait alors : « Les résumés les mieux faits de notre histoire ont été réalisés par des étrangers ; ainsi le *Portugal* de Ferdinand DENIS (Paris, 1846 ; trad. port. 1846-47 : *Portugal Pitoresco ou Descrição Historica de este Reino*, 4 vol.), la petite histoire de RABBE (Alphonse RABBE, *Résumé de l'Histoire du Portugal jusqu'en 1823*, Paris, 1824 ; trad. port. 1836) et celle d'Auguste BAUCHOT (*Histoire du Portugal et de ses Colonies*, Paris, 1854) ».

6. Signalons encore : H. Gama BARROS, *Historia da Administração Publica em Portugal nos seculos XII a XV* (1885), travail exceptionnel ; J. Ramos COELHO, *Historia do Infante D. Duarte, irmão d'El-Rei D. João IV* (889-1890) ; A.S.S. Costa LOBO, *Historia da Sociedade em Portugal no seculo XV* (1904). Bien que ces auteurs soient plus âgés qu'Oliveira MARTINS, leurs livres sont parus après la période dont nous nous occupons ici.

Mais il ne devait pas réaliser ce projet — et, pour le moment, c'était
son adversaire O. Martins qui était en mesure de proposer une vision
philosophique de l'histoire du pays.

Mais Oliveira Martins avait, en outre, une théorie de l'histoire en
tant que science et en tant que philosophie. Cette théorie est étroitement liée à celle d'Herculano qu'il considérait comme son maître et
son ami[7]. La dédicace de son *Historia de Portugal* à la mémoire d'Herculano qui venait de mourir a une signification qu'on ne saurait trop
souligner.

Comme nous l'avons vu, Herculano adoptait le concept kantien de
la conscience comme base de la vie morale et sociale et Martins en
faisait autant, dans la mesure où il suivait Proudhon dans son concept
d'une justice qui ne pourrait être qu'une donnée de la conscience.
Plus jeune qu'Herculano, il allait plus loin que lui — et il voulait en
outre concilier dans une même synthèse le kantisme et le naturalisme
de son maître. L'école « historique » dans laquelle Antero de Quental
insérait Martins appartenait en fait à la ligne idéologique d'Herculano.
« La société n'est pas un théâtre mécanique ; elle est pareille à un
monde, un organisme »[8]. Cette affirmation de Martins dans son *Portugal Contemporaneo* est très claire — et la définition organique de
la société impliquait l'existence d'une multiplicité d'éléments dans un
réseau complexe de causes qui pouvait même admettre le hasard, élément autre dont on ignore les sources mais qui ne se produit pas moins
dans les diverses conjonctures[9]. La position ethnographique de Teofilo
appartenait visiblement à un autre ordre d'idées, à une autre catégorie philosophique — et de la même façon qu'Herculano avait méprisé
les origines « lusitaniennes » des Portugais, Martins pouvait dédaigner
la position idéologique du chef de file du positivisme portugais[10].

---

7. Voir A. J. SARAIVA, *Notas sobre o lugar de Oliveira Martins na Evolução da
Cultura Portuguesa*, in *Para a Historia da Cultura em Portugal*, I, p. 219-240.

8. O. MARTINS, *Portugal Contemporaneo*, XXX (6e ed).

9. O. MARTINS, *O Helenismo e a Civilização Cristã* (1878), Introduction. L'historien y est influencé par A. A. COURNOT, *Traité de l'Enchaînement des Idées
fondamentales dans les Sciences et dans l'Histoire* (Paris, 1861). Voir Moniz
BARRETO, *Oliveira Martins, estudo de psicologia* (Paris, s/d., 1887), in *Ensaios
de Critica* (Lisbonne, 1944) pp. 105 et suiv. ; Joaquim de CARVALHO, préface à
Cartas Ineditas de Antero de Quental à Oliveira Martins (Coimbra, 1931), p. IX.

10. On doit pourtant remarquer qu'Antonio Sergio et Eudoro de SOUSA (voir Alvaro
RIBEIRO, *O Positivismo*, pp. 126-127), venant d'horizons fort différents, ont
décelé des symptômes positivistes dans la pensée d'O. MARTINS.

Car, idée principale à retenir, pour Martins, comme déjà pour Herculano, « l'histoire est surtout une leçon morale »[11]. S'il devait affirmer par la suite que « l'histoire doit être écrite comme l'on écrit un drame »[12], c'est qu'un nouvel élément idéologique, venant de Hegel, était entré dans sa pensée.

A une sorte de Lumières de type kantien s'ajoute, sans s'y opposer, un corps doctrinal hégélien[13]. Celui-ci amène l'historien à considérer comme valeur historique une « volonté collective » qui doit s'incarner dans un homme — dans un héros. « Le génie collectif défini déjà dans les consciences, réalise ce mystère que les religions symbolisent dans les incarnations de Dieu. Il s'incarne et descend au sein des individus privilégiés »[14]. Ces lignes, écrites en 1891, éclairent un principe déjà exprimé dans l'*Historia de Portugal*.

En 1893, enfin, Martins concevra son *Historia de Portugal* comme une introduction à une série de biographies exemplaires des héros, hommes symboliques qui avaient parfaitement incarné la nation[15], selon leurs rudes possibilités humaines. A ses yeux, en effet, « l'homme réel est l'image rude de l'homme idéal »[16]. Son action logique, « historique », c'est-à-dire « organique », ne peut être altérée que par le hasard — mais dans la mesure même où le héros est constitué globalement, il porte déjà en lui le hasard. . .

Pour Oliveira Martins la vie historique de la nation avait été ponctuée voire rythmée par des héros, aux signes positifs ou négatifs, surgis nécessairement à des moments de crise. N'oublions pas que Martins a fait ses débuts littéraires avec un roman sur Febo Moniz, ou « le dernier des Portugais »[17], voix de la conscience nationale de la

---

11. O. MARTINS, *Historia de Portugal*, p. I (10e ed.).

12. O. MARTINS, *Portugal Contemporaneo*, p. XX (6e ed).

13. Il faut également remarquer qu'O. MARTINS a subi par la suite l'influence de Th. MOMMSEN dont les travaux sur l'histoire de Rome ont marqué son *Historia da Republica Romana* (Porto, 1885). O. MARTINS avoue cette influence qui se manifestera d'ailleurs dans ses idées et son action politique césariste. Voir J. A. da SILVA CORDEIRO, *A Crise nos seus Aspectos Morais* (Lisbonne, 1896), pp. 246 et suivantes.

14. O. MARTINS, *Os Filhos de D. João I* (Lisbonne, 1891), p. 217 (6e ed.).

15. O. MARTINS, *A Vida de Nun'Alvares* (Lisbonne, 1893), p. VII, « Advertencia ». sont parus : *Os Filhos de D. João I* (1891), *A Vida de Nun'Alvares* et *O Principe Perfeito* (1896, posthume) ; O. MARTINS avait également projeté *Alfonso de Albuquerque* et *D. Sebastião*.

16. O. MARTINS, *Historia de Portugal*, I, p. X (10e ed.)

17. O. MARTINS, *Febo Moniz* (Porto, 1867).

bourgeoisie qui, en 1580, s'élève contre la montée de Philippe II d'Espagne sur le trône portugais.

Febo Moniz représente une des « formes » qui définissent l'Idée de la patrie alors mourante. Il s'oppose à Dom Sébastien, le petit roi mystique et légendaire dont le rêve marocain venait de consommer la ruine du pays. Mais Dom Sébastien lui-même n'est qu'un « Nun'Alvares posthume »[18] : il représente la fin d'une grande époque dont le commencement avait été annoncé par Nun'Alvares, héros et saint qui avait marqué de sa vaillance et de ses vertus les débuts de la dynastie d'Avis. On pourrait également voir chez Febo Moniz la réplique posthume de João de Regras, le docteur ingénieux qui, à côté de Nun'Alvares, avait soutenu en 1385 la candidature du premier des rois d'Avis — et le tableau théorique de l'histoire du Portugal deviendrait ainsi complet, dans ce jeu de contrastes et d'oppositions auquel Oliveira Martins se complaisait.

Dom Sébastien joue un rôle très spécial dans la mise-en-scène historique d'Oliveira Martins et c'est bien dommage que l'historien n'ait pas vécu assez longtemps pour lui consacrer l'ouvrage dont il rêvait. « Nun'Alvares posthume », le dernier roi de la dynastie d'Avis est à la fois l'élément responsable et le bouc émissaire de la décadence nationale. Martins ne cache pas sa sympathie pour ce personnage dont il a brossé un portrait humain et mythique en même temps : il le fascine comme il avait fasciné Garrett. Nous verrons que dans la crise qui a suivi la fin du Romantisme au Portugal, Dom Sébastien, roi désiré, sera repris comme un symbole sinon comme un drapeau idéologique dans le cadre d'un sébastianisme curieusement renouvelé. Mais n'anticipons pas.

Pour Oliveira Martins, à l'époque de Dom Sébastien, le pays était déjà « une nation de fous égarés », qui « avait incarné toute la folie du peuple »[19] dans le jeune roi. Une pause, pourtant, intervint dans le processus de la décadence : le marquis de Pombal. En marge de l'histoire générale, les romantiques s'intéressaient à la figure du ministre qui avait rempli de son action le troisième quart du XVIIIe siècle[20] —

---

18. O. MARTINS, *A Vida de Nun'Alvares*, p. VII.

19. O. MARTINS, *Historia de Portugal*, II, p. 48 (10e ed).

20. F. Luis GOMES, *Le Marquis de Pombal* (Paris, 1869), Luz SORIANO, *Historia do Reinado de D. José I e da administração do Marquês de Pombal* (1867 ; 12 vol.), Latino COELHO, *Marquês de Pombal* (Rio de Janeiro, 1882, Lisbonne, 1905). A. P. Lopes de MENDONÇA écrivait en 1849 (*Ensaios de Critica e Literatura*) : « Le marquis de Pombal fut, pour la civilisation portugaise, un de ces génies prématurés » (p. 16).

fondateur colbertien d'un pays bourgeois plus ou moins ouvert aux Lumières d'où, en fin de compte, était issu le libéralisme. Le centenaire de la mort de Pombal, en 1882, sera célébré avec force discours et essais dont un de Camilo qui tranchait polémiquement sur un chœur de louanges[21]...

Oliveira Martins s'intéressait aussi au ministre dictateur qui avait essayé de réformer le Portugal — mais, dans l'idée qu'il se faisait de la vie historique de la nation, Pombal surgissait comme un phénomène abstrait et paradoxal. Il était bel et bien étranger au « véritable Portugal, dévot, grossier, violent et ridicule (...) déraisonnable et cachexique »[22], incapable de fournir la matière première dont ses réformes avaient besoin — des « pierres vives », c'est-à-dire des hommes, sinon des héros...

On dirait qu'il n'y avait pas de remède pour ce pays perdu. Et Martins le disait. Dans l'*Historia da Civilização Iberica* et dans l'*Historia de Portugal* il avait illustré son schéma du processus historique de la nation : d'abord, une époque de formation, pendant laquelle l'histoire nationale se confondait avec celle des autres états de la péninsule (car le Portugal avait « le caractère commun aux nations nées sur les ruines de l'Empire romain », entraînées dans « le mouvement anonyme des intérêts et des classes ») ; ensuite époque d'apogée, définie par les Découvertes, « un des phénomènes les plus noblement intéressants du passage des hommes sur la terre », et, enfin, à partir du XVIIIe siècle, la décadence, « aspect particulier du mouvement plus large de la décomposition générale de la Péninsule »[23].

Trente ans après Herculano, Oliveira Martins cherchait dans le passé de la vie portugaise des symptômes de grandeur et de misère, de puissance et de décadence. Leurs positions d'historiens moralistes accordaient leurs diagnostics. C'est pourquoi le XVe siècle se présente à leurs yeux comme un vrai siècle national, sous la dynastie d'Avis ; et c'est également pourquoi la centralisation de la souveraineté dans la personne du roi, processus qui contrecarre le municipalisme médiéval, apparaît aux deux historiens comme la cause principale de la décadence du pays. C'est pour la même raison que si les révolutions de 1820 et de 1836 déplaisent profondément à Herculano, le jacobi-

21. Camilo Castelo BRANCO, *Perfil do Marquês de Pombal* (Porto, 1882).

22. O. MARTINS, *Historia de Portugal*, II, 207 et 206 (10e ed.).

23. O. MARTINS, *A Vida de Nun'Alvares*, p. VIII ; voir également *Historia de Portugal*, « Advertencia ».

nisme républicain de Teofilo, effet retardé du Vintisme, est détesté
par Martins.

Il faut insister sur cette opposition si l'on veut comprendre la
structure idéologique du troisième ouvrage d'Oliveira Martins sur
l'histoire du Portugal qu'il veut examiner de plus en plus près. Le *Portugal Contemporaneo* est une sorte de « gros plan » de la réalité nationale : c'est comme si l'historien, tel un metteur-en-scène de cinéma,
avait approché une caméra de cette même réalité qu'il tenait à vivre
passionnément.

Suivant le fil de l'histoire de son pays, Martins ressentait le devoir
de s'occuper maintenant de l'époque contemporaine, à laquelle abou-
tissait cette histoire mélancolique, véritable « cas de pathologie collective ». Le *Portugal Contemporaneo* est donc le récit des derniers « épisodes tragicomiques »[24] de la vie de la nation, c'est-à-dire le récit de la
période romantique — et son bilan.

*
* *

« Sua Magestade fora a Belem comer uma merenda. Era nos primeiros dias de Março. Quando voltou ao palacio achou-se, à noite, mal
— caimbras, simptomas de epilepsia. Vieram médicos... »[25]. Ainsi
commence le livre, tel un roman d'Eça ou de Flaubert : l'histoire, vue
de près, plonge dans le quotidien. Jean VI se mourait et les destins
de la patrie se trouvaient tout d'un coup mis en cause : les luttes entre
Dom Pedro et Dom Miguel allaient commencer. Tout au long de quelque neuf cent pages, Oliveira Martins fera revivre avec passion quarante ans de vie nationale — ses espoirs, ses désillusions, ses petites
audaces et ses grandes misères. Cette histoire, il l'écrira comme un
drame. Un drame vécu.

Il l'écrira parce que, un demi siècle après la victoire du régime
libéral, les gens n'étaient pas encore convaincus « du caractère abstrait, subjectif et donc incomplet des formules victorieuses de 34 ».
Martins se proposait de faire le procès de ces formules. D'un côté il
voyait les conservateurs « centralisant chaque jour la machine sociale »
pris dans un mouvement fatal — d'autant plus que « ils ne cessent
pas moins de se dire disciples d'un individualisme, d'une décentralisation qu'ils contredisent chaque jour dans leurs actes ». De l'autre

---

24. Idem, ibid., p. VIII.
25. O. MARTINS, *Portugal Contemporaneo*, p.1.

côté, l'historien voyait les révolutionnaires — « queue traînante de l'ancien jacobisme individualiste », soumis encore à la « tyrannie des formules abstraites », à l'« idée de la souveraineté individuelle ».

Si les conservateurs ne sont que des victimes d'un « déplorable manque de consistance doctrinaire », les révolutionnaires « expient les conséquences du manque de critère scientifique dans l'organisation de leurs idées ». Le résultat final ? « Le spectacle d'une société confuse où la médiocrité et la démence se donnent le bras, allant aveuglément sur la voie toujours déprimante des caractères ».

Certes, affirme Martins, un tel désordre dans les idées, chez les conservateurs comme chez les révolutionnaires, est commun à tous les pays d'Europe latine — mais « peut-être nulle part en Europe ces conséquences de l'individualisme ne sont aussi évidentes qu'au Portugal ». Pourquoi ? Parce qu'ici « l'épuisement des forces vivantes de la société est arrivé au point de détruire entièrement les anciennes institutions et idées ». Et l'historien ajoute : « On ne trouverait nulle part une telle pauvreté de gens, une telle petitesse de caractère »[26].

Regardant autour de lui, Martins ne voit qu'apathie morale chez les conservateurs (« sombres, vulgaires, mesquins ») et « absence de vraie force », sinon « également l'infériorité des caractères », chez les révolutionnaires.

Dans la première ligne de son *Historia de Portugal* il avait écrit que l'histoire était surtout une leçon morale. Penché sur les problèmes actuels du pays, la perspective morale ne pouvait faire défaut à ses élucubrations, voire à ses jugements. Il était d'ailleurs bien placé pour critiquer ou juger ce qui se passait : il était étranger à la vie politique et il entendait alors demeurer « isolé et solitaire, sans contenter personne »[27]. Son livre n'était donc pas « un livre de parti, ni de polémique, pas plus que de révolution » — c'était un livre de morale, c'est-à-dire « un livre d'histoire »[28].

Les tableaux historiques de l'*Historia de Portugal* faisaient maintenant place à une organisation plus complexe et plus dense : les faits s'enchaînaient dans un « tempo passionato » que la pitié, l'indignation et l'ironie rythment sans cesse.

Ses portraits (de Dom Miguel et de Dom Pedro, de Saldanha et de Palmela, de Passos et de Costa Cabral, ou de Pierre V) traduisent tou-

---

26. O. MARTINS, *Portugal Contemporaneo*, « Advertencia », pp. XXVII, XXVIII et XXIX (texte de 1881, préface de la 1er ed.).

27. Idem, ibid., p. XXIII (texte de 1881).

28. Idem, ibid., p. XX (texte de 1883, préface de la 2e ed.).

jours la théorie de l'historien sur l'homme symbolique — mais parmi ces figures du romantisme, il met déjà en relief Herculano, sorte de conscience de son époque, à la fois selon les principes de Kant et les idées de Hegel. Pour Martins, Herculano devient un garant moral et le représentant d'un sentiment collectif. Sa désillusion est la désillusion du pays tout entier — et, par sa retraite, il montre la voie qu'aurait dû suivre la dignité nationale offensée par tant de turpitudes et par tant de sottises.

Un autre romantique, Garrett, fournit à Martins une idée fondamentale pour la compréhension de l'histoire du pays. « *Frei Luis de Sousa* est la tragédie portugaise, sébastianiste. Le fatalisme et la candeur, l'énergie et la gravité, la tristesse et la soumission du génie national, se trouvent là »[29]. Garrett avait eu « un moment unique d'intuition géniale » pour voir l'homme portugais de l'intérieur ; il avait senti « palpiter les entrailles portugaises ». Le romantisme se présentait ainsi aux yeux de l'historien comme un moment de conscience ou, mieux encore, comme la possibilité d'avoir, pendant un moment, la conscience lucide du destin national. Et tout comme Herculano, Martins s'arrêtait à cette vision catastrophique.

Il a évidemment été critiqué ; on l'applaudissait mais on l'attaquait aussi. Antero, lui, avait déjà écrit : « Vous avez obéi à cette perversion visuelle que Sainte-Beuve remarque chez Proudhon : « il voit trop rapproché, trop gros, trop prochain », chose propre des esprits logiques et ardents »[30] — et cela était surtout vrai pour *Portugal Contemporaneo*. Là aussi on aurait pu citer la phrase de Vacherot sur Michelet : « Histoire matériellement incomplète, de brusque allure, passionnée tant qu'on voudra, mais histoire vivante s'il en fut »[31], car la comparaison avec Michelet s'imposait.

Oliveira Martins lui aussi avait l'imagination psychologique[32] très développée, « le flair spécial de l'intuition historique »[33], dont il se vantait. A la tête de ses adversaires se trouvait toujours Teofilo Braga pour qui l'imagination ou l'intuition ne pouvaient que conduire Martins à sa perte ; il n'était qu'un « littérateur »... Il n'était que « le produit de la fréquentation malheureuse d'un petit milieu intellec-

---

29. Idem, ibid., II, 137.

30. *Cartas Ineditas de A. Quental à O. Martins*, lettre de 1873, p. 53.

31. C. Lobo d'Avila, *in Revista de Coimbra*, n° 3, Porto, 1880, p. 96.

32. Voir Moniz Barreto, *Op. cit.*, p. 119.

33. O. Martins, *Historia de Portugal*, p. IX.

tuel où prédominait une élaboration métaphysique improvisée sur le système de Hegel, modifié par l'idéalisme de Michelet, de Quinet, de Renan, et encore de Proudhon ». L'œuvre d'Oliveira Martins se ressentait, en somme, « de son manque de discipline philosophique »[34]. Ecrivant de la sorte, en 1891, Teofilo renvoyait la balle après maintes années : d'accusé il devenait accusateur. Il s'était d'ailleurs longuement occupé de *Portugal Contemporaneo*, dans sa propre revue, *O Positivismo*[35], pour souligner le fait que la situation catastrophique du pays n'était provoquée que par les « intérêts personnels de la Maison de Bragance ». La nation ne saurait être tenue pour responsable — et Martins (« le pittoresque historien ») était « injuste, lorsqu'il portait au compte de l'organisme de la nation ce qui était produit par le corps étrange de la royauté et des politiciens vendus ».

Teofilo prenait nettement une position jacobine, qui n'allait pas sans naïveté. De toute façon, nous y observons une fois de plus l'opposition de deux mentalités, et c'est ainsi qu'Antero, à qui Martins avait emprunté, dans l'*Historia de Civilização Iberica*, la thèse et le titre même de sa conférence au Casino, *Causas da Decadencia dos Povos Peninsulares*, se présentait à côté de l'historien en ce moment solennel de bilan et de réquisitoire. Il lui écrivit : « Il y a là une histoire bien triste : mais il n'aurait pu en être autrement »[36]. On ne s'étonnera pas de voir Camilo se réjouir également de ces pages où il voyait la véritable histoire de son temps[37], racontée avec passion — comme un drame...

Certes, les conservateurs et les révolutionnaires n'étaient pas contents et Rodrigues de Freitas, le député républicain, ne manquera pas de souligner le pessimisme de l'historien et de s'attaquer au portrait de Dom Miguel[38] que Martins voyait surtout comme un prince malheureux, victime des circonstances, sorte de héros négatif qu'un peuple arriéré et sincère se devait fatalement d'aimer...

Oliveira Martins ne tarda pas à se défendre contre les uns et les autres — surtout contre les libéraux qui le taxaient de « pessimisme ».

---

34. Teofilo BRAGA, *As Modernas Ideias na Literatura Portuguesa*, pp. 377-387.

35. T. BRAGA, *in O Positivismo*, III, 1881, pp. 345 et suivantes.

36. Lettre d'A. de QUENTAL à O. MARTINS, *in Portugal Contemporaneo*, II, 463 (6ᵉ ed.).

37. Lettre de Camilo CASTELO BRANCO à O. MARTINS, *in Portugal Contemporaneo*, II, 460.

38. J. J. Rodrigues de FREITAS, *O Portugal Contemporaneo do Sr. Oliveira Martins* (Porto, 1881). Voir également à ce propos G. S. B. *in O Jornal do Comercio*, Lisbonne, les 23 et 24 juillet 1881.

Pour lui, le ton du livre était plutôt « justicier » et quelquefois « charitable »... « On en reste comme deux ronds de flan », avait dit Teofilo, avec une naïveté assez savoureuse[39] — et l'historien, se gardant de citer le nom de son adversaire, répondait avec violence : « Eh bien, qu'on en reste ainsi ». Dans sa mission de critique, il n'aurait pu faire autrement ; il ne pouvait pas altérer les faits. Et, surtout, contre Teofilo, il revendiquait la responsabilité de la nation toute entière devant l'état des choses portugaises. La faute en était à tout le monde — « à nous tous, car nous ne valons pas grand chose — même si nous devons rester comme deux ronds de flan »[40]...

Pour Oliveira Martins, le Portugal n'était pas une nation naturelle mais une « nation morale » : « non, une création de la nature mais une création de la conscience »[41]. Situation sans doute dangereuse, car elle pouvait toujours se détériorer. En 1870, onze ans avant la publication de *Portugal Contemporaneo*, Herculano avait écrit à Martins : « Vous reconnaissez que ce pays renferme un peuple qui a épuisé sa force morale »[42]. Critiquant un positiviste qui parlait de l'hégémonie du Portugal dans le cadre de la Péninsule[43], Martins devait dire, en 1878 : « A mes yeux le Portugal n'est pas tout à fait une nation (...) car il n'a pas de programme, ni de pensée, ni d'ambition collectifs et définis »[44]. Ne pouvant compter sur un appui naturel, la nation, si elle perdait les raisons morales et mentales d'exister, n'avait plus qu'à se laisser mourir.

Teofilo Braga lui-même (il faut le remarquer) avait été de cet avis en 1869, avant d'être endoctriné par le comtisme. Il se reprendra aussitôt, mais il n'en a pas moins écrit ceci : « Le Portugal se trouve dans la catégorie des peuples anéantis comme la Grèce ; il a encore des habitants qui maintiennent une nationalité *in nomine*, mais cette utopie basée sur les *in-folios* des chroniques doit s'écrouler. C'est triste mais c'est vrai »[45]. Ce sentiment, qui était le sentiment de la « généra-

---

39. Teofilo BRAGA, *in O Positivismo*, III, 346 (1881).

40. O. MARTINS, *Portugal Contemporaneo*, I, pp. XVII et XVIII (texte de 1883).

41. O. MARTINS, *Os Lusiadas, ensaio sobre Camões e a sua obra em relação à sociedade portuguesa e ao movimento da Renascença* (Porto, 1872), p. 173, note.

42. *Cartas de A. Herculano* (lettre du 10 décembre 1870), I, 209.

43. Horacio Esk FERRARI, *Hegemonia de Portugal na Peninsula Iberica* (Porto, 1877).

44. O. MARTINS, *in A Renascença*, Porto, janvier 1878, p. 27.

45. Lettre à F. M. SUPICO, de juillet 1869, *in* J. Bruno CARREIRO, *Vida de Teofilo Braga*, p. 65.

tion de Coimbre », est resté dans l'âme de ces intellectuels accusateurs qui cherchaient toujours la cause de leur malheur national.

Antero voit cette cause dans le fait que c'est au Portugal que « le libéralisme a triomphé plus complètement et où ses éléments dissolvants deviennent plus évidents par manque d'autres éléments, humanitaires, scientifiques ou philosophiques qui puissent les neutraliser ou les déguiser »[46]. Il pourra penser que ces autres éléments manquent du fait que « le Portugal est la seule nation en Europe qui soit réellement vieille et caduque »[47]. Il le dira en 1884, lorsqu'il s'occupera de *Portugal Contemporaneo*.

Les libéraux avaient été les fossoyeurs de la nation. On n'était pas sans éprouver une sorte de plaisir masochiste en avançant cette thèse... Pouvait-on régénérer ce pays décadent ? En 1878, un ami d'Oliveira Martins, orateur célèbre au Parlement, que Camilo appelait « l'Aigle du Marão », se demandait déjà : « Pourrons-nous encore nous sauver ? Ne serons-nous pas irrémédiablement perdus ? » Il invoquait alors la science, seule possibilité d'un miracle[48]... Deux ans après, un autre critique de la vie politique nationale écrivait : « Si le Portugal se trouve dans un état de décadence tel qu'il ne possède pas d'éléments pour former un parti démocratique national, alors il s'anéantit, parmi les autres nations et ne peut espérer que le sort affreux de la Pologne [49]. La menace d'une grande catastrophe pesait alors sur la nation. Cette menace, Herculano avait essayé de la conjurer en 1851, Martins lui-même cherchera à le faire en 1892. Les diagnostics se répétaient donc et la même chose se passait sur le plan de la thérapeutique. Pour le moment, l'historien se limitait à présenter les faits tels qu'il les voyait. Il fallait à tout prix que les gens en prennent conscience...

« Cette lecture sera-t-elle profitable à quelqu'un ? » lui demandait Antero, à propos de l'*Historia de Portugal*. Le poète en doutait car le point de vue critique de l'historien était alors inaccessible : « la raison publique se trouve encore tellement abîmée sous la croûte des préjugés libéraux romantiques ! »[50]

---

46. *Cartas Ineditas de A. Quental a O. Martins* (lettre de 1878), p. 92.

47. A. Quental, *in Revue Universelle et Internationale* (Paris, 1884), in *Prosas*, III, 6.

48. Antonio Candido, *Principios e questões de Filosofia Politica* (Coimbre, 1878), p. 65.

49. José de Arriaga, *A Politica Conservadora e as modernas Alianças dos Partidos Politicos Portugueses* (Lisbonne, 1880), p. 490.

50. *Cartas Ineditas de A. Quental a O. Martins* (lettre s/d, 1878), p. 91.

« Mais malheur à ceux qui n'ont pas d'yeux pour voir ! » disait Martins à la fin de la préface de *Portugal Contemporaneo*[51] — et il concrétisait la menace avec l'image d'une foule furieuse, d'une jacquerie déchaînée contre les nouveaux seigneurs... Deux ans plus tard, il écrira une seconde préface pour souligner l'importance de la prise de conscience de la situation : « Aujourd'hui nous voulons savoir, nous ne voulons pas rêver ». Mais, en 1894, écrivant une nouvelle préface pour la troisième édition de son œuvre, à la veille de sa mort et après avoir fait, comme son maître Herculano, une amère expérience d'action politique, Martins ne pouvait que constater : « Par malheur les prévisions de l'auteur se sont pour la plupart réalisées ». Depuis trois ans déjà le quart d'heure de Rabelais[52] avait sonné pour le Portugal, avec la débâcle financière et la première révolte républicaine.

N'anticipons pas. Ce n'est pas Oliveira Martins se retirant, éclaboussé et déçu, lecteur amer de Schopenhauer et de Hartmann, échangeant l'Idéal de Hegel contre la Volonté inconsciente, qui nous intéresse ici. Avant d'avoir prétendu incarner lui-même le sauveur improbable de la patrie, d'une façon trop romantique que les socialistes dénonceront[53], Martins s'était posé la question de savoir s'il valait la peine de sauver quoi que ce soit. Ou, mieux, si sa patrie voulait être sauvée...

Quelle patrie ? Cette « Parvonia » déjà dénoncée en 1868[54], terre de « gens parva », à l'esprit étroit, comme l'avait dit Garrett ? En 1879, Junqueiro et Guilherme de Azevedo feront mettre en scène *Viagem à Roda da Parvonia* qui, ayant provoqué un scandale retentissant, ne sera jouée qu'une seule fois[55]. Le nom symbolique avait fait fortune dans les années 70[56]. Le retard de la nation fut alors caricaturé par Eça dans les dernières lignes de l'édition définitive d' *O Crime do Padre Amaro*, en 1880, alors qu'autour de ses héros, arrêtés en haut du Chiado, il ne

---

51. O. MARTINS, *Portugal Contemporaneo*, p. XXXII (1881).

53. Idem, ibid., p. VII et XIII (1894).

53. Voir Azedo GNECO, *in O Protesto Operario* nᵒˢ 11 et 12 Lisbonne, les 17 et 24 mai 1885.

54. Marcos PINTO (Dr. Manuel Bento de SOUSA), *A Parvonia, Recordaçõs de Viagem* (Lisbonne, 1868).

55. Guerra JUNQUEIRO et Guilherme de AZEVEDO, *Viagem à Roda da Parvonia* (Lisbonne, 1879).

56. *A Parvonia e a Lua* (pièce interdite à Lisbonne), *A Parvonia Ilustrada* (Porto, 1875), *A Parvonia* (Porto, 1876).

voyait que les signes de la décadence d'une « patrie éteinte pour toujours, souvenir presque perdu ! »[57]

Certes, l'éclairage au gaz s'était développé dans les rues de Lisbonne et l'électricité, dont parlaient déjà les hommes de lettres du
romantisme dans les années 40[58], s'allumait enfin au Chiado, bien que
provisoirement, à la fin de 1878 — mais cela n'avait pas de portée et
signifiait à peine l'annonce d'un progrès trop vaguement souhaité.
Azevedo, poète révolutionnaire, un des auteurs de *Viagem à Roda da
Parvonia*, donnera alors libre cours à son imagination lyrique et dira
que l'humanité « parvint enfin à s'emparer du secret de l'aurore »[59].
C'était encore une façon romantique de parler — et cette électricité
confondue avec l'aube était loin d'être une énergie nouvelle. . .

Martins écrivait alors : « Une ferme et une banque : voilà le
Portugal portugais » — et il posait cette question : « Où est l'usine ? »
On lit cette phrase dans *Portugal Contemporaneo*[60] ; elle propose sans
doute un thème de réflexion des plus graves car elle met en cause la
mentalité même de la nation. L'enquête conduite en 1881 auprès de
l'industrie portugaise est à ce titre fort révélatrice. A côté des chiffres,
la personne même des témoins se trouve concernée — leur culture, leurs
idées, leur degré d'information, voire leurs humeurs. Il faut écouter
les petits industriels, ceux qui n'entrent pas dans le jeu des gros intérêts capitalistes et banquiers. Ils se plaignent alors d'une taxe d'es-
compte de 10 à 20 %, des impôts exagérés et du manque d'information ;
quant aux machines, ils ne les connaissent que d'après des dessins[61]. . .

Les intérêts des Portugais continuaient de passer à côté de l'industrie — et Martins dénonce toujours une vie économique définie en
marge des réalités nationales, ou créant une sorte de réalité factice,
grâce aux apports financiers du marché brésilien, alors que les capitalistes se contentaient d'opérations mesquines, presque ridicules, protégés par une politique vénale et sans ampleur[62].

On décèle dans ce panorama à la fois une continuité de l'esprit
des bourgeois de 40 et une trahison à l'esprit des bourgeois de 10 et

---

57. Eça de QUEIROZ, *O Crime do Padre Amaro*, p. 611 (9e ed.).

58. Voir *Revista Universal Lisbonense*, III, 151 (1844) ; Francisco Inacio dos Santos
CRUZ, *Noticia Historica da Iluminação de Cidade de Lisboa* (Lisbonne, 1849).

59. Guilherme de AZEVEDO, *in O Ocidente* du 15 novembre 1878. Voir Joel SERRAO,
« Noite Natural e Noite Tecnica », *in Temas Oitocentistas*, II, p. 19.

60. O. MARTINS, *Portugal Contemporaneo*, II, 416 (6e ed.).

61. Voir *Inquerito Industrial* de 1881 (Lisbonne, 1881), I, p. 7 et suivantes.

62. O. MARTINS, *Portugal Contemporaneo*, II, pp. 413 et suivantes (6e ed.).

de 36. Cette continuité et cette trahison deviennent spécialement claires si l'on s'arrête à l'analyse de la Charte de Dom Pedro que le pouvoir refusait toujours de discuter un an après la parution de *Portugal Contemporaneo*. Rappelons que Ramalho publia alors dans *As Farpas* une critique fort significative de ce document qui datait d'une époque qu'il fallait déjà considérer comme historique. Il pouvait affirmer que, en face du progrès des sciences humaines et naturelles, développées, discutées, bouleversées pendant plus d'un demi-siècle, la Charte n'était plus qu'un « document paléonthologique d'une politique et d'une rhétorique éteinte », une sorte de « fossile » qui devait achever son destin au musée[63]...

Ecrivant toujours sur le livre de Martins dans une revue française, Antero de Quental disait : « Le Portugal contemporain est une énigme que personne en Europe ne comprend et dont, même chez nous, peu de gens savent le mot (sic) ». Et il ajoutait : cet ouvrage « fait toucher du doigt les contradictions incurables de la situation actuelle, issue, non de la raison consciente et d'un effort viril de toute la nation, mais d'une illusion plus ou moins généreuse d'un petit nombre de révolutionnaires et de l'atonie des masses sur lesquelles on faisait cette expérience doctrinaire : « in anima vili ». Encore une fois, pour Antero, le *Portugal Contemporaneo* était « l'histoire cruelle » de l'avortement de la révolution libérale[64].

En 1857, Pierre V avait demandé dans une lettre au comte de Lavradio, son confident, si le pays, c'est-à-dire son royaume, était endormi ou bien s'il était mort. Cette question ne cessa par la suite de brûler d'autres lèvres ; un quart de siècle plus tard, Oliveira Martins terminait *Portugal Contemporaneo* en la répétant. Il ne pouvait évidemment avoir connaissance de la lettre royale — mais il retrouvait sa formule, presque mot pour mot. Il parle du peuple portugais et il demande : « Dort-il et rêve-t-il ? » — pour ajouter aussitôt : « Pourra-t-il se réveiller à temps ? »[65]. Toute la question était là, à la fin du romantisme portugais.

... Le Portugal avait vécu entre l'enthousiasme de 1835 et le désespoir de 1880, que deux grands poètes avaient représentés, sinon incarnés : Garrett et Antero. Nous avons vu comment, à côté de chacun

---

63. Ramalho ORTIGAO, *in As Farpas*, février 1882 (vol. IV, p. 290, ed. 1946).

64. A. de QUENTAL. *in Revue Universelle et Internationale* (Paris, 1884), *in Prosas*, III, 5 et 7.

65. O. MARTINS, *Portugal Contemporaneo*, II, 431 (6ᵉ ed).

d'eux, le destin plaça une Cassandre : Herculano et Oliveira Martins. Le premier s'est réduit au silence dans une retraite hautaine ; lorsqu'il mourra, le second commencera à écrire la série de volumes qui aboutira au *Portugal Contemporaneo* — bilan impitoyable d'un idéalisme romantique marqué à la fois par Kant et Hegel, Krause et Comte, Bastiat et Proudhon, Lamartine et Hugo...

Portugal Contemporaneo paraissait après une série d'événements qui, sur divers plans, montraient la fin d'une époque déjà contestée. Dans les romans d'Eça de Queiroz, qui sont encore des romans d'une ville définie entre le Chiado et le Passeio Público, comme dans les chantiers de l'Avenida da Liberdade, les schémas du romantisme épuisaient leurs dernières forces. Antero de Quental et Teofilo Braga seront les dernières figures de ce romantisme polémiquement dressé contre le romantisme. Antero se laissera prendre par ses démons ; Teofilo voudra s'imposer aux siens, sans comprendre combien il en était dupe.

Reste Oliveira Martins ; il est seul au milieu de cette génération compromise dans le destin de sa patrie malade. Un des conférenciers de 1881 dira qu'il ne fut jamais romantique et verra dans le fait qu'il ait compris une phase de l'esprit ou un sentiment sans s'y être engagé, la preuve suprême de son intelligence[66]. Sans doute se trompait-il : Martins vécut, certes, « au milieu des perturbations d'esprit qui résultaient des grandes créations dérivées du Romantisme », mais il y participa, son âme y fut plongée... Cependant, il est le plus lucide de tous : au contraire d'Antero, il a un programme, mais, au contraire de Teofilo, il est loin d'être un fanatique. Et il a un avantage sur Herculano : le sens de l'humour. Tout comme Garrett, c'est un être ironique et il va mourir jeune encore. Il était le seul à pouvoir écrire l'histoire d'un passé récent et à pouvoir faire le bilan des espoirs et des désillusions, des réussites et des erreurs vécus au cours de ce passé à la fois innocent, fou, sage et contesté.

... Ce n'est qu'après ce règlement de comptes que l'âge des suicides pourra venir, vers 1890, pour les hommes de cette génération. Antero, Camilo, J.-C. Machado, Soares dos Reis se tueront alors, et Oliveira Martins se laissera mourir de dégoût, ou de douleur, ou d'amour déçu, en 1894, comme un bon romantique — après avoir préparé la troisième édition de son *Portugal Contemporaneo*.

---

66. Jaime de Magalhães LIMA, *in O Ocidente* du 15 avril 1878 ; p. 59.

CINQUIEME PARTIE

LES ANNÉES DE SURVIE
(après 1880)

O terrible romantisme
Quand vas-tu en finir ?
BULHAO PATO (1862)

...Cette petite souffrance portugaise
Si douce, presque végétale
ALEXANDRE O'NEILL (1951)

Bilan de la société romantique, *Portugal Contemporaneo* d'Oliveira Martins est lui-même un document romantique qu'il faut lire en tant que tel. Ce livre, où son auteur dénonce un monde dans lequel il s'est formé, baigne sentimentalement, passionnément, dans cet univers morbide et finissant. Il fut d'ailleurs suivi par la publication des « Mémoires » de Garrett et de Castilho[1], textes précieux bien que complaisants qui, aidant à comprendre l'époque, soulignent ses limites chronologiques. *As Farpas*, qui critiquaient ce même monde, disparaîtront l'année suivante, en 1882. Mais, si le livre d'Oliveira Martins, ouvrage-clé, annonçait la catastrophe, le dernier acte de la tragédie du romantisme ne sera joué que dix ans plus tard : ce fut alors l'âge des suicides. Entre-temps, dans le grand vide qui tombait sur la vie portugaise, les derniers héros du romantisme mouraient : Ferdinand de Cobourg en 1885, Mendes Leal en 1886, Fontes en 1887, Costa Cabral en 1888, Soares dos Reis en 1889, Camilo et João de Lemos, le poète-troubadour, en 1890.

Un autre portrait du Portugal contemporain voyait le jour en 1888[2] : un roman d'Eça de Queiroz — *Os Maias*. Après des critiques extérieures aux univers médiocres du petit clergé et de la petite bourgeoisie, Eça, définitivement installé à Paris, parvenait à présenter une sorte de critique intérieure des classes dirigeantes. Le paradoxe n'est qu'apparent : la distance garantissait à l'écrivain l'exercice intelligent

---

1. Francisco Gomes de AMORIM, *Memorias Biograficas de Garrett* (Lisbonne, 1881-83 ; 3 vol.) ; Julio de CASTILHO, *Memorias de Castilho* (Lisbonne, 1880 ; 2 vol. ed. incomplète ; Coimbre, 1926 ; 7 vol.). L'ouvrage de G. de AMORIM est dédié à Ferdinand de COBOURG.

2. Cet ouvrage se trouvait annoncé dès 1880 : voir *Diario de Portugal* du 22 mai 1880.

d'une analyse exempte de toute contamination, voire de toute complicité. Ses héros appartenaient désormais à un autre monde. Les ayant connus, il pouvait les imaginer maintenant avec une sorte de pitié amusée qui était interdite à ses émules naturalistes, demeurés au milieu de la morne tourmente nationale. Courroucé par certaines pages du roman où il s'est cru caricaturé, le vieux Bulhão Pato ricanera, sans rien comprendre : Eça « connaît la société (portugaise) depuis peu et à travers une longue vue ! »[2] (a).

On pourra penser qu'*Os Maias* répondent mieux que tout autre roman à la question posée vers 1850 sur la possibilité d'un « roman portugais ». Répond-il positivement ou négativement ? Positivement sur le plan sociologique, sans aucun doute : il constitue le plus poignant des témoignages sur les effets sentimentaux du romantisme portugais. Là où l'abbé Amaro et le cousin Basilio sont les agents d'une action criminelle que les mœurs facilitent ou provoquent, « Carlos da Maia » est la victime d'un état d'esprit qui dépasse le domaine des mœurs. Il fait son « éducation sentimentale » au sens flaubertien du mot, et il finit par s'éloigner, quittant Lisbonne pour Paris, coupant ses racines, ses liens — et oubliant peu à peu une patrie pittoresque, mais vide et dégoûtante... Solution de l'abandon après la faillite. Ce n'est certainement pas par hasard qu'Eça a réalisé là son chef-d'œuvre du roman réaliste portugais. On peut aussi penser que ce n'est pas non plus par hasard qu'il a repris le prénom du héros garrettien dont il achève l'expérience sentimentale... Fradique Mendes, héros baudelairien des années 70, auquel le romancier reviendra peu avant 1890[3], portera plus loin l'oubli, sinon le mépris de la patrie — mais un secret remords ronge déjà son âme civilisée... Il annonce, ou laisse deviner un retour, comme nous le verrons plus loin.

Nous en sommes arrivés au moment où se fait sentir le ressac du romantisme, ces années 90 qui voient mourir volontairement Soares dos Reis, Camilo, Antero et Oliveira Martins. Le suicide (comme la démission de « Carlos da Maia ») n'est alors qu'une des solutions possibles. On en envisage d'autres que le romantisme ordonne ou guette :

---

2 a. Bulhão Pato, « O Grande Maia », poésie incluse à la dernière minute dans *Hoje* (Lisbonne, 1888).

3. La publication de la *Correspondencia de Fradique Mendes* commença en août 1888 dans *Reporter* ; la version définitive commença à paraître en septembre 1889 dans *Revista de Portugal*. Sous presse en 1894, le volume ne paraîtra qu'en 1900, après la mort de l'auteur. Voir João Gaspar Simões, *Eça de Queiroz* (Lisbonne, 1945), « Sinopse cronologica », pp. 641 et suivantes.

le retour au passé, à la terre, à la divine simplicité, retour accompagné d'une esthétique décadente qui peut même se définir de façon abstraite — sorte d'illusion à l'intérieur des cadres idéologiques établis et action régénératrice et critique menée contre ces mêmes cadres.

Ces quatre ou cinq solutions se cristallisent autour de deux pôles déjà définis au cours de la période romantique : d'un côté le traditionnalisme, d'autre côté le progressisme. Pessimiste, le premier réagissait contre les effets d'une civilisation que le second prônait, entre les limites marquées par les Lumières et le jacobinisme républicain.

A partir de 1886, le théâtre historique s'est mis à glorifier le passé, à grands coups d'alexandrins[4] et une peinture historique lui répondait, où l'académisme inspiré du Salon de Paris remplaçait l'élan romantique que l'art portugais n'avait jamais connu[5]. Nouveaux dramaturges et nouveaux peintres s'engageaient dans une voie laborieuse qui pouvait aussi faire place à un sentimentalisme à la Julio Dinis, dans une pièce sensible comme *Os Velhos*, présentée en 1893 par D. João da Camara, ou dans les paysages monotones de Silva Porto et de ses compagnons et disciples, produits épigonaux de l'école de Barbizon[6].

Les images qu'ils peignaient n'arrivaient pourtant pas à combler les lacunes sentimentales creusées par une nouvelle génération de poètes nés, encore une fois, à Coimbre. Un nouveau groupe de « Trovadores » y pleurait de nouvelles larmes qui, une fois de plus, servaient à nimber le passé — un passé historique réduit maintenant à des propositions individuelles, par des souvenirs en même temps doux et douloureux.

António Nobre, né en 1867, et qui devait mourir tuberculeux en 1900, citait Garrett et Julio Dinis dans son recueil de poèmes *Só*, publié à Paris, chez Vanier, en 1892. Personne ne peignait les doux paysages où il avait vécu son enfance bourgeoise :

---

4. Henrique Lopes de MENDONÇA, *Duque de Viseu* (1886), *A Morta* (1890), *Afonso de Albuquerque* (1907) ; Marcelino MESQUITA, *Leonor Teles* (1889), *O Regente* (1897), *Pedro o Cruel* (1916) ; D. João da CAMARA, *Afonso VI* (1890), *Alcacer Quibir* (1891).

5. Voir J. A. FRANÇA, *A Arte em Portugal no seculo XIX*, II, pp. 55 et 56.

6. MARQUES de OLIVEIRA (1853-1927), Artur LOUREIRO (1853-1932), SOUSA PINTO (1856-1939), H. POUSAO (1859-1884), João VAZ (1859-1931), Carlos REIS (1863-1940). Voir J. A. FRANÇA, *Op. cit.*, II.

« Qu'é dos pintores do meu país estranho,
  Onde estão eles que não vêm pintar ? »[7]

Mais si ces paysages ne vivaient pas directement sur la toile (et il se méfiait bien des « motifs trop nationaux »[8]), ils vivaient dans son esprit et dans son cœur, au milieu d'une « saudade » immense,

« . . . . palavra tão triste,
  E ouvi-la faz bem :
  Meu caro Garrett, tu bem na sentiste
  Melhor que ningem ! »[9]

Só est une œuvre symbolique. Le poète chante son sort personnel, mais ses vers eurent un écho extraordinaire. On croirait que son livre était attendu — et il l'était, car aucune autre œuvre ne traduit mieux l'atmosphère douloureuse de cette crise de la conscience romantique qui était aussi une crise de la conscience bourgeoise[10], placée devant la faillite des schémas économiques et politiques du constitutionnalisme. Ce recueil est également le seul à imprimer un sens aussi profond à cette même crise de pessimisme général. Reflet et proposition, *Só* caractérise une époque morale et esthétique dans la vie et dans la littérature portugaise. Les admirateurs immédiats du poète insisteront à juste titre sur le caractère de document de son œuvre[11]. Et les attaques de Pinheiro Chagas ne sont certes pas sans leur donner raison[12]. . .

Il est vrai que la biographie de l'auteur joue un rôle très important dans l'élaboration du livre — mais le mal dont Nobre se plaint est beaucoup moins la tuberculose que cette « tisica d'alma » dont il parle aussi. Phtisie de l'âme nationale que le poète voyait languir — dans le sillage d'Antero et d'Oliveira Martins. Personne mieux que lui d'ailleurs ne confirmait les théories catastrophiques de l'historien qui trouvera des mots sincères pour le remercier de son livre[13].

---

7. Antonio Nobre, « Lusitania no Bairo Latino », *in Só* (Paris, 1892), p. 35 (2ᵉ ed.).
8. Idem, *Cartas e Bilhetes Postais a Justino de Montalvão* (Porto, 1956) p. 112 (lettre du 18 avril 1898).
9. Idem, « Saudade », *in Só*, p. 58 (2ᵉ ed.).
10. Voir Augusto da Costa Dias, *A Crise da Consciencia Pequeno-Burguesa* (Lisbonne, 1962).
11. M. Silva Gaio, « La jeune Littérature Portugaise », *in Arte*, nᵒ 1 (Coimbre, novembre 1895).
12. Pinheiro Chagas, *in O País*, Rio de Janeiro, le 19 juillet 1892.
13. Voir Guilherme de Castilho, *Antonio Nobre* (Lisbonne, 1950), pp. 132-133.

Car Nobre lui-même écrivait : « Je ne parle que de moi. Mais ne suis-je pas l'interprète des souffrances de mon pays ? ». A Paris (l'ensemble le plus significatif des poésies recueillies dan *Só* a en effet été écrit à Paris, entre 1890 et 1894, lorsque le jeune poète déambulait, tel un moine solitaire, par les rues du Quartier Latin), Nobre sentait la solitude comme une réalité physique : là aussi (on l'a déjà remarqué)[15], il voyait s'écrouler ses illusions, ses espoirs, ses mythes. Des vers comme ceux-ci y prennent tout leur sens :

> « Vês teu país sem esperança
> Que todo alue, à semelhança
> Dos castelos que ergueste no ar ? »[16]

A Coimbre il pouvait crier que son pays ne l'intéressait nullement (« Que desgraça nascer em Portugal ! »[17]) à Paris, par contre, il chantait :

> « O Portugal da minha infancia,
> Não sei que é, amo-te a distancia,
> Amo-te mais, quando estou só... »[18]

— et il donnait pour titre à ce poème : « Viagens na Minha Terra ».

Homme solitaire, Nobre se souvenait (« Nasceu aos gritos ! Nasceu aos gritos ! » ; « Fora melhor não ter nascido »)[19]. Pour lui, la vie était « uma sexta-feira de Paixão »[20] et le monde une nécessité insupportable :

> « Novembro. Só ! Meu Deus, que insuportavel mundo»[21].

Son livre est donc le « Missal dum Torturado »[22]. Il fallait le lire, tout le monde devait le lire, car les douleurs de chacun y étaient étalées — mais le poète mettait ses lecteurs en garde :

---

15. Guilherme de Castilho, *Op. cit.*, et *in O Comercio Porto*, du 26 sept. 1967.

16. Antonio Nobre, *Só ;* « Antonio » (Paris, 1891), p. 21 (2ᵉ ed.).

17. Idem, ibid., : « Sonetos » (Coimbre, 1889), p. 118.

18. Idem, ibid. : p. 65.

19. Idem, ibid. : « D. Enguiço » (Paris, 1893), p. 77 ; « Sonetos » (Coimbre 1898), p. 126.

20. Idem, ibid. : « Sonetos » (Coimbre, 1889), p. 117.

21. Idem, ibid. : « Ao Canto do Lume » (Paris, 1890), p. 91.

22. Idem, ibid. : « Sonetos » (Coimbre, 1889), p. 117.

> «Mas tende cautela, não vos faça mal
> Que é o livro mais triste que há em Portugal ! »[23]

Un livre triste pour être lu par un pays triste :

> « Anda tudo tão triste em Portugal ! »[24]

Dans le Paris de Baudelaire et de Verlaine, comme il le dit, lui qui n'avait pas manqué de visiter le château byronien de Chillon[25] — Nobre, égocentrique, sceptique, ironique, aristocrate aussi, comme Garrett («ou peuple ou Morny » — écrit-il, lui que le bourgeois horrifie...[26]) un «beau malade » perdu dans « la vanité de sa douleur »[27] et dans le souvenir complaisant de son enfance, cherche une justification à son mouvement passéiste — et c'est le sébastianisme qui revient, issue mystique aux angoisses de la nation en crise. Dom Sébastien, incarnation de la « saudade », est pour lui le « rei dos Vencidos » ou des « desgraçados » :

> « El-Rei dos que amam sem ser amados
> El-Rei dos génios incompreendidos »[27]

Aucun autre roi ne saurait mieux lui convenir, seyant à un peuple que le poète symbolisait dans la figure de « Manuel dos Sofrimentos »[28]. Nobre n'achèvera jamais ce poème dont l'ébauche sera publiée après sa mort, en 1902[29], mais il y retrouvait un mythe qui allait jouer un rôle important dans la branche passéiste du post-romantisme portugais[30]. Les prophéties du cordonnier Bandarra, réapparues en 1809, propo-

---

23. Idem, ibid. : « Memoria » (Paris, 1892 ?), p. 10.

24. Idem, *Despedidas* (Lisbonne, 1902), p. 114.

25. Idem, ibid., p. 101. Voir *Cartas e Bilhetes Postais a Justino de Montalvão* lettre du 18 juin 1896, p. 60. Il ne manque pas de signer son nom sur un mur du château, à côté de ceux de Byron, Dumas, Hugo, Sand, Shelley.

26. Voir n° 8, p. 97 (lettre du 17 août 1897). GARRETT avait proposé l'option : le Tortoni ou un bistrot de Cartaxo (*Viagens na Minha Terra*, chap. VII).

27. M. Silva GAIO, « La jeune littérature portugaise », *in Arte*, n° 1 (Coimbre, novembre 1895).

28. Antonio NOBRE, *Despedidas* (1895-1899), « O Desejado », p. 123.

29. Idem, ibid., pp. 79 et suivantes.

30. Sampaio BRUNO, ami de NOBRE à Paris, publiera en 1904 *O Encoberto*. Voir Jean SUBIRATS, « Les Séquelles du Sébastianisme Portugais aux XIXe et XXe siècles », *in Etudes Ibériques*, Rennes, 1968, III. Voir A. de Sousa Silva Costa LOBO, *Origens do Sebastianismo* (Lisbonne, 1909) et Joel Serrão *Do Sebastianismo ao Socialismo* (Lisbonne, 1969).

sées idéologiquement en 1823, froidement reçues en 1866, connaissaient un regain d'actualité au sein de la nation en crise. En 1898 Luis de Magalhães, fils du tribun José Estévão, mais non héritier de ses idées démocratiques, avait choisi Dom Sébastien comme thème d'un poème, « elegia da patria », qu'il dédiait à la mémoire de son père[31]... L'histoire nationale, incarnée dans ce « capitão de Cristo », se donnait l'illusion de projeter dans un avenir mythique son passé glorieux — mouvement qu'Oliveira Martins n'était pas sans suggérer, comme nous l'avons vu[32].

L'architecture de luxe, qui, cherchant le modèle mirifique de la « maison portugaise », finira par abandonner les schémas néo-« manuélins » des décorateurs romantiques en adoptant la stylisation néo-romane, servira l'esprit historique de l'époque[33]. Mais le « néo-lusitanisme » (au sein duquel on trouvait l'architecte Raul Lino, champion de la « maison portugaise »)[34], et le « néo-garrettisme », tout en se combattant discrètement, sinon sournoisement, par simple émulation littéraire[35], se chargeaient dès 1890 de mener jusqu'à une situation métaphysique ce « saudosisme » historique. Le nom d'António Nobre y trouvait des échos, surtout chez son grand ami, le « néo-garrettien » Alberto d'Oliveira qui, en 1894, dans les chroniques de *Palavras Loucas*, produira le manifeste le plus radical de cette tendance — vitupérant contre villes et machines et prônant l'idée nationaliste et paternaliste d'un retour à la terre, voire au village familial.

Os Meus Amores, contes de Trindade Coelho, et *Os Simples*, poésies de Junqueiro, recueils publiés en 1891 et 1892 et dont les auteurs venaient d'horizons fort différents, traduisaient ce même sentiment de « pax rustica ». Trindade Coelho défendra en 1893 la « religion sacrée du Nationalisme », religion « fanatique et intolérante », en prô-

---

31. Luis de MAGALHAES, *D. Sebastião* (Coimbre, 1898).

32. L. MAGALHAES, (*Op. cit.*, p. 252) avoue avoir puisé son inspiration dans l'*Historia de Portugal* d'O. MARTINS, en ayant interprété à sa façon la figure du roi mystique. Remarquons qu'en 1925, C. Malheiro DIAS (*Exortação à Mocidade, O Piedoso e o Desejado*) offrira le roi Sébastien comme modèle à la jeunesse portugaise.

33. Voir J. A. FRANÇA, *Op. cit.*, II, pp. 149 et suiv.

34. Voir Veiga SIMOES, « A Nova geração do Neo-lusitanismo » *in Serões*, n° 51, Lisbonne, septembre 1909, p. 201.

35. Voir M. Silva GAIO (« néo-lusitanien »), « La Jeune Littérature Portugaise », *in Arte* n° 1 (Coimbre, novembre 1895). En parlant du « néo-garrettisme » il affirmait : « la critique ne pourra (l') envisager sans réserves ».

nant la « guerre sainte » contre l'« estrangeirismo »[36]. Il lançait alors
la *Revista Nova*, où la tâche de recueillir des chansons populaires
attirait son intérêt et où des fragments inédits d'*A Vida de Nun'Alvares*
d'Oliveira Martins et (encore !) de la *Paquita* de Bulhão Pato, trouvaient place, dans une curieuse promiscuité. Dès 1887, Ramalho Ortigão, dont le caractère nationaliste s'accentuait, rééditant *As Farpas*
en volumes qui obéissaient à un classement par thèmes, ouvrait la
série par un tome consacré à la vie provinciale, c'est-à-dire aux paysages et aux champs de son pays.

Mais ce fut Eça de Queiroz, adepte de l'« estrangeirismo » en
1870, qui défendit avec le plus de brio cette paix virgilienne. Sorte de
testament idéologique, le roman *A Cidade e as Serras*, paru en 1900,
opposait à la « plus grande illusion », à « l'illusion perverse » de la
ville, la « vie forte et profonde » de la campagne. Le nouveau héros
d'Eça, le très civilisé « Jacinto », abandonne vers 1890 son hôtel particulier des Champs-Elysées, pour aller s'installer dans son manoir du
Douro. « Jacinto » est un « Fradique » qui se renie : « Carlos da
Maia » et « Fradique Mendes » reviennent de leurs expériences cosmopolites et le moment est arrivé de mettre en cause leur Paris,
à la fois symbole de la Ville et de leur égarement. Pour ce romancier qui, au contraire de ses confrères, était habitué à voir et
à penser son pays du dehors, il fallait que la ville fût, non pas la
triste capitale romantique du Portugal, mais Paris, la Ville par excellence[37], où lui-même s'était installé en 1888. Or cette Ville, imbue de
« hartmannisme, de nietzschéisme, de tolstoisme, d'emersonisme,
d'ibsénisme, de ruskinisme, de boudhisme ésotérique, de luciférisme,
sinon de phallisme »[38], ne valait pas une ferme seigneuriale perdue
dans l'Entre-Douro-e-Minho, la province la plus traditionnaliste du
pays... Une ferme où l'eau était pure et les fruits sains, et où le
« fidalgo », pris pour Dom Sébastien (on l'avait pris aussi — encore,
et avec quel enthousiasme ! — pour un agent de Dom Miguel...), pouvait faire du bien à ses « sujets », à l'écart d'une « civilisation en train
de pourrir »[39].

36. Trindade Coelho et Alfredo da Cunha, « Apresentação », *in Revista Nova*, nº 1 (Coimbre, novembre 1893).
37. Il faut remarquer qu'*A Cidade e As Serras* développe un thème traité dans le conte « Civilização » (*in Contos*, Lisbonne, 1902, p. 719-I, ed. O.C. Lello).
38. Eça de Queiroz, *A Cidade e As Serras*, p. 403-I, ed. Lello.
39. Idem, ibid., p. 397-I, ed. Lello. Remarquons qu'en 1940, Mario Beirao (*Novas Estrelas*) ne reculait pas devant le parallèle entre Dom Sébastien et Dom Miguel.

C'était le retour à la terre, « ad uterum », le Vaterländische Um-kehr » de Holderlin — une certaine peur... « Le bonheur par l'agricultu-re » du vieux Castilho, sinon le Val-de-Lobos d'Herculano réapparais-saient. Le monde rural de Júlio Dinis (qui avait déjà conquis dans *A Morgadinha dos Canaviais*, un « dandy » lisbonnais) ou celui du Camilo d'*Amor de Salvação*, ressuscitaient trente ou quarante ans plus tard. Ce décalage de temps, de temps historique, se devait d'insérer les nouvelles propositions dans un cadre idéologique tout différent qui diminuait énormément leur authenticité.

On ne doit pourtant pas oublier qu'Eça, comme Ramalho Ortigão, critiqua ironiquement (mais gravement aussi, se souvenant de leurs idées des années 70) le traditionnalisme « néo-garrettiste » de leur ami Alberto d'Oliveira[40], et que le tolstoisme dont il se moquait dans *A Cidade e as Serras* était précisément, chez Jaime Magalhães Lima, un des éléments de cette simplicité recherchée par les poètes de la terre[41]... Mais il n'en est pas moins vrai qu'Eça avait choisi M. Silva Gaio, le champion du « néo-lusitanisme », pessimiste avoué « comme la plupart de ses contemporains »[42], comme secrétaire de rédaction de la *Revista de Portugal* (titre déjà significatif) qu'il lança et dirigea de Paris, entre 1889 et 1892.

Les rapports entre la génération de 70, engagée dans une sorte de processus de repentir, et les nouveaux venus (souvent fils de personnalités du romantisme, comme Silva Gaio, fils de l'auteur de *Mario*, et comme Luis de Magalhães), faisaient sans doute état d'un malaise général, traduit par une esthétique symboliste décadente — présente d'ailleurs dans les derniers textes d'Eça, biographe surnaturel de saints[43], comme il avait été, à ses débuts, le biographe baudelairien du diable...

Le décadentisme des jeunes étudiants de Coimbre qui en 1889 s'intitulaient les *Insubmissos*, participant d'une *Boemia Nova* (titres de leurs revues), donnera peu après, en 1893, à Porto, le « nefelibatismo » — la théorie poétique d'un « irial grupo de Novos » qui voulaient vivre dans les nuages, dans cet « exil permanent » dont M. Silva Gaio se

---

40. Lettre à Alberto de Oliveira (1894), *in* Eça de Queiroz *Correspondencia*, p. 251 (2ᵉ ed.).

41. Voir J. Magalhães Lima, *As Doutrinas do Conde Leão Tolstoi* (Lisbonne, 1892).

42. M. Silva Gaio, *Op. cit.*

43. Saint Onofre, Saint Christophe et Saint Frère Gilles (commencé en 1891), *in Ultimas Paginas* (Porto, 1912).

recommandera[44]. Nobre était pour eux un « monge Caksamunita » et A. d'Oliveira le « levita do luar »[45]. Un écrivain de leurs amis les mettait alors en scène, dans un roman dont le titre en dit long : *Os Malditos*[46]. En 1897, un autre groupe revendiquera le nom *Os Livres*, titre de sa revue — qui portait en épigraphe, la phrase « A quoi bon les règles ? », citation prise, non sans naïveté, chez Taine[47]... Silva Gaio lui-même publiera en 1911 un roman assez curieux, *Torturados*, qui était, dans une certaine mesure, le roman de sa génération. Le titre rappelait immédiatement Nobre et son *Só*, « missal dum torturado ». Eugenio de Castro, dont le talent verbal dépassait en raffinement celui de ses confrères symbolistes, pourra résumer leur situation commune en deux vers publiés en 1895 :

> « ... Em nossa alma há um grande nevoeiro,
>   Onde ela propria se perde »[48] .

Ce brouillard pénétrait tout, comme un grand froid mortel. On se perdait dans ce passé mythique et sans espoir. Les hommes de la génération de 70 étaient alors les « Vencidos da Vida » — ceux que la vie nationale avait vainçus, imposant une faillite tragique ou ironique à leurs rêves.

Eça, Oliveira Martins, Junqueiro, Ramalho et une demi-douzaine de courtisans ou politiciens aux noms aristocratiques[49] se réunissaient entre 1888 et 1889 pour dîner et discuter de tout et de rien, avec verve et complaisance. Certes, beaucoup d'entre eux avaient atteint de brillantes positions intellectuelles ou officielles ou étaient sur le point d'« arriver ». Le fait qu'ils s'avouaient « vaincus » était une sorte de coquetterie — mais si, pour les uns, cela ne constituait qu'un aguichant paradoxe, pour les autres, hélas !, le mot résonnait plus profondément dans leurs consciences. Le « Vencidismo » devenait alors une sorte de philosophie de la vie — superficielle, sans doute, mais aussi douloureuse. C'était, en somme, un « décadentisme » éthique qui accompagnait celui, autrement fabriqué, des poètes des années 90.

---

44. M. Silva Gaio, *Op. cit.*

45. Luis de Borja, *Nefelibatas* (s/d), pp. 19 et 15.

46. Julio Brandao, *Os Malditos* (Porto, 1893).

47. *Os Livres*, Porto, 1897. Directeurs : Amadeu Cunha, Augusto de Castro filho et Oscar de Pratt.

48. Eugenio de Castro, *Sagramor* (Coimbre, 1895), p. 196.

49. Marquis de Ficalho et de Soveral, Comtes de Sabugosa et d'Arnoso, le fils du comte de Valhom, C. Lima Mayer et Antonio Candido.

Un grand poète mettra plus tard dans la bouche d'un de ces « Vencidos » devenu personnage de tragédie (la tragédie du régime...), des vers terribles. Ami intime du roi, il verra le Portugal comme

> « ...a terra do crepusculo sem fim...
> Terra cheia de maguas e penumbras »,

et ses compatriotes comme « un sonambulo Povo adormecido » — qui se meurt « de ver morrer o sol »[50]. Et dans la *Revista de Portugal* dirigée par Eça, on écrivit en 1892 : « Les douze dernières années ont été peut-être celles où le caractère national s'est le plus déprimé et deshonoré »[51].

Cette dizaine d'intellectuels et d'aristocrates s'est fait abondamment photographier — mais leurs images les plus vraies doivent être cherchées parmi les portraits peints par un homme de la même génération, Columbano Bordalo Pinheiro. Ces tableaux, qu'Alberto de Oliveira a très bien vus (« Na amurada do sonho, contemplando os astros, ia cismar Columbano »...)[52], correspondaient aux élégies et aux « visions » des poètes ; seul le peintre était alors capable de faire « cismar », c'est-à-dire, méditer et rêver en même temps, dans une sorte d'obsession où se mélangeaient « l'art et le surnaturel » que la *Revista de Hoje* (Porto, 1895) proposait en cette lugubre fin de siècle.

La galerie des portraits de Columbano (Nobre, Eça, Pato, Oliveira Martins, Junqueiro, Antero surtout — et c'est fort regrettable qu'il n'ait jamais peint Camilo...) porte un témoignage unique sur la fin de siècle portugaise. Une atmosphère spectrale se dégage de ses toiles comme des pages catastrophiques d'Oliveira Martins. Des hallucinés, des désespérés, des moribonds, des êtres noyés dans la vie nationale — voilà les images qu'il a laissées, dans une technique personnelle, à la foi expressionniste et académique, où les formes chiffonnées, dilacérées ont une rare puissance d'émotion[54].

Mais la genèse du groupe des « Vencidos da Vida » est liée à une action illusoire ; nous allons trouver ici une réponse dynamique à la conscience de la crise nationale.

Comme nous le savons, Oliveira Martins a voulu jouer un rôle dans la vie politique portugaise, adhérant, en 1885, au parti progres-

---

50. Teixeira de PASCOAES, *D. Carlos* (Lisbonne, 1925 ; écrit en 1919), pp. 20, 18 et 21. C'est le comte d'ARNOSO qui parle.
51. Anonyme, *in Revista de Portugal*, IV, 252 (1892).
52. Alberto de OLIVEIRA, *Palavras Loucas* (Lisbonne, 1894) p. 225.
54. Voir J. A. FRANÇA, *Op. cit.*, II, pp. 254 et suivantes.

siste de la monarchie. Cela aurait été la « Vida Nova » — idée dont les
socialistes ne manqueront pas de souligner le caractère romantique[55].
Déçus dans leurs espoirs, Martins et ses amis sont devenus les « Vaincus » de cette tentative de vie nationale nouvelle. Le sens de leur groupement s'est élargi, mais on ne peut oublier cette démarche politique
qui, chez l'historien du *Portugal Contemporaneo* correspondait à un
acte de responsabilité. Son heure arrivera, enfin, en 1892, alors que le
pays essayait de sortir de la crise affreuse que lui-même avait annoncée.

Une politique coloniale non structurée avait soulevé contre le pays
les grandes puissances impérialistes et un ultimatum brutal présenté
par l'Angleterre brisa en 1890 les rêves que les gouvernements du
« rotativisme » monarchique ne pouvaient pas concrétiser. Une crise
financière s'est alors produite compromettant gravement le pays[56];
une révolution républicaine lui répondit à Porto, mais elle fut dominée et le césarisme prôné par Oliveira Martins tenta de porter un
remède à cette situation affolante. Mais César n'était que Charles 1er
qui lui-même se considérait comme membre honoraire des « Vencidos
da Vida » — et, ministre pendant cinq mois à peine, Oliveira Martins,
déçu, dégoûté, comprit l'impossibilité sinon l'absurdité de ses illusions. Il avait été dupe d'un jeu politique auquel tout le monde tri-
chait, au sein d'une monarchie « in extremis ». Cruellement et injuste-
ment on le traitait alors de « Caton de suif », ressuscitant une vieille
image empruntée (encore !) à l'arsenal démodé des libéraux de 1820...[57]

L'illusion africaine continuait pourtant de hanter les esprits —
nouveau mythe national, mirage qu'on reliait à une sorte de destin historique. Eça de Queiroz publia en 1897 *A Illustre Casa de Ramires* où
nous voyons une noble famille, plus ancienne que le royaume et en
décadence comme lui, se lancer dans une aventure agraire africaine
— sorte de symbole de la patrie, que le romancier ne manque pas de
souligner dans la dernière page du livre, non sans une certaine naïveté.
En contrepoint du récit actuel, ou entre parenthèses, une aventure
historique vécue par un des « Ramires » d'autrefois avait suffisamment

---

55. Voir Azedo GNECO, « O Novo Romantismo », *in O Protesto Operario*; nos 11
et 12 (les 17 et 24 mai 1885).

56. Les dépôts bancaires qui étaient montés de 25 à 54 mille contos entre 1885
et 1889, sont descendus jusqu'à 32 mille contos entre 1889 et 1892. Voir J. A.
Silva CORDEIRO, *A Crise nos seus Aspectos Morais* (Coimbra, 1896), p. 79.

57. *Charivari* (Porto, le 29 décembre 1888) vol. III, p. 125. A propos de la nomination
d'O. MARTINS à l'Administration Générale des Tabacs.

éclairci les intentions de l'auteur devenu ainsi un romancier historique épigonal.

De toute façon, on ne peut ignorer que les deux voies explorées par le roman d'Eça constituent autant de manières de fuir la réalité nationale — dans le temps ou dans l'espace. Le Moyen Age et l'Afrique refusent le *nunc* et le *hic* de la patrie en crise[57] (a).

« Salva-te pela Acção »...

— tel sera le conseil de Silva Gaio vieillissant, dans un de ses poèmes[58]. Mais cette Action avec un grand A faisait alors faillite d'un côté comme de l'autre. En Afrique les intérêts du Portugal allaient à l'encontre de ceux de l'Angleterre ; l'ultimatum impérieux de 1890 mit fin au rêve portugais d'une « carte rose » du continent noir. Le grand mouvement national que la menace britannique a provoqué se solda également par un échec.

Les symptômes de la réaction à l'outrage furent à la fois spectaculaires et médiocres : une « Liga Patriotica » créée à Porto sous la présidence d'Antero de Quental, et bientôt disparue dans une atmosphère d'intrigue et d'indifférence ; la statue de Camoëns drapée de noir à Lisbonne ; un poème de Junqueiro au titre solennel, *Finis Patriae* ; et, pour finir, un hymne patriotique dont les paroles, dues à un auteur spécialisé en drames historiques, évoquaient le Portugal ancien et dont la musique s'inspirait à la fois de la Marseillaise et du fado[58] (a). Mais la voix du pays se faisait entendre « entre as brumas da memoria » — dans ce brouillard où tout s'évanouissait, les idées, les gens et les choses, la patrie toute entière...

Eça de Queiroz avait déjà imaginé, en 1878, le roman de l'invasion du Portugal par les armées espagnoles. Une courte nouvelle demeurée inédite, naîtra de ce projet avorté — scène à la fois tragique et grotesque au cœur même de la débâcle[58] (b). Trente ans plus tard un précieux poète symboliste, Antonio Patricio, verra cette fin approcher.

---

57 a. On doit mentionner ici l'œuvre exotique de Wenceslau de MORAIS (1854-1929) qui, installé au Japon, se passionna pour son pays. *Dai Nipon* (1897), *O Culto do Chá* (1905), *Vida Japonesa* (1907) constituent le symptôme contemporain le plus important d'un exil réel hors le quotidien national.

58. A.SILVA GAIO, « Envelhecendo », *Novos Poemas* (Coimbre, 1906), p. 72.

58 a. H. Lopes de MENDONÇA, *A Portuguesa*, musique d'Alfredo KEIL. Voir « Como Nasceu a Portuguesa », article de H. L. MENDONÇA in *Diario de Noticias* du 18 novembre 1910.

58 b. *A Catastrofe* publié en 1925 in *O Conde de Abranhos*.

Le roi et le prince héritier venaient alors d'être abattus en pleine rue, la reine douairière sombrait dans la folie au milieu de son palais désert. Quel sujet de théâtre, quel thème ultra-romantique ! Il suffisait d'imaginer, comme Eça l'avait fait, l'armée ennemie traversant le pays, une flotte de guerre menaçant la capitale de ses canons... *O Fim*, en 1909, était la fin de la patrie à laquelle les intellectuels portugais songeaient depuis longtemps, la fin d'un monde imaginaire dans lequel eux tous vivaient. Publiée, la pièce n'en restera pas moins dans les magasins de l'éditeur — miroir trop insupportable pour des Calibans complaisants...

Mais en 1890 la catastrophe n'était pas le rêve esthétique d'un réaliste ou d'un symboliste, mais la réalité même, ou presque — et une révolution républicaine répondra également à la crise déclenchée par l'ultimatum anglais. Sans chefs et sans programme, elle imita pourtant, à soixante-et-onze ans de distance la révolution libérale de 1820, les troupes et le peuple ayant emprunté, comme symboliquement, l'itinéraire de jadis, à travers les rues de Porto... Un commentateur lucide y décela à juste titre « un plan mirifique, fruit pourri de suggestions archéologiques »[59]. Le désastre fut complet — conséquence logique d'une aventure entreprise par un parti (ou par une de ses factions plus ou moins responsable) obéissant à des schémas socio-culturels encore romantiques...

Mais l'analyse de la vie portugaise à laquelle nous nous référons n'était-elle pas elle-même romantique ? A côté des pièces historiques on continuait de mettre en scène des pièces sociales dont les thèmes et les titres répétaient ceux des années 60-70[60]. Une série de romans publiés à partir de 1891 par un officier républicain, Abel Botelho, entiché de « pathologie sociale », critique violente de la société portugaise, n'abandonnait pas pour autant des clichés romantiques, que d'autres clichés, réalistes et naturalistes, sous le déguisement d'une écriture artiste, n'arrivaient pas à absorber[61]. Un autre nouveau venu, à l'écriture également « artiste », cherchera à remplacer *As Farpas* de Ramalho Ortigão par *Os Gatos*, « chronique mensuelle » parue entre 1889 et 1894. Ce sont des pages pleines de passion et de haine où, parmi

59. Basilio Teles, *Do Ultimatum ao 31 de Janeiro* (Porto, 1905), p. 414.

60. Ernesto da Silva, *O Capital* (1895), *Os que trabalham* (1896), *Nova Aurora* (1900).

61. Abel Botelho (1856-1917) : *Barão de Lavos* (Porto, 1891), *Livro de Alda* (Porto, 1898), *Amanhã* (Porto, 1901), *Fatal Dilema* (Porto, 1907), *Prospero Fortuna* (Porto, 1910). Voir Castelo Branco Chaves, « Abel Botelho, notas sobre o espirito romantico da sua obra », in *A Monarquia* (Lisbonne, le 30/11/1921).

des allusions physiologiques, se fait une fois de plus sentir le ton truculent de Camilo. Fialho de Almeida, leur auteur, est un romantique
au profil tragique d'arriviste, trop content de retourner le fer dans
les plaies de la société portugaise.

Cette crise des années 90, « crise complexe de moralité et d'intel-
lectualité, de pauvreté économique et de misère mentale », dénoncée
par les nationalistes en 1893[62], fera pourtant l'objet d'une remarquable analyse de la part du fondateur de la chaire de psychologie expérimentale au Cours Supérieur de Lettres, Silva Cordeiro. *A Crise nos
seus Aspectos Morais*, livre trop méconnu paru en 1896, doit être
considéré comme le deuxième bilan du romantisme portugais. Disciple de Ribot, l'auteur fait le procès de l'influence des penseurs allemands sur les schémas idéologiques d'Herculano, d'Oliveira Martins
et de Teofilo Braga. Réquisitoire rigoureux, cet ouvrage se termine par
une question semblable à celles que Pierre V et Oliveira Martins
s'étaient posées. Des victoires remportées en Afrique, dans le cadre
de l'effort colonial qui commençait à s'éveiller, amenaient l'auteur à se
demander : « Saurons-nous profiter de la victoire ? Là commence mon
doute (...) Ce qui nous a toujours manqué furent des qualités moins
poétiques d'action méthodique, et un effort graduel et persévérant »[63].
Cependant Silva Cordeiro lui-même ne réalisera jamais la « Biblioteca
de Psicologia Individual e Colectiva » à laquelle son lucide essai devait
servir d'introduction.

De son côté, un des révolutionnaires de 91, Basilio Teles, se penchant quelques années plus tard sur le mouvement avorté et sur ses
causes immédiates, confirmera les doutes de Silva Cordeiro. Dressé
contre la critique catastrophique des romantiques, il attribua surtout
la « dose exagérée de sentimentalisme, d'imprévoyance et de franchise » qu'ils dénonçaient chez les Portugais, à des erreurs de la monarchie et de ses gouvernements ; mais il n'en écrivait pas moins : « L'important est de savoir si notre peuple conserve encore les qualités » qui
l'avaient jadis distingué[64].

Il fallait toujours savoir si le pays dormait ou s'il était mort...

En 1906, un an après la publication de l'ouvrage de B. Teles,
Trindade Coelho, dont nous avons noté le nationalisme « fanatique et

---

62. Alfredo da Cunha et Trindade Coelho, « Apresentação » *in Revista Nova*, n° 1
   (novembre 1893).

63. J. A. Silva Cordeiro, *A Crise nos seus Aspectos Morais*, p. 407.

64. Basilio Teles, *Op. cit.*, pp. 208 et 225.

intolérant » une douzaine d'années auparavant, cherchera à éduquer ses compatriotes dans un remarquable *Manual Politico do Cidadão Português* directement inspiré du *Manuel d'Instruction Civique* du suisse Numa Droz. L'éducation civique seule aurait pu sauver le pays dont il constatait la « faillite frauduleuse ». A l'appui de cette constatation, il citait quelques lignes sévères d'une histoire universelle que deux professeurs de la Sorbonne venaient de publier. « Les partis (au Portugal) ne sont guère que des coteries dont les chefs luttent les uns contre les autres avec une complète absence de scrupules et un parfait oubli de l'intérêt public ». Pour les deux auteurs « tout était apparence et mensonge » au Portugal[65].

Pour Trindade Coelho aussi. Comme pour le poète Manuel Larangeira, qui se suicidera plus tard, et qui fut la figure la plus typiquement pessimiste de sa génération : en 1908, il affirmait dans une lettre à son ami Unamuno : « Le Portugal traverse une heure indécise, grise, crépusculaire, de sa destinée. Sera-ce le crépuscule qui précède le jour et la vie ou le crépuscule qui précède la nuit et la mort ? » Il ajoutait : « au Portugal, la seule croyance encore digne de respect est la croyance à la mort libératrice » — et il continuait : « Dans ce pays maudit, tout ce qui est noble se suicide ; tout ce qui est canaille triomphe »[66].

... Peut-être pensait-il à Mousinho de Albuquerque, héros des campagnes de Moçambique, qui s'était tué en 1902, écœuré par la médiocrité et les intrigues de la cour où il avait échoué, enlisé dans sa fidélité à la monarchie.

Le suicide avait été pour le colonel Mousinho, petit-fils d'un héros « patuleia » mort dans la guerre civile contre Costa Cabral, en 1846, la seule issue dans un milieu décadent qui n'avait rien à voir avec son nationalisme nourri de lectures historiques, son idéalisme aigri de lecteur de Cervantès, avec ses illusions de grand féal d'un roi jouisseur et indifférent, qui avait déjà abandonné Oliveira Martins... En 1898, lorsque les intrigues politiques l'avaient fait rappeler d'Afrique, les alexandrins d'une pièce sur un autre Albuquerque, grand conquérant des Indes vers le commencement du XVIe siècle, serviteur lui aussi

---

65. Ernest Lavisse (de l'Académie Française) et Alfred Rambaud (membre de l'Institut), *Histoire Générale du VIe siècle à nos jours* (Paris, 1904), p. 338. Cité par Trindade Coelho, *Manual Politico do Cidadão Português* (Lisbonne, 1906), p. 678.

66. *Cartas de Manuel Laranjeira*, lettre du 28 novembre 1908 à Miguel de Unamuno (Lisbonne, 1943), pp. 146, 148,

d'un roi ingrat, ne manquèrent pas d'établir un triste parallèle[67]. Mais
c'est un curieux roman écrit en 1906 par un de ses cousins, jeune aristocrate anarchiste, qui nous fait revivre l'odyssée de ce « dernier représentant d'un Portugal chevaleresque », tout en instaurant le procès
impitoyable de la cour, de ses mœurs — de ce « pays de fous », plongé
dans un « état d'indifférence révoltant », près de l'agonie, comme « un
vaisseau démâté et gémissant »[68]... Le *Marquês de Bacalhoa*, d'António d'Albuquerque, que les historiens de la littérature, se méfiant du
scandale qu'il a provoqué, ont trop négligé, nous fournit une somme
d'informations qui n'est pas négligeable. Roman à clé (le marquis du
titre de l'ouvrage est le roi Charles lui-même), il mélange « potins »
et commentaires pertinents. Avec une sorte de dégoût aristocratique,
curieusement imbu de nationalisme traditionaliste (le « Portugal chevaleresque »...) l'auteur nous éclaire sur la faible possibilité d'une
éthique et d'une praxis révolutionnaires, telles que les anarchistes les
comprenaient — éthique et praxis auxquelles les républicains (les
amateurs d'une « petite république hideusement bourgeoise »)[69] étaient
en train de manquer...

Certes, ceux-ci se lançaient dans la lutte. Depuis 1880, grâce à une
presse de plus en plus nombreuse, l'audience du Parti Républicain ne
cessait d'augmenter ; la crise de 1890 l'avait servi et la défaite de la
révolution de Porto, l'année suivante, n'avait été qu'une péripétie dans
l'évolution d'un mouvement que rien ne pouvait arrêter. Les fautes
des partis monarchiques et l'erreur majeure d'une dictature policière
instaurée en 1906, avec l'appui du roi lui-même qui y laissera d'ailleurs
sa vie deux ans plus tard, furent autant de faits qui aidèrent les républicains. Mais leur idéologie n'en restait pas moins attachée à des
valeurs jacobines, de plus en plus petites-bourgeoises.

Contre eux, les socialistes n'arrivaient pas à gagner du terrain,
faute de structure industrielle dans le pays, et les anarchistes criaient
en vain leur haine du bourgeois, exprimée plutôt par des professions
de foi idéalistes que par des bombes... Bientôt, pourtant, il faudra
compter avec la Carbonaria, réorganisée en 1896, et qui en 1899 avait
fondé une loge « A Montanha », dont le nom était encore un écho de

67. H. Lopes de Mendonça, *Afonso de Albuquerque* (Lisbonne, 1895), premier acte,
10e scène, p. 156.

68. Antonio de Albuquerque, *Marquês da Bacalhoa* (Bruxelles, 1906 ; imprimé à
Lisbonne), pp. 337, 176, 126, 222.

69. Idem, ibid., p. 123.

la grande Révolution. Elle fournira d'ailleurs les régicides-suicides de 1908.

Cependant, le verbe qui enflammait les imaginations populaires et petites-bourgeoises était celui d'un républicain de cœur, le docteur António José d'Almeida qui, après quelques années d'exil, réussit avec éclat sa rentrée sur la scène politique, en 1903. « L'âme populaire doit être ébranlée par la vibration de notre verbe et par l'exemple de notre conduite. Cette âme naïve et simple cherche un appui pour ne pas tomber. Si elle sent que notre poitrine est forte, elle s'y installera, la transformant en un retranchement inexpugnable — et la Patrie ressuscitera »[70]. Pour António José, un « meeting » (et ceux où il parlait étaient de véritables événements populaires) était « le seul moyen de donner à nos cerveaux de rêveurs l'illusion de ne pas être entièrement esclaves »[70] (a). Ne s'adressait-il pas à « des gens qui se saôulaient avec des mots ? »[70] (b)

« La Patrie agonise et il faut la sauver »[71], déclarait le tribun. Les voix de 1820 s'élevaient à nouveau, dans un même élan jacobin. On pourrait croire qu'A.-J. d'Almeida était hanté par Danton. Il décrit la statue parisienne de l'homme de 89 (« la poitrine léonine lancée dans un élan d'audace, le cou herculéen (...) la crinière jetée en arrière, le regard sans peur... »)[72]. Il le citera encore dans l'épigraphe de son journal *Alma Nacional*, en 1910. Lui-même était représenté par un caricaturiste engagé, comme un « sans-culotte », le bonnet phrygien sur la tête, le sabre à la main, une Bastille en flammes à l'arrière-plan[73]... Et, soixante ans après Lopes de Mendonça ne fera-t-il pas appel aux soldats, fils du peuple, contre la tyrannie, dans un discours célèbre, en 1906 ?[74]...

Sans doute, la nation souhaitait la République, écrivait le critique du mouvement du 31 janvier ; mais la voulait-elle vraiment ? Etait-elle

---

70. A. J. de ALMEIDA, *in O Mundo* du 21 novembre 1903 (*in* A. J. de ALMEIDA, *Quarenta anos de vida intelectual e politica* - Lisbonne, 1933 - I, 79).

70 a. Idem, *in O Debate* du 24 février 1904 (*in* Idem, ibid., I, 88).

70 b. Teixeira de PASCOAES, *D. Carlos*, p. 19.

71. Voir Note n° 70 a.

72. Voir Note n° 70.

73. Caricature de Francisco VALENÇA (1909) *in Historia da Republica* (anonyme-Carlos FERRAO, Ed. *O Seculo*, Lisbonne, s/d-1960), p. 389.

74. *Discursos dos Ilustres Deputados Republicanos Afonso Costa, Antonio José de Almeida, Alexandre Braga e João de Meneses nas sessões historicas de 20 e 21 de novembro de 1906* (Lisbonne, 1906).

capable de *vouloir* ? « On en doute », concluait-il[75]. On croyait entendre la voix d'Herculano, venant du fond du temps...

Néanmoins, faute de défenseurs, « la monarchie sans monarchistes » tomba, et la République fut proclamée en 1910, dans un élan dont il est difficile d'apprécier l'ampleur. L'hymne patriotique de 1891 devint l'hymne national. On a éliminé pour l'effet les allusions aux « bretões », les Anglais détestés, mais la vieille patrie faisait toujours entendre sa voix « au milieu des brumes de la mémoire »... L'image officielle de la jeune république adopta le modèle français de Morice ou de Lalou des années 80. En 1890, le mot « Progredior » avait été gravé sur un buste préfigurant la République — comme jadis au fronton du Palais de Cristal de Porto : à quarante ans de distance, le contexte culturel était semblable. N'a-t-on pas choisi, comme président provisoire de la République, Teofilo Braga, défenseur positiviste de l'« ordre et du progrès » ? Et le premier président élu, un avocat célèbre, Manuel de Arriaga, n'avait-il pas assimilé « les leçons de Michelet, de Quinet et de Mickiewicz » ?[75] (a).

Mais le gouvernement républicain était animé par un « esprit moderne » et l'art se devait d'éduquer. Les nouveaux ministres (parmi lesquels A.-J. d'Almeida qui signait un plan de réformes artistiques)[76] étaient, eux aussi, comme en 1836, des « ministres de civilisation ». Un peintre fort médiocre avait choisi l'un d'entre eux dès 1909, pour composer une curieuse allégorie où l'on voyait le ministre serrer la main du Christ, devant une théorie de rois et d'évêques[77]. Pour le nouveau parlement fut alors commandée une image plus considérable : devant une masse confuse de révolutionnaires, où l'on reconnaît certains visages, la République, à genoux et très pudiquement habillée, attache un révolver à la ceinture d'un homme nu qui crie, serrant un drapeau et brandissant une épée[78]. On devine l'ombre du Delacroix de 1830 derrière cette image d'Epinal issue d'un fond culturel curieusement daté.

Cependant d'autres images créées en même temps étaient bien plus importantes, car elles touchaient le vrai fond sentimental du peuple

---

75. Basilio TELES, *Op. cit.*, p. 134.

75 a. Voir João RIBAIXO (Ramalho ORTIGAO) in *Album das Glorias* (n° 28, Lisbonne, mai 1882).

76. Voir J. A. FRANÇA, *Op. cit.*, II, 293.

77. Antonio BAETA, *Veni ad Lux*, tableau exposé chez GRANDELLA, en 1909.

78. José de BRITO, *Alegoria do 5 de Outubro* (collection de l'architecte A. de BRITO, Porto).

portugais, capable de pitié et d'humour, toujours sous le charme du fado, et buvant à mort après ses rudes journées de travail. Le peintre José Malhoa fut l'interprète exceptionnel des mœurs de son bon peuple, soulignant ses racines rurales, imprégnées d'un catholicisme à demi-païen. Nul autre artiste ne fut plus populaire que Malhoa — et le fait qu'il n'ait pas étudié à Paris fut même considéré comme une garantie de son lusitanisme[79]... Ses deux tableaux les plus célèbres, *Os Bêbedos* et *O Fado*[80], se présentent comme les emblèmes du sentimentalisme portugais — et dans l'œuvre toute entière de Malhoa (qui ne mourra qu'en 1933, presque octogénaire) on peut déceler une fidélité sans tache aux formules de la peinture de mœurs inaugurée par le romantisme, vers 1840.

Malhoa était à l'opposé Columbano. Nés et morts presque en même temps[81], ils appartenaient à la même époque. Il y avait pourtant un troisième fabricant d'images que nous avons déjà vu à l'œuvre dans les années 70 et dont les caricatures continuaient de réjouir le pays tout entier[82] : Rafael Bordalo Pinheiro, propre frère aîné de Columbano. A.-J. d'Almeida trouvera son accent le plus inspiré pour parler de lui, en 1905, à ses funérailles. Il avait été, affirmait le tribun, « dans la citadelle du rire, le soldat héroïque de l'éclat de rire » — et jamais « la patrie ne fut blessée ou outragée sans qu'il ne la soutienne dans ses bras, ne la prenne contre sa noble poitrine, ne l'embrasse sur le front, lui donnant force et tendresse »[83]... Le « Zé Povinho » de Rafael Bordalo, personnage symbolique, était devenu, depuis 1880 environ, un porte-parole des sentiments républicains. Son humour populaire s'opposait ainsi à la tristesse du « Manuel dos Sofrimentos » imaginé par Nobre. Même si le personnage créé par le poète ne connut guère la célébrité de celui inventé par le caricaturiste, il faudra comparer les deux figures pour mieux comprendre la dichotomie possible du post-romantisme portugais, au seuil du XXᵉ siècle.

Mais la République a également suscité un mouvement intellectuel et moral traduit par la création du groupe de la « Renascença

---

79. Fernando de Pamplona, *Dicionario de Pintores e Escultores Portugueses...* (Lisbonne, 1957), III, 25.

80. *Os Bebedos* (1909) Musée Municipal de Lisbonne ; *O Fado* (1910) Musée d'Art Contemporain, Lisbonne.

81. J. MALHOA, 1855-1933 ; Columbano Bordalo PINHEIRO, 1857-1927.

82. *O Antonio Maria* (1879-1885), *Pontos nos II* (1885-1891), *O Antonio Maria* (2ᵉ série, 1891-1898).

83. A. J. de ALMEIDA, *Op. cit.*, I, 91.

Portuguesa ». Le nouveau régime devait signifier une renaissance de
valeurs et le programme de ce groupe constitué par des poètes, des
professeurs, des journalistes, des médecins et des militaires, situés
hors du circuit mesquin des partis politiques, essayait de donner corps
à des désirs assez vagues. Cependant, on a tout de suite constaté que,
en matière de valeurs, le groupe se divisait en deux : les « poètes »
au Nord, à Porto, selon la tradition romantique du milieu du XIXᵉ siècle, et les « hommes pratiques » au Sud... Deux programmes ont donc
vu le jour, l'un faisant appel à des valeurs nationales, sinon nationalistes, et même « lusitanistes », l'autre tourné vers le progrès des idées
modernes — car, affirmait-on, « on ne résoud pas des problèmes nouveaux avec une mentalité ancienne »[84]. C'était la ligne de 1870. Or l'organe du groupe, la revue A Aguia, devait être publié à Porto et prendre comme directeur le jeune poète Teixeira de Pascoaes. Celui-ci
imposa le point de vue nationaliste qui avait et aura toujours en lui
l'interprète le plus valable. « Provincial morose, avec ses tares, chouette
de mauvais augure, qui chante des mélancolies oubliées lorsque la
tombée du soir l'enivre »[85](a), pour lequel « les villes évoquent des
plaies dévorant le vert épiderme de la terre »[85](b), son propre programme, faisant de la « saudade » de Garrett et de Nobre le symbole
de la renaissance de « notre Race » — « lumière céleste » qui éclairait,
« sentiment idée », « stigmate divin »[86] — affichait une position idéaliste
et romantique qui ne cessera d'être traduite par des images fort révé-
latrices, tout au long des numéros de la revue. Le vocabulaire ultra-
romantique y est repris — avec des « noites espectrais », « fantasmas
de luar », « lividos outonos », « castelos, no alto que coroam », « cre-
pusculos de magua », « misticismos do poente », « sangue de Inês »,
signés par quelques uns des noms les plus significatifs de la nouvelle
génération[87]. António Carneiro, peignant l'image de Camoëns (signe
combien romantique !) et cherchant le « rêve » et la « synthèse » à

84. Paul Proença, programme de la « Renascença Portuguesa » in Boavida Portugal, *Inquerito Literario* (Lisbonne, 1915), p. 120.

85 a. Teixeira de Pascoaes, *in Aguia*, VIII, p. 57 (Porto, 1915).

85 b. Idem, *A Beira num Relampago* (Porto, 1916), p. 81.

86. Idem, « Renascença », in *A Aguia* nᵒ 1, IIᵉ série (Porto, 1912).

87. *In A Aguia*, IIᵉ série, 1912 : Leonardo Coimbra, p. 15 ; Afonso Duarte, p. 87 ; Vicente de Carvalho, p. 48 ; Veiga Simoes, p. 127 ; Augusto de Santa Rita, p. 130 ; Augusto Casimiro, p. 20.

travers le souvenir trop visible de Carrière[88], était le directeur artis-
tique de la revue. Son maître Soares dos Reis avait d'ailleurs fourni à
Pascoaes l'image emblématique de la « saudade », dans la figure de son
Desterrado de 1872-1874.

Le groupe lisbonnais, animé d'intentions progressistes, ne réagissait pas à toute cette vague de sombre idéalisme — par paresse, par
négligence, par cette sorte de fatalisme qu'il avait dénoncé dans son
propre manifeste[89]...

Au cours de la même année 1912, une enquête menée par un quotidien de Lisbonne sur l'existence d'une véritable renaissance littéraire,
recueillit des réponses fort importantes qui traduisaient bien le désaroi
des intellectuels portugais dans ce moment de la vie nationale[90]. Arrêtons-nous y un moment.

Julio de Matos, psychiatre qui avait fait ses armes « positivistes »
à côté de Teofilo, a alors fait le diagnostic qui s'imposait : « Nous nous
trouvons dans (un de) nos moments caractéristiques de dépression
intellectuelle, morale et physique ». Manquant d'esprit de suite, « nous
sommes les hommes du moment. Le moment passé, nous ne sommes
plus les mêmes ». « Peuple sentimental et malade, attendri et mièvre »,
les Portugais vivent toujours dans « un retard séculaire »[91].

On croyait écouter l'écho de vieilles accusations... H. Lopes de
Mendonça, l'auteur de l'hymne patriotique de 1890, devenu hymne
national de la jeune République, avouait avec bonhommie : « Nous
sommes romantiques jusqu'à la moelle »[92]. Gomes Leal accusait les
intellectuels de la « Renascença » d'avoir emprunté au romantisme ce
qu'il avait de pire : l'obscurité. Adolfo Coelho, un des conférenciers
du Casino, en 1871, parlait de la mégalomanie du groupe[92] (a). Il se
référait alors à l'essai d'un nouveau venu, Fernando Pessoa, qui proclamait le « super-Camoëns de demain » et annonçait la venue d'un
« super-Camoëns » — tout en prônant l'avènement d'un « homme de

---

88. Voir J. A. França, *Op. cit.*, II, 228. et J. A. França, *Antonio Carneiro* (Lisbonne, 1973).

89. Voir textes de R. Proença et T. Pascoaes *in* Boavida Portugal, *Op. cit.*, pp. 120 et 179.

90. Boavida Portugal, *Inquerito Literario* (Lisbonne, 1915), articles publiés *in Rě-publica*, de septembre à décembre 1912.

91. Julio de Matos, *in* B. Portugal, *Op. cit.*, p. 15.

92. H. Lopes de Mendonça, *in* Idem, ibid., p. 22.

92 a. Adolfo Coelho, *in* Idem, ibid., p. 79.

force », seule garantie de la renaissance nationale contre un « républicanisme dénationalisé et idiot »[93].

Au sein même de la « Renascença Portuguesa » germait une réaction idéologique, car ses valeurs, définies dans un domaine nationaliste mythique, polarisaient des positions dispersées, sur un large éventail, depuis les néo-monarchistes, jusqu'aux futuristes qui allaient bientôt se révéler. Le passé (pour Pascoaes la «saudade » n'était-elle pas « l'espoir dans le passé » ?)[94] et le futur jetaient un pont sur le présent toujours décrié. A juste titre peut-être — mais Julio de Matos a bien signalé alors qu'un des mots les plus employés dans la langue portugaise est « amanhã » (demain), car on ajourne sans cesse ce qu'on n'a pas la force de faire le jour même[95]. . .

Peu-être une phrase de Pascoaes jette-t-elle quelque lumière sur ce rapport passé-futur : « Saudade (. . .) état d'âme latent qui demain sera conscience et civilisation lusitanienne »[96]. Lui aussi appartenait au clan de ces « gens qui se saoulent de paroles »[97]. . .

L'entrée en scène des « Integralistes »[98], en 1913, offrait une issue au « saudosisme » de Pascoaes — dont ils dénonçaient d'ailleurs le « psittacisme »[99]. Défenseurs de la Race (et ils ne manquaient pas de rendre hommage à Teofilo contre Oliveira Martins), du Moyen Age, du sébastianisme (qui trouvait d'ailleurs place dans *A Aguia*), lancés dans la quête d'une « vérité portugaise », ces jeunes monarchistes, qui liront Maurras, étaient bien des romantiques — mêmes s'ils se révoltaient contre le libéralisme d'Herculano (ils considéraient comme essentiel le « miracle d'Ourique ») et de Garrett. Même si leur propagande d'un retour à la terre (qui venait de Nobre et du néo-garrettisme) cachait des intérêts de grands propriétaires fonciers que l'industrie et le capital (juif par définition. . .) affolaient. Pereira da Cunha et João de Lemos, bardes moyenageux d'*O Trovador*, reve-

---

93. Fernando Pessoa, *in A Aguia*, 1912, pp. 107 et 143-144.

94. Teixeira de Pascoaes, *Regresso ao Paraiso* (Porto, 1912).

95. Julio de Matos, *in* B. Portugal, *Op. cit.*, p. 16.

96. Teixeira de Pascoaes, *in A Aguia*, II⁰ série, p. 33.

97. Teixeira de Pascoaes, *D. Carlos*, p. 19.

98. Voir *Alma Nova* (Barcelos, 1913), *A Nação Portuguesa* « revista de filosofia politica ».(Coimbre, 1914-19). Voir *A Questão Iberica* (Lisbonne, 1915) et les ouvrages d'A. Sardinha, Hipolito Raposo, L. d'Almeida Braga, etc.

99. Antonio Sardinha (sous le pseudonyme d'Antonio de Monforte), *in* B. Portutugal, *Op. cit.*, 262.

naient parmi eux, encore une fois — tout comme l'ombre de Gomes de Amorim, le « poète-ouvrier » (sinon celle de Mendes Leal) marchaient aux côtés d'A.-J. d'Almeida...

Pour les « intégralistes » comme pour Pascoaes, l'esprit étranger c'était le mal — et ils se dressaient surtout contre les « étrangers de l'intérieur ». En 1865, ils auraient sans doute été du côté de Castilho contre Antero, et en 1871 du côté du duc d'Avila contre les conférenciers du Casino.

Ce fut pourtant un mouvement « étranger » qui, dans le cadre d'un anti-républicanisme polémique, assura la continuité de la « Renascença Portuguesa ». Le futurisme, soulignant sans pitié la crise nationale que la guerre rendait plus évidente, représenta, vers 1916-1917, une ouverture sur le monde moderne, aux problèmes culturels et éthiques insoupçonnés.

Fernando Pessoa, qui, en 1912, au sein de la « Renascença », avait annoncé la parution logique d'un « super-Camoëns », poète capable de traduire les vertus de la race portugaise régénérée, prit conscience que le « saudosisme » ne pouvait pas garantir cette création mythique. Il abandonna donc « l'espoir dans le passé » de Pascoaes, et se lança dans l'aventure futuriste — quitte à revenir plus tard à un message sébastianiste. (On ne peut pourtant ignorer que ce message était traversé par un impitoyable courant ironique qui le contredisait[100], dans un mouvement de critique interne du romantisme qui donne son sens majeur à l'œuvre du poète)[101]. Cependant, en 1917 (se gardant toujours d'être futuriste[102], comme jadis Garrett s'était gardé d'être romantique...), Pessoa traduira dans un « ultimatum » aux « mandões » de l'Europe, avec force invective, une position extrémiste que ses anciens amis se devaient de réprouver. Il y développait quelques idées fort originales résumées dans celle des « hommes complets », en opposition à l'idée romantique traditionnelle de l'individu. Il envisageait l'« homme complet » comme le Dictateur, l'Artiste dont l'œuvre serait la synthèse-addition de beaucoup d'autres — et lui-même se voyait ainsi. En politique il proclamait donc une monarchie scientifique et spontanée, ayant à sa tête un « Roi-Moyenne » ; en art il prévoyait l'apparition de deux poètes ou super-poètes possédant chacun quinze ou vingt per-

---

100. Fernando Pessoa, *Mensagem* (Lisbonne, 1934).

101. Il va sans dire qu'il n'est nullement notre intention d'analyser ici l'œuvre multiforme de F. Pessoa.

102. Voir « Um Inedito de Fernando Pessoa » (article de François Cortex) in *Coloquio*, Lisbonne, avril 1968, nº 48.

sonnalités. (Il sera le seul à jouer ce rôle, se mettant lui-même en scène). Il réclamait l'intégration de la philosophie à l'art et à la science et la disparition de toute forme de sentiment religieux qui ne pourrait nullement représenter une « Moyenne »[103].

Dressé contre l'humanitarisme révolutionnaire que la République représentait, dans la suite des schémas mentaux de 89, Pessoa (pour qui Comte avait toujours été la proie d'une « aliénation mentale »[104], et pour qui la lecture d'un volume de Teofilo représentait un effort surhumain), n'en plongeait pas moins en plein romantisme, dans le cadre de la rupture « progressiste » du futurisme international avec ses rêves d'une « humanité d'ingénieurs ».

Prônant la force (et non plus la beauté) comme moteur et but de l'art, dans ses *Apontamentos para uma Estetica Não-Aristotelica*[105], Pessoa insistait sur ce romantisme prothéique qui était aussi celui de son ami Almada Negreiros, dessinateur, poète, « Narcisse de l'Egypte, poète futuriste et Tout »... Celui-ci a écrit et déclamé un *Ultimatum Futurista às Gerações Portuguesas do Seculo XX*, en 1917[106], après avoir écrit le poème *Cena do Odio*[107]. Il fallait « créer la patrie portugaise du XXe siècle », car le Portugal était endormi depuis Camoëns... Il fallait mettre fin au « sentimentalisme saudosiste et régressif », et au sébastianisme. Il fallait en somme « apprendre la haine ! ».

« Patrie entièrement portugaise », réclamait Almada en 1917 — mais la même année il proclamait : « nous sommes de Paris », comme s'il se vantait d'un titre de noblesse[108] — car il n'en réclamait pas moins une qualité d'européen, prenant alors le parti de la « cidade » contre celui des « serras »... On doit remarquer que la revue où le mouvement futuriste est né, *Orpheu*, faillit s'appeler soit *Lusitania*,

103. Alvaro de CAMPOS (pseudonyme de F. PESSOA) *in Portugal Futurista*, n° 1 (Lisbonne, 1917).

104. F. PESSOA, « O Preconceito da Ordem », *in Eh Real !*, n° 1 Lisbonne, le 13 mai 1915 et lettre du 19 novembre 1914 *in Cartas de Fernando Pessoa a Armando Cortes Rodirgues* (Lisbonne, s/d - 1945 ?), p. 31.

105. F. PESSOA, *in Athena* n° 3 (Lisbonne, décembre 1924) et n° 4 (janvier 1925), recueilli in Fernando PESSOA *Paginas de Doutrina Estetica* (Lisbonne, s/d, 1947).

106. Almada NEGREIROS, *in Portugal Futurista*, n° 1.

107. Idem, *Cena de Odio* (1917), *in Liricas Portuguesas III* (anthologie organisée par Jorge de SENA), Lisbonne, 1958, pp. 96 et suivantes.

108. Idem, dédicace d'*A Engomadeira* (1917), « Nós os 3 somos de Paris » (il se référait à Sá CARNEIRO, José PACHEKO et à lui-même).

soit *Europa*[109]. On y décèle un itinéraire sémantique qu'on ne saurait trop souligner.

Nationalisme et modernisme s'accordaient ainsi contre la pensée des « intégralistes » et contre celle des « saudosistes » et des républicains, branches contradictoires d'un romantisme inavoué ou honteux. Avec les futuristes, la « saudade » se projetait dans l'avenir...

Mais déjà les collaborateurs d'*Orpheu* publiaient de nouvelles revues aux noms révélateurs : *Centauro* et *Exilio*[110]. L'exil sied toujours aux poètes portugais. Un des plus grands, Sá-Carneiro, l'avouera sans cesse (« Emigrado Astral »...)[111], jusqu'au moment où il se donnera la mort, à Paris, en 1916. Il était l'admirateur d'*Antony* de Dumas, il se sentait lié à l'ultra-romantisme[112]...

En 1917, l'année des scandaleuses manifestations futuristes vite oubliées, un « homme fort » prendra le pouvoir ; il sera le « roi-moyenne » de Pessoa, le «président-Roi» de la «República Nova», sorte de Dom Sébastien récupéré, mythe incarné dont les monarchistes voudront profiter et qui sera bientôt assassiné. La même année, le peintre Malhoa connaîtra son succès le plus grand avec *O Fado*, enfin exposé, et le romancier Raul Brandão[113], avec *Humus*, atteindra à l'expression la plus fantasmagorique d'un univers douloureux et burlesque de visionnaire que les romantiques n'avaient jamais connu. Encore quelques mois et le peuple, à nouveau « patuleia », se lancera, presque sans armes, à l'assaut d'une colline de Lisbonne où certains régiments avaient pris position pour restaurer la monarchie[114]. Le chef des royalistes Paiva Couceiro, héros colonial, comme naguère Mousinho, était le dernier et le seul abencérage d'un roi inexistant — un guerrier romantique et noble, « à vrai dire un ancêtre entouré de morts qui le poussent »[115]...

On était en 1919, quarante ans après la publication de *Portugal Contemporaneo*. Junqueiro disait alors : « le pays n'est préparé que

---

109. Lettre du 4 mars 1915, in *Cartas de Fernando Pessoa a Armando Cortes Rodrigues*, p. 65.

110. *Orfeu* (1915), *Centauro* et *Exilio* (1916).

111. Mario de Sá CARNEIRO, « O Fantasma », *in Poesias* (Lisbonne, 1946), p. 162.

112. Idem, *Cartas a Fernando Pessoa*, lettre du 26 février 1913 (Lisbonne, 1959), p. 75.

113. Raul BRANDAO (1867-1930), *A Farsa* (1903), *Os Pobres* (1906), *Humus* (1917).

114. Soulèvement monarchiste dans le Nord et à Lisbonne, en janvier 1919.

115. Raul BRANDAO, *Vale de Josafat* (Lisbonne, 1933), p. 52.

pour être mis à sac »[116]. N'était-il pas habité par ce « sonambulo povo adormecido » dont Pascoaes parlait, la même année[117] ? Dix ans plus tard, vers la fin de 1928, Pessoa écrira :

« O Portugal, hoje és nevoeiro »[118]

António José d'Almeida allait bientôt mourir. Ce n'était plus qu'un invalide que la goutte clouait sur un lit. Ses compagnons de la génération de la République de 1910 avaient déjà perdu la partie : depuis 1926, une révolution nationaliste au vague programme conservateur bientôt teinté de « maurrasisme » dans un cadre oligarchique, les avait chassés. C'était la fin d'un certain romantisme.

L'année précédente, le centenaire de la naissance de Camilo avait encore été commémoré avec force séances solennelles, discours, chants, chœurs, brochures, cortèges civiques, la pose de la première pierre d'un monument jamais érigé, et un fado... Camilo était toujours le « Génie du malheur » ; il sera pour Pascoaes « le Pénitent » que le remords poursuit[119].

Mais tout cela n'était que littérature : le romantisme généreux, tragique et naïf était bel et bien mort.

... Il n'en reparaîtra pas moins bientôt.

En 1927, un groupe de poètes et de critiques, étudiants à Coimbre, lança une revue, *Presença*, qui voulait reprendre certaines valeurs de la génération d'*Orpheu*. Contre une idéologie d'« exil », les nouveaux venus marquaient une position de « présence » — qui allait également à l'encontre de l'académisme sentimental dans lequel le nationalisme « saudosista » avait fatalement échoué.

Mais les poètes de *Presença* chanteront eux aussi leur solitude, leurs « mãos de cinza », leur « medo do dia que vai romper », leur désespoir ou leur manque de désespoir, leurs coupes vides, prêtes à être cassées — « a vil colupia da dor ». José Regio, se voyant comme un

« Poeta
De lábios de infante,
Cabelos de seda,
Sorrisos de luto... »[120]

---

116. Idem, ibid., p. 49.
117. T. de Pascoes, *D. Carlos*, p. 18.
118. F. Pessoa, *Mensagem*, p. 98.
119. T. de Pascoaes, *O Penitente* (Lisbonne, 1942).
120. Citations prises in José Regio, *Encruzilhadas de Deus* (Coimbre, 1935).

n'écrivait que des « Queixas do Poeta contra este Mundo », dans des recueils de poèmes que son frère Julio[121] illustrait d'excellentes images représentant un poète-troubadour plaintif et perdu dans les nuages, sorte de Chagall à l'usage de Coimbre...

Et Casais Monteiro, l'autre grand poète de *Presença*, n'écrivait-il pas vers 1930 son désir de fuir la vie-destinée :

> « Ah !
> ansia de fugir
> ansia de escapar
> à vida que se embarca num destino ! »[121] (a)

Ce n'est certes pas par hasard que les deux romans les plus significatifs produits par ce groupe, *Jogo da Cabra-Cega* (1934, J. Régio) et *Pantano* (1940, J.-G. Simões), sorte de « bildungsroman » d'une génération imbue de Proust, de Gide et de la *Nouvelle Revue Française*[122], commencent par des chapitres où les héros respectifs déambulent à travers les rues d'une ville (d'abord Coimbre, ensuite Lisbonne), au cœur de la nuit — rêveurs mélancoliques, étrangers à toute vie collective[123]...

Contre ces poètes inadaptés, clercs qui ne voulaient pas trahir leur vocation intérieure, des intellectuels nationalistes voudront encore, dans une dernière flambée, relancer le sébastianisme, dans les colonnes d'un autre journal appelé *Bandarra* (1934). Mais ce fut un mouvement sans aucune signification culturelle.

Bientôt pourtant, toujours à Coimbre, s'élèvera le chœur d'autres étudiants romantiques qui se voulaient « du parti de la vérité, en tous les domaines et devant tous les problèmes ». C'était en 1940 et le théoricien éphémère de cette génération pourra écrire : « La vie nous a sauvés. Le fait de vivre dans un moment de crise aigüe nous a ouvert les yeux et a dissipé nos brumes. Nous avons pu nous évader de la mare subjectiviste et fuir le gouffre métaphysique »[124].

---

121. Julio Reis PEREIRA, dessinateur et poète.
121 a. A. Casais MONTEIRO, « Temperaturas », in *Poemas do Tempo Incerto* (Coimbra, 1934).
122. Voir J. Gaspar SIMOES, *Historia do Movimento da Presença* (Coimbra, 1958).
123. José REGIO, *Jogo da Cabra Cega*, I - « O gosto de vaguear de noite... » ; J. Gaspar SIMOES, *Pantano*, I - « Nas Ruas ao anoitecer ». Ajoutons qu'A. Casais MONTEIRO commence son seul roman, *Adolescentes* (Porto, 1945) par un chapitre où les mêmes sentiments sont exprimés. Son poème « Nevoa » (*Poemas do Tempo Incerto*) décrit une situation semblable.
124. Rodrigo SOARES, *Para um novo humanismo* (Porto, 1947 ; texte de 1940), pp. 76 et 67.

Le « marécage » où s'enlisait le héros du roman de J. G. Simões n'attirait plus la complaisance des jeunes qui fuyaient tout subjectivisme. La parole, ou le Verbe, acquiérait chez eux une valeur épique — impossible, peut-être[125]... J. Namorado, qui chantait encore, bien que sous un déguisement ironique, la Liberté, l'Egalité et la Fraternité[126], écrira, et c'était sérieux :

> « A Palavra se fez espada
> mil braços armou.
> A esperança se fez bandeira
> que sobre mil cabeças
> se desfraldou.
> Espada,
> por cada mão decepada,
> um milhão a empunhou »[127] .

Tel avait été le ton de Gomes de Amorim, « poète-ouvrier » de 1850 — et aussi le ton de Delacroix. L'admiration des jeunes peintres s'attachait alors à cet ancêtre de leur « néo-réalisme » révolutionnaire et sentimental, comme aux maîtres trop cités et jamais vus de la peinture murale mexicaine. Et encore à Van Gogh — tout comme à un peintre de Porto, Abel Salazar, issu de la « Renascença Portuguesa », de Rembrandt, de Steinlen, de Carrière et d'António Carneiro[128]...

Mais le lyrisme emportait également les jeunes poètes de ce mouvement esthetico-social. Ils chantaient toujours « amargurados altos sonhos desfeitos » (se promenant eux aussi, la nuit, dans des rues désertes...)[129], ils faisaient appel à cette même nuit («(que) deixe o seu misterio sobre nós, e traga, sobre nós, o esquecimento ! »)[130] et avouaient des sentiments ultra-romantiques datant de 1850, dans un jeu d'images que les poètes de 1890 n'auraient pas renié :

> « Lasso, triste, venho
> do silencio em mim.

---

125. Voir Eduardo Lourenço, *Sentido e Forma da Poesia Neo-realista* (Lisbonne, 1968).

126. Joaquim Namorado (1914-), « Fabula », *Incomodidade* (Coimbra, 1945).

127. Idem, *in Vertice*, nº 4-7, Coimbra, février 1947.

128. Voir page artistique du quotidien *A Tarde* (Porto, 1945) et *Horizonte, Jornal das-Artes* (Lisbonne, 1946-1947). Voir J. A. França, *A Arte em Portugal no Século XX* (Lisbonne, 1974).

129. Manuel da Fonseca (1911-), « Ruas da Cidade », *Rosa dos Ventos* (Coimbra, 1940).

130. Antonio Feijo (1916-1941), « Poema da Renuncia », *Corsario* (Coimbra, 1940).

Que escuro o caminho !
Que longe do fim ! »[131]

Chez eux, les éléments, voire les ingrédients permanents du romantisme ne font pas défaut : « poésie comme protestation, espoir suspendu, amour comme refuge et future arche d'alliance, tout y est » .La mythologie néo-réaliste a pu être ainsi caractérisée, bien des années plus tard[132].

Mais, dressés contre les uns et les autres, un peu contre tout le monde comme jadis les futuristes, de jeunes poètes et peintres surréalistes se grouperont à la fin de 1947, imprimant un sens nouveau à une action romantique généralisée contre la société portugaise, son idéologie conservatrice et ses valeurs morales figées. Les néo-réalistes, situés illusoirement avant la Révolution, entendaient mettre la poésie au service de celle-ci — comme jadis l'Antero des *Odes Modernas*. Leurs adversaires voulaient eux aussi mettre « le surréalisme au service de la Révolution ». Ils se faisaient également des illusions dans le cadre social portugais.

En pleine polémique, ils proclameront « la réalité féroce du désir »[133] — ils citeront Rimbaud et Sade, Héraclite et Engels, Freud et Breton[134] : ils feront appel à des démons et des merveilles — et à un amour qu'ils voudront fou :

« Amor que nos devolve tudo o que perdessemos »[135],

« tão unico baluarte da realidade real
da negação negada, da perca total que procuro »[136]

Ce mouvement n'a pourtant duré que l'espace d'un matin : cet amour insoutenable ne pouvait que perdre son élan. « Um Adeus Português », d'Alexandre O'Neill, cri désespéré d'amour, sera aussi, en 1951, un adieu au surréalisme portugais, ou, plutôt, à la possibilité portugaise du surréalisme. Plus encore, peut-être...

---

131. J. J. COCHOFEL (1919-), « Lasso, triste... », *Os Dias Intimos* (Lisbonne, 1950).

132. Eduardo LOURENÇO, *Op. cit.*, p. 69.

133. Alexandre O'NEILL, in catalogue de la première « Exposição Surrealista », Lisbonne, janvier 1949, p. 8.

134. Voir Catalogue de la première « Exposição Surrealista ».

135. Mario Cesariny de VASCONCELOS (1923-), *Corpo Visivel* (Lisbonne, 1950), *in Pena Capital* (1957), p. 98.

136. Antonio Maria LISBOA (1928-1953), *Isso Ontem Unico* (Lisbonne, 1953), p. 22.

Le poète y parle de son pays :

« esta roda de nausea em que giramos
até à idiotia ».

Il y parle aussi de

- ... esta pequena dor portuguesa
tão mansa quase vegetal »

— c'est-à dire de

« esta nossa razão absurda de ser »[137].

Le surréalisme de 1950 marque sans doute une phase du romantisme portugais se survivant au cours du XXᵉ siècle — la dernière
dont nous aurons à nous occuper dans notre enquête. Paradoxalement,
il a poussé les valeurs romantiques (l'amour, la mort, la nuit hantée...) à des hauteurs qu'elles n'avaient jamais atteintes. La ligne de
la poésie germanique, à peine soupçonnée cent ans auparavant, avec
sa métaphysique et sa mystique de la douleur, dépassait pour la première fois l'écran des larmes quotidiennes ou d'une angoisse qui se
satisfaisait de Dieu ou de la science historique. Le code des visions
n'était plus limité par des images de cimetières sous la lune ; une
poésie autre imposait d'autres mythes — mais elle n'aura pas d'écho...
Nous ne chercherons pas ici la raison de la faillite du surréalisme dans
le cadre culturel du pays ; nous ne voulons que mentionner un des
derniers avatars du courant romantique, au Portugal.

... Nous remarquerons uniquement que, dans une conjoncture
sociale déterminée, au milieu du XXᵉ siècle, le romantisme débouchait sur la « nausée » et sur l'« absurde ».

---

137. Alexandre O'NEILL (1924-), « Um Adeus Português », in *Unicornio* (Lisbonne,
mai 1951), p. 45.

CONCLUSION

...un pays qui demeure presque immobile
au milieu de ses révolutions.

A.P. LOPES DE MENDONÇA (1859)

Un jour viendra peut-être où (Zé Povinho) changera de visage et changera également de nom : au lieu de s'appeler Zé
Menu-Peuple il s'appellera simplement
le Peuple. Mais beaucoup d'impôts nouveaux,
de nouveaux emprunts, de nouveaux traités et de nouveaux discours glisseront
dans le sablier constitutionnel du temps
avant l'avènement de cette journée ora-
geuse.

RAMALHO ORTIGAO (1882)

CONCLUSION

La phrase célèbre de Victor Hugo qui assimile romantisme et libéralisme ne saurait trouver une application plus juste qu'au Portugal, au long du deuxième quart du XIXe siècle, et même après[1].

Les soldats de l'expédition de Dom Pedro étaient encore des chevaliers du temps jadis qui prirent les armes pour défendre une jeune princesse dépossédée, « reine innocente », « étoile polaire » de leurs rêves et de leurs vœux. Ils se rangeaient du côté du Bien et de la Justice, qui était aussi celui de la Jeunesse du monde. Formés en exil, « estrangeirados », ils étaient des « enfants du siècle », même s'ils n'en avaient qu'une conscience trop vague. Parmi eux se trouvaient des poètes qui portaient déjà leur destin comme un lourd fardeau, « rêveurs sacrés », qui, comme Hugo, voulaient « jeter (leur) flamme sur l'éternelle vérité ».

Mais leur idée de Vérité dénonçait une ascendance contradictoire où lumière et ténèbres se disputaient une signification actuelle. Un premier problème peut être alors évoqué, qui concerne la double lignée du romantisme.

La lumière devient les « Lumières », et les ténèbres trouvent dans les *Nuits* de Young un sens de rêverie mélancolique. On rencontre Young à l'aube du romantisme portugais, au moment même où les poètes fidèles aux « Lumières » connaissaient la prison et l'exil. Mais, pour Alcipe, Young prenait le bras du vieil Horace au sein d'un éclectisme qui convenait à la conjoncture nationale, après la situation empirique définie par le consulat du marquis de Pombal — alors que les bâtiments mi-néo-classiques mi-baroques de la ville nouvelle voi-

---

1. THIERS ira plus loin que HUGO : pour lui « le romantisme, c'était la commune ». Cette affirmation polémique que les circonstances de 1871 paraissaient justifier en France n'aura pourtant pas de portée au Portugal.

sinaient toujours avec les ruines « affreusement belles » du tremblement de terre de 1755.

Au long de trois générations, entre 1830 et 1880, le processus généalogique du romantisme portugais s'est manifesté par une sorte de mouvement pendulaire défini entre deux positions qui ont trouvé très tôt
les emblèmes idéologiques qui leur manquaient. Les figures de Caton
et de Camoëns se présentèrent ainsi à nos yeux, chargées d'un contenu
symbolique, que l'histoire seule n'explique pas. En écrivant, à trois
ans d'intervalle, une tragédie « classique » et un poème « romantique »,
axés sur ces deux personnages, Garrett suscita un tournant décisif de
la mentalité et de la sensibilité nationales. Le héros romain, emprunté
à l'arsenal davidien de la fin du siècle, servait en 1820 une situation
socio-politique qui, sous l'immédiate influence espagnole, récapitu-
lait l'expérience française. La faillite du « Vintisme » jacobin rejeta
le poète dans l'exil ; en même temps que le peintre Sequeira, également exilé, mais sans que l'un et l'autre aient eu connaissance de la
similitude de leurs démarches, il créa un nouveau personnage dramatique — Camoëns, figure « nocturne » de désespoir, génie maudit que
la mort guette. Un poème et un tableau expriment alors cette mort
qui atteint la patrie même : mort civique et morale qui était la nuit
de la liberté.

Mais Garrett reviendra à la lumière et aux « Lumières », dans le
cadre d'une pédagogie nationaliste qui l'amènera à définir avec lucidité les problèmes de la politique portugaise pendant la crise de 1830
— et à voyager dans son propre pays, en y recueillant de vieilles
romances populaires et en y puisant la première histoire d'amour de
sa génération, qui est également l'histoire amère de la victoire de sa
Vérité idéologique.

Dix ans après cette victoire, le plus grand des poètes qui s'y
étaient attachés doute déjà de sa réalité ; il va plus loin encore, lorsque, en même temps, il met en scène les fantômes d'un passé qui ne
savait pas disparaître. Son *Frei Luis de Sousa* dénonce le mythe douloureux et catastrophique du Sébastianisme, c'est-à-dire d'un « pas-
séisme » nostalgique et mortel qui, vers le milieu des années 40, devait
s'accorder à une involution de la conjoncture sociale portugaise.

La « civilisation » des jacobins de la révolution de septembre 1836,
qui s'intitulaient eux-mêmes avec pompe « ministres de civilisation »,
l'instruction publique dont les libéraux de la première vague faisaient
leur cheval de bataille, autant de valeurs qui s'amenuisaient alors, sous
le poids des intérêts d'une nouvelle bourgeoisie insatiable.

L'individu, objet sacré pour les libéraux nourris de Kant et de
Jean-Jacques, sortait perdant de cette lutte avec l'« âne baron » qui

avait su profiter de l'occasion et qui, ayant « dévoré le moine », le remplaçait au sein d'une structure sociale vieillie trop tôt.

Ce fut en vain que les plus démunis, les « patuleias », les « va-nu-pieds », prirent alors les armes dans un mélange confus où les républicains côtoyaient les hordes de campagnards royalistes que des prêtres illuminés entraînaient au nom des Cinq Plaies du Seigneur... L'Ordre remythifié devait encore l'emporter sur ce mélange bizarre de « jacquerie » et de « chouannerie », à la veille des bouleversements de 48 que le Portugal avait anticipés empiriquement. Il sera ensuite trop tard pour renouveler l'expérience, et en 1851 on devança la « paix impériale » de Badinguet, en offrant une tranquillité définitive aux capitalistes.

La menace sébastianiste contre les « Lumières » se voyait alors écartée d'office, car pendant la vie d'une génération on trouva un accord nécessaire entre les valeurs opposées — entente bourgeoise et vide de sens, qui représentait une trahison morale aux yeux d'un homme comme Herculano, historien du « Volksgeist » national.

On observait alors, d'une part, l'industrie naissante, les chemins de fer, les routes, le télégraphe, le gaz, et bientôt l'électricité — instruments d'une technologie à laquelle la « civilisation » libérale s'ouvrait enfin. C'étaient les « Lumières » telles que la société capitaliste du « fontisme » pouvait les définir, dans les années 50-60 et 70. D'autre part, se profilaient la poésie des troubadours et des bardes, les réminiscences gothiques, le culte des valeurs de la tradition nationaliste, voire d'une religion que la réaction cléricale ranimait — autant de données « nocturnes » qui arrivaient à peine à tempérer un panorama d'ordre et de paix.

Les compagnons exilés de Dom Pedro avaient joué par une froide soirée de Noël, dans un théâtre improvisé à Plymouth, le *Catão* de Garrett et une farce intitulée *Doidos*. Des « fous » pris dans une folle entreprise romantique... Mais ceux qui s'étaient fiés aux résultats de cette entreprise étaient encore plus fous, et en 1849 quelqu'un a dû écrire les *Mémorias dum Doido*, *Confessions d'un enfant du Siècle* à l'usage portugais, écrites avec un retard de quelque quinze ans — qui représentaient précisément la période des premières désillusions constitutionnelles...

Le mot « Progredior », inscrit au fronton du Palais de Cristal de Porto où se réalisa en 1865 la première exposition internationale, symptôme risqué d'un développement industriel fort discutable, traduisit alors une sorte d'actualisation de cette « civilisation » prônée dans les années 30. Actualisation, mais aussi restriction, car la teneur matérialiste des années 50 et 60 l'emportait sur les vues idéalistes précédentes, dans un dosage dont on ne prenait pas assez conscience, au sein de la « supercherie savante » du libéralisme « fontiste ».

Ce « progrès » qu'on se complaisait à souligner avec lyrisme ne menait pourtant pas très loin car les bourgeois marchands et banquiers hésitaient à risquer leurs capitaux en des entreprises de création économique — et la conquête du pays n'exigeait pas trop d'efforts ni trop d'imagination. Le mot célèbre de Guizot — « enrichissez-vous ! » — retentissait sans doute dans l'esprit des capitalistes du « fontisme » mais les recettes faciles auxquelles ils s'étaient habitués résistaient aux sollicitations de nouveaux besoins conjoncturaux. Il est facile d'y déceler un décalage entre ces besoins à peine ressentis et la volonté de puissance de la classe recréée par le libéralisme. Cela ne va certes pas sans une sorte d'angoisse que le formulaire « gothique » ou « noir » ou « nocturne », somme toute trop littéraire, ne saurait satisfaire. Il faudra chercher ailleurs l'expression de cette fissure entre le réel et l'imaginaire, sociaux tous les deux. La réponse nous est apportée par la vie et l'œuvre de Camilo, sa lutte aveugle et épuisante contre le destin, sa métaphysique de l'amour et de l'expiation, son impossibilité de vivre une vie aliénée.

La contre-réponse sentimentale et quelque peu mièvre de Julio Dinis, imagerie d'Epinal d'un « Fontisme » vu comme structure immuablement indifférente, ne peut suffire à la tranquillité de la classe au pouvoir — même si elle épuise les romans optimistes de l'auteur, édition après édition, séduite par le reflet d'elle-même que lui renvoyait un miroir aussi flatteur. C'est vers la même époque que les républicains, héritiers des jacobins de 20 et de 36, seront pris pour des « lunatiques » et que la bonne parole de Fourier et de Proudhon commença d'être prêchée à des masses ouvrières trop rares.

Mais déjà les « Lumières » reprenaient leur perspective critique, définie au-delà de la réalité nationale immédiate. 1865 et 1871 sont des dates repérées sur cette voie marquant une altération substantielle au niveau des structures culturelles.

L'univers romantique, avec ses schémas et ses habitudes est alors mis en question — mais le romantisme n'en était pas moins « dans les âmes » de ceux qui contestaient. Ils ne manqueront pas de l'avouer, et de se l'avouer.

En 1865, en même temps qu'une première exposition industrielle aux ambitions internationales tenait ses assises à Porto, la ville la plus dynamique du pays (et la plus « romantique » aussi, dans une aliénation voulue qui répondait à une aliénation conditionnée), les étudiants de la vieille université « fossile » de Coimbre se lançaient dans une campagne de « modernisation » qui devait ébranler l'édifice romantique institutionalisé. A Porto, comme à Coimbre, des forces se dressaient contre Lisbonne, la capitale du morne royaume constitutionnel issu de la folle croisade de 1830.

On était contre l'ordre passif, contre l'assoupissement général, au nom de valeurs qui, une fois de plus, étaient cherchées à l'étranger, derrière les frontières des Pyrénées que le chemin de fer pouvait traverser désormais. Des frontières communes au Portugal et à l'Espagne qui, rêvant d'une fédération progressiste ou répudiant cette formule, vivaient des problèmes socio-économiques et politiques fort semblables, au bout de l'Europe, voire au bout du monde moderne. L'enquête sur les « causes de la décadence des peuples ibériques » réalisée en 1871 par Antero de Quental, dans le cadre d'un ensemble de conférences polémiques, à l'heure du « réalisme » de Proudhon et de Courbet, ne faisait que donner une dimension nouvelle au programme révolutionnaire du poète qui avait publié ses *Odes Modernas*, en 1865.

Le processus de désagrégation du monde romantique sous sa forme « fontiste » s'amorçait donc avec une génération née après la victoire des paladins libéraux de Dom Pedro qui étaient morts, ou en train de mourir. L'intention, inscrite au programme des jeunes intellectuels « estrangeirados » de 1865-1871, de « lier » le Portugal au monde moderne reprenait le *leit-motiv* des « hommes de civilisation » de 1835. Antero et ses amis étaient, somme toute, des romantiques qui se dressaient contre des valeurs pseudo-romantiques, sinon anti-romantiques. Ils étaient les nouveaux champions d'un romantisme trahi. Mais à la trahison morale dénoncée par Herculano dans le « Fontisme », semblait s'ajouter une trahison intellectuelle qui, incarnée dans la personne et les idées d'un vieux poète aveugle, Castilho, ne pouvait être que l'effet d'un malentendu. L'incohérence décelée se manifestait surtout sur le plan éthique : les « nuits » ne signifiaient pas richesse mentale ou sentimentale, mais bel et bien abandon de la lutte, recul par rapport aux « lumières ». Moins de vingt ans après la prise d'armes des jeunes révolutionnaires de 70, ceux-là mêmes qui criaient victoire s'avouaient vaincus. Ils trouveront alors le nom qui leur convenait : « les vaincus de la vie » — de cette vie ou de cette société « telle que le constitutionnalisme l'avait faite depuis 1830 ». La connaissaient-ils pourtant ? En avaient-ils une vision réelle, culturelle, sociale, économique ? Certes, non : ils pensaient cette société en termes abstraits, ils s'en formaient, somme toute, une vision idéologique. Bientôt ils prôneront un « retour à la terre », aux valeurs traditionnelles — un *regressus ad uterum* bourgeois... Leur « estrangeirismo » éclairé s'éteignait : le parti des « ténèbres » l'emportait alors (et ce

sera la crise de 91) sur celui des « Lumières ». Nous savons que le
processus ne s'est pas arrêté là ; nous devons comprendre qu'il ne
pouvait y prendre fin. L'opposition dialectique entre les deux courants,
« diurne » et « nocturne », traduite par des participations politiques
ou par des exils, se manifestera jusqu'à une certaine « nausée » et un
certain « absurde » — et même au-delà, au sein de notre propre expérience, c'est-à-dire de la vie nationale contemporaine. Car le romantisme s'installera dans le panorama portugais comme une morne et
parfois fâcheuse habitude mentale et sentimentale, sorte de justification sinon d'excuse d'un XIXᵉ siècle difficile à remplacer... Mais
nous ne voulons pas nous éloigner du but immédiat de notre enquête
historique.

Le diagnostic de la situation romantique portugaise était fait dès
1880. Dans le sillage « moralisant » d'Herculano, Oliveira Martins avait
établi le bilan des événements et de leur sens éthique alors qu'une
grande crise assombrissait l'horizon.

Le lien de la vie culturelle du pays avec le monde moderne défini
au-delà des Pyrénées pose naturellement le problème des influences.

Nous avons observé comment ces influences étaient acceptées,
comment on arrivait à les intégrer dans un contexte national. Nous
avons vu circuler les noms les plus célèbres de l'Europe romantique,
sous la plume des intellectuels portugais ; lus, traduits, discutés, ils
se paraient d'un prestige quelque peu mythique que la distance culturelle assurait.

Une « Mme de Staël portugaise » nous met sur la piste de ces
influences germano-françaises tout en y introduisant un handicap ;
l'émigration de 1823 et surtout celle de 1830 nous permettent de suivre
l'itinéraire de l'information reçue. Ce fut en Angleterre que l'esprit
de Garrett connut l'appel du « gothique » — plus précisément, du
« néo-gothique » — qui peu de temps avant assumait à ses yeux une
responsabilité sociale négative, « art de peuples esclaves » en face de
la Grèce des temples apolloniens ou de la Rome des Catons. Klopstock
marqua pour toujours l'âme d'Herculano, quarante ans avant d'être
un auteur cher aux lecteurs réactionnaires d'A Nação. L'aristocrate
Scott revivait dans ses romans historiques où il essayait pourtant de
mettre en valeur le peuple qui avait fait la nation portugaise. Lamartine signait les épigraphes de maints poèmes de la première et de la
seconde génération romantiques ; Dumas commandait le goût du théâtre — et Hugo passait d'une jeunesse à l'autre, jusqu'à devenir le
« Seigneur-Hugo-tout-puissant » des jeunes de 1865, lecteurs enthousiastes de sa Légende des Siècles. Seul Musset ne sût faire entendre
la voix ironique de son tourment précis, malgré Garrett et malgré le

souvenir de sa *Confession* dans les mémoires naïves d'un contesta-taire « fou ». De leur côté, Chateaubriand, Benjamin Constant (ou Rousseau) en 1830, Fourier en 1850, Proudhon en 1870, Comte ou Littré en 1880, justifient les recherches de la pensée agissante.

Sources et références se confondent dans l'esprit des romantiques — influences définies à des degrés variés, dans un dosage de valeurs fort discutable. Nous les avons décelées dans le domaine des idéolo-gies comme dans celui de la littérature, sur le plan de la *praxis* poli-tique comme sur ceux des arts plastiques ou de l'opéra, dans le cadre des mœurs comme dans celui des goûts et des modes.

Importées par les émigrés de 30 et par les voyageurs des années 50, la conscience de la « civilisation » et les exigences du goût mondain, s'accordent dans les objets culturels d'une société nouvelle. Le livre (et le roman surtout), le théâtre qu'une compagnie française intro-duisit à Lisbonne dès 1835, et à l'assaut duquel les jeunes poètes se sont tout de suite lancés, l'Opéra, fief italien où « la crème fouettée et les fanfaronnades de Rossini » (Stendhal) faisaient rage, avant le dévergondage d'Offenbach que le caf'conc' complétait, la presse (la presse illustrée surtout, nouveauté inspirée des magazines français et anglais), et le parlement avec son éloquence fougueuse et vide, à l'image de la vie politique des partis constitutionnels — voilà autant d'éléments ou d'instruments d'une culture éminemment urbaine que la centralisation bourgeoise exigeait. Le São-Carlos-Opéra Italien, le Chiado-boulevard de Gand, le café Marrare-Tortoni, les « palacetes » et les bals d'un faubourg Saint-Germain mis à l'heure des « barons » de 1840 et des « vicomtes » de 1850, argentaires de Lisbonne et mil-lionnaires « brésiliens » de Porto, constituaient les emblèmes de cette société où l'ennui grandissait d'une génération à l'autre.

L'évolution des mœurs était surtout marquée par la libération de la femme qui, sans abandonner son attachement à l'Eglise, commença à sortir de sa claustration domestique et à apprendre les délices de l'adultère dont la propagande était assurée par les romans ou les pièces de « Balzac, Sue, Sand, Dumas, Scribe, Arlincourt et Cie », que le sévère Herculano voyait assez naïvement comme une entreprise parisienne de corruption. En face de cette femme aux sentiments devenus raffinés et complexes, l'homme se comportait lui aussi diffé-remment : il perdait ses goûts populaires de jadis, une brutalité de mâle, habitué des foires et des courses de taureaux et, poli par la fré-quentation des salons, il se transformait en un être sensible, cultivé et snob. Le « marialva » du « vieux Portugal » devenait le « dandy » du nouveau Portugal capitaliste : l'aristocrate à demi-populaire se chan-geait en un bourgeois à demi-aristocratique. Même si ses ambitions se satisfaisaient modestement au niveau social et culturel du « janota », le « jeannot » de la comédie française...

Sous l'orchestration de ces influences étrangères et dans le cadre d'une consommation marquée par une sorte de curiosité provinciale, l'art et la littérature évoluaient, creusaient leurs lits, prenaient conscience de leurs nécessités et de leurs devoirs envers une société qui découvrait leur fonction critique et pédagogique. Œuvres de civilisation, la poésie, le roman, le théâtre, l'historiographie, tout comme l'architecture, la peinture et la sculpture se devaient de porter un message culturel total. Elles définissent les structures socio-culturelles au niveau des fonctions esthétiques irréductibles, et déjà certaines interrogations apparaissent.

Ont-elles une qualité originale ? Portent-elles une nécessité intérieure ? Témoignent-elles d'une unité créatrice ? Vérifient-elles des rapports sociaux dynamiques ?

La poésie atteignit un niveau auquel les autres arts ne pouvaient prétendre. Elle détecta les premiers symptômes d'un changement de mentalité et de sensibilité dès la fin du XVIIIe siècle, et, avec ses mots, « passants mystérieux de l'âme » (Hugo), elle proposa certains signes qui devaient orienter le développement des nouveaux schémas culturels.

La liberté, l'amour et l'angoisse des poètes qui, à la charnière des deux siècles, se libéraient à peine des contraintes académiques d'une Arcadie routinière, trouveront un sens plus profond chez les poètes du XIXe siècle — et le moment arrivera où la « saudade », mystérieux sentiment, à la fois doux et douloureux, « delicioso pungir de acerbo espinho », sera inscrit comme premier mot du premier vers du premier poème romantique — le *Camões* de Garrett (1824).

Entre ce poème, amèrement nationaliste, et son dernier recueil de poésies (*Folhas Caidas*, 1853), expression de sa détresse d'homme face à la mort qui était aussi la mort de son amour possible, Garrett forgea un instrument linguistique et tout un réseau de symboles qui définira le romantisme portugais. Il a mis, pour ainsi dire, « le bonnet rouge au vieux dictionnaire ». Les fiançailles macabres au sein d'un sépulcre qui seront bientôt racontées dans un poème célèbre, imprimeront à ces symboles une allure conformiste qui convenait aux années 50-60 que de tardifs « génies du mal » hantaient encore — mais il faudra voir dans la popularité immense et permanente de ces vers le signe d'un malaise inconscient et accepté avec complaisance. La poésie révolutionnaire des années 60 et 70 est tout autre — mais elle aboutira, par une sorte d'impossibilité ontologique, aux angoisses d'Antero et aux plaintes d'António Nobre, hommes de solitude et agents de la crise nationale de 90.

Mais Garrett avait également exploré le fond culturel de la nation populaire dont l'expression poétique charmait partout l'esprit romantique. Plus tard Teofilo Braga donnera une suite scientifique à ses recherches. A travers leurs travaux se vérifiait cette « indole » nationale ce « Volksgeit » qu'Herculano prônait et qui trouvera un écho dans la théorie de la « nation morale » d'Oliveira Martins, au moment même où le romantisme allait apurer ses comptes. L'histoire et la poésie s'accordaient donc au sein d'un même élan de création, dans l'esprit des hommes de la première et de la dernière heure, de la promotion et de la contestation.

Mais les uns et les autres savaient que l'histoire de la nation n'était pas seulement son passé. Le présent fut une conquête du romantisme au même titre que ce passé nostalgiquement recouvert d'une mythologie de héros : l'élan que ceux-ci définissaient ou dont ils doutaient impliquait une conscience historique que le présent même forgeait. Les querelles politiques du parlement et des journaux étaient aussi historiques, et la vie quotidienne, timidement abordée, passant du feuilleton au roman, venait fournir une nouvelle perspective à la situation humaniste du romantisme. « Après avoir combattu pour ses privilèges la bourgeoisie écrivit pour elle-même »[2].

Ce n'est certainement pas par hasard que le premier roman d'actualité fut associé à un récit de voyage — qui était aussi une chronique de la découverte du pays, de ses paysages et de ses mœurs. L'intérêt porté à la vie de chaque pour (à la vie populaire surtout) se profile derrière cette première expérience romanesque, née comme involontairement, par une sorte de coquetterie de l'auteur, certes, mais surtout, par un besoin intérieur du récit lui-même.

Dans la génération suivante, Camilo ne verra que le drame ou la tragédie, planant sur un monde confus où les valeurs seules comptent, rendues abstraites par la douleur ou par la violence. *Amor de Perdição*, œuvre symbolique engendrée pendant les années 50, parle d'« amour » et de « perdition » et de rien d'autre. Nous avons là une sorte de *Werther* portugais ou péninsulaire, défini dans une situation autrement passionnée, à la limite du grand-guignol. C'est une des œuvres les plus sincères de tous les romantismes, et la plus « vécue » — dans la mesure même où elle est sortie de l'imagination d'un homme

_____

2. Marcelino de MATOS, *in Esmeralda*, nº 1, Porto, le 19 février 1851.

qui, derrière les barreaux d'une prison où l'amour l'avait jeté, rêve
d'amour et de mort et médite sur la fatalité du sang qui coule dans
ses veines.

L'ironie de *Viagens na Minha Terra* explose dans *Amor de Perdição*, quitte à être reprise quinze ans plus tard dans *O Crime do Padre
Amaro*, sous un autre aspect de critique sociale. Ici encore s'exprime
la dialectique de la « lumière » et des « ténèbres », de la conscience
lucide et de la conscience passionnée qui, chez Garrett, Herculano et
Camilo, comme chez Antero, Oliveira Martins et Eça de Queiroz assume
une responsabilité envers le dynamisme possible de la société nationale.

Le théâtre, historique ou social, demeure attaché au répertoire
français de 1830, à ses cris et à ses serments. Dom Pedro lui-même, le
jour de son entrée triomphale dans la capitale du royaume libéralisé,
en offrira un exemple spectaculaire à la légende de la lutte idéologique du Bien et du Mal ! Les ténèbres de la passion y sont mises au
service d'une idée ouverte sur les éclatants rayons de l'avenir...

Le Dieu de la Fatalité et de la Justice est le même, au sein d'une
société qui se sent redevable des deux forces ou des deux sentiments.

Société qui croit au ciel, malgré un clergé demeuré sur des positions traditionnelles devenues réactionnaires, elle trouva dans une toile
de Metrass datée de 1856, la réponse à son élan du cœur — car *Só
Deus* saurait sauver celle que la peinture présente en danger de mort.
Société médiocrement penchée sur la nature, dont elle n'a jamais su
goûter les « innombrables frissons », un autre peintre lui a tout de
même offert une image tendre de cinq de ses artistes surpris sur le
motif. Toujours vers la même année, la société « fontiste » pouvait
pleurer de chaudes larmes sur la représentation d'un violoniste aveugle mendiant au coin d'une rue, deux enfants en détresse à ses côtés.
Six ou sept ans plus tard, la même société s'offrait, avec le beau portrait de la vicomtesse de Meneses, femme du peintre, le Winterhalter
de sous-préfecture que son « monde » méritait — alors que les daguerréo-
types commençaient à banaliser ses propres images. On était à l'intérieur du même cycle de maturité ou de sagesse qui sera couronné
en 1867-1868 par les monuments érigés aux mémoires officielles de
Camoëns et de Dom Pedro — « signifié » et « signifiant » du constitutionnalisme romantique...

Un peu plus tard, les portraits « salonards » de Lupi se porteront
garants de la fixation du régime et de ses formules sociales. Dans la
génération suivante, un autre peintre, Columbano, ne verra que des
fantômes au sein de cette société contestée. Mais déjà Soares dos Reis
avait repris, en 1872-1874, dans son *Desterrado*, le thème de l'exil et
de la « saudade », typiquement camoniens. Il l'adoptera pourtant à

un autre point de son évolution socio-culturelle — alors que la détresse
du banni se définit non au sein d'un désarroi collectif mais contre
l'ordre et le progrès qui étaient le « slogan » du capitalisme « fontiste » avant de devenir la devise du positivisme comtiste. Son marbre
nostalgique deviendra ainsi l'emblème d'un romantisme épigonal, déjà
vers le commencement du XXᵉ siècle.

L'accord entre la société constitutionnelle et ses objets esthétiques
doit être encore cherché dans le domaine de l'architecture. Un accord
positif et négatif à la fois, mais également significatif. La carence de
monuments et d'édifices ou leur pauvreté explique l'adoption de vieux
couvents nationalisés comme outils de la nouvelle et plus complexe
société libérale. On ne saurait trop souligner ce phénomène, à la fois
économique, politique, idéologique et moral. Casernes, hôpitaux, académies, bourses, bibliothèques, le Parlement — les couvents du vieux
Portugal baroque et absolutiste trouvaient de nouveaux emplois et de
nouveaux destins. Mais ils devenaient également des manoirs et se
transformaient en des « palacetes » de la nouvelle aristocratie créée
sur les champs de bataille et surtout derrière des comptoirs, pour
laquelle travaillaient des Italiens habiles, maîtres décorateurs à
l'Opéra. Le « baron dévora le moine », disait Garrett — mais le potentat libéral se donnait aussi un goût qui singeait celui d'autrefois. Ce
goût spirituel, quelque peu religieux et ayant des rapports patriotiques, dans un mélange au pragmatisme évident, glissa très tôt du
néo-gothique vers le néo-« manuélin ».

L'architecture portugaise du romantisme se définit entre une formule néo-palladienne enracinée à Porto, où ses influences anglaises
s'affirmeront encore en 1865 dans un Palais de Cristal signe du progrès industriel, et une formule néo-« manuéline ». Celle-ci éclatera comme
symboliquement à la fin de la période que nous considérons, dans
l'écroulement du laborieux pastiche des Hiéronymites — alors même
que la morne « Promenade Publique », haut lieu des loisirs des Lisbonnais, disparaissait pour faire place à une Avenue, boulevard mages-
tueux qui récompensait les années de la sagesse « fontiste ».

Mais le néo-« manuélin » trouva son écho le plus significatif dans
un palais de rêve, haut perché sur la montagne de Cintra que Byron
et Garrett avaient chantée. La Pena est le monument du romantisme
national — ou, mieux, sa garantie universelle. Vieux couvent en ruines,
transformé en château d'Opéra, il appartient à la série des châteaux
du Rhin et de Bavière. Son architecte fut un Allemand ; son propriétaire, le prince consort de la petite « reine innocente » de 1830,
était, lui aussi, sorti des brumes moyenageuses de la Saxe. . .

La compréhension des structures socio-culturelles du romantisme au Portugal dépend en grande partie de la connaissance de cet homme tombé du ciel civilisé de l'Europe Centrale dans la cour modeste de Lisbonne. Grand Seigneur ironique et quelque peu sybarite, à peine compromis dans la politique réactionnaire dont sa Maison se portait garante sur les trônes d'Angleterre et de Belgique, Ferdinand de Saxe-Cobourg-Gotha, par son exemple, a ouvert les yeux de l'esprit de ses sujets sur les délices des « rossignolades » et de cette « bricabra-cologie » dont Balzac se moquait. Le « monde » et la « rue », voire le « Passeio Público » qui entrait dans les nouvelles habitudes lisbon-naises, lui doivent beaucoup, aussi bien que les arts dont il fut le mécène à peu près unique. Ferdinand de Cobourg donna à la société romantique des leçons d'une « civilisation » qu'elle avait du mal à définir ; il lui offrit aussi l'emblème héraldique qui convenait à son imaginaire. Veuf de la petite reine à laquelle il avait donné douze enfants, son mariage morganatique avec une chanteuse de l'Opéra acheva sa mission pédagogique, dans une sorte de symbolisme qu'on ne saurait trop souligner...

Son beau-père, Dom Pedro, paladin de la Liberté de 1830, est mort fort à propos, le lendemain de la guerre civile ; son fils Pierre V s'étei-gnit très jeune, en 1861, comme un prince maudit que le destin devait perdre. Qu'aurait-il fait, s'il avait vécu ? Prince romantique malgré lui, il s'interrogeait à chaque heure de sa courte existence : il voulait avoir une connaissance à la fois physique et métaphysique de son pays. Il en est mort, épuisé, déçu, désespéré...

Pierre V est la figure axiale du romantisme portugais, qui inter-vient au cours de ses années charnières, au moment où il cherchait à se définir par la sagesse. Sa mort assume alors une signification mythi-que qu'on ne peut oublier dans le cadre de la réalité socio-culturelle qu'on étudie.

La vie très courte de Pierre V correspond aux longues vies de Fontes Pereira de Melo et du duc de Saldanha — le réformateur prag-matique de la société constitutionnelle, régénérateur complaisant de son capitalisme, et le maréchal-condottiere de 1830, vieil enfant-terrible généreux et inconstant qui s'entêtera à vivre jusqu'au tombeau les années folles de sa jeunesse. Saldanha en tout point s'oppose à Fontes, comme le chaud au froid ; ils s'opposent tous les deux à leur roi d'un moment qui les jalouse ou les méprise en vain. Ils ont bien raison car le « génie de la nation » libérale n'est point du côté de ceux qui s'inter-rogent ou martyrisent, mais de ceux qui savent profiter des occasions ou se laissent entraîner dans les eaux troubles des conjonctures hasar-deuses.

Herculano, l'historien, le poète croyant, le romancier et le juge trop souvent importun, lui aussi essaya en vain d'imposer une teneur morale à la vie portugaise. Il crut même pouvoir être le maître à penser de Pierre V — tout comme il crut un moment pouvoir « exercer sur Garrett l'influence fécondante de Herder sur Goethe ou de Thierry sur Hugo »[3]. Double illusion d'un homme aveuglé par les impératifs d'une conscience individuelle qui ne connaissait pas le doute ni le péché...

Le péché, ce fut Garrett. Ce jeune homme qui mourra cinquantenaire en 1854 était plus âgé qu'Herculano, vieux déjà à quarante ans. Né en 1810, Herculano avait l'âge de Musset (et de Proudhon) ; Garrett, né onze ans plus tôt, était le contemporain de Heine, de Leopardi, de Pouchkine et de Balzac — mais c'est bien avec Musset qu'on doit le comparer pour comprendre leur commune « ironie du cœur » dont parle Lamartine. Elle lui assura une jeunesse à la fois mûrie et étourdie et toujours remise en question. « Enfant du siècle », Garrett prenait un malin plaisir à jouer de la confusion entretenue par les sentiments et les mots — dont celui même de « romantisme ». En même temps que Victor Hugo (1824) il déclare ignorer le sens des mots classicisme et romantisme ; il n'ignorera pourtant pas le sens du mot lyrisme, et les joies et les douleurs de son cœur s'épancheront sur son œuvre. Le « glorieux mal » de Lamartine, il l'a « souffert aussi », tout comme Musset et semblablement. Ils sont morts à trois ans d'intervalle.

Les deux acteurs du premier romantisme portugais étaient séparés par un fossé qu'un malentendu idéologique explique à peine. Herculano-libéral et Garrett-démocratique, ce ne sont que des vues d'une histoire polémique. Leur opposition était beaucoup plus profonde et plus intéressante car elle touchait à deux façons d'être dans le monde — et dans le monde national en premier lieu. Garrett se donnait vaniteusement, son compagnon de lutte se refusait orgueilleusement à une vie sociale et morale que l'un et l'autre voulaient modifier.

Mais cette vanité comme cet orgueil cachaient deux modes différents de comprendre et de pratiquer la culture, deux rythmes divers aussi. L'élan productif de Garrett, à travers vents et marées, espoirs et désillusions, le portait à considérer la culture comme un phénomène vivant, un engagement de chaque instant — traduisible dans une

---

3. Teofilo BRAGA, *Introdução e Teoria da Historia da Literatura* (Lisbonne, 1896), p. 428.

strophe de poème, ou dans une réplique théâtrale comme dans une attitude mondaine, devant le guéridon d'un boudoir, ou en face des miroirs d'un tailleur à la mode — même s'il ne s'est jamais déguisé en costume de « troubadour ». Et Garrett ne confondait pas plus les échelles de valeurs que ne le faisaient Musset ou Balzac — car cette confusion fait partie de l'univers culturel du romantisme international. En réalité elle n'en est pas une, au sein du phénomène romantique global. Chez Herculano la culture exigeait un *modus* moral qui n'était pas issu de l'action culturelle elle-même mais qui lui était préalable. Voilà pourquoi l'historien devait confondre Balzac, Sue et Paul de Kock... Voilà pourquoi, devant les erreurs de la politique nationale, il devait se retirer, ses sentiments à jamais offensés, dans une ferme située à vingt lieues de Lisbonne — tout en se croyant à Patmos... Encore, cette ferme qui s'appelait Vale-de-Lobos, n'était-elle pas la Vallée-des-Loups de Chateaubriand, comme un lyrique de la seconde génération pouvait déjà le souligner[4]...

Soldat libéral de 1830, Herculano venait pourtant de loin — d'un moyen âge municipalisé, berceau d'une bourgeoisie à laquelle il ne pouvait pardonner les oripeaux du jour. Contemporain de Musset, il aurait certainement préféré l'être de Klopstock. Le panorama de la vie portugaise lui donnait envie de mourir, vers 1875 ; à Garrett, il avait toujours donné envie de vivre. Toute la différence est là — si nous n'oublions pas la perspective ironique que l'« exister » présentait aux yeux de Garrett.

Seul devant un miroir, Garrett est l'homme romantique que le romantisme portugais n'osa pas produire — homme de « civilisation », de « cœur » et de « parade » ; et également homme d'ironie. L'homme qui s'abandonnait à une illusion voulue.

Herculano pouvait se regarder dans son miroir avec les yeux d'une conscience stricte, vouée d'avance à l'exil car elle était enfermée dans son sens du devoir et sûre de sa raison de Caton dont Garret avait fait la raison de Camoëns... Il se regardera alors avec les yeux de Cassandre !

Camilo usera ses propres yeux jusqu'à la cécité, et la mort. Lui aussi nous attend devant un miroir — comme tout être romantique, apprenti sorcier épris de sa propre image.

Mais Camilo n'aura pas d'opinion sur la morale sociale et, de son pays, il sait seulement qu'il est une vallée de larmes amères peuplée

---

4. X. Rodrigues CORDEIRO, *in Almanaque das Lembranças* (Lisbonne, 1878), p. 32.

de crétins et de méchants qu'il poursuit de sa haine, de sa fureur et de
sa verve. L'amour qu'Herculano ignora et dont Garrett s'enivra, était
pour lui une plaie béante dans laquelle il ne cessait de remuer le fer.
Ayant opté pour le malheur, ses romans sont autant d'expressions
d'une lutte acharnée et aveugle contre un destin qu'il sait d'avance
mortel. Ou autant d'actes d'expiation d'un péché qui enveloppe toute
existence possible. « L'amour n'a point de moyen terme ; ou il perd
ou il sauve ». Cette épigraphe d'Hugo choisie pour l'un de ses romans
n'est que jeu car il sait fort bien que l'amour, son amour, l'« amour
camilien », ne peut que perdre. Les histoires qu'il raconte à la société
« fontiste » du fond de son village du Minho, au milieu « des lacs de
sang hantés de mauvais anges » et sous ces « cieux de chagrin » baudelairiens qu'aucun Delacroix portugais n'a su peindre, sont comme
des actes d'agression et de vengeance. Pour finir il se tuera.

Antero de Quental suivra le même destin un an plus tard, en
1891. Le « troisième romantisme » national finira par imiter le second,
même s'il s'imposait le programme « réaliste » de regénérer le premier.

La tragédie mentale d'Antero, ses angoisses, ses élans brisés, ses
chutes, ponctuent la vie portugaise de la période finale du romantisme,
jusqu'à sa grande crise de 1891. Le poète se dresse alors devant nos
yeux comme une statue de deuil, frère de Camilo et de ce Soares dos
Reis qui se tua vers les mêmes années. Celui-ci avait taillé la statue
auto-portrait du *Desterrado* au moment même où Antero et ses jeunes
compagnons entreprenaient leur tâche révolutionnaire, à l'enseigne de
Proudhon : c'était comme s'il menaçait leurs « lumières » d'une nuit
irrémédiable...

Le suicide d'Antero correspond, an pour an, à la parution des
vers poignants d'António Nobre (« le livre le plus triste existant au
Portugal ») et à la déception politique d'Oliveira Martins, historien
et expert-comptable du romantisme, en 1881 ; il correspond également au premier testament romanesque de sa génération, *Os Maias*,
d'Eça de Queiroz (1888). Celui-ci produisit alors une œuvre de désenchantement, osant à peine rire de l'éducation sentimentale qui, pendant un demi-siècle, avait façonné le Portugal romantique.

Voilà pour les créateurs, repentis ou non, de ce même romantisme. De Garrett et Herculano à Antero, Martins, Eça et Nobre, en passant par Camilo (et Julio Dinis, imagier d'Epinal) la littérature portugaise se développa sans véritable concurrence des autres expressions
artistiques. En même temps elle jalonna la vie portugaise de ses créatures romanesques — aussi réelles, sinon plus, que leurs créateurs...

Eurico, Carlos, Mauricio, Simão, Guilherme et Carlos Eduardo et
Joaninha, Madalena, Teresa et Luisa sont autant de personnages d'un

musée Grévin abstrait que notre mémoire remet en mouvement. La culture portugaise s'est formée à leur ombre, dans une sorte de rêverie collective qui constitue son fond imaginaire.

Eurico, vivant pendant dix ans « attaché à son propre cadavre », héros d'une « chronique-poème » du temps des Wisigoths, qui était aussi une « chronique d'amertumes », fut le compagnon secret que la seconde génération romantique ne manqua pas d'avouer. Compagnon nocturne, sinon « gothique », d'une jeunesse rêvant d'amours impossibles, il symbolisa à la fois l'honneur chevaleresque et la perdition irrémédiable des purs de ce bas-monde. Tel était le message d'Herculano dont Garrett ne s'éloignait pas beaucoup. Son Carlos, le héros de *Viagens na Minha Terra*, paru deux ans plus tard (1846), chevalier d'une croisade semblable à celle d'Eurico, traduite en des termes contemporains, prouvait par son comportement opposé l'impossibilité de rester immaculé au sein d'une société entachée de matérialisme dévergondé.

Mais Carlos sort déjà du domaine strict des symboles : il est un être complexe en face de la vie. Son existence personnelle ne saurait être définie en fonction d'une thèse et l'ambiguïté même de son comportement amoureux jette des lumières toutes neuves sur les sentiments du siècle romantique national.

Bien entendu, Carlos est Garrett lui-même : enlisé dans l'aventure impossible de la sincérité absolue. Victime de son cœur inconstant, le jeune soldat de Dom Pedro (et cette situation porte en elle une signification qui dépasse l'auto-biographie : elle marque le commencement même de l'univers sentimental nouveau) ne s'arrête pas d'aimer les femmes — ou la Femme. Don Juan ? Absolument pas : aucune métaphysique ne vient expliquer une expérience toute psychologique. Carlos, c'est le mensonge sans remède, involontaire et fatal — le mensonge même de la vie telle qu'on est forcé de la vivre... La conscience qu'on en tire ne peut être qu'ironique.

Quinze ans plus tard, Simão, héros camilien par excellence, perdu par un crime d'amour, ne manquera pas d'éprouver un doute sentimental, au plus chaud de sa passion. Tout comme le Carlos garrettien, il voit se superposer les images de deux femmes. Ce n'est que pour un moment mais il manque de se rompre le crâne contre les barreaux de sa prison (qui serait alors un lieu symbolique) lorsqu'il a conscience de cette infidélité du cœur ou de l'imagination. Mais on doit y voir la révélation apportée à l'esprit romantique par la création de Garrett. Et cela est d'autant plus important que le héros de Camilo se classe comme un prototype, au même titre que l'Eurico d'Herculano, bien que dans une autre perspective.

Il faudra chercher le correspondant de Carlos dans un autre personnage camilien, Guilherme do Amaral, défini entre 1856 et 1863 — mais aussi chez Mauricio, protagoniste-auteur des *Memorias dum Doido*, parues trois ans après l'ouvrage de Garrett.

Mauricio et Guilherme sont, l'un et l'autre, rendus « fous » par la société, le premier par l'ambition balzacienne qu'il met à s'y faire une place, le second par l'éducation sentimentale qu'on lui a imposée.

« Héros en perspective » (et nous avons là une classification remarquablement riche de sens), Mauricio est un homme aux « caprices frénétiques » et aux « accès fous de sensibilité », éprouvant un « spleen profond de la vie ». Il appartient déjà à la seconde génération romantique, formée pendant le ressac des années héroïques de 30. N'oublions pas que sa définition littéraire s'approfondit et s'éclaire entre 1849 et 1859, dates de la première et de la deuxième éditions du roman de Lopes de Mendonça. Guilherme appartient à cette même génération et la solution qu'il lui apporte, c'est le désespoir. Il va plus loin que Mauricio, sur la même voie : il ajoute au calvaire de celui-ci une perplexité de sentiments plus subtile, dans le cadre d'un jeu dramatique moins naïf.

Mais c'est Carlos da Maia, protagoniste d'un roman d'Eça de Queiroz paru en 1888, déjà au-delà des limites de la contestation active de la période romantique, qui donne un sens définitif au héros de cette période. Ce Carlos, qui porte le nom du personnage de Garrett, est, comme lui (bien qu'à un autre degré), un auto-portrait idéal. Quarante ans plus tard, Carlos (Eça), fils de Pedro da Maia (où l'on pourrait fort bien déceler certains traits de Guilherme do Amaral), vit les effets de cette éducation romantique et « libérale » dont Carlos (Garrett) fut le premier à prendre conscience en proposant ironiquement les valeurs d'ambiguïté qui la coupent des traditions des « Lumières ».

Ainsi s'achève le circuit du personnage-type des années 30 à 80, dans le cadre socio-culturel portugais. Du personnage masculin — car les héroïnes de cette période, la Joaninha-aux-yeux-verts de Carlos, la Teresa de Simão, ou la Dona Madalena dont Garrett fait l'enjeu du passé irréel et du présent réel, ou cette Luisa, créature d'Eça, formée par des romans et vivant pour « regarder venir du fond de la campagne un cavalier à plume blanche qui galope sur un cheval noir », comme Emma Bovary, ne sont que des êtres passifs, des victimes du monde des hommes, enlisés dans les préjugés d'un passé trop puissant, et le rêve d'une actualité factice. « Ménagères » (le romantisme portugais ne connaît presque pas les « courtisanes »), elles ne comptent vraiment pas, face à leurs partenaires qui, tourmentés, indécis, mesquins parfois, font l'histoire. Entre un Carlos et l'autre (effet du hasard, cette superposition de prénoms ?) quarante ans de vie portugaise.

... Entre le Camoëns inventé en 1820 et le Camoëns commémoré en 1880 se sont écoulés soixante ans — et nous ne pouvons oublier cette créature du romantisme portugais, la plus importante, la plus profonde, peut-être, placée au-delà des contingences du quotidien vécu par poètes et romanciers. Le désespoir des exilés libéraux de 1823 était-il compensé par l'espoir des républicains victorieux de 1880 ? L'optimisme de ceux-ci n'était-il pas menacé dans l'ombre par la spéculation des promoteurs d'un nouveau quartier qui n'avaient pas honte d'utiliser le nom du poète — dont la statue devait être voilée de crêpe onze ans plus tard ?...

Quarante ou soixante ans de vie nationale, d'illusions et de désillusions se sont donc passés. Il nous reste à en tirer une leçon.

*
* *

Les lignes structurales de la société portugaise du romantisme dans leur définition culturelle se présentent aux yeux de l'observateur sous l'aspect d'un cadre généalogique assez simple. Derrière une sorte d'écran superficiel, effet de rapports multiples et contradictoires, ce cadre s'est fixé en deux lignes majeures qui marquent leur opposition mutuelle dès le commencement du mouvement ou de l'action romantique.

Nous avons vu lumières et ténèbres se développer dans un processus historique, selon un rythme de contrepoint. Le moment est arrivé de résumer notre démonstration. *Grosso modo*, la première partie du romantisme portugais, ou sa première génération qui a fait la guerre civile, se présente comme imbue des idées des « Lumières ». C'est la « civilisation » dont les premiers ministres libéraux se portent garants, effet de la révolution française de 1830. Ces « Lumières » menèrent le combat contre la dictature « cabraliste » qui recouvrait les années 40. La période suivante transforma subtilement l'idée de « civilisation » en l'idée de « progrès », y perdant son contenu ou sa raison d'être humaniste. Le « Fontisme » mit à son programme le « progrès matériel » — et, déçus, les hommes de 30 ont ouvert le chemin à une nouvelle génération qui, se trouvant en face d'un néant idéologique, se réfugia dans une vie poétique « nocturne », alors que d'autres, sous l'impulsion de la révolution de 48, cherchaient à intégrer l'univers rationnaliste perdu. Le résultat de cette lutte fut visible un peu plus tard, au niveau de la troisième génération qui, montée sur la scène en 1865, par un éclat polémique souligné en 1871, reprit le parti des Lumières. Vers la fin de leur vie active, ces mêmes hommes éteindront pourtant leurs flambeaux révolutionnaires et sombreront dans l'indifférence ou la tragédie.

Entre 1835 et 1850 nous observons donc un élan socio-culturel qui s'affaiblit ; entre 1850 et 1865, la lutte entre deux mouvements, l'un faussement progressiste, l'autre réagissant par l'évasion contre cette fausseté — et l'intervention timide sinon naïve d'un nouvel élan social qu'aucune infra-structure économique ne soutenait ; enfin, entre 1865 et 1880, nous assistons à la victoire de ces contestataires et à leur affaiblissement. Le phénomène des années 40 se répétait donc au long des années 70, et plus sensiblement encore au cours de la décennie suivante, dans une situation déjà épigonale.

La courbe sinusoïdale du romantisme portugais imaginée en fonction d'une observation socio-culturelle qui nous a fourni un réseau de données au long de notre enquête, fut d'abord ascendante pour se terminer par une chute ralentie qui dura trop longtemps.

La lucidité et la déception, la complaisance et l'angoisse, constituent autant de paramètres de cette courbe. Mais déjà certaines questions se posent.

En réalité, ces valeurs ne se contrarient nullement car l'examen de la vie et des productions culturelles de cette période nous montre qu'elles peuvent coïncider — et qu'elles coïncident très souvent.

Nous avons constaté que la lucidité chez ces hommes des Lumières romantiques dénonce une amère déception, et que l'angoisse est éprouvée avec une complaisance souvent évidente.

Cassandres, parmi leurs contemporains, Herculano et son disciple Oliveira Martins tirent une secrète satisfaction de leur attitude. L'histoire leur dira toujours qu'ils ont vu juste... Et le petit roi Pierre V, n'est-il pas heureux au milieu de ses souffrances ? Chaque pavé jeté dans la mare de la vie nationale est à la fois un acte de lucidité critique et un acte de satisfaction masochiste !

L'homme romantique, on le sait, aime souffrir, et il aime encore plus qu'on sache qu'il souffre. Le malheur ne va pas chez lui sans exhibition... Il se raconte : Carlos, Mauricio et Guilherme parlent d'eux-mêmes, inlassablement, et si leurs confessions d'enfants du siècle nous aident à voir clair en eux et dans leur siècle national, elles nous aident surtout à pénétrer le secret de leur propre complaisance.

Les bilans de leur action (et chacun d'eux ne manque pas d'en écrire un, dans les dernières pages de leurs histoires) assument une catégorie de fatalité. L'histoire du *Portugal Contemporaneo* d'Oliveira Martins n'est que la constatation des lois de cette même fatalité appliquées à la nation toute entière. La lucidité d'esprit devient ainsi une fonction mortelle. Comment s'étonner alors que le suicide attende ces hommes, au tournant de l'année 1890 ? Une crise des structures économiques et politiques offrira une atmosphère propre à ces solutions de désespoir, où les angoisses dépassent le niveau du jeu quotidien et mettent déjà en cause une définition ontologique.

Un état de déception généralisée afflige les Portugais au long du siècle romantique. Au Portugal, le romantisme libéral est toujours à la recherche d'un temps perdu... La faute en est à tout le monde et à personne — aux institutions nouvelles, au souvenir des anciennes, à l'action comme à la réaction. Aux hommes sans doute, affirment les moralistes, Herculano et Martins, alors que les sociologues (ou plutôt les idéologues) de 70 cherchent les causes de la décadence du système dans ses contradictions internes, quitte à leur imposer les solutions du socialisme, puisées chez Proudhon, ou celles du jacobinisme petit-bourgeois, inspirées de Littré. Mais qu'importe : le problème de la faillite nationale doit être posé au niveau des programmes — ou du manque de programme.

Le Portugal est à la fois le pays où libéralisme et romantisme accordent le mieux leur calendrier commun et le pays où l'on constate le triomphe le plus complet d'un libéralisme sans véritable opposition. Hugo et Antero ont vu juste, dans leurs observations d'ordre général et d'ordre pragmatique.

L'une et l'autre constatation concernent pourtant les propres structures idéologiques du pays car cet accord si parfait et ce triomphe si total n'auraient pas été possibles sans la faiblesse des situations culturelles et politiques précédentes. Sans la décadence à laquelle l'esthétique « arcadienne » était arrivée vers le commencement du XIXᵉ siècle et sans l'indigence de la pensée et de la praxis royalistes, il n'aurait guère été possible d'instaurer d'emblée le romantisme littéraire et le libéralisme.

Mais cette faiblesse n'est pas sans susciter des méprises et des erreurs de la part de ceux qui essayent de créer ou d'agir dans le vide. Leurs propres réponses se ressentent fatalement de la carence des stimulants — et, surtout, elles doivent s'intégrer dans cet état même, se tailler à sa mesure. Lorsque Camilo affirme que la seule lecture idéologique possible aux Portugais est *A Besta Esfolada*, pamphlet « ultra » de triste mémoire, et lorsqu'Antero observe qu'un « bigot », un « fanatique ou un Jésuite » se cachent toujours dans l'esprit du Portugais le plus moderne — ils se rendent compte de la continuité ou de la pérennité d'une expérience mentale négative. A la fin de la période romantique, les libéraux se déclaraient volontiers

« jacobins » ; ils l'étaient, comme au temps de Pina Manique — et, tel un Pina Manique ressuscité, le préfet de Lisbonne, le fameux colonel Arrobas, interdisait toute exécution de *La Marseillaise*, en 1881...

Le remède ne saurait être qu'empirique — et il l'a toujours été, dans le cadre des « Lumières », dès le milieu du XVIIIe siècle, sous la dictature colbertienne du marquis de Pombal, alors que la classe bourgeoise s'est vue poussée à créer son statut social.

Un débat portant sur le programme ou les programmes du romantisme portugais tournerait sans doute court. Les solutions empiriques (rappelons-nous la discussion réalisée autour de l'esthétique romantique, n'oublions pas les principes mêmes de Fontes, ou les problèmes de l'enseignement artistique) sont toujours adoptées sinon préférées. Pourrait-il en être autrement ? Rien dans le passé ne nous permet de donner une réponse affirmative à cette question — bien au contraire. Et le présent du XIXe siècle (que nous avons vu se prolonger à travers les décennies successives de notre siècle) nous démontre le caractère irrémédiable de la situation telle qu'elle se définissait alors.

Mais cette situation est une situation médiocre sur plusieurs plans. Nous l'avons constaté au long de notre enquête. Qualité originale, nécessité intérieure, unité créatrice, ayant pour conséquence la formulation ou tout au moins la suggestion de propositions dynamiques dans le cadre social, ne sont décelables que chez de rares créateurs : Garrett, Herculano, Camilo, Antero, quelques autres encore, mais qui sortent déjà de notre tableau. Aucun peintre ne s'y détache, si ce n'est Columbano, mort en 1929, auteur des portraits fantomatiques des derniers hommes du romantisme.

Médiocrité est le mot qui revient sous la plume des critiques de cette période ; elle se confond ainsi avec la lucidité qui la décèle, dans un mouvement paradoxal qui représente, somme toute, la situation portugaise...

« Le pays est petit et son peuple n'est pas grand », affirmait Garrett désenchanté, en 1850 ; le langage de Pierre V n'en est pas autre, ni celui de la génération de 70. « Le pays dort-il ou est-il mort ? » demandait le jeune roi angoissé, en 1857 et en 1859 ; Oliveira Martins lui fera écho, un quart de siècle plus tard, et Pascoais, en 1919, poète inspiré de la « saudade »...

Il faudra alors remarquer que, venant du fond du temps, Dom Sébastien, roi-saudade, « Lohengrin de l'Occident », guettait toujours le présent. Ce mythe, dont le romantisme « éclairé » s'était défendu, grandissait à l'heure de son bilan, comme une ombre fatidique. Elle se projettera encore sur le XXe siècle, contre le fond suspect et décrié de l'Etranger et de ses défenseurs. Car on refusera toujours de se rendre compte que les « estrangeirados » des « Lumières » étaient les seuls à garantir la viabilité des structures socio-culturelles du romantisme portugais avec leur nationalisme dynamique, aux schémas ouverts, qui était celui de Garrett, de Pierre V, d'Antero et d'Oliveira Martins...

Non pas celui d'un Camilo terré au fond de la province. Les schémas de son œuvre ne s'en ouvrent pourtant pas moins. Ils ne suivent certes pas les voies critiques d'une culture internationale — mais ils atteignent parfois les sommets de la création du vaste univers romantique par la seule force du génie de l'auteur. Ou de sa « folie ».

La société portugaise des années 30-80 a-t-elle mérité la folie romantique de Camilo, sa « furia », sa rage et sa douleur ? Le moment est venu de poser à nouveau cette question axiale. Un romantique tardif, malheureux et passionné lui aussi, Fialho de Almeida, dira, à l'occasion de la mort du romancier, qu'il était un « géant » et qu'il tomba assassiné par cette même société.

La bourgeoisie qui s'identifiait à la société romantique, qui payait tant bien que mal livres et tableaux, qui gouvernait et légiférait, qui gagnait mesquinement son argent — aurait-elle pu faire autrement ? Comment aurait-elle pu suivre Camilo dans les labyrinthes de sa passion et dans les gouffres de son amertume ?

... Face à cette bourgeoisie qui définissait le statut socio-culturel du romantisme, il y avait pourtant un peuple illettré, sous-alimenté, totalement démuni, qui ignorait tout de la culture de ceux qui l'exploitaient. « Ici, le peuple ne sait pas lire ; et même s'il le savait, il n'a pas les ressources nécessaires pour s'acheter des livres où il puisse apprendre »[5]. Son apport au romantisme, ce fut la « jacquerie » de 1846 et quelques sursauts en 1910 et en 1919. Certes, il était hors du circuit de l'information culturelle du romantisme, mais il ne faut pas l'oublier pour autant — car sa situation même nous aide à mieux tracer le diagramme sociologique de cette information.

L'excellent caricaturiste du « Fontisme », Rafael Bordalo, frère de l'auteur des portraits de ses dernières victimes, nous fournit une donnée qui peut précisément nous éclairer ici. En effet, il créa en 1875 un personnage burlesque qui connaîtra la plus grande faveur auprès du public pendant tout un demi-siècle et qui apparaît encore aujourd'hui (1974...) avec une fréquence assez curieuse — ce qui n'est pas sans dénoncer la persistance de certaines formules, de certains schémas, voire de certaines habitudes.

---

5. Germano MEIRELES, *in O Seculo XIX*, Penafiel, le 25 juillet 1864.

Il s'agit de « Zé Povinho », image du petit peuple portugais qui depuis toujours reste semblable à lui-même sous n'importe quel régime ancien ou nouveau, dans le vieux Portugal comme dans la nouvelle nation constitutionnelle — au sein d'un pays « qui demeure presque immobile au milieu de ses révolutions »... Victime sans défense des bourgeois « fontistes », souffre-douleur des « poètes » idéalistes, représentation de l'inconscient collectif d'un peuple qui, indifférent à toute idéologie et jacobin par instinct, sera républicain et laissera sa république mourir — « Zé Povinho », par son inertie sinon par sa vocation fataliste, répondit par une fin de non recevoir au message culturel du romantisme. On est autorisé à penser que, plus qu'une bourgeoisie qui avait dressé le piège de la « supercherie savante » du libéralisme pour s'y laisser prendre, il se comporta comme un véritable symbole de la société portugaise du XIXᵉ siècle dans son indifférence radicale. On doit également penser qu'il résuma ainsi la faiblesse permanente des structures socio-culturelles du pays, dénoncée au long des générations romantiques et post-romantiques — toujours hésitantes entre les « lumières » et les « ténèbres », pour n'en avoir jamais eu véritablement conscience...

NOTE BIBLIOGRAPHIQUE

Le romantisme n'ayant pas encore fait l'objet d'une enquête inter-disciplinaire, au Portugal, on ne dispose pas de bibliographie générique sur ce sujet.

L'historiographie socio-politique comprend pourtant un ouvrage qu'on doit mettre au premier rang des éléments d'information et d'interprétation de l'époque en cause : *Portugal Contemporaneo* d'OLIVEIRA MARTINS (2 vol, Lisbonne, 1881) ; il est d'ailleurs étudié comme une sorte de bilan de la période romantique, dans le dernier chapitre de ce travail. Il recouvre les années 1826-1864 environ. L'*His-toria de Portugal*, due à divers auteurs (vol. VII, Barcelos, 1935) four-nit des éléments objectifs qu'on ne saurait négliger et, réalisé dans une perspective plus actuelle, sous la direction de Joel SERRAO, le *Dicio-nario da Historia de Portugal* (3 vol., Lisbonne, en publication) éclaire de nombreuses questions politiques, sociales et économiques, à la lumière de recherches récentes.

Joel SERRAO (*Temas Oitocentistas*, 2 vol. Lisbonne, 1959 et 1962), Augusto da COSTA DIAS (*A Crise da Consciencia Pequeno-Burguesa*, Lisbonne, 1962), José TENGARRINHA (*Obra Politica de José Estevão*, 2 vol, Lisbonne, 1962-1963 ; *Historia da Imprensa Periodica Portu-guesa*, Lisbonne, 1965), Victor de SA (*Perspectivas do Seculo XIX*, Lisbonne, 1964), Alberto FERREIRA (*Bom Senso et Bom Gosto, Questão Coimbrã*, 4 vol., Lisbonne, 1966-1969) comptent parmi les chercheurs qui se penchent sur les problèmes socio-culturels du XIXe siècle avec des instruments d'analyse, voire une méthodologie moderne souvent pénétrée d'options qui ne refusent pas toujours une attitude polémique

Sur le processus idéologique du romantisme portugais, ses rapports internationaux, ses racines philosophiques et ses possibilités opéra-toires, aucune étude générale n'a été réalisée jusqu'à ce jour. Aucune étude approfondie, non plus, n'a été consacrée à la pensée philoso-phique ou à l'histoire de la culture nationale de l'époque romantique.

Il faudra néanmoins lire *Perspectiva do Romantismo* par Alberto FERREIRA (Lisbonne, 1971) publié après la réalisation de ce travail.

La littérature des périodes pré-romantiques et romantiques (et aussi de la période suivante, dite « réaliste ») a été étudiée dans son ensemble notamment par Fidelino de FIGUEIREDO (*Historia da Literatura Classica III, Historia da Literatura Romantica* et *Historia da Literatura Realista*, Lisbonne, 1924, 1913 et 1914), et, d'une façon plus rigoureuse, avec un appareil culturel plus actuel, par Oscar LOPES (*Os Romanticos, in Historia Ilustrada da Literatura Portuguesa*, Lisbonne, en publication). Le *Dicionario Bibliografico*, d'INOCENCIO FRANCISCO da SILVA (22 vol., Lisbonne, 1858-1923) est un ouvrage de référence indispensable — ainsi que le *Dicionario de Literatura* dirigé par Jacinto do PRADO COELHO (2 vol., Porto, 1969-1971).

L'art du romantisme n'a jusqu'à présent été l'objet que d'une seule publication : *A Arte em Portugal no Seculo XIX*, par José Augusto FRANÇA (2 vol., Lisbonne, 1967). En ce qui concerne le théâtre, la musique et l'opéra aucune étude d'ensemble ne leur a été consacrée.

Les institutions culturelles ont été minutieusement inventoriées par José Silvestre RIBEIRO dans *Historia dos Estabelecimentos Cientificos, Literarios e Artisticos de Portugal* (18 vol., Lisbonne, 1871-1893 ; vol. XVI consacré à la période en question).

Pour l'expérience vécue de l'époque, ses mœurs, ses goûts, ses plaisirs, voire ses intrigues, nous possédons par contre, une information assez abondante, en tête de laquelle se placent les *Memorias do 7ᵉ Marquês de Fronteira* (4 vol., Coimbre, 1928-1932). Les chroniques de *Lisboa de Outros Tempos* (3 vol., Lisbonne, 1898) et de *Lisboa de Outrora* (3 vol., Lisbonne, 1938) de J. Pinto de CARVALHO-TINOP nous offrent également des renseignements précieux. On ne saurait non plus passer sous silence l'apport considérable donné par les journaux illustrés et par la presse en général, véhicules d'idées et d'opinions typiques du romantisme, époque à laquelle ils commencèrent à paraître. Il va sans dire que la lecture méthodique des revues et des journaux les plus représentatifs s'avère indispensable au chercheur qui opère dans la période en question. On trouvera leurs titres dans les notes.

Un abondant appareil de notes constitue la trame de chaque chapitre, ponctuant références et citations. Nous y renvoyons donc le lecteur et nous réduisons volontairement cette note bibliographique aux ouvrages fondamentaux sur chacun des domaines abordés dans le texte, situés dans le cadre des chapitres respectifs.

1re *partie*. Hernani CIDADE a consacré aux poètes pré-romantiques des monographies qui demeurent les plus valables ; on trouve les références bibliographiques respectives dans les notes du premier chapitre.

2e *partie* : Sur Garrett (chapitre III) il convient de lire *Garrett Memorias biograficas*, par GOMES de AMORIM (3 vol., Lisbonne, 1881-1884) et *Almeida Garrett, l'intime contrainte*, par R.-A. LAWTON (Paris, 1966). Sur Herculano (chapitre IV), il faut lire *A Mocidade de Herculano*, par Vitorino NEMESIO (2 vol., Lisbonne, 1933). Sur l'évolution de la presse libérale (chapitre VII), on doit lire *História da Imprensa Periodica Portuguesa*, par José TENGARRINHA (Lisbonne, 1955). Sur le théâtre de l'Opéra et ses programmes (chapitre IX), on doit consulter *O Real Teatro de São Carlos de Lisboa*, par F. FONSECA BENEVIDES (Lisbonne, 1883), ouvrage que l'on doit consulter également pour les chapitres VII de la 3e partie et 1er de la 4e partie. Sur Castilho (chapitre X), il convient de lire *Memorias de Castilho*, par Julio de CASTILHO (7 vol., Coimbra 1926-1934).

3e *partie*. Sur Pierre V (chapitre I), il faut lire *D. Pedro V e o seu reinado*, par Julio de VOLHENA (4 vol., Coimbre, 1921) et les travaux de Ruben A. LEITAO mentionnés dans les notes. Sur les débuts des idées républicaines et socialistes (chapitre III), on doit consulter *Historia do Regime Republicano em Portugal*, par divers auteurs (2 vol., Lisbonne, 1930) et les ouvrages de Victor de SA : *Perspectivas do Seculo XIX*, (Lisbonne, 1964) et *A Crise do Liberalismo e os primeiras menifestaçõs das ideias socialistas em Portugal* (1820-1852) (Lisbonne, 1969) utiles également pour l'information du chapitre XII de la 4e partie et de la 5e partie. Sur Camilo (chapitre IV) il est indispensable de lire (biographie) *O Romance de Camilo*, par Aquilino RIBEIRO (3 vol., Lisbonne, 1961) et (étude sur l'œuvre) *Introdução ao Estudo da Novela Camiliana*, par Jacinto do PRADO COELHO (Coimbra, 1946). Sur l'affaire de Coimbra (chapitre XI), il faut consulter *Bom Senso e Bom Gosto — A Questão de Coimbra*, par Alberto FERREIRA (4 vol., Lisbonne, 1966-1969).

4e *partie* : sur le duc de Saldanha (chapitre III) il convient de lire *Memoirs of the Field-Marshall Duke de Saldanha*, par le comte de CARNOTA (2 vol., Londres, 1893). Sur ANTERO de QUENTAL (chapitre VI) il est indispensable de connaître *Antero de Quental-Subsidios para a sua Biografia*, par José Bruno CARREIRO (2 vol., Lisbonne, 1948). Sur les conférences démocratiques de 1871 (chapitre VII). il faut lire *Historia das Conferencias do Casino* (1871), par A. SALGADO Jor. (Lisbonne, 1930) et *As Conferencias do Casino no Parlamento* par J.-A. FRANÇA (Lisbonne, 1973).

INDEX DES NOMS CITÉS

ABRANTÈS, (duchesse), 36, 72.
AÇA, Z., 505.
ADDISON, 49.
ALABNO, A., 428,
ALBERT (prince), 338.
ALBONI, 263, 465.
ALBUQUERQUE, A., 783.
ALCIPE, voir ALORNA.
ALFIERI, 50, 250.
ALLEN, J., 309, 423, 435, 495, 499, 533, 537, 701.
ALMADA, D. J., 459.
ALMADA-NEGREIROS, 791.
ALMEIDA, A. J., 784, 785, 786, 790, 793.
ALORNA (marquise), 22, 23, 24, 25, 26, 27, 28, 29, 31, 38, 48, 54, 75, 121, 124, 126, 129, 130, 191, 801.
ALPHONSE Ier, 46.
AMARANTE, C., 38.
AMORIM-VIANA, 371, 372, 373, 374/377, 385, 715.
ANACRÉON, 19, 281.
ANA-JESUS-MARIA (Dona), 203.
ANA PLACIDO, 389, 390, 391, 427, 431.
ANCELOT (Mme), 454.
ANDRADE, A., 479, 691, 692.
ANDRADE-CORVO, 274, 306, 408, 513.
ANDRADE-FERREIRA, J. M., 455, 457, 461, 497, 505, 546, 601, 694.
ANTERO DE QUENTAL, 352, 370, 420, 451, 508, 510, 512, 514/522, 523, 524, 526, 527, 528, 529, 530, 531, 532, 543, 562, 566, 584, 603, 605, 606, 607, 608, 610, 611, 612, 615, 617, 618, 619, 620, 622, 623/641, 643, 644, 645, 646, 647, 648, 650, 651, 652, 653, 655, 656, 657, 658, 660, 663, 707, 710, 712, 713, 715, 716, 719, 722, 723, 724, 730, 736, 737, 740,

742, 743, 744, 746, 751, 757, 758, 760, 763, 764, 768, 770, 777, 779, 790, 796, 805, 808, 810, 815, 820, 821, 822.
ANUNCIAÇÃO, T., 304, 307, 308, 309, 489, 490, 491, 495, 497, 505, 540, 689, 690, 695, 696.
ARISTOTE, 63, 110, 584.
ARKEWIGHT, 335.
ARLINCOURT, 249, 284, 318, 323, 407, 429, 807.
ARNEIRO (vicomte), 548.
ARNIM (von), 125, 634, 661.
ARRIAGA, M., 785.
ARROBAS, 821.
ARSENNE, 58.
ARTUR, J., 431.
AUBER, 259, 266, 546, 547.
AUGUSTO, J., 432, 433.
AUMALE (duc), 364.
AUSTEN, J., 599.
AVILA (duc), 561, 562, 563, 578, 647, 649, 650, 651, 658, 690, 729, 736, 738, 746, 790.
AYRES DE GOUVEIA, 425.
AZEDO-GNECO, 741, 742.
AZEVEDO, D. J., 317.
AZEVEDO, G., 610, 611, 612, 613, 616, 617, 619, 632, 633, 646, 657, 659, 683, 761, 762.

BACH, 266, 546.
BACON, 110.
BACULARD D'ARNAUD, 284.
BAKOUNINE, 740
BALZAC, 314, 315, 316, 317, 318, 319, 323, 393, 403, 415, 416, 418, 420, 601, 603, 668, 669, 670, 686, 687, 746, 807, 812, 813, 814.

BANDARRA, 34, 51, 382, 772.
BANVILLE, 618.
BARBÈS, 374.
BARBIER, J., 459.
BARCELINHOS, voir « Manuel-dos-Contos ».
BARILLI, 262, 465.
BARRIÈRE, 455.
BASTIAT, 330, 343, 374, 652, 739, 740, 764.
BASTIEN-LEPAGE, 700.
BASTO, E., 428.
BASTOS, V., 304, 480, 491, 497, 502, 540, 703.
BATALHA-REIS, J., 643, 644, 645, 646, 649, 650, 652, 655, 657, 675, 676, 680, 706.
BAUDELAIRE, 549, 610, 611, 614, 617, 618, 619, 634, 661, 676, 772.
BAYARD, 241.
BECKFORD, 36.
BEETHOVEN, 266, 323, 546.
BELLINI, 260, 261, 323.
BENALCANFOR (vicomte), 428.
BENNETT, 705.
BENTHAM, 43, 44.
BÉRANGER, 132, 276, 459, 511, 620, 634.
BERGEMONT, 368.
BERGUE, T., 495.
BIBIANA, 257.
BIESTER, E., 248, 361, 408, 456, 457, 458, 459, 541, 548, 549, 599.
BINGRE, F. J., 46 123.
BLANC, L., 370, 371, 374.
BLANQUI, 338, 374.
BLOCH, M., 13.
BLONDEL, 492.
BOCAGE, 15, 20, 21, 22, 23, 25, 27, 29, 32, 33, 34, 36, 47, 58, 60, 75, 286, 411, 614, 624.
BOCCABADATI, 262.
BODONI, 58.
BOIELDIEU, 547,
BOILEAU, 18.
BOLHÃO (comte), 424, 475, 583.
BOLIVAR, S., 577.
BOLWER, 250.
BONHEUR, R., 689.
BONNALD, 111.
BONNAT, L., 690, 693, 700.
BONNIN, 78.
BONNINGTON, 65.
BONTEMPO J. D., 59, 265, 267.
BORDALO, F. M., 316, 382, 410.

BORDALO-PINHEIRO, J. M., 304.
BORDALO-PINHEIRO, R., 658, 659, 669, 683, 690, 692, 786, 822.
DORDAS-DEMOULIN, 718.
BORGUES-CARNEIRO, 44, 46, 97.
BOTELHO, A., 685, 780.
BOUDIN, 540.
BOUGUEREAU, L., 693, 700.
BOURGET, P. 413.
BOURMONT, 579.
BRAGA, A., 441, 446.
BRAGA, G., 610, 613, 620.
BRANDÃO, R., 792.
BRAUDEL, F., 10.
BRAZÃO, 550.
BRETON, A., 796.
BRITO DO RIO, D. P., 465, 467, 469.
BROWNE (frères), 431.
BROWNE, Maria, 448, 449, 450, 658.
BRUMMEL, 618.
BRUTUS, 49, 62.
BÜCHNER, 509, 510, 715.
BUFFON, 150, 201.
BULTHAS-PATO, 440, 446, 447, 515, 524, 605, 731, 768, 774, 777.
BÜRGER, 26, 125, 126, 127, 172, 442, 526.
BURNAY (comte), 704, 738.
BYRON, 26, 36, 49, 52, 53, 62, 63, 68, 122, 126, 127, 137, 139, 172, 272, 297, 319, 323, 394, 406, 439, 441, 476, 599, 606, 610, 613, 615, 617, 634, 667, 811.

CABANEL, 698.
CABANIS, 51.
CADAVAL (duc), 190.
CAGLIOSTRO, 329.
CAIGNIEZ, 454.
CALAME, 691.
CALDAS-AULETE, 728.
CALDERON, 250, 252.
CALMELS, A., 435, 481, 491.
CALVINO, 711.
CALVO ACSÉNCIO, G., 566.
CAMARA, D. J., 769.
CAMILO, 315, 325, 329, 349, 374, 375, 377, 385/421, 423, 425, 427, 428, 429, 430, 431, 432, 433, 434, 436, 437, 438, 440, 441, 444, 447, 448, 454, 456, 458, 462, 471, 476, 489, 497, 510, 513, 514, 516, 517, 523, 524, 525, 526, 528, 529, 530, 541, 550, 558, 583, 586, 589, 592, 595, 596, 597,

598, 600, 616, 651, 657, 664, 665, 666,
667, 668, 669, 670, 671, 672, 681,
685, 707, 714, 716, 722, 732, 746,
754, 758, 760, 764, 767, 768, 775,
777, 781, 793, 804, 809, 810, 814,
815, 816, 820, 821, 822.

CAMOËNS, 22, 55, 57, 58, 59, 60, 61,
62, 63, 64, 65, 66, 134, 165, 265,
282, 445, 476, 480, 486, 489, 491,
493, 498, 541, 606, 607, 614, 634,
686, 702, 704, 705, 707, 710, 723,
737, 738, 743, 744, 779, 787, 798,
790, 791, 802, 810, 814, 818.

CANDIDO, A., 760.

CANNING, 70, 105, 232,

CANOVA, 306, 480, 496.

CANTÙ, C., 242.

CARLOS (don), 232.

CARLOTA JOAQUINA (dona), 72, 73, 245,
577.

CARNEIRO, A., 787, 795.

CAROLUS-DURAN, 693, 699.

CARREL, A., 577.

CARRIÈRE, 788, 795.

CARVALHAL (comte), 202, 203, 359, 409.

CARVALHIDO (comte), 495.

CASAIS-MONTEIRO, 794.

CASAL-RIBEIRO, 366, 371.

CASCAIS, Costa, 251, 456, 461, 462, 505,
549.

CASIMIRO, J., 267, 268, 468.

CASTELLAN, 264, 465, 466.

CASTELO MELHOR (marquis), 204.

CASTILHO, A. F, 54, 55, 74, 88, 89,
112, 135, 141, 198, 199, 227, 241, 245,
246, 266, 277/283, 284, 285, 286,
291, 306, 351, 357, 364, 367, 371,
372, 391, 439, 441, 447, 448, 450,
456, 463, 466, 473, 476, 477, 481,
482, 508, 510, 511, 512, 513, 514,
515, 518, 519, 520, 521, 522, 524,
525, 526, 527, 528, 529, 530, 533,
541, 542, 587, 588, 594, 600, 601,
605, 607, 608, 611, 620, 628, 643,
651, 658, 666, 690, 702, 722, 731,
767, 775, 790, 805.

CASTILHO, J., 519. 522, 726.

CASTRO, E., 776.

CATALANI, 257.

CATON, 49, 51, 52, 53, 55, 61, 78, 86,
102, 170, 336, 337, 445, 493, 778, 802,
806, 814.

CERUTI, 488.

CERVANTÈS, 782.

CÉSAR, 337.

CHAGALL, 794.

CHAMISSO, 286.

CHAMPFLEURY, 670.

CHARCOT, 625.

CHARLES Ier, 778, 783.

CHARLES X, 35, 66, 98, 191.

CHARLES-ALBERT (roi de Sardaigne), 428.

CHARTON, Mme, 239.

CHATEAUBRIAND, 22, 27, 33, 45, 51, 90,
102, 106, 129, 130, 131, 137, 139, 144,
148, 164, 170, 172, 174, 180, 191, 219,
271, 407, 460, 510, 618, 648, 652, 807,
814.

CHÉNIER, 48, 606.

CHEVALIER, 343.

CHOMPRÉ, 33.

CHOPIN, 269.

CICÉRON, 102, 232, 337, 526, 584, 614.

CIMAROSA, 257.

CINATTI, G., 246, 259, 464, 466, 475, 546,
705, 706.

CINCINATUS, 102.

CLARA, Mlle, 264.

COBDEN, 570, 594.

COBOURG, F. de —, 109, 195, 216, 263,
287, 289/296, 297, 300, 309, 328, 331,
336, 361, 371, 381, 383, 469, 475, 476,
486, 487, 488, 491, 493, 495, 501, 503,
545, 573, 574, 587, 691, 700, 738, 767,
812.

COCHIN, 39.

COELHO, A., 645, 649, 727, 728, 732, 788.

COLBERT, 17, 330.

COLSON, C.F.G., 472, 705.

COLUMBANO, 777, 786, 810, 821.

COMTE, A., 377, 510, 609, 643, 652, 655,
656, 670, 684, 709, 710, 711, 712, 715,
716, 730, 764, 791, 807.

CONDILLAC, 32, 110.

CONCEIÇÃO, A., 712.

CONDORCET, 47, 97.

CONSCIENCE, H., 603.

CONSIGLIERI-PEDROSO, 712, 732, 734, 735.

CONSTABLE, 65.

CONSTANCIO, S., 43.

CONSTANT, B., 69, 94, 102, 103, 106, 107,
109, 111, 129, 144, 170, 323, 807.

CONSTANTINO, 477.

COOK, F., 476.

COOPER, F., 316.

COQUELIN, 343.

CORDEIRO, F.X.R., 272, 273, 275, 553,
599, 600, 611, 658.

CORDEIRO, L., 649, 687, 693, 694, 697, 698, 712, 731, 746.
CORNEILLE, 250, 252.
CORNELIUS, 292, 308, 483, 689.
COROT, 303.
CORRÈGE, 66.
CORREIA, J.A., 484, 497, 501.
CORREIA-BARATA, 712.
COSTA, F.E., 468.
COSTA, D. Antonio, 729.
COSTA-CABRAL, 107, 108, 113, 114, 115, 116, 117, 136, 144, 148, 192, 199, 201, 203, 211, 223, 232, 233, 245, 246, 247, 248, 258, 276, 319, 327, 329, 340, 342, 344, 347, 348, 349, 387, 406, 419, 559, 575, 578, 580, 582, 587, 669, 756, 767, 782.
COSTA-LOBO, 368.
COSTA E SILVA, J.-M., 286.
COURBET, 307, 648, 657, 680, 692, 693, 694, 700.
COUSIN, V., 78, 89, 110, 336, 338, 355, 652, 718.
CRABBE, G., 139.
CRAMMER, 54.
CRESCENTINI, 257.
CREUZER, 510, 584.
CRISTINO DA SILVA, 304, 489, 490, 491, 492, 495, 497, 540.
CROMWELL, 47.
CRONEGK, 26.
CUJACIO, 721.
CUNHA, J.A., 18, 19, 20, 22, 24, 27, 29.
CUNHA-BELEM, 511, 524.
CUNHA-SEIXAS, 717, 718, 719.
CUNHA-SOTOMAIOR, 316, 317, 496.
CUVIER, 476.
CYRILO V. MACHADO, 39, 51, 58.

DAMASCENO, Rosa, 550.
DANTE, 323, 476, 606, 614.
DANTON, 107, 329, 784.
DARWIN, E., 26, 509, 709.
DAUBIGNY, 695, 699.
DAUPIAS, comte, 700, 701.
DAVID, 39, 40, 51, 53.
DAVID, Emmeric, 503.
DAVID D'ANGERS, 481.
DAVIOUD, 481, 702.
DELACROIX, 40, 59, 65, 66, 303, 501, 785, 795, 815.
DELAROCHE, 486, 487.
DELAVIGNE, 130, 242, 251, 272.
DELILLE, 21, 26, 27, 36, 473.

DÉMOSTHÈNE, 232, 719.
DENIS, F., 750.
D'ENNERY, 457, 549.
DE-RESZKE, 264.
DESCARTES, 355.
DESSAIX, 588.
DEUS, J., 451, 511, 514, 522, 603, 605/609, 610, 616, 621, 625, 628, 631, 634, 728, 736.
DEUSDADO, F., 732.
DEVISME, 36, 38, 297.
DICKENS, 318, 599, 603.
DIDEROT, 18, 39.
DIDOT, 57.
DINIS, Julio, 407, 489, 589/603, 608, 651, 661, 664, 665, 668, 678, 769, 775, 804, 815.
DONIZETTI, 258, 260, 267, 466, 467, 468, 547.
DOUX, E., 240, 241, 242, 254, 282, 462, 464.
DROZ, N., 782.
DUBOIS-RAYMOND, 635.
DUCANGE, 454.
DUCROY-DUMINIL, 284.
DUFOURCQ, 305, 308.
DUFRESNOY, 39.
DUJARDIN, K., 291.
DUMAS, A., 129, 132, 139, 240, 242, 250, 251, 252, 254, 285, 318, 323, 355, 393, 407, 409, 429, 430, 441, 446, 458, 600, 663, 666, 792, 806.
DUMAS FILS, 385, 667, 675.
DUMOURIEZ, 36.

EÇA DE QUEIROZ, 509, 543, 602, 617, 618, 619, 620, 645, 646, 648, 649, 650, 652, 653, 654, 655, 658, 659, 660, 661, 662, 663, 665, 668, 672, 673, 675/688, 690, 691, 692, 693, 704, 706, 722, 736, 738, 744, 755, 761, 764, 767, 768, 774, 775, 776, 777, 778, 779, 780, 810, 815, 817.
ELLIOT, G., 599, 603.
ENDER, 72.
ENGELS, 638, 796.
ENNES, A., 745.
EPIFANIO, 462, 463.
ESCHWEGE, 294.
ESPRONCEDA, 526, 634.
ESTACIO DA VEIGA, 726.
ESTÊVÃO, J., 106, 107, 108, 145, 213, 224, 233, 235, 364, 378, 382, 545, 702, 773.
EUGÈNE DE BEAUHARNAIS, 289.

FALCÃO, J., 736.
FARIA E MAIA, 730.
FARROBO, comte, 80, 193, 194, 195, 196, 197, 198, 199, 200, 202, 205, 211, 226, 240, 244, 245, 258, 259, 260, 262, 263, 264, 266, 302, 303, 309, 431, 484, 501, 552, 553, 558, 583, 704.
FEIO, B., 155.
FÉNELON, 90, 170.
FERDINAND VII (roi d'Espagne), 51, 73, 577.
FERDINAND DE COBOURG, voir Cobourg, F.
FERNANDES-TOMÁS, 97, 106.
FERREIRA-BORGES, 100.
FERREIRA-CHAVES, 689.
FERREIRINHA, 309, 431, 583.
FERRER, V., 93, 560, 730.
FETIS, F.J., 266, 468.
FEUERBACH, 510.
FEUILLET, O., 458, 600.
FÉVAL, P., 429.
FEYDEAU, E., 401, 670.
FEYDEAU, G., 461.
FIALHO DE ALMEIDA, 781, 822.
FICHTE, 525, 529, 718.
FILINTO-ELISIO, 22, 23, 25, 26, 27, 29, 32, 48, 51, 53, 54, 63, 67, 68, 124, 130, 265, 281, 424.
FIORAVANTI, 257.
FLAUBERT, 617, 648, 662, 670, 680, 683, 685, 686, 687, 755.
FLAUGERGUES, Mlle, 60.
FLEURY, Mlle, 466, 469.
FONSECA, A.M., 303, 304, 306, 307, 308, 309, 492, 493, 495, 496, 498, 690, 703.
FONSECA, Rodrigo, 87, 88, 92, 234, 328, 329, 330, 388, 461, 497, 561.
FONTAINE, 58.
FONTANA, J., 644, 646, 651, 735, 740.
FONTANESI, 691.
FONTES P. MELLO, 330, 331, 339, 340, 341, 342/346, 347, 348, 349, 350, 351, 352, 354, 358, 365, 368, 369, 370, 385, 401, 476, 536, 541, 542, 553, 557, 559, 560, 561, 563, 564, 567, 570, 576, 586, 647, 650, 659, 767, 812, 821.
FORBIN, comte, 35, 57, 65.
FOURIER, 368, 370, 371, 374, 376, 740, 804, 807.
FOX, 232.
FRADESSO SILVEIRA, 538, 539, 570.
FRANCASTEL, P., 9.
FRANKLIN, 48.
FRÉDÉRIC-GUILLAUME IV, 293.

FREIRE, A.J., 87, 88.
FREIXO, vicomte, 425.
FREUD, 796.
FRICCI-BARALDI, 547.
FRIEDRICH, C.D., 40.
FRONDONI, 468.
FRONTEIRA, marquis, 72, 73, 190, 191, 192, 193, 194, 195, 196, 197, 198, 200, 202, 203, 204, 213, 214, 224, 290, 327, 330, 562, 580.
FULTON, 498.
FURTADO, frères, 484.
FUSCHINI, A., 649.

GAFFORINI, 257.
GAMA, A., 409, 429, 442, 663, 666.
GAMA E CASTRO, 111.
GARÇÃO, C., 18.
GARCIA, E., 709, 712, 729, 730.
GARIBALDI, 450, 508, 509, 576, 623, 735.
GARRETT, 15, 23, 27, 33, 44, 47/55, 59, 60, 61, 62, 63, 64, 65, 67, 68, 69, 75, 77, 78, 83, 87, 88, 89, 90, 95, 96, 97, 98, 99, 100, 101, 102, 103, 105, 106, 108, 109, 112, 114, 115, 117, 119, 121, 122, 123, 124, 125, 126, 127, 128, 129, 130, 131, 132, 133, 134, 135, 136, 137, 138, 139, 140, 141, 142, 143/167, 169, 170, 171, 174, 175, 176, 177, 178, 179, 180, 181, 184, 185, 187, 188, 196, 199, 201, 202, 203, 204, 205, 208, 211, 212, 213, 217, 219, 223, 227, 228, 229, 230, 232, 233, 234, 237, 238, 239, 241, 242, 243, 244, 245, 246, 248, 249, 250, 252, 253, 262, 264, 268, 271, 272, 275, 277, 279, 280, 281, 282, 284, 285, 286, 296, 297, 298, 299, 303, 304, 306, 309, 313, 314, 315, 321, 322, 327, 330, 342, 348, 351, 356, 368, 393, 395, 399, 402, 405, 409, 418, 421, 434, 439, 446, 448, 449, 450, 456, 459, 466, 477, 505, 512, 523, 527, 548, 557, 562, 586, 587, 606, 618, 620, 634, 663, 664, 667, 705, 710, 720, 721, 722, 725, 753, 757, 761, 763, 764, 767, 769, 772, 787, 789, 790, 802, 803, 806, 808, 809, 810, 811, 813, 814, 815, 816, 817, 821, 822.
GAULTIER, 89.
GAUTIER, Th., 442, 617, 699.
GENLIS, Mme, 90.
GENOVESE, A., 94, 354, 714.
GÉRARD, 58, 65.
GÉRICAULT, 65, 306.
GESSNER, 22, 26, 27, 54, 55.

GIACOMETTI, 549.
GIDE, A., 794.
GLUCK, 546.
GODINHO, M.S., 305.
GOETHE, 26, 124, 126, 130, 138, 281, 323, 513, 518, 522, 628, 634, 635, 652, 661, 813.
GOLDMANN, L., 9.
GOLDSMITH, 26, 598.
GOMES, F.L., 739.
GOMES, J.B., 57.
GOMES-AMORIM, 365, 385, 450, 458, 461, 462, 463, 469, 487, 490, 511, 567, 580, 611, 620, 624, 666, 790, 795.
GOMES-FREIRE, 59.
GOMES-LEAL, 610, 612, 613, 615, 617, 619, 622, 658, 788.
GOMES-MONTEIRO, 155, 286, 513, 633.
GONÇALVES-CRESPO, 610, 620, 621.
GONÇALVES-VIANA, 727.
GONZAGA, T.A., 18, 19, 20, 22, 29, 607.
GOUNOD, 467, 547.
GOUPIL, 700.
GOYA, 73.
GRANDISON, Ch., 577.
GRAY, 12, 26, 27, 28.
GREUZE, 497.
GRIMM, J., 512.
GROS, 40, 65.
GUARINI, 50.
GUÉRIN DE VITRY, 366.
GUILPARZER, 250.
GUIZOT, 78, 88, 102, 103, 104, 108, 131, 146, 147, 181, 182, 327, 335, 338, 354, 528, 652, 804.
GUTIERREZ, 250.

HAECKEL, 634, 635, 670.
HAENDEL, 266.
HALÉVY, 547.
HALLER, 32.
HARTMANN, 634, 635, 670, 712, 715, 719, 761.
HAUSSMANN, 479.
HAYDN, 266, 267.
HEGEL, 336, 504, 509, 510, 513, 514, 516, 519, 521, 522, 525, 526, 528, 529, 628, 634, 635, 640, 652, 711, 752, 757, 758, 761, 764.
HEINE, 126, 286, 443, 518, 599, 617, 618, 629, 634, 661, 676, 813.
HELVETIUS, 51.
HENRIQUES, Marciano, 487, 488, 501.

HENRIQUES-NOGUEIRA, 369, 372, 373, 381, 385, 530, 734.
HENRIQUES DA SILVA, 730.
HÉRACLITE, 796.
HERDER, 510, 514, 813.
HERCULANO, 27, 43, 69, 73, 75, 76, 79, 81, 83, 88, 92, 93, 96, 97, 98, 99, 100, 102, 103, 104, 105, 106, 109, 112, 119, 121, 123, 124, 125, 126, 127, 128, 129, 130, 131, 132, 133, 134, 136, 137, 139, 140, 141, 142, 143, 144, 146, 148, 154, 155, 164, 166, 167, 169/188, 191, 201, 204, 215, 217, 219, 221, 222, 223, 226, 227, 228, 232, 233, 238, 241, 245, 246, 248, 249, 250, 252, 253, 267, 271, 272, 274, 278, 279, 280, 281, 282, 284, 285, 292, 297, 298, 299, 306, 313, 314, 318, 319, 322, 328, 329, 330, 339, 341, 342, 343, 346, 353, 355, 367, 373, 378, 382, 388, 405, 406, 421, 442, 443, 444, 446, 448, 453, 481, 505, 512, 515, 520, 526, 527, 528, 529, 530, 548, 557, 558, 560, 564, 580, 584, 588, 594, 600, 606, 611, 616, 618, 632, 634, 636, 638, 641, 648, 651, 653, 656, 658, 661, 664, 665, 702, 705, 710, 722, 724, 730, 736, 742, 743, 749, 750, 751, 752, 754, 757, 760, 761, 764, 775, 781, 785, 789, 803, 805, 806, 807, 809, 810, 813, 814, 815, 816, 819, 820, 821.
HEROLD, 266.
HERRERA, 17.
HERVEY, 26.
HOFFMANN, 125, 323, 615, 661.
HÖLDERLIN, 634, 775.
HOMÈRE, 513.
HORACE, 18, 19, 23, 28, 48, 51, 63, 68, 508, 526, 621, 801.
HOUSSAYE, 699.
HUGO, V., 7, 100, 129, 131, 137, 139, 141, 158, 180, 240, 242, 250, 251, 252, 253, 254, 276, 281, 283, 323, 378, 407, 415, 439, 450, 460, 469, 509, 511, 512, 526, 606, 607, 608, 610, 611, 613, 614, 616, 617, 618, 634, 661, 735, 764, 801, 806, 808, 813, 815, 820.
HUMBERT D'ITALIE, 508.
HUME, 335.
HURS, J., 711.

IBSEN, 385.
INÈS (Dona) DE CASTRO, 35, 57, 486.
INGRES, 501.
INOCENCIO F. SILVA, 526, 727.

ISABELLE II (d'Espagne), 380.
IVO, Pedro, 665.

JACOTOT, 89.
JARRY, A., 462.
JEAN II, 146.
JEAN III, 184.
JEAN V, 38, 301.
JEAN VI, 34, 35, 38, 51, 68, 69, 72, 110, 193, 267, 577, 755.
JEAN-PAUL, 125.
JOINVILLE, prince, 208, 290, 364.
JONES, T.D., 534.
JOSEPH Iᵉʳ, 38, 302, 480.
JULIO, 794.
JUNOT, 33, 35, 57, 72, 577.
JUNQUEIRO, Guerra, 610, 612, 613, 615, 616, 617, 618, 619, 620, 628, 633, 657, 681, 776, 777, 779, 792.
JUROMENHA, vicomte, 503.

KANT, 78, 93, 98, 103, 525, 529, 634, 635, 718, 719, 730, 757, 764, 802.
KARR, A., 652.
KAUFFMANN, A., 40.
KAULBACH, 490.
KEIL, A., 689, 690.
KLEIST, 125, 126.
KLOPSTOCK. 26, 111, 125, 126, 131, 172, 271, 444, 526, 618, 806, 814.
KNOWLES, 476.
KOCK, P. de, 318, 329, 355, 378, 407, 665, 814.
KOSSUTH, 364.
KOTZEBUE, 454.
KRAUSE, 93, 368, 560, 718, 730, 764.
KRUPP, 612.
KRUS, famille, 202.
KRUS, Maria, 465.

LACERDA, C., 458, 460.
LACORDAIRE, 234.
LA FAYETTE, 77, 587, 588.
LAFFARGUE, 740.
LAFFITE, 59.
LAFÕES, duc, 190, 495.
LALOU, 785.
LAMARTINE, 23, 26, 107, 130, 131, 137, 139, 141, 148, 161, 172, 174, 178, 180, 219, 271, 272, 276, 323, 364, 439, 445, 511, 606, 613, 615, 620, 634, 764, 806, 813.
LAMENNAIS, 26, 102, 103, 128, 173, 222, 234, 278, 366, 515, 597.

LANDON, 66.
LANGE, 635.
LANNES, 33.
LAPLACE, 444.
LARANGEIRA, M., 782.
LARANJO, J.F., 729, 740.
LASALLE, 638, 741.
LATINO-COELHO, 524, 541, 563, 567, 576, 719, 749.
LAURENS, J.P., 700.
LAVIGNAC, 546.
LAVOISIER, 335.
LAVRADIO, comte, 332, 337, 338, 763.
LAW, 97.
LAWRENCE, Th., 65, 81, 301, 485.
LE BAS, 36.
LECOMTE DE L'ISLE, 618, 634.
LEIBNITZ, 110, 374, 376, 635.
LEMARE, 89.
LEMOS, J., 248, 272, 274, 275, 298, 361, 379, 512, 541, 565, 611, 767, 789.
LÉON XIII, 716.
LEOPARDI, 323, 634, 813.
LESSING, 286, 634.
LE TOURNEUR, 28.
LEVAILLANT, Mᵐᵉ, 360.
LEWIS, 278, 284, 286, 407.
LIBERATO, J., 32.
LIBONATI, 468.
LICHNOWSKY, 222, 231, 232, 264, 297.
LINNÉE, 201.
LINO, R., 773.
LISEREUX, Mˡˡᵉ, 466, 469.
LISZT, 268, 269, 548.
LITTRÉ, 509, 510, 643, 656, 680, 684, 697, 710, 712, 728, 735, 737, 807, 820.
LIVINGSTONE, 116.
LOBATO, G., 453.
LOBO DE MOURA, 484.
LOCKE, 110.
LODI, A., 258.
LODI, F., 245.
LONGFELLOW, 634.
LOPES DE MENDONÇA, A.P., 228, 273, 274, 276, 314, 315, 316, 319/324, 355, 356, 359, 370, 371, 379, 381, 385, 393, 399, 407, 410, 438, 440, 458, 459, 466, 477, 614, 657, 667, 720, 799, 817.
LOPES DE MENDONÇA, H., 779, 784, 788.
LOPES PRAÇA, 719.
LOUIS Iᵉʳ, 474, 551, 573, 574, 579, 581, 587.
LOUIS II (de Bavière), 293.

LOUIS-PHILIPPE, 90, 290, 298, 363.
LOULÉ, duc, 203, 561.
LOUREIRO, U., 665, 681.
LOUSADA, C., 408.
LUCCA, P. di, 242.
LUCRÈCE. 50.
LUPI, M.A., 304, 690, 691, 692, 704, 810.
LUZ, baronne et vicomtesse, 159, 160, 196, 203, 264, 466.

MABLY, 47.
MACDONALD, 386.
MACEDO, J.A., 75, 140, 230, 234, 238, 258.
MACEDO, M., 692.
MACHADO, J.C., 178, 228, 314, 359, 361, 394, 409, 410, 451, 459, 511, 524, 546, 557, 657, 658, 707, 764.
MACHADO DE CASTRO, 37, 39, 302.
MACPHERSON, 26, 127, 133, 439, 445, 513, 634.
MAGALHÃES, L., 773, 775.
MAGALHÃES-LIMA, 746, 775.
MAGRIÇO, 53.
MAILLART, 547.
MAISTRE, X., 111, 150.
MALESVILLE, 240.
MALHÃO, P., 234, 235.
MALHOA, J., 786, 792.
MALON, B., 742.
MALTHUS, 43, 709.
MANET, 695.
MANIQUE, P., 29, 30, 31, 33, 35, 38, 39, 42, 257, 821.
« MANUEL-DOS-CONTOS », 201, 205, 211, 474.
MARAFFI, 257.
MARAT, 107, 711.
MARIA Iʳᵉ, 31, 37, 70, 244, 257, 301.
MARIA II, 68, 70, 81, 90, 108, 114, 191, 195, 197, 198, 199, 223, 243, 263, 276, 289, 290, 301, 303, 327, 331, 388, 587, 722.
MARGOTTEAU, 206.
MARIALVA, marquis, 72, 217.
MARQUES-PEREIRA, L., 489, 495, 540.
MARRARE, 212, 262.
MARRECA, O., 178, 364, 365.
MARTINS, Oliveira — voir Oliveira Martins.
MARX, K., 374, 638, 715, 739, 740, 741.
MASSÉ, 266.
MASSÉNA, 577.
MATOS, J., 712, 788, 789.

MATOS, M., 366.
MAURRAS, Ch., 789.
MEIRELLES, G., 526.
MEISSONIER, 490.
MENDELSSOHN, 546.
MENDES-LEAL, 233, 234, 235, 237, 247, 248, 250, 251, 252, 253, 254, 271, 284, 296, 304, 306, 314, 319, 356, 378, 382, 408, 439, 450, 453/455, 456, 458, 459, 460, 462, 466, 471, 480, 503, 511, 516, 524, 527, 541, 567, 611, 616, 687, 705, 731, 737, 738, 744, 746, 767, 790.
MENDIZABAL, 80, 115.
MENESES, vicomte, 295, 304, 307, 308, 483, 484, 485, 491, 492, 499, 501, 540, 810.
MENGS, 39, 245.
MERCADANTE, 468.
MEREDITH, 385.
MÉRIMÉE, 393.
METASTASIO, 26.
METRASS, F., 304, 307, 308, 483, 485, 486, 487, 488, 490, 492, 495, 497, 501, 505, 540, 698, 810.
METTERNICH, 69, 70, 588.
MEYERBEER, 259, 260, 266, 467, 476, 498, 546, 548.
MICHEL-ANGE, 323, 476, 496.
MICHELET, 378, 509, 510, 512, 514, 525, 529, 596, 606, 611, 613, 614, 624, 634, 652, 661, 680, 757, 758, 785.
MICKIEWICZ, 785.
MIGONI, 267, 467.
MIGUEL, Dom, 51, 68, 69, 71, 72, 73, 74, 75, 76, 77, 79, 80, 86, 90, 91, 97, 103, 113, 114, 116, 118, 123, 151, 190, 191, 193, 194, 195, 198, 199, 206, 214, 217, 234, 238, 245, 258, 266, 267, 305, 386, 388, 565, 577, 579, 755, 756, 758, 774.
MILLET, 177, 307.
MILLEVOYE, 272, 446, 620.
MILTON, 19, 26, 27, 59, 125.
MIRÓ, 267.
MOLIÈRE, 241, 281, 476.
MONET, 695.
MONIZ, Febo, 752, 753.
MONIZ, J., 504, 567, 731.
MONTAIGNE, 90.
MONTALEMBERT, 102, 107, 338.
« Monte-Christo », 201, 474, 476.
MONTEIL, 178.
MONTÉPIN, X., 378, 665.
MONTESQUIEU, 19, 102, 103, 106, 107.

Moré, 430.
Moreira de Sousa, 712.
Morice, 785.
Morny, duc, 329, 772.
Morris, W., 699.
Moser, 495.
Mousinho-Albuquerque, 782, 792.
Mousinho-Silveira, 78, 79, 80, 98, 103, 119, 145, 365, 373.
Mozart, 259, 260, 266, 267, 546.
Murat, 576.
Murillo, 488.
Murphy, 32.
Musset, 132, 154, 163, 321, 323, 459, 526, 615, 617, 634, 667, 806, 813, 814.

Namorado, J., 795.
Napoleão, A., 548.
Napoléon Ier, 23, 24, 33, 34, 65, 73, 127, 165, 238, 257, 579.
Napoléon III, 290, 337, 338, 379, 573, 803.
Nash, 476.
Necker, 330.
Nemours, duc, 290.
Nerval, G., 518, 526, 599, 617, 634, 661.
Neves, A., 111.
Neves, Emilia, 240, 463, 467, 550.
Newton, 476.
Ney, 579.
Nicaise, abbé, 140.
Niebuhr, 514.
Niza, marquis, 202, 263, 431.
Nobre, A., 769/772, 773, 776, 777, 786, 787, 789, 809, 815.
Nodier, G., 323, 466.
Nogueira da Silva, 502.
Noronha, F.S., 548.
Novais, F.X., 450, 522.
Novalis, 125, 126, 518.
Novello, 262.
Nun'Alvares, 155, 753.
Nunes, A.E., 747.
Nunes-Correia, 475.

Offenbach, 461, 547, 557, 562, 581, 590, 669, 683, 807.
Oliveira, A., 773, 775, 776, 777.
Oliveira-Martins, 8, 78, 98, 103, 105, 106, 171, 182, 187, 195, 329, 343, 514, 563, 628, 629, 646, 657, 660, 663, 714, 716, 722, 723, 724, 733, 737, 742, 743, 744, 749/764, 767, 768, 770, 773, 774,

776, 777, 778, 781, 782, 789, 806, 809, 810, 815, 819, 820, 821, 822.
O'Neill, A., 765, 796.
O'Neill, famille, 202.
Ossian, voir Macpherson.
Overbeck, 295, 306, 308, 483, 487.
Ovide, 18, 281, 508.
Owen, Fany, 431, 432, 433.
Owen, Maria, 432.
Owen, R., 43.

Paccini, 261, 466.
Paganino, R., 406, 488, 497, 589, 590.
Païva, Mme, 197, 431.
Paiva-Couceiro, 792.
Palizzi, 490.
Palmeirim, L.A., 275, 276, 442, 450, 451, 459, 511, 557, 611.
Palmela Ier, duc, 80, 105, 106, 109, 115, 118, 143, 144, 197, 198, 202, 231, 309, 476, 497, 505, 561, 575, 583, 756.
Palmela, 3^e duc, 464, 466, 548.
Palmela, duchesse, 699.
Palmerston, 70, 290.
Paraty, comte, 745.
Parente, D.A., 701.
Pasqua, 264.
Passos-Manuel, 88, 91, 100, 106, 107, 108, 112, 115, 117, 144, 150, 191, 201, 203, 233, 242, 290, 303, 364, 436, 445, 756.
Patricio, A., 779.
Patricio, A.J., 489, 495.
Paul, Mr., 239, 242.
Payne, 102.
Pedro, Dom, 69, 70, 71, 73, 74, 76, 78, 79, 80, 81, 85, 86, 88, 90, 97, 98, 99, 100, 101, 103, 105, 106, 107, 111, 113, 115, 123, 142, 151, 170, 176, 180, 189, 190, 191, 193, 194, 199, 201, 209, 214, 221, 224, 225, 230, 239, 254, 258, 268, 271, 283, 289, 309, 310, 327, 331, 339, 342, 372, 382, 383, 435, 472, 480, 481, 485, 561, 574, 576, 577, 624, 664, 665, 702, 755, 756, 763, 801, 803, 805, 810, 812, 816.
Pedro, A., 550.
Pedroso, J., 502.
Peel, 329, 330.
Pelico, S., 165, 242.
Pelletan, 351, 356, 530, 542.
Penafiel, marquis, 552.
Penalva, marquis, 30, 31, 33, 39, 111.
Penha, J., 610, 619, 620, 621.

PENN, 48.
PERCIER, 478.
PEREIRA, Ribeiro, 28.
PEREIRA DA CUNHA, 248, 272, 275, 298, 317, 382, 789.
PEREIRA-MACHADO, vicomte, 425.
PESSOA, F., 788, 790, 791, 792, 793.
PESTALOZZI, 89.
PÉZÉRAT, P.-J., 472, 479.
PHIDIAS, 503.
PICOAS, visconde, 200.
PIE IX, 746.
PIERRE V, 170, 186, 325, 331/341, 342, 343, 344, 346, 352, 353, 354, 355, 356, 357, 358, 368, 378, 379, 380, 383, 389, 485, 497, 504, 533, 541, 551, 559, 574, 580, 581, 582, 583, 585, 586, 729, 732, 756, 763, 781, 812, 813, 819, 821, 822.
PIGAULT-LEBRUN, 680.
PIMENTEL, A., 666.
PINDARE, 18.
PINHEIRO, B., 366.
PINHEIRO-CHAGAS, 408, 446, 447, 513, 514, 519, 520, 522, 523, 524, 526, 528, 529, 541, 542, 548, 549, 555, 557, 565, 567, 600, 650, 655, 658, 666, 672, 694, 722, 731, 732, 737, 738, 770.
PINHEIRO-FERREIRA, 95, 110, 111, 125, 372, 720.
PINHO-LEAL, 727.
PINTO, J.-L., 668, 685, 686, 712.
PITT, 232, 330.
PIXÉRÉCOURT, 240, 254, 285, 454.
PIZARRO, I., 272, 620.
PLANCHE, G., 687.
PLATTEN, 58, 286.
PLUTARQUE, 49, 577.
POË, E., 617, 634, 661.
POISIGNON, 206.
POMBAL, marquis, 17, 18, 20, 23, 24, 29, 32, 36, 37, 38, 76, 91, 94, 155, 195, 198, 208, 210, 211, 214, 238, 301, 473, 479, 577, 649, 704, 753, 754, 801.
POMPÉE, 337.
PONSON DU TERRAIL, 378, 385, 598, 665.
PONTA DELGADA, marquise, 90.
POPE, 19, 26, 27.
PORTO COVO, comte, 200, 205.
POSSIDONIO DA SILVA, 208, 298, 474, 478, 479, 505, 705.
POTTER, 291.
POUCHKINE, 813.
POULET, G., 11.
POVOAS, 114.

PRADIER, 481, 492.
PRIM, 192, 573, 574, 579, 581.
PROUDHON, 338, 368, 371, 373, 374, 375, 377, 505, 509, 510, 525, 614, 624, 634, 638, 640, 643, 647, 648, 650, 652, 653, 654, 655, 656, 657, 675, 680, 684, 692, 693, 711, 730, 739, 740, 742, 751, 757, 758, 764, 804, 805, 807, 813, 820.
PROUST, M., 794.
PRUD'HON, 46, 65.
PUSICH, Mme, 286, 287.

QUELUZ, comte, 72.
QUENTAL, A. Voir ANTÉRO DE QUENTAL.
QUINET, E., 99, 118, 509, 510, 513, 521, 529, 657, 758, 785.
QUINTELA, baron. Voir FARROBO, comte.
QUINTILIEN, 526.

RACINE, 27, 238, 252.
RACZYNSKI, 292, 300, 304, 306, 308, 309, 423, 483, 503, 724.
RADCLIFFE, A., 284, 395.
RADEMAKER, P., 379, 745.
RAFAEL, J., 496.
RAMALHO-ORTIGÃO, 477, 478, 511, 523, 524, 528, 570, 590, 623, 652, 653, 654, 655, 656, 658, 659, 660, 662, 663, 676, 680, 683, 690, 692, 693, 694, 695, 696, 697, 699, 700, 701, 702, 704, 706, 711, 712, 724, 732, 737, 738, 743, 744, 763, 774, 775, 776, 780, 799.
RAMBOIS, 246, 259, 466, 475, 546, 705.
RANGEL DE LIMA, 694, 695, 696, 698, 700.
RAPHAEL, 476, 498, 503.
RASPAIL, 373.
RATTAZZI, Mme, 195, 547, 551, 552, 553, 558, 564, 581, 701.
RAYNOUARD, 147, 529.
REAL AGRADO, vicomte, 274.
REBELO DA SILVA, 177, 233, 234, 253, 279, 284, 304, 306, 355, 356, 378, 382, 408, 409, 480, 496, 524, 557, 567, 570, 594, 663, 666, 731, 739, 749.
REGALEIRA, baronne, 202, 205.
REGIO, J., 793, 794.
REGRAS, J., 753.
REIS DAMASO, 686, 712.
RELVAS, C., 691, 692.
REMBRANDT, 795.
RÉMUSAT, 338, 525, 584.
RENAN, 378, 385, 417, 509, 529, 606, 613, 614, 662, 746, 758.
RESENDE, F., 486, 489, 495, 501.

RIBEIRO, B., 151, 155.
RIBEIRO, J.B., 309, 310, 447.
RIBEIRO, J.S., 727.
RIBEIRO, T., 446, 511, 524, 525, 567, 605, 613, 616, 658, 664, 737.
RIBEIRO-SARAIVA, 111.
RIBOT, 781.
RICARDO, 43, 570, 594.
RICCI, 261.
RIMBAUD, 796.
RISTORI, 463, 467.
ROBERT, Elie, 481, 702.
ROBERT, Hubert, 37.
ROBESPIERRE, 47, 711.
ROBINSON, J.C., 503, 724.
ROCHEFORT, 555.
RODRIGUES, F.A., 498.
RODRIGUES, J., 484, 488, 491, 492, 495, 540.
RODRIGUES, M.M., 665.
RODRIGUES DE AZEVEDO, 235.
RODRIGUES DE BRITO, 730.
RODRIGUES DE FREITAS, 679, 683, 712, 736, 739, 758.
RODRIGUES DE SAMPAIO, 224, 364, 555.
ROQUEMONT, 305, 306, 307, 489.
ROSA, A. et J., 550.
ROSA-ARAUJO, 704.
ROSSI, L., 467.
ROSSI, acteur, 550.
ROSSINI, 257, 260, 261, 266, 267, 269, 291, 322, 323, 466, 546, 807.
ROTSCHILD, 80, 115, 165.
ROUSSADO, M., 461, 524, 527, 658.
ROUSSEAU, J.J., 23, 31, 33, 42, 43, 47, 49, 51, 90, 100, 105, 106, 107, 109, 111, 130, 140, 335, 366, 476, 599, 802, 807.
ROUSSEAU, Th., 307.
ROYER-COLLARD, 103, 108.
RUSKIN, 699.

SÁ DA BANDEIRA, marquis, 115, 702.
SÁ-CARNEIRO, M., 792.
SACRA-FAMILIA, J., 90.
SADE, marquis, 796.
SAINT AUGUSTIN, 614, 717.
SAINTE-BEUVE, 757.
SAINT-LÉON, A., 265, 468, 469.
SAINT-PIERRE, B., 21, 90, 366.
SAINT-SIMON, 366, 374.
SALAZAR, A., 795.
SALDANHA, duc, 197, 198, 199, 258, 327,
328, 330, 339, 425, 461, 545, 575/588, 596, 702, 728, 735, 756, 812.
SALOMON, 606.
SALVINI, 550.
SAMPAIO, A., 515.
SAMPAIO-BRUNO, 715, 716, 717, 719.
SAND, G., 318, 321, 331, 429, 807.
SANDEAU, J., 458.
SANTA-BARBARA, frères, 484.
SANTOS-NAZARÉ, 667.
SÃO BOAVENTURA, F., 75, 234.
SÃO LUIS, F. Voir SARAIVA, cardinal.
SARAGGA, S., 649.
SARAIVA, cardinal, 96, 133, 299.
SARDOU, G., 458, 549, 557.
SARGEDAS, 463.
SASSETTI, 266.
SAVONAROLE, 711.
SAY, J.B., 43, 343, 365, 368.
SCHEFFER, A., 73, 301, 485, 488.
SCHELLING, 518, 529, 584, 718.
SCHERNER, 592.
SCHILLER, 125, 130, 141, 148, 172, 208, 250, 278, 439, 599.
SCHINKEL, 294.
SCHLEGEL, 49, 58, 124, 133, 140, 518, 529, 721.
SCHNORR, 292.
SCHOPENHAUER, 634, 637, 761.
SCHUMANN, 546.
SCOTT, W., 53, 62, 63, 127, 128, 129, 131, 133, 137, 139, 142, 148, 176, 180, 284, 286, 287, 439, 600, 806.
SCRIBE, 240, 242, 250, 318, 458, 547, 807.
SEABRA, vicomte, 89, 560, 730.
SÉBASTIEN, Dom, 34, 61, 65, 74, 118, 146, 156, 158, 706, 753, 772, 773, 774, 792, 821.
SENA FREITAS, P., 716, 746.
SÉNANCOUR, 140.
SÉNÈQUE, 102.
SEQUEIRA, D.A., 35, 38, 40, 44, 46, 52, 64, 65, 66, 88, 303, 309, 486, 487, 707, 802.
SERGIO, A., 629.
SERPA-PIMENTEL, A.F., 248, 272, 274, 285, 459.
SERRUR, 59, 66.
SEVERA, 217.
SHAKESPEARE, 19, 52, 62, 68, 121, 126, 127, 172, 251, 252, 254, 278, 282, 319, 323, 337, 476, 550, 661, 662.
SHELLEY, 634.
SHILDS, F.W., 534.

SILVA, A.J. (« O Judeu »), 424.
SILVA-CARVALHO, 97, 330.
SILVA-CORDEIRO, 719, 781.
SILVA-FERRAZ, 440, 441.
SILVA-GAIO, 568, 664, 665.
SILVA-GAIO, M., 775, 776.
SILVA-PINTO, 687, 745.
SILVA-PORTO, 695, 696, 699, 769.
SILVA-TULIO, 524, 731.
SISMONDI, 43.
SIMÕES, J.G., 794, 795.
SIMÕES-ALMEIDA, 703, 706.
SIMÕES-DIAS, 620.
SMITH, Adam, 78, 98.
SOARES DE PASSOS, 398, 441/446, 471,
    515, 526, 599, 603, 605, 634, 658.
SOARES DOS REIS, 706, 707, 764, 767,
    768, 788, 810, 815.
SORIANO, Luz, 750.
SOROMENHO, A., 356, 599, 648, 727, 731.
SOULIÉ, 132.
SOULT, 579.
SOUSA (Morgado de Mateus), 58, 59.
SOUSA-BRANDÃO, 370, 371.
SOUSA-DORIA, 714.
SOUSA-HOLSTEIN, marquis, 497, 499, 503,
    697, 699, 700.
SOUSA-MONTEIRO, 746.
SOUVESTRE, E., 404, 407, 488, 497, 589,
    603.
SPENCER, 442, 670, 730.
STAËL, Mme de, 26, 28, 49, 51, 58, 106,
    121, 124, 130, 133, 141, 142, 184, 198,
    518, 634, 806.
STEILEN, 795.
STENDHAL, 66, 129, 163, 403, 420, 668,
    687, 807.
STERNE, 149.
STIRNER, M., 740.
STOCKLER, G., 32.
STOLTZ, 262, 465.
STOWE, H.B., 348.
STRAUSS, 509, 510, 529.
STUART MILL, 510.
SUE, E., 129, 132, 252, 285, 316, 317,
    318, 323, 396, 407, 415, 418, 429, 430,
    663, 666, 807, 814.
« Sydney », 393, 394.

TACITE, 8.
TAGLIONI, 264.
TAINE, 385, 509, 510, 529, 648, 656, 669,
    671, 684, 687, 693, 776.
TALLEYRAND, 105.

TARROSO, D., 717, 718.
TASSE, 59, 606.
TAYLOR, baron, 298.
TEDESCO, 466.
TEIXEIRA-BASTOS, 712, 735, 745.
TEIXEIRA DE PASCOAES, 777, 787, 788,
    789, 790, 793, 821.
TEIXEIRA DE QUEIROZ, 668, 684, 686, 712.
TEIXEIRA DE VASCONCELOS, 316, 409, 666,
    667.
TELES, B., 781.
TENNYSON, 634.
TEODORICO, 463.
TEOFILO BRAGA, 420, 508, 510, 512/514,
    515, 517, 519, 520, 521, 522, 523, 526,
    527, 528, 529, 530, 584, 603, 605, 606,
    607, 609, 610, 611, 612, 617, 621, 633,
    638, 640, 643, 645, 646, 651, 652, 653,
    655, 656, 657, 658, 663, 680, 683, 684,
    685, 686, 687, 697, 709, 710/712, 713,
    715, 716, 717, 720, 721, 722, 723, 724,
    725, 726, 728, 729, 731, 732, 733, 734,
    735, 736, 737, 738, 739, 743, 744, 745,
    746, 750, 755, 757, 758, 759, 764, 781,
    785, 788, 789, 791, 809.
TERCEIRA, duc, 80, 113, 191, 197, 198,
    339, 576, 578, 702.
THIBOUST, 455.
THIERRY, 103, 131, 146, 147, 181, 182,
    183, 528, 813.
THIERS, 66, 108.
THOMSON, 22, 26, 45, 54, 55, 68.
THORWALDSEN, 306.
TOCQUEVILLE, 103, 109, 338, 339.
TOLSTOÏ, 385, 636.
TOMAR, comte. Voir COSTA CABRAL.
TRINDADE-COELHO, 773, 781, 782.
TROYON, 490, 689.

UNAMUNO, 782.

VACHEROT, 653, 657, 715, 757.
VALÉRY, P., 10.
VAN GOGH, 795.
VAPEREAU, 580.
VARNHAGEN, 298.
VASARI, 503.
VASCONCELOS, J., 546, 698, 700, 705,
    724-727.
VERA, 526.
VERDE, C., 610, 621, 622.
VERDI, 261, 467, 468, 546.
VERLAINE, 614, 772.
VERNET, 488, 501.

VERNEY, L.A., 18.
VESTRIS, 264.
VEUILLOT, 653, 716, 746.
VIALE, A.J., 355, 356, 732.
VIANA, marquis, 202, 203, 219, 359, 552.
VICENTE, Gil, 155, 238, 245, 720.
VICO, 509, 510, 512, 522, 525, 529, 614, 711, 721.
VICTOR, Emmanuel (roi d'Italie), 474, 508, 573.
VICTORIA, reine, 484.
VIDAL, E.A., 524, 611, 620, 658, 666, 694.
VIEIRA, C.J., 366, 371, 372, 381, 504, 505, 528.
VIEIRA, D., 728.
VIEIRA, J.A., 685, 686, 712.
VIEIRA DE CASTRO, 523.
VIEIRA-PORTUENSE, 39, 40, 58, 65, 66.
VIGNOLA, 39.
VIGNY, A., 132, 174, 634.
VILA FLOR, marquis. Voir TERCEIRA, duc.
VILLEMAIN, 78, 357, 529.
VILLIERS DE L'I. ADAM, 661.
VIMIOSO, comte, 218.
VIOLET-LE-DUC, 497.
VIRGILE, 18, 19, 27, 28, 48, 51, 68, 281, 282, 307.

VIRGINIA, 550.
VIZELA, 489.
VOLNEY, 47.
VOLTA, 335, 476.
VOLTAIRE, 19, 23, 24, 25, 27, 31, 47, 109, 238, 335, 336, 612, 614, 715.

YOUNG, 26, 27, 28, 68, 801.
YVON, 501, 698, 699.

WAGNER, 293, 546.
WALPOLE, 284.
WASHINGTON, 48.
WATT, 335, 498.
WEBER, 57, 266, 267, 269.
WELLINGTON, 70.
WHEATSTONE, 498.
WHITEHEAD, 38.
WIELAND, 22, 26, 51, 56, 67, 124, 130, 133, 271.
WINCKELMANN, 39, 301.
WINTERHALTER, 483, 484, 485, 810.
WOLFF, 510, 521.

ZOLA, 406, 554, 669, 670, 671, 679, 683, 685, 686, 687, 699.
ZORILLA, 430, 615.

TABLE DES MATIÈRES ANALYTIQUE

Introduction

Définition des dates relais : 1835, 1850, 1865, 1880. Portée de l'enquête. Rapports dialectiques entre les faits sociaux et les faits culturels ; le fait culturel comme *reflet* et *proposition* ; son caractère de *vérification*. Définition du domaine socio-culturel : idéologies (leur expression pragmatique ou politique), l'instruction publique, la création et la consommation artistiques (poésie, fiction, théâtre, arts visuels, musique, opéra, journalisme, art oratoire), les mœurs, les goûts, les modes. Intervention de la « petite histoire ». Critique thématique et critique esthétique ; les idées et le vocabulaire. L'information « existentielle » d'après les auteurs contemporains. Signification du choix des faits et de leurs rapports. Itinéraire diachronique et synchronique..   7

PREMIERE PARTIE

LES ANNÉES D'INNOCENCE (avant 1835)

Chapitre premier : *La Liberté, l'Amour et l'Angoisse*

Les poètes. L'Arcadie. Gonzaga, J.A. Cunha, Bocage, Filinto Elisio et Alcipe. L'influence anglo-germanique..   17

Chapitre II : *Jacobins, Anglais et Gothiques*

Les idéologies. Les goûts néo-classique et romantique..   29

Chapitre III : *Caton et le Printemps*

La révolution de 1820. Le « Caton » de Garrett ; la « Fête du Printemps » de Castilho..   41

Chapitre IV : *Camoëns et la « Saudade »*

Camoëns comme thème libéral. Les « Camoëns » de Garrett
et de Sequeira (1824). Le nationalisme poétique..   57

Chapitre V : *Le mal et le bien ou l'ancien et le nouveau*

Dom Miguel et Dom Pedro : la Guerre Civile. L'émigration
libérale. La « reine innocente »   69

SECONDE PARTIE

LES ANNÉES DE FOLIE (1835-1850)

Chapitre premier : *La civilisation libérale et ses idées*

L'instruction publique. La philosophie politique. Le sentiment
religieux..   85

Chapitre II : *La culture romantique : sources, références et
contradictions*

Les idées de Garrett et d'Herculano. Les influences allemandes,
anglaises et françaises..   121

Chapitre III : *Garrett ou l'illusion voulue*

Les mœurs populaires dans la littérature. Carlos et l'ambiguïté
sentimentale. « Frei Luis de Sousa » et le déchirement national. Garrett homme ironique..   143

Chapitre IV : *Herculano ou la conscience en exil*

Le poète religieux. « Eurico » : amour et disgrâce. Le « Volksgeist » dans l'histoire du Portugal..   169

Chapitre V : *Portraits de deux grands du royaume libéral*

La bourgeoisie libérale et ses titres de noblesse. Le marquis
de Fronteira et le comte du Farrobo. Le « dandy » et le « marialva » : le « janota »..   189

Chapitre VI : *Physiologie de la capitale*

L'évolution de Lisbonne (et de Porto). Le Chiado, le café Marrare, le « Passeio Publico ». Les courses de taureaux. L'Eglise
et les femmes..   207

Chapitre VII : *La parole en liberté*

La liberté de la presse. Les journaux illustrés. La littérature
et la presse. Les orateurs parlementaires..   221

Chapitre VIII : *Le Théâtre National*
Emile Doux. Le Conservatoire. Le Théâtre D. Maria II. Le rôle
de Garrett. « Os Dois Renegados ». Le serment de Dom Pedro. 237

Chapitre IX : *Les nuits du São Carlos*
Le répertoire italien. Les coulisses de l'Opéra. La culture musicale.. 257

Chapitre X : *Castilho et les Troubadours*
« O Trovador ». L'équivoque Castilho. La littérature « gothique ». 271

Chapitre XI : *« De Sinople au Château d'Or »*
Ferdinand de Cobourg, le « roi-artiste ». Le château de la Pena.
Les monuments du passé. Raczynski et l'histoire de l'art por-
tugais.. 289

Chapitre XII : *Les peintres à l'heure romantique*
Les allégories. L'« Enée » d'A.M. Fonseca. Paysage et peinture
de genre. Munich et Paris. Les musées et l'académie.. 301

Chapitre XIII : *Portrait du romancier en jeune fou*
A.P. Lopes de Mendonça, « Memorias dum Doido ». Mauricio,
un « héros en perspective ».. 313

TROISIEME PARTIE

LES ANNÉES DE SAGESSE (1850-1865)

Chapitre premier : *Pierre V et Fontes ou les chemins de la modernité*
L'humanisme (et le scepticisme) de Pierre V et la technocratie
de Fontes Pereira de Melo.. 327

Chapitre II : *Capital, Progrès et Humanisme*
Le capitalisme fontiste. L'Université. Le Cours Supérieur de
Lettres. Les mœurs de la société libérale vers le milieu du siècle. 347

Chapitre III : *Républicains, Socialistes et Rationalistes*
1848. Le socialisme « associationniste » : Henriques Nogueira
et Amorim-Viana. L'anti-cléricalisme. Renan et Michelet.
L'ibérisme.. 363

Chapitre IV : *Camilo ou l'option du malheur*
Le roman d'actualité en 1850. « Amor de Perdição », le « Werther » portugais. Gilherme do Amaral, le héros désespéré. Les

valeurs ontologiques et sociales de Camilo. L'œuvre de Camilo comme catharsis et exorcisme.. 385

Chapitre V : *Porto, microcosme romantique*
Brésiliens et Anglais. Les mœurs. L'Affaire Fanny Owen. Le nouveau Palais de la Bourse.. 423

Chapitre VI : *Les fiancés du sépulcre*
« O Novo Trovador ». Soares de Passos. La décadence de l'ultra-romantisme : B. Pato, T. Ribeiro et P. Chagas. Maria Browne ou la douleur discrète. Gomes de Amorim, le « poète-ouvrier ». Les débuts de João de Deus.. 437

Chapitre VII : *Le théâtre social et la crise du São Carlos*
Le théâtre d'actualité : l'influence de Dumas Fils et de Scribe. « Figados de Tigre » et le non sens. La crise de l'Opéra. Verdi et le répertoire italien. Saint Léon et le ballet.. 453

Chapitre VIII : *Les travaux publics et privés*
Le Fontisme et le goût du luxe. L'Hôtel de Ville (1863). Les hôtels particuliers. Le rôle de Cinatti : architecture et décor. Le château de Monserrate. Les rêves d'urbanisme. Les monuments (Camoëns et Dom Pedro).. 471

Chapitre IX : *Les images du monde fontiste*
Les peintres (Meneses - le portrait, Metrass - histoire et sentiment, Anunciação - paysage et animaux).. 483

Chapitre X : *Les voies de la culture artistique*
Collections et collectionneurs. L'Académie. La Sociedade Promotora de Belas Artes et son « Salon ». Paris. Les idées esthétiques ; Hegel et C.J. Vieira.. 495

Chapitre XI : *L'affaire de Coimbre : littérature et morale*
Le milieu intellectuel et le chemin de fer. Proudhon, Hegel, Michelet. Antero : « Odes Modernas » et Teofilo : « Visão dos Tempos ». Mission révolutionnaire de la poésie d'après Antero. Une polémique littéraire : Castilho et Antero. Dimension sociale de l'affaire.. 507

Chapitre XIII : *L'affaire de Porto : l'industrie et l'architecture du fer*
L'Exposition Internationale de Porto, en 1865. Situation de l'industrie nationale. Le Palais de Cristal.. 533

QUATRIEME PARTIE

LES ANNÉES DE CONTESTATION (1865-1880)

Chapitre premier : *La capitale du monde fontiste*
La fin du Marrare. L'Opéra et le théâtre. Les mœurs. Les journaux et la publicité.. 545

Chapitre II : *Fontes : suite et fin*
Une opposition sans programme. L'économie et les banques. La crise de 1876. Le problème ibérique.. 559

Chapitre III : *Saldanha : portrait du héros romantique*
Le condottiere et le politicien. L'homme d'affaires et le penseur catholique.. 575

Chapitre IV : *Julio Dinis ou cinq ans de bonheur*
Une perspective optimiste de la nature. L'idée des réformes agraires. Un romantisme naturaliste. L'imagerie d'Epinal de la bonne morale.. 589

Chapitre V : *De João de Deus à Baudelaire*
J. de Deus et Teofilo. Les nouveaux poètes : G. Azevedo, Gomes Leal et Junqueiro. Le « Satanisme » baudelairien. Cesario Verde ou la critique du romantisme.. 605

Chapitre VI : *Les angoisses d'Antero de Quental*
Le pessimisme, le socialisme et le mysticisme. Les thèmes des « Sonetos ». Un itinéraire spirituel : Hegel, Michelet, Proudhon, Hartmann. La présence de la mort ; le suicide.. 623

Chapitre VII : *L'école nouvelle, ses conférences et ses revues*
Les séquelles de l'Affaire de Coimbre. Le Cénacle. Proudhon. Les Conférences du Casino (1871). « As farpas ». Rafael B. Pinheiro et la caricature sociale.. 643

Chapitre VIII : *Au carrefour du romantisme et du réalisme*
Les débuts d'Eça de Queiroz et d'Oliveira Martins. Persistance des schémas romantiques (« Mario », etc.). « Eva » de S. Nazaré, roman d'analyse. Le réalisme polémique de Camilo (« Eusebio Macario », « A Corja »).. 661

Chapitre IX : *Les crimes de l'abbé Amaro et du cousin Basilio*
Les différences entre les trois éditions du « Crime de Padre Amaro » (1875, 1876 et 1880). « O Primo Basilio » et l'adultère

bourgeois. Les projets d'Eça. Autres réalistes et leurs idées esthétiques.. 675

Chapitre X : *Vie et culture artistiques*

Le second romantisme (A. Keil). M.A. Lupi et le portrait officiel La photographie. La caricature. Ramalho Ortigão et la critique d'art. Le naturalisme (Silva Porto). L'enseignement et les bour ses. Le comte Daupias, collectionneur. Les monuments. L'ouverture de l'Avenida et la fin du « Passeio Publico ». « O Desterrado » de Soares dos Reis comme symbole de l'âme romantique.. 689

Chapitre XI : *Le positivisme : philosophie et histoire de la culture*

Teofilo Braga. Le matérialisme (S. Bruno). Cunha Seixas et et D. Tarrozo. Histoire de la philosophie (Lopes Praça), histoire de la littérature (Teofilo), histoire de l'art (J. Vasconcelos). Inventaires culturels (Pinho Leal, J.S. Ribeiro). La langue (A. Coelho) et les dictionnaires. Situation de l'Université.. .. 709

Chapitre XII : *Le Peuple, la République, le Socialisme et l'Eglise*

Le positivisme et la pensée républicaine. Les associations ouvrières. Le centenaire de Camoëns (1880). Le socialisme et l'influence de Proudhon. L'anti-cléricalisme.. 733

Chapitre XIII : *Le bilan du romantisme*

« Portugal Contemporaneo » d'Oliveira Martins (1881). L'historiographie d'Herculano à O. Martins. Conclusions pessimistes. Les suicides de Soares dos Reis, Camilo et Antero (1889-1891). 749

CINQUIEME PARTIE

LES ANNÉES DE SURVIE (après 1880)

« Os Maias » (1888) comme « éducation sentimentale ». A. Nobre et le « Só » (1892). Les « Vencidos da Vida ». La génération nationaliste de 1890 et le retour à la Terre. La crise de 1891. La propagande républicaine : A.J. Almeida. Les Caricatures de Rafael et les portraits de Columbano. La « Renascença Portuguesa » (1911). L'Intégralisme (1913). Le Futurisme (1917). La crise de 1926. La génération de « Presença » (les années 30). Le néo-réalisme (les années 40) et le surréalisme (1948). L'*absurde* et la *nausée*.. 765

Conclusion

L'opposition entre les « lumières » et la « nuit ». La « civilisation »
jacobine et le « progrès » capitaliste. Les influences : de Mme
de Staël à Proudhon et à Comte. Sources et références. Le théâtre français et l'Opéra italien. La libération de la femme. Le
« dandy ». Les mœurs. La poésie, le roman, le théâtre, la peinture, l'architecture. Les créateurs : Ferdinand de Cobourg,
Pierre V, Saldanha, Fontes et Garrett, Herculano, Camilo, Antero. Les créatures : Eurico, Carlos, Mauricio, Simão, Guilherme, Carlos-Eduardo et Joaninha, Madalena, Teresa, Luisa. La
courbe sinusoïdale du romantisme : 1835-1850 (un élan qui
s'affaiblit), 1850-1865 (les luttes entre progrès et réaction), 1865-
1880 (un élan qui s'affaiblit). L'état de déception généralisé.
Faiblesse des structures. Manque de programmes. Empirisme
et médiocrité. La « folie » de Camilo est-elle méritée ? Zé-Po-
vinho comme personnage/symbole..   799

Note bibliographique   825

Index des noms cités   829

ACHEVE D'IMPRIMER
EN AVRIL 1975
SUR LES PRESSES
DE L'IMPRIMERIE DU
CHAMP DE MARS
09700 SAVERDUN
—

No d'impression : 5915

Dépôt légal :
2me Trimestre 1975

PLANCHE 1. — Dona Maria II (lithographie de l'époque)
(Académie Nationale des Beaux-Arts, Lisbonne).

D. PEDRO V.

Elevado pela Virtude e Amor de Tixerme
amparando a
Caridade e as Artes

PLANCHE 2. — Pierre V (lithographie de M.J. Sendim, vers 1855).

O MARECHAL DO EXERCITO MARQUEZ DE SALDANHA

PLANCHE 3. — Le maréchal-duc de Saldanha (lithographie de Sendim, vers 1835).

PLANCHE 4. — Garrett (lithographie de Sendim, vers 1825)

PLANCHE 5. — Herculano (gravure sur bois de J. Pedroso, 1877).

PLANCHE 6. — Camilo (dessin de Enio J. Machado reproduit en zincogravure, édition de 1931).

PLANCHE 7. — Antero (tableau de Columbano, 1889,
Musée National d'Art Contemporain, Lisbonne).

1 Estrada de Belem p.ª Lisboa	12 Alfandega grande	24 Igreja da Graça.	36 Largo de S. Pedro d'Alcantara	43 Rilhafoles (hosp. dos alienados)	55 Theatro do Salitre
2 Ponte d'Alcantara.	13 Secretarias d'Estado Tribunaes	25 "N. S.ª do Monte.	37 " da Patriarchal (Praça do	44 Alto de campo lide	56 Igreja de S.ta Justa (ex
3 Paço das Necessidades.	14 Dita	26 Ex Con.to da Penha de Fran.ca	Principe Real)	45 Campo d'Ourique	vento de S. Domingos
4 Rua do Chiado.	15 Camara Municipal.	27 Largo da Bemposta	38 Praça de D. Pedro (Rocio)	46 Cemiterio dos Prazeres	57 Passeio publico
5 Residencia da Imperatriz viu-	16 Rua Aurea.	28 Asylo da Mendicidade	39 Theatro de D. Maria 2.ª (an	47 Sitio de Buenos Ayres	58 Rua de S. José (estrada
vade D. Pedro IV	17 " Augusta.	29 Campo de S.ta Anna.	tiga casa da Inquizição)	48 Estrella (jardim novo)	Bemfica Cintra e Maf
6 Largo de S. Paulo.	18 " da Prata	30 Praça dos Touros	40 Quartel da Guarda Muni	49 Palacio das Cortes	59 Praça da Figueira (m
7 Cais do Sodré	19 Ribeira Velha (estrada p.ª Xabre	31 Hospital de S. José.	cipal (ex Convento do Carmo)	50 Museu de Historia Natural	do de fructas, aves e hor
8 Largo do Pelourinho	20 Igreja da Sé	32 Igreja da Misericordia	41 Bibliotheca Nacional (di	51 Correio geral	60 Largo de Arroios (ent
9 Banco de Portugal	21 Castello	33 Governo Civil	to de S. Francisco)	52 Theatro do Gymnasio	da para Sacavem.
10 Arsenal da Marinha	22 S. Vicente (residencia do Patriar	34 Theatro d S. Carlos	42 Carreira dos cavallos (est	53 " da rua dos Condes	61 Arsenal do Exercito
11 Praça do Comercio.	23 Campo de S.ta Clara	35 Largo do Rato	p.ª S. Sebastião, campo.	54 " de D. Fernando	62 Caza da Moeda.

PLANCHE 8. — Plan de Lisbonne en 1855.

PLANCHE 9. — Vue du « Passeio Publico » de Lisbonne (tableau de L.M. Pereira, 1856, Château de Pena, Cintra).

PLANCHE 10. — Vue de la rue Neuve-des-Anglais, à Porto
(Lithographie de James Forrest, 1834).

PLANCHE 11. — « Visite pascale au village »
(lithographie d'après un tableau d'A. Roquemont à l'Hôtel de Ville de Matozinhos).

PLANCHE 12. — L'aristocratie : portrait de la vicomtesse de Meneses
(tableau du vicomte de Meneses, 1862, Musée National d'Art Contemporain, Lisbonne).

PLANCHE 13. — Intérieur bourgeois (tableau d'Alfredo Keil, 1874,
Musée National d'Art Contemporain, Lisbonne).

PLANCHE 14. — Le petit bourgeois enrichi (dessin de Nogueira da Silva,
gravure sur bois de J. Pedroso, 1860).

PLANCHE 15. — « Le violoniste aveugle » (tableau de José Rodrigues, 1855, Musée National d'Art Contemporain, Lisbonne).

PLANCHE 16. — Le Théâtre National de Lisbonne (arch. F. Lodi, 1843-1846).

PLANCHE 17. — Le « Palais de Cristal » à Porto
(arch. T. Dillen Jones, 1861-1865).

PLANCHE 18. — Les « Jeronimos », monument « néo-manuelin »
(arch. G. Cinatti et A. Rambois, 1878).

Planche 19. — Immeuble recouvert d'azulejos à Lisbonne (vers 1865).

PLANCHE 20. — Hôtel Nunes-Correia-Almedina à Lisbonne (arch. G. Cinatti, 1865).

PLANCHE 21. — Le roi Ferdinand de Saxe-Cobourg-Gotha, mari de Dona Maria II, en Jupiter
(plat en céramique peint par W. Cifka, vers 1850, Château de Pena, Cintra).

PLANCHE 22. — Le Château de Pena, à Cintra (arch. von Eschwege, 1839-1849).

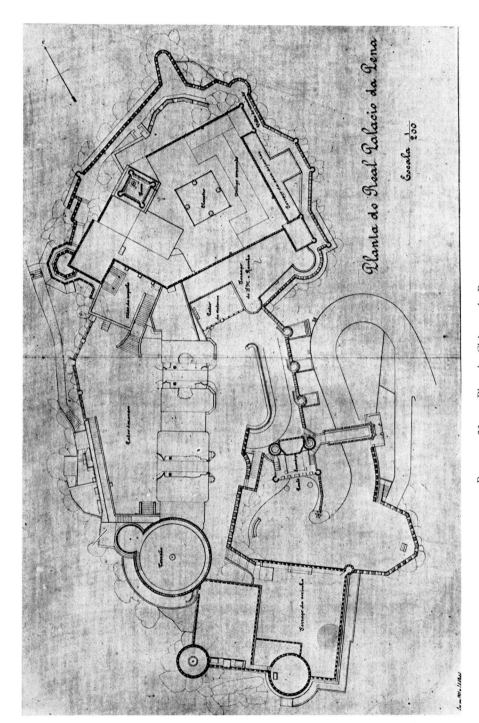

Planta do Real Palacio da Pena

Escala 1/200

PLANCHE 23. — Plan du Château de Pena.

PLANCHE 24. — Intérieur du « Salon Arabe » de la Bourse de Porto (arch. G.A. Gonçalves de Sousa, 1862-1880).

PLANCHE 25. — Décor d' « Aïda » à l'Opéra de Lisbonne (G. Cinatti, 1878).

ARTES e LETRAS

PLANCHE 26. — Page de titre de la revue « Artes e Letras »
(dessin de Rafael Bordalo-Pinheiro, 1872).

PLANCHE 27. — « Une distribution impartiale »
(lithographie publiée à Londres en 1834, coll. Alfredo Aires de Gouveia Allen, Porto).

PLANCHE 28. — Allégorie à la fondation de l'Académie des Beaux-Arts de Lisbonne (tableau de Norberto J. Ribeiro, 1839, Académie Nationale des Beaux-Arts, Lisbonne).

PLANCHE 29. — « Camoëns en exil » (tableau de F.A. Metrass, avec auto-portrait du peintre, 1853, Musée National d'Art Contemporain, Lisbonne).

PLANCHE 30. — « Cinq peintres romantiques à Cintra »
(tableau de J. Cristino, 1855, Musée National d'Art Contemporain, Lisbonne).

PLANCHE 31. — « La Mare » (tableau d'Alfredo d'Andrade, vers 1870, Musée National d'Art Contemporain, Lisbonne).

ANCHE 32. — « L'Exilé »
arbre de Soares dos Reis,
2-1874, Musée National
res dos Reis, Porto).

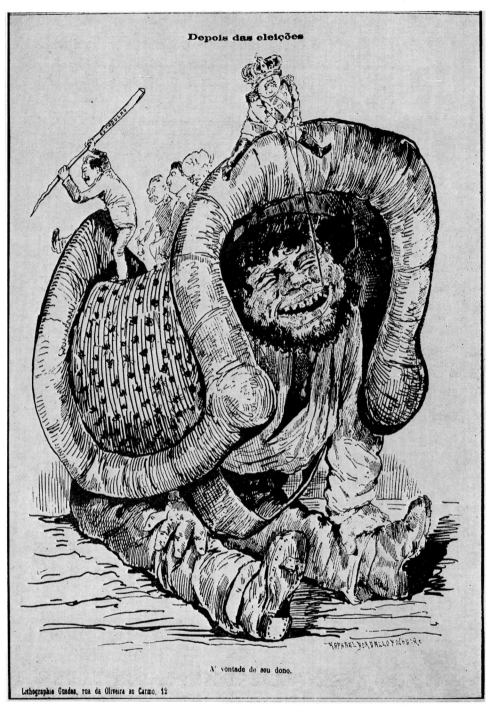

PLANCHE 33. — « Zé Povinho », image du peuple portugais
(dessin de Rafael Bordalo Pinheiro, 1880).